GAME
Character
DESIGN

Master

송화섭 · 김진형 공저 | 기획 비엘플래너스

BM 성안당

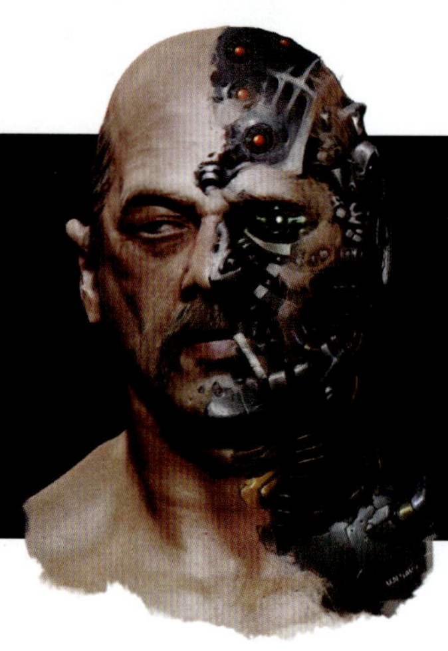

GAME
Character
DESIGN
Master

2009년 12월 15일 1판 1쇄 발행
2011년 4월 29일 1판 2쇄 발행

지은이 송화섭 · 김진형 공저
펴낸이 이종춘
펴낸곳 BM 성안당

주소 경기도 파주시 교하읍 문발리 출판문화정보산업단지 536-3
전화 031-955-0511
팩스 031-955-0510
등록 1973. 2. 1 제13-12호
수신자 부담 전화 080-544-0511
출판사 홈페이지 http://www.cyber.co.kr
도서 내용 문의 songhwasup@hotmail.com(송화섭) | bestiger@hotmail.com(김진형)

ISBN 978-89-315-5067-2
정가 32,000원

이 책을 만든 사람들
책임 · 진행 최동진
기획 · 진행 비엘플래너스
교정 · 교열 비엘플래너스
북 디자인 비엘플래너스
표지일러스트 송화섭·김진형
홍보 박재언
제작 구본철

본문 예제로 사용된 인물 사진 및 인체 관련 사진은 www.3d.sk에 저작권이 있습니다.
본 책에 사용된 Painter는 Corel의 등록 상표입니다.
본 책에 사용된 Photoshop은 Adobe의 등록 상표입니다.
본 책에 사용된 ZBrush는 Pixologic의 등록 상표입니다.
본 책에 사용된 3ds Max는 Autodesk의 등록상표입니다.

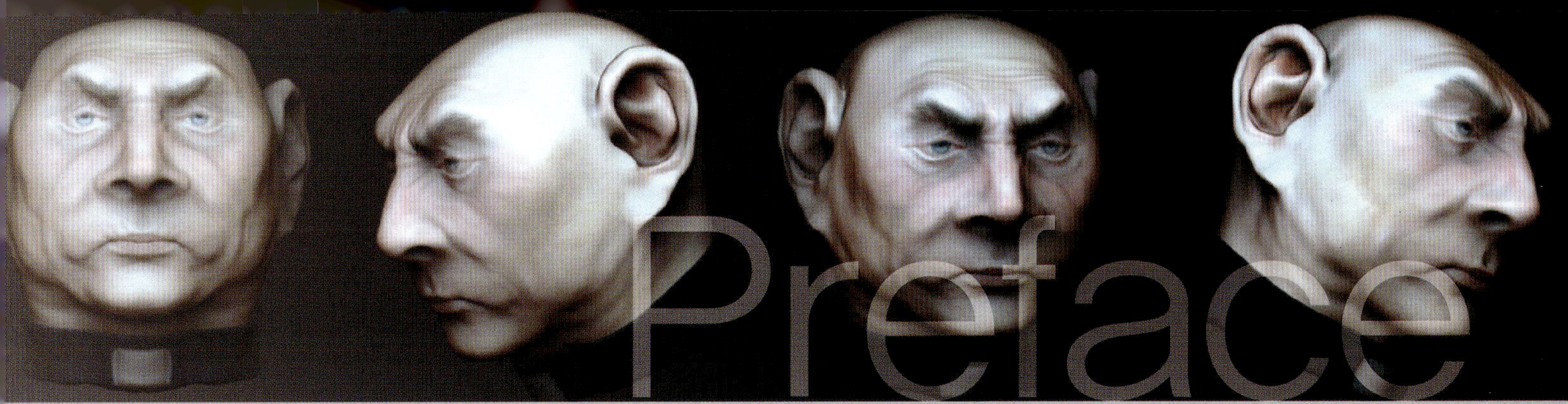

이 책을 쓰면서

송화섭 _ 2009년 12월 _

이 책을 쓰는 모든 과정을 인도해 주신 주님께 감사합니다.

그리 뛰어날 것 없는 제가 여러분 앞에 선다는 것이 너무 부담스럽고 부끄러울 따름입니다만, 이토록 소중한 기회를 주신 많은 분들께 제가 알고 있는 것들을 아낌없이 나눠보고자 최선을 다 했습니다. 집필을 하는 동안, 3D를 더 공부하고 싶어서 관련 서적들을 찾아보던 학생 시절의 저를 떠올려 보았습니다. 저는 늘 좀더 구체적인 방식들과 활용 예를 원했지만, 대부분의 책들은 프로그램 매뉴얼 성격의 내용들과 빽빽한 글씨들로 가득하여 좌절했던 기억이 납니다. 그런 이유로 늘 제가 바라던 내용과 구성의 책을 써보고 싶었습니다. 그 결과, 이 책은 소프트웨어의 사용법에 대한 설명보다는 실제 작업에 활용하는 스크린샷 위주로 구성되어 있습니다. 글보다는 그림으로 설명하여 좀 더 편하게 볼 수 있고, 직관적으로 이해할 수 있도록 하였습니다. 또한 제가 지금까지의 다양한 회사일과 개인 작업들을 통해 자연스럽게 습득해온 것들을 최대한 많이 소개해 드리고자 노력하였고, 그러한 것들을 살펴보는 동안 여러분들의 작업에 대한 열정이 넘쳐나기를 바라며 집필하였습니다.

늘 '모델링의 끝'을 만나는 경험을 하시기를 바랍니다. '이것보다 더 디테일을 넣어보는 것이 과연 가능할까?'하는 생각이 드는 순간을 목표로 작업하십시오!

이 책은 많은 분들의 도움이 있었기에 완성할 수 있었습니다. 우선, 수년간의 해외 생활로 인해 아들 노릇 한번 제대로 못하는 저를 너무나 사랑해 주시는 부모님과 장인 장모님, 저를 게임산업으로 이끌어주고 성장시켜준 Phil Shenk씨, 시종일관 넉넉한 인내심으로 저의 집필을 응원해주신 비엘플래너스의 김종원 대표님, 윤영진 실장님과 책이 나올 수 있도록 든든한 힘이 되어주신 성안당 관계자 분들께 감사드립니다. 그리고 이 책을 위해 도움과 격려를 아끼지 않은 친구와 동료들 모두에게 너무나 감사한 말씀을 전합니다.

마지막으로, 나의 존재 자체이자 단 한 번뿐인 인생의 반려자 김보경, 세상에서 제일 귀한 나의 딸 송진아, 그리고 내 인생의 주인이신 하나님께 감사의 마음을 가득 담아 이 책을 드립니다.

이 책을 쓰면서

김진형 _   2009년 12월 _   글렌데일에서 _

컨셉아트에 대한 수많은 책들과 아트북들을 접하면서 '이런 부분은 이랬으면 좋았을 텐데 또 이런 부분이 추가되었으면 좋았을 텐데' 라고 생각했던 적이 많았습니다. 그런데 이번 기회에 좋은 책을 쓰게 되면서 저도 마찬가지로 미흡한 부분들 그리고 미쳐 다루지 못한 부분들이 많아 아쉬움이 남습니다. 다음에 기회가 다시 온다면 좀더 전문적인 책을 집필해보고 싶은 바람도 있습니다.

이 책은 게임 컨셉아트와 그에 따른 3D 모델링과 텍스쳐링 등을 다루면서 게임 콘텐츠가 게임에 들어가기 전에 어떤 식으로 제작되는지 보여주는 내용을 주로 하고 있습니다. 덧붙여 저와 공동필자인 송화섭 씨가 북미로 진출한 경험 등을 바탕으로, 앞으로 북미 진출을 꿈꾸고 계시고 또 북미에서 유학을 준비 중인 많은 분들께 조금은 도움이 되었으면 하는 바람으로 미국과 캐나다 관련 정보들도 간략히 소개해 드렸습니다.

제가 처음 유학을 갔던 2002년은 IMF 이후 조금씩 유학이 늘고 있었던 상황이었습니다. 당시 미국에 진출하신 몇몇 분들은 수년간의 화려한 경력 후 한국으로 돌아오기도 했습니다. 저도 그분들을 지켜보면서 꿈을 키웠고 지금도 여전히 미국에서 그 꿈을 실현하기 위한 단계를 밟고 있습니다. 이미 성공하신 분들 그리고 미리 경험하신 분들에게 알아보고 자신만의 길을 모색하는 것이 자신이 원하는 삶을 살게 해주는 하나의 방법이라고 생각합니다. 현재는 각 게임, 영화, 애니메이션 회사에 한국인 아티스트들이 수퍼바이져, 아트디렉터, 리드 아티스트들을 하면서 큰 프로젝트의 핵심적인 역할을 하고 있습니다. 저도 이렇게 성공하신 분들이 어떤 길을 걸어오셨는지 여쭤보기도 하고 따라가기도 하면서 한발 한발 나아가고 있습니다. 그 중에서 제가 택한 길은 컨셉아티스트였습니다.

한국에 컨셉아트를 전문적으로 가르치는 학교가 많지 않고 대부분 순수 미술, 디자인, 만화작가분 들이 컨셉아트로 전향 하시는 것으로 알고 있습니다. 그것은 아마도 내수시장이 작은 탓도 있을 것이고, 프로젝트가 다양하지 않은 이유도 있을 수 있을 것입니다. 저는 미국에서 컨셉아트로 역사가 깊고 이름이 널리 알려진 Art Center College of Design에서 수학을 하게 되는 기회가 있었고 그로 인해 수많은 아티스트들을 만나게 되는 계기도 되었습니다. Art Center는 일러스트레이션 과정 안에 엔터테인먼트 아트, 엔터테인먼트 디자인이라는 트랙이 있습니다. 현재는 엔터테인먼트 디자인이 하나의 전공으로 분리가 되어 Scott Roberston을 주축으로 소수정예의 시스템을 택한 것으로 알고 있습니다.

Scott은 산업 디자이너 출신의 엔테테인먼트 디자인의 학과장으로, 컨셉아트 관련 책 출판, DVD 출판 등으로 업계에 널리 알려진 아티스트 중 한 명입니다. 누구보다도 컨셉아트를 제작하는 과정, 그리고 그에 필요한 교육들에 대해 자세히 알고 있는 사람입니다. 이에 Art Center의 엔터테인먼트 과

정에서 다루어졌던 토픽들과 일반적인 개론 등을 책에 소개하였고 컨셉아트가 단순히 포토샵의 기술로만 이루어지지 않고 여러 가지 공부해야할 것, 연구하고, 살펴보아야 할 것 또 훈련해야 하는 것들을 나름대로 정리해보았습니다. 각각의 챕터에 대해 하나의 책으로 내놓아도 될 정도로 내용이 방대하겠지만 한정된 지면과 시간상의 이유로 간략히 소개해드리는 것에서 정리되었습니다.

이 책에서 제가 담당한 부분은 컨셉아트에 대한 일반적인 소개, 그리고 컨셉아트에서 다루어져야 할 분야, 컨셉아트를 하기 위해 필요한 지식과 스킬들에 대한 소개 그리고 실무 작업단계, 이렇게 세 부분으로 나뉘어져 있습니다.

컨셉아트는 컨셉디자인이라고도 일반적으로 어떤 프로젝트의 방향을 알려주는 일러스트레이션을 지칭할 때가 많습니다. 애니메이션이나 영화쪽에서는 Key Art라고 중요한 장면을 미리 그림으로 보여주는 것을 말할 때가 많고 게임은 박스커버나 홍보용 일러스트레이션 등을 컨셉아트라고 말합니다. 컨셉아트는 2D 아티스트들의 꿈이라고 할 수 있을 정도로 재미있고 자기 만족도도 높습니다. 하지만 컨셉아트를 잘하기 위해서 필요로 되는 자질과 스킬들이 적지 않습니다. 일단 전체적인 장면을 디자인하는 능력, 또 인체나 동물, 배경 등의 묘사력과 페인팅 능력 등이라 할 수 있으며 일반적으로 어떤 새로운 것을 디자인하는 능력보다는 묘사하고 페인팅하는 일이라고 할 수 있겠습니다. 다만 장면을 디자인하고 조명 등을 세팅하고 또 캐릭터들 간의 상호작용, 또 캐릭터와 배경 간의 상호관계를 잘 설명해야 하기 때문에 많은 경험과 관찰력, 그리고 훈련 등이 필요합니다.

이에 반해 컨셉디자인이라고 한다면 일반적으로 캐릭터면 캐릭터, 몬스터면 몬스터, 건물이면 건물, 이렇게 하나의 개체를 디자인하고 그것을 모델러가 잘 표현할 수 있도록 보여주는 것이라고 말할 수 있습니다. 컨셉디자인은 보통 라인으로만 표현하기도 하는데 이때 여러 각도에서 보여주는 것이 좋기 때문에 앞 모습, 옆 모습, 뒷 모습을 보여주거나 조금씩 돌린 각도에서 입체적으로 보이도록 그려주는 것도 좋습니다. 컨셉디자인은 새로운 디자인을 하는 것이 어쩌면 가장 중요하기 때문에 자연물, 새로운 물건 등에 관심을 갖고 꾸준히 리서치를 하는 것이 필요합니다.

컨셉아트, 컨셉디자인은 어떤 새로운 것을 창조한다는 측면에서 일하는 과정이 즐겁기도 하고 고통스럽기도 하지만 컨셉 아티스트로서 자신이 디자인한 것이 게임에 나온다거나 영화, 애니메이션에 등장하는 것을 보았을 때 보람이 느껴지는 직업이 아닌가 생각합니다. 2D로만 존재할 수도 있는 것을 살아 움직이게 만들고 또 그것에서 새로운 미와 재미가 창출되어 사람들을 즐겁게 해줄 수 있다는 것이 이 직업의 큰 매력이자 원동력이 될 수 있겠습니다.

아무쪼록 제가 정리하고 소개 드린 내용들이 앞으로 한국에서 컨셉디자인을 하시는 분들, 그리고 또 북미로 진출하려고 준비하시는 분들에게 조금이나마 도움이 되었으면 하는 마음입니다. 책을 쓰는데 도움을 주신 많은 분들께 감사드리고 그리고 이런 책을 쓰도록 기회를 마련해주신 비엘플래너스의 김종원 대표님과 윤영진 실장님, 그리고 성안당의 관계자분들께도 깊은 감사를 드립니다.

이 책의 구성

이 책은 크게 2D 컨셉디자인 파트와 3D 캐릭터 모델링 파트로 나누어져 있습니다. 서로 다른 제작 파트를 한 권으로 소개한 이유는 게임 캐릭터 디자인 개발 시에 두 파트의 유기적인 연계성이 높기 때문입니다. 따라서 게임 캐릭터 디자이너를 꿈꾸고 계신 예비 디자이너 분들에 겐 컨셉 디자인의 기초부터 3D 캐릭터 모델링까지 다뤄볼 수 있는 기회를 제공합니다. 또한 유명 아티스트들의 갤러리를 볼 수 있도록 구성 하였으며 북미 프로페셔널들과의 인터뷰와 북미 유학생활에 도움이 되는 정보도 함께 소개합니다.

>> 따라하며 익히는 튜토리얼

게임 캐릭터 디자인에 대한 실제 과정에 대해 설명합니다. 순서에 맞는 설명을 읽어보고 따라하며 기능을 익힐 수 있게 됩니다.

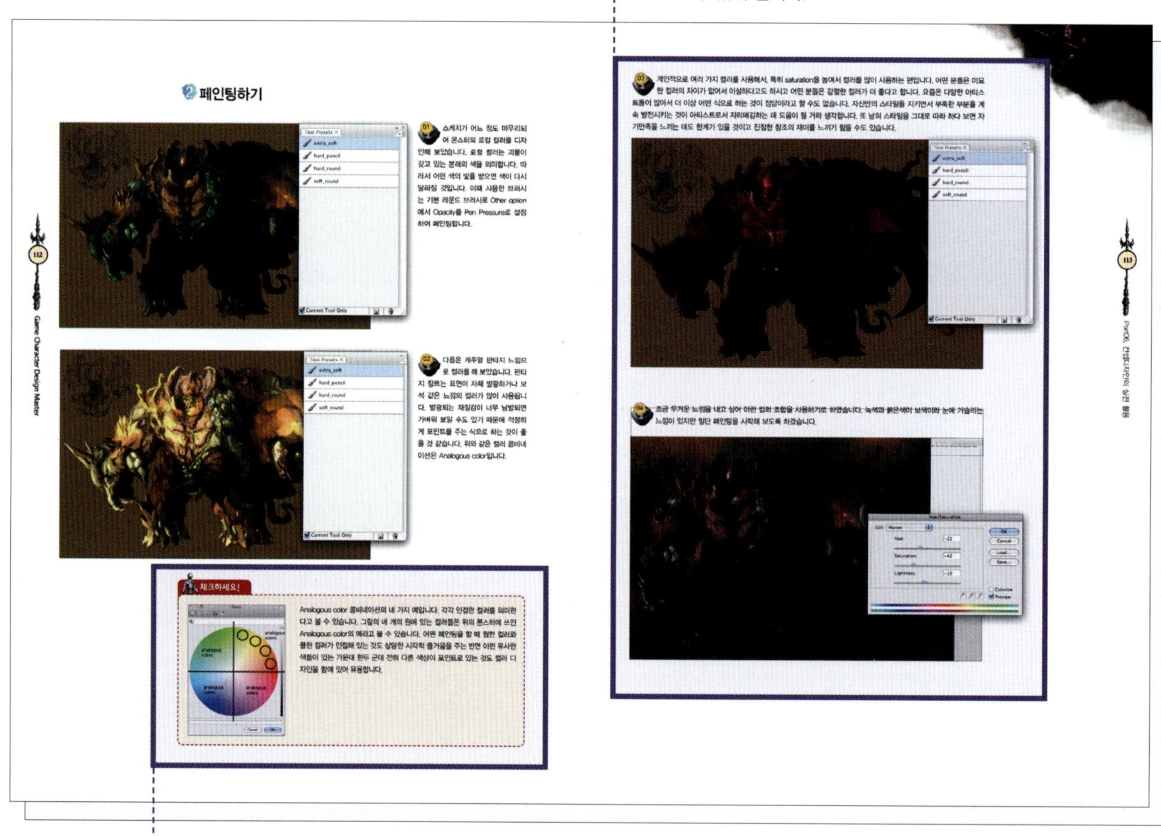

>> 체크하세요!

튜토리얼을 진행하는 동안 특별히 주의해야 하는 부분 이나 반드시 체크해야 하는 부분, 그리고 반드시 알아 두어야 하는 부분을 표시했습니다.
저자의 수많은 제작 팁이 공개됩니다.

해당 Chapter를 진행하기에 앞서, 반드시 알아두어야 할 기능에 대해서 미리 소개합니다. 간단한 샘플 예제를 통해 사전에 숙지해야 할 기능에 대해서 쉽게 설명하였기 때문에 이후 진행하는 본문 예제 활용에 대한 이해를 도와줍니다.

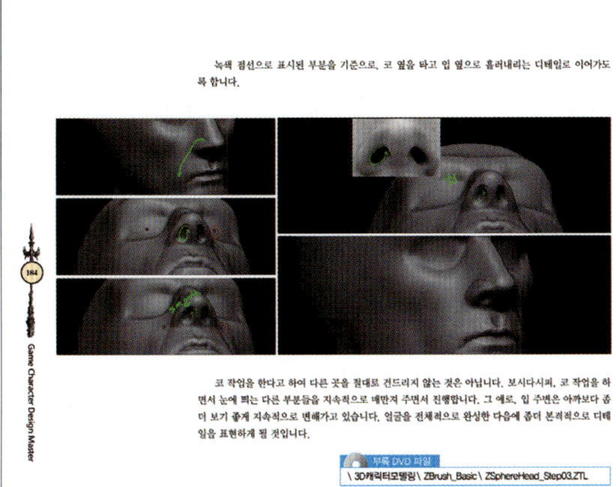

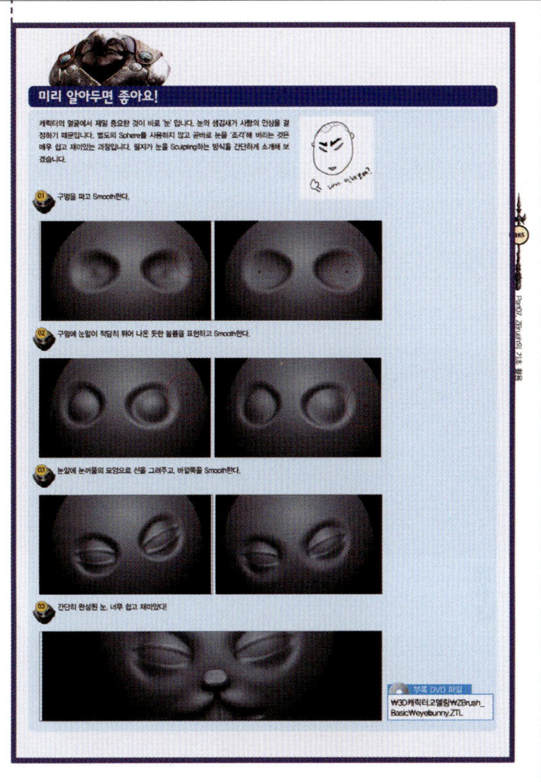

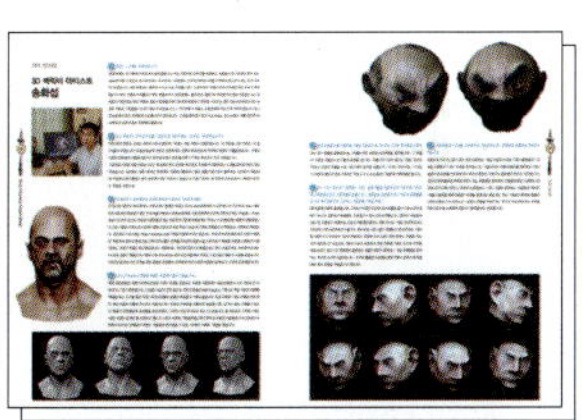

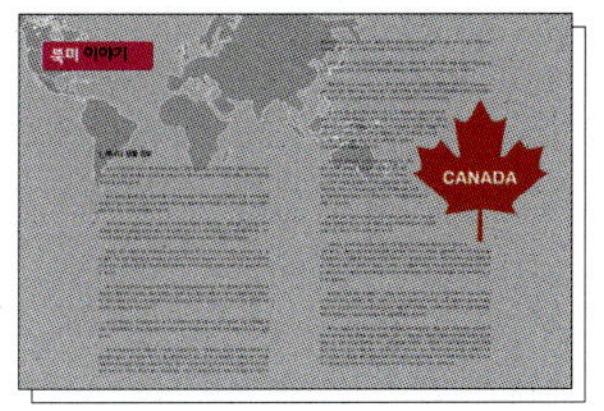

저자 인터뷰

이 책을 직접 집필한 저자들과의 인터뷰입니다. 저자들의 주요 작품과 일에 대한 열정, 그리고 CG 산업에 대한 바람 등을 소개합니다.

프로페셔널 갤러리

해외 유명한 비주얼 아티스트들의 작품을 소개합니다. 세계 최고의 작가들의 작품 수준을 감상해볼 수 있어 게임 캐릭터 디자인을 공부하시는 분들께 많은 자극과 동기를 부여합니다.

북미 프로페셔널들과 만나다.

유명 게임개발사의 아트디렉터와 아티스트들과 만나서 북미 게임개발에 대한 이야기를 들어보았습니다.

북미 유학 / 생활 정보

두 저자가 공개하는 북미 유학생활에 대한 소중한 정보를 담았습니다.

부록 DVD의 구성

이 책에서 제공하는 DVD에는 본문에서 소개되는 예제파일과 동영상 강좌가 수록되어 있습니다.

ZBrush 예제파일은 ZBrush 3.1 버전에서 확인 가능합니다.

3ds Max 파일은 3ds Max 2009 이상 버전에서 확인 가능합니다.

예제파일이 잘못되어 있는 경우는 성안당(www.cyber.co.kr)으로 연락주시기 바랍니다.

■ 동영상

ZBrush의 ZSphere를 이용한 얼굴 Sculpting 방법(ZSphere_Sculpting.avi)

  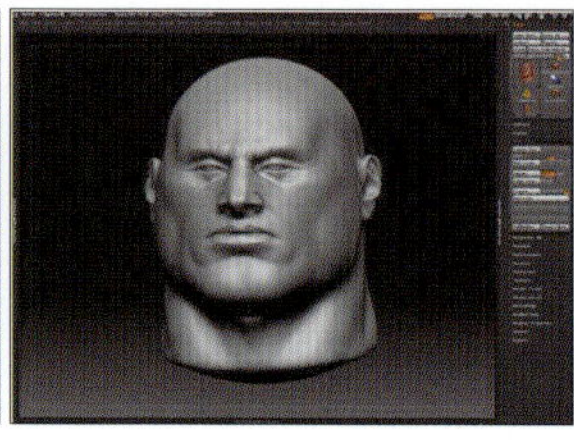 

〈나쁜 경찰〉의 얼굴 Sculpting 방법(나쁜경찰_머리_Sculpting.avi)

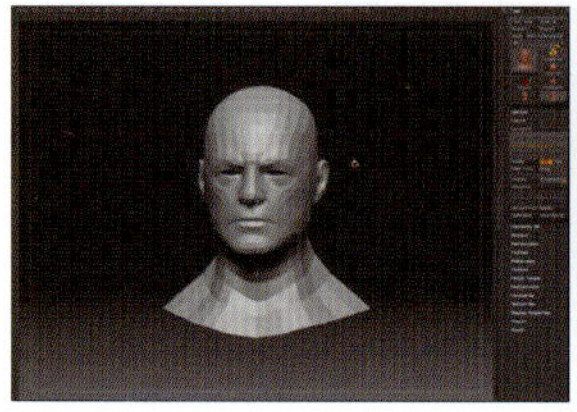 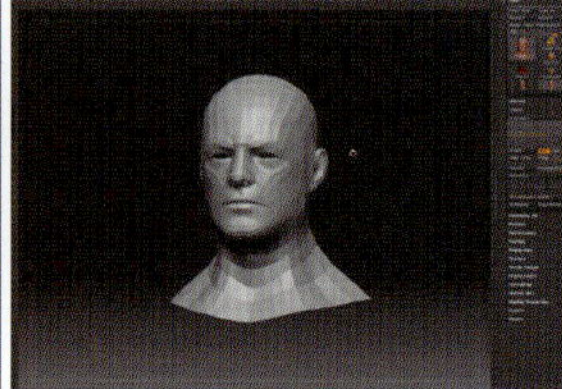 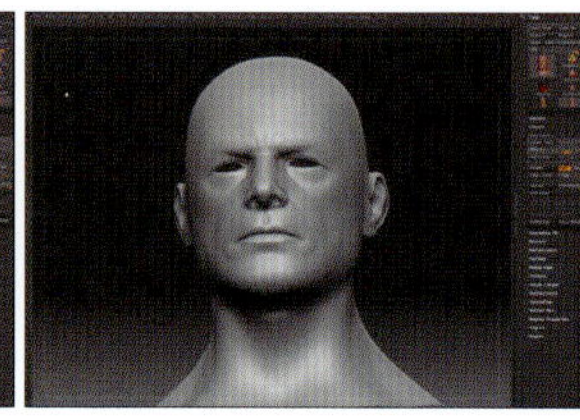 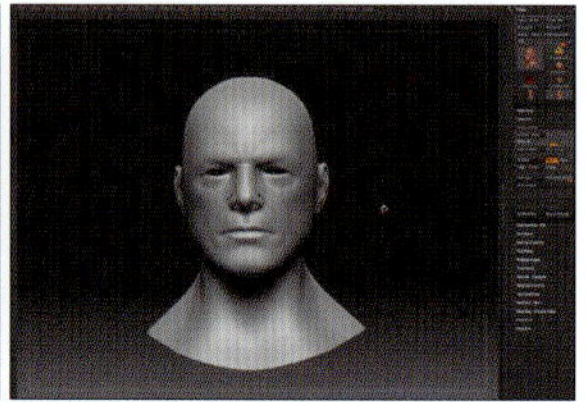

ZBrush의 Layer 활용방법(Layer_활용방법.avi)

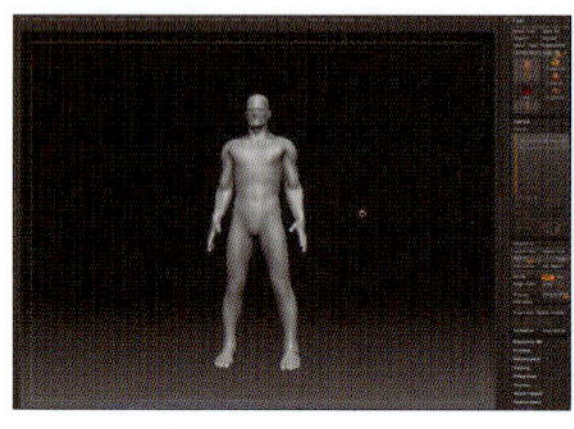 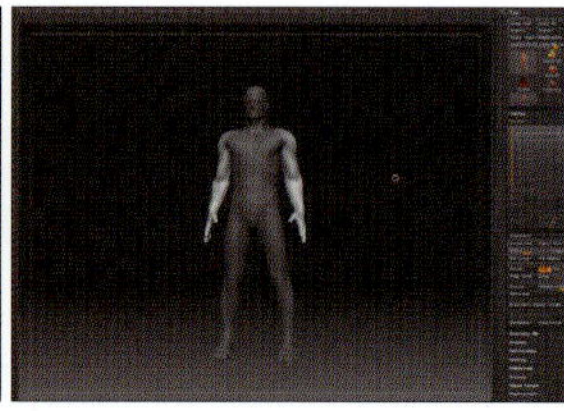 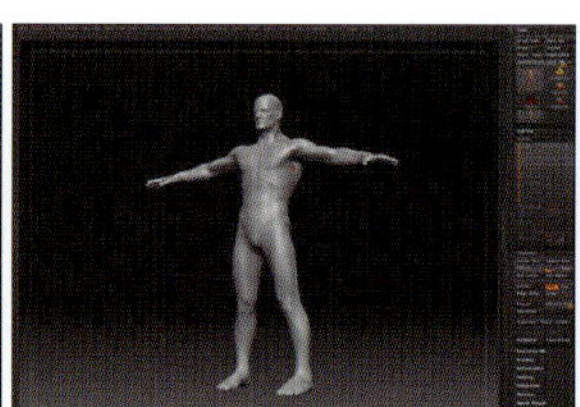 

Zapp Link를 이용한 얼굴 프로젝션 매핑(Zapplink_텍스쳐링.avi)

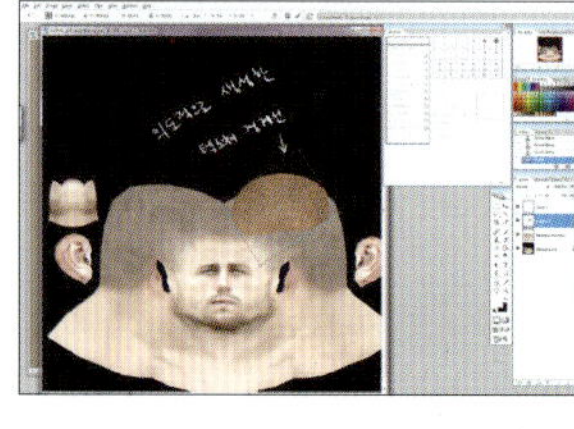 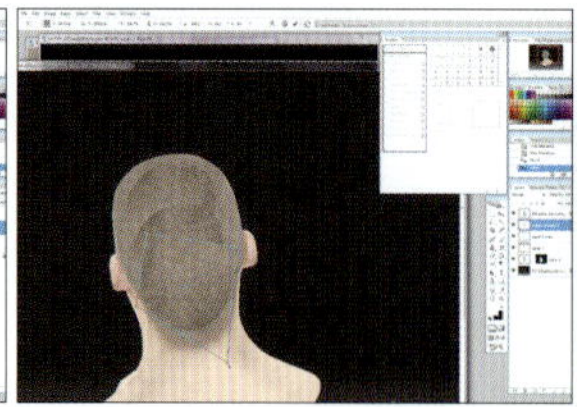 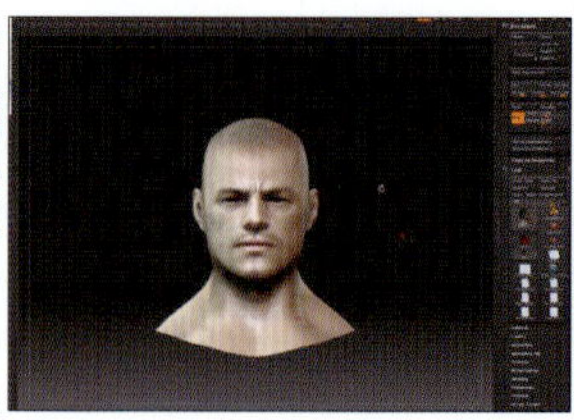 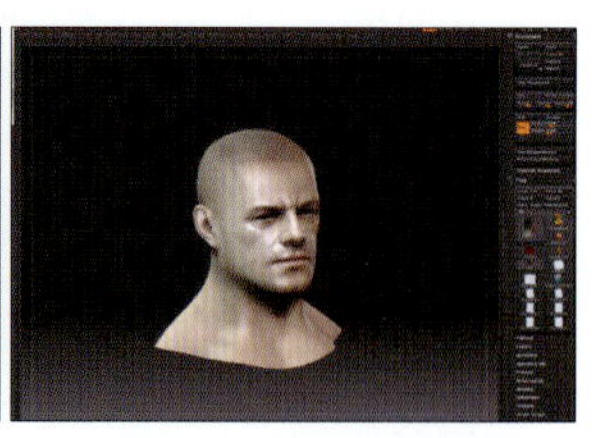

■ 예제파일

나쁜 경찰 (ZBrush 예제파일)

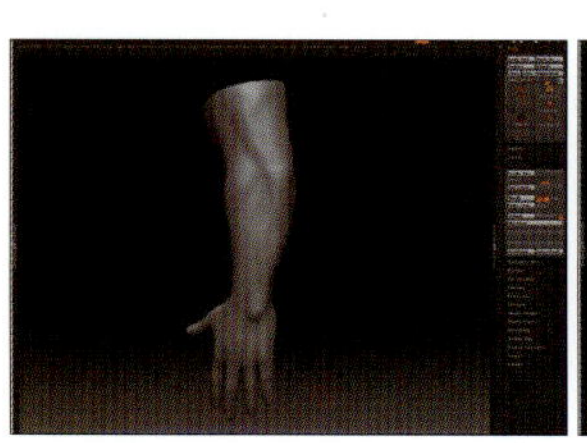  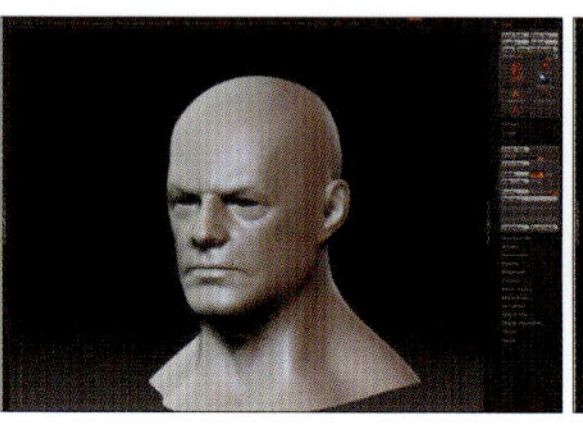 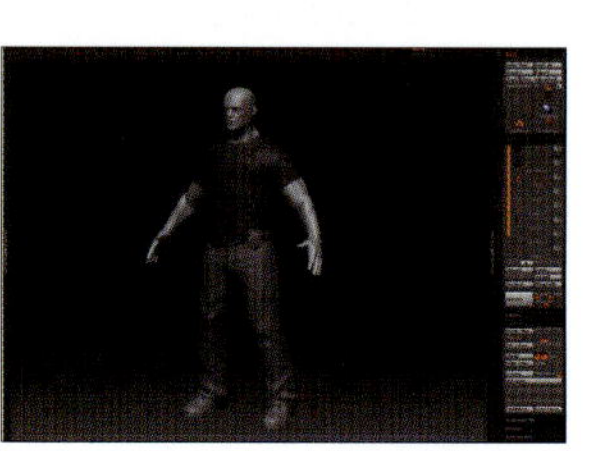

나쁜 경찰 (3ds Max & Photoshop 예제파일)

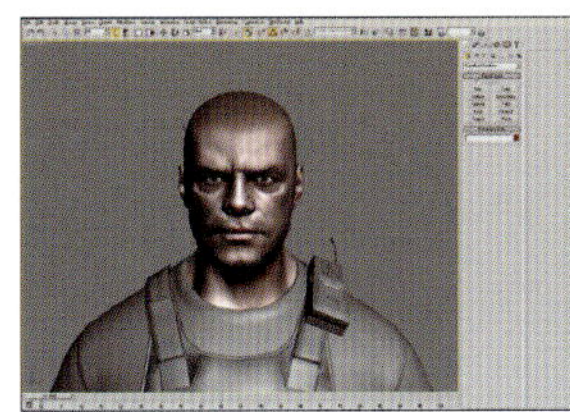 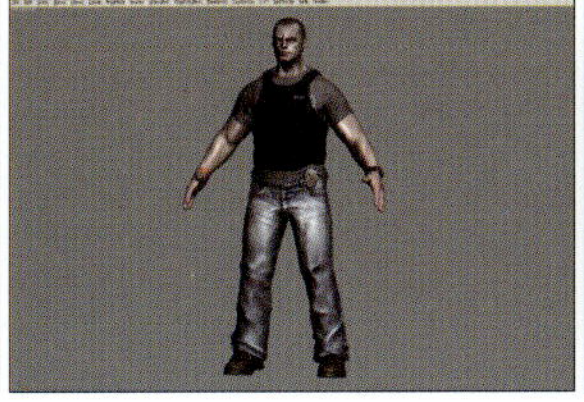 

나쁜 경찰 (3ds Max & Photoshop 예제파일)

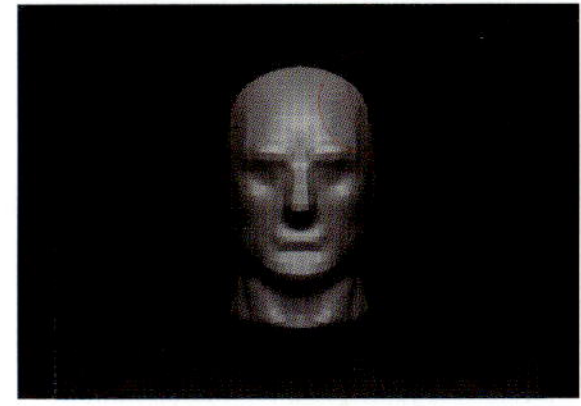 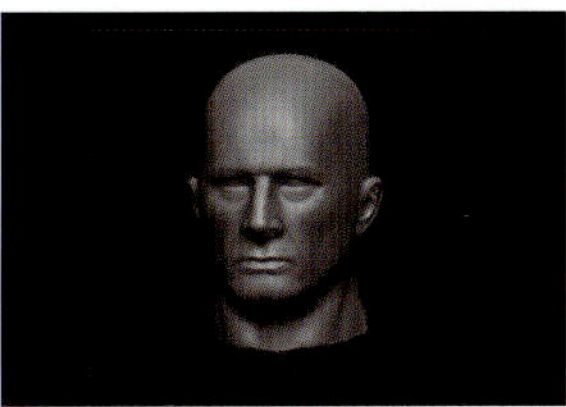 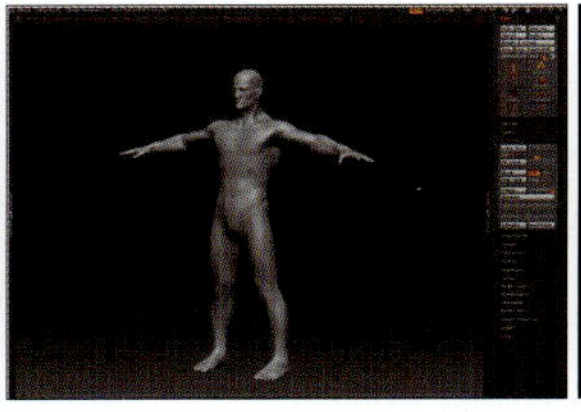 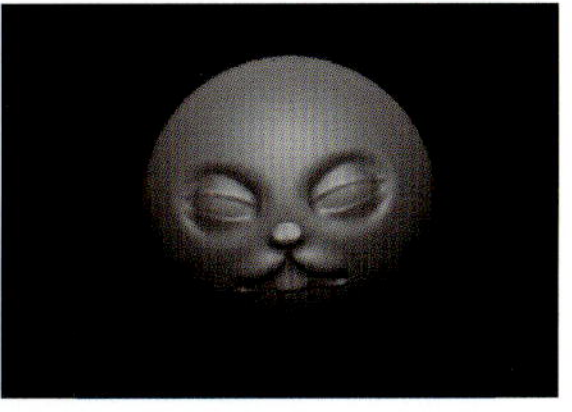

재미있는 ZBrush 팁(ZBrush 예제 파일)
폴리페인팅(ZBrush & PhotoShop 예제파일)
로봇 (3ds Max 예제파일)

몬스터 (포토샵 합성 PSD & ZBrush 예제파일)
호호 할머니 (ZBrush 예제파일)

 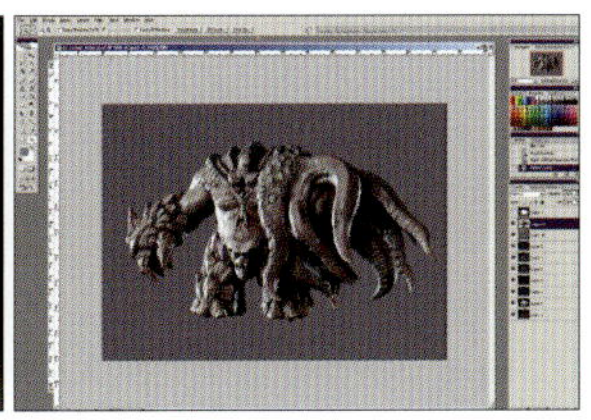 

컨셉디자인 (스케치 & 완성작품)

 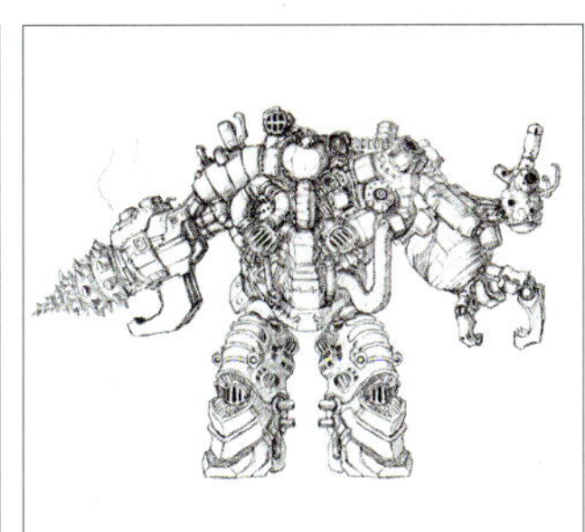 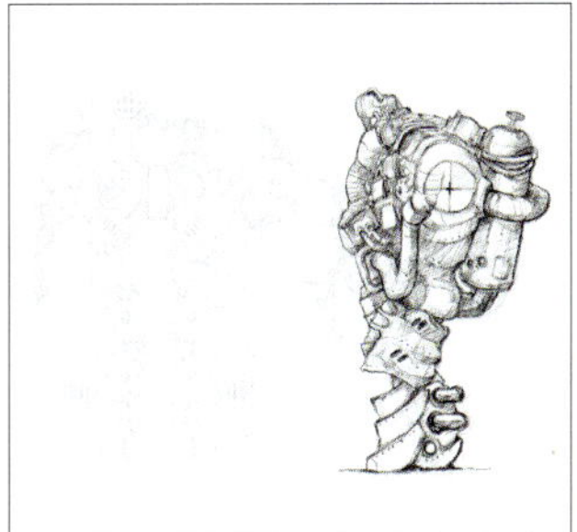 

컨셉디자인 (스케치 & 완성작품)

Contents

Section 02   3D 캐릭터 모델링의 실전

Contents

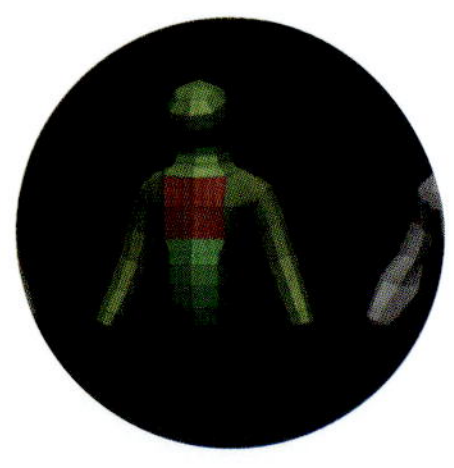

3D 캐릭터 아티스트
송화섭

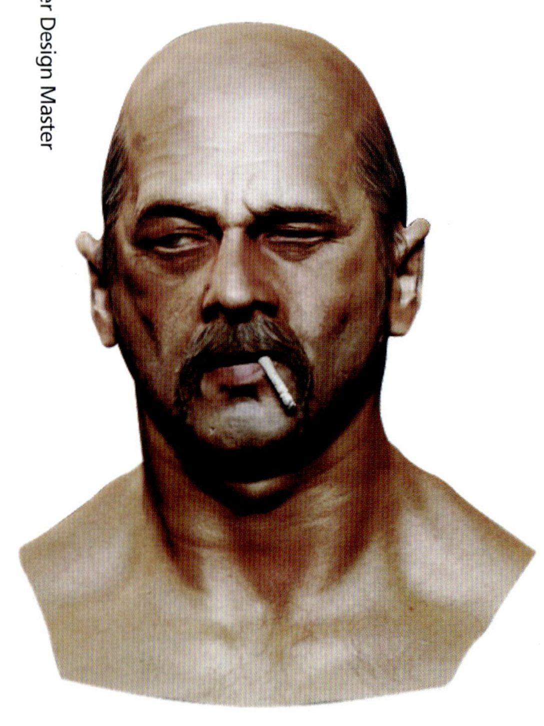

Q 본인 소개를 부탁합니다.

안녕하세요. 3D 캐릭터 아티스트 송화섭입니다. 저는 원래 웹 디자인을 배워보고 싶었습니다. 하지만 정작 College에서 웹 디자인과 3D 과정으로 나누어지는 시점에서, 친구의 권유로 3D를 선택하게 된 것이 모든 것의 시작이 되었습니다. 캐나다에서는 배우자가 Full Time 학생일 경우 그 배우자의 학생 비자기간만큼 취업 비자가 허락됩니다. 박사 과정의 아내를 둔 덕에 취업비자가 있었음에도 불구하고, 졸업 후 취업하기란 쉽지 않았습니다. 끊임없이 작업하며, 여러 차례에 걸쳐 데모릴을 여러 회사에 발송하고 연락을 기다리는 동안 평소에 머릿속으로 상상만 해보던 작업들을 하나씩 해보게 되었습니다. 그 첫 번째가 아놀드 슈왈츠제네거의 모작 캐릭터였는데, 당시 CGtalk에서 많은 사람들의 관심을 받게 되었습니다. 그것을 좋게 봐 주신 Paul Neale 교수님께서 저를 엘리엇 애니메이션 스튜디오에 추천해주셨습니다.

Q 3D 캐릭터 아티스트를 직업으로 생각하는 이유는 무엇입니까?

저의 현재 직업은 크게는 캐릭터 아티스트이며, 작게는 게임 캐릭터 모델러입니다. 이 직업을 고른 이유는 이 일이 좋아서 였습니다. 담임 선생님의 권유로 경영학과로 진학하게 되었는데 학과에 적응하기 힘들었습니다. 그래서 다양한 분야들의 경험을 쌓으며 외국에서 웹 디자인을 배우기 위해 캐나다로 오게 되었습니다. 이곳에서 3D를 처음 접하는 순간, 제 삶에 있어 이토록 재미있고 적성에 딱 들어맞는 느낌을 받았던 일은 처음이었습니다. 싫어하는 일은 죽어도 못하지만, 반대로 좋아하는 일은 정말 미친 듯이 몰두하는 성격이기 때문에 3D 작업에 대한 열정은 날이 갈수록 더욱 커져가고 있습니다. 이런 이유로 3D 캐릭터 아티스트가 저에겐 딱 맞는 직업인 것입니다.

Q 지금까지 참여했던 프로젝트에 대해서 알려주세요.

첫 입사한 엘리엇 애니메이션 스튜디오와 함께한 작업은 〈Care Bears(북미에서 고전적인 2D 인기작)〉, Xbox 360(당시 XBox2) 프로모션 작업, 〈The Night Before Christmas(유명 그림 동화책의 3D 애니메이션 화)〉, 〈Happily 'N'ever After〉 외 다수 입니다. 2004년 여름 플래그쉽 스튜디오의 필 셴크씨에게서 '우리는 〈디아블로〉를 개발한 사람들입니다. 리드 캐릭터 아티스트 자리에 대해서 당신과 이야기하고 싶습니다.'하며 이메일이 도착하였고, 그때부터 〈헬게이트 : 런던(초기 코드네임, Project Underground)〉 작업에 참여하게 된 것입니다. 미국 비자의 문제로 원격 근무의 형태로 작업하게 되면서 플래그쉽 스튜디오와 좋은 관계를 유지하며 플래그쉽 스튜디오가 폐쇄된 2008년 여름까지 〈헬게이트 : 런던〉 작업을 계속 했었습니다. 〈헬게이트 : 런던〉은 많은 아쉬움을 남긴 것이 사실이지만, 저에게 있어서는 자식과도 같은 작품입니다. 캐릭터 하나하나에 늘 저의 모든 것을 쏟아 부었고 많은 배움의 기회를 얻었습니다. 또한 필 셴크씨나 본 서적을 공동 집필한 김진형씨, 이재한씨 등의 소중한 분들을 알게해 준 고마운 프로젝트입니다.

Q CG / Game 산업에 대한 의견을 듣고 싶습니다.

현재 게임산업은 격변기이며 앞으로도 더욱 그러할 것입니다. 이것은 게임관련 기술의 변화가 너무 급속도로 이루어지고 있기 때문입니다. 노멀맵 기술과 또한 앞으로 더욱 도입될 Relief Mapping 기법 등 게임 자본의 블랙홀 역할을 하는 신기술들로 인해, 아티스트들의 심정은 복잡할 수 밖에 없습니다. 지금 저에게 가장 주목할 만한 것은 게임 산업의 버블이 무너지는 현상입니다. 차세대 그래픽을 사용하여 성공을 거둔 초기의 성공 사례들이 일으킨 버블이 무분별하게 회사들을 양산하였고, 그것이 지금 무너지고 있는 것 같습니다. 필 셴크씨가 지적한 대로, 게임 시장은 양극화 될 것이라고 봅니다. Wii나 모바일 게임들처럼 재미 위주의 저예산 게임들과 오직 강력한 자본력과 최고급 인력들로 무장한 기업들만 살아남을 수 있는 '차세대 그래픽' 게임들을 말입니다.

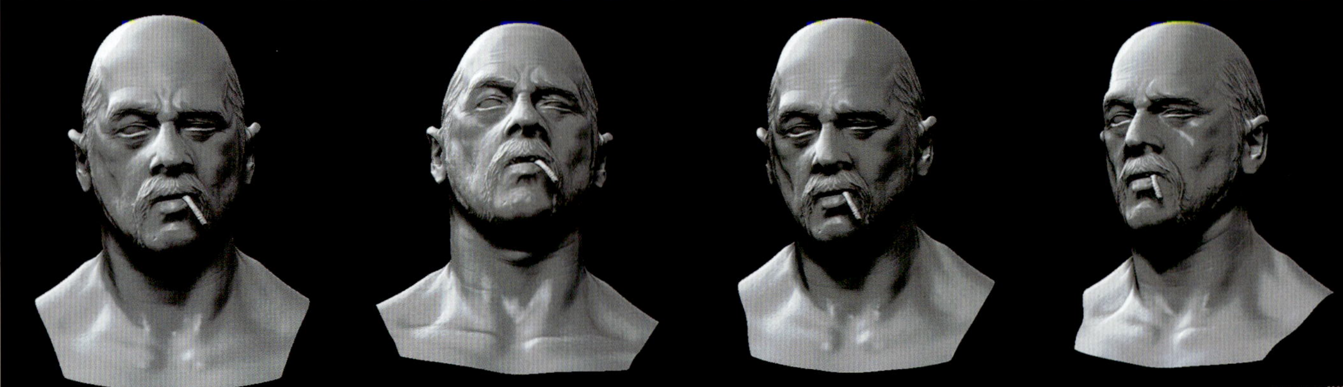

Q 3D모델을 평가할 때,
제일 중요하게 여기는 것은 무엇입니까?

저는 3D 모델을 살펴보며 늘 그것을 만든 사람의 눈(안목)을 평가합니다. 그 작품의 디테일 레벨과 보기 좋게 표현할 줄 아는 지를 먼저 보게 됩니다. 정말 감각이 뛰어난 사람의 작품을 보는 것은 매우 즐거운 일입니다. 그것이 우선이며, 그 다음 그 모델의 용도에 맞는 메쉬의 구조나 UV Layout 등의 기술적인 부분들을 봅니다.

Q 3~4년 정도의 경력을 가진 실력 좋은 한국인이 북미의 회사에 지원한다고 가정해보겠습니다. 취업이 결정되거나 회사 생활을 할 때 영어실력은 얼마나 영향을 끼칠까요?

영어실력은 매우 중요합니다. 그러나 이것은 단순히 의사소통을 할 수 있느냐의 문제가 아니라, 영어권 사람들과 '교감'할 수 있느냐의 문제입니다. 영어권 사람들과 서로 잘 어울리기 위해서는 단순히 영어를 말하는 것뿐 아니라, 서로 정서적으로도 교감하는 것이 중요하다고 봅니다. 회사라는 것도 결국 사람들의 모임이므로, '영어를 잘한다'는 인상보다 '같이 어울리고 작업해보고 싶은 사람'이라는 인상을 주는 것이 중요한 것 같습니다. 영어나 비자, 문화차이 등의 장벽은 때로 우리의 의지를 꺾습니다만, 좀더 큰 영역에서 활동하는 꿈을 이루기 위해서는 그런 장벽들을 넘어서는 의지와 노력이 필요합니다. 거기에 훌륭한 포트폴리오와 영어 실력이 합쳐질 때에 북미 취업은 현실로 다가옵니다.

Q 한국에서 CG를 공부하고 준비하시는 분들께 한말씀 부탁드립니다.

요동치는 바다와 같이 모든 것이 급변하는 게임 산업의 미래는 직접 경험해보기 전에는 예측하기 너무 어려운 분야입니다. 기술적으로 어떻게 발전을 예측하고 테크놀로지의 흐름을 유의해가며 우리의 본분인 '아트'에 집중해야 한다고 생각합니다. 과거의 로우폴리곤 캐릭터 제작 기술 자체에만 집착하던 사람들에게는 노멀맵의 등장은 큰 타격을 주었고, 현재의 노멀맵이나 기타 기술에 집착하는 사람들은 새로운 기술이 등장할 때에 동일한 타격을 입게 될 것입니다. 저는 '기술은 변하되 예술은 변하지 않는다'고 믿습니다. 산업의 흐름을 따라가되, 자신이 아티스트라는 사실을 잊지 않고 늘 노력해야 한다고 생각합니다. 감사합니다.

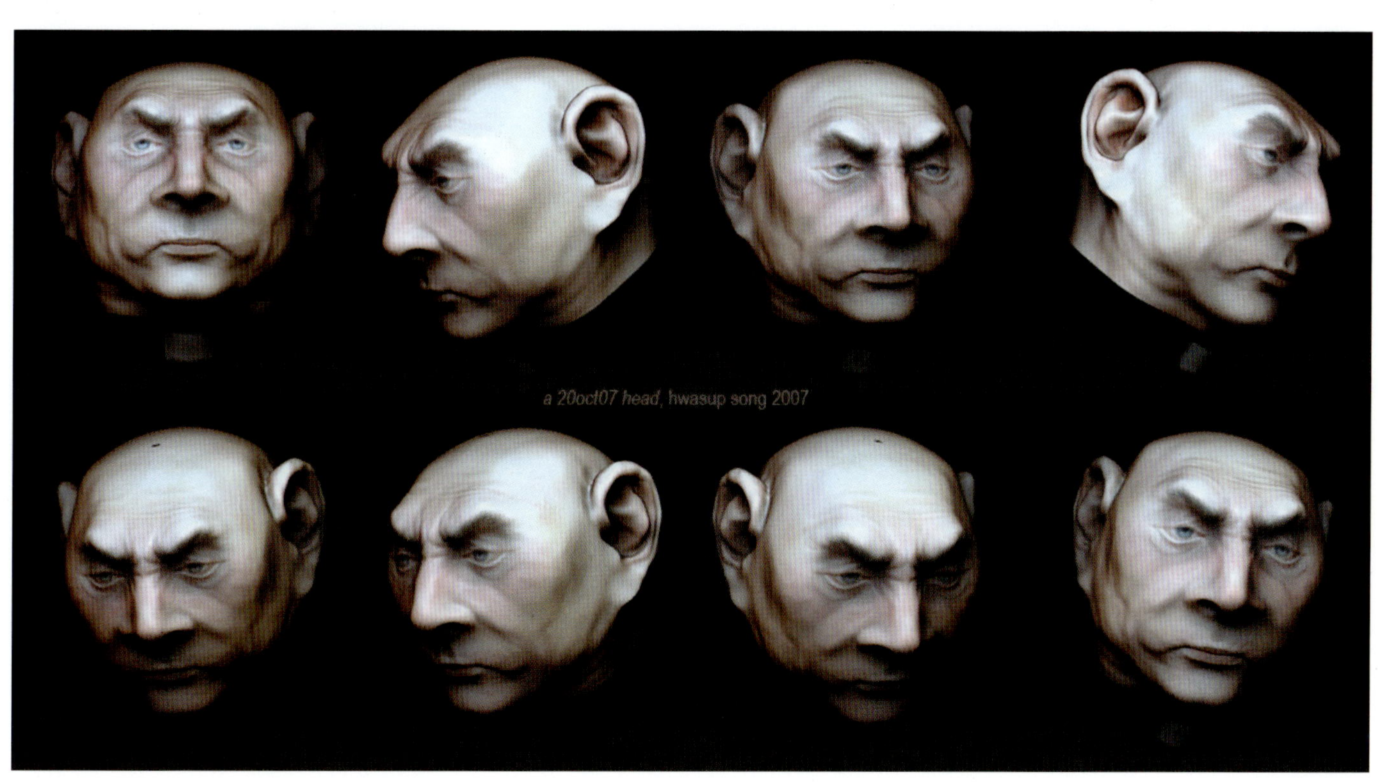

컨셉 아티스트
김진형

Q 본인 소개를 부탁합니다.

안녕하세요. 컨셉 아티스트 김진형입니다. 〈헬게이트 : 런던〉을 개발했던 플래그쉽 스튜디오에서 컨셉디자인을 맡아 2년간 근무하였고 현재는 대학원에서 재충전을 위해 학업에 매진하고 있습니다.

Q 어떤 계기로 CG / Game 분야로 들어서게 되었나요?

그림 그리는 것이 좋아서 컨셉아트라는 분야를 알게 되었고 게임회사에서 컨셉아트를 시작했어요. 10살 때 무엇을 했느냐가 미래의 이상적인 직업을 말해준다는 말이 있는데 당시 저는 로봇 애니메이션을 너무 좋아하여 로봇을 따라 그려보기도 하고 로봇, 탱크 등의 조립식을 많이 만들고 놀았던 기억이 납니다.

Q 지금까지 참여했던 프로젝트는 어떤 것이 있었나요.

학교 다닐 때 인턴으로 근무했던 세모로직에서 게임 프로젝트의 캐릭터 디자인을 맡아서 하였습니다. 그 후에 영화 작업하는 친구와 프리랜스 작업을 같이 하다가 플래그쉽에서 〈헬게이트:런던〉, 〈미쏘스〉 그리고 알려지지 않은 두 개의 미공개 프로젝트를 진행했습니다.

Q CG / Game 분야에 대한 본인의 의견을 듣고 싶습니다.

현재 게임산업은 XBox 360, PS3 등의 하이엔드 그래픽을 지향하는 Next Gen 게임들과 Wii, DS 등의 다양한 게이머층을 위한 게임, 그리고 커뮤니티를 지향하는 PC 온라인 게임의 3파전이 아닌가 생각합니다. Second Life라는 흥미로운 게임이 출시되는 것을 봤을 때, 이제는 게임이 단순한 놀이라는 개념의 콘솔 게임들의 범주를 벗어나 삶의 하나의 형태로 발전될 수 있지 않을까 라는 생각도 해보았습니다. 이미 프로게이머, 게임 방송 등 게임이 재미로서가 아닌 삶의 일부로서 사회에서 역할을 하고 있다고 생각합니다.

Q 3D 모델링 작품을 평가할 때, 제일 중요하게 여기는 부분은 어떤 것입니까?.

최근에는 기술의 발전으로 디테일을 묘사하는데 큰 노력이 필요하지 않은 것으로 알고 있습니다. 그렇다면 저와 같은 컨셉 아티스트로서 관심이 가는 곳은 디자인이 얼마나 새롭고 잘 되었는지, 그리고 몸의 비율이나 포즈의 다이나믹함 등이 가장 먼저 눈에 띕니다. 그 다음은 볼륨감의 정도를 중요하게 보는 편입니다.

Q 3~4년 정도의 경력을 가진 실력 좋은 한국인이 북미의 회사에 지원한다고 가정해보겠습니다. 취업이 결정되거나 회사 생활을 할 때 영어실력은 얼마나 영향을 끼칠까요?

 3~4년 정도의 경력자라면 미국의 어느 회사에서라도 충분히 능력 발휘를 할 수 있을 것이라고 생각됩니다. 영어 실력은 의사소통만 되면 큰 문제는 없다고 생각합니다. 다만 가끔 영어를 전혀 못하는 일본 분들이나 한국 분들을 접할 때가 있는데, 기본적인 의사소통이 안되면 미팅할 때 그리고 평소에 의견을 나눌 때 등에도 문제가 있을 것 같습니다. 영어가 많이 부족하다면 실력으로 대신할 수 있어야 할 것 같습니다.

Q 멀리 타국에서 바라보는 한국의 CG 산업에 대해 어떻게 생각하십니까?

한국은 온라인 게임의 미래를 보여주고 있는 나라입니다. 하지만 극심한 경쟁때문인지 어려운 환경이라고 들은 것 같습니다. 그러나 한국에서 개인적으로 또는 기업 차원으로 북미 / 아시아로 진출하고 있는 모습을 보면 가슴이 뭉클하기도 하고 자랑스러움도 느껴집니다. 머지않아 한국의 CG / Game 산업이 세계 최고의 수준에 도달하는 날이 오길 기대해봅니다.

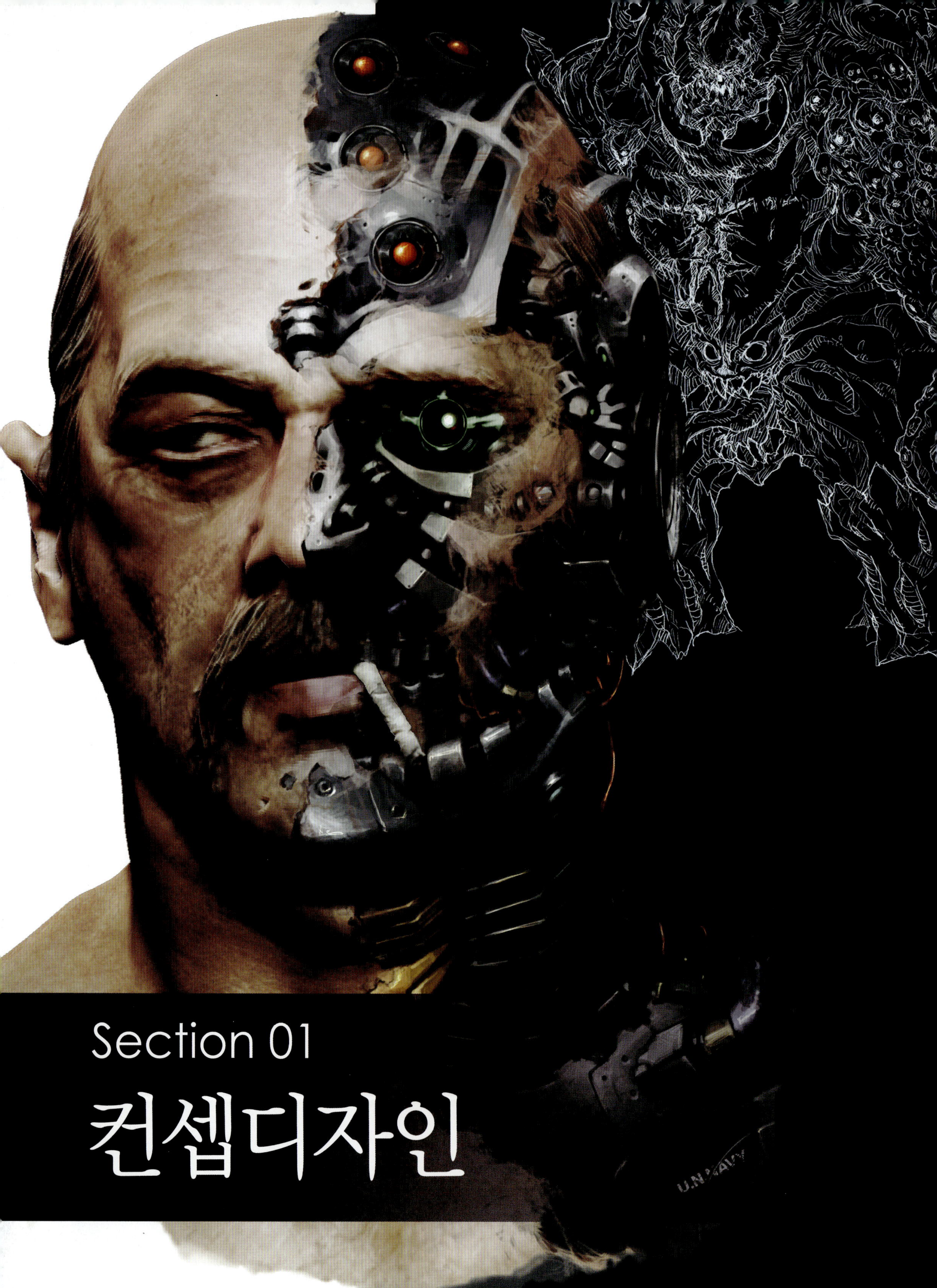
Section 01
컨셉디자인

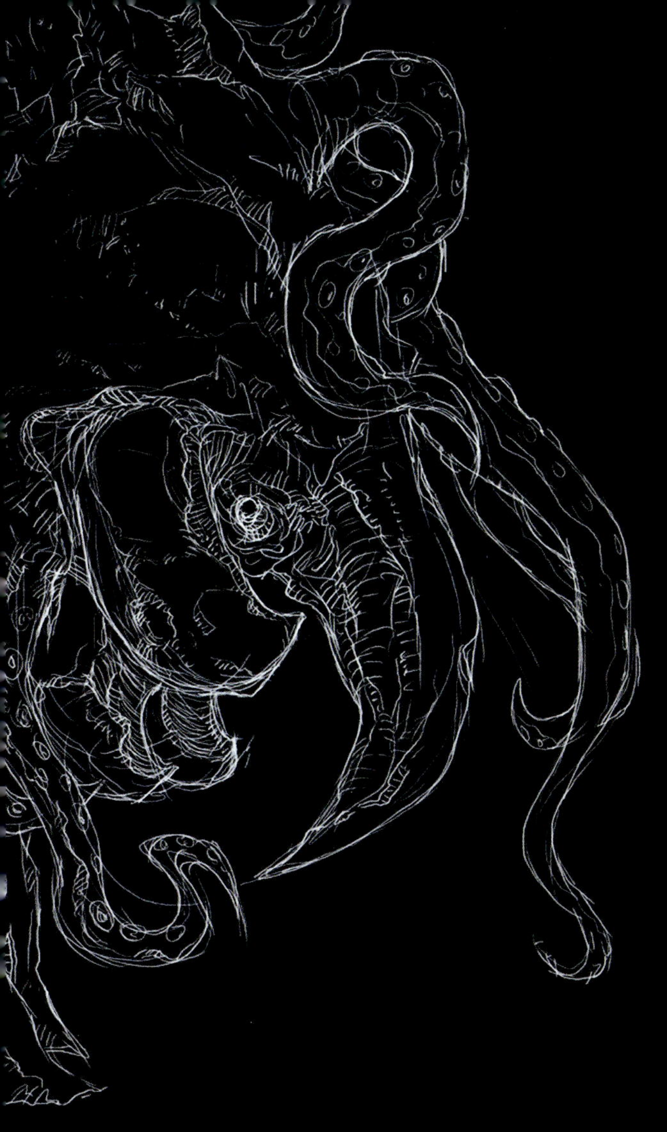

Part 01

컨셉아트의
개요 및 역사

컨셉아트의 정의

01

컨셉아트를 간단하게 정의해 본다면, '어떤 프로젝트에 대한 비주얼적인 자료를 제시하는 것으로 프로젝트의 모습과 분위기를 결정짓는 일러스트레이션'이라고 할 수 있습니다. '컨셉아트'라는 단어는 Henry Flynt가 1961년에 쓴 〈Anthology〉라는 책에서 최초로 사용되었습니다. 이 책에는 aniti-art를 주장하는 다다이즘과 상이한 Fluxus 아티스트들의 작품이 주로 실려 있습니다. 현재의 용도와는 반대되는 개념으로 사용되었던 것 같습니다.

현재 컨셉아티스트가 하는 일을 설명한다면 영화나 게임, 애니메이션 등의 스토리에 맞춰 프로덕션 아트(key art) 등의 러프한 씬 페인팅 등을 하여 전체적인 분위기를 창조하고, 어느 정도 분위기가 정해지면 구체적인 프로덕션아트를 제작하게 됩니다.

보통 게임에서는 컨셉아트라 하면 컨셉아트와 프로덕션아트를 통틀어 지칭하기도 합니다. 프로덕션아트의 경우 디자인 요소가 강하여 컨셉디자인이라고도 하며, 이런 일을 하는 아티스트들을 컨셉디자이너라고 칭하기도 합니다. 게임의 경우는 컨셉디자이너의 역할이 보통 캐릭터 디자인과 무기에 치중되며, 영화의 경우엔 코스튬과 탈 것, 그리고 프랍 등의 디자인을 하는 것입니다.

서양의 컨셉아트 발전 흐름과 대표적 아티스트

02

서양에서 컨셉아트가 시작된 곳은 아마도 영화가 아닐까 싶습니다. 서양의 경우 판타지 아트와 컨셉아트의 구분이 초기에는 어려웠을 것으로 여겨집니다. 판타지 혹은 Sci-Fi 일러스트를 하는 분들이 영화의 일러스트도 겸해서 작업하던 시절이 컨셉아트의 초창기 모습이었습니다.

영화와 관련된 아트는 디렉터나 시나리오 작가로부터 시나리오를 받아 감독과 함께 혹은 작가와 함께 스토리보드를 만드는 스토리보더가 있고, 스토리에 기반하여 중요한 장면의 일러스트를 담당하는 컨셉아티스트, 세트디자인을 하는 아트디렉터와 컨셉아티스트가 있습니다. 그리고 세트에 등장하는 프랍과 캐릭터가 사용하는 무기나 특수한 장치, 갑옷, 평상복, 자동차, 비행기, 배, 로봇 등의 탈 것, 영화에 등장하는 다른 생물체들의 디자인을 위한 컨셉아티스트가 있습니다. 영화계의 대가라고 불릴 만한 대표적인 컨셉아티스트는 Ralph McQuarrie, Syd Mead 그리고 H. R. Giger를 꼽을 수 있습니다.

Ralph McQuarrie의 경우는 예전 〈스타워즈〉 시리즈의 비주얼을 거의 도맡아서 할 정도로 (조지 루카스)보다 〈스타워즈〉 시리즈의 전체적인 분위기나 새로운 비주얼을 창조하는 데 큰 역할을 한 컨셉아티스트이자 일러스트레이터입니다. 예를 들어 사무라이의 마스크에서 영향을 받아 디자인한 다쓰베이더라든가 R2D2, C3PO 등의 로봇 디자인, 기괴한 외계인과 크리처 디자인 등은 〈스타워즈〉의 핵심적인 비주얼을 차지하여 큰 반향을 불러일으켰습니다.

이 외에도 〈인디아나 존스〉, 〈스타트렉〉, 〈백 투더 퓨처〉, 〈쥬라기 공원〉 등 ILM의 굵직한 프로젝트들의 컨셉아트를 도맡아 하기도 하였습니다. 새로운 〈스타워즈 1, 2, 3〉편에도 참여하고 있었으나 Doug Chaing에게 자리를 양보하고 조지 루카스의 요청을 거절했다고 합니다. Ralph는 〈스타워즈〉의 컨셉아트뿐만 아니라 포스터 등도 직접 제작하였고, 아이작 아시모프의 대작 〈아이 로봇〉의 북커버 일러스트레이터로도 유명합니다. Ralph는 새로운 세계와 그곳에 살고 있는 다른 생명체들을 묘사하는 일러스트를 많이 제작하여 수많은 일러스트레이터들이 존경하는 아티스트입니다.

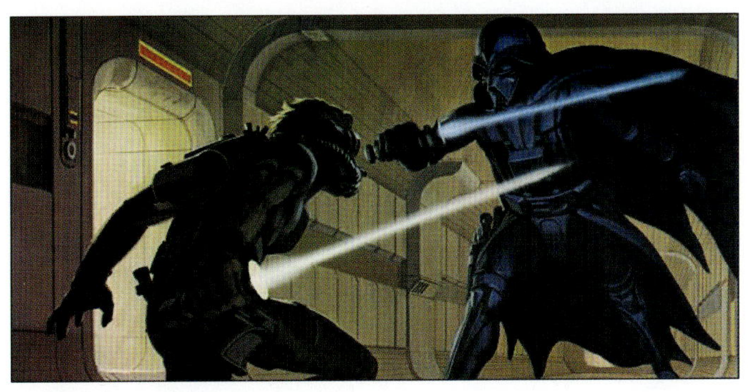

〈스타워즈〉. 루카스필름 | Ralph McQuarrie 作

〈블레이드 러너〉, 워너 브라더스 | Syd Mead 作

Syd Mead는 미래 판타지 일러스트레이터로 시작한 Ralph와 다르게 Ford에서 자동차 디자이너로 경력을 시작하였습니다. 몇 년간 자동차 디자이너로 일하다가 자신의 회사를 설립한 Syd Mead는 〈스타트렉〉, 〈블레이드 러너〉, 〈트론〉, 〈에일리언〉 등의 공상과학영화 프로젝트와 〈야마토〉, 〈건담〉 등의 일본 애니메이션 일러스트레이터 혹은 컨셉아티스트로도 활약하였고, 또 여러 게임의 컨셉아티스트로 활동하하고 있습니다. 특히 초반 경력이 말해주듯이 미래형 자동차나 로봇 혹은 장갑차, 우주선 등의 탈 것에 대한 새로운 디자인과 전혀 새로운 미래 도시 등의 컨셉디자인이 상당히 뛰어난 것으로 유명합니다. Syd Mead의 디자인은 차후 수많은 공상과학영화에 큰 영향을 미쳤으며, 〈블레이드 러너〉의 경우 가장 성공적으로 아트디렉션이 된 공상과학영화 중 하나로 평가받고 있습니다. Syd Mead 특유의 강렬한 색감과 과감한 디자인은 수십 년이 지난 지금 다시 봐도 감탄과 함께 즐거운 감상의 시간을 주곤 합니다.

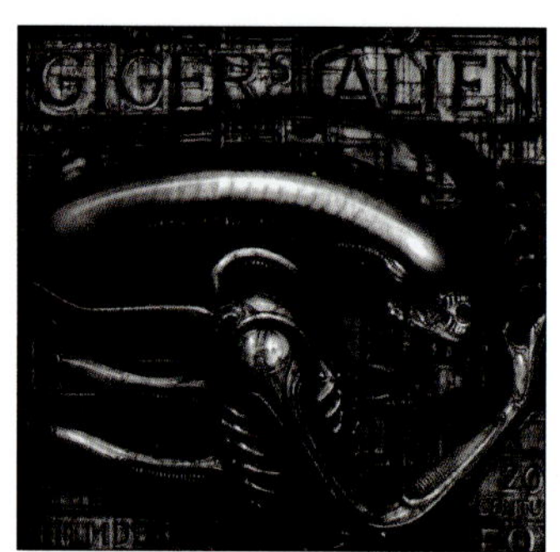

〈에일리언〉, 20세기 폭스사 | H. R. Giger 作

H. R. Giger는 자신만의 독특한 스타일로 주목을 받은 경우라고 할 수 있는데요. 독특하고 기괴한 디자인으로 〈듄〉, 〈에이리언〉, 〈스피시즈〉 등의 영화 컨셉아트와 포스터 등을 담당하였고, 특히 여러 밴드들의 앨범 재킷과 비디오 게임에도 참여하며 다방면의 분야에서 활동하고 있습니다. Giger의 대표작인 〈에일리언〉의 디자인은 현재에도 많은 분야의 디자인에도 큰 영향을 주고 있습니다.

지금까지 시리즈가 계속 나올 정도로 엔터테인먼트 분야에서 여전히 커다란 IP로 자리 잡고 있습니다. 괴기스러운 외계인의 전형적인 모습을 제시하여 현재까지 많은 아티스트들이 영향을 받아 디자인을 하고 있어 커다란 모티브로 작용하고 있음을 알 수 있습니다. H. R. Giger의 경우 미래적이며 그로테스크한 몬스터 디자인과 배경 디자인이 상당히 매력적이라고 할 수 있습니다.

21세기로 들어서면서 그 계보를 잇고 있는 영화계 컨셉아티스트들을 살펴보면 Craig Mullins, Iain McCaig, Ryan Church 등이 있고 그 외에도 이름 없는 수많은 아티스트들이 헐리우드의 대작 영화들에 참여하고 있습니다. 기존에 뛰어난 소수 인원들만의 전유물이었던 컨셉아트 분야는 이제 인터넷을 통한 퀄리티의 평준화, 그리고 디지털 툴의 쉬운 접근성과 빠른 작업 속도로 인해 그야말로 컨셉아트의 붐, 그리고 뛰어난 컨셉아티스트들의 축제라고도 할 만큼 수많은 아티스트들이 창조하고 또 서로 영향 받는 시대가 되었습니다.

Craig Mullins의 경우 일러스트레이션과 자동차 디자인을 섭렵하며 디자이너와 일러스트레이터 각각의 약점들을 극복해냈고, 기존의 디지털 느낌의 페인팅을 탈피하여 좀더 전통적인 미디어 느낌과 사실적이며 예술적인 감각이 어우러져서 새로운 분위기의 작품들을 생산해내어 디지털 컨셉아티스트들에겐 컨셉아트의 신으로까지 숭배되고 있습니다. Craig Mullins의 경우 사물에 대한 관찰, 자연현상과 인공물들로 인한 현상들의 연구와 관찰이 작품의 리얼리티를 높이는 데 큰 도움이 되고 있다고 얘기하고 있습니다.

〈헤일로2〉, 마이크로 소프트 | Craig Mullins 作

대표작으로는 영화 〈매트릭스〉, 〈아마겟돈〉, 〈콘택트〉, 〈뱀파이어와의 인터뷰〉, 〈포레스트 검프〉, 〈파이널 판타지〉 등이 있고, 〈헤일로〉, 〈에이지 오브 엠파이어〉, 〈폴아웃 3〉 등의 게임에 참여하였습니다. Iain McCaig, Ryan Church 등은 ILM에서 〈스타워즈〉를 비롯한 수많은 프로젝트에 참여하다가 현재는 여러 회사의 대형 프로젝트를 맡고 있는 것으로 알고 있습니다.

현재에 와서는 게임 업계의 시장 규모가 영화의 시장 규모와 비슷해지면서 컨셉아트라는 분야가 게임 업계에도 크게 자리 잡게 되었습니다. 또한 기존의 게임과 다르게 차세대 게임기의 등장으로 게임 그래픽 퀄리티가 높아지고 게임 내 세계의 스케일도 커지고 복잡해지면서 컨셉아트만을 담당하는 컨셉 아티스트의 비중이 커지게 되었습니다.

게임의 경우도 영화와 마찬가지로 게임의 전체적인 스토리가 나오게 되면 그 스토리가 속한 시대와 분위기, 그리고 스토리 내에서 존재하는 캐릭터들과 그 캐릭터들이 입고 있는 의상, 사용하는 무기, 탈 것, 같이 살아가는 동물, 또 캐릭터와 맞대결하는 몬스터 등의 거대한 적들, 또 주위 환경과 그곳에 놓여 있는 프랍들에 대한 비주얼적인 아이디어를 러프하게 보여줍니다. 때로는 게임의 실제 퀄리티보다 훨씬 높은 아트웍들이 게임의 전체적인 컨셉과 테마가 무엇인지 알아내기 위한 도구로 사용되기도 합니다.

하지만 게임은 영화와 달리 캐릭터가 플레이어와 상호작용을 하기 때문에 캐릭터가 어떤 식으로 공격하고 어떤 무기를 쓰는지, 어떤 동작을 취하는지, 또 어떤 식으로 플레이어가 감정이입을 할 수 있게 하는지, 또 배경은 어떤 식으로 캐릭터와 혹은 스토리와 맞물려서 플레이어가 게임 속 세상을 어떻게 돌아다니고 활동할 수 있게 하는지, 그 안에서 재미를 창출할 수 있게 만드는지에 대한 이해가 필요하기도 합니다.

따라서 게임을 위한 컨셉아트는 스토리와 맞물린 보기 좋은 비주얼을 만드는 것을 넘어 캐릭터들이 살고 있는 게임이라는 또 하나의 세계를 창조하고 그 안에서 플레이어들이 자신들의 캐릭터로 흥미로운 플레이를 진행하도록 해주는 기초 작업이라고 할 수 있습니다.

게임이 처음 개발되고 발전되는 과정에서 컨셉아트는 실제로 큰 비중을 차지하지는 않습니다. 보통 3D 아티스트들이 혹은 프로그래머들이 처음부터 결과물을 혼자 만들어내어 게임 속에 집어넣거나 기존에 존재하는 사진이나 이미지들을 그대로 차용하는 식으로 컨셉을 잡곤 했습니다. 심지어 지금도 규모가 작은 게임회사들은 컨셉아티스트라는 직책이 구분되어 있지 않고 모델러나 텍스처 아티스트가 컨셉을 하고 아트디렉터와 상의하여 어느 정도 결정이 되면 3D로 직접 만들어 사용하기도 합니다.

인터넷상으로 많이 알려진 게임 컨셉아스트를 소개한다면, Sparth, Massive Black, Charlie wen, James Hawkins, Tinfoil, James paick 등이 있습니다. Massive Black은 한 아티스트의 이름이 아니고 여러 뛰어난 아티스트들이 모여 컨셉아트를 전문적으로 하는 스튜디오입니다. 상당히 자유로운 분위기이지만 일을 상당히 많이 하는 곳으로 알려져 있습니다. 게임 컨셉아티스트는 워낙 그 수가 많기 때문에 트렌드도 쉽게 바뀌고 또 뛰어난 새로운 아티스트들이 끊임없이 등장하는 무림이라고도 할 수 있습니다.

동양의 컨셉아트와 대표적 아티스트

03

동양의 컨셉아트라고 한다면 일본과 한국의 컨셉아트라고 볼 수도 있겠습니다. 일본의 경우 만화책, 애니메이션 그리고 게임에 관련된 아트들이 풍부하고 그와 더불어 문구류, 서적, 완구 등으로 그 분야가 널리 퍼져 있습니다. 그중에서도 일본은 어찌 보면 만화가들에 의해 일본만의 스타일과 새로운 영역이 개척됐다고 볼 수 있는데요. 만화의 거장이라고 한다면 단연 데츠카오사무, 나가이고, 토리야마 아키라, 이노우에 다케히코, 우라사와 나오키, 아다치 미츠루를 들 수 있습니다. 일본의 만화는 그 규모로 봤을 때 전 세계 시장의 약 70%를 장악하고 있을 정도로 강력하고 또 다양합니다. 이런 일본의 다양한 만화들이 여러 가지 게임과 애니메이션으로 확장되어 나가고 또 새로운 아트스타일이나 스토리, 또 새로운 소재들을 발굴해내고 있어 일본 문화산업의 핵심이라고도 할 수 있습니다. 헐리우드 영화들도 요즘은 〈슈퍼히어로〉 같은 자국의 만화책에서 소재를 언어와 영화를 제작하는 것이 붐이 되어버렸습니다.

애니메이션 분야에서는 토미노 요시유키, 미야자키 하야오, 안노 히데야키, 오토모 가츠히로, 곤 사토시, 가와모리 쇼지, 가와지리 요시야키 등이 있겠습니다. 만화에서 검증된 스토리를 애니메이션으로 만드는 것이 어느 정도 관례라면 관례일 정도로 많은 작품들이 만화에서 그 오리지널 스토리를 차용하는데, 어떤 애니메이션들은 애니메이션에서 그 본래의 스토리를 창조하고 그 후에 만화책이나 게임으로 확장해나가는 경우도 있습니다. 대표적으로는 〈에반게리온〉을 꼽을 수 있겠습니다.

애니메이션은 스토리도 스토리지만 만화의 평면적인 그림에서 보여주기 힘든 역동성, 그리고 다이내믹한 카메라웍 등이 관객들의 눈을 사로잡기도 합니다. 최근 나오는 게임에서는 이러한 애니메이션에서만 느낄 수 있는 효과들을 가능한 한 그대로 살리기 위해 노력하기도 합니다. 그 외에 다양한 장르와 미디어에 컨셉디자인과 일러스트레이션을 하고 있는 분들을 살펴보면 히로토시 사노, 야마노 요시타카, 코지 모리모토, 토시히로 카와모토, 키미토시 야마네, 테라다 카츠야, 야스시 스즈키 등이 있습니다. 이 외에도 새로 등장하신 분들은 일일이 열거할 수 없을 정도로 많습니다. 일본은 다양한 스타일의 여러 아티스트들이 각각의 스타일로 일본의 만화, 애니메이션, 게임 등을 점점 더 발전시키고 있기 때문에 앞으로 또 어떤 새로운 스타일이 나올지 궁금합니다.

〈건담무쌍〉, 반다이

〈파이널 판타지〉, 스퀘어에닉스

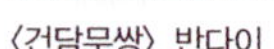

〈드래곤볼Z〉, 슈에이샤 | 토리야마아키라作   〈우주소년 아톰〉, 데츠카프러덕션 | 데츠카오사무作

한국의 컨셉아트에는 필자의 기억으로 김형태 씨의 〈창세기전〉 일러스트들이 생각납니다. 그 당시 상당한 퀄리티에 깜짝 놀랐는데요. 여전히 여러 훌륭한 일러스트들을 보여주시고 있고 또 외국 친구들도 김형태 씨의 그림은 다들 좋아하고 있습니다. 그 외에 최근에 너무나 잘하시는 한국분들이 많아 개인적으로 뿌듯합니다. 한국은 애니메이션 시장이 크지 않아 만화책이 영화로 많이 제작되는 것으로 알고 있습니다. 앞으로 한국 애니메이션도 일본처럼 큰 발전이 있었으면 하는 바람입니다.

한국의 게임 비주얼은 세계 최고라고 할 정도의 컨셉아트 퀄리티와 또 3D로 구현했을 때의 퀄리티는 놀라울 정도로 뛰어납니다. 예를 들어 〈아이온〉과 〈Blade & Soul〉 등의 게임 비주얼은 외국에서도 높은 호평을 받고 있습니다.

〈아이온〉, NC SOFT   〈Blade and soul〉, NC SOFT | 김형태 作

CABALIST CONCEPT _ DW III

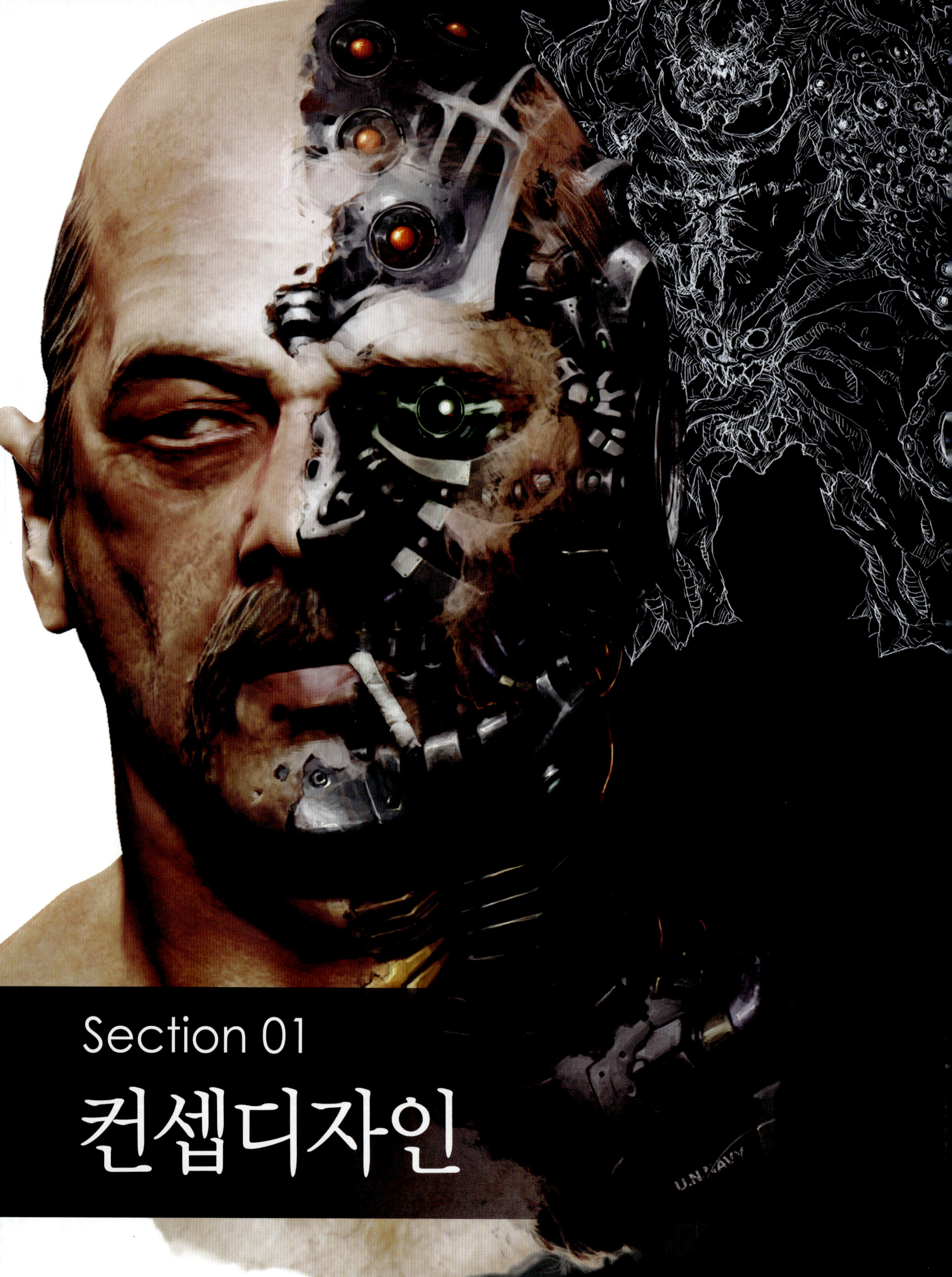

Section 01

컨셉디자인

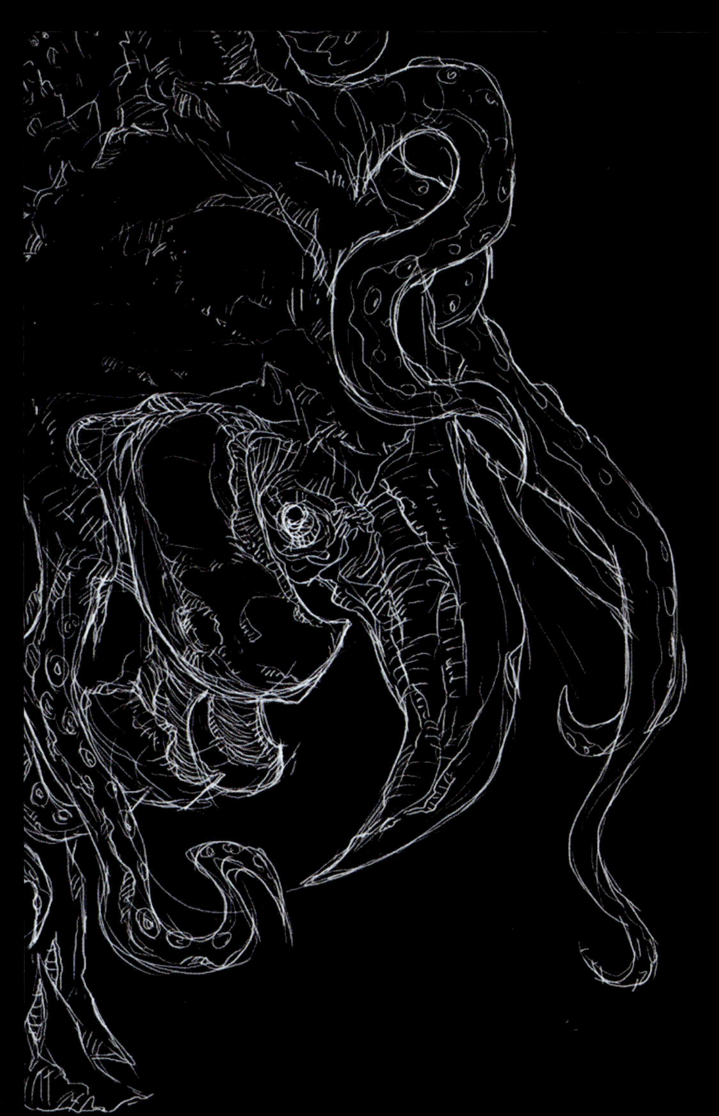

Part 02

디자인을 위한 참고자료 조사의 중요성

고전 마스터들을 통한 흐름 분석

01

컨셉디자이너는 '창조'하는 직업입니다. 하지만 창조는 무(無)에서 나온다고 볼 수 없기 때문에 우리는 항상 무언가에 의해 영향을 받고 또 자신의 내부에 존재하는 성향에 의해서도 영향을 받습니다. 아티스트로서 가장 처음 그리고 강하게 영향을 받는 것은 바로 다른 아티스트의 작품입니다.

미국에서는 일반적인 미국의 일러스트레이터들이 어떻게 보면 컨셉아티스트들에게 가장 큰 영향을 주고 있다고 말할 수 있습니다. 대표적인 아티스트로는 John Singer Sargent, J. C. Leyendecker, Dean cornwell, Norman Rockwell 등의 미국 근현대 일러스트레이터들을 들 수 있습니다. Sargent 는 모든 일러스트레이터들이 추앙하는 페인터로 인상주의 느낌의 오일페인팅과 수채화를 주로 하였는데, 약간은 과장된 컬러 감각과 과감한 스트록은 지금까지 대다수의 일러스트레이터들이 도달하고 싶어하는 Sargent의 전매특허라고 할 수도 있습니다.

Dean cornwell 作

Norman Rockwell 作

Sargent 作

Leyen decker 作

Leyen decker는 대다수의 게임 컨셉아티스트들이 스타일을 따라하는 아티스트로, 심플한 그림자와 주름 등의 표현이 상당히 뛰어난 걸로 유명합니다. 명암을 디자인하는 식으로 페인팅하기 때문에 많은 컨셉디자이너들이 추앙하기도 합니다.

Dean cornwell, Norman Rockwell은 렌더링과 덩어리감 표현에서 타의 추종을 불허하기도 합니다. 모두 오일 페인팅으로 유명한 아티스트들입니다.

그 후에 더 직접적으로 영향을 끼친 것은 공상과학, 판타지 일러스트레이터들이 있습니다. 예를 들면, Frazetta, Wayne Balowe, John C. Berkey, James Gurney 등입니다. Frazetta는 판타지 아트의 아버지라고 불릴 만큼 다수의 판타지 아티스트들과 작품들에 영향을 미친 아티스트입니다. 코믹 아티스트로도 유명한 Frazetta는, 특히 인체의 근육 표현에 탁월하여 현재까지도 수많은 아티스트들이 그의 작품들을 참고하고 또 여러 가지 레이아웃을 모방하고 있으며, 많은 공부를 하게 하는 아티스트입니다. Frazetta는 주로 코난식의 판타지물 일러스트를 많이 하였고 또 공상과학 느낌과 섞어 고전 공상과학 느낌의 일러스트도 많은 편입니다. 강렬한 색감과 특유의 화려한 붓터치가 사람을 빨려들게 하는 매력이 있습니다.

Wayne Balowe의 경우는 작품의 대부분이 지옥 이미지와 지옥에 살고 있는 괴물들을 묘사한 것들입니다. 정말 끔직하고 소름끼칠 정도로 기괴한 이미지들을 많이 창조하여 지옥 이미지가 있는 영화 작업을 많이 하고 있습니다. 〈헬게이트:런던〉도 초기 컨셉 시 이 분의 그림에 영향을 많이 받았습니다. 〈헬보이 2〉에 나오는 괴물들의 컨셉디자인을 맡은 것으로 알고 있습니다.

John C. Berkey는 공상과학 일러스트레이터로 상당히 유명한 일러스트레이터입니다. 각종 큰 메카닉 페인팅으로도 유명하며, 강렬한 터치로 이뤄낸 파도와 폭파 씬들은 감탄이 절로 나올 정도입니다. John은 페인팅에 항상 거친 브러시 스트록을 사용하여 역동적인 느낌과 함께 오일 페인팅의 강한 느낌이 묻어나고, 그럼에도 불구하고 정확한 밸류와 컬러를 찾아내어 마치 사진 같은 퀄리티를 끌어내어 Craig Mullins 등 헐리우드에서 유명한 아티스트들도 그의 스타일을 많이 참조하고 따라하기도 하는 것으로 알려져 있습니다. 〈스타워즈〉 등의 일러스트에도 참여한 것으로 알고 있습니다.

James Gurney는 판타지 아티스트로 유명합니다. 대표작으로는 〈Dinotopia〉라는 일러스트 책이 있는데, 각종 스팀펑크 스타일의 기계류와 여러 공룡일러스트와 굉장히 아름다운 자연경관과 새로운 판타지 느낌의 배경들은 언제 봐도 즐거운 작품들입니다.

Frazetta 作

Wayne Balowe 作

John C.Berkey 作

James Gurney 作

현대 디자인
추세 분석
02

현대의 디자인 추세를 분석해 본다면 서양의 컨셉아트의 경우 여전히 〈워해머〉, 〈반지의 제왕〉 같은 스타일의 판타지물과 〈스타워즈〉, 〈스타트렉〉, 〈스타게이트〉 풍의 공상과학 스타일도 여전히 강세입니다. 최근 헐리우드 영화는 만화를 영화화하는 것이 트렌드인데, 미국과 일본 만화를 영화로 제작하면서 또 다른 스타일을 창조하고 있다고 볼 수 있습니다.

예를 들어 〈트랜스포머〉의 경우, 본래 일본 애니메이션이지만 영화의 리얼리티를 살리기 위해 상당히 복잡하고 더 기계적인 느낌이면서 또 기존의 애니메이션 이미지를 보여주고 있어서 〈트랜스포머〉의 옛 팬들도 열광했던 것으로 기억됩니다. 〈아이언맨〉 같은 경우는 만화와 거의 같은 모습의 디자인을 보여주면서도 디테일을 리얼하게 처리하여 새로운 비주얼을 보여주기도 했습니다. 한국의 경우에도 지난번에 공개된 〈태권V〉의 데모 모습은 열성팬의 한 명으로 큰 흥분을 느끼기에 손색이 없었습니다.

게임의 경우는 어떤 트렌드가 있다기보다는 여러 가지 장르가 혼합된 느낌을 줍니다. 예를 들어 FPS(First Person Shooter) 장르의 경우 〈Call of Duty 시리즈〉 같은 사실적인 밀리터리물과 〈Resistance〉, 〈Crysis〉 등의 밀리터리와 공상과학이 혼합된 장르, 또 〈Mass effect〉, 〈Gears of war〉 등의 온전한 공상과학 장르의 게임 등 하이퍼 리얼리티를 추구하는 게임들이 있고, 〈가드 오브 워〉, 〈월드 오브 워크래프트〉, 〈스타크래프트〉 등의 다소 만화적인 혹은 보드게임 느낌의 게임들도 있습니다.

〈와치맨〉, 워너브라더스

〈트랜스포머〉, 파라마운트

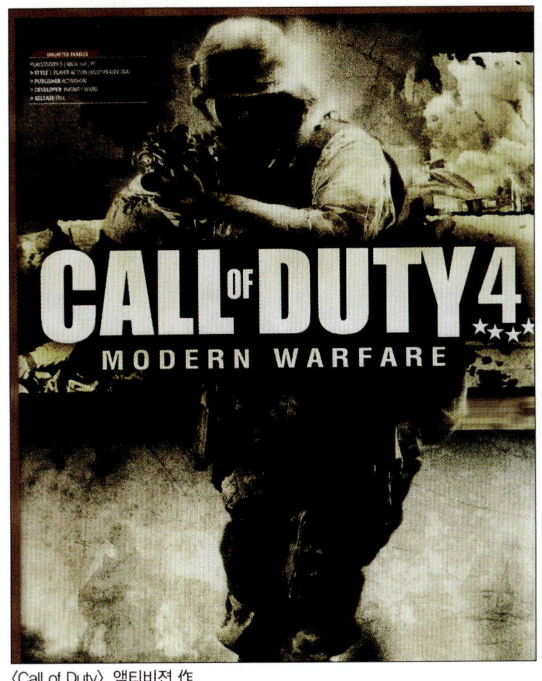
〈Call of Duty〉, 액티비전 作

〈워해머 온라인〉, EA 作

　　동양의 컨셉아트 추세를 본다면, 일단 영화 산업은 많은 가능성이 있지만 아직 헐리우드만큼 활발하지 않기 때문에 게임과 애니메이션이 엔터테인먼트 산업의 주를 이루고 있고, 컨셉아티스트들도 이 두 업계에서 활발히 활동하는 것으로 알려져 있습니다. 동양 컨셉아트의 큰 축을 본다면 일단 〈건담〉, 〈아키라〉, 〈사무라이〉, 〈닌자〉, 〈로도스도 전기〉 등의 다양한 애니메이션 스타일이 있습니다. 그것을 이어받았다면 이어받았다고 할 수 있는 〈파이널 판타지〉 등의 게임 컨셉을 빼놓을 수 없을 것입니다. 섬세하고 동양적인 판타지 느낌을 잘 살려내어 지금까지도 수많은 게임들이 〈파이널 판타지〉 느낌의 컨셉을 추구하고 있고, 지금 나오고 있는 새로운 시리즈의 〈파이널 판타지〉도 점점 진화하여 서양의 게임에도 서서히 영향을 미치고 있습니다.

　　최근에는 〈발키리 크로니클〉, 〈나루토〉 등과 같이 셀 쉐이딩을 적용한 게임들이 하나둘씩 나오고 있는데, 실제 애니메이션을 보는 듯한 착각을 일으킬 정도로 높은 퀄리티를 자랑하고 있습니다. 한국에서도 〈아이온〉 같은 대작에서 여러 가지 스타일의 컨셉이 나오면서 한국만의 스타일을 찾아가고 있는 것 같습니다.

〈발키리 크로니클〉, 세가

〈나루토〉, 남코반다이

자연물에 대한 이해

03

지금까지는 유명 아티스트들이 어떤 작업들을 해왔는지를 살펴봤다면, 이제는 아티스트들이 어떤 것들에서 영향을 받아왔는지 알아보겠습니다. 먼저, 아티스트들의 영원한 자료 창고라고 할 수 있는 자연을 살펴보겠습니다. 자연물은 크게 인간, 동물, 자연환경으로 분류할 수 있습니다. 아티스트들의 가장 큰 숙제라고 할 수 있는 인체의 해부학, 감정에 따른 표정 변화, 여러 가지 힘과 감정에 따라 변하는 동작 등에 대한 탐구와 분석은 정말 끝없는 공부라고 생각됩니다.

인간은 나이별로 또 인종별로, 성별, 성격 등에 따라서 전체적인 느낌과 디테일한 느낌이 무궁무진합니다. 백인, 흑인, 동양인에 따라 얼굴의 골격이 상당히 다르고 또 피부색의 변화라든가 머리카락, 눈동자 등 여러 가지 특징들이 다르게 나타납니다.

먼저 사람의 전체적인 포즈의 중요한 라인이라고 할 수 있는 척추 혹은 중심 라인을 가장 먼저 잡아야 합니다. 그 다음 다른 뼈 혹은 덩어리로 다른 부분을 조금씩 표현해 갑니다. 보통 중심 라인, 머리, 갈비뼈, 어깨, 팔, 다리순으로 그리게 되지만 그때 그때 상황에 맞게 혹은 개인적인 취향이나 편의에 따라 그리게 됩니다. 그 다음에 곁에 붙어 있는 근육들을 중심으로 리얼한 디테일을 더합니다. 어느 정도 형태가 잡히면 작은 덩어리들에 명암을 넣듯이 Core Shadow를 넣고 그 후에 어두운 부분과 Reflected Light(반사광)을 넣습니다.

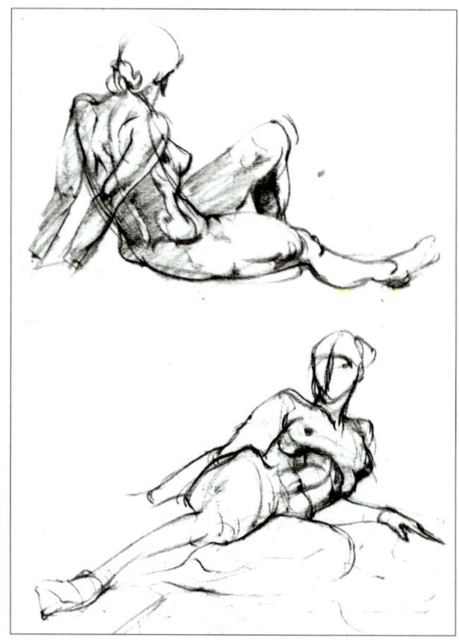

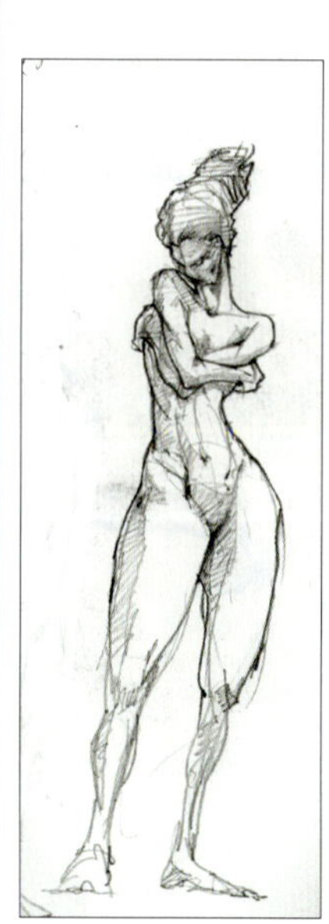

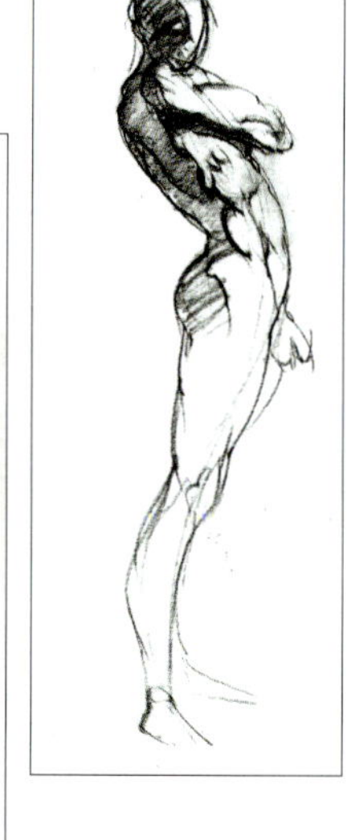

　　동물의 경우엔 사람과 해부학적으로 상당히 다른 구조를 가지고 있기 때문에 별도로 공부해야 합니다. 동물은 워낙 다양한 형태의 Proportion을 가지고 있기 때문에 끊임없이 관찰하고 연구하는 것이 가장 좋은 방법입니다. 사람처럼 일단 단순화시킨 도형들로 덩어리를 파악하고 그 후에 디테일을 집어넣는 것이 쉽게 따라할 수 있는 방법입니다. 동물원을 찾아가든가 아니면 다큐멘터리를 보면서 연습하는 것도 좋은 방법 중 하나입니다.

　　자연환경과 같은 배경은 형태도 중요하지만 무엇보다 명암과 컬러의 중요성이 크다고 하겠습니다. 자연환경은 여러 가지 복잡한 식물과 지형들로 인해 가까이에서 보면 그 복잡함에 묘사하기가 힘들고 시간이 오래 걸리기 때문에 쉽게 접근 못하는 경우가 많습니다. 따라서 자연환경을 묘사할 때는 어느 정도 단순화시키는 것이 중요합니다. 예를 들어 나무를 하나 그릴 때도 외곽 형태와 전체적인 덩어리감을 파악하면서 자기 나름의 방식으로 단순화시키고 또 현실감을 주기 위해서 여기저기 포인트로 디테일을 넣으면 한결 쉬워질 거라 생각합니다. 중요한 점이있다면 자연물은 항상 불규칙한 특성이 있기 때문에 너무 깔끔하게 정리를 하면 뭔가 어색해 보이기도 합니다. 따라서 일반적인 텍스처를 사용하거나 아니면 마구 끄적이듯이 붓질을 해서 자연스런 텍스처를 만들기도 합니다. 또 공기 중에는 언제나 안개나 먼지, 심지어 맑은 날의 경우에도 어떤 공기가 존재합니다. 뒷부분의 산이나 나무 등은 항상 앞에 있는 것보다 채도와 대비가 낮습니다. 의도적으로 바꿀 수도 있지만 일반적으로 이런 법칙을 따르게 됩니다. 예를 들어 모래가 날리는 벌판이라면 모래 색이 뒷배경에 더해지면서 뿌옇게 보이겠지요. 맑은 날의 경우엔 하늘색을 더해 주면 아주 멀리 있는 것들을 더 쉽게 표현할 수 있습니다.

인공물에 대한 분석

04

인공물이란 인간이 만들어낸 모든 것을 말합니다. 대표적으로 무기, 탈 것, 건물, 물건 등이 있습니다. 기본적으로 인간이 만들어낸 모든 것은 생산 단계를 거치기 때문에 외곽 형태가 자연물과 같은 복잡한 형태를 갖고 있지는 않습니다. 예를 들어 직선과 곡선이 깔끔하게 마무리 된다든가, 표면이 매끄럽다든가, 컬러의 채도가 높다든가 하는 식으로 말입니다. 하지만 그 정확성이 떨어지면 인공물처럼 보이지 않기 때문에 어찌 보면 자연물보다 묘사하기가 더 어려운 면이 있습니다.

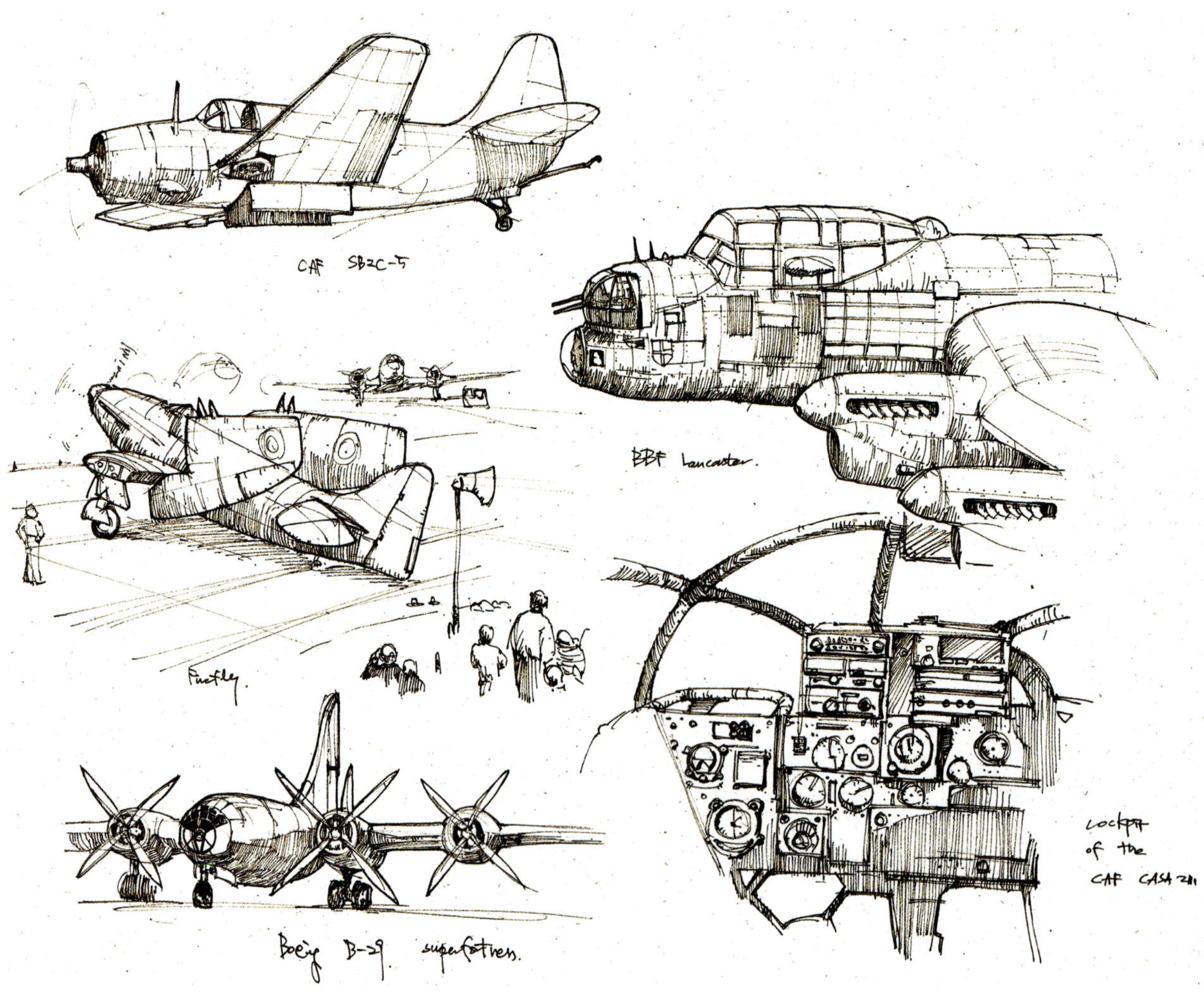

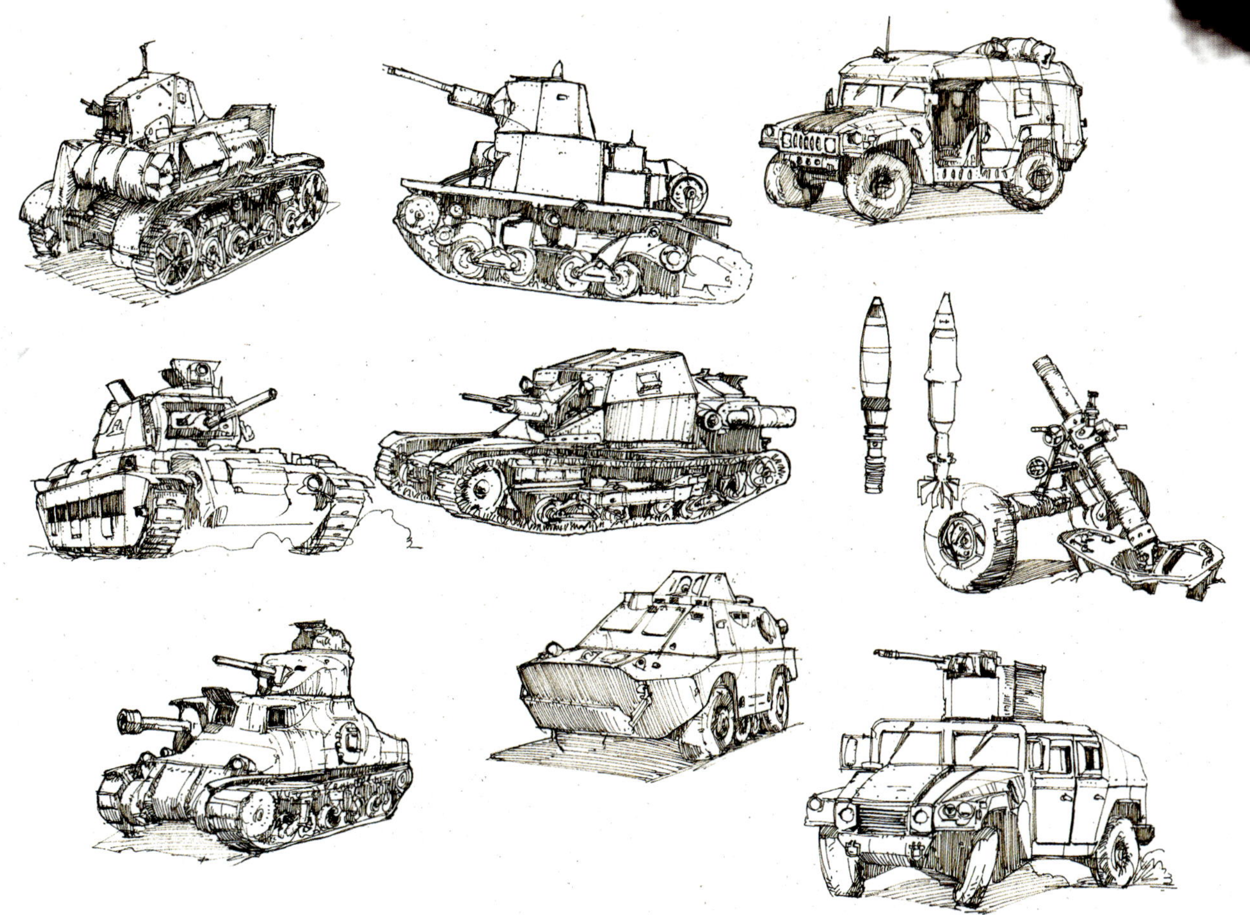

　인공물은 사실성이 떨어지면 그 사물의 identity가 없어지기 때문에 사실적으로 보이는 것이 매우 중요합니다. 따라서 인공물에는 그 기능을 위한 핵심적인 요소들이 항상 유기적으로 연결되어 있을 때 더욱 리얼한 느낌을 줄 수 있습니다. 예를 들어 자동차를 디자인했는데 바퀴와 엔진이 연결되어 있지 않다든가, 총을 디자인했는데 총렬이 곡선으로 되어 있다든가 한다면 아무리 그 디자인이 좋아도 그 사물이 갖고 있는 리얼리티를 유지할 수 없게 되어 어딘지 모르게 공허한 느낌이 들기도 합니다. 물론 시대가 완전히 다른 판타지물이나 아주 먼 미래라면 기존에 존재하는 방식으로 모든 것이 이루어지진 않을 테니 관계가 없다고 할 수도 있겠지만 결국엔 현실과 아주 동떨어진 방식으로 게임을 진행하다 보면 많은 게이머들이 떠나갈 수도 있을 것입니다.

TEMPLAR CONCEPT

Section 01
컨셉디자인

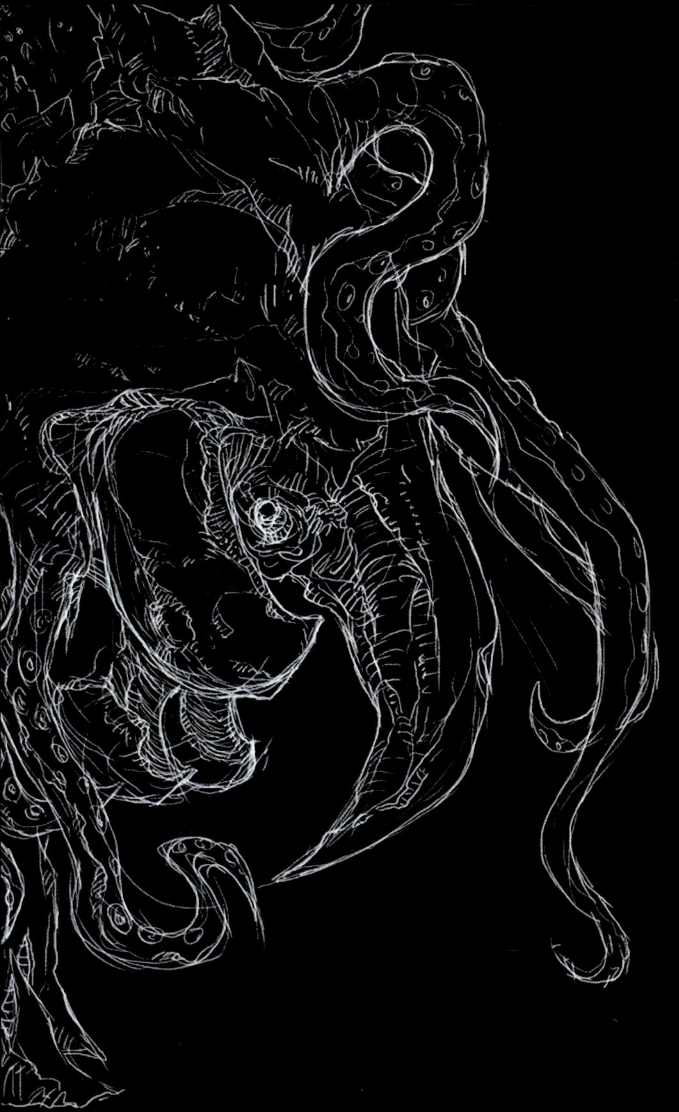

Part 03

컨셉아트를 위한
기본적인 도구

아날로그 미디어 소개

01

 컨셉아트는 드로잉과 페인팅으로 나뉩니다. 모두 제각각 자기가 편하고 잘하는 미디어를 사용하면 됩니다. 어떤 툴을 이용하는지는 스타일 면에서 영향을 미치기 때문에 여러 가지 툴을 다룰 수 있다는 것도 컨셉아티스트로서 역량을 키우는 데 플러스 요인이라 생각됩니다.

일단 드로잉은 연필과 종이가 기본입니다. 필자의 경우는 2B 연필, 샤프펜슬, 프리즈마 색연필, 목탄 등을 사용합니다. 샤프펜슬은 선의 굵기가 일정하게 나온다는 단점이 있지만 가장 편하고, 연필처럼 깎아 사용할 필요가 없어서 애용하는 편입니다. 조금 더 연필 같은 느낌을 얻으려면 0.7mm 샤프펜슬을 쓰기도 합니다. 종이는 특별히 가리지는 않습니다. 목탄은 부드러운 느낌의 드로잉을 할 때 유용한 툴인데, bond 페이퍼에 그리면 그 효과를 볼 수 있습니다. 늘어나는 지우개와 여러 지우개툴로 찍어가며 그리면 사진과 같은 퀄리티의 그림도 완성할 수 있습니다. 다만 손과 바지가 많이 더러워지겠죠.

다음은 펜 드로잉입니다. 펜 드로잉은 한 번 그리면 고칠 수 없는 단점이자 장점으로 인해 드로잉 실력을 늘리기 위한 연습으로 좋습니다. 펜은 0.3mm, 0.7mm 두 개 정도 준비하여 라인을 차별화시킬 때 사용하면 좋습니다. 펜 드로잉도 종이를 구별해서 사용하지는 않습니다. 가끔 레이저 프린터 전용지를 사용했을 때 펜과 종이의 마찰이 더 세서 그림을 정확하게 그리는 데 도움이 되기도 합니다. 펜 드로잉은 건축디자이너, 산업디자이너들이 빠른 아이디에이션을 위해 많이 사용하는데, 컨셉디자이너도 이런 면에서 많이 사용합니다.

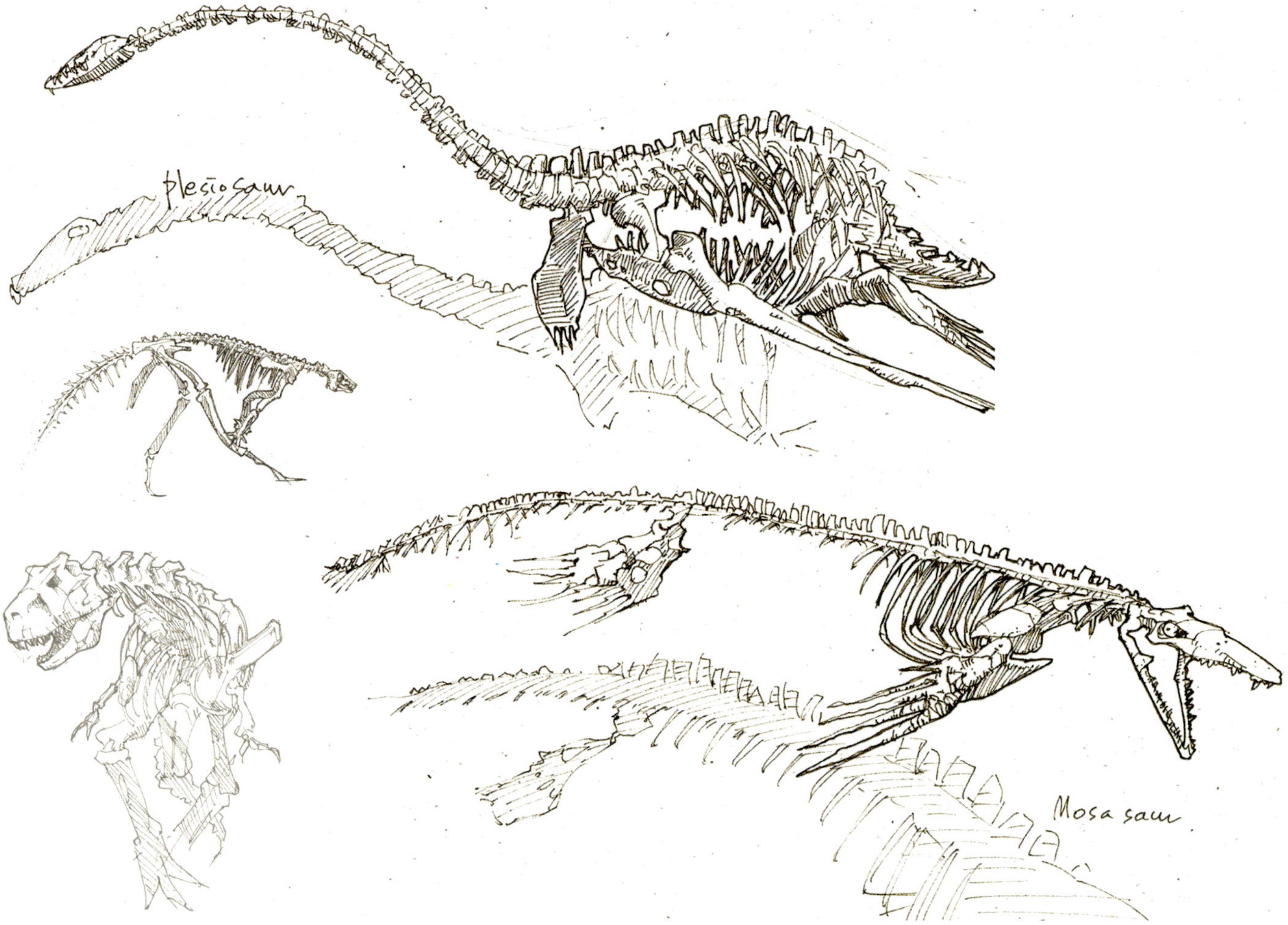

프리즈마 색연필은 산업디자인이나 자동차를 디자인하는 친구들이 처음 연습할 때 많이 쓰기도 합니다. 또 애니메이터들은 오래전부터 러프한 밑그림을 그릴 때 사용해 왔습니다. 컬러는 보통 indigo blue, black을 많이 씁니다. 종이는 벨럼지가 가장 좋고 마커 페이퍼도 좋습니다. 프리즈마 색연필은 심이 상당히 부드러워서 라인이 시원하게 그려지는 장점이 있습니다. 다만 디테일한 드로잉을 하기엔 너무 뭉개지는 경향이 있지만 그림을 크게 그리면 디테일한 그림도 얼마든지 그릴 수 있습니다.

그 외에 스토리보더들이나 디자이너들이 많이 쓰는 마커가 있습니다. 마커는 빠른 시간 내에 원하는 명암과 컬러를 표현할 수 있기 때문에 디지털 툴이 나오기 전에는 컨셉디자이너를 포함한 모든 디자이너들이 즐겨 쓰던 미디어입니다. 마커는 특성상 칠한 후에 번지는 습성이 있는데, 이런 특성으로 인해 수채화 같은 느낌을 내기도 합니다.

페인팅 툴은 다들 아시겠지만 수채화, 오일페인팅, 아크릴릭페인팅, 과슈페인팅, 파스텔 등이 있습니다. 예전의 컨셉페인팅, 일러스트레이션 등은 거의 과슈로 페인팅을 하였습니다. 물을 많이 타면 수채화의 느낌을 낼 수 있고 물을 적게 타면 아크릴릭처럼 위에 전혀 다른 색을 칠할 수 있다는 게 과슈의 장점입니다. 여러모로 유용한 툴이지만 가격이 상당히 비싸 개인적으로 많이 사용하지는 않지만 가끔 밖으로 나가 Landscape painting을 하기도 합니다.

오일페인팅은 제일 어렵고 시간도 오래 걸려서 개인적으로 꺼려 합니다. 하지만 그 컬러의 풍부함과 brush stroke은 아티스트로서 항상 정복해야 할 숙제로 느끼고 있습니다. 오일페인팅은 보통 어두운 부분을 한 가지 색으로 칠한 후 밝은 색으로 점점 옮겨가는 식으로 페인팅합니다. 오일 페인트는 말리지 않으면 위에 덧칠하는 색과 섞여 페인팅을 망치기 쉽기 때문에 조심스럽게 공간을 남겨두며 페인팅해야 합니다. 특히 색을 섞어 나갈 때 신중해야 합니다.

아크릴릭페인팅은 제일 쉬운 툴이라고 말씀드릴 수 있습니다. 아크릴은 플라스틱이기 때문에 위에 계속 덧칠하면 계속 덧칠이 되기 때문에 계속 수정할 수 있습니다. 또 단시간에 마르기 때문에 페인팅이 오래 걸리지도 않습니다. 다만 아크릴은 계속 페인팅을 덧칠할 경우 전체 페인팅이 점점 어두워지는 경향이 있어 조금씩 밝은 색으로 덧칠할 필요가 있습니다. 아크릴릭페인팅은 실제로 밝은 부분을 먼저 하든 어두운 부분을 먼저 하든 큰 차이는 없습니다. 다만 전체적인 실루엣은 어두운 색으로 잡고 그 위에 밝은 색으로 입혀나가는 식으로 페인팅하면 재미있고 오일페인팅 같은 느낌도 낼 수 있어 즐겨 하는 편입니다.

디지털 미디어 소개

02

디지털 미디어에는 모두가 다 아는 Photoshop과 Painter가 있습니다. Photoshop CS4는 브릿지의 빠른 반응속도와 캔버스 로테이션 기능, 빠른 내비게이션 그리고 3D 효과 등으로 기존 버전보다 페인터들에게 더 많은 편의를 제공하고 있다고 생각합니다. Painter는 여러 가지 브러시의 효과로 Photoshop보다 컬러 믹싱 등으로 컬러를 표현하는 데 더 빠르고 효과적인 기능을 제공합니다. 다만 여전히 Photoshop보다는 속도가 느린 것이 불편한 점입니다.

이 외에 드로잉 툴로서 연필과 비슷한 효과를 내는 Autodesk의 Sketch book pro가 있고 Painter와 비슷한 효과를 내는 Ambient Design의 ArtRage가 있습니다. 두 툴 모두 상당히 가볍고 빠르게 드로잉과 페인팅을 할 수 있습니다. 아직 호환 문제나 편의성에서 약간 부족하지만 둘 다 강력한 툴로서 Photoshop, Painter와 병행해서 사용하면 좋습니다.

그 외에 정확한 투시도를 얻기 위해서 3D 툴을 겸용으로 사용하는 경우가 있습니다. 최근에는 약간의 3D 툴을 사용하여 그 위에 페인팅하는 식으로 작업하는 컨셉디자이너들도 많이 늘어나고 있는 추세입니다. 많이 사용하는 3D 툴로는 Maya, ZBrush, 3ds Max, SketchUp이 있습니다. Maya는 여러 가지로 강력한 툴이고 게임이나 영화의 실제 작업을 Maya로 많이 하기 때문에 알아두면 항상 도움이 됩니다. 3ds Max는 V-Ray 등의 좋은 렌더러가 있어 렌더링 툴로도 많이 사용됩니다. Zbrush 같은 경우는 레이어와 브러시들의 기능 추가로 이제 조금 더 아티스트들에게 다가오기도 했지만 여전히 기존 페인팅 툴과는 괴리감이 있어 3D를 해보지 않은 사람들에겐 불편한 감이 있습니다. 하지만 사진을 직접 이용하는 강력한 모델링과 텍스처링으로 앞으로도 모든 분야에서 상당히 많이 쓰일 것으로 기대됩니다. SketchUp의 경우 Google earth를 제작하는 툴로도 많이 사용되는데, 간단히 모델링할 수 있어 Maya로 접근이 어려운 많은 컨셉아티스트들이 SketchUp으로 모델링을 하여 페인팅하기도 합니다. 이런 3D 툴들은 반드시 사용해야 한다기보다 좀더 정확한 그림을 그리기 위해 사용하는 툴이라고 말씀드리고 싶습니다. 캐릭터보다는 배경 컨셉 시에 좀더 장점이 있고, 또 요즘 매트 페인팅 작업에는 거의 필수입니다.

저자 갤러리_ 김진형_

Section 01
컨셉디자인

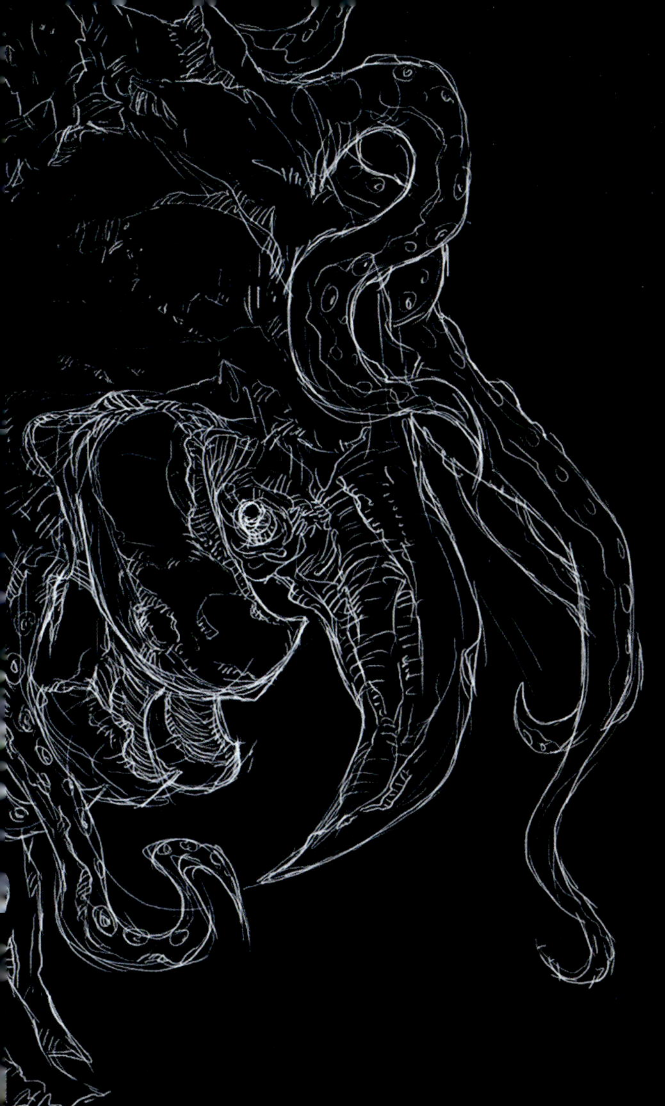

컨셉아트를 위한 포토샵의 주요 기능

브러시
만들기

01

052

Game Character Design Master

Photoshop은 컬러가 섞이는 브러시가 아니기 때문에 브러시의 모양과 브러시 스트록이 중요합니다. 브러시는 기존의 브러시에 여러 옵션을 추가하여 사용해도 좋은 효과를 낼 수 있고 새로 만들어서 사용하는 것도 여러 가지 효과를 주는 데 유리합니다.

일단 어떤 방법으로 브러시를 바꾸는지 알아보겠습니다. Photoshop에서 B를 눌러 브러시툴을 선택하고 F5를 눌러 브러시 창을 엽니다. 필자가 사용하는 브러시를 알려드리겠습니다. 이것에 응용하여 여러분이 개개인에 맞는 브러시를 만들면 됩니다. 일단 드로잉을 위한 브러시를 만들어 보겠습니다. 드로잉은 연필, 펜, 브러시와 같은 느낌의 브러시를 사용합니다.

연필은 연필심에 Grain 텍스처가 있습니다. 이것을 흉내 내려면 기본적인 라운드 브러시에 텍스처 옵션을 적용합니다. 텍스처는 여러 가지가 있기 때문에 본인이 생각할 때 알맞은 텍스처를 불러들여 적용합니다. Artist Surfaces에 유용한 텍스처가 많이 있습니다. 펜 느낌의 브러시는 가장 간단합니다. 제일 작은 라운드 브러시에 아무런 옵션 없이 사용합니다. 그리고 페인팅을 위한 브러시는 딱딱한 브러시, 부드러운 브러시, 에어브러시, 마커 혹은 수채화 브러시, 글로우 효과 브러시 등을 만들어놓고 씁니다.

필자의 경우 브러시를 미리 Tool Preset에 저장해 놓고 사용합니다. 어떤 분들은 브러시를 직접 만들어서 브러시 창에서 선택하여 쓰기도 합니다. 각자 자신에게 맞는 방법으로 브러시를 세팅해 놓으면 페인팅을 더 효율적으로 할 수 있습니다.

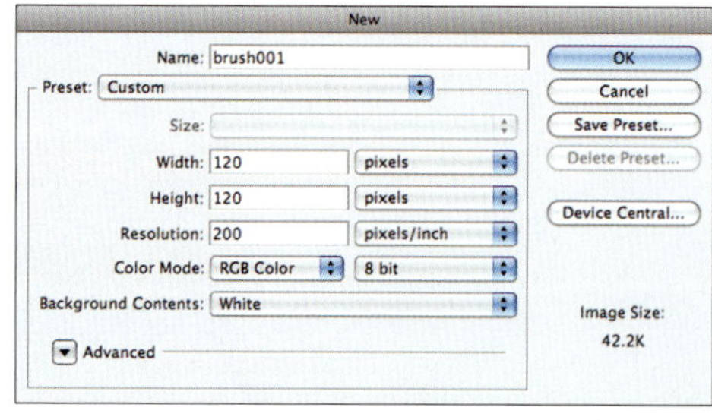

브러시를 직접 만들기 위해 일단 120*120픽셀 크기의 새 창을 만듭니다. 이유는 브러시 사이즈로 적당하다고 생각되기 때문인데, 일반적인 브러시 말고 아주 커다란 텍스처 브러시 등을 만들어 몇 번 찍어주는 식으로 페인팅을 하는 경우는 크기가 천차만별일 수 있습니다.

일단 일반적인 브러시의 경우 120*120의 창에 자신이 생각하는 브러시의 단면을 그려 넣습니다. 브러시는 말 그대로 붓질을 할 도구이기 때문에 그 붓의 단면을 디자인한다고 생각하면 됩니다. 저의 경우는 오일 브러시의 거친 느낌도 좋아하기 때문에 점으로 이리저리 찍어서 브러시의 단면을 만들기도 합니다.

 **01** 브러시 단면 만들기가 끝나면 그 후에는 이것을 Define Brush Preset으로 저장합니다.

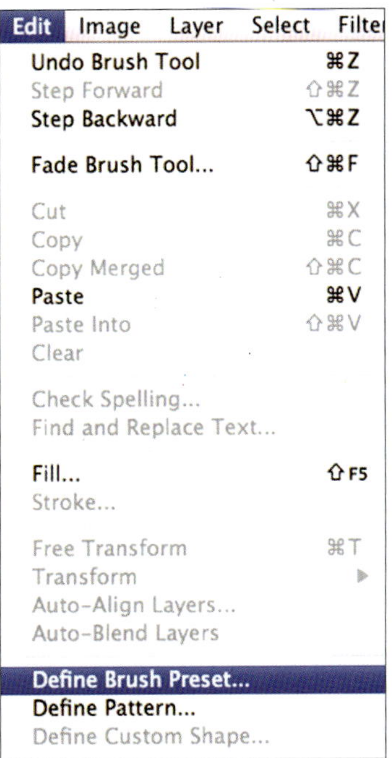

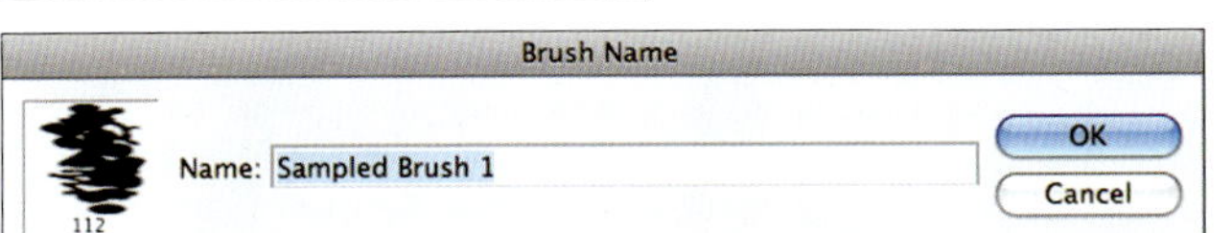

02 브러시툴에서 마우스 오른쪽 버튼을 클릭하면 브러시 창이 뜨는데 거기서 만든 브러시가 맨 끝에 있음을 확인할 수 있습니다.

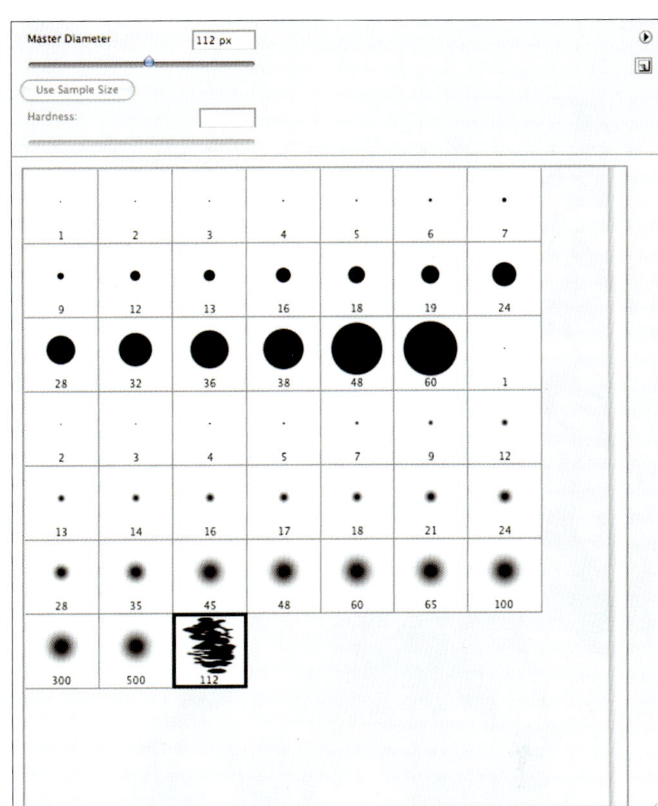

03 브러시 옵션(F5)에서 여러 가지 옵션을 적용하면서 좋은 브러시를 만들어 봅니다.

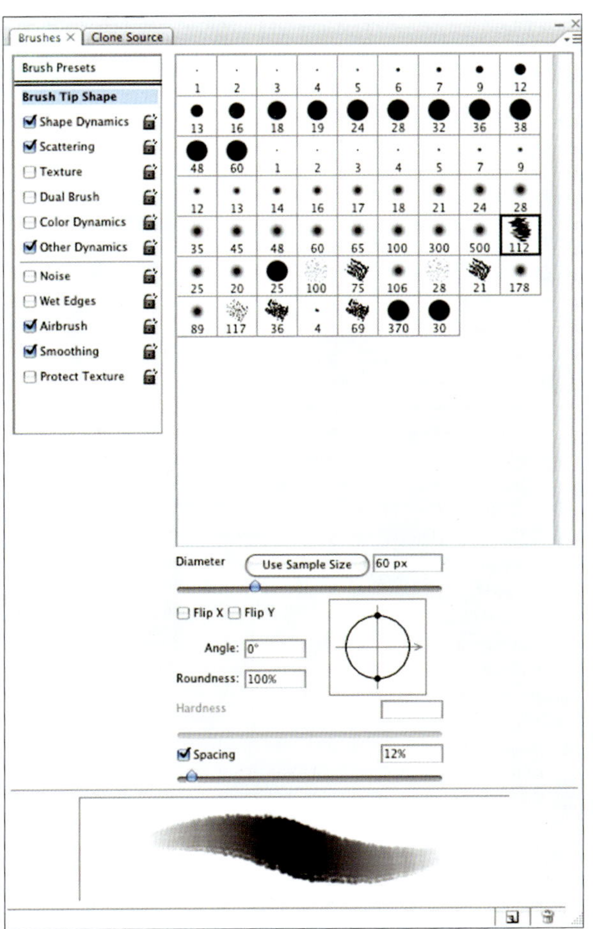

04 옵션을 바꾸면 다음과 같은 여러 가지 브러시가 나올 수 있습니다.

 새로 만든 브러시로 테스트 겸 이리저리 페인팅해 보면서 느낌이 어떤
지 살펴봅니다.

Game Character Design Master

레이어
효과
02

레이어는 잘 사용하면 상당히 시간을 절약하면서 페인팅을 할 수 있습니다. 하지만 각자 선호하는 페인팅 방식이 있기 때문에 레이어를 거의 사용하지 않는 아티스트들도 많습니다. 페인팅의 재미를 조금 떨어뜨릴 수도 있기 때문입니다.

일단 레이어는 새로 만들면 그곳에 페인팅하는 것은 다른 레이어에 영향을 주지 않습니다. 따라서 레이어에 맘껏 그리고 지울 수 있습니다. 또한 여러 가지 모드로 변환시켜 다른 효과를 가져올 수도 있습니다. 그러다가 우연히 굉장히 좋은 효과를 나타낼 때도 있습니다. 또한 레이어는 마스킹을 적용하여 부분적으로 보이지 않게 하거나 보이게 할 수 있습니다.

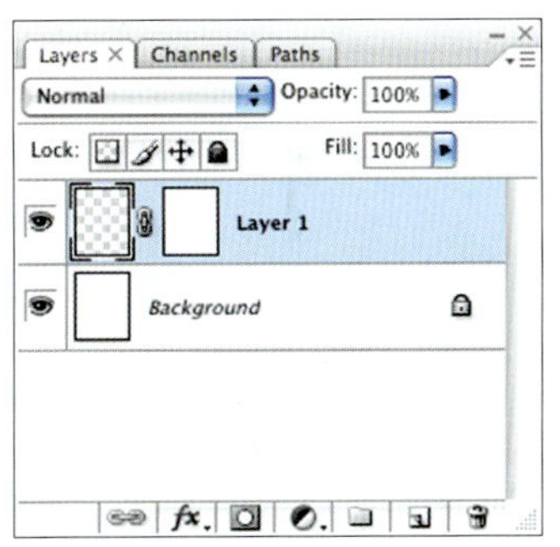

지우개툴로 지우는 것보다 훨씬 안전하며 효율적이라고 볼 수 있습니다. 그리고 레이어별로 Adjustment를 할 수 있습니다.

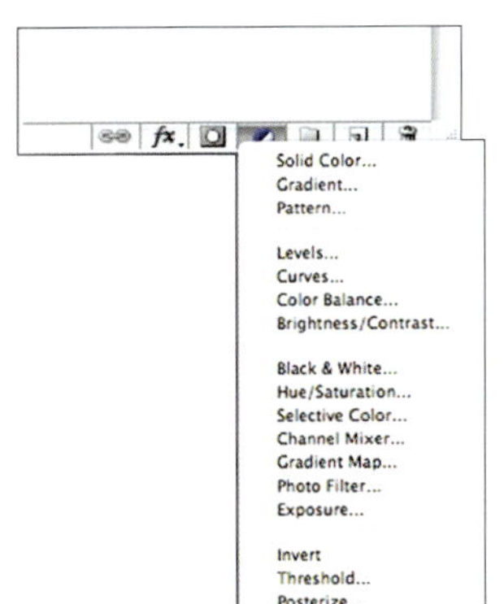

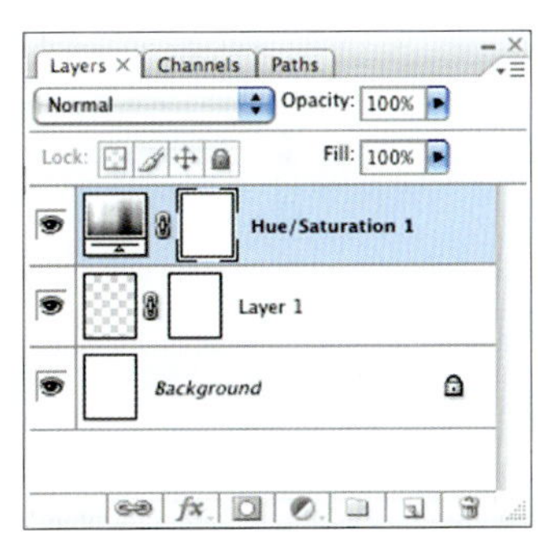

예를 들어 컬러나 채도 등을 커브나 다른 Adjustment 효과를 이용해 쉽게 수정할 수 있습니다. 그리고 레이어의 잠금 장치를 통해 해당 레이어에만 적용되게 할 수도 있고, 또 레이어를 다른 레이어에 속박시켜서 항상 속박하고 있는 레이어에만 적용되도록 할 수도 있습니다. 방법은 아주 간단합니다. 레이어 사이에서 Alt를 누른 채 원 두 개가 나왔을 때 클릭하면 됩니다. 속박을 푸는 방법도 같은 방법으로 레이어 사이를 클릭하면 됩니다.

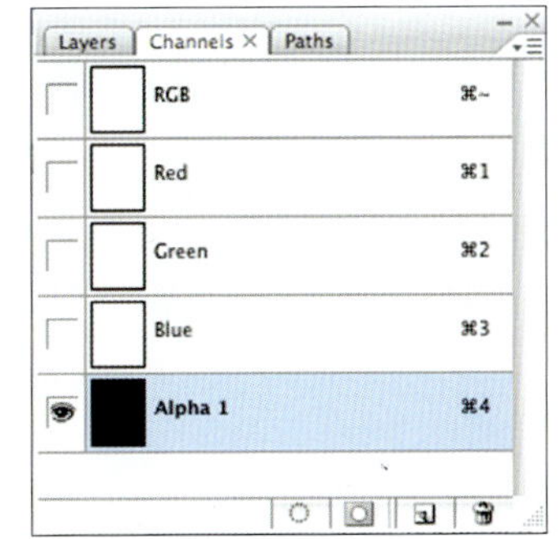

레이어와 유사한 것으로 채널이 있습니다. 채널은 RGB 채널과 Alpha 채널이 있는데, RGB 채널은 미묘한 사진 편집 시 많이 사용합니다. 우리 같은 아티스트들은 Alpha 채널을 많이 사용합니다. 어떤 아티스트들은 Alpha 채널과 레이어를 같이 사용하기도 하는데, Alpha 채널은 흰색이 보이는 부분, 검은 색이 안 보이는 부분입니다. 일단 Alpha 채널로 선택될 부분을 저장해 놓으면 언제든지 꺼내서 쓸 수 있기 때문에 반복적인 사용에 적합합니다.

펜툴, 라쏘툴, 도장툴, 컬러 수정

03

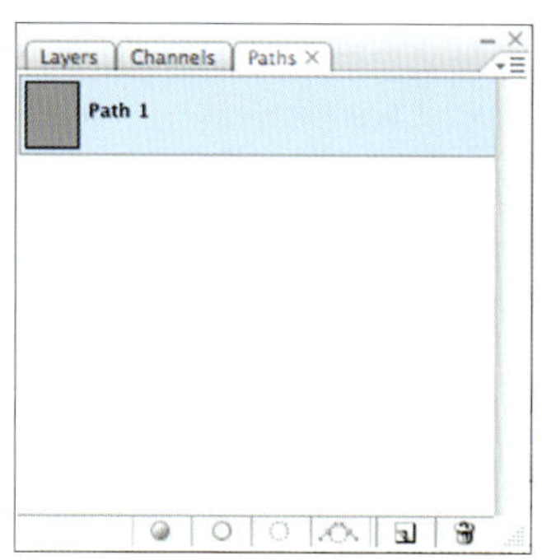

펜툴(P)은 Illustrator에 있는 펜툴보다는 기능이 떨어지지만 정확한 드로잉을 위한 라인 드로잉이나 선택툴로 손색이 없습니다. 펜툴로 그린 라인들은 Path 탭에 저장이 되는데, 이 라인에 브러시를 적용하여 라인을 만들 수도 있고 또 도형의 경우 선택 영역으로 변환하여 채널에 저장하여 지속적으로 사용할 수도 있습니다.

라쏘툴(L)은 어떤 영역을 선택하는 툴인데, 선택 영역을 간단하게 추가(Shift) 혹은 빼낼(Alt) 수 있습니다. 라쏘툴은 세 가지 방식의 라쏘툴(Shift + L로 변환)이 있는데, 각각 알맞은 상황에 사용하면 됩니다. 프리라인일 경우는 드로잉하듯이 선택하고, 직선라인은 직선이 많은 선택 영역, 마그네틱은 어떤 것의 외곽을 딸 때 유용합니다.

도장툴(S)은 텍스처가 서로 만나는 부분을 seamless하게 만들 때나 어떤 부분을 깨끗하게 수정할 때 많이 사용합니다.

컬러 수정은 여러 가지 방법이 있습니다. 본인이 이해하기 쉽고 선호하는 방식을 이용하는 것이 가장 좋습니다.

Level과 Curve는 비슷한 방식인데, 위에 있는 탭을 바꿔가며 컬러에 따라 혹은 전체 컬러의 분포도와 채도, 명도 등을 조절할 수 있습니다.

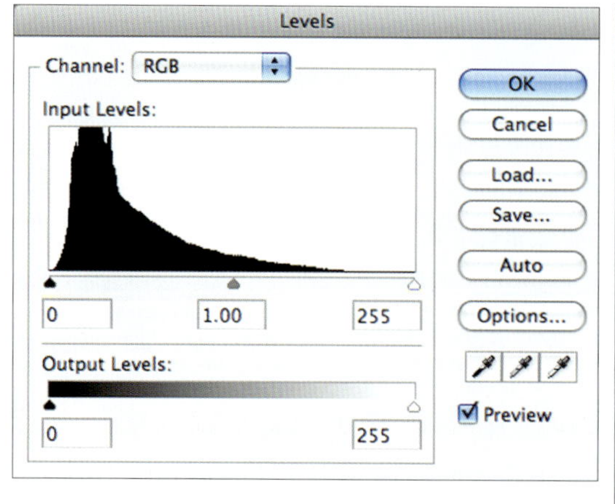

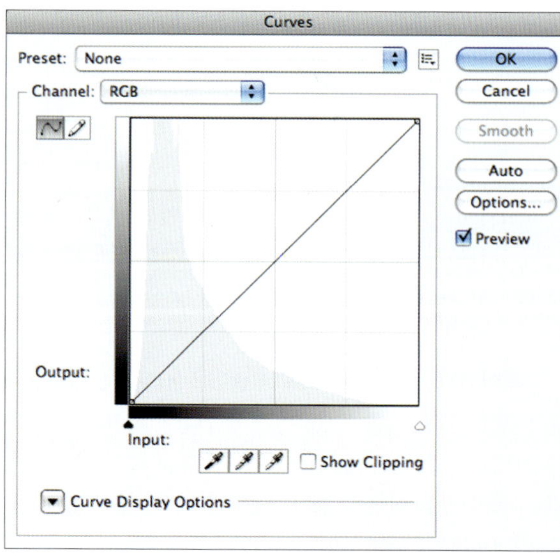

Color Balance는 각 컬러의 균형을 어두운 부분, 중간 부분, 하이라이트 부분으로 나누어서 조절할 수 있습니다. 상당히 유용할 때가 많습니다.

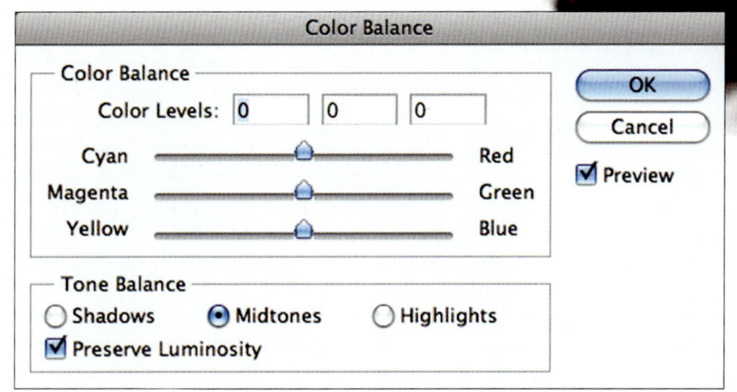

Brightness/Contrast는 컬러를 바꾸는 기능은 아니지만 Contrast에 의해 채도가 변하기 때문에 채도와 밝기, 대비를 한번에 바꿀 때 유용합니다.

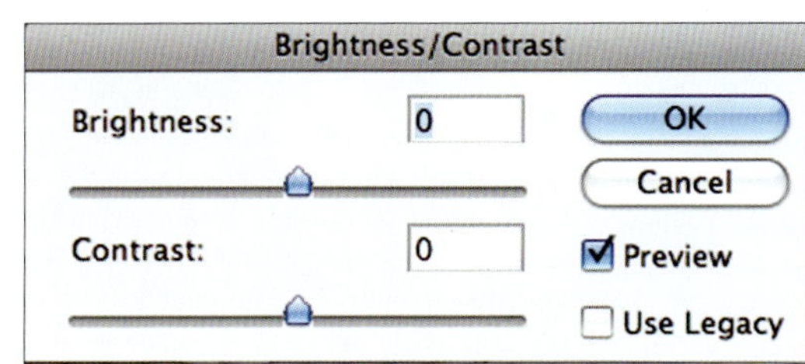

Hue/Saturation은 개인적으로 가장 많이 사용하는 기능으로 색과 채도 밝기를 색상별로 혹은 전체적으로 바꿀 수 있고 Colorize 박스를 체크함으로써 페인팅 전체를 단색으로 바꿀 수도 있습니다.

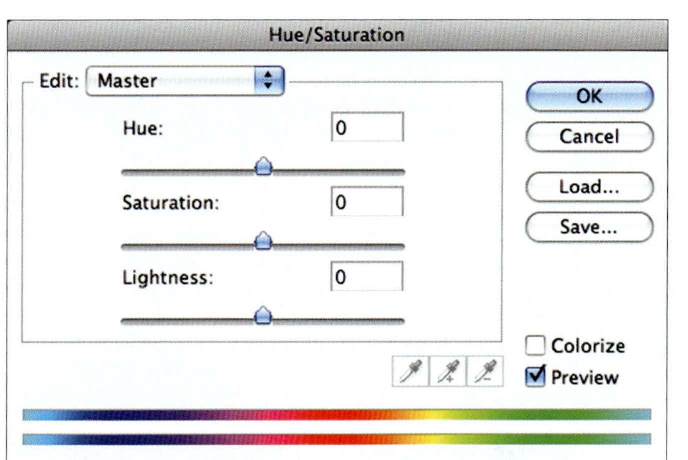

Replace Color는 선택과 컬러 변환이 동시에 되는 이점이 있습니다.

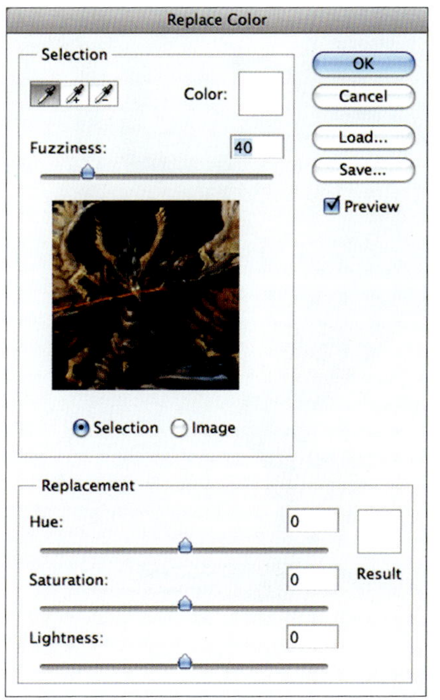

DUNE

RYA WOLVES DESIGN

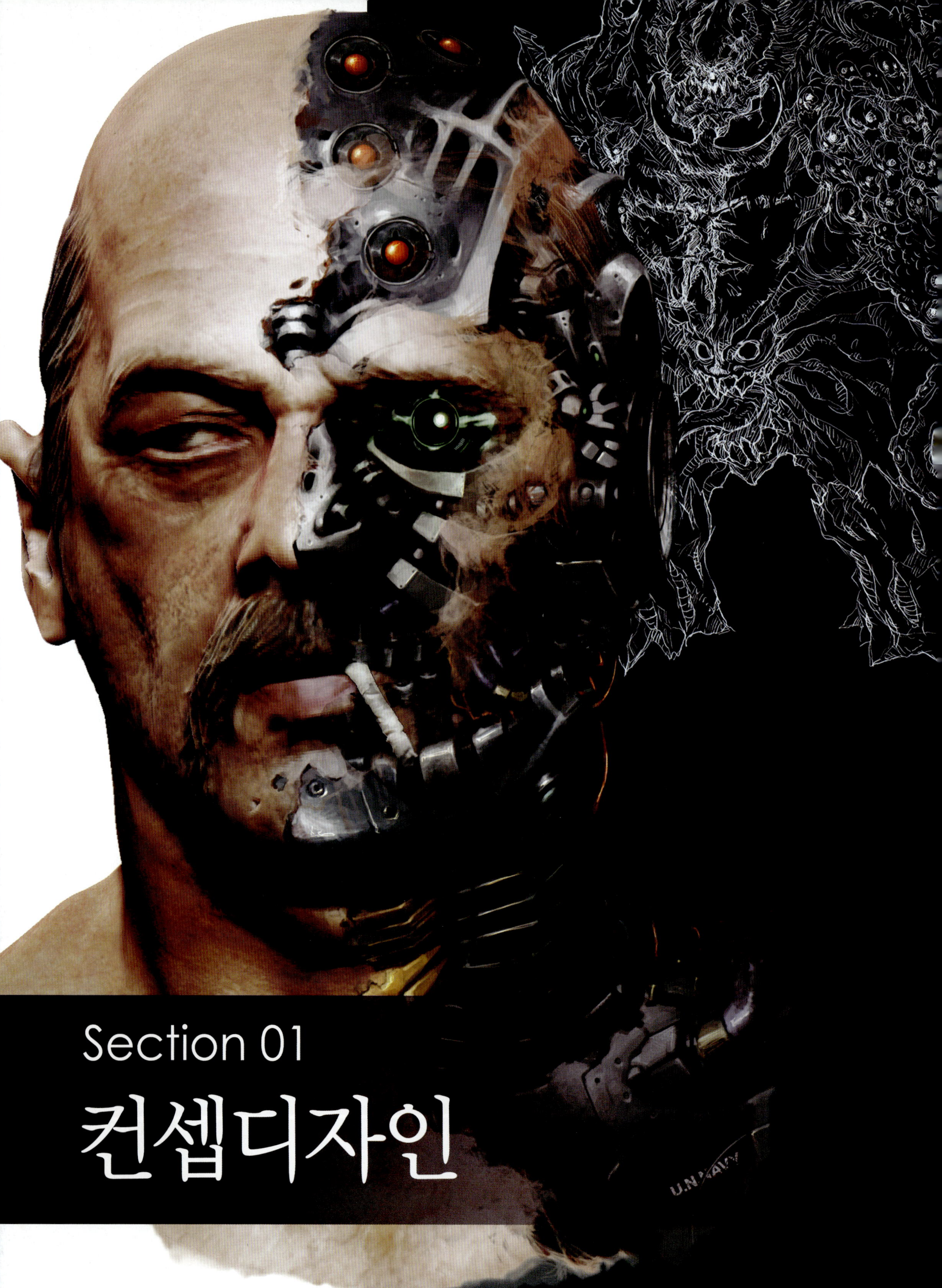

Section 01

컨셉디자인

드로잉과 페인팅의 이해

해부학의 이해

01

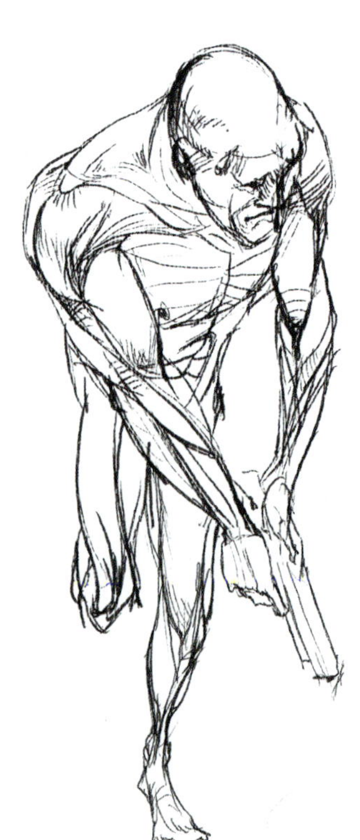

캐릭터를 디자인하기 위해서는 인간 해부학에 관한 공부가 선행되어야 좀더 수월한 디자인을 할 수 있습니다. 해부학에 들어가기에 앞서 인간의 몸을 살펴보면 크게 뼈와 근육으로 이루어져 있습니다. 뼈는 인간 몸의 기본 틀을 마련해 주고, 근육은 그 뼈들을 연결하고 몸을 지탱해 주는 역할을 합니다. 따라서 몸의 기본적인 움직임이나 포즈 등을 연구할 때는 뼈만으로 이루어진 Stick Figure 형태로도 얼마든지 인간의 몸을 표현할 수 있습니다. 여기에 움직임의 다이내믹함과 인간 몸의 볼륨감을 주는 것이 근육 표현에 큰 도움이 됩니다. 근육은 사람마다, 즉 캐릭터마다 크기와 길이에 차이가 있고 또 지방의 비중에 따라서 몸의 외곽 형태가 크게 달라지기도 합니다.

이외에 몸의 비율도 큰 영향을 미칩니다. 예를 들어 3~4등신 같은 비율의 캐릭터들은 SD 형태의 카툰적인 캐릭터나 어린아이 혹은 난쟁이 등의 캐릭터를 표현할 때 좋습니다. 5~6등신의 캐릭터는 약간은 카툰적이면서 또 리얼한 느낌이 있는 일본 게임 캐릭터라든가 몸이 좋은 몸빵 캐릭터 등에서 자주 볼 수 있습니다. 7~8등신 같은 모델 형태는 약간은 부드러운 성격의 주인공이라든가 아름다운 여성을 표현할 때 좋고, 9~10등신의 비율은 사악하고 비열한 몬스터나 로봇 등이 어울립니다. 이 분류는 개인적인 느낌이나 경험으로 나눈 것이기 때문에 디자인하는 사람에 따라 접근 방법이 다를 수 있습니다.

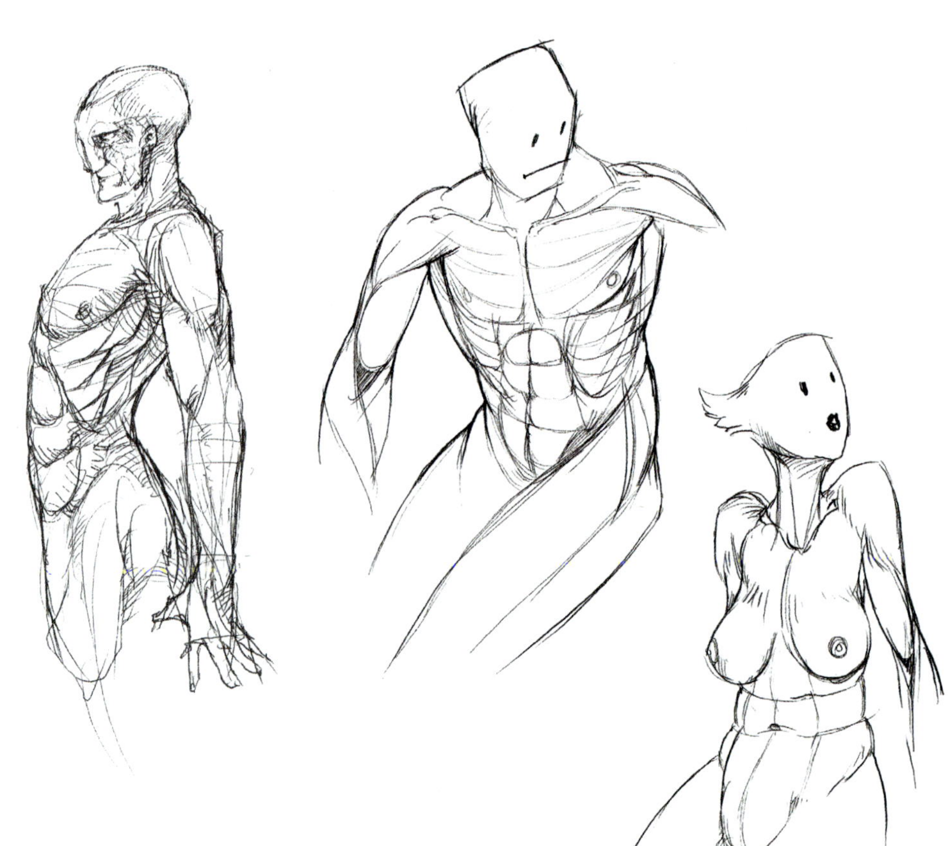

이제 본격적으로 해부학을 알아보겠습니다. 인간의 두개골과 얼굴에 분포한 근육입니다. 얼굴에는 무수한 근육들이 존재하지만 실제로 입 주위의 근육들을 제외한 다른 근육들은 두께가 그리 두껍지 않습니다. 따라서 얼굴을 그릴 때 두개골의 형태를 기본으로 깔고 그 위에 입 주위의 근육들을 덧붙이는 식으로 그리면 쉽게 시작할 수 있습니다. 두개골도 인종에 따라 큰 차이가 있는데, 백인은 눈이 깊게 들어가고 상대적으로 이마와 코가 나오고 광대뼈가 들어간 것이 특징입니다. 흑인은 입부분의 골격이 조금 크고 또 입술도 두껍습니다. 동양인은 광대뼈가 튀어나오고 눈이 갸름하며 전반적으로 굴곡이 크지 않습니다. 미국의 동료 아티스트나 친구들의 말로는 동양 여인의 얼굴을 그리는 것이 가장 어렵다고 합니다. 이유는 골격이나 눈, 코, 입 등이 미세한 차이로 특징지어지기 때문이라고 하는데, 한국에는 동양 여성의 얼굴을 잘 그리는 분들이 많아 필자도 많이 부러워하고 있습니다.

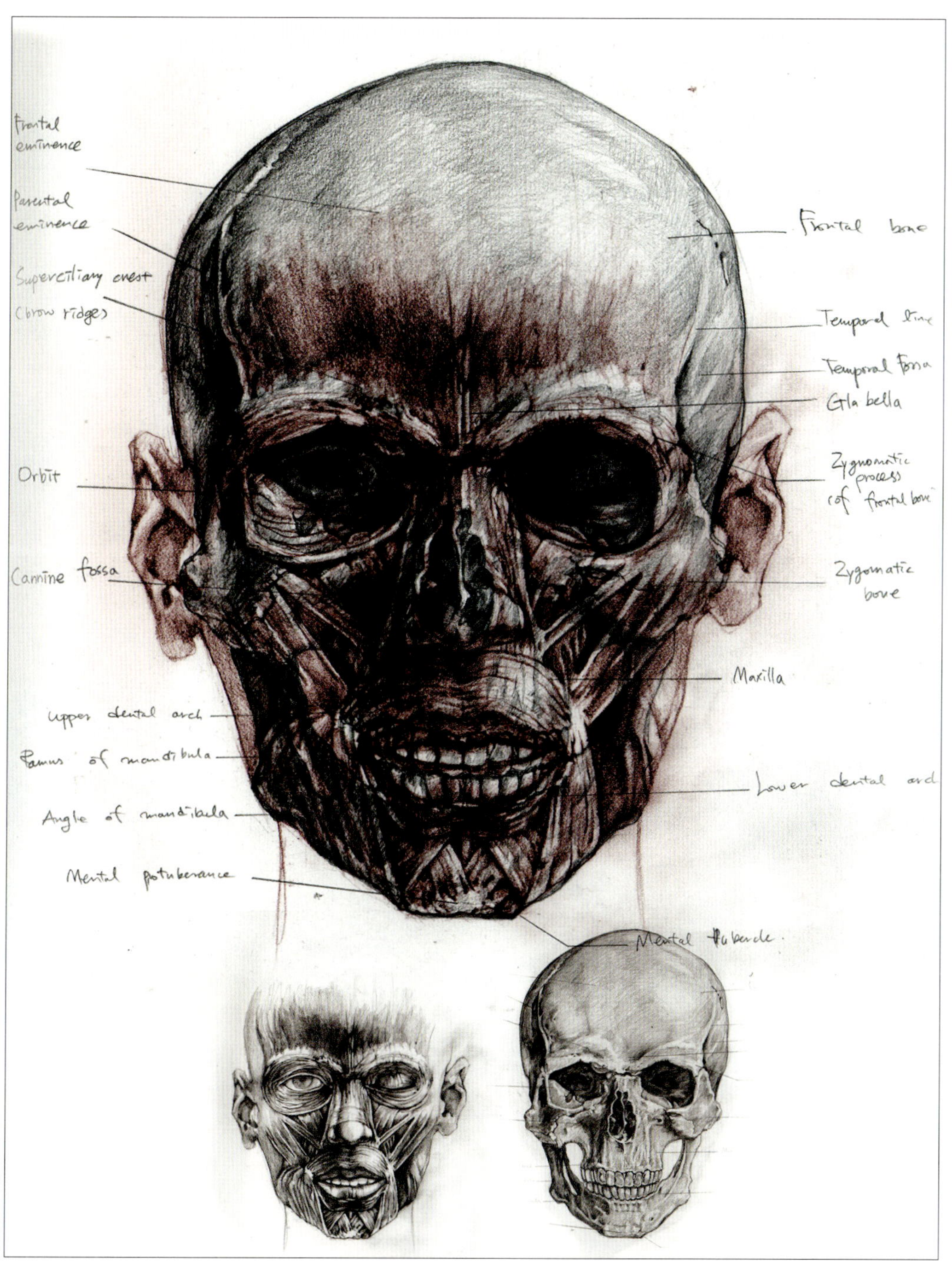

다음의 두개골 옆모습을 보면 기본적인 모양을 알 수 있습니다. 뇌 부분을 담당하는 부분은 원에서 약간 눌려진 타원 형태이고, 그 앞에 붙어 있는 얼굴은 원기둥의 곡면에서 시작했다고 볼 수 있습니다. 따라서 얼굴을 그릴 때 먼저 뇌 부분의 타원을 그리고 얼굴을 붙인 다음 목을 붙이는 식으로 그리면 기본 형태를 잡을 때 도움이 됩니다.

두개골의 눈구멍 옆을 보면 움푹 들어간 곳이 보이는데, 이곳과 윗부분이 두 개의 형태로 구분지어집니다. 움푹 들어간 곳은 근육으로 채워져서 평평하지만 그 윗부분은 동그란 형태를 취하고 있습니다. 입은 자연스럽게 벌렸을 때 윗니만 보이도록 위치해 있습니다. 여기서 또 하나 중요한 것이 얼굴을 그릴 때 얼굴이 끝나는 턱 선입니다. 턱 선은 얼굴과 목을 구분시켜 주는 중요한 부분이면서 또한 자연스럽게 연결되어야 합니다.

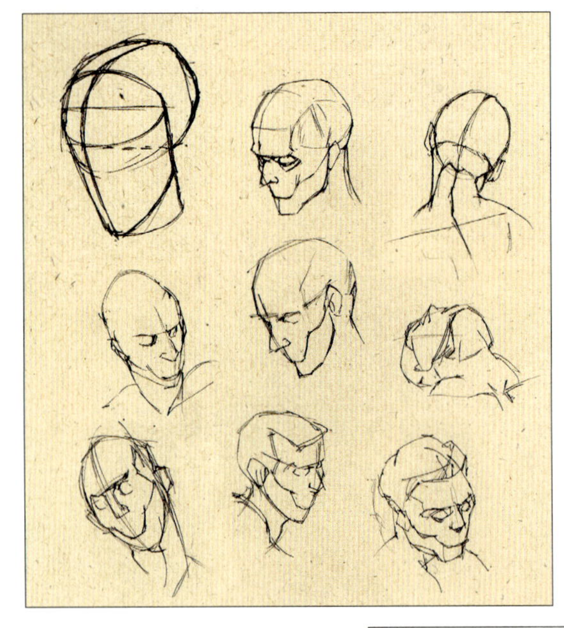

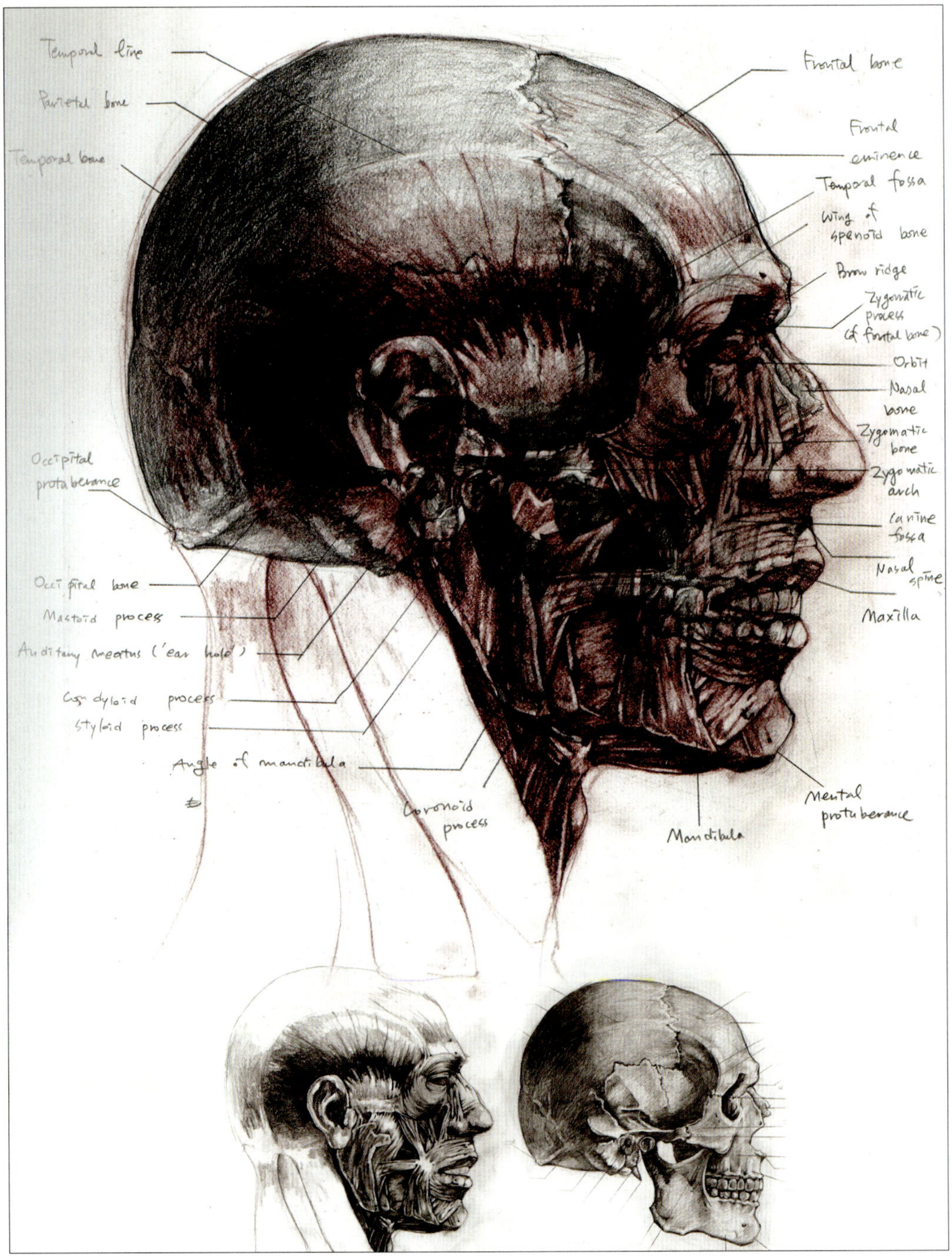

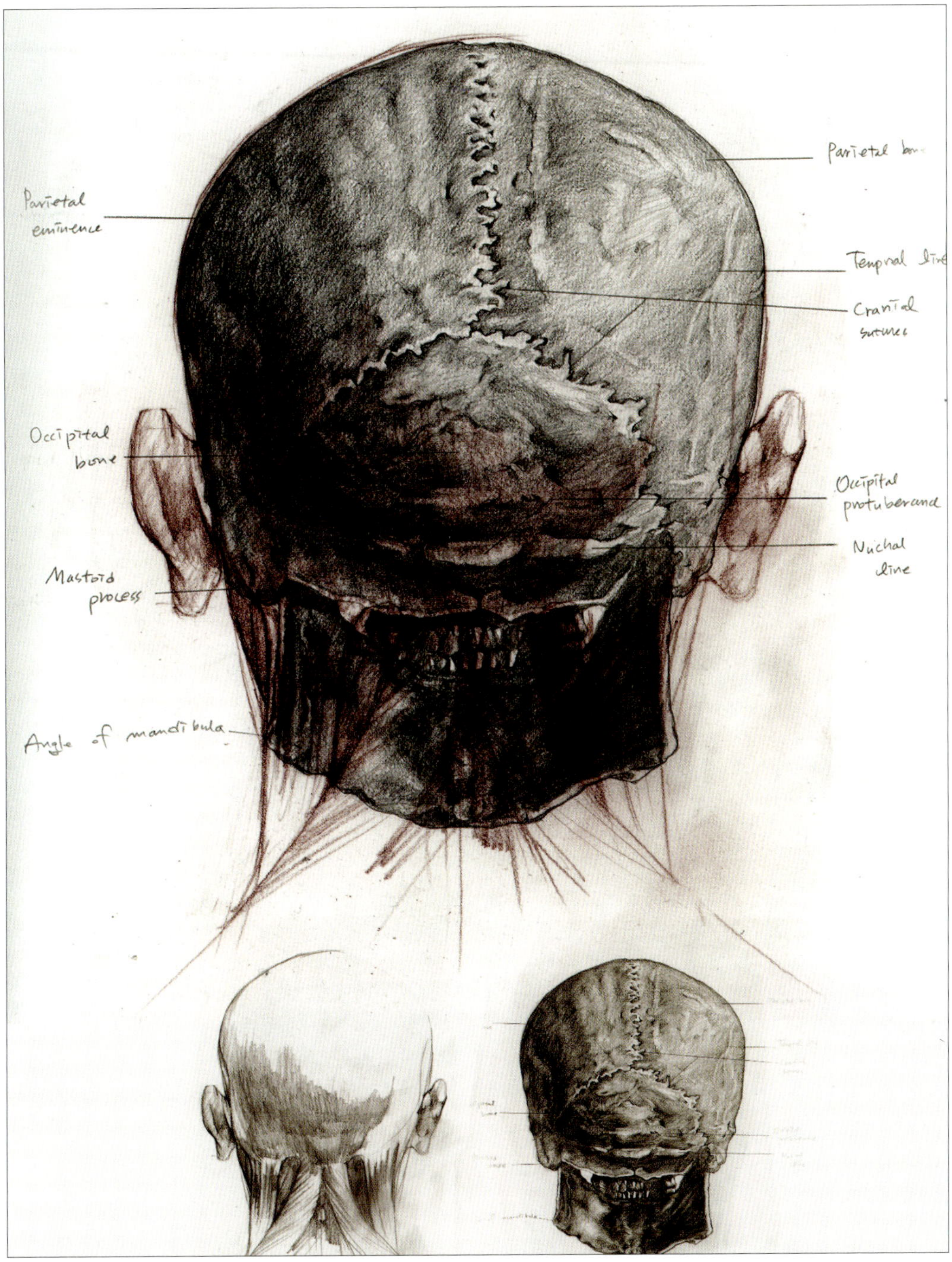

위의 두개골을 보면 뒤에서 봤을 때 목 근육이 상당부분 위부터 시작되는 것을 알 수 있습니다. 다음은 목 근육이 어떤 식으로 머리와 몸통을 연결시키는지 보여줍니다. 두 개의 긴 근육이 뒤통수부터 쇄골까지 길게 연결되어 있음을 볼 수 있습니다. 그 외 특징이라면 등 뒤쪽 근육이 고르게 분포되어 있는 것입니다.

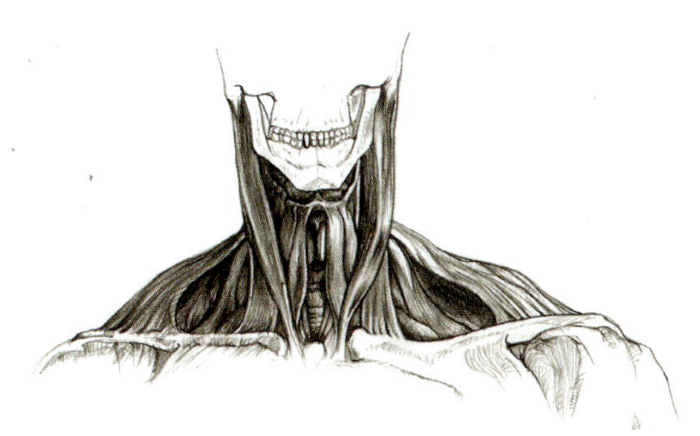
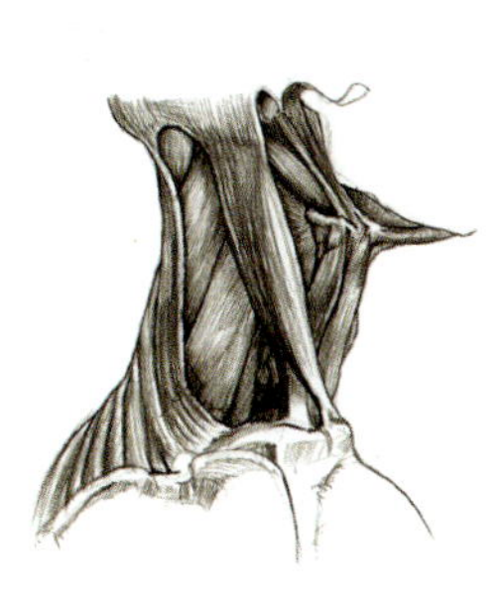
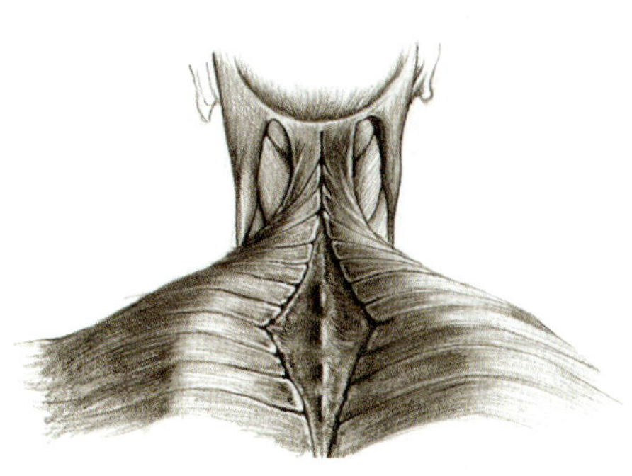

다음은 몸통 근육입니다. 그림에서 하얀 부분은 뼈입니다. 몸에서 뼈는 대부분 근육으로 가려져 있습니다만 뼈가 그대로 드러나는 부분도 있습니다. 이런 곳은 몸을 그릴 때 포인트가 되기도 합니다. 예를 들어 두개골, 쇄골, 등어깨, 팔꿈치뼈, 엉치뼈를 들 수 있습니다. 주의해서 볼 것은 양쪽 가슴 근육이 양팔에서 시작된다는 점과 등 뒤 근육에 여러 삼각형 형태가 있다는 점입니다.

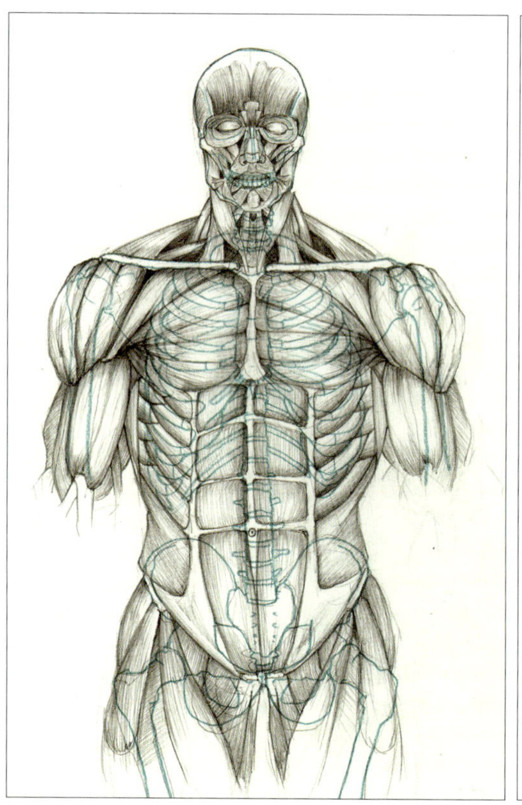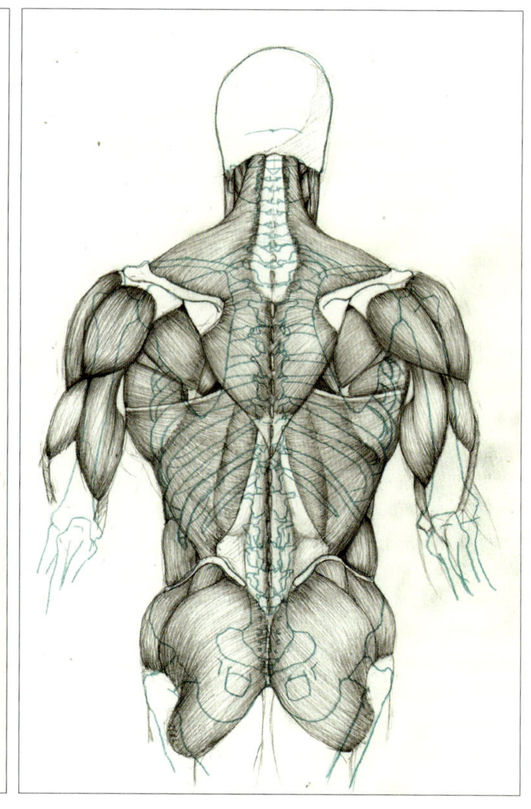

다음은 팔 근육 그림들입니다. 팔 근육은 사람 몸 중에서 가장 그리기 힘든 곳이기도 합니다. 이유는 사람 팔이 팔꿈치를 축으로 약 180도 정도 돌아가기 때문인데, 감겨진 근육들은 팔이 돌아갈 때마다 다르게 보입니다. 아래 그림은 오른팔을 뒤에서 봤을 때와 앞에서 봤을 때를 묘사한 그림입니다. 한번은 손바닥을 위로, 한번은 손바닥을 아래로 한 그림입니다. 그에 따라 근육들의 형태가 어떤 식으로 변하는지 보고 연습하면 많은 도움이 될 것입니다.

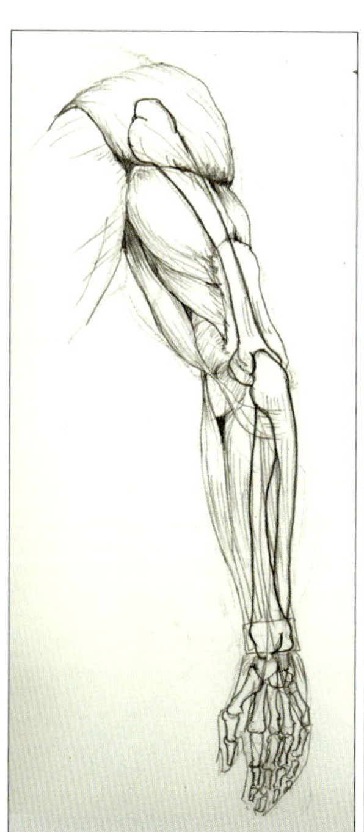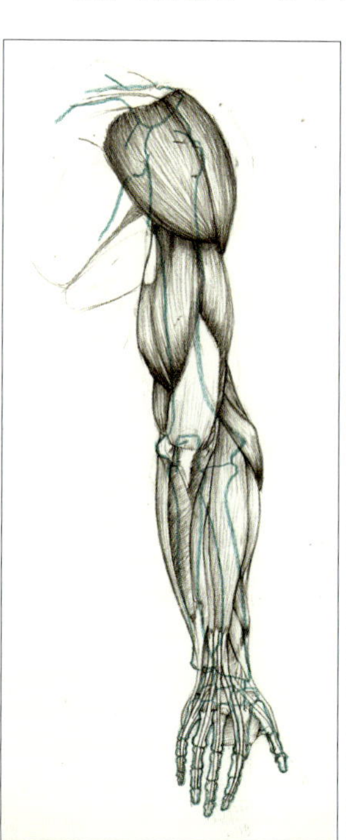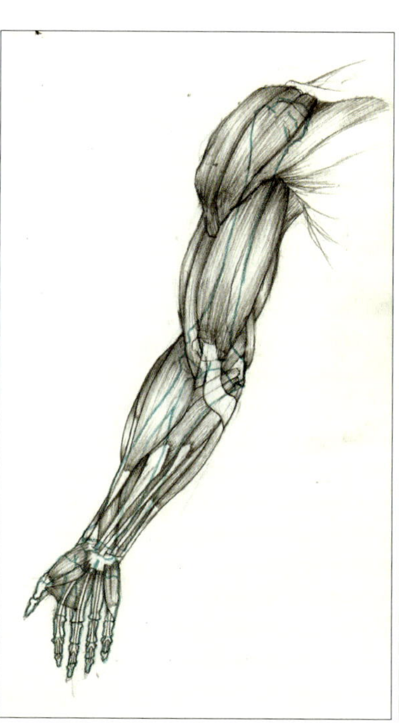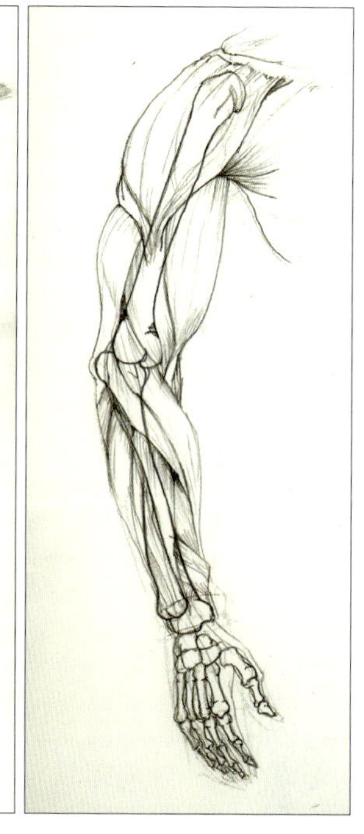

　　다음은 다리 근육입니다. 다리 근육도 팔 근육 못지않게 복잡한
형태인 듯 보이지만 실제로는 그리 복잡하지 않습니다. 이 그림들도
모두 오른쪽 다리만을 보여주고 있는데, 엉덩이 근육이 의외로 양쪽
에서 달라 보입니다. 허벅지 근육은 작은 노끈같은 근육들이 큰 근
육들을 감싸서 모양을 바꾸고 뒷부분은 두 개로 갈라지는 형태를 취
하고 있습니다. 또 종아리 근육은 비대칭적인 두 개의 근육들이 비
스듬하게 배치되어 있습니다. 다리 근육의 전체적인 형태가 어떻게
생겼는지 관찰하면 도움이 될 것 같습니다.

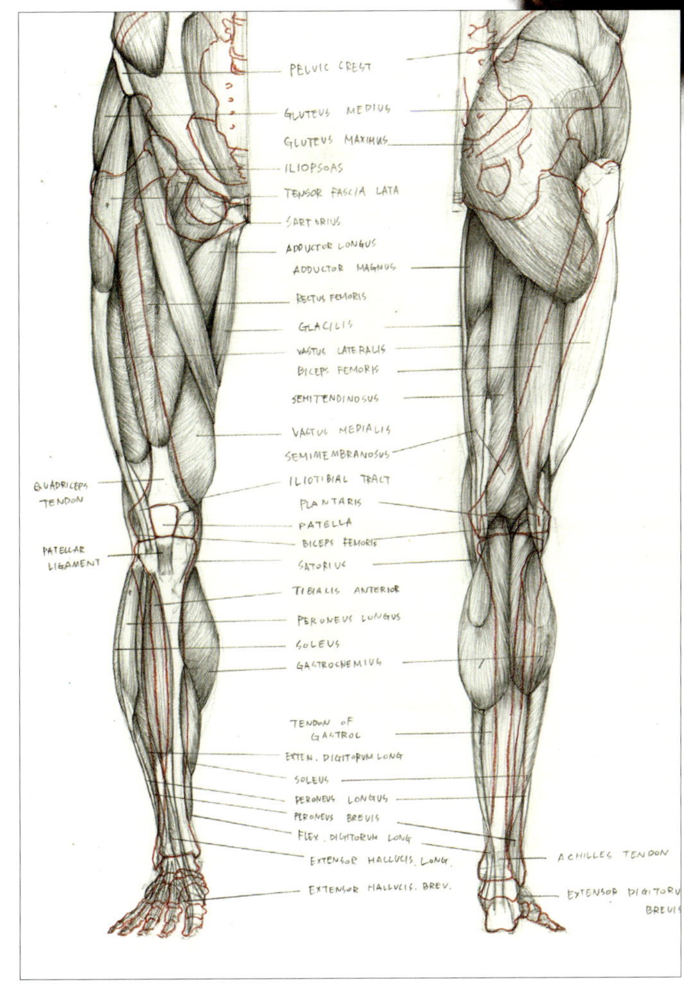

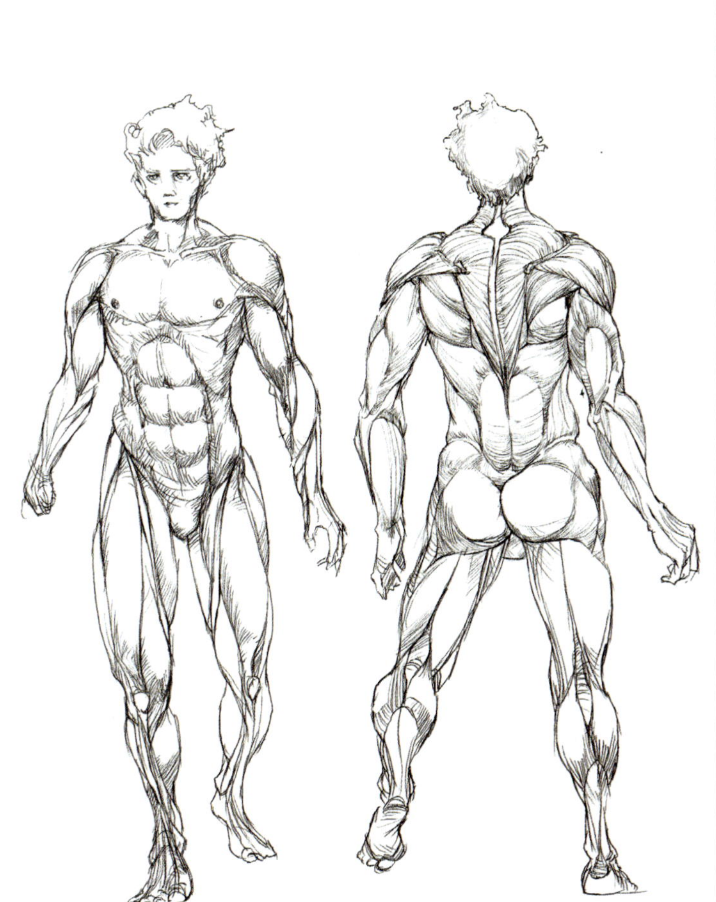

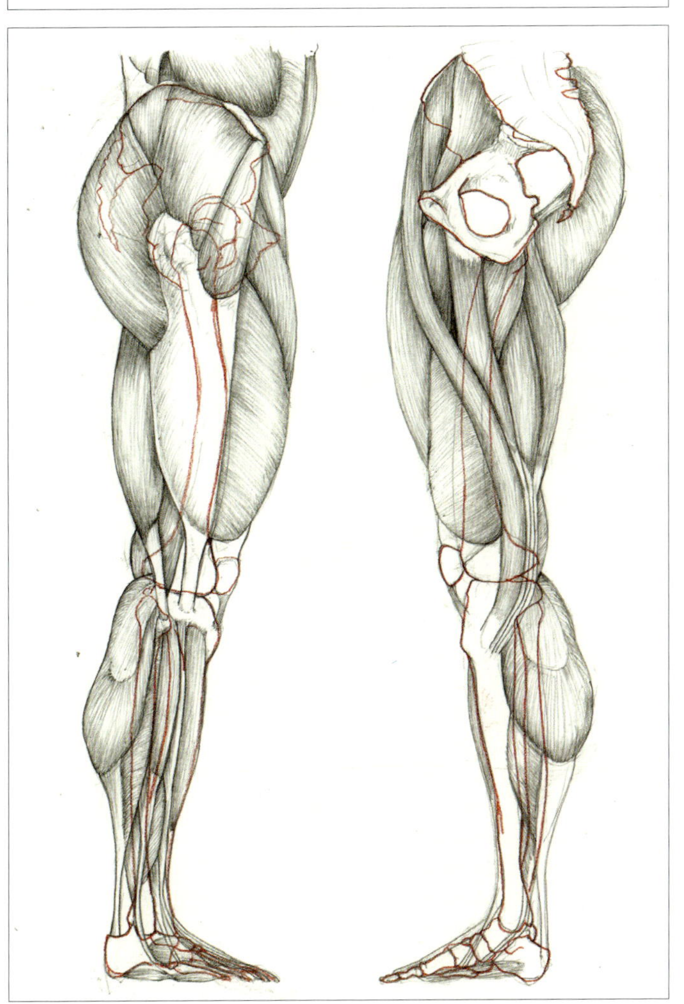

다음은 미켈란젤로의 〈천지창조〉에서 한 남성의 몸의 근육 구조를 분석해 보았습니다.

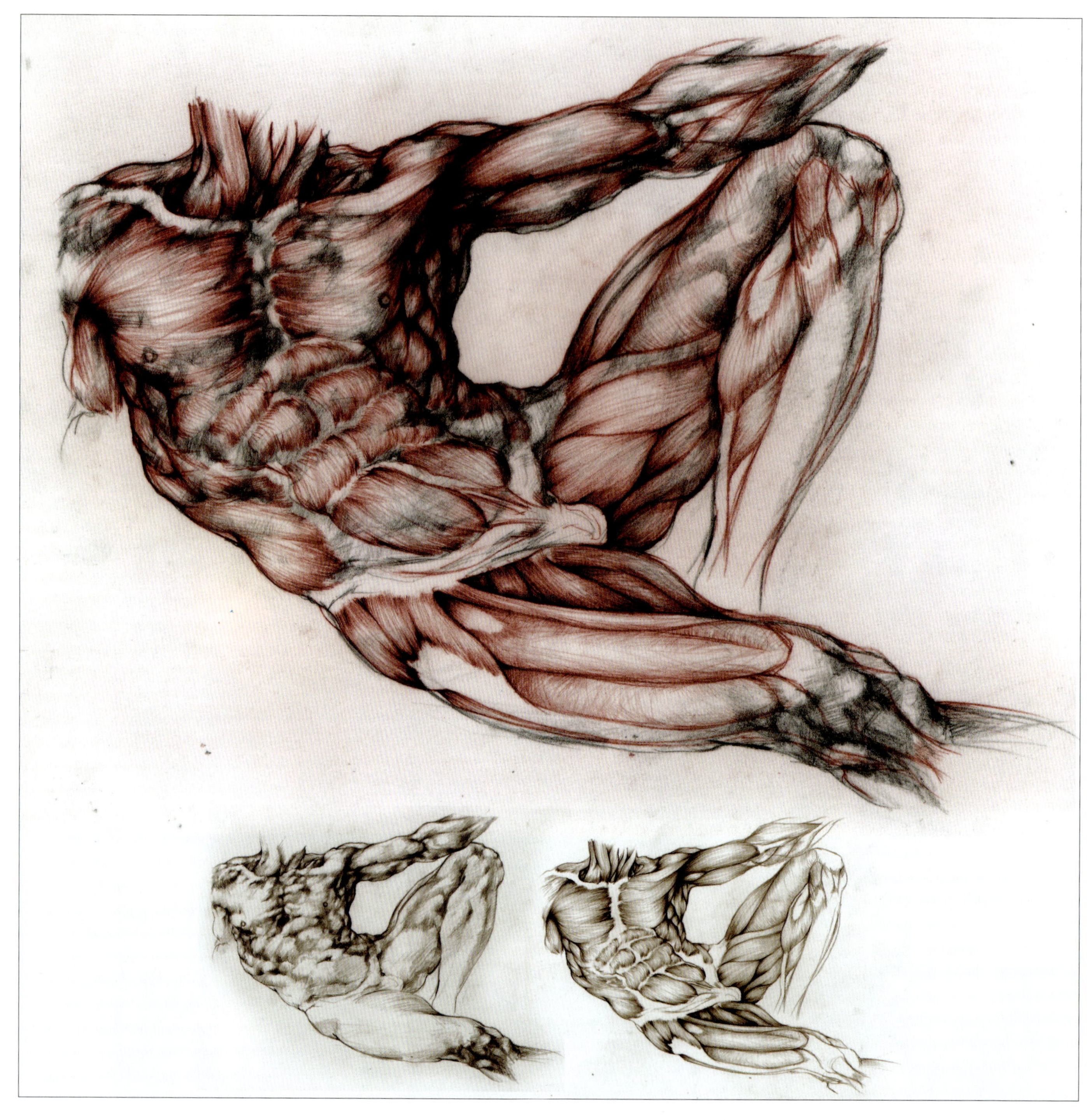

개인적으로 해부학은 영원히 정복할 수 없는 분야라고 생각합니다. 물론 정복하신 분들도 계시겠지만 잠시라도 손을 놓으면 금방 잊어버릴 수 있고 또 인체라는 것이 그만큼 평생 살아오면서 봐 온 것이기 때문에 조금만 틀려도 눈에 확 띄는 단점을 가지고 있습니다. 꾸준한 관찰과 연습만이 마스터가 되는 길입니다.

캐릭터
디자인

02

다음은 캐릭터를 디자인하는 방법에 대해서 알아보겠습니다. 디자인할 때는 일단 그 캐릭터가 선한 주인공인지 나쁜 주인공인지, 혹은 보조 캐릭터인지 등에 따라 자세나 포즈를 연구하는 것도 중요합니다. 캐릭터의 자세나 움직임은 각 캐릭터가 가지고 있는 직업, 성격, 레벨 등 자신이 고유하게 가지고 있는 특성에 따라 달라질 것이고 또 어떤 활동을 하고 있는지가 중요하기 때문에 그것들에 대한 조사가 필요합니다.

때로는 캐릭터의 포즈를 이리저리 그리다 보면 그에 맞는 디자인 아이디어가 떠오르기도 합니다. 예를 들어 운동선수들과 관련된 게임이라든가 애니메이션 영화 등의 프로젝트를 맡았을 때 그에 대한 조사는 필수입니다. 다음의 스케치들은 운동 관련 잡지에서 이미지들을 보고 다양한 포즈를 그려 본 것입니다. 자세히 그려 보는 것도 좋지만 1분 정도의 아주 간단한 스케치들을 하면서 어떤 포즈를 취하는지, 어떤 순간들이 있는지 연습해 보았습니다. 이런 연습을 즐기는 편인데, 굳이 잘 그리려고 노력할 필요 없이 이런저런 새로운 포즈들과 느낌을 잡아나가는 것에서 재미를 느끼기 때문입니다.

캐릭터 디자인은 그 캐릭터에 대한 이해가 수반되어 기본 방향을 잡아나가는 것이 중요하다고 하겠습니다. 애니메이션이나 영화를 위한 캐릭터는 스토리에 맞추는 것이 가장 중요하지만 게임을 위한 캐릭터는 조금 다른 식으로 접근하는 것이 좋습니다. 게임에서는 일단 캐릭터가 어떤 무기를 사용하는지가 캐릭터의 Identity를 결정하는 중요한 요소로 작용합니다. Melee Attack을 주로 하는 캐릭터라면 몸이 근육질이고 굵은 몸과 허리, 팔과 다리 등이 특징일 것입니다. 이런 캐릭터는 커다란 칼이나 해머, 철퇴 등 무거운 무기를 사용하기도 하지만 공상과학이나 밀리터리 판타지 같은 중화기를 다루는 게임에서는 커다란 발칸포나 바주카포, 로켓 등을 사용하는 캐릭터입니다. 이런 덩치 캐릭터는 메인 캐릭터로도 좋지만 소환할 수 있는 몬스터나 로봇, 거인 등의 체형에도 좋습니다.

다음으로는 메인 캐릭터인데, 메인 캐릭터는 보통 어떤 무기를 사용하여도 무방하도록 디자인이 되어야 좋습니다. 전형적인 형태를 가진 캐릭터로 잘못하면 지루하게 느껴질 수도 있기 때문에 어느 부분에 포인트가 될 만한 액세서리나 헤어스타일 등이 있으면 캐릭터의 느낌을 더 강하게 할 수 있습니다. 상징적인 문신이나 그래픽이 들어가도 좋습니다. 메인 캐릭터는 선한 이미지의 주인공일 수도 있고 악한 이미지의 주인공일 수도 있습니다. 악한 이미지일 경우 디자인이 더 재밌습니다. 선한 이미지일 경우 부드러운 느낌과 곡선을 위주로 디자인을 많이 하는 편이고, 악한 이미지일수록 뾰족하고 날카로운 모양과 각이 많이 진 실루엣을 사용하는 편입니다. 악한 이미지일수록 체형이 마르고 팔, 다리가 길고 뾰족한 턱 등으로 악한 이미지를 극대화할 수 있습니다. 물론 체형을 변화시키지 않고 다른 장신구나 무기의 형태, 색상을 바꾸는 식으로도 가능합니다.

　그 다음엔 어느 장르에서도 항상 빼놓을 수
없는 여성 캐릭터입니다. 여성 캐릭터는 여성스
러움을 강조시켜 남성 유저들의 눈을 즐겁게 해
주는 게 목적이라고 볼 수도 있었지만 최근엔 여
자 게이머가 많이 등장하면서 미소녀 같은 어리
고 귀여운 캐릭터도 많은 사랑을 받고 있고 여
러 가지 최첨단 패션을 도입하려는 움직임도 보
입니다.

　여성 캐릭터는 갑옷이나 코스튬으로 장식하
는 것도 좋지만 몸의 윤곽을 보여주어 좀더 여성
스러움을 강조하는 것이 좋습니다. 여성 캐릭터
는 일반적으로 다른 무기들도 많이 사용하지만
마법이나 치료, 소환 혹은 채찍, 마술봉 등을 사
용한다거나 커다란 펫이나 로봇 등을 타는 식으
로 간접적인 공격을 하도록 설정하는 것도 여성
성을 나타내기 좋은 무기들입니다.

다음으로는 주인공과는 다른 느낌의 보조캐릭터들입니다. 보통 약간은 우스꽝스러운 모습이라든가, 아니면 기괴한 모습, 멍청한 모습, 약삭빠른 모습, 아둔한 모습 등 여러 가지 캐릭터가 있을 수 있습니다. 각 캐릭터에 맞는 장신구와 무기를 사용하면 캐릭터의 성격을 더 잘 표현할 수 있습니다.

악한 캐릭터와 몬스터에 대한 이해

03

악한 캐릭터는 메인 캐릭터와 비슷하게 생긴 인간형 캐릭터가 많습니다. 하지만 선한 캐릭터와 구분이 되려면 조금 다른 몸의 비율과 실루엣이 효과적일 것입니다. 예를 들어 아주 말랐다거나 뚱뚱하다거나 혹은 난쟁이, 꼽추 등 정상적이지 않은 형태의 캐릭터들이 그것들일 것입니다. 악한 캐릭터는 보통 고딕 스타일의 코스튬이나 장신구들을 착용하는데, 아마도 뾰족한 쉐입이 많고 어둡고 차가운 톤의 색을 많이 쓰기 때문이 아닐까 생각됩니다.

몬스터를 크게 두 가지로 분류한다면 인간형과 그렇지 않는 형태로 구분할 수 있습니다. 인간형은 보통 두 다리로 서서 걸어 다니거나 인간의 얼굴과 흡사한 얼굴을 하고 있는 몬스터를 말합니다.

지능이 발달되어 있는 형태로 외계인 혹은 다른 세계에서 온 괴물이나 인간의 유전자 변형을 이용한 괴물을 표현할 때 많이 사용됩니다. 하지만 이런 형태의 괴물들은 자칫하면 일본의 특촬물처럼 사람이 고무 인형을 뒤집어쓰고 있는 것처럼 보일 수도 있으니 주의해야 합니다. 좀더 새로운 형태의 몬스터를 디자인하고 싶을 때는 인간의 해부학과는 다르게 팔을 단다거나 여러 개의 몸이 있다거나 하여 인체로 표현할 수 없을 정도로 기괴한 형태의 디자인을 하면 몬스터만의 특징을 가질 수 있습니다.

　　그 외의 형태를 한 괴물들은 보통 지능이 낮아 괴수 쪽에 가까워집니다. 보통 야수, 용, 공룡, 곤충이나 파충류, 심해의 생물들, 혹은 미세하게 작은 벌레들을 디자인의 모티브로 삼고 있습니다. 하지만 너무 한 가지의 모티브를 이용하여 누가 보더라도 뻔한 디자인이 된다면 자칫 괴물이라기보다는 그냥 커다란 사마귀 혹은 뿔이 많이 달린 공룡 정도로밖에 보이지 않을 것입니다. 물론 프로젝트의 의도가 그렇다면 두말할 나위 없이 훌륭한 디자인이 되겠지만 그렇지 않고 좀더 새로운 괴물을 만들고 싶다면 기존 동물과 조금 다른 골격이나 근육 구조를 가지고 있든가 아니면 두세 가지 모티브를 자연스럽게 섞는 식으로 디자인하면 좀더 수월하게 새로운 디자인을 할 수 있을 것입니다.

자연 환경과 건물 배경에 대한 이해

04

자연 환경을 표현할 때는 아무래도 직선보다는 곡선을 많이 사용합니다. 아래 그림들은 15~20초 정도에 하나의 나무를 표현하는 훈련입니다. 동산이든 뒤뜰이든 도로 옆의 가로수가 되었든 각각의 나무를 15초 정도에 그려봅니다. 처음에는 낙서처럼 보이겠지만 점점 연습을 해나가면서 가장 중요한 포인트가 어느 부분인지 그것만을 표현하려고 노력하게 됩니다. 이런 연습을 수차례 한 직후에 나무를 다시 한 번 그려 보세요. 훨씬 더 편안하게 나무를 그릴 수 있을 것입니다.

그 다음엔 전체적인 레이아웃을 같은 방식으로 15~20초 정도의 시간 안에 하나씩 그려 봅니다. 빠른 시간 안에 레이아웃을 하다 보면 전체적인 느낌을 먼저 살피게 되고 어떤 부분을 강조해야 하는지 조금씩 알게 됩니다. 그 후에 풍경을 다시 그려 보면 처음부터 여기저기 디테일을 건드리며 시작하는 것보다 전체적인 그림을 같이 보면서 그림을 그릴 수 있습니다.

이번에는 과슈로 페인팅한 그림입니다. 과슈페인팅은 연필로 했을 때와는 다르게 명도를 크게 줄 수 있어 명도를 서로 분류시켜 생각하는 훈련이 됩니다.

　　디지털로 연습해 보겠습니다. Photoshop의 라운드 브러시로 전체적인 실루엣을 단색으로 그려 봅니다. 단색으로 그리는 것은 전체 실루엣이 어떻게 생겼는지를 관찰할 수 있는데 이것은 나무가 멀리 있을 때 어떻게 보이는지를 알 수 있고 또 가까이 있을 때에도 디테일에만 신경이 빠져 있지 않을 수 있기 때문에 좋은 훈련이 된다고 생각합니다. 그 위에 밝은 부분을 페인팅하여 볼륨감과 디테일을 줍니다. 다음으로는 여러 장소로 이동하며 회색 톤으로 페인팅해 봅니다. 과슈페인팅과 마찬가지로 벨류를 나누어 생각하게 하는 훈련이 됩니다. 비가 왔을 때는 바닥에 빗물이 흥건하여 불빛 등 밝은 부분이 반사가 된다는 것 잊지 마시기 바랍니다.

　　다음은 건물이나 인테리어를 살펴보겠습니다. 자연 환경에 비해 인테리어나 건물이 그리기 힘든 점이 있습니다. 바로 투시도입니다. 투시도는 자연 경관에서는 크게 눈에 들어오지 않지만 일단 직선 형태의 건물이 들어서면 바로 투시도 효과를 보여주게 됩니다. 투시도는 나중에 다시 설명드리겠지만 세 개의 소실점이 있어 그곳으로 모든 물체들이 길이가 줄어들거나 폭이 좁아지는 식의 변형이 일어나게 됩니다. 게다가 눈은 둥글기 때문에 둥글게 보이는 효과도 있습니다. 이런 기법의 이해를 바탕으로, 혹은 이런 이해없이도 보이는 그대로를 묘사하다 보면 그 효과를 금방 알 수 있습니다. 펜으로 여러 가지 건물, 장소, 인테리어 등을 그려 봅니다.

　건물을 자세히 알고 싶으면 건물을 이루는 요소들에 대해 알아둘 필요가 있습니다. 역사적으로 어떤 양식의 건물들이 있어 왔는지, 그 각각의 양식들에는 어떤 디자인적인 요소가 있었는지 말입니다. 건물을 배치하고 꾸미는 데 어떤 방법을 써 왔는지, 모든 것을 공부하기는 힘들지만 프로젝트가 시작됐을 때 프로젝트에 관련된 건축 양식과 역사 등을 알아두면 디자인하는 데 큰 도움이 될 것입니다.

　Photoshop으로도 여기저기 다니면서 자유롭게 페인팅해 보는 것도 추천합니다.

로봇, 기계 등에 대한 이해

05

기계 혹은 로봇은 인간이 자연을 흉내내어 만들어낸 것이라고 볼 수 있습니다. 따라서 자연물이 움직이는 원리나 방식 등을 분석하고 단순화시키고 나름의 에너지원으로 새로운 에너지를 창출하는 데 그 목적이 있다고 말할 수 있습니다. 어떤 기계 혹은 로봇은 그 에너지원이 있을 것입니다. 그 에너지원이 무엇인지 그 에너지가 어떤 식으로 축적되고 전달되는지, 그 기계가 할 수 있는 일들이 무엇이고 그것을 어떤 방식으로 해내고 있는지를 이해하는 것이 로봇 혹은 기계를 조금 더 리얼하게 디자인하는 데 도움이 될 것입니다.

현대의 에너지는 화석연료를 이용한 전기가 많은 기계의 주된 에너지원으로 사용되고 있습니다. 물론 차세대 에너지들도 있습니다. 예를 들어 태양열, 자기력, 핵융합에너지 등. 아니면 옛날부터 사용돼 오던 증기에너지, 열에너지, 바람에너지, 아니면 휘발유의 폭발을 이용한 자동차엔진, 제트엔진 등 여러 가지 에너지들이 기계의 에너지원으로 쓰이고 있습니다. 영화 〈아이언맨〉의 경우는 핵융합에너지를 이용한 로봇장갑의 예였는데, 조그마한 핵융합로가 가슴에 박혀 있고 그것이 각 몸의 모터들로 연결되어 전기에너지를 공급받아 움직이는 형태였습니다.

이런 공상과학영화에서도 에너지원은 아직은 현실 불가능하지만 나름대로 논리적이며 근거가 있는, 그리고 각 파트가 작은 모터와 피스톤, 펌프에 의해 움직이는 것을 보여줌으로써 매우 현실성 있게 묘사하였습니다. 만일 그렇지 않고 미지의 어떤 에너지원에 의해 날아다니는 부속들이 자동으로 움직인다면 기계로 보이기보다는 어떤 마법에 의해 움직이는 금속들로 보일 것입니다.

다음의 그림들을 보면 탱크, 비행기, 그리고 그 디테일들이 대부분 현실적으로 보입니다. 물론 필자가 현실에 있는 것을 그대로 그렸으니 당연한 것이겠지요. 하지만 어떤 것이든지 그 기능을 수행하는 데 핵심적으로 필요한 기계적인 요소, 부품들이 그 현실성을 높이는 데 큰 역할을 했다고 생각합니다. 예를 들어 탱크의 경우 바퀴와 캐터필러가 접촉하여 바퀴가 구를 때 전체 캐터필러가 구르게 됩니다. 또 조그만 나사들과 전등, 손잡이, 포신, 회전축 등 실제로 필요할 법한 요소들과 움직임에 있어 논리적으로 이해되는 디자인들이 그 예일 것입니다. 따라서 새로운 탱크를 디자인할 때 새로운 형태, 그리고 새로운 메커니즘이 등장한다 해도 핵심 요소들은 어떤 식으로든 포함되는 것이 현실성을 잃지 않는 디자인을 함에 있어 중요한 포인트입니다.

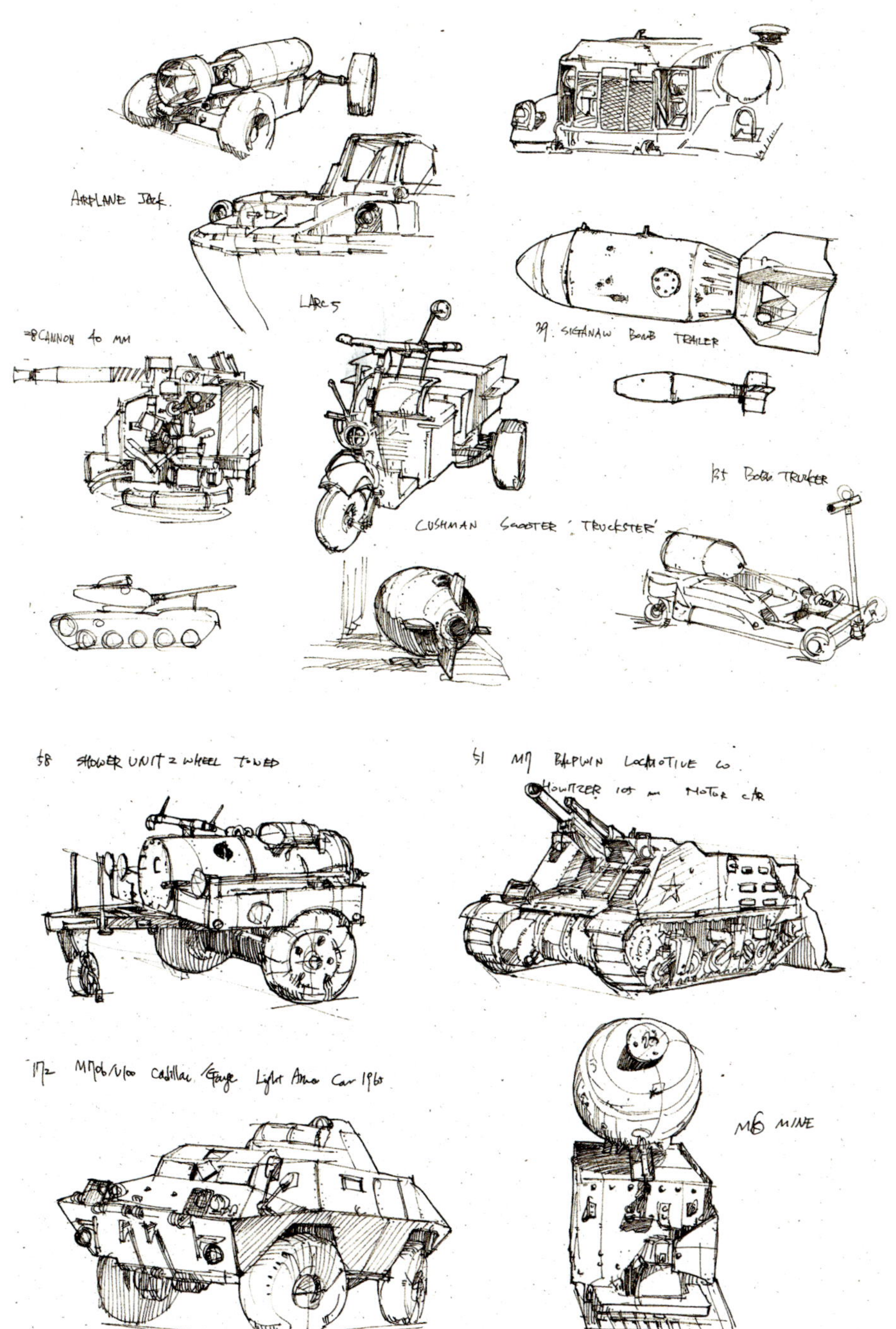

로봇은 워낙 복잡한 기계 덩어리고 또 많은 부분이 장갑에 의해 가려져 있기 때문에 자동차, 탱크, 비행기 등의 다른 기계와는 어느 정도 차별이 된다고 볼 수 있습니다. 관절이 어떤 식으로 움직이는지, 어떤 기계적인 요소들이 서로 겹치지 않고 잘 맞물려 돌아갈 수 있는지 등을 생각하면서 디자인한다면 조금 더 현실적인 디자인을 할 수 있을 것입니다. 〈마크로스〉, 〈아머드 코어〉 등을 디자인한 카와모리 쇼지 씨의 경우가 여기에 해당된다고 할 수 있습니다. 〈건담〉의 경우 여러 역동적인 움직임을 표현할 때 어색하거나 그 무게를 과연 견딜 수 있을까 싶을 정도로 화려한 장식이 많습니다. 이런 것은 애니메이션이나 게임에서는 화려하고 보기 좋아 다들 좋아하지만 좀더 현실적인 게임이나 영화 쪽에서는 아무리 뛰어난 렌더러를 사용하더라도 비현실적으로 보일 수밖에 없습니다. 미국의 백인 친구들은 〈건담〉이나 〈파이브 스타 스토리스〉의 화려한 로봇을 그다지 좋아하지는 않는데, 아마도 그런 비현실적인 모습들 때문이 아닐까 생각됩니다.

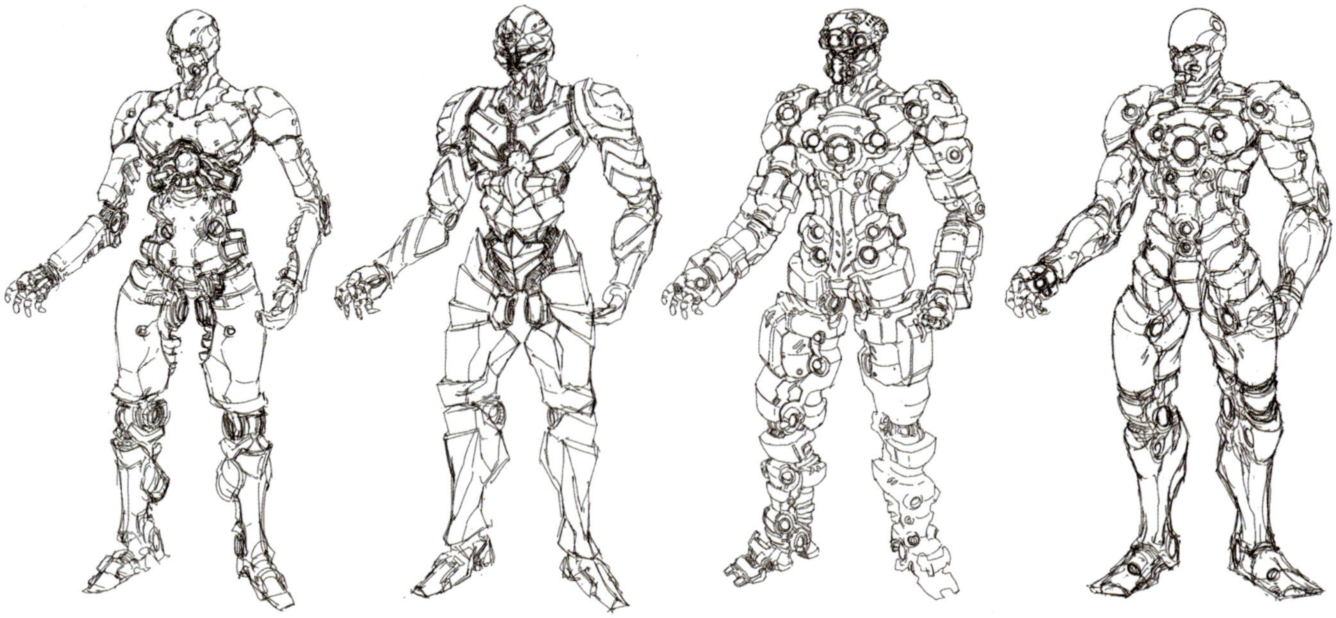

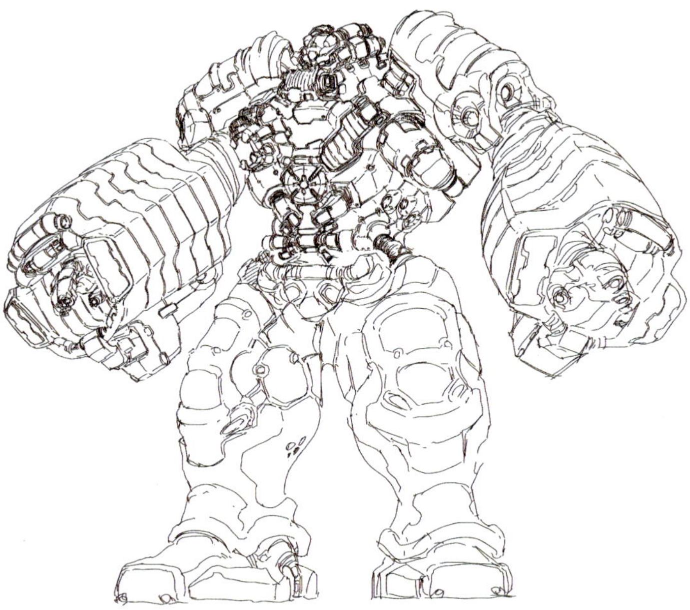

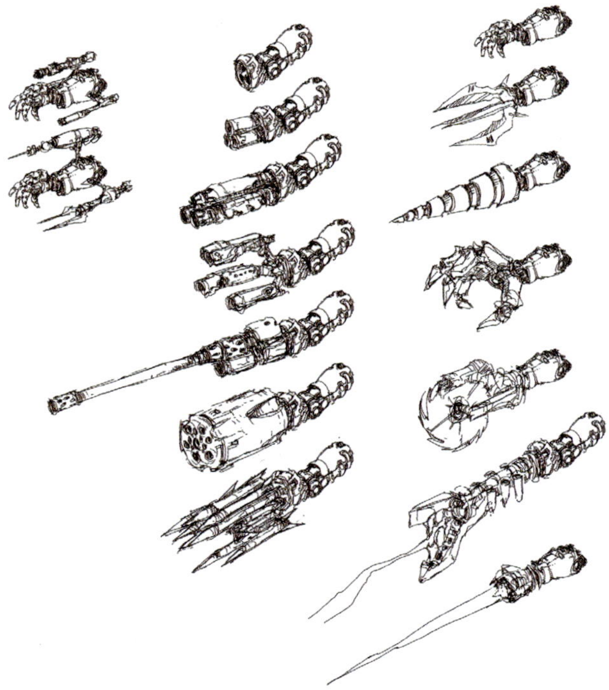

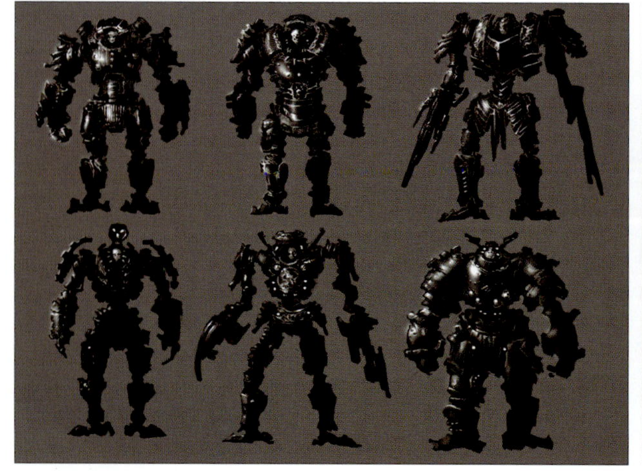

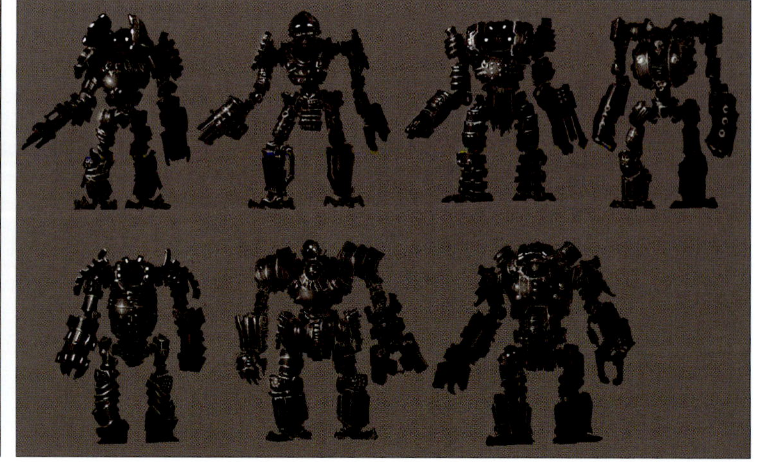

　로봇을 그릴 때 조금 신경 써야 하는 부분이라면 실제로 존재할 수 있는 라인으로 그려졌는가 하는 점입니다. 가끔 현실적으로 존재할 수 없는 선들이 나오는 경우가 있는데, 이것은 그림을 그릴 때 투시도를 생각하고 3D 마인드를 갖고 고쳐 나가면 해결할 수 있을 것입니다.

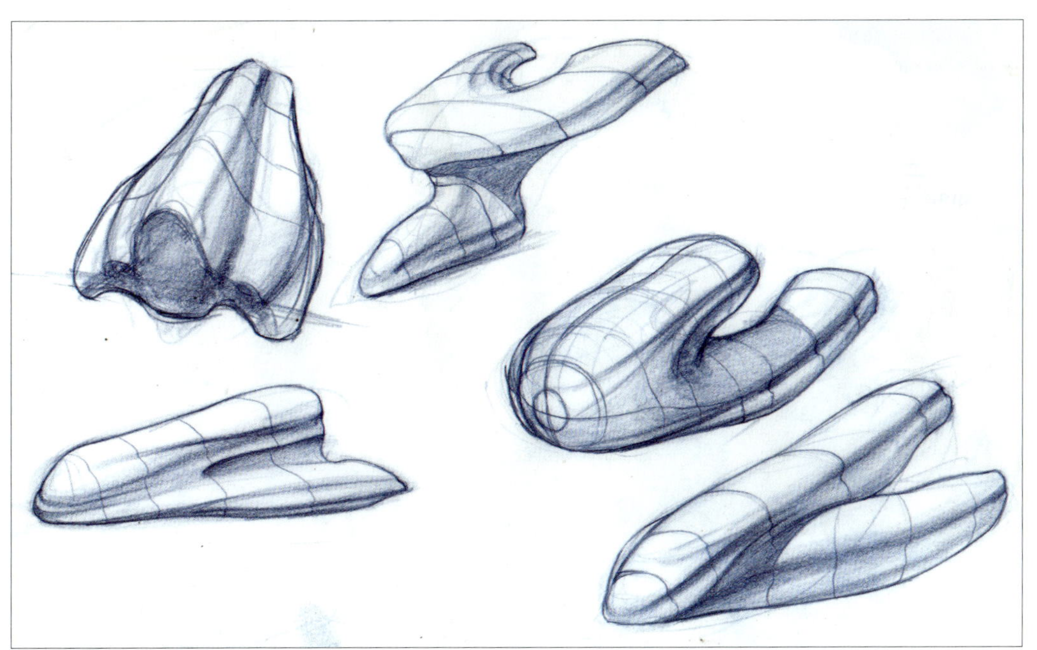

아트센터의 엔터테인먼트 학과장이면서 여러 출판과 DVD를 낸 Scott Roberson은 항상 입버릇처럼 말하는 것이 있습니다. 바로 Draw through입니다. 이것은 눈에 보이지 않는 뒷부분도 같이 그리라는 것입니다. 이렇게 보이지 않는 부분까지 다 그림으로써 그 뒷부분이 어떻게 서로 연결되고 맞닿는지 생각해 볼 수 있기 때문입니다. 그런 방법의 연장으로 Section Line을 그리는 방법도 있습니다. Section Line은 칼로 어떤 물체를 잘랐을 때 그 단면의 외곽을 보여주는 선인데, 이런 Section Line을 그리면 Draw Through했을 때 단면을 보여주게 되어 보다 정확한 그림을 그릴 수 있습니다. 그러나 그렇게 되면 너무나 기술적인 드로잉이 되어 버리고 또 손이 너무 많이 가기 때문에 연습 과정에만 포함시키길 권합니다.

로봇을 렌더링할 때에 조금 신경 써야 하는 부분이라면 로봇이 어떤 재질을 갖고 있는지를 보여주는 것입니다. 금속이 녹이 슬 수도 있고, 페인트가 벗겨졌을 수도 있고, 총에 맞거나 어디에 긁혔을 수도 있고 또 아주 광이 나도록 번쩍일 수도 있기 때문에 적절히 원하는 텍스처를 보여주는 것이 로봇의 전체적인 모습을 리얼하게 만드는 중요한 요소라고 할 수 있습니다.

한 가지 팁을 드린다면, 로봇도 기존 상품처럼 생산을 거쳐 나온 물건이기 때문에 에지 부분들은 칼처럼 잘린 모습이라기보다는 어느 정도 라운드 정리가 되어 가장 밝은 하이라이트가 맺히게 됩니다.

투시도의 이해

06

투시도는 1pt, 2pt, 3pt 투시도가 있다고 말합니다. 하지만 실존하는 투시도는 소실점이 아주 멀리 위치해 있는 3pt 투시도 뿐입니다. 각 소실점들을 가까이 위치시키면 좀더 드라마틱한 공간감을 낼 수 있는데, 이것은 구경이 작은 렌즈를 사용했을 때 혹은 어안 렌즈를 사용했을 때 나오는 효과로 애니메이션이나 재밌는 컨셉 일러스트에서 많이 사용됩니다.

다음은 1pt 투시도입니다. 오른쪽 실제로 존재하지 않기 때문에 관찰자의 정면에 위치한 어떤 물체나 사람 등을 그릴 때 필요합니다. 여기서 지평선은 실제로 지평선이 될 수도 있지만 사람이 고개를 들고 내리고 돌리고 하면서 눈의 높이가 되는 가상의 기준선이 지평선이 될 것입니다.

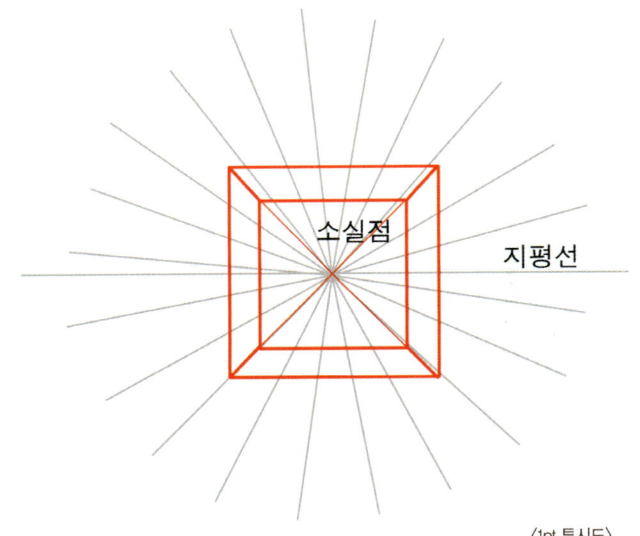

〈1pt 투시도〉

다음은 3pt 투시도를 그릴 때 사용되는 도형입니다. 실제로 소실점으로 모두 그리며 그림을 그릴 수는 없습니다. 그림과 같이 소실점이 가깝다면 많이 왜곡이 될 것입니다. 실제로 삼각형 원 안에 위치하더라도 소실점에 가까운 부분들은 어느 정도 왜곡이 되기 때문입니다.

그림에서 빨간색은 각각의 소실점을 이용하여 그린 그림인데, 이 물체와 다른 각도로 약간 돌아가 있는 물체는 빨간색 물체와는 다른 두 개의 소실점들을 사용하게 되지만 밑에 있는 소실점은 공유하게 됩니다. 연두색의 경우는 2pt 투시도의 예입니다. 위 아래의 소실점을 이용하지만 양쪽으론 소실점이 없습니다. 3pt 투시도에는 물리적인 지평선이 존재하지 않기도 하지만 가상의 지평선은 존재합니다. 따라서 1pt 투시도상의 눈앞에 놓여 있는 물체 등도 동시에 그릴 수 있는 공간입니다.

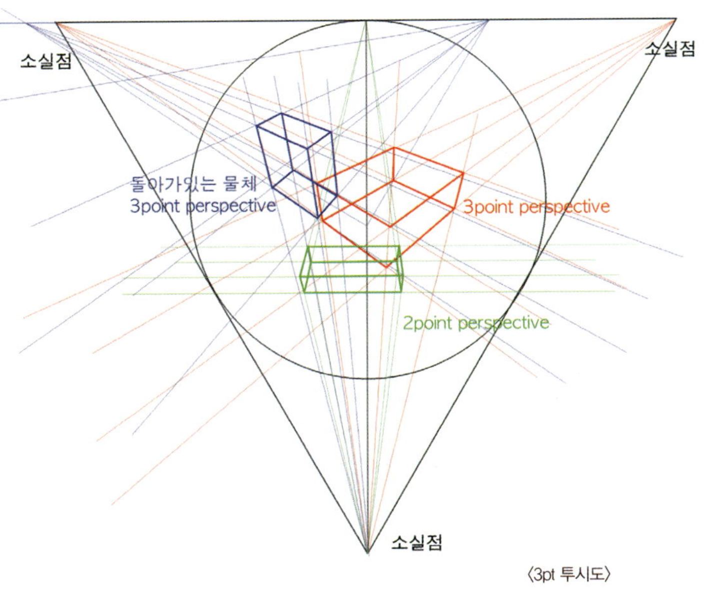

〈3pt 투시도〉

음영과 컬러의 이해

07

음영, 즉 명도는 컬러링을 하기 이전에 어떤 물건의 형태를 보여주는 가장 기본적이면서도 중요한 단계입니다. 옛날 흑백영화에서 극적인 라일세팅으로 스토리를 전달하는 데 큰 무리가 없었던 걸 보면 음영의 중요성이 입증됐다고도 말할 수 있겠습니다. 음영은 빛에 의해서 생기는 그림자와 빛의 분포도라고 할 수 있습니다. 빛은 계속 반사되는 성격이 존재하기 때문에 빛의 각도, 개수, 강도, 근처에 위치한 다른 물체 등에 막대한 영향을 받게 됩니다. 다음은 가장 기본적인 도형들로 빛이 어떤 식으로 물체를 비추고 반사시키고 그림자는 어떤 식으로 발생되고 영향을 받는지 알아 보겠습니다.

다음 그림들은 처음부터 끝까지 Photoshop으로 페인팅한 것입니다. 어떤 식으로 그렸는지는 너무도 비효율적이기 때문에 간략하게만 설명을 하겠습니다. 일단 펜툴로 투시도의 세 점을 잡습니다. 이것을 근거로 상자, 원뿔 등을 위치시킵니다. 이때 소실점의 간격 등은 여러 가지를 눈대중으로 하여야 하기 때문에 정확치 않은 드로잉이 나오기도 합니다. 펜툴로 그림자와 물체에 드리워질 그림자를 표시하는 선들도 만듭니다. 그 후에 펜툴로 그려진 선들을 선택툴로 바꾸어서 안을 그라데이션툴이나 브러시툴로 채웁니다

첫 번째는 두 개의 상자를 페인팅하였습니다. 일단 하얀색의 반사가 거의 안 되는 매트 표면의 박스 두 개를 페인팅해 보았습니다. 여기서 일단 처음엔 다음과 같이 밝음과 어두움 두 개의 밝기로 박스를 표현할 수 있습니다. 이건 어떤 반사광도 없을 경우 3D에서 볼 수 있는 형태라고 할 수 있습니다.

여기에 빛이 향하는 방향에 따라 달라지는 그림자의 밝기 그리고 밑에 표시된 것처럼 바닥에서 반사된 반사광, 옆에 놓인 박스에서 반사된 반사광 등이 그림자의 밝기를 바꾸게 됩니다. 그림자에 의해 드리워진 그림자는 빛이 멀어지면서 약해지고 블러 효과가 나타납니다. 그리고 박스가 바닥과 닿는 면 주위는 반사광이 미치지 못하여 다른 곳보다 어둡습니다.

다음은 여러 가지 반사광 등을 고려하여 완성된 페인팅입니다.

두 번째는 원기둥의 페인팅을 살펴보겠습니다. 원기둥과 같이 둥근 면이 있는 입체 도형은 Core Shadow라는 것이 나타납니다. Core Shadow는 빛이 도형과 만나는 지점에 생기는 것으로 그림자 중 반사광의 영향을 가장 덜 받기 때문에 바닥 면과 접촉하는 부분과 함께 가장 어두운 부분이라고 볼 수 있습니다. 다음 예제를 보면 원기둥의 그림자가 박스에 드리워져 있습니다. 그림자는 박스 윗면이 더 어두운데, 그것은 원기둥으로부터의 반사광 등이 없기 때문입니다. 하지만 거리가 멀어짐에 따라 밝아지는 것은 다른 그림자들과 마찬가지입니다.

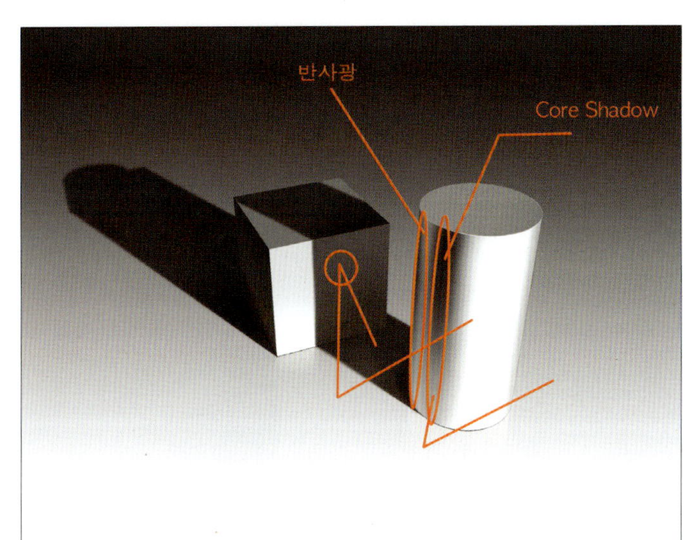

마무리된 모습입니다.

다음은 원뿔의 특징을 살펴보겠습니다. 원뿔은 위로 올라갈수록 원의 지름이 작아지기 때문에 그만큼 반사광을 받는 면적이 줄어듭니다. 따라서 Core Shadow는 위로 올라갈수록 타이트해지고 어두워집니다. 반면에 바닥 부분은 다량의 반사광을 받기 때문에 블러되고 상당히 밝은 Core Shadow가 생깁니다.

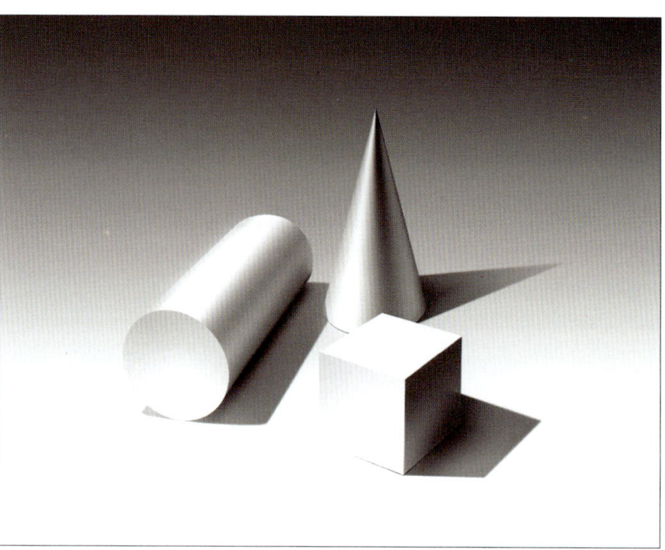

마무리된 모습입니다.

다음은 구입니다. 구는 사방이 둥글기 때문에 사방이 반사광으로 차 있다고 해도 과언이 아닙니다.
하지만 여전히 Core Shadow는 존재합니다. 대신에 상당히 짧게 생기고 또 드리워지는 그림자도 다른
것에 비해 밝은 편입니다. 아래 그림은 다른 것들과 다르게 금속 느낌이 나는데, 그것은 그림자와 밝은
부분의 대비를 높이고 그 사이의 그라데이션 부분을 짧게 했기 때문입니다.

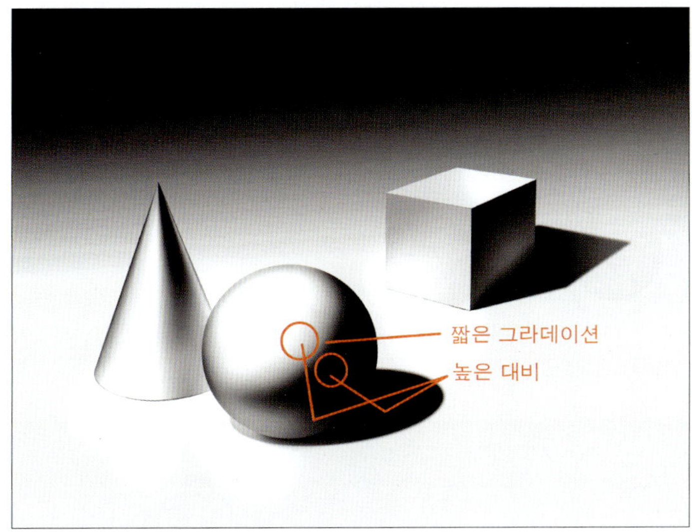

다음은 100% 반사되는 면으로 이루어진 박스들입니다. 보통 스
테인리스 스틸 등의 반짝이는 금속 재질이 이런 반사 느낌을 만듭니
다. 지금과 같이 완전 반사일 경우엔 주위의 그림자, 물체 등을 그대
로 그리면 됩니다. 이때 투시도의 원리를 이해해야 하는데 모든 그
림을 그런 식으로 그릴 수는 없기 때문에 아티스트의 느낌으로 그
려줘야 합니다.

다음은 100% 반사되는 재질을 가진 구와 원뿔입니다. 구의 특
징을 살펴보면 반사되는 면에 주위 환경이 둥글게 왜곡되는 것을 볼
수 있습니다. 이것은 지평선에 있는 나무, 혹은 구름들이 압축되고
휘어져 나타날 만한 환경을 그린 것입니다.

그 위로 보이는 것은 하늘입니다. 하늘은 지평선에서 멀어질수
록 그 색이 짙어지는 특성이 있기 때문에 이곳에도 마찬가지로 지
평선 주위는 하얗고 위로 올라갈수록 짙어졌다가 다시 반대편 지평
선 근처로 가기 때문에 밝아집니다. 밑에 드리워지는 그림자는 실
제 그림자가 압축되어 보이는 것이기 때문에 더 어둡게 보입니다.

원뿔의 경우엔 원뿔 끝으로 갈수록 그 압축되는 비율이 높기 때문에 직선과 같은 형태가 됩니다. 나머지는 거의 원과 같은 방식이지만 둥글게 왜곡되는 것이 위 아래로 되는 것이 구와 차이점입니다. 구는 위 아래 뿐만 아니라 사방으로 둥글기 때문에 사방으로 둥글게 왜곡이 됩니다.

다음은 컬러입니다. 자연은 의외로 단순한 논리로 색을 만드는데, 원칙은 하나입니다. 빛의 색과 그림자의 색은 서로 보색 관계라는 것입니다.

물론 그 색이 아주 미묘할 경우가 많기 때문에 눈으로 식별하기가 쉽지는 않습니다. 저는 조금은 과장된 네 가지 예를 들어 봤습니다. 애니메이션의 경우 이런 과장된, 아니 이것보다 좀더 채도가 높은 컬러로 확실히 과장을 합니다.

순서대로 낮의 햇빛, 노을 무렵 햇빛, 그리고 인공적인 차가운 컬러의 빛, 따뜻한 컬러의 빛을 쬐었을 때 어떻게 빛이 드리워지고 그림자가 나오는지 정확하지는 않지만 나름으로 시도해 보았습니다. 여러분도 직접 시간대별로 관찰하거나 전등에 셀로판지 등을 대고 실험해 보시길 바랍니다.

그림자의 색상은 빛 색깔의 보색이 나오게 됩니다. 그림자 주변은 채도가 주위 색보다 조금 높은 색으로 변합니다. Photoshop에서 보색을 찾는 방법은 간단합니다. 일단 Photoshop의 Preference 〉 General에서 위쪽의 Color Picker 방식을 Apple로 바꿉니다. 그러면 컬러 박스를 클릭했을 때 나오던 창이 Painter처럼 둥근 형태로 나타나게 됩니다.

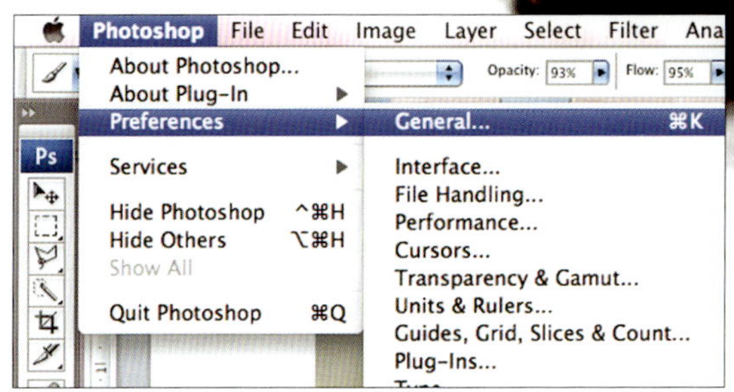

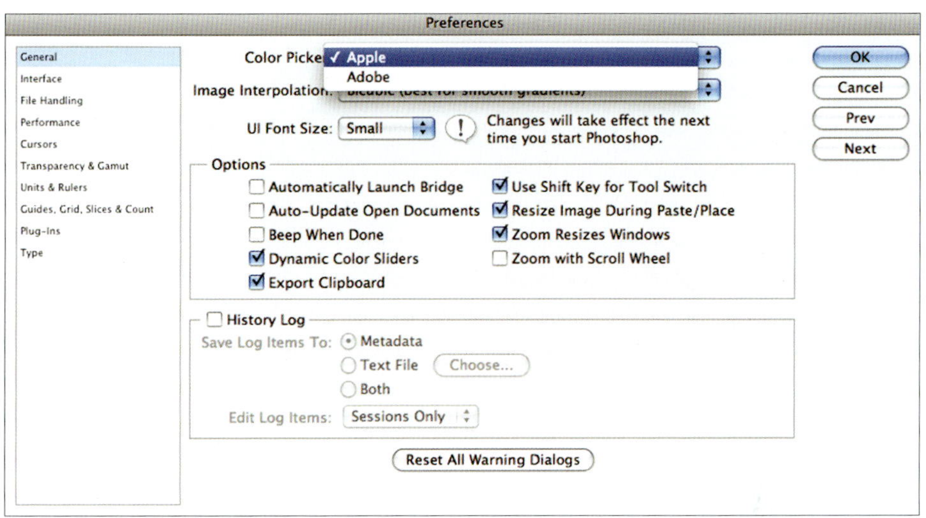

오른쪽과 같이 나온 컬러피커 창에서 보색을 찾는 것은 간단합니다. 원의 중심을 기점으로 반대편에 위치한 색이 보색 관계입니다. 하지만 그림자는 빛보다 밝기와 채도를 더 낮춰야 합니다.

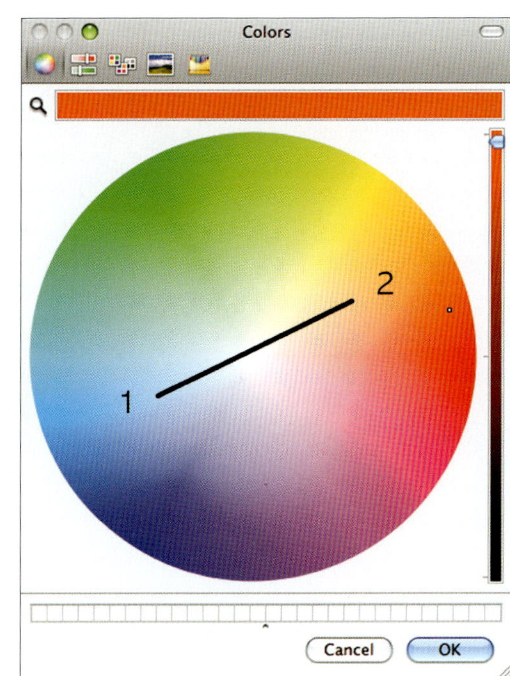

다음은 컬러가 적용된 물체가 반사하는 성질을 가졌을때 페인팅하는 법입니다. 자동차가 대표적인 예가 될 수 있겠습니다. 자동차의 경우에 페인트를 칠한후에 클리어코우트로 몇겹을 더 칠하기 때문에 주위 물체들이 반사되면서 또한 페인트의 색깔을 잃지 않고 반사되는 상들과 맞물려 독특한 컬러들을 만들어 내기도 합니다.

 달걀 형태의 물체를 통해 간단한 예제를 보여드리겠습니다.

 일단 전체 프로파일을 잡고 라이트는 위에서 비춰지는 것으로 설정하였습니다.

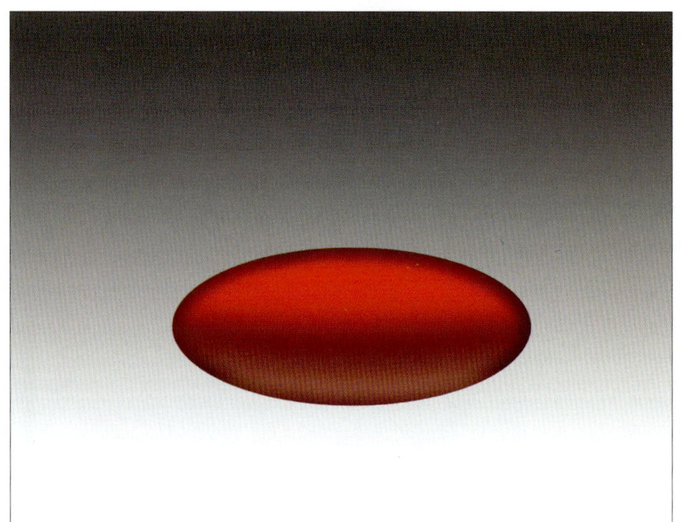 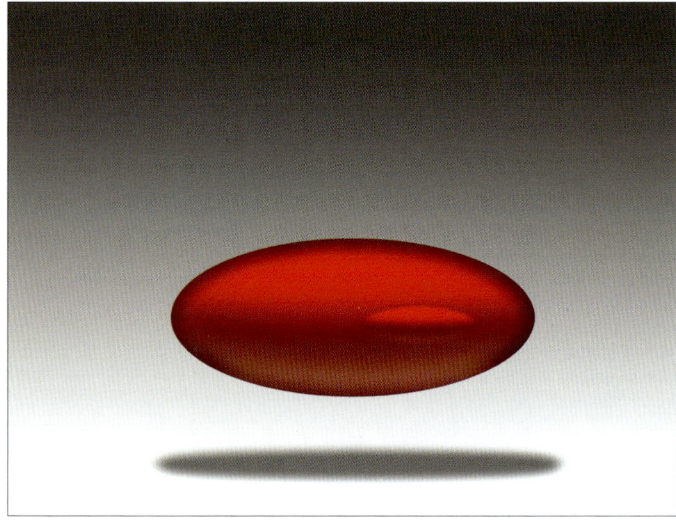

 **03** 다음은 바닥에서 반사된 하얀반사광과 주위에 먼곳까지 왜곡되어 나타나는 어두운 부분을 표현해줍니다. 가운데에
볼록 튀어난 형태를 넣어줍니다. 그리고 그림자를 넣어줍니다.

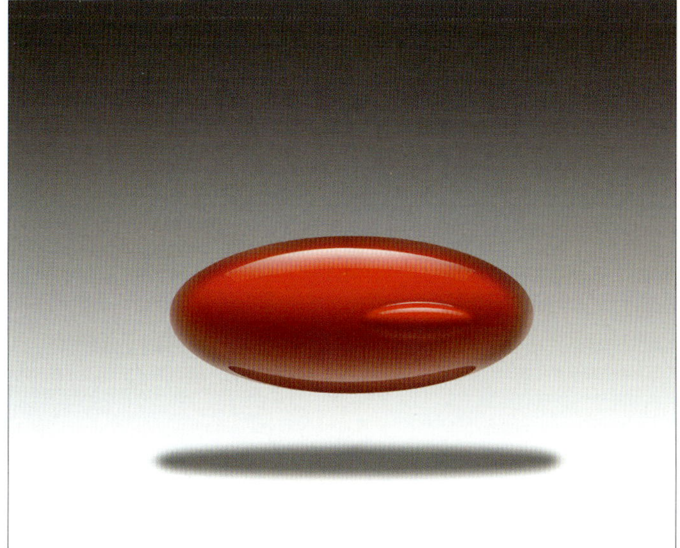 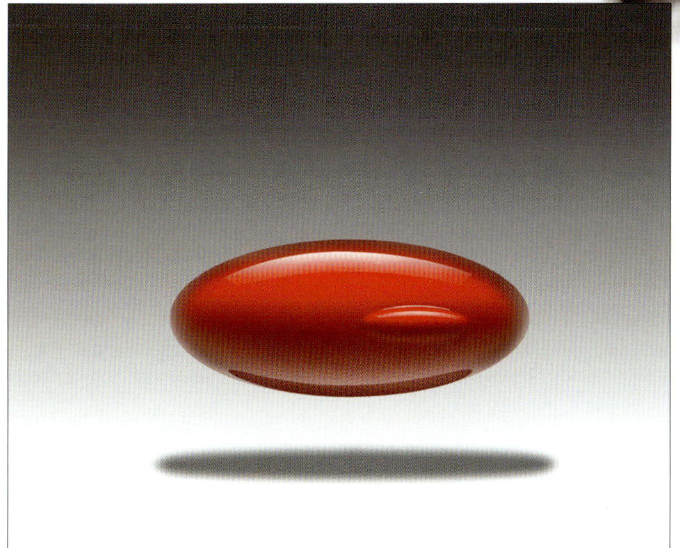

04 이제 물체에 그래픽을 넣어주고 그림자에 붉은 반사광을 넣어주고 마무리 합니다. 이렇게 Geometric 한 형태의 정
확한 페인팅을 할때는 보통 펜툴과 그라데이션툴을 추천합니다.

다음은 여러가지 반사성질을 지닌 재료들을 적용시킨 예제들
입니다.

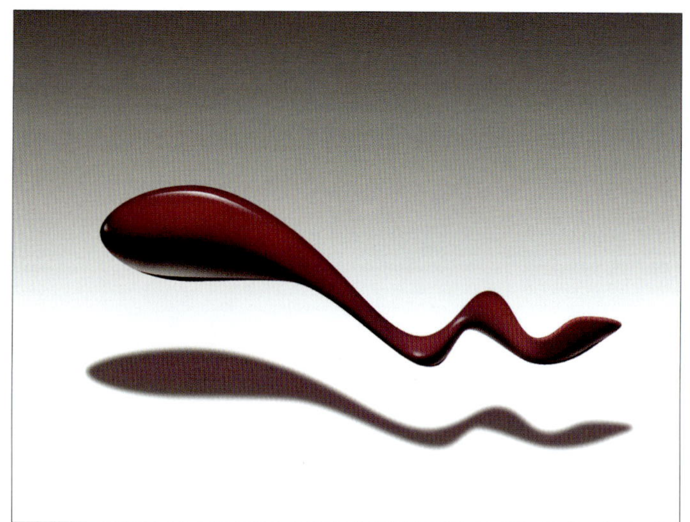

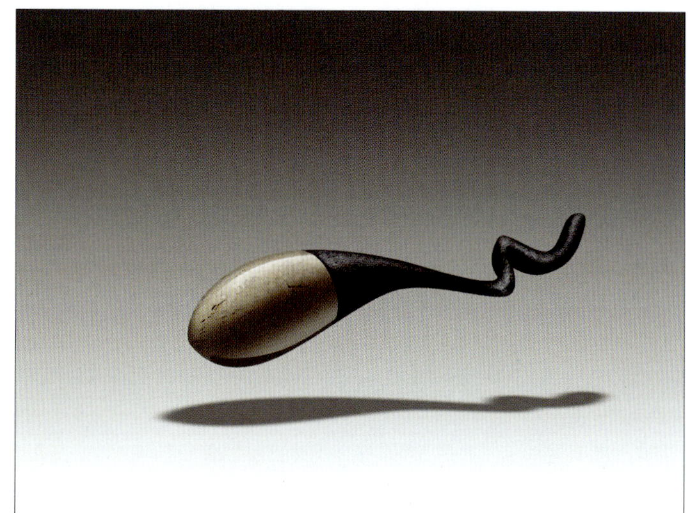

이러한 페인팅을 할 때는 사진을 사용하기도 합니다. 물체의 곡
면에 맞게 Transform에서 Warp 을 사용하여 텍스쳐 화일을 왜곡
시킵니다.

위의 예제들을 통해 반사광을 갖고 있는 간단한 자동차를 그려
본 결과입니다.

Section 01
컨셉디자인

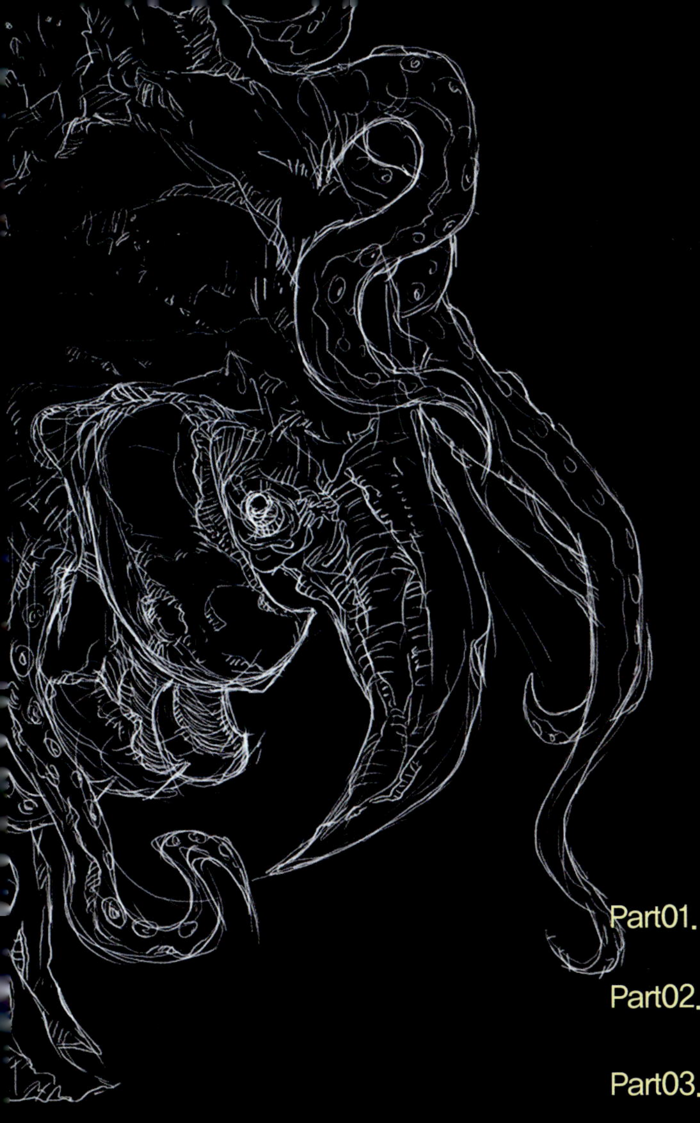

컨셉디자인의
실전 활용

캐릭터 디자인하기

01

다음은 디지털 툴을 이용하여 간단하게 캐릭터 컨셉을 완성해 보겠습니다. 일단 사용되는 툴은 Photoshop CS3와 Wacom Cintiq21UX입니다. Cintiq은 모니터 표면에 직접 그릴 수 있는 타블렛으로 기존 타블렛보다 직관성이 뛰어나서 직접 모니터에 드로잉을 하는 데 큰 지장이 없습니다. 그러나 러프한 페인팅을 할 때는 기존 타블렛이 동선이 작아 더 빠르게 아이디어를 낼 수 있습니다. 또 개인적인 취향인지 모르지만 실제 디자인 아이디어를 내놓을 때는 연필과 종이를 이용하는 것이 더 쉽고 재밌게 작업을 해 나갈 수 있는 방법입니다.

이 캐릭터는 컨셉을 잡는다면 일반 모드와 수퍼 모드로 나뉘고 수퍼 모드 시에는 갑옷이 캐릭터에 덮이게 되어 중화기에 대응할 수 있는 모드입니다.

일반모드

수퍼모드

1 일반모드의 캐릭터 컨셉디자인

01 먼저 러프하게 아이디어 스케치를 합니다. 이 단계에서는 그림이 잘 그려지건 그렇지 못하건 크게 신경을 쓰지 않아도 됩니다.

02 여러 가지 문양을 추가하여 스케치를 마무리합니다. 드로잉은 새로운 레이어를 만들고 계속 볼 수 있도록 맨 위에 위치시키고 모드를 Multiply로 바꾸어 그립니다. 이 그림은 드로잉 라인을 남겨 놓고 보이게 하는 페인팅을 하였습니다. 라인을 남겨 놓는 페인팅은 간편하게 페인팅을 끝낼 수 있고 또 만화 같은 느낌의 페인팅을 할 수 있습니다.

03 다음으로는 Magic wand(W) 툴을 이용하여 캐릭터만 선택합니다. 페인팅을 할 때는 하얀 바탕에서 시작하는 것보다 마지막에 보여질 컬러를 바탕에 깔아 놓고 페인팅하는 게 좋습니다. 페인팅은 여러 브러시를 사용하는데 일단 처음에는 한 색깔로 채우고 그 후에 브러시의 설정을 바꾸어서 페인팅합니다. 여러 가지 브러시를 Tool Presets에 저장해 놓고 사용하면 더욱 편리합니다.

 **04** Charcoal 브러시로 컬러 디자인에 중점을 두어 거칠게 페인팅합니다.

05 작은 브러시로 조금씩 정리해 나갑니다.

06 배경과 그림자를 넣고 마무리합니다. 페인팅을 할 때는 항상 빛이 어느 방향인지, 거기에 따라 그림자가 어떻게 생길지 생각하면서 페인팅을 합니다. 2D 애니메이션의 Ground Work을 보면 애니메이션 각 장에 그림자 라인도 같이 애니메이팅하는데, 페인팅에서는 그 라인 부분을 부드럽게 바꿔준다고 이해하면 됩니다.

페인팅이 어느 정도 완성되면 라인 드로잉의 컬러도 바꾸어 자연스러운 느낌을 줄 수 있습니다. 바꾸는 방법은 라인 드로잉의 레이어를 선택하고 Hue/Saturation(Ctrl + M)에서 Colorize 박스를 체크하고 색, 채도, 명도 등을 조절합니다. 부분적으로 다른 색들을 적용하고 싶을 때는 Quick Mask (Q) 툴에서 에어브러시로 선택하여 부분적으로 바꿀 수도 있습니다.

 ## 수퍼모드의 컨셉디자인

수퍼모드의 드로잉은 3 정도 사이즈의 라운드 브러시를 사용하였습니다. 라인 드로잉은 별도의 레이어에 그려야 나중에 컬러를 바꾸거나 다른 효과를 줄 때 편합니다. 하지만 가끔 깜빡하고 하얀 바탕의 레이어에 그냥 그리는 경우가 있는데 그럴 때는 채널이나 마스킹을 이용하여 드로잉만 빠로 뽑아내는 방법이 있습니다.

일단 드로잉을 완전한 검은색, 즉 Desaturation을 합니다. 그 후에 그림을 전체선택하고(Ctrl + A) 복사합니다(Ctrl + C). 그 다음 채널 창에서 새로운 채널을 만듭니다. 새로 만든 채널에 붙여넣습니다(Ctrl + V). 그 다음 검은색과 흰색을 Inverse (Ctrl + I)합니다. 그럼 흰색의 드로잉으로 됩니다. 채널은 흰색이 보이는 곳으로, 이미 드로잉은 생성되었다고 봐도 됩니다. 이제 기존 레이어에 그린 그림은 필요 없습니다. 따라서 혼동되지 않도록 하얀색으로 다시 채웁니다(D 〉 A 〉 Shift + Backspace). 이제 새로운 빈 레이어를 만듭니다. 그 레이어가 선택된 상태에서 아까 채널 창에서 만든 Alpha 채널을 Ctrl 키와 함께 클릭합니다. 그러면 드로잉 부분만 선택이 됩니다. 이제 그곳에 검은색으로 채우면(D 〉 Shift + Backspace) 기존에 그렸던 라인 드로잉이 아무 손실 없이 그대로 별도의 레이어에 옮겨집니다.

 스케치를 합니다. 페인팅 후에도 라인이 보일 것이기 때문에 깔끔하게 정리합니다.

102

02 앞의 경우와 마찬가지로 캐릭터만 선택하여 레이어나 채널로 저장해 놓습니다.

03 분위기는 일본 애니메이션 스타일로 회색 베이스에 녹색과 오렌지색으로 포인트를 주었습니다.

04 캐논의 뒤쪽 날개에 새겨진 문양을 페인팅합니다. 이런 문양을 페인팅할 때는 라쏘툴(L)로 선택을 한 후에 페인팅을 하는 것이 효율적이며 빠르게 고치거나 그라데이션을 줄 때 좋습니다.

05 여기저기 정리하면서 오른쪽 뒤로부터 오는 오렌지색 반사광을 넣어줍니다. 붉은색 계열은 다른 계열보다 빛이 비춰졌을 때 표면 본연의 색을 거의 없애고 광원의 색으로 강하게 비춰지는 경향이 있습니다.

 긴 전자검과 짧은 전자검을 페인팅합니다. 이런 전기 같은 특수효과를 페인팅할 때는 일단 정상적인 브러시로 벨류
와 함께 페인팅을 한 후 하얗게 발광될 부분을 작은 에어브러시를 Color Dodge 모드로 페인팅을 합니다. 그 후에
큰 에어브러시로 크기를 크게 하여 Color Dodge 모드로 다시 페인팅합니다. 브러시 크기는 Photoshop에서 브러시를 보면
서 [와]로 작거나 크게 조절합니다.

07 그림자, 연기, 배경을 추가하여 마무리합니다.

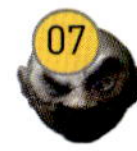

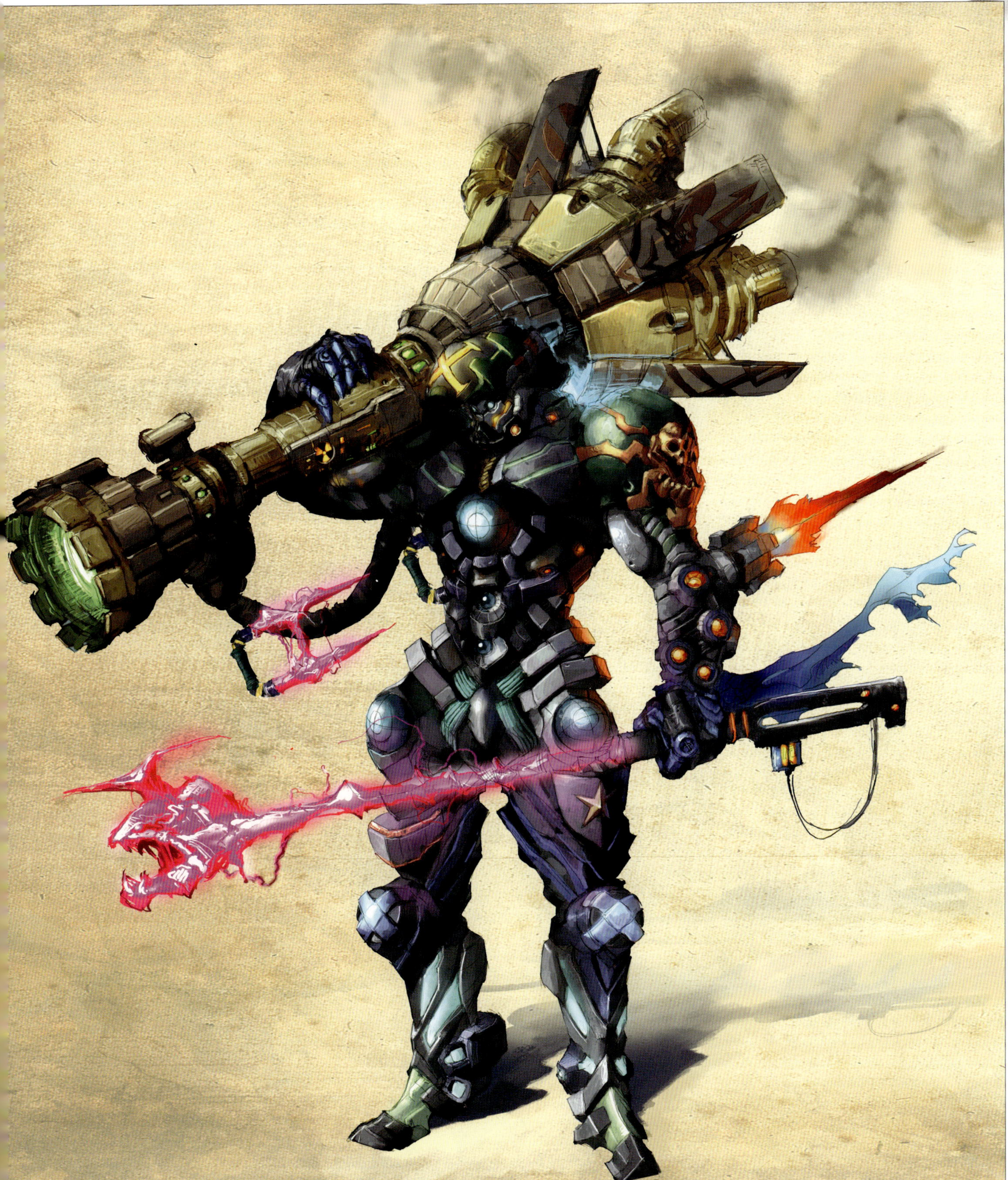

몬스터
디자인하기
02

완성이미지

여기서 소개한 몬스터의 컨셉디자인을 바탕으로 3D로 모델링한 결과입니다.
3D캐릭터모델링의 제작과정은 516page에서 확인할 수 있습니다.

① 아이디어 스케치하기

몬스터 디자인은 개인적으로 가장 편하게 하는 작업 중 하나인데, 이유는 아마도 어떤 괴상한 형태가 되더라도 괴물이 될 수 있기 때문이 아닌가 생각합니다. 일단 스케치는 이리저리 레퍼런스 없이 그려 보았습니다. 스케치를 할 때는 일단 큰 덩어리가 어떤 식으로 붙어 있을지 이리저리 그려 보기도 하고, 아니면 이빨이라든가 꼬리, 날개 등 어떤 한 요소의 디자인이나 모습이 머릿속에 떠오르면 그것으로부터 시작하여 다른 것을 더해 나가는 식으로 그려 보기도 합니다.

　일단 인터넷으로 가서 여러 가지 흥미로운 레퍼런스를 살펴보기로 했습니다. 흥미로운 사진들을 리서치하다 보면 새로운 아이디어가 떠오르기도 하고 또 소중한 자료들을 우연히 발견할 수 있기 때문에 꼭 필요한 단계입니다. 아래 사진들은 바위와 알화석, 그리고 흥미로운 바다생물들의 사진입니다. 텍스처가 흥미롭고 모양이 재밌는 것도 많은데, 이런 텍스처와 쉐입들을 모티브로 디자인해 보도록 하겠습니다. 우선 덩치가 크고 인간형 몬스터이되 재밌는 컨셉을 넣어보고 싶어 왼팔은 큰 덩어리의 집게 팔로 만들고, 알을 까고 나온 듯이 두 개의 깨진 알 모양으로 턱을 디자인해 보았습니다.

 러프한 스케치를 합니다.

 얼굴 앞모습을 디테일하게 그립니다.

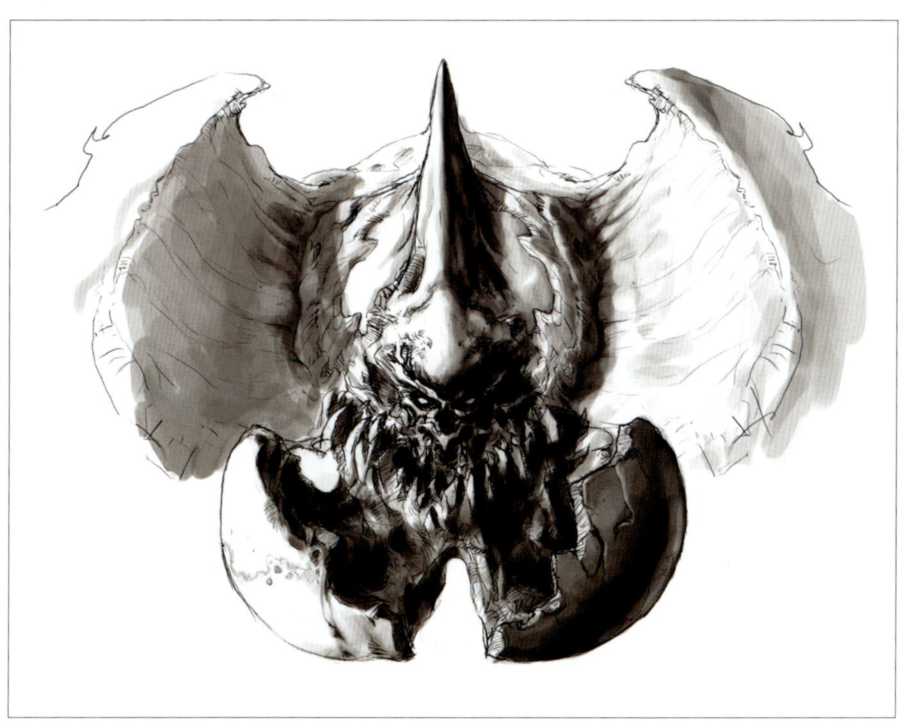

옆모습 그리고 여러 각도에서 봤을 때 보이는 모습을 그립니다. 보스 급의 몬스터가 되려면 일단 다른 일반적인 몬스터보다는 크기도 크고 구별되는 특징이 있었으면 했습니다. 또 여러 가지 텍스처를 보여주는 것도 책을 위한 예제로 쓰기에 좋을 것 같았습니다.

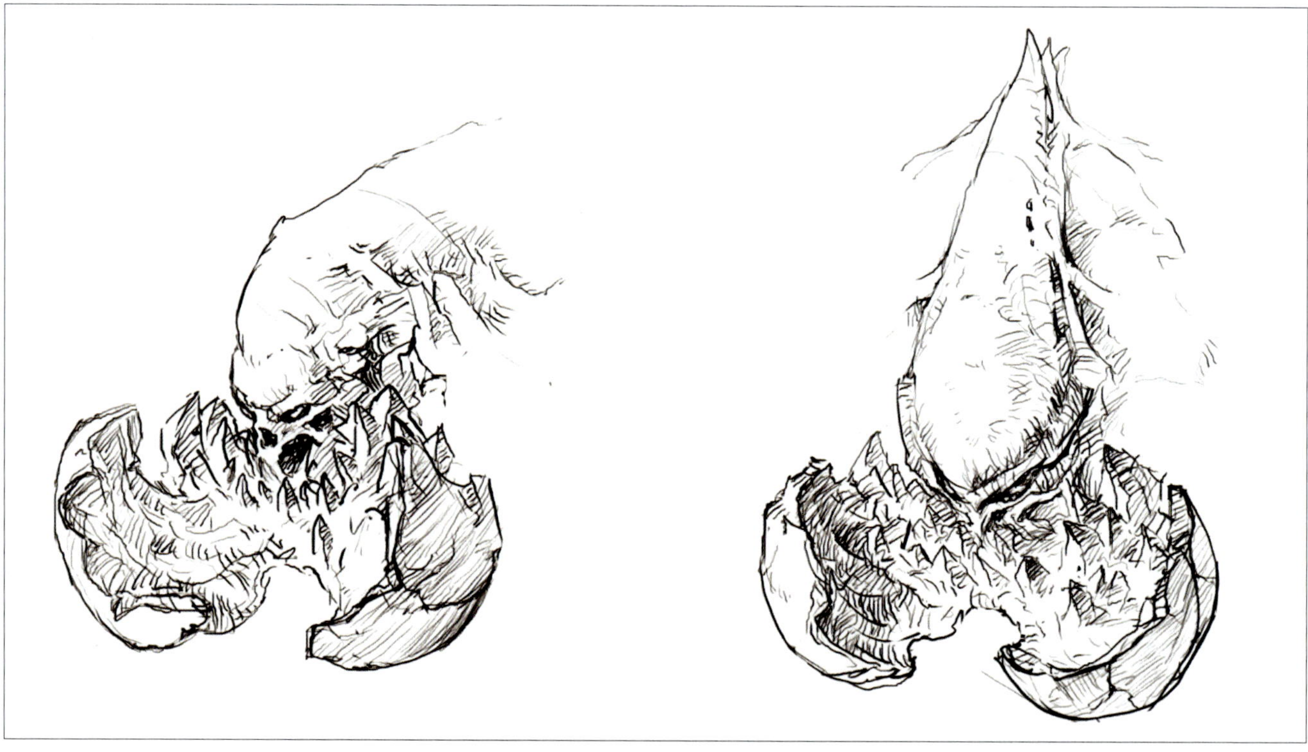

큰 괴물이 소리를 지를 때 해골들
도 같이 소리를 지르는 모습입니다.

111

가슴 가운데에는 전체 큰 몬스터를 조종하는 작은 몬스터가 있습니다. 캐릭터의 설정은
눈이 잘 안 보이는 작은 사람 크기의 몬스터가 소리를 질러 몬스터를 조종하거나 또는 작은 괴물의 뇌
가 핏줄, 신경 등으로 직접 괴물과 연결되어 몬스터를 제어하도록 설정을 해보았습니다. 몬스터의 몸은
기본적으로 바위로 이루어졌지만 부분 부분 갑각류의 딱딱한 껍질을 갖고 있고, 문어 다리가 왼쪽 팔
군데 군데 있어서 살아 있는 생명체의 느낌이 나게 했고, 여기저기 매달려 있는 해골이나 얼굴들은 각
각 괴물 몸속에 기생하는 작은 괴물들로 괴물이 소리를 지를 때마다 같이 소리를 지르거나 무언가를 뱉
어냅니다. 나중에 몸속에서 튀어나와 공격하기도 합니다.

② 페인팅하기

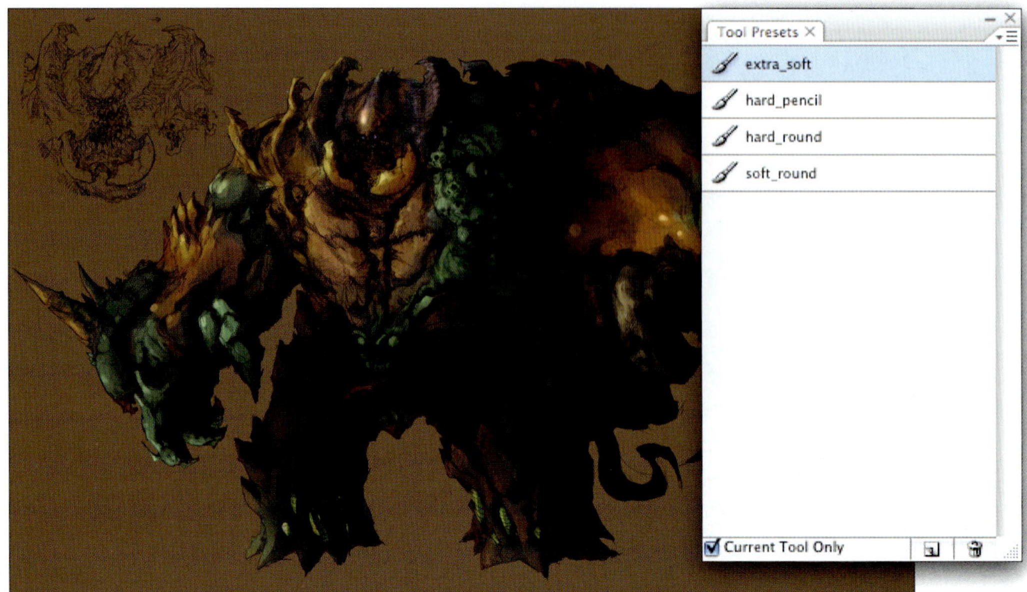

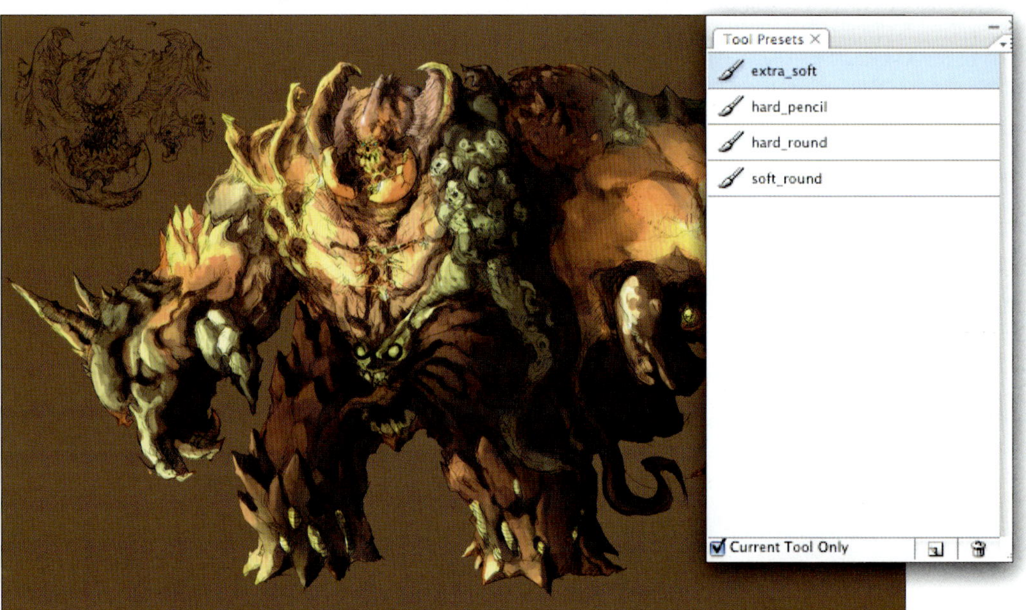

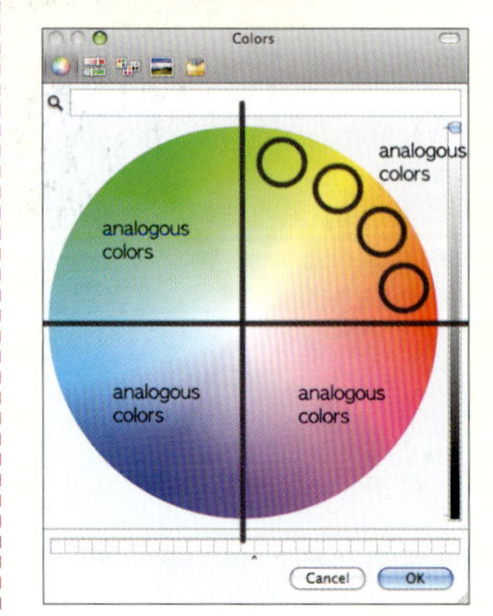

01 스케치가 어느 정도 마무리되어 몬스터의 로컬 컬러를 디자인해 보았습니다. 로컬 컬러는 괴물이 갖고 있는 본래의 색을 의미합니다. 따라서 어떤 색의 빛을 받으면 색이 다시 달라질 것입니다. 이때 사용한 브러시는 기본 라운드 브러시로 Other option에서 Opacity를 Pen Pressure로 설정하여 페인팅합니다.

02 다음은 캐주얼 판타지 느낌으로 컬러를 해 보았습니다. 판타지 장르는 표면이 자체 발광하거나 보석 같은 느낌의 컬러가 많이 사용됩니다. 발광되는 재질감이 너무 남발되면 가벼워 보일 수도 있기 때문에 적절하게 포인트를 주는 식으로 하는 것이 좋을 것 같습니다. 컬러 콤비네이션은 Analogous color입니다.

체크하세요!

Analogous Color 콤비네이션의 네 가지 예입니다. 각각 인접한 컬러를 의미한다고 볼 수 있습니다. 그림의 네 개의 원에 있는 컬러들은 위의 몬스터에 쓰인 Analogous Color의 예라고 볼 수 있습니다. 어떤 페인팅을 할 때 따뜻한 컬러와 시원한 컬러가 인접해 있는 것도 상당한 시각적 즐거움을 주는 반면 이런 유사한 색들이 있는 가운데 한두 군데 전혀 다른 색상이 포인트로 있는 것도 컬러 디자인을 함에 있어 유용합니다.

03 개인적으로 여러 가지 컬러를 사용해서, 특히 Saturation을 높여서 컬러를 많이 사용하는 편입니다. 어떤 분들은 미묘한 컬러의 차이가 없어서 이상하다고도 하시고 어떤 분들은 강렬한 컬러가 더 좋다고 합니다. 요즘은 다양한 아티스트들이 많아서 더 이상 어떤 식으로 하는 것이 정답이라고 할 수도 없습니다. 자신만의 스타일을 지키면서 부족한 부분을 계속 발전시키는 것이 아티스트로서 자리매김하는 데 도움이 될 거라 생각합니다. 또 남의 스타일을 그대로 따라하다 보면 자기 만족을 느끼는 데도 한계가 있을 것이고 진정한 창조의 재미를 느끼기 힘들 수도 있습니다.

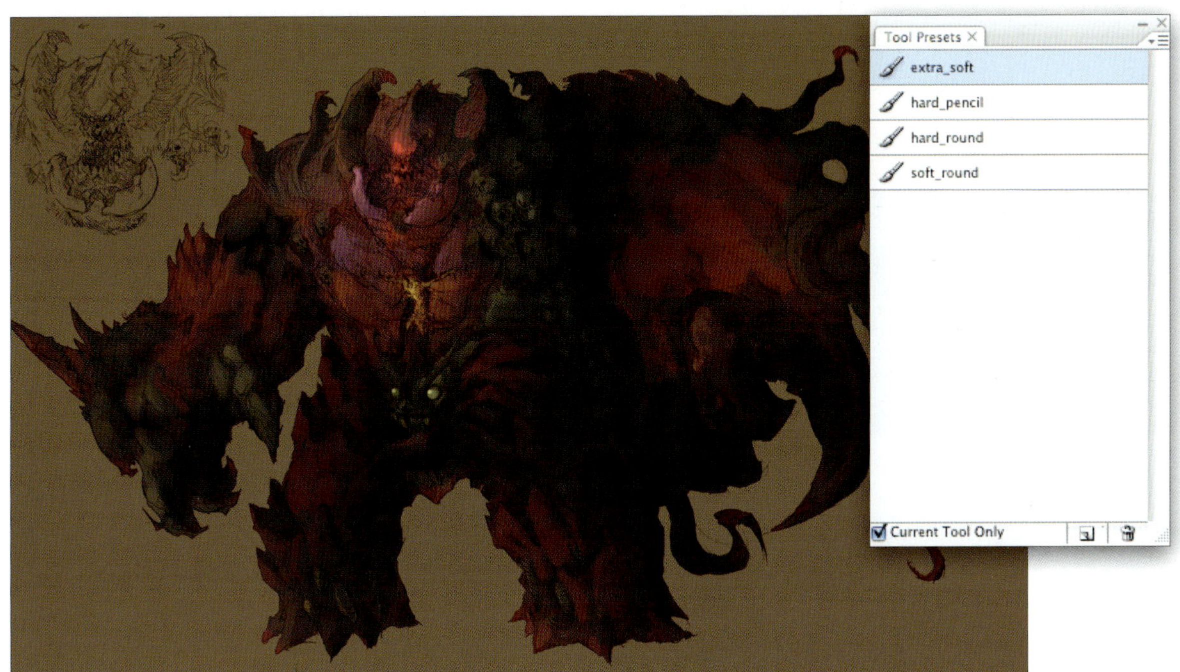

04 조금 무거운 느낌을 내고 싶어 이런 컬러 조합을 사용하기로 하였습니다. 녹색과 붉은색이 보색이라 눈에 거슬리는 느낌이 있지만 일단 페인팅을 시작해 보도록 하겠습니다.

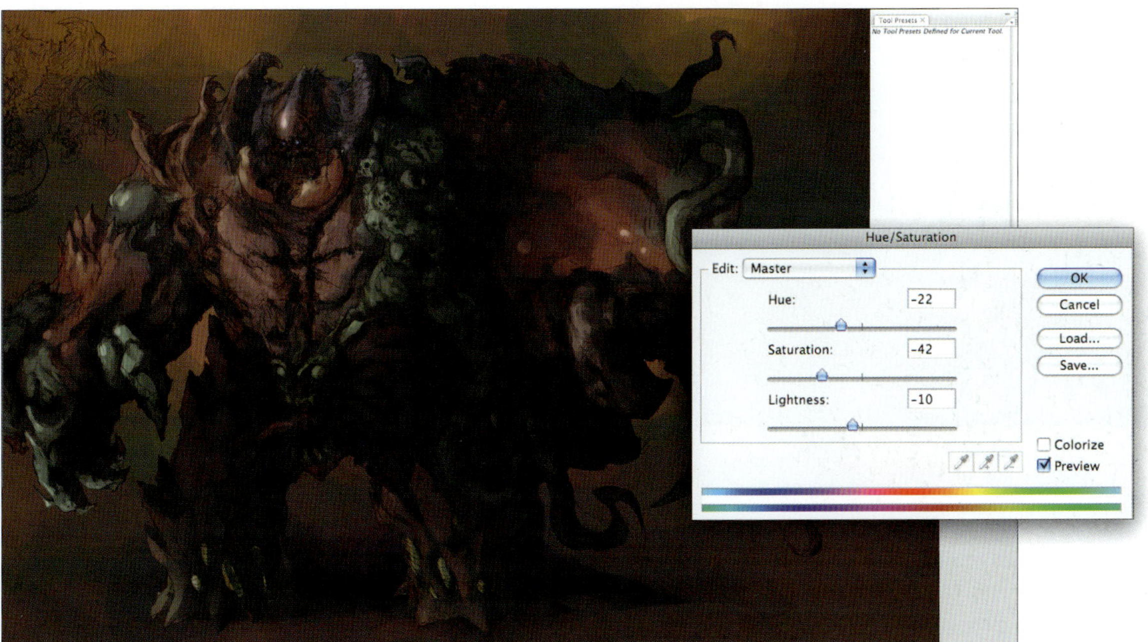

05 배경 부분에 구름 느낌을 주기 위해서 부드러운 에어브러시에 구름 텍스처를 적용해서 칠해 보았습니다. Texture each tip 체크박스에 체크하고 Mode를 Linear Burn으로 바꾸어 텍스처의 효과를 극대화해 보았습니다.

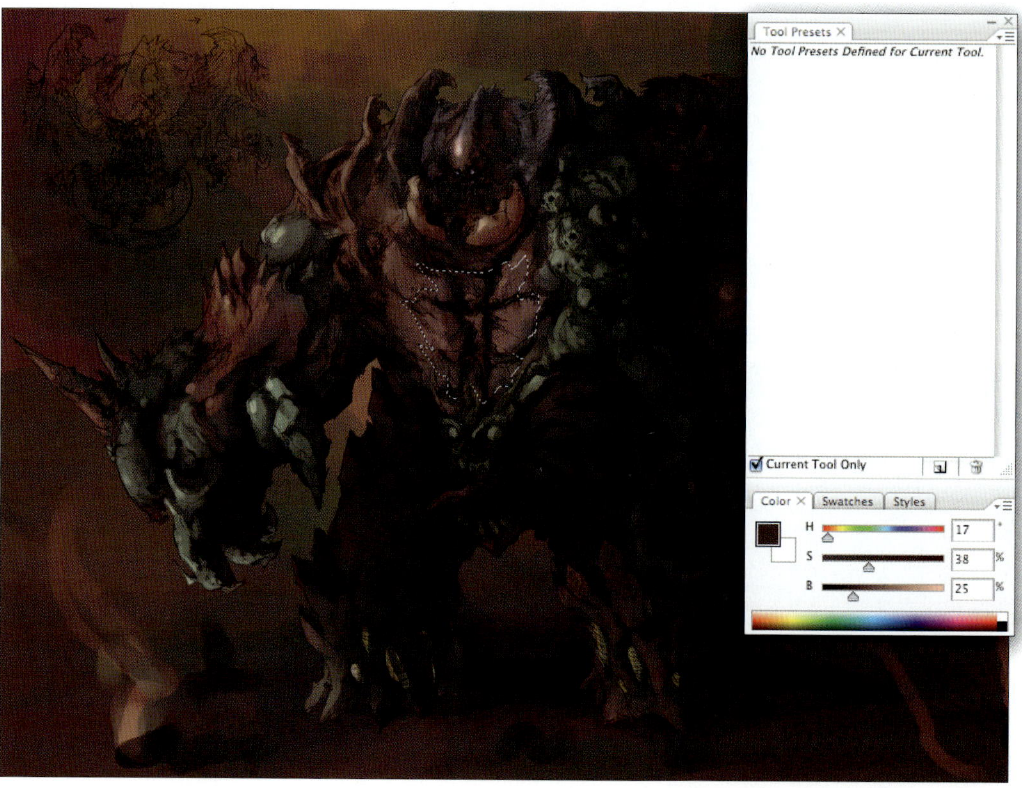

06 가슴 부분에 조종을 맡고 있는 작은 괴물의 위치를 중앙에 맞추기 위해서 라쏘툴로 선택합니다. 중앙이 맞지 않으면 전체적인 괴물의 몸통의 입체감이 줄어듭니다. 가슴을 커다란 박스라고 생각했을 때 머리와 다리를 잇는 중앙선을 찾아서 위치시켜야 가슴 부분이 몸 전체에 알맞게 자리 잡은 느낌이 듭니다.

Game Character Design Master

07 드로잉과 페인팅이 다른 레이어에 위치해 있기 때문에 일단 드로잉의 위치를 옮깁니다. 페인팅도 선택하여 자리를 옮깁니다. 디지털 툴의 좋은 점은 이미 페인팅해 놓은 부분은 언제든지 선택해서 복사하여 크기를 바꾸거나 하여 다시 적용할 수 있는 점인데, 많은 시간을 할애한 렌더링이 있을 경우 절약되는 시간이 더 커지게 됩니다.

다음과 같은 과정은 꼭 따라하라는 것이 아니라 독자분들께서 작업하시면서 저와 같은 실수를 하셨을 때 참고하라고 보여드리는 것입니다.

08 페인팅을 러프하게 시작할 때는 되도록 디테일에 신경 쓰지 말고 전체적으로 어떤 부분이 평평해 보인다든가 벨류가 잘못됐다든가 하는 큰 문제점들을 수정하는 데 초점을 맞추는 것이 좋습니다.

116

09 몸통의 두께와 볼륨감을 주기 위해서 하이라이트와 벨류를 바꿉니다. 드로잉에서 모든 디테일을 표현한 후 페인팅을 하기도 하지만 지금 같은 경우에는 부분 부분 페인팅 하면서 디자인을 새로 하기도 합니다.

이런 식으로 작업할 경우에 드로잉은 빨리 할 수 있지만 페인팅이 마치 드로잉을 한 번 더하는 식이기 때문에 시간이 더 걸립니다. 따라서 요즘엔 다들 드로잉을 더 러프하게 하고 페인팅으로 시작하여 깎아내는 식으로 작업을 많이 합니다. 필자도 라인에서 드로잉 작업을 많이 하여 작업 속도가 빠른 편에 속하지는 않습니다.

10 손 부분과 다리 부분을 페인팅 합니다. 페인팅은 기본적인 그라데이션 효과를 주고 그 위에 밝은 벨류를 덧올리는 식으로 합니다.

11 덕지덕지 달려 있는 해골 부분을 페인팅합니다. 팔이나 몸통과 색이 너무 달라 조금 맘에 안 들지만 색은 나중에 쉽게 바꿀 수 있기 때문에 일단 벨류에 신경을 써서 페인팅을 합니다.

12 왼쪽 팔은 가재나 게의 집게다리와 흡사하게 디자인했습니다. 양쪽에는 문어 다리가 이리저리 뒤감겨 있습니다. 갑각류나 문어 다리 같은 경우 항상 물에 젖어 있는 느낌이 있으므로 하이라이트는 하얀빛의 작은 점들로 표현할 수 있습니다. 빛은 어두운 부분에 두 번째 광원을 두어서 반사광이 있게 페인팅하면 입체감이 납니다. 일단 러프하게 색과 벨류를 잡습니다. 페인팅은 항상 러프하게 할 때 중요한 결정들이 내려지고 또 그런 과정이 더 재미가 있다고 생각합니다.

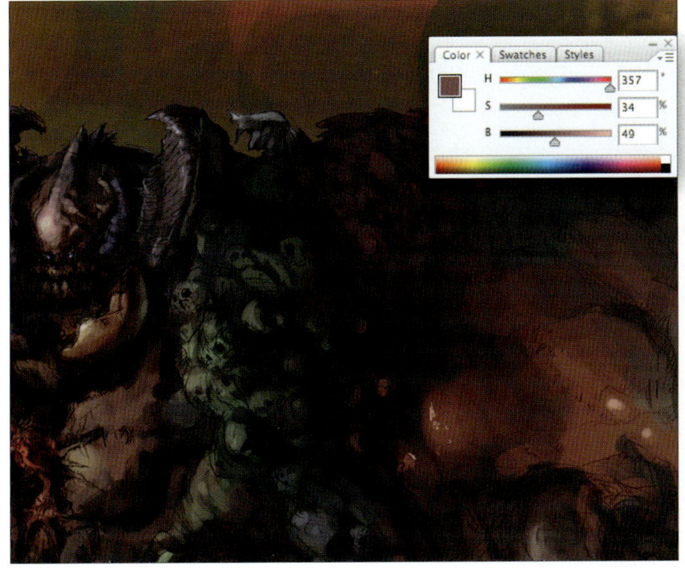

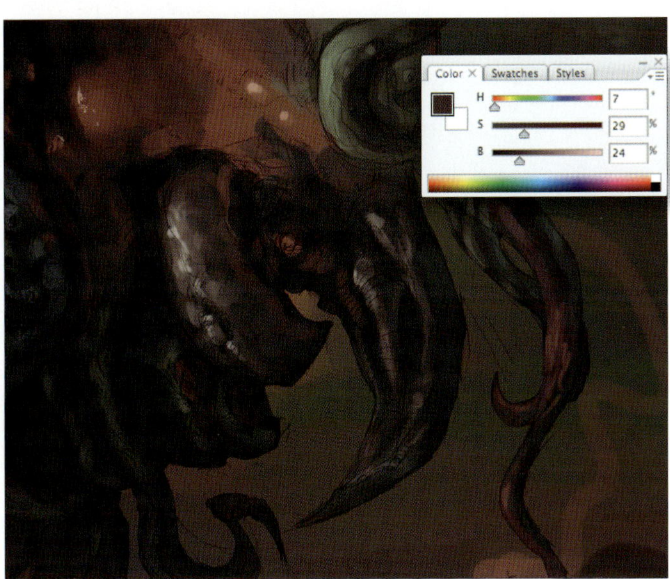

13 오른쪽 위에 노란색의 광원을 설치하여 노란빛이 드리우게 합니다. 광원의 빛이 색깔을 갖고 있는 표면에 떨어지면 어느 정도 혼합된 색이 나오게 됩니다. 그런 경우에 상당히 혼란스런 색을 보여주기도 합니다. 따라서 어느 정도 광원의 색과 빛이 비춰지는 곳의 색을 유사하게 표한하는 것이 더 정돈된 느낌을 줍니다.

14 보랏빛의 반사광을 다리 뒷부분에 한번 넣어 보았습니다.

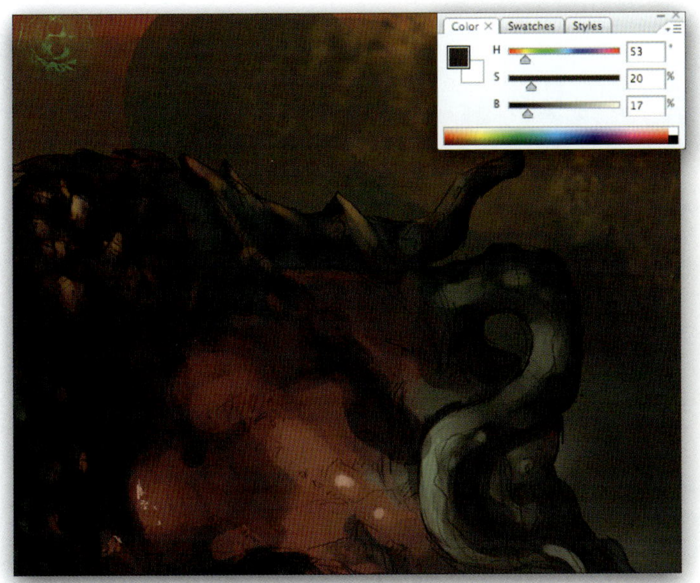

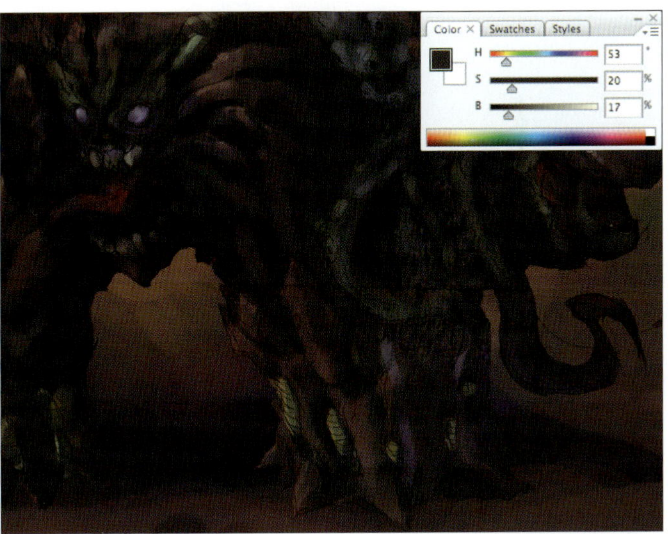

15 손을 페인팅합니다. 손 색의 채도가 조금 높아 만화같은 느낌이 강합니다. 리얼한 룩을 원하면 채도를 조금 낮추면 됩니다.

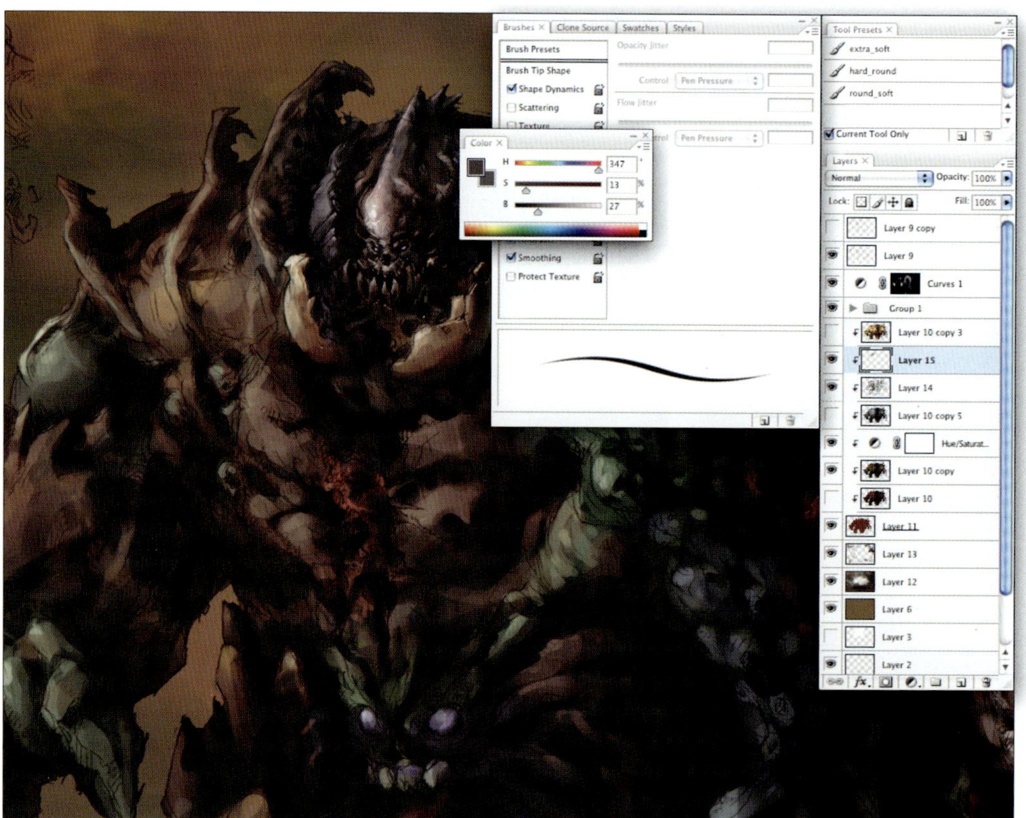

16 이제 디테일을 정리합니다. 먼저 얼굴을 페인팅합니다. 브러시의 사이즈를 줄이고 끝이 작아지도록 브러시 옵션(F5)에서 Shape Dynamics 박스에 체크합니다. 렌더링은 아까 말씀드렸듯이 새로운 드로잉을 한다고도 말할 수 있습니다. 러프하고 지저분한 선들을 깨끗하게 정리하고 하드 에지는 하드하게 소프트한 에지는 확실하게 소프트하게 정리해주는 작업이기도 합니다.

119

17 렌더링을 하다 보면 작고 딱딱한 브러시가 많이 필요하지만 전에 쓰던 부드러운 라운드 브러시가 필요한 순간도 많이 옵니다. 전에 쓰던 라운드 브러시는 Other Dynamics에서 Opacity와 Flow의 옵션을 Pen Pressure로 하면 상당히 부드러운 브러시 스트록을 얻을 수 있습니다.

Brush tip option에서 Spacing을 10% 이하로 바꾸는 것도 중요합니다. 하지만 너무 낮추면 컴퓨터가 느려지니 조심해야 합니다. 부드러운 라운드 브러시는 여러모로 유용한데, 컬러를 부드럽게 변화시키거나 중간색을 찾고 싶을 때, 그라데이션을 주고 싶을 때 쓸 수 있습니다.

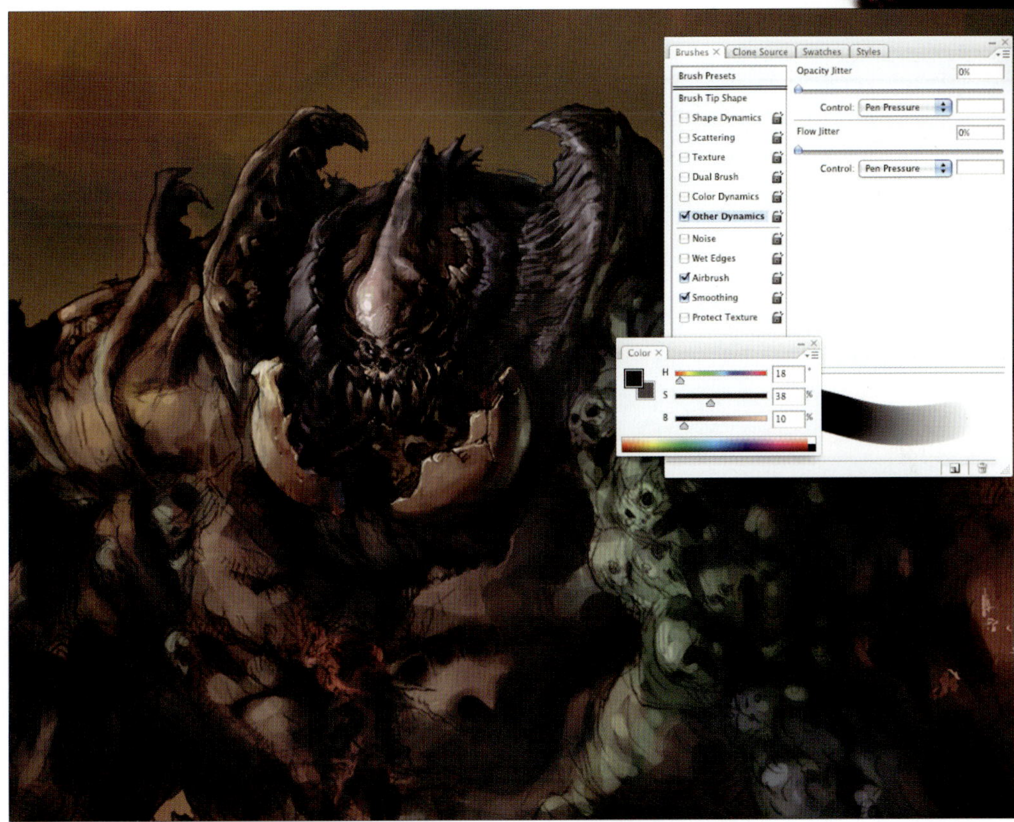

18 머리 부분의 페인팅이 거의 끝났습니다. 이제 해골들을 페인팅하겠습니다. 해골은 기본적으로 사람의 해골을 약간씩 변형시키는 식으로 했습니다. 턱을 길게 한다든가, 이빨이 길게 나 있다든가, 눈이 여러 개라든가, 전체적인 쉐입을 위아래도 늘이든가 하는 식으로 여러 가지로 변형하여 페인팅을 하였습니다.

브러시를 바꿔가며 페인팅을 합니다. 실제 페인팅할 때도 서너 개의 브러시를 갖고 페인팅하듯이 Photoshop에서도 수시로 필요에 따라 브러시를 바꿔야 좀더 자연스러운 느낌의 페인팅이 완성됩니다.

 일단 미드톤으로 페인팅하고 어두운 부분과 밝은 부분을 한 후에 아주 어두운 부분 그리고 아주 밝은 하이라이트 부분순으로 합니다. 어두운 부분은 더 강조하여 대조를 높입니다. 왼쪽에서 반사되는 붉은 빛을 해골에도 적용합니다. 팔 위에 봉긋 솟은 돌기들도 페인팅했습니다. 돌기는 벨류가 달라진다기보다 끝부분으로 갈수로 빛이 나는 식으로 표현해 봤습니다.

20 전체적으로 봤을 때 조금 정신없는 느낌입니다. 녹색이 너무 강한 것 같습니다.

(21) 전체를 선택하여(Ctrl + A) Hue/Saturation(Ctrl + U)에서 녹색의 채도를 낮추고, 전체적으로 하이라이트가 분산되어 있는 느낌이라 전체 Brightness를 낮추었습니다.

(22) 전체적인 실루엣을 봤을 때, 오른쪽에 있는 문어 다리의 크기가 다양하지 않았던 것 같아 크기를 줄이고 길이도 줄여서 좀더 살아 있는 느낌을 내려고 하였습니다.

(23) 바위 느낌이 나도록 몸통과 팔 부분 등의 텍스처를 페인팅합니다. 오른쪽 어깨 부분에 해골을 더 추가하였습니다.

(24) 팔 부분에 힘줄 등을 넣고 명암을 더 확실히 합니다.

 **25** 다리 사이에 있는 몬스터 얼굴을 페인팅합니다.

 **26** 집게 팔 부분의 텍스처를 페인팅합니다.

27 그림자 부분은 레이어를 만들어서 푸른 계열의 색으로 칠해 봅니다. 어두운 그림자 부분은 보통 광원의 보색을 많이 쓰는데, 배경의 상황에 따라 다른 색을 쓰면 더 풍부해 보이는 느낌이 들 수 있습니다. 컬러 감각을 훈련시키는 방법은 여러 가지가 있는데, 그중 하나는 교외로 나가서 경치 좋은 곳이나 전망 좋은 곳에서 직접 페인팅을 하는 것입니다.

28 가슴 부분에 위치한 작은 몬스터와 주위의 가슴 부분을 페인팅합니다. 몬스터는 가슴에 박혀 있는 느낌으로 하고 텍스처는 바위와 같은 느낌으로 하였습니다.

29 줌아웃하여 전체적인 룩을 살펴봅니다. 여전히 너무 꽉 찬 느낌이 있고 어지러운 느낌이 많이 있네요. 나중에 라이트를 줌으로써 어느 정도 단순하게 만들 수 있을 것 같습니다. 일단 지금은 디테일 페인팅을 계속하겠습니다.

 손가락과 손등 부분의 껍질을 바위 느낌이 나도록 렌더링하였습니다. 손등 껍질 부분을 지나면 털이 자라고 있고, 팔 안쪽 부분은 바위보다는 부드러운 텍스처입니다.

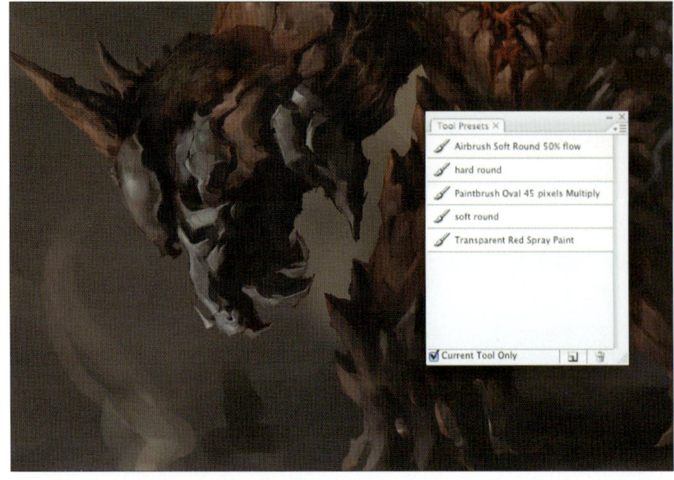

다리 사이에 있는 괴물 얼굴을 페인팅합니다. 눈과 혀는 항상 물기가 있기 때문에 하얀 하이라이트를 찍어 줍니다. 다리 부분을 렌더링합니다. 다리는 바위 재질로 돼 있어서 걸을 때마다 조금씩 부서져 나갈 수도 있기 때문에 그에 대한 표현도 해 주면 좋을 것 같습니다.

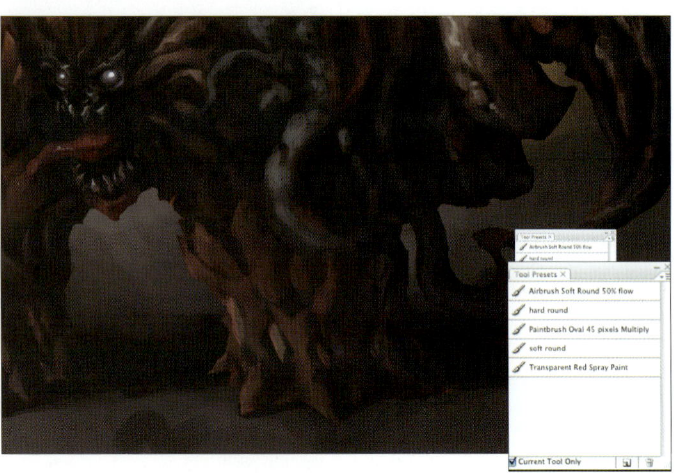

바위가 금이 가고 부서져 내리는 느낌을 줍니다.

 **33** 괴물이 상당히 무거울 것이기 때문에 밟고 있는 바닥도 이리저리 금이 간 느낌을 줍니다.

 **34** 문어 다리 등을 페인팅합니다.

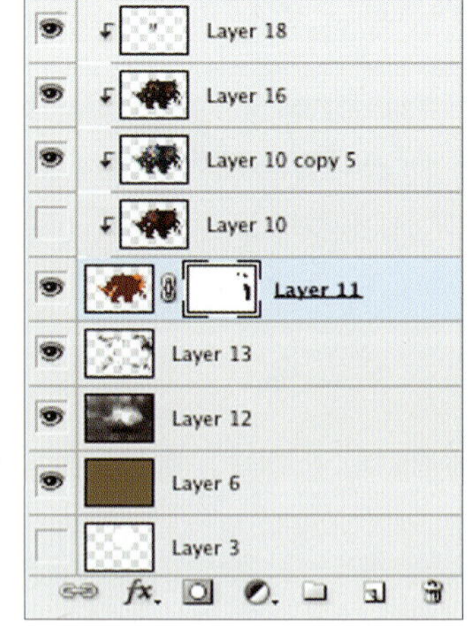

35 다리 주위에 페인팅하다 남은 부분들은 지우개로 지워도 되지만 나중에 이용할 수도 있을 것 같은 경우엔 마스크 레이어를 써서 검은색 브러시로 칠하면 지워집니다. 하지만 나중에 하얀 브러시로 칠하면 다시 보이게 됩니다.

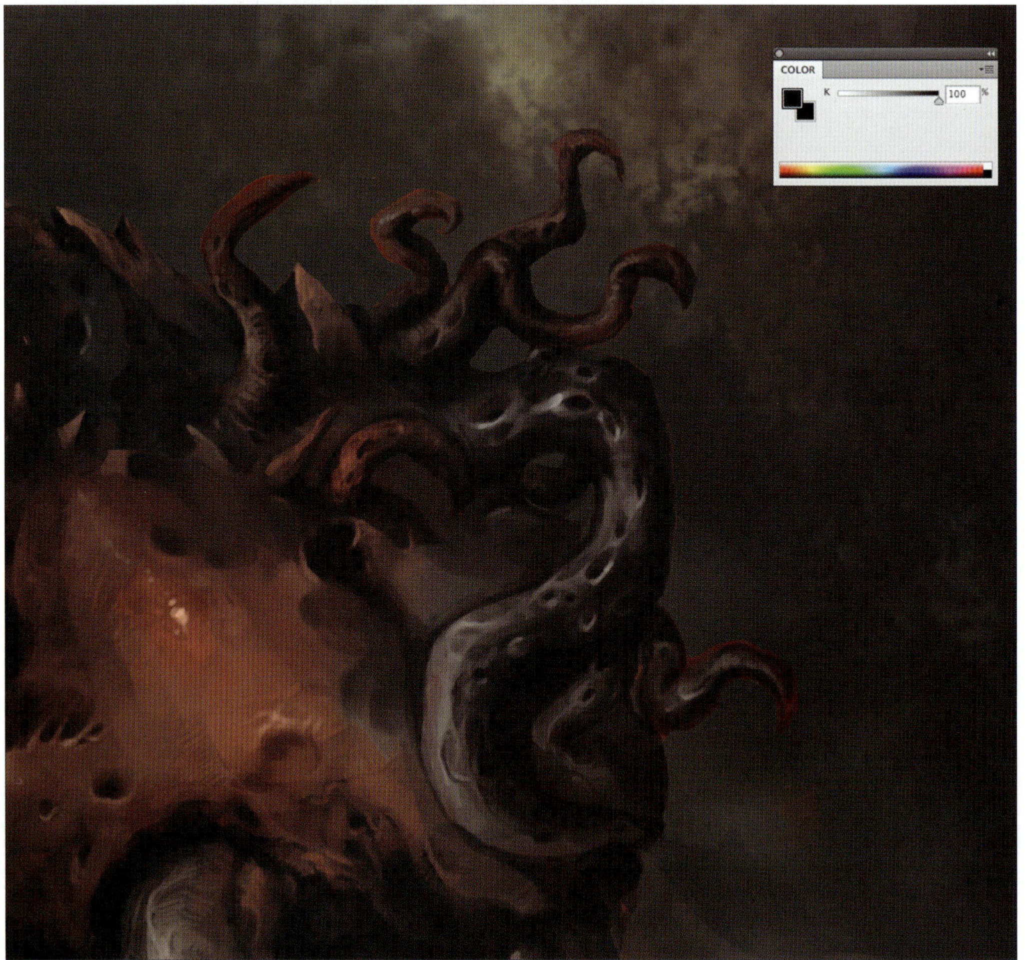

36 문어 다리의 밝은 부분과 하이라이트 등을 추가하고 외곽을 깔끔하게 정리합니다.

 **37** 몬스터의 얼굴도 깔끔하게 정
리하고 작은 몬스터도 채도를
높여 눈에 띄게 페인팅합니다.

 **38** 주위 배경이 심심하여 연기나 수증기 등이 나오는 설정을 해 주었
습니다.

 39 뒤쪽에도 작은 분화구를 추가했습니다.

 40 몬스터의 스케일을 보여주기 위해서 작은 주술사 느낌의 몬스터를 그렸습니다.

 41 잘 보이진 않기 때문에 간단하게 페인팅합니다.

42 몬스터를 조종하는 작은 몬스터가 더 눈에 띄도록 붉은 빛이 나는 것처럼 페인팅하고 주위에 반사되어 붉은 빛이 비
춰지도록 페인팅합니다.

부록 DVD 파일

\ 컨셉디자인 \ Monster.jpg

43 마무리된 모습입니다.

로봇
페인팅하기

03

여기서 소개한 로봇의 컨셉디자인을 바탕으로 3D로 모델링한 결과입니다.
3D캐릭터모델링의 제작과정은 486page에서 확인할 수 있습니다.

완성이미지

1 아이디어 스케치하기

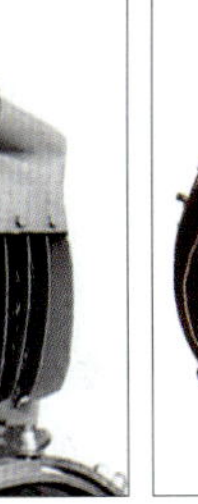

로봇 디자인을 하기 위해서 어떤 컨셉으로 진행할 것인지를 생각해 보다가 얼마 전에 플레이해 봤던 〈Bio Shock〉란 게임에서 나온 다이버 슈트 형태의 로봇을 해 보면 재밌을 것 같아 관련된 여러 사진을 찾아보았습니다. 디자인을 할 때 디자인 아이디어의 모티브가 될 만한 어떤 물건이나 관련된 자료들을 리서치해 보는데, 다양한 이미지와 컨셉을 접해 보는 것이 독특하면서도 사실적인 디자인을 하는 데 큰 도움이 됩니다.

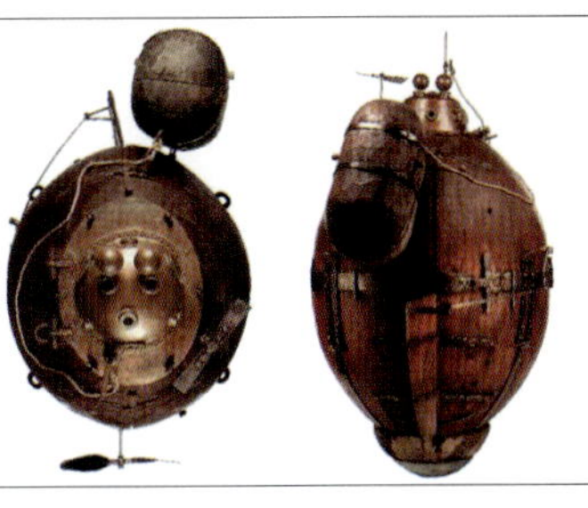

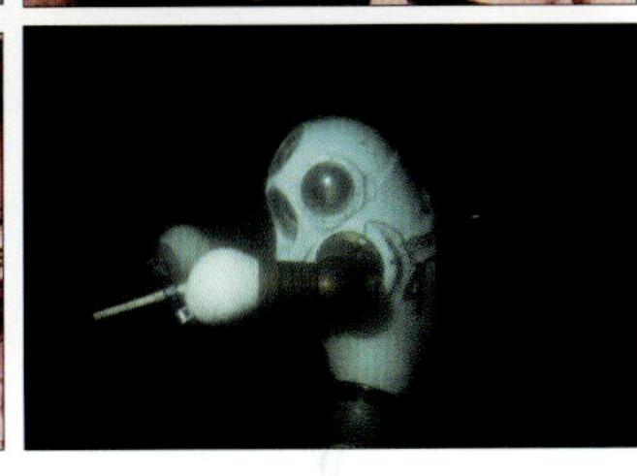

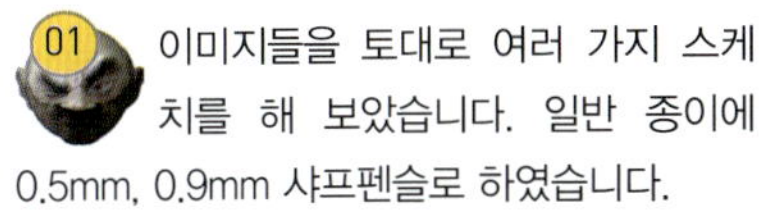

01 이미지들을 토대로 여러 가지 스케치를 해 보았습니다. 일반 종이에 0.5mm, 0.9mm 샤프펜슬로 하였습니다.

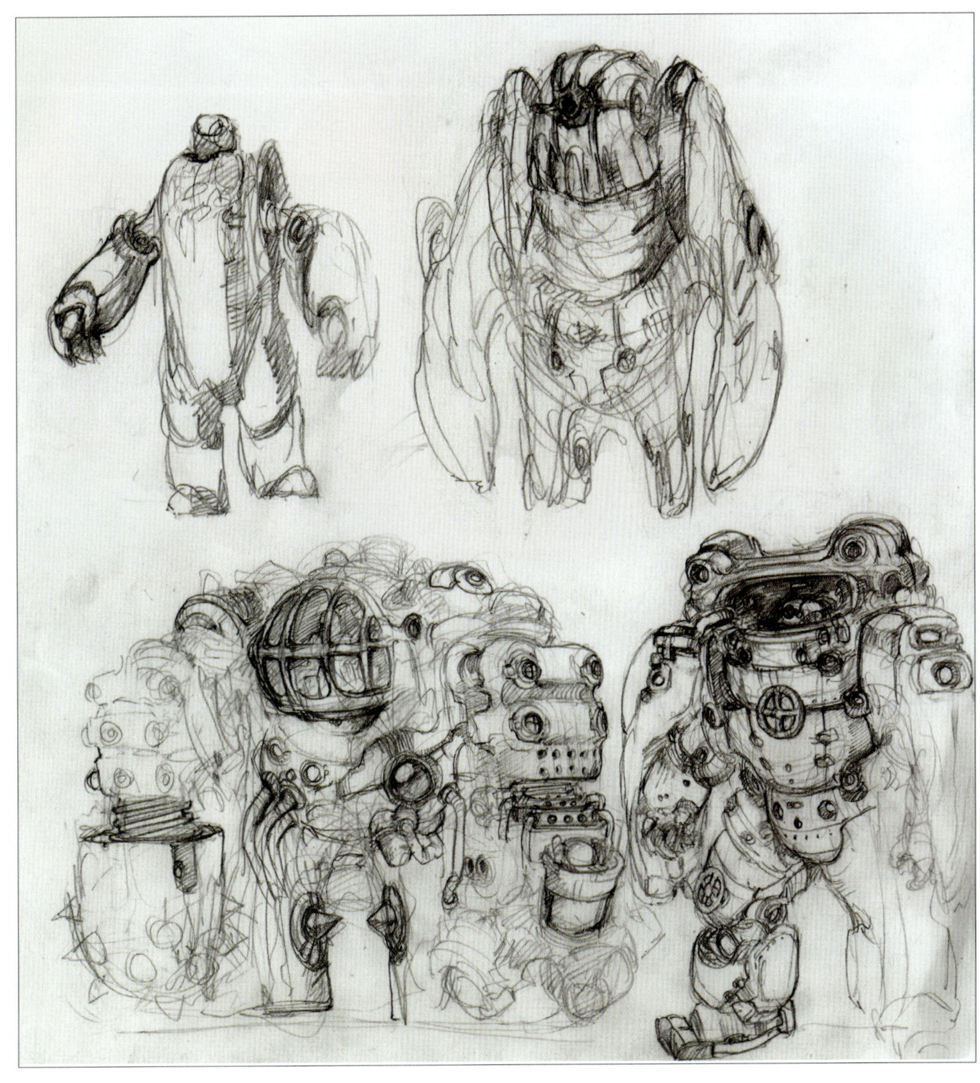

Game Character Design Master

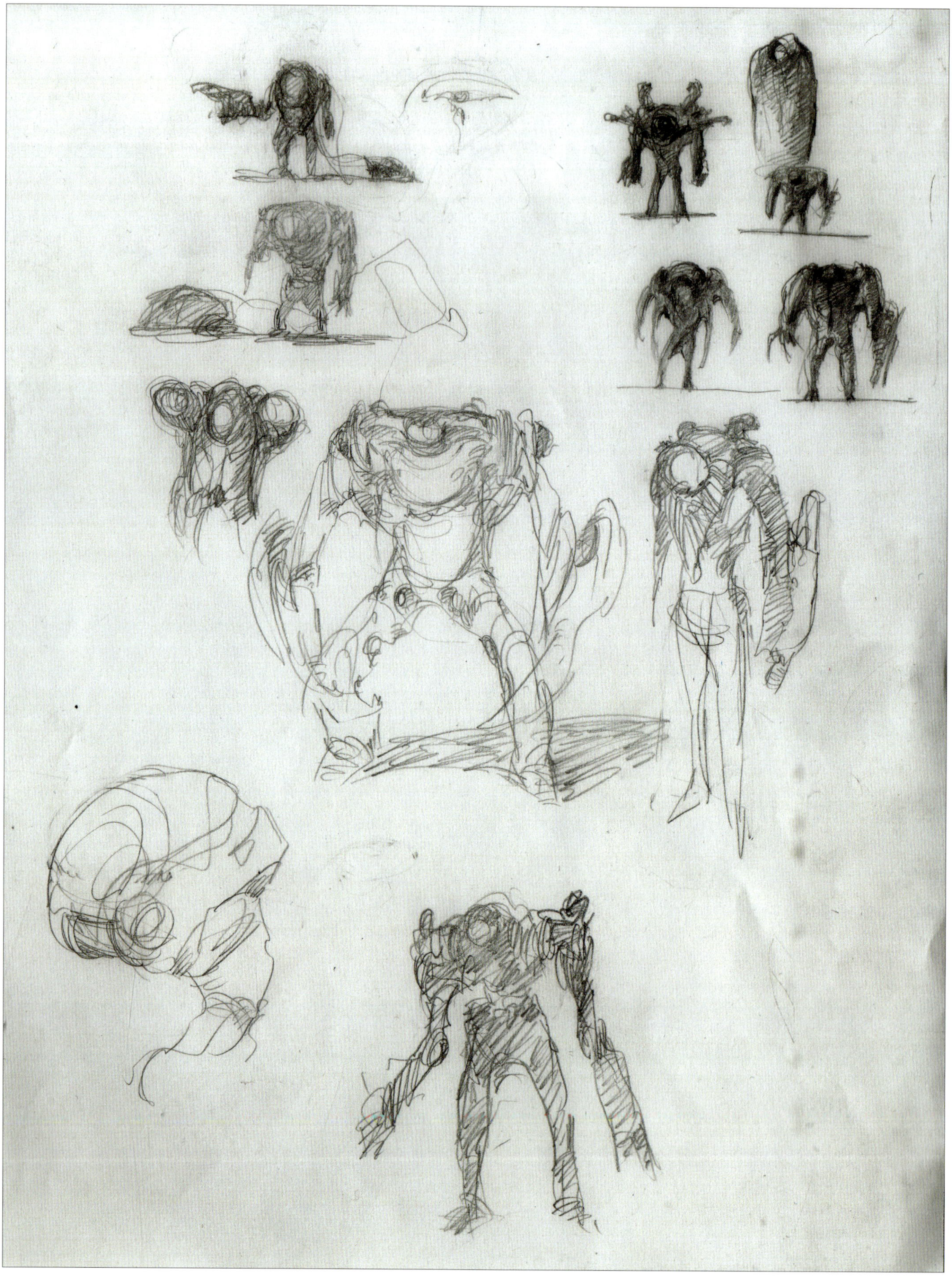

03 개인적으로 스케치를 할 때는 시간을 따로 내서 할 때보다 쉬는 시간에 재미 삼아 하는 것이 더 잘되는 것 같습니다. 보통 0.9mm짜리 샤프펜슬로 거칠게 실루엣을 잡고 0.5mm의 샤프펜슬로 디테일을 그립니다. 연필을 사용하는 것이 더 좋지만 장소에 상관없이 그리고 싶을 땐 연필깎기가 필요 없는 샤프펜슬이 더 간편하여 애용하는 편입니다. 하지만 연필과 이그젝토 나이프를 가지고 다니며 그때그때 깎아서 쓰는 친구들도 많습니다.

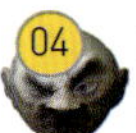

04 다양한 그림을 그려 보다가 아래 그림의 오른쪽 밑에 있는 로봇이 마음에 들어 그것으로 로봇 스케치를 하기로 결정했습니다.

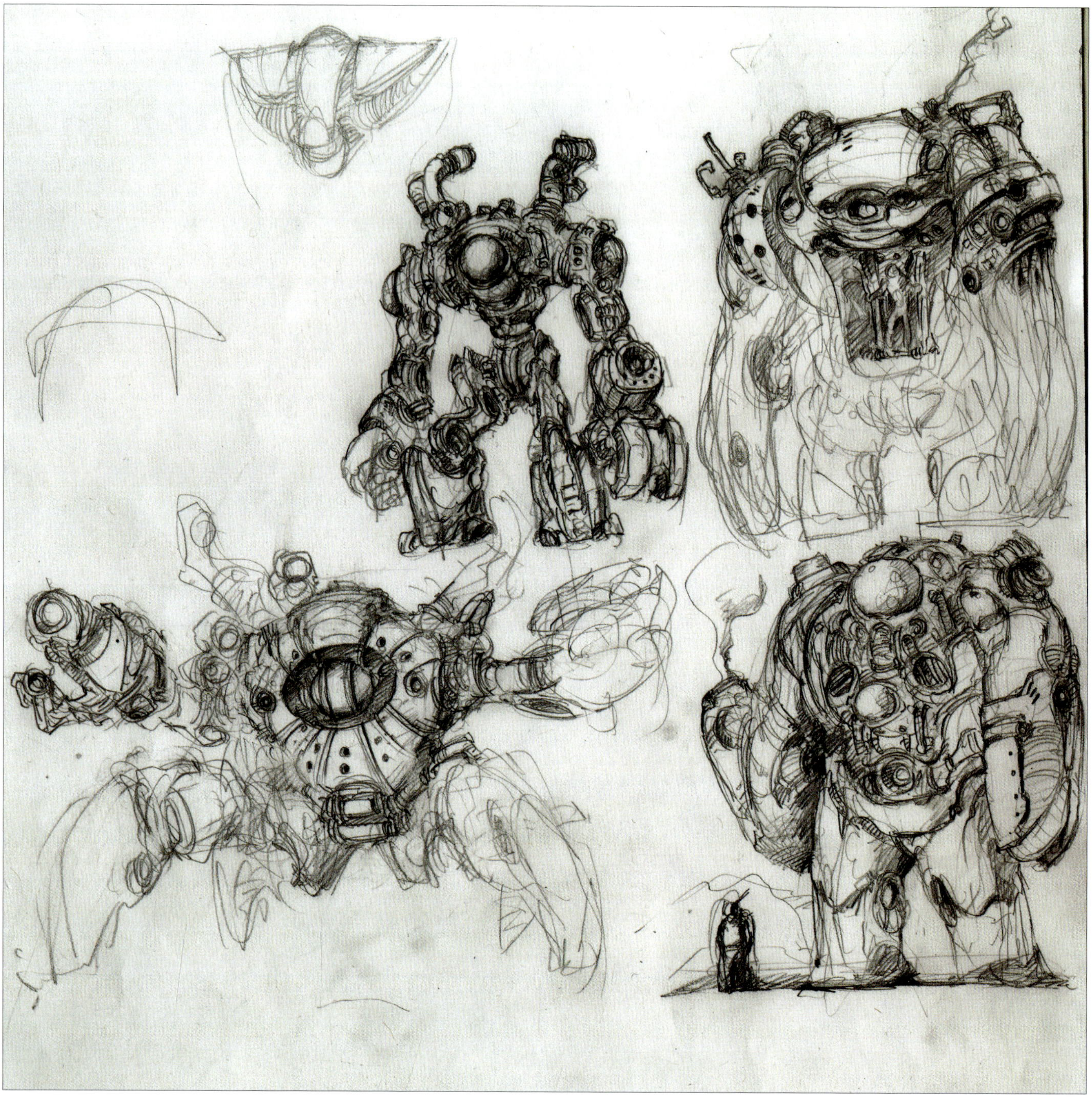

② Photoshop에서 페인팅 시작하기

01 스케치북에 그린 그림을 스캔합니다. 스캔한 그림은 라인 드로잉을 그대로 보여주어야 하는 경우에는 라인을 클린업해야 하지만 지금 같은 경우는 라인을 보여주지 않을 것이기 때문에 그대로 두고 작업하였습니다. 그 위에 다시 드로잉을 하였습니다.

02 캐릭터를 별도의 레이어로 페인팅하면 뒷배경 페인팅 시 편하기 때문에 캐릭터만 선택하여 페인팅하면 좋습니다. Magic wand (W)에서 캐릭터를 제외한 배경을 선택하여 퀵마스크합니다(Q). 라인 드로잉이 완전히 닫혀 있지 않아 군데군데 선택이 안 된 부분이 하얗게 보입니다.

03 브러시로 선택이 안 된 부분을 마저 페인팅하여 선택을 마무리합니다. 선택은 브러시로 직접 페인팅할 수도 있고 라쏘툴(L)로 선택하여 선택되지 않은 부분을 추가로 선택할 수도 있습니다(Shift + Click).

04 퀵마스크를 해제하여 로봇만 선택이 된 상태에서 선택된 부분을 한 색깔로 채웁니다(Shift + Backspace). 가끔 설정이 반대로 되어 있을 경우가 있는데 이때는 선택을 반전시킵니다(Ctrl + Shift + I).

05 배경을 어떻게 할까 고민하다가 영화 〈매드맥스〉 같이 세상이 멸망한 후에 황량해진 벌판에서 스팀과 불을 이용한 기술들로 만들어진 로봇을 떠올리게 되었습니다. 관련된 사진을 찾다가 아래와 같은 사진을 찾게 되었는데, Black Rock desert라는 곳입니다. 정말 바위가 까맣네요. 아래와 같은 인터넷에 있는 무한한 사진 자료들은 컨셉을 하는 데 있어서 큰 도움이 되고 있습니다. 필자의 경우엔 Google이나 Yahoo 같은 검색 엔진을 많이 이용하는 편인데, 비록 고화질 사진이 아니더라도 컬러나 레이아웃 등을 참조하는 식으로 이용하는 것이기 때문에 큰 관계는 없다고 봅니다.

06 아까 찾은 사진의 컬러를 페인팅에 이용하여 러프하게 페인팅하였습니다. 사막 느낌의 사진을 이용하여 적용해 보았습니다. 고화질의 사진이 있다면 사진을 별도의 레이어에 깔아 놓고 위에 덧칠을 한다든가, 아니면 스포이드툴을 이용하여 색을 찾아내서 페인팅을 하기도 합니다.

07 캐릭터 색을 붉은색으로 정해서 페인팅해 보았습니다. 어두운 부분과 밝은 부분의 벨류를 구분지어 잡아 봅니다. 드릴 부분과 관절 피스톤 부분을 검은색으로 하고, 파이프 부분 등은 브라운 계열의 색을 칠합니다. 음영의 대조(컨트라스트)를 높여 볼륨감을 느끼게 합니다. 브러시는 라운드 브러시에 투명도와 플로우 옵션을 타블렛의 압력에 따라 변하도록 설정합니다. 개인적으로 기본적인 벨류와 컬러를 잡을 때 보통 라운드 브러시를 사용합니다.

 **08** 라인 드로잉 레이어의 Opacity를 낮추면서 페인팅합니다. 어두운 부분에 푸른빛의 반사광을 넣습니다.

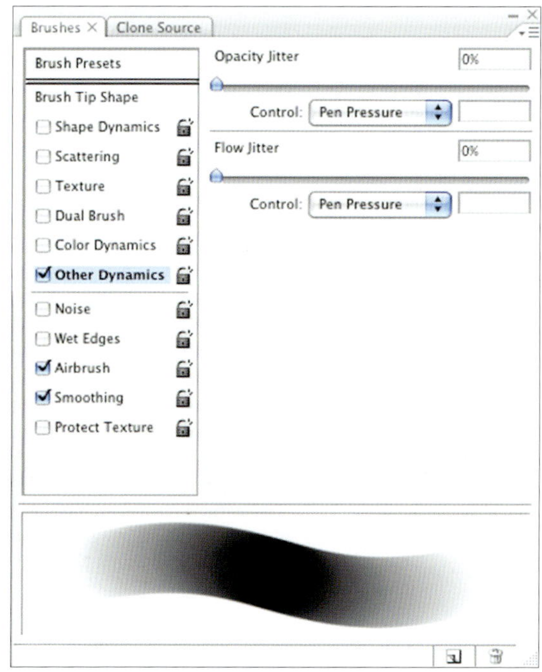

 **09** 컬러는 언제든지 바꿀 수 있기 때문에 밝음과 어두움의 벨류에 초점을 맞추어 페인팅해 나갑니다.

10 페인팅을 줌인하여 작업하다 보면 전체적인 느낌을 놓칠 때가 많습니다. 그때는 줌아웃하여 멀리서 봤을 때 어떤 식으로 보이는지 중간에 체크해 볼 필요가 있습니다.

140

11 페인팅을 깔끔하게 정리하려면 브러시의 크기를 줄여서 드로잉하듯이 렌더링합니다. 드로잉 라인이 거의 안 보이기 때문에 어두운 라인은 라운드 브러시에서 other option을 끈 상태로 페인팅합니다.

12 로봇의 로컬 컬러는 지금 붉은색으로 생각하고 페인팅하고 있습니다. 여기서 로봇의 표면은 금속으로 되어 있기 때문에 여러 가지를 반사할 텐데, 일단 하이라이트 방향은 하늘을 반사할 것이기 때문에 군데군데 하늘빛으로 페인팅했습니다.

13 다리 부분을 페인팅했습니다.

14 빛이 왼쪽 상단에 있는 것이기 때문에 하이라이트가 오른쪽 면들에 맺히게 됩니다.

 **15** 왼쪽 다리도 페인팅합니다.

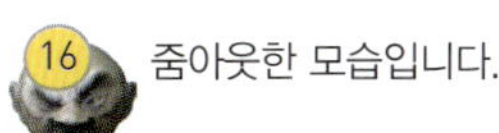 **16** 줌아웃한 모습입니다.

17 로봇 팔 등의 벨류를 잡습니다.

18 로봇 손을 자세히 묘사합니다. 페인팅을 할 때는 라인이 어디 있는지 방향을 확인하고 그 다음 어떤 재질인지 생각하며 페인팅을 합니다. 재질은 금속이기 때문에 하이라이트를 흰색으로 넣었습니다.

142

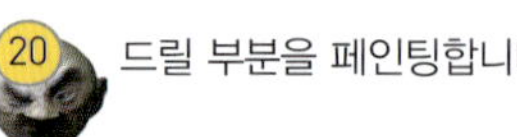

19 왼쪽 다리 묘사도 비슷한 방식으로 합니다. 금속의 표면 처리가 매끄러우면 매끄러울수록 광원이 반사되는 면적이 작아지기 때문에 하이라이트의 크기나 모양이 작은 원이나 타원처럼 됩니다. 표면이 거칠수록 난반사가 되는 부분이 많아지기 때문에 하이라이트가 부드럽고 넓게 만들어집니다. 그런 특성을 염두에 두면서 페인팅합니다.

20 드릴 부분을 페인팅합니다.

21  왼쪽 팔 부분의 디테일 페인팅을 합니다.

22  어깨 부분 디테일도 합니다.

23 왼쪽 부분의 캔버스 크기를 넓힙니다. 페인팅을 하다 보면 어느 부분의 공간이 부족해서 억지로 페인팅을 끝내는 경우가 있는데, 캔버스의 크기를 늘리면 더 자연스럽게 드로잉이나 페인팅을 할 수 있습니다.

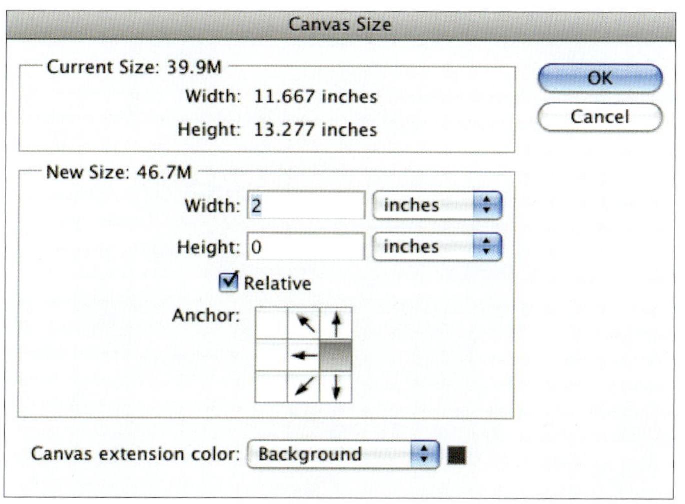

24 캔버스 크기를 늘리고 왼쪽 밑에 스케일을 보여주기 위한 트럭을 넣기로 했습니다.

143

25 미사일이 달린 트럭을 페인팅합니다.

26 로봇과 크기를 비교하면서 페인팅합니다. 로봇의 기계 느낌을 내기 위해서 사진 텍스처를 사용해 보겠습니다. 거친 느낌의 금속 텍스처 사진을 찾아보겠습니다. 텍스처 사진은 인터넷상에서 무료로 제공하는 사진들을 주로 이용합니다. 예를 들어 다음과 같은 사이트들은 커다란 사이즈의 다양한 텍스처들을 무료로 제공하고 있어 컨셉아티스트들뿐만 아니라 텍스처 아트를 담당하는 사람들까지도 많이 사용하고 있습니다.

http://www.textureking.com/
http://www.imageafter.com/textures.php
http://www.texturewarehouse.com/gallery/index.php
http://free-textures.got3d.com/
http://texturez.com/

27 다음과 같은 거친 긁힘과 녹슨 표면의 텍스처가 적절해 보입니다.

28 금속 텍스처를 사용할 때는 그 스케일에 신경을 써야 되는데, 실제로 로봇에 있을 녹슨 무늬라든가 페인트가 벗겨진 무늬 등의 크기가 그리 크지 않기 때문에 한 장의 텍스처로는 리얼리티를 나타내기 힘든 경우가 많습니다. 그것을 방지하기 위해 여러 장을 복사하여 무늬의 사이즈를 어느 정도 맞춥니다.

29 2밑에 있는 레이어의 컬러와 디테일을 어느 정도 유지하면서 텍스처를 동시에 보여주기 위해서는 텍스처의 레이어 옵션을 오버레이로 바꿉니다. 그러면 아래 그림과 같이 두 레이어의 특징이 어느 정도 같은 수준으로 보이게 됩니다.

30 처음 부분에서 로봇만 퀵마스크로 선택하여 파란색으로 페인팅한 레이어를 Alt를 누른 채로 클릭하면 그 레이어에 페인팅된 부분, 즉 로봇만 선택이 됩니다. 그 선택된 부분을 Invert(Alt + Shift + I)하여 삭제하면(Delete) 아래 그림과 같이 텍스처 레이어가 로봇 부분만 남고 지워집니다.

31 이젠 배경의 리얼리티를 살리기 위해 바닥의 텍스처 분위기에 맞는 사진을 인터넷에서 찾아보았습니다. 사막 느낌의 장소는 미국 전역에서 흔히 볼 수 있기 때문에 인터넷으로 무료 사진을 찾기는 쉽습니다.

32 배경 부분에 기본의 사진을 위치시키고 먼 뒷부분은 채도를 낮춥니다. 채도를 부분적으로 낮추는 방법은 레이어 창에서 아랫부분의 레이어 Adjustment 버튼을 클릭해 Hue/Saturtion에서 채도를 낮춘 후 마스크 레이어에서 검은색 에어브러시로 칠하면 검은색으로 된 부분은 Hue/Saturaion이 적용되지 않게 됩니다.

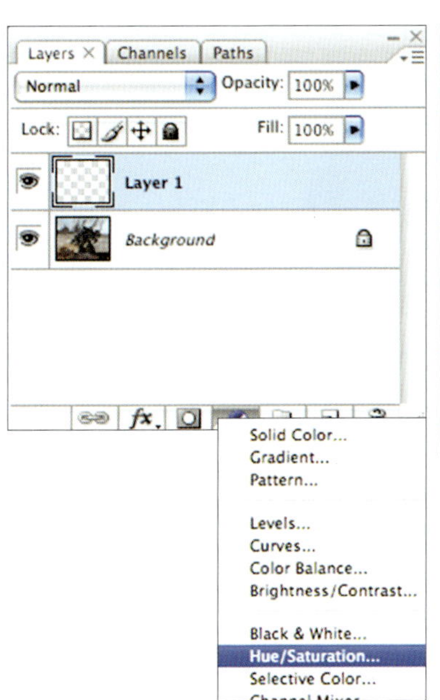

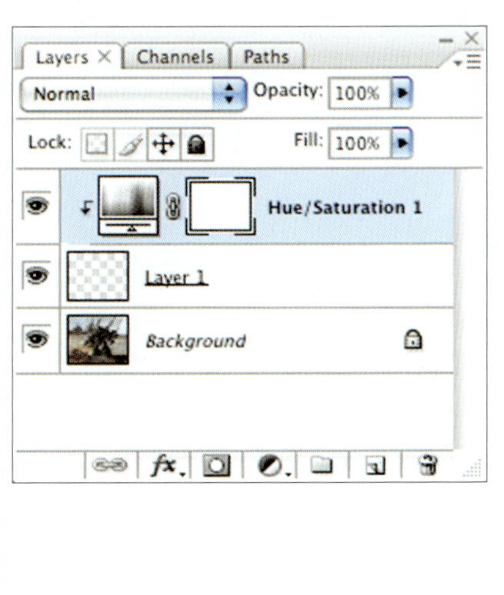

33 로봇에 드리웠던 텍스처 레이어의 투명도를 낮추어 페인팅을 좀더 자연스럽게 바꾸고 전체적인 몸체의 컬러를 좀더 푸른색과 노란색 계열로 바꾸었습니다. Hue/Saturation color balance 등을 이용해 바꿀 수 있는데, 이 경우엔 Hue/Saturation에서 red만을 선택하여 푸른색으로 바꾸고 채도도 낮추었습니다.

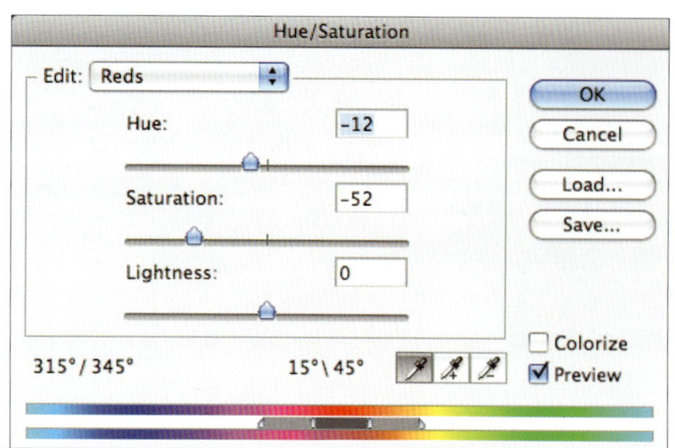

34 뒷배경이 허전하여 부서진 건물 등을 넣는 것이 좋겠습니다. 인터넷에서 911 참사 사진이 적당한 것 같아 이용하기로 하였습니다.

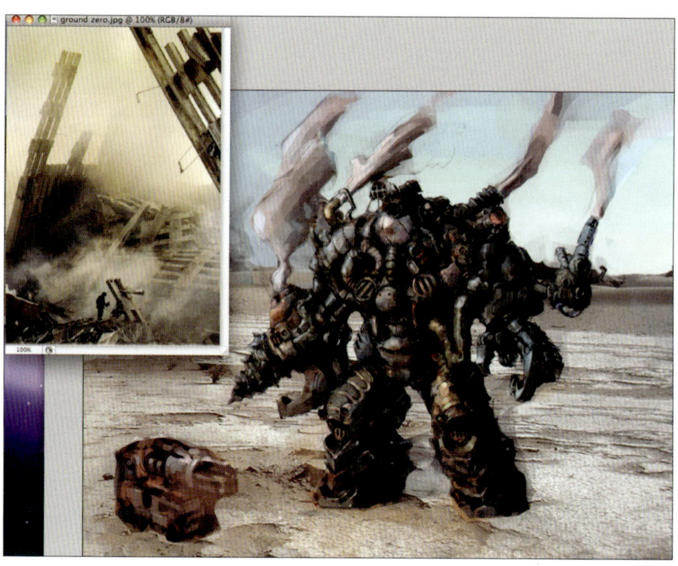

35 뒷배경과 컬러를 매치시키기 위해서 Hue/Saturation에서 Colorize 박스에 체크하고 컬러와 채도, 명도를 배경과 적당히 매치시킵니다.

Game Character Design Master

 **36** 사진들이 더 필요하여 여러 가지 911 참사 사진들을 찾아보았습니다. 사진을 이용하지 않고 그냥 페인팅을 하거나 사진을 보고 페인팅을 하는 것도 좋지만 이번엔 사진을 이리저리 바꿔 보는 식으로 작업해 보겠습니다.

 **37** 보기 좋은 구도를 찾기 위해 이리저리 사진을 배치해 봅니다.

38 일단 색을 바꾸어 적용한 배경이 캐릭터와 적절히 조화를 이루는 것 같습니다. 페인팅하면서 중요한 것은 항상 여러 사람에게 보여줘서 중간 중간 평가를 받고 어떤 것이 이상한지, 어떻게 하면 더 돋보일 수 있는지 의견을 주고받는 것입니다. 그렇게 함으로써 페인팅을 하고 있는 자신이 페인팅을 하는 과정에서 놓친 부분을 찾을 수 있고, 페인팅을 오랫동안 지켜봄으로써 페인팅에 대한 새로운 시각이 없어짐으로 인해 생기는 약점들을 보완할 수 있습니다. 저 같은 경우도 페인팅을 하는 도중에 아는 사람들에게 많이 물어보는 편입니다.

39 이제 마무리를 클린업해야겠네요. 여기저기 디테일과 컬러를 손봅니다.

40 머리 부분의 조종석은 재질이 크롬과 같은 반사체이기 때문에 주위의 모든 것을 반사하여 표면에 주위 환경과 햇빛 등이 왜곡되어 나타납니다. 그리고 햇빛이 강한 낮이고 또 금속 재질이라 서로 빛이 반사되어 그림자가 약해지기 때문에 전체적으로 밝기를 높였고 빛의 대조도 낮췄습니다. 조종석은 구의 형태이므로 하늘과 땅이 지평선으로 나뉜 모습이 둥글게 왜곡되어 조종석 표면에 반사되어 나타납니다.

41 여기저기 디테일을 손봅니다.

42 드릴 부분의 디테일을 표현합니다.

43 다리와 무릎 부분을 클린업합니다.

 **44** 머리 주위에 있는 여러 장치와 라이트 파이프 등을 클린업합니다.

 **45** 어깨 부분의 하이라이트 등을 정리합니다. 하이라이트나 반사되는 부분의 컬러는 하늘의 색깔과 비슷하면서 조금 어둡게 해 줍니다. 그리고 파이프나 각종 기계에 의해 드리워지는 그림자 등을 표현합니다.

 **46** 드리워지는 그림자, 즉 Cast Shadow는 에지를 샤프하게 만들어 줍니다. 물체에 생기는 Form Shadow는 부드럽게 생기게 만듭니다.

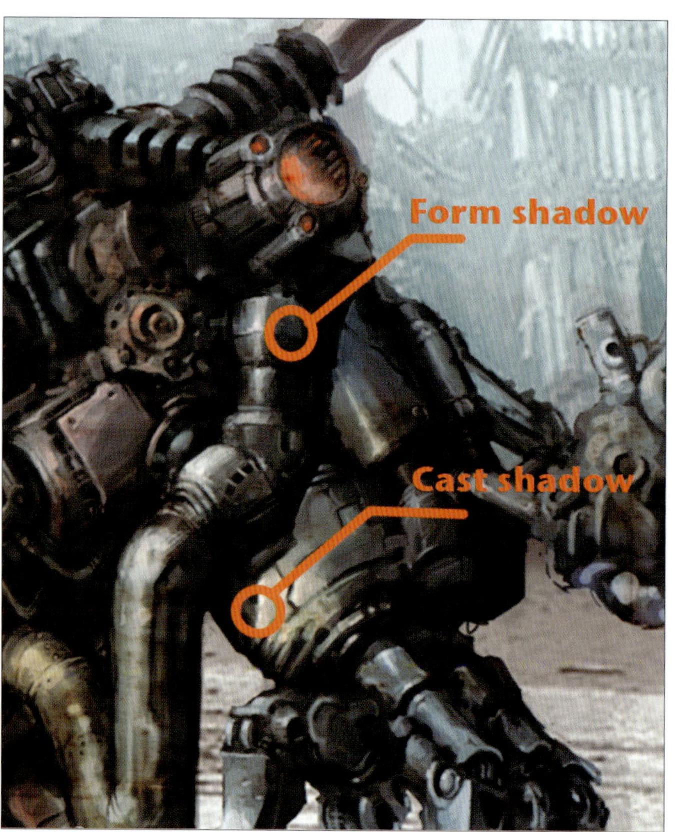

 **47** 몸통 부분의 디테일을 페인팅합니다.

48 다리 부분의 cutting line, 나사 부분 등의 디테일을 넣습니다. 디테일은 사실성도 높이고 스케일도 느끼게 해 주기 때문에 꼭 필요한 마지막 단계라고 할 수 있습니다. 로봇은 금속으로 이루어져 있기 때문에 상당히 무거울 것입니다. 따라서 걸을 때마다 발자국이 깊이 파일 것입니다. 이런 것을 염두에 두며 페인팅합니다. 발의 하이라이트 등도 정리합니다. 금속은 표면이 울퉁불퉁할 것이기 때문에 하이라이트도 듬성듬성 생깁니다.

49 로봇의 스케일이 어느 정도 되는지 보여주기 위해 사람들과 여러 장비들을 그려 넣었습니다. 드로잉을 할 때는 로봇과 다른 배경들과 같은 공간에 있는 듯이 느껴지도록 투시도에 적당히 맞게 그려 넣어야 합니다.

50 로봇에 비해 너무 튀어 보이지 않도록 비슷한 컬러로 페인팅합니다.

51 리얼한 느낌을 위해 모래바람을 덧칠합니다. 모래바람은 부드러운 에어브러시로 페인팅합니다. 일단 진하게 칠해 놓고 레이어의 opacity를 조정할 수 있도록 별도의 레이어에 칠합니다.

52 뒷배경이 허전하여 여러 비행물체들과 연기, 구름 등을 추가로 집어넣었습니다.

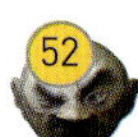

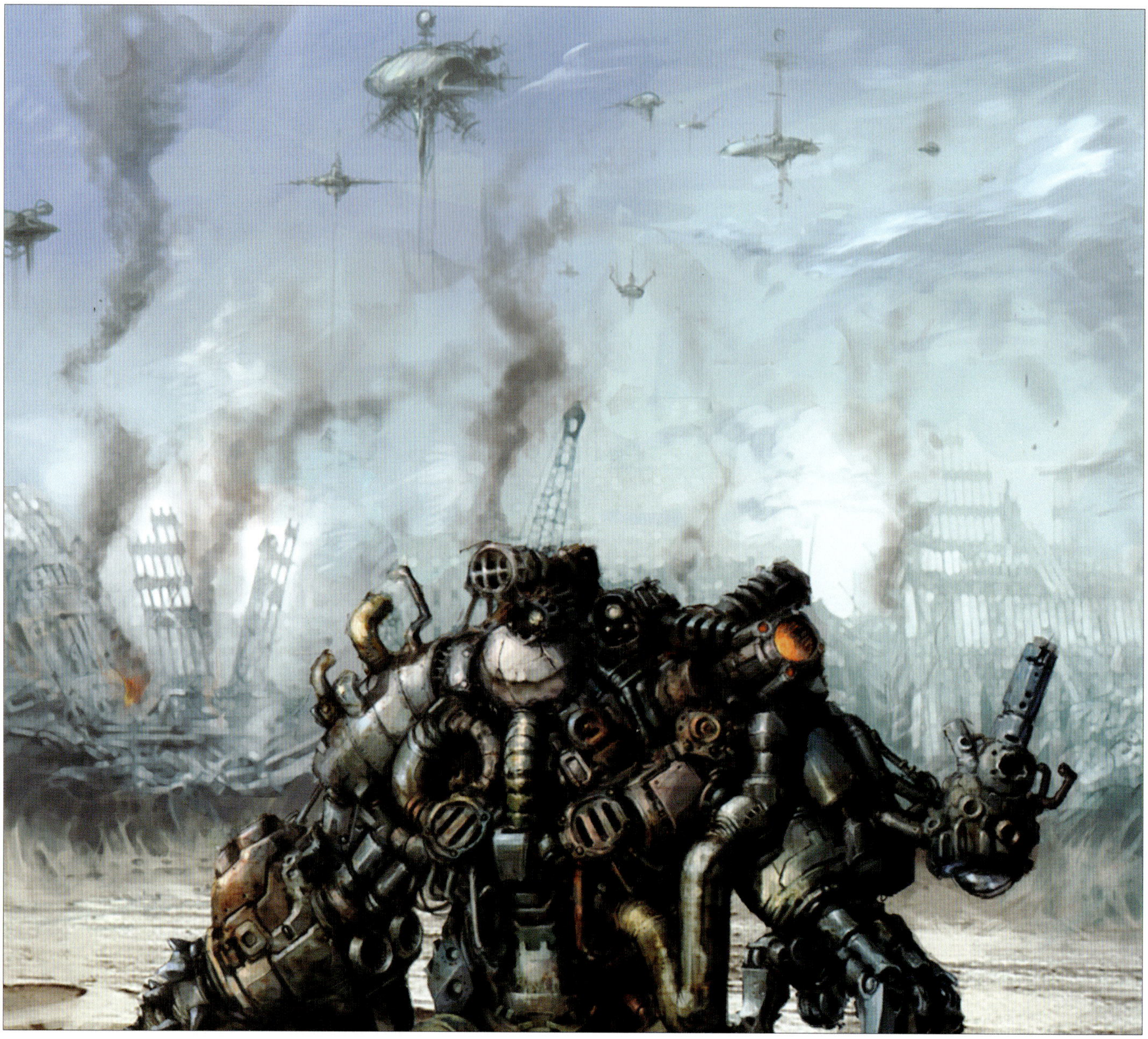

53 마무리된 모습입니다. 하늘에 떠 있는 물체들은 멀어질수록 하늘색에 가까워지는 효과가 있기 때문에 모래 먼지를 덧칠하듯이 하늘색의 에어브러시로 덧칠하여 마무리합니다.

부록 DVD 파일
\ 컨셉디자인 \ Robot.jpg

3 Orthographic 그리기

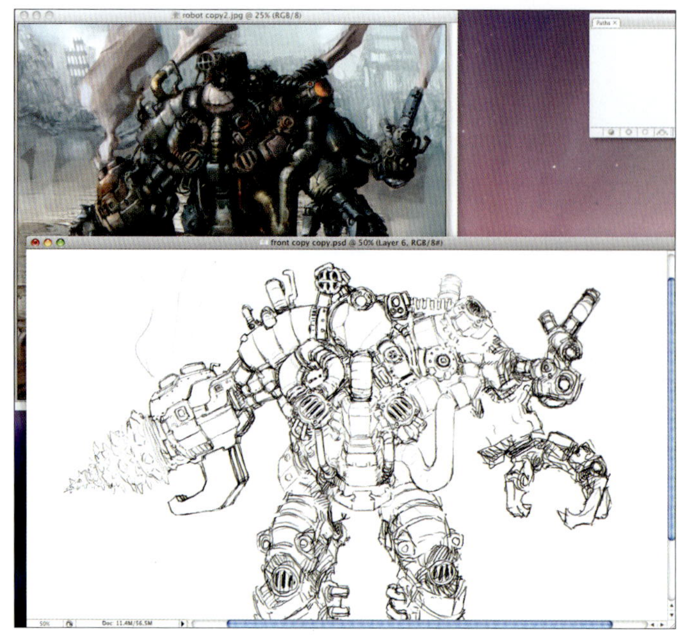

Orthographic은 모델러들이 모델링을 시작할 때 수월하게 하고 작업 속도를 높여주기 때문에 꼭 필요하다고 할 수 있습니다. Orthographic을 할 때는 페인팅과 비교해가며 프로포션을 맞추는 것과 또 페인팅에서 생략되거나 표현이 잘 안 된 부분을 보여주는 것이 중요하기 때문에 그것에 초점을 맞춰서 그립니다. 모델러의 요청에 따라 어느 부분만을 자세하게 그리는 것도 중요합니다.

먼저 앞모습을 그려 봅니다. 기존 페인팅과 일치해야 하기 때문에 뒤쪽에 띄워 놓고 비교해 보면서 작업합니다.

01 모든 그림이 그렇겠지만 특히 이런 그림은 항상 좌우 균형이 맞아야 하기 때문에 좌우를 바꿔 봅니다. 바꾸는 방법은 전체 선택한(Ctrl + A) 후 free transform하여(Ctrl + T) 좌우를 바꿉니다(Flip horizontal). 좌우를 바꿔 보니 왼팔이 짧고 어색해 보입니다. 팔을 길게 하고 관절도 넣어야겠네요. 라쏘툴로 팔을 선택합니다(Ctrl + L).

 **02** 길이가 오른팔과 균형이 맞도록 Move 툴(V)을 이용하여 왼팔과 균형
이 맞도록 위치시킵니다.

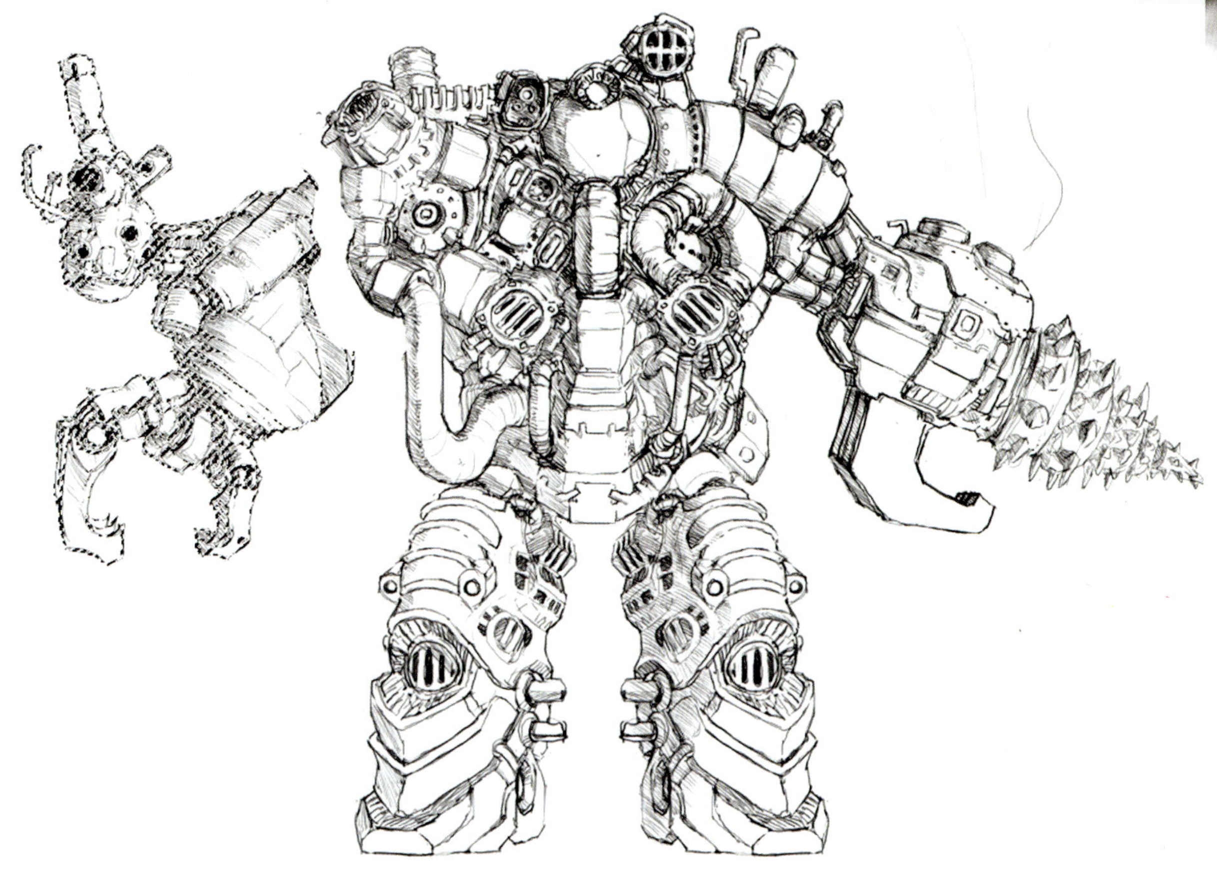

03 끊어진 부분을 생략된 관절 등을 추가하여 좀더 보기 좋게 만들었습니다.

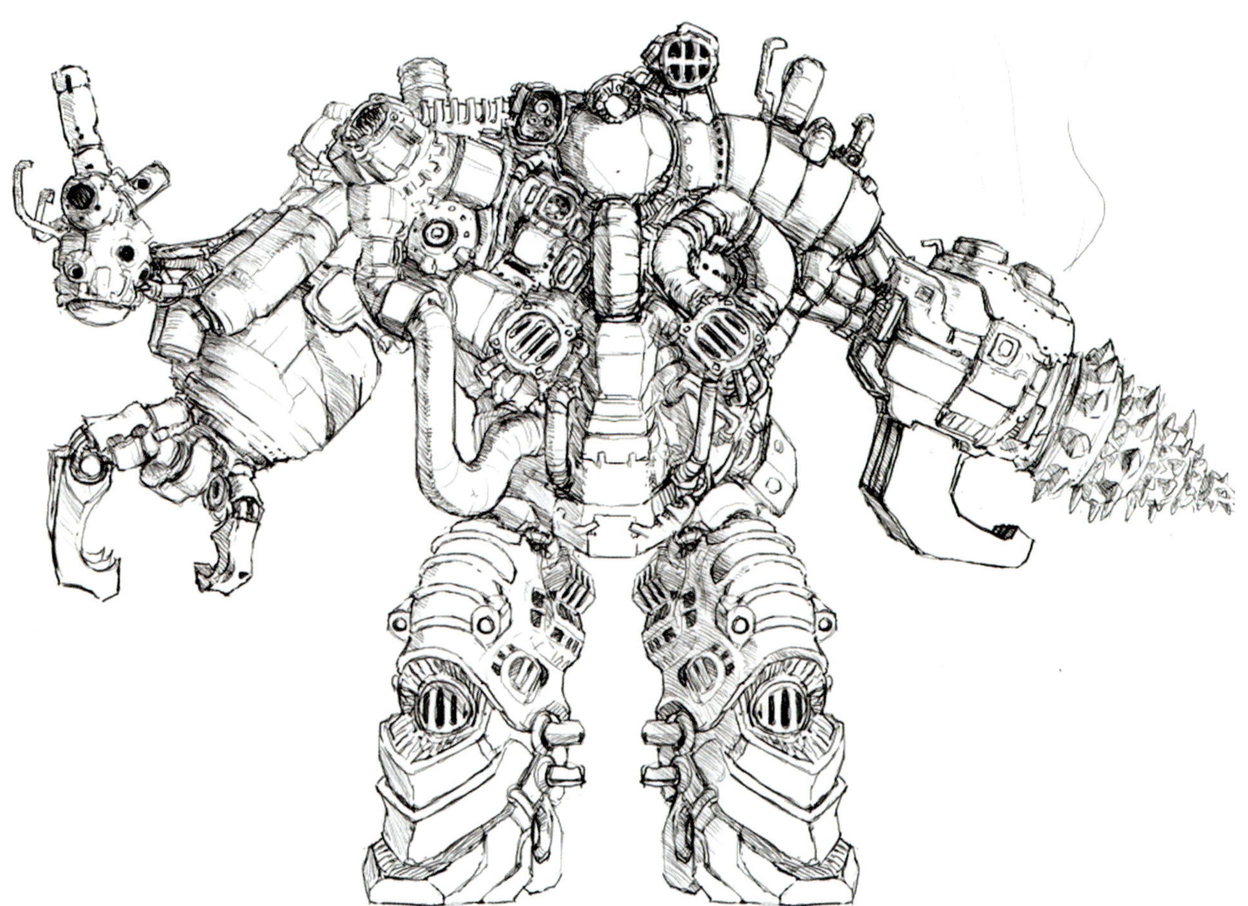

04 다시 제자리로 돌립니다(Ctrl + A, Ctrl + T, Flip hori-zontal).

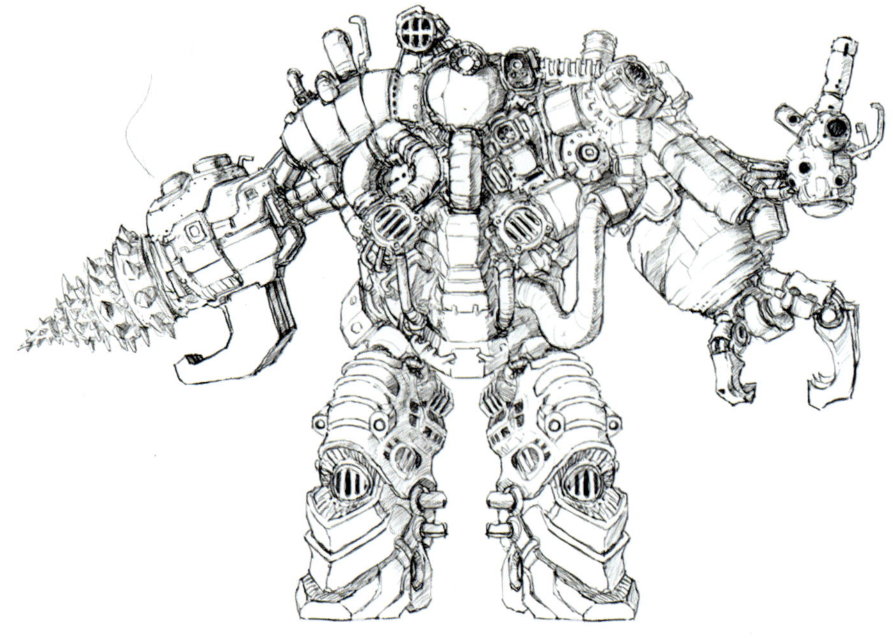

05 앞모습에 맞춰 뒷모습을 그립니다. 뒷모습을 그리는 방법은 방금 끝낸 앞모습 페인팅의 좌우를 바꾼 후 그 그림의 opacity를 낮추어 템플릿으로 사용합니다. 드릴과 같이 앞뒤 모습이 같은 부분은 앞모습에서 그린 그림을 그대로 사용하여 시간을 절약합니다.

06 여러 가지 틀린 부분을 바로잡아 정리하고 디테일을 그립니다. Orthographic은 라인으로만 그려도 되지만 앞모습에서 입체적인 쉐입을 어느 정도 보여주기 위해서는 약하게 크로스해칭으로 간단히 명암을 표현해도 좋습니다.

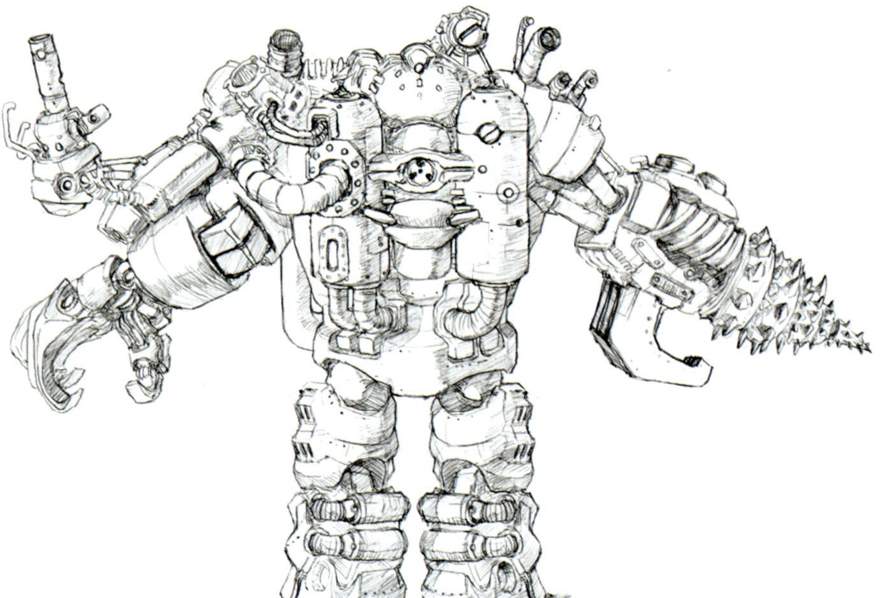

07 이젠 옆모습을 그리겠습니다. 옆모습도 앞모습의 드로잉을 템플릿으로 사용하여 그립니다. 일단 실루엣을 잡고 머리의 위치와 가슴, 다리, 관절 위치 등을 파악합니다.

08 일단 러프하게 그립니다. 어깨 관절 부분부터 팔 부분은 생략합니다.

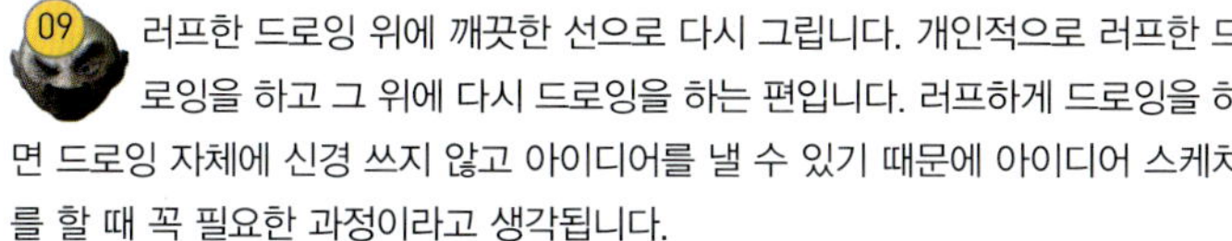

157

09 러프한 드로잉 위에 깨끗한 선으로 다시 그립니다. 개인적으로 러프한 드로잉을 하고 그 위에 다시 드로잉을 하는 편입니다. 러프하게 드로잉을 하면 드로잉 자체에 신경 쓰지 않고 아이디어를 낼 수 있기 때문에 아이디어 스케치를 할 때 꼭 필요한 과정이라고 생각됩니다.

10 드로잉을 마무리합니다.

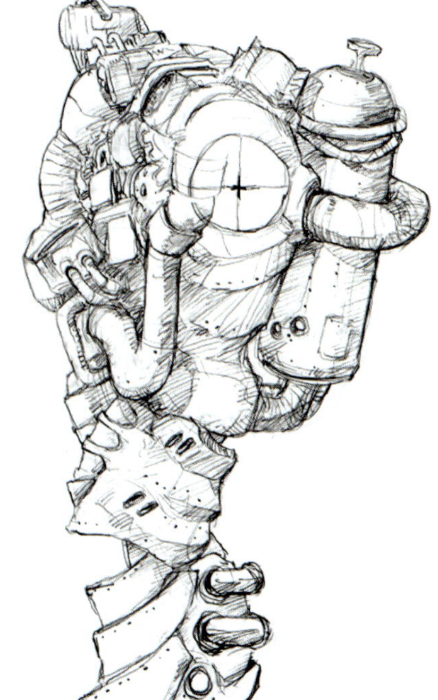

부록 DVD 파일

\ 컨셉디자인 \ Robot_F.jpg
\ 컨셉디자인 \ Robot_B.jpg
\ 컨셉디자인 \ Robot_S.jpg

아시아풍의
판타지 배경디자인

04

완성이미지

이번 예제에서는 사진과 그에 맞는 투시도를 어떤 식으로 세팅하는지 알아보겠습니다. 투시도는 앞에서 말씀드렸듯이 항상 3 point perspective입니다. 양쪽에 소실점이 있고 위에 세 번째 소실점이 위치합니다.

 일본 사원 등의 사진을 이리저리 짜깁기하여 레이아웃을 잡아봅니다.

 먼저 지평선을 그립니다. 지평선은 앞에 보이는 건물과 땅이 만나는 곳이 아니라 먼 뒤에 하늘과 땅이 만나는 선이기 때문에 생각보다 높은 곳에 위치합니다.

03 사진의 건물에 나란히 있는 선들을 가이드라인으로 하여 왼쪽으로 향하는 선들을 그립니다. 선을 그릴 때에는 평행한 선을 그린 후 free transform에서 perspective 같은 기능을 이용해 모양을 아래와 같이 바꿉니다.

04 반대편도 마찬가지로 합니다.

05 위쪽도 마찬가지로 합니다.

06 투시도의 레이어들을 하나의 레이어 그룹으로 만들어 그룹의 opacity를 낮추어 페인팅이 잘 보이도록 합니다. 뒤에 위치한 건물을 넣습니다. 멀기 때문에 채도와 대비를 낮춥니다.

07 오른쪽에 있는 건물을 복사하여 왼쪽에 위치시킬 것이기 때문에 일단 오른쪽 건물을 페인팅합니다.

08 답답한 느낌도 있고 컬러도 단순하여 왼쪽으로 캔버스 크기를 늘리고 쿨한 컬러를 넣어 줍니다. 오른쪽에 그린 건물을 복사하고 크기를 Free Transform하여 형태를 투시도 가이드라인에 맞춥니다.

09 멀리 있는 산, 바위 등을 그려 공간감을 줍니다.

161

10 구름과 바위, 산 등을 정리하고 바닥에 광원, 용암 등 여러 가지 효과를 줍니다.

11 번개, 광원 효과 등을 넣어 페인팅을 완성합니다.

Game Character Design Master

■ Scott Robertson_

Scott은 현재 Art Center에서 Entertainment의 학과장으로 여러 가지 컨셉디자인에 관한 책을 출판하는 Designstudio Press의 CEO이기도 합니다. 또 산업디자인 쪽에서는 Gnomon DVD로 크게 알려진 스타 강사이기도 합니다. Scott의 클래스를 처음 들었을 때 그 기계처럼 정확한 그림을 그리는 모습에 상당한 충격을 받기도 했는데, 텍스처나 라인 등의 날카로운 분석 능력도 남다른 분입니다. 특별히 이 책을 위해 인터뷰에 응해 준 Scott에게 감사의 마음을 전합니다.

➡ 어떤 교육을 받으셨습니까?

일러스트레이션을 하시며 Art Center를 다니셨던 아버지가 저에겐 제일 큰 영향을 미쳤다고 말하고 싶습니다. 그에게서 창조적으로 생각하는 방법을 배우고 몇 발짝 앞서가며 생각하는 법, 그리고 투시도법 등의 기초도 배웠습니다. Art Center라는 곳이 있고 자동차를 디자인하는 것만으로 생활을 유지할 수 있다는 사실은, 제게 큰 동기 부여가 되었습니다. 고등학교 졸업 후 오레곤 주립대에 들어갔습니다. 그곳에서 저는 산업디자인 외에 저를 만족시킬 다른 많은 가능성을 알아봤습니다. 그 동안 제 선생님으로 아버지와 함께 Art Center를 위한 포트폴리오 제작에 힘을 쏟았습니다. 1987년 20살 되던 해에 저는 Art Center에 입학했고 6학기 동안 자동차와 산업디자인에 집중하였습니다. 마지막 두 텀 동안은 개인작품에 힘을 쏟았는데 그것은 산업디자인과 자동차 디자인을 아우르는 것이길 바랐습니다. 자전거와 헬멧 디자인이 그것이었습니다. 당시엔 3D 모델링이나 Photoshop 렌더링이 존재하는 시대는 아니었습니다.

➡ 일에 있어서 어떠한 동기 부여를 가지고 계십니까?

아마도 제 상상력과 디자인에 대한 열정은 종이 위에서 끝나는 것 같진 않습니다. 저는 항상 큰 그림을 보려고 하는 사람인 것 같습니다. 세부 묘사보다는 컨셉을 만들어가는 것을 좋아하고, 또 매우 사업가적 기질도 있어서 어떤 상품의 컨셉디자인이 진열장에 진열되듯이 좀더 혁신적인 비즈니스 모델을 구현하는 것에 노력하게 되었습니다. 또한 이것은 출판부터 교육 그리고 컨셉디자인에 이르기까지 다양하게 관심 영역이 넓어지게 되었습니다. 항상 제 상상력에 맞는 출구가 있는 것처럼 말이죠. 가끔, 아니 자주 저는 이리 저리 벌려놓곤 하는데, 이럴 때 같은 목표를 추구하는 친구들, 학생들을 방문하고 어울리곤 합니다. 제 동료들은 제 컨셉아트를 평가해 주는 중요한 사람들입니다. 항상 저의 작품보다 월등히 우수한 작품을 해내는 친구들을 발견하곤 합니다. 이것은 결국 제 경쟁심을 유도하고 개인적인 스킬을 올리는 것에 큰 힘이 됩니다.

학생들을 만나는 것은 정말 좋습니다. 제 그림들을 학생들에게 보여주는 것은 굉장히 즐겁습니다. 그럴때면 제 직업에 대해서 너무 감사하게 생각합니다. 다음 세대의 아티스트들의 비전을 공유하고 또 그 교육의 결과물을 지켜볼 수 있게 해주기 때문에 정말 행운이라고 생각합니다. 제가 매일매일 다른 각도로 스튜디오와 교실에서 기술을 익히게 되는 것은 제 동기부여를 잃지 않게 해줍니다.

➡ 일할 때 무엇이 가장 힘들게 합니까?

저는 큰 팀으로 작업할 때 모든 다른 디자이너들이 부딪히며 느끼는 문제들을 같이 느낍니다. 결국 작업시간에 대한 문제입니다. Photoshop 렌더링이 초창기에는 이런 문제를 해결해 주었기 때문에 주어진 시간 안에 마무리 작업을 더 빠르게 할 수 있었습니다. 그러나 지금은 "비밀이 밝혀졌습니다." 모든 아트디렉터와 프러덕션 매니저는 여러 가지 컬러 팔렛을 보여주는 것과 사진 등을 렌더링하는 것이 예전보다 빠르다는 것을 알아버렸기 때문입니다. 그래서인지 더욱 요청합니다. 물론 더 적은 시간을 주고 말이죠. 렌더링 속도와 질을 높이는 것은 디자이너의 무기였지만 지금은 클라이언트의 무기가 되었습니다.

몇 년간 제가 배운 중요한 한 가지는 자신만의 아티스틱한 스타일로 어떤 일이나 디자인을 하여 만족감을 얻으려 하는 것은 불행한 직장생활로 가는 지름길이라는 것입니다. 자신의 프로젝트를 비즈니스 모델로 바라보고 이해하려는 자세가 자신의 역할을 이해하는 데 적절한 도움이 될 것입니다. 다른 사람의 투자금이 어떤 식으로 쓰이는 지 잊어버린다면 그 프로젝트에 대한 당신의 노력이 얼마나 중요한 것인지 모르게 될 것입니다. 자신만의 아티스틱한 만족을 그 프로젝트에서 얻으려 한다면 곤란에 빠질 수 있습니다. 저는 동료들이 각자 일에서 큰 그림을 보고 자신의 위치와 역할을 이해했을 때 직장생활에서 만족을 느끼는 것을 수없이 보았습니다. 그들은 또한 다른 사람으로부터 방향을 제시 받기도 하고 팀 안에서 일을 잘 합니다. 아티스틱한 만족을 얻는 비밀 중 한 가지를 말씀 드리면, 항상 그들은 자신만의 아트에 대한 만족감을 얻기 위한 시간을 매일 갖는다는 것입니다. 그렇게 함으로써 그들은 미칠 듯한 스케줄과 예산으로 상당히 스트레스 받는 환경에서 정상적으로 일을 할 수 있게 됩니다.

➡ 포트폴리오를 보면 남성적인 선들이 강해 보입니다. 당신의 스타일에 대해 어떻게 평가하십니까?

저는 개인적인 스타일을 만들어 내거나 선전할 생각을 해 본 적은 없습니다. 새로운 형태와 이미지를 만들어내기 위한 새로운 방법들을 계속 연구하고 있고 또 그것을 위한 새로운 툴과 기술에 대해 연구하고 또 디지털과 트레디셔널한 렌더링 기술의 조합도 연구하고 있습니다. 만약 제 작품에서 남성적인 선들이 있다면 아마도 그것은 제가 미국에서 자동차에 관심을 두고 자라왔기 때문일 것입니다. 멋진 자동차를 가지고 놀며 자랐는데 그러한 것들이 작품에 반영되는 것은 당연하겠죠.

➡ 디자인에 영감을 주는 것이 있다면 무엇인가요?

어렸을 때는 영화였습니다. 특히나 〈스타워즈〉나 〈블레이드 러너〉같은 고전 공상과학 영화들이었습니다. 후에 여러 아트북에서 참여한 아티스트들의 작품이 실리게 되어 그들에 대해 알게 되었습니다. 특히나 Syd Mead 같은 경우엔 자신의 책을 출판해 미래에 대한 비전을 여러 사람들과 공유하게 되었습니다. 90년대 중반에는 그것에 영향을 받은 수많은 아티스트들을 인터넷을 통해 볼 수 있었습니다. 지금은 그런 좋은 아티스트들 중 한 명이 되어 그와 같은 작업을 할 수 있는 스킬을 갖추게 되면서, 저는 자연과 친구들의 작품이 영감의 가장 큰 원천이 되어 버렸습니다. 어떤 새로운 디자인이나 스타일을 만들 때 다른 디자이너가 한 것을 보지 않습니다. 그것은 제 작품에 다른 디자이너의 스타일이 있길 원치 않기 때문입니다. 친구들로부터의 영감은 그들의 작품보다는 그들과 스타일, 기술, 철학, 아트와 미래에 대한 얘기를 함으로써 더 받게 됩니다.

➡ 성공적인 디지털 아티스트가 가져야 하는 소양은 어떤 것이 있을까요?

현재 디지털 아티스트는 전통적인 기본 기법에 대한 훈련이 잘 되어 있어야 합니다. 투시도, Value로 덩어리감 표현하기, 재질의 이해 등이 그것일 텐데요. 만일 우리가 보지 못했던 것들을 보여주고자 한다면 더욱 그러할 것일 겁니다. 이런 기본 스킬로 무장되면 전통적인 미디어 혹은 디지털 도구로 그들이 원하는 어떤 것이든 그려내고 페인팅해낼 것입니다. 이런 기술들을 적용해서 일을 한다면 여러 사람들과 일을 잘 할 것이고 또 뛰어난 작품을 해낼 것입니다.

➡ 새로운 것을 구상하고 만들어 내는데 막힌다면 어떻게 해결하십니까?

저는 제가 머릿속에 있는 이미지를 드로잉하거나 페인팅하는 실력이 항상 뒤쳐집니다. 절대 따라갈 수 없죠. 심지어 하나의 물건을 디자인하거나 그리거나 렌더링할 때도 말이죠. 예를 들어 자동차의 경우를 봅시다. 경우의 수는 무한대입니다. 여러분은 적어도 60억 가지는 할 수 있어야 할 것입니다. 왜냐하면 그것은 지구에 존재하는 인류의 숫자이고 다 달라 보이기 때문이죠. 비록 사람이긴 하지만요. 요즘 저는 정신적인 피로보다는 육체적인 피로에 더 지칩니다. 젊은 분들은 몸의 건강에 신경 쓰세요. 40살이 되어서 예전처럼 쉽게 60시간 이상 일할 수 있지는 않을 테니까요.

➡ 앞으로의 계획에 대해 말씀해 주세요.

적어도 몇 년 동안은 Art Center의 엔터테인먼트 전공의 학과장으로 있을 것입니다. 몇 년 전에 저는 Art Center로부터 새로운 엔터테인먼트 전공의 교육 과정을 새로 만들어 달라는 요청을 받았습니다. 프로그램은 지난 해 절반가량 부전공으로서의 역할을 해냈고 지금은 전공으로 정착되길 원하고 있습니다. 제 출판사인 DesignStudio Press는 앞으로 더 혁신적인 책들을 낼 것이고, 또 Gnomon DVD도 계속해서 제작해 나갈 것입니다. 최근, 저는 여름 학기를 비우고 저희만의 영화나 게임을 위한 IP를 만드는 것에 중점을 두고 있습니다.

■ 필 셴크(Phil Shenk, Gravity Bear CEO)_

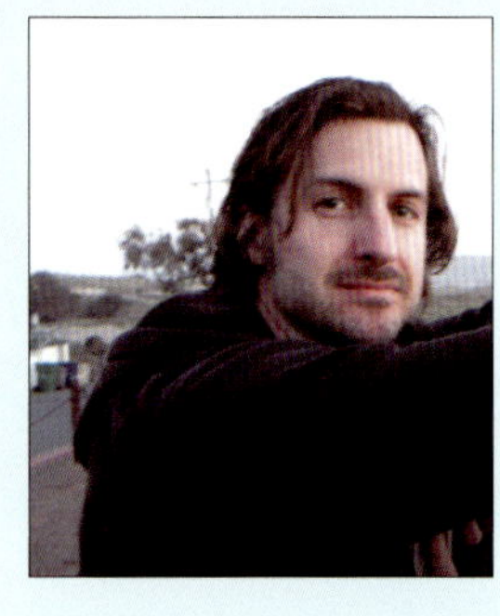

필 셴크씨는 플래그쉽 스튜디오의 〈헬게이트:런던〉의 아트 디렉터였고 필자와 수년간 인연을 맺어왔습니다. 현재 Gravity Bear 스튜디오의 CEO로 활동하고 있습니다. 필 셴크씨는 아트 디렉터 이전에 좋은 형으로서 필자를 대해주고 있습니다. 매우 바쁜 와중에도 이 책을 위한 인터뷰 요청을 기쁘게 받아들여줘서 이 자리를 빌어서 다시한번 고맙다고 전합니다. 그리고 질문 하나 하나에 보여준 정성어린 신경을 써준 것 또한 고맙게 생각합니다.

필 셴크씨는 풍부한 아트 디렉팅의 경험과 현재 미국 회사를 직접 운영하는 입장에서 인터뷰에 응해주었기에 '살아있는' 답변을 들어볼 수 있는 좋은 기회입니다.

➡ 본인 소개를 부탁합니다.

안녕하세요. 제 이름은 필 셴크입니다. 현재 Gravity Bear 스튜디오의 CEO입니다. 최근까지 플래그쉽 스튜디오의 〈헬게이트:런던〉의 아트 디렉터였고, 그 전에는 〈Diablo 2〉의 리드 아티스트로 활동했습니다.

➡ 현재의 직업을 선택하게 된 이유를 알고 싶습니다.

어렸을 때부터 늘 컴퓨터 게임과 비디오 게임들을 즐겨왔습니다만, 당시에는 게임 산업으로 이끌어주는 방향이 존재하지 않았습니다. 제가 대학에 진학 했을 때, (그나마 비슷했던 것이라면) 일러스트레이션이나 초기 컴퓨터 그래픽(80~90년대)을 사용하는 산업 예술 정도였습니다. 저는 그림이나 조각, 만화 그리기, 음악 등의 다양한 것들을 시도해보고 싶었기 때문에 순수예술 분야로 진학하였습니다. 하지만 졸업했을 때에는 학위를 가지고 무엇을 해야할지 몰랐기 때문에 일단 대학원으로 진학하였습니다. 거기서 극장(공연)에 대해서 공부하는 동안, 컴퓨터에서 세트를 만들어보는 것에 매우 큰 관심을 갖게 되었습니다. 또한 사람들이 깜짝 놀랄 만큼 생생하고 인터렉티브한 세트를 만들어 보고 싶어졌습니다. 그리고 컴퓨터 게임이야 말로 제가 원하던 분야라는 것을 알게된 것이죠.

저의 현재 직업은 회사를 운영하는 것입니다. 오랫동안 제가 만들기 원하는 게임을 만들어야 할 욕구를 느껴왔습니다. 저는 팀 단위로 일하는 것을 좋아하며, 지금까지 함께 일해왔던 사람들의 기회들에 매우 감사하고 있습니다. 그리고 지금 이 시점에서는 진정 행복해지기 위해서 제 스스로 프로그래밍을 배워 게임을 혼자 만들어 보는 것과 제 자신의 회사를 세워서 재능있는 사람들의 도움을 받아야 하는 것에 대해 고민을 했었습니다. 저는 재능있는 사람들과 함께하는 것을 좋아하기에 후자를 선택하였습니다.

➡ 지금까지 참여했던 프로젝트에 대해서 알려주세요.

제가 참여한 첫 대규모 프로젝트는 블리자드 노스에서의 〈Diablo 2〉였습니다. 이 게임을 3D로 만들 것인지, 아니면 렌더링된 이미지 형식으로 만들 것인지에 대해서 논의하던 그 시절 기억이 납니다. 우리는 당시의 실시간 3D 기술이 우리가 원하던 분위기와 디테일을 표현할 만큼 진보되지 못했다고 판단하고, 2D로 진행했습니다. 제 생각에는 당시 멤버들 모두 그것이 우리의 마지막 2D게임이 될 것이라는 것을 알았던 것 같습니다. 우리는 2D 게임에서 표현 가능한 한계점까지 밀어붙였고, 아트를 제작하는 작업공정의 작업량은 매우 높았습니다. 각 캐릭터들은 16 방향으로 렌더링 된 10여장(각 방향 별로)의 다른 이미지들을 겹쳐가며 제작 되었습니다. 겹쳐진 이미지들의 순서는 캐릭터가 향할 수 있는 방향 별로 각각의 프레임마다 조절되어야 했으며, 그것들은 모두 일일이 수작업으로 진행되었습니다. 그 게임을 제작하는데 동원된 모든 것들은 정말 대단한 열정들이었죠.

〈Diablo 2〉 다음으로는 Lord of Destruction 작업을 잠시 한 뒤, 다른 종류의 작업을 해봐야겠다고 생각했습니다. Wild Tangent 회사에서 일하게 되었는데, 그것은 제가 소규모의 게임들을 좀 더 신속하게 만들면서, 프로젝트를 좀더 창의적으로 만들기를 바랬기 때문이었습니다. 우리는 작은 규모의 팀이었고, 몇몇 게임들을 정말 짧은 시간 안에 제작했습니다. 때로는 단지 몇 달 안 걸려서 말이죠. '. com' 열풍이 잠잠해지며 많은 회사들이 문을 닫던 시점이었기 때문에 자금 압박이 매우 심했습니다. 당시의 스트레스는 너무 커서, 일을 진정으로 즐길 수는 없는 상황이었습니다. 더군나 너무나 지쳐버려서 과연 게임 산업에 계속 남아있어야 하는지 조차 알 수 없게 되어버린 순간도 겪어야 했습니다. Wild Tangent이후로 다른 것들을 시도해보며 시간을 보냈습니다.

결국 저는 블리자드 시절 친구들이 그리웠고, 다시 돌아갈 수 있나 부탁하게 되었습니다. 그 뒤로 약 6주 정도 블리자드 노스에서 머물렀을 때, 데이브, 맥스, 에릭, 빌(로퍼), 그리고 켄 등이 플래그쉽 스튜디오를 설립하려 블리자드를 떠나면서, 저와 다른 3명에게 합류를 제안하였습니다. 그런 좋은 기회를 거절할 수는 없었습니다.

〈헬게이트:런던〉의 작업은 매우 복합적이었습니다: 재미있었고 흥분되며 녹초가 되기도 하고 스트레스 받기도 하고 활력이 넘치기도 하며 진을 빼놓기도 하였습니다. 〈헬게이트:런던〉에 대해서는 이미 많은 얘기들이 있었기 때문에 제가 특별히 덧붙이지는 않겠습니다. 그것은 아주 좋은 경험이었습니다. 지극히 좋은 경험, 저는 많은 교훈을 얻었고 우리가 이뤄놓은 것에 대해서 자부심을 느낍니다. 물론 좀더 잘해서 플래그쉽 스튜디오가 여전히 존재했다면 하는 바램도 있습니다만 이렇게 된 것이 더 잘된 것일 수도 있을것이라 생각도 합니다. 개인적으로 회사를 세우는 기회에 대해서 더욱 관심이 있습니다. 5년전과는 달리 지금은 충분히 잘 준비되어 있다고 생각하고 있습니다.

➡ 현재의 CG / Game 산업에 대해서 어떻게 바라보시나요.

산업은 극도로 거대한 예산의 게임과 제작 비용과 기간이 훨씬 적게 소요되는 작은 게임들로 나누어지는 것 같습니다. 점점 많은 게임들이 인터넷 다운로드 방식으로 판매되며, 실제 상점에서 박스에 담아 판매 되는 것은 그리 오래 지속되지 않을 것으로 봅니다. XBox Live Arcade 나 PS3의 PSN 그리고 Wii의 온라인 서비스를 보면, 많은 소규모 개발 사들이 매우 뛰어난 게임들을 만드는 것을 보게 됩니다.

FaceBook, Hi5, 그리고 MySpace같은 인맥관련 포털 사이트들 이 PC 게임의 주요한 판매처가 될 것으로 생각합니다. 가까운 미래에, Instant Action, Steam, 그리고 Gametap같은 PC 게이밍 포털 사이 트들이 중소 게임 개발사들의 주요한 판매처가 될 수 있다고 봅니다. 아 이폰이나 안드로이드 폰과 같은 모바일 게임들 또한 많은 개발자들을 유혹할 것 같습니다.

앞으로의 몇 년 사이에 더욱 많은 소규모의 독립적인 개발사들이 게 임을 만들고, 그것을 PC / Console 온라인 상에서 판매하는 것을 보게 될 것 같습니다. 대형 배급사들은 개발사들을 계속 사들일 것이고, 그렇 지 못한 개발사들은 살아남기 힘들어 질 것입니다. 지난 10년간의 과정 은 되풀이 될 것이고, 이러한 새로운 중소 개발사들은 언젠가 새로운 큰 기업이 되기도 할 것입니다. 현재 미국 내에는 아시아에서 이미 본 것처 럼 단기간에 개발하는 게임의 시장이 자라고 있으며, 이것은 새로운 개 발사들에게 큰 기회를 의미한다고 생각합니다.

➡ 3D 모델링을 평가할 때 제일 중요하게 보는 것은 어떤 것 입니까?

그것은 순전히 그 모델의 용도에 달려있습니다. 일반적으로는 깨끗 하고 깔끔하게 정리된 메쉬 구조가 핵심입니다. 모델이 제대로 변형되 는 것의 90%가 모델링에 달려있다고 하겠습니다. Rigging은 중요하나, 좋은 모델은 많은 변형의 문제를 해결해 줍니다. 가끔은 모델러들이 엉 성하게 작업하고, 특별한 Bone 셋팅으로 변형이 부드럽게 되리라 생각 하는 듯합니다. 좋은 모델링에 대한 자료들이 풍부하므로, 반드시 그렇 지는 않다고 생각합니다.

제가 중요하게 생각하는 것 중 하나는 효과적인 UV Layout입니 다. 텍스처의 Stretch나 왜곡 현상이 있어서는 안됩니다. UV공간이 균 일하게 배치되어야 하며, 너무 많은 UV 덩어리로 나누어져도 안됩니 다. 깨끗하고 효과적인 모델이란 그 자체로 아름다워야 합니다. 실제 조 각처럼 말이죠.

➡ 한국에서 북미의 게임회사로 취업(유학)을 준비 중인 분들 에게 한 말씀 부탁드립니다.

저는 미국에서 여러 명의 한국인 아티스트들과 일해봤습니다. 그들 모두에 대해서 매우 좋은 인상을 가지고 있습니다. 물론 제가 같이 일해 본 한국인들은 모두 최소한 의사소통을 할 정도로 영어를 잘 했지만, 지 금까지 영어가 큰 문제가 되었던 적은 없습니다. 좋은 의사소통 능력은 모델링이나 애니메이션 쪽보다 컨셉아트 파트에서 더 중요할 수도 있습 니다. 컨셉아트 파트에서는 캐릭터의 느낌이나, 분위기, 영혼 등의 추상 적인 것들에 대해서 소통할 수 있다는 것이 매우 중요합니다. 아티스트 와 디자이너가 의사소통을 제대로 할 수 없다면, 많은 것들이 잃게 됩니

다. 모델링과 텍스처링은 좀더 논리적이기 때문에, 상세한 의논은 상대 적으로 적습니다. 애니메이션의 경우에는 당신이 표현하고자 하는 것을 늘 직접 몸으로 보여줄 수 있죠. 결국 미국에서 일하고자 하는 한국 분 들은 기본적인 영어 소통은 가능해야 할 것입니다.

➡ 북미 취업을 위해 반드시 해결해야 하는 것이 있다면 무 엇입니까?

북미에서의 취업을 위해 가장 중요한 요소는 비자입니다. 저의 경 험에서 볼 때, 이것은 매우 어려울 수 있고, 수년이 걸릴 수도 있으며, 뽑기(실제로 미국 취업 비자는 지원자가 많아, 추첨으로 결정된다.)에 걸린 문제입니다. 따라서 회사에서 그 직원이 비자를 받을 수 있도록 보 장할 수도 없는 노릇입니다. 저는 많은 한국인들이 학생비자가 만료되 면서 취업비자를 제때 받지 못하여 일을 하지 못하게 되는 것을 많이 보 았습니다. 일단 비자를 구하고 나면, 큰 장애물은 사라지는 것입니다.

회사가 지원자들의 이력서를 보면서 주로 생각하게 되는 것들 중 하나가 바로 이것입니다. 만약 지원자가 비자가 없다면, 회사는 '(실력 보다도) 이 사람이 합법적으로 일이나 할 수 있겠나?'하고 생각할 것입 니다. 슬픈 현실입니다.

➡ CG / Game 산업으로 진입하기 위해 준비하는 분들께 한 말씀 부탁합니다.

제가 드리고 싶은 말씀은 여러분이 진정으로 하고 싶은 것이 무엇 인지 생각하라는 것입니다. 게임을 사랑하며 게임을 만들기 원한다면, 게임을 재미있게 하는 것이 무엇이며 왜 그러한 지에 대해서 이야기할 수 있는 준비를 해보세요. 게임 디자인, 작문, 프로그래밍 같은 여러 분 야를 공부하여 팀 전체에 기여할 수 있도록 해보세요. 모델링과 같은 한 분야에 집중하는 것은 쉬운 일이지만, 정말 성공을 원하고 그 분야에서 오랫동안 활동하길 원한다면 게임 개발에 필요한 모든 것들에 대한 폭 넓은 관심을 갖는 것이 좋습니다.

그러나 만약 당신이 모델링이나 애니메이션만 하고 싶다면, 그것도 좋습니다. 그런 경우, 몇 가지에만 전문화되어도 좋은 큰 회사에서 더 행복할 수 있을 것입니다.

그리고 팀 안에서 자신의 의견을 말하는 것을 두려워하지 말라는 것 입니다. 다른 사람들이 자유롭게 아이디어를 나눈다면 여러분 또한 동 일하게 하십시오. 가끔 한국 사람들은 문화적 차이(?)로 인하여 그들의 의견을 말하는 데에 좀더 공손하고 소극적인듯합니다. 제가 일반화 시 키는 것이긴 하나 이런 일들을 많이 보아왔습니다. 자신의 파트뿐 아니 라 프로젝트 전체에 걸쳐서 자신의 의견을 말하는 직원들이 회사에서 가치를 높게 평가받습니다.

■마셀 카디예프 (Marsel Khadiyev, 프로그래머 / 캐릭터 아티스트)_

필자(송화섭)가 이 친구를 알게 된 것은 첫 직장에서부터입니다. 필자와 같은 학교의 같은 과정의 한 학기 후배였다는 것도 그때 알게 되었고, 처음 만나면서부터 서로 말이 잘 통해서 우리는 금새 친한 친구가 되었습니다.

그의 조부께서는 제2차 세계 대전에서 활약하던 스파이 출신의 장군이었으며, 부모님들께서는 두 분 모두 석박사 학위를 가진, 소위 구 소련과 함께 몰락한 명문가의 후손이라는 흥미로운 가정환경을 가졌습니다. 좋은 혈통을 타고났기에, 두뇌가 매우 총명하며, 소련사람 특유의 털털한 성격과 순수함을 갖고 있는 친구입니다.

다른 학생들이 어설픈 3D 작업으로 학교 과정의 졸업 프로젝트를 준비할 때, 그는 Scene Manager라는 3ds Max 플러그인을 개발하였고, 이것은 ILM과 같은 유명회사들로부터 매우 큰 호응을 얻을 정도로 이미 명성을 쌓기 시작하였습니다. Scene Manager는 뷰포트 상의 물체들을 레이어 별로 Group, Freeze, Hide등을 손쉽게 관리할 수 있는 툴입니다.

필자와 같이 Paul Neale씨의 밑에서 공부를 했었기에, Paul Neale의 눈에 들어 토론토의 한 어린이 애니메이션 회사에 같이 입사하였습니다. 얼마 후, 회사에서 마셀에게 헤어 프로그램을 만들어 보는 것이 어떠냐고 제안을 하였고 이에 마셀은 회사에서 제안하는 불합리한 조건들을 거부하며, 혼자서 3ds Max 헤어 플러그인인 Ornatrix를 성공적으로 제작하여 또 한번 단숨에 세계적인 3ds Max 프로그래머로 이름을 떨치게 되었습니다.

3ds Max 개발사 측에서 Joe Alter의 Hair를 도입하기로 하자, 그 동안 묵묵히 3ds Max의 유일한 헤어 플러그인으로 자리를 지켜왔던 Shag hair의 개발자인 Ivan씨는 이에 자극을 받아 마셀과 힘을 합쳐 Hairtrix(HairFX + Ornatrix)를 제작하고, 좀더 획기적인 Hair system을 함께 개발해오고 있는 상황입니다.

프로그래머라는 직종이 늘 인력이 부족한 것이 현실이기 때문에, 마셀의 경우 Autodesk와 같은 유명기업으로부터 러브콜을 자주 받는데, 그것보다 혼자 자유로이 작업에 몰두하며 여러 회사들과 동시에 작업하기도 하며 몬트리올에서 그의 20대 중반을 보내고 있습니다.

필자의 집필을 응원해 주면서 이러한 질문지 형식의 인터뷰에 흔쾌히 응해주었습니다.

➡ 본인 소개를 부탁합니다.

안녕하세요. 저는 마셀 카디예프라고 하며, 컴퓨터 그래픽 아티스트이자 프로그래머입니다. 현재 Xform3라는 회사에서 근무하고 있습니다. 모델러, 리거, 그리고 프로그래머로 활동 중이며, 제가 개발한 3ds Max용 플러그인들 중 알려진 것은 Ornatrix와 Scene Manager 등이 있습니다.

➡ 어떤 계기로 CG / Game 분야에서 일하게 되었나요.

어렸을 때부터 여러가지 그림을 그렸었습니다. 프로그래밍 또한 관심 분야 중 하나였고요. 고등학교 때부터 웹사이트를 만들고 작은 애니메이션 개인작업을 했다가, 대학(필자와 같은 학교의 같은 코스)에서 Digital Media Arts 코스를 수료한 뒤 첫 직장을 갖게 되었습니다. 주로 어린이들을 위한 애니메이션을 제작하는 작은 스튜디오였는데, 1년 후 Ornatrix와 같은 개인적인 프로그래밍 프로젝트를 위해 그만 두었습니다.

➡ 현재의 직업을 선택한 이유는 무엇입니까.

제가 현재의 직업을 선택한 이유는 '자유'입니다. 제 생각에는 훌륭한 직업이란 종속과 보상 사이의 균형이 핵심이라고 봅니다. 보상은 돈과 재미이고, 종속이란 책임/의무 입니다. 저는 제가 감당할 수 있는 만큼의 책임만 맡으면서, 재미있게 일하고, 생활비를 벌고자 노력합니다. 저에게 있어서는 제 자신의 프로젝트들을 시작하고 진행하는 것이 궁극적인 '자유' 입니다.

➡ 지금까지 어떤 프로젝트에 주로 참여하셨나요.

다수의 어린이 TV 시리즈에 모델러와 리거로써 참여해왔습니다. Scene Manager, Ornatrix, Schematic Material Editor, Hairtrix 등의 프로그래밍 작업에 많은 노력을 기울여 왔습니다. 또한 게임 엔진이나 웹사이트 프로그래밍 작업도 참여해 왔습니다.

➡ 현재의 CG / Game 산업에 대해 어떻게 생각하시나요.

지난 10년간 게임이 그래픽, 인공지능 등의 면에서 매우 발전했으며, 또한 앞으로도 계속 그러할 것이라 생각합니다. 게임은 현재 영화와 더불어 엔터테인먼트 매체의 선두이며, 머지않아 엔터테인먼트 매체의 No.1이 될 것으로 믿습니다. 저는 지금이 게임들과 Interactive한 어플리케이션들이 사람들의 세계관을 바꾸고 있는 혁신적인 시기라고 믿습니다. 그렇기 때문에 이 분야에 공헌을 할 수 있다는 매우 멋진 일이라고 생각합니다. 저에게 있어 가장 주목할만한 일은 오늘날 태어나는 어린 아이들은 현실처럼 보이는 게임들을 너무 당연하게 여기게 될 것이라는 것입니다. 우리에게 있어 NES나 메가 드라이브 같은 가정용 게임기처럼, 이들에게는 PS3와 같은 차세대 게임기가 당연하게 받아들여질 것입니다.

➡ 3D 모델링을 평가할 때 가장 중요하게 생각하는 부분은 무엇입니까?

메쉬의 구조와 형태입니다. 3D 캐릭터는 늘 2D 참고 자료들이 있기 마련이며, 3D 모델은 그것을 3D로 제대로 표현하는 것이 중요합니다. 메쉬의 구조가 좋으면, 리깅과 애니메이션에도 도움이 됩니다. 컴퓨터 게임의 경우, 3D 캐릭터는 원본 디자인과 최대한 가까우면서도 단순한 형태를 가져야 합니다. 텍스처와 메쉬 디테일 사이의 알맞은 균형을 아는 모델러가 진정한 실력자입니다.

➡ 한국에서 북미의 게임회사로 취업(유학)을 준비 중인 분들에게 한 말씀 부탁드립니다.

의사소통이 중요한 만큼, 영어 실력은 중요합니다. 그러나 그 사람의 해당 분야의 실력이 더욱 중요하다고 봅니다. 많은 회사들이 실력은 있지만, 언어적으로 그리 유창하지 못한 사람들에 대해서 관대한 편입니다. 언어적인 부분은 시간이 해결해주지만, 재능은 그렇지 않습니다. 참고로, 몬트리올 같은 지역은 사용 언어가 불어이기 때문에, 영어가 그다지 중요하지도 않습니다.

그리고 미국이나 토론토(캐나다)지역은 생활비가 비싸기 때문에 연봉도 더 높습니다. 몬트리올의 경우, 생활비가 상대적으로 저렴하므로. 연봉도 그만큼 낮습니다. 2009년 몬트리올은 5만 달러 정도가 신입 캐릭터 모델러 연봉으로는 적절한 연봉입니다.

그리고 중요한 것은 포트폴리오입니다. 아티스트에게 있어 제일 중요한 것이죠. 그것은 그 사람의 숙련도, 경력, 그리고 스타일을 보여주는 척도가 됩니다. 좋은 포트폴리오가 있다면, 훨씬 수월하게 취업할 수 있겠죠. 좋은 대인관계 능력과 의사소통, 그리고 상대방을 이해하는 것 또한 매우 중요하나, 실력 다음입니다.

➡ CG / Game 산업으로 진입하기 위해 준비하는 분들께 한 말씀 부탁합니다.

컴퓨터 그래픽/게임 분야는 매우 빠르게 성장하고 있습니다. 매년 그 분야 일자리는 더 늘어갑니다만, 실력이 좋은 사람들만을 위한 자리만 늘어나는 것입니다. 그러므로, 여러분 자신과 실력을 최대한 기르시고, 잠재적인 고용주에게 최고의 작업 물들만 보여줘야 합니다. '양보다 질'입니다.

경력 있고, 영감을 주는 작업을 하는 아티스트들을 본받는 것은 좋은 출발점입니다. 북미의 회사들에게 연락을 취하는 것은 그리 큰일은 아니겠지만, 포트폴리오가 뛰어나고, 미국에서의 일이 진행되는 방식에 대해서 이해하는 사람들에게 더 큰 기회가 있기 마련입니다. 그렇기 때문에, 이미 북미에서 활동하는 사람들과 교류하며 조언을 구하는 것이 결과적으로 그 사람의 북미 취업 가능성에 큰 도움이 될 것입니다.

■ 김영호(Joe Kim, 캐릭터 아티스트)_

김영호씨는 첫 직장이었던 엘리엇 애니메이션 스튜디오에서 알게된 사이입니다. 마셀 카디예프와 함께, 매우 친한 친구사이입니다. 그 뒤로 크리스토퍼 리브씨가 프로듀스한 것으로 유명한 〈Everyone's Hero〉에 참여했고, 현재는 다시 엘리엇 애니메이션 스튜디오로 돌아가서 리깅 책임을 맡고 있습니다.

아카데미 시상식의 최고 단편 애니메이션 수상작, 〈Ryan〉에서의 마야 Nurbs 캐릭터 모델링으로 주목 받아온 인재입니다.

어렸을 적 가족이 캐나다로 이민을 왔기 때문에 한글이 서투르지만 인간성이 매우 착하고 겸손하며 믿음이 가는 후배입니다. 필자를 늘 응원해주었고, 이렇게 좋은 내용을 보탬으로 도움을 주어 매우 감사합니다.

➡ 본인 소개를 부탁합니다.

안녕하세요 제 이름은 김영호입니다. 현재 토론토의 엘리엇 애니메이션 스튜디오의 Lead Rigger이며, 이 산업에 종사한지는 5년 되었습니다.

➡ 현재의 직업을 선택하게 된 이유를 알고 싶습니다.

저는 어려서부터 그리는 것을 좋아했고, 고등학교 내내 늘 스케치북을 들고 다니곤 했습니다. 그래서 전통 애니메이션 학과에 등록하게 된 것이었죠. 그 과정동안 그림 그리는 것을 배웠고, 디지털 작업에 있어서도, 그림 그리는 실력은 저에게 큰 도움이 됩니다. 제가 쉐리던 컬리지를 졸업했을 때 전통 애니메이션 산업은 하향세였고, 3D 애니메이션 산업은 상승세였습니다. 그래서 저는 3D 애니메이션이 과연 얼마나 대단한지 직접 시도해보기로 결정합니다. 제가 Maya의 사용법을 배운 것은 단지 4개월짜리 과정을 통해서였습니다. 그것을 마치면서, 많은 스킬들을 배웠고, 그것들은 지금까지 저에게 매우 가치 있는 경험이 된 것입니다.

현재 저는 엘리엇 애니메이션 스튜디오에서 근무하고 있습니다. 이 곳은 90년대에 조그마한 애니메이션 스튜디오로 시작해서, 현재에는 150명 정도 규모로 성장한 곳입니다. 이 곳의 제일 좋은 점은 자신의 예술적 성향을 표현할 수 있는 자유일 것입니다. 이 스튜디오의 지휘자는 언제든 좋은 아이디어를 수렴하고자 하며, 이 곳에서 우리가 성장할 수 있는 많은 기회들이 주어지게 됩니다.

제가 학교를 졸업하자마자 참여했던 첫 작업은 〈Ryan〉이라는 12분짜리 단편 애니메이션이었습니다. 저는 그런 훌륭한 감독과 일해볼 수 있었다는 것과 그에게서 많은 것을 배울 수 있었다는 점에서 행운아였습니다. 약 2년 정도 후, 〈Ryan〉은 아카데미 시상식의 최우수 단편 애

니메이션으로 입상하게 됩니다. 그 뒤로, 극장판 및 TV 애니메이션들 작업을 해오고 있습니다.

➡ 현재의 CG / Game 산업에 대해서 어떻게 바라보시나요.

3D 산업의 직업은 우리가 가질 수 있는 최고의 직종입니다. 비록 70시간의 근무시간이 매우 길지라도, 여러분의 작품을 영화관 스크린이나 TV에서 볼 때면 행복합니다. 현재 3D (애니메이션) 산업은 하향세입니다. 뜨는 것은 언젠가 내려오게 되어있지 않습니까? 3D 산업은 몇 년 전까지 전성기였지만, 현재에는 많은 실력 있는 학생들이 졸업하고, 갈수록 애니메이션을 제작하는 스튜디오들은 줄어들기 때문에, 요즘에는 직장을 구하기 쉽지 않을 수 있습니다. 하지만, 다시 3D(애니메이션) 산업은 다시 상승세를 타게 되리라 확신합니다.

➡ 한국에서 북미의 게임회사로 취업(유학)을 준비 중인 분들에게 한 말씀 부탁드립니다.

저는 한국의 아티스트들이 매우 뛰어나다는 것을 알고 있습니다. 캐나다에서 일하는 한국인들의 경우, 좋은 직장을 잘 입사해서 성공하는 경우와 그렇지 못하고 한국으로 돌아가는 경우들을 보아왔습니다. 성공하기 위해서는 실력 좋은 아티스트여야 합니다. 당신이 직장에서 좋은 예술 작품을 뽑아내며, 팀 위주의 환경에 잘 적응 한다면, 별 문제 없을 것이라 생각합니다.

솔직히, 회사가 한국에서 온 사람과 캐나다 사람 사이에서 선택을 해야 한다면, 그리고 그 둘이 정확히 동일한 실력을 가졌다면, 회사는 캐나다인을 선택하는 것이 쉬운 선택일 것입니다. 한국에서 그 사람을 데려오는 데에 필요한 예산이나, 취업비자 등을 걱정하지 않아도 되니 말이죠. 그러나, 결국 당신의 실력이 제일 중요합니다. 핵심은, 당신의 실력을 잘 보여주는 환상적인 데모릴이나 포트폴리오를 가지는 것입니다.

➡ CG / Game 산업으로 진입하기 위해 준비하는 분들께 한 말씀 부탁합니다.

저는 이 산업의 미래가 매우 밝다고 생각합니다. 사람들은 영화를 늘 볼 것이고, 게임을 할 것이며, 아이들은 만화를 늘 보게 될 것이니까요. 당신이 영화, 게임, 그리고 애니메이션에 대한 열정을 갖고 있는 한, 미래는 당신 편일 것입니다. 당신이 지원한 회사들에서 연락이 없다고 너무 스트레스 받지 마세요. 때로는, 여러 번의 노력이 필요한 것입니다. 데모릴을 늘 업데이트하고, 포기하지 마시길!

■ 이재한 (캐릭터 아티스트)_

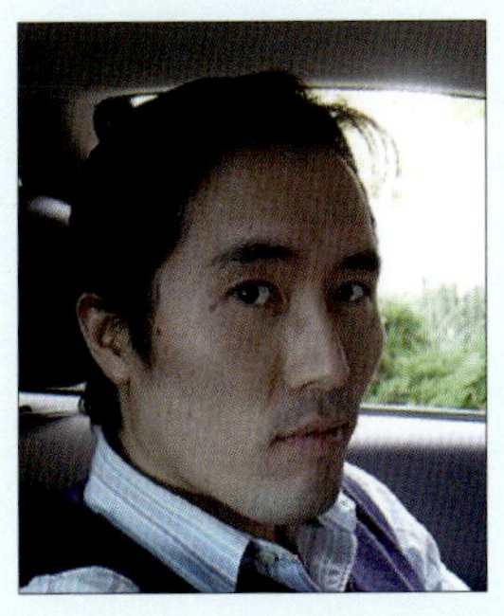

이재한씨는 플래그쉽 스튜디오와 일을 같이 하면서 알게된 사이입니다. 미국 유학과 취업의 과정을 성공적으로 마친 분으로 한국에서 이 글을 읽게 될 분들에게 도움이 될 수 있는 답변들로 응원해 주었습니다.

➡ 본인 소개를 부탁합니다.

대다수의 게임업계 종사자들이 그러하듯 저도 어릴 때부터 만화와 게임을 무척 좋아했습니다. 그렇지만 일단 그것을 취미로 할 때 더 즐길 수 있을 것이라는 생각으로 대학은 미술과 전혀 관계없는 학과를 지원했습니다.

이 분야로 본격적으로 공부하기로 결정한 건 군복무 시절이었습니다. 별 내키지 않는 일을 타의에 의해 하면서 하루의 대부분을 지내야 하는 군 시절 동안 제대 후에는 정말 내가 좋아하는 일만 하자라고 결정했습니다. 복학 후부터 유학을 준비해서 대학졸업 후에 샌프란시스코에 있는 AAU로 유학. 그곳에서 대학원과정을 마치고 근처의 E.A. 본사에 취업하여 게임산업에 발을 들여놓게 되었습니다. 원래 애니메이터가 목표였었는데, 이왕이면 직접 만든 캐릭터로 애니메이션을 하자고 시작한 모델링, 텍스처가 제 직업이 되어버렸네요.

➡ 현재의 CG / Game 산업에 대해서 어떻게 바라보시나요.

CG와 게임산업 모두 최근 몇 년 동안 눈부시게 발전해왔고, 앞으로도 계속 발전할 것이라고 생각합니다. 특히 게임산업은 〈헤일로〉를 시작으로 블록 버스터 영화의 수입을 추월해버렸습니다. 콘솔게임의 경우 플랫폼 XBox 360이나 PS3의 높은 가격으로 인해 넥스트 젠 게임기의 보급이 늦어지면서, 미국 게임업체들의 시선을 PC용 온라인게임으로 돌리게 만들었습니다. 이전에 비해 높은 개발비를 들여 게임을 개발해도 판매량이 이전보다 오히려 못하니 당연한 일이겠지요. 더욱이 한번 게임을 팔면 끝인 콘솔에 비해 매달 수입이 들어오는 온라인 게임이 훨씬 매력적인 것이 사실입니다. 〈World of Warcraft〉를 비롯한 빅 히트 MMOGame의 가장 큰 시장이 중국이 되면서 아시아가 서서히 게임 산업의 중심이 되어가고 있습니다.

➡ 3D 모델링을 평가할 때 제일 중요하게 보는 것은 어떤 것입니까?

실루엣입니다. 멀리서 봐도 뚜렷하게 구별되는 독특하고 멋진 실루엣. 물론 디테일도 무시할 순 없겠지만요.

➡ 한국에서 북미의 게임회사로 취업(유학)을 준비 중인 분들에게 한 말씀 부탁드립니다.

제가 한국인이기 때문이 아니고 한국인의 실력은 세계 어느 곳에 가도 뒤떨어지지 않는다고 생각합니다. 문제는 영어입니다. 미국 회사 분위기가 팀 작업을 중요시하는 만큼, 유창한 발음이나 정확한 문법까지는 아니지만 어느 정도 의사소통은 가능해야 한다고 생각합니다. 일본인 친구 한 명은 스

퀘어 에닉스를 비롯한 세계적으로 유명한 회사에서 AAA급 프로젝트에 참여했던 화려한 경력과 멋진 포트폴리오를 가지고 있었습니다만, 처음 미국에 왔었을 때 인터뷰 단계에서 영이 때문에 여러 번 실패를 했었다고 합니다.

➡ CG / Game 산업으로 진입하기 위해 준비하는 분들께 한 말씀 부탁합니다.

CG / Game 산업은 앞으로도 계속 커질 겁니다. 컴퓨터 기술도 갈수록 발전하고 좋은 SW도 꾸준히 출시될 것입니다. 학생들의 수준은 최근 들어 전체적으로 엄청나게 올라갔습니다. 3D 모델러라면 프로그램을 익히는 것보다 실질적인 스킬(페인팅이나 조각)을 기르시는 게 앞으로 더 유리하실 거라 믿습니다.

3D 캐릭터 모델링의 실전

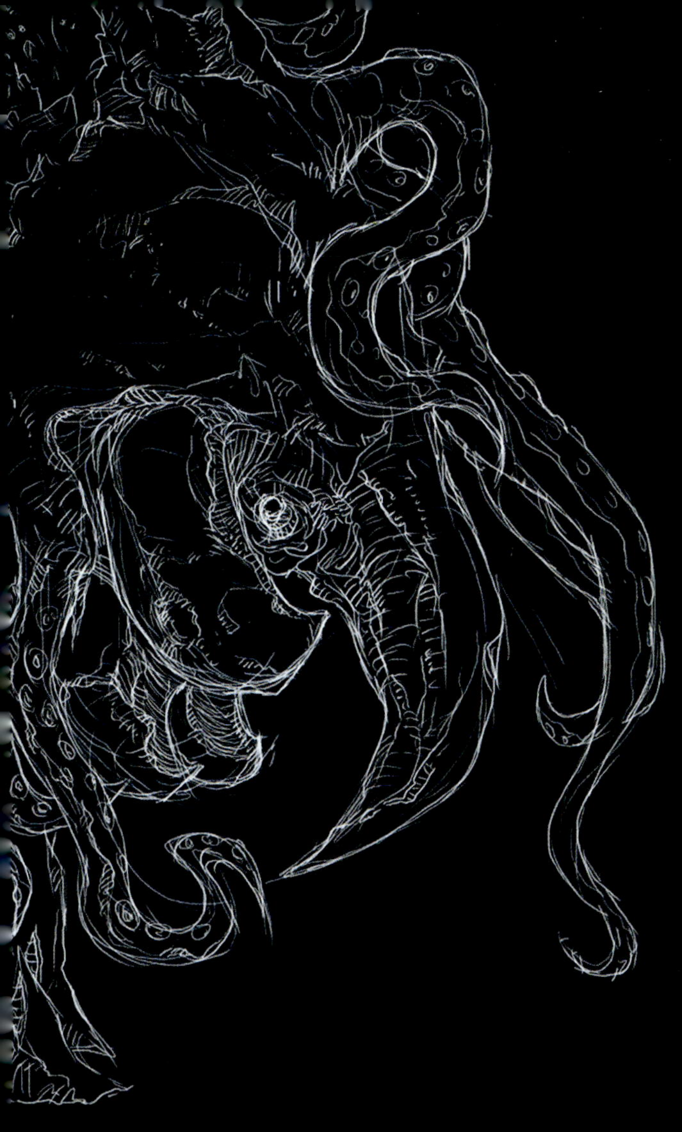

ZBrush의
기초 활용

ZSphere를 이용한 얼굴 Sculpting 방법

들어가며

01

2002년, 필자(송화섭)가 처음 3D를 배우기 시작할 무렵에는 게임모델링과 하이폴리곤 모델링 간의 차이가 너무나 확연했습니다. 모델링 초보 시절의 저에게 있어서 삼각 면은 애증의 대상이었고, 게임모델링은 삼각 면으로만 이루어진 것처럼 보였습니다. 이런 이유로 당시의 로우폴리 모델링이란 쉽게 다가가기에는 쉽지 않은 상황이었습니다.

그러나 이 모든 것이 노멀맵(Normal Map)과 ZBrush의 등장으로 뒤바뀌게 되었고, 게임 회사들은 앞다투어 하이폴리곤 모델러들을 영입하기 시작하였습니다.

필자가 국내 모 CG 사이트의 캠프에서 열심히 활동했던 시절, 하이폴리곤 모델링의 지지자였던 입장에서, 1000 폴리곤 미만의 초 로우폴리곤 모델링에 열 올리시던 분들에게 '하이폴리곤 모델링을 하셔야 합니다. 때가 곧 옵니다' 하고 말씀드리곤 했던 것이 기억납니다. 지금 생각해 보면 저 역시 아무것도 모르고 했던 말들이었지만, 급속도로 도입된 노멀맵(Normal Map) 덕분에 현실로 다가온 것이었습니다.

그러나 ZBrush가 보편화되면서, 하이폴리곤 모델링도 차츰 진부해지기 시작했고, 오늘날은 누구나 완벽한 메쉬에 대한 고민없이 바로 ZBrush에서 디지털 클레이를 이용하여 자유자재로 디테일을 표현하게 되었습니다.

조금 혼란스러웠던 필자는 ZBrush의 장점을 잘 활용하기 위해서 이상적인 메쉬 구조를 더 잘 이해해야 하는 것이 아닌가 하고 거듭 되물었습니다. 플래그쉽 스튜디오(〈헬게이트 런던〉 개발사)와 함께 작업했던 4년이라는 시간은 실제 게임 작업에서, 동시에 제 개인 작업들에서, ZBrush의 역할에 대해서 여러 실험을 해볼 수 있었던 시기였고, 나름대로의 작업 방식을 터득하게 되었습니다.

필자가 도달한 결론을 미리 말씀드리자면, 역시 툴은 툴일 뿐이며, 얼마나 다양한 툴을 사용하는 지, 여러 툴들을 어떤 형식으로 연동하는지는 철저히 본인에게 달렸다는 것입니다. 물론, 다른 것보다 좀 더 효과적이고 자기만의 방식이라는 것이 존재할 것입니다. 다양한 제작기법에 대하여 많은 정보를 수용하여 본인에게 적합한 방식을 터득하는 것이 좋은 방법이라 생각합니다.

이 책은 원론적인 요소를 파헤치기보다는 필자의 근래 개인 작업물인 〈나쁜 경찰〉을 통하여 3D 캐릭터 작업 방식을 실질적이고 구체적으로 소개해보도록 하겠습니다.

나쁜 경찰

① 소프트웨어의 작업 흐름

〈나쁜 경찰〉 작업에서 사용된 소프트웨어는 3ds Max와 ZBrush, Photoshop 등입니다. 툴은 툴일 뿐입니다. 필자가 3ds Max를 주로 사용하는 것은 그저 3ds Max에 더 익숙하기 때문입니다. 모델링에 대한 이야기를 할 때, 3ds Max와 Maya의 차이는 없습니다.

〈나쁜 경찰〉의 작업을 위해 쉴 틈 없이 ZBrush와 3ds Max 사이를 뛰어다니는 동안, ZBrush와 3ds Max(혹은 Maya) 사이의 밀접한 관계를 파악하게 될 것입니다. 다음 그림은 작업 전체 흐름을 한 눈에 볼 수 있도록 그려본 것입니다.

이 프로세스는 필자의 개인 작업 방식입니다. 독자 분들께서는 위의 프로세스를 참고하시어 어떤 방식으로든 자신의 취향이나 의도에 맞도록 다양하게 시도해 보시길 권합니다.

그럼 작업 흐름의 순서대로 본격적으로 작업을 시작해 보도록 하겠습니다.

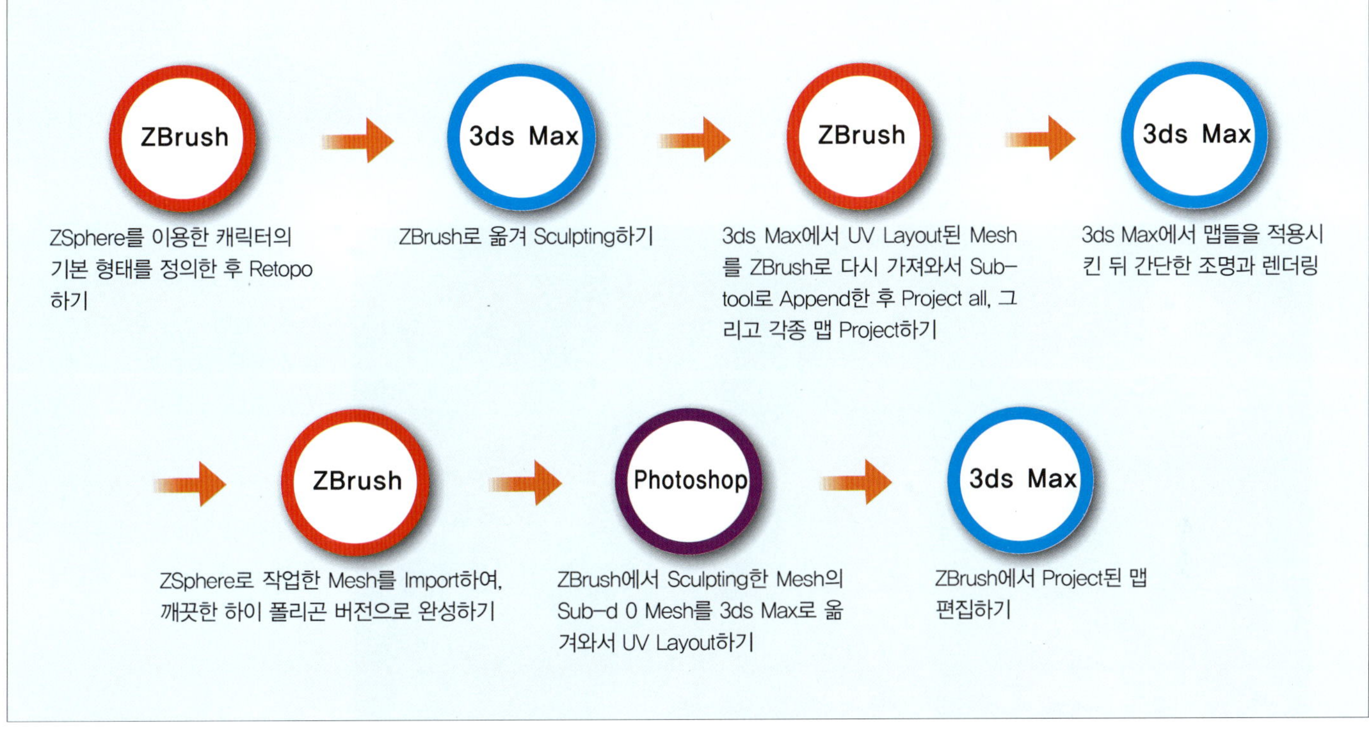

ZSphere를 이용한 얼굴 Sculpting 방법

Sphere 만들기

02

첫 번째 단계로, ZBrush의 ZSphere를 이용하여 캐릭터의 얼굴/체형 등의 생김새를 잡아보도록 하겠습니다. 이 단계를 위한 여러 가지 준비 과정들을 먼저 살펴보아야 합니다.

우선 Sphere Head Sculpting으로 얼굴을 능숙하게 만들어 낼 수 있도록 연습하고, ZSphere 몸통 Sculpting으로 3ds Max/Maya 같은 모델링 프로그램 없이 간단하게 신체 부위를 만들어 낼 수 있도록 감각을 기르는 것이 중요합니다.

필자가 ZBrush를 활발하게 사용하기 시작한 것은 2007년 가을부터입니다. 머드박스의 리뷰를 부탁 받게 된 것을 계기로, 매일 Sphere로 머리를 1~2개씩 만드는 'Daily Sphere Head'를 시작하게 되었는데, 이것은 디지털 클레이 Sculpting 감각 향상에 매우 큰 도움이 되었습니다.

아바라이 렌지 모델링

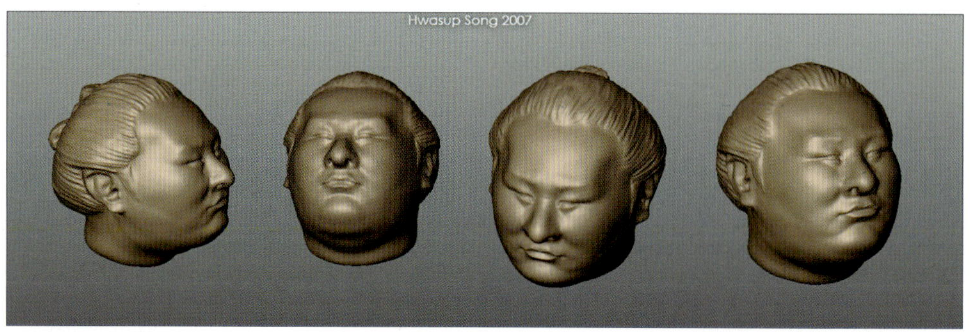

머드박스 Sphere Head

Sphere head Sculpting을 각 과정별로 살펴보겠습니다.

Sphere 3D를 사용하게 되면 Sub-d(Sub-Division) 레벨을 올릴수록 남극과 북극 지방에는 메쉬
가 꽤 복잡하게 뭉칠 수 밖에 없습니다. 이러한 문제를 피하기 위해 Cube 3D를 사용하려 해도 ZBrush
의 Cube 3D는 정육면체 모양으로 찌그러진 Sphere와 다름없는 메쉬 구조를 가지고 있습니다. 그러므
로 얼굴 만들기에 가장 적합한 기본 구조는 Cube 3D 보다는 Sphere 3D를 사용하는 것이 좋습니다.

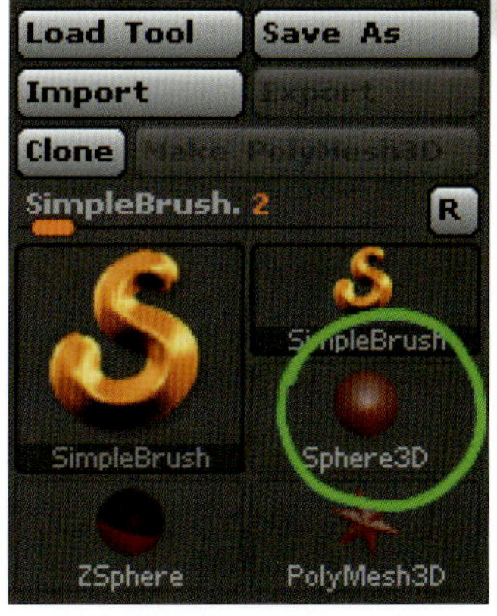

하이폴리곤 모델링의 경우 보통 시작을, 적은 수의 폴리곤으로 원하는 형태의 큰 볼륨을 구성하
는 것으로부터 합니다. 전반적인 볼륨을 잡고 나면, 그때부터 점차 Segment를 추가해가며 점진적으
로 디테일을 높여가는 기법을 이
용합니다.

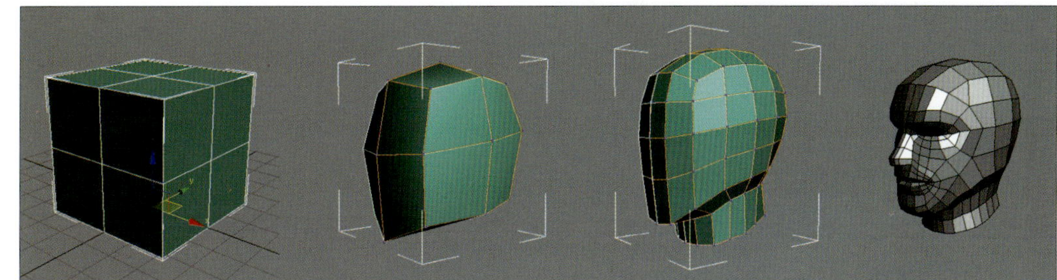

볼륨을 잡고, 점차 조각하듯 디테일하게 표현

Sphere 3D를 뷰포트를 드래그하여 만듭니다. 만들자마자 곧
상단의 〈Make PolyMesh 3D〉 버튼을 눌러주어야 각종 Geometry
관련 옵션들을 선택, 제어할 수 있습니다. 뷰포트의 빈 곳을 Alt +
왼쪽 클릭하면 물체가 뷰포트 중앙으로 위치됩니다. 로우폴리곤 상
태에서 전체적인 형태와 볼륨을 구성하고, 현 단계의 Sub-d 레벨
에서 더 이상 디테일을 넣을 수 없을 때 Sub-d 레벨을 높여가며 주
름과 같은 디테일들을 표현하는 것이 좋습니다.

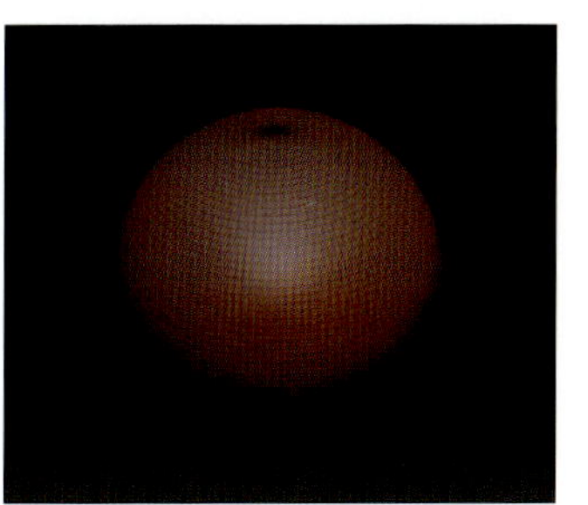

ZBrush의 특성상, 면들이 각져 보이게 튀어나올 정도로 디테일을 넣고 나서 Sub-d 레벨을 올려
주면, 각 져 보이는 상태로 면이 나뉘어지는 것을 알 수 있습니다. 따라서 특정 Sub-d 레벨에서 지나
치게 디테일을 넣는 것은 피합니다.

Sculpting에 아직 익숙하지 않
으신 분들은 흔히 시작하자마자
Sub-d 레벨을 올리는 경향이
있습니다. Sub-d 레벨에서 즉
시 Sculpting을 하는 것은 좋은
방법은 아닙니다. 필자도 비슷한
경험을 했던 때가 있었는데 돌이
켜보면 디지털 클레이 Sculpting
도 결국 폴리곤 모델링이라는 점
을 이해하지 못해 발생한 실수였
습니다.

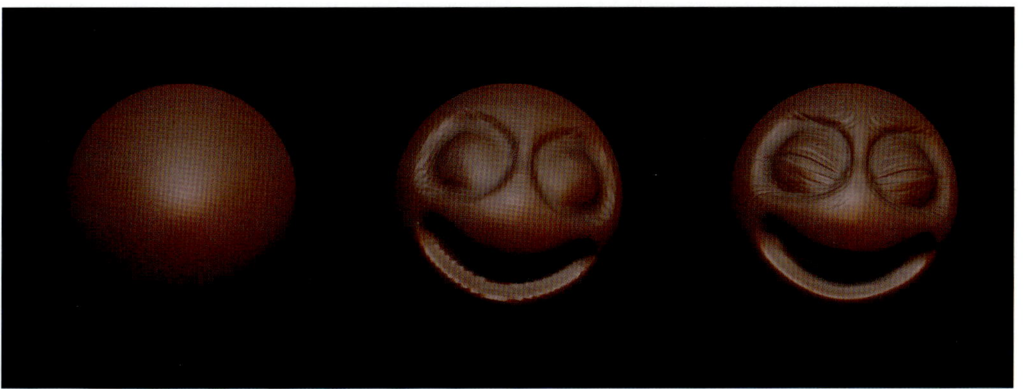

볼륨을 잡고, 조각하듯 점차 디테일하게 표현

ZSphere를 이용한 얼굴 Sculpting 방법
얼굴의 기본 골격을 만들기
03

Sphere에 얼굴의 기본 골격이 제대로 맞춤되어야 그 다음 단계의 디테일들이 제 역할을 할 수 있습니다. 회색 이미지에서 보는 바와 같이, Sphere에 기본 볼륨을 잡으면서(회색) 눈, 코, 입, 귀를 만들어 보도록 하겠습니다(검정색 라인).

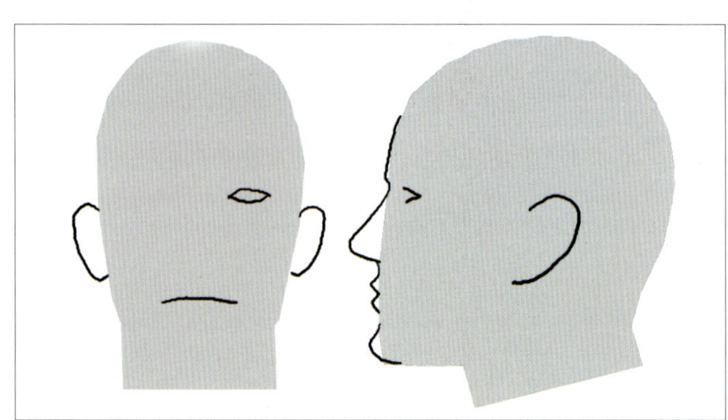

일단 턱 선을 그리는 것으로 시작하겠습니다. 보이는 것처럼 턱 선을 깎아 들어가는 방식으로 시작했지만, 턱 선을 덧붙이는 방식으로 해도 무관합니다. 이 단계에서 턱 선이 얼마나 자신이 원하는 모양에 가까운지는 중요하지 않습니다. 다만 사람 얼굴 구조처럼 보이도록 하는 것이 우선입니다.

이제 코와 눈의 위치와 크기, 모양 등의 형태를 잡고 점차 다듬어 주면 됩니다. 아직 Sphere 3D의 기본 값에서 〈polymesh 3d〉로 변환하여 Sub-d 레벨을 올리지 않은 상태입니다. 앞서 설명한 것처럼 현 Sub-d 레벨에서 지나치지 않는 정도로만 작업을 합니다.

 턱 선을 그린다. 필자는 그림에서 보이는 것처럼 턱 선을 깎아 들어가는 방식으로 시작하지만 턱 선을 덧붙이는 방식으로 해도 된다.

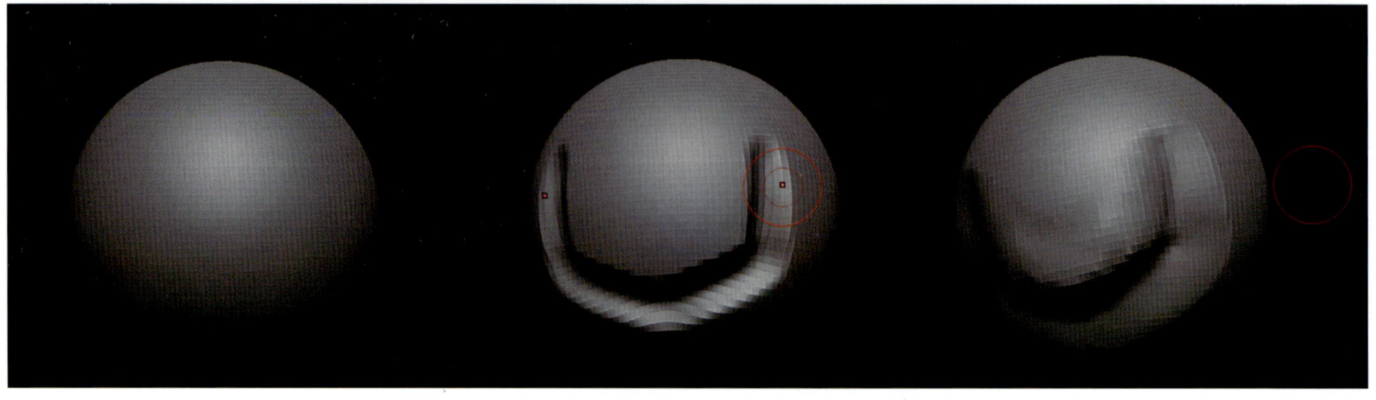

02 턱 선 다음으로는 코와 눈의 형태를 잡아준다.

03 Smooth 브러시(Shift)를 이용하여 볼륨을 줄이고 깎는 것이 Mesh 밀도가 낮은 상태에서는 효과적이다. 깎고 Smooth하는 방식으로 계속 작업한다.

04 얼굴 옆면을 Smooth로 좀 깎고, 목뒤를 깊게 판 뒤(Zsub), Smooth로 문지른다.

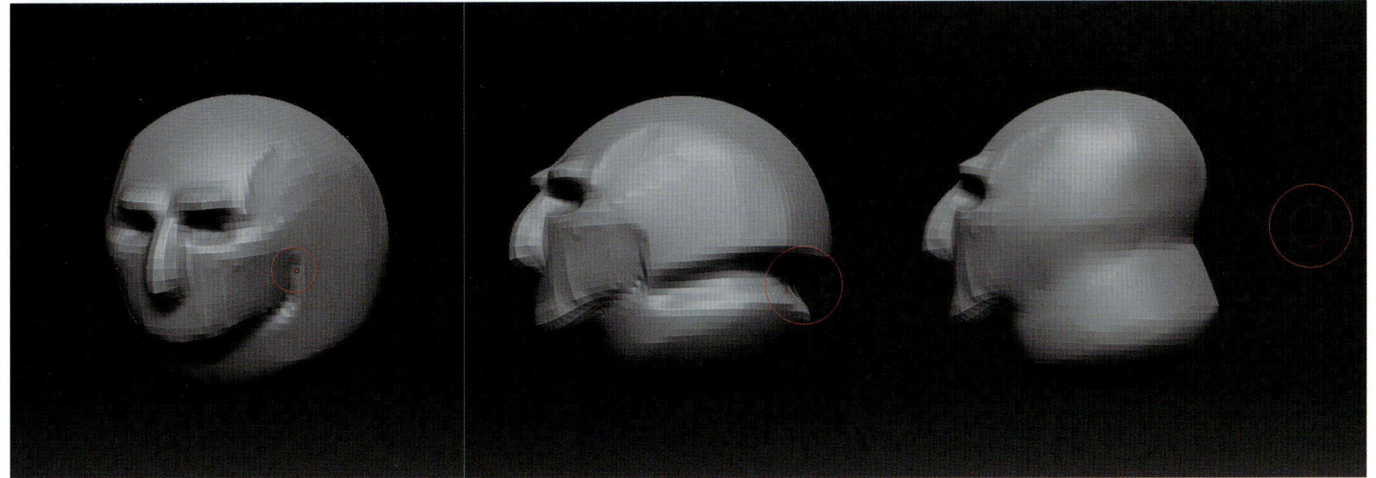

 **05** Move 브러시를 이용하여 좀더 사람 얼굴 형태에 가깝게 만져준다.

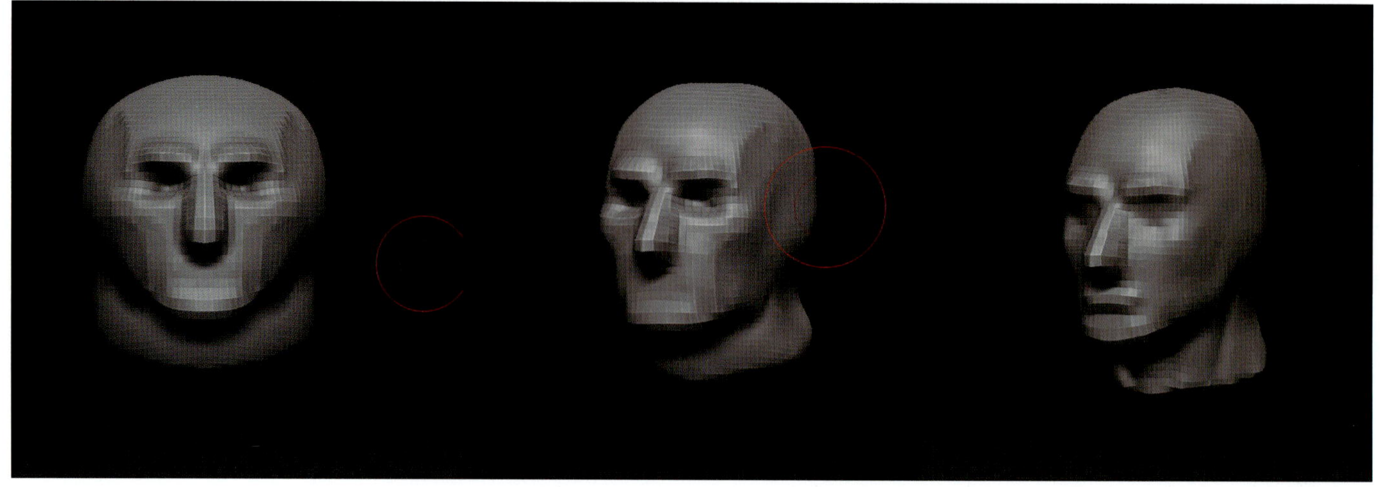

아직 앞 모습을 특별히 신경 쓰지 않았기 때문에 아래 그림과 같은 상태입니다. 이것을 Move 브러시를 이용하여 형태를 살살 잡아줍니다. Move 브러시의 경우, 브러시의 사이즈를 조절하는 것보다 뷰포트를 Zoom in/out으로 밀고 당겨 주는 것이 훨씬 편리합니다. Move 브러시를 이용하여 좀 더 사람 얼굴 형태에 가깝게 다듬고 나면 기본 골격은 완성입니다.

 **06** 기본 틀을 완성한다.

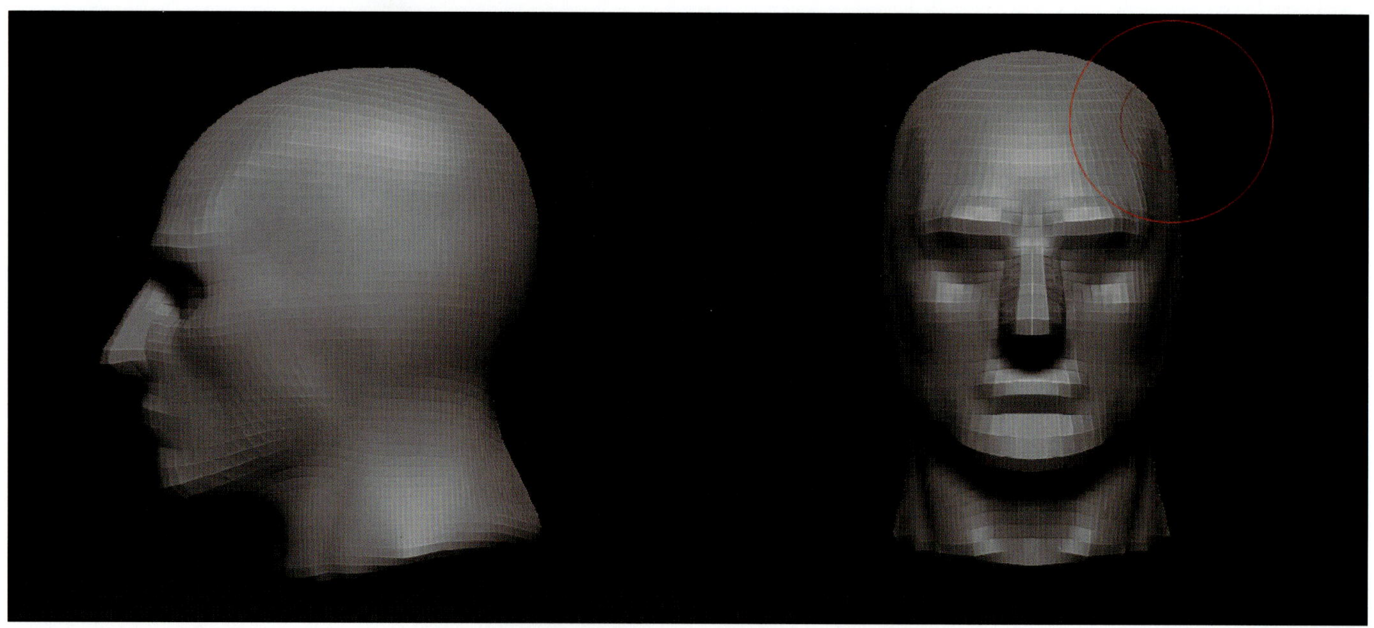

여기까지 작업과정은 ZBrush Sphere Head Sculpting의 절반을 완성한 것과 같다고 볼 수 있습니다. 현재 모형을 ZBrush 툴로 저장한 후 나중에 새로운 얼굴 Sculpting을 위해 사용하면 시간적, 정신적으로 많은 도움이 됩니다.

체크하세요!

목이 너무 굵지 않은가? 목이 머리와 연결되는 위치와 각도가 완벽한가?
그렇지 않다면 다음 단계로 진행하기 전에 반드시 고쳐야 한다.

부록 DVD 파일

\ 3D캐릭터모델링 \ ZBrush_Basic\ZSphereHead_Step01ZTL

ZSphere를 이용한 얼굴 Sculpting 방법

골격을 매끄럽게 다듬기

04

 다음 단계로 Sub-d 레벨을 올려가며 표면을 Smooth 브러시를 사용하여 매끄럽게 합니다. 그리고 입이나 눈, 코, 귀 작업을 병행합니다. Move 브러시를 사용하여 이목구비의 위치나 형태 또한 지속적으로 바꿔보면서 점차 자신이 보기에 옳고 좋아 보이는 모습을 찾아갑니다.

01 Sub-d를 2로 올리고 Smooth로 표면을 다듬으면서, 본격적으로 디테일하게 표현한다.

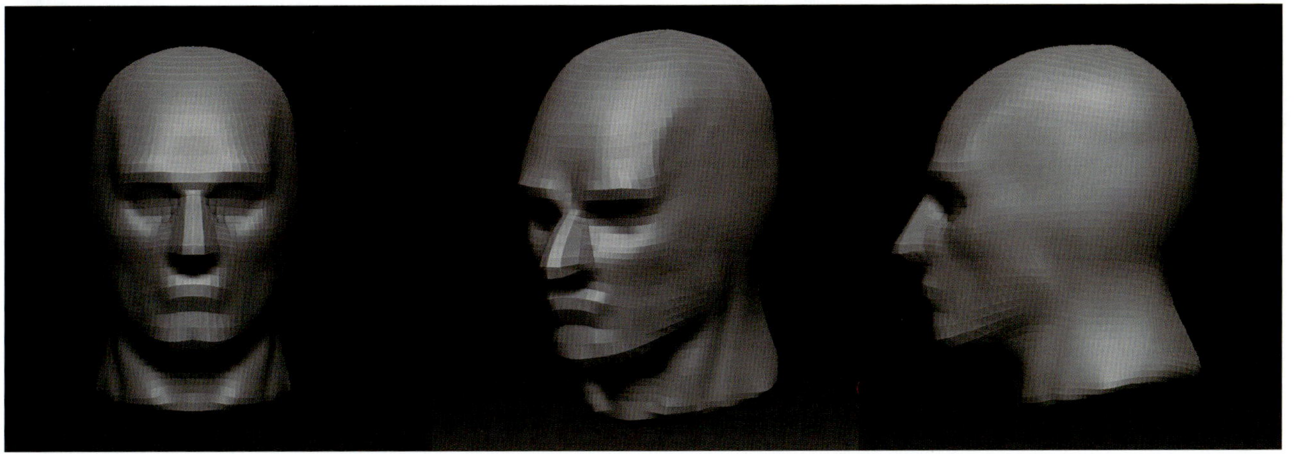

디테일 작업을 위해서는 아직 Mesh 밀도가 충분하지 않으므로, Sub-d를 2로 올려서 작업합니다. '옳고 좋아 보이는 모습을 찾아간다'는 것만큼 중요한 것은 없습니다. 뛰어난 기술이 있어도 보는 안목이 없다면, 기술적으로만 뛰어난 작품을 만들 수 밖에 없을 것이니 말입니다.

02 Sub-d를 2까지 올리고 난 상태에서 좀 더 세밀하게 디테일을 표현한다.

좀 더 사람 얼굴에 가까워 보이도록 하는 디테일을 표현하는 데 있어서, 몇 가지 핵심을 이루는 선 (line)들이 있습니다. 눈 안쪽에서부터 뺨을 타고 흐르는 라인과, 그것과 거의 평행한 라인인 콧구멍 옆에서 입 끝으로 흐르는 라인은 필자가 얼굴 모델링을 할 때 언제나 핵심을 이루는 가이드가 됩니다.

 녹색으로 표시한 선들이 필자가 애용하는 Sculpting의 가이드이다.

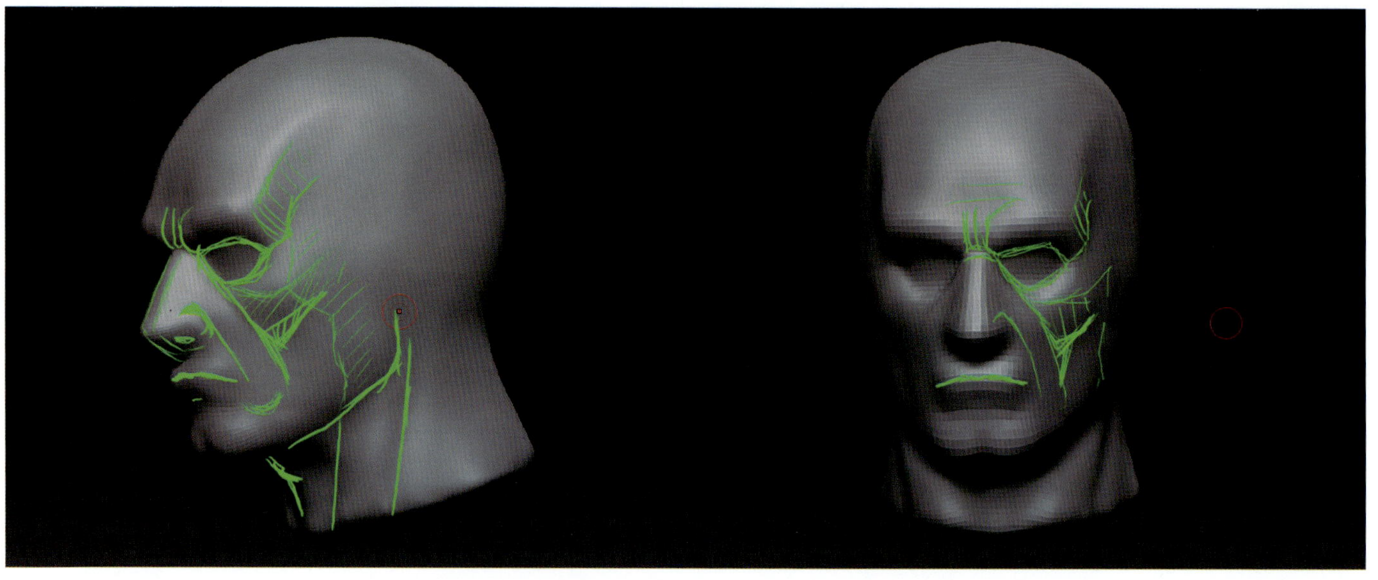

ZSphere를 이용한 얼굴 Sculpting 방법

입술 만들기

05

 3d.sk에서 수집한 자료들에서 뽑아 본 다양한 입술 사진입니다. 다양한 입술 사진 자료들은 작업 시에 매우 큰 도움을 줍니다.

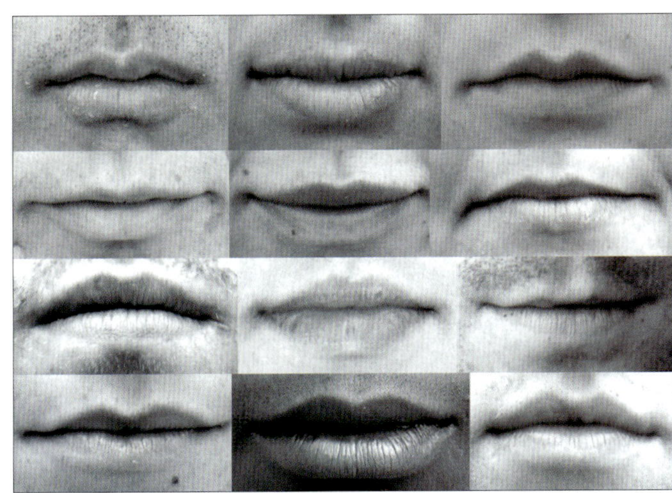

3d.sk에서 수집한 입 부위 자료들(사진출처 | www.3d.sk)

01 현재 입 주변으로 충분한 Mesh가 없으므로, Sub-d를 5까지 올린다.

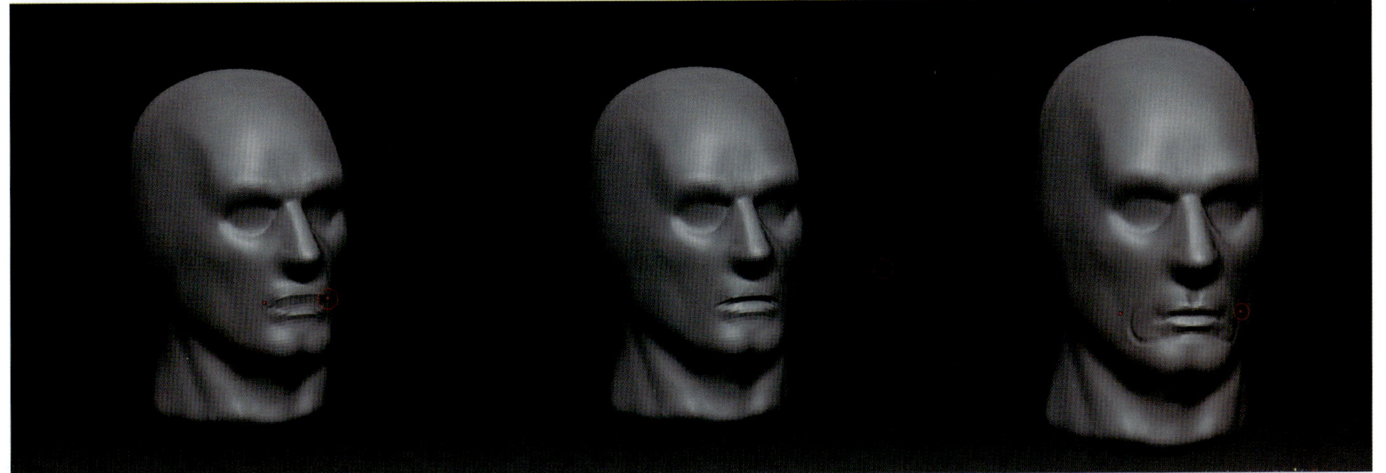

다른 부위들을 작업하는 동안에도 경우에 따라 Sub-d 레벨을 조절합니다. 입 모양에 맞게 깊게 파듯이 표현한 뒤, 그 주변으로 Smooth하면서 서서히 모양을 갖춰 갑니다. 단번에 원하는 모양이 나오는 일은 거의 없으니, 인내심을 가지고 작업하도록 합니다. 단, 늘 모양과 표면이 깔끔하게 유지되도록 합니다.

 깊게 홈을 파고, 주변을 Smooth하고, 살짝 볼륨이 필요한 부분에는 볼륨도 주면서 입술 형태를 만들어 간다.

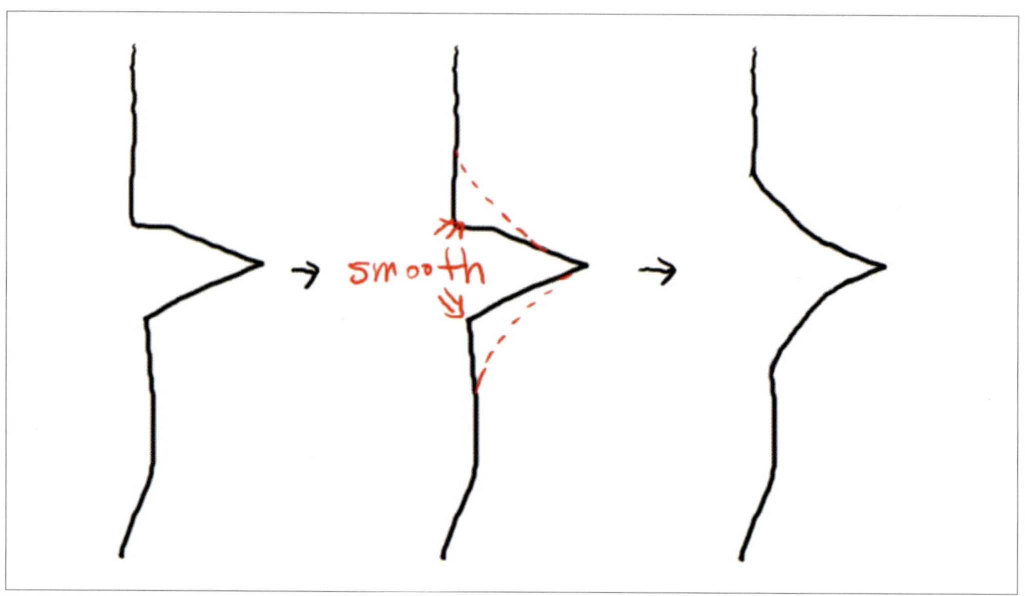

 어느 정도 완성된 입술이다.

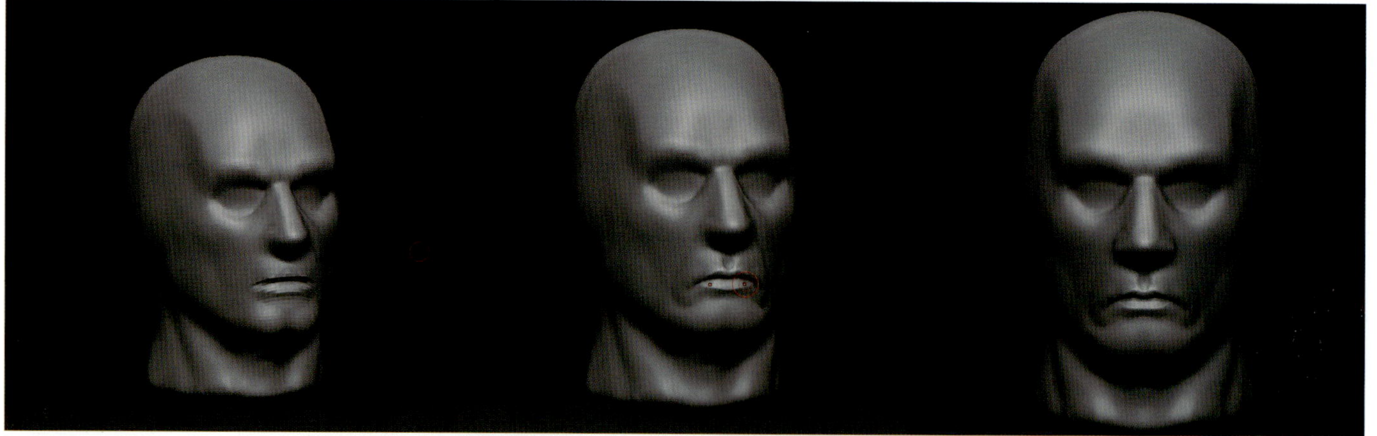

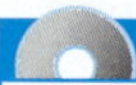 **부록 DVD 파일**
\ 3D캐릭터모델링 \ ZBrush_Basic \ ZSphereHead_Step02.ZTL

ZSphere를 이용한 얼굴 Sculpting 방법

코 만들기

06

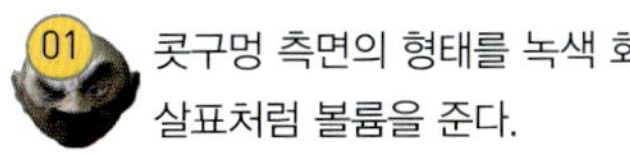
다양한 코 사진 자료를 참고하며 코 작업으로 넘어간다.

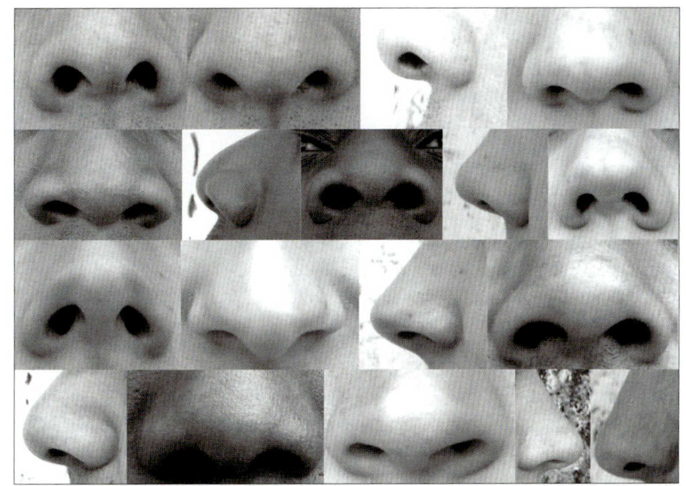

3d.sk에서 수집한 코 부위 자료들(사진출처 | www.3d.sk)

01 콧구멍 측면의 형태를 녹색 화살표처럼 볼륨을 준다.

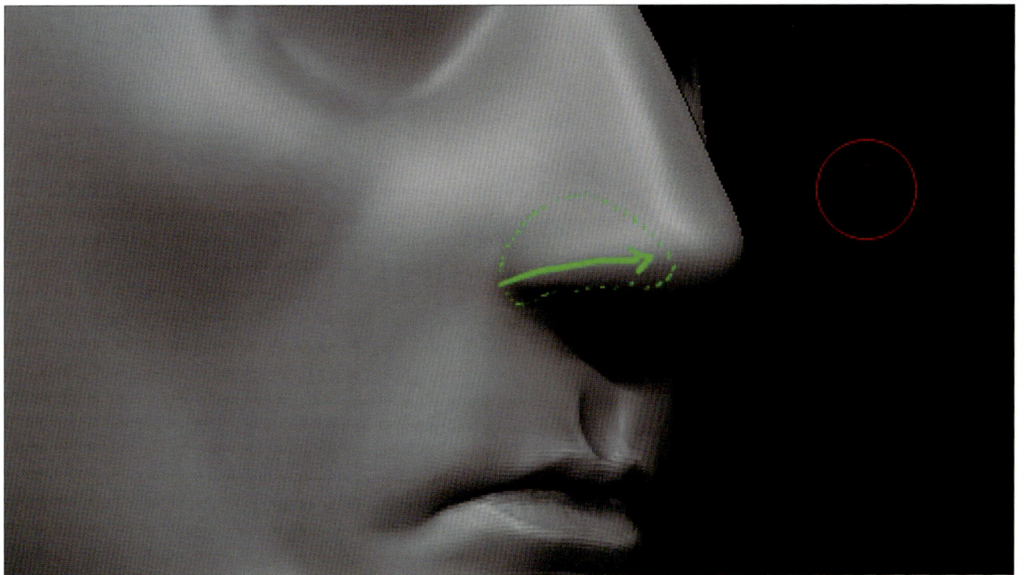

녹색 점선으로 표시된 부분을 기준으로, 코 옆을 타고 입 옆으로 흘러내리는 디테일로 이어지도
록 합니다.

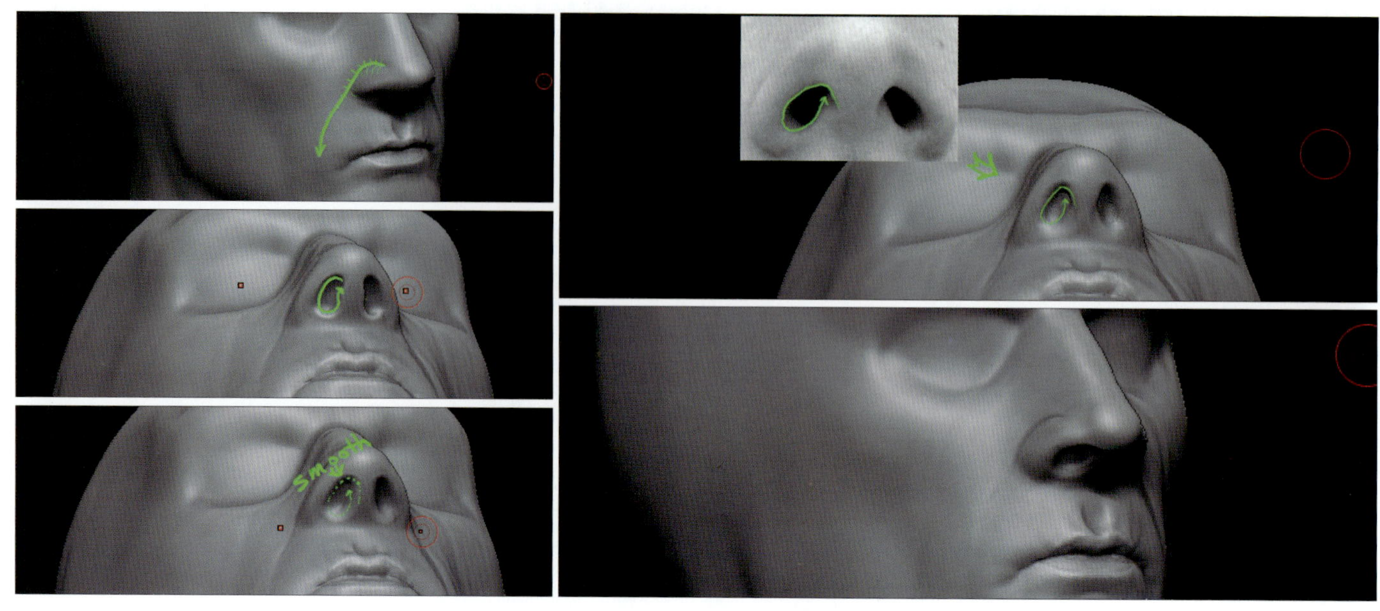

코 작업을 한다고 하여 다른 곳을 절대로 건드리지 않는 것은 아닙니다. 보시다시피, 코 작업을 하
면서 눈에 띄는 다른 부분들을 지속적으로 매만져 주면서 진행합니다. 그 예로, 입 주변은 아까보다 좀
더 보기 좋게 지속적으로 변해가고 있습니다. 얼굴을 전체적으로 완성한 다음에 좀 더 본격적으로 디
테일을 표현하게 될 것입니다.

캐릭터의 얼굴에서 제일 중요한 것이 바로 '눈' 입니다. 눈의 생김새가 사람의 인상을 결정하기 때문입니다. 별도의 Sphere를 사용하지 않고 곧바로 눈을 '조각'해 버리는 것은 매우 쉽고 재미있는 과정입니다. 필자가 눈을 Sculpting하는 방식을 간단하게 소개해 보겠습니다.

 **01** 구멍을 파고 Smooth한다.

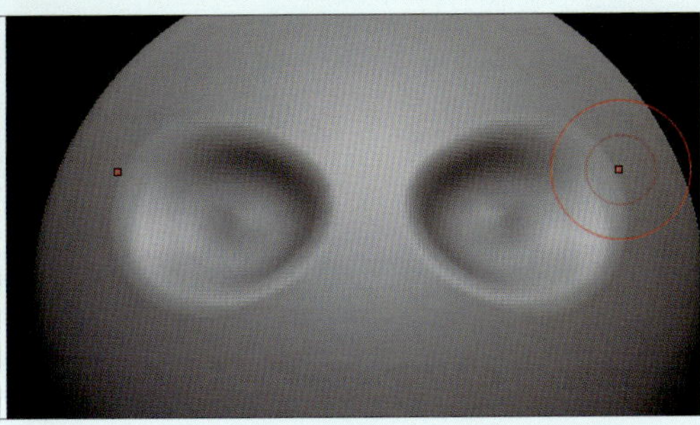
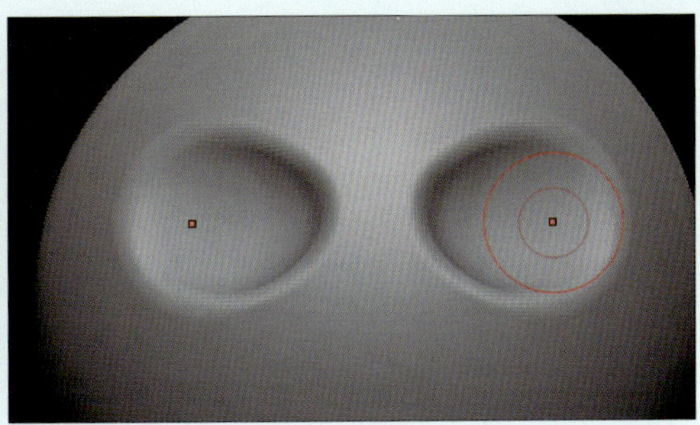

 **02** 구멍에 눈알이 적당히 튀어 나온 듯한 볼륨을 표현하고 Smooth한다.

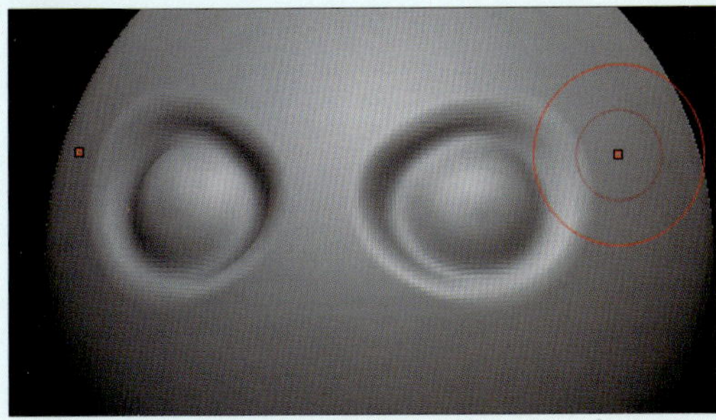
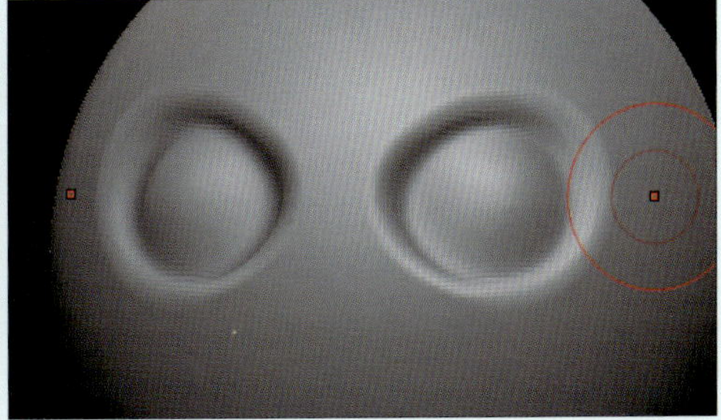

 **03** 눈알에 눈꺼풀의 모양으로 선을 그려주고, 바깥쪽을 Smooth한다.

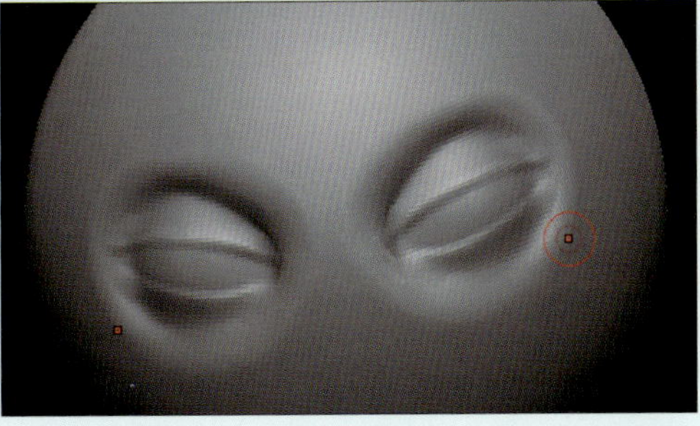

 **03** 간단히 완성된 눈. 너무 쉽고 재미있다!

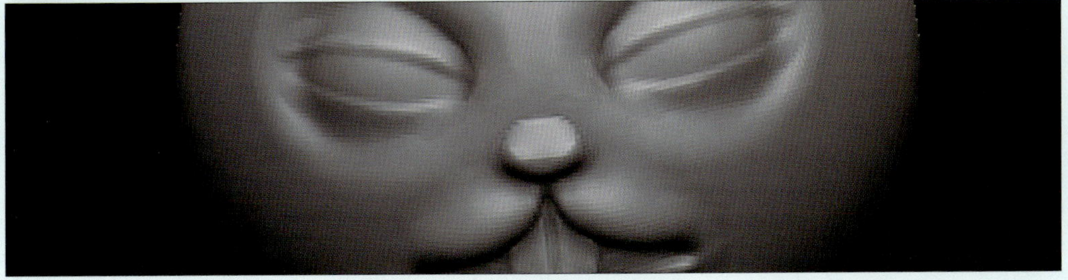

ZSphere를 이용한 얼굴 Sculpting 방법

눈 만들기

07

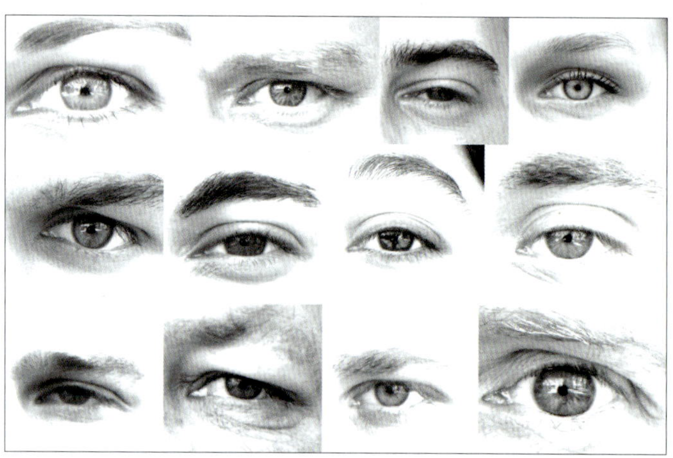

3d.sk에서 수집한 눈 부위 자료들(사진출처 | www.3d.sk)

좋은 눈의 형태를 얻기 위해서는 눈의 형태를 늘 유심히 관찰해야 합니다. 우리 눈과 뇌의 구조상, 우리가 잘못 알고 있는 형태를 끄집어내곤 하며, 사진 자료를 통해 비교하기 전까지는 그것을 인식하지 못하기 쉽습니다. 그만큼 사진을 찾아보며 작업하는 것이 중요합니다.

제일 비용이 적게 들고 쉬운 방법이 http://www.google.com 에서 이미지를 검색하는 것이며, 필자가 권하고 싶은 방법은 3d.sk 사이트에 친구들과 함께 유료회원으로 가입하여 자료를 공유하는 것입니다.

진지한 스타일의 눈을 만드는 과정을 알아보겠습니다.

 **01** 눈두덩의 자리를 만든다.

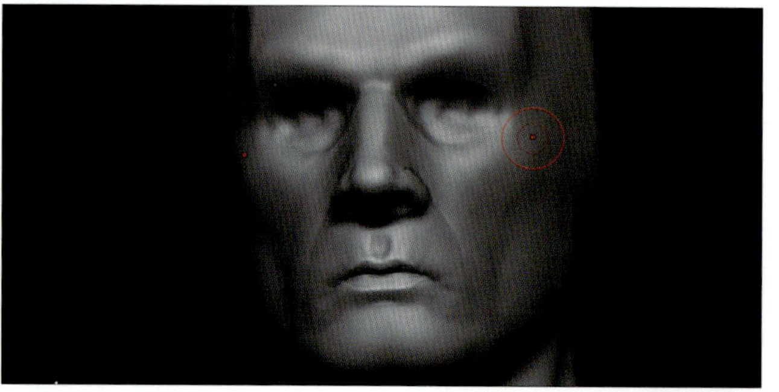

 **02** Smooth 브러시로 다듬어 준다.

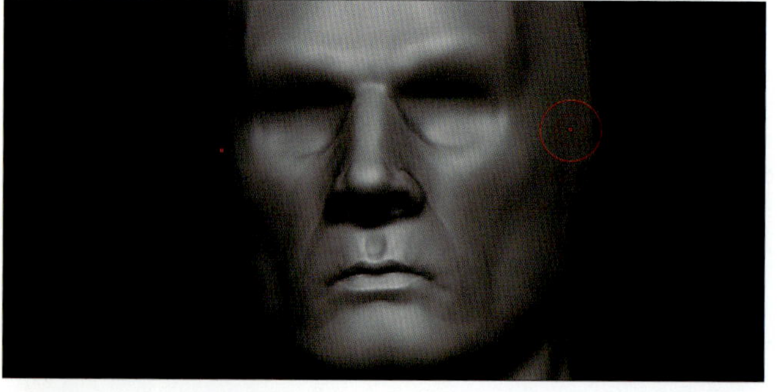

 **03** 안구의 볼륨을 표현한다.

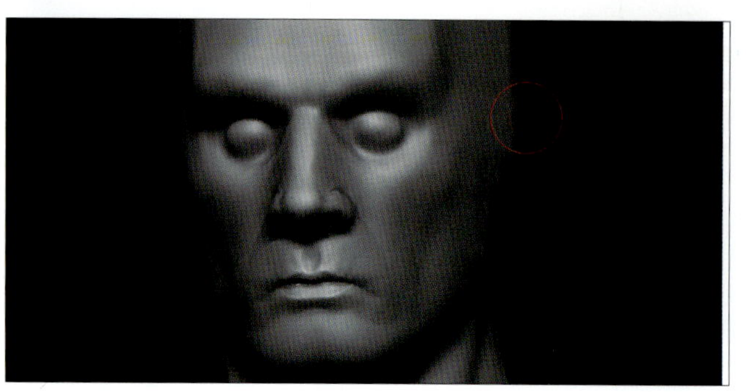

 **04** Smooth하여 눈꺼풀의 전체적인 볼륨을 표현한다.

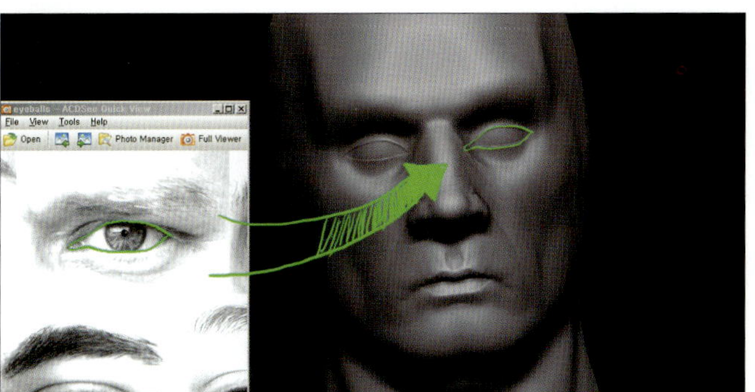

03 매우 유용한 ACDsee 이미지 뷰어의 Always on Top(항상 위) 옵션

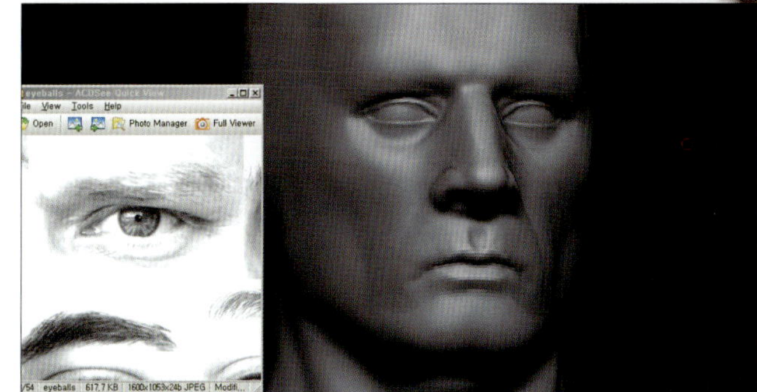

04 이미지를 참고해가면서 윗눈썹 부위를 다듬는다.

05 윗눈썹 살이 눈꺼풀 위로 늘어지는 것과 눈가 주름을 준다.

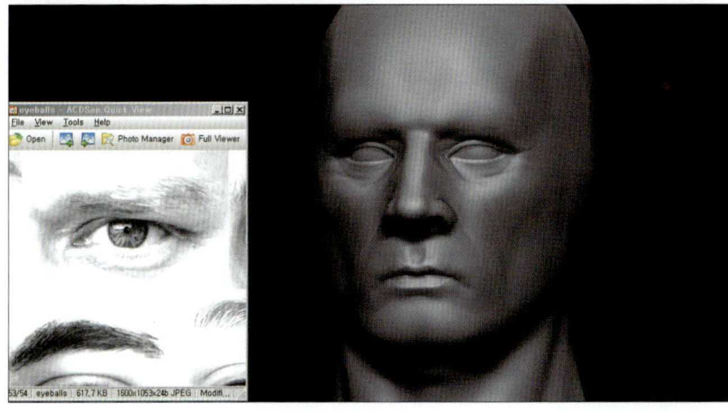

체크하세요!

반드시 익혀야 할 Mask의 기본 조작법

- `Ctrl` + 브러시 → Mask 칠하기
- `Ctrl` + 뷰포트 빈 공간 클릭 → Mask 반전
- `Ctrl` + 뷰포트 빈 공간 드래그 → Mask 해제
- `Ctrl` + Mask 영역 한 번 클릭 → Mask를 부드럽게 Blur
- Preferences 〉 Transpose의 Max Blur Strength 값 → Mask Blur 강약 조절

ZBrush에서 단순한 브러시 스트록으로 살이 접히는 것을 깔끔하게 표현하기에는 다소 어려움이 있습니다. 그래서 `Ctrl`을 누른 채로 Mask를 칠한 뒤 Move 브러시로 살을 끌어 내리는 방식으로 해봅니다.

06 다크써클처럼 Mask를 칠해 준다. 윗눈썹과 맞닿는 부분만 주의한다.

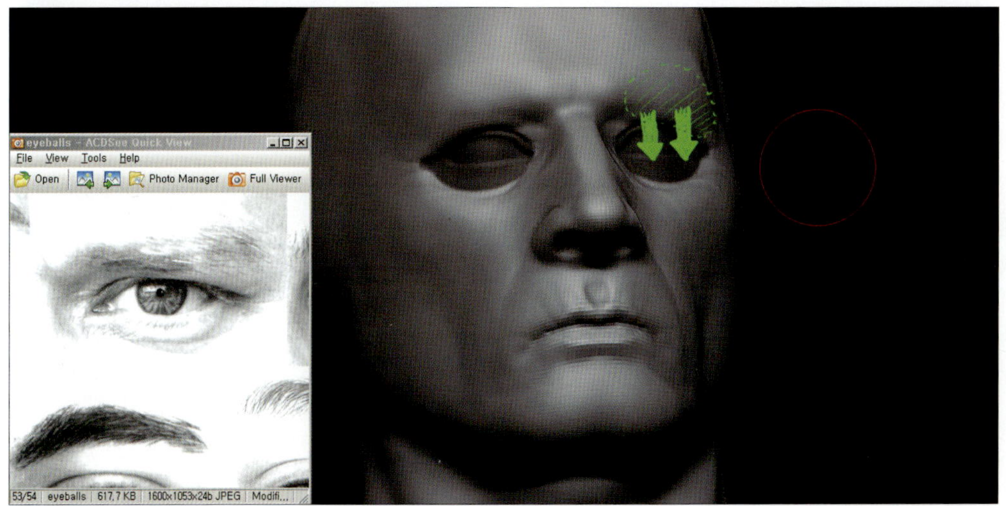

Game Character Design Master

09 Mask 영역을 부드럽게 Blur한 후, Move 브러시로 살짝 끌어내린다. 이때, Mask의 특성상 경계선이 거칠게 나오므로, Mask 해제 후 Mask의 경계선 부위를 Smooth 브러시로 다듬어 준다.

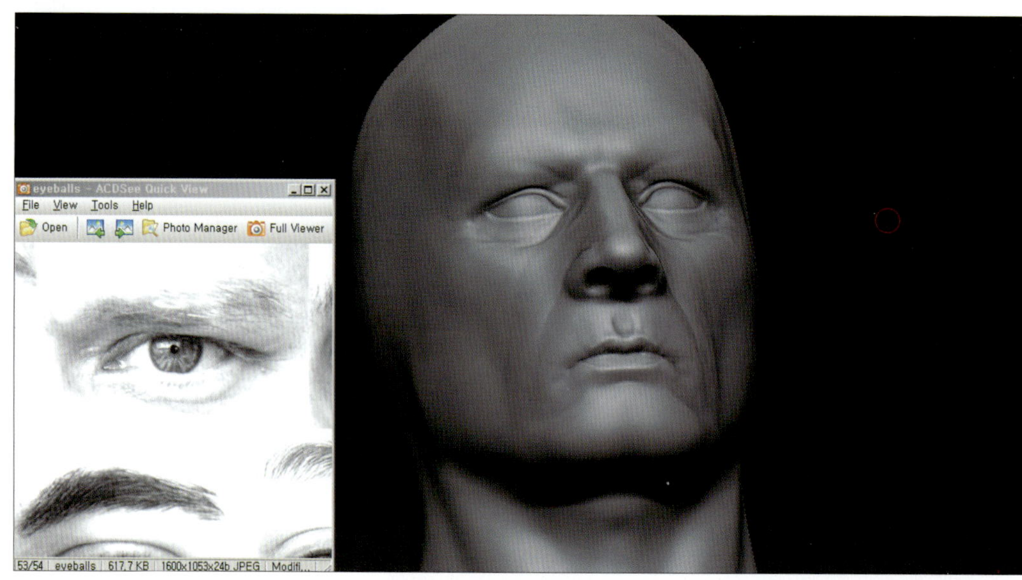

10 윗눈썹 살이 접히고 나니 쌍꺼풀 수술을 받고 눈을 부릅뜨고 있는 듯한 인상이다. Move 브러시로 윗눈썹 부위와 눈 전체적인 형태를 자신이 좋아하는 스타일로 자연스럽게 보일 때까지 인내심을 가지고 만져준다.

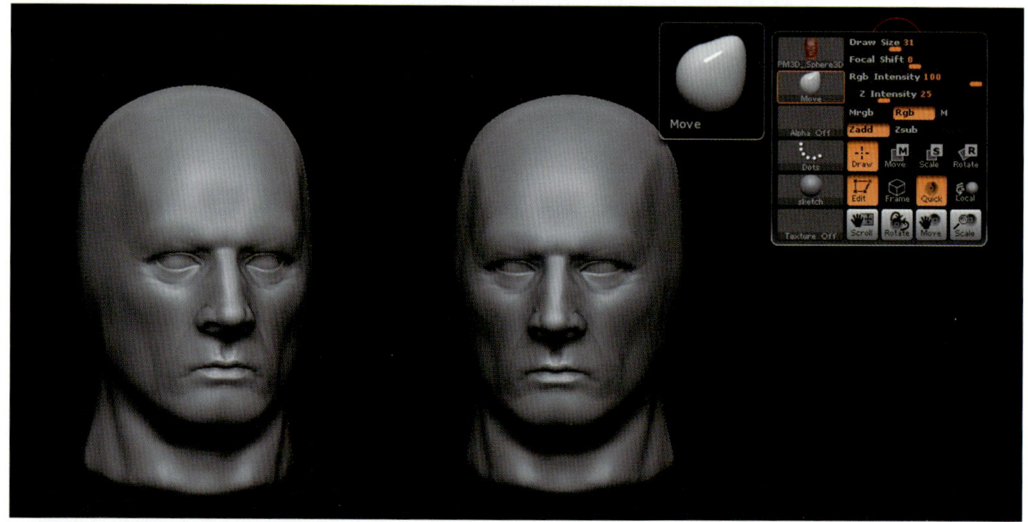

11 필자는 부르스 윌리스를 연상시키는 눈 형태를 표현했다.

부록 DVD 파일

\ 3D캐릭터모델링\ ZBrush_
Basic\ ZSphereHead_
Step04.ZTL

ZSphere를 이용한 얼굴 Sculpting 방법

귀 만들기

08

귀 모델링은 무척이나 복잡하고 고통스러운 과정처럼 보이지만, 귀의 구조를 잘 파악하고 나면 반드시 그렇지는 않습니다. 나름 간단하고 즐거운 과정이 될 수도 있습니다. 폴리곤 모델링이든지, ZBrush Sculpting이든지, 아니면 실제 클레이로 만들게 되는 상황이라도 귀의 구조를 파악하고 있다면 전혀 걱정할 필요가 없습니다. 바꿔 말해 이것은 귀의 구조를 파악하고 있지 못하다면 귀 모델링은 처음부터 끝까지 고통스러운 혈투가 된다는 것입니다.

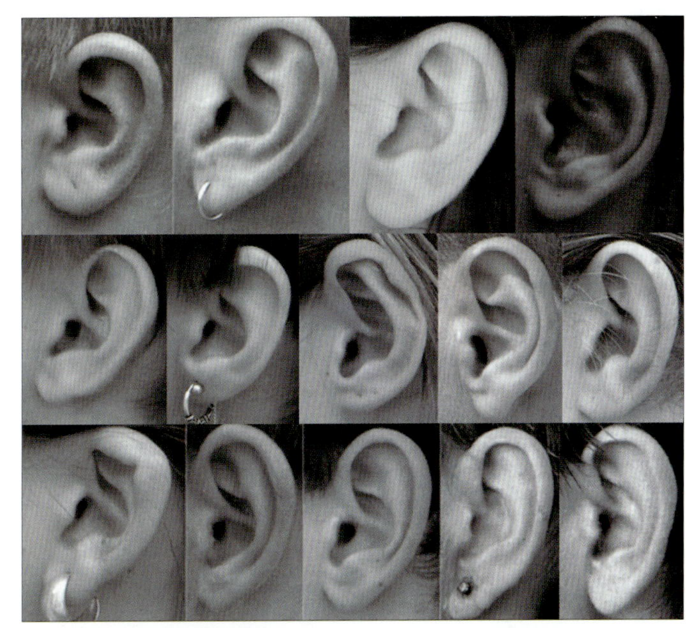

3d.sk에서 수집한 귀 자료들(사진출처 | www.3d.sk)

귀처럼 보이게 하는 형태의 흐름은 크게 두 갈래입니다.

우측 그림에서 보는 것처럼 우선 귓구멍 바로 옆에서 시작해서 귀의 외곽선을 이루며 귓불로 향하는 녹색, 그리고 귀 안쪽에서 구부러진 Y자 형상으로 귓구멍으로 향하는 붉은 색의 흐름입니다.

이런 개념을 적용하여 귀를 만들어 보겠습니다.

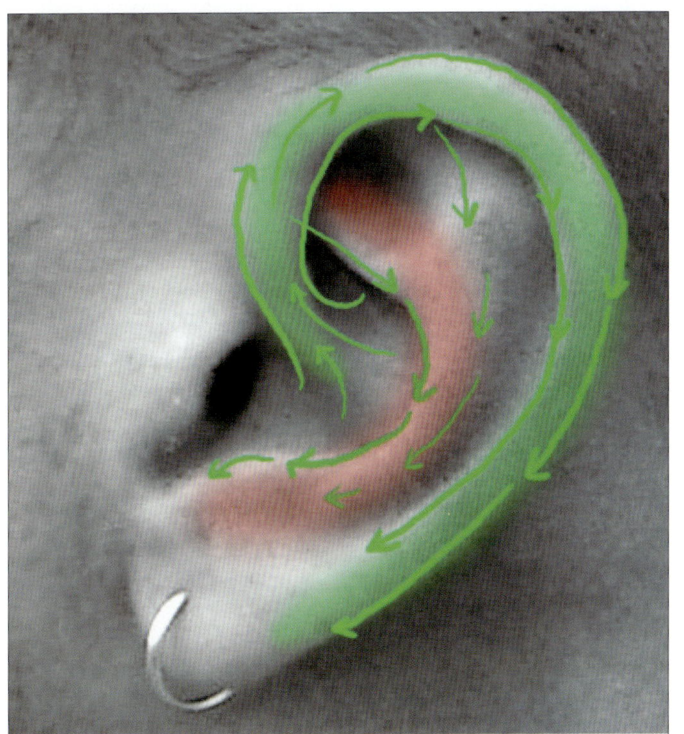

 **01** 귀의 적당한 위치에 첫 번째 라인(=외곽선)을 그린다.

 **02** 두 번째 라인으로 귀 안쪽 디테일과 귓구멍 부위를 정의한다.

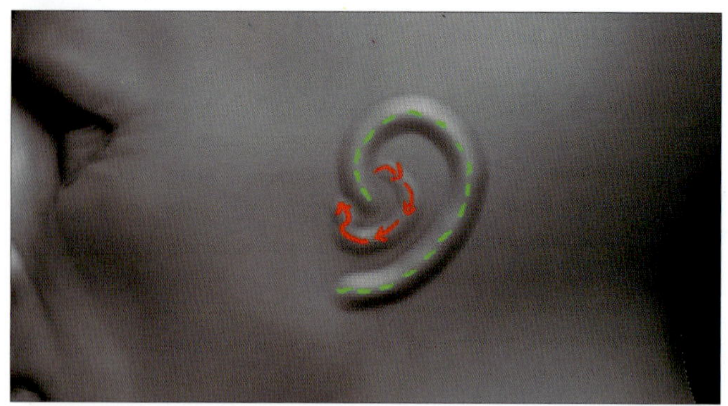

 **03** 귀의 모양대로 Mask를 칠한다.

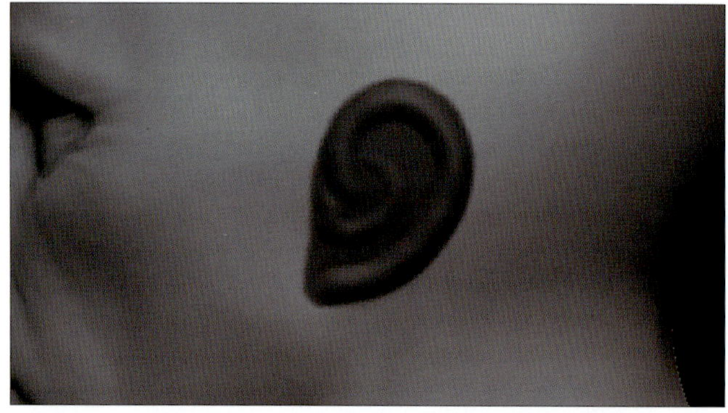

 **04** Ctrl 을 누른 채로, 뷰포트 공백을 한번 찍어준다(Mask 반전).

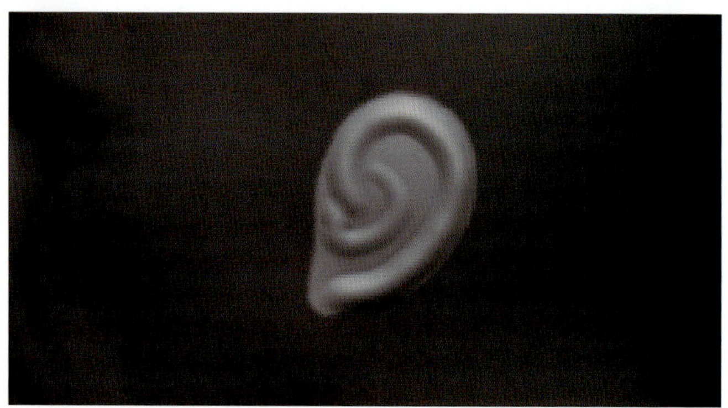

 **05** Move 브러시를 이용하여 이러한 각도에서 귀를 밖으로 당긴다.

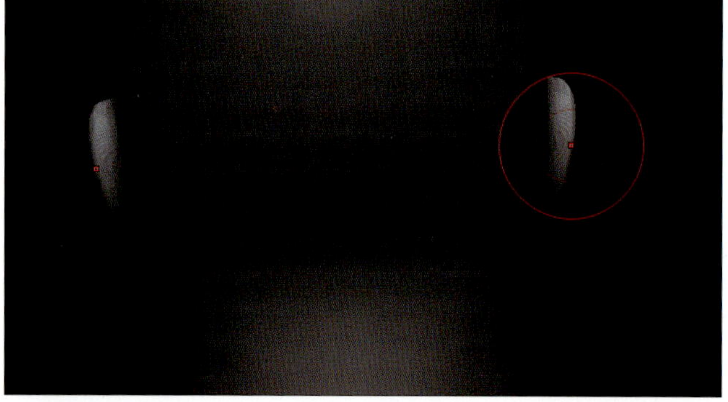

 **06** 다시 한 번 Mask를 반전한다(Ctrl + 공백 마우스 클릭).

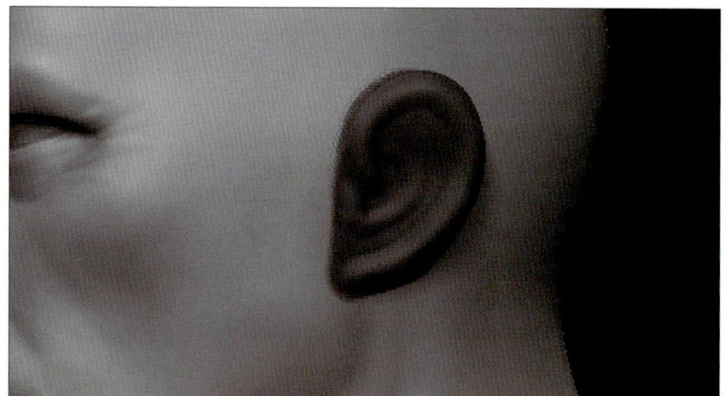

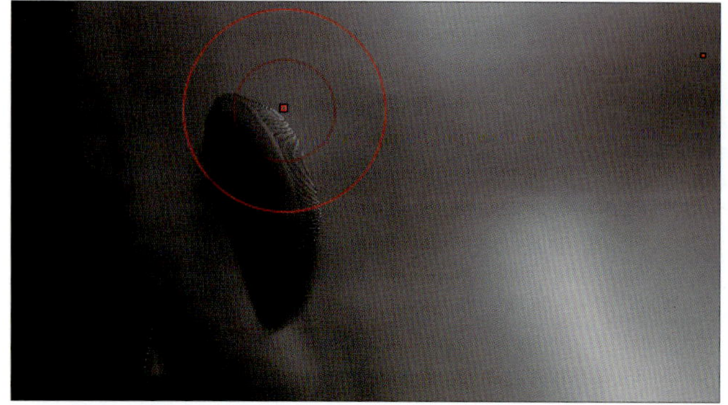 **07** 귀 주변을 안쪽으로 당겨서 귀가 머리에서 튀어나온 듯한 형상을 만든다.

 **08** Mask를 해제한다(Ctrl + 뷰포트 공백 드래그).

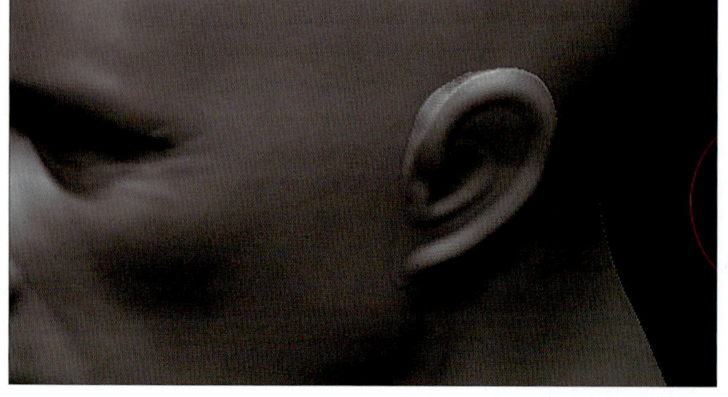

 **09** 거칠게 나온 Mask의 경계선 부위 및 머리와 연결 부위를 Smooth로 다듬는다.

 **10** 귓구멍 위치에 홈을 판다.

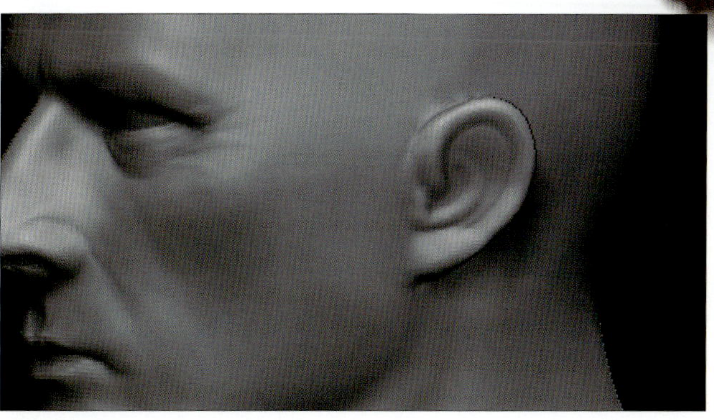

 **11** 홈의 윗 부분을 Smooth하여 외곽선으로 연결되는 흐름이 홈에서부터 자연스럽게 빠져나가는 형태를 잡아준다.

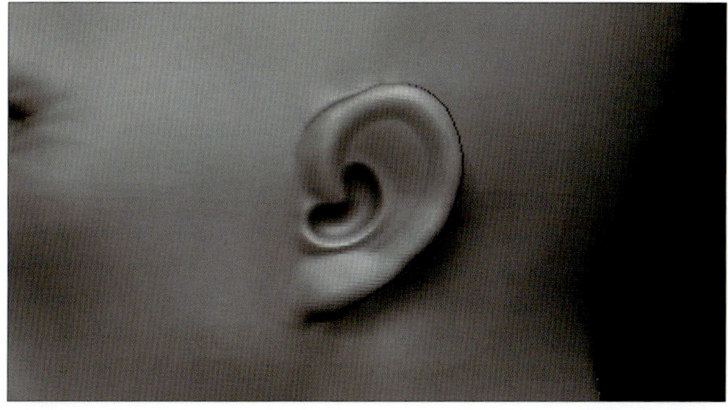

 **12** 귀 안쪽에서 외곽선으로 연결되는 곡선 형태에 볼륨을 준다.

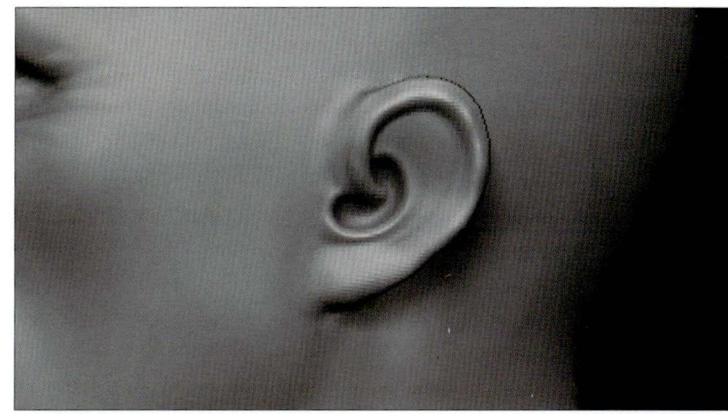

 **13** 귀 안쪽의 구부러진 y 형태를 그린다. 이것은 귓구멍 주변을 감싸게 된다.

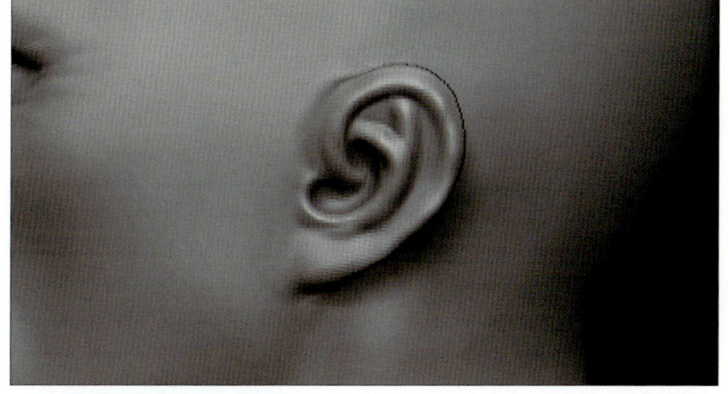

14 Smooth로 전체적으로 매끄럽게 다듬고 필요한 대로 디테일을 추가한다.

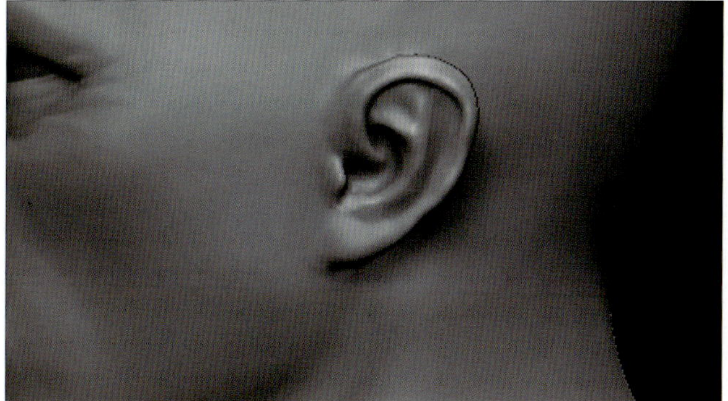

부록 DVD 파일

\ 3D캐릭터모델링 \ ZBrush_Basic \ ZSphereHead_Step05.ZTL

 15 귀가 완성되었다.

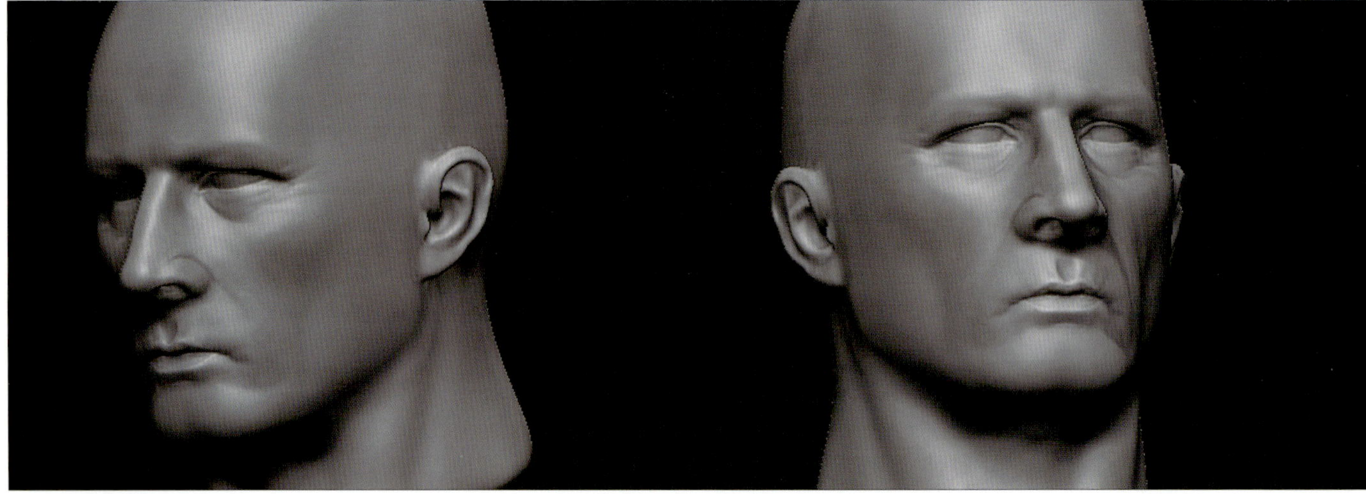

16 이제 원하는 대로 주름을 넣거나 Move 브러시로 얼굴의 비율이나 구도 등을 바꿔보며 마무리한다.

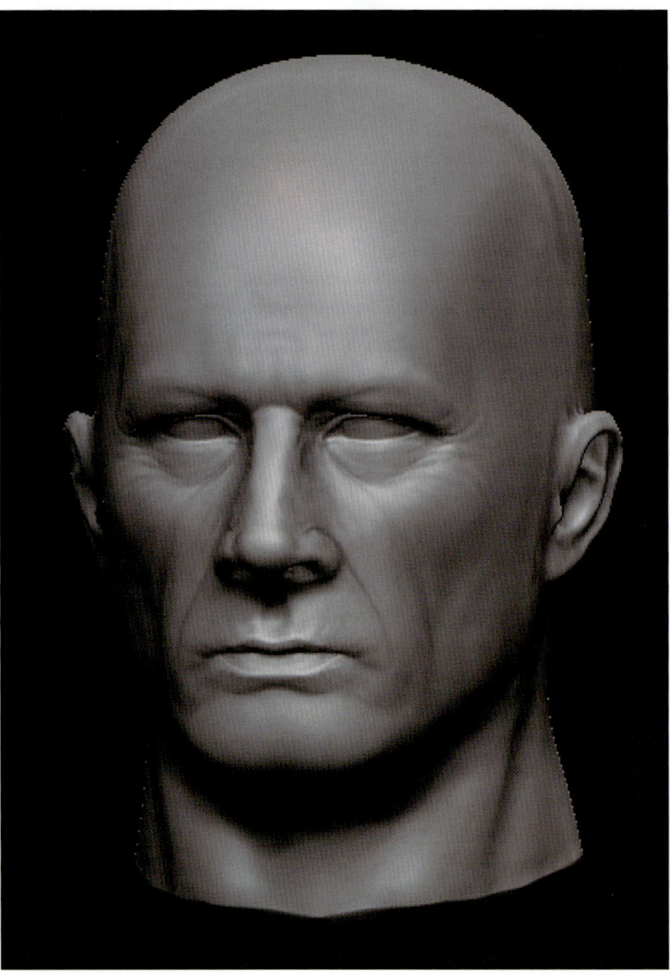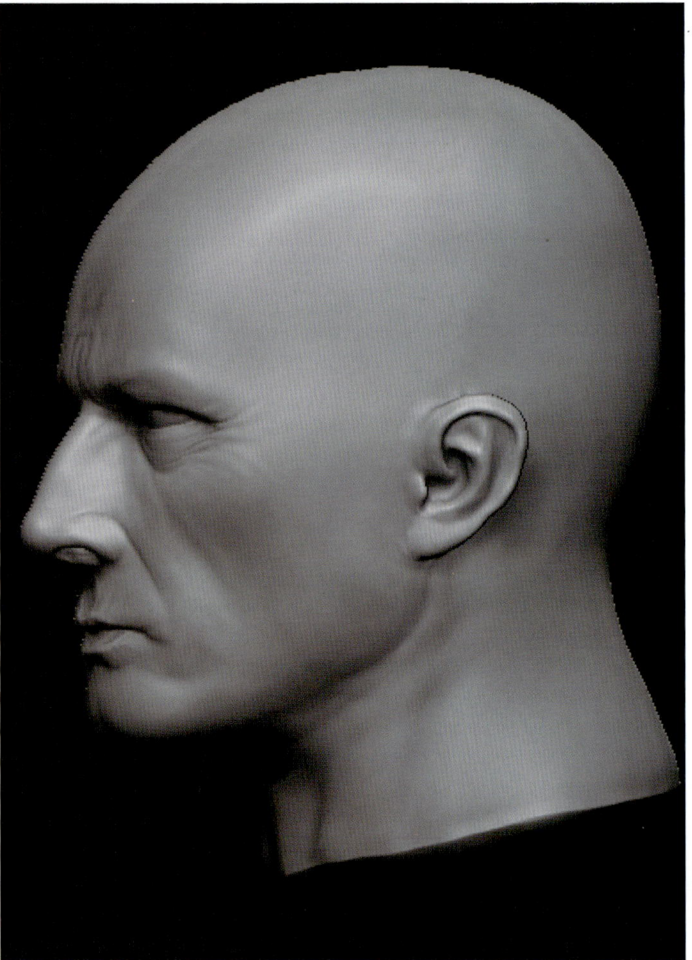

● 부록 DVD 파일

\ 3D캐릭터모델링\ ZBrush_Basic\ ZSphereHead_End.ZTL
\ 동영상\ ZSphere_Sculpting.AVI

Game Character Design Master

ZSphere를 이용하여 뼈대를 만드는 과정에 대해서 간단히 알아보겠습니다. 먼저 ZSphere를 하나 만들어 보겠습니다.

 **01** Draw(Q) 상태에서, x축 symmetry(X)를 켜고 관절 위치에 드래그한 뒤 Move 툴(W)로 위치를 조절한다.

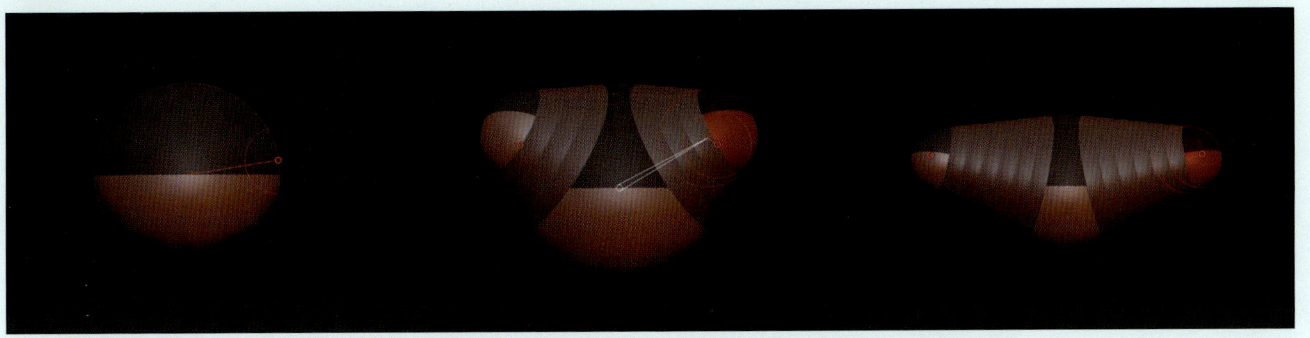

 **02** ZSphere로 뼈대를 AdaptiveSkin으로 바꿀 수 있다(A). Adaptive Skin 메뉴에서 Preview Density를 조절해 본다.

03 Draw 상태에서 커서를 움직이다 보면 X축의 중심이 녹색으로 표시된다.

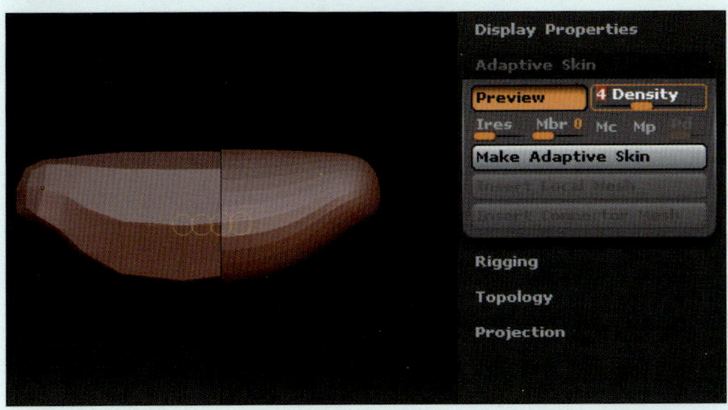

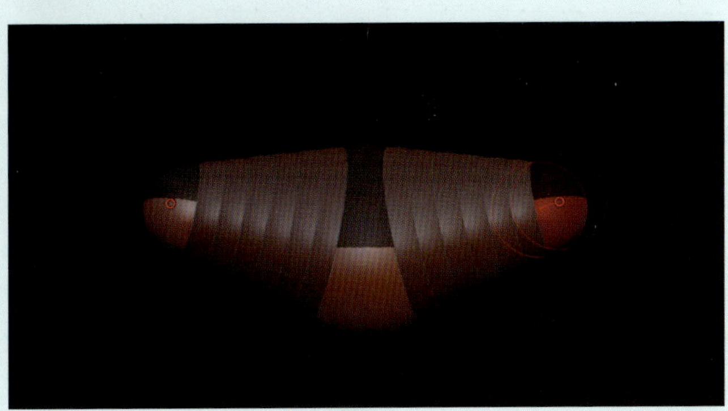

04 뼈대를 그릴 때 Shift 를 누른 상태에서 ZSphere를 클릭하면, 클릭한 ZSphere와 동일한 방향/크기를 가진 ZSphere가 생성된다. 이것은 자칫 뒤틀리기 쉬운 ZSphere 뼈대 생성 과정에 도움을 준다.

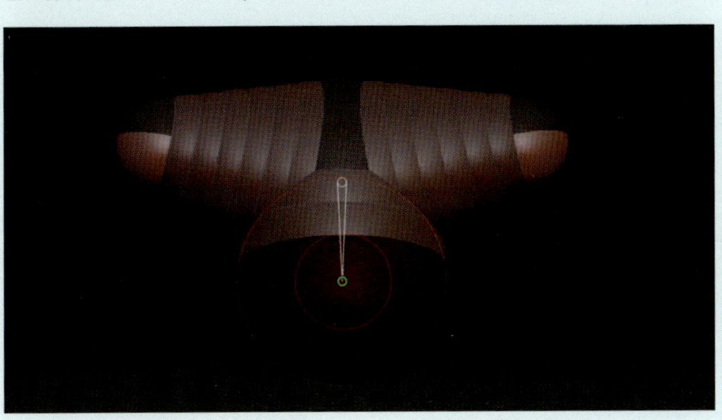

체크하세요!

Draw 상태에서…
- ZSphere 위를 클릭 후 드래그
  : 새로운 관절 생성 후 두께 조절
- ZSphere 위를 Alt + 클릭
  : ZSphere 삭제
- ZSphere를 선택 Rotate / Scale
  : ZSphere 회전 / 크기 조절

Zapp Link이라는 플러그인을 사용하면, ZBrush의 뷰포트에 참고 이미지를 띄우는 것이 훨씬 더 수월해집니다. 원래 Zapp Link는 ZBrush의 뷰포트 상의 물체를 포토샵으로 그대로 옮겨주었다가, 포토샵에서의 작업이 끝나면 다시 그대로 불러와 주는 편리한 툴입니다. 이것의 부가적인 기능 중에는 정면, 측면 혹은 유저가 지정하는 뷰를 저장해주는 기능이 있습니다. 그것을 활용하여, 배경에 이미지를 띄우는 방법을 잠깐 살펴 보겠습니다.

 Zapplink는 http://www.zbrushcentral.com에서 무료로 공개하는 플러그인이다. 해당 메뉴는 Document에서 찾을 수 있다. 편의를 위해, 오른쪽 툴바로 띄워놓고 작업하겠다.

 설명을 위해 Sphere를 생성하여 그림과 같이 무작위로 변형시키고 Texture 〉 Image Plane 〉 Load Image를 선택하여 배경으로 투영하고자 하는 이미지를 선택한다.

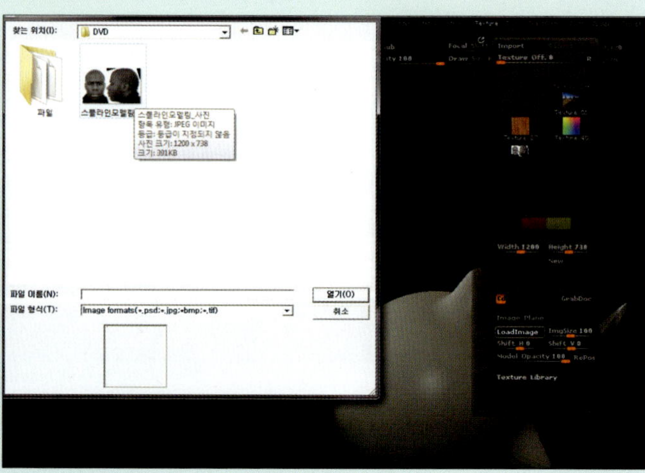

03 Sphere를 원하는 방식으로 정렬하고, 이 각도의 시점을 저장하기 위해, Zapplink의 Custom1 버튼을 한번 눌러준다.
그렇게 한 뒤 뷰를 이리저리 움직이더라도, Custom1 버튼을 눌러서 언제든 이 각도의 시점으로 되돌아올 수 있게 된
다. ZAppLink는 우측의 Document 메뉴 중간에 위치해 있다.

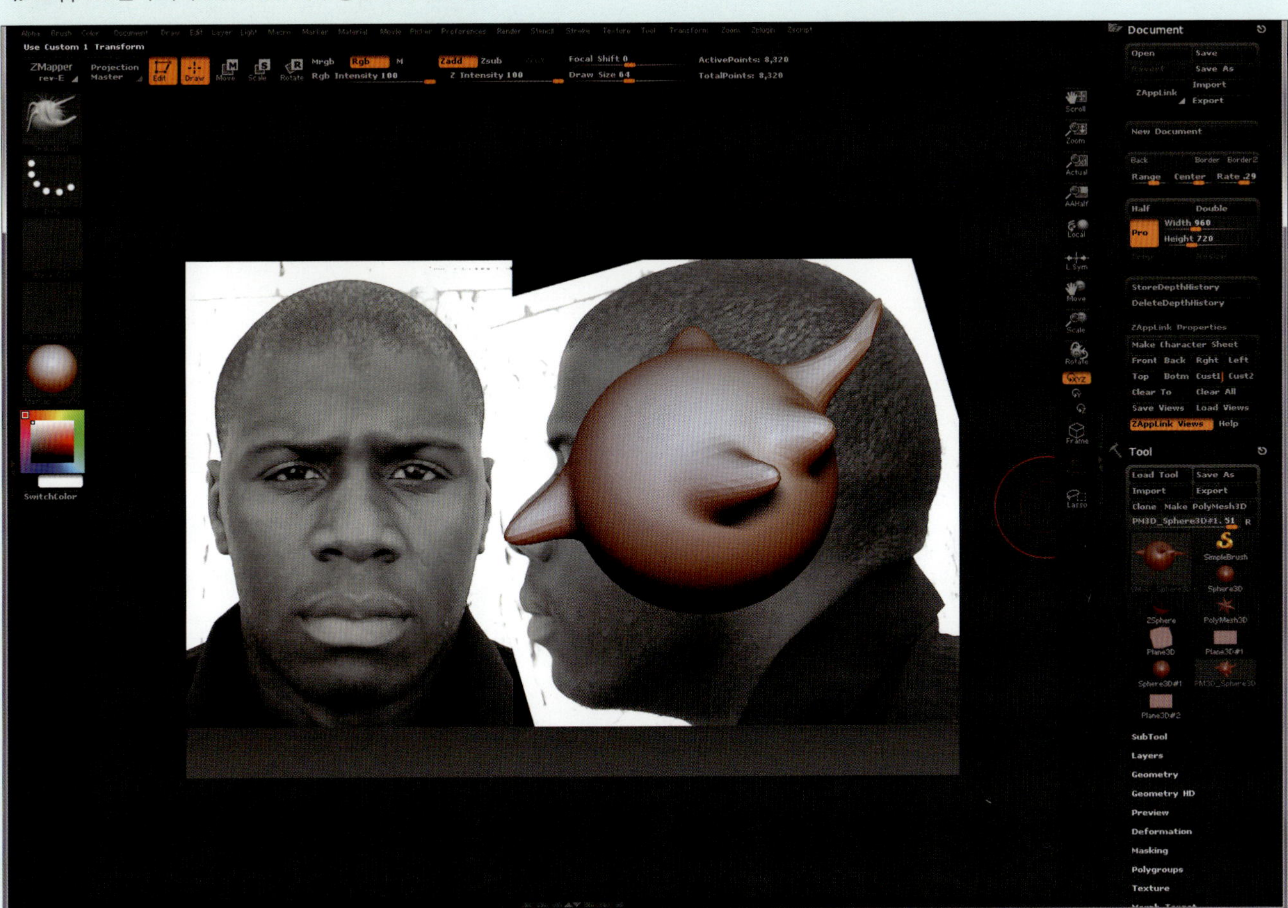

04 Image Plane의 하단의 Model Opacity 슬라이더로 투명도를 조절할 수 있다. 이때 이 투명도는 메쉬의 재질에 따라
다양한 컬러의 느낌으로 적용된다.

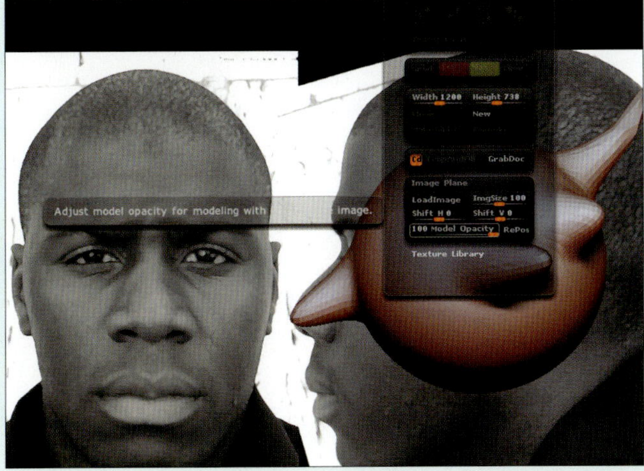

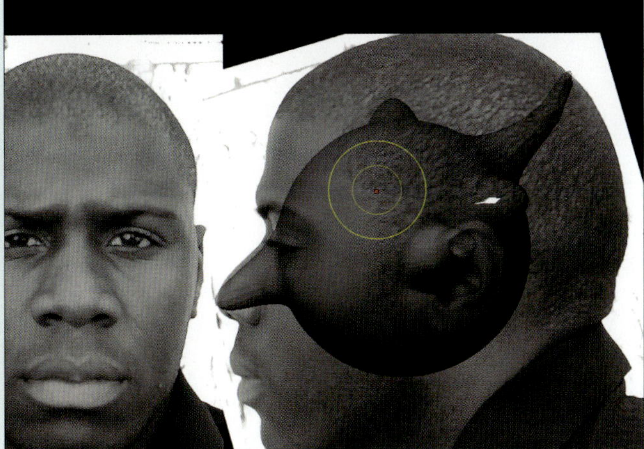

hwasup song 2009
a 30oct07 head
hwasup song2007
hwasup song 2008

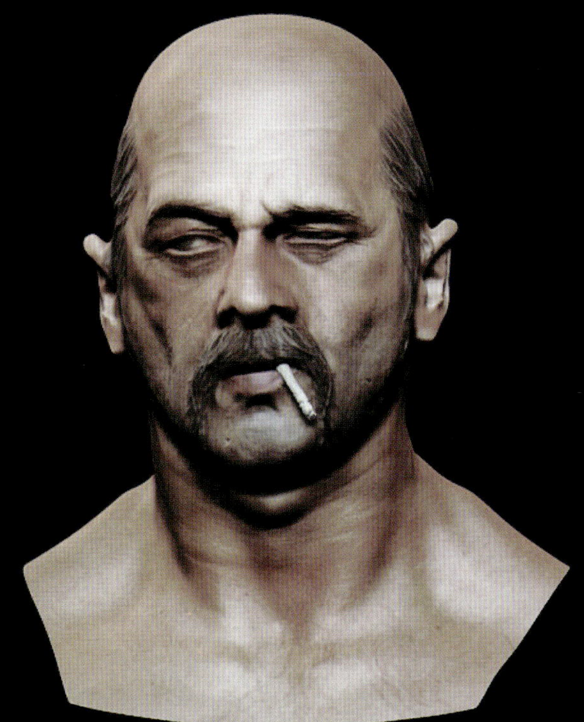
hwasup song 2009

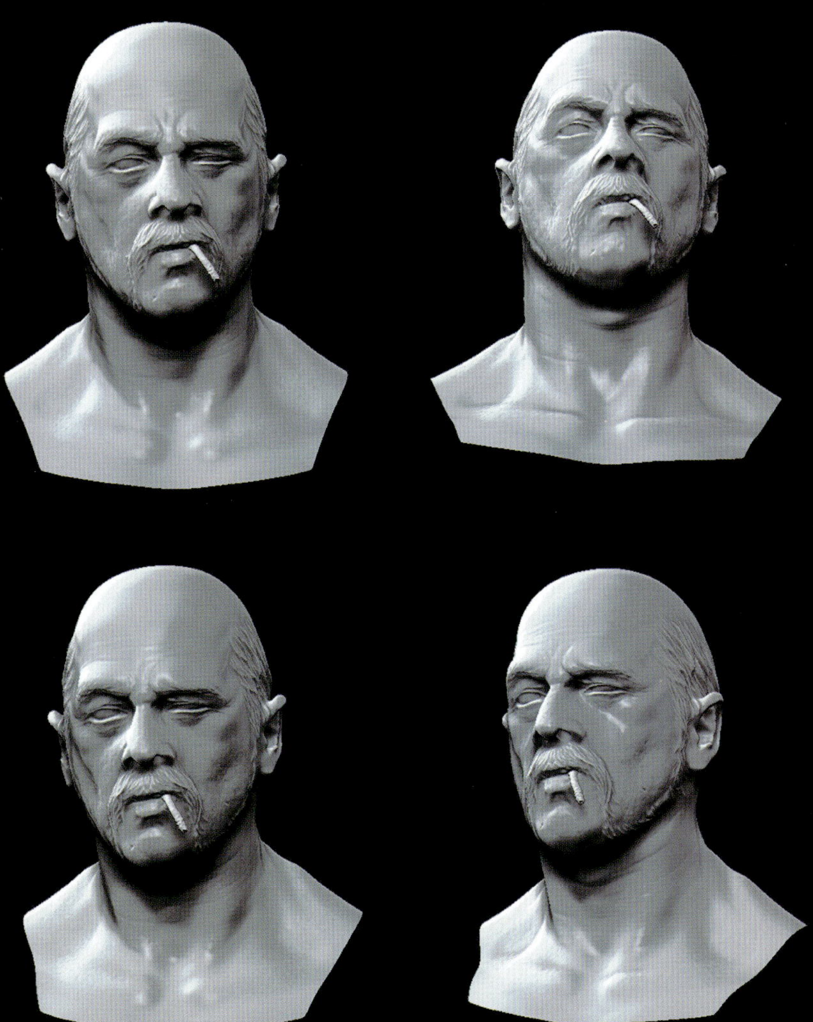
hwasup song 2009

Section 02
3D 캐릭터 모델링의 실전

ZBrush의 기초 활용

Part07. ZBrush의 기초 활용

ZSphere를 이용한 몸통 Sculpting 방법

ZSphere로 뼈대를 만들기

01

Head Sculpting에 어느 정도 익숙해졌다면, 이젠 몸통 Sculpting을 시도할 차례입니다. 몸통 Sculpting을 잘하려면 평소 인체 구조에 대한 공부가 되어 있어야 한다.

인체 구조에 대한 정보는 여러 가지 방법으로 얻을 수 있지만, 필자가 적극적으로 추천하는 것은 www.freedom-of-teach.com에서 판매하는 인체 피규어를 하나 장만하는 것입니다. 많은 회사들의 사무실에서 흔히 볼 수 있을 정도로 널리 보급된 자료입니다. 또는 www.3d.sk와 같은 인체비를 참고할 수 있는 곳의 자료를 도움을 받아도 좋습니다.

대부분의 경우 ZSphere로 뼈대를 일단 만들고 난 다음에 특정한 체형으로 만들어 나가지만, 이번에는 작업의 편의를 위해서 실제 인물의 이미지를 뷰포트 백그라운드로 불러와서 작업해 보겠습니다.

 **01** Texture 탭에서 Import 버튼을 클릭하고 배경 이미지를 로드한다. 준비된 이미지가 없다면 본문을 참조해도 좋다.

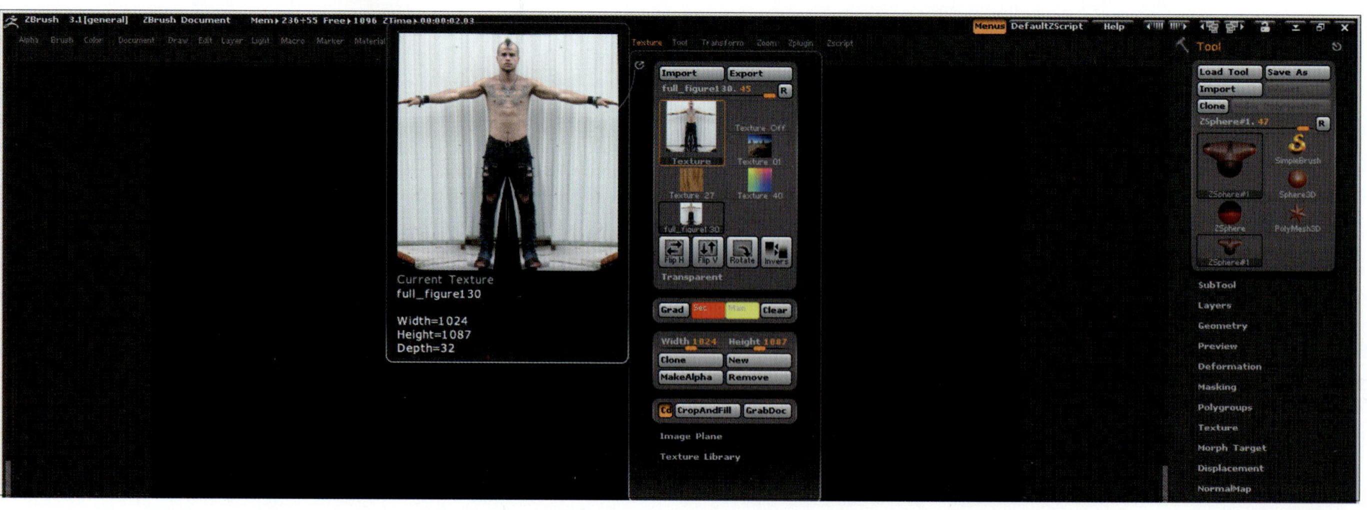

 **02** Texture 탭에서 CropandFill 버튼을 클릭하면 로드되어 있는 텍스쳐가 뷰포트에 표시된다. 이것은 텍스쳐가 입혀져 있는 Plane이 생성되는 것과 같은 원리이다.

체크하세요!

본문에 사용된 사진 이미지들은 www.3d.sk에서 구입한 유료자료입니다. 설명에 도움을 드리고자 사용했으나 부록 DVD에 함께 공개할 수 없는 점 양해드립니다. 진행 가이드에 도움이 되었으면 합니다.

 **03** ZSphere 뼈대를 잡아나간다.

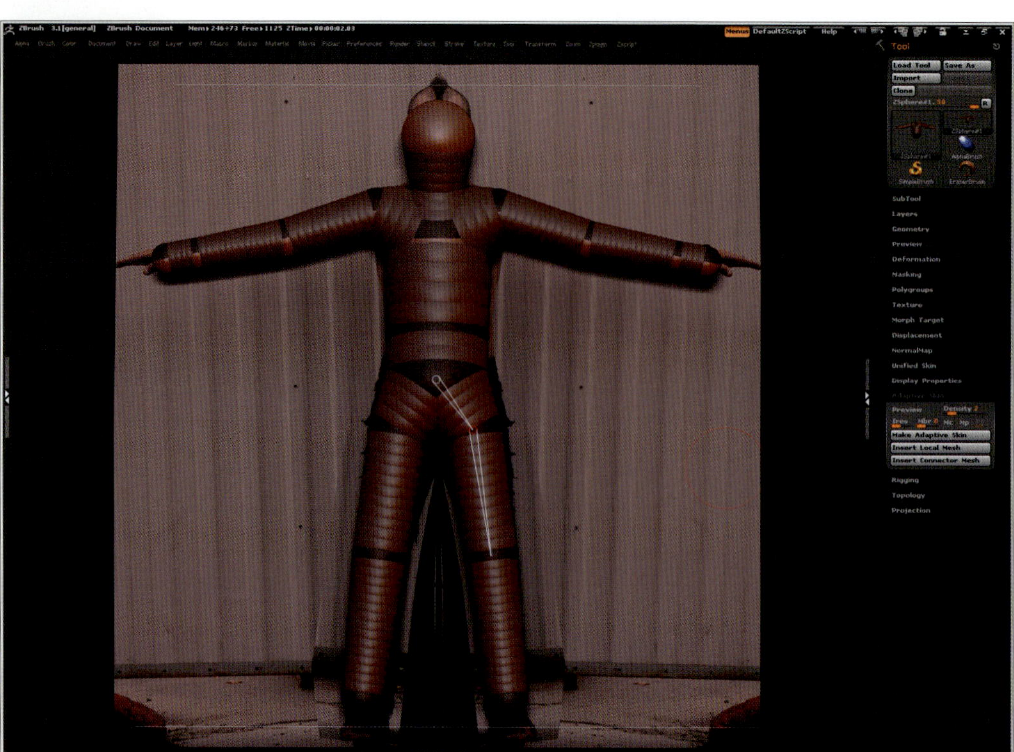

 **04** 관절 위치와 길이를 사진에 맞춰서 만든다.

엉덩이에서 다리로 바로 뽑지 않고, 엉덩이와 허벅지 사이에 ZSphere를 하나 추가함으로써, 양쪽 허벅지 부위가 서로 겹치지 않도록 구성한다.

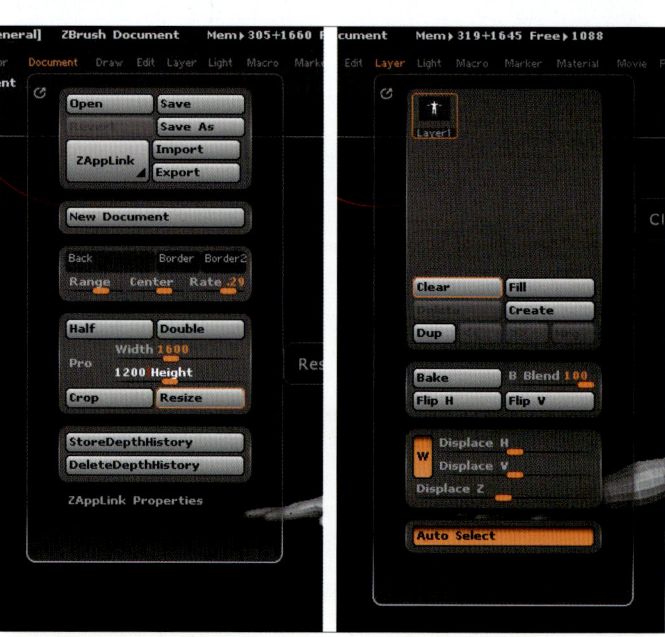

05 CropandFill로 배경이미지를 설정한 것을 Reset하기 위해서는 Document 메뉴에서 원하는 해상도를 설정하고 Resize 버튼을 클릭한 후(왼쪽) Layer메뉴에서 Clear 해야 한다.

체크하세요!

용어 정리

ZBrush의 툴이라고 하면 여러 종류의 편집 툴과 그 외 다양한 기능들을 일컫는 것입니다.
ZBrush에서는 3D 오브젝트도 'Tool'이라고 부릅니다. 3D 오브젝트의 저장 포맷이 ZTL(Z TooL)인 것 또한 우연은 아니겠지요.

참고로, Tool 탭에 표시되는 3D오브젝트(ZBrush Tool)는 Sculpting되는 동안 지속적으로 업데이트됩니다. 따라서 뷰포트를 클리어함으로 인해 작업중이던 오브젝트가 사라진다고 해도, Tool 탭에서 해당 오브젝트를 선택하고 뷰포트에 드래그하면 마지막 작업된 상태로 생성됩니다. T를 눌러 Edit 모드를 활성화시키는 것을 잊지 마시길 바랍니다.

ZBrush 뼈대 작업을 계속 합니다.

 **06** 정면에서 작업했으므로 옆면의 형태도 신경 써야 한다.

 **07** 손은 ZSphere의 구조적 특성상 독특하게 표현해야 하는 까다로운 구조이다.

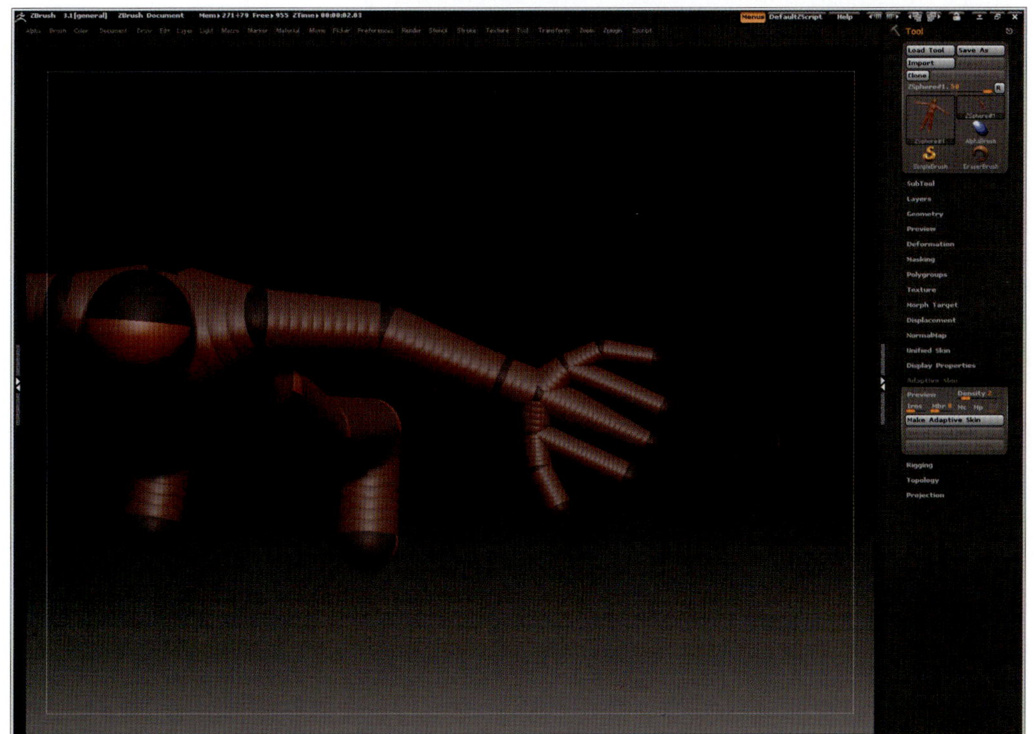

    손가락과 발가락 부위는 사실 ZSphere 뼈대로 구현하는 것이 비효율적인듯 합니다. 그 이유는 앞의 그림에서 보는 바와 같이 독특한 구조로 구성해야 우리가 원하는 형태가 나오기 때문입니다.

    대부분의 경우 ZBrush에서 손과 발은 단순한 덩어리나 주먹의 형태로 처리한 뒤, 3ds Max나 Maya에서 좀 더 구체적인 손과 발의 형태로 모델링해주고 서로 접합하는 방식이 더 효율적입니다. 하지만 여기서는 ZSphere 학습의 의미에서 앞의 방식을 시도해보기로 하겠습니다.

 **08** 발가락 부위도 손과 마찬가지의 구조로 만든다.

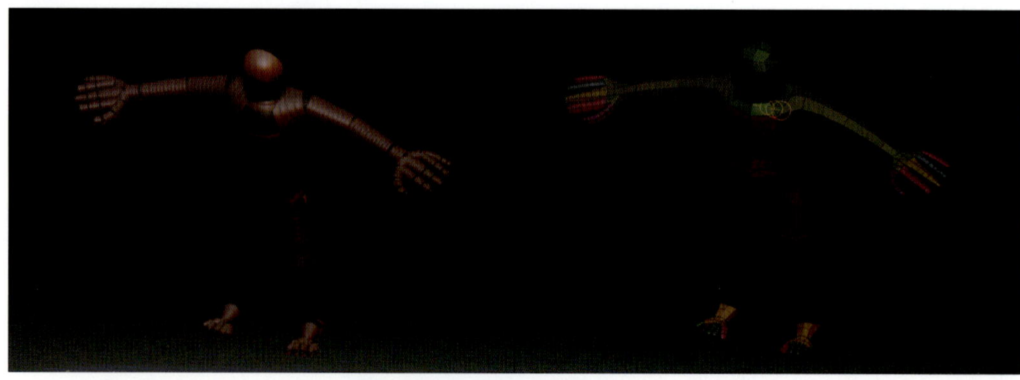

체크하세요!

Draw 모드에 있을 때에는, [Shift] + 뷰포트 공백 Drag(오브젝트 정렬)을 시도하면 선택된 ZSphere가 뒤집어지므로 주의 해야 합니다. 그럴 때에는 Undo 한 뒤, move 모드([W])를 켜고(Move 브러시가 아님), 다시 시도하면 정상적으로 정렬 됩니다.

 **09** 기본 골격의 구조를 완성한다.

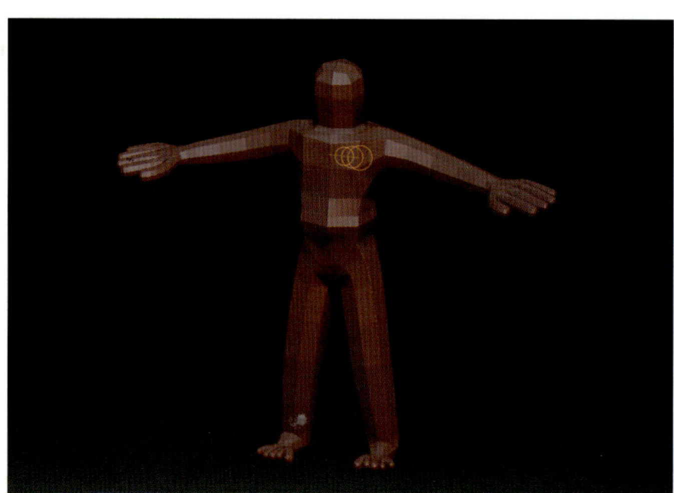

체크하세요!

- 이 단계에서 Mesh 형태는 전혀 상관없다. Mesh 구조를 제대로 만들었는가?
- 복잡하게 생각할 것 없이, 현 단계에서는 Mesh 구조만 멀쩡하면 된다!
- 그렇지 않다면 다음 단계로 진행하기 전에 반드시 고쳐야 한다.

머리 작업의 첫 골격 완성 때와 마찬가지로, 처음에는 실제 사람 모습은 아닙니다. 인형 같은 모습에 왠지 막막하게 느껴지기도 하지만 점차 디테일을 올려가면서 완성하는 과정으로 이해하시기 바랍니다.

ZSphere를 이용한 몸통 Sculpting 방법
Sub-d Level 1단계의 작업(Part I)
02

ZSphere를 이용한 얼굴 Sculpting 방법을 설명하면서 계속 강조했듯이, ZBrush에서의 작업을 폴리곤 모델링 방식의 하나로 인식하는 것은 매우 중요합니다. 따라서 ZSphere 뼈대를 이용하는 방식을 폴리곤 모델링으로 이해하는 것이 좋습니다. 특별히 빠르고 쉬운 지름길은 없으며, 인내심을 가지고 꾸준히 원하는 형태로 만들어야 합니다.

 손부터 시작한다. Move 브러시를 이용하여 차분하게 손의 전체적인 비율로 밀고 당겨주었다(녹색 화살표 참조).

 Move 브러시로 움직여주는 과정에서 일그러지고 있는 손의 형태이다.

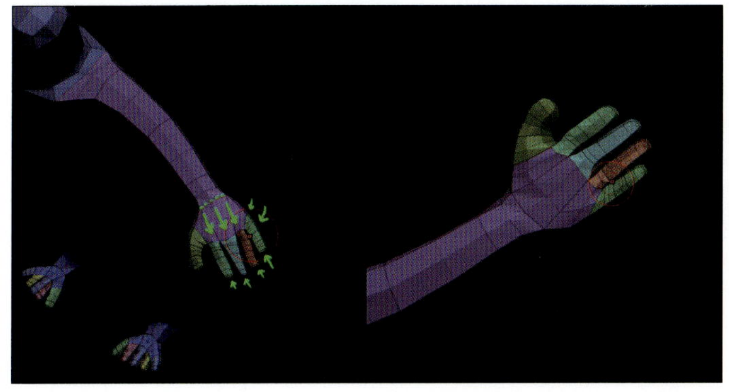

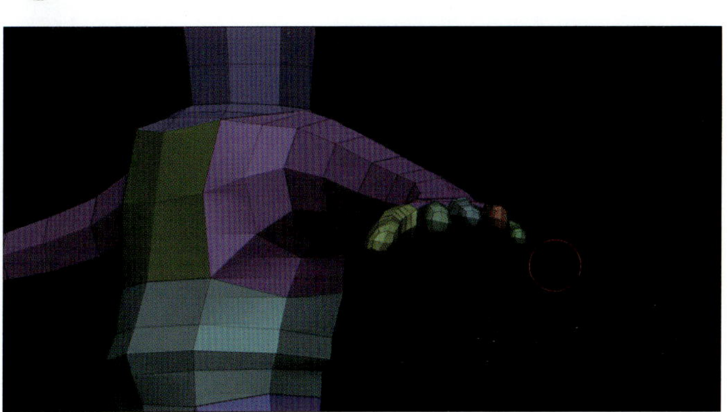

손의 모양을 Move 브러시로 계속 잡아주는 과정에서 형태가 일그러지고 늘어가는 것은 불가피합니다. 특히, 앞의 그림과 같이 손가락들이 두툼하고 서로 가까이 있는 경우에는 더욱 그렇습니다. 만만찮은 양의 디테일이 들어가는 손가락의 문제는 다음과 같이 해결할 수 있습니다.

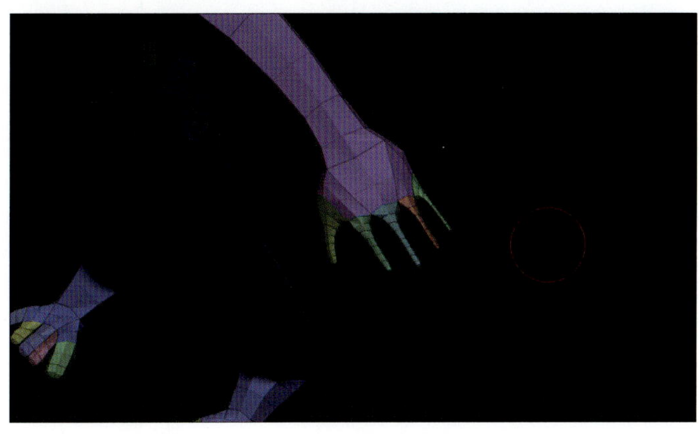 Smooth 브러시로 손가락들을 쓸어주면, 보이는 바와 같이 손가락이 얇아진다. 재미있는 것은 얇게 쪼그라드는 동시에 손가락들의 방향에 맞게 반듯해 진다는 점이다.

206

 **04** 얇아지면서 반듯해진 손가락들을 Inflate 브러시로 부풀려주면, 반듯해진 모양대로 굵기가 조절된다.

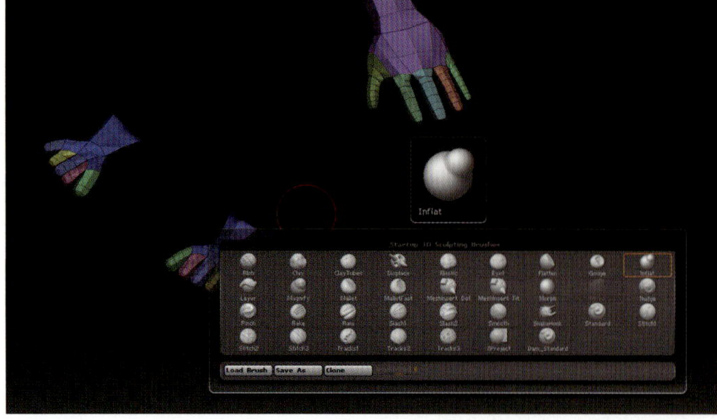

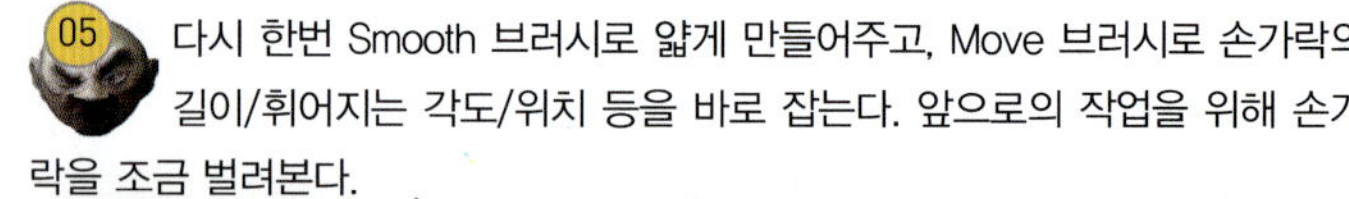 **05** 다시 한번 Smooth 브러시로 얇게 만들어주고, Move 브러시로 손가락의 길이/휘어지는 각도/위치 등을 바로 잡는다. 앞으로의 작업을 위해 손가락을 조금 벌려본다.

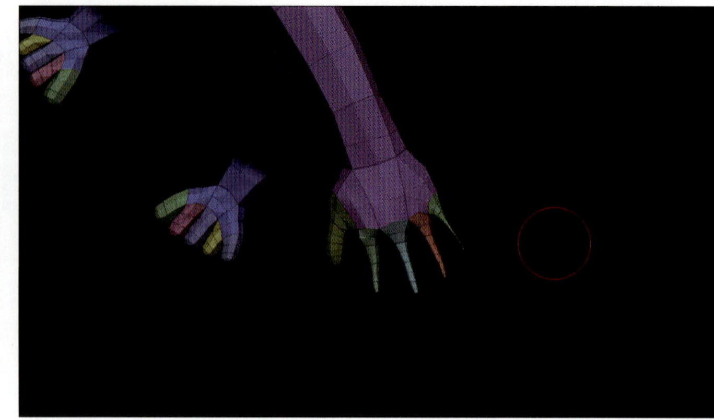

 **06** Inflate 브러시로 다시 부풀려 준 모습이다.

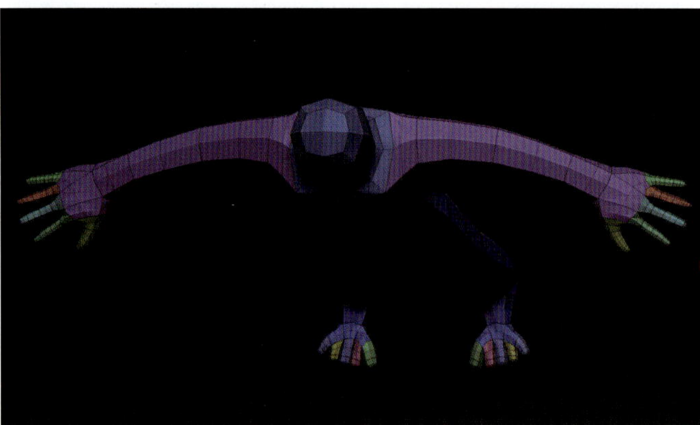

 **07** 발도 같은 방식으로 진행한다.

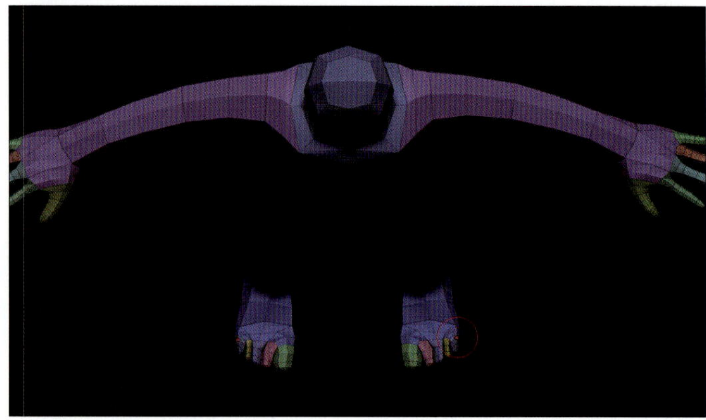

 **08** Smooth 브러시로 바람을 빼주고, Move 브러시로 방향, 길이, 위치 등을 가다듬는다.

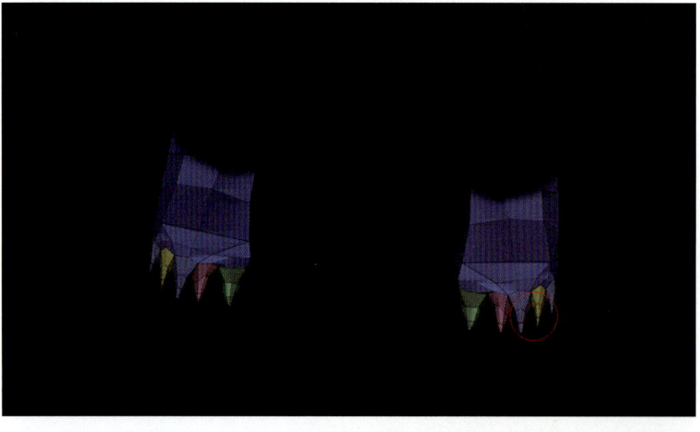

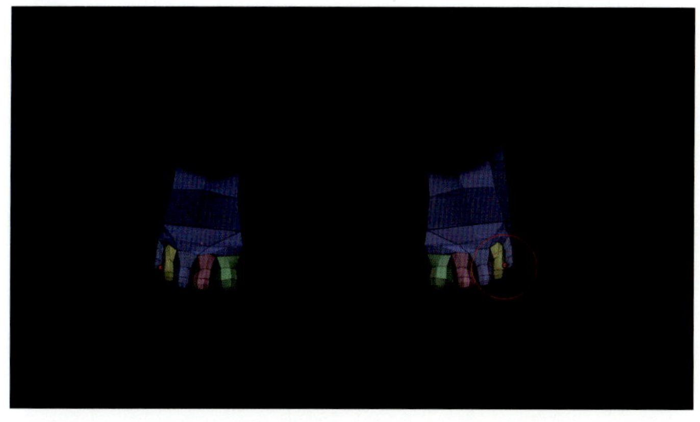

09 Inflate 브러시로 다시 두께를 조정한다.

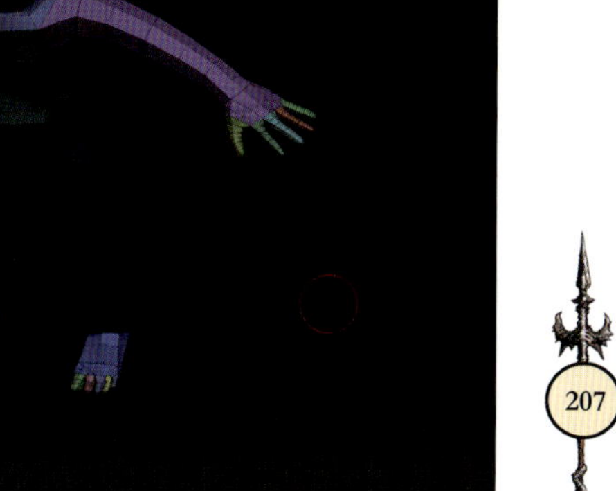

부록 DVD 파일

\ 3D캐릭터모델링 \ ZBrush_Basic \ ZSphereBody_Step04.ZTL

몸의 전체적인 균형을 다듬어 주도록 하겠습니다. 그런데 보시다시피, 팔과 다리에 세그먼트가 많이 부족해진 것을 알 수 있습니다. 사실, ZSphere 뼈대를 만드는 동안, 팔다리의 마디마다 ZSphere들을 추가해주는 것으로 세그먼트 밀도를 높여줄 수 있지만, 여기에서는 Edge Loop기능을 사용하는 방식을 살펴보겠습니다.

체크하세요!

Edge Loop?

3ds Max나 Maya의 Edge Loop의 기능과는 전혀 무관한, 폴리곤의 일부를 Hide하고 남은 면의 경계선에 Segment를 추가해 주는 기능입니다.

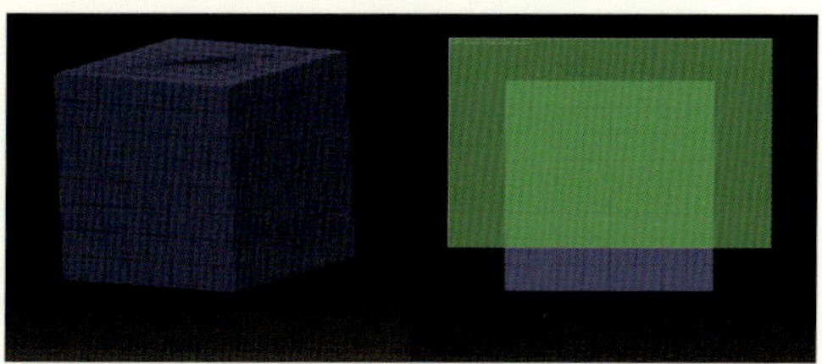

01 Cube 3D를 하나 만들고, Polymesh 3D로 변환한다. [Shift] + [Ctrl] + Drag로 Hide하지 않을 부분만 선택한다. 이때, 녹색 사각형에 완전히 덮인 폴리곤들만 선택되고, 선택되지 않은 부분은 Hide된다. 일부분이 Hide된 상태에서 Tool 〉 Geometry 〉 Edge Loop를 눌러준다.

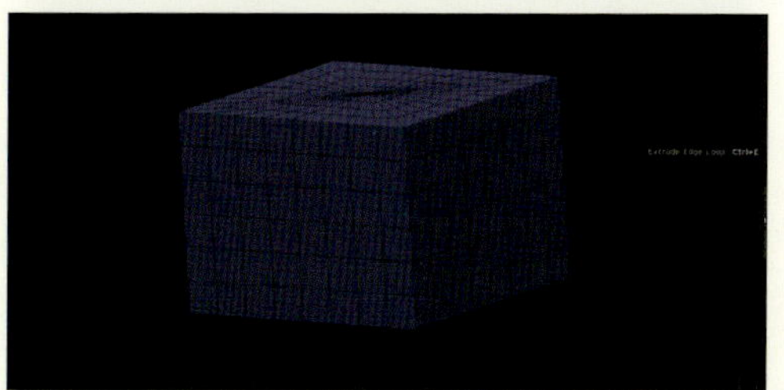

02 [Shift] + [Ctrl] + 뷰포트 공백 클릭 → Hide 해제
[Shift] + [Ctrl] + 뷰포트 공백 드래그 → Hide 반전
Hide된 면의 경계선 위치에 Segment가 추가되었다.

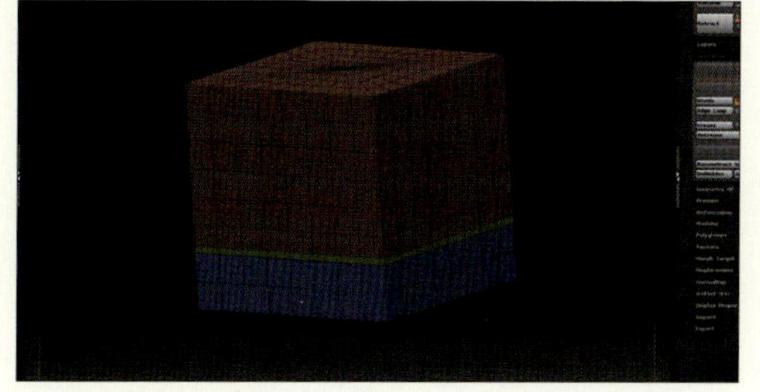

 10 Segment를 추가할 위치에 경계선을 이용하여 폴리곤을 Hide 한다.

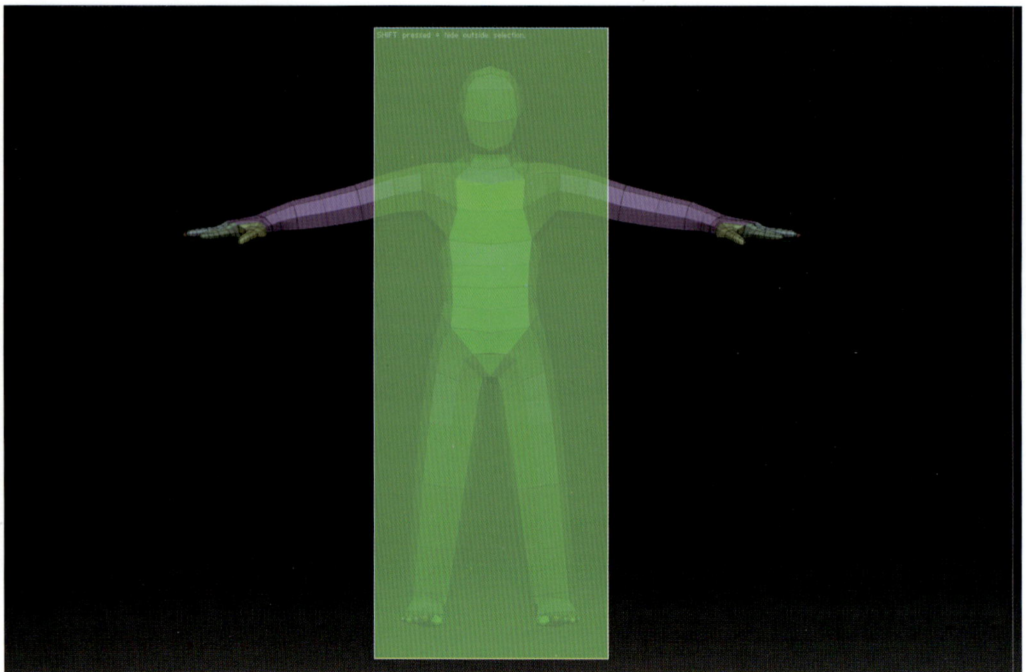

11 Edge Loop 버튼을 누르면 경계선 부분에 Segment가 추가된다. Move 브러시로 세그먼트의 간격을 조절해준다.

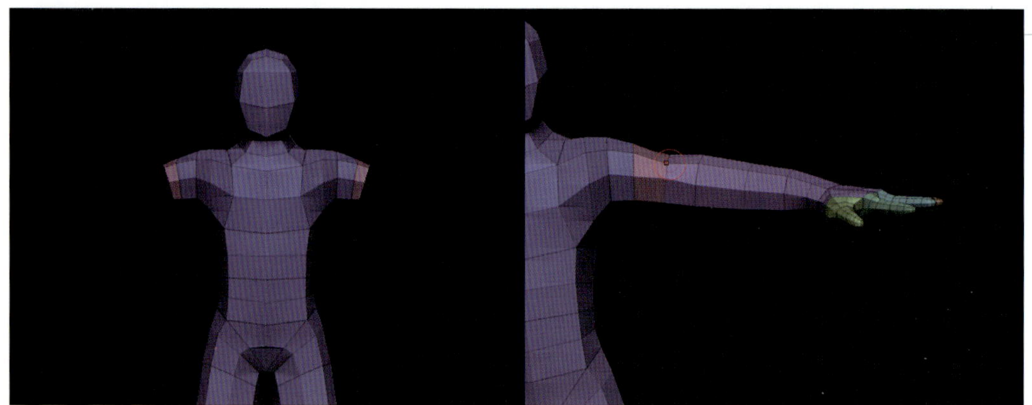

12 같은 방식으로 팔 아래쪽으로 Segment들을 추가하고, 간격을 조절해준다.

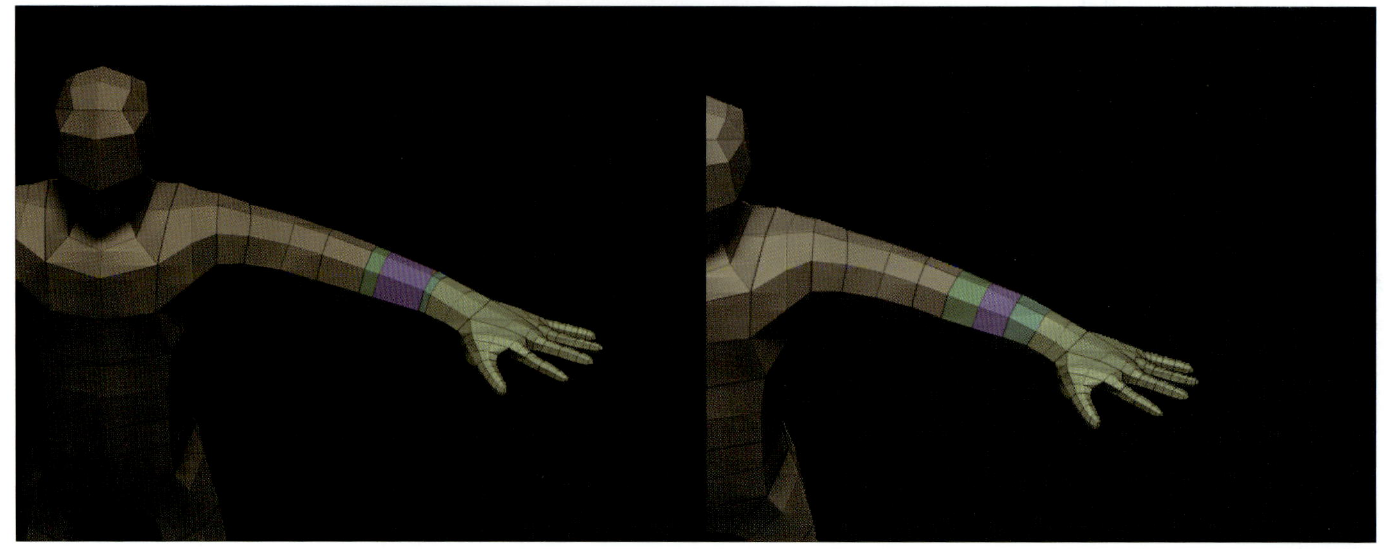

 **13** 다리 부위에도 Segment들을 추가해주고, 고르게 펼쳐준다.

체크하세요!

예를 들어 한쪽 팔만 남겨두고 Hide한 뒤, 그 팔만 작업하고 나서 작업한 내용을 다른 쪽 팔로 Mirror할 수 있나요?
답은 'Yes'입니다.

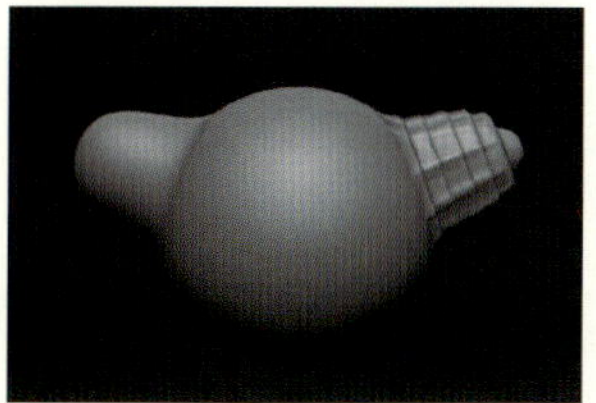 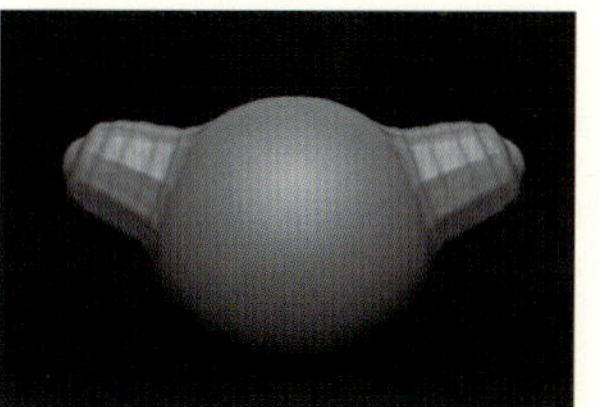 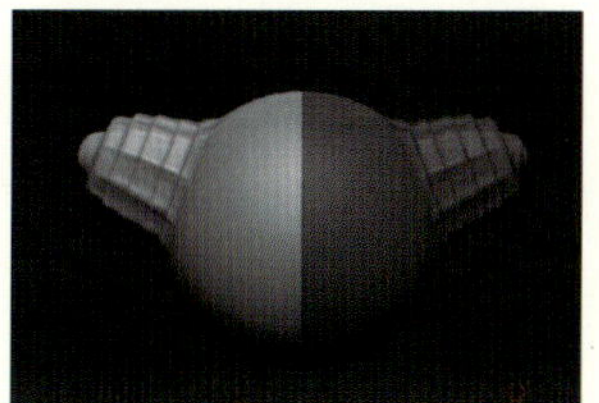

한쪽만 작업하는 실수를 한 경우이다.

Tool 〉 Deformation의 Smart Resym(X 축 활성화)을 눌러주거나(이 경우, X축을 중심으로 양쪽의 디테일들이 서로 평균화 되어 Symmetry가 일어난다. 디테일이 살짝 흐릿해졌다.),

Symmetry되기 원하는 디테일 영역을 Mask로 선택한 뒤, Smart Resym(X 축 활성화)을 눌러주면 바로 문제 해결!
(선택된 측의 디테일만 Symmetry되어 평균화가 일어나지 않기 때문에 디테일이 선명하다.)

Transpose란?

Transpose기능에 대해서 간단히 알아보겠습니다.

Transpose기능은 이름에서 알 수 있듯이, 캐릭터의 포즈를 취하는 데에 도움이 주는 기능입니다. Mask 영역이나 직사각형 형태로 선택해 줄 수 있는 draw모드와 달리, Move / Rotate / Scale 모드에서는 Ctrl 을 누른 채 드래그 하여 Transpose를 사용할 수 있습니다.

Mask 하려는 영역과 그렇지 않은 영역 사이 지점에서부터 Ctrl 을 누른 채로 클릭하여 Mask되지 않을 부위의 방향으로 드래그 해준다(그림에서 녹색으로 표시된 것처럼).

드래그하면서 마우스를 클릭한 위치와 방향을 기준으로 드래그가 끝나는 지점까지 전체적으로 Mask가 덮어주고, 그 경계는 Preferences > Transpose의 Max Blur Strength의 값만큼 부드럽게 Blur 됩니다.

Transpose의 Move / Rotate / Scale을 간단히 살펴보겠습니다.

Transpose는 Mask 영역에서부터 Mask 하지 않은 영역의 방향으로 드래그하는 방식이기 때문에 팔, 다리, 허리, 머리처럼 어느 한 방향으로만 길쭉한 형태에는 사용하기 편하다.

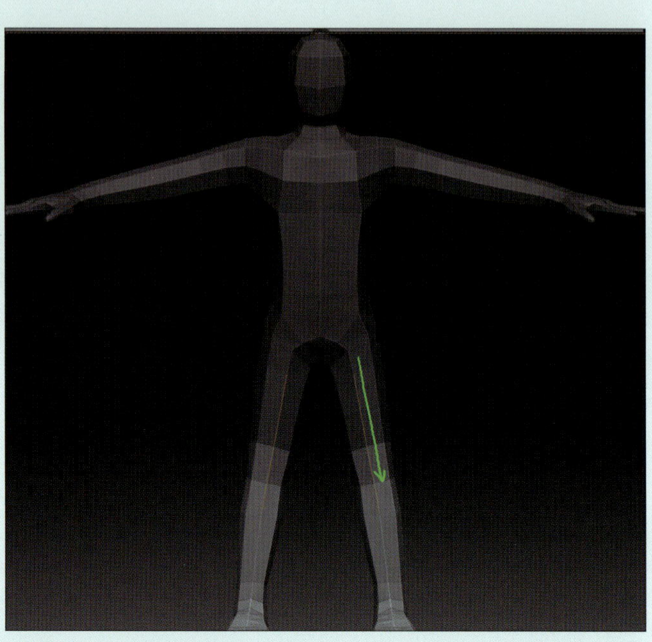

01 Move 툴은 Move 브러시와는 다른 별도의 툴로 존재한다. 간단한 실린더를 하나 만들고, 화면에 마우스 오른쪽 클릭하면 여러 가지 옵션이 나타난다. Move툴을 켜주면, 직선과 동그라미 3개가 주황색으로 나타난다.

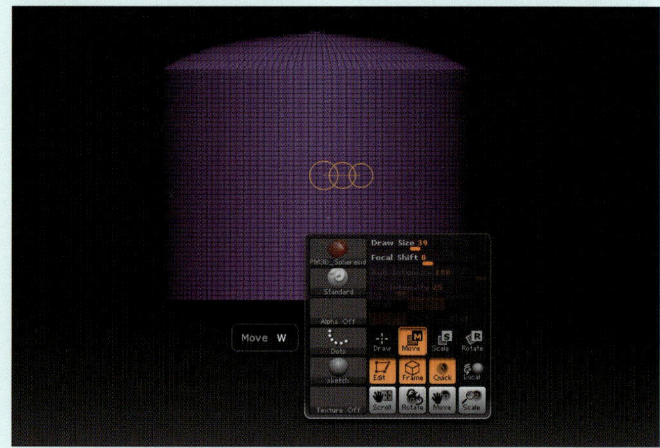

다음 페이지의 3개의 그림에서 주황색 직선은 Move(Rotate와 Scale도 동일합니다)가 적용되는 축을 나타내며, 주황색 동그라미들은 그 축을 조절하고 배치하는 핸들입니다.

끝의 동그라미들을 움직이면 서로 반대편 동그라미를 중심으로 축을 움직일 수 있으며(가운데 그림), 가운데 동그라미를 잡아 움직이면, 축 전체가 따라 움직입니다(왼쪽 그림). 맨 우측 그림은 Shift 를 누른 채로 끝의 동그라미를 움직일 때, 축이 정확히 수직/수평으로 Snap되는 모습입니다. 축을 움직이는 동안에는 주황색 동그라미 안에 나타나는 조그만 동그라미들을 건드리지 않도록 주의합니다.

02 가운데 흰색 동그라미는 전체적으로 균일하게 Move 한다. 움직일 때 축은 움직이지 않고 마우스 커서는 빨간 점으로 표시된다. Rotate나 Scale도 동일하다.

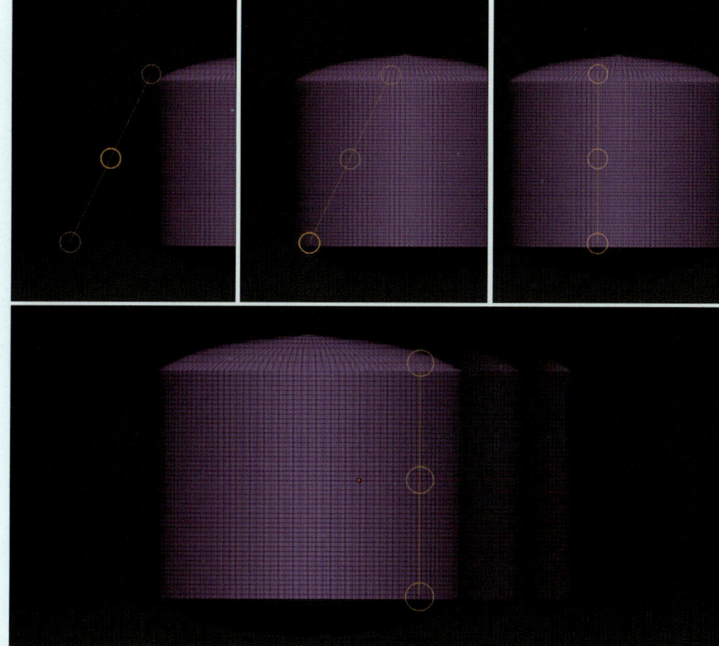

마우스를 동그라미들에 가져가면, 각 동그라미들 안에 '빨간색 – 흰색 – 빨간색'의 작은 동그라미들이 나타납니다. 이것이 실제적인 변형을 조절하는 핸들입니다.

03 아래쪽 빨간색 동그라미를 잡고 움직여보자.

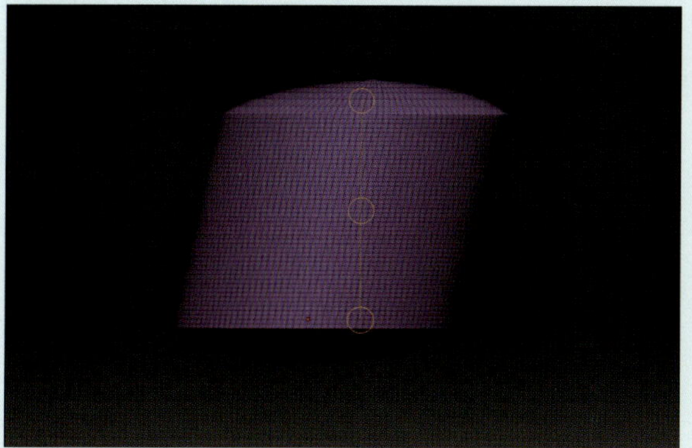

04 위에서 아래로 Ctrl + 드래그하면 Mask가 적용된다. 이것은 축을 잡고 변형할 때 그 적용범위를 정해주는 용도이다. 그림은 축을 Mask의 경계선 위치로 잘 배치한 모습이다.

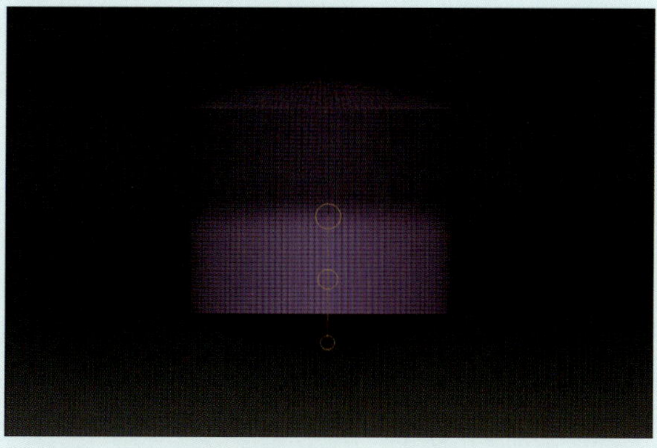

05 Mask를 적용하고, 위에서부터 차례로 Move/Rotate/Scale 툴을 적용한 모습이다.

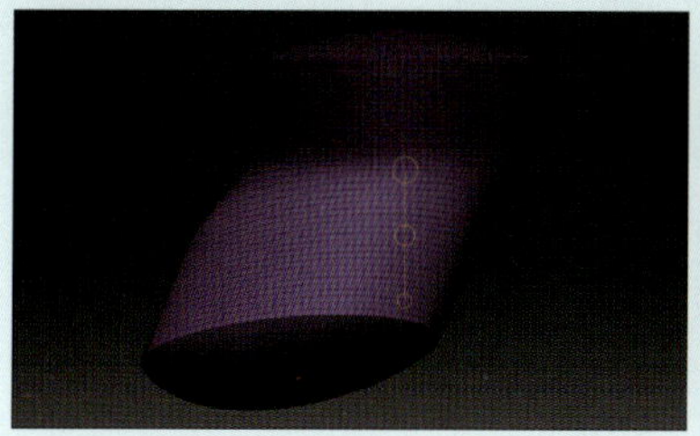

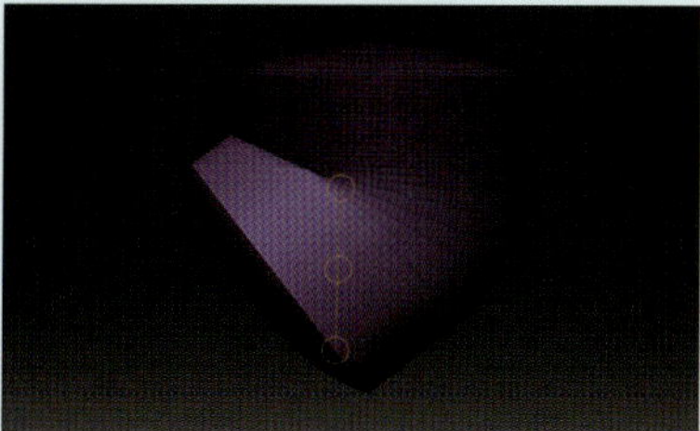

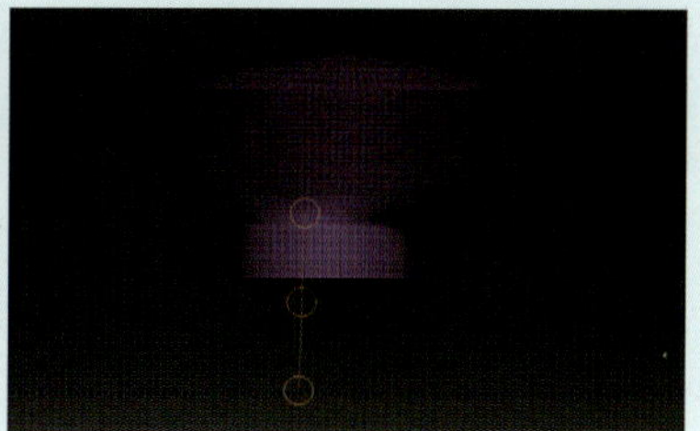

ZSphere를 이용한 몸통 Sculpting 방법
Sub-d Level 1단계의 작업(Part II)
03

이번에는 인물사진을 CropandFill로 불러들이고, Transpose의 기능을 이용하여 신체비율을 조절해 보겠습니다. 참고로, CropandFill은 해당 텍스처가 적용된 Plane오브젝트를 배경에 삽입되는 것과 같은 원리로, 편집하고자 하는 오브젝트를 뷰포트에 드래그하여 생성한 뒤, 'Alt + 뷰포트 공백 클릭'으로 오브젝트를 뷰포트 중앙에 정렬하면 그 Plane과 서로 겹쳐지는 현상이 발생합니다.

01 오브젝트를 뷰포트 중앙에 정렬한 경우(오른쪽) : 배경 이미지와 서로 겹친다. 뷰포트 가운데 정렬을 하지 않고 물체를 움직여 그림에 맞춰주었다(왼쪽).

02 다리 길이를 조금 늘려주기 위해서, Move 툴을 켠 상태에서 녹색 선처럼 Ctrl + 드래그해서 Mask를 적용하고, Move 툴의 핸들을 이용해 길이를 늘려준다.

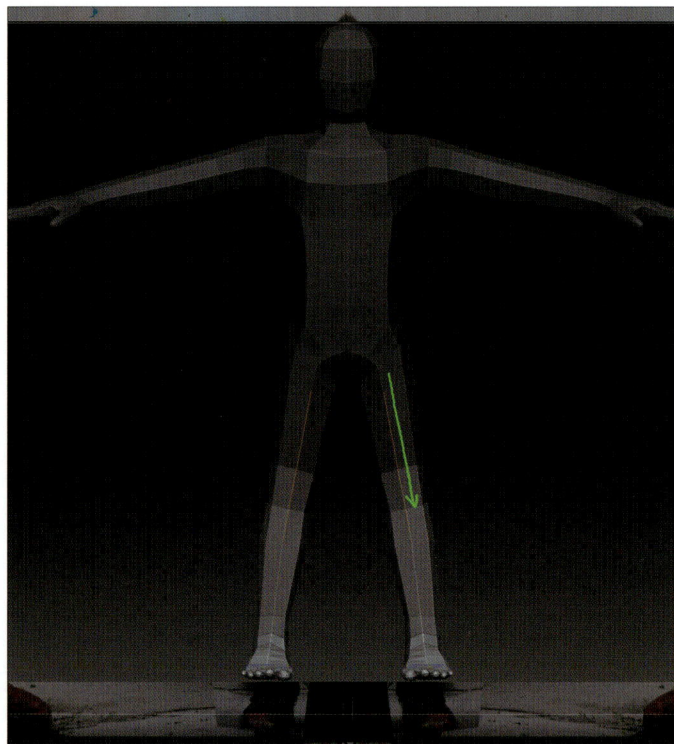

03 몸통 ZBrush 툴을 뷰포트 중앙에 정렬하지 않고, 사진 이미지에 잘 맞춘 뒤 다리길이를 Move 툴을 이용하여 조절한 모습이다. 필요에 따라 Move 브러시로 Mesh를 정리해 준다.

04 오브젝트에 가려 배경에 깔린 이미지를 보기 불편한 경우, Transform의 Dots Display를 켜주면 Mesh를 움직이거나 편집할 때마다 점들로 표시 된다.

체크하세요!

Mesh의 밀도가 고르게 깔끔하게 분포되고 있는가? 팔다리와 관절들이 사진 자료와 비교해서, 알맞은 위치/길이/굵기를 따르고 있는가?
그렇지 않다면 다음 단계로 진행하기 전에 반드시 고쳐야 한다.

ZSphere를 이용한 얼굴 Sculpting 방법

Sub-d Level 2단계의 작업

04

녹색 선들은 사진을 두고 작업할 때에 필자의 눈이 디테일의 선과 흐름을 어떻게 이해하는지를 나타낸다. 이것을 ACDsee와 같은 이미지 뷰어로 '항상 위(Always on Top)' 설정으로 늘 띄워두고 작업하는 것을 추천한다.

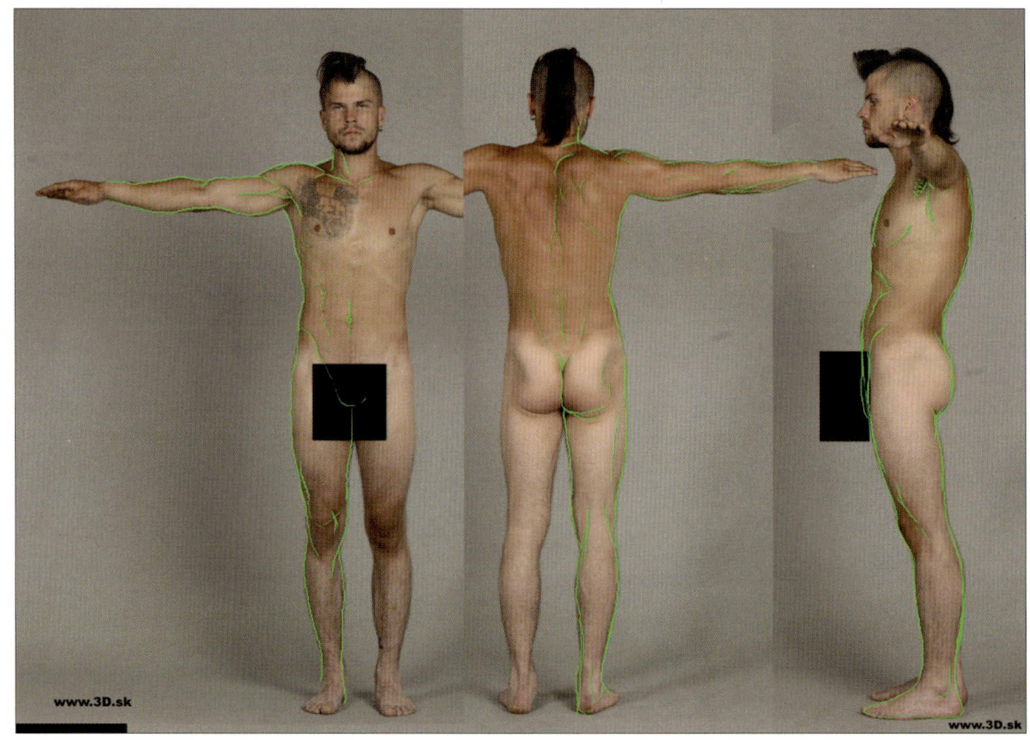

3d.sk에서 선택한 남자 알몸 자료

01 Sub-d 레벨을 1에서 2로 한 단계 올려주었다.

02 사진을 지속적으로 참고하면서, Move 브러시로 모양 잡기를 시작한다. 필자는 발 뒤꿈치부터 시작하나, 이는 각자의 취향에 달린 문제이다. 어디가 되었든, 일단 작업을 시작해본다.

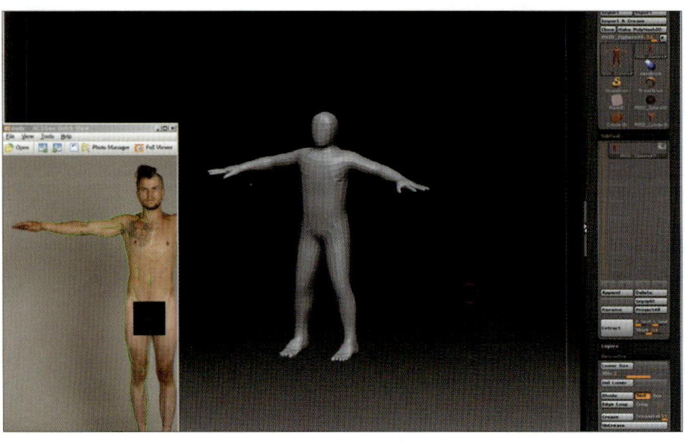

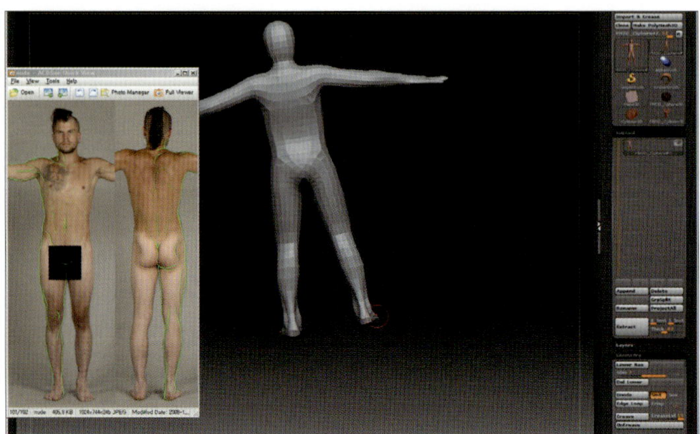

 **03** 팔다리의 두께 차이 때문에 사진 속 인체비율과 살짝 어긋나 보이는 것을 Transpose(Mask와 Move/Rotate)기능으로 조정해준다. 작업하는 내내 지속적으로 눈에 띄는 부분들을 수정해야 한다.

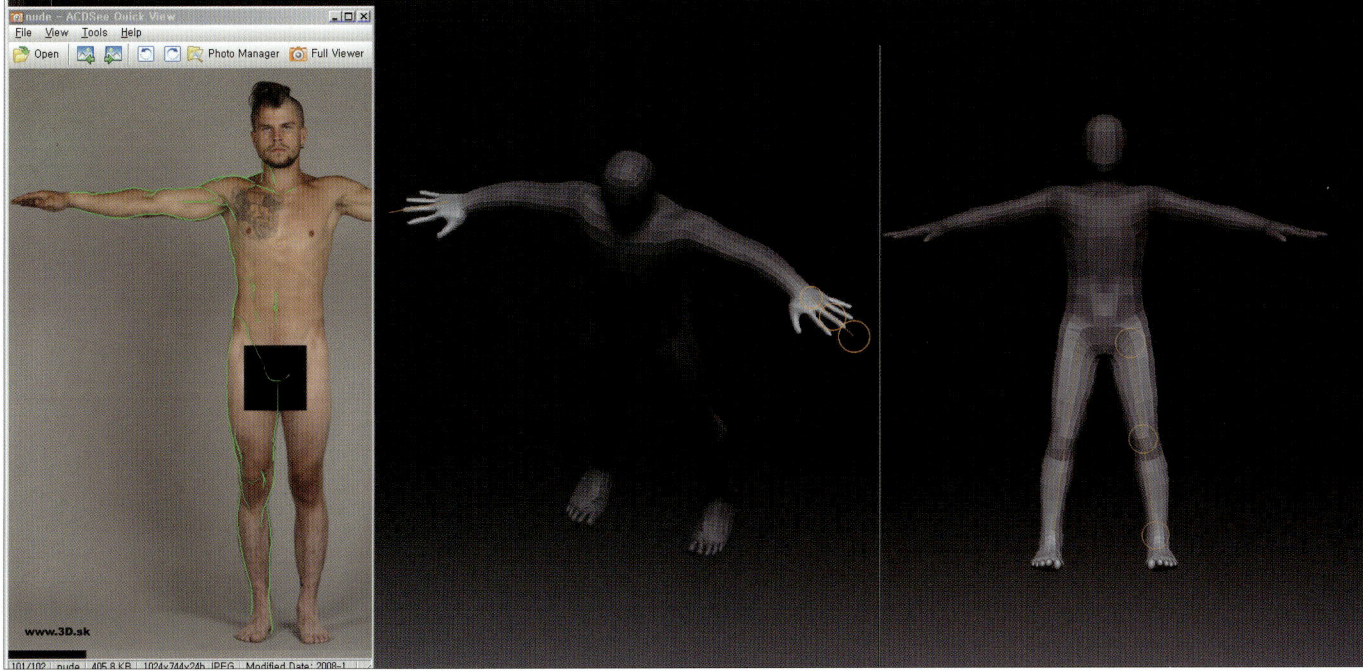

 **04** 사진을 보며 측면 형태를 잡아가는 모습(좌→우). 녹색 라인은 사진을 눈으로 보며 머릿속으로 파악한 인체 옆모습 실루엣이며, 이를 오브젝트에 점진적으로 적용하고 있는 모습이다.

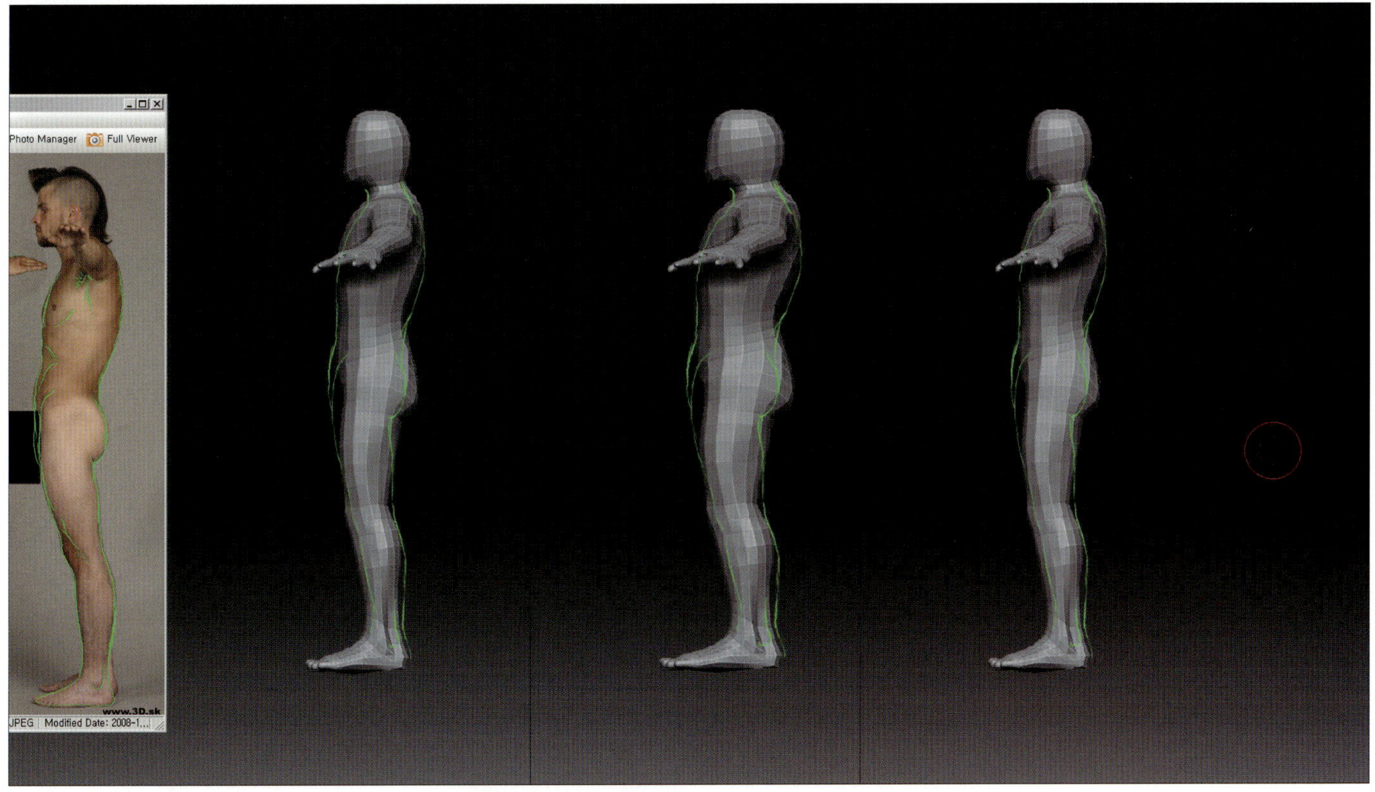

 **05** 사진을 보며 정면 형태를 잡아가는 모습(좌→우)이다. 다리길이를 다시 다듬어 주었다. Move툴을 이용한 편집과정에서 신체비율의 느낌이 지속적으로 바뀐다.

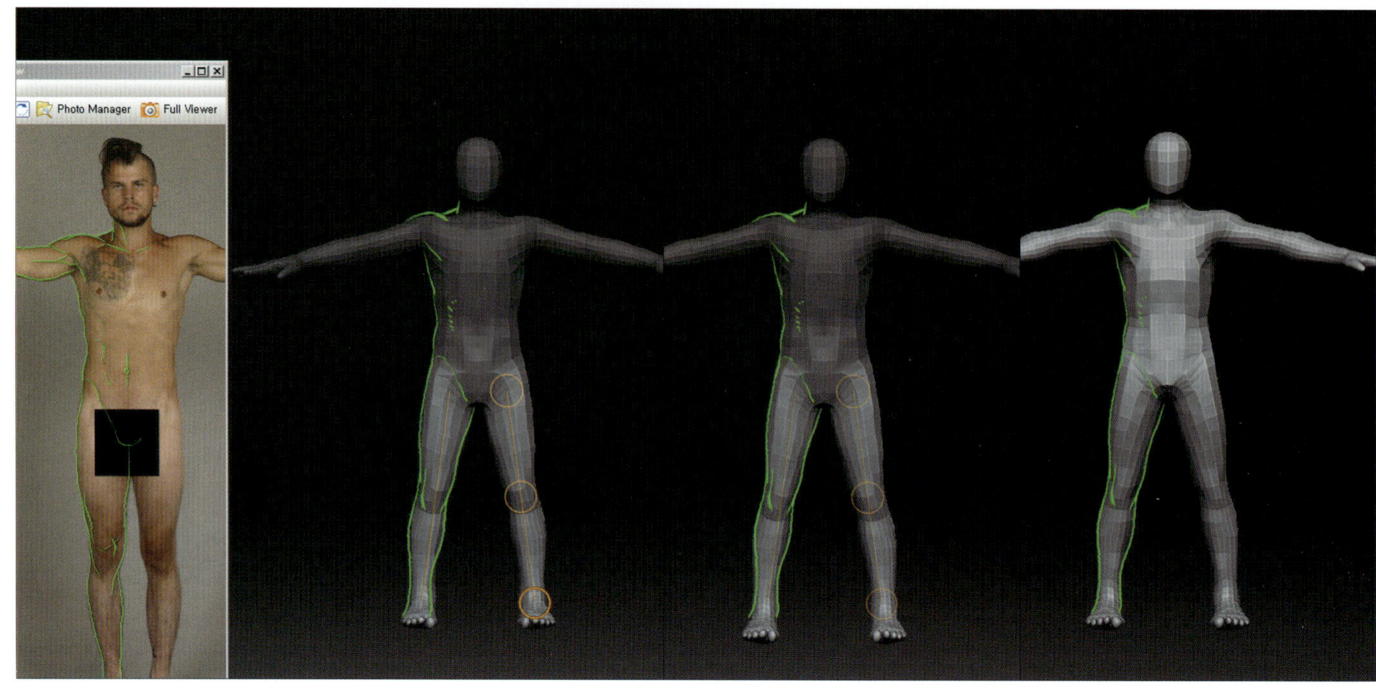

 **06** Sub-d Level 2에서 모양을 다듬은 결과물이다. 여기까지 균형잡인 몸 형태를 제대로 잡아주는 것이 제일 중요하다. '볼륨→디테일'의 '볼륨'에 해당하는 과정이 끝났다.

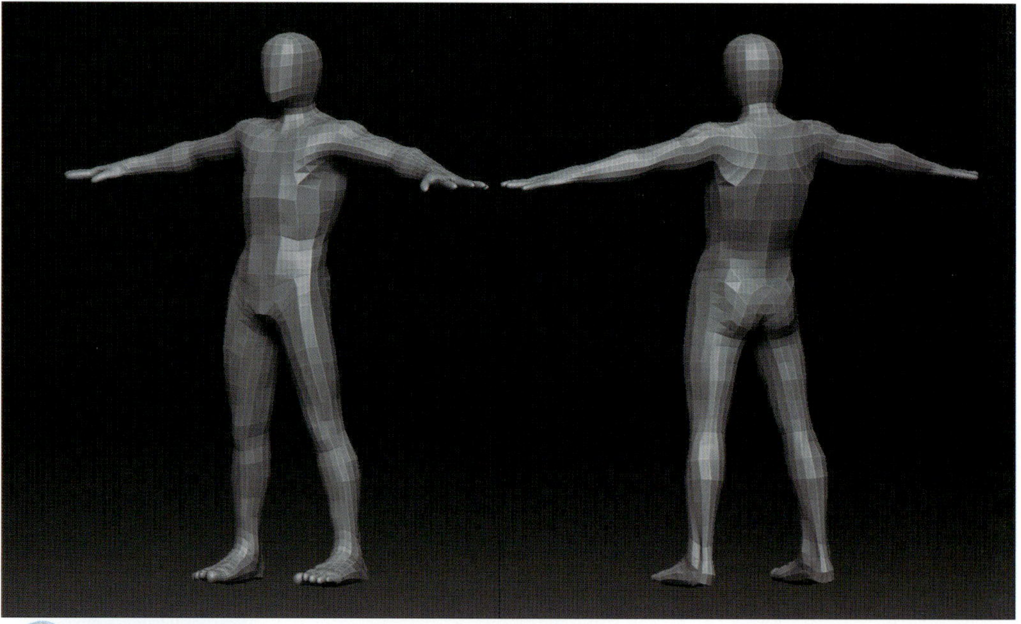

부록 DVD 파일

\ 3D캐릭터모델링\ ZBrush_Basic\ ZSphereBody_Step08.ZTL

체크하세요!

· 사진에서 파악한 앞/옆모습의 실루엣과 최대한 일치하는가?
· 현 단계에서는 디테일을 넣을 수도 없거니와 중요하지도 않다.
  사진 자료를 이용해, 몸의 실루엣(외곽선)을 최대한 균형 잡힌 몸매로 만들어야 한다.
· 균형 잡힌 기본 틀을 만들고 다음 단계로 진행되어야만 나중에 큰 어려움을 겪지 않게 된다.

ZSphere를 이용한 몸통 Sculpting 방법

Sub-d Level 4단계의 작업

05

Sub-d 레벨을 4으로 올려주면서, Move브러시를 이용한 Sculpting에서 서서히 Standard 혹은 Clay브러시를 이용한 Sculpting으로 옮겨갑니다. Sub-d3을 건너뛰는 이유는 몸통 Mesh의 Sub-d3 Mesh 밀도가 형태 잡는 작업을 위해서는 좀 높은 편이며, 디테일작업을 위해서는 너무 낮기 때문입니다.

 **01** Sub-d를 4로 올리고(왼쪽 절반), 사진 자료에서 파악한 상체와 팔의 근육 디테일(녹색)을 넣는다(오른쪽 절반).

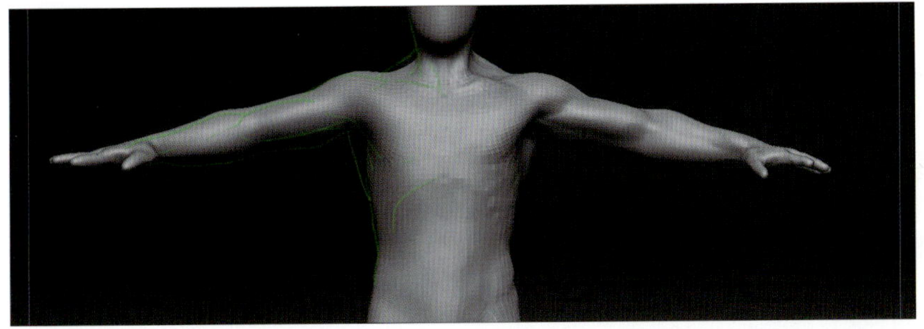

이 단계에 대해서는 신체의 형태에 대한 Sculpting의 방향제시와 방법론 밖에는 설명해 드릴 수 있는 것이 없습니다. 자신이 만들기 원하는 인체에 대해서 늘 연구/조사하며, Sculpting을 하는 내내 다른 이들의 조언을 구하고, 자신의 작업물에 대하여 최대한 객관적인 시각에서 볼 수 있는 안목을 길러야 합니다. 신체 형태에 대한 감각은 스스로 꾸준히 연구하며 연습하면서 길러질 수 있습니다.

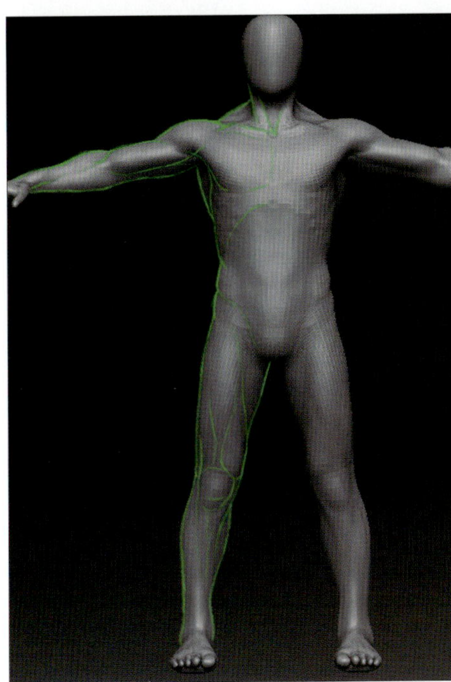 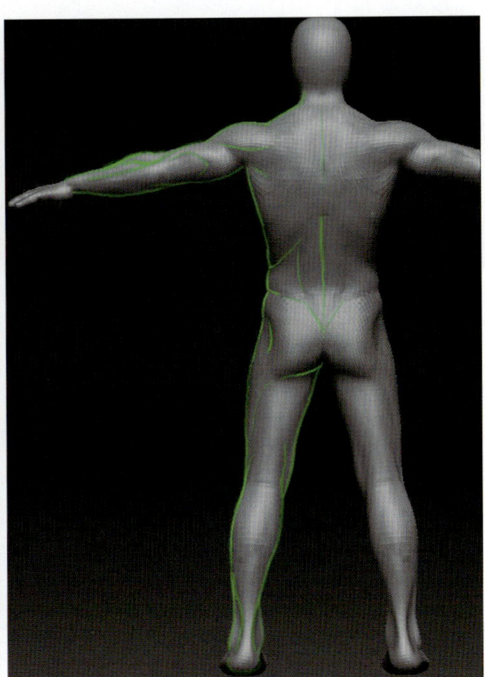

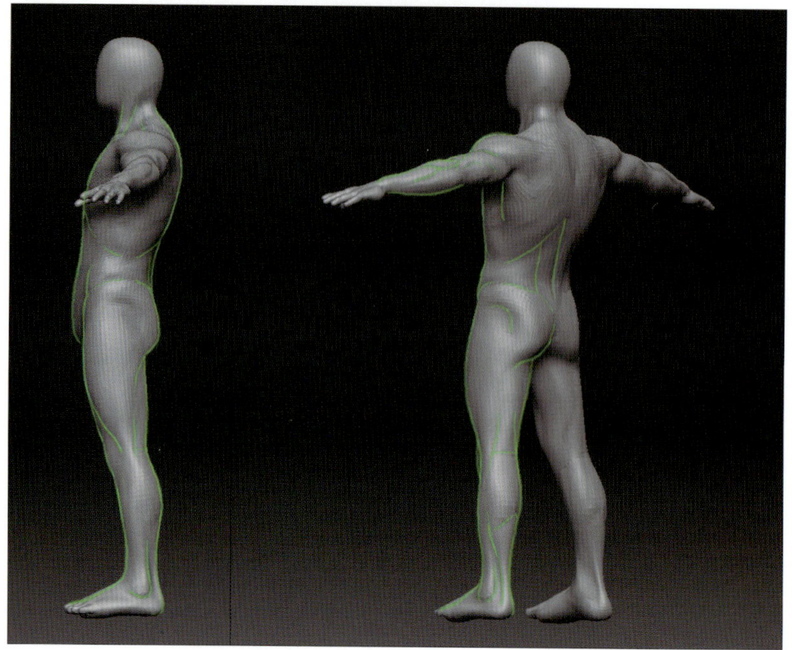

필자가 인체 Sculpting을 할 때 주로 사용하는 디테일 라인들

녹색으로 그려진 선들은 필자가 Sculpting할 때 주요 체크 포인트로 사용하는 것입니다. 물론, 상황에 따라 다양한 방식을 사용하지만 대부분의 경우 이 선들이 디테일을 정의합니다.

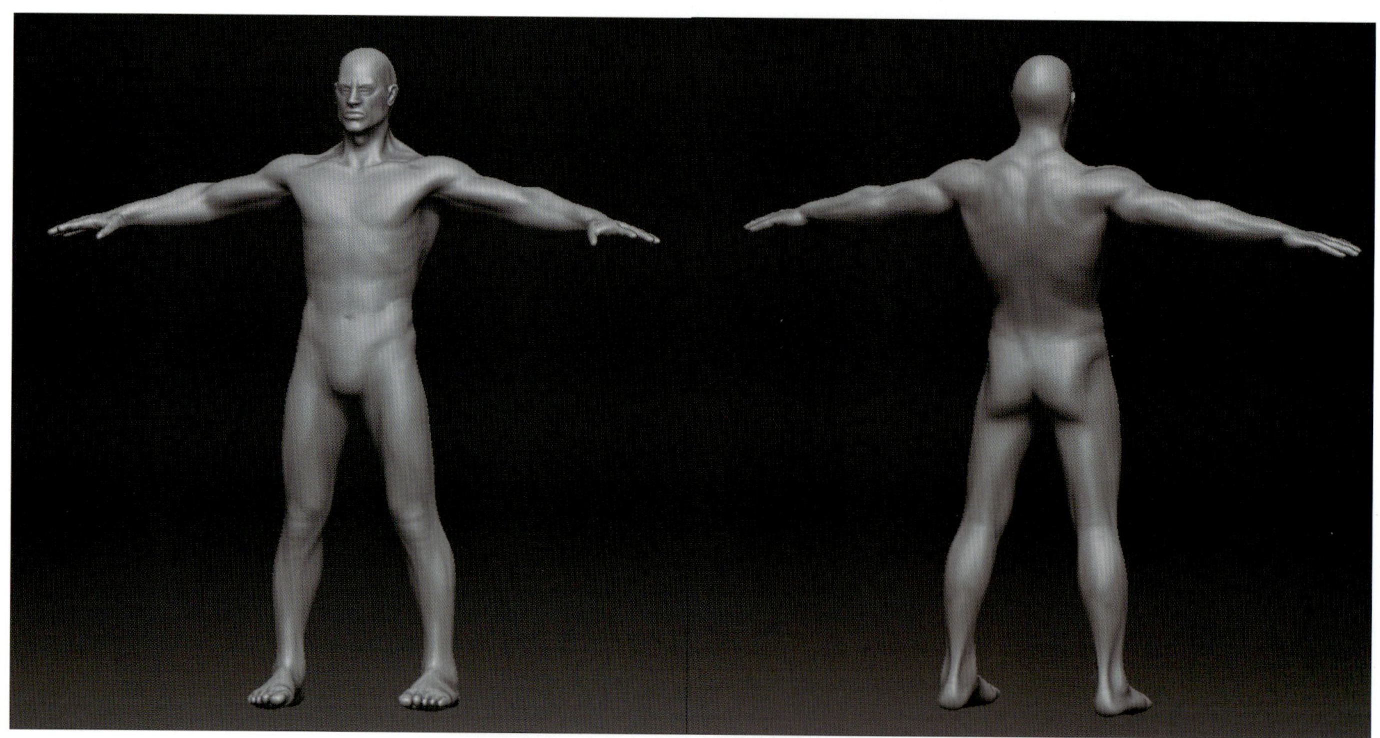

좀 더 세세한 디테일을 넣는 과정이다.

앞서 정리해봤던 머리 만들기 방법을 활용하면 머리는 쉽게 만들 수 있다.

ZSphere 뼈대를 활용하여 작업을 하는 것에는 로우폴리곤 Mesh에서 시작하여 디테일한 Sculpting 할 수 있는 감각이 길러진다는 것에 큰 의미가 있습니다. ZSphere 뼈대는 3ds Max나 Maya에서 만들어서 가져오는 기본적인 볼륨과 구조만으로 이루어진 로우폴리 메쉬와 같거나 그것보다 더 단순하기 때문에, ZSphere 뼈대를 이용하여 Sculpting을 연습하는 것의 의미는 매우 큰 것입니다.

물론, 이렇게 공을 들여 작업하는 동안의 노고를 생각해서, 지금 이러한 결과물을 최대한 직접적으로 활용할 방법을 모색해야겠죠?

ZSphere를 이용한 몸통 Sculpting 방법

얼굴 디테일의 추가

06

우리는 현재의 얼굴 Mesh 밀도가 너무 낮다는 것을 금방 알 수 있습니다. 따라서 Edge Loop 기능을 사용하여 얼굴에 Segment를 추가해 보겠습니다.

현재의 얼굴 모습이 그다지 마음에 들지 않는 관계로 Segment를 추가하여 얼굴 성형을 진행합니다.

 **01** 얼굴 디테일을 담기에 많이 부족한 Mesh 밀도이다.

 **02** 머리 면을 Ctrl + Shift 로 선택하여 나머지 부분들을 감추고, Tool 〉 Geometry 〉 Edge Loop를 클릭하여 세그먼트를 추가한다.

 **03** Move 브러시를 이용하여 고르게 펴준다.

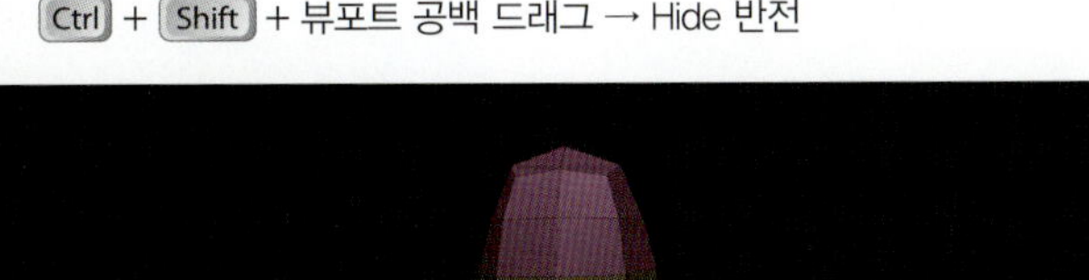
Ctrl + Shift + 뷰포트 공백 클릭 → Hide 해제
Ctrl + Shift + 뷰포트 공백 드래그 → Hide 반전

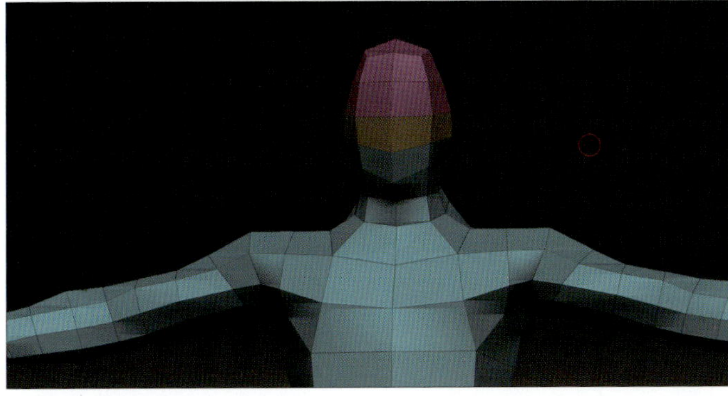

 **04** Segment를 몇 개 더 추가한 뒤 고르게 펴 주었다. Reproject Higher Sub Div를 클릭한다.

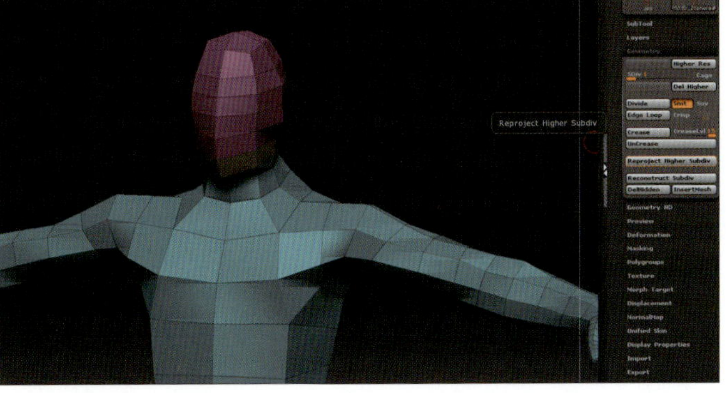

Reproject Higher Sub Div란?

여러 Sub-d 레벨에서 Sculpting을 하는 상황에서 특정 부위가 과도하게 늘어난 경우, 낮은 Sub-d 레벨로 내려가서 늘어난 메쉬를 고르게 펼치고 Tool 〉 Geometry 〉 Reproject Higher Sub Div 클릭하면, 높은 Sub-d 레벨에 보존되어 있는 Sculpting이 프로젝트 됩니다.
쉽게 말해, 작업한 Sculpting을 유지하면서 늘어난 Mesh 메쉬를 고르게 펼 때 사용하는 기능입니다.

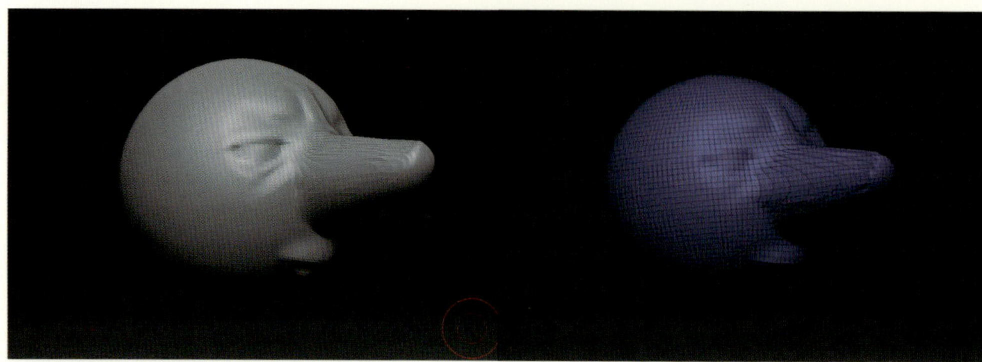

과도하게 늘어나 있는 코 부위.
표면이 지저분 할 뿐 아니라 더 이상
의 디테일 표현이 불가능하다.

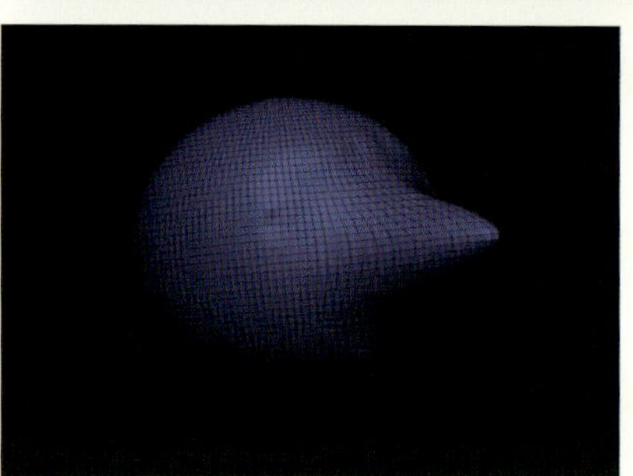

Sub-d 1로 이동하여 과도하게 늘어난 부분들을 Smooth 브러시로 고르게 펼친 모습이다.

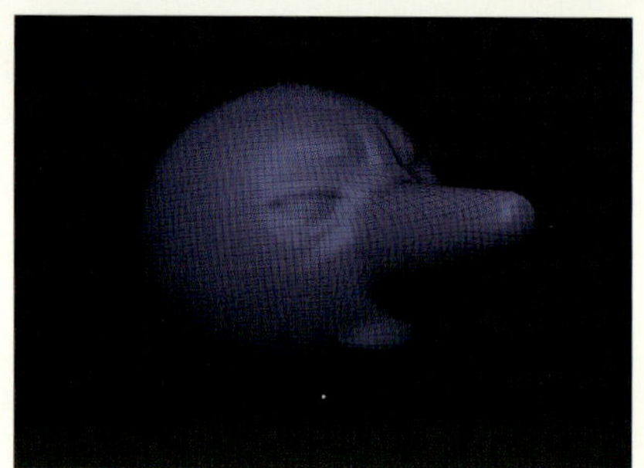

Too 〉 Geometry 〉 Reproject Higher Sub Div 클릭하면 고르게 펼쳐진 Mesh에 Sculpting 데이터가 다시 프로젝트 된다.

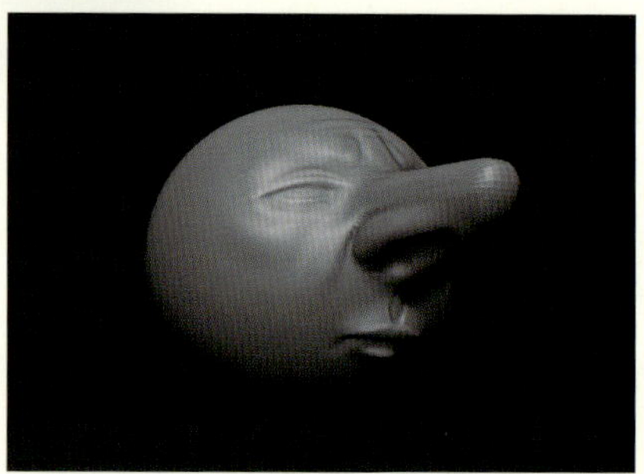

과도하게 늘어나 있던 코 부위에 고르게 Mesh가 분포되었기에 매끄러울 뿐 아니라 새로운 디테일의 표현까지 가능해졌다.

05 Reproject Higher Sub Div를 적용한 상태이다. Edge Loop 기능으로 세그먼트를 추가하고 고르게 펴는 과정에서 이마와 턱 사이의 길이를 늘였기 때문에 얼굴 형태가 영향을 받았다.

06 모양을 바로 잡고 성형 수술을 거친 후의 모습이다.

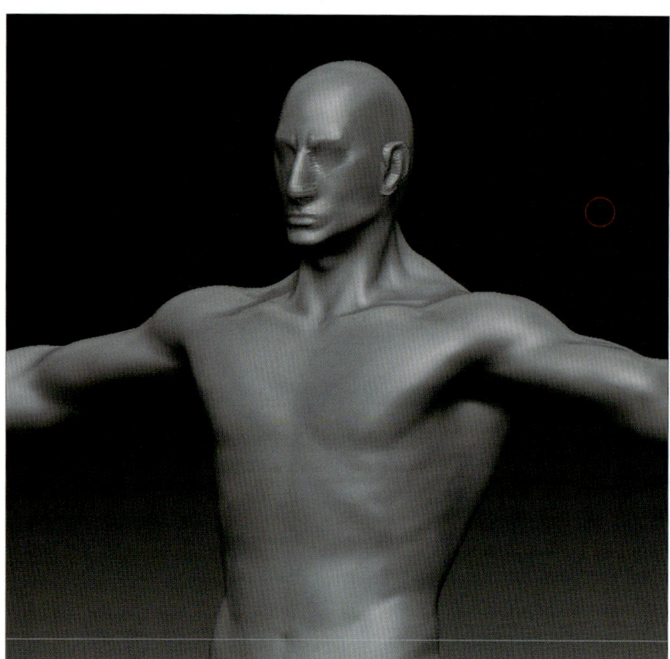

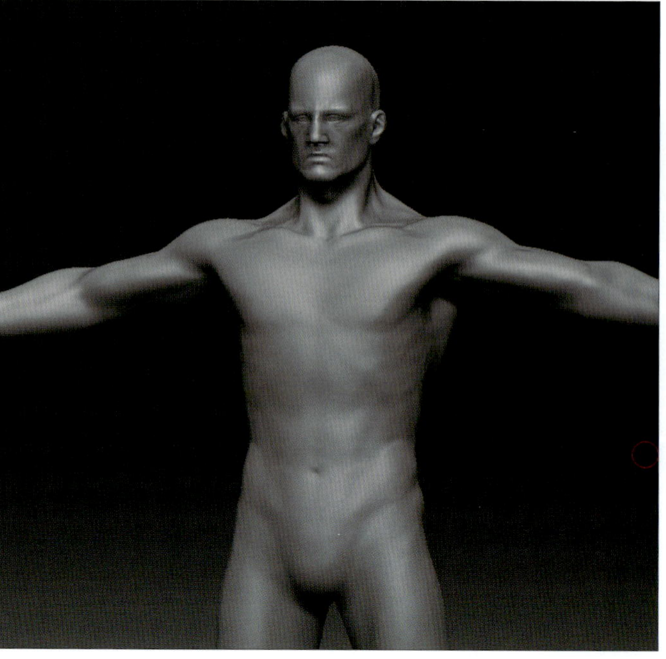

 완성된 버전. 이것은 이후에 필자가 참여한 프로젝트들에 활용하였다.

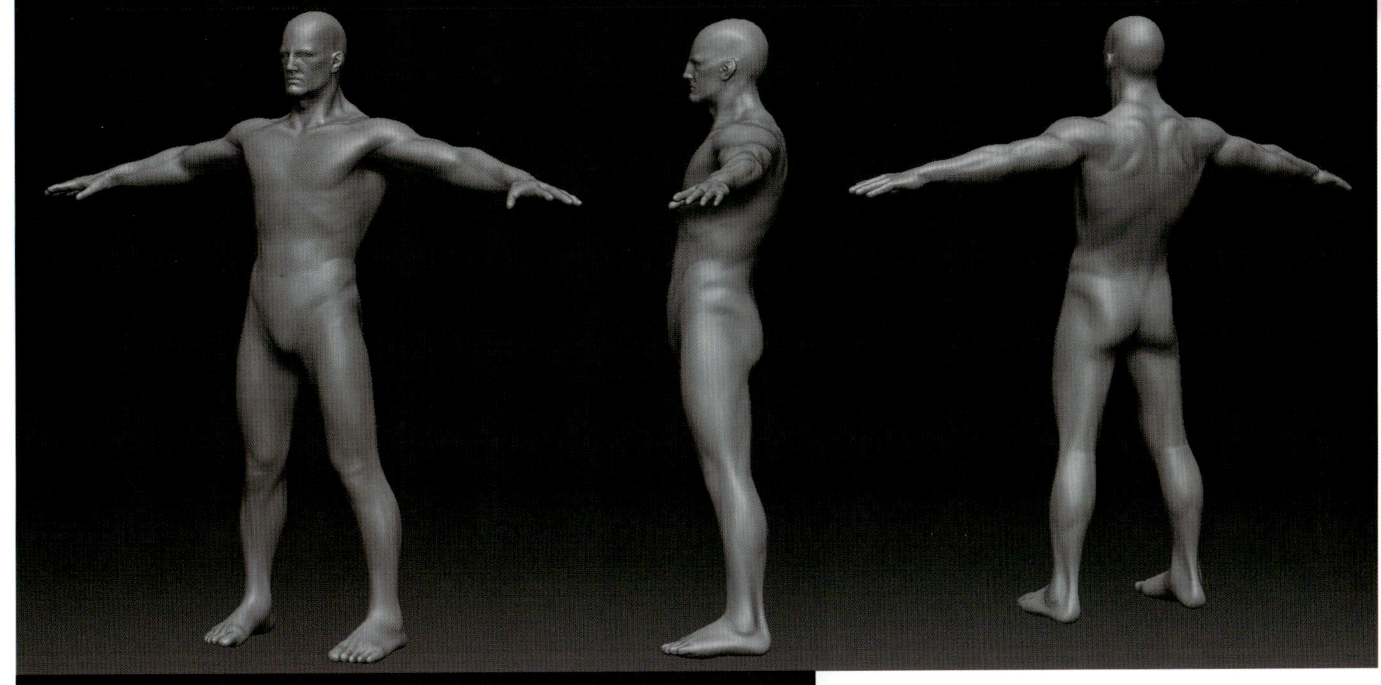

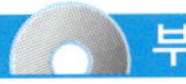

　　ZSphere 뼈대를 이용한 인체 Sculpting을 완성하였습니다. 얼굴 Sculpting 내용의 눈이나 귀 제작 방식처럼 간단한 방법론으로 순서대로 설명할 수 있으면 좋겠지만, 불행히도 그럴 수가 없습니다. 인체의 생김새에 대한 양적/질적으로 우수한 자료들을 늘 수집하며 그것들을 꾸준히 연구하는 것이 최선의 방법입니다. 필자도 3d.sk의 이미지들이나 Freedom-of-Teach.com의 인체 피규어 자료들을 늘 참고하며 작업에 임합니다.

　　그림 그리기를 배울 때와 마찬가지로 다른 사람들이 어떤 방식으로 사물을 해석하고 표현하는 지를 살펴보는 것은 매우 도움이 됩니다. 무엇이든 처음에는 어렵고 난감하지만, ZSphere를 이용한 뼈대 Sculpting을 시도하는 것은 더욱 어렵고 난감한 것 같습니다. 그 이유는 두 번째 시도부터는 첫 번째에 비해 너무 쉽게 느껴지기 때문에, 그것을 처음 시도할 때 더 난감하게 느낀다는 뜻입니다. 두 번째부터는 의아할 정도로 어렵지 않게 작업할 수 있는데, 그 이유는 작업자의 Sculpting 실력이 껑충 뛴다기보다는, ZSphere 뼈대 Sculpting 작업 방식에 익숙해져서 밋밋한 ZSphere 뼈대 Mesh를 보면서도 그리 당황하지 않고 차분하게 작업에 임할 수 있어서가 아닐까요.

ZSphere를 이용한 얼굴 Sculpting 방법

포즈를 취해보자

07

ZBrush에서 오브젝트를 변형하는 여러 가지 툴들을 사용하면 간단하게 캐릭터의 포즈를 취해볼 수 있습니다. 우선 앞서 우리가 사용해 보았던 Transpose(Move/Rotate/Scale) 기능을 사용하는 방법을 봅시다.

01 Rotate 툴을 켜고 Ctrl을 누른 채 드래그하여 구부리기 원하는 부위를 그림과 같이 Mask하고, Rotate 툴 또한 그 부위의 구부러지는 위치에 맞게 배치한다. 필요에 따라 Mask 영역을 Ctrl을 누른 채 클릭하여 Mask를 Blur 해준다.

02 Rotate 툴을 잡고 Rotate한다. 팔을 벌린 상태의 근육 모습이었기 때문에 팔을 내리자 금방 어색해진다.

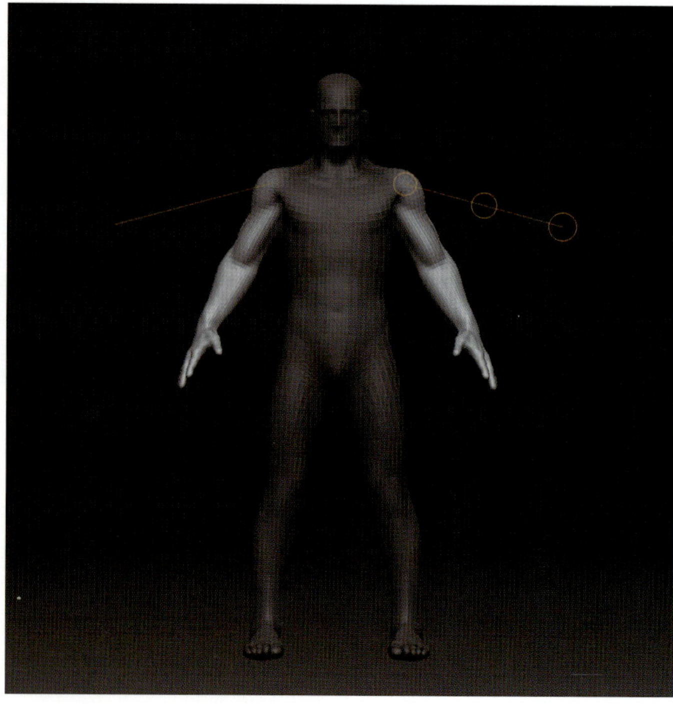

 **03** Move 툴로 바로 바꾸어 어깨를 살짝 내렸다.

 **04** Mask가 해제된 상태이다. 어깨 부위 근육이 어색하다.

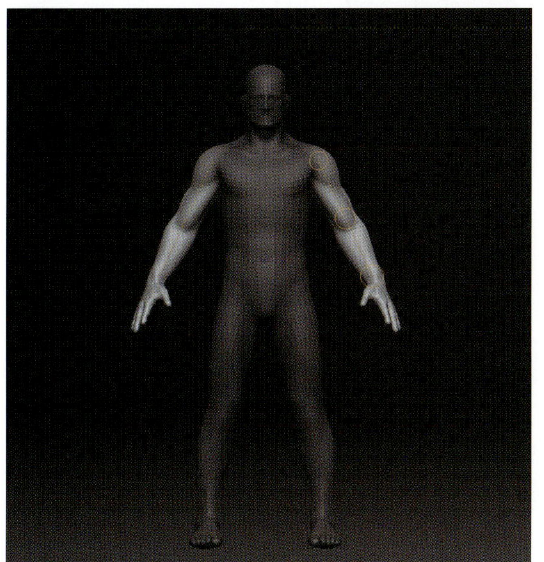

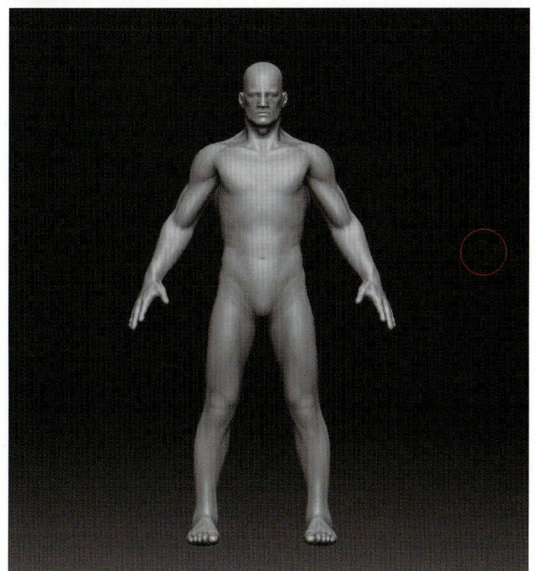

 **05** Move 브러시로 근육 부위를 살짝 내리고 Standard 혹은 Clay 브러시를 이용하여 근육 형태를 다듬는다. 좀더 극적인 포즈를 연출해보자.

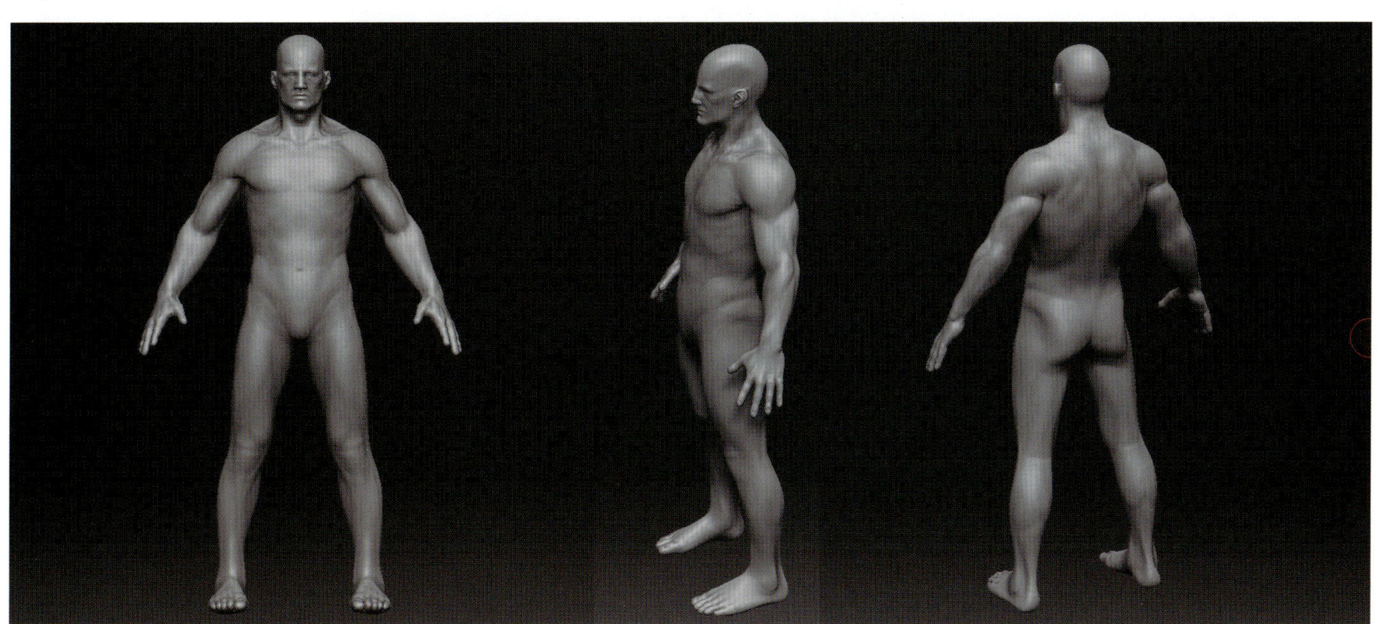

 **06** 다리와 팔을 동일한 방식으로 Rotate/Move하며 포즈를 취한다.

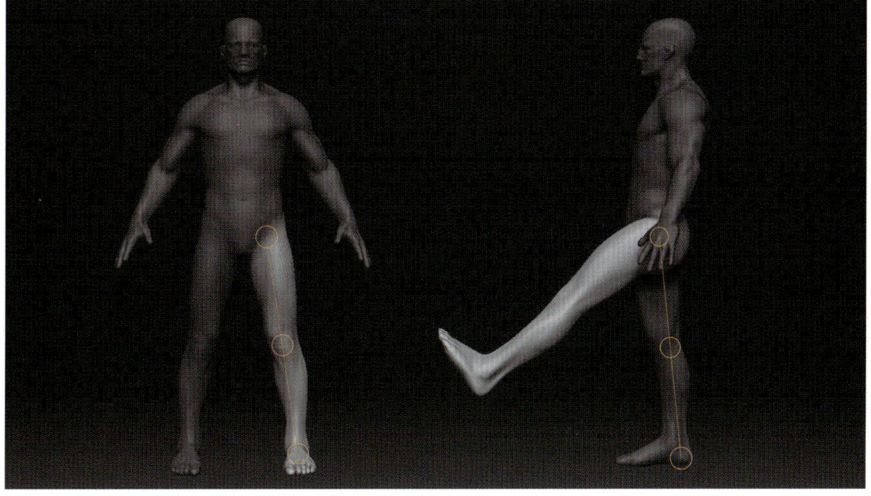

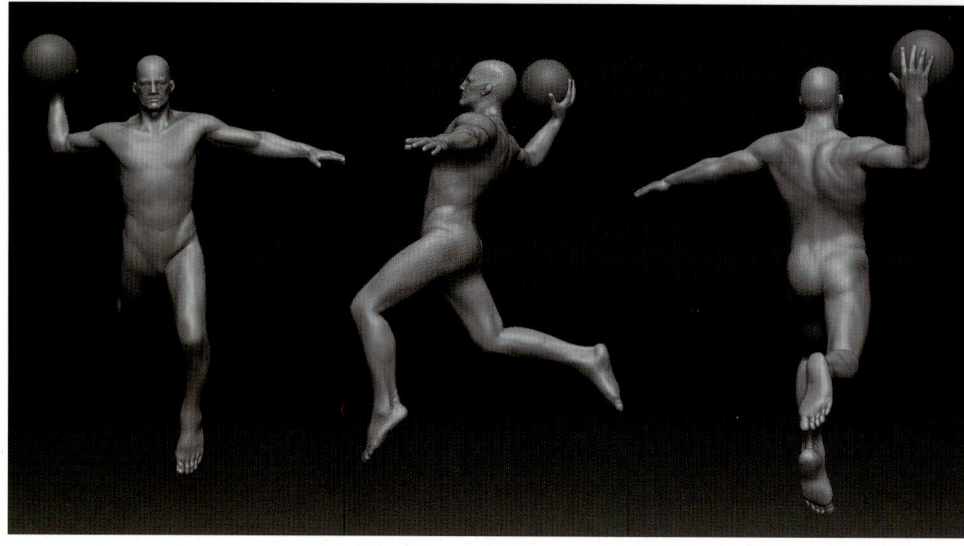

포즈를 취한 상태에서도 Symmetry가 가능합니다. Transform에서 Symmetry가 켜져 있는 상태에서 Use Posable Symmetry를 클릭하면 포즈를 취한 상태에서도 Symmetry가 작동하게 됩니다. 그러나 아직 버그도 많고 불안정하기 때문에 불가피한 경우에만 사용하길 바랍니다.

포즈를 취하는 다른 방법으로 ZSphere 뼈대를 이용하는 방법이 있습니다. 3ds Max나 Maya에서 Bone을 사용하듯이 ZSphere로 뼈대를 만드는 방식이지만 특별히 추천해드리고 싶지는 않습니다.

ZSphere를 이용한 Rigging은 좀 불안정합니다. 튜토리얼을 만드는 동안 ZBrush를 수차례 다시 시작했어야 했습니다. Mesh와 ZSphere 뼈대를 서로 Bind한 상태에서 뼈를 움직여 Mesh를 변형하는 동안에 Undo를 했을 경우 Mesh는 변형된 상태로 남고 뼈만 제자리로 돌아가게 되는데, 이때 ZBrush가 에러로 닫히는 일이 자주 발생하니 주의해야 합니다.

또한 ZSphere Rigging을 Sub-d 4 이상의 높은 Mesh 밀도에서 사용하게 되면, 뼈를 움직일 때 Mesh에 물결 무늬가 생길 수 있습니다. 따라서 Sub-d 4의 이전 단계에서 사용할 것을 권합니다.

포즈를 취한 뒤 Posable Symmetry를 사용하든지, 아니면 Symmetry 없이 작업하면 됩니다. Symmetry 없이 Sculpting을 한다고 해서 놀랄 필요는 없습니다. 포즈가 좌우 대칭이 아니므로 근육의 모습은 좌우가 대칭이어야 할 필요는 없기 때문입니다.

ZSphere를 이용한 얼굴 Sculpting 방법

ZSphere를 이용한 리깅(Rigging)

08

그럼 마지막으로 ZSphere 리깅(Rigging)을 살펴보도록 하겠습니다.

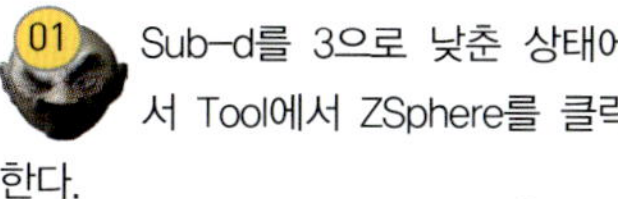

01 Sub-d를 3으로 낮춘 상태에서 Tool에서 ZSphere를 클릭한다.

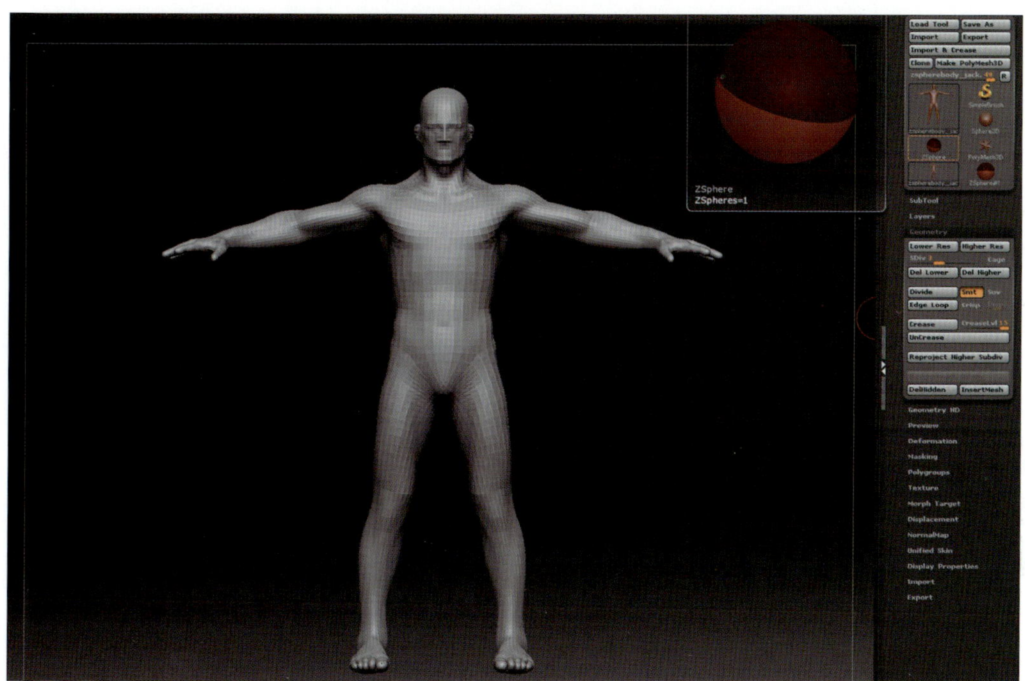

02 Tool 〉 Rigging의 Select 메쉬 버튼을 클릭해 몸통 메쉬를 선택하는 모습이다. 참고로 Select Mesh 옆의 Delete 메쉬 버튼을 사용하여 ZSphere가 선택한 메쉬를 지울 수 있다.

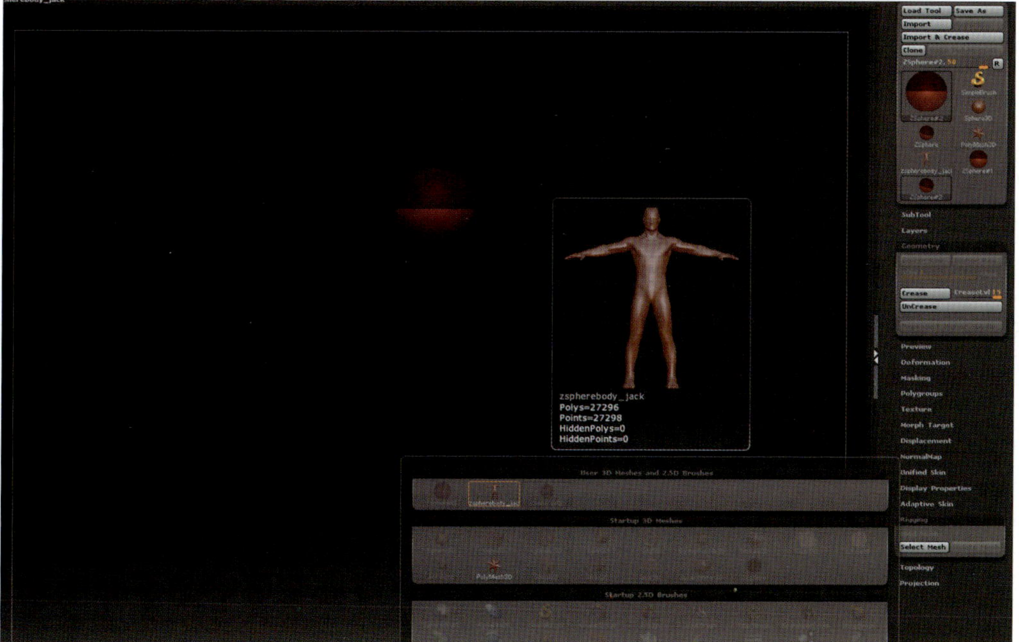

226

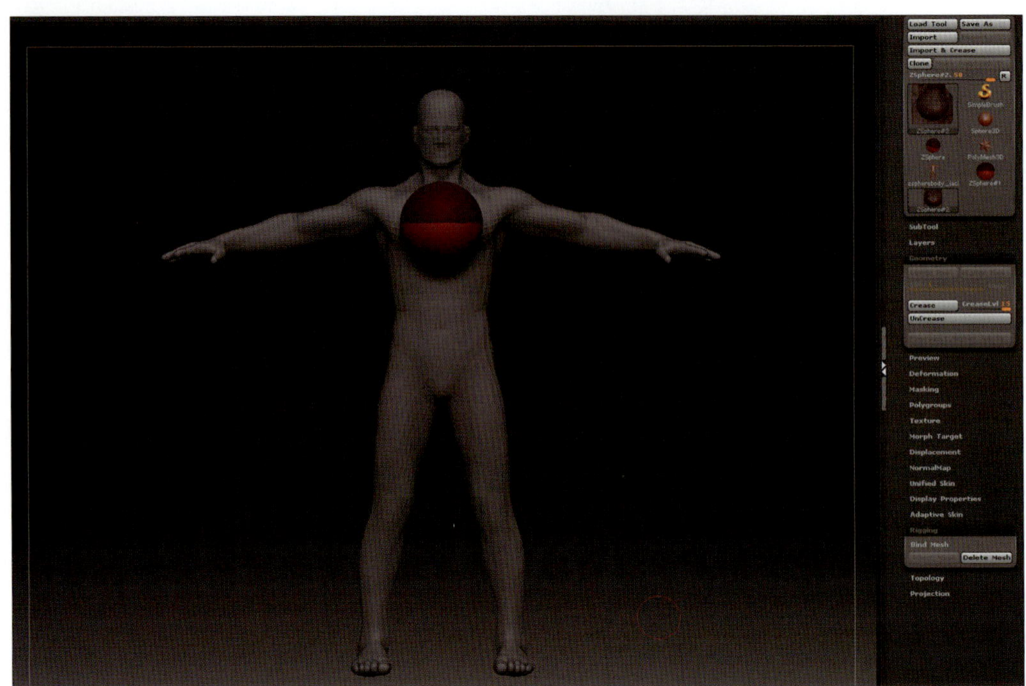

03 Select mesh를 클릭해 몸통을 선택하면 몸통이 회색으로 나타난다. 이 몸통은 클릭할 수도 편집할 수도 없다(이후에 살펴볼 Retopology의 경우 제외).

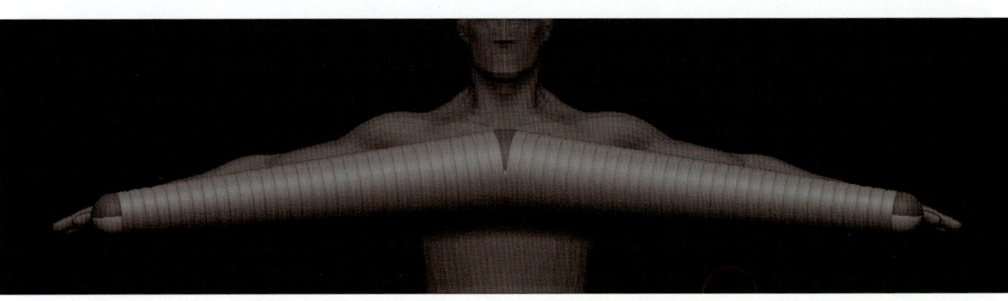

04 ZSphere로 뼈대를 만들던 방식과 동일하게 뼈대를 만들기 시작한다. 이렇게 한번에 손 위치까지 쭉 뽑는다.

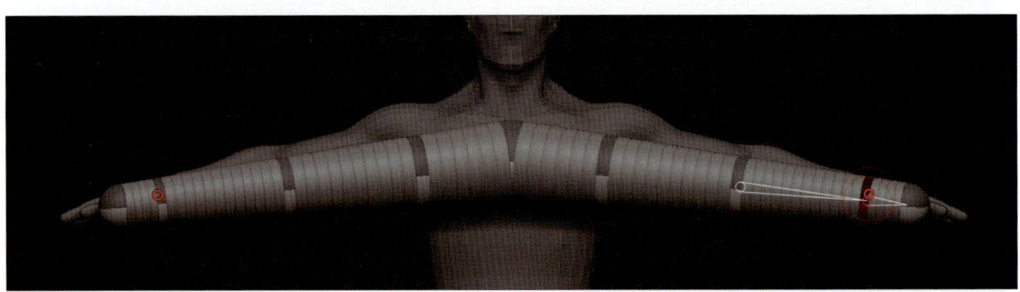

05 Draw 모드(Q)에서 어깨/팔꿈치/손목 관절 위치를 클릭하여 ZSphere들을 넣어주자.

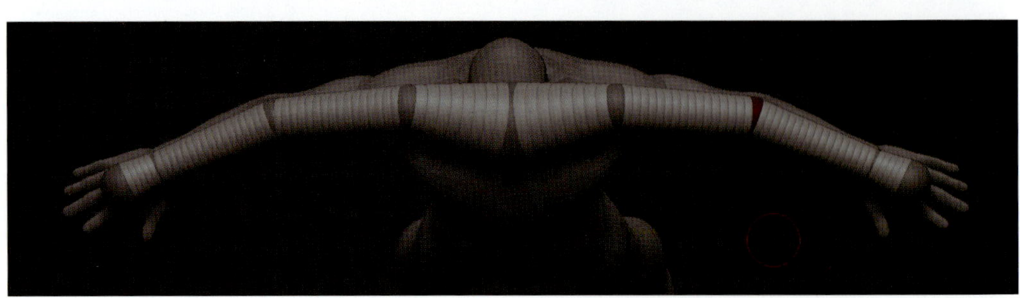

06 관절의 위치를 맞춘다. 관절의 위치는 '회전축의 위치'라는 점을 명심하자.

07 뼈대를 완성한 다음, Tool 〉 Rigging 〉 Bind Mesh 버튼을 클릭한 모습이다. 이제부터 Move와 Rotate 툴을 사용하여 관절을 잡고 움직여서 원하는 포즈를 만들 수 있다.

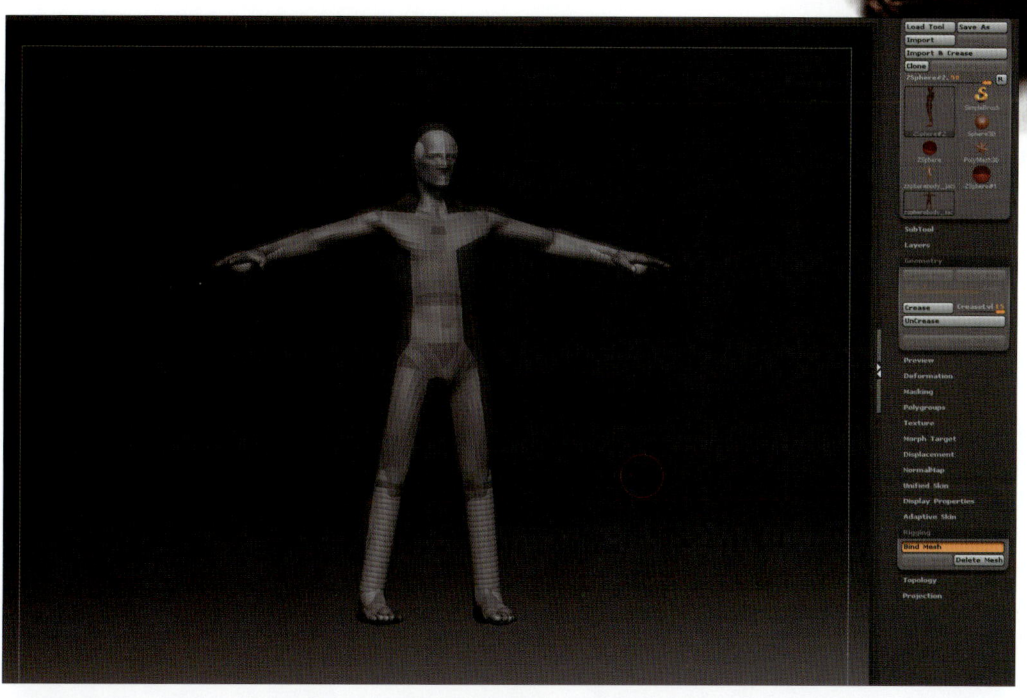

08 좀비 같은 포즈이다. 포즈를 완성한 후 Tool 〉 Adaptive Skin 〉 Make Adaptive Skin을 클릭하면 포즈를 취하고 있는 Mesh가 새로 생성된다.

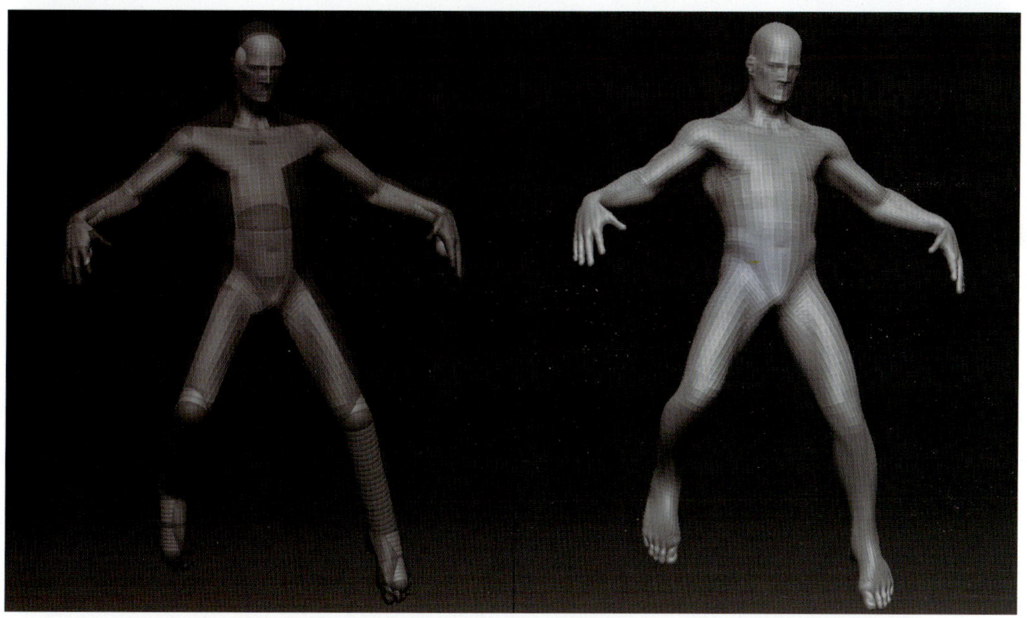

이 때 Sub-d 레벨은 Bind(Tool 〉 Rigging 〉 Select Mesh)되던 시점의 Sub-d 레벨로 초기화됩니다. Sub-d3으로 내리고 Bind한 이 몸통도 지금 이 상태로 Sub-d1으로 초기화되는 것입니다. 이것은 다시 말해서 기존 몸통의 디테일들은 모두 삭제된다는 뜻입니다.

ZBrush의 공식 웹사이트의 문서를 검색해보면, Mesh를 Sub-d1으로 놓고 Bind한 뒤 포즈를 취하고 Adaptive Skin의 Density를 원래 Mesh의 Sub-d 수와 같게 맞추고, Shift 를 누른 상태에서 Preview 버튼을 클릭하면 높은 Sub-d 레벨에서 작업한 디테일들이 포즈에 맞게 디스플레이된다고 언급되어 있지만 이것이 제대로 작동한 사례를 직접 본 적은 한 번도 없습니다.

결론적으로 ZSphere Rigging은 나름대로의 쓸모가 있을 수도 있으니 참고만 하시고, 앞에서 주로 살펴본 Move/Rotate/Scale 툴과 Mask를 이용하는 Transpose을 주로 사용하길 권합니다.

3D 캐릭터 모델링의 실전

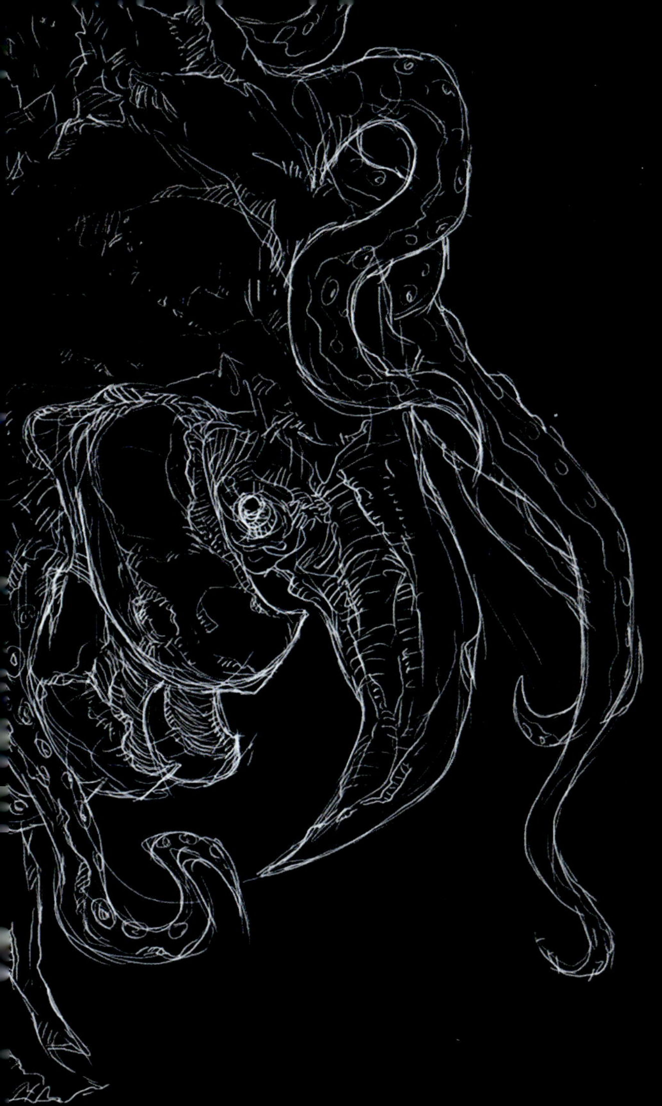

Part 08

〈나쁜 경찰 : Jim〉 만들기

Retopology의 이해

들어가며
01

〈나쁜 경찰〉의 Jim

ZSphere를 이용하면 3ds Max나 Maya에서 기본 Mesh를 만드는 수고를 줄일 수 있으며, 캐릭터의 생김새나 신체 비율, 특징 등을 즉각적으로 비쥬얼라이즈(visualize)해 볼 수 있습니다. ZSphere 작업에 익숙해지면, 전신 캐릭터를 만드는 데에 약 2시간 미만이 소요되며, 머리를 만드는 데에는 20~30분 미만이 소요되기 때문에 결코 시간 낭비가 아닙니다. 게다가 이렇게 작업한 결과물을 용도에 맞춰서 변환하고 편집하는 방식은 ZBrush 특유의 재미를 줍니다.

그림에서 보이는 캐릭터의 이름은 Jim이며, 필자가 2008년 여름 한국에서 진행했던 캐릭터 모델링 워크샵에서 〈ZSphere Skel-eton〉 모델링을 선보이기 위해 처음으로 연습해 본 모델링입니다.

처음이었던 관계로 많이 부족하지만, 책에서 소개하게 될 〈나쁜 경찰〉 역할에 잘 어울리는 얼굴과 몸매를 지녔기에 이 캐릭터를 택했습니다.

작업에 앞서 이 ZTL 파일을 어디까지 어떻게 활용할 것인지 생각해 보는 것이 필요합니다. 우리는 지금부터 이 몸통을 베이스로 하여 3ds Max에서 옷과 기타 소품을 모델링하고, 머리나 팔 부위는 Retopology를 거쳐서 최종 모델에 사용할 것입니다.

자신이 직접 만들어 본 ZSphere 캐릭터를 사용하거나 부록 DVD에 수록된 나쁜경찰 파일들을 참고해 보면 도움이 될 것입니다.

Spline 모델링 기법

3ds Max 모델링 기능 중 필자가 제일 많이 사용하는 것은 바로 Spline 모델링 기능입니다. Spline 모델링에 대해서 처음 알게 된 순간부터 저는 늘 열성적으로 Spline 모델링 기법을 사용하고 권해 왔습니다. 본격적인 Jim 작업의 첫 단계인 Retopology 작업에 들어가기 전 3ds Max의 Spline 모델링을 통해서 외형적 그리고 기능적으로 우수한 메쉬를 다루는 감각을 단련해 보겠습니다.

1 3개 혹은 4개의 Spline이 만나면 면(Surface)이 된다.

 **01** 두 개의 Spline을 만든다.

02 Attach로 서로 붙인 뒤 Refine Connect 혹은 그림에서 보는 바와 같이 Cross Section으로 양쪽 끝을 Spline으로 잇는다. Cross Section보다는 Refine Connect 추천한다.

> **체크하세요!**
>
> Cross Section은 Cross Section 버튼을 클릭하고 Spline을 클릭하고 다음 Spline을 클릭하면 Vertex들이 Spline들로 연결되는 기능이다. Refine Connect는 Connect 옵션을 켜고 누른 뒤 연결하고자 하는 두 점 혹은 선을 클릭하여 연결하는 방식이다.

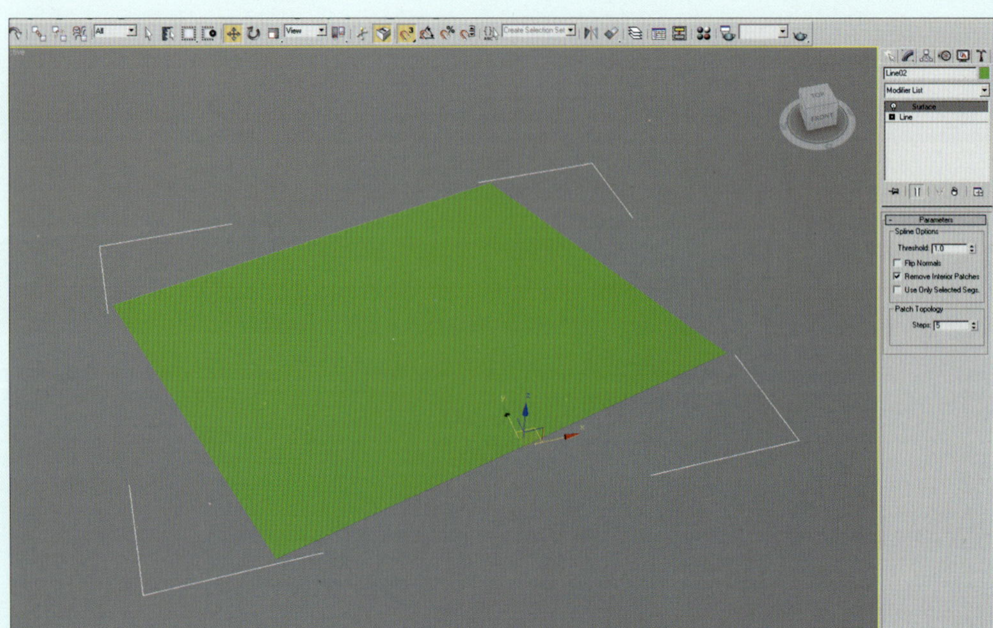

03 Surface Modifier를 적용하면 3개 혹은 4개의 Spline 부위에 면을 형성한다.

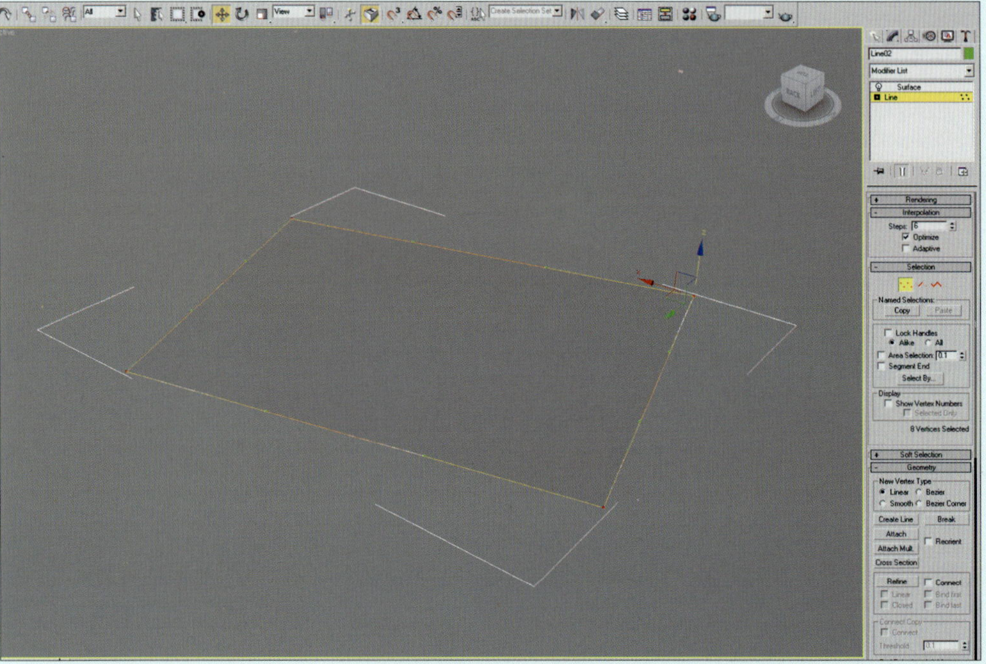

04 Vertex를 모두 선택하고 마우스 오른쪽 버튼을 클릭하여 나오는 메뉴에서 Bezier Corner를 선택해 보면, 그림과 같이 Bezier 핸들이 표시된다(편의상 회색 재질을 주었다).

05 Bezier 핸들을 잡고 움직이면 변형되는 면이 마치 Nurbs처럼 부드럽다.

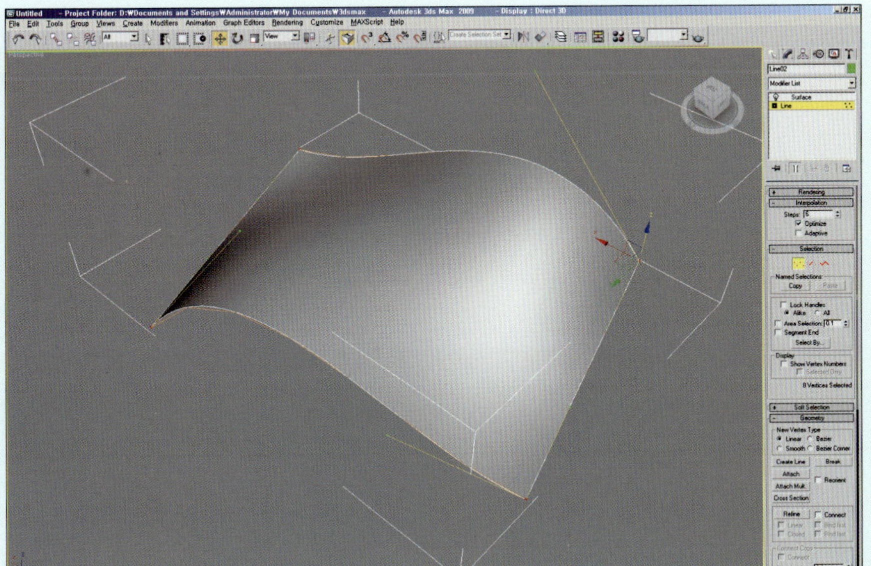

06 Connect를 체크한 상태에서 Refine 버튼을 클릭하면 Vertex나 Line을 클릭하여 연결하는 것이 가능해진다.

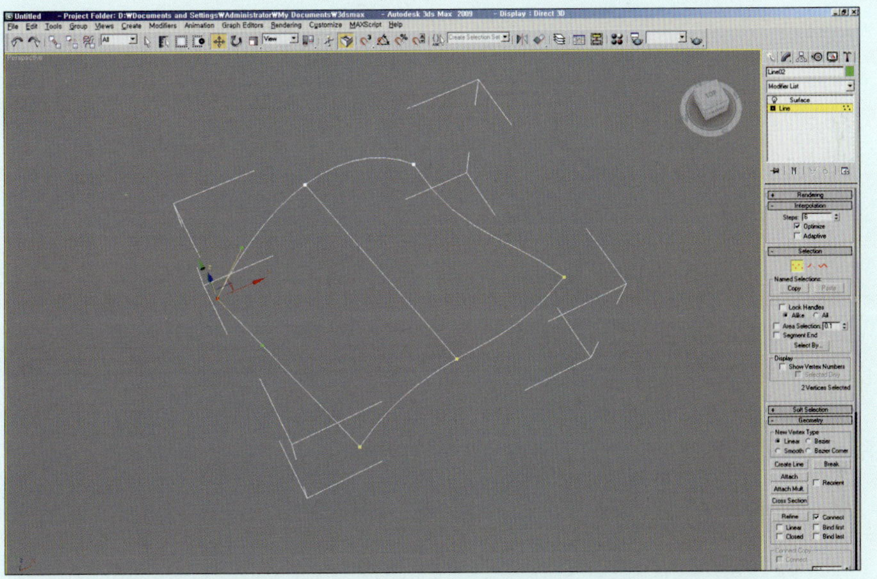

06 Refine Connect로 Segment를 추가한 후 변형해 본 모습이다.

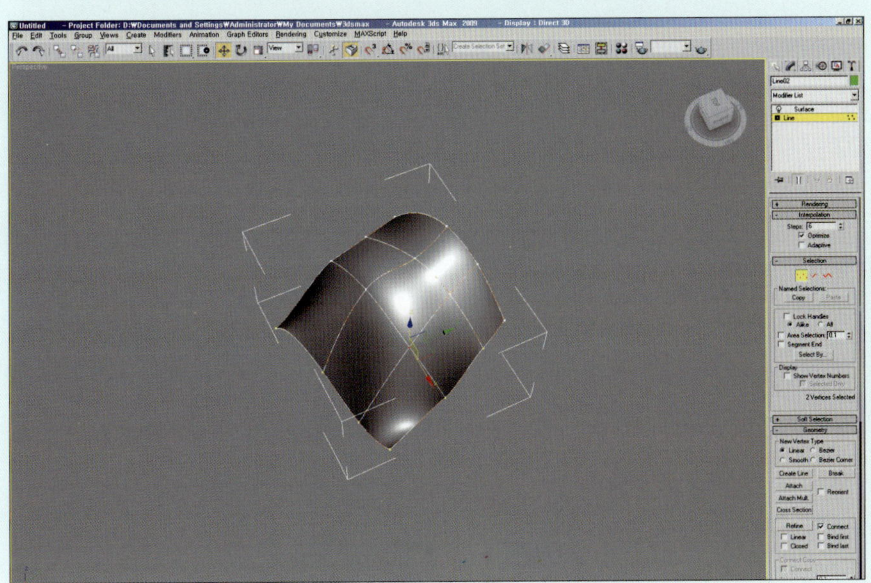

필자가 3D를 배울 때 학교 숙제로 처음 만들어 본 전신 캐릭터를 다른 사람들은 모두 Box 모델링으로 했는데, 혼자만 Spline 방식으로 작업했던 기억이 납니다. 일일이 Bezier 핸들을 잡고 움직여 가며 그 특유의 오가닉(생물체)한 느낌의 표현을 수월하게 할 수 있었습니다.

그러나 이런 식으로 Spline 작업을 했을 때의 가장 큰 문제는 결과물이 쓸모없게 된다는 점입니다. UV 작업과 같은 다른 작업을 위해서는 Surface의 부드러운 정도를 최대한 낮춰야 하고, 이는 곧 Bezier 핸들을 붙잡고 씨름한 소중한 시간들이 무의미해진다는 것이지요.

여기까지만 보면 Spline 모델링 방식 자체가 쓸모없어 보입니다만 다른 강점도 있습니다. Spline 모델링 방식의 진정한 장점은 바로 '선(Line)'을 이용하여 면을 만들어가는 점입니다. 덩어리를 만들고 Edge를 쪼개듯 작업해야 하는 Box 모델링 방식과 달리, Spline 모델링은 Edge를 그리고 그 사이사이를 면으로 채우는 방식입니다. 이것은 다시 말해 마치 3D의 공간에 Spline으로 그림을 그리듯 작업함과 동시에, 매우 까다로운 형태의 Edge 흐름을 조절하기에 안성맞춤이라는 점입니다. 그런 이유로 캐릭터의 얼굴 모델링처럼 Mesh의 이상적인 흐름이 중요시되는 작업에서 그 빛을 발합니다.

이러한 Spline의 강점을 끌어내기 위해서는 다음에 보는 것처럼 설정해야 합니다.

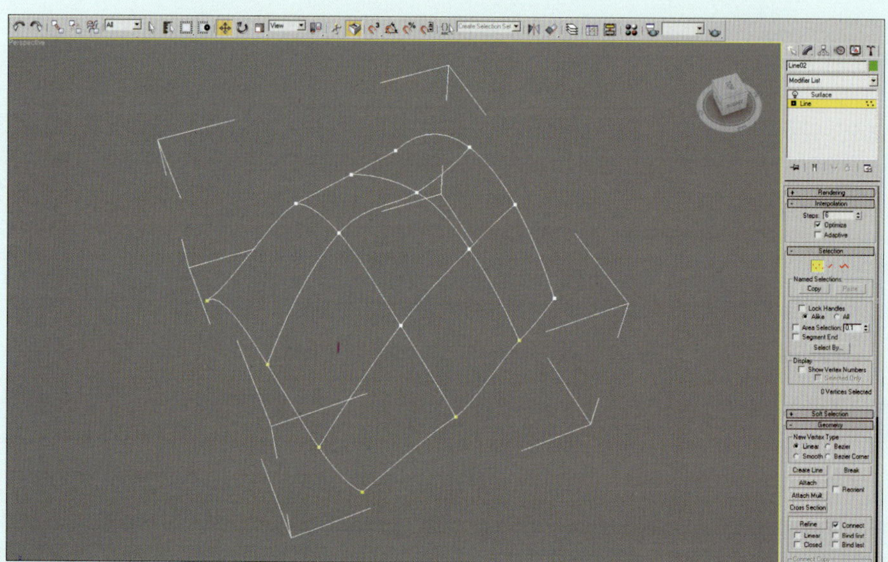

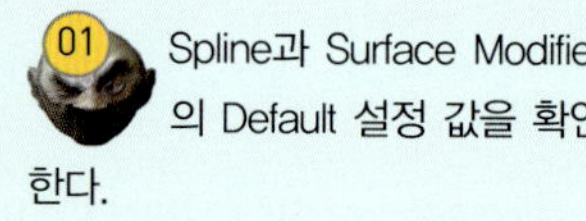

01 Spline과 Surface Modifier의 Default 설정 값을 확인한다.

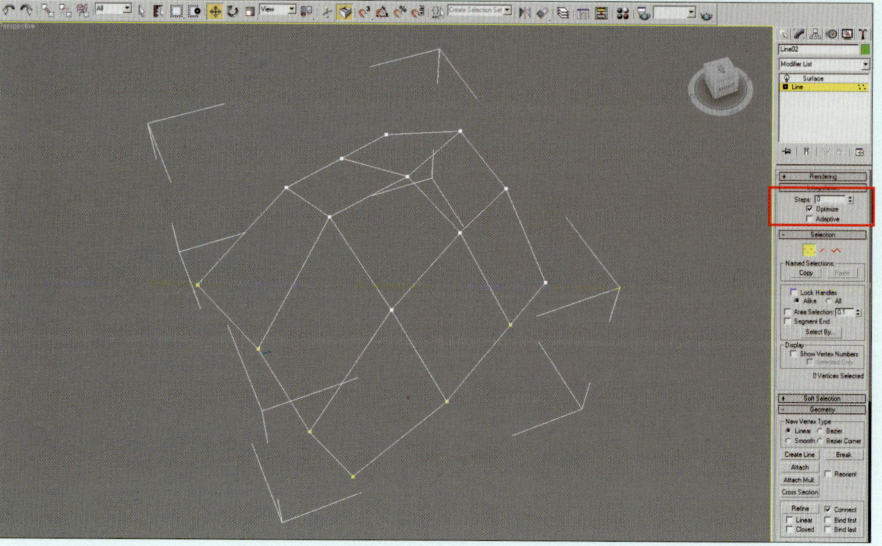

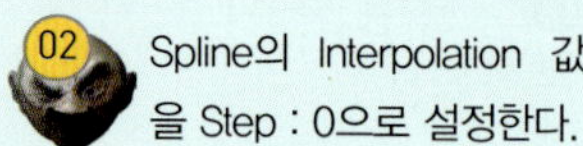

02 Spline의 Interpolation 값을 Step : 0으로 설정한다.

03 Surface 모디파이어의 Patch Topology를 Step : 0으로 설정한다.

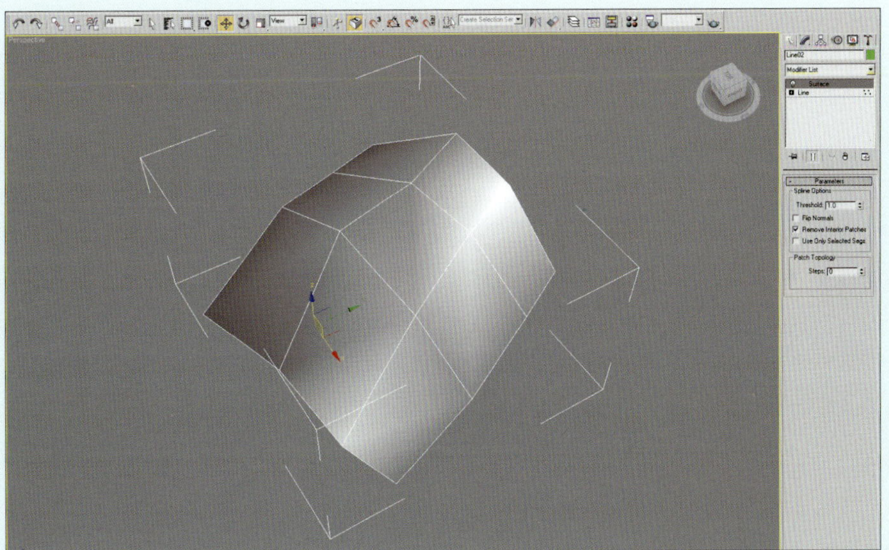

04 Spline의 Vertex를 모두 선택하고 마우스 오른쪽 버튼을 클릭하여 나타나는 메뉴에서 Corner를 선택한다.

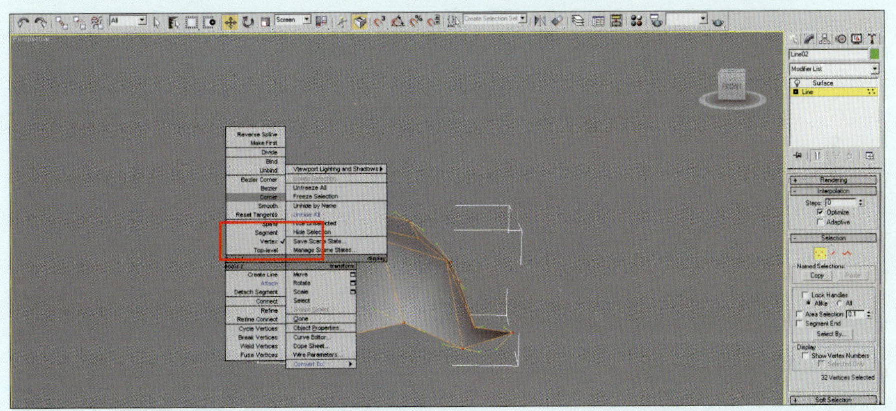

05 이 상태에서 Vertex를 클릭하고 움직이려 하면 그림처럼 Vertex가 분리되고 그 부분의 면은 사라진다. 그 이유는 Vertex는 하나처럼 보이지만 실제로는 거기에 연결된 Spline의 개수만큼의 Vertex가 모여 있다.

Editable Spline의 Area Selection을 켜면 정해진 범위 내의 Vertex들이 한번에 선택되어 이 같은 문제를 해결해준다.

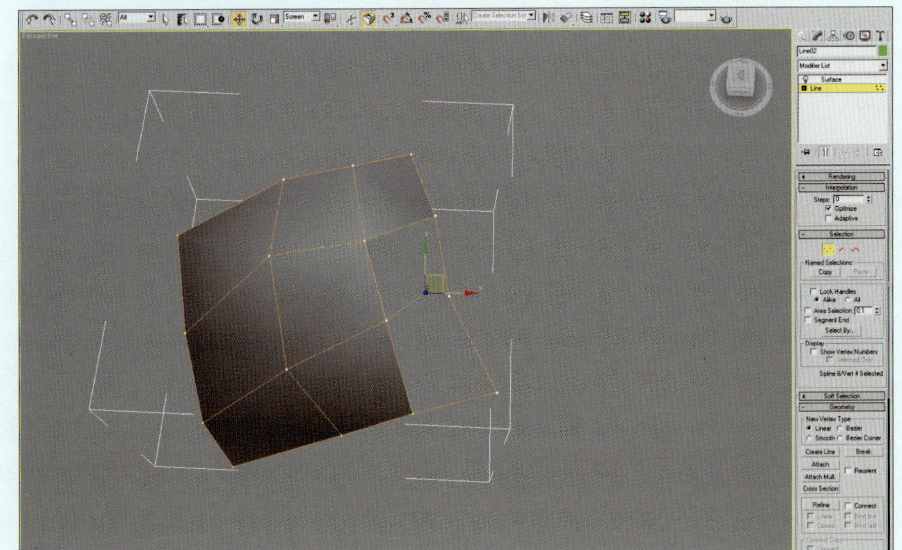

체크하세요!

Spline들을 서로 하나의 오브젝트로 Attach하는 경우는 있더라도, 서로 'Weld(붙임)'하는 경우는 없도록 해야 한다. 예를 들어, Spline들의 Vertex들을 서로 Weld할 수는 있지만 이는 반드시 피해야 한다. 그 대신 'Fuse(서로의 위치를 한 점으로 모아줌)'를 사용하여 '배치'되도록 해야 한다. Surface 모디파이어는 Spline의 '연결 상태'가 아닌 그 Vertex들의 '위치'에 의해 면을 형성하기 때문에 서로 겹쳐있기만 하면 된다.

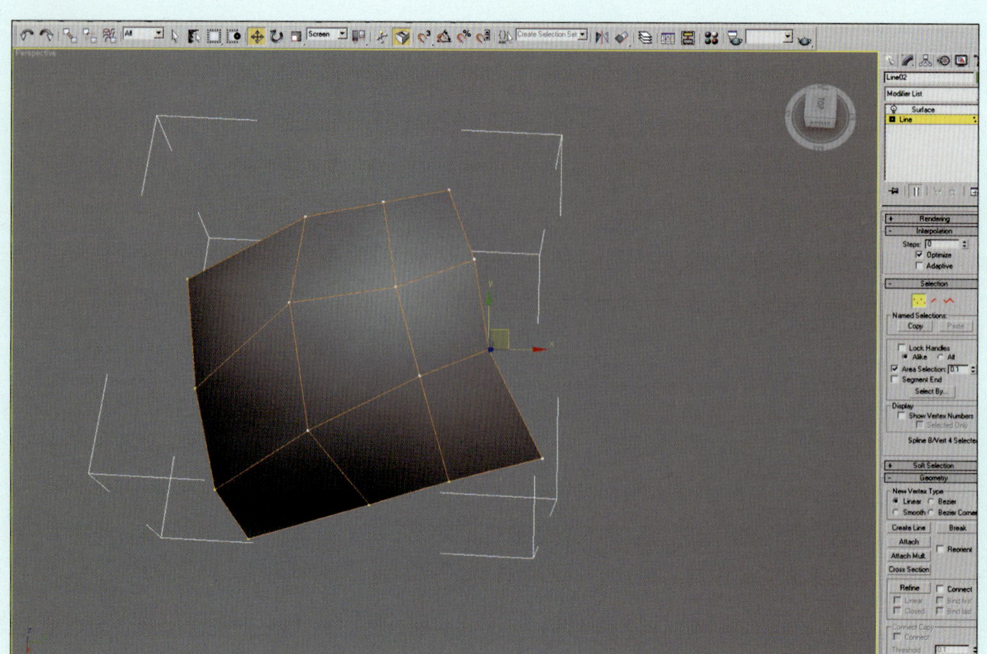

06 서로 겹쳐 있는 Vertex들을 한번의 클릭으로 선택할 수 있도록 해주는 기능이 Area Selec-tion이다. 이 기능을 켜고 Vertex를 움직여 보는 모습이다.

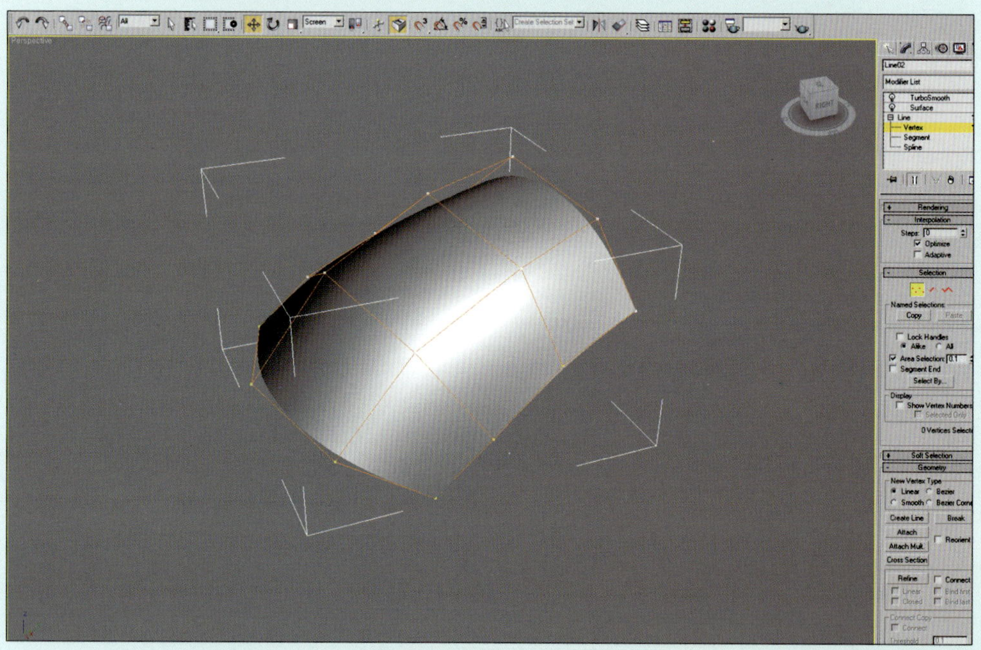

07 마지막으로 필요에 따라 Symmetry와 Turbo Smooth 모디파이어를 추가하면 준비가 끝난다.

이런 방식으로 Spline 모델링의 설정을 바꾸게 되면 보는 바와 같이 마치 일반적인 폴리곤 모델링을 하는 듯한 모습이 됩니다. 다만 Edge를 Extrude한다든지 박스에서 시작한다든지 하지 않고, Spline으로 형태를 그리고 그 사이사이를 이상적인 메쉬의 구조와 형태로 채운다는 점만 빼고 말이지요.

❷ 이상적인 메쉬 구조를 만들자

완벽하지는 않지만 머리 모델링을 시도할 충분한 이미지를 가지고 시작하겠습니다. 오른쪽 그림의 메쉬 구조는 필자가 최종 완성한 메쉬의 구조입니다. 이것을 흔히 말하는 '이상적인 메쉬 구조'의 하나로 보면 됩니다.

가장 핵심을 이루는 것이 바로 입과 눈 주변의 방사형으로 뻗어나가는 메쉬 구조입니다. 메쉬 구조에 대해서 충분히 이해하기 전까지는 그냥 외워두시고 적용하시는 편이 좋습니다.

이러한 이상적인 메쉬 구조는 이후에 선보일 ZBrush의 Retopology 기능 활용에 있어서 매우 핵심적인 것입니다. 제가 여러분들께 이것을 소개해 드리는 이유는 튼튼한 기초를 쌓는 것이 정말 중요하기 때문입니다.

어떤 사람의 뛰어난 실력을 배우고자 한다면 겉으로 드러나는 부분만이 아닌, 그것의 바탕을 이루는 부분을 먼저 배워야 한다는 것이 필자의 지론입니다. 독자 분들이 도움이 될 만한 필자의 노하우들을 제대로 배우고 싶다면, '이상적인 메쉬 구조에 대한 깊은 이해'는 선택이 아닌 필수입니다. 또한 이상적인 메쉬 구조는 이후에 선보이게 될 ZBrush의 Retopology 기능 활용에 있어서 매우 핵심적인 기반이 됩니다.

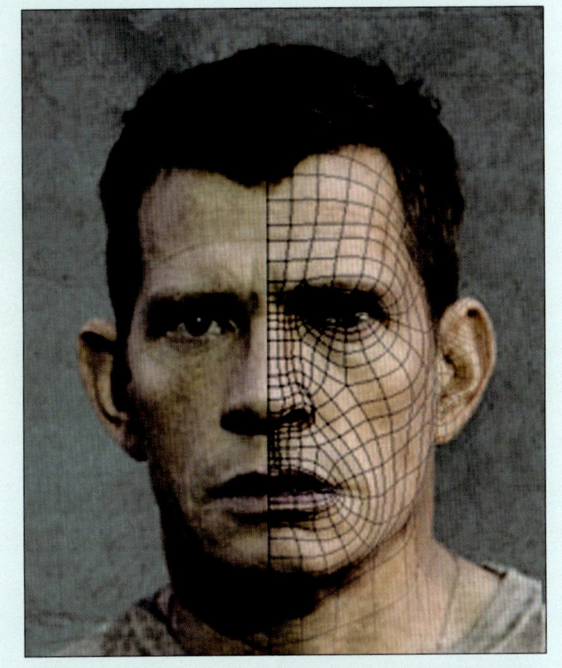

영화 《스파이더맨 3》의 스틸샷 중 하나. 그 위에 메쉬 구조를 표시해 보았다.

01 이미지 Plane을 셋업한다.

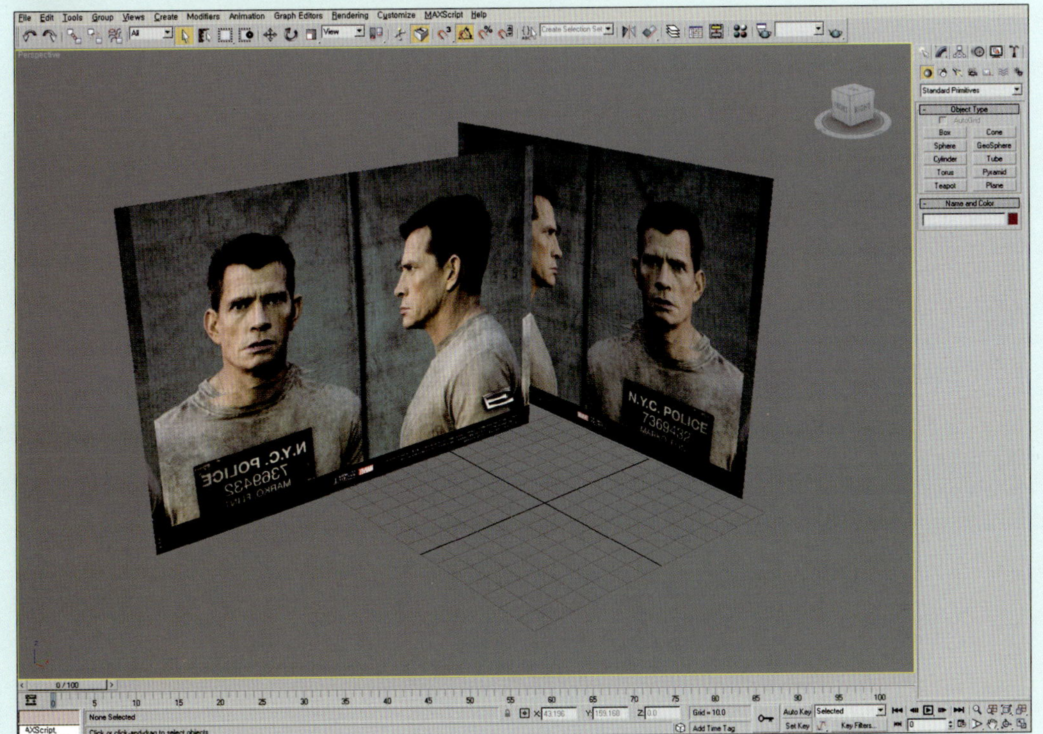

02 현 단계에서는 Spline을 이용하여 형태만 신경 쓰며 앞모습과 옆모습을 사진에 맞춰 자유롭게 그리고, 양쪽 사진들에 서로 매치하도록 외곽선을 그려준다.

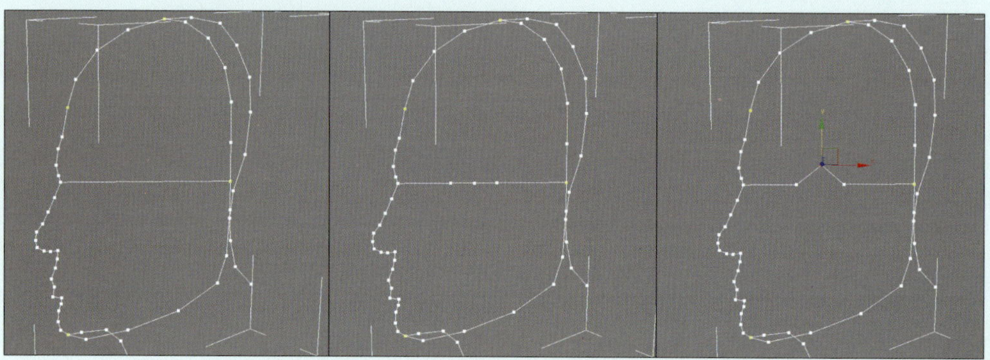

03 눈부터 시작한다. Surface의 Modifier의 Refine Connect를 이용하여 앞모습 스케치와 옆모습 스케치를 그림처럼 연결하여 눈의 위치에 눈을 만들기 시작한다.

 04 3ds Max에서 파일을 새로 열고 Refine Connect를 처음 사용할 때마다 팝업 메뉴가 뜬다. Do not show…를 체크해주고, Connect Only를 클릭한다. 눈의 형태와 눈 주변의 메쉬 구조를 그려나간다.

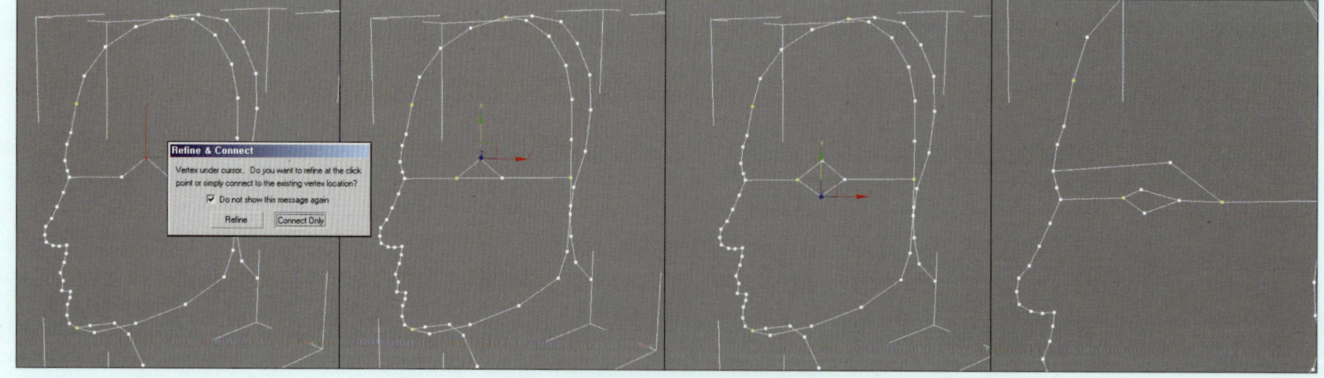

 이상적인 메쉬 구조를 위해 눈 주변으로 둥글게 그려나가면서 눈 안쪽 선들과도 연결한다.

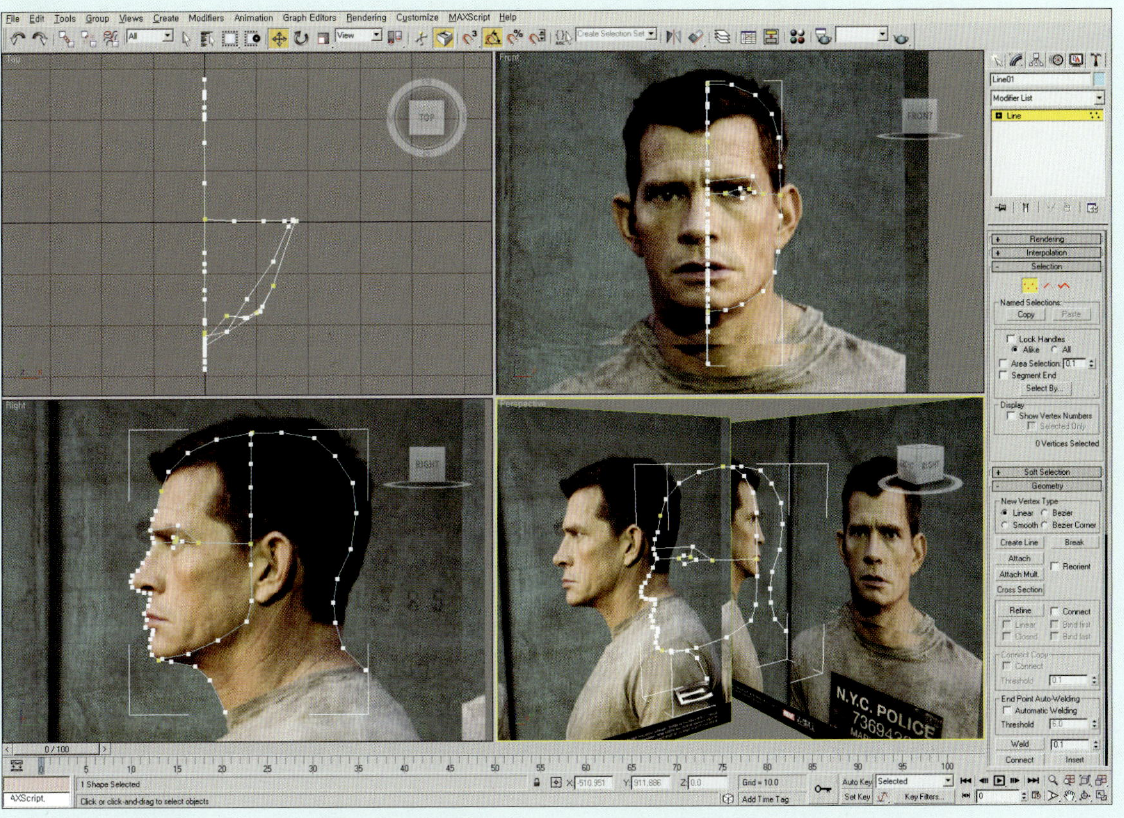

06 〈Surface + Symmetry + Turbo Smooth〉 Modifier를 얹어주고 작업을 계속하자. 참고로 Surface 기능의 특성상, 작업 도중 형성되는 면이 뒤집히는 경우가 잦다(특히 삼각형으로 선을 이어주게 되는 경우). 그럴 때마다 Surface Modifier 의 Flip을 체크하여 해결하면 된다.

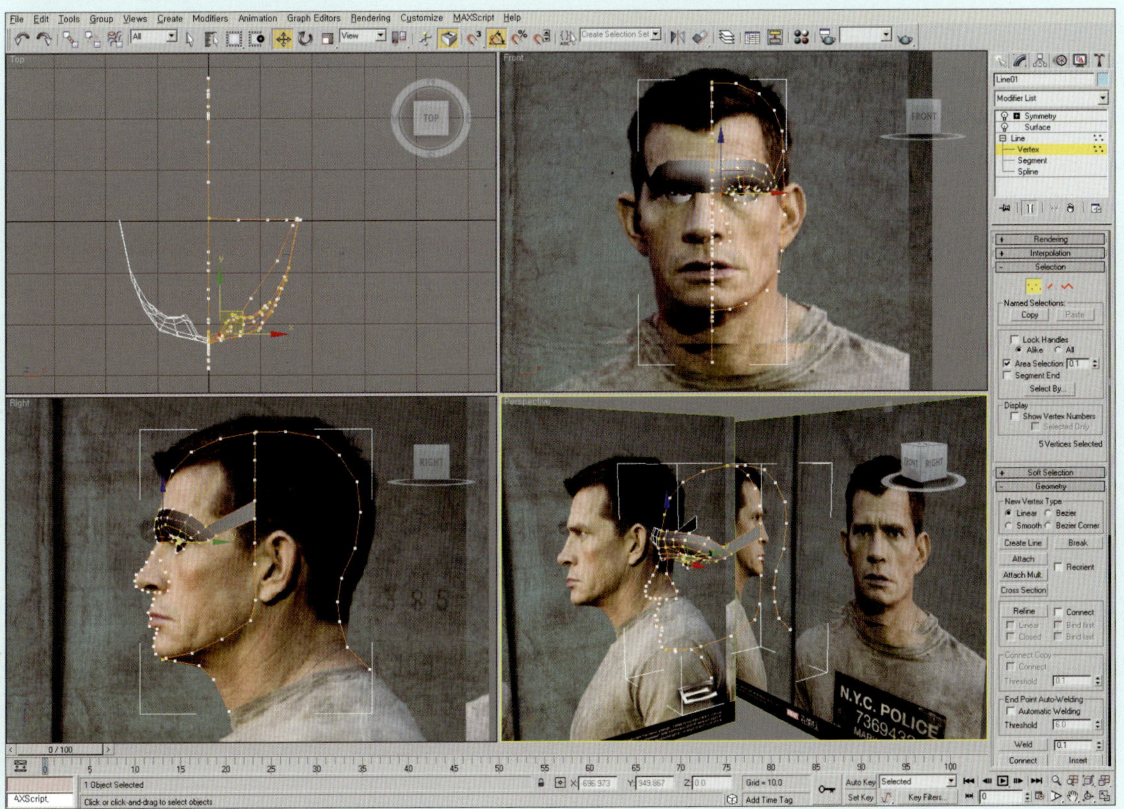

눈에서 방사형으로 둥글게 겹겹이 라인을 형성하고, 그림처럼 메쉬가 코끝으로 흐르도록 한다. 눈 주변의 메쉬 흐름에 주목한다. 이상적인 얼굴 메쉬 구조는 애니메이션이나 기타 Deformation에 기술적으로 적합한 구조임과 동시에, 얼굴 특징의 흐름을 잘 커버할 수 있는 구조이다. 눈 주변에서 뺨으로 흐르며 형태를 이루는 메쉬를 보라!

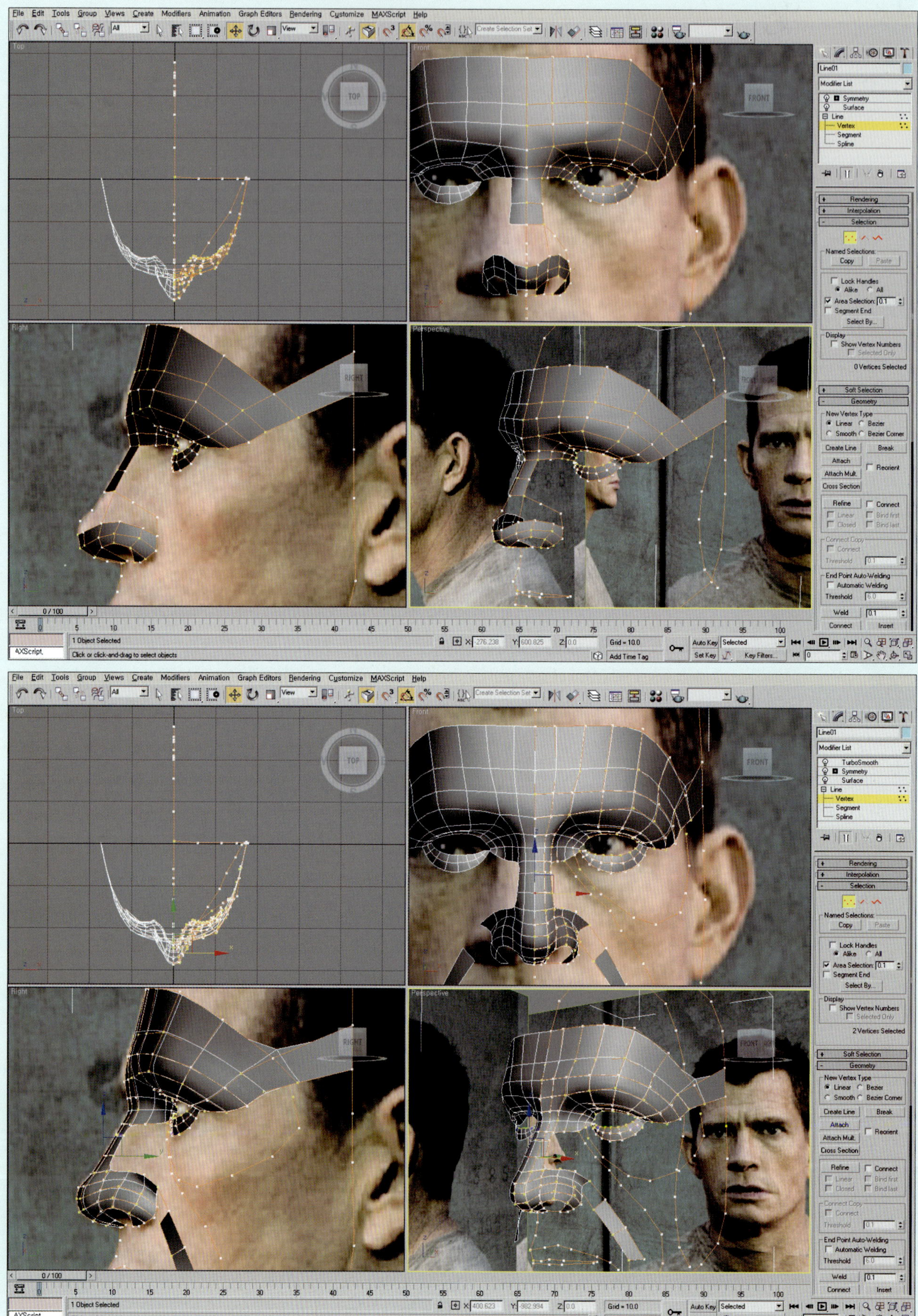

 메쉬로 그려주고 그 사이사이를 Editable Spline 〉 Refine Connect로 연결하여 Mesh 흐름의 컨트롤과 바람직한
메쉬 형태를 구현한다.

 자료 사진 속의 얼굴 각도가 살짝 꺾여 있으므로 추리력을 발휘하여 작업해야 하는 것도 잊지 말자.

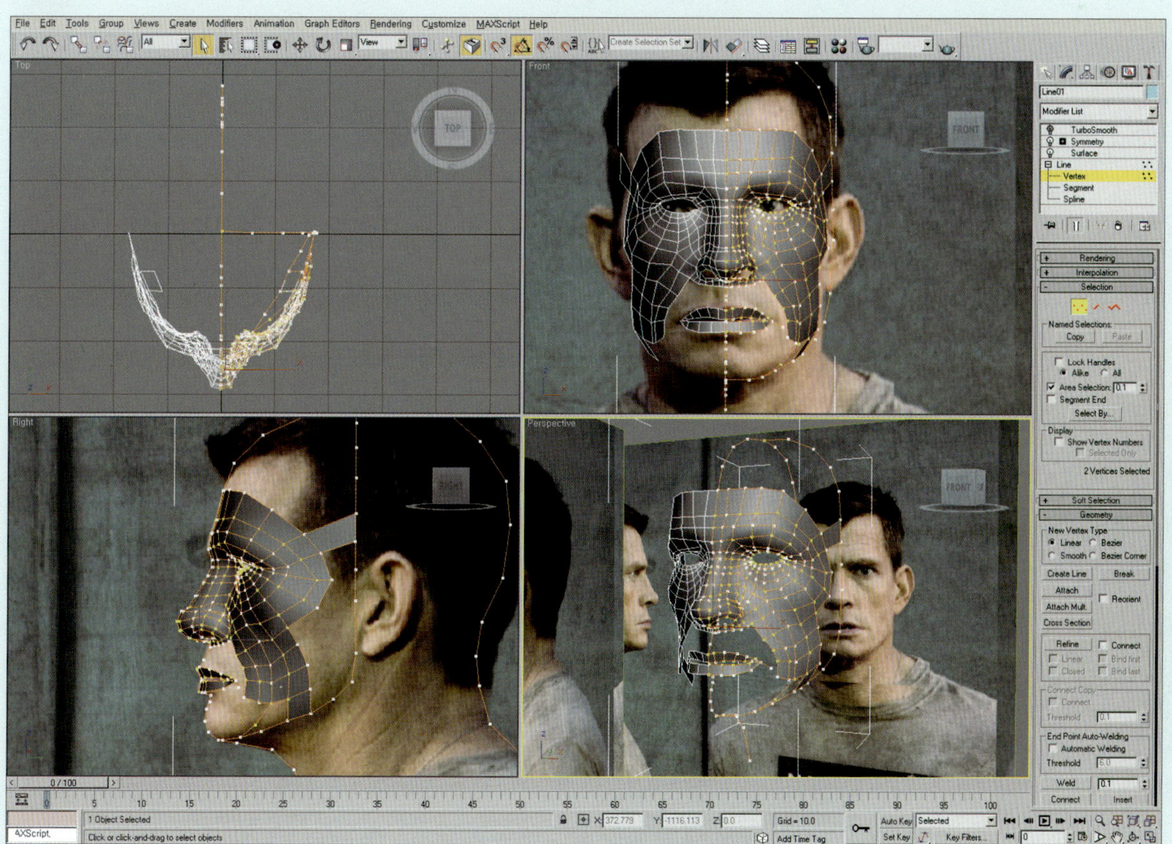

10 Spline으로 처리해야 할 얼굴 부위의 작업이 마무리되고 있다. 참고로 눈이나 입의 안쪽은 Editable Poly로 변환하여 작업하는 게 효과적이다.

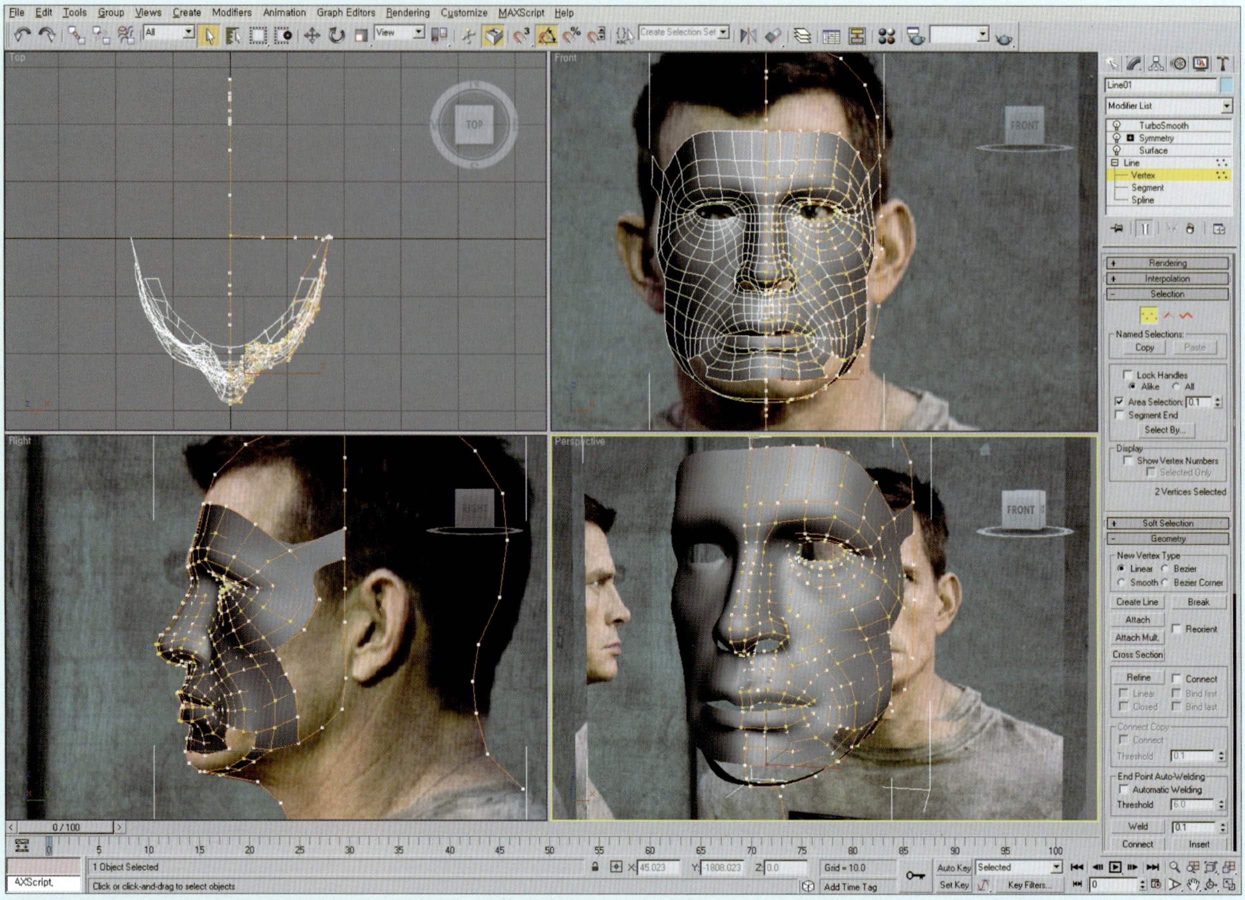

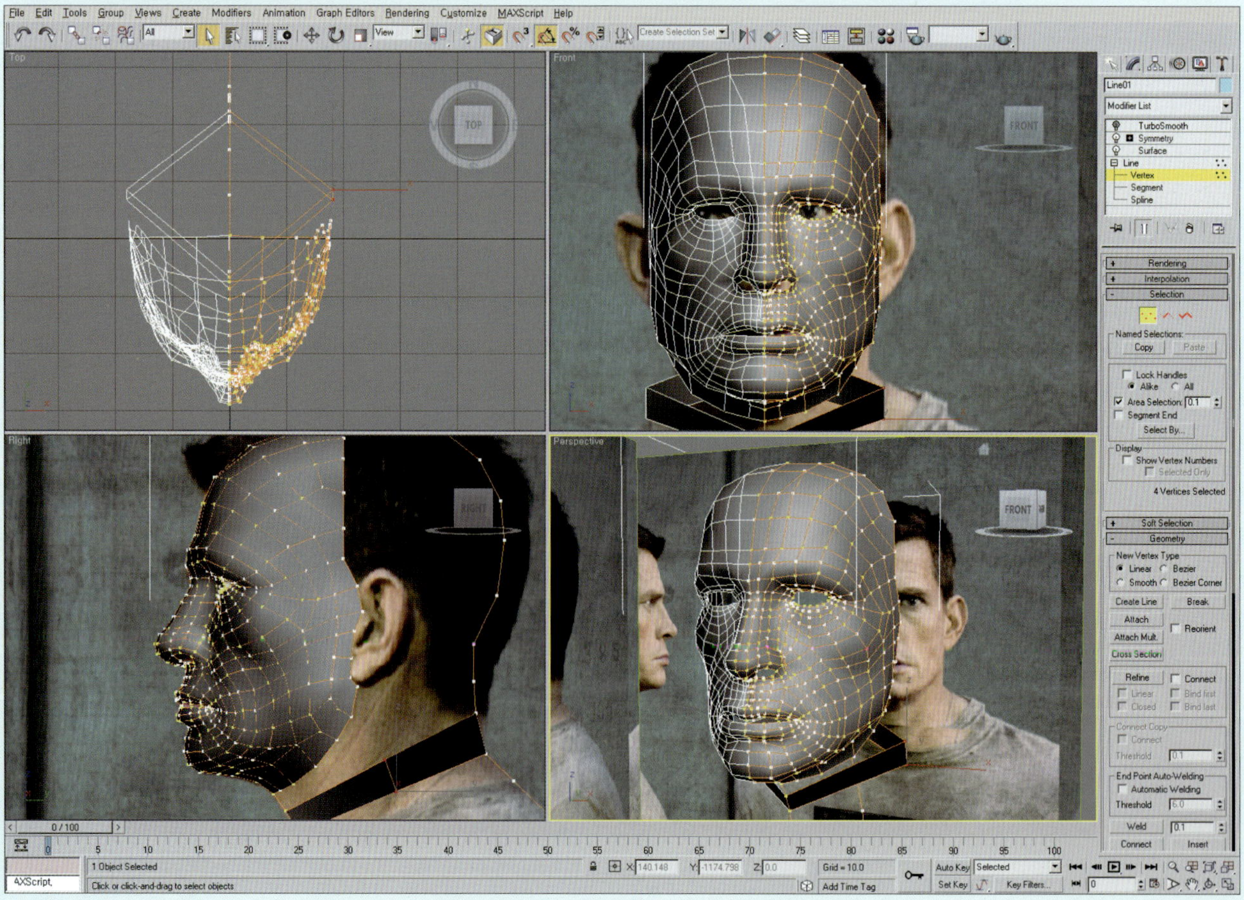

11 메쉬의 흐름을 자유자재로 컨트롤 해야 하는 얼굴 부위가 끝나면 머리의 다른 부위들을 마무리해 준다. Spline 모델링은 메쉬의 흐름을 직접적으로 정의해 주며 모델링할 수 있다는 강점이 있지만 Editable Poly에 비해 제약이 많은 것은 사실이므로 Spline 모델링이 꼭 필요한 부위에 사용한 후에 폴리곤으로 변환하여 작업을 계속해준다.

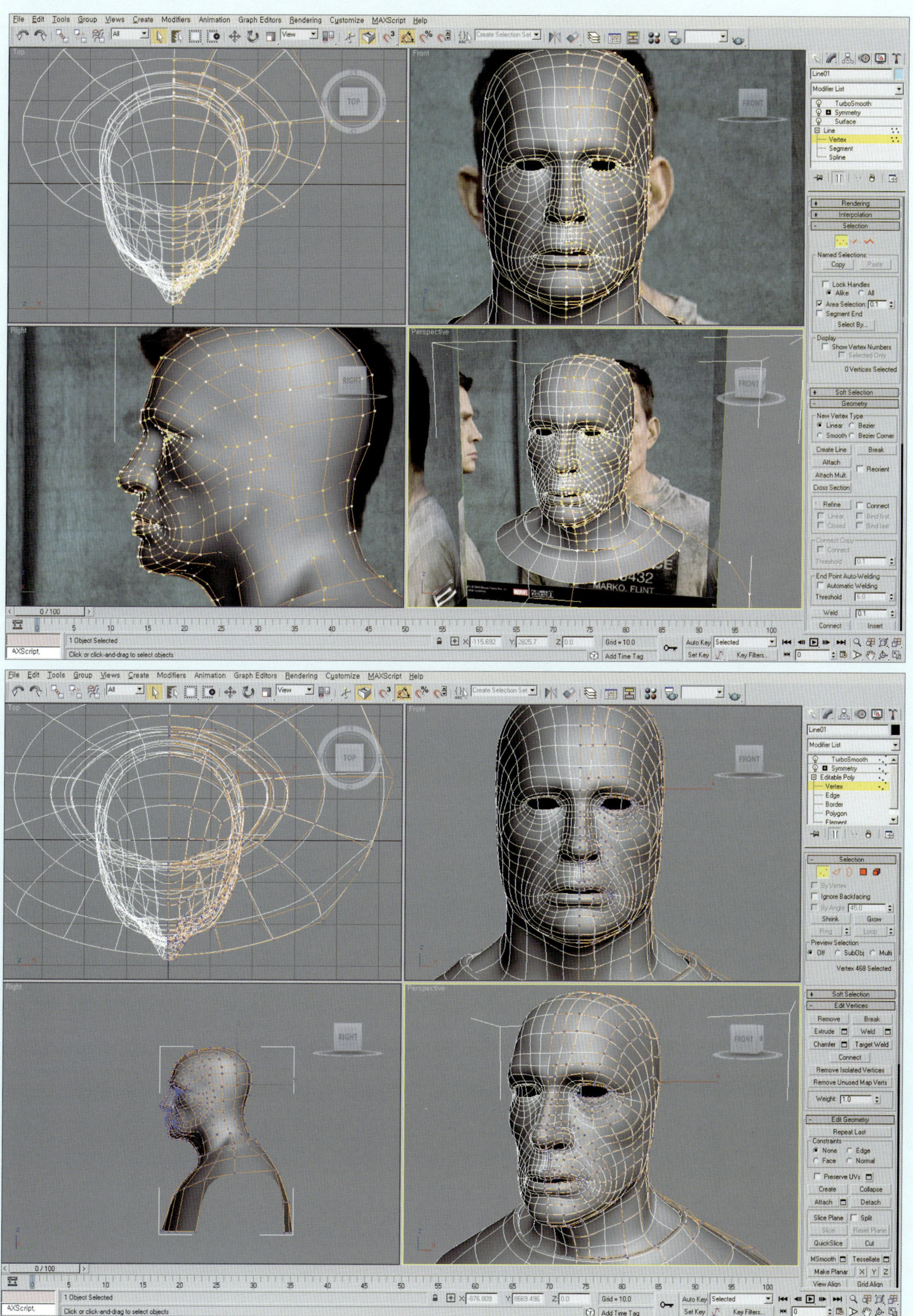

사진을 뷰포트에 띄워두고 대고서 작업할 때 먼저 고려해봐야 할 중요한 사실이 있습니다. 사진에 사용된 카메라와 그 렌즈의 종류 및 설정 값에 대한 것입니다. 이것이 왜 중요한가 하면, 사진 속 카메라와 뷰포트 카메라의 값 차이로 인하여 모델링 결과물의 형태가 왜곡되기 때문입니다. 정면 측면의 사진을 띄워두고 정확하게 형태를 잡아서 모델링 했지만, Perspective 뷰에서 이리 저리 살펴보면 형태가 엉망인 경험을 한번쯤 겪으셨을 것입니다.

3ds Max나 Maya의 Front, Side 뷰들은 Orthographic 뷰라 하는 원근감이 전혀 없는 시점입니다. 다시 말해, 원근감이 전혀 없는 사진을 사용하지 않는 한 Front, Side 뷰에서 작업한 결과물의 형태는 왜곡현상이 생길 수 밖에 없는 것입니다. 원근감이 1인 사진을 Front나 Side처럼 원근감이 0인 뷰에 띄워두고 머리를 모델링 한 다음, 그것을 원근감이 1인 Perspective에서 살펴보면, 그 머리의 원근감은 2가 된다는 의미입니다. 사진 대고 만들었는데, 얼굴이 앞뒤로 길쭉하고, 머리 사이즈도 좀 크게 나오는 경우가 잦습니다.

따라서 만약 사진을 두고 작업을 하게 된다고 하면 그 사진에 사용된 카메라 렌즈의 설정 값을 뷰포트 카메라에 적용하여 작업해야 정확하게 모델링 할 수 있습니다. 영화 회사들에서는 늘 이런 방식을 사용합니다.

 폴리곤으로 변환하여 마무리 한 모델링 결과이다. 귀 또한 Spline으로 만들어서 붙였지만 사실 귀는 Spline으로 처리하기엔 매우 비효율적인 부위이다. 귀는 폴리곤 모델링을 추천한다.

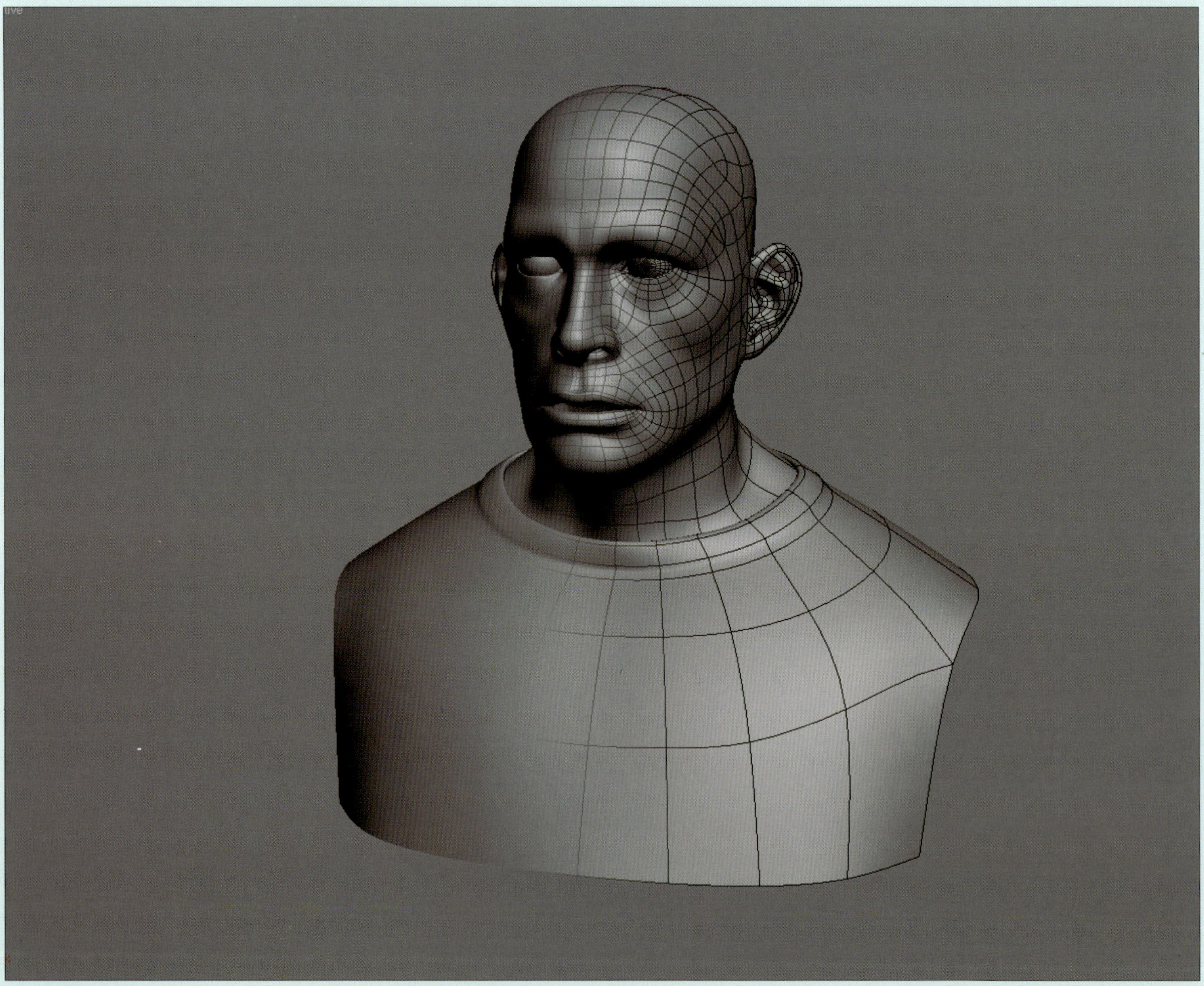

Retopology의 이해

이상적인 메쉬구조로의 전환

02

Retopology는 ZBrush 자체적으로 메쉬 구조를 편집할 수 있도록 해주는 기능으로 ZBrush 3.0 버전 이후부터 도입되었습니다.

Retopology의 효능을 정리해보면 다음과 같습니다.

- 특정 부위의 Mesh 밀도/구조를 편집함으로써, Sub-d를 과도하게 올리지 않아도 된다.
- ZSphere로 작업한 결과물을 곧바로 이상적인 메쉬 구조를 지닌 하이폴리곤 모델링으로 변환할 수 있다.
- ZSphere로 작업한 결과물을 즉시 게임을 위한 이상적인 메쉬 구조를 지닌 로우폴리 모델로 변환할 수 있다.

Jim의 머리를 곧바로 Retopology 해보면서 사용법을 살펴보겠습니다. Retopology의 ZBrush 조작법이 다소 복잡할 수 있으니, 그림들과 설명들을 꼼꼼히 살펴보시길 바랍니다.

 **01** Retopology할 부분만 제외하고 hide한다(Shift + Ctrl + Drag).

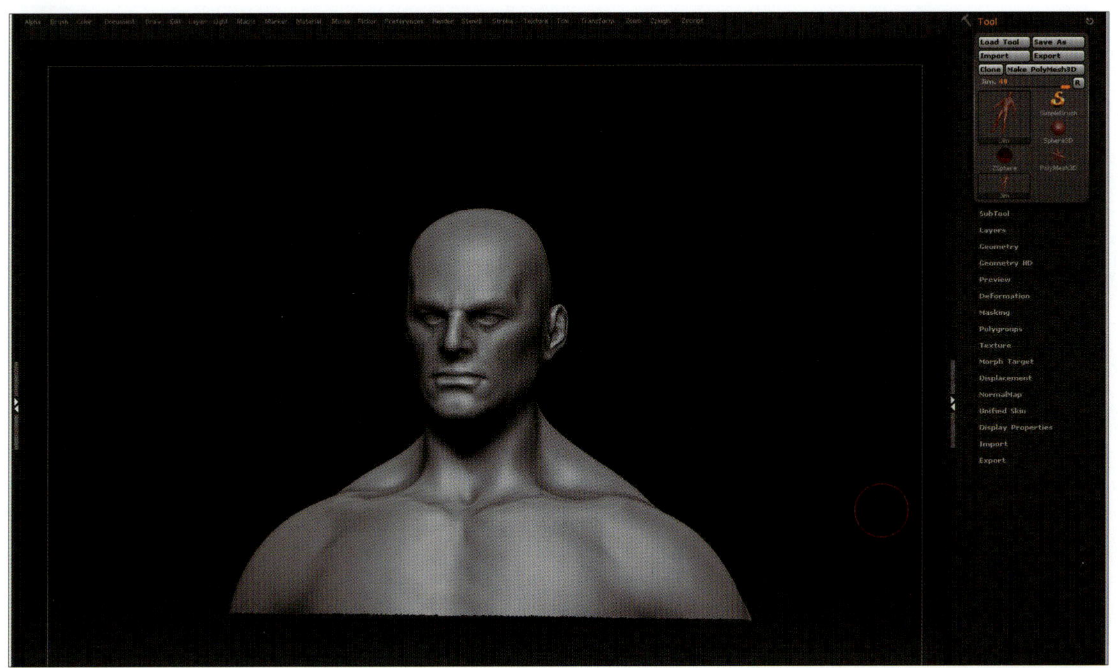

02 ZSphere를 클릭하면 현재의 Jim 오브젝트는 사라지고 ZSphere가 생기게 된다.

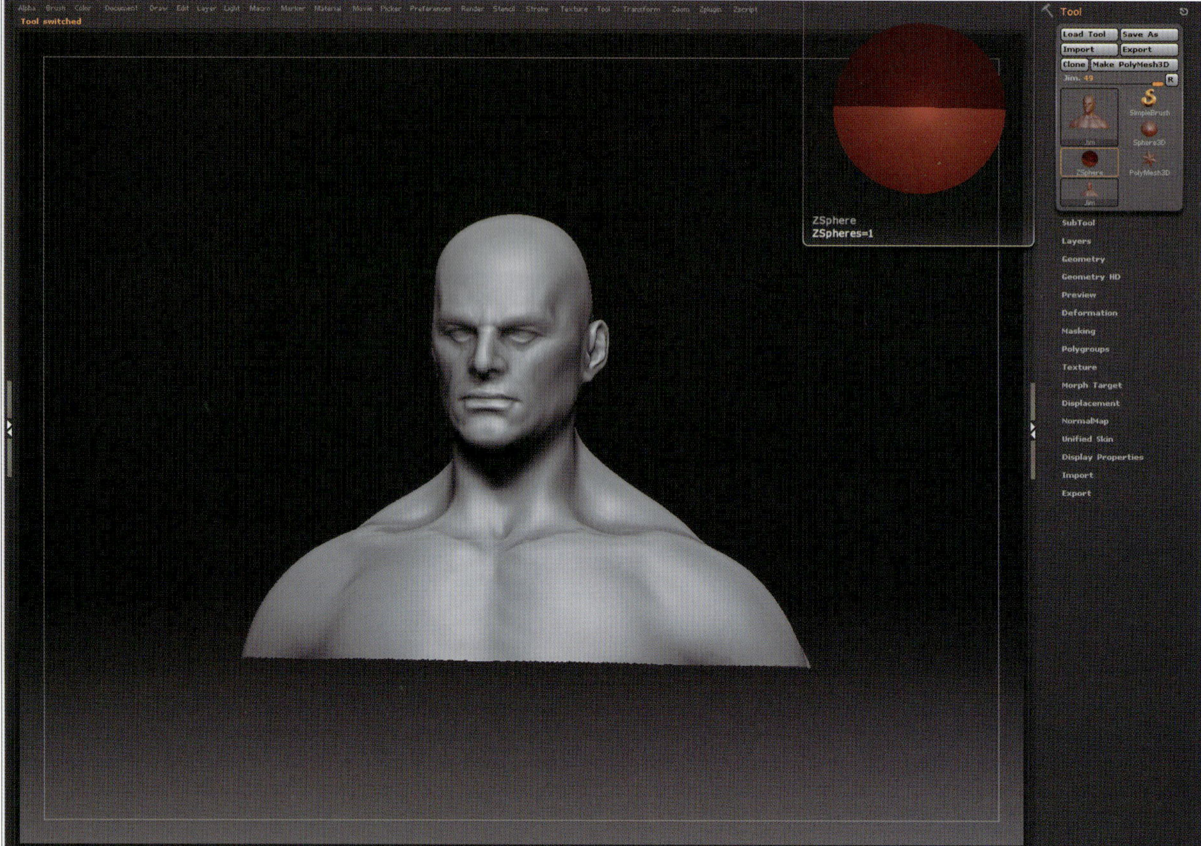

03 이때 Tool 〉 Rigging의 Select Mesh를 눌러주고 어깨 윗부분만 드러낸 Jim을 선택하면, Jim의 메쉬가 ZSphere와 겹쳐서 표시된다. 이때 Jim Mesh의 색은 좀 탁한 회색으로 보인다.

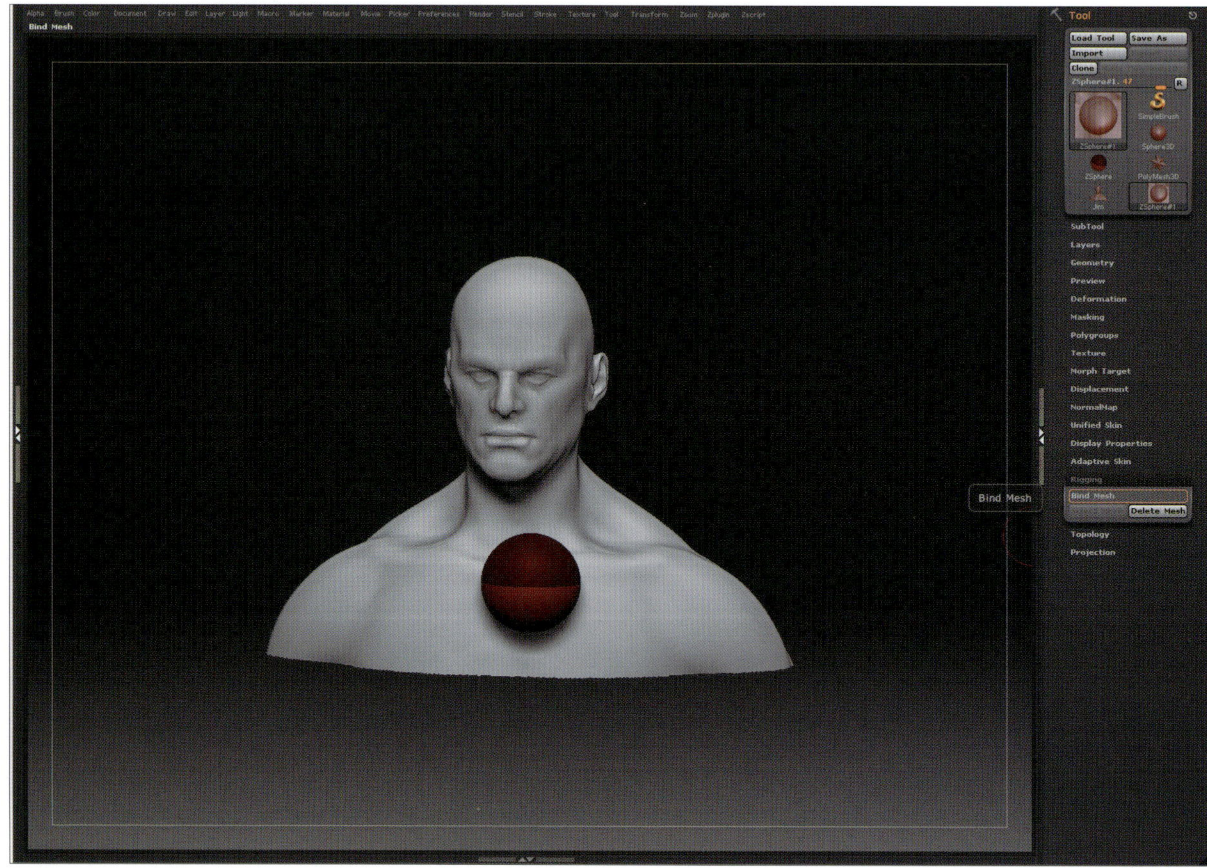

04 그 상태에서 Tool 〉 Topology 〉 Edit Topology를 클릭하면 Jim Mesh의 색은 다시 원래 모습으로 돌아오고 ZSphere
는 빨간 동그라미로 변하게 된다.

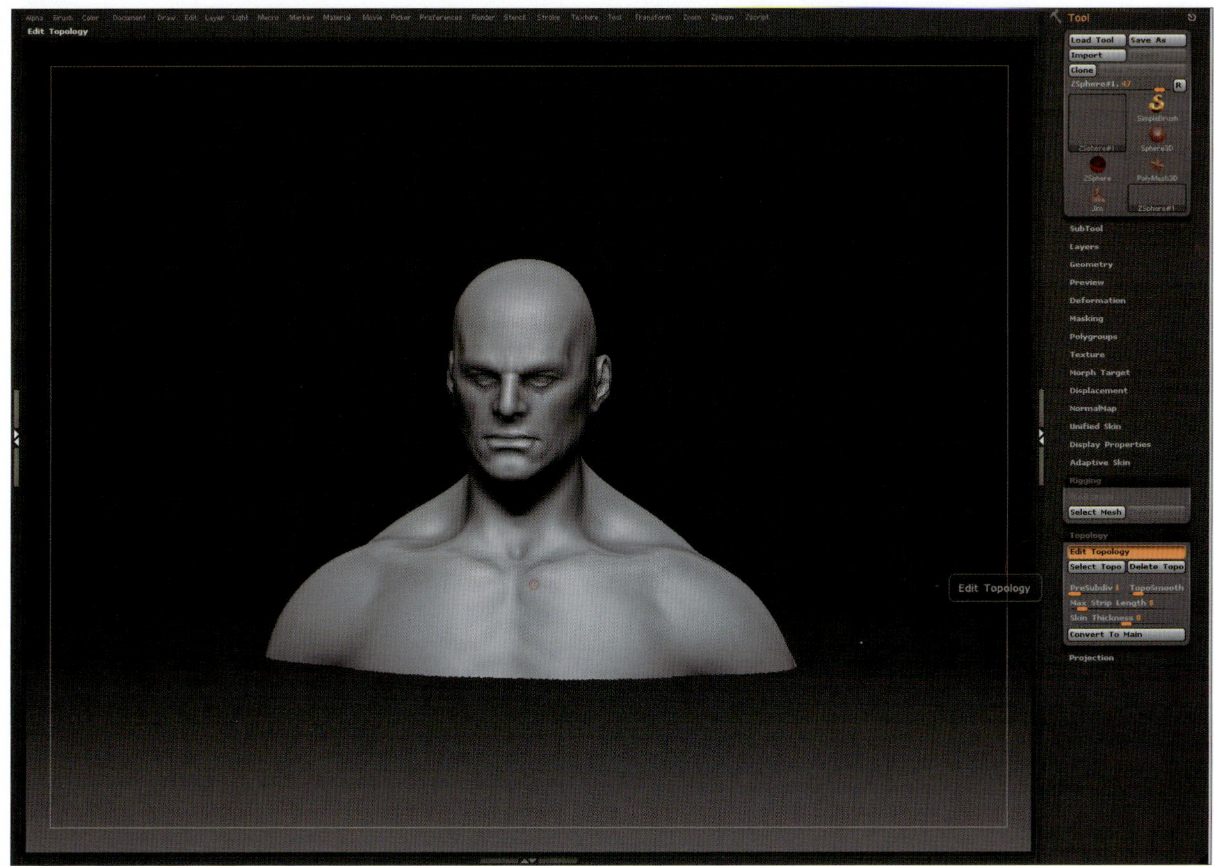

Tool 〉 Topology 〉 Edit Topology를 실행해서 ZSphere가 빨간 동그라미로 표시되면 이제부터
ZSphere로 메쉬를 그릴 수 있게 됩니다.

필자는 Pixologic의 ZSphere에 대한 애착이 매우 남다른데, ZSphere로 메쉬를 만들기도 하고, 뼈
대처럼 심어서 Rigging을 하기도 하며, 메쉬도 그리면서 편집하는 점이 독특하게 느껴집니다.

ZSphere는 결국 Sphere와 Sphere 사이가 올록볼록한 선으로 링크가 되어있는 구조이고, 이는
'Spline = Vertex와 Vertex가 Edge로 링크되어 있는 구조', 'Bone = Parent Bone들과 Child Bone
들이 서로 Bone으로 링크되어 있는 구조'라는 점에서 서로 동일한 개념인 것이 맞습니다. 따라서
ZSphere로 작업을 하다 보면 이것이 메쉬덩어리를 만들어주는 용도인 것 같으면서도 Spline처럼 느껴
질 때도 있고, bone처럼 느껴질 때도 있는 것입니다.

무엇보다도, ZSphere Retopology는 베이스 메쉬의 표면에 Snap(Maya의 Live기능)된다는 점이
특히 매력적입니다.

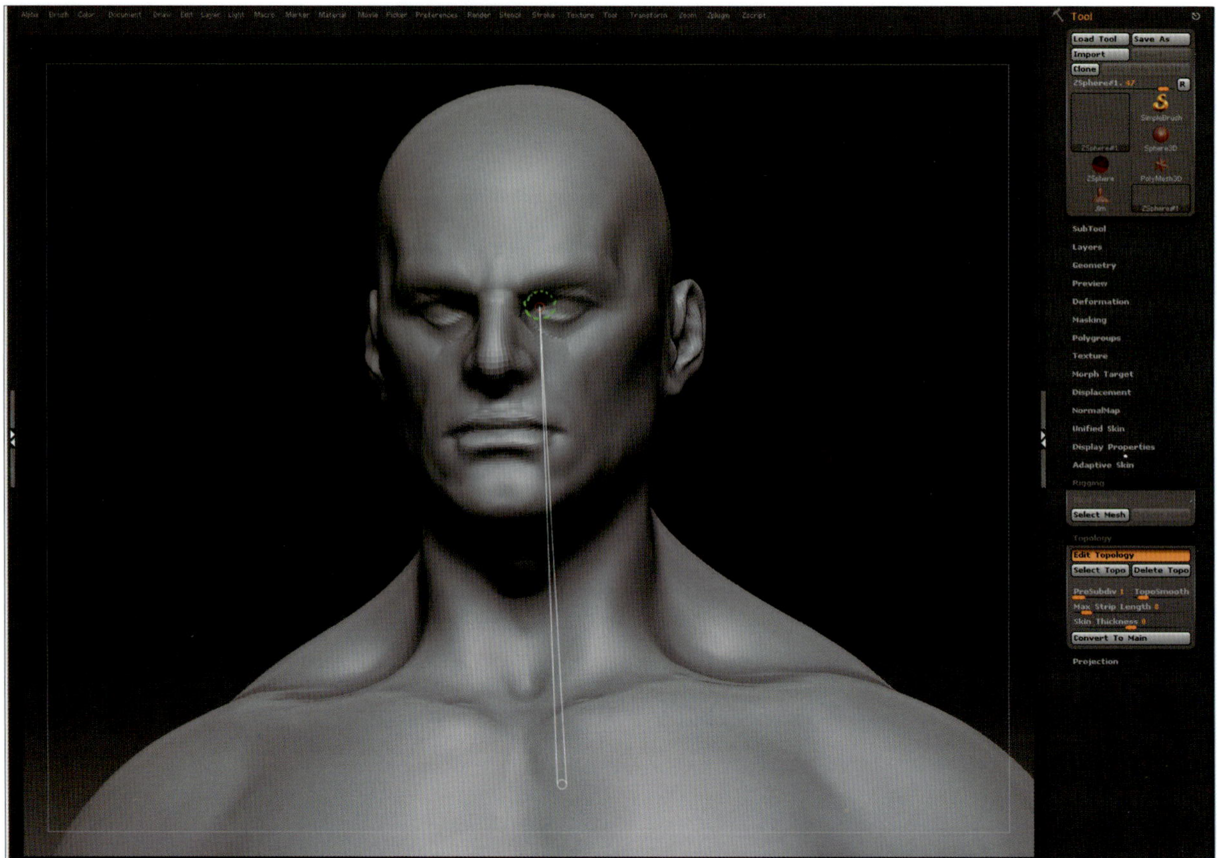

눈 부위부터 메쉬를 그릴 때 바로 이전 그림의 상태에서 곧바로 눈가(녹색으로 표시)에 클릭을 하면 이렇게 된다. 흰색 Bone모양은 ZSphere들을 이어주는 링크이며, 그 양 끝의 작은 하얀 동그라미(선택된 상태에서는 빨간색)들이 바로 ZSphere이다.

체크하세요!

'그럼 어디 한번 해볼까…'하며 섣불리 클릭을 하면 위의 그림처럼 됩니다. 이것이 우리가 우선적으로 숙지하고 넘어 가야 할 ZSphere Retopology의 특징 중 하나입니다. 이런 원치 않는 선이 생기지 않도록 주의해야만 이후에 만들게 될 Mesh가 제대로 나올 수 있습니다. 최악의 경우, Mesh의 내부가 누가 만들었는지도 모를 면(Face)들로 가득 차 게 될 수도 있지요.

Edit Topology를 눌러서 ZSphere가 빨간 동그라미로 변한 시점으로 돌아가보자. 빨간 동그라미 는 현재 선택되어 있는 ZSphere이며, 이것은 '여기서부터 라인이 그려진다'를 표시하는 것입니다. 빨 간 동그라미를 선택해제 하려면 뷰포트 공백을 한번 클릭하면 됩니다. 그리고 ZSphere로 라인을 그리 기 시작하려는 Sphere를 한번 클릭해서 선택해주거나, 아니면 베이스 Mesh위의 특정 지점을 클릭하 여 새로운 ZSphere를 그려줍니다.

 뷰포트 공백을 한번 클릭하여 이미 선택되어 있던 ZSphere를 선택 해제한 뒤, 그림에서처럼 눈 부위부터 ZSphere 라인을 그려주자.

 눈의 형태와 세그먼트(클릭 수와 위치)를 신경 써주며 눈 형태를 그려주고, 그것 주변으로 방사형으로 뻗어나가는 메쉬를 그려줄 준비를 한다. 그림을 잘 보면 선택된 ZSphere가 역시 빨간색 동그라미로 표시되어 있고, 그 양쪽 끝으로 맞닿아있는 ZSphere 라인들이 흰색으로 표시되어 있다. 왼쪽에 표시된 조금 작은 빨간 동그라미는 ZSphere 라인을 그려줄 다음 위치에 놓여있는 마우스 커서이다.

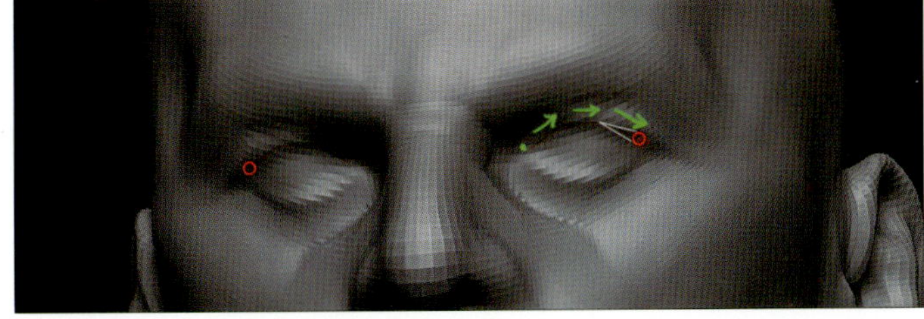

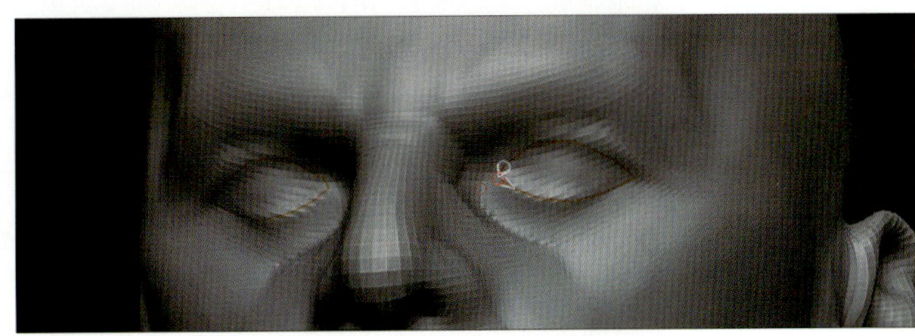

 07 이번에는 이미 그려놓은 ZSphere에 마우스 커서를 갖다 대면 Snap되고, 그림처럼 좀더 두꺼운 빨간색 동그라미로 표시된다.

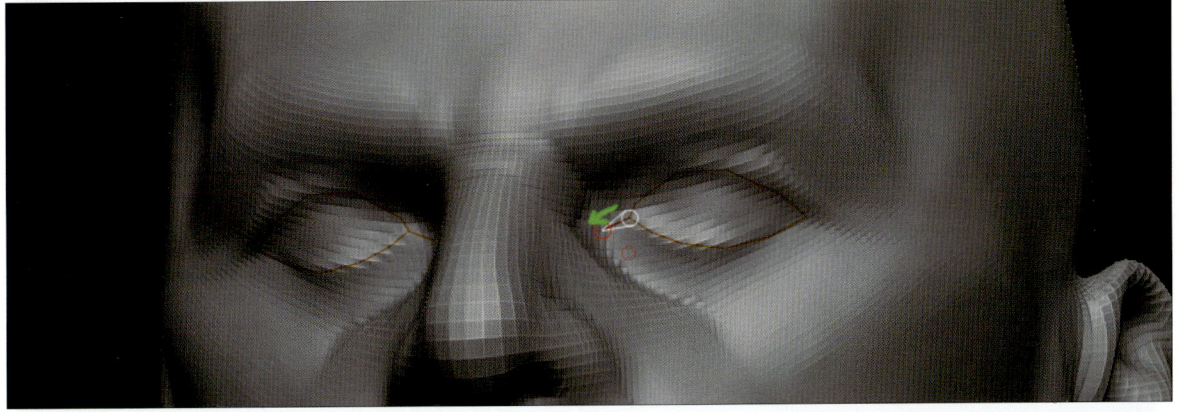

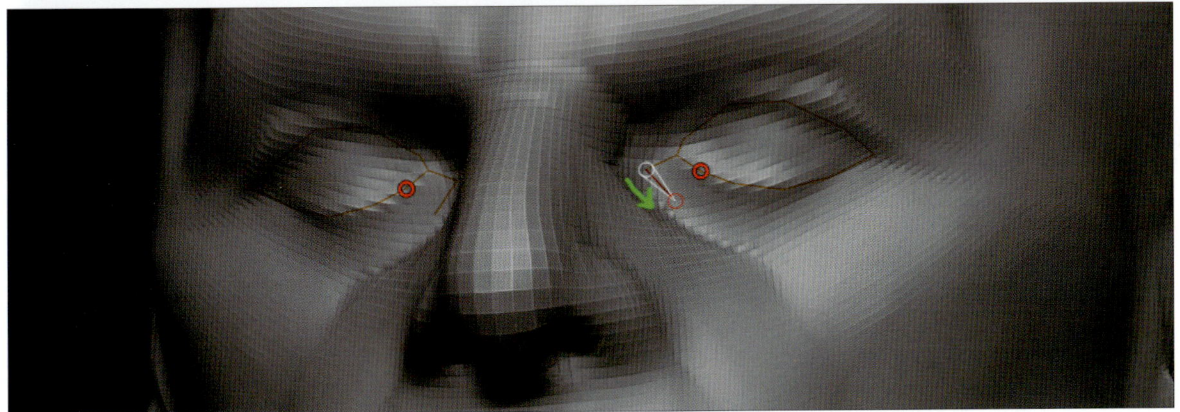

08 ZSphere를 클릭하여 연결한 다음 어느 ZSphere가 선택되어 있는지 주의해야 한다. 이는 ZSphere로 메쉬를 그려줄 때 ZSphere를 찍어준 상태에서 이미 만들어 둔 ZSphere(라인은 해당 안됨)를 클릭하여 연결하게 되는 경우, 클릭한 지점이 아닌 클릭하여 연결하기 전의 선택 점이 계속 선택되어 있기 때문이다.

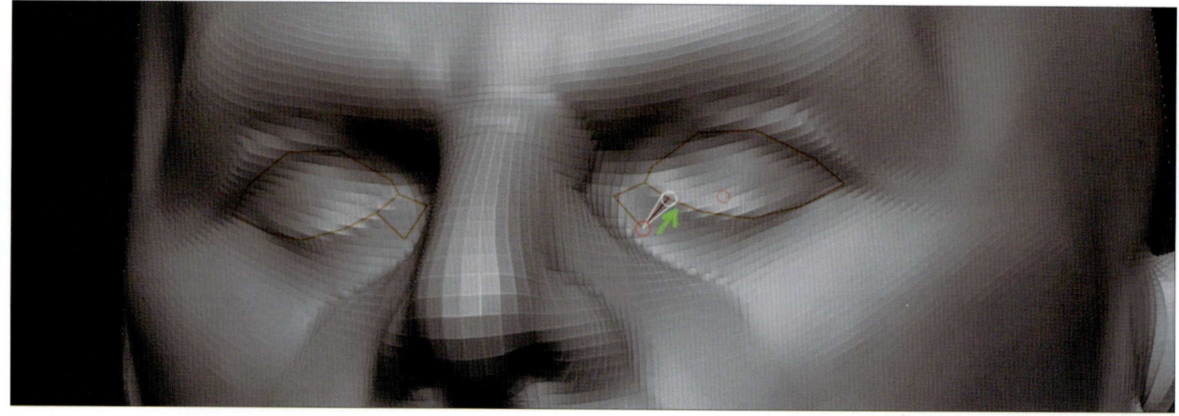

09 왼쪽 그림에서처럼 바로 다음 지점을 클릭하여 새로운 ZSphere를 찍어 줄 수 있다. ZSphere 작업 중 일어나는 잦은 실수 중 하나가 바로 오른쪽 그림에서 보는 바와 같이 클릭하여 연결해주고, 녹색 X로 표시한 점을 곧바로 찍어서 선을 연결해 주려는 시도이다. 그 결과는 다음 그림과 같다.

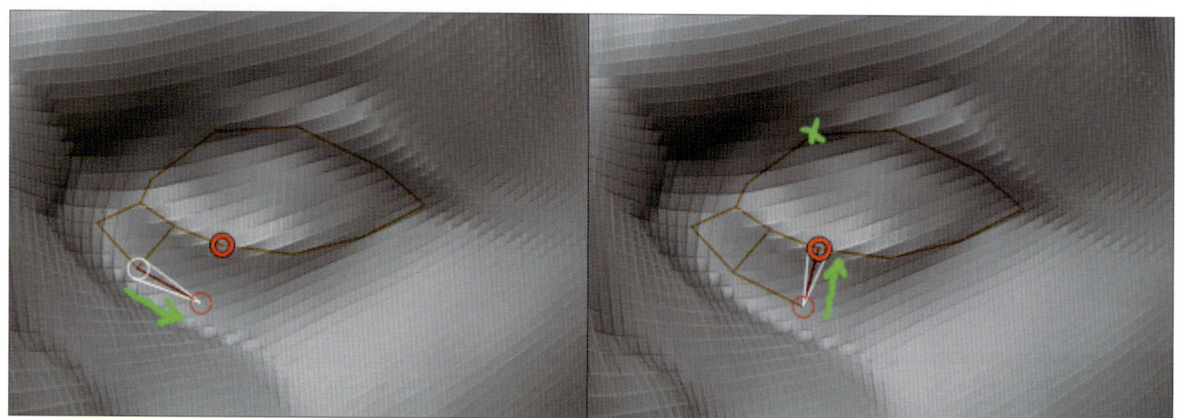

10 이미 존재하는 ZSphere를 찍어준 뒤 곧바로 그것으로부터 다음 점으로 곧바로 연결하려는 시도의 결과이다. 언제나 현재 자신이 어느 ZSphere를 선택한 상태에서 클릭하고 있는지를 염두에 두고 그려야 한다.

녹색 화살표의 방향으로 연결하기 위해서는
① 중간 지점을 한번 클릭하여 연결한 뒤,
② 반드시 뷰포트 공백 클릭하여 현재의 ZSphere를 선택해제하고,
③ 방금 클릭하여 연결해준 ZSphere를 클릭하여 선택해주고,
④ 다음 지점을 클릭해 주어야 한다.
매우 성가시게 보이지만 익숙해지면 반드시 그렇지만은 않다. 앞 단계에서 보여줬던 실수를 하게 된 경우, 당황하지 말고, Ctrl + Z 를 눌러준다.

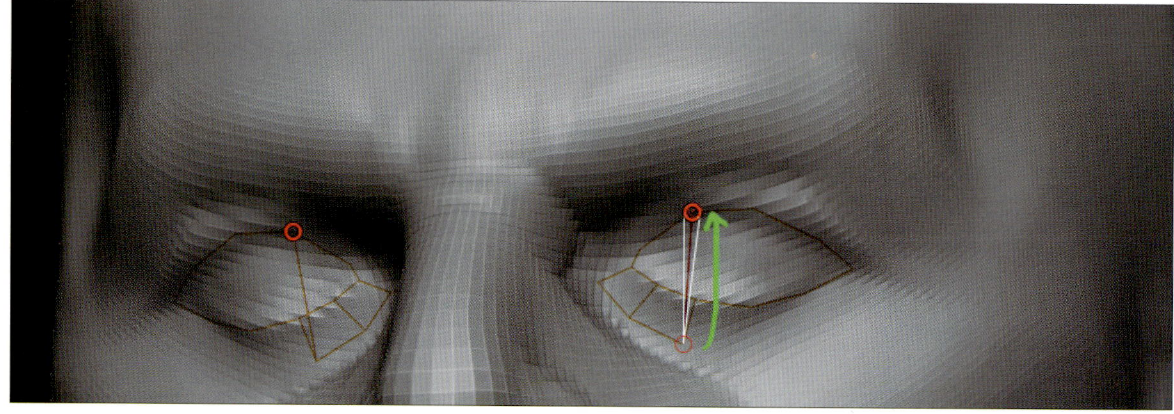

 또는 Alt 를 누른 채로, 그림처럼 찍어주면 ZSphere가 삭제된다. 이것은 앞서 다뤘던 ZSphere의 일반적인 조작법과
동일한 기능이다.

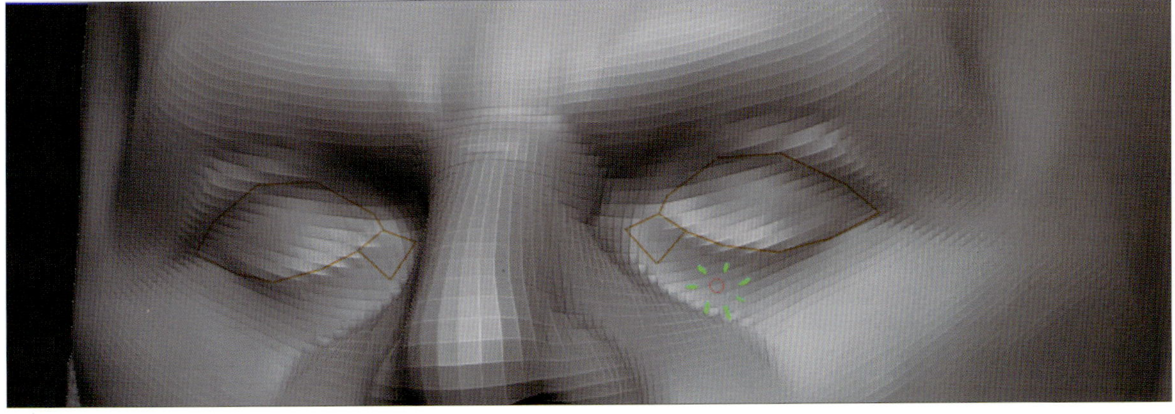

12 Alt +클릭으로 ZSphere를 삭제한 뒤 곧바로 다음 ZSphere를 클릭하지 않도록 주의해야 한다. 보다시피 어떤 경
우라도 ZSphere를 삭제하게 되면 처음 만들었던 ZSphere가 선택되어 버리기 때문에, 아무 생각 없이 ZSphere를
하나 클릭하면 그림처럼 된다.

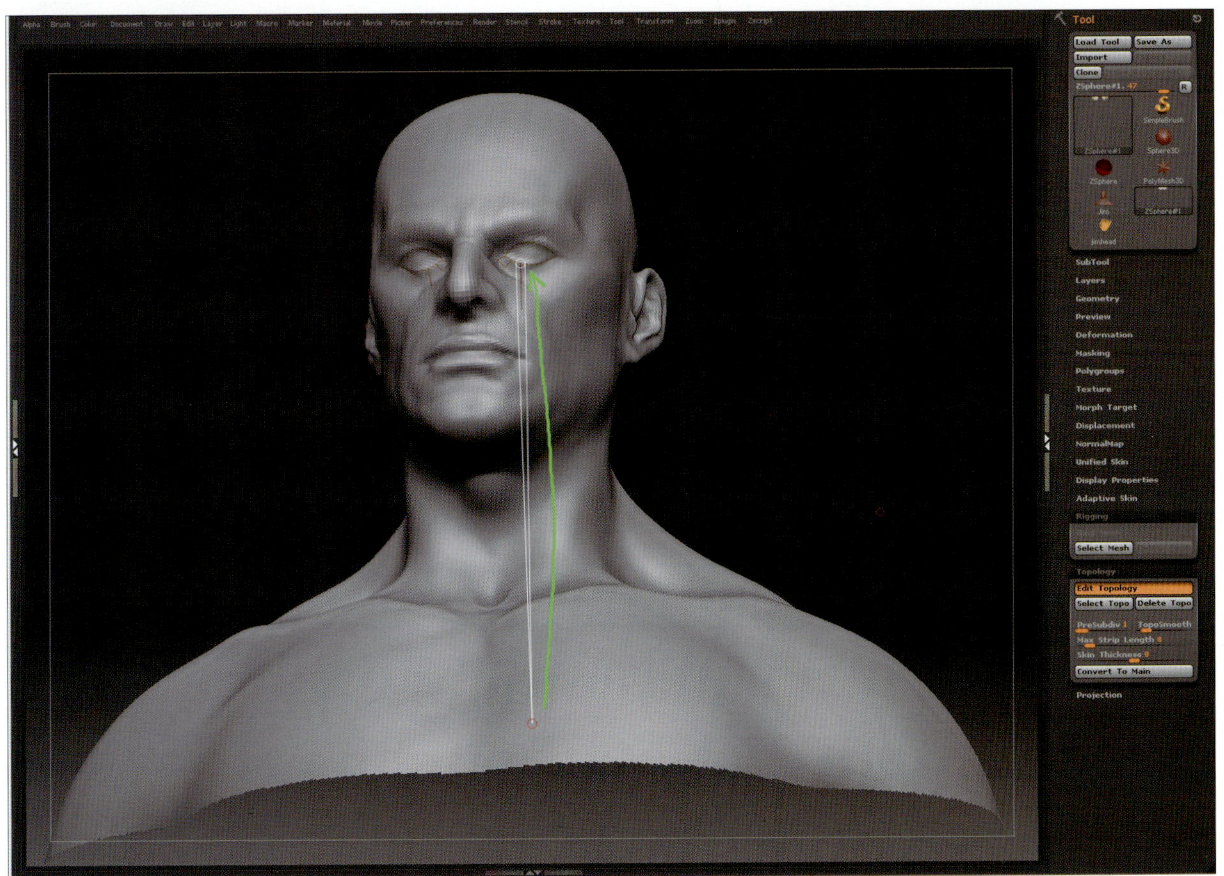

 13 반드시 뷰포트 공백을 클릭하여 그 ZSphere의 선택을 해제시켜 준다.

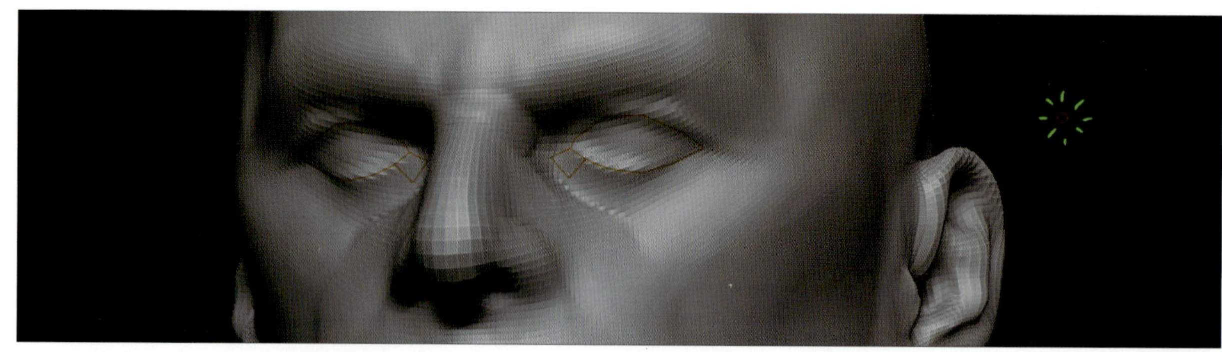

14 라인 그려주기를 다시 시작할 점에 클릭하여 선택된 것을 확인하고 진행해야 한다.

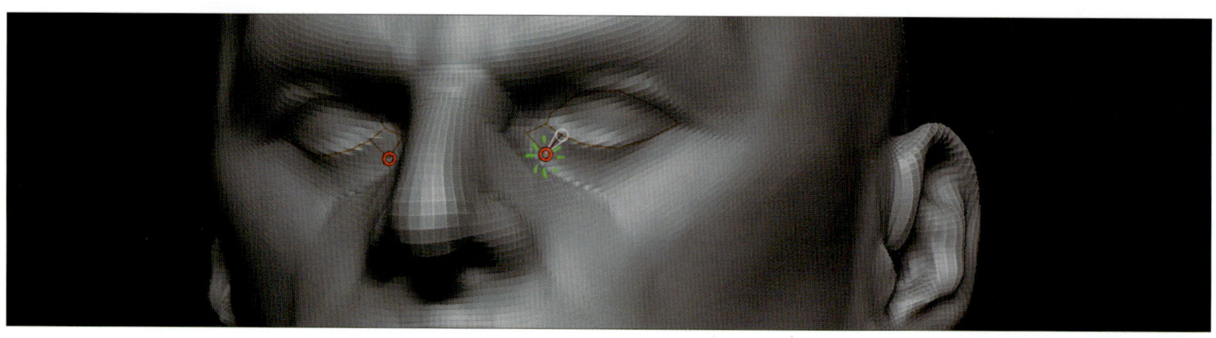

　(비록 그렇게 안보이더라도) 그림의 선들은 ZSphere 뼈대 그 자체입니다. ZSphere 뼈대의 조작법이 대부분 적용됩니다. Move모드(Rotate/Scale 제외)로 점(ZSphere) 하나 하나의 위치를 조절할 수도 있습니다. 그러나 이 경우에는 Snap(Live)되지 않습니다만, 결국 베이스 Mesh의 디테일을 프로젝트하게 될 것이므로 Snap이 되지 않는다고 하여 너무 염려할 필요는 없습니다. 주의할 것은, Draw 모드에서 Shift + Drag로 오브젝트 정렬을 시도할 경우 바로 Undo해줘야 할 상황이 연출된다는 점입니다.

　ZSphere 점을 새로 찍어줄 경우에는 새로 찍어주는 점이 선택되어 그것으로부터 다음 연결을 바로 시도할 수 있고, 이미 존재하는 ZSphere 점이나 선을 클릭할 경우에는 ZSphere 라인이 새로 생성된 후에도 그 이전의 선택점이 여전히 선택되어 있다는 점을 명심합시다.

　이것은 매우 까다로운 제약으로 보일 수 있으나, 이 점을 활용하게 되면 작업의 속도는 기대 이상으로 빨라질 수 있습니다.

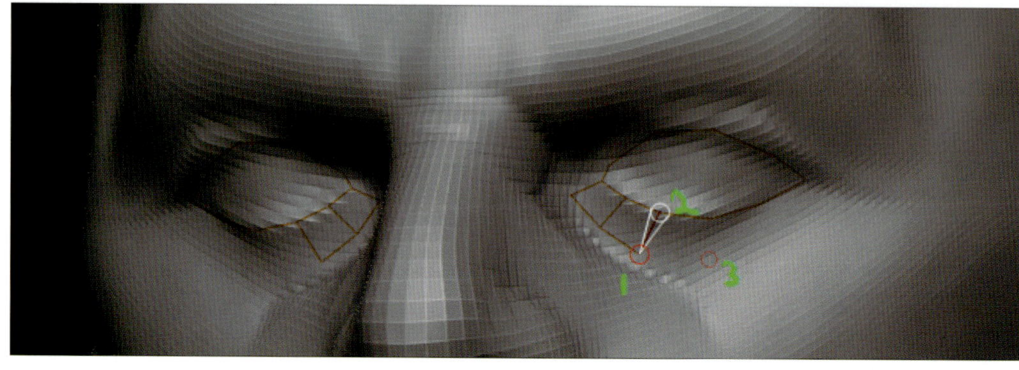

253

15 안쪽 라인 그리고 바깥쪽 라인 그리고, 그 사이사이를 연결하는 상식적인 방식이 아니라 그림처럼 번호 순서대로 클릭하며 따라 해 보며 그 스피드를 경험해 보자.

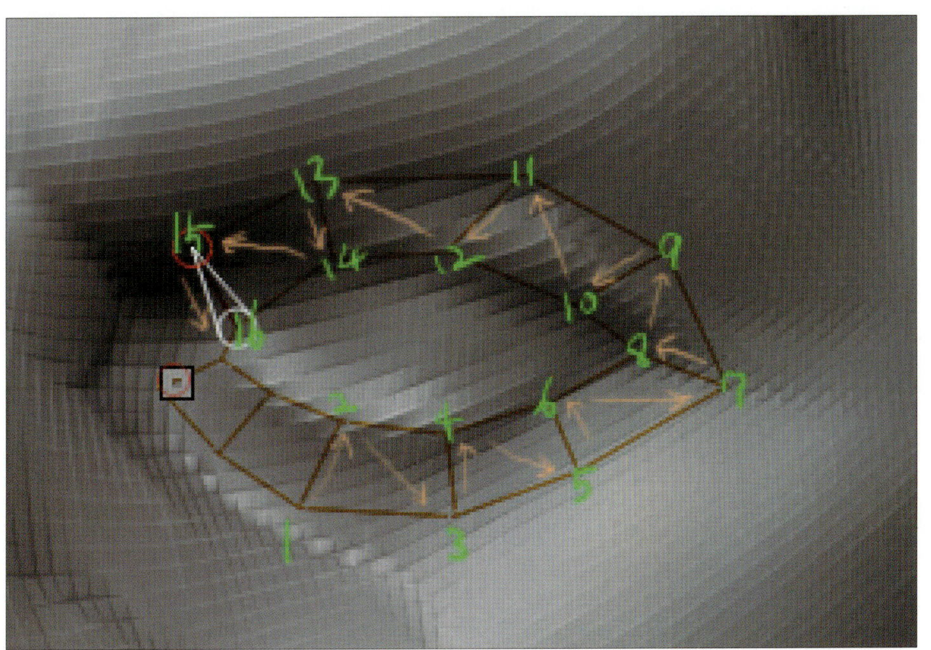

16 동일한 방식으로 빠른 속도로 메쉬를 그리는 예제이다.
원리를 파악하면 작업이 간편해진다.

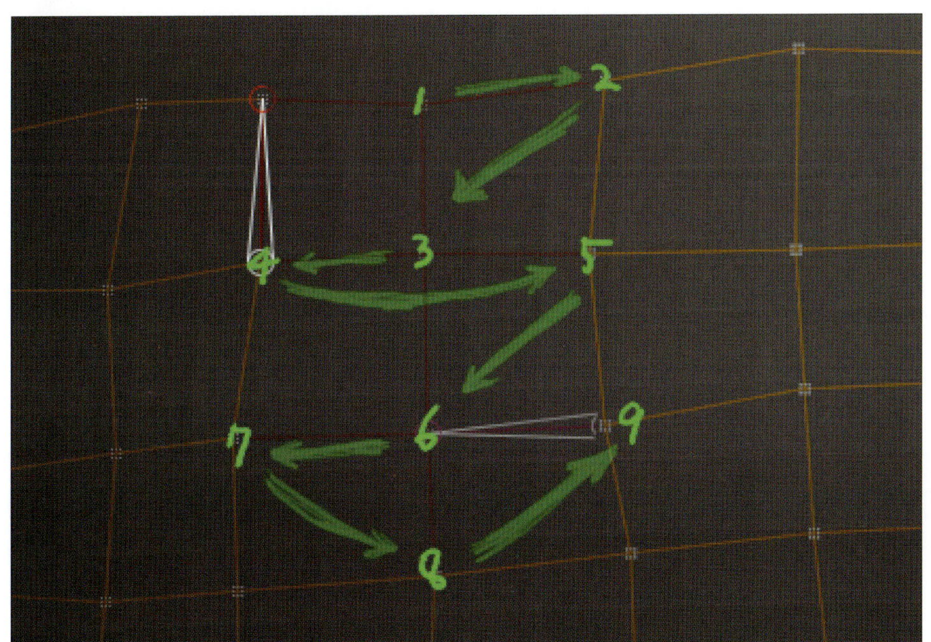

17 ZSphere 라인을 그릴 때 ZSphere 점이 아닌 ZSphere 라인에 마우스를 가져가면 다음과 같이 세 군데에 커서가 스냅된다(25%, 50%, 75%). ZSphere 점 또는 선에서 이러한 세 군데 중 한 곳으로 연결이 가능하다.

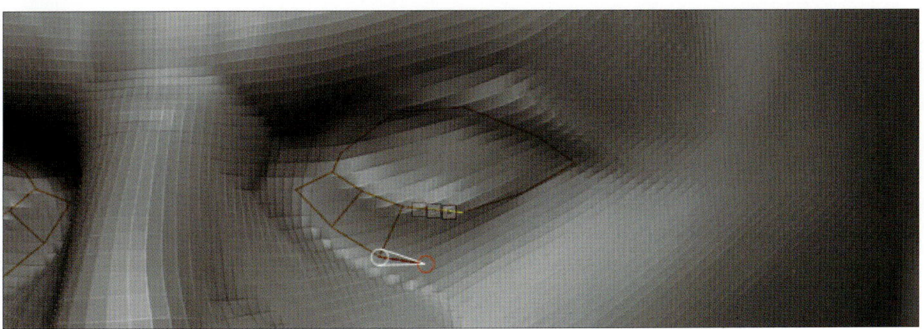

 기존의 ZSphere 라인을 연속으로 클릭하여 연결하는 것이 가능하다.

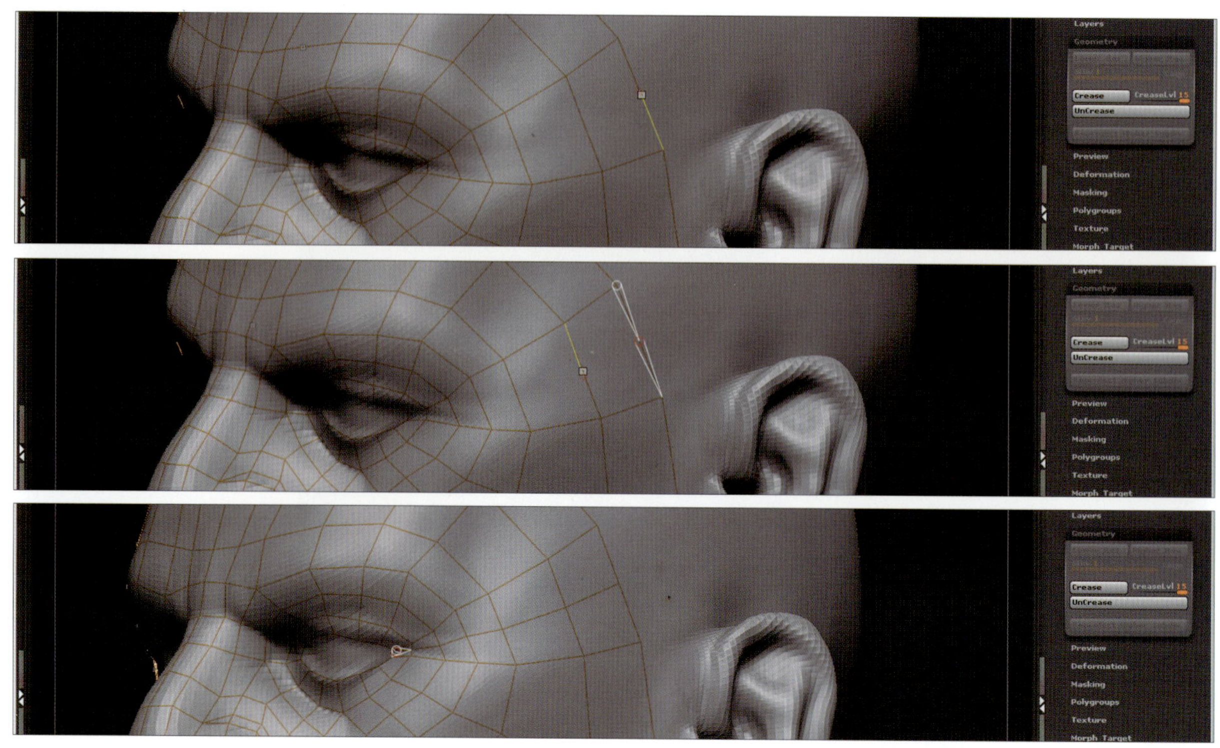

 Move 툴을 이용하여 움직이는 것도 가능하다. 위에서 세그먼트를 추가한 것을 고르게 편 모습이다.

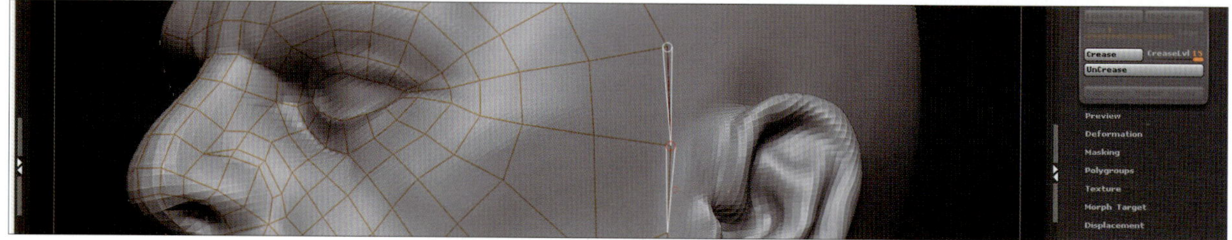

 ZSphere 라인을 지우고 싶을 때에는 그 ZSphere 라인을 한 번 클릭해 그 위에 ZSphere 점이 하나 생성되도록 한다.

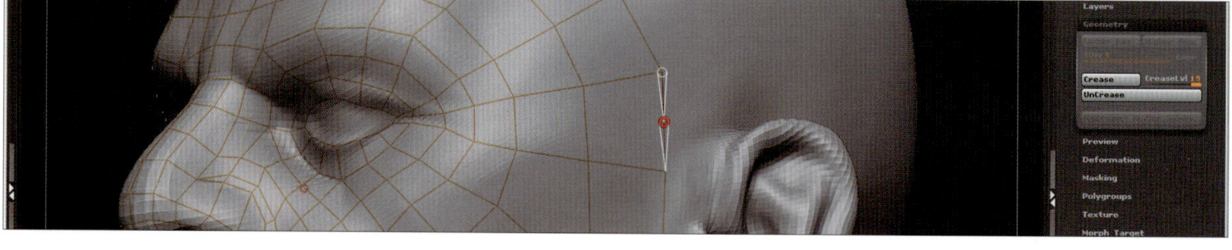

 그런 다음 그 ZSphere를 Alt + 클릭하여 지운다.

22 지금까지 살펴보았던 방식을 다양하게 연습해보자.

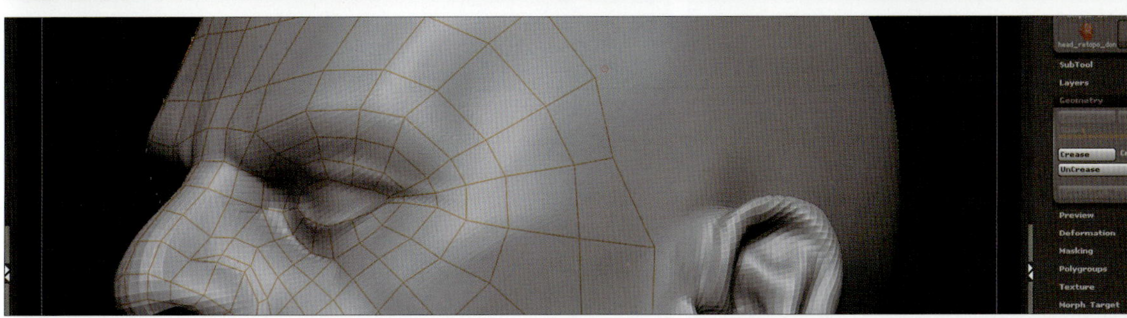

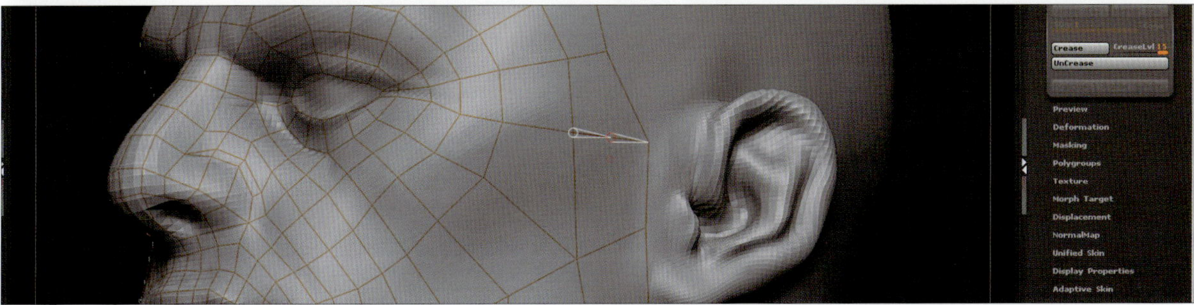

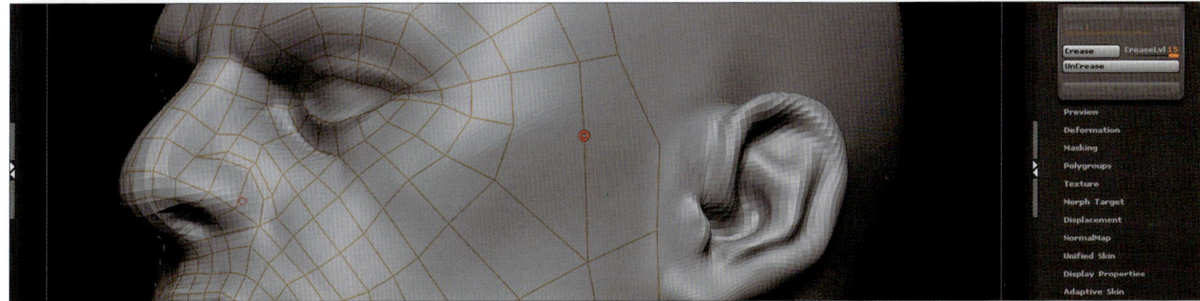

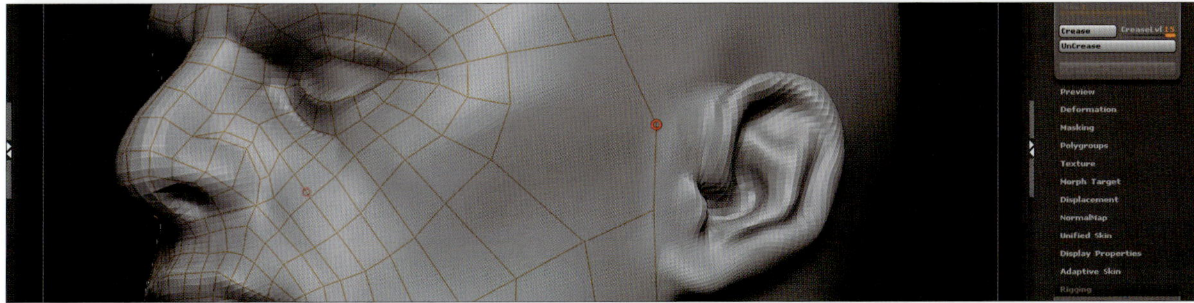

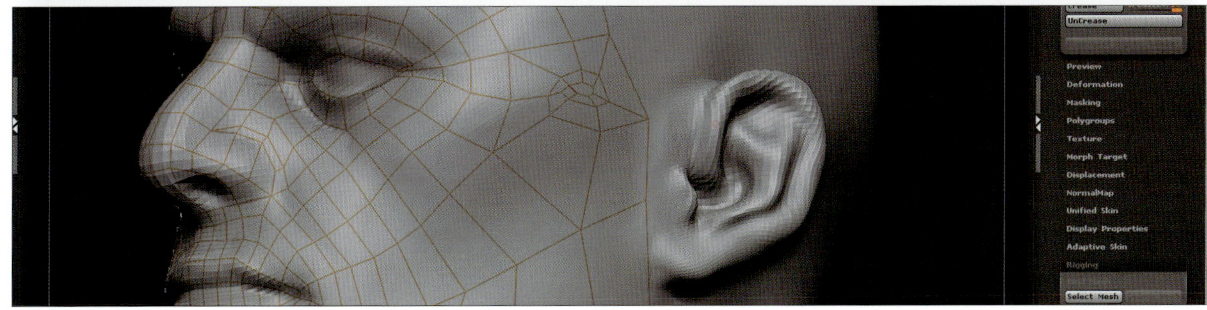

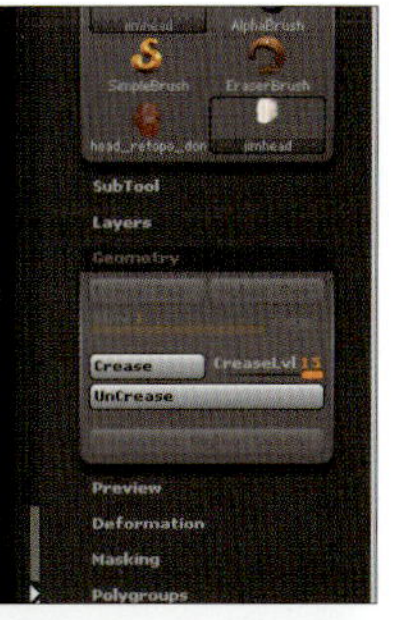

 Spline 모델링을 소개하는 동안 강조했듯이, Spline 모델링과 이상적인 메쉬 구조에 대한 이해는 Retopology의 단계에서 핵심적인 역할을 하고 있다. 우리는 그저 우리가 원하는 대로 Mesh의 구조를 그리기만 하면 되기 때문이다.

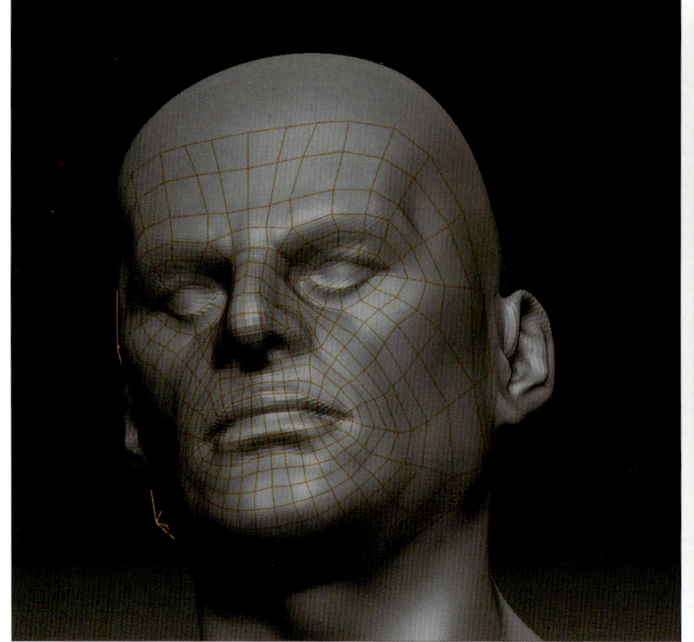 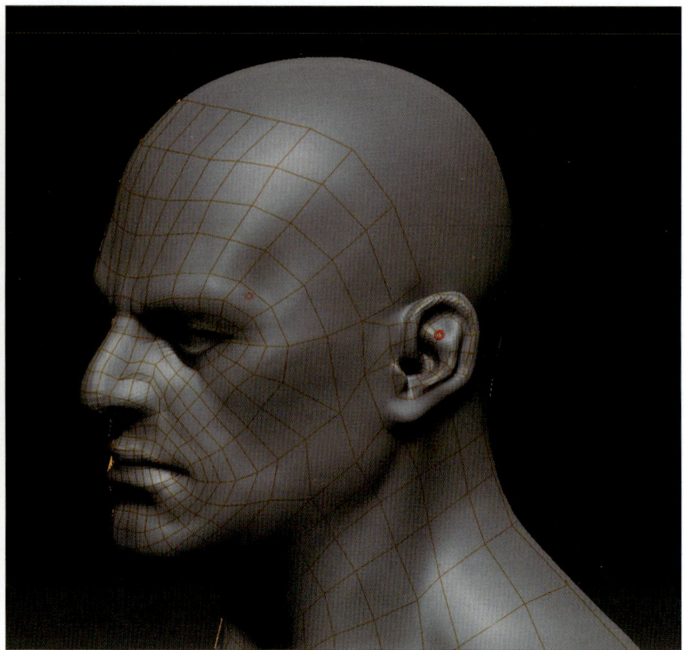

이 상태에서 ZBrush가 메쉬에서 면을 생성하는 모습은 앞서 알아본 3ds Max에서 Spline으로 메쉬를 짜고 그것에서 면(Face)을 만들어 내는 모습과 거의 똑같습니다. 차이점이라면 Spline 모델링에서는 메쉬를 구성하면서 메쉬의 형태를 잡아야 한다는 것이고, Retopology에서는 이미 ZSphere로 간편하게 생김새를 잡은 메쉬 위로, 우리가 원하는 메쉬를 그린다는 것입니다.

이 방식은 시간이 더 많이 걸린다고요? 과연 그럴까요? 하이폴리곤으로 3ds Max에서 그냥 만들어 와서 ZBrush에서 Sculpting하는 것이 더 빠를까요?

이 질문들에 대한 답은 '그때그때 다르다'입니다. 어떤 분들께는 3ds Max나 Maya에서 작업하는 것이 편하면서 더 빠르고, 또 다른 분께는 이러한 새로운 방식들을 여러 방면으로 시도해 보는 것이 더 재미있고 그 만큼 작업 속도도 따라와 줄 수 있기 때문입니다. 물론, 충분히 익숙해져서 자유자재로 3ds Max와 Maya와 ZSphere를 자신만의 방법으로 혼합하여 더욱 다양한 작업 상황들에 맞게 활용할 수 있게 되는 것이 가장 이상적인 방법이라고 하겠습니다. 작업의 재미와 효율성을 한번에 얻을 수 있을 테니 말입니다.

실제로 북미의 경우, 꽤 많은 회사들이 본격적인 하이폴리 모델링에 앞서 ZBrush로 빠르게 Prototype을 제작해보는 방식을 사용하기도 합니다.

계속해서 이후 진행 과정을 살펴보시기 바랍니다.

 다른 ZSphere 기능들처럼 Topology 또한 Adaptive Skin의 과정을 거쳐 메쉬로 변환된다.

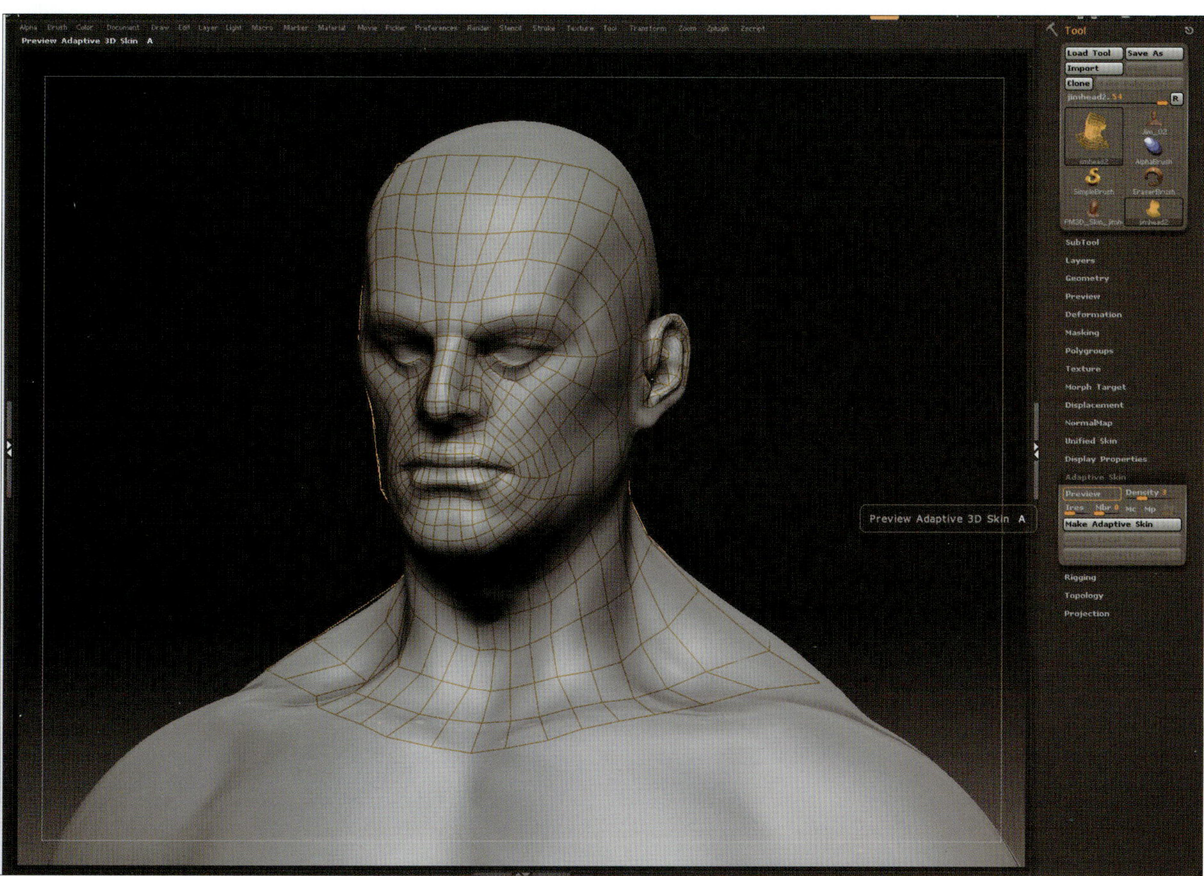

 Tool > Adaptive Skin의 Preview A 를 눌러보면 만들어진 형태에 기존 Sculpting 데이터가 없다.

26. Tool의 Projection의 Projection을 켜고 Adaptive Skin의 Preview(A)를 켜면 기본 Mesh의 Sculpting이 적용된 상태로 생성된다. Make Adaptive Skin 버튼을 클릭하면 Density의 값과 같은 수의 Sub-d 레벨을 가진 Mesh가 생성되며, 각 Sub-d 레벨은 마치 단계별로 Sculpting을 한 상태처럼 나름대로의 Sculpting 디테일을 가진다.

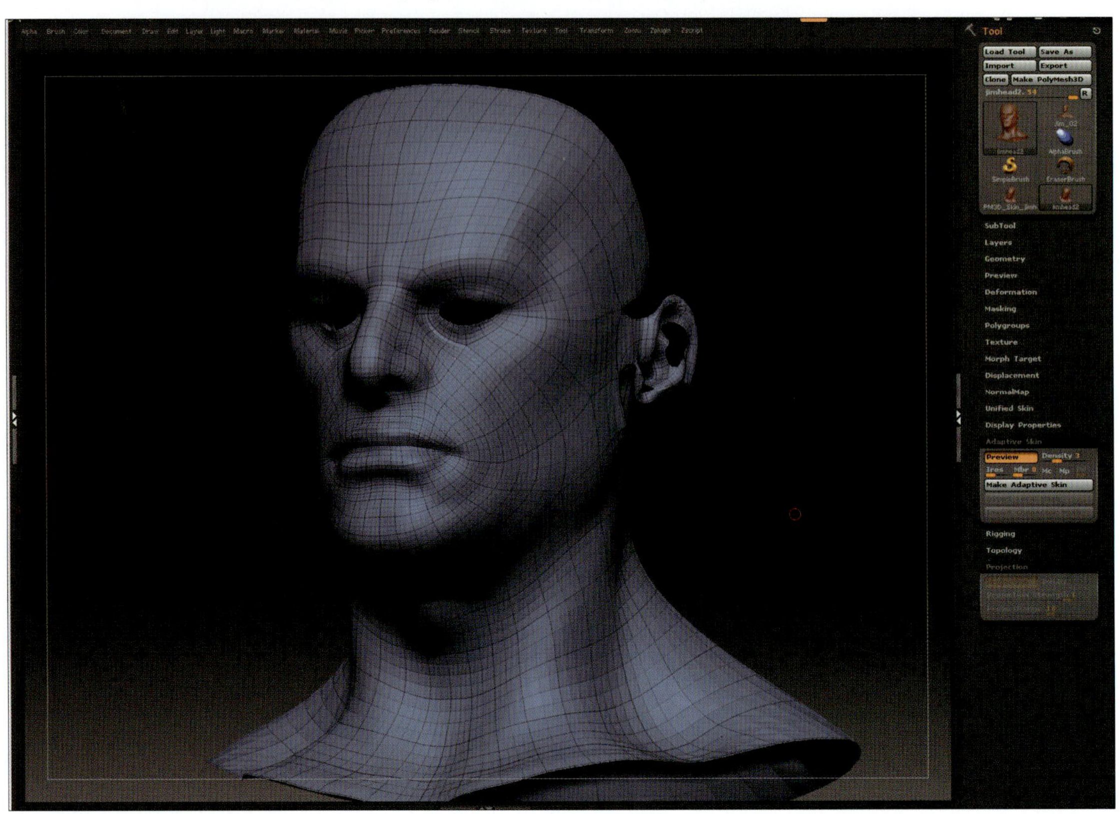

27. Retopology 과정을 마친 상태이다. Retopology 또한 다소 불안정한 부분이 있기에 아래 그림처럼 에러를 보게 된다. 그러나 빠른 Prototyping이 주요 목적이기 때문에 현재는 크게 문제될 것이 없다. Density를 1로 맞추고 Make Adaptive Skin을 클릭하면 툴 팔레트에 'Skin'이라는 단어가 붙은 툴이 생성된다. 그것을 선택한 뒤 Tool의 Export 버튼을 클릭해 Obj 파일로 Export 한다.

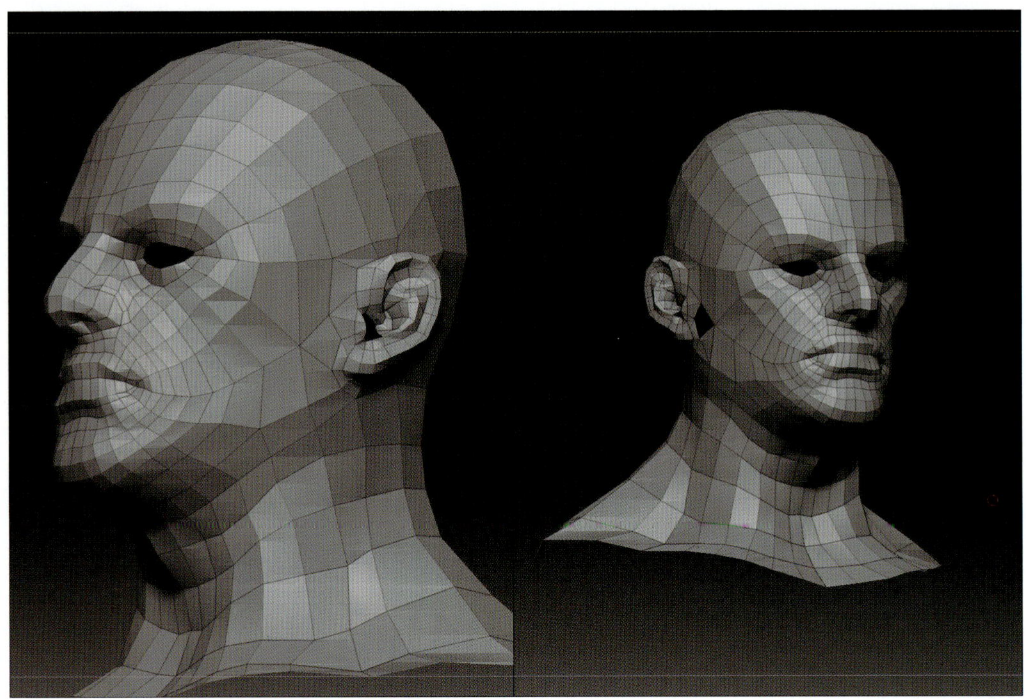

지금까지의 메쉬는 하이폴리곤 모델링을 위한 재빠른 프로토타입(Rapid Prototype)에 불과했으므로, 현 상태에서 3ds Max로 넘겨서 작업하면 됩니다.

3ds Max로 넘어가서 하이폴리곤 모델링 작업을 해보겠습니다. 그리고 Retopology에 대해서 좀더
살펴보고, 이후에 이것을 어떤 식으로 활용해 볼 수 있는지 알아보겠습니다.

 **28** 3ds Max로 obj 파일을 Import하고 Editable Poly로 변환한 뒤 절반을 자른 후 Symmetry Modifier 적용한다. 이 때
Retopology 단계에서 앞 단계에 있었던 오른쪽 뺨의 문제는 간단히 해결된다.

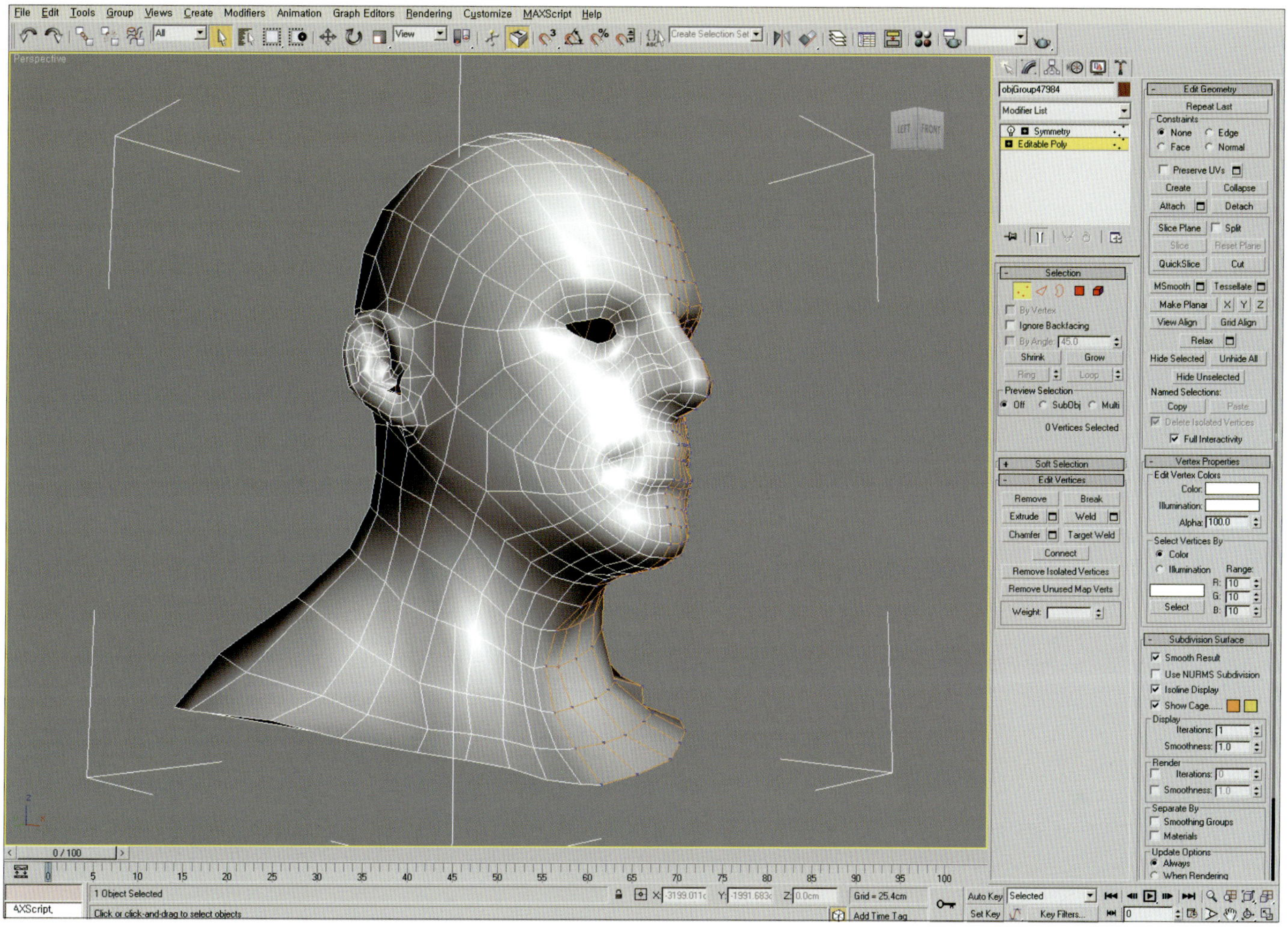

260

29 하이폴리곤 모델링. 콧구멍이나 눈, 입, 귀 등을 막으면서 점차 디테일하게 만들어준다.

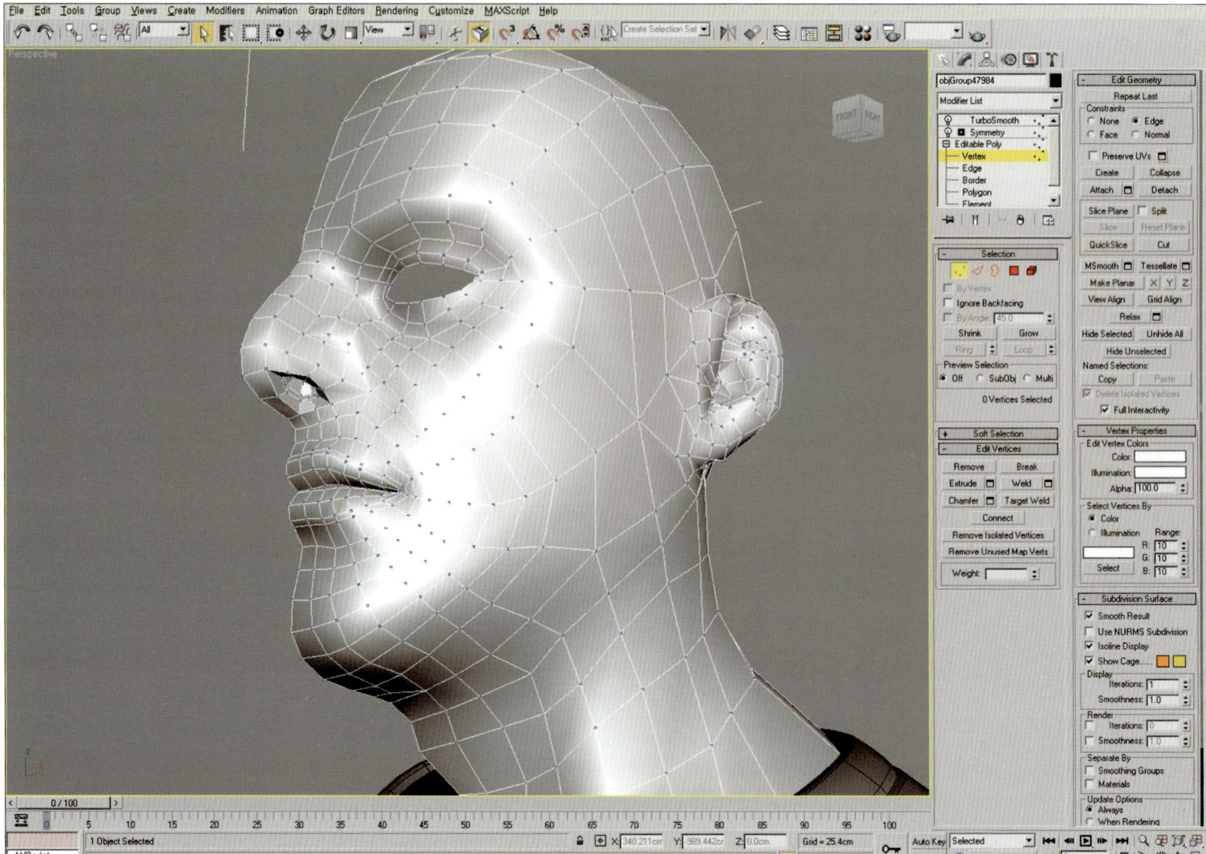

30 Sphere 혹은 간단하게 만든 눈알 메쉬를 넣어서 눈꺼풀 모양을 잡아주었다.

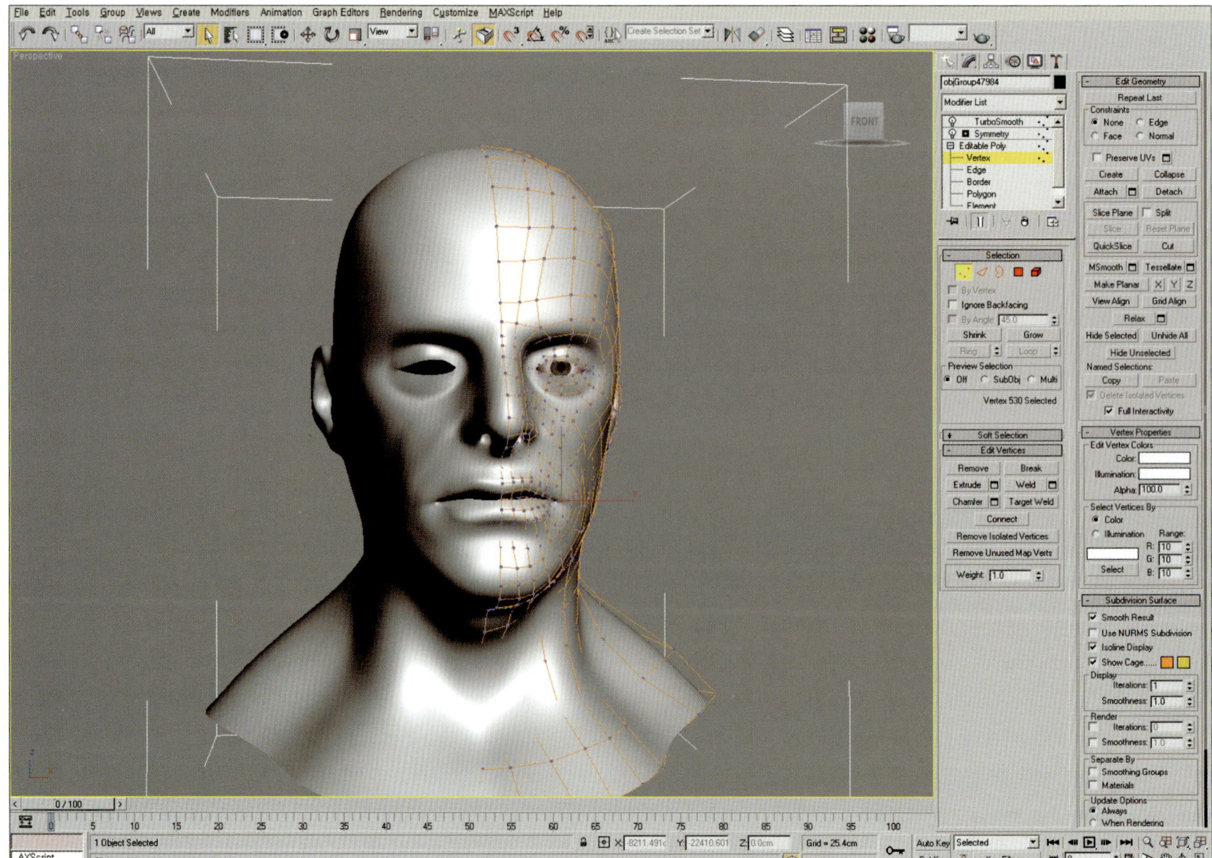

 ZBrush에서의 Rapid Rototyping을 통해 기본 틀이 다 잡힌 상태로 3ds Max로 넘긴 뒤 디테일 작업과 Clean-up 작업을 하는 방식으로 완성한다.

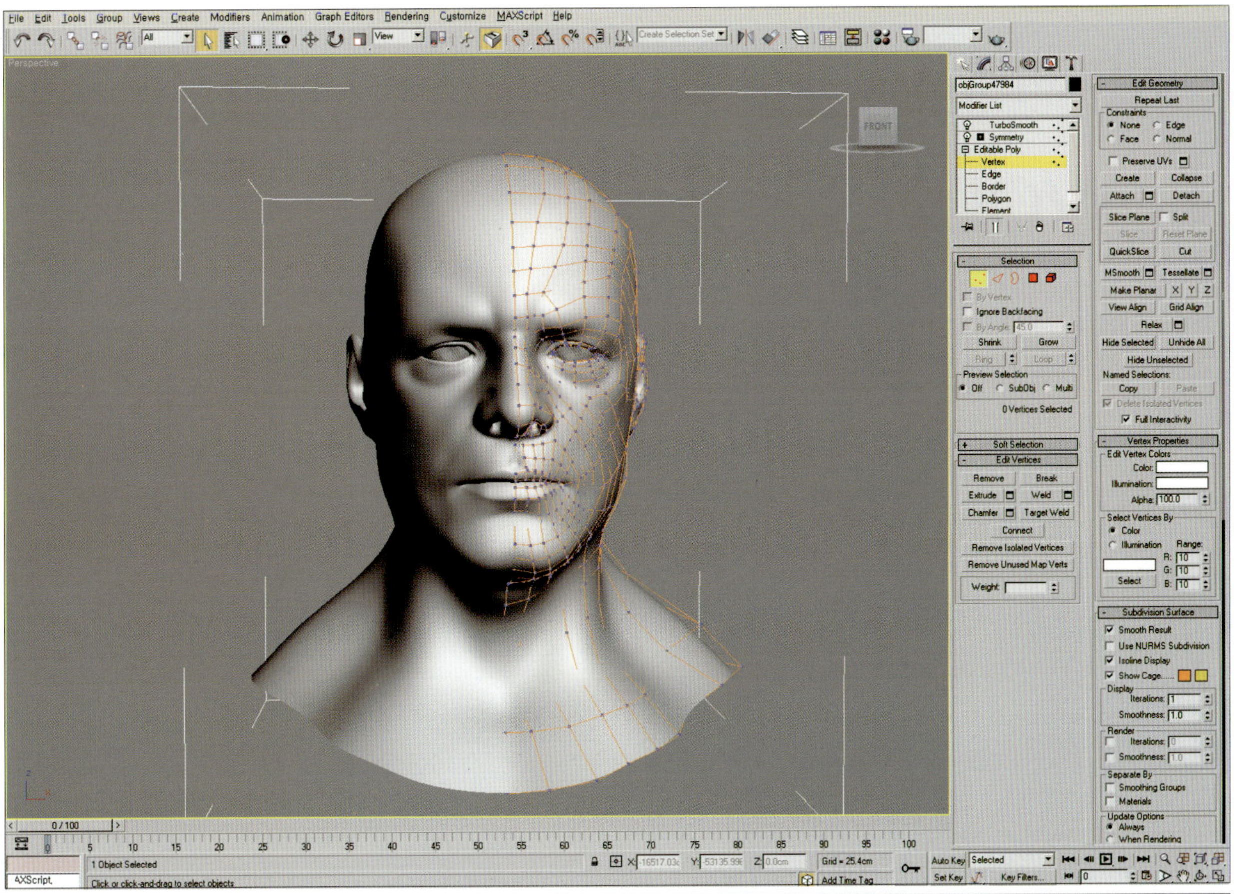

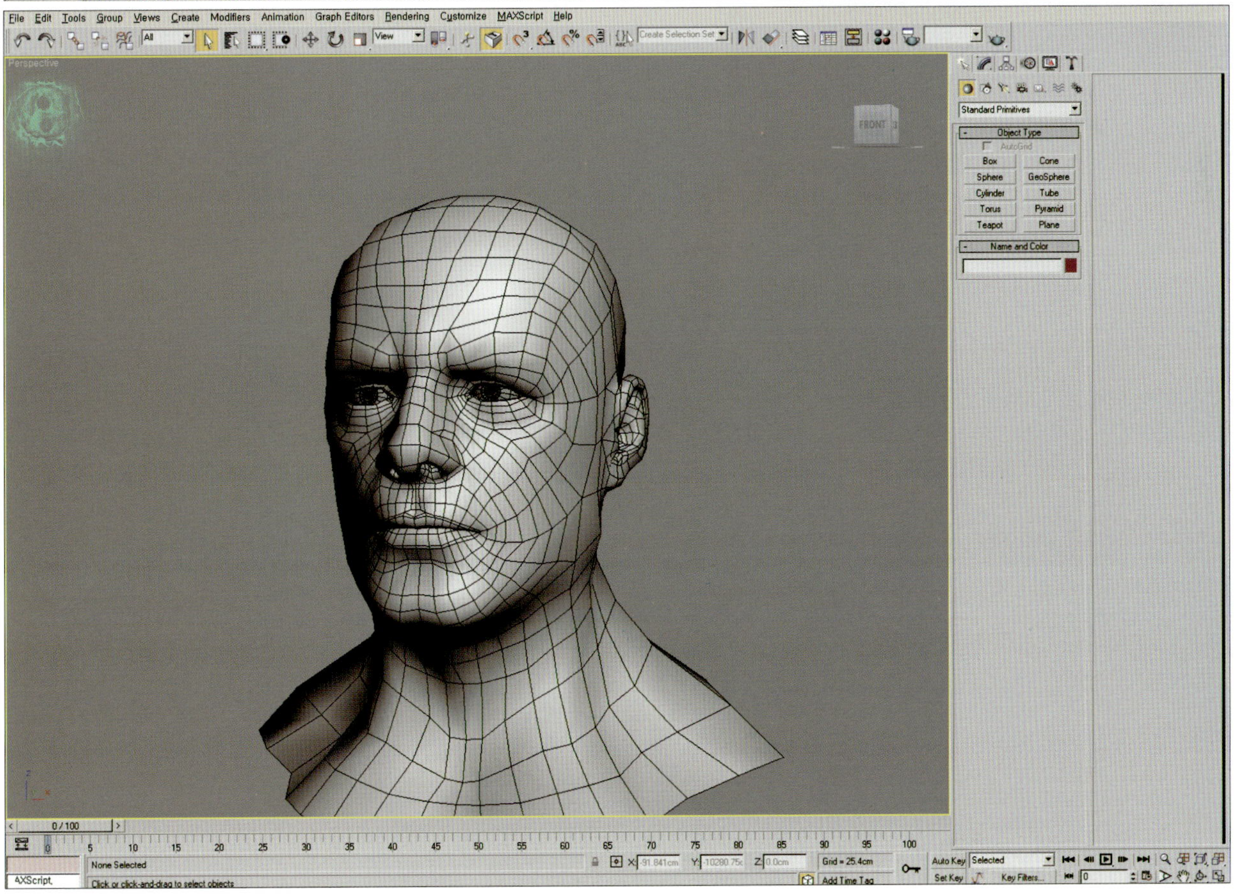

 부록 DVD 파일

\ 3D캐릭터모델링\ 나쁜경찰\ 나쁜경찰_UV\ Jin_Head.max

Retopology의 이해

UV Layout 셋팅하기

03

UV를 펴고 ZBrush로 다시 옮겨가도록 하겠습니다.

필자가 다녔던 College에서는 UV 자체에 대해서 제대로 가르쳐주지 않았기 때문에 UV가 늘어나면 안 된다거나 UV 경계선 처리를 잘 해야 된다는 등의 얘기만 듣고 난감해 했던 기억이 납니다. 실제로 필자가 UV에 대해서 배우고 훈련받은 것은 회사 작업을 하면서 였습니다.

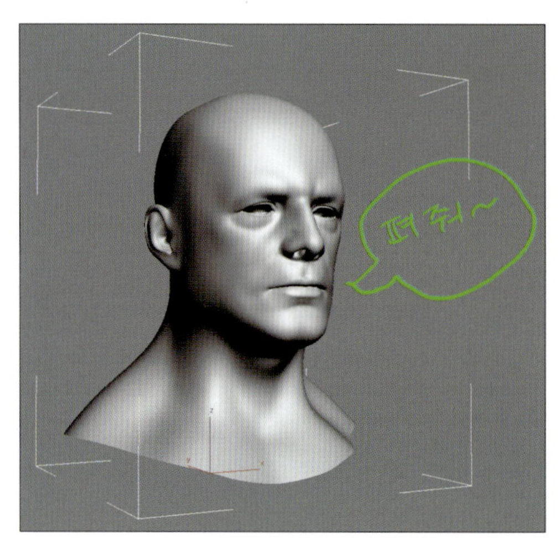

결국 필자가 경험 통해 느낀 것은 UV는 정말 단순한 작업이라는 점입니다. UV를 제대로 펴는 사람은 있지만 UV를 멋지게 펴는 사람은 없다는 것입니다. 쉽게 말해, 손으로 하나하나 인내심을 가지고 펼치든지, Relax 또는 온갖 방법을 다 동원해서 겹친 UV를 펴고 스트레치(Stretch)는 최소화하면 끝입니다.

3D 물체를 스트레치없이 한 덩어리로 펼친다는 개념 자체가 무리이니 스트레치 자체에 대해서도 너무 스트레스 받을 이유가 없습니다. 대부분 ZBrush나 Bodypaint 등의 프로그램들이 알아서 처리해 준다.

그럼, 인내심을 가지고 함께 예제 캐릭터의 머리 UV를 펼쳐봅시다.

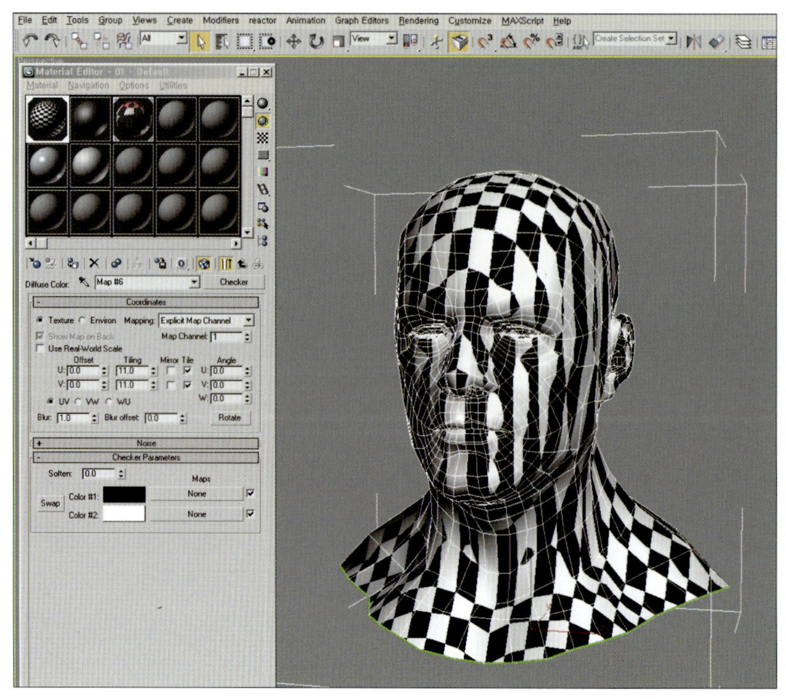

01 UV Unwrap Modifier를 적용하고 Checker Map을 적용시켜 본 결과이다.

 **02** 우선 귀와 눈/코/입의 안쪽에 UV를 선택하여 잘라내고 옆으로 치워둔다. Quick Planar Map을 적용시켜 두면 작업
이 좀 편해진다.

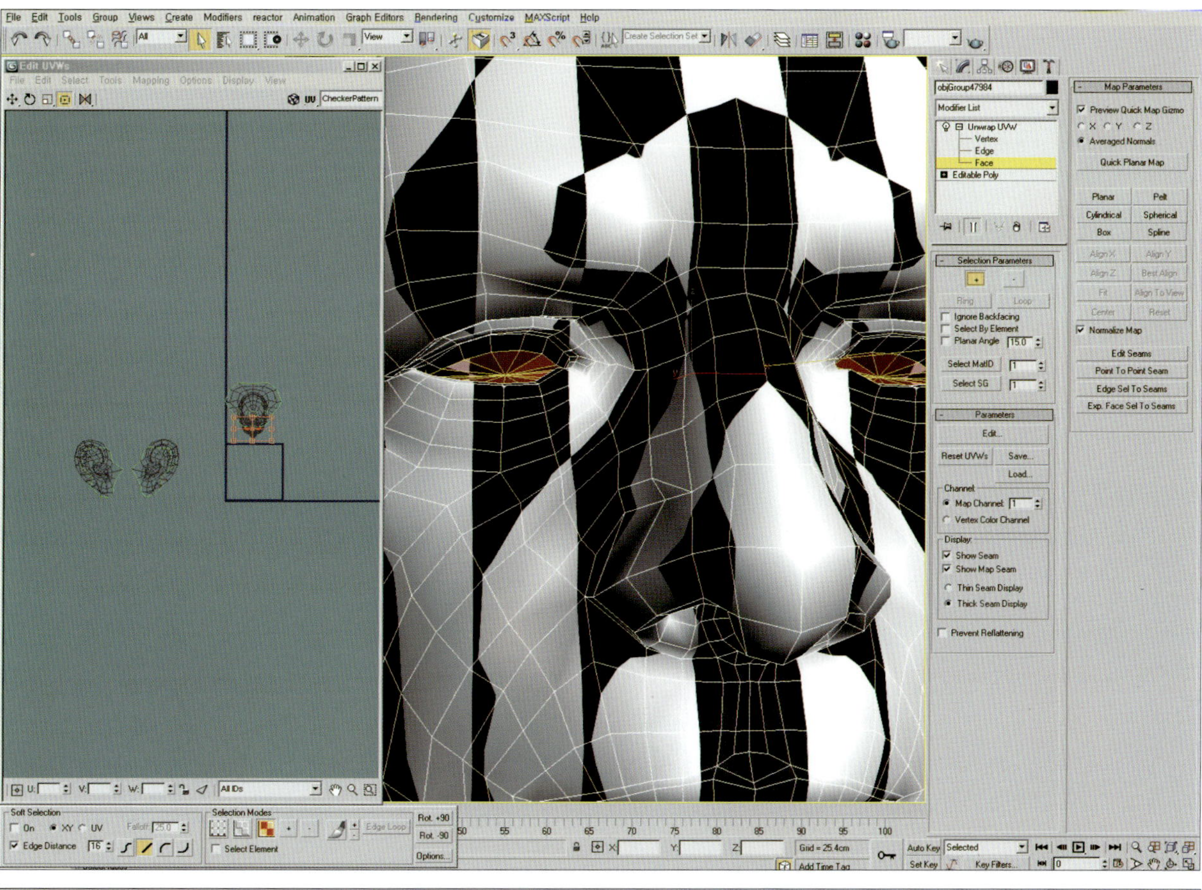

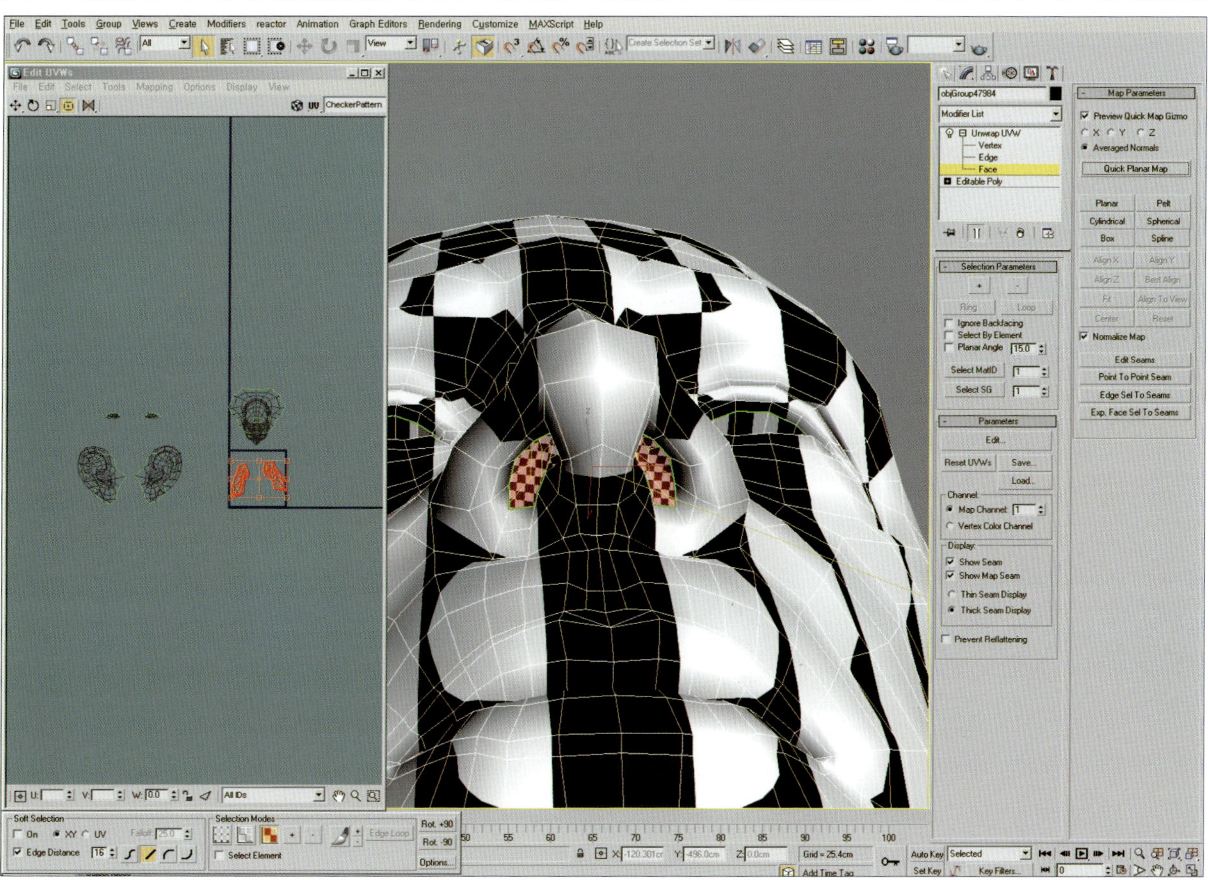

 불필요한 부위들을 잘라서 치운 뒤 머리를 선택하고 Unwrap Modifier의 Cylindrical을 클릭한 후 실린더 기즈모의 녹색 라인(UV를 자르는 기준선)을 뒤로 맞춘다. 가로로 한 칸씩 나타나는 녹색 선들은 원치 않게 생성된 UV 경계선들이므로 Ctrl + W (Weld의 단축키)로 이후에 붙인다.

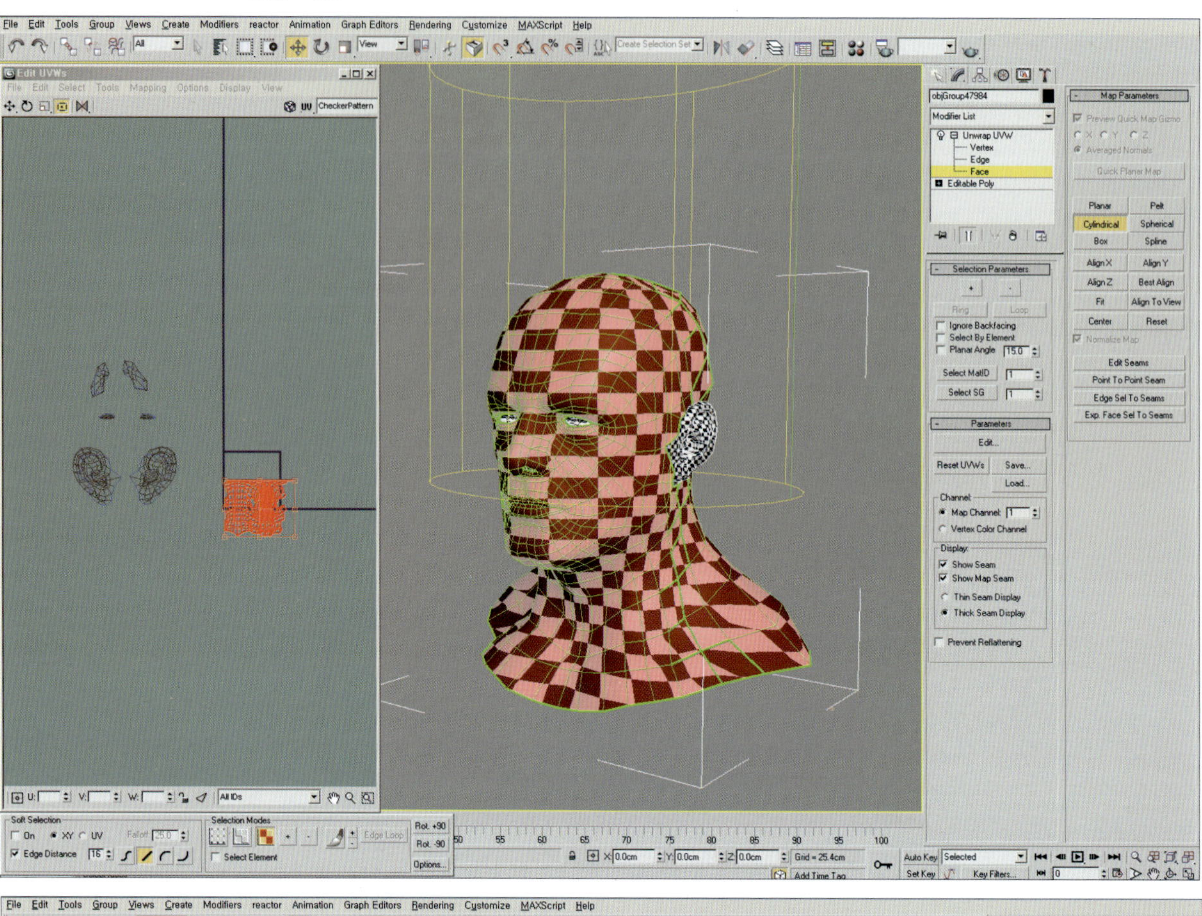

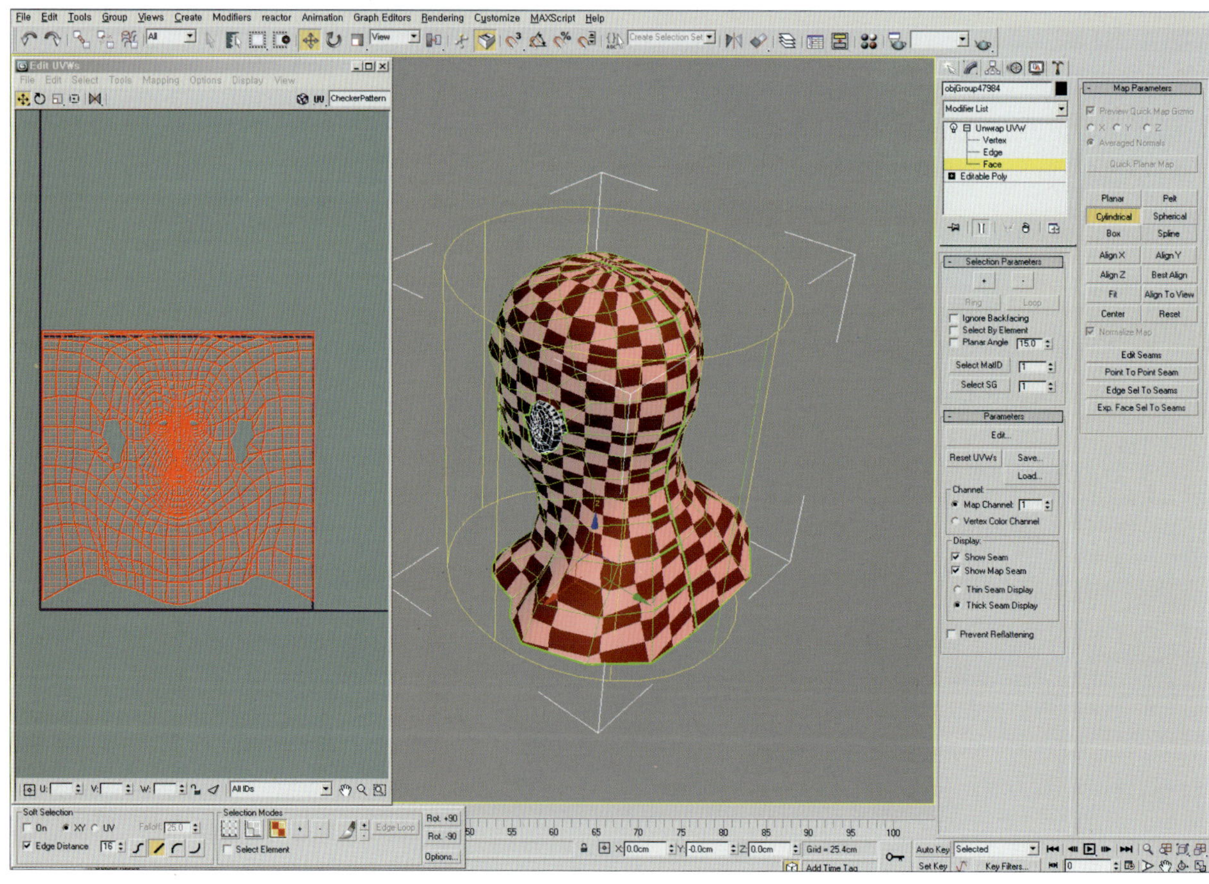

 **04** UV Editor에서 UV를 Scale을 선택하여 실린더 형태로 세로로 길게 펴진 UV 형태를 잡아준다.

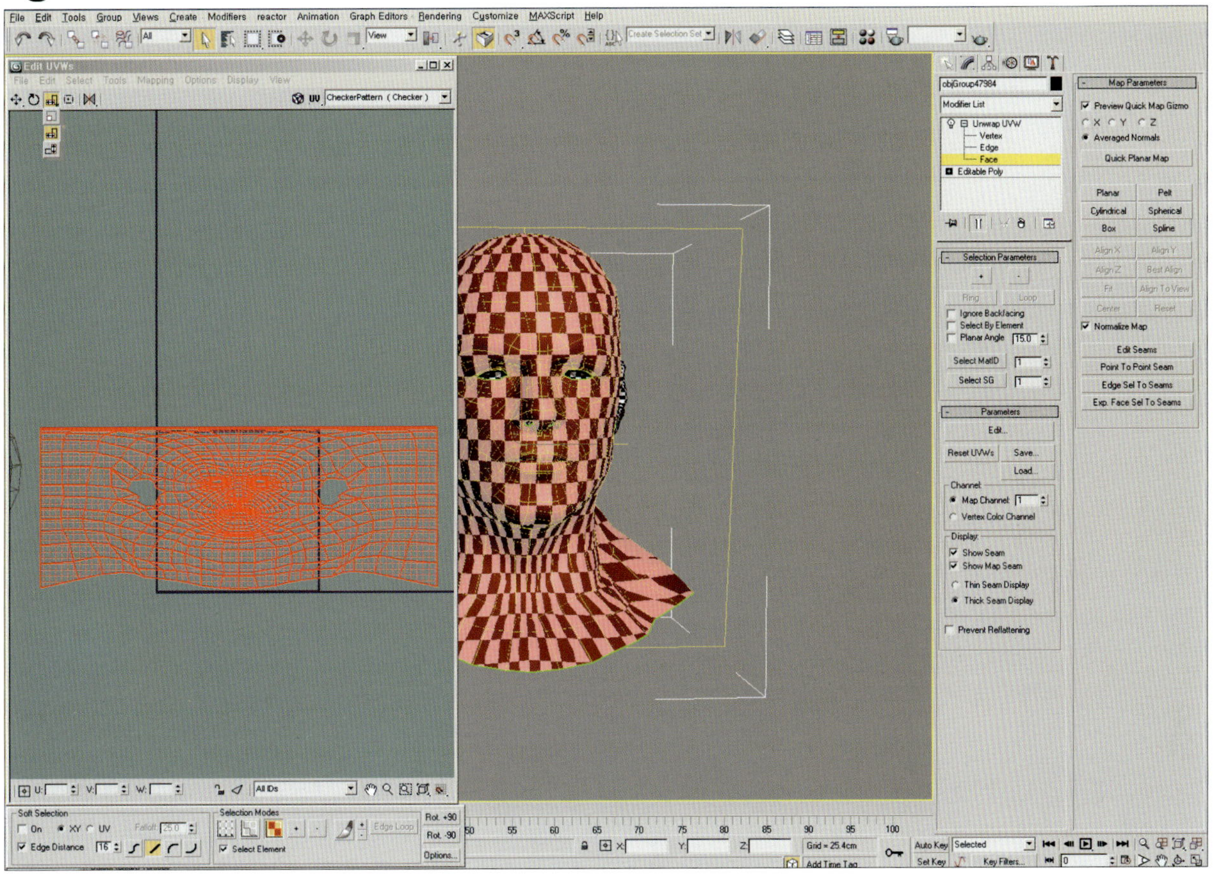

05 여기에 Relax를 적용하기 전에 이마 위치까지 두세 칸 정도 Edge를 선택하여 Break한다. 이렇게 하면 Relax가 적용
될 때 좀 더 무리없이 펼쳐진다. 3ds Max의 UV Relax 기능은 과거에 비해 비약적으로 발전하였다. Cloth Simulation
을 보는 듯한 기능은 작업에 큰 도움을 준다.

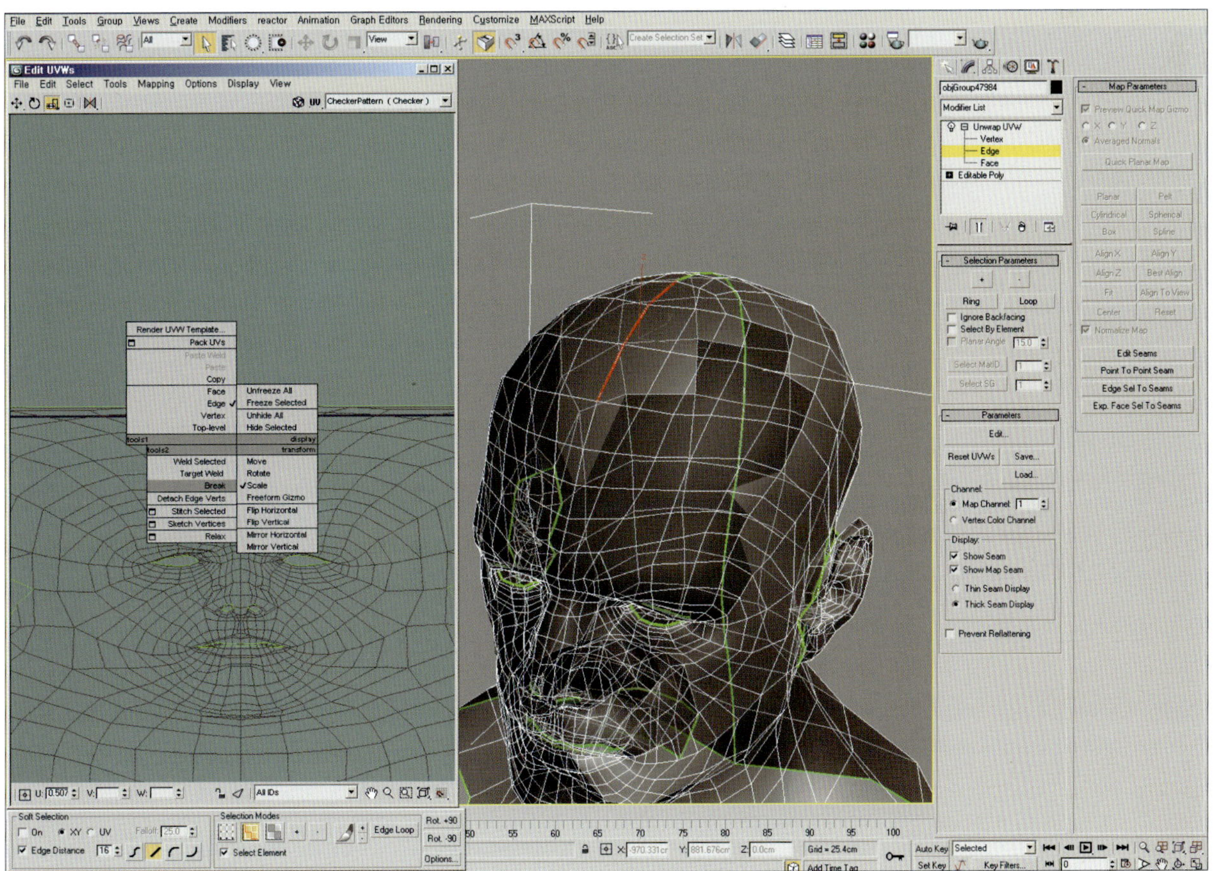

06 3ds Max의 UV Relax는 Cloth Simulation과 흡사하게 작동한다. 그렇기 때문에 얼굴처럼 굴곡이 많은 부분들을 한 번에 Relax하려는 과욕은 금물이다. 얼굴의 주변을 선택하고 Soft Selection을 켜고 Relax 창을 열어 그림과 같이 설정한 후 Start Relax를 한번 클릭한 모습이다. Iteration을 10,000으로 잡으면 Relax가 더 오래 충분히 작동한다. 언제든 Stop Relax 혹은 Esc를 눌러 멈출 수 있다. Face / Edge / Center의 설정이 있는데 Face가 제일 무난한 듯하다. 각 설정별로 장단점이 있으니 여러 가지를 시도해 봐도 좋다.

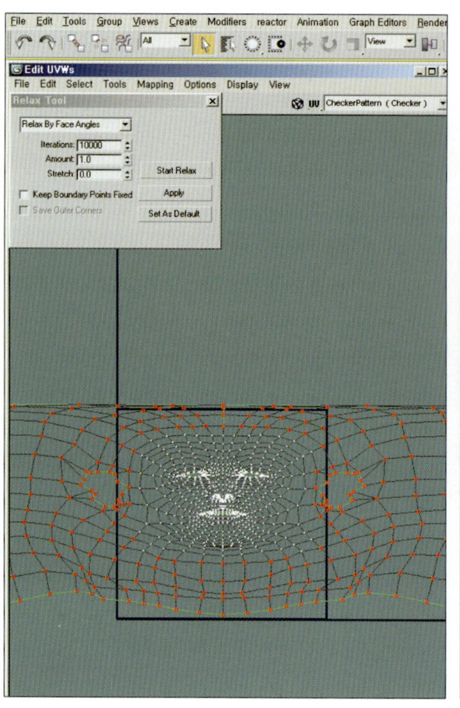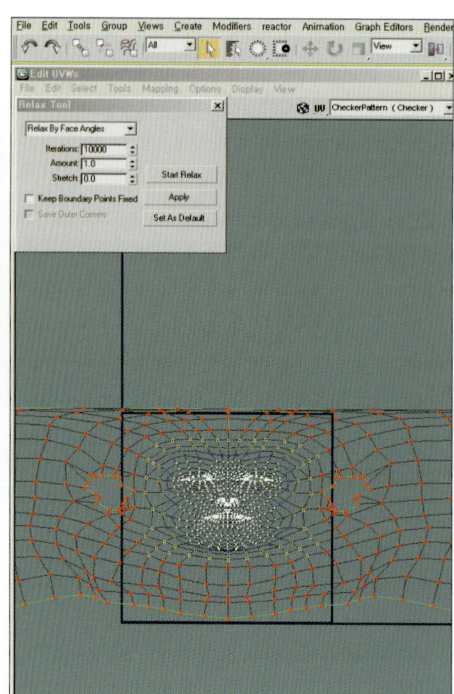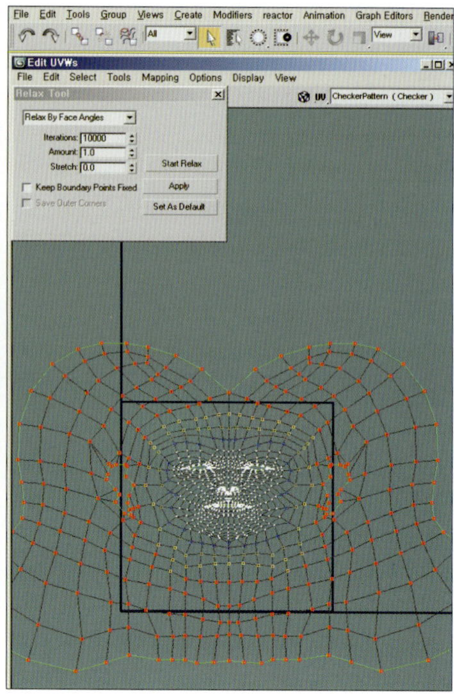

07 눈/코/입 주변의 서로 겹쳐있는 UV를 펼친다. 겹친 부분만 펴고 다음 단계로 진행한다.

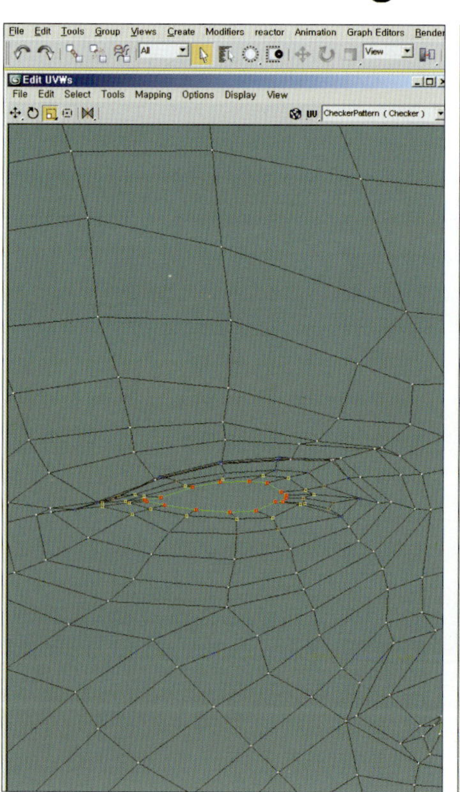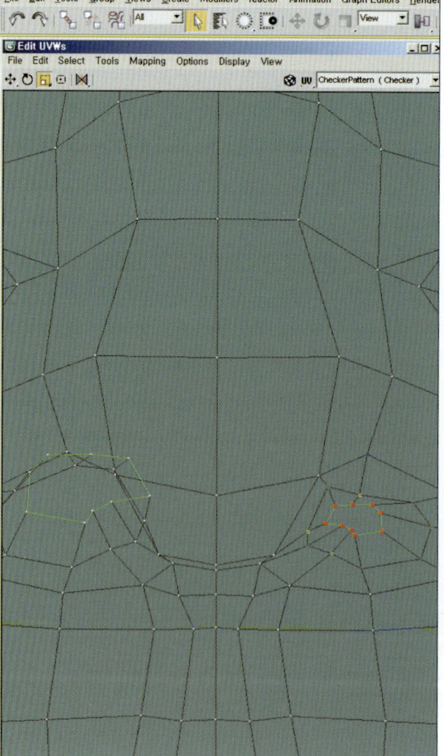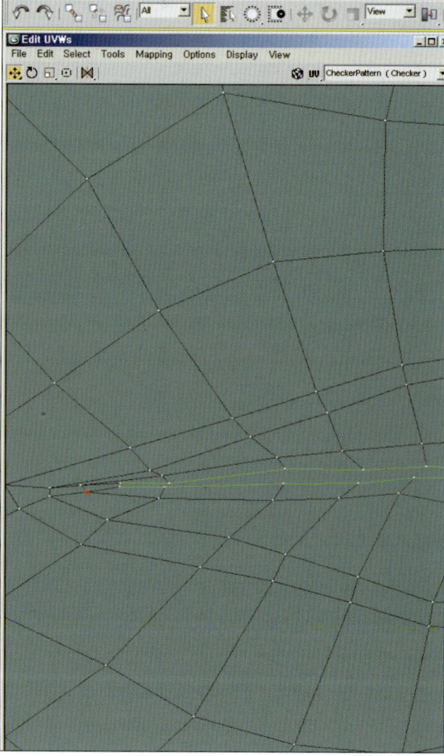

08 콧구멍 안쪽 Vertex를 Soft Selection을 켠 상태로 선택하고 Center로 Relax한다.

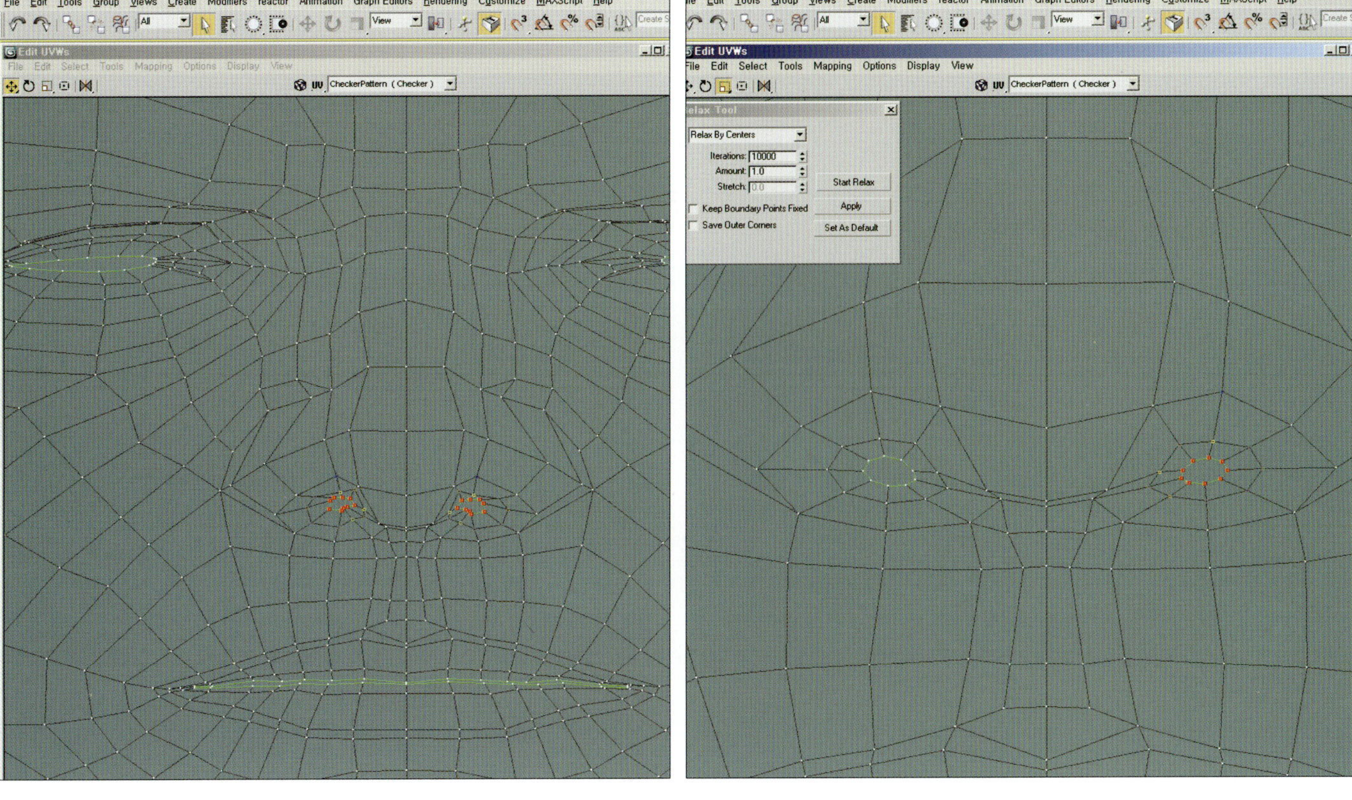

09 눈가의 겹친 Vertex들을 선택하고 Center Relax를 한 번씩 적용하는 모습이다. 머리의 UV는 이후에 Symmetry로 복제할 예정이므로 한쪽의 절반만 신경 쓴다.

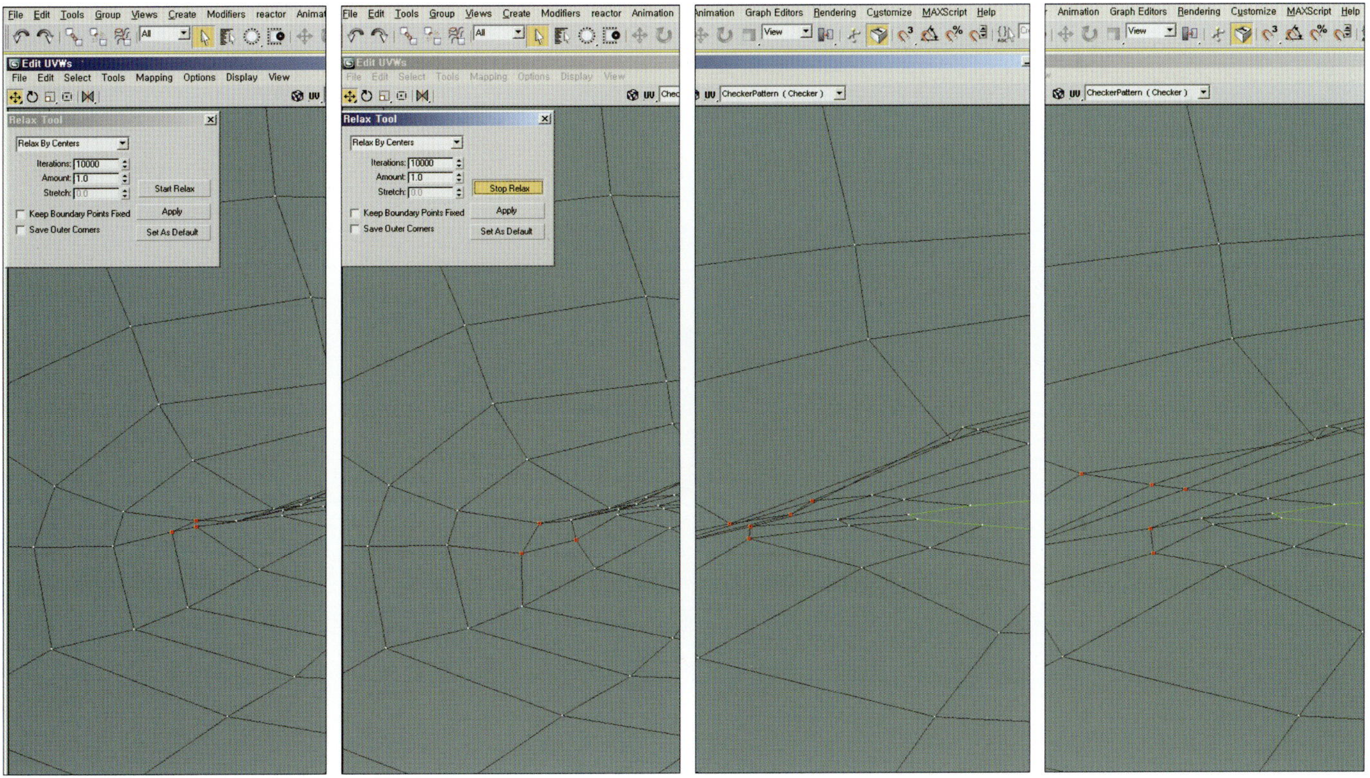

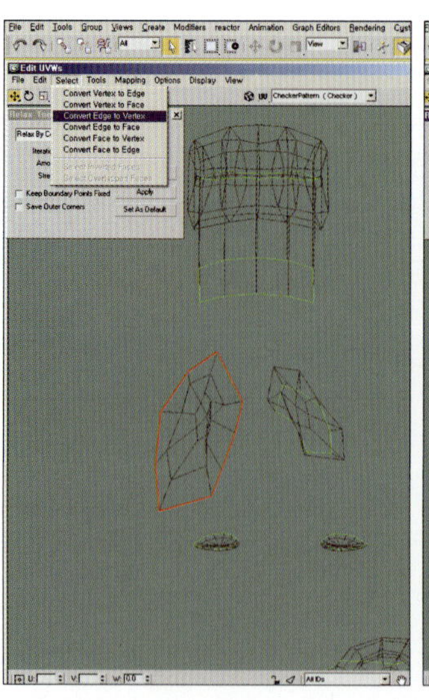
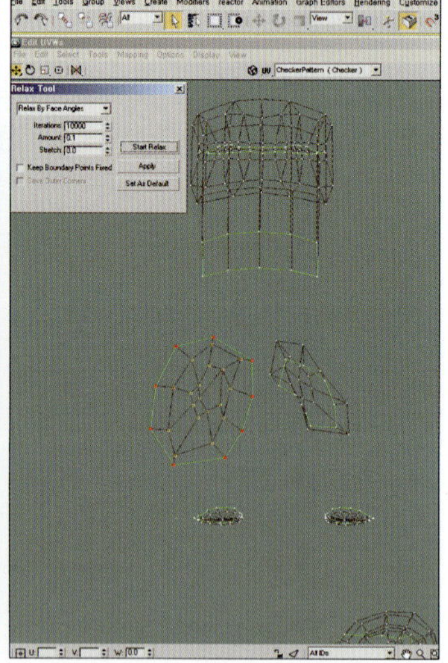

10 콧구멍 안쪽 UV의 외곽선만 겹치지 않게 펴고, 외곽선 Edge들을 선택한 뒤 Select 탭에서 Vertex로 변환한 뒤 Soft Selection을 켜고 Relax한다.

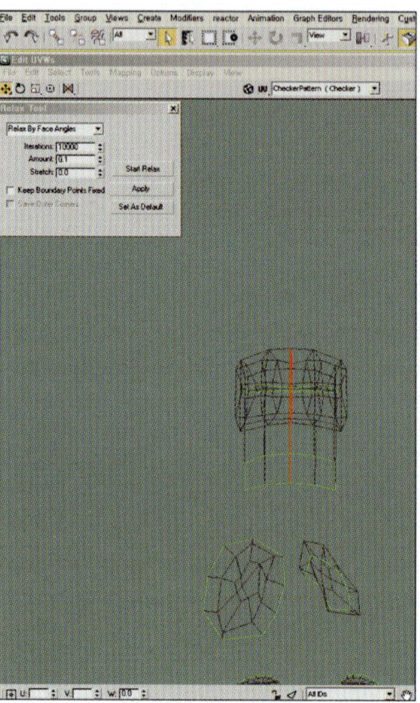
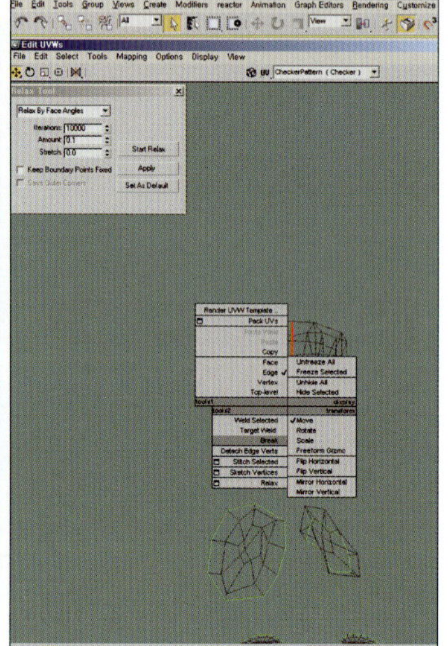

11 입 안쪽 Mesh의 중앙 Edge들을 선택하여 Break한다.

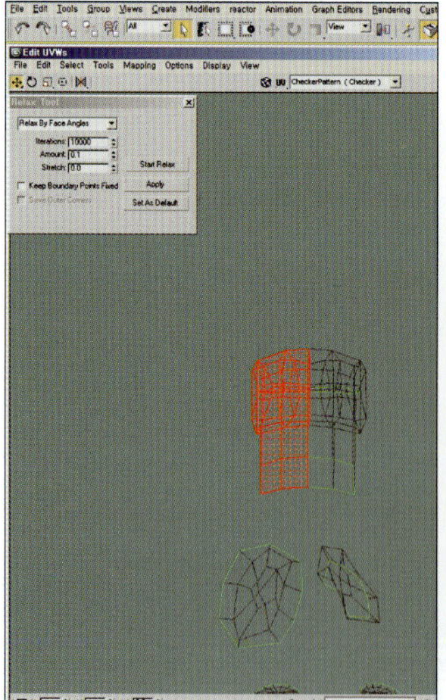
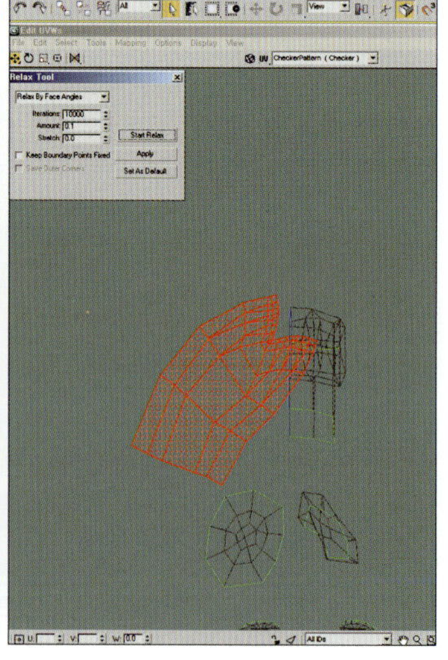

12 한쪽만 선택하고 Face Angle Relax 한번 클릭하면 단숨에 펴진다.

13 나름 평면적인 귀의 형태상 겹친 부분만 간단히 편다.

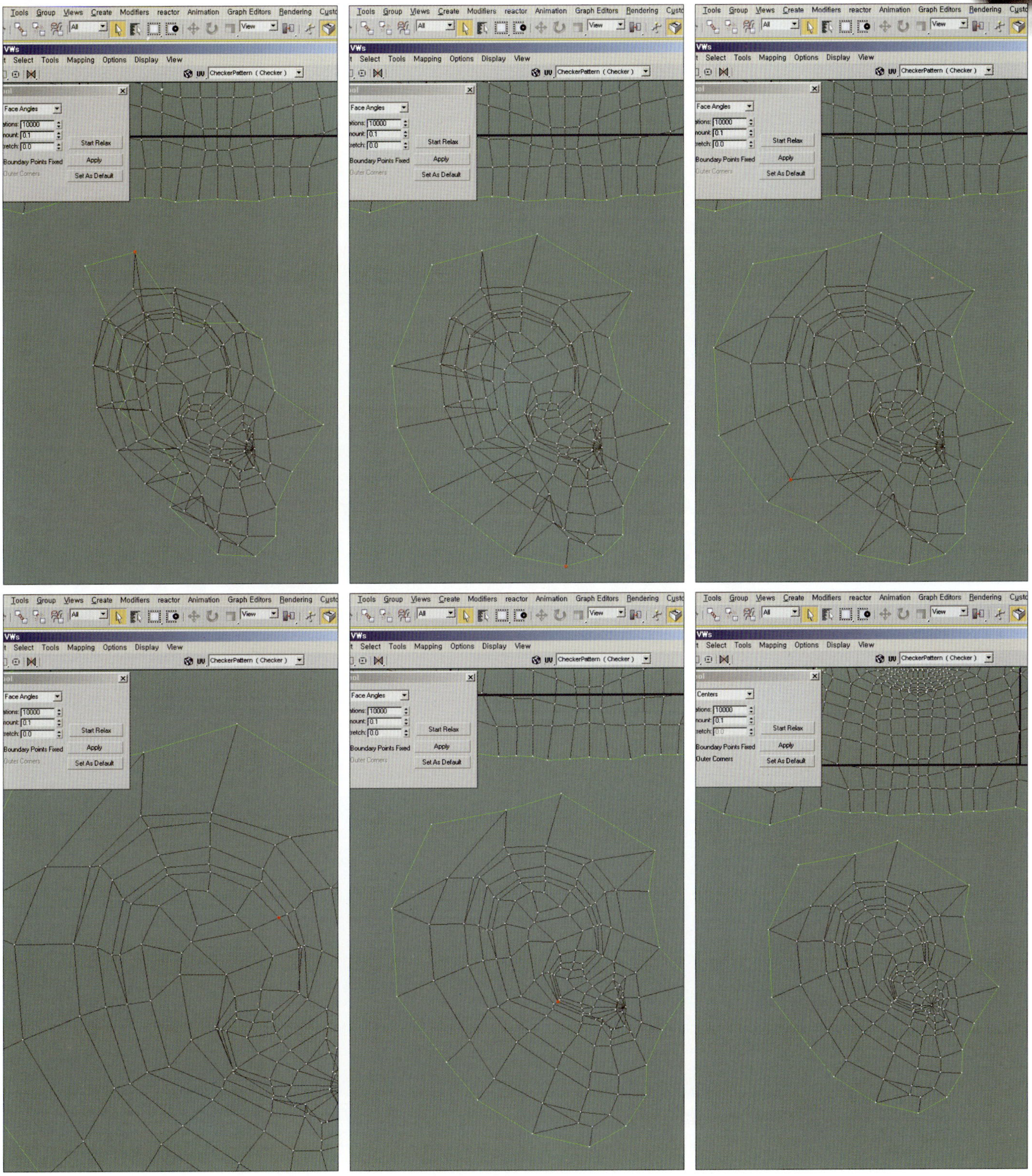

14 UV의 크기가 동일하게 유지되는 것은 매우 중요하다. UV의 경계선은 프로그램들이 알아서 처리해 주나, UV의 크기 차이는 그 부위의 텍스쳐 샘플 크기의 차이이므로 최대한 비슷하게 조절해준다. 눈/입/콧구멍 안쪽 UV들은 작게 해도 별 문제가 되지 않는다.

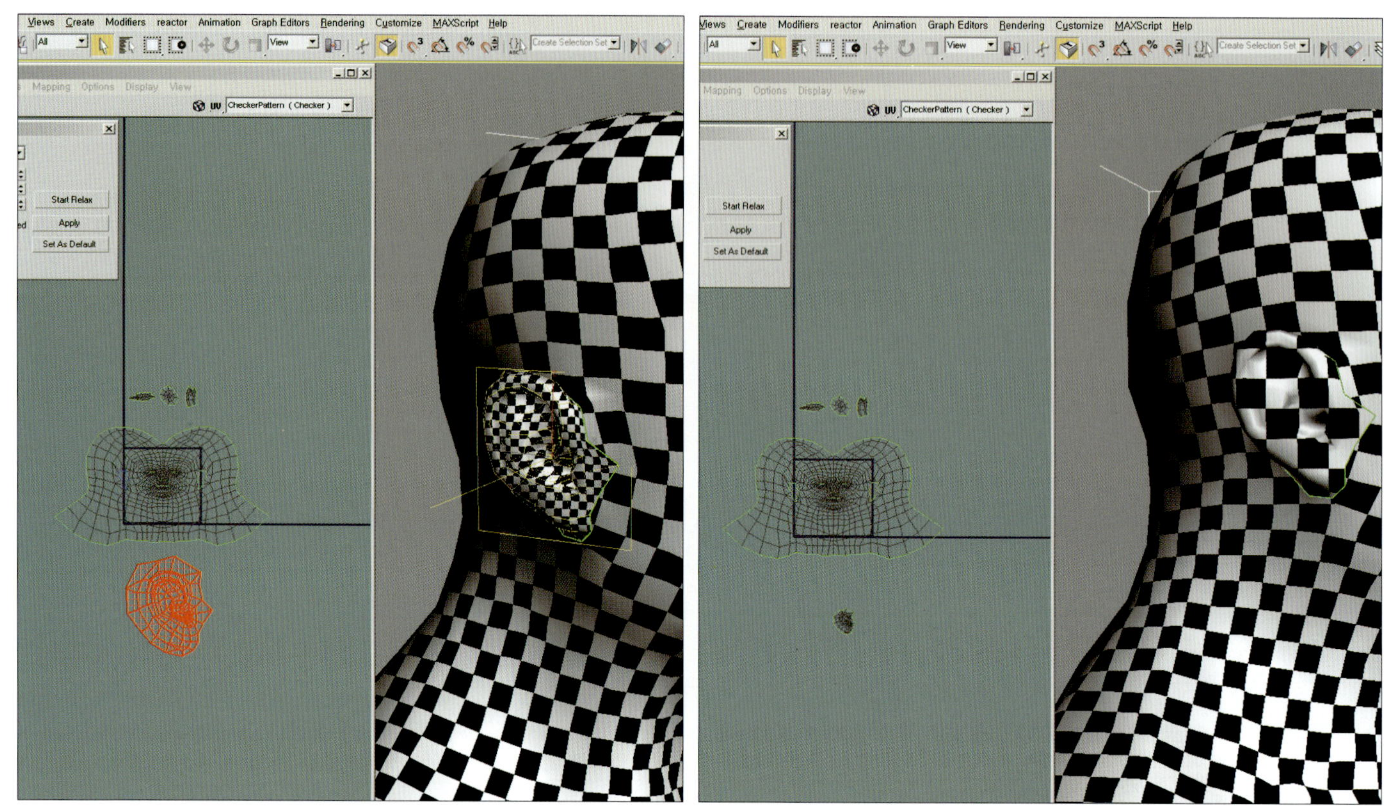

15 현 모디파이어들을 Collapse한다(혹은 Convert to Editable Poly). 그리고 나서 필자의 경우 왼쪽을 위주로 UV를 편집했으므로, Editable Poly에서 오른쪽 절반을 선택하여 삭제한다.

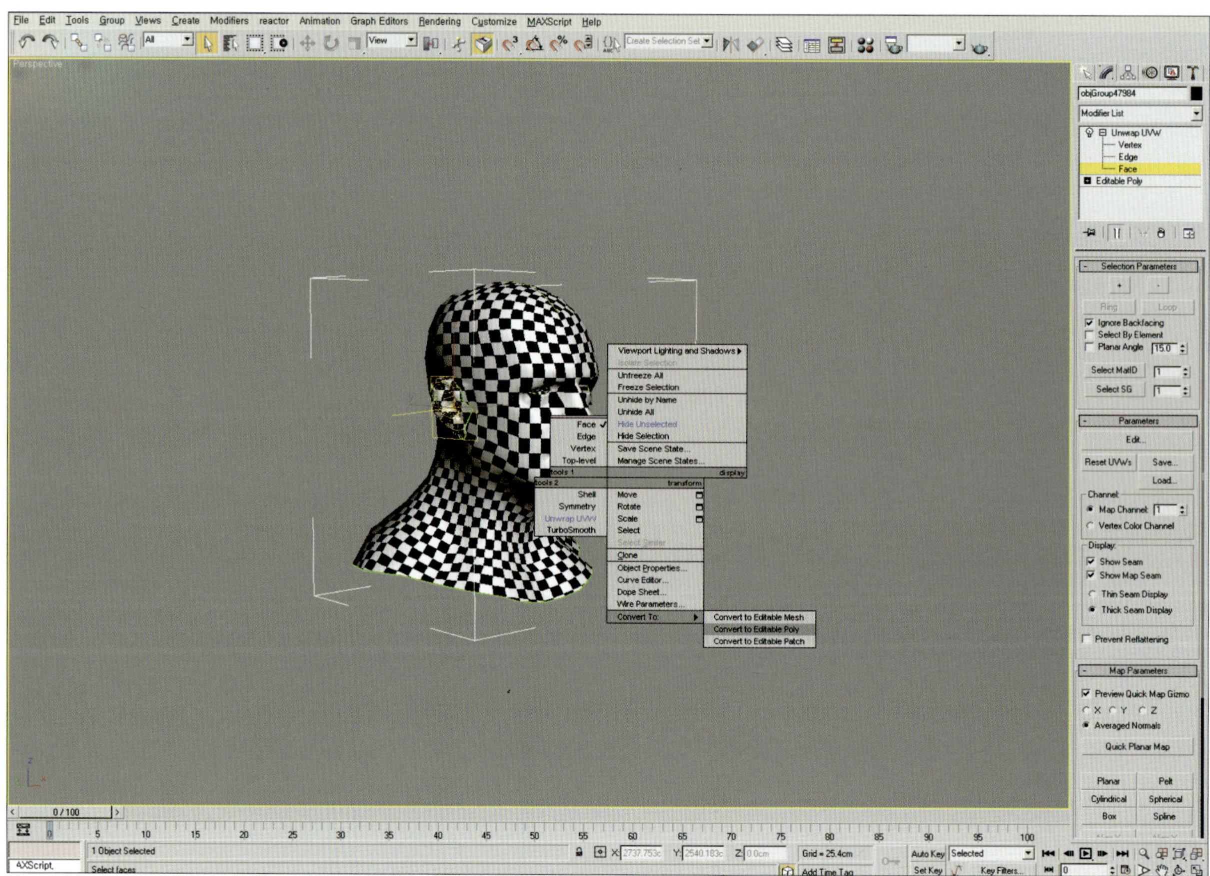

16 Symmetry를 적용한 뒤 다시 Collapse(혹은 Convert to Editable Poly)하고, UV Unwrap Modifier를 다시 적용하여 UV Editor를 연다. 좌우의 UV가 한쪽 UV처럼 서로 겹쳐 있으니 이것을 움직여서 재배치한다. 이때, 오른쪽 UV는 좌우가 뒤집혀 있는 상태이므로 Horizontal Flip을 한다.

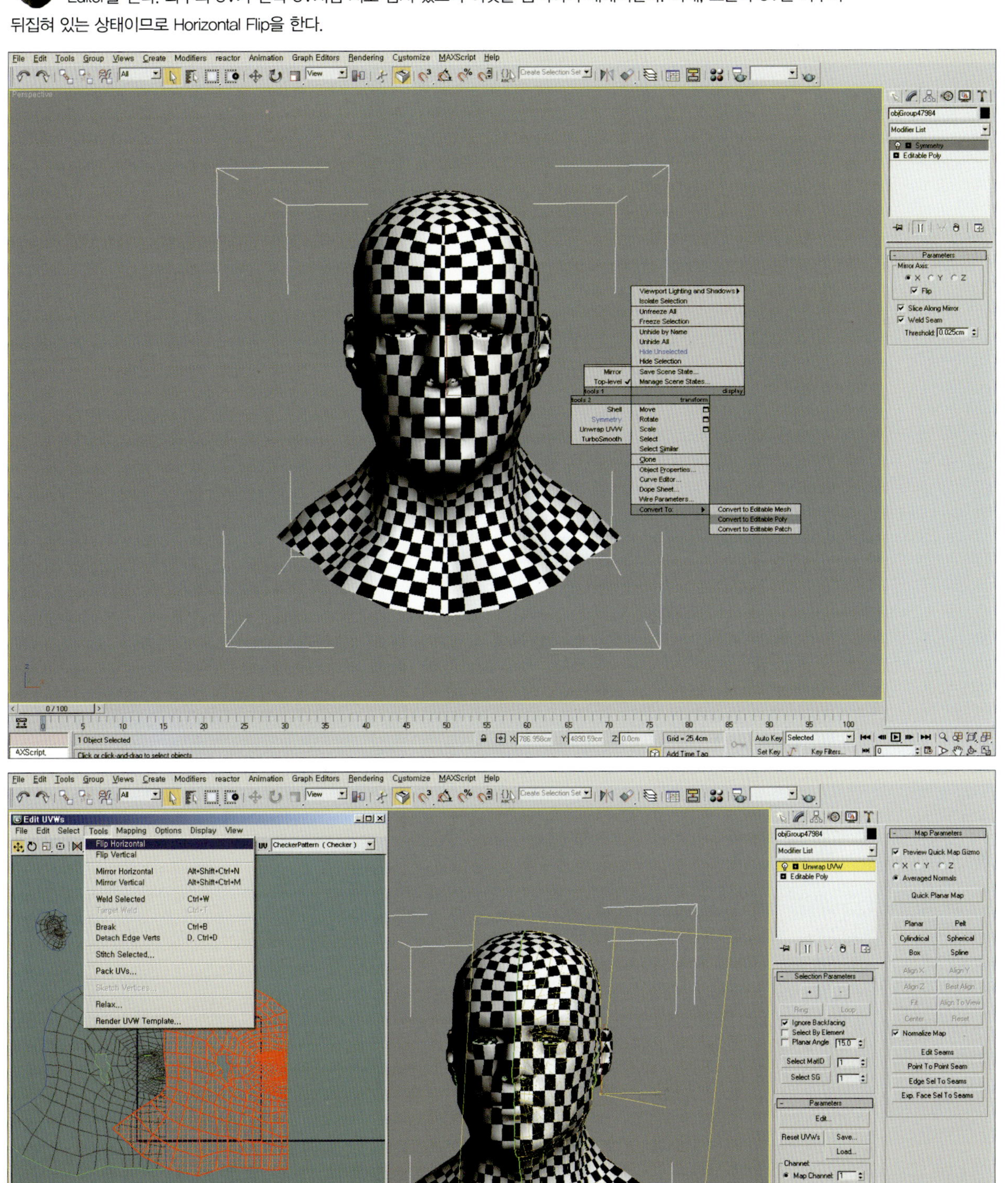

272

 얼굴 부위 UV를 서로 붙인다.

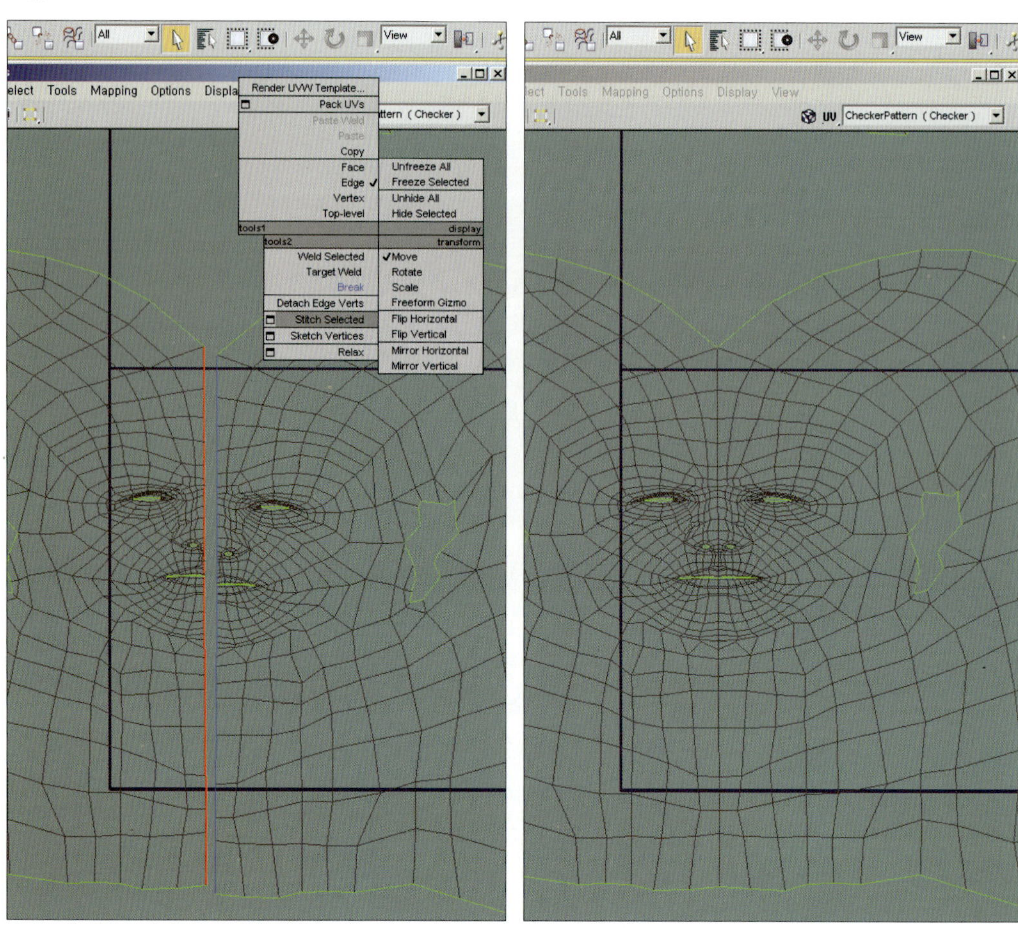

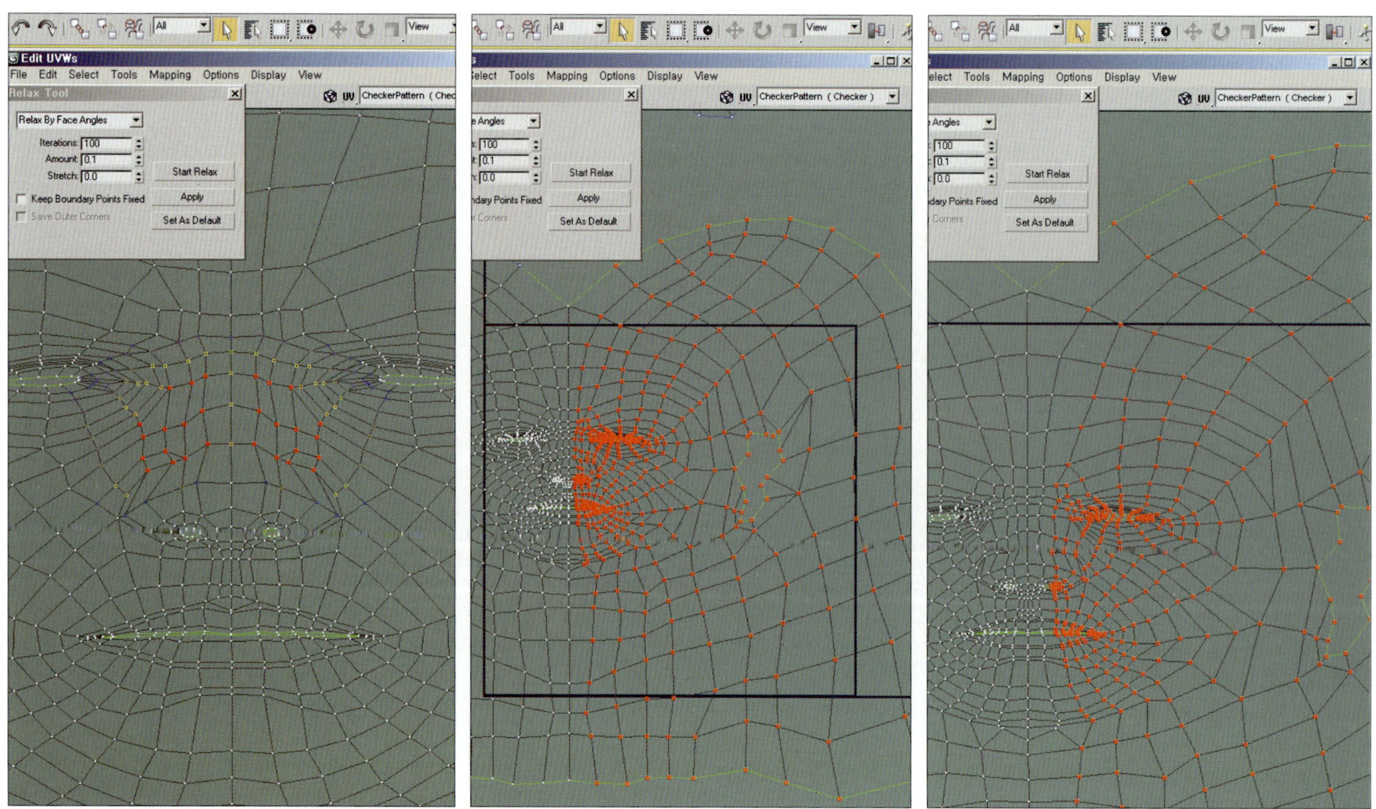 코 부위와 같이 늘어나는 문제가 되는 부분들을 펼친다.

19 턱 부위의 UV를 Relax하는 모습이다.

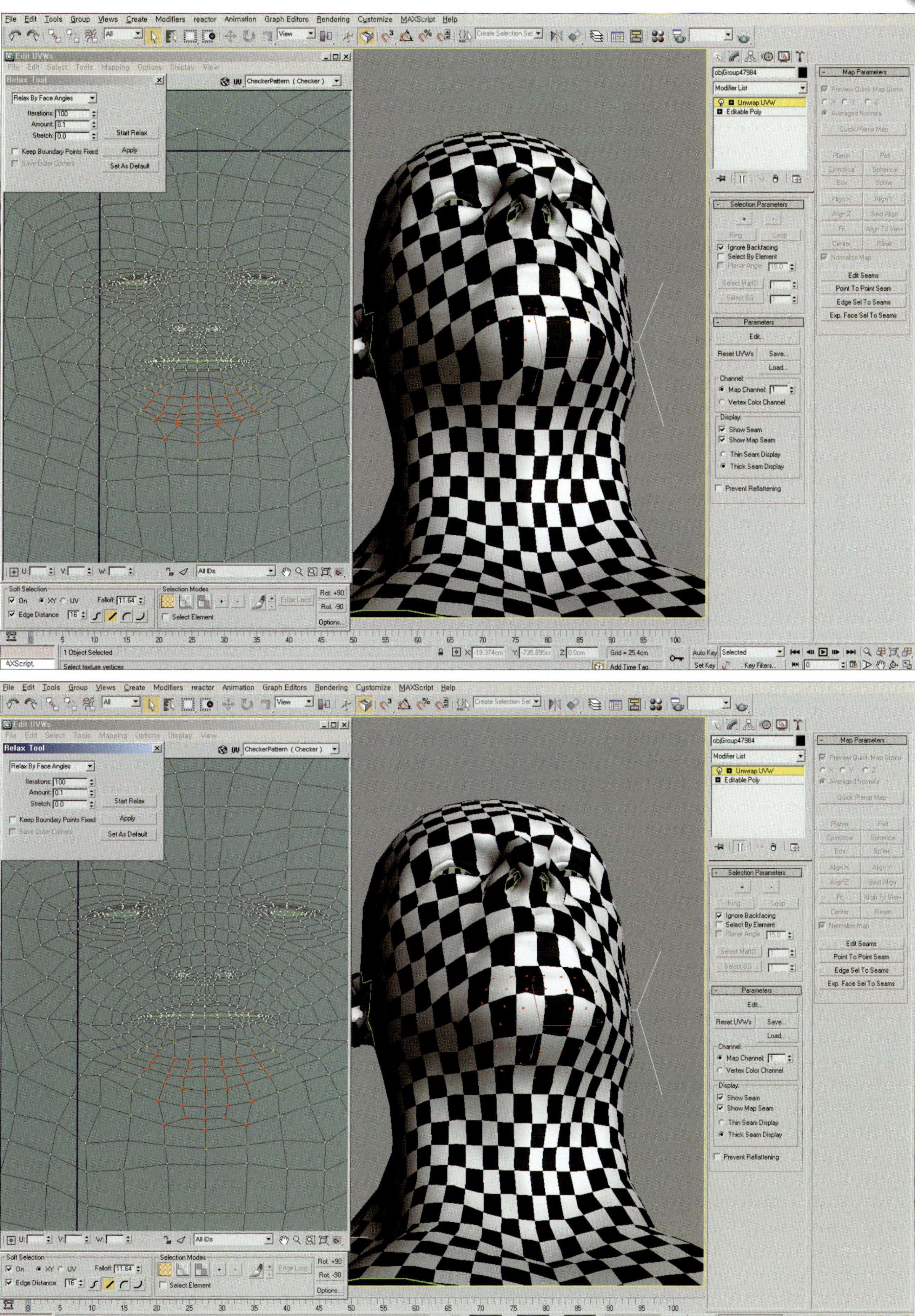

 UV를 잘 배치하고 마무리한다.

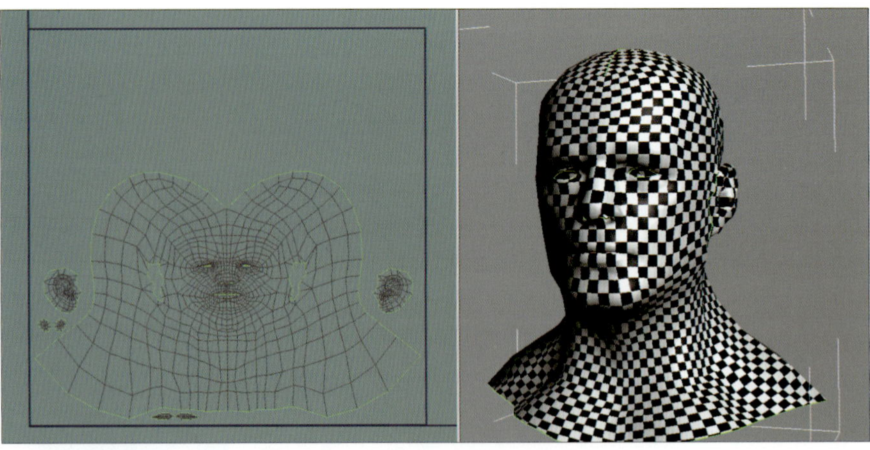

ZBrush로 다시 가져가서 Sculpting을 마친다.

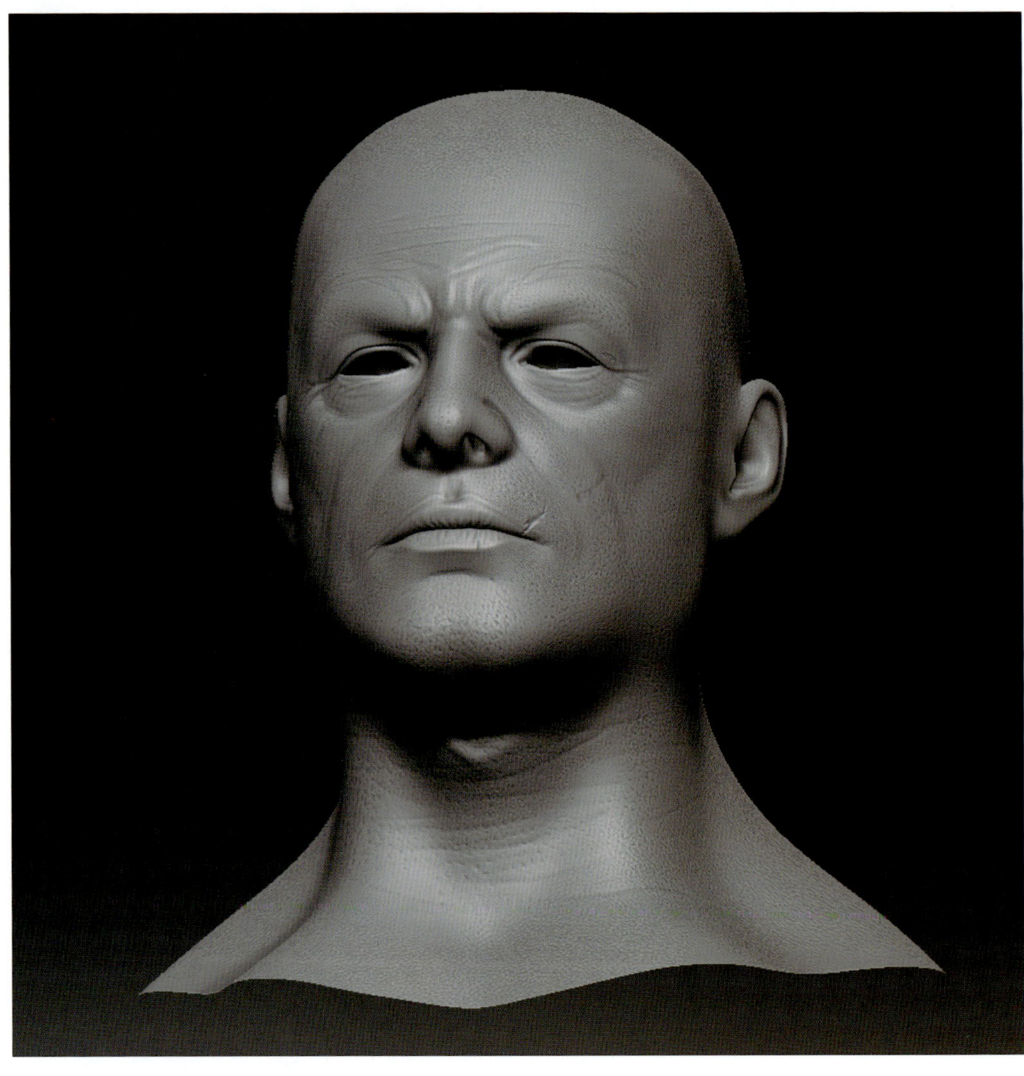

매우 완벽하게 펼치진 못했지만 다음 단계로 무난하게 넘어갈 정도로 작업하였습니다. 이것을 OBJ
로 Export하고, ZBrush에서 Import하여 불러옵니다. Tool의 Texture에서 UV Check을 클릭해야
ZBrush가 UV 데이터를 읽어들이게 된다는 것을 명심해야 합니다.

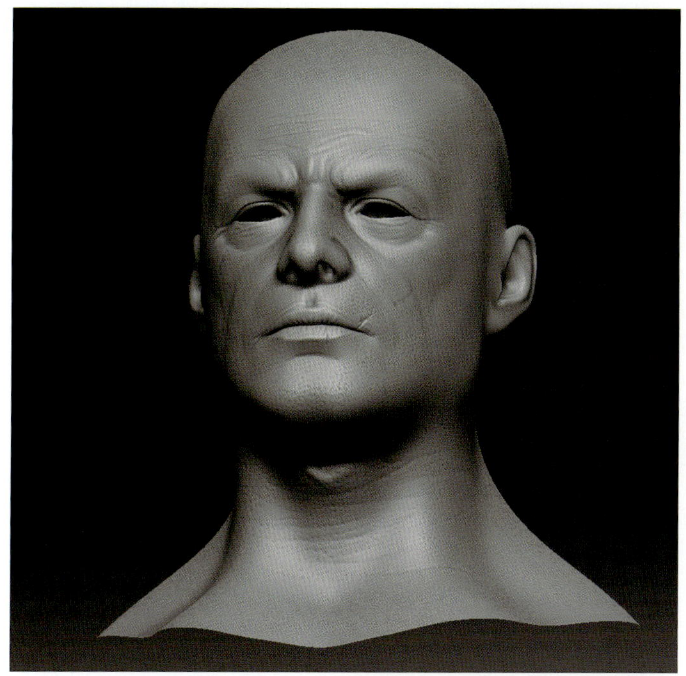

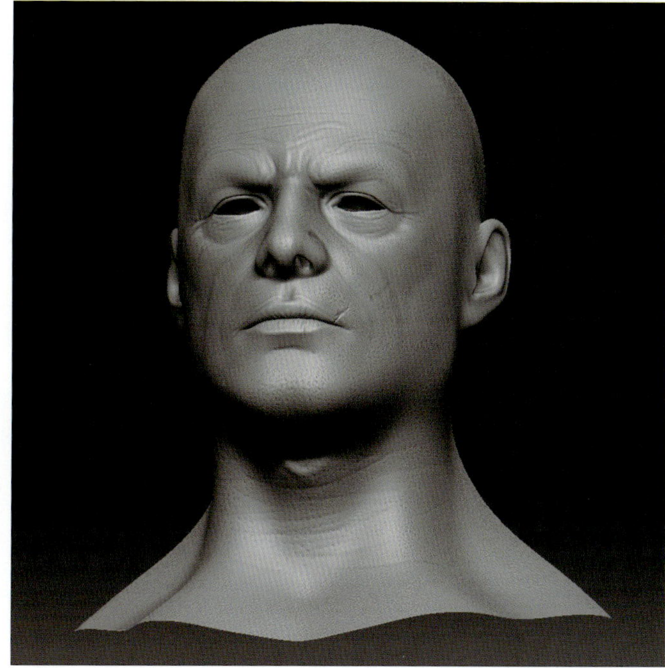

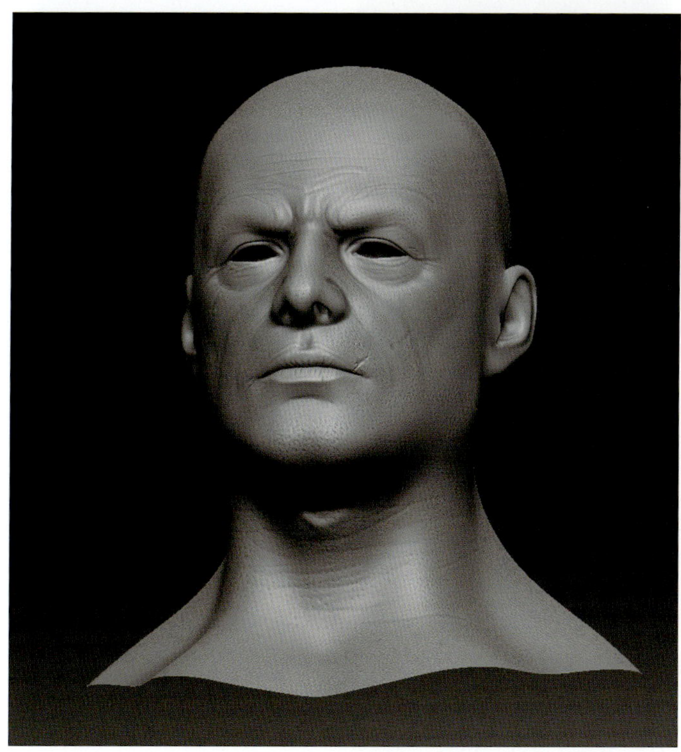

앞서 말씀 드렸듯이, 예제인 〈나쁜 경찰〉은 필자가 맘대로 최
대한 복잡하게 작업해 본 결과입니다. 반드시 복잡한 과정을 거치
면서 만들 필요는 없지만, 이런 실험적인 과정들을 통해 자신만
의 3ds Max와 ZBrush 사이의 밸런스를 찾을 수 있을 것입니다.

ZBrush에서 기본 베이스 머리를 하나 만드는 데 걸리는 시
간은 디테일 정도에 따라 약 1시간 미만이며, Retopology하고
Spline으로 다듬는 데 걸린 시간은 약 2시간 정도 소요됩니다.
3ds Max에서 하이폴리곤 머리를 만드는 데에는 3시간 이상의 시
간이 소요됩니다. 원하는 형태를 잡아가면서 폴리곤을 다루는 것
이 그리 간단한 일이 아니기 때문입니다.

머리 작업은 여기까지 하고 다시 3ds Max에서 몸통을 만드
는 과정에 대해서 알아보도록 하겠습니다.

폴리페인팅

    폴리페인팅에 대해 알아봅시다. 폴리페인팅(Poly Painting)이란 폴리곤 위에 바로 페인팅을 하는 것을 말합니다. 이것은 UV 정보에 맞춰 텍스쳐를 입혀주는 것과 다르게 UV 정보를 필요로 하지 않으며, 또한 해상도에 의존하는 UV 텍스쳐링과 달리 폴리카운트에 의존하게 됩니다. 쉽게 말해, Sub-d를 높여 폴리곤 수를 늘릴수록 페인팅이 더 부드럽게 된다는 것입니다.

    앞 부분에서 ZSphere 얼굴 Sculpting 설명 도중에 잠깐 소개되었던 웃고 있는 ZSphere 머리에 페인팅을 해보겠습니다.

01 폴리페인팅을 위한 설정이다.
아래 셋팅과 그림을 확인해보자
- Texture off 혹은 Remove.
- Tool 〉 Texture 〉 Colorize가 ON.
- Rgb만 ON, Zdd나 Zsub은 OFF.

277

02 색을 칠하기 위해 색을 선택하면 물체 전체의 색상이 변하게 된다.

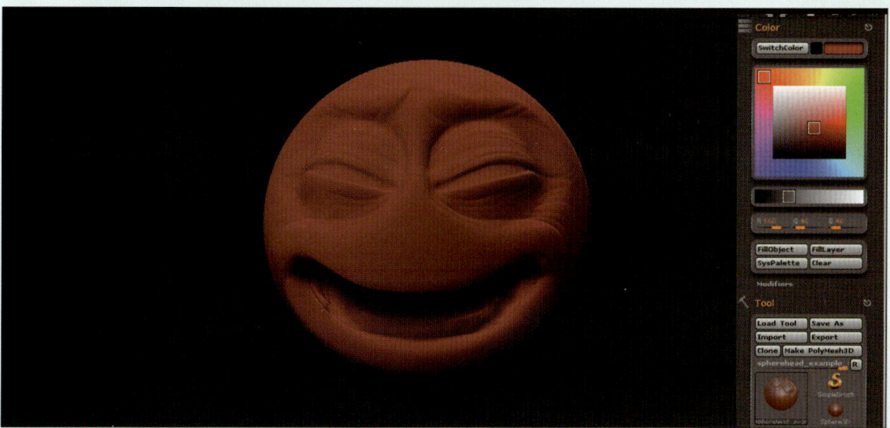

03 흰색을 선택하고 Fill Object 버튼을 클릭하여 일단 물체 전체에 흰색을 부여하고 시작한다.

04 색을 선택하고 Sculpting된 디테일에 페인팅을 해보자.

05 폴리페인팅의 매력이 여기에 있다. Sculpting과 마찬가지로 Shift 를 누르고 칠한 색을 부드럽게 Smooth할 수 있다는 점이다. 브러시 영향 범위 내의 폴리곤들의 값(Sculpting / 색)을 서로 평준화시키는 것이 Smooth의 원리이다.

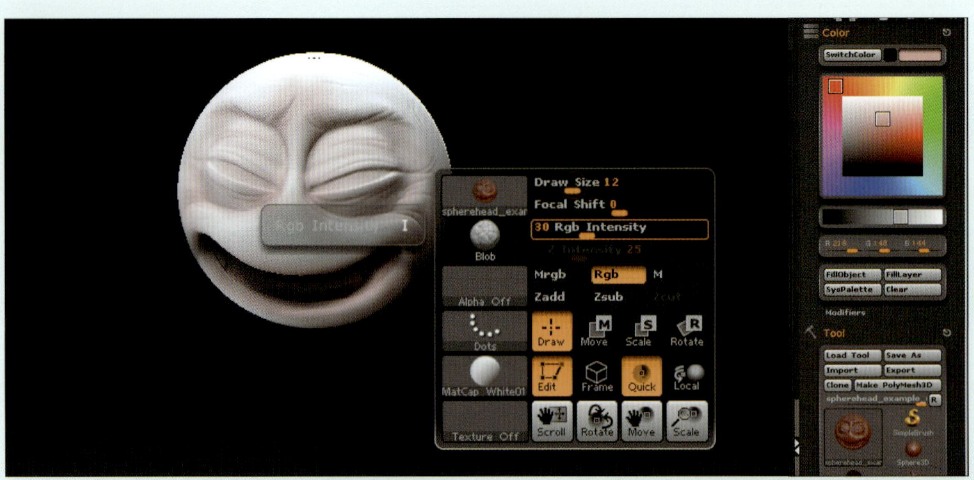

06 전체적으로 흰색보다는 살색에 더 가까운 색이 좋겠다고 판단하여 그림같이 RGB의 Strength를 약하게 한 뒤 원하는 색을 선택하고 FillObject를 몇 번 클릭한다.

07 RGB의 Strength를 줄였기 때문에 FillObject 버튼에도 그것이 적용된다.

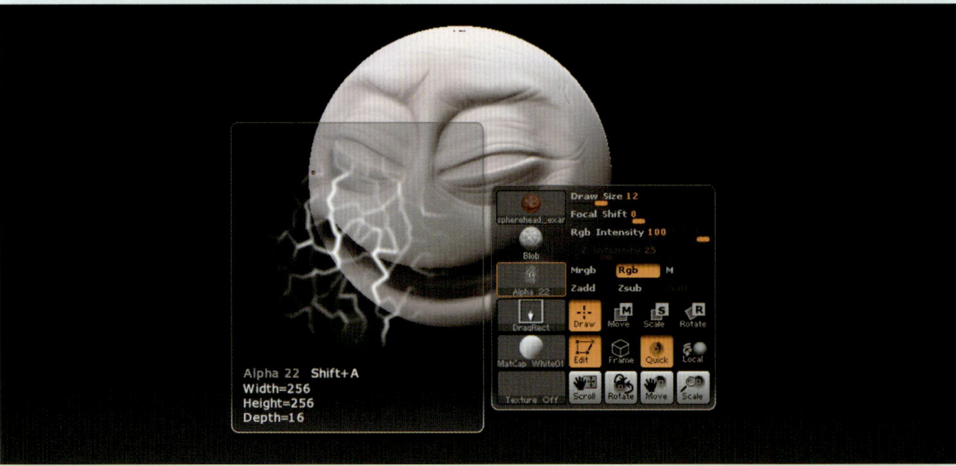

08 혈관 무늬를 연상시키는 알파맵을 고르고 Drag 브러시로(RGB는 여전히 약하게)

09 좀 짙은 붉은 색으로 혈관의 느낌을 겹겹이 그려주자. 좀 더 불규칙한 피부색이 표현된다.

10 주름을 짙은 색으로 덧그리고 밝은 색을 사용하여 입체 화장을 한다.

11 다크 써클도 추가하자. 대칭적이고 인위적인 느낌을 줄이기 위해 이번에는 Zadd(점이 볼록하게 나오도록)도 켜고 짙은 갈색으로 점을 찍어 보았다.

12 몇 개의 점이 추가됨으로 자연스러움을 더한다. 지금까지 사용한 Matcap_white 쉐이더는 그림자와 쉐이더의 특성으로 인해 색을 정확히 보기에는 한계가 있으므로 Flat Color 쉐이더를 적용해본다.

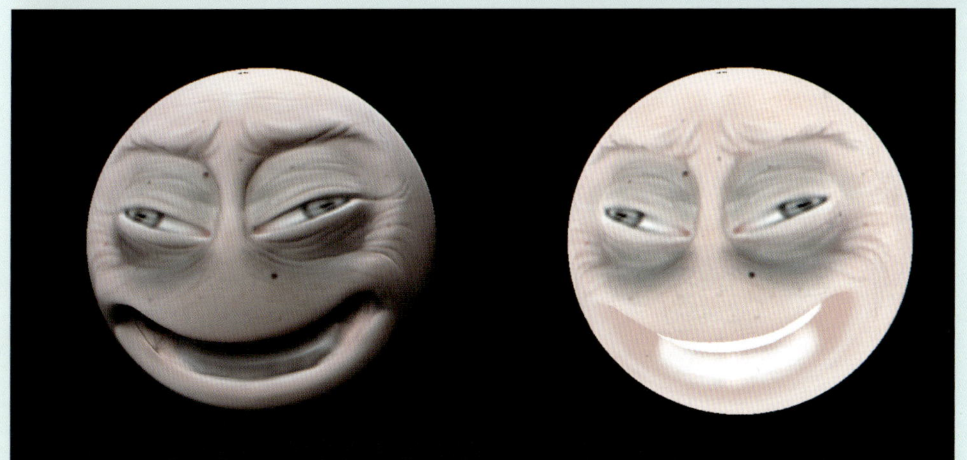

13 검은색으로 좀 더 선명하게 해주고 흰색으로 입체감을 주었다.

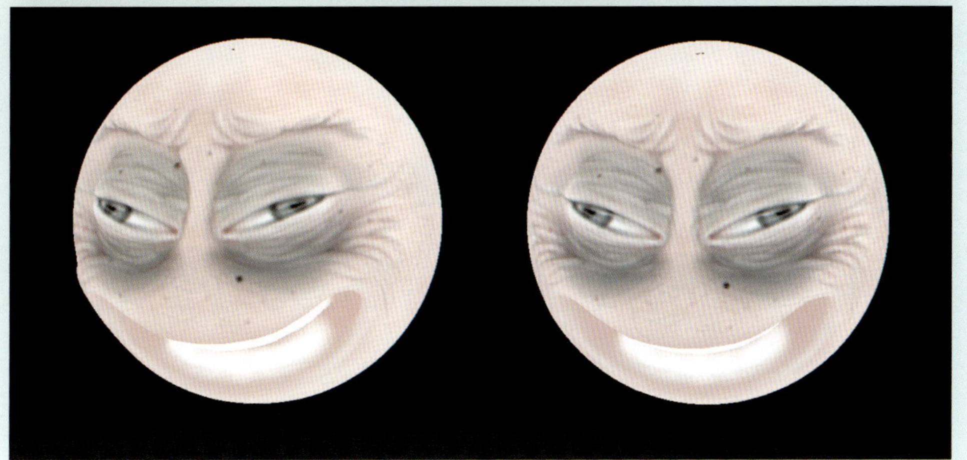

CB_skin 쉐이더를 적용하고 렌더링해 본 모습이다. ZBrush에서 원하는 느낌의 렌더링을 뽑는 것은 거의 불가능하다. Photoshop으로 렌더 패스의 원리를 이용하여 마무리해보자.

Ambient Occlusion의 역할을 할 Matcap_white 재질과 Specular의 역할을 할 번들거리는 재질 등으로 바꿔가며 렌더링하여 스크린 샷을 찍어 준다.

부록 DVD 파일

\ 3D캐릭터모델링
\ Polypainting \ Polypaint.ztl

16 Photoshop 레이어의 맨 밑에는 Flat_color 쉐이더 샷을 넣는다.

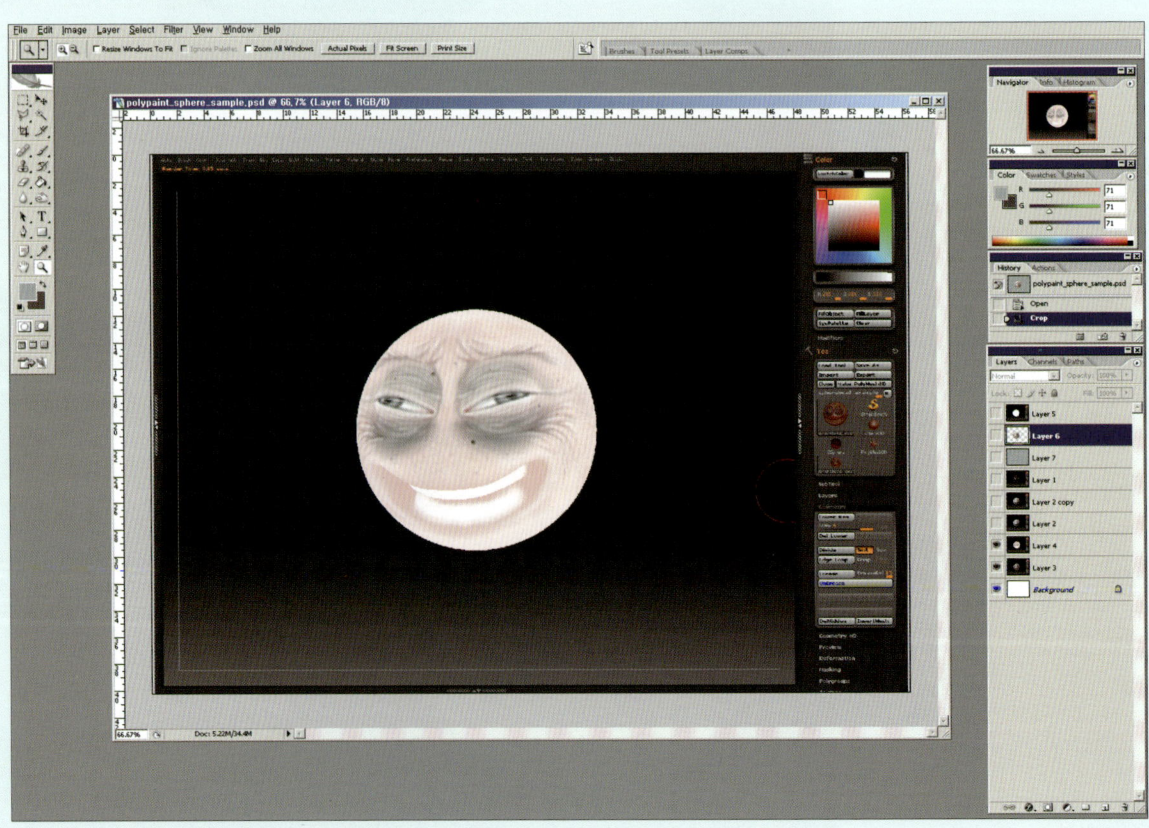

17 그 위에는 Matcap_white 재질의 렌더링 샷을 얹고 Overlay 모드로 바꿔준다.

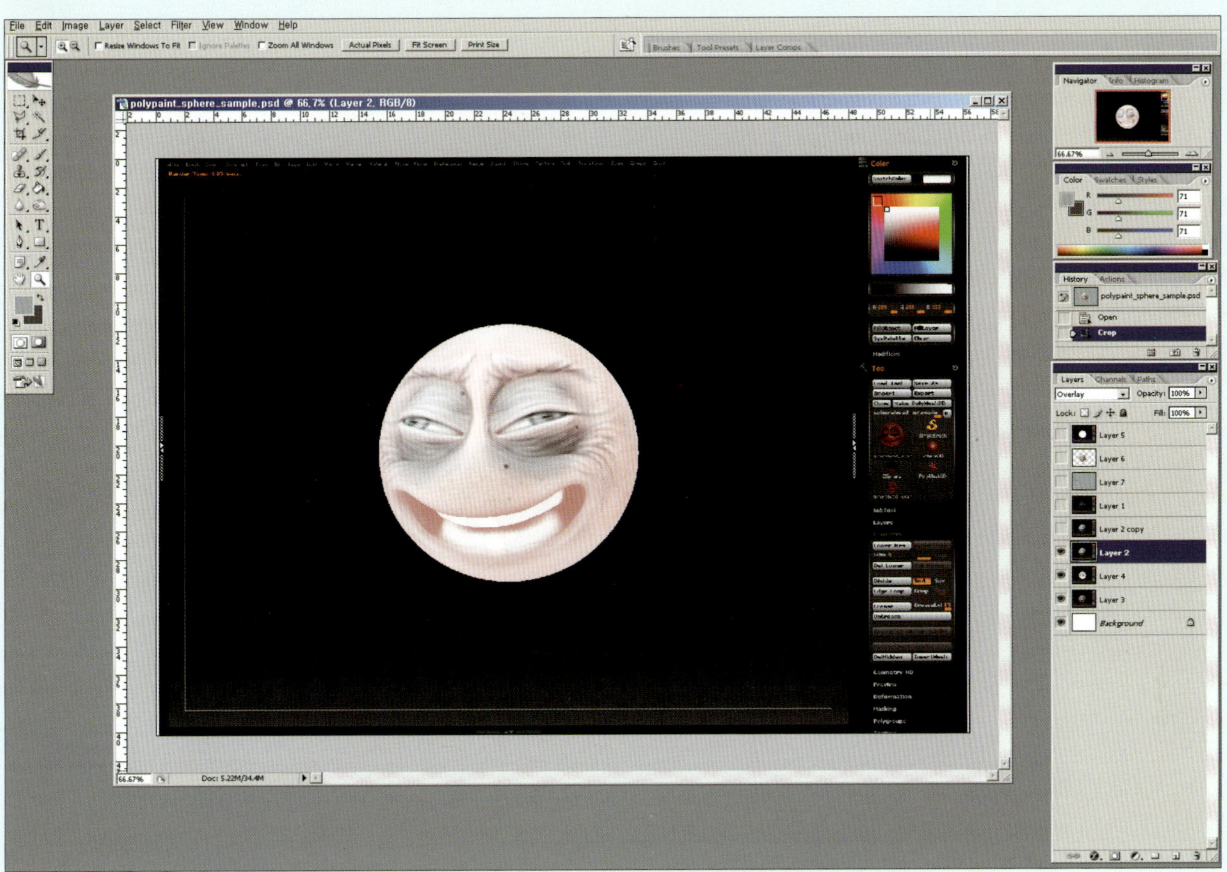

18 Matcap_white 레이어를 복사하고 Multiply 모드에 Opacity 50% 값으로 지정한다.

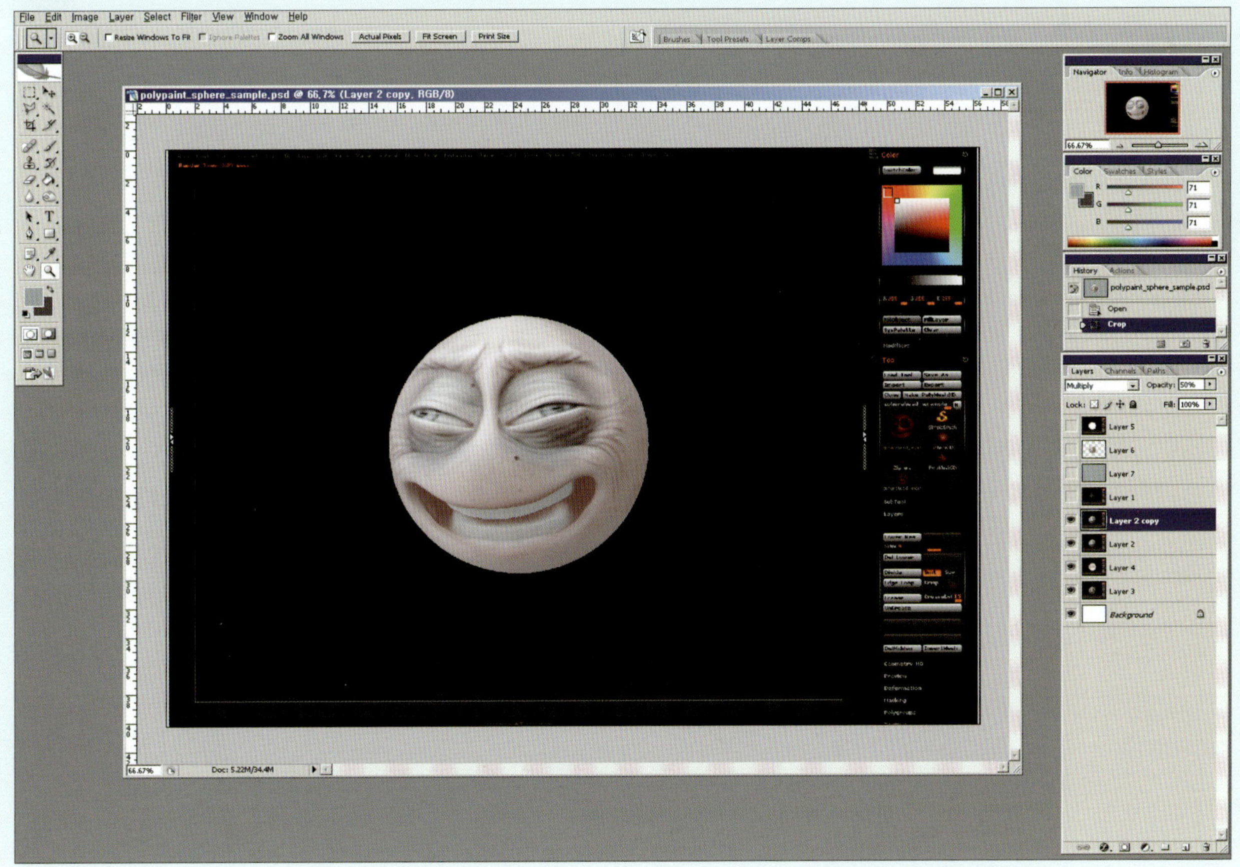

 **19** 마지막으로 시커멓고 번들거리는 재질로 렌더링한 샷을 Overlay 모드에 Opacity 20%로 지정한다.

20 ZBrush에서 Flat_color 쉐이더 상태에서 흰색을 선택하고 Texture 〉 New으로 찍은 스크린 샷을 레이어로 불러와서 Magic Tool을 이용하여 얼굴 부위 선택하고 Selection을 Invert해서 배경을 지운다.

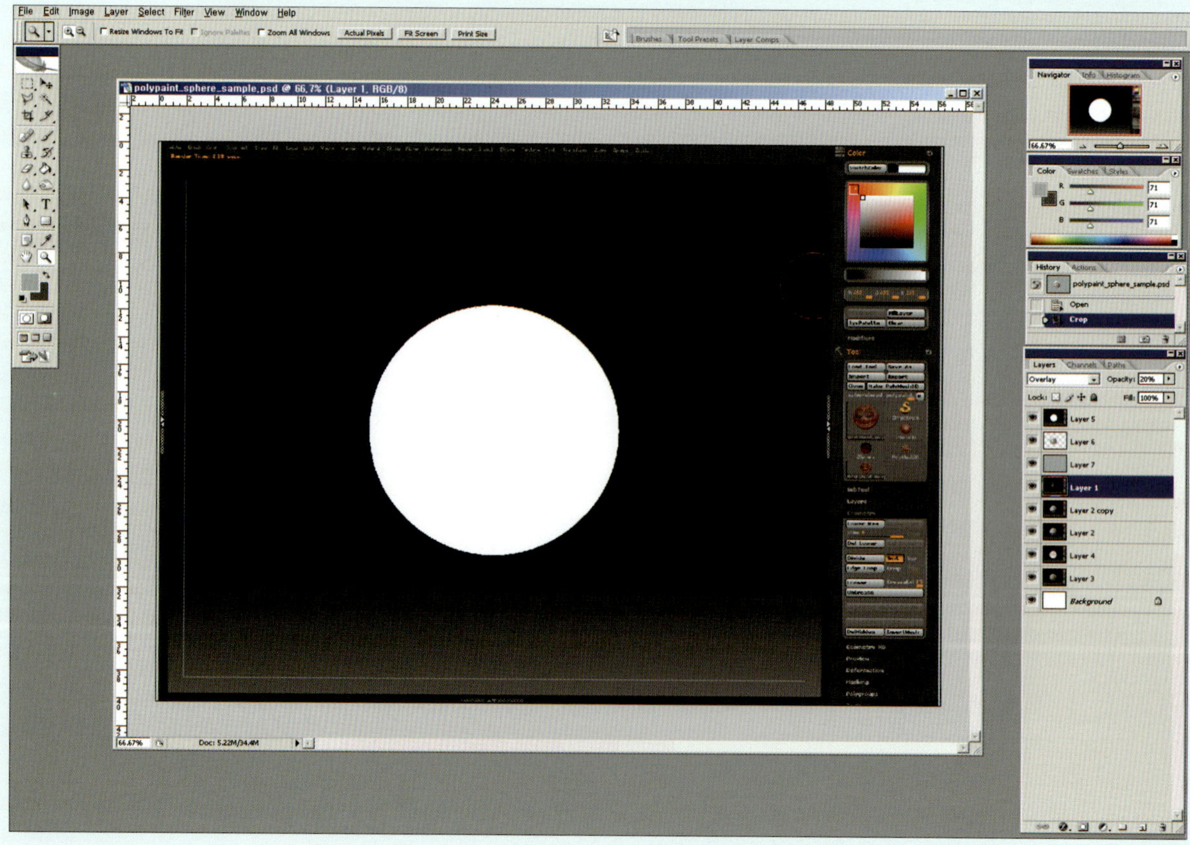

 바탕색을 하나 정하고 약간의 색 보정과 blur 브러시로 외곽선을 부드럽게 해준 모습이다.

부록 DVD 파일

\ 3D캐릭터모델링 \ Polypainting \ Polypaint_Sphere_Sample.psd

ZBrush에서 Turntable Mov를 각 쉐이더별로 뽑아서 After Effect 같은 프로그램을 이용해 동일한 방식으로 작업한다면 더욱 보기 좋은 Turntable 동영상을 손쉽게 만들어 볼 수 있습니다.

지금까지 알아본 폴리페인팅의 실무 활용방법은 로우폴리곤으로 캐릭터를 제작하는 방법에 대해 소개하는 장에서 자세히 다뤄보겠습니다.

3ds Max에서 상의, 하의 만들기

Spline으로 상의 모델링하기

04

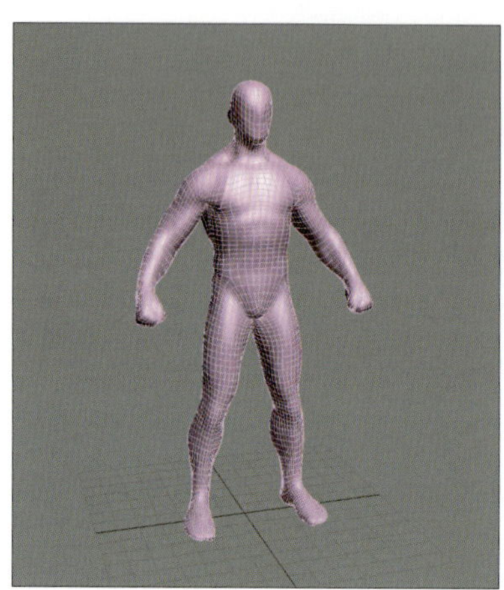

하이폴리곤 모델링을 위해서, ZBrush에서 Jim의 몸통을 Sub-d 3~4 정도로 낮추어 3ds Max로 불러온 그림입니다. 옷이나 기타 소품을 만들어 붙일 예정이므로, 윤곽이 남을 정도의 Sub-d 레벨이면 충분합니다.

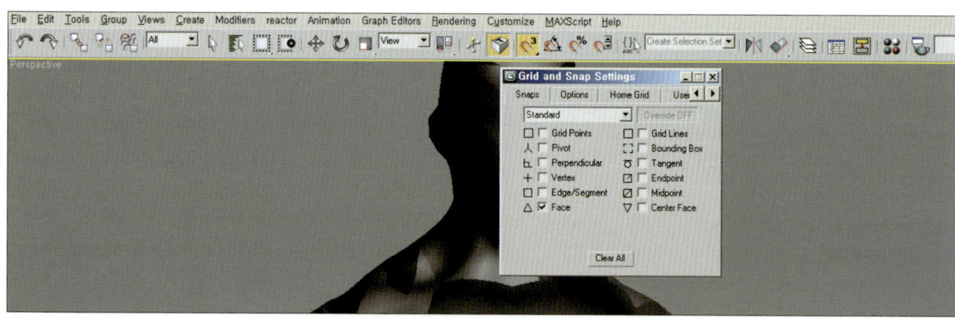

01 Snap 기능(S)을 이용하자. Snap 기능 버튼을 마우스 오른쪽 버튼으로 클릭하여 나오는 메뉴에서 Face에만 체크한다. Alt + X 를 눌러 Jim 몸통을 투명하게 해준다.

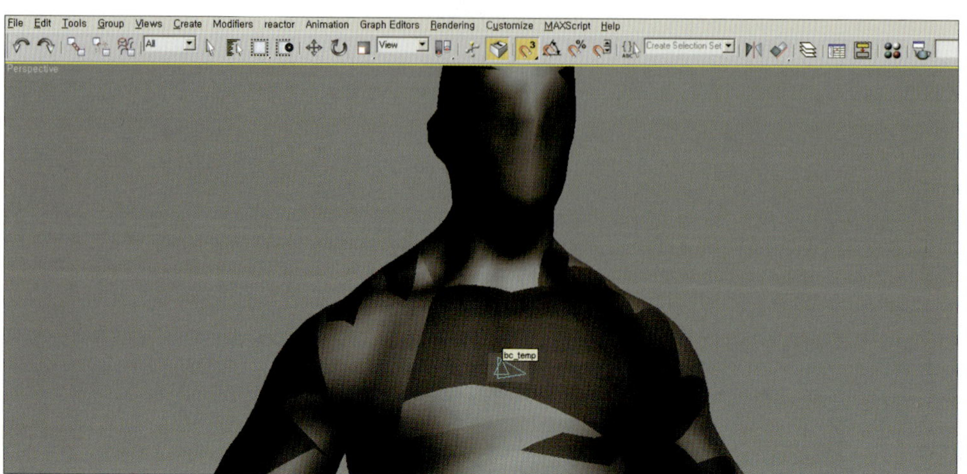

02 Face에 스냅이 되는 모습이다. 그리 예쁘지는 않지만 최소한 Snap이 되기는 한다.

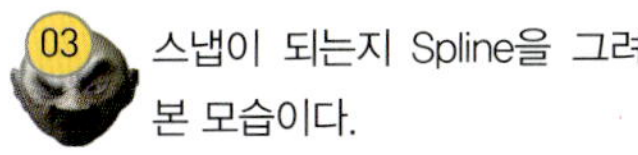

03 스냅이 되는지 Spline을 그려
본 모습이다.

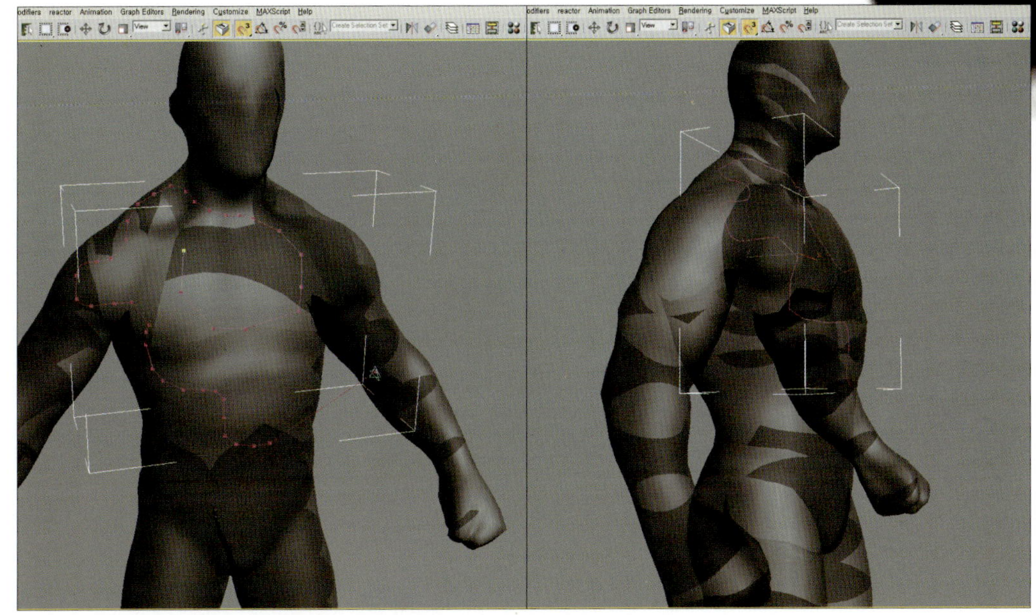

04 방탄조끼의 테두리 모양으로 선을 만들어 간다. 이때, 점을 얼마나 찍어야 하는지에 대해서 너무 염려하지 말고 형
태에만 신경 쓰는 것이 좋다.

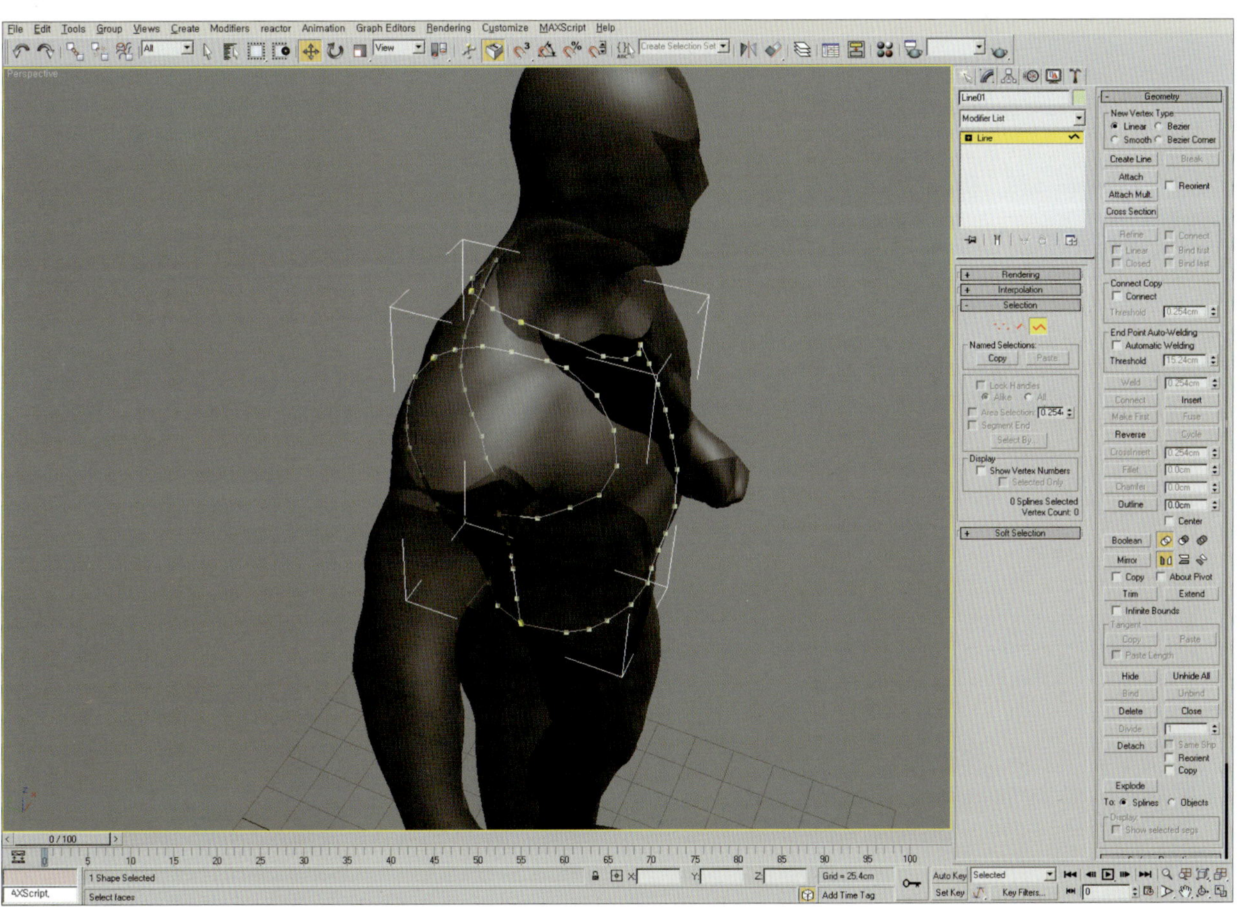

05 메쉬의 흐름을 정의하자. 앞 부분과 마찬가지로 선들이 서로 어떻게 연결되는 지는 나중에 신경 쓰도록 하고 일단 형태와 메쉬의 방향에만 집중한다.

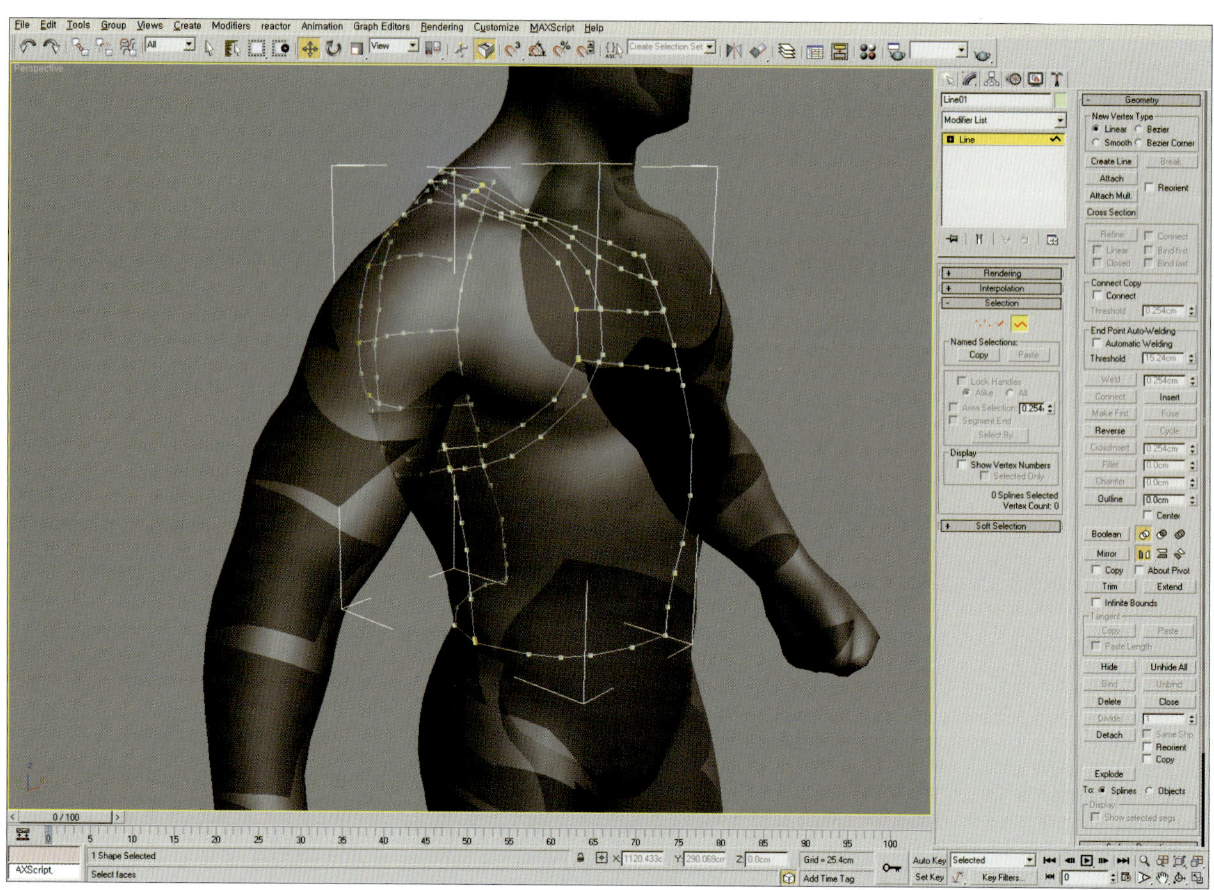

06 어려워 말고 대범하게 선을 그려나간다.

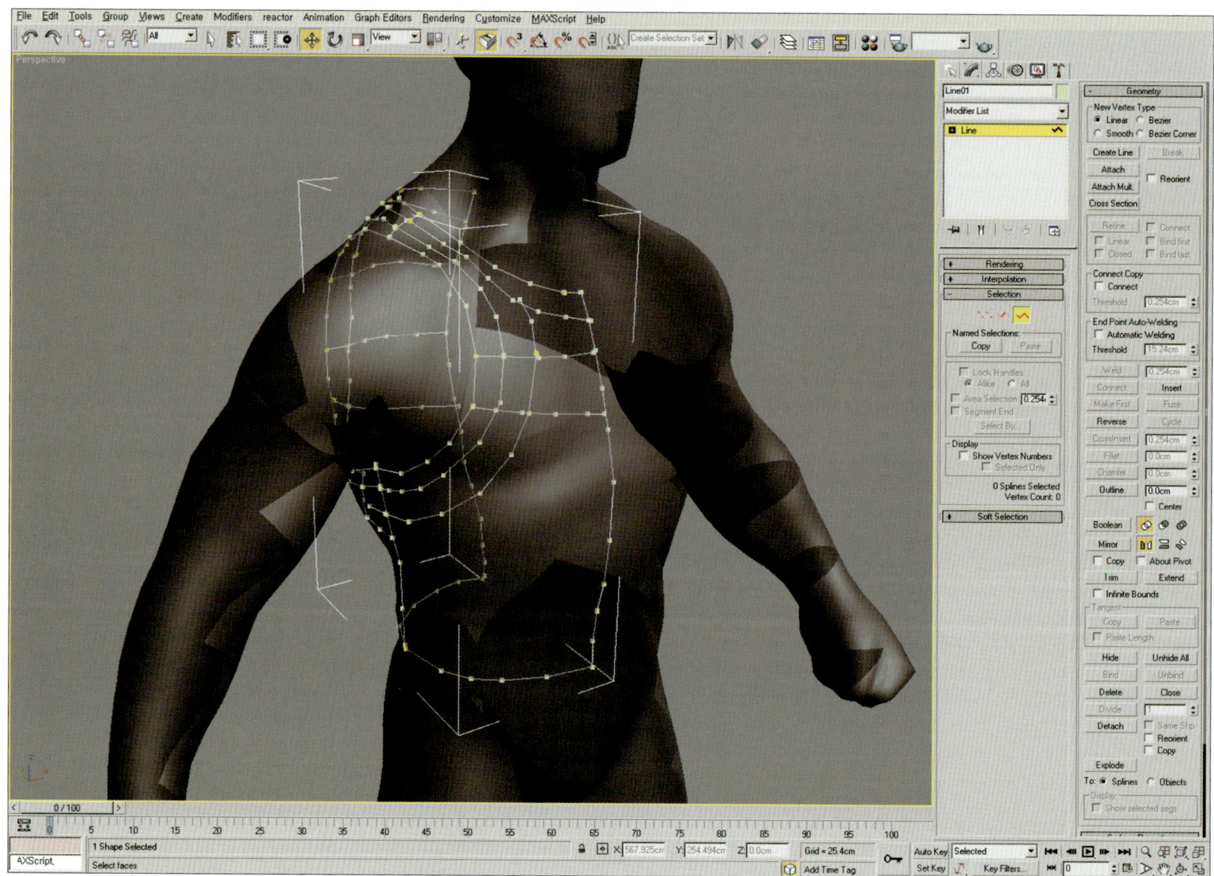

07 어느 정도 Mesh의 흐름과 형태가 정의되면, Surface와 Symmetry 모디파이어를 실행하여 Remove/Fuse/Refine Connect 등의 기능으로 메쉬 망을 만들어 간다. Spline은 Vertex의 추가와 제거가 매우 용이한 편이다. Vertex를 선택하여 [Delete]를 눌러 제거하고 Refine Connect로 (Snap을 켜고!) Vertex를 추가하고, 서로 연결하며, ZBrush에서 가져온 몸통에 자유자재로 메쉬를 만드는 것이다. 3ds Max의 Spline 모델링과 ZBrush의 Retopology 기법은 서로 많이 닮아있다.

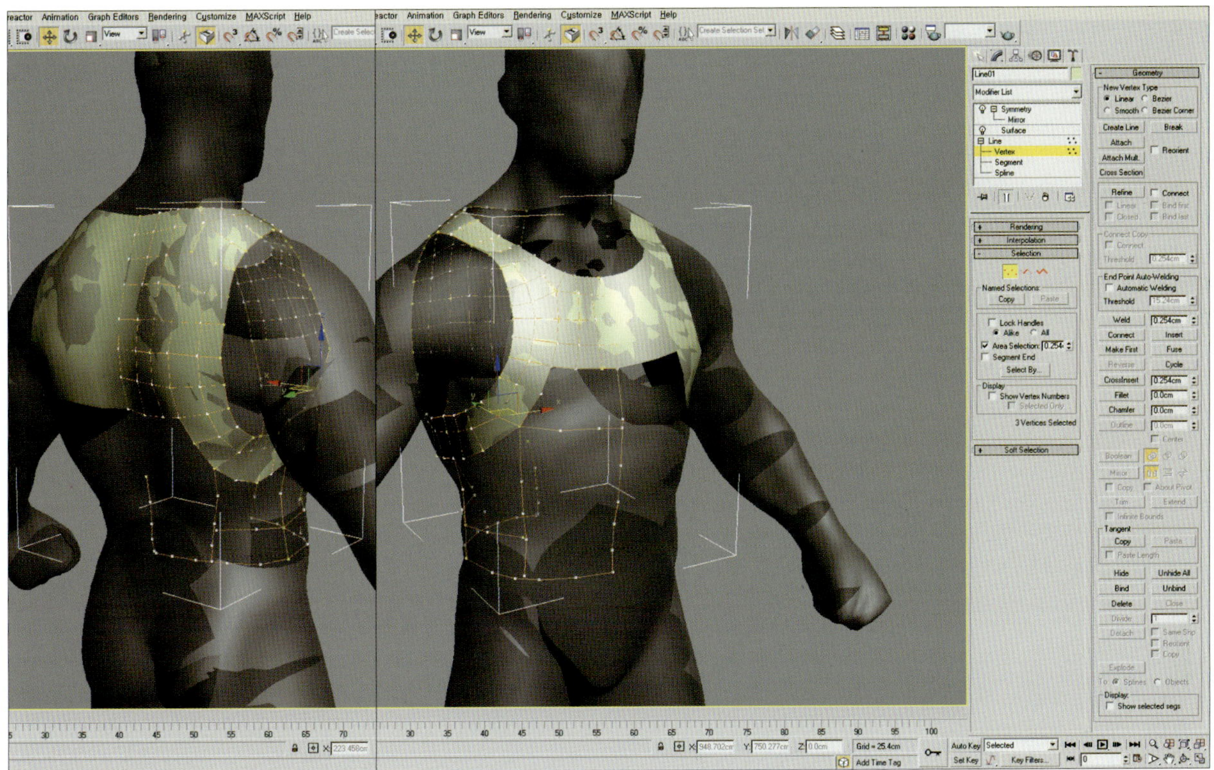

08 위의 기능을 이용하여 기본 형태를 완성한 방탄조끼이다.

부록 DVD 파일
\ 3D캐릭터모델링\ 나쁜경찰\ 나쁜경찰_UV\ Jim_JJo.max

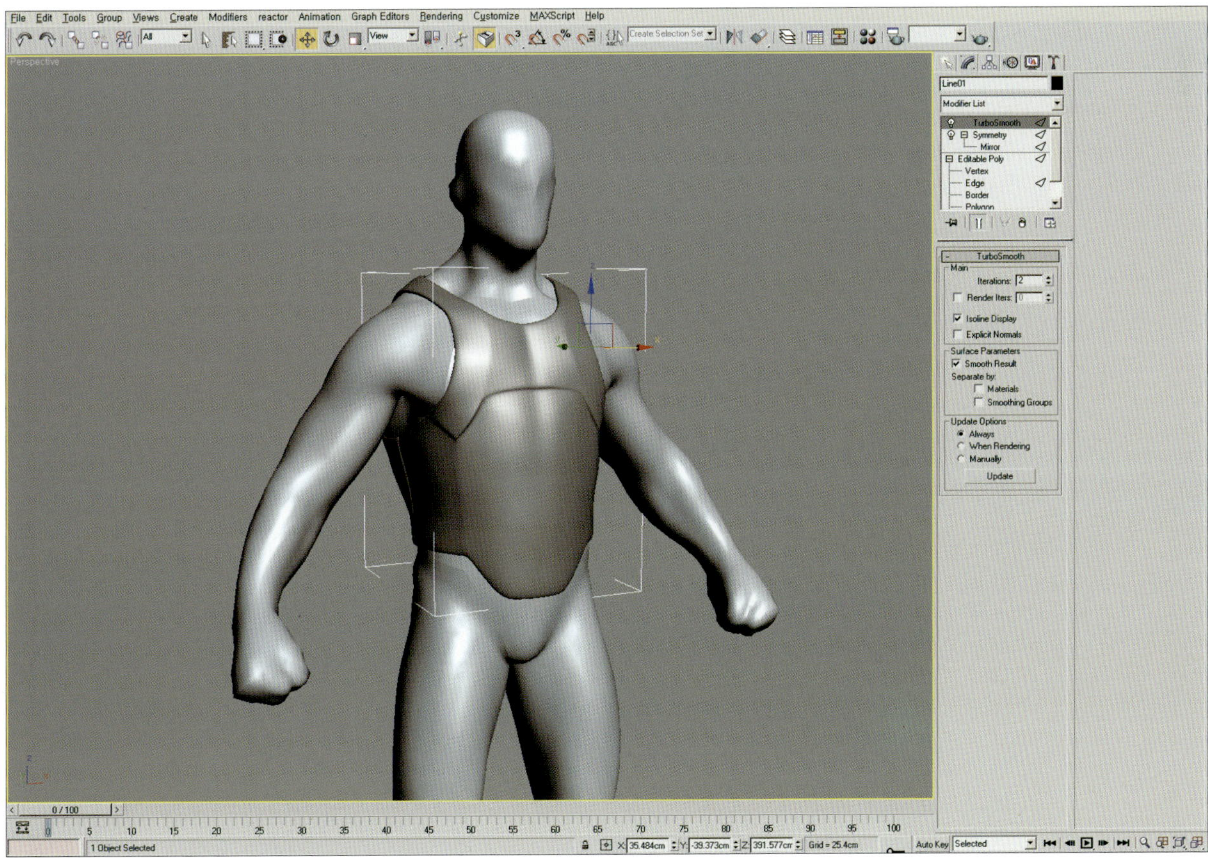

ZSphere 몸통의 메쉬를 보면 ZSphere의 특성상 메쉬의 흐름이 매우 깔끔하다.
이것을 〈나쁜 경찰〉의 반팔 티셔츠와 팔뚝으로 사용할 예정이다.

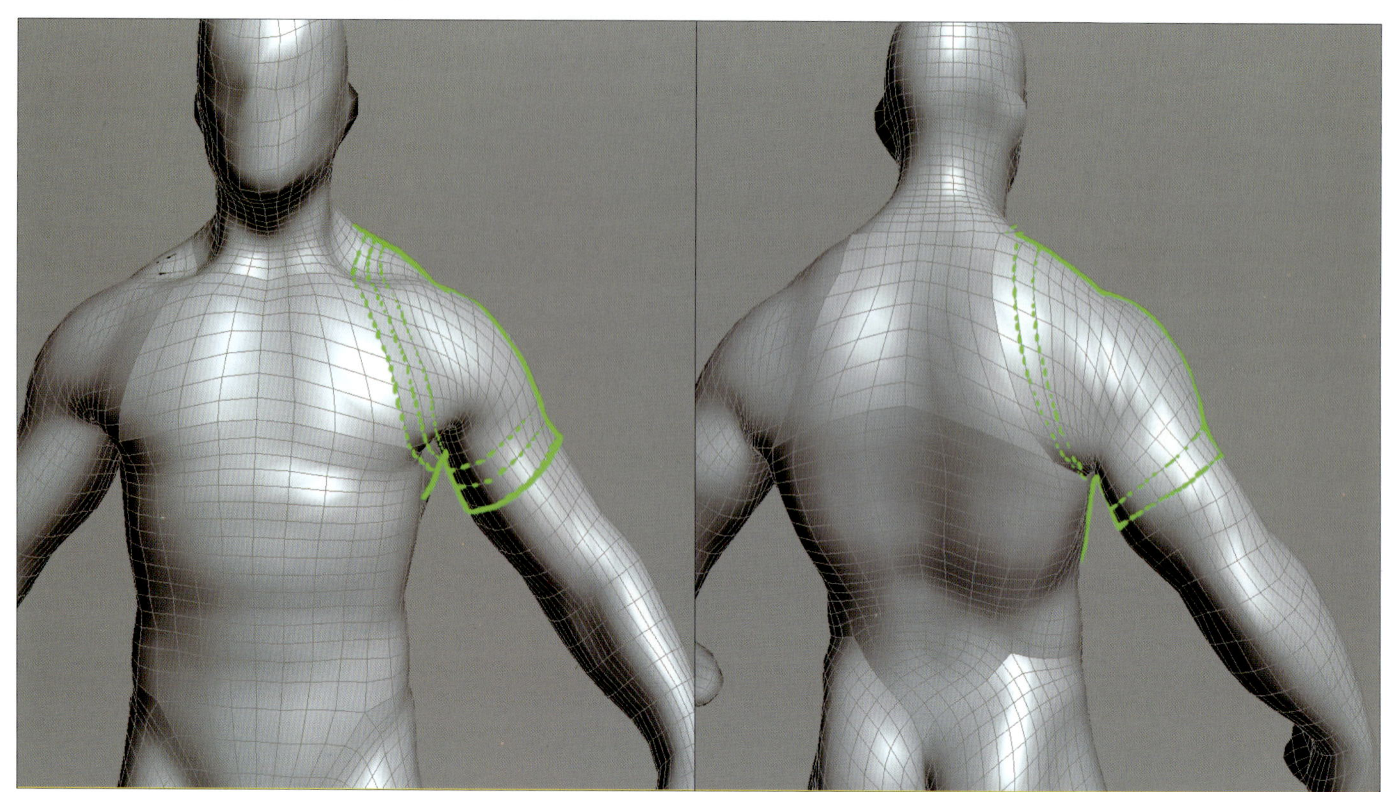

그림과 같이 복제하여 낸 뒤 Ring Select 〉 Collapse를 사용하여 메쉬의 수를 절반으로 줄인다.

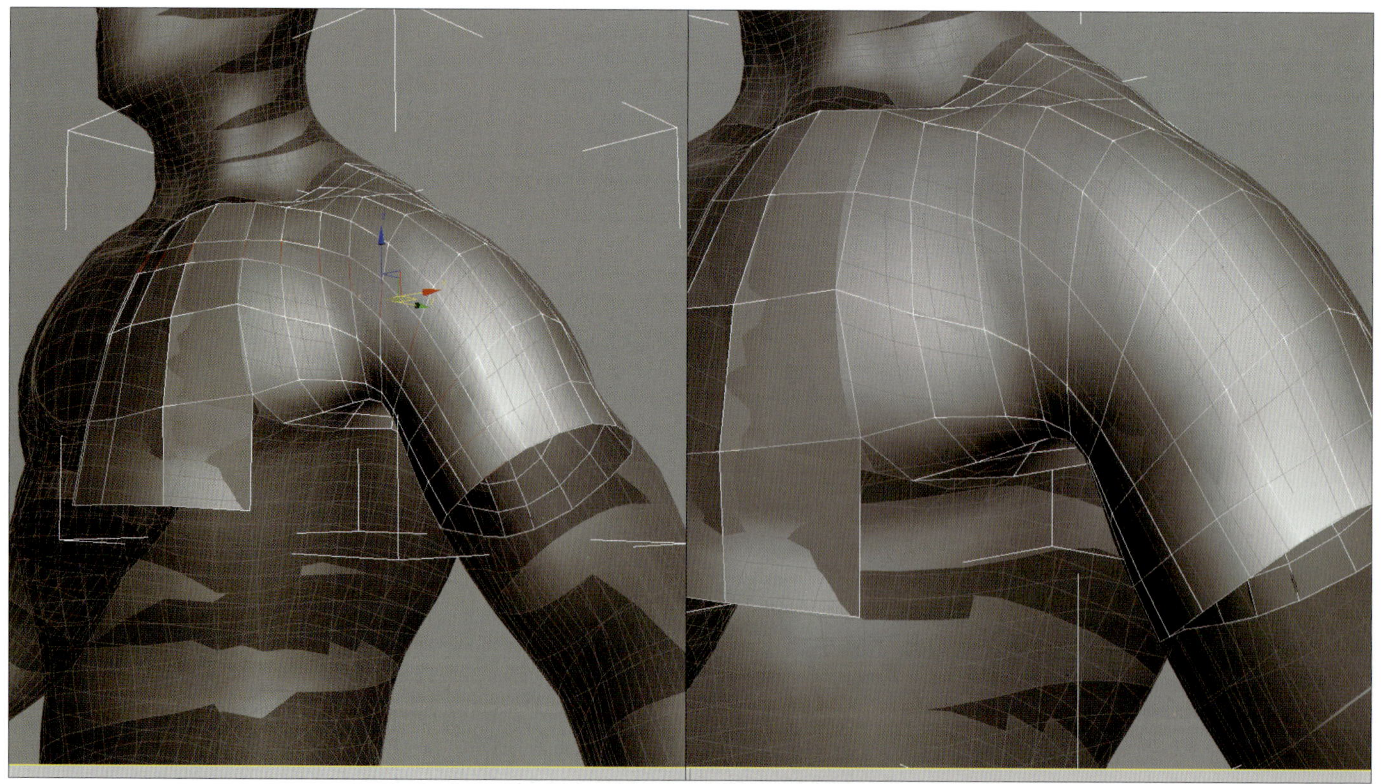

 11 〈Shell + Symmetry + Turbo Smooth〉 Modifier를 적용한다.

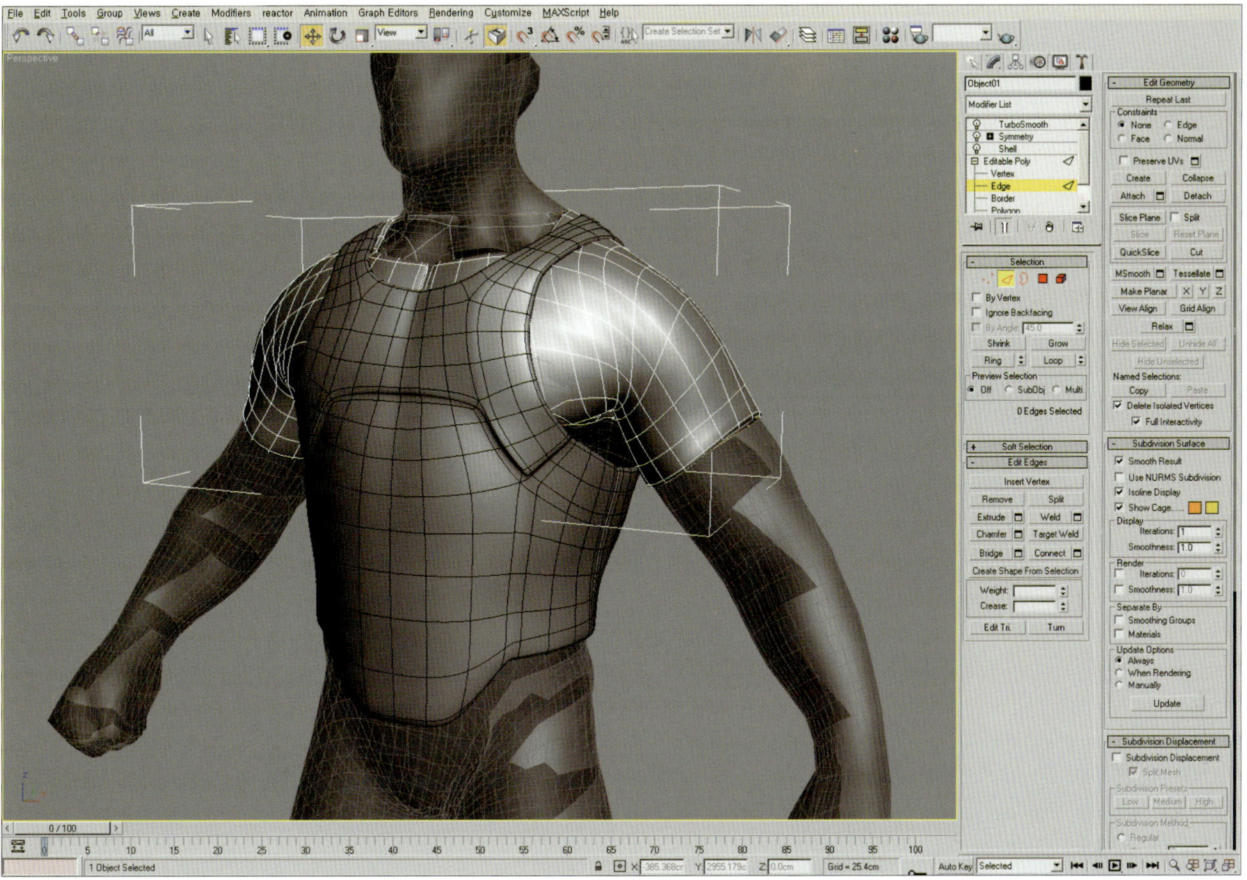

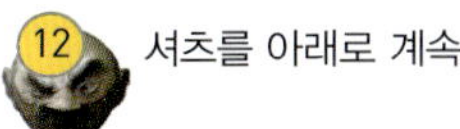 12 셔츠를 아래로 계속 연장해가자.

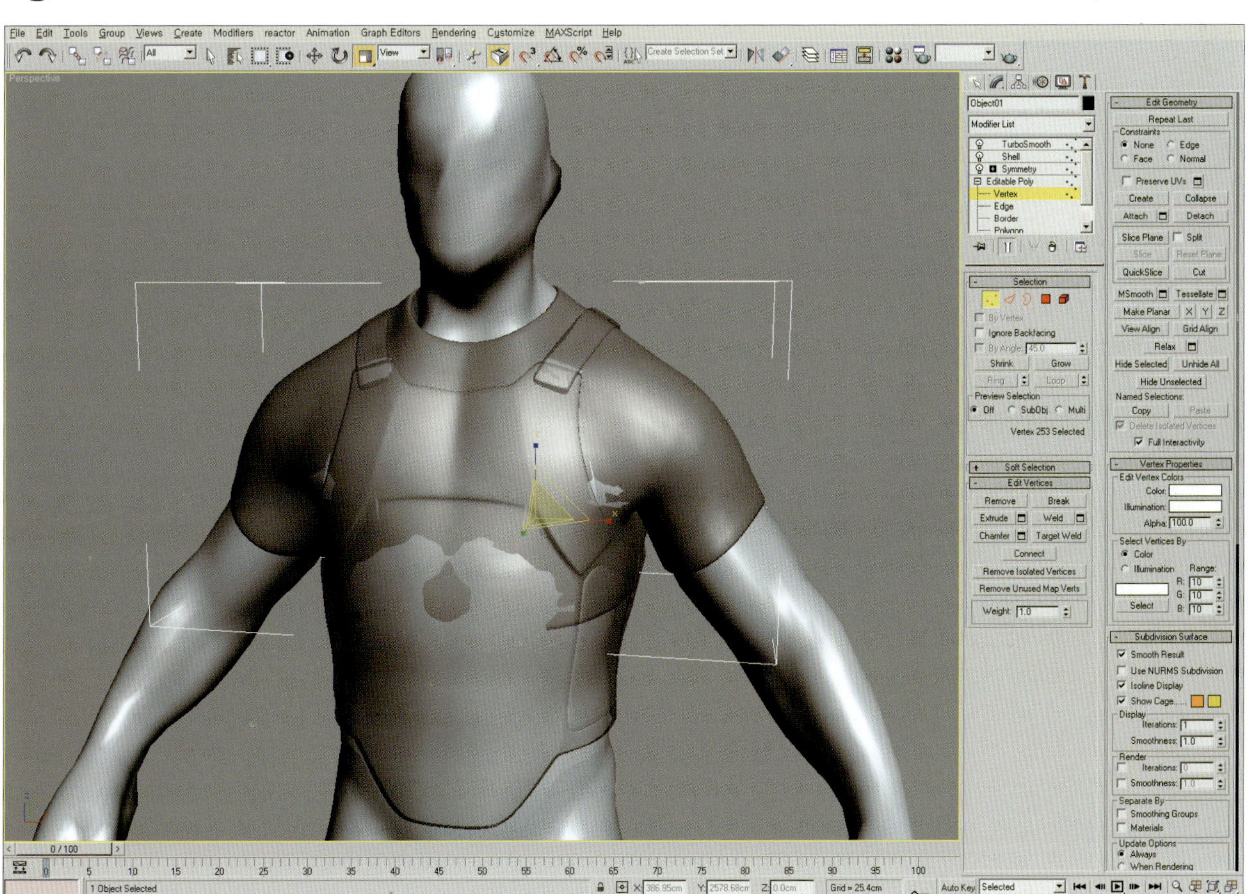

 Jim의 팔 부위도 그대로 잘라서 사용하도록 하자. Mesh 구조가 깔끔한 편이므로 〈Ring Select + Collapse〉방식으로
폴리곤 수를 줄인 모습이다. 셔츠의 Mesh 흐름과 거의 정확히 일치하게 되어 있다.

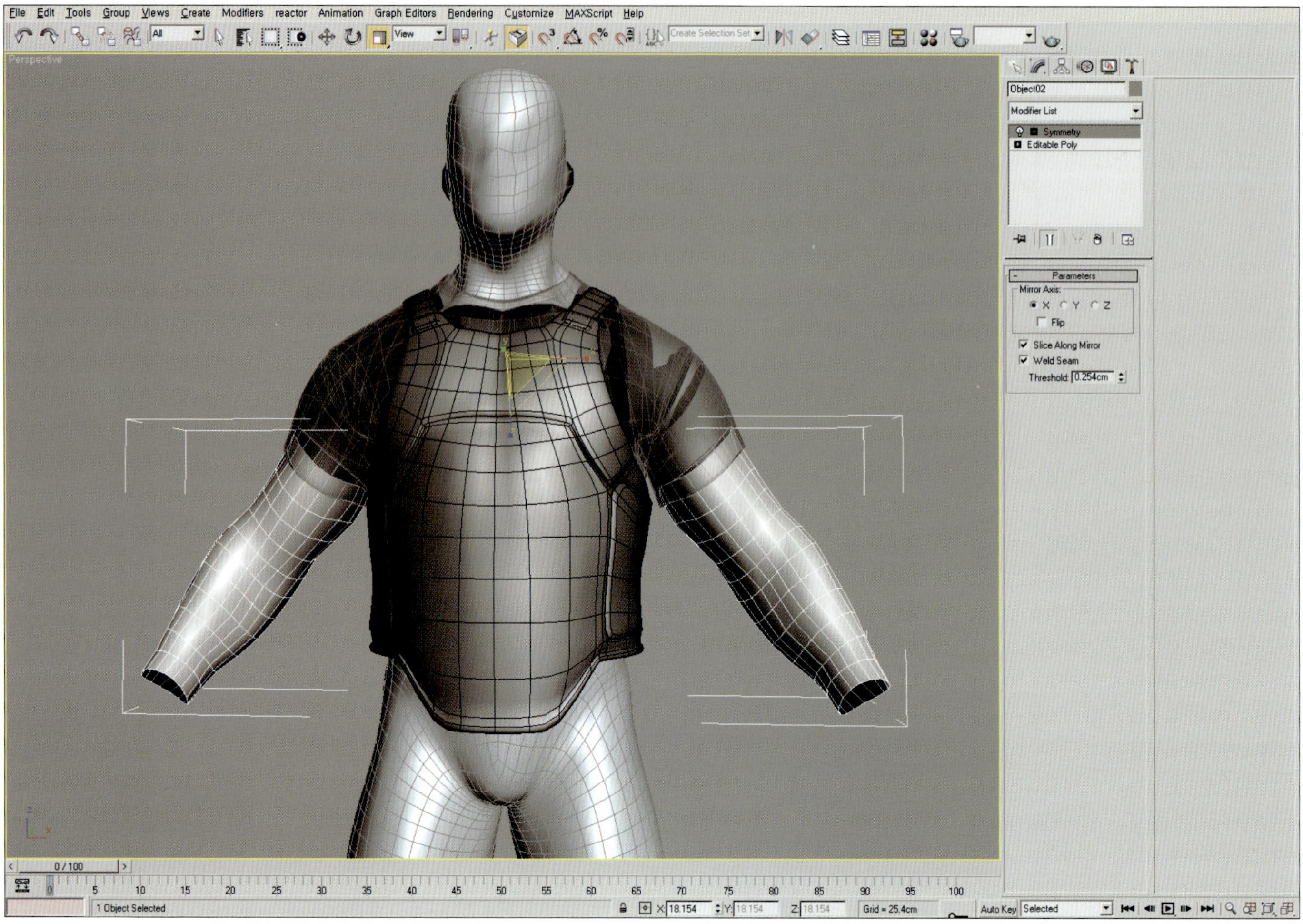

 조끼, 셔츠와 팔 뚝 부위가 깔끔하게 완성되고 있다.

부록 DVD 파일
\ 3D캐릭터모델링\ 나쁜경찰\ 나쁜경찰_UV\ Jim_HeadU.max

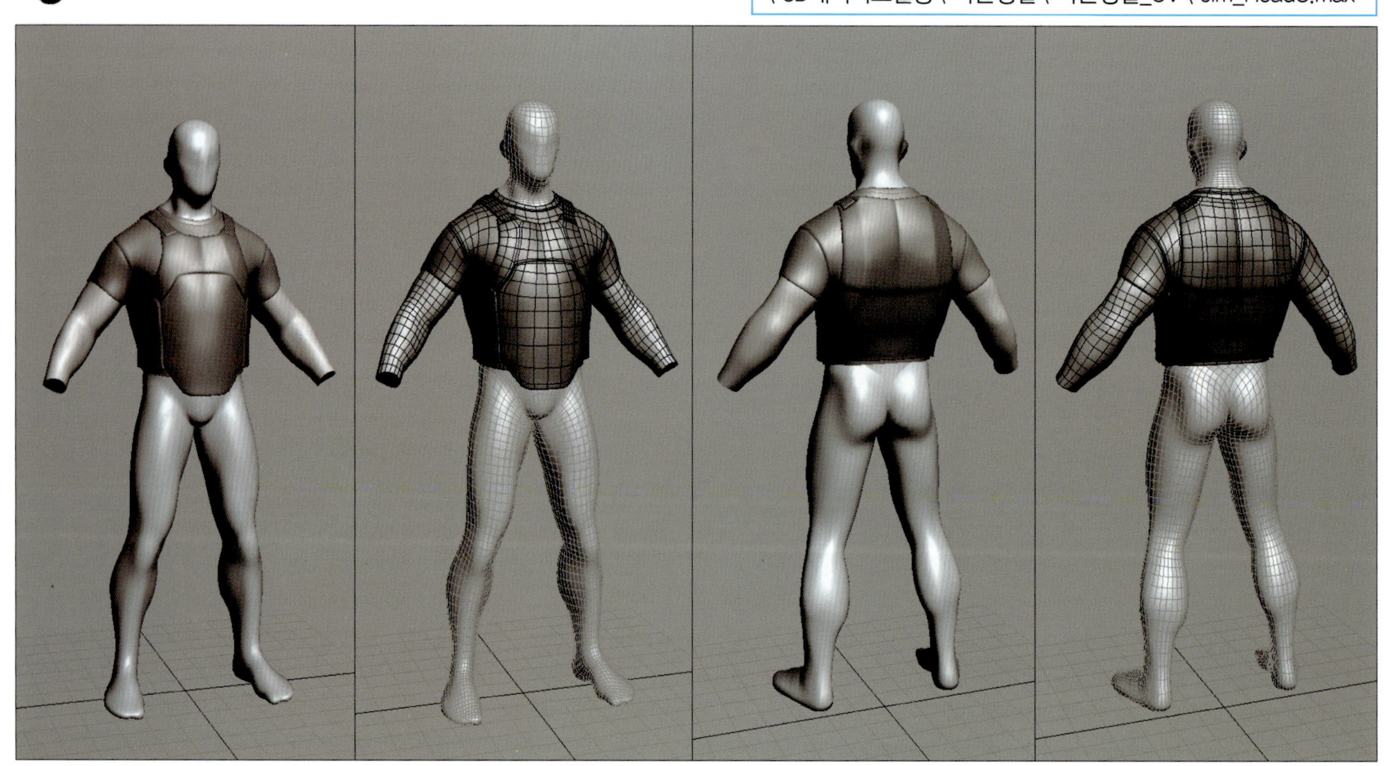

Game Character Design Master

3ds Max에서 상의, 하의 만들기

바지와 군화 만들기

05

01 바지의 베이스가 될 메쉬를 만들어 보겠다. 셔츠의 일부를 떼어내어 시작하면 수월해진다.

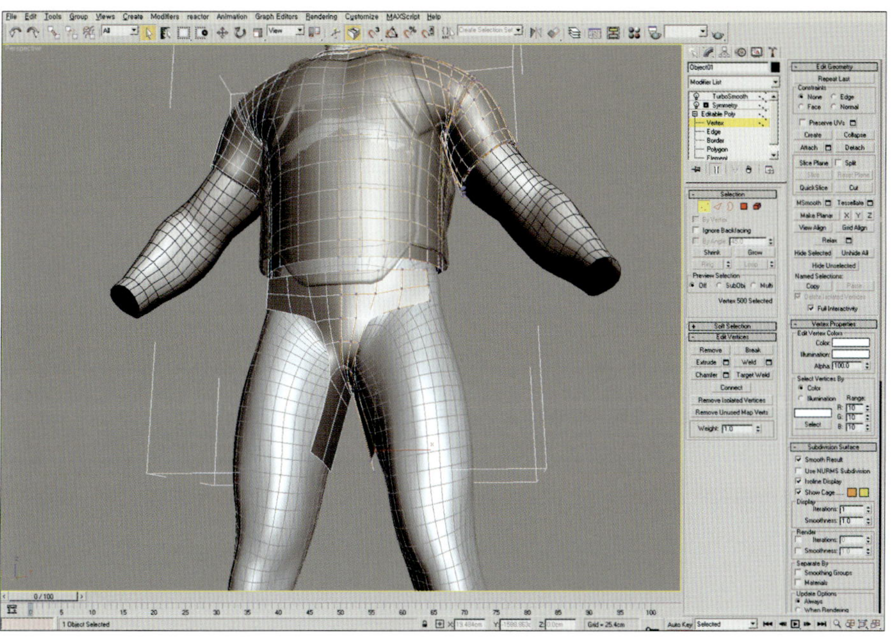

02 하체 부위를 만들어 가는 모습이다. 속옷 같은 모습이다.

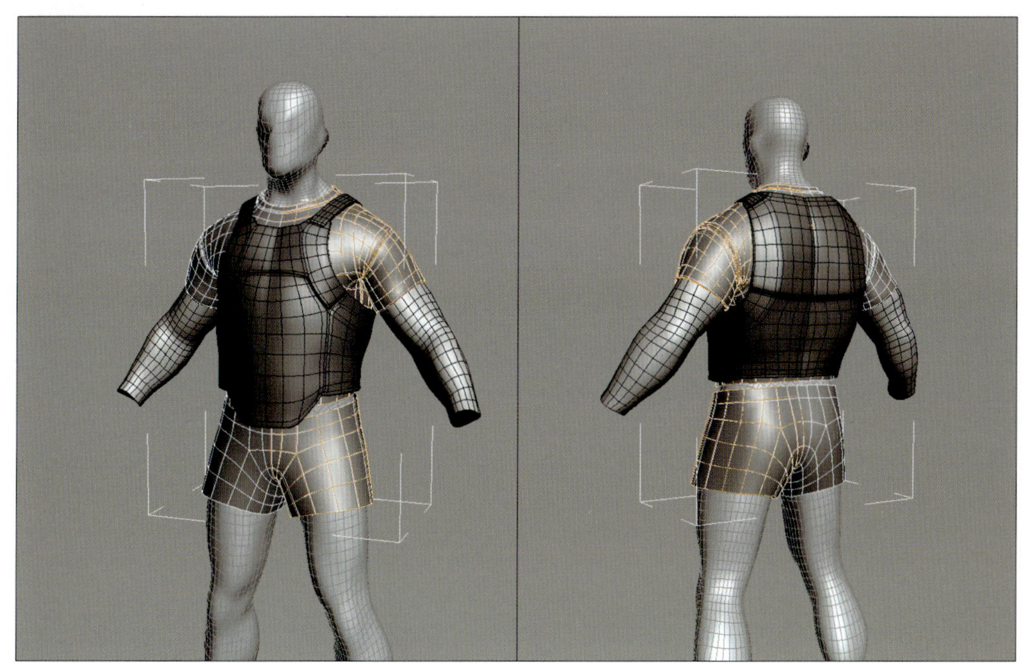

03 바지는 ZBrush를 사용하여 Sculpting할 예정이므로 단순하고 균일한 구조로 만드는 것이 좋다. 보다시피 ZSphere로 미리 만들어둔 Jim의 몸통을 베이스로 작업하고 있기 때문에, 전반적인 형태를 잡아가는 일이 매우 수월하다. 물론 반바지나 짝 달라붙는 재질의 하체 의상이었다면 Jim의 다리 Mesh를 거의 그대로 사용할 수도 있겠다.

부록 DVD 파일

\ 3D캐릭터모델링\ 나쁜경찰\ 나쁜경찰_UV\ Jim_Pants.max

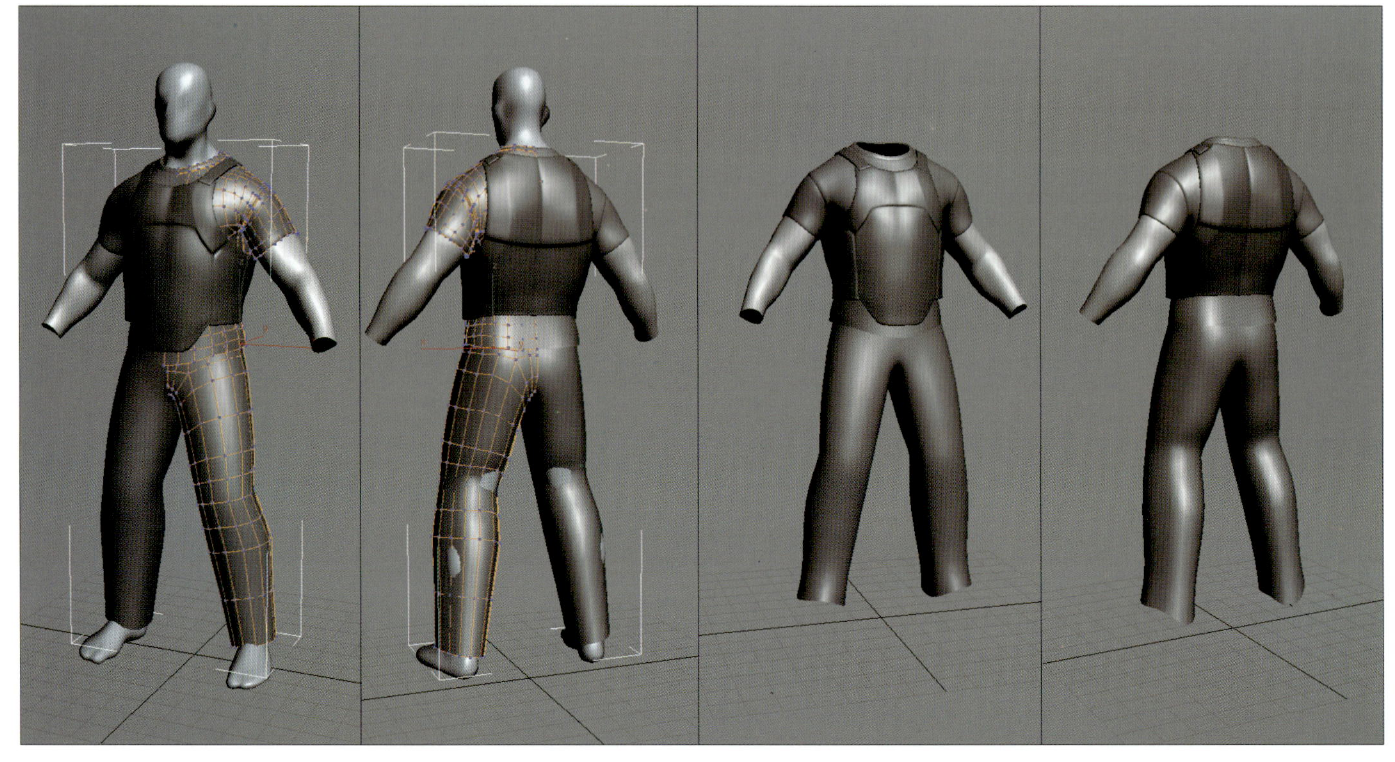

04 신발은 군용 전투화로 만들어 보자. 그림처럼, 발의 크기에 맞는 군화의 베이스를 만들어간다.

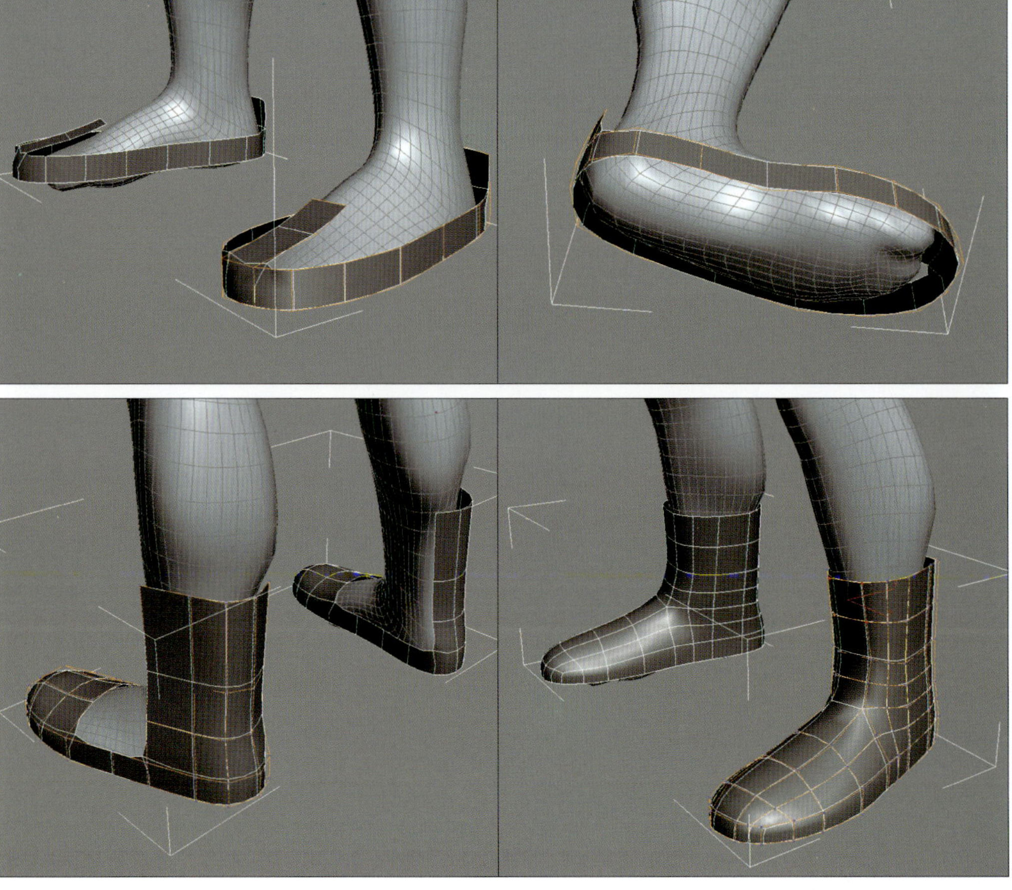

05 메쉬를 움직여서 군화의 디테일의 형태를 다듬어 나간다.

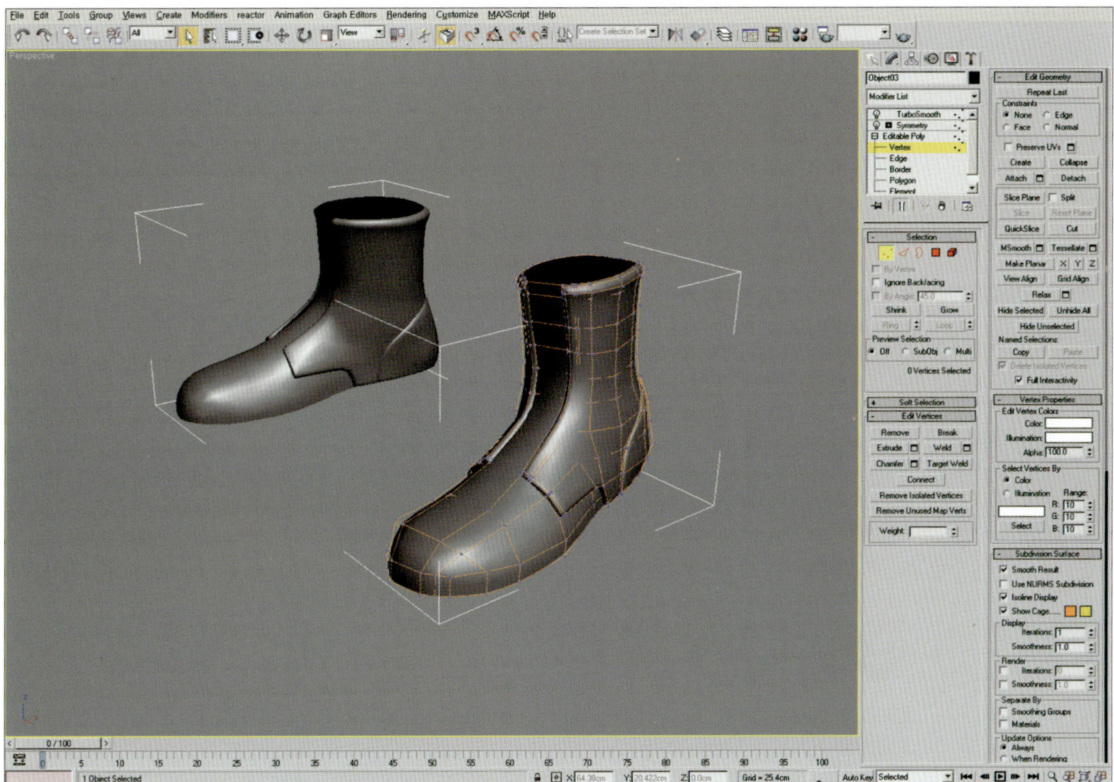

06 군화의 가죽 레이어별로 면을 Clone Detach하고 Extrude 했다.

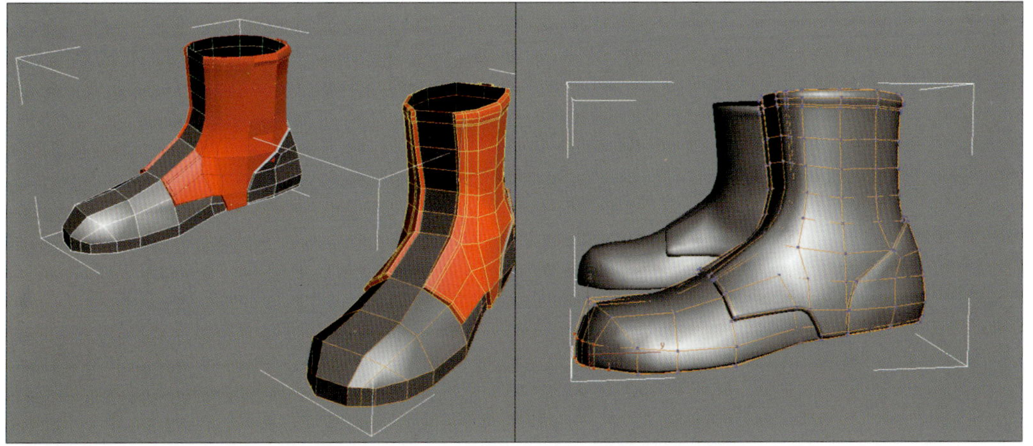

07 신발의 바닥 부분을 Extrude하고 편집한다. Soft Selection이나 FFD Modifier를 이용하여 원하는 군화의 형태로 만들어간다.

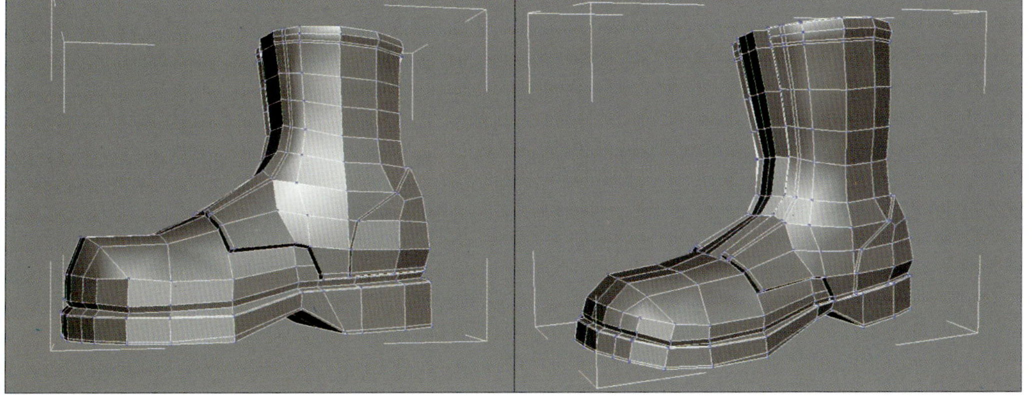

 군화의 전체적인 형태와 구조를 완성하였다.

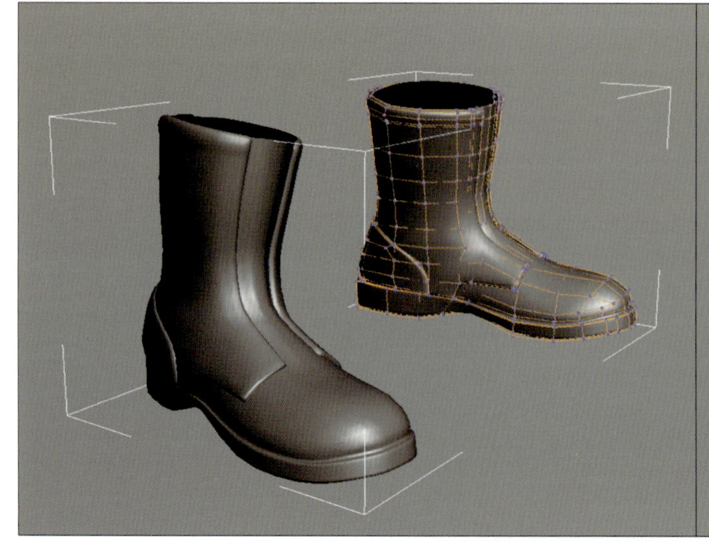

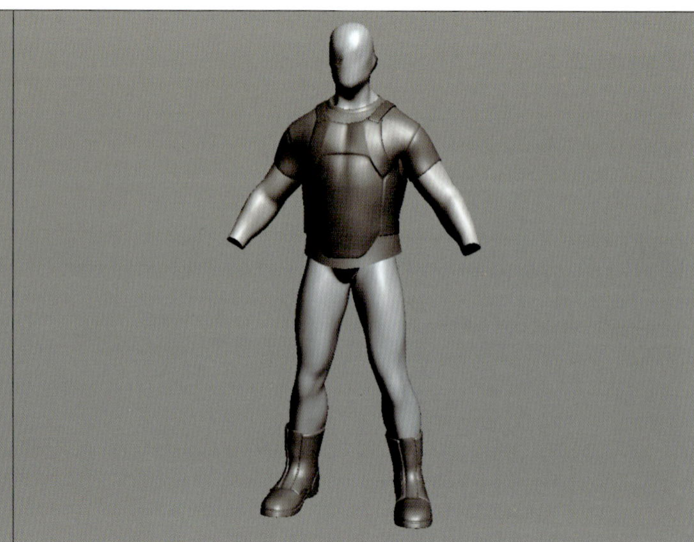

 Google에서 검색한 이미지이다. 이것을 토대로 몇몇 디테일들을 추가해보겠다.

 군화의 끈을 끼워줄 고리를 만든다.

 사진에서 보이는 바와 같이 배치해 보았다. Torus 오브젝트로 아래 부분의 군화끈을 넣을 구멍도 만들었다.

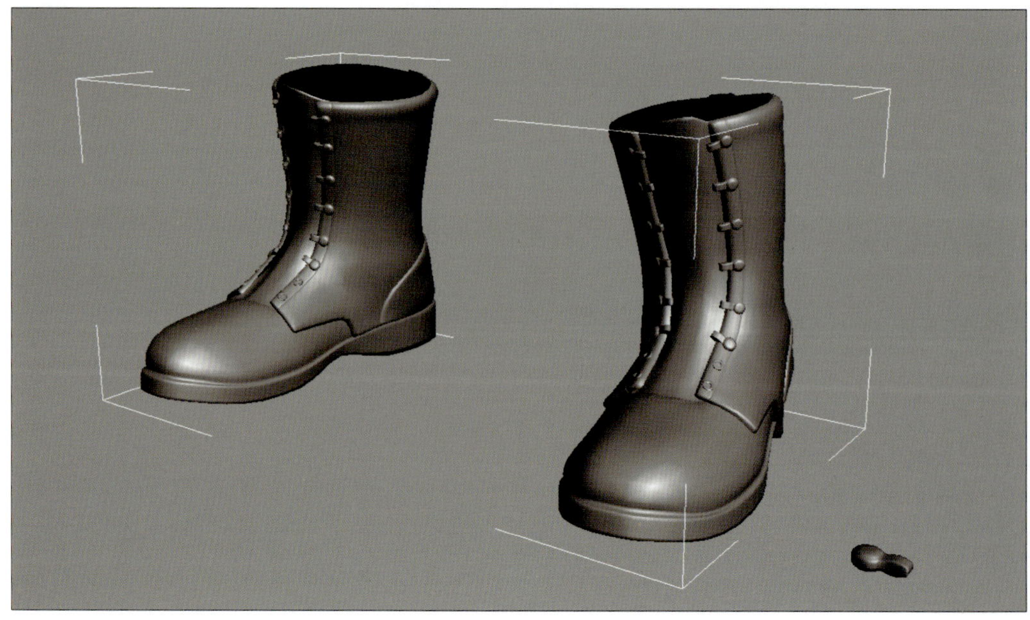

12 Face Snap을 켜고 그림의 Spline의 Rendering 설정을 참고하여 군화의 끈을 각 구멍과 고리들에 찍으면서 끈을
이어나간다.

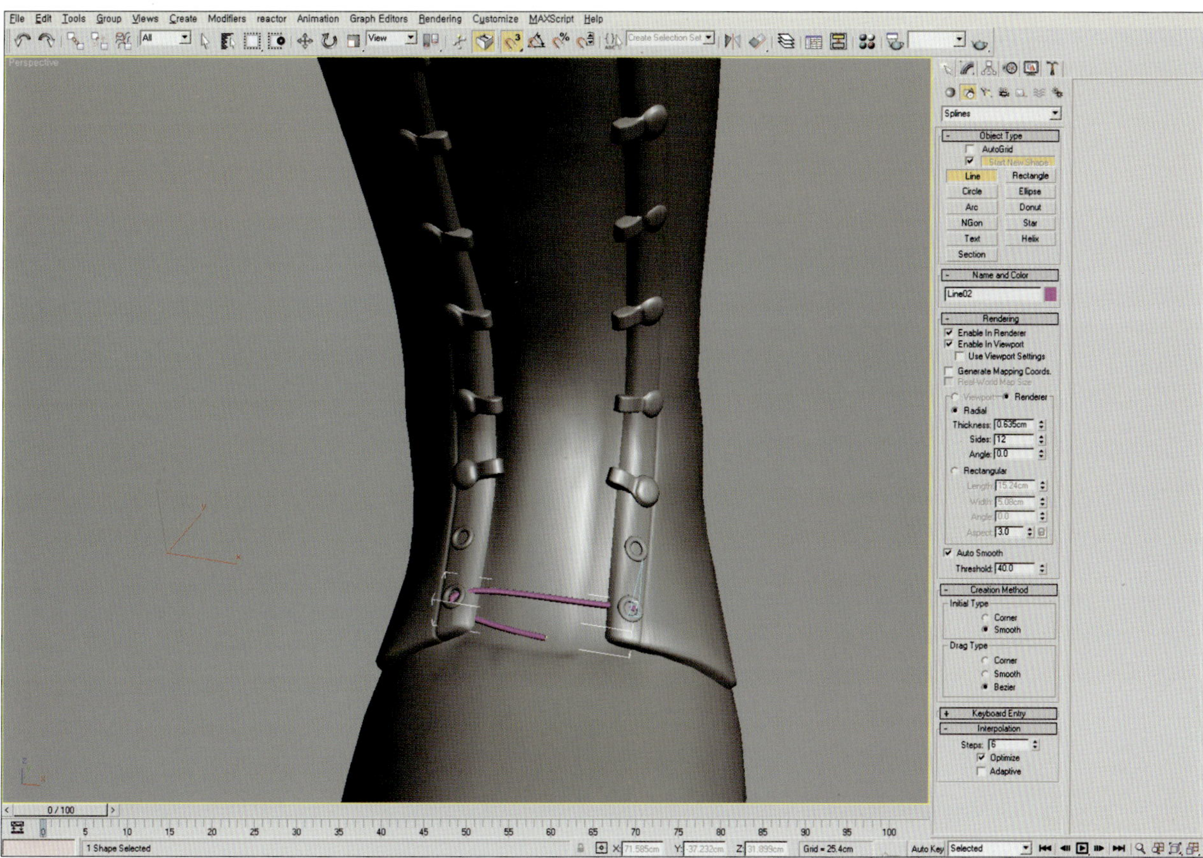

13 Face Snap을 켜고 선을 그린 결과. 찍고 살짝 드래그하면 Bezier 곡선이 형성된다.

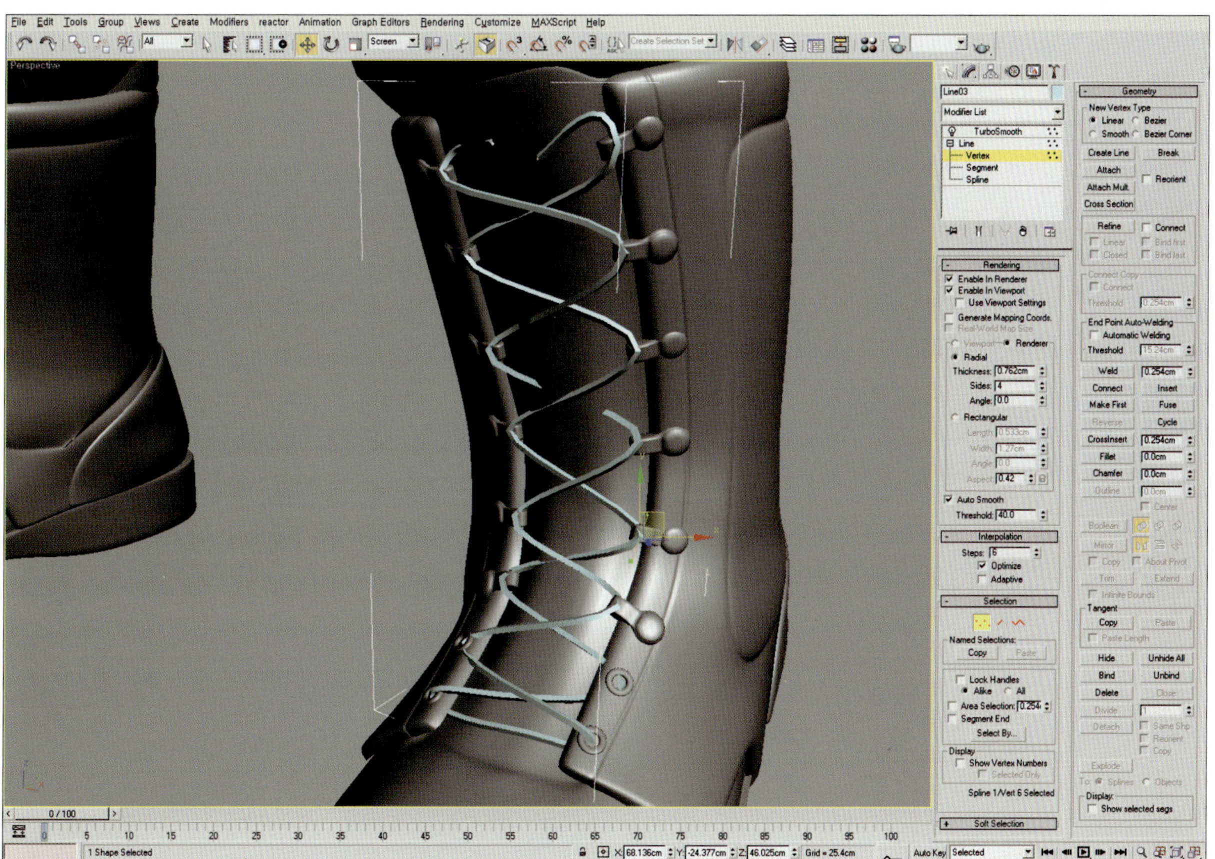

 **14** Spline의 Vertex들을 조절해 군화끈을 편집하는 모습이다.

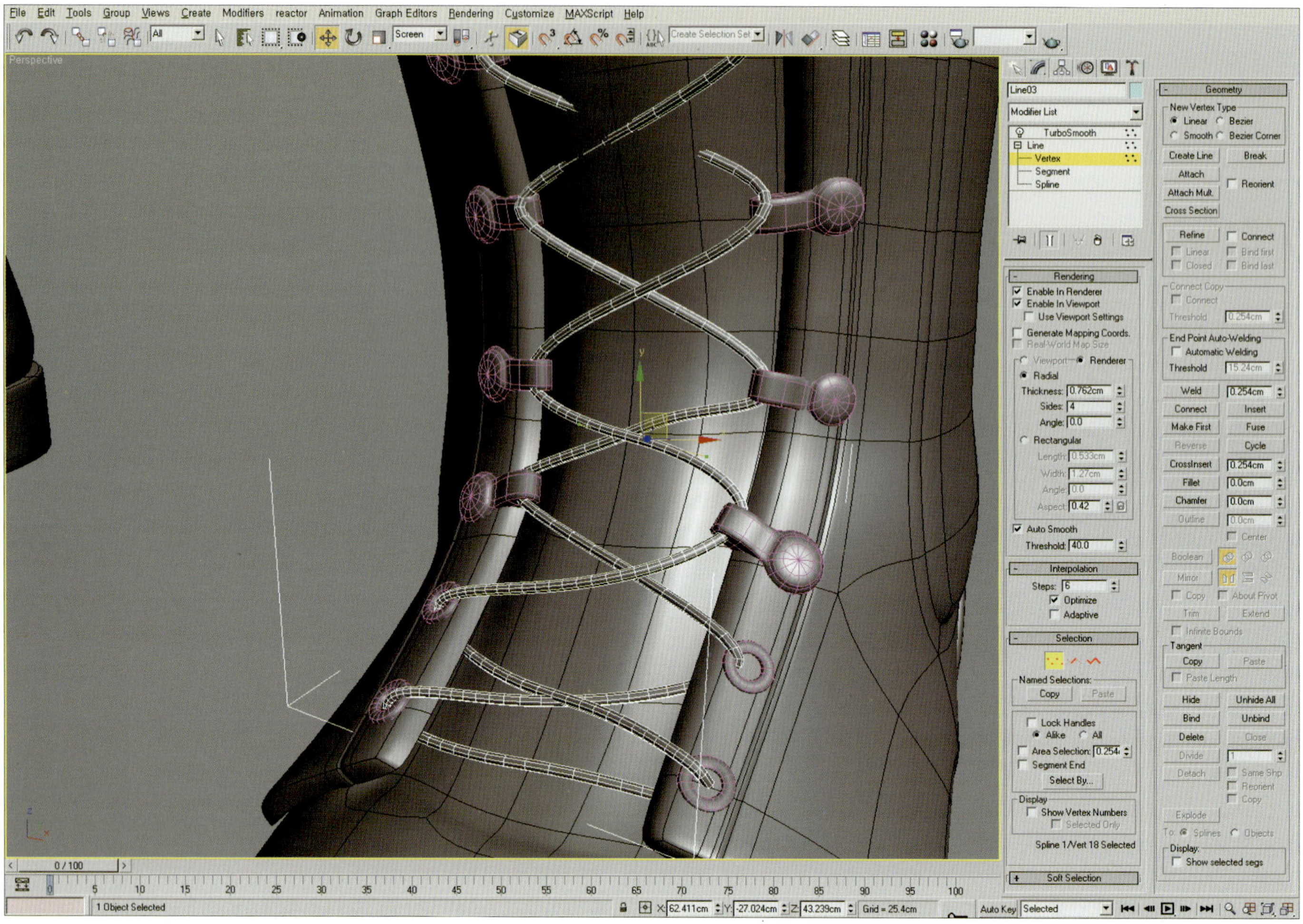

 **16** 군화 안쪽 면들도 깔끔하게 마무리하는 것을 잊지 말자. 보이지 않는 면이라고 하여 지저분하게 두는 것은 옳지 않다.

15 끈이 제대로 배치되어 완성된 군화의 결과물이다.

부록 DVD 파일

\ 3D캐릭터모델링\ 나쁜경찰\ 나쁜경찰_UV\ Jim_Shoe.max

 **17** 앞서 작업해 두었던 머리를 얹었다.

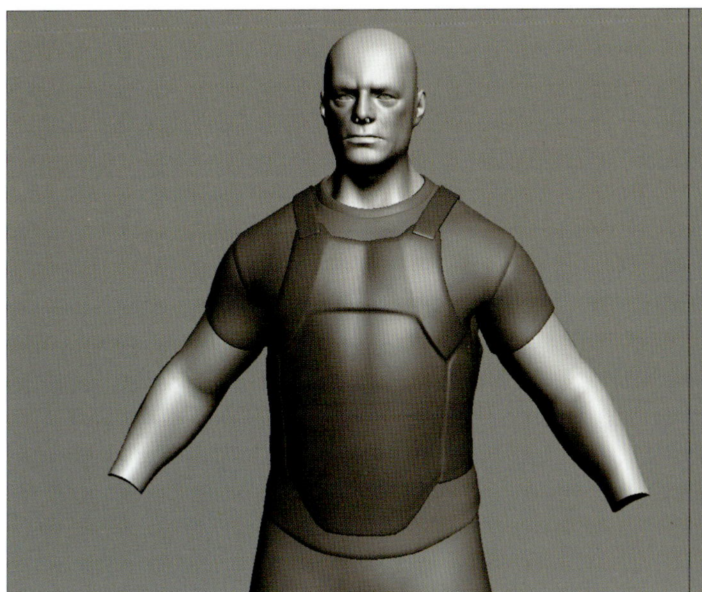

18 완성된 몸의 깔끔한 메쉬 구조이다.

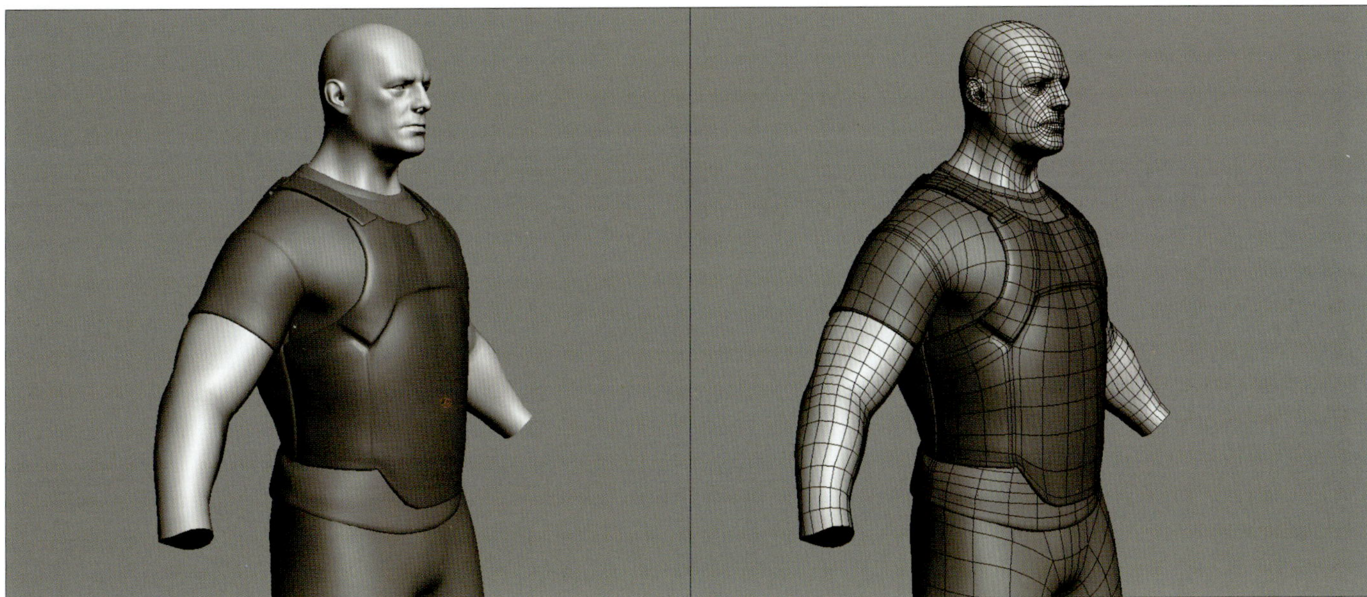

📀 부록 DVD 파일

\ 3D캐릭터모델링\ 나쁜경찰\ 나쁜경찰_UV\ Jim_UD.max

3ds Max에서 상의, 하의 만들기

손 만들기

06

01 손을 만들어 주기 위해 팔뚝에서 손목 부위의 Mesh를 Clone Detach 했다. Spline 모델링을 원한다면, 팔뚝의 손목 부위의 Edge들을 선택하고 Create Shape From Selection 버튼을 클릭하면 경계선 Edge에서 Spline이 생성되고, 이것을 시작점으로 Spline 모델링을 시작해도 좋다. 이렇게 손을 접합할 부위에서 떼어낸 면/Spline에서 시작하게 되면 이후에 손을 붙일 때에 매우 편리하다.

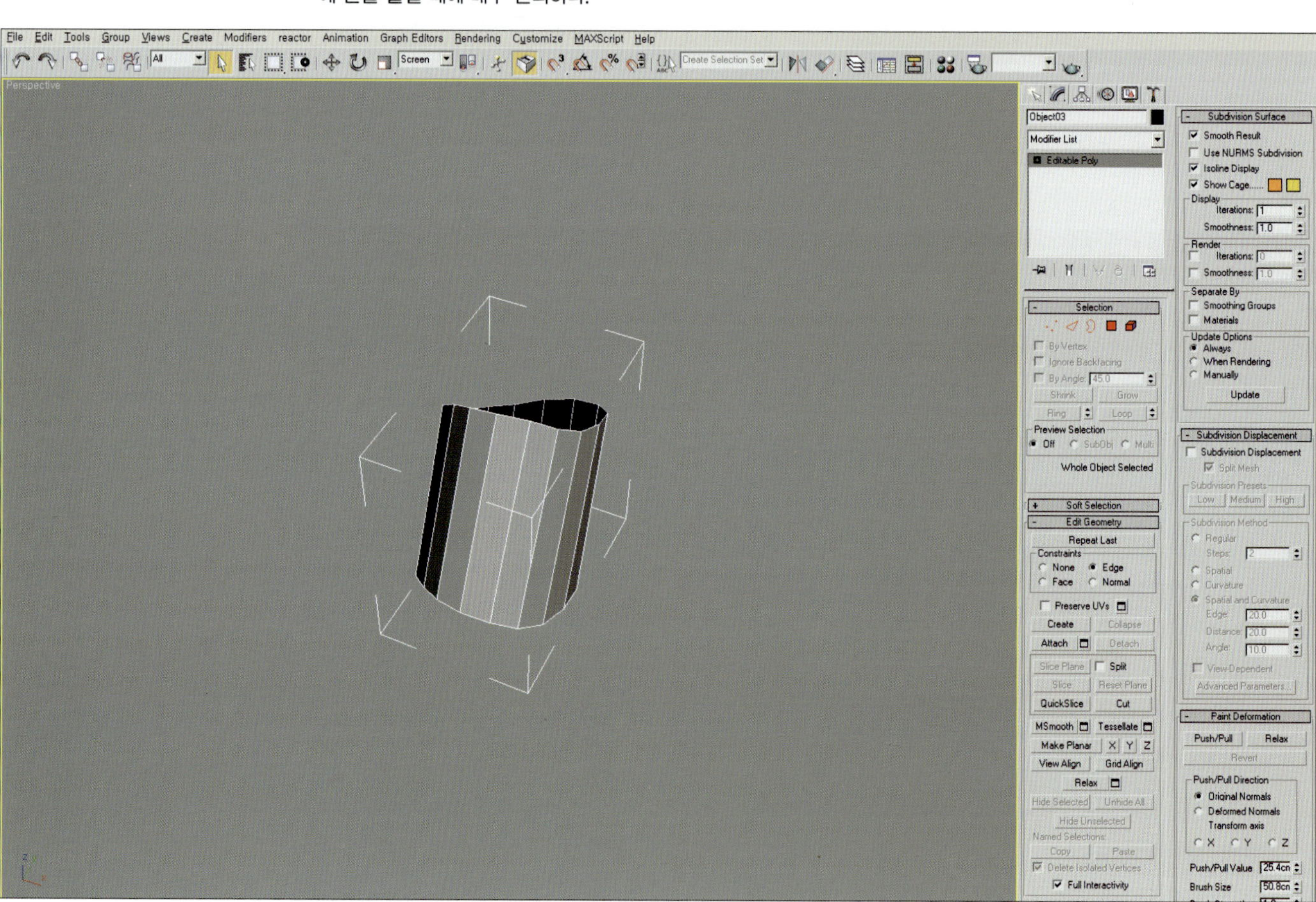

02 그림을 참조하여 손의 본체를 만든다.

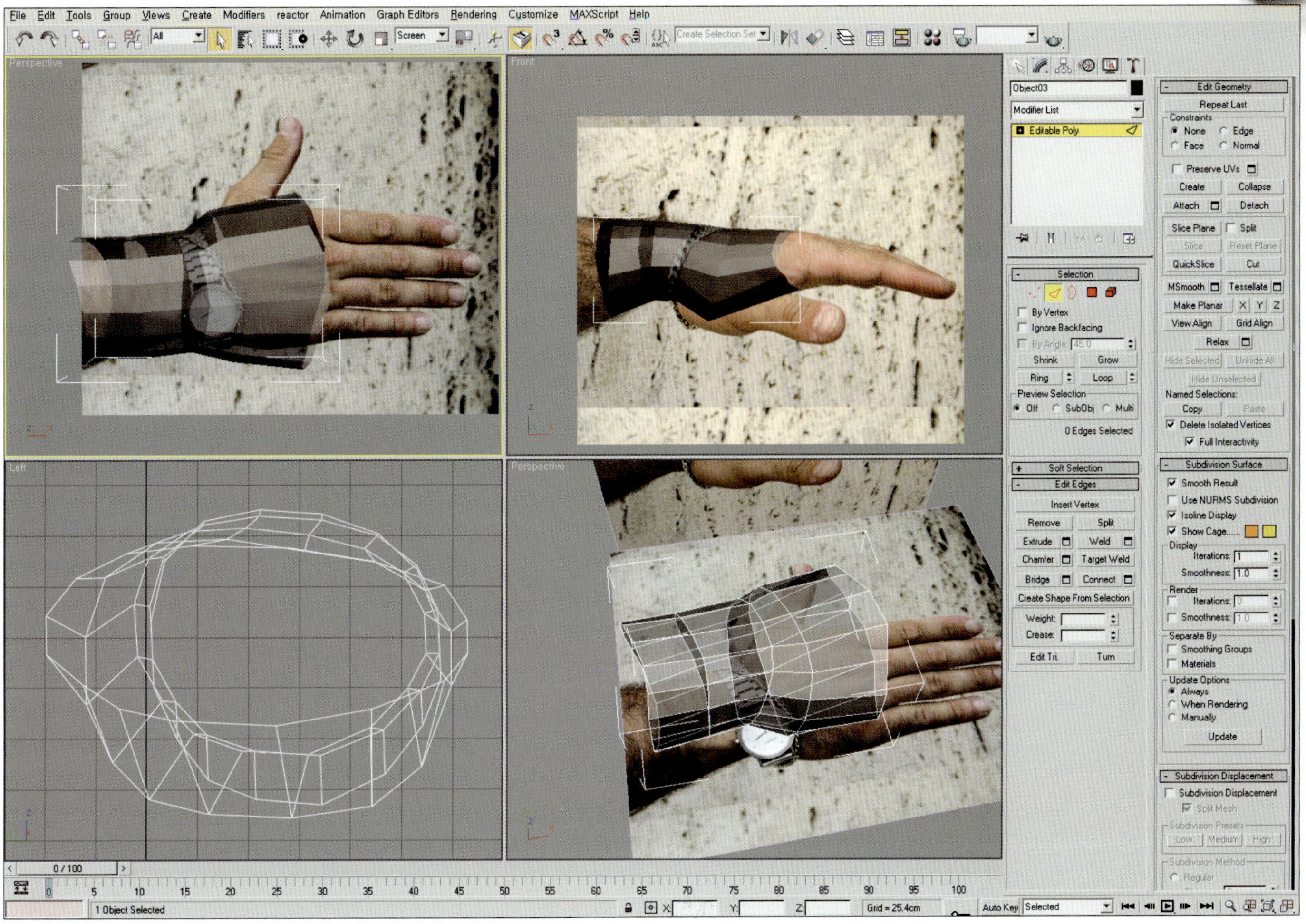

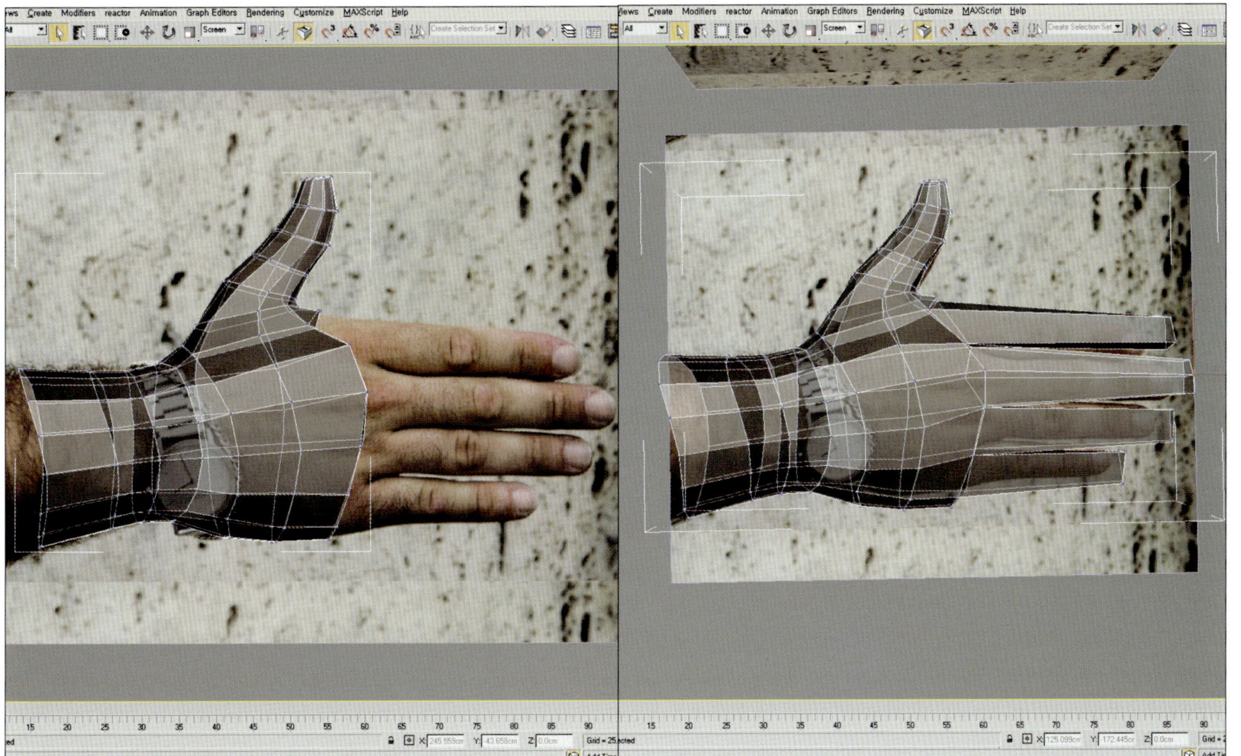

03 네 손가락을 Extrude할 위치를 Bridge 기능으로 막고 보는 것처럼 대충 뽑아준다. 사진의 Top View에 맞추어 손가락
의 위치와 길이 등을 적절히 조절한다.

04 대충 만든 손가락 하나를 잘라서 그림에서처럼 관절과 모양을 만들자.

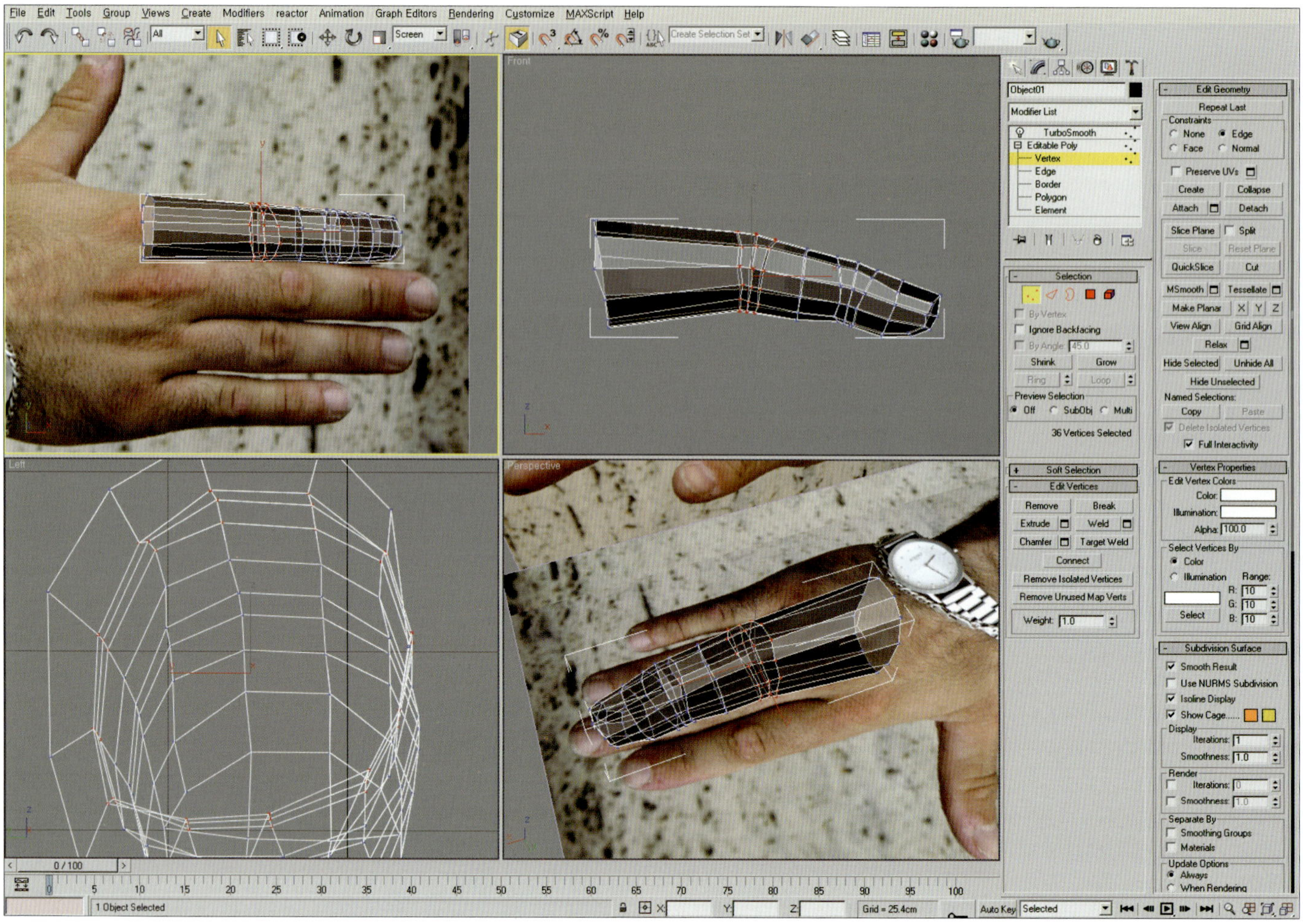

05 손가락을 복사해서 배치한다. 앞서 Extrude 했던 손가락의 길이와 위치에 맞춰서 배치한다. 참고로, 손가락은 윗모습에서 약간 바깥쪽으로 벌어지고 앞모습에서는 약간 둥글게 분포시키는 것이 좋다(오른쪽).

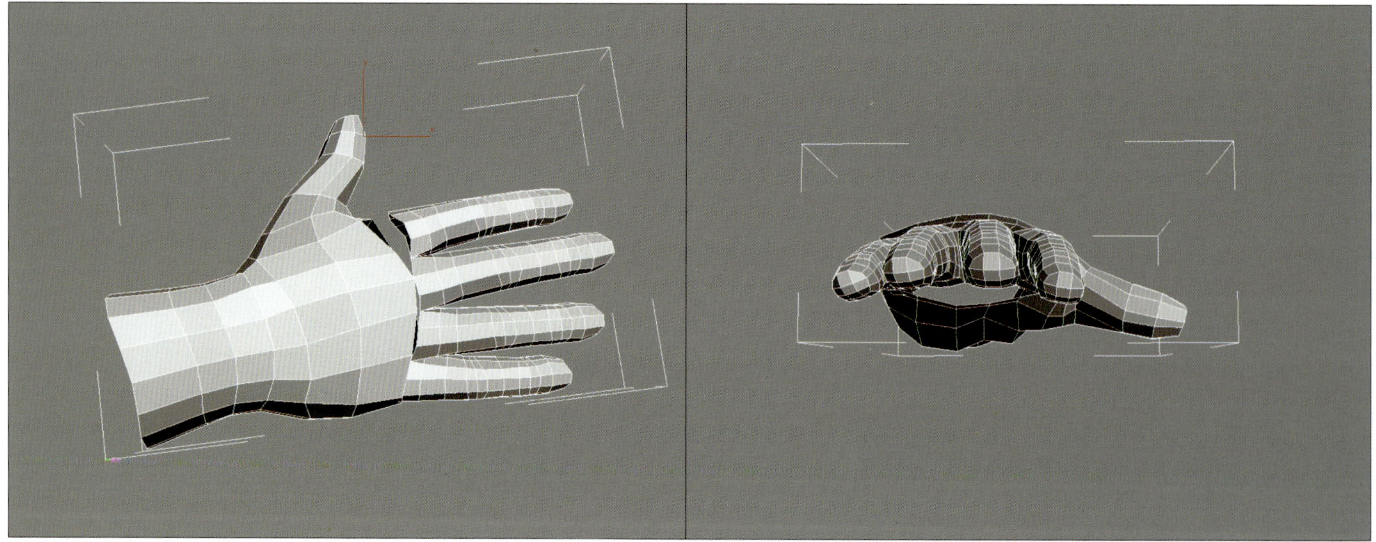

 **06** 복제된 손가락들과 손 본체 사이의 공백을 매워간다. 손등의 세그먼트를 추가하여 Weld 혹은 Collapse하는 방식을 추천한다.

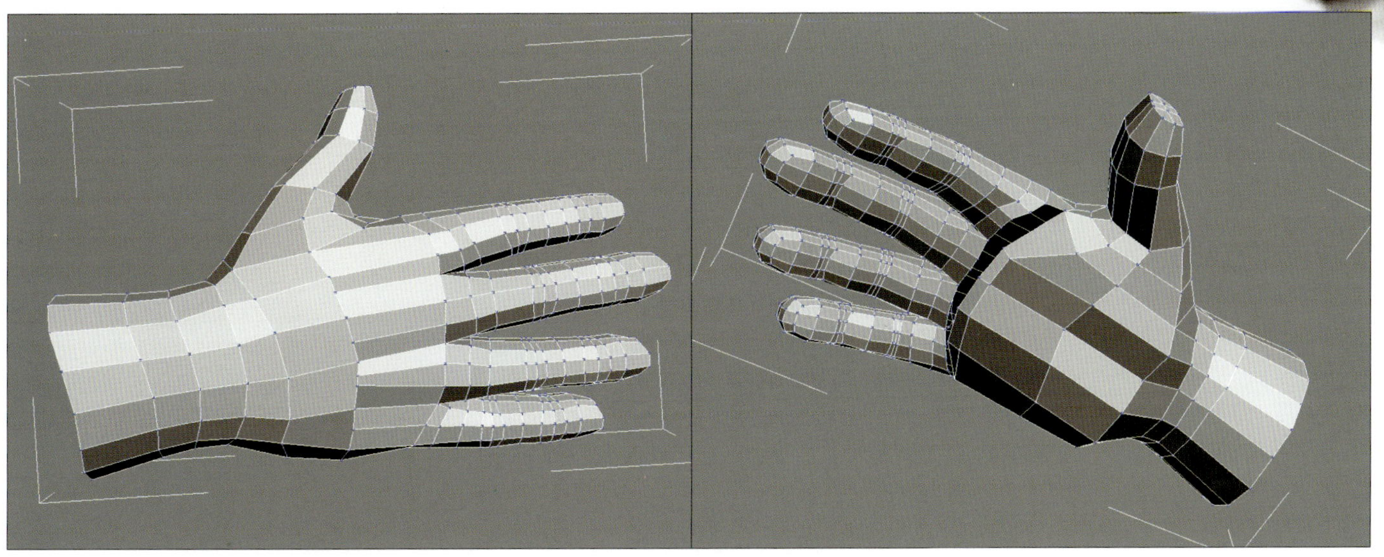

 **07** 손바닥과 손가락을 붙이고 있는 모습이다.

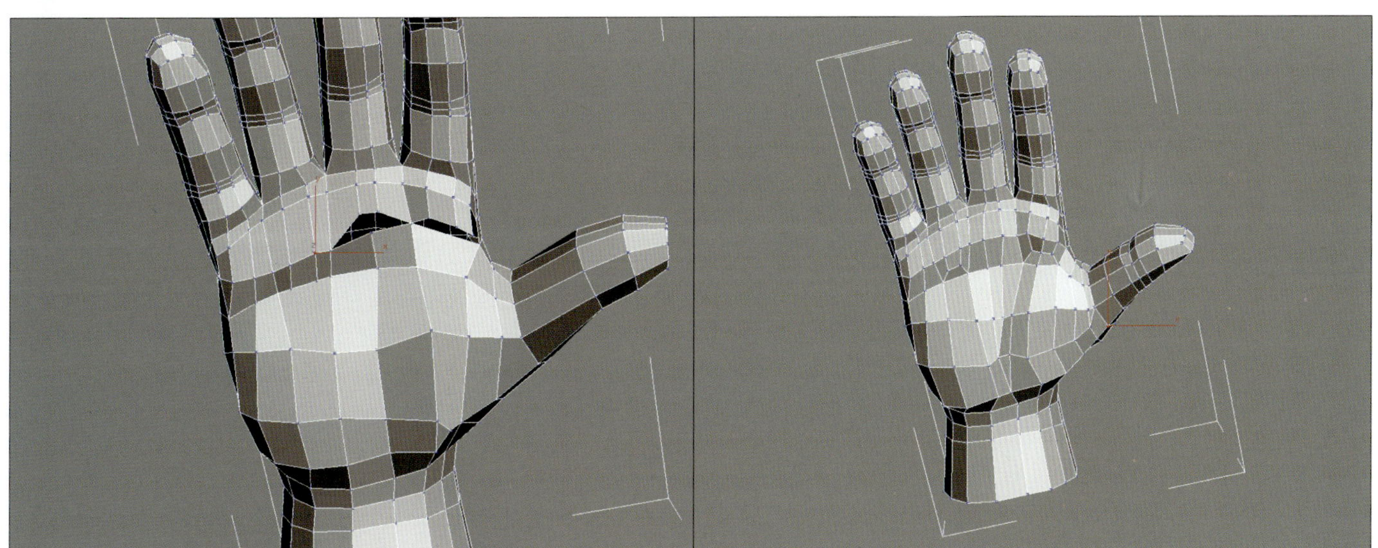

 **08** 완성된 손이다. 손목에서 손으로 이어지는 형태를 주목한다. 손목에서 반듯하게 일자로 연결되는 것이 아니라 손바닥 살의 볼륨을 넣어야 자연스러운 손이 된다.

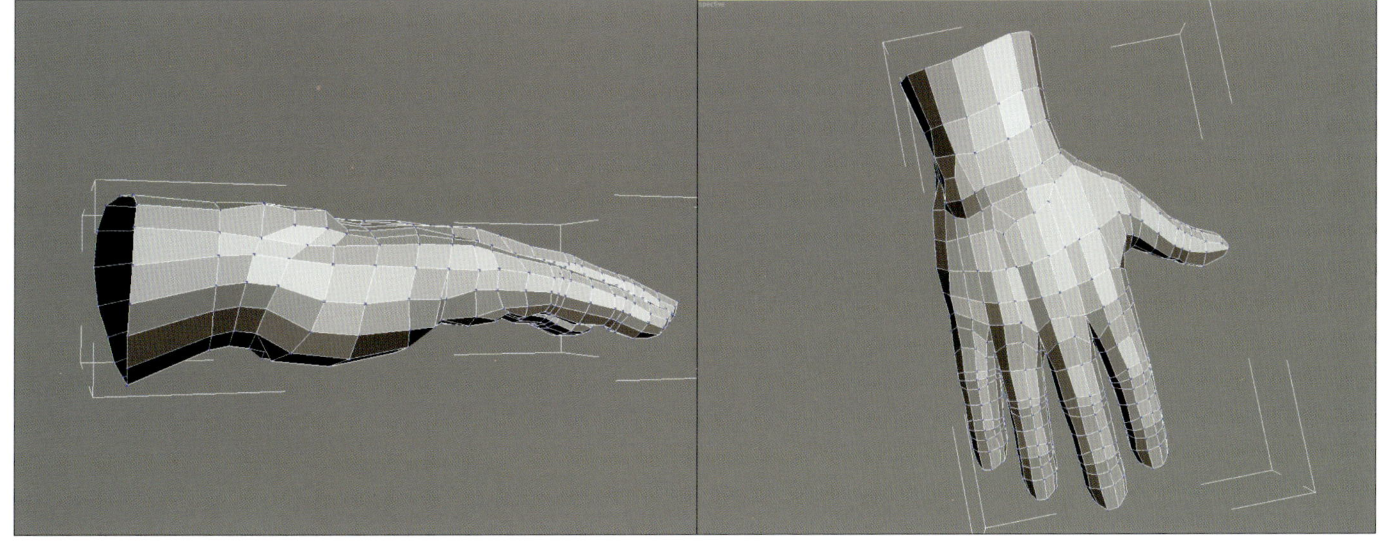

 손목의 메쉬는 팔과 연결되는 부위에서 떼어낸 메쉬이므로, 손을 팔에 붙이는 일은 단순한 Weld 작업으로 마무리하면 된다.

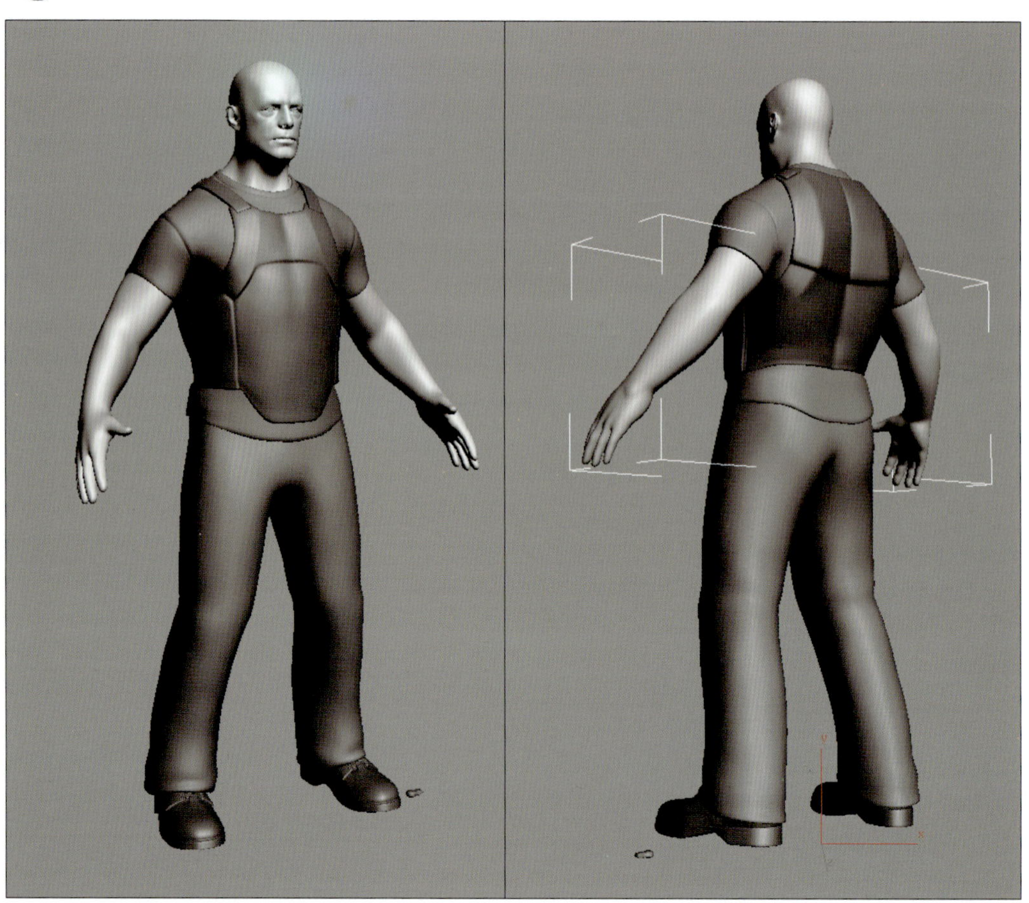

 바지의 주머니와 기본적인 재봉선을 만들어보자. 바지 또한 ZBrush에서 만져줄 예정이므로 앞의 몸통과 같은 형식으로 진행하며 메쉬를 균일하게 배치하도록 한다.

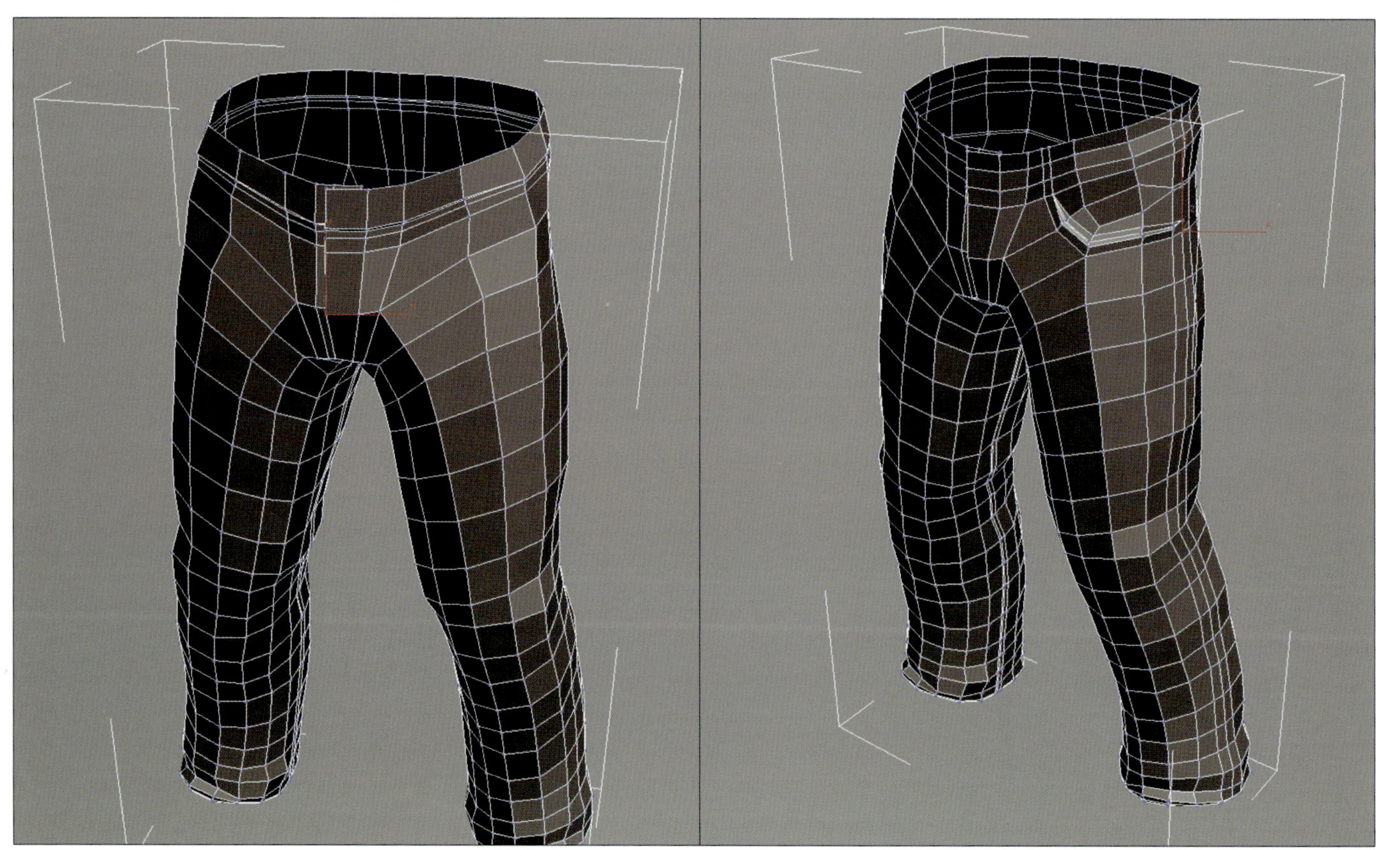

10 주머니 또는 기타 디테일들을 ZBrush에서 모두 처리하는 것도 좋지만 여기서 직접 만들고 Sculpting하는 편이 오히려 더 깔끔하게 나온다.

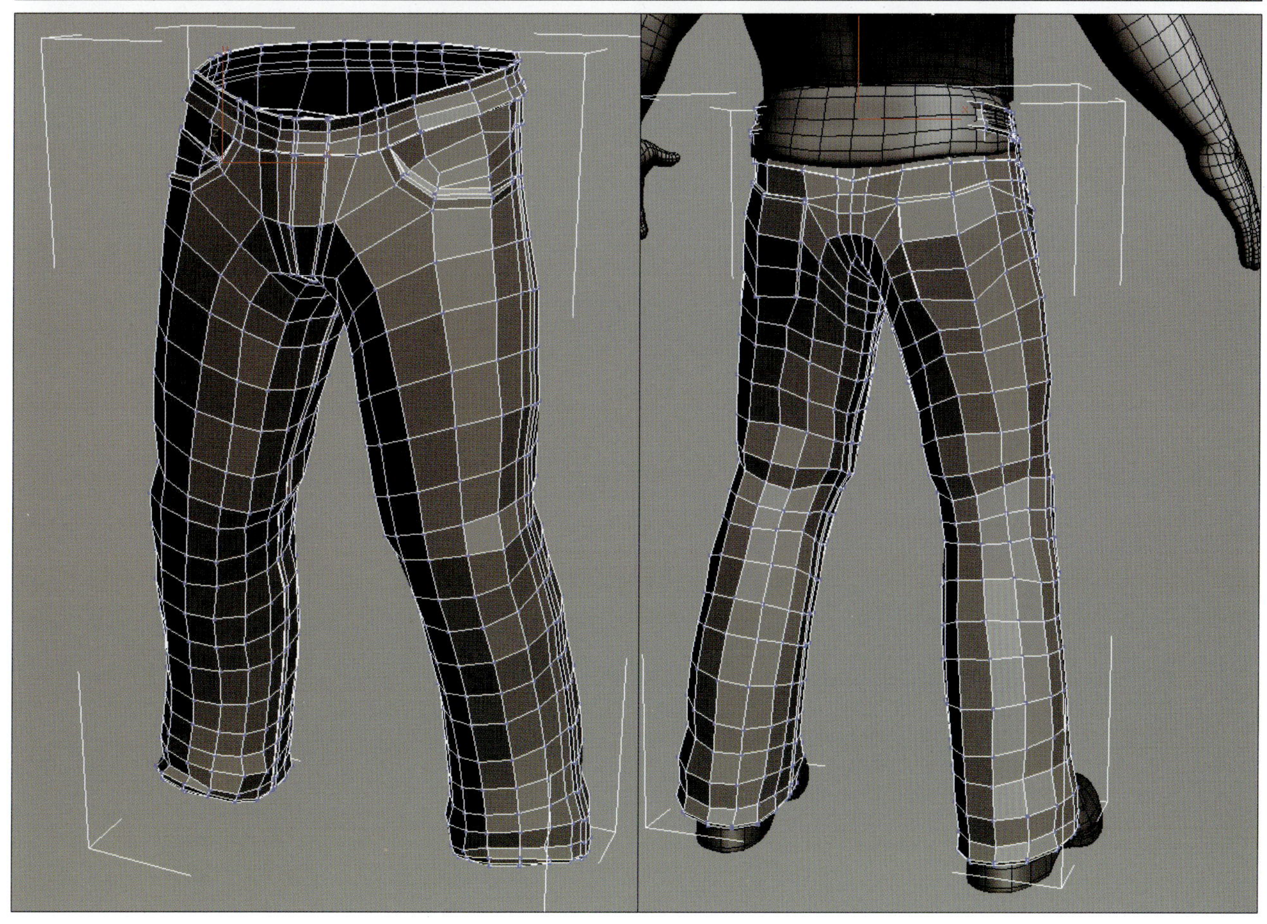

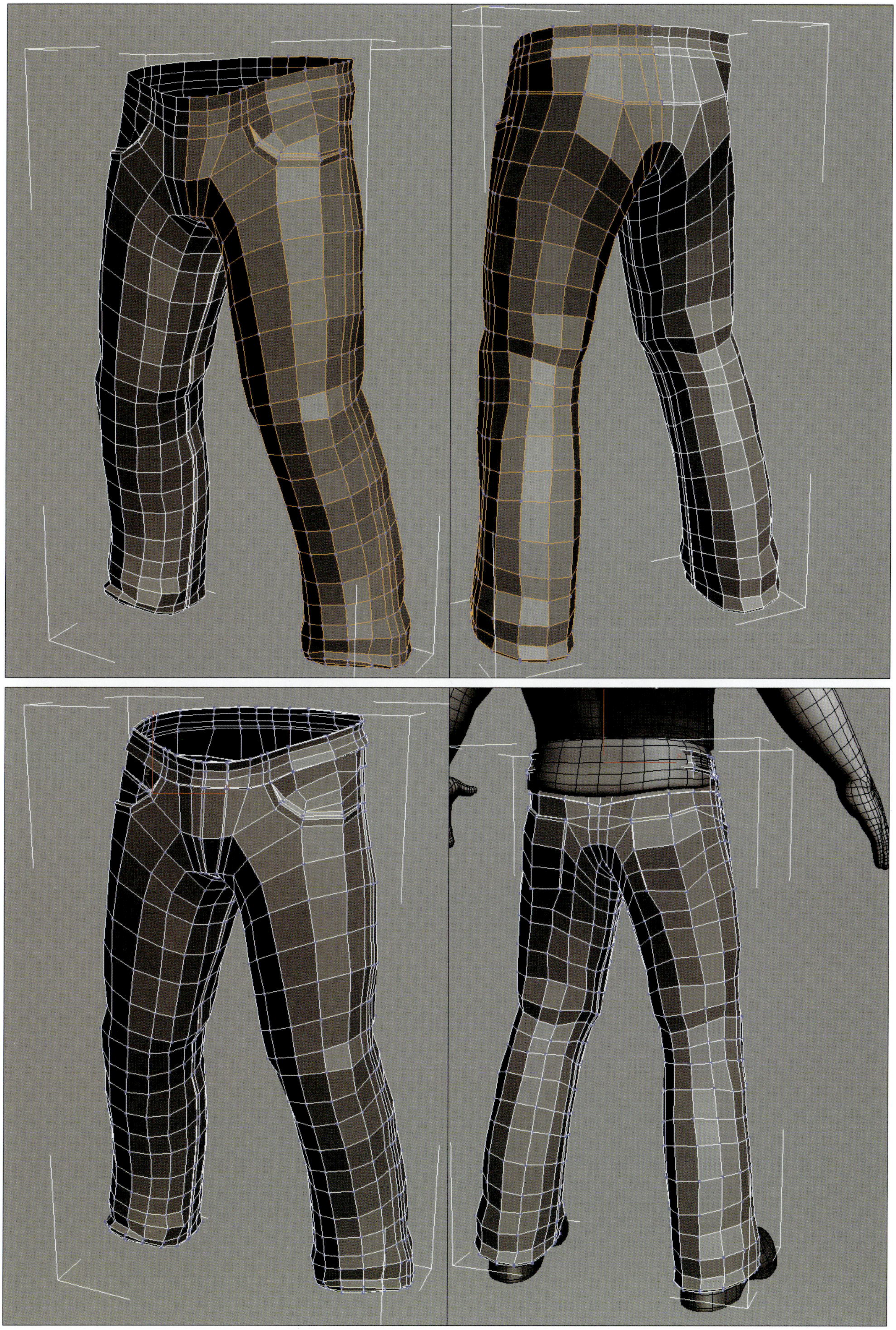

완성된 하이폴리곤 모델링이다. 방탄조끼나 군화의 밑부분 등을 개선해 보았다.

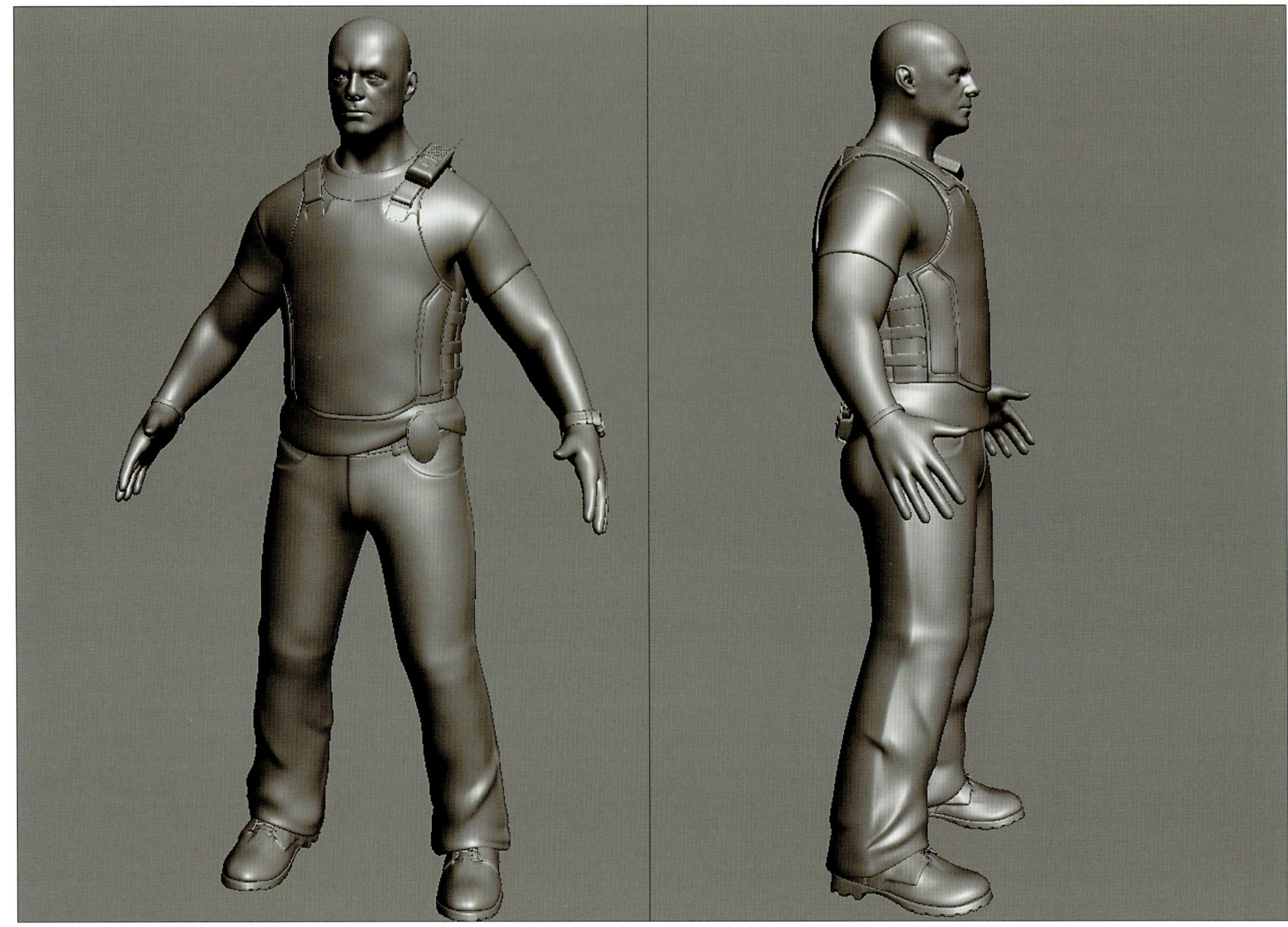

지금까지 보여드린 것과 같은 방식으로, 몇몇 회사들과 일을 해 본 결과는 나름 만족스러웠습니다. 클라이언트가 '마른 체형의 어떤 캐릭터'를 원할 때, ZSphere로 빠르게 제작하거나 혹은 이전에 작업해 두었던 ZSphere Mesh를 간편하게 다듬어서 '마른 체형'을 직접 보여줘 가며 의논하는 방식으로 좀 더 좋은 결과를 뽑아 볼 수 있었습니다.

다음 단계는 ZBrush의 Sculpting과 텍스쳐링의 준비 단계인 UV Layout입니다.

a sphere head, hwasup song 2007
zbrush sphere head _ 003
hwasup song 2007

Section 02
3D 캐릭터 모델링의 실전

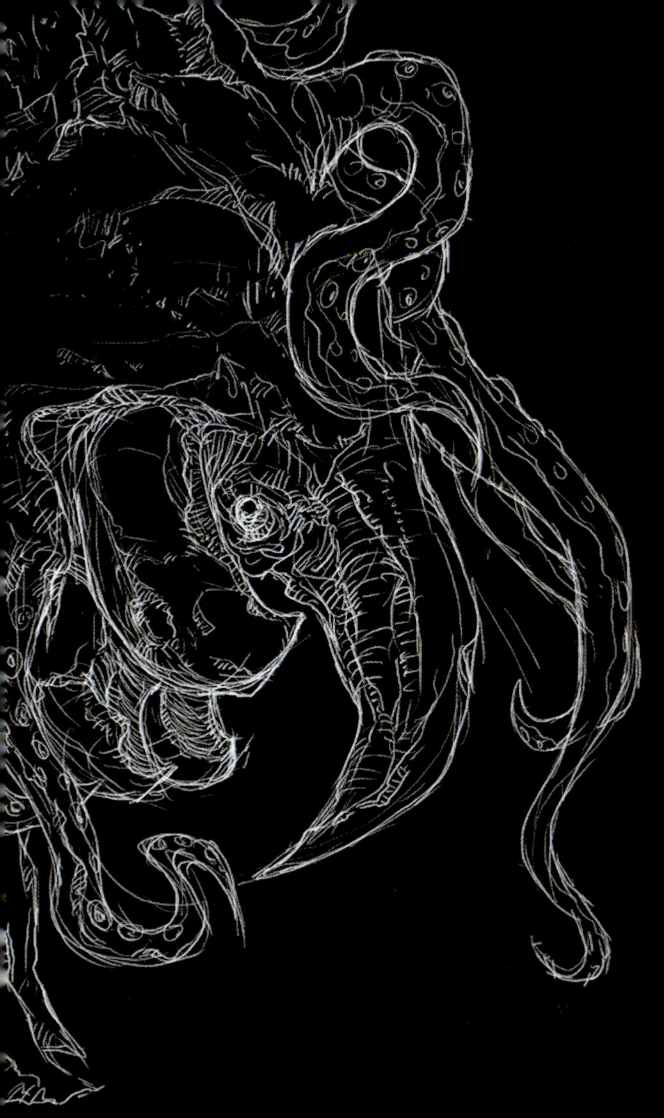

〈나쁜 경찰 : Jim〉 만들기

UV Relax 이해하기

3ds Max의 UV Layout에 있어서 제일 핵심 되는 기능은 UV Relax 기능이며, 이것은 마치 sim-cloth가 옷감을 평평한 바닥에 펼쳐놓는 듯한 느낌으로 단숨에 펼쳐준다는 것입니다. 간단히 Relax를 살펴보기 위해 실린더를 하나 만들고 살짝 뒤틀어 두고 시작하겠습니다.

 실린더를 만들 때 자동으로 생성된 UV는 형태가 비틀어진 것과 무관하게 쓸모가 별로 없다.

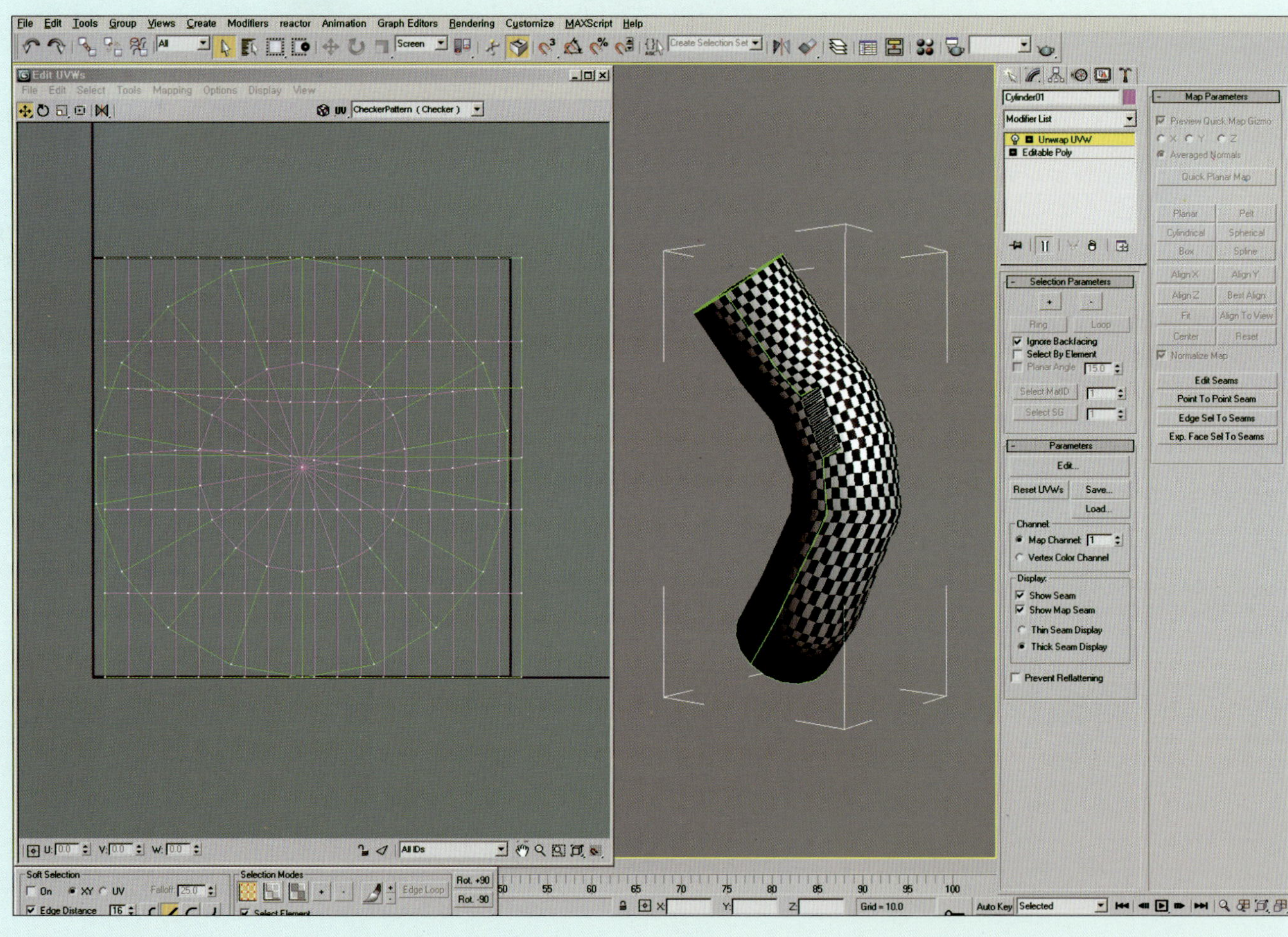

309

02 전체를 선택하고 Quick Planar Map을 클릭한다.

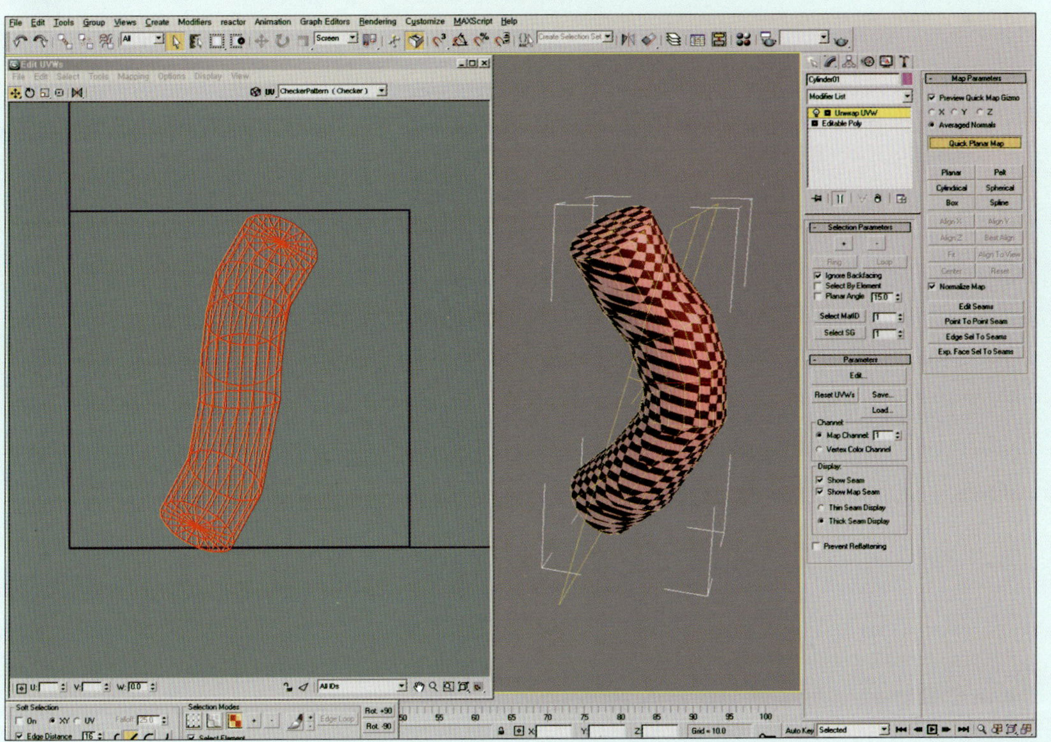

03 실린더의 양쪽 뚜껑은 따로 떼어내어 치워두고 UV의 경계선이 될 Edge를 선택한다.

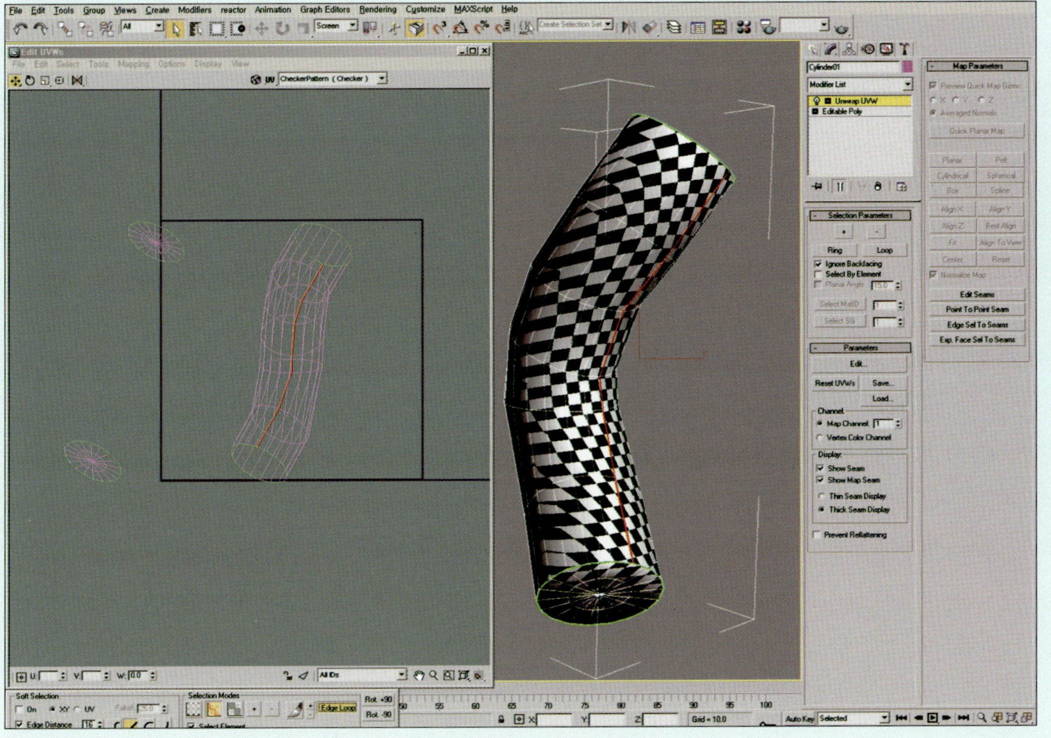

 **04** UV Editor를 마우스 오른쪽 버튼으로 나오는 메뉴에서 Break를 선택하여 선택된 Edge가 그림처럼 쪼개지도록 한다.

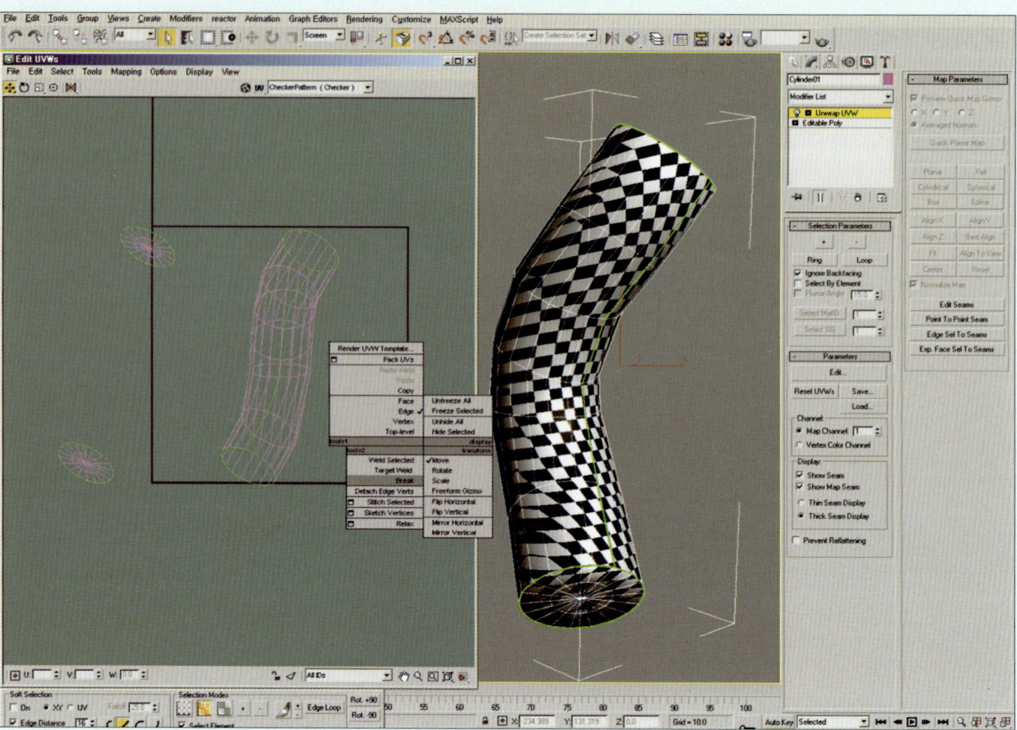

3ds Max의 UV Relax를 사용할 때 UV 경계선을 신중히 나누는 것은 너무나 중요합니다. Sim-cloth로 펼칠 옷감을 쪼개는 것과 같은 개념입니다.

 **05** UV 경계선을 제대로 나눴을 때 표현 그대로 One Click으로 단번에 펼쳐진다.

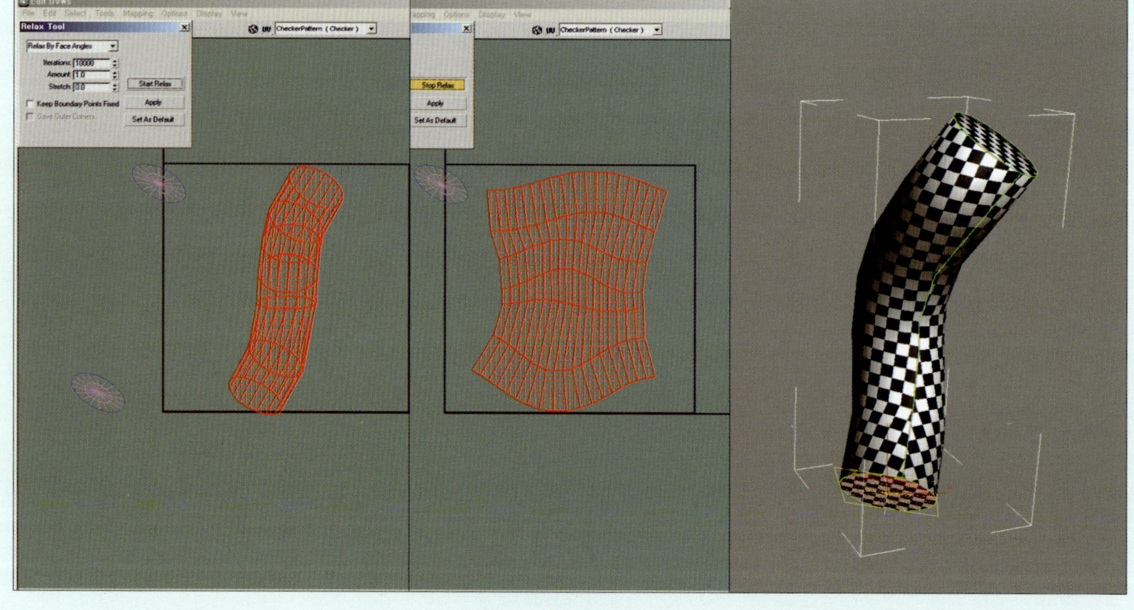

좀 무리한 요구에도 나름 척척 잘 펴주는 UV Relax.

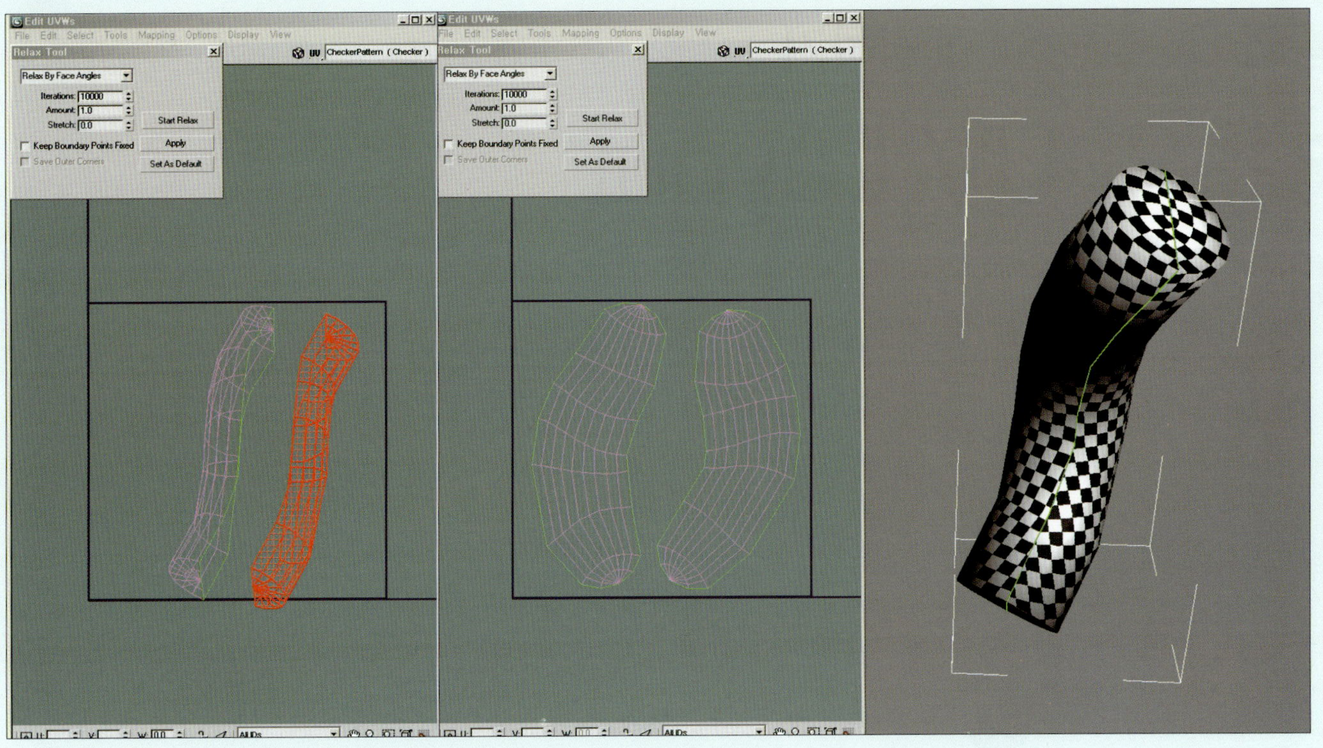

이렇듯 UV Relax 기능을 활용하면 복잡한 형태의 메쉬라도 원하는 형태로 쉽게 펼칠 수 있게 됩
니다. 인체나 매카닉등이 메쉬에 적용하면 좋은 효과를 볼 수 있습니다.

몸통의 UV Layout 셋팅하기

셔츠의 UV Layout

01

〈나쁜경찰〉의 하이폴리곤 몸통 UV는 각 부위별로 나누어서 사용하고 싶은 수 만큼 맵을 사용할 계획입니다. Brazil이나 Mental Ray 등의 렌더러를 이용하여로 보기 좋게 렌더링하는 것과 궁극적으로 게임 모델로 텍스쳐들을 옮기는 용도가 전부이므로, 그다지 복잡하게 생각할 것 없이 단순하게 UV를 펼쳐 나가도록 하겠습니다.

그럼, 본격적으로 몸의 UV 좌표를 펴 봅시다.

 셔츠부터 Quick Planar Map를 적용하자.

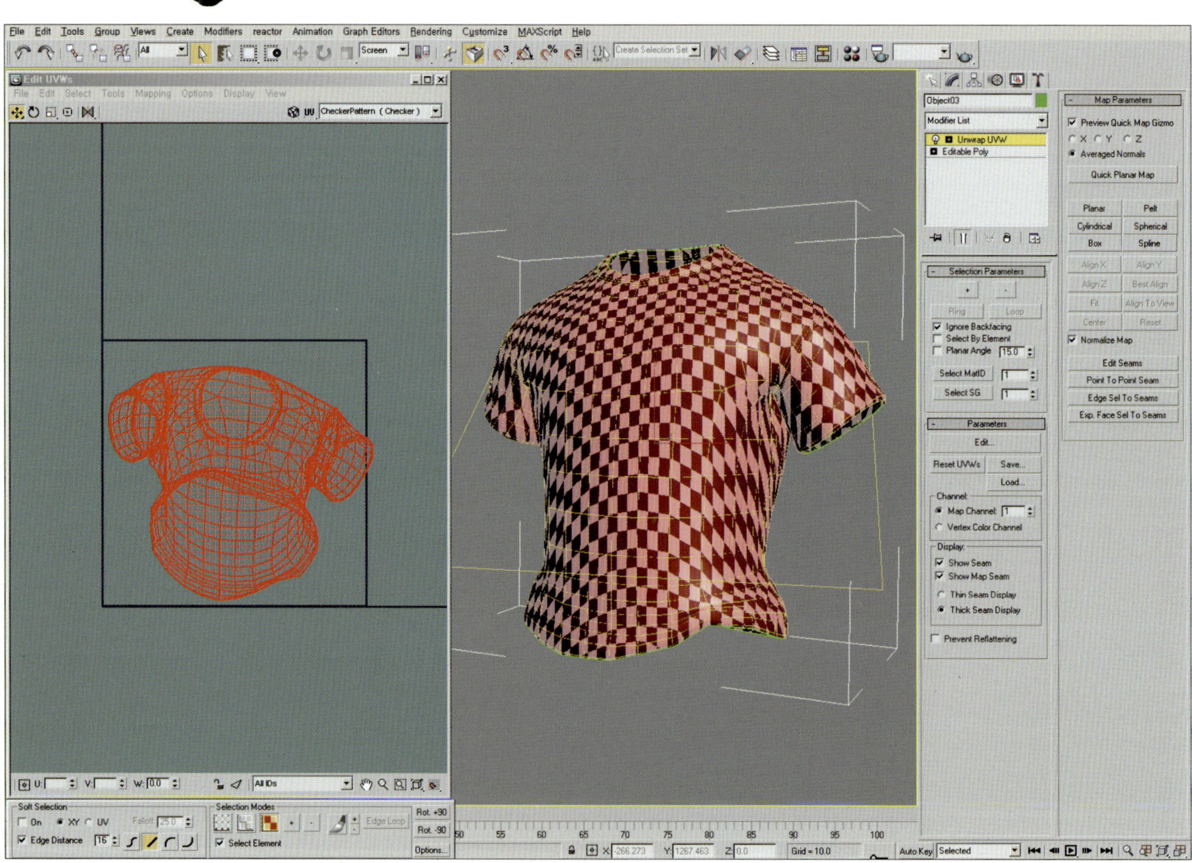

 **02** 단순한 셔츠 구조이므로 재봉선에 해당하는 위치의 Edge들을 선택한다.

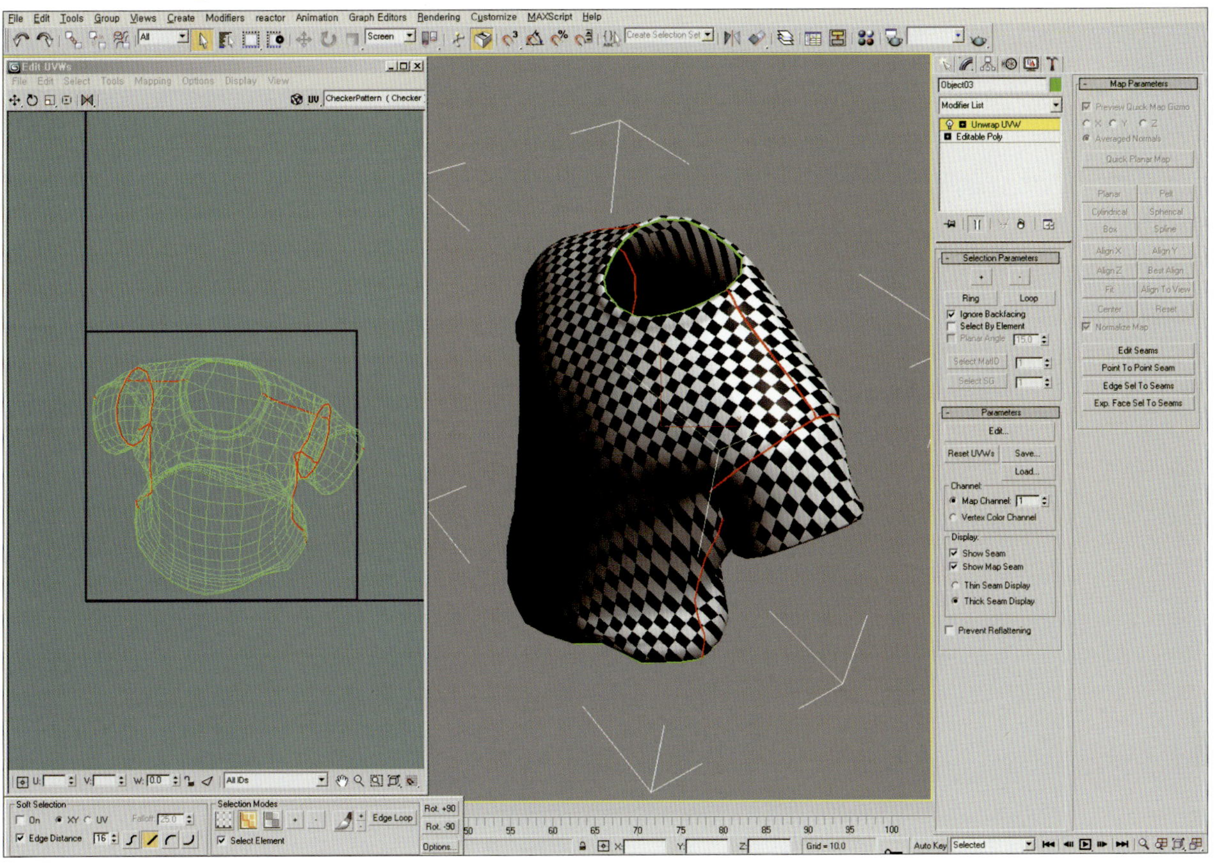

 **03** Break하여 경계선을 구분시킨다.

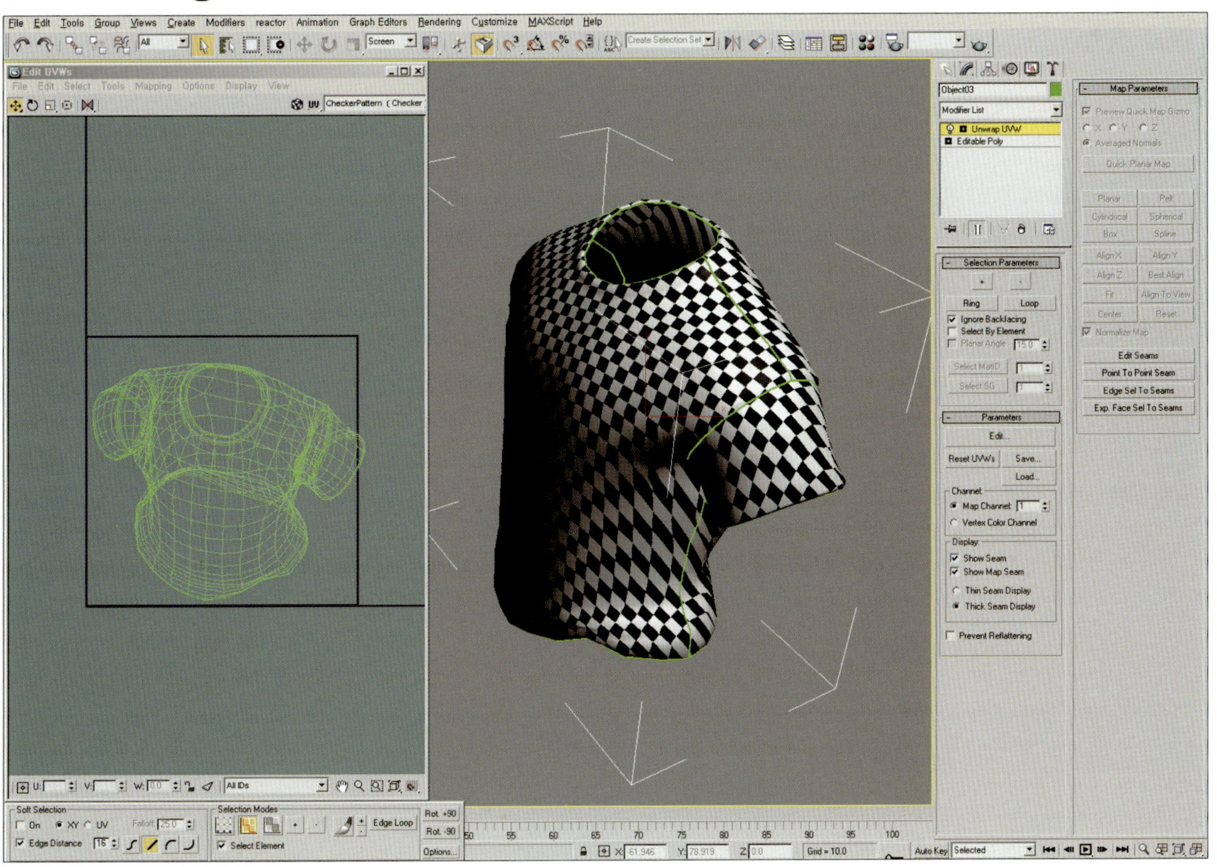

Break된 UV 조각들을 서로 떨어뜨려 놓고 Relax하는 것이 일반적이나 그냥 있는 자리에서 Relax 해보겠다. 일단 Relax By Face Angles의 설정을 사용한다.

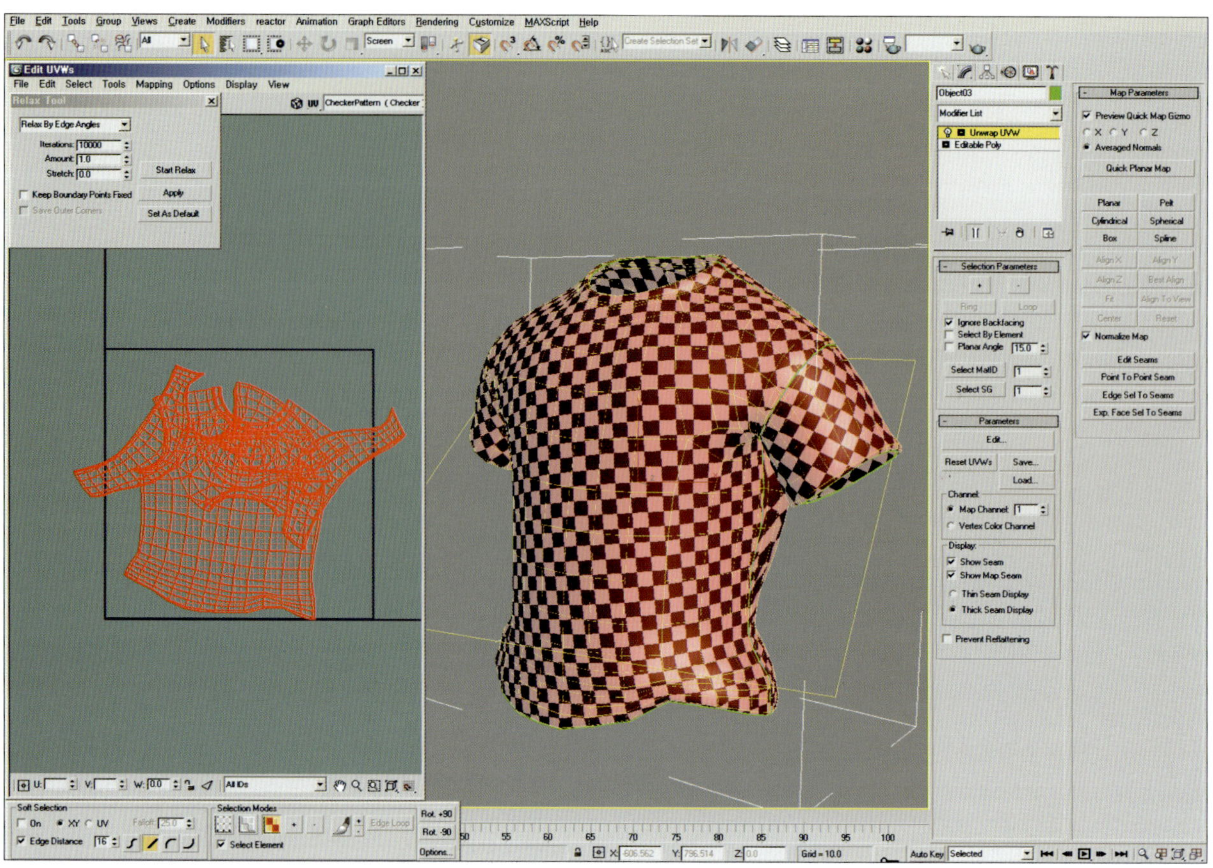

간혹 By Face Angles 한번으로는 겹쳐진 부분들이 잘 안 펴지는 경우도 있으니 그때에는 Relax의 설정을 By Edge Angles로 바꾸어 한번 적용시킨 다음,

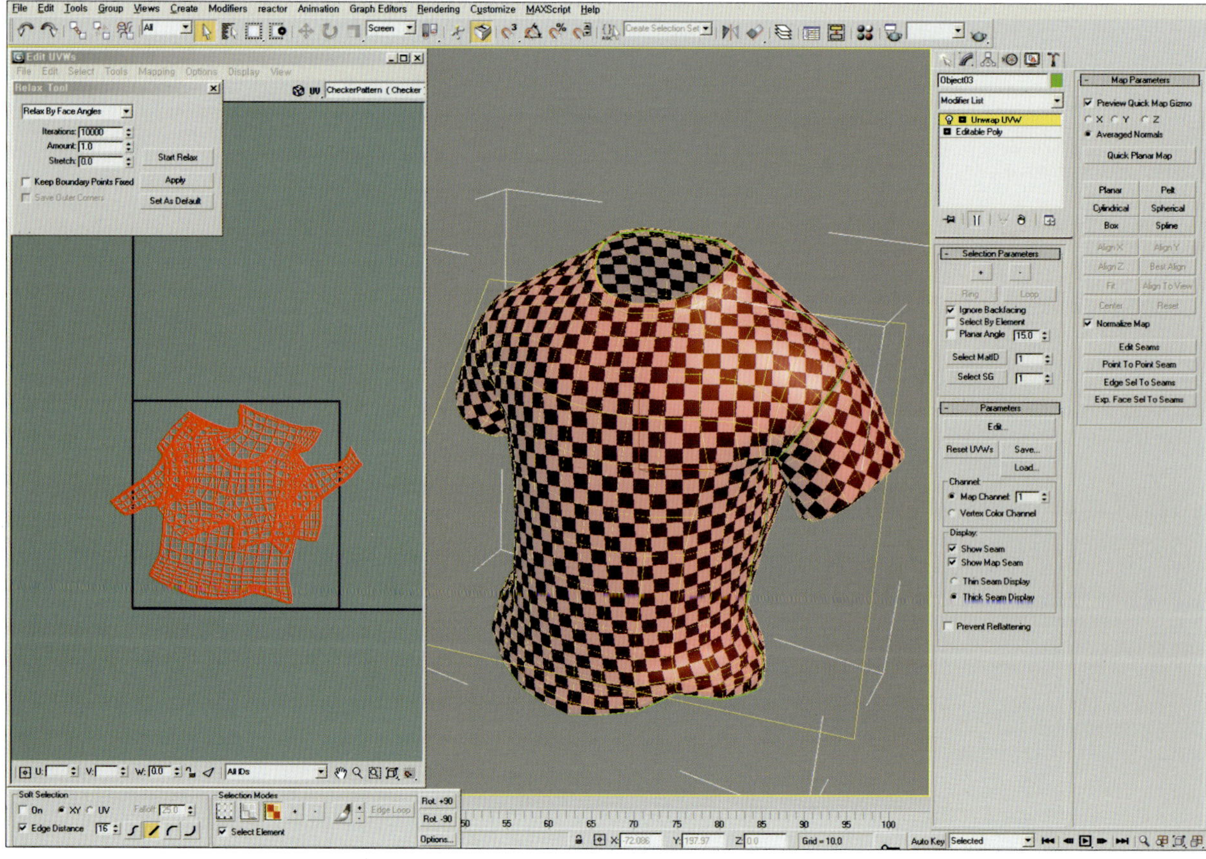

 **06** 다시 By Face Angles로 바꾸어 적용시켜 보면 도움이 된다. UV 덩어리들을 움직여 보면된다.

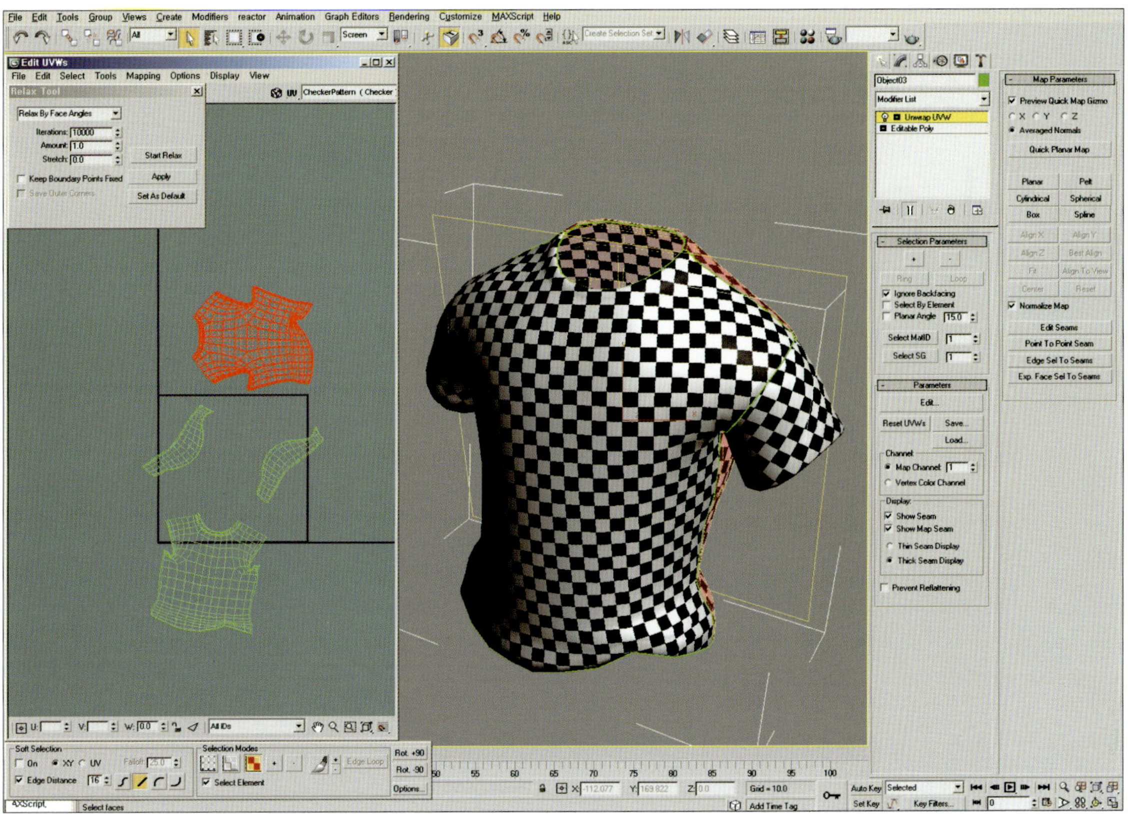

315

 **07** 몇 분도 걸리지 않은 셔츠 Unwrap의 완성이다.

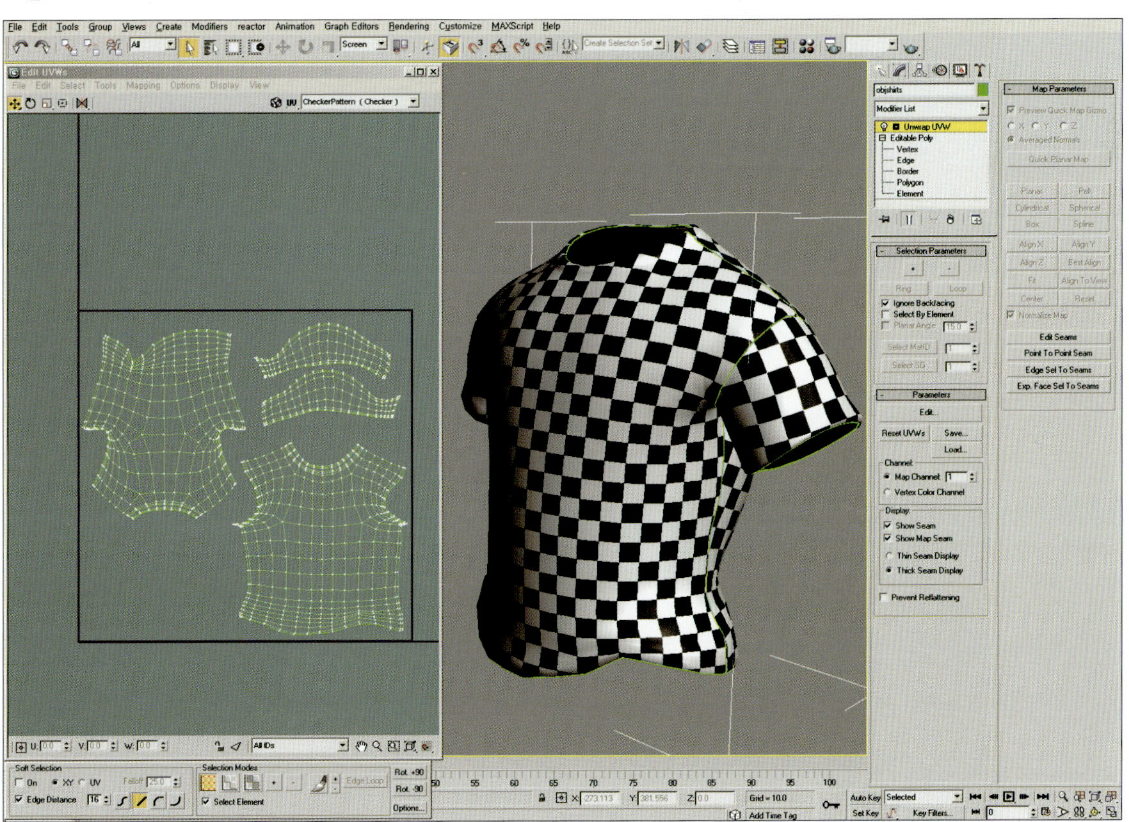

 **부록 DVD 파일**

\ 3D캐릭터모델링\ 나쁜경찰\ 나쁜경찰_UV\ Jim_ShirtsUV.max

몸통의 UV Layout 셋팅하기

팔의 UV Layout

02

부록 DVD 파일

\ 3D캐릭터모델링\ 나쁜경찰
\ 나쁜경찰_UV\ Jim_Arm.max

 이번엔 팔뚝을 펴 보겠다. 팔뚝은 한쪽만 Unwrap한 뒤 이후에 Symmetry를 이용하여 복제하면 된다. 손 부위를 따로 떼어 둔다.

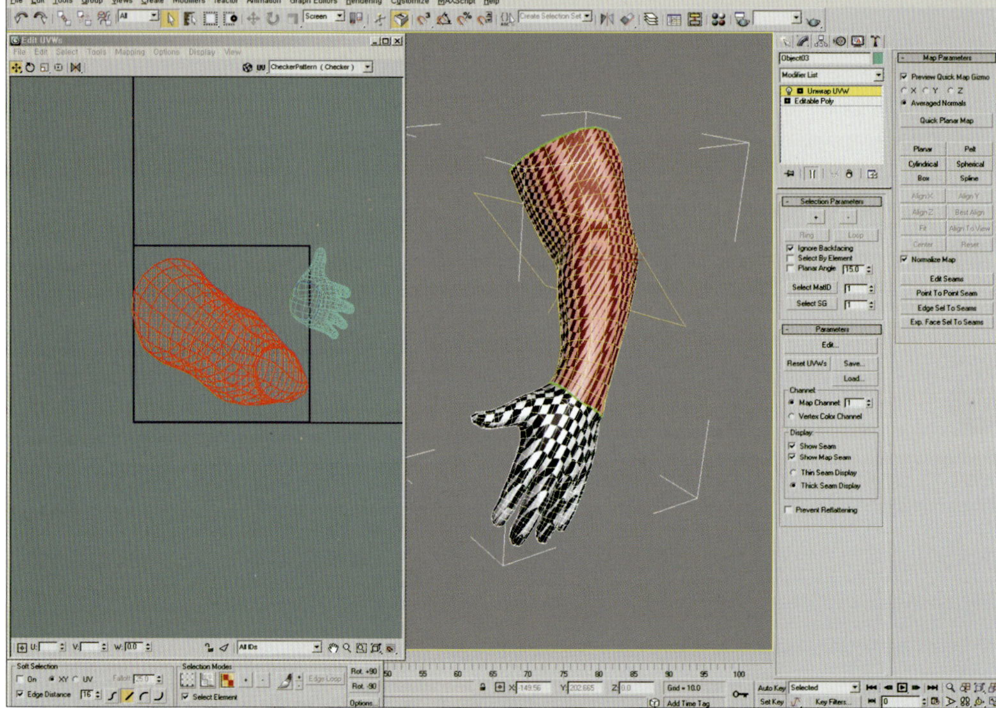

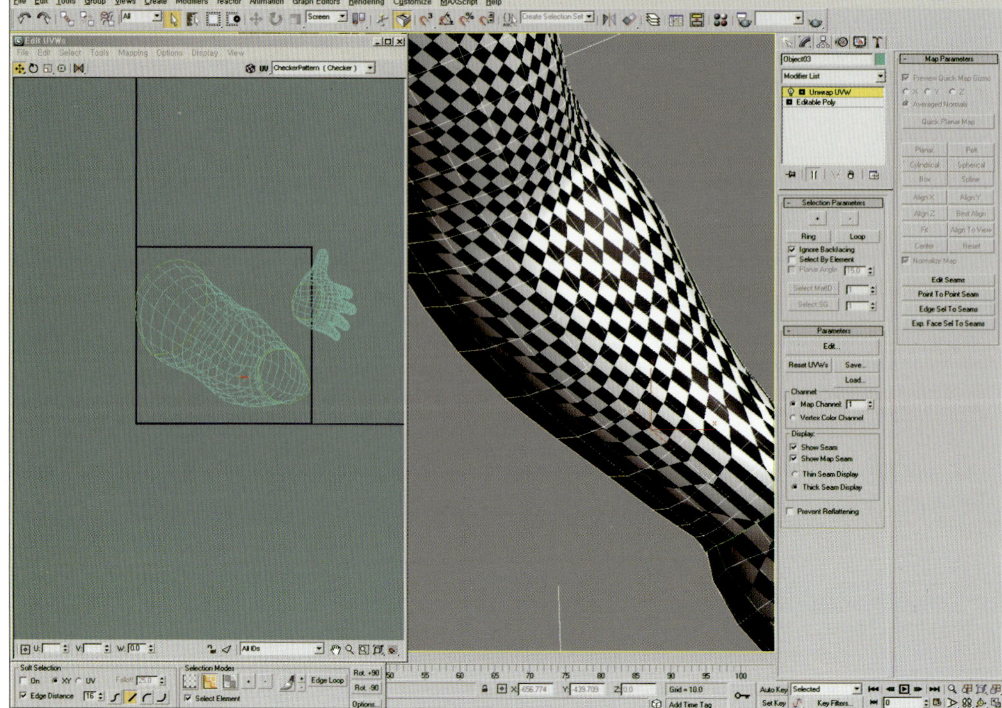

02 팔의 구조상 팔뚝의 안쪽으로 이렇게 UV 경계선을 위치시키는 것이 좋다.

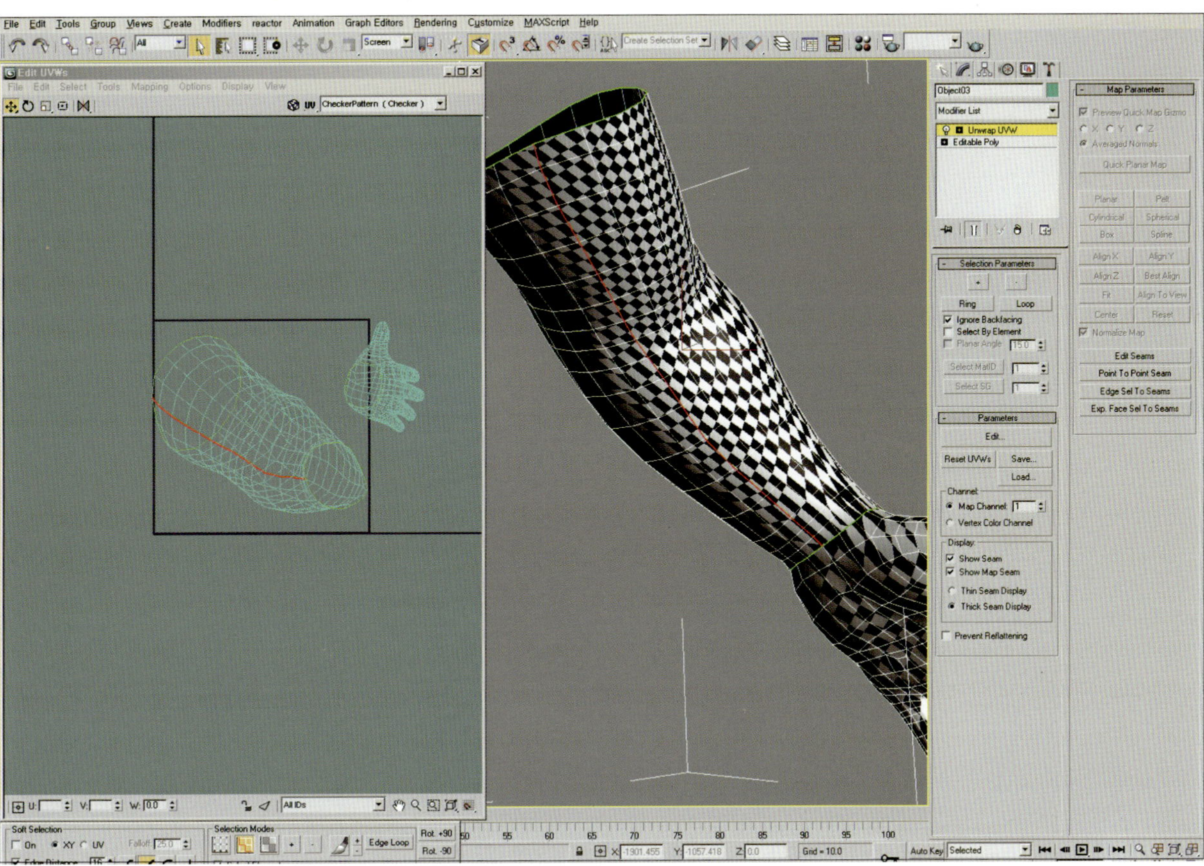

03 선택한 Edge를 Break하고 Relax By The Face Angles를 한번 적용하여 펼친다.

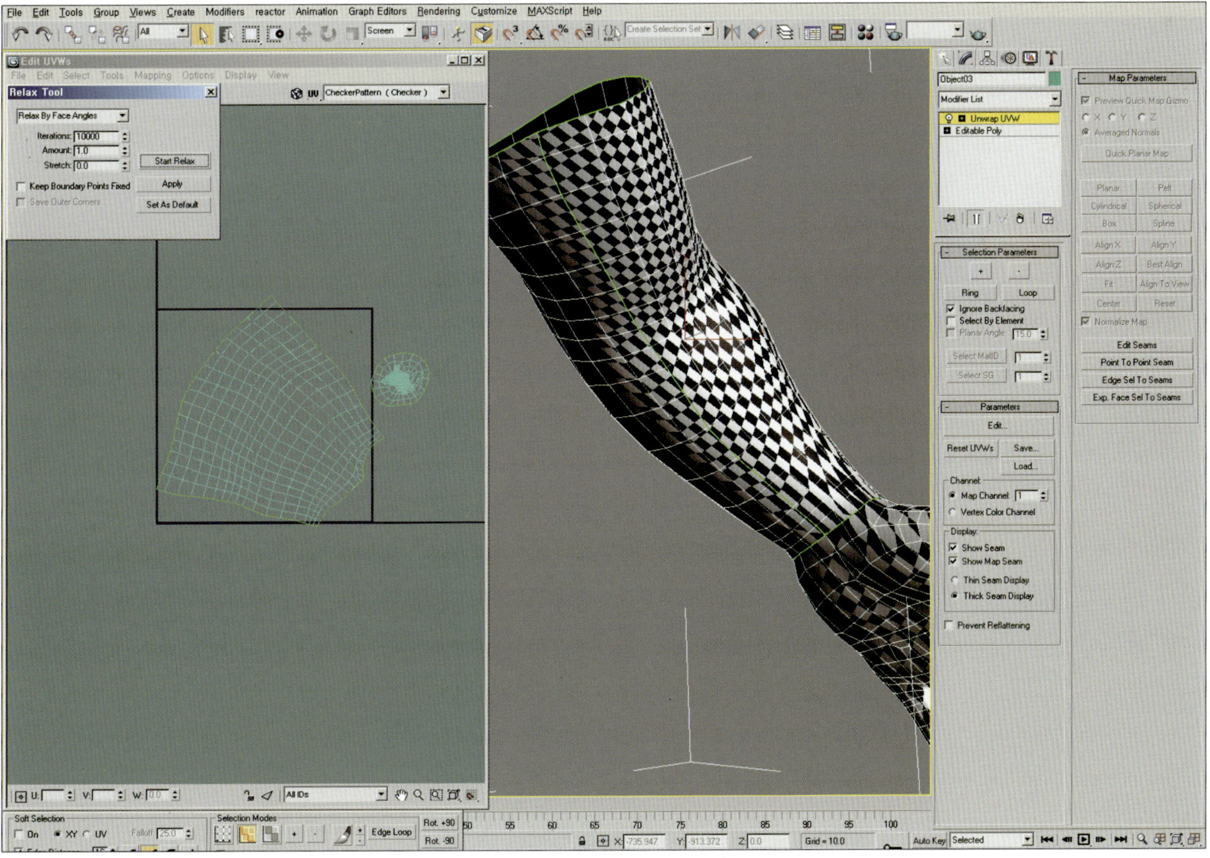

04 손 부위는 손 등과 손바닥 부위로 쪼갠다.

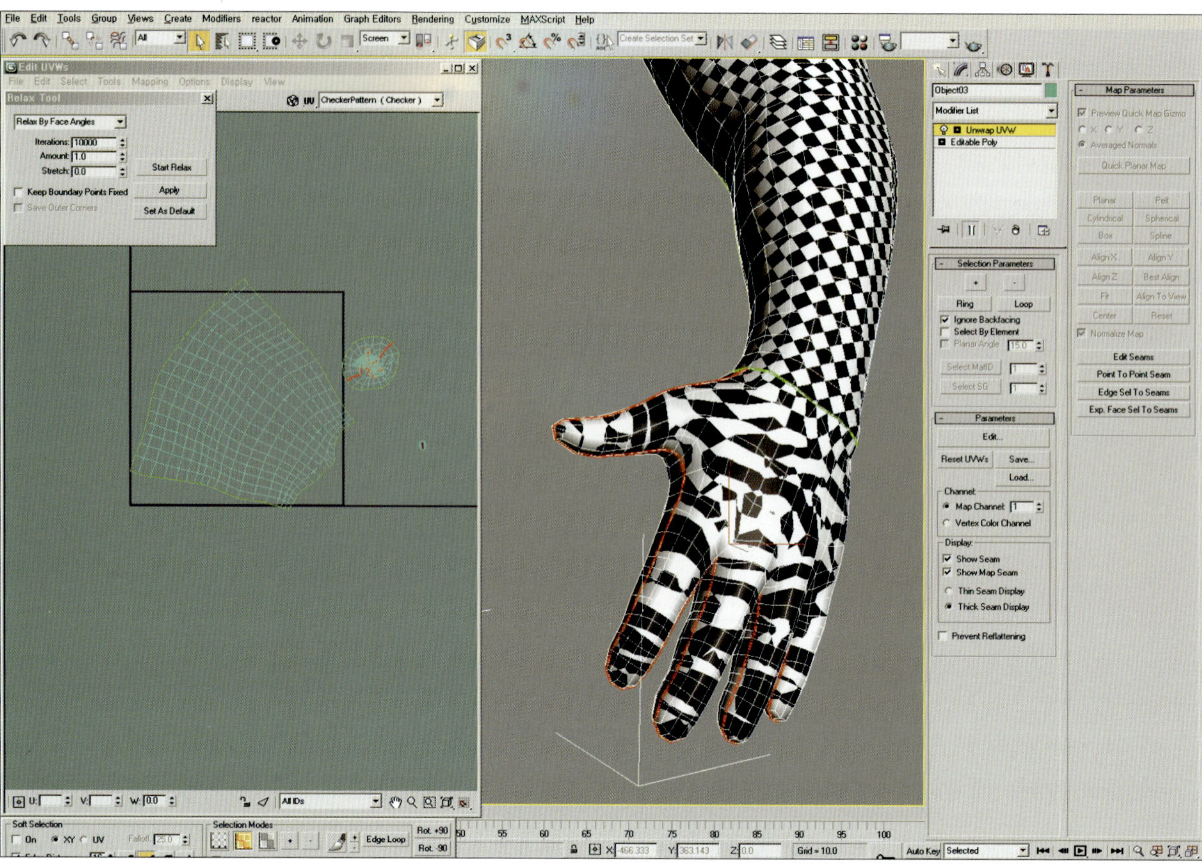

05 Edge 선택 후 Break. 그리고 나서 손등 UV 덩어리를 선택한다.

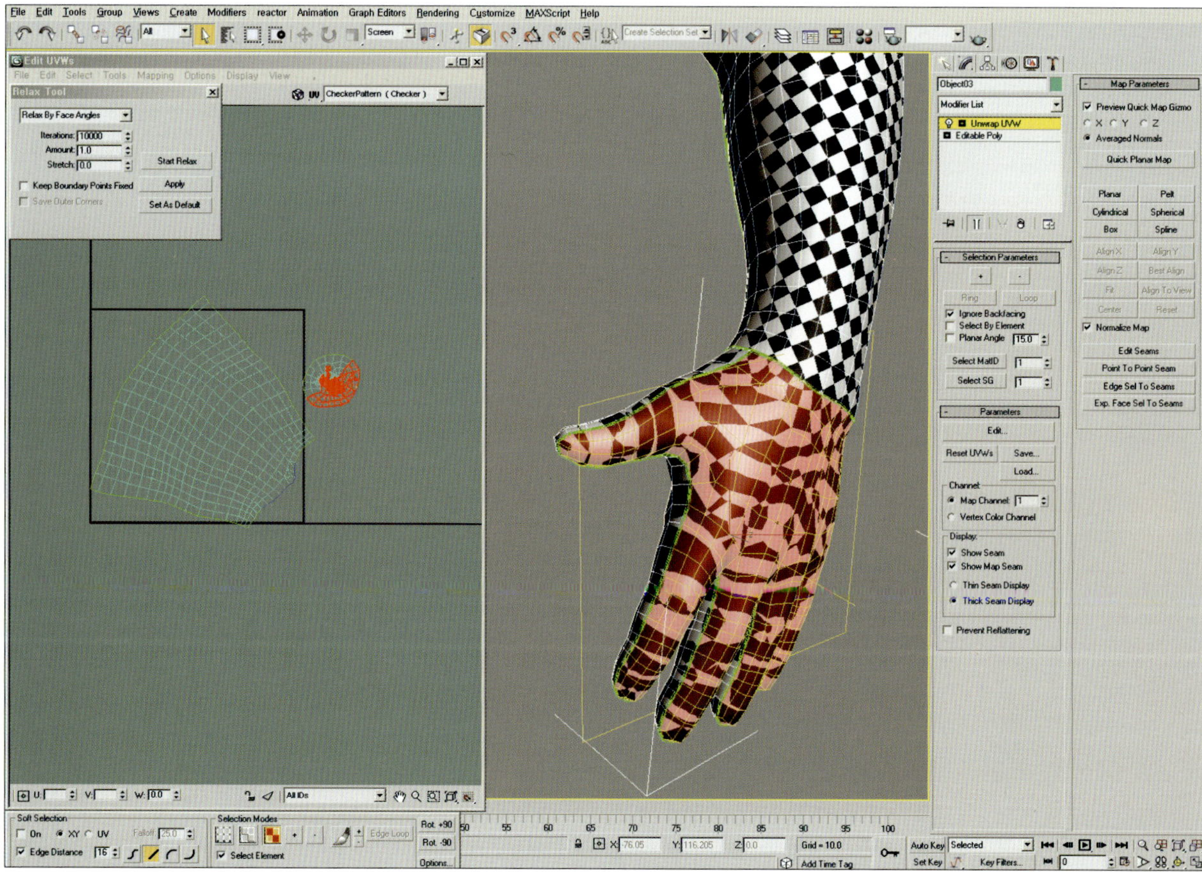

06 Quick Planar Map을 적용한다.

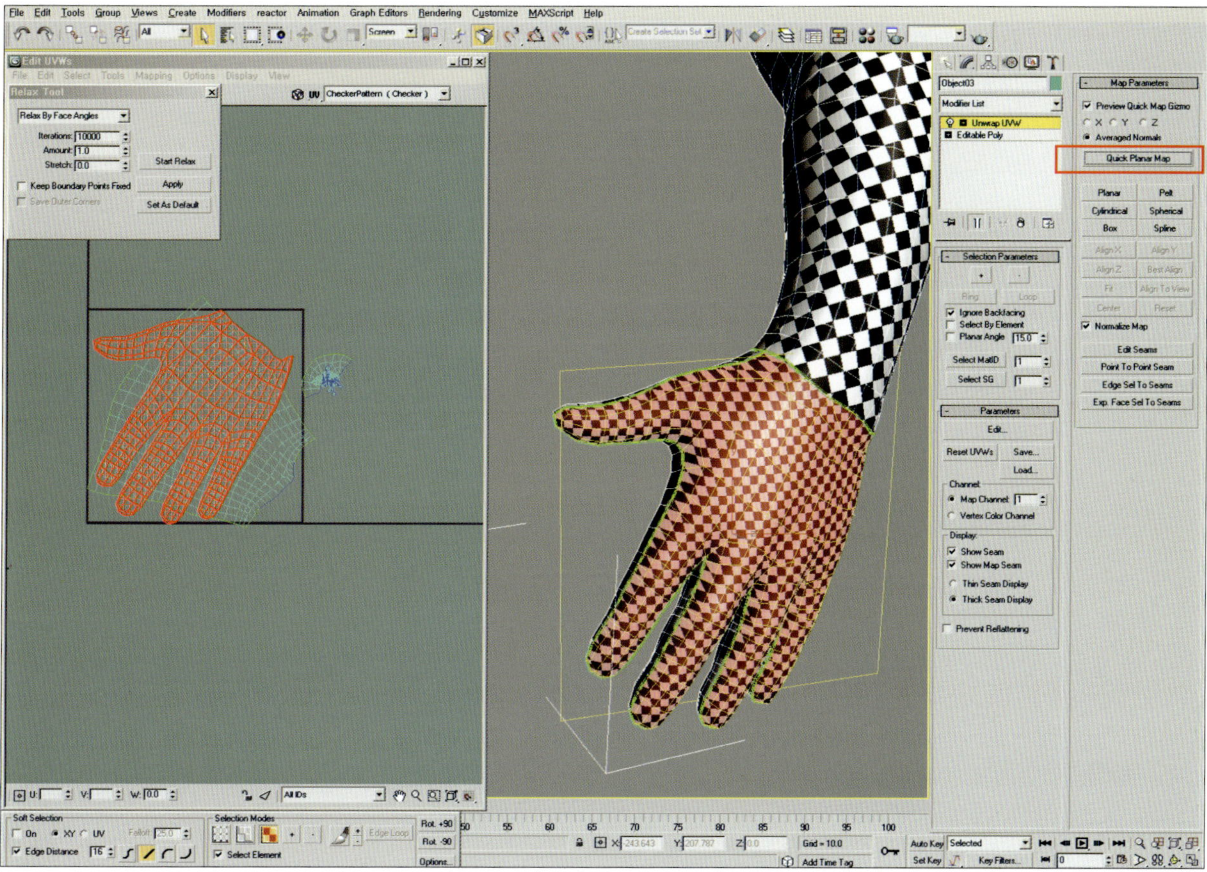

07 Relax By Face Angles를 적용한다.

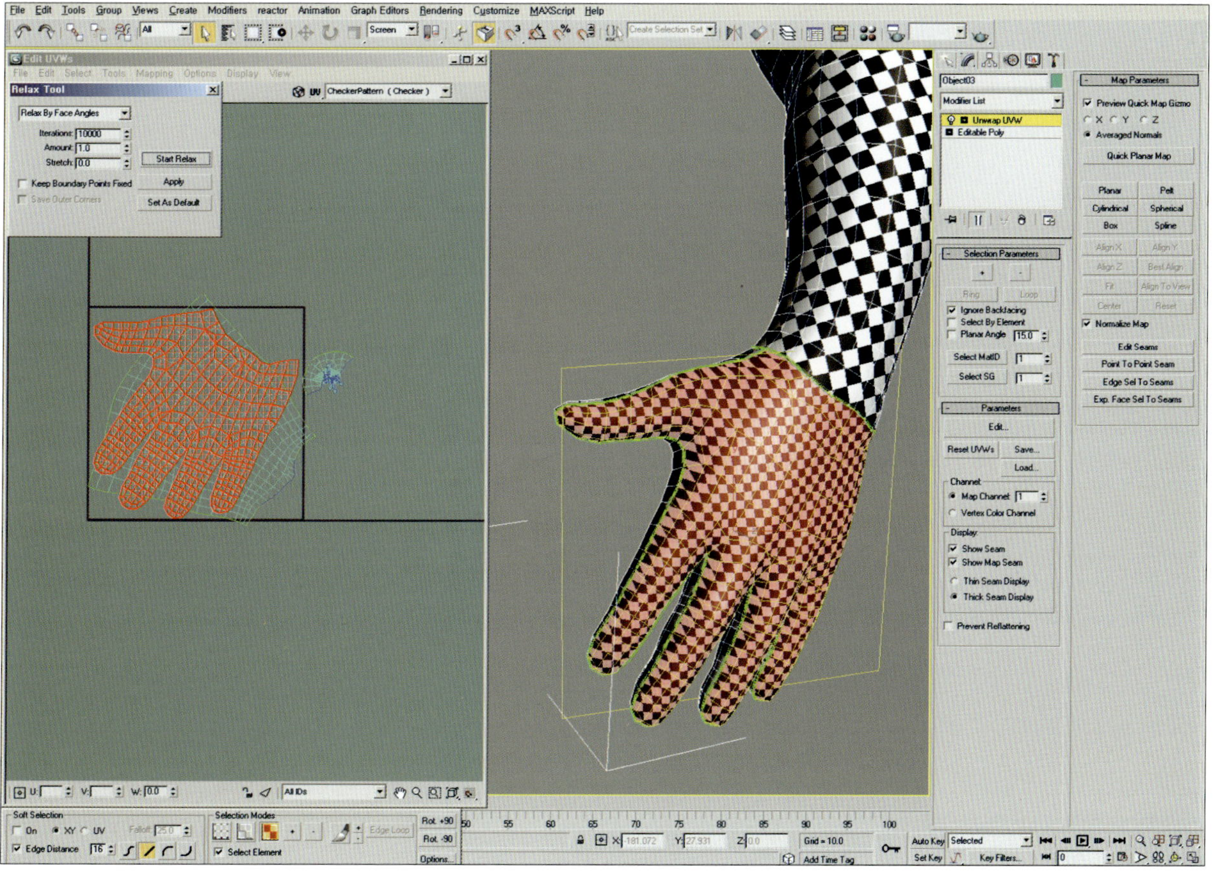

 08 손바닥도 같은 방식으로 처리하고 그림처럼 나란히 배치한다.

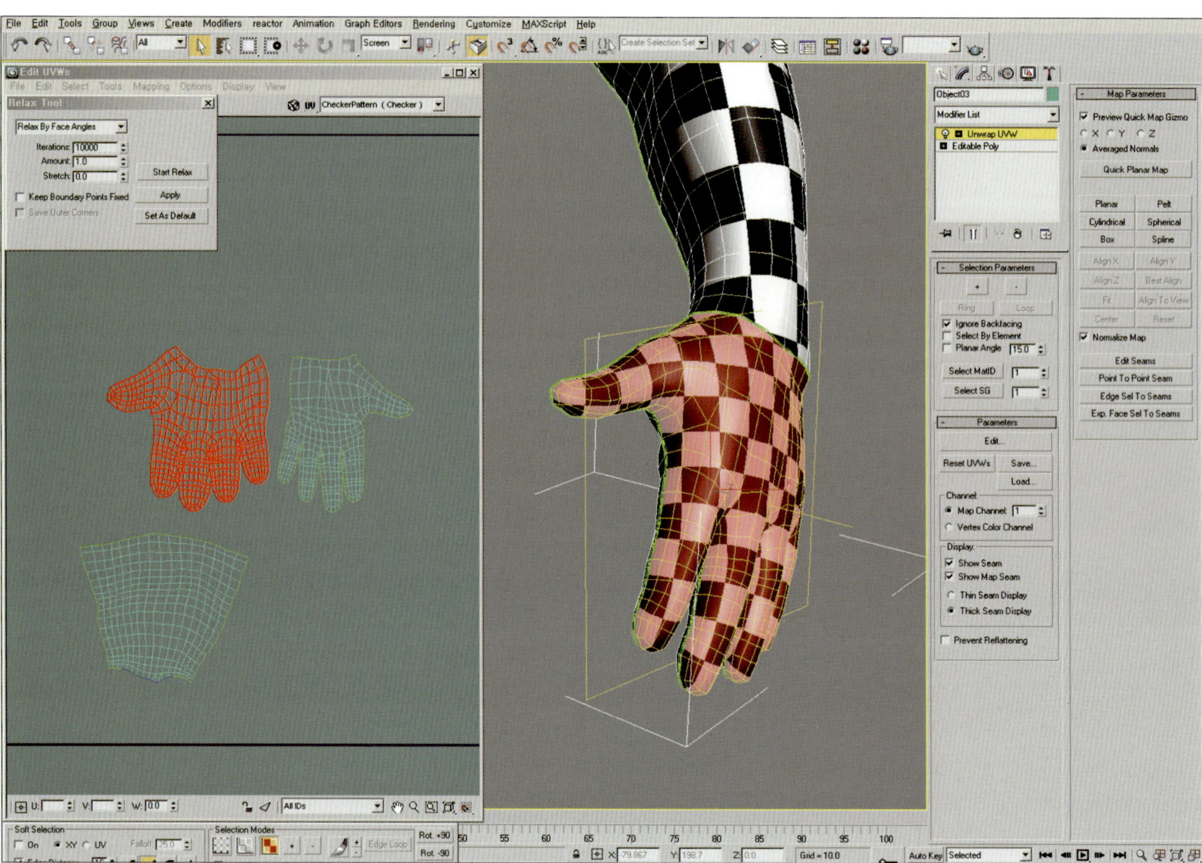

 09 손등 부위와 손바닥 부위의 Edge들을 선택한다.

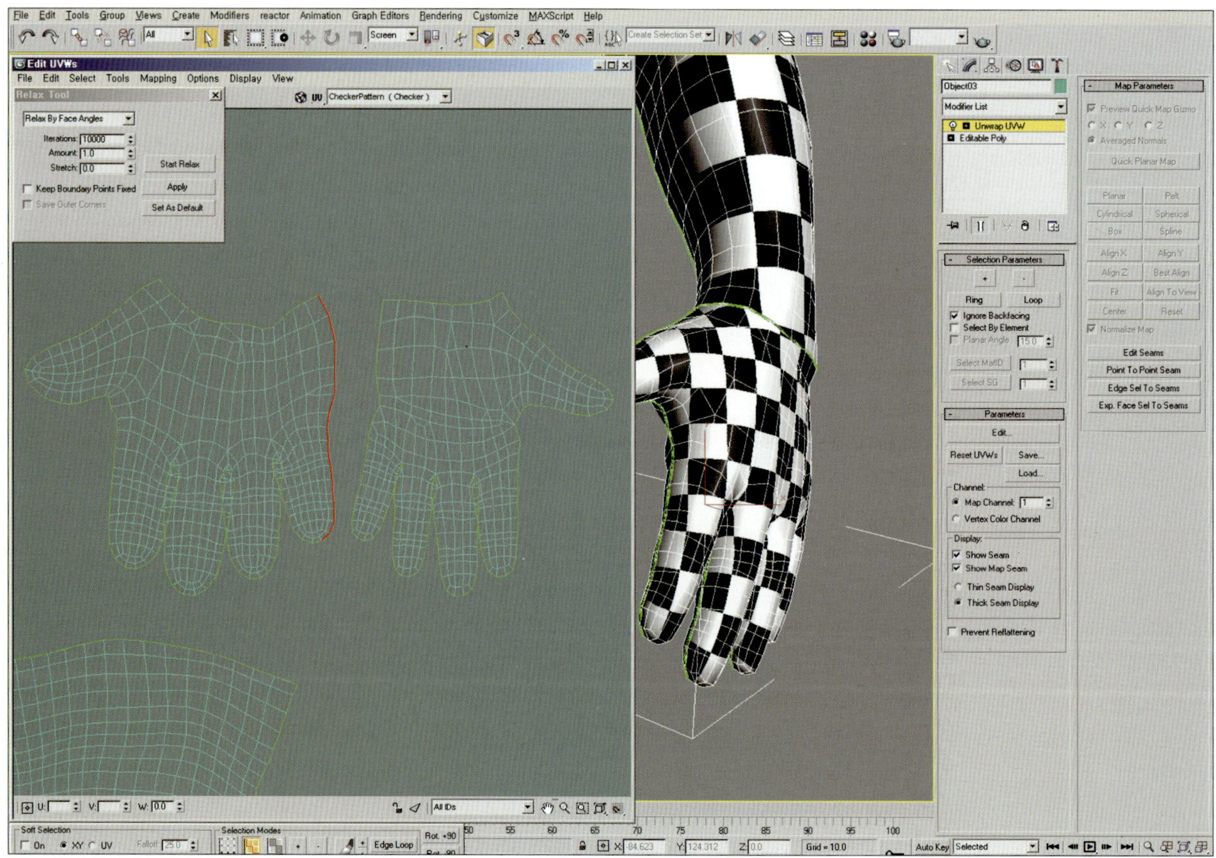

 **10** Stitch selected를 이용해 붙인다.

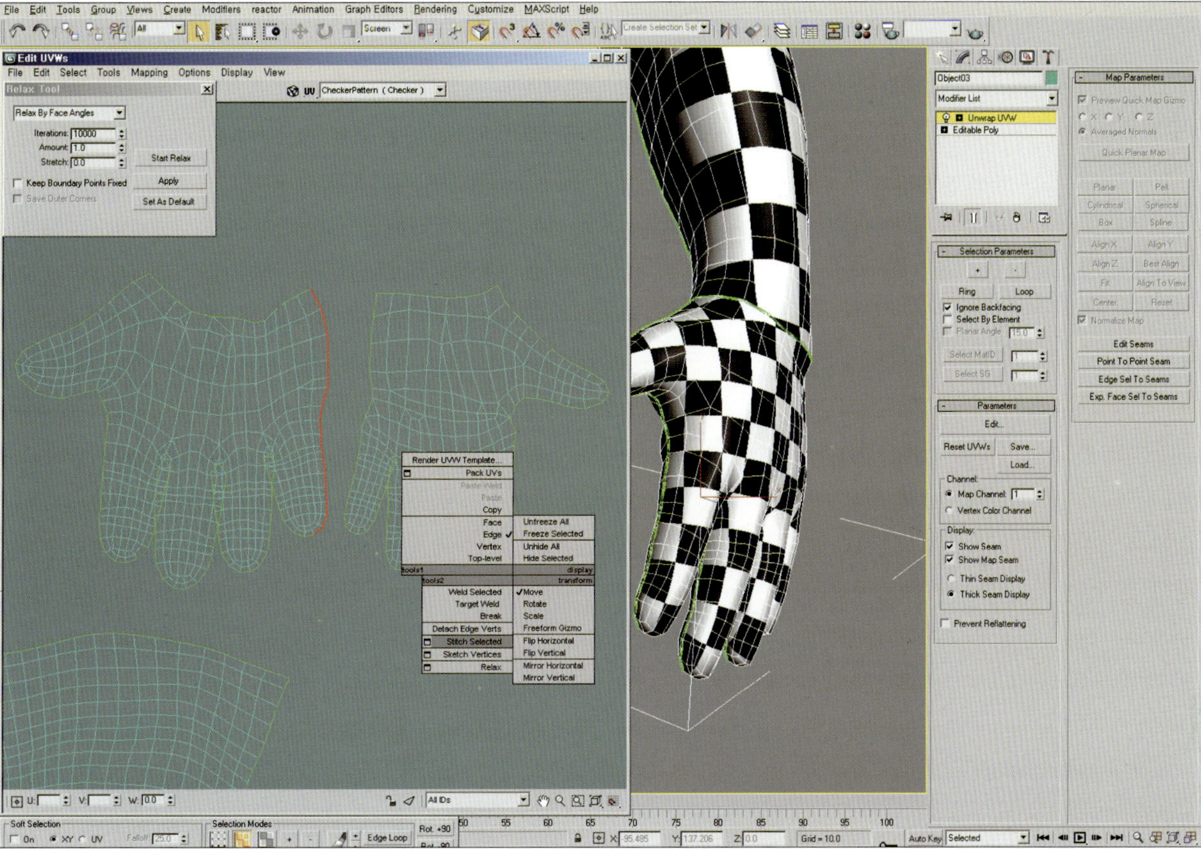

11 선택된 Edge들이 서로 붙게 된다.

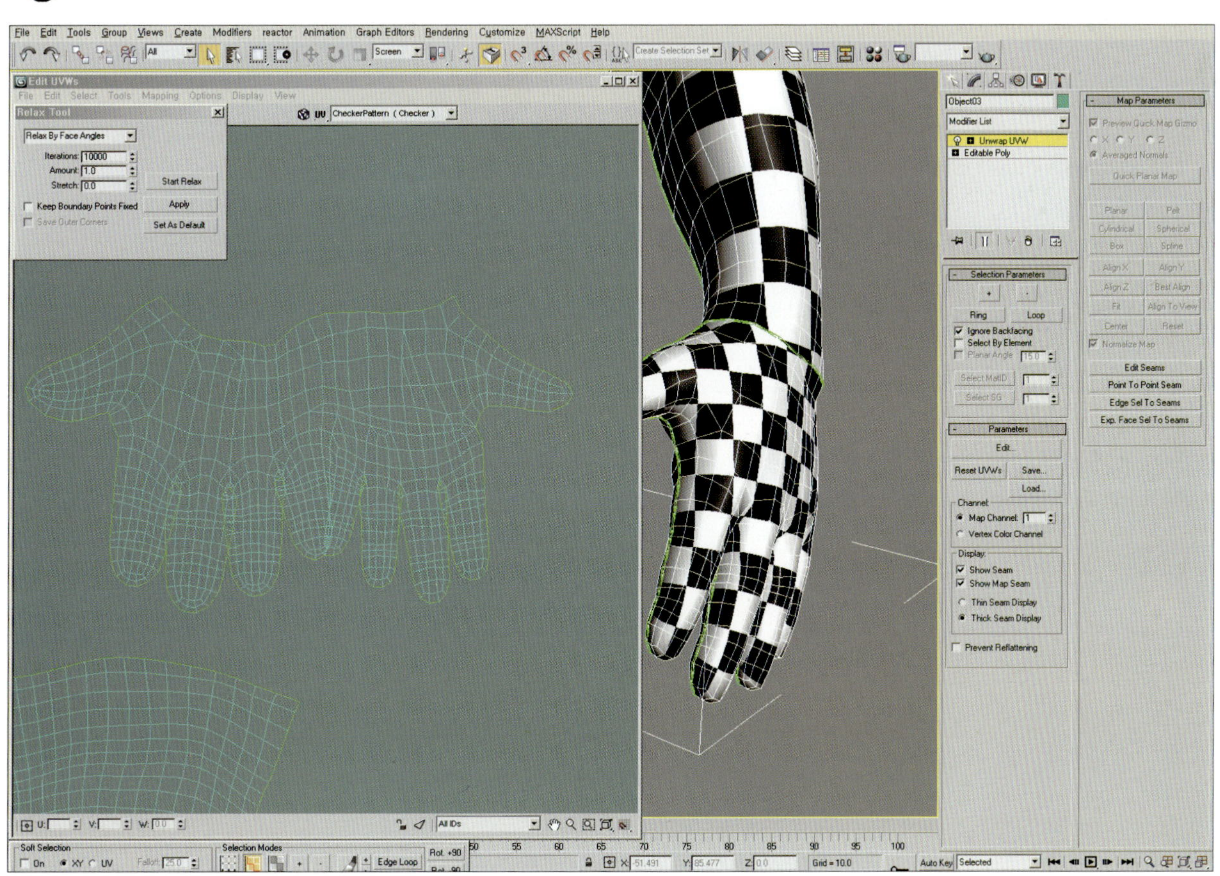

손가락의 형태상 손등과 손가락을 한 덩어리로 펼치려 할 경우 손가락 사이사이의 UV들은 서로 겹치고 늘어날 수밖에 없습니다. 그럼에도 불구하고 이런 방법으로 펼치는 이유는 첫째는 손등/손가락 부위처럼 눈에 잘 띌 만한 부위에 UV 경계선을 두지 않기 위해서이며, 두번째는 손가락 사이사이의 부위를 유독 유심히 보게 되는 일은 없기 때문입니다.

손가락들을 하나씩 떼어내어 펼치는 방식 또한 널리 사용되고 있습니다. 어느 방식을 사용할 것인지의 문제는 'UV 경계선 vs 늘어남(Stretch)'의 문제로 보시면 됩니다. 3D 볼륨을 지닌 물체를 평면으로 펼치기 위해서는 두가지 중 어느 한 가지를 희생해야만 하는 경우가 대부분입니다.

근래의 소프트웨어들은 UV 경계선 처리에 매우 강력한 성능을 보여주며 늘어남(Stretch) 또한 매우 잘 처리해 주므로 큰 어려움은 없습니다.

12 손가락의 형태상 손등과 한 덩어리로 Unwrap할 경우 손가락 사이사이의 늘어남들은 불가피하다. 손가락 사이의 UV가 겹치는 부분들을 최소한의 이동으로 펴도록 한다.

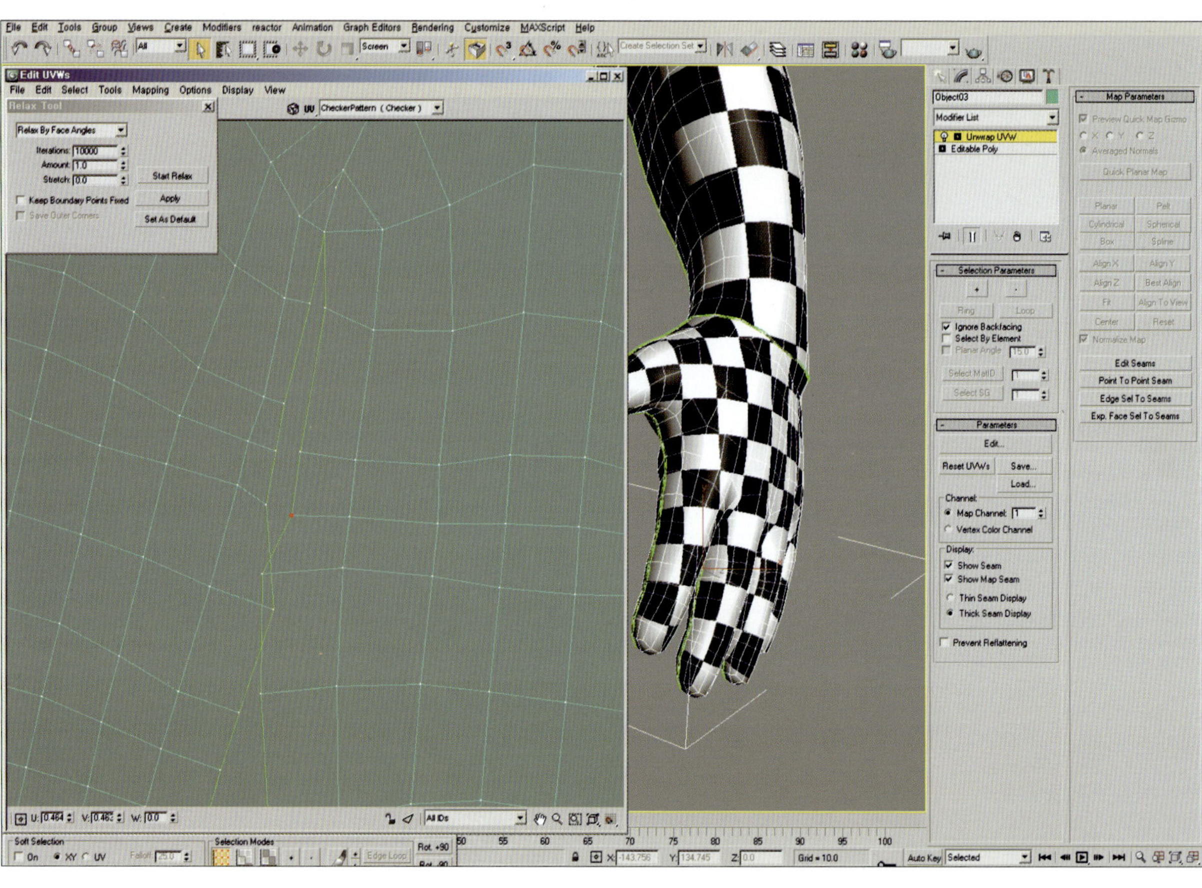

13 움직이는 캐릭터의 손가락 사이의 늘어난 UV를 보게 될 확률은 0%에 가깝다.

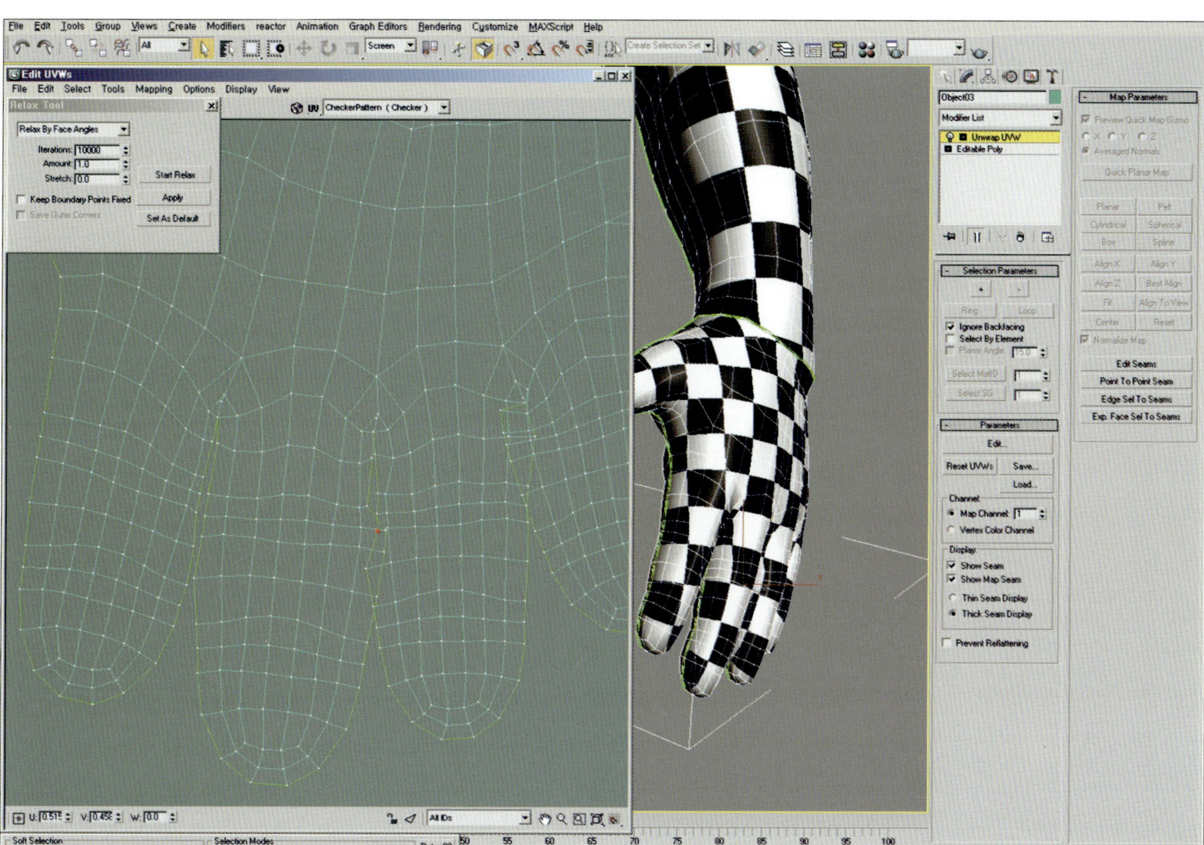

14 깔끔하게 정리하고 팔과 손의 Checker 무늬의 크기를 최대한 균등하게 맞췄다. 앞서 머리 UV Layout에서도 언급하였듯 Checker의 크기는 곧 한 맵에서 해당 부위에 할당된 텍스쳐 샘플의 크기/양이므로 최대한 균등하게 해야 UV 경계선이 눈에 띄게 드러날 확률도 낮아진다.

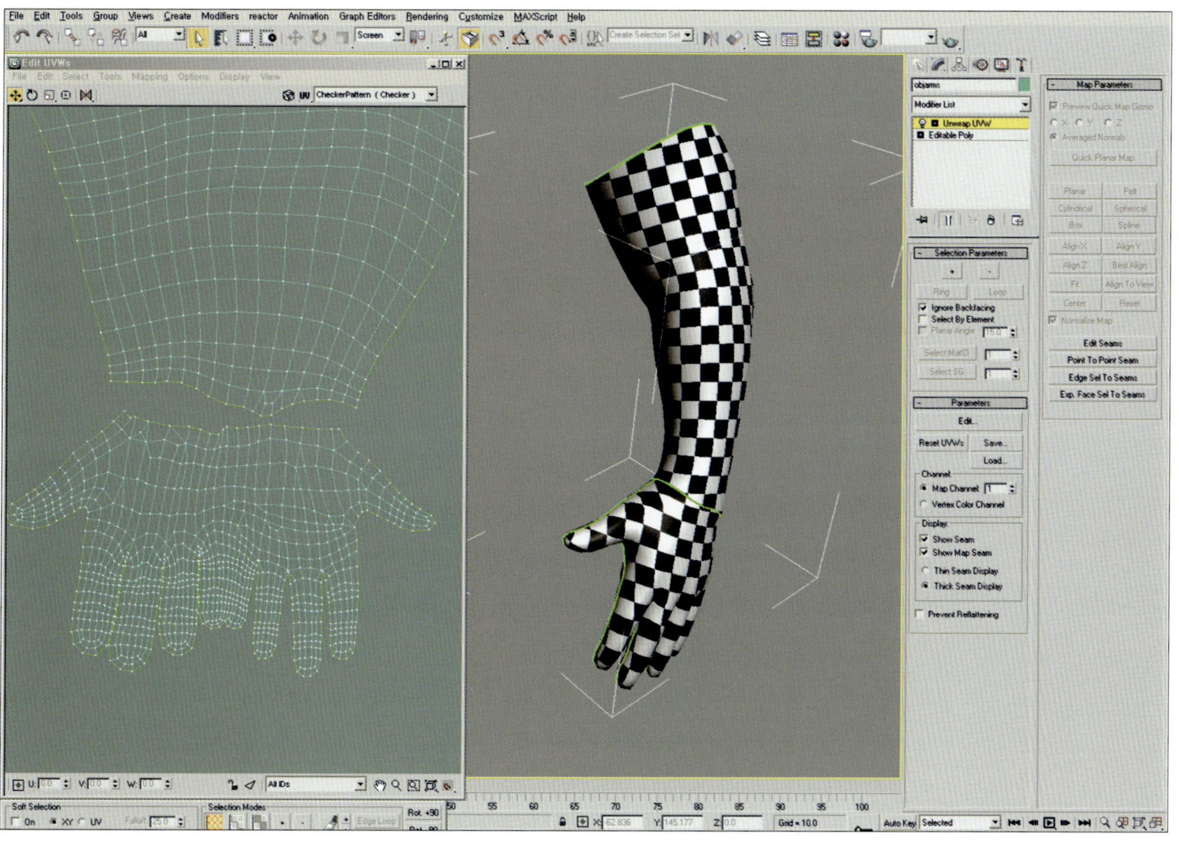

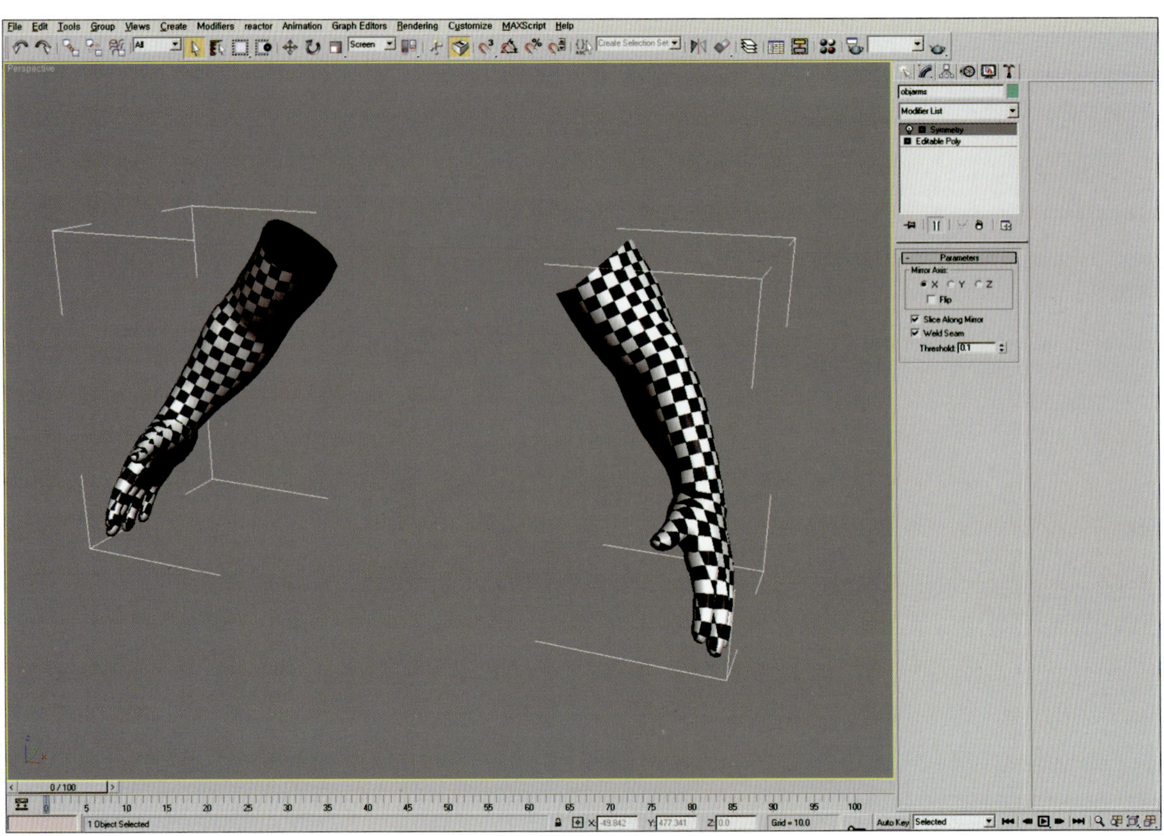

15 Symmetry를 얹으면 양쪽 팔이 같은 UV Layout을 사용하게 된다. 거의 모든 게임엔진들은 Mirror된 노멀맵을 지원한다.

몸통의 UV Layout 셋팅하기

조끼, 바지, 군화의 UV Layout

03

 **01** 조끼 부분도 재봉선에 맞춰 Edge를 자르고 Relax했던 셔츠와 동일한 방식으로 간단히 처리하였다.

부록 DVD 파일
\ 3D캐릭터모델링 \ 나쁜경찰\
나쁜경찰_UV \ Jim_JJoUV.max

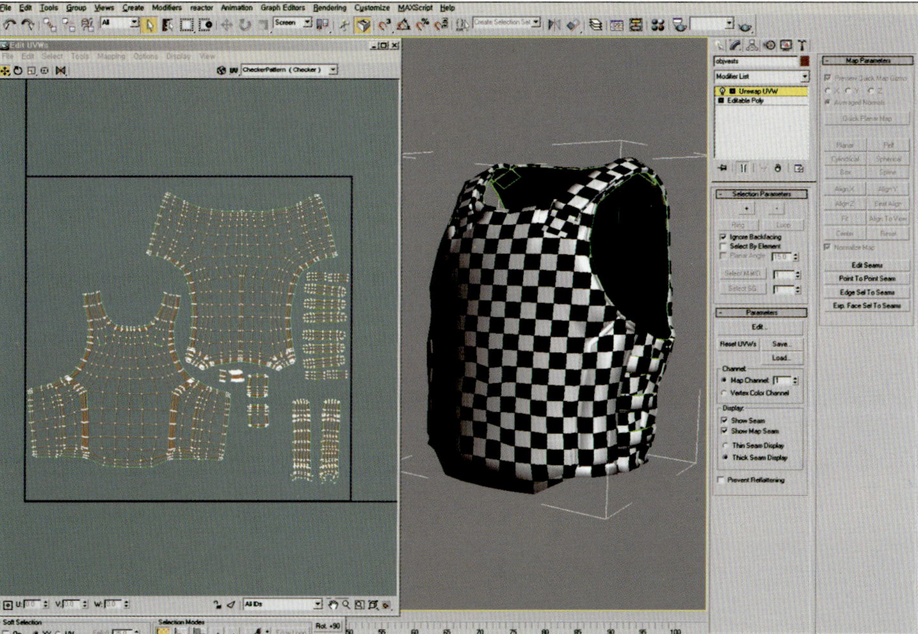

02 바지의 UV Layout에 대해서 알아보겠다. 그림처럼 바지의 절반을 선택한다.

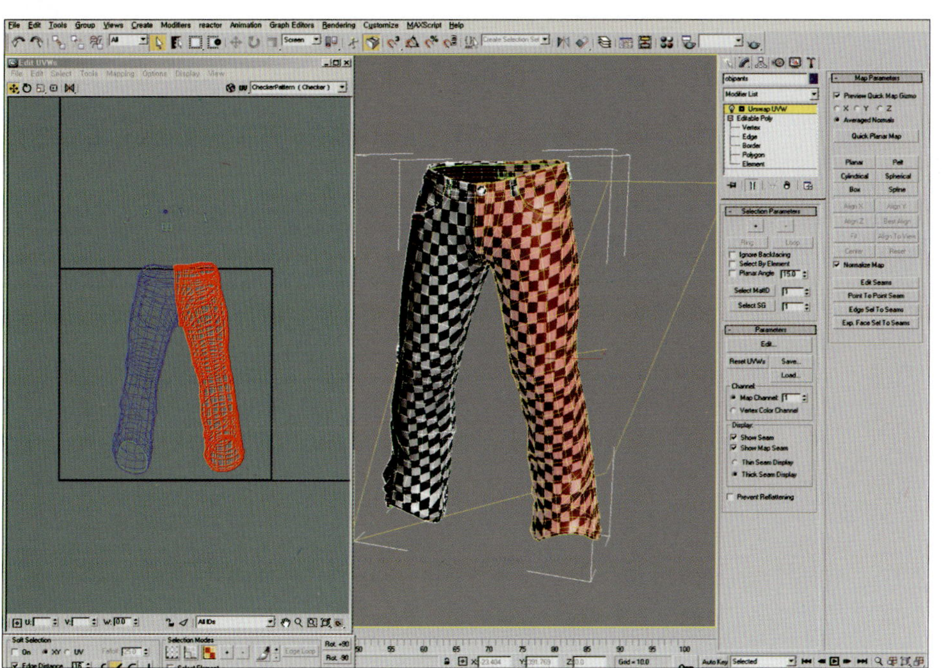

Detach(Ctrl + D)한다.

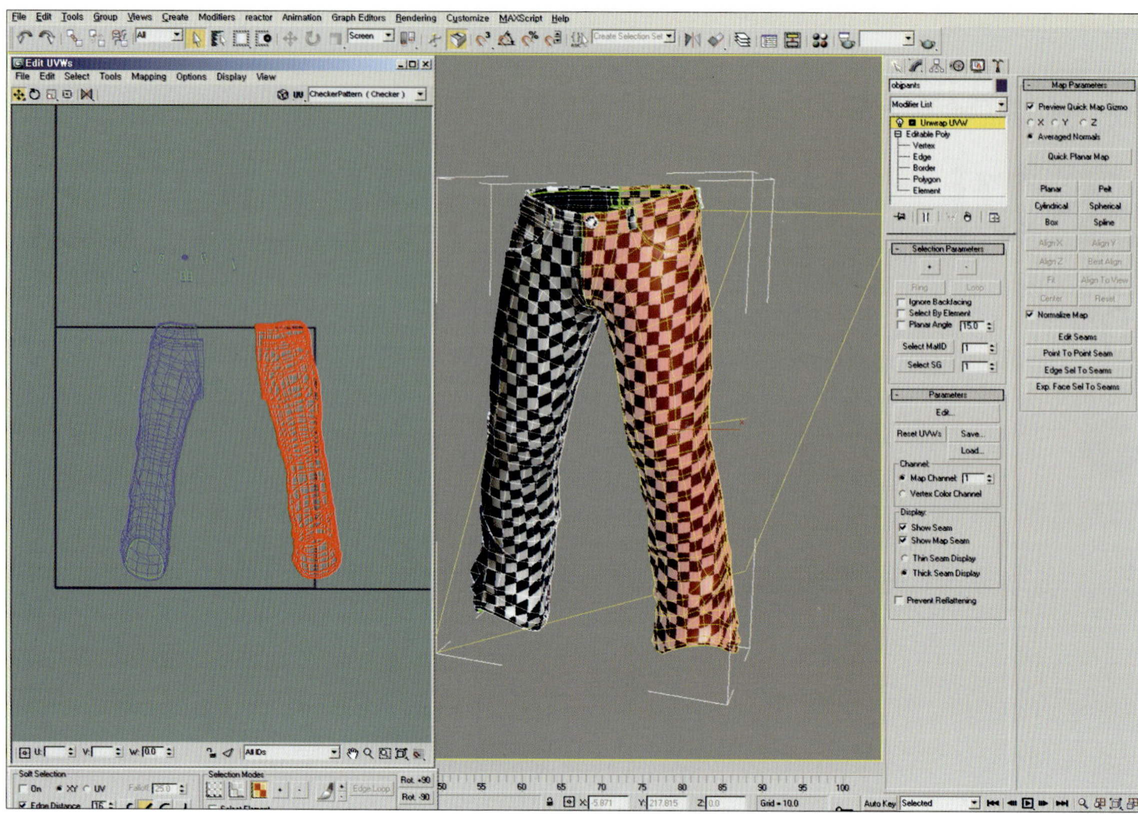

다리 안쪽의 재봉선 Edge를 선택한다. UV Editor의 Edge Loop 버튼을 적극 활용하자.

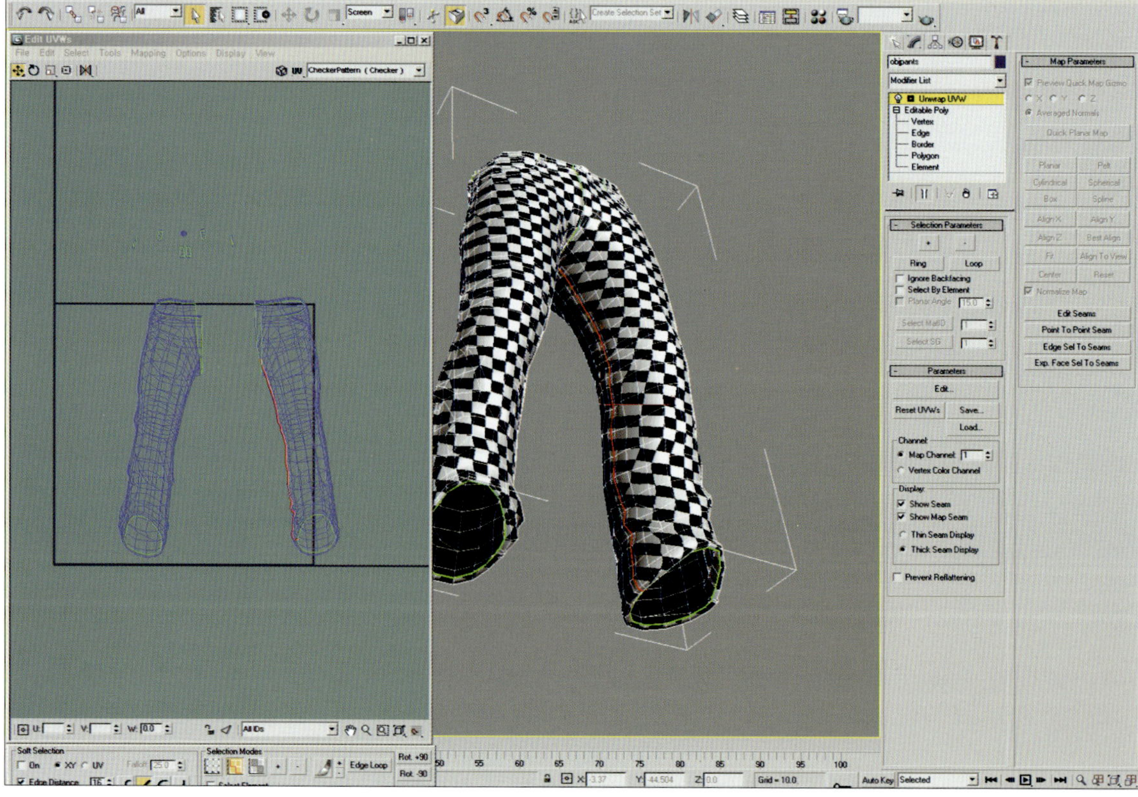

05 선택한 Edge를 Break하여 경계를 구분한다.

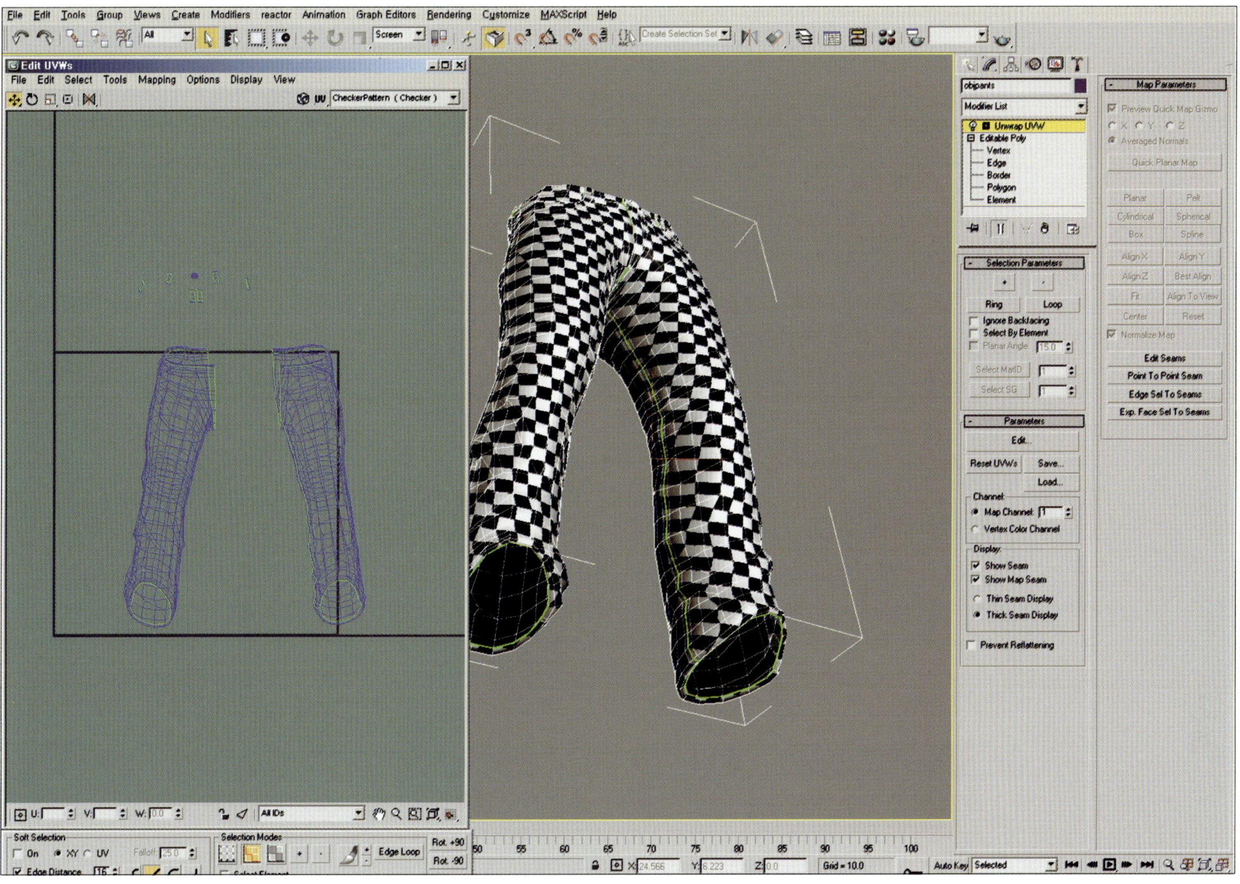

06 Relax By Face Angles → By Edge Angles → By Face Angles를 한 번씩 적용하여 펴준다.

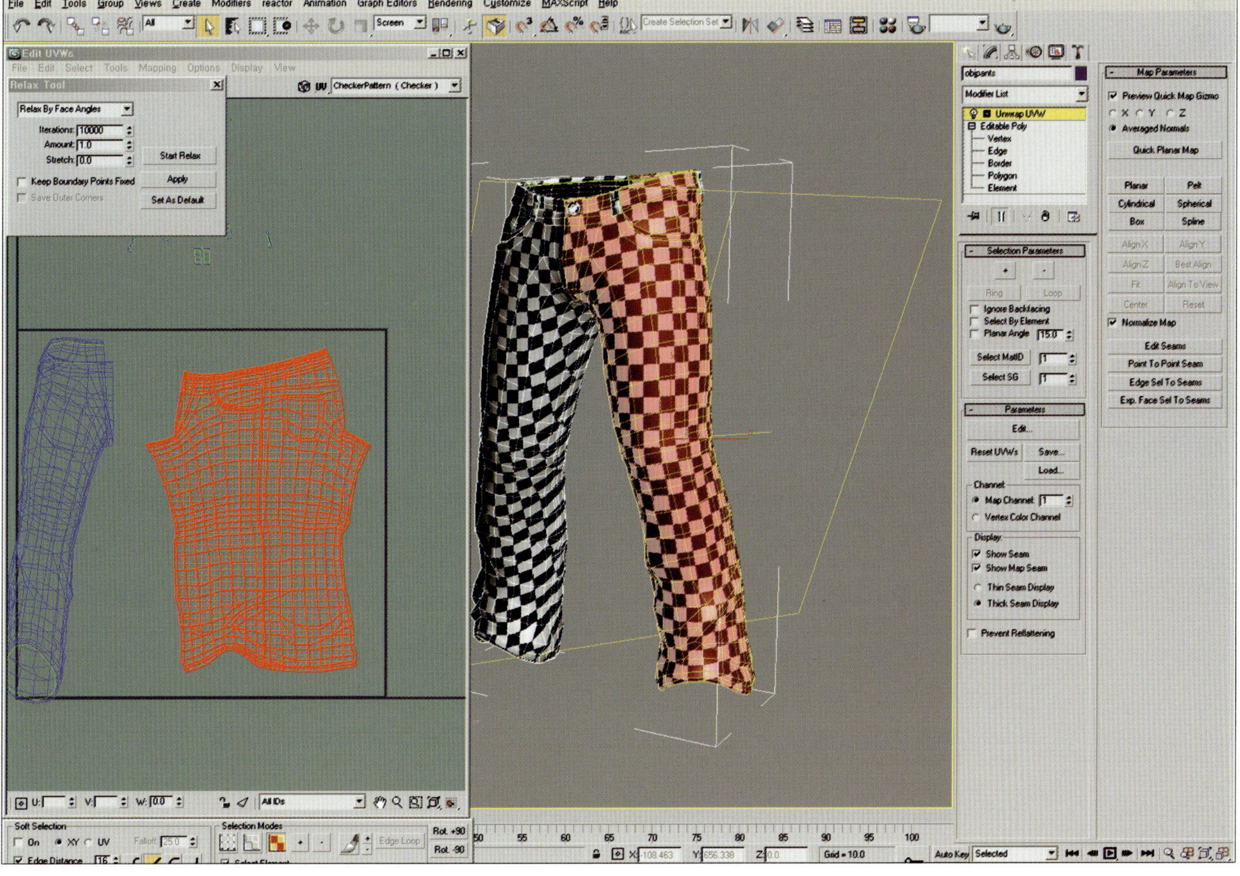

07 가지런히 정돈히여 UV Map를 완성한다.

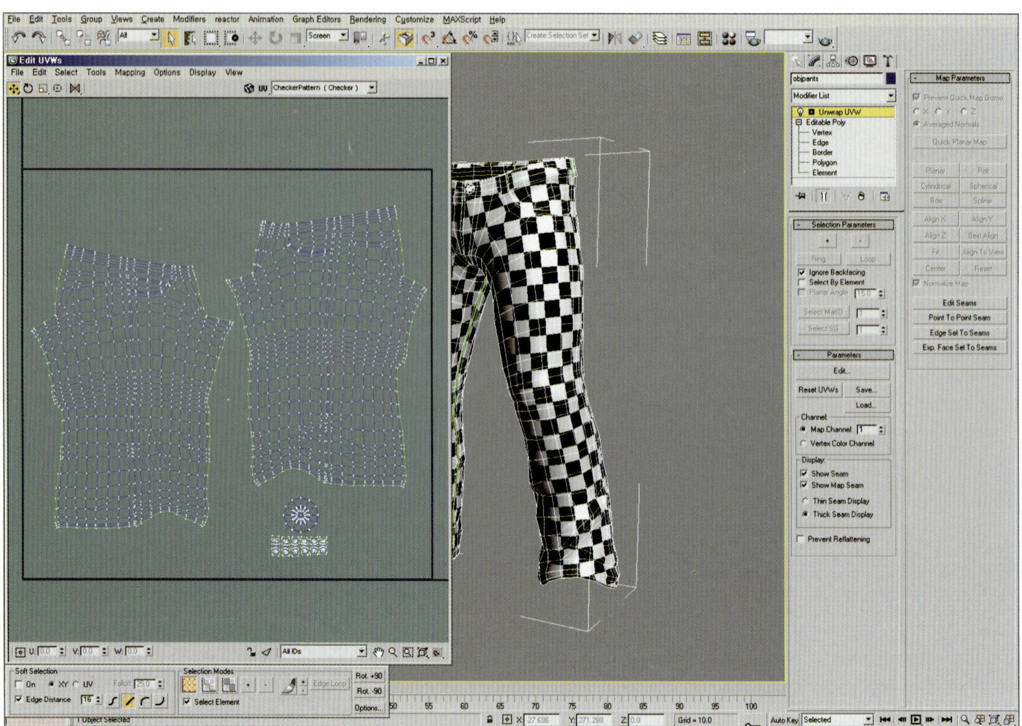

\ 3D캐릭터모델링 \ 나쁜경찰 \ 나쁜경찰_UV \ Jim_PantsUV.max

08 군화 또한 마찬가지의 방식으로 펴준다. 가죽 레이어별로 구분하면 편리하다.

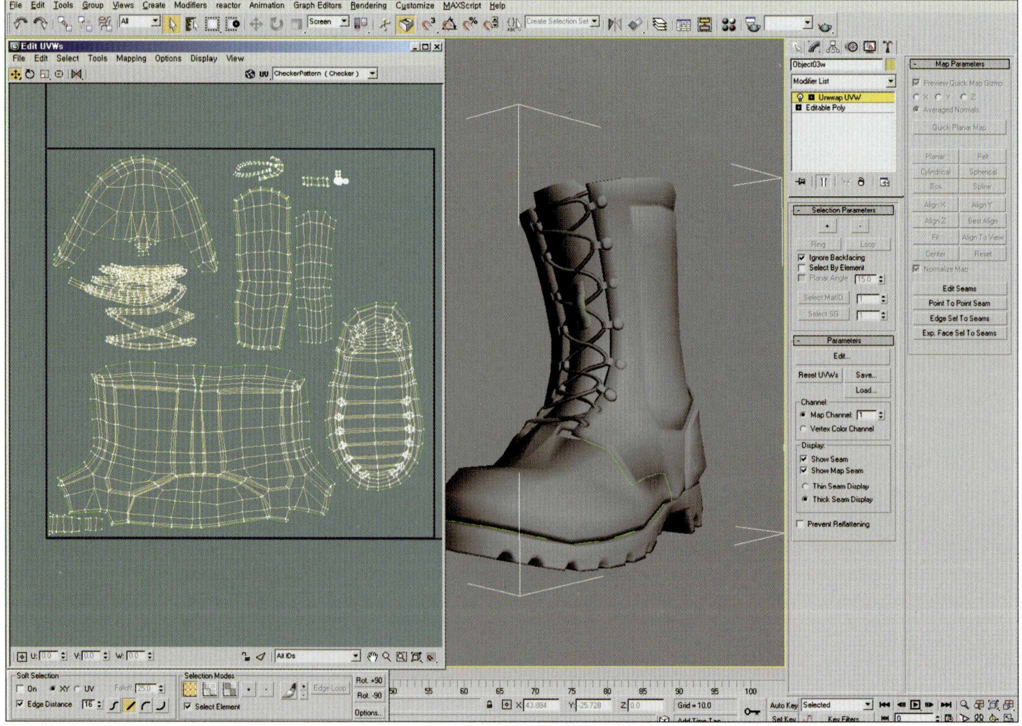

\ 3D캐릭터모델링 \ 나쁜경찰 \ 나쁜경찰_UV \ Jim_ShoeUV.max

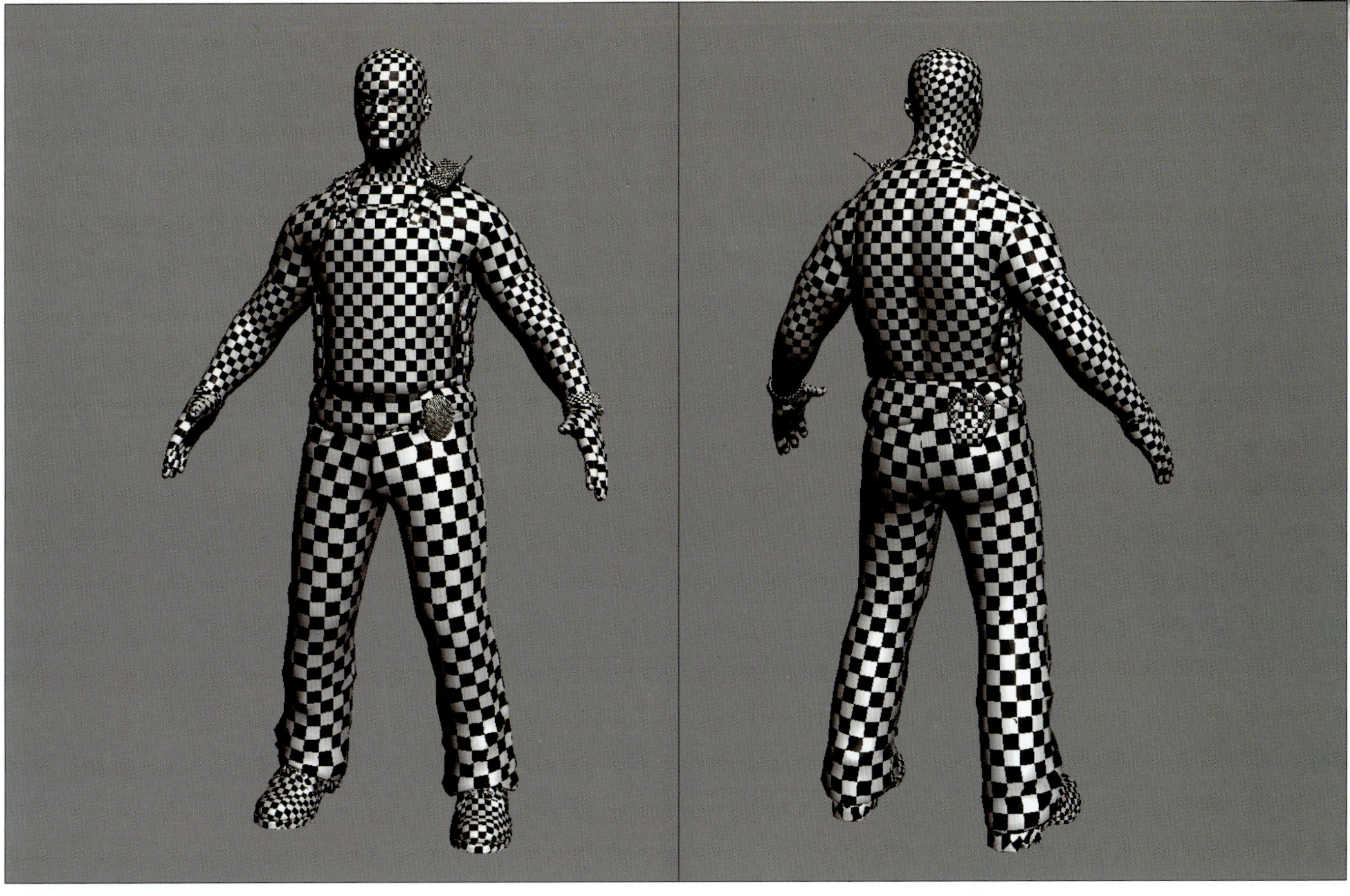

부록 DVD 파일

\ 3D캐릭터모델링 \ 나쁜경찰 \ 나쁜경찰_UV \ Jim_1St.end.max

hwasup song 2009

hwasup song 2009

hwasup song 2009

hwasup song 2009

Section 02
3D 캐릭터 모델링의 실전

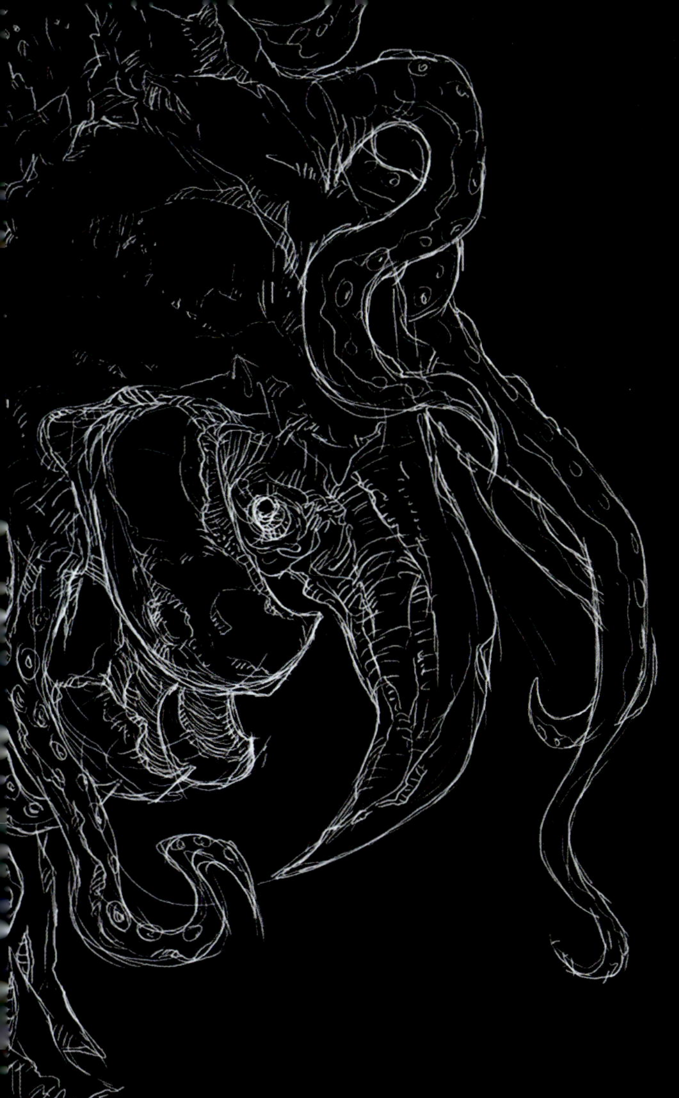

〈나쁜 경찰 : Jim〉 만들기

ZBrush에서 Sculpting하기

팔의 주름표현하기

01

 **체크하세요!**

하이폴리곤 모델을 ZBrush에서 Sculpting할 때 가장 염두에 두어야 할 것은 바로 '지나치게 하지 말라'입니다. 기계적이고 단순해 보일 수밖에 없는 하이폴리곤 모델은 Sculpting을 통해서 좀더 생동감 있고 좀더 생명체의 느낌을 가진 결과물로 거듭나게 됩니다. 이 과정에서 ZBrush의 다양한 툴들을 모두 사용해 보겠다는 과욕은 버리는 것이 좋습니다.

　　팔은 Mirror된 UV를 사용하므로 한쪽 팔만 떼어서 Turbo Smooth를 제거한 뒤 ZBrush로 넘겨서 작업해보겠습니다.

01 3ds Max 2009에서는 Maya나 ZBrush 같은 타 소프트웨어를 위한 별도의 OBJ 파일 Export 설정이 준비되어 있다. 실제로 Export하는 과정에서의 에러가 훨씬 적어진 듯하다.

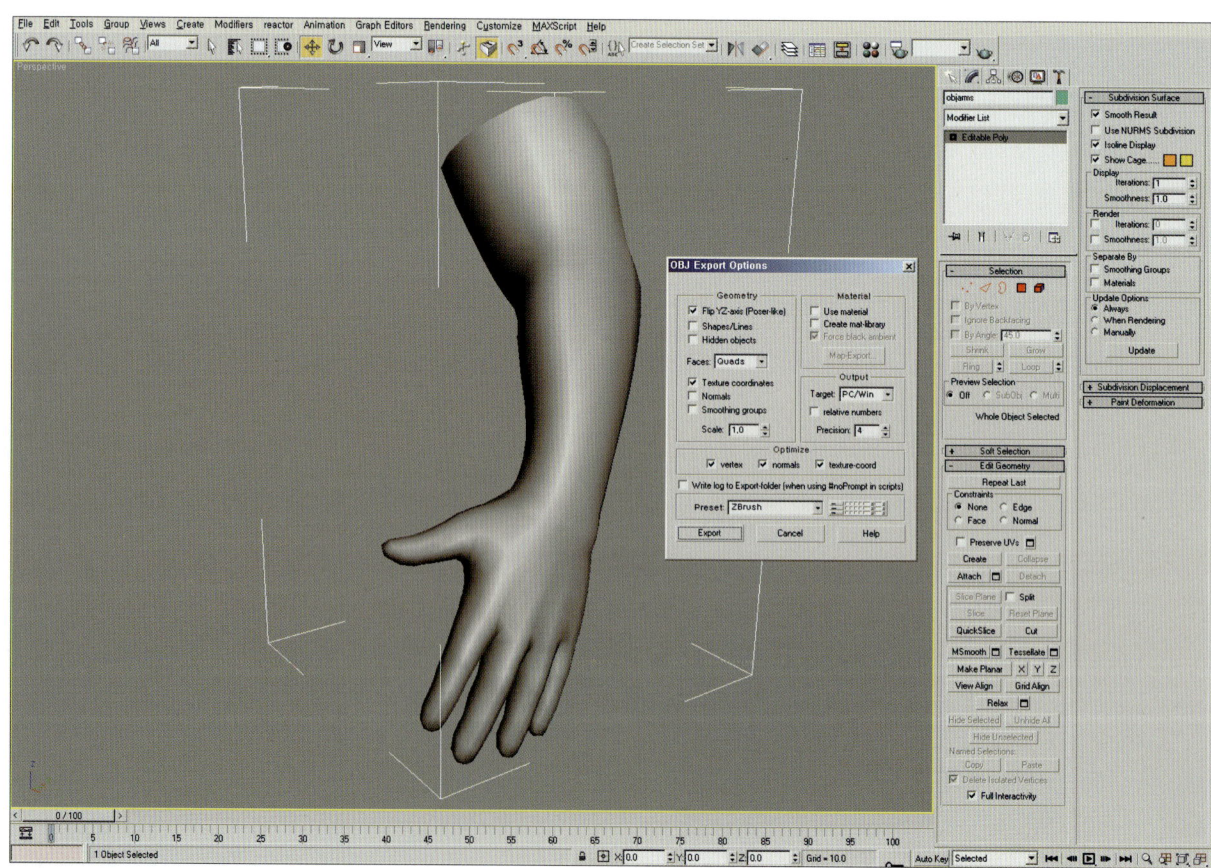

💿 **부록 DVD 파일**

\ 3D캐릭터모델링 \ 나쁜경찰 \ 나쁜경찰_SC \ JimS_Arm.obj

 ZBrush로 불러와서 Sub-d를 3 정도 올려준다. 일반적으로 낮은 Sub-d에서 전체 형태를 잡으며 Sub-d를 높이겠지만, 이 팔의 Mesh는 이미 한번 Sculpting되었던 상태이므로 기본 형태 자체는 충분히 완성되어 있다.

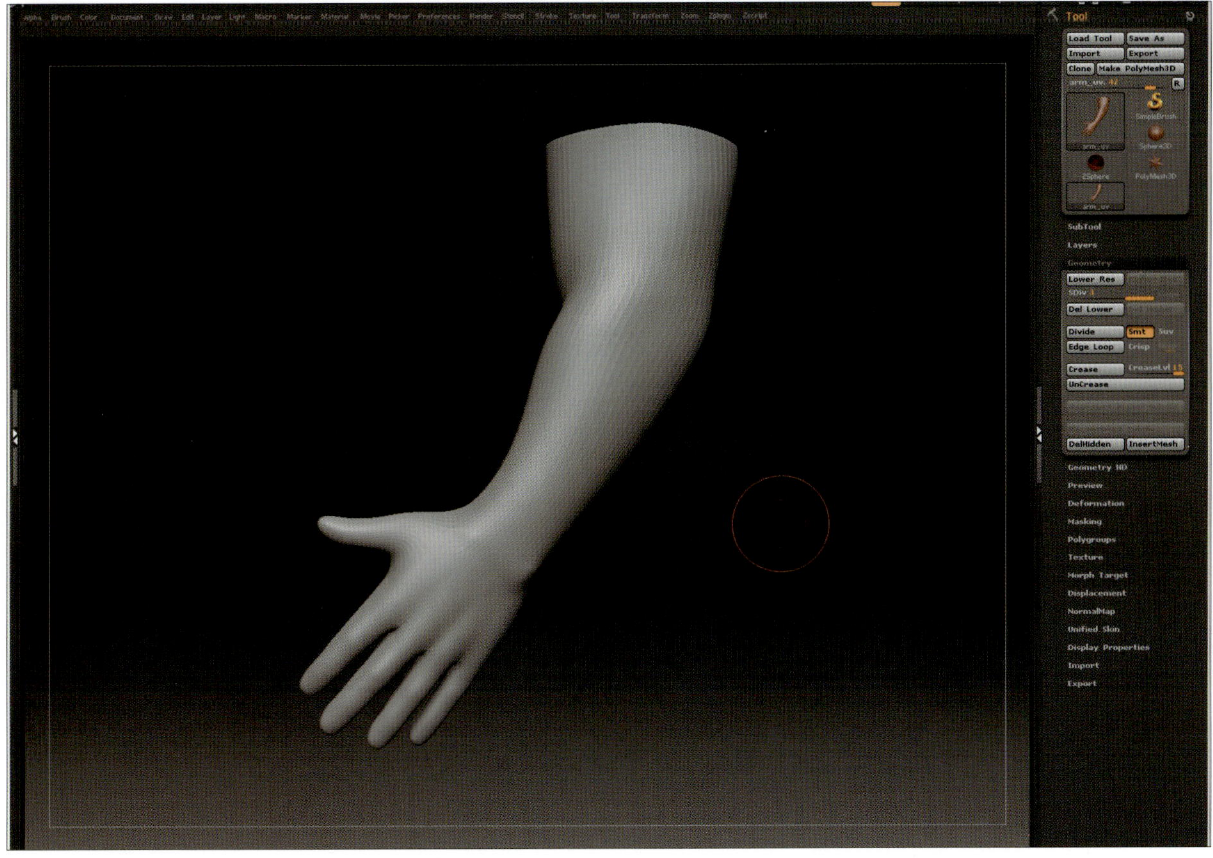

ZBrush에서 제일 까다로운 점은 바로 기본 형태를 잡는 부분입니다. 브러시의 힘 조절만을 이용해야 한다는 것은 익숙하지 않은 사용자에게는 난제로 작용합니다. 때문에 이처럼 이미 전체적으로 형태와 볼륨이 제대로 잡혀 있는 Mesh 위에 Sculpting을 하는 일은 누구에나 훨씬 용이합니다.

현재 이 팔의 형태는 이미 잡혀 있으므로 근육의 문양을 그려 넣는 심정으로 디테일을 파 주는 것으로 너무나 손쉽게 팔 Sculpting을 완성할 수 있습니다. 이러한 근육의 디테일들은 Freedom-Of-Teach의 인체 피규어들을 늘 가까이 두고 관찰하며 숙지하는 것이 좋습니다.

 이미 Sculpting되었던 팔의 기본 틀이 잡혀 있는 상태이기 때문에 보는 바와 같이 근육의 자잘한 디테일들만 표현한다.

 만든 디테일에 오직 Smooth 브러시만으로 살살 부드럽게 편 결과이다. 간단해 보이지만 결과물은 이미 완성 단계나 다름없다.

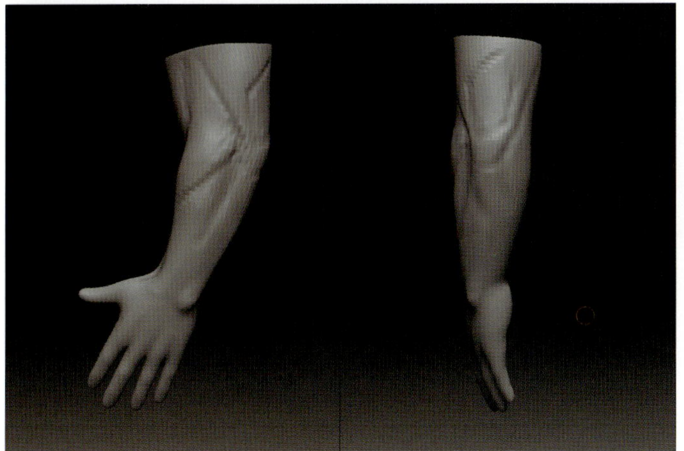

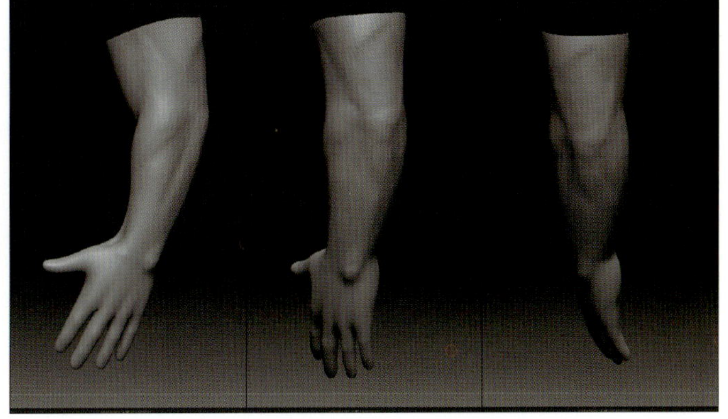

 **05** Sub-d를 한 단계 높이고 같은 과정을 반복한다. 근육을 좀 더 디테일하게 구현한다.

 **06** Smooth 브러시로 부드럽게 만진 모습이다. 시작부터 여기까지 걸린 시간은 10분 미만이다.

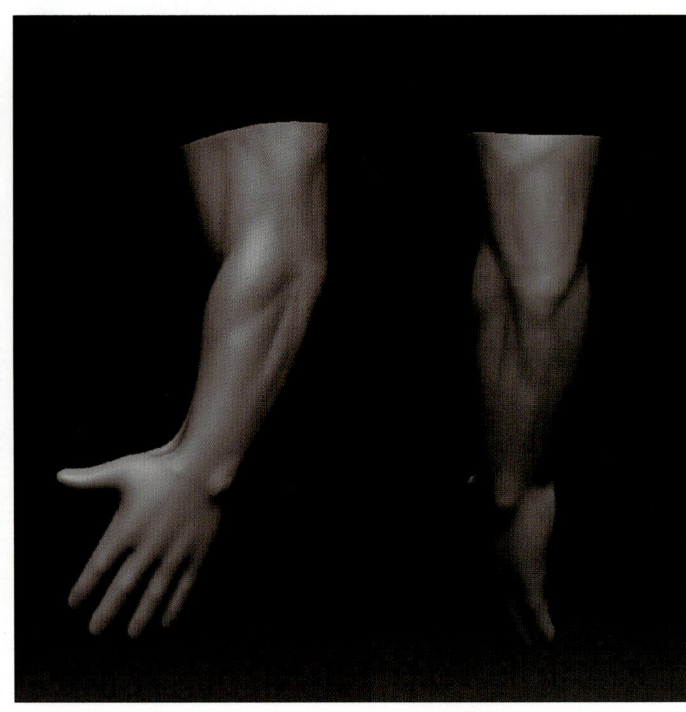

 **07** 손에도 동일한 방법으로 신속히 진행해 보자. 디테일을 만든다. 자신의 손을 충분히 관찰하며 작업하는 것도 좋은 방법이다.

 **08** 부드럽게 다듬어 준 손의 모습이다.

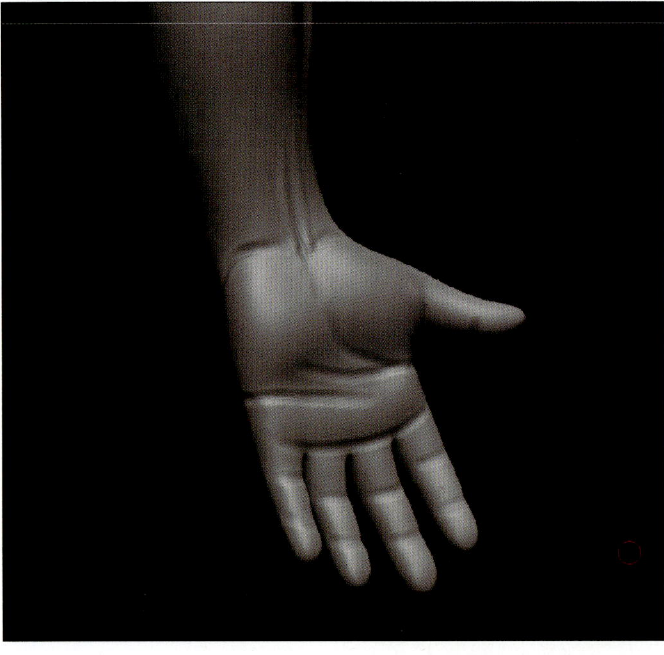

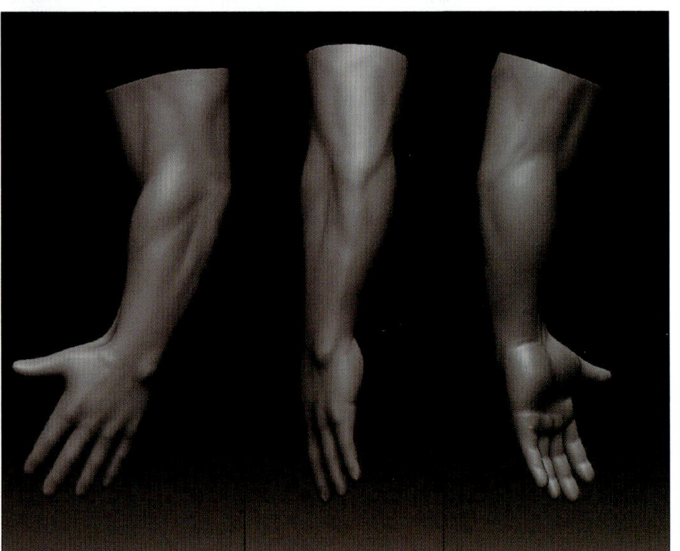

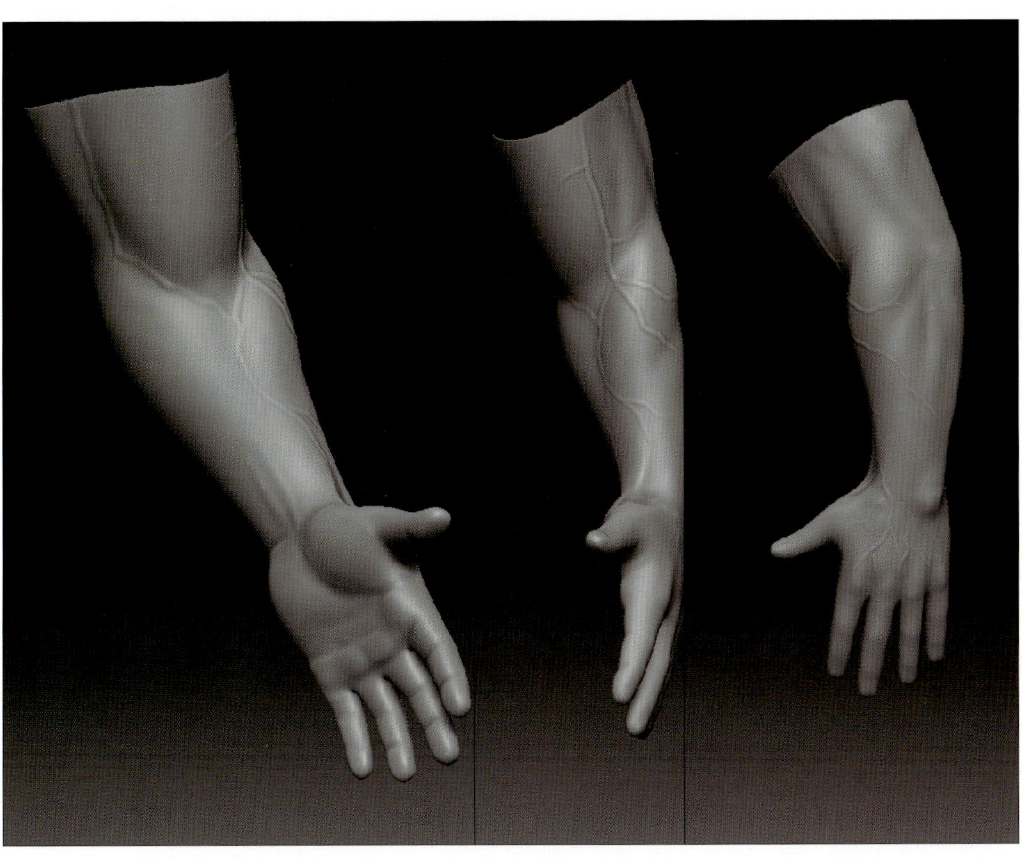

09 핏줄 튀어나오는 것을 표현하자. 일단 Standard Brush를 이용하여 비교적 선명하게 핏줄을 그린다.

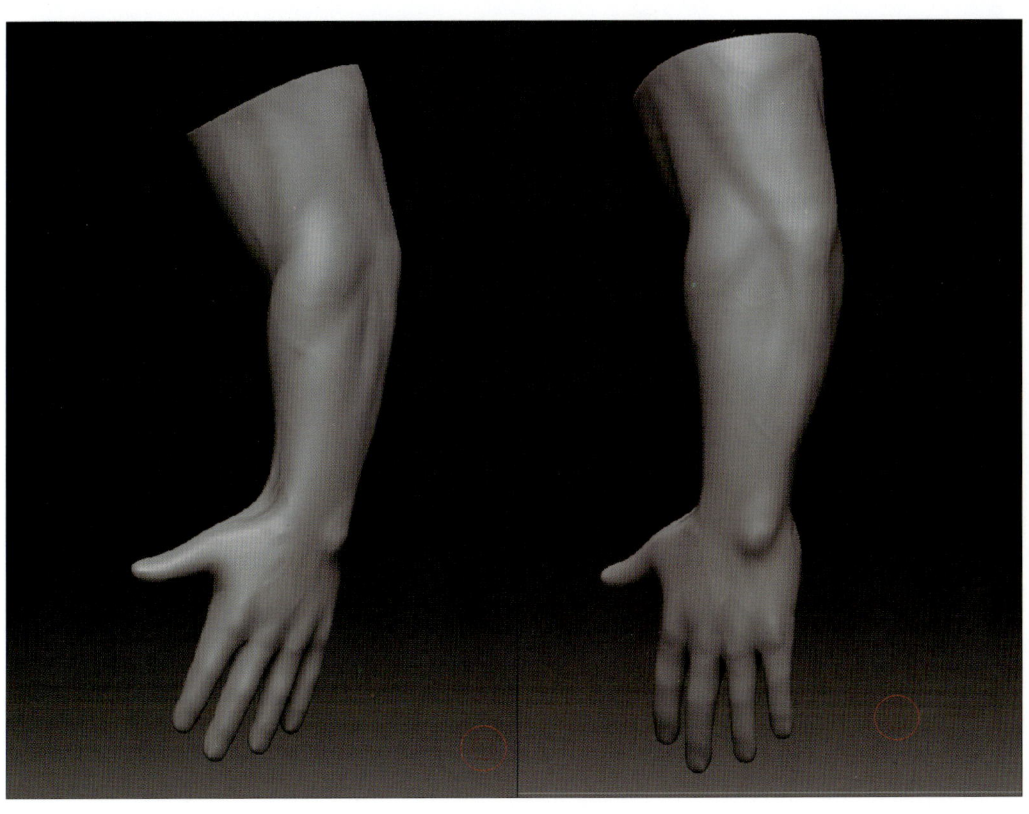

10 선명하게 그려졌던 혈관들을 Smooth 브러시를 이용하여 대부분 부드럽게 해주었다. 실제로 사람 팔뚝의 핏줄들은 피부로 덮여 있음을 생각할 때 이렇게 흐릿하면서도 피부의 불규칙한 느낌을 간직하고 있는 형태가 보기 좋다.

부록 DVD 파일

\ 3D캐릭터모델링 \ 나쁜경찰
\ 나쁜경찰_팔Final.ZTL

아무리 보기 좋은 디테일이라도 너무 지나치게 넣는 것은 피하도록 합니다. 어떤 디테일이든지 은은하면서도 필요에 맞는 강한 표현을 구현하는 감각을 기르시기를 바랍니다.

ZBrush에서 Sculpting하기

머리와 얼굴 근육의 표현

02

캐릭터의 특징 대부분이 머리에서 나오기 때문에 작업자들에게 제일 사랑받는 부위가 머리입니다.
머리와 얼굴의 근육 표현에 대해서 알아보도록 하겠습니다.

 **01** 완성된 얼굴 모델을 Obj 파일로 Export한다.

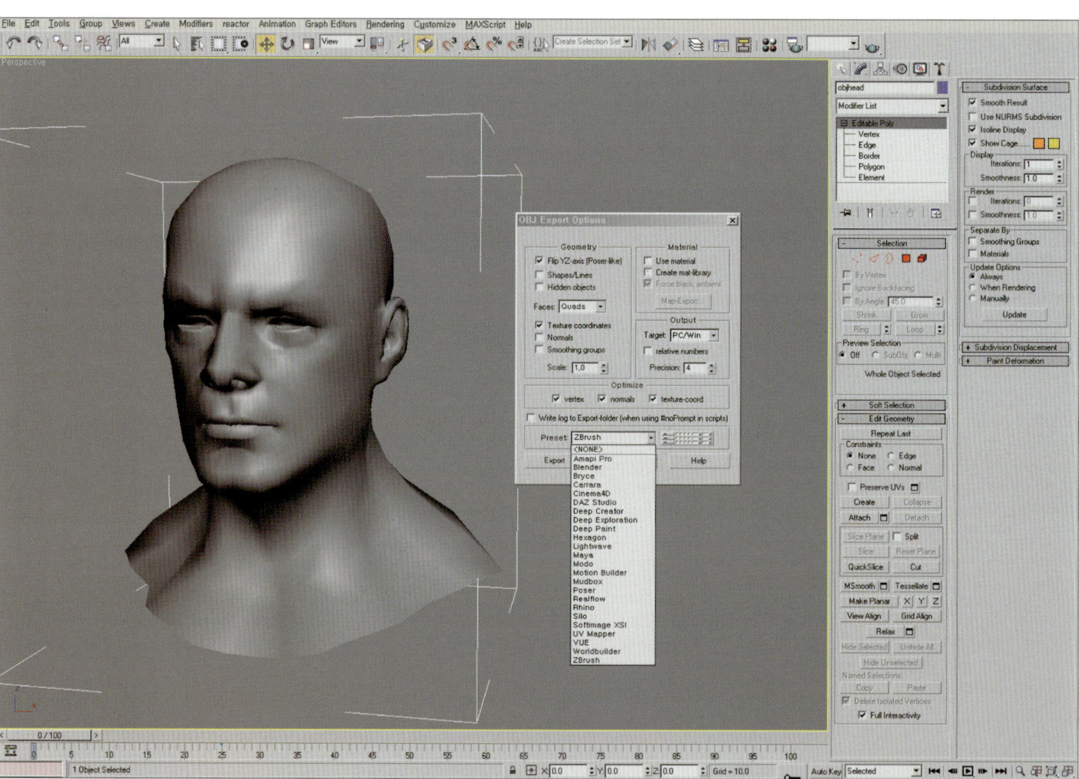

 **부록 DVD 파일**
\ 3D캐릭터모델링 \ 나쁜경찰 \ 나쁜경찰_SC \ Jim_Head.obj

02 팔과 마찬가지로 기본 형태가 완전히 잡혀 있는 ZSphere Mesh를 3ds Max에서 하이폴리곤 모델링 작업을 한 상태이기 때문 시작부터 이미 완성 단계에 가깝다.

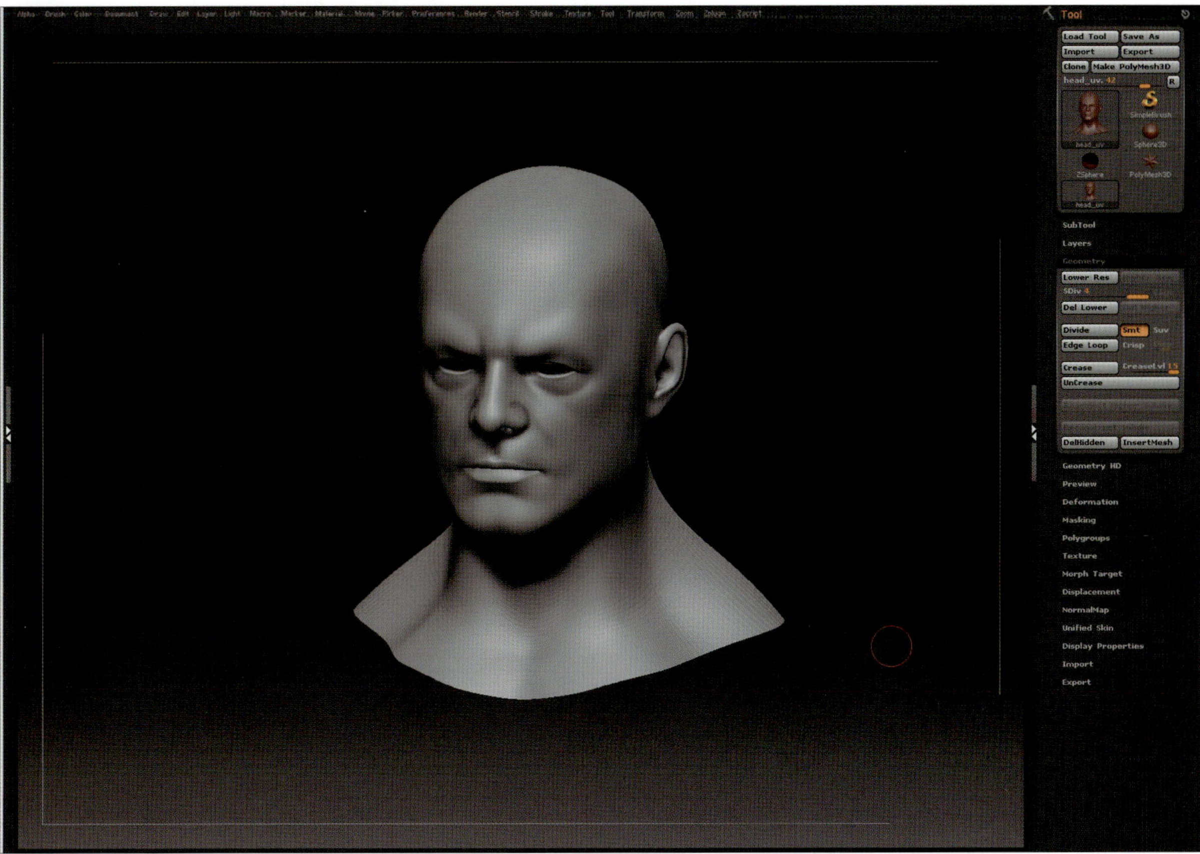

03 매우 약한 Strength의 Smooth Brush로 얼굴 곳곳에 주름을 넣는다.

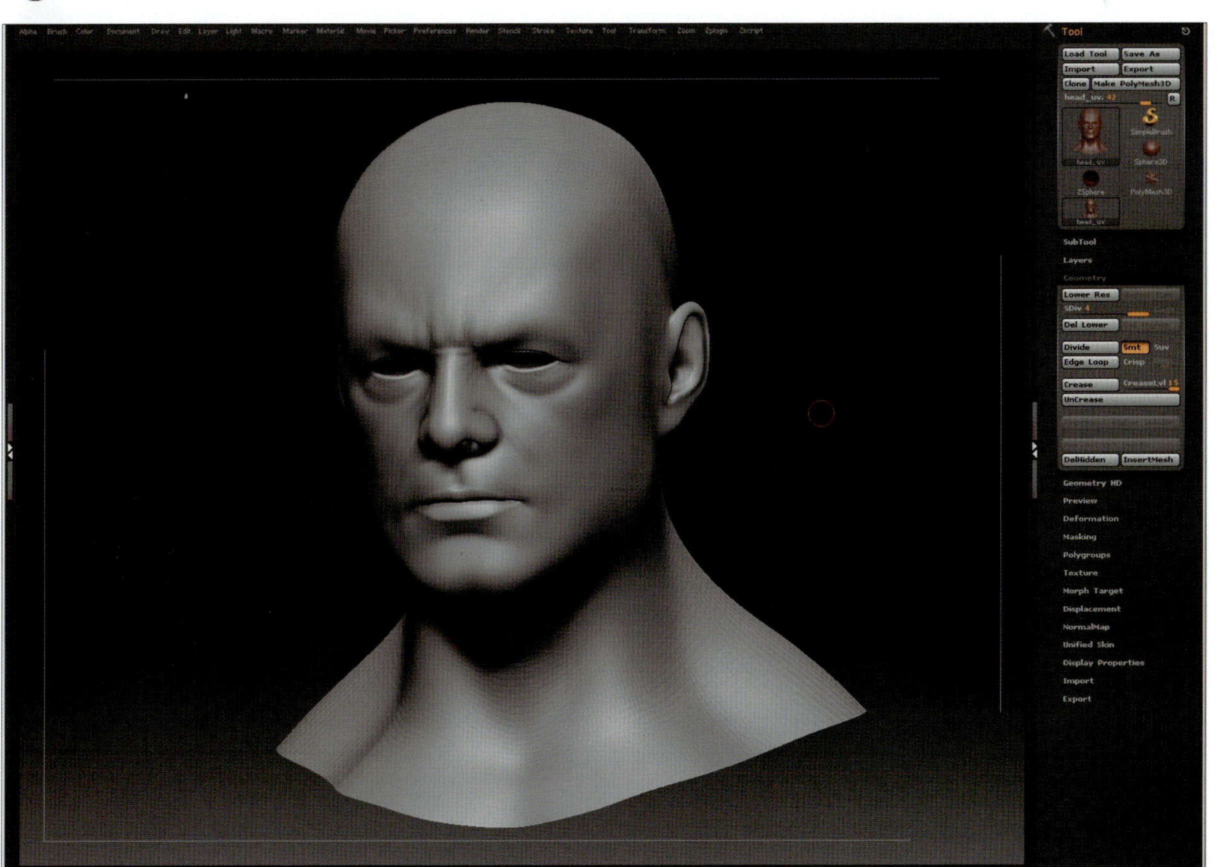

04 얼굴 특징을 이루게 될 굵직굵직한 선들을 그린다.

05 Smooth 브러시로 부드럽게 다듬은 결과이다.

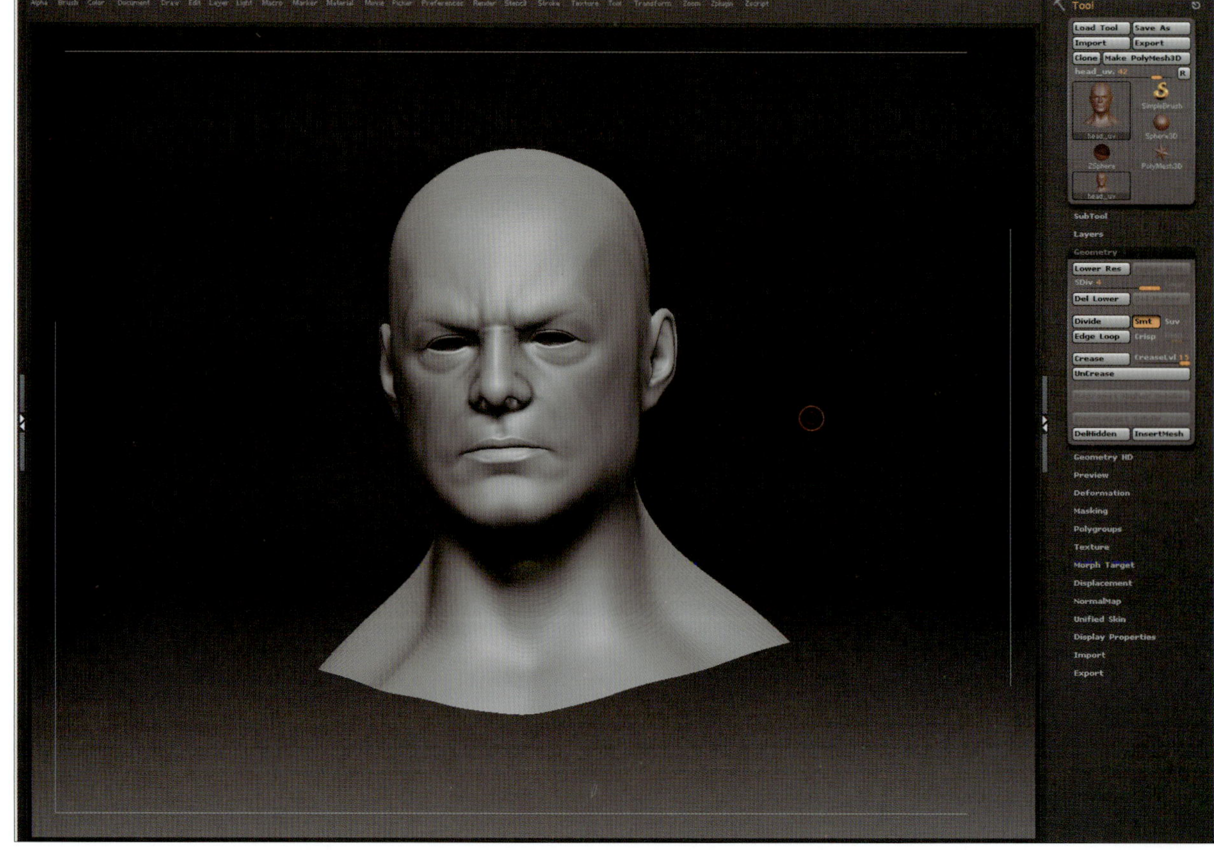

06 목 근육의 디테일을 짙게 그린 다음.

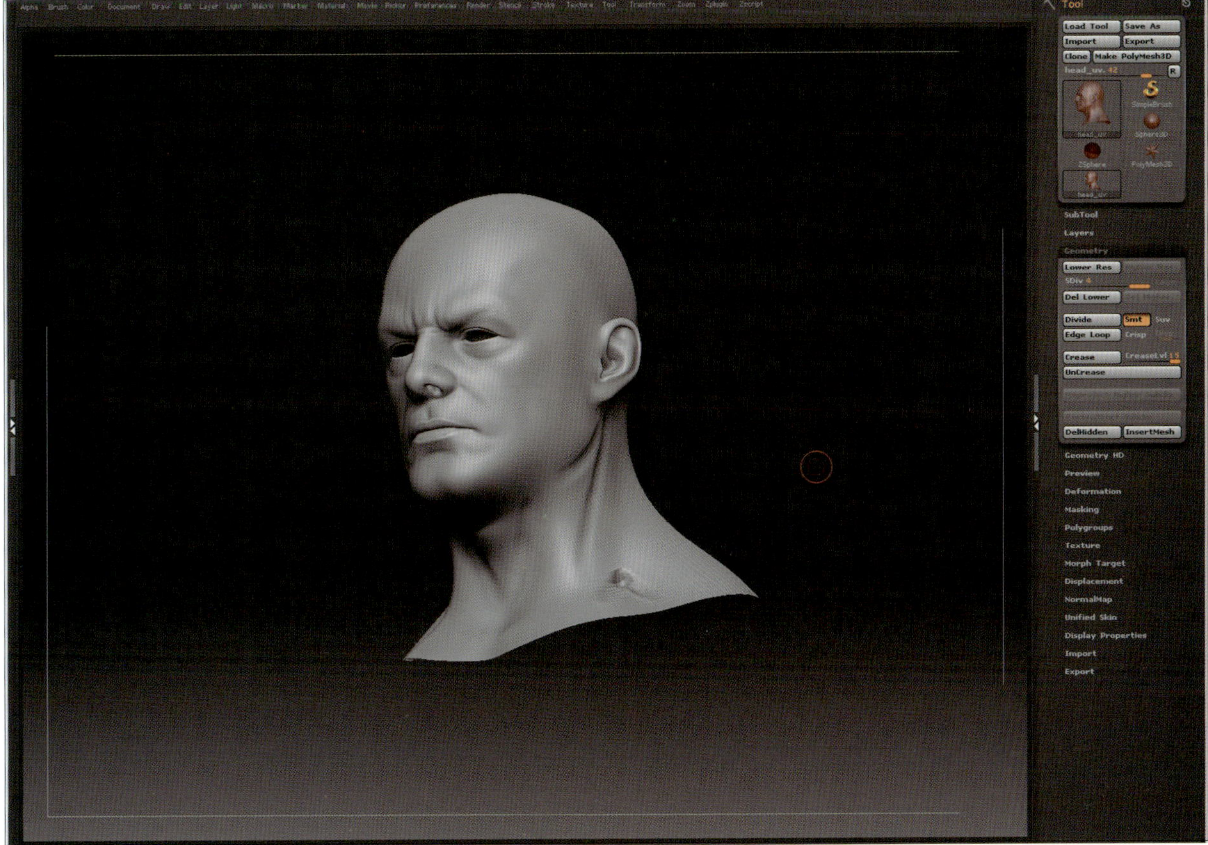

07 Smooth 브러시로 부드럽게 해준다.

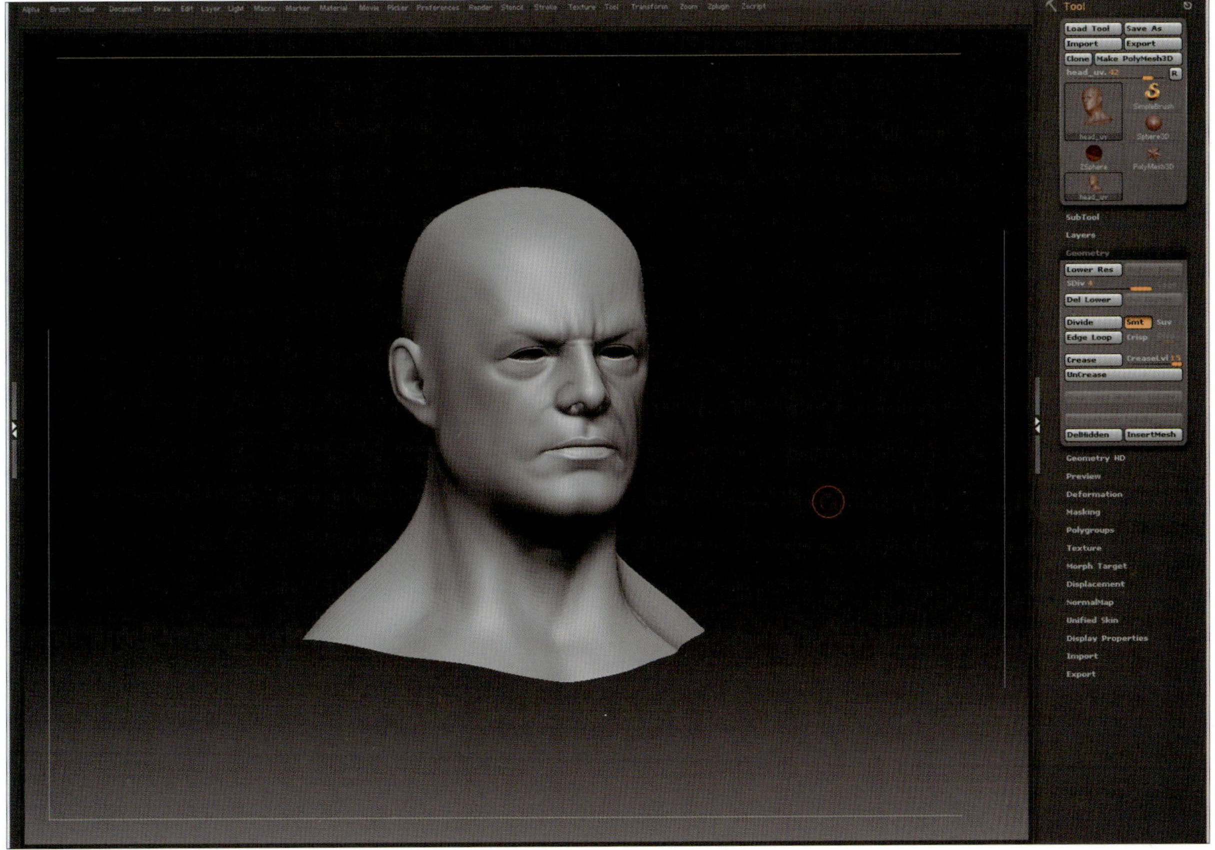

 대략 전체적인 디테일은 들어간 셈이니 Dam_standard 브러시를 사용하여 주름이 좀 강하게 표현 되어야 할 부분
들을 처리해 보겠다.

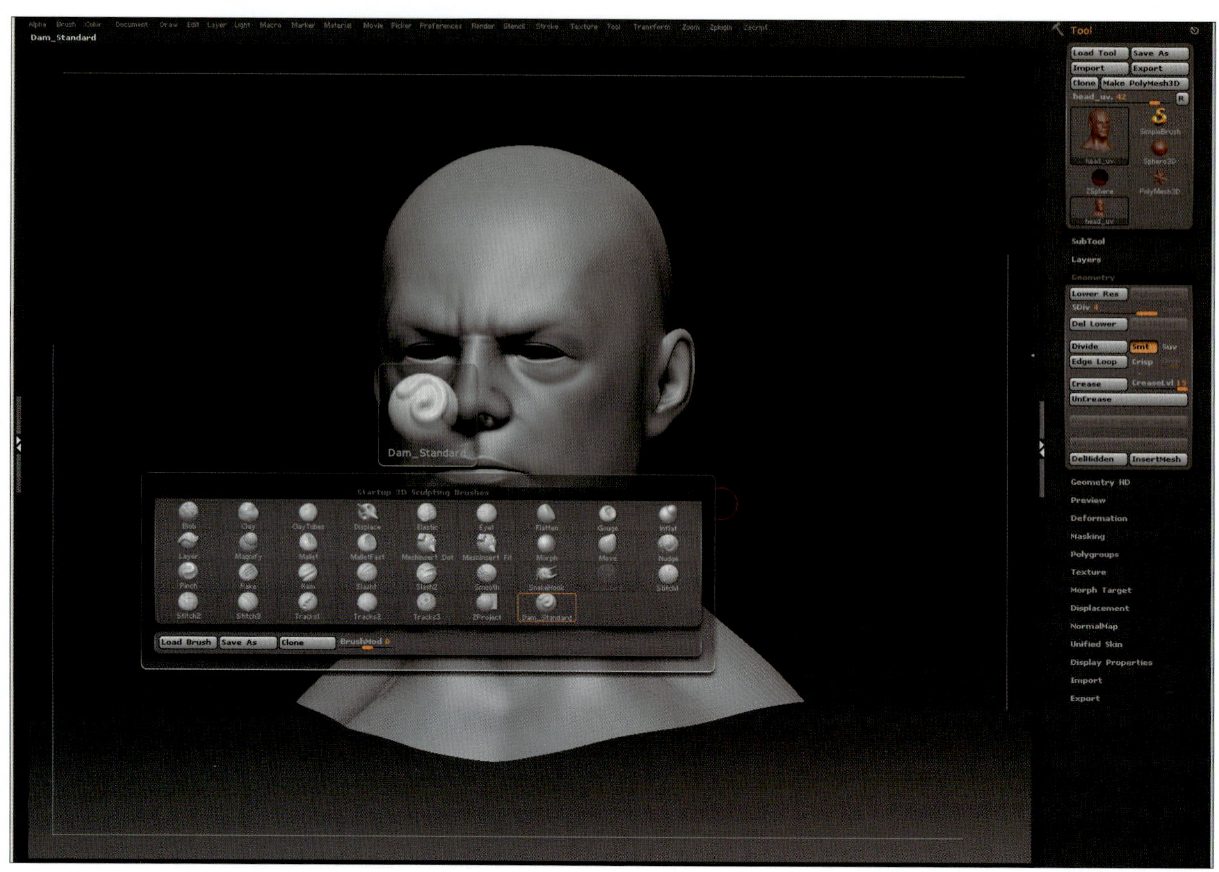

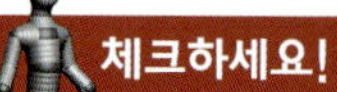

Standard 브러시와 Dam_Standard 브러시의 차이

Dam_Standard 브러시는 선의 중앙이 날카로운 이유로, 뭉툭하게 표현되는 Standard 브러시와 다르게 예리하게 표
현된다. 그림은 동일한 굵기와 강도를 사용하여 그려본 Standard 브러시(왼쪽)와 Dam_Standard 브러시(오른쪽)이다.

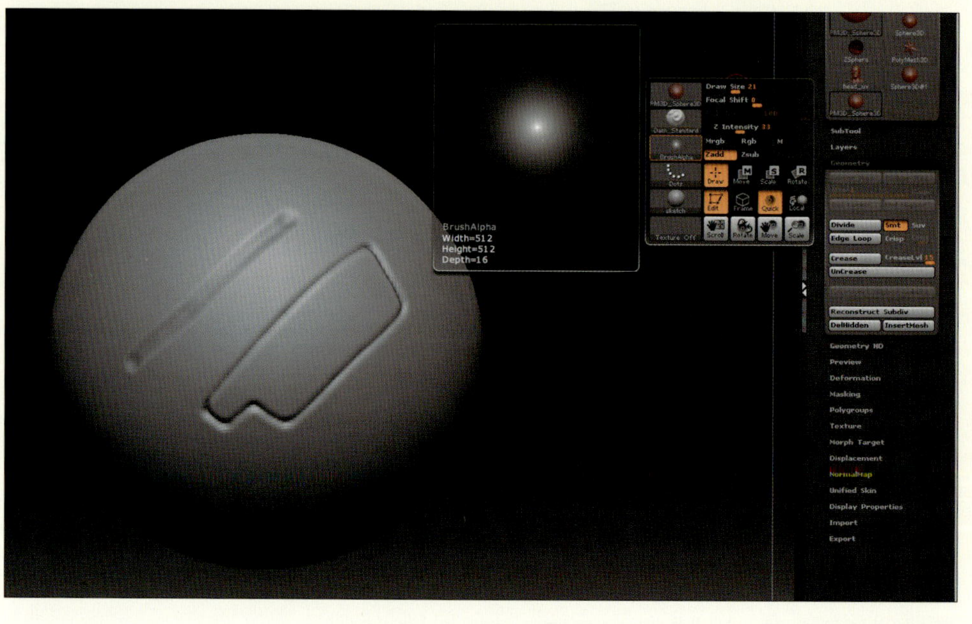

 **09** Dam_standard 브러시로 주름들이 선명하게 표현되어야 할 부분들을 조심스레 판 모습. 얼굴에 흉터도 좀 그리자. Dam_standard 브러시는 그 선이 매우 강하므로 지나치게 사용하지 않도록 특별히 조심해야 한다.

알파맵(Alpha Map)을 사용하여 모공과 기타 자글자글 한 잔주름들을 표현해 보겠습니다. 그러기 위해 Alpha 탭의 Alpha Library를 사용하겠습니다. 이것은 Dam_Standard 브러시와 마찬가지로 ZBrushcentral.com에서 무료로 배포되는 플러그인으로서 알파맵의 관리를 수월하게 해줍니다.

 **10** 모공 표현을 위한 알파맵(Alpha Map)을 선택한다. 모공이 될 흰 점들의 간격이 좀 넓은 알파맵이 사용하기 편하다.

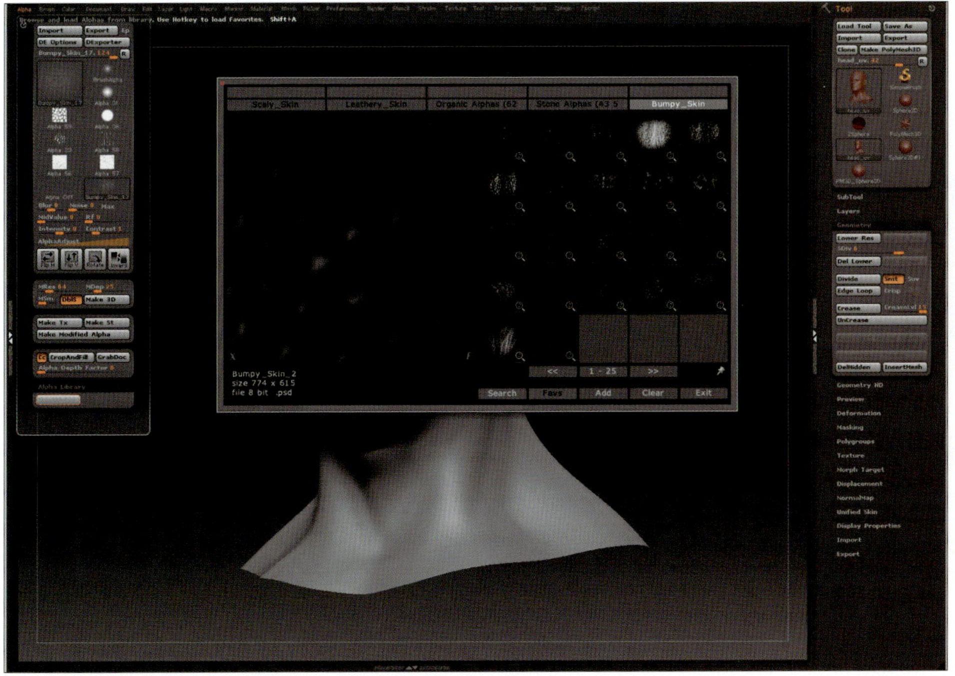

여기 보이는 알파맵들은 Gnomon 사에서 판매되는 유료 파일들입니다. 직접 구입해서 사용해도 좋겠고, 무료로 공개된 알파맵들을 구해서 사용해도 좋습니다.

 턱 부분부터 잔주름을 넣기 시작한다. 강도를 좀 약하게 하고 브러시를 dragrect 모드로 설정한 뒤 `Alt`를 누른 채 드래그한다. 보통 면도하는 부위들의 모공은 좀 큼직하게 넣는 것이 보기 좋다.

턱 이외의 부분들은 주름을 작고 가늘게 넣는다. 피부는 매우 불규칙할수록 보기 좋다. 사마귀나, 여드름 흉터, 오돌토돌한 부위도 지나치지 않고 적절하게 군데군데 넣어준다.

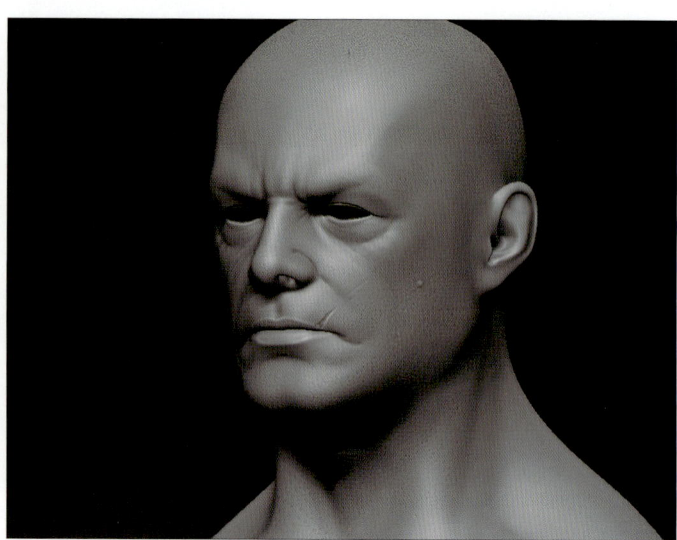

이번엔 자글자글한 잔주름을 위한 알파맵 선택한다.

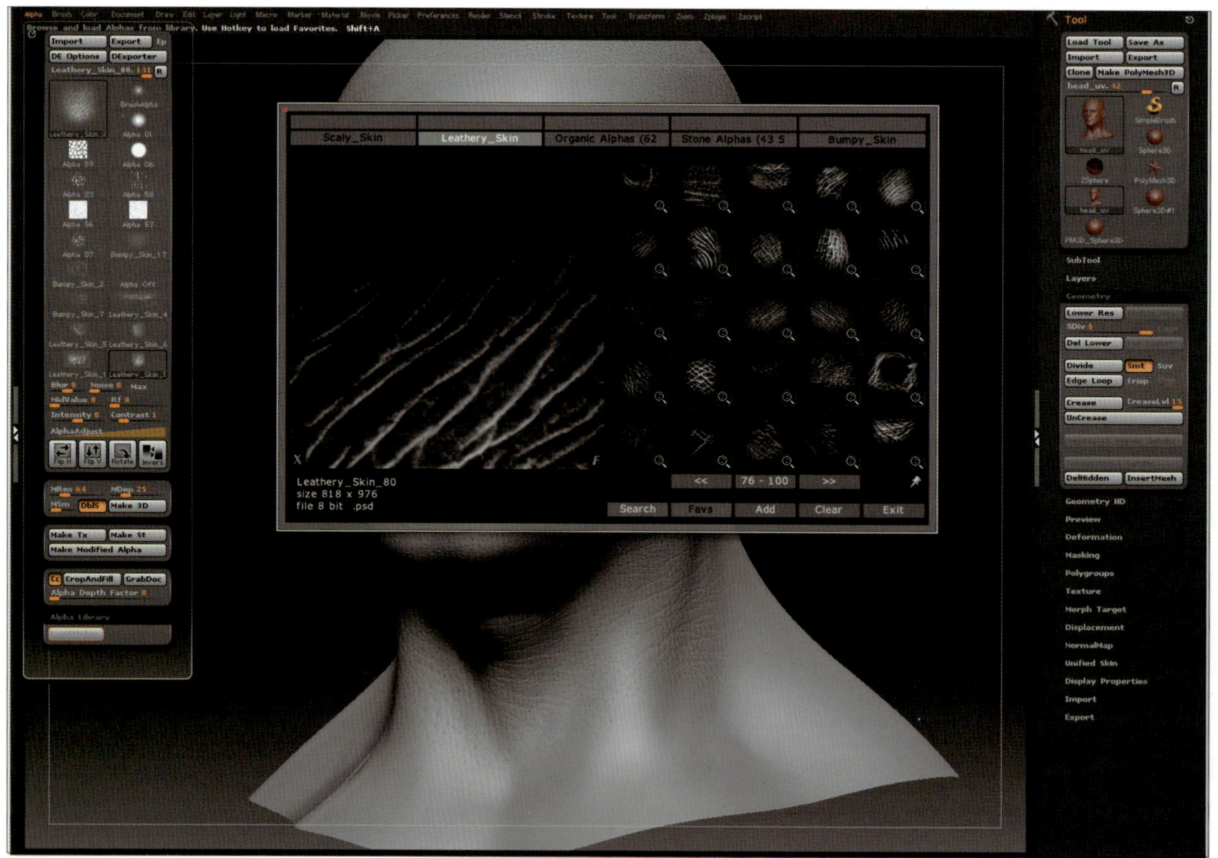

Game Character Design Master

14 얼굴의 잔주름은 보통 얼굴 근육의 흐름과 비슷하게 이루어진다. 이것은 앞서 Spline 모델링을 설명하는 과정에서 강조했던 '이상적인 Mesh 흐름'과도 상통한다. Mesh의 흐름과 근육의 흐름을 유념하며 잔주름을 넣자. 이러한 잔주름들은 최종 결과물에서는 대부분 보이지 않게 될 수 있지만 이것 또한 ZBrush 작업의 묘미이다.

15 머리 Sculpting 완성을 완성한 결과이다. CB_skin 재질을 입혀 보면 더욱 사실감을 줄 수 있다.

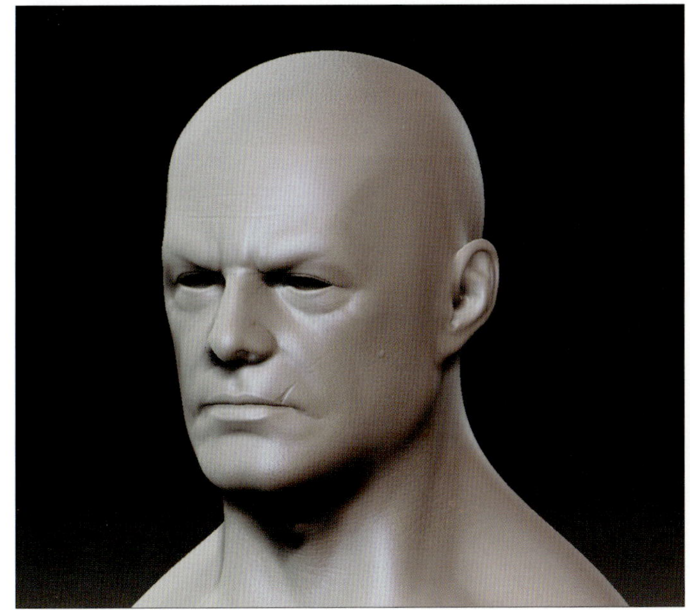
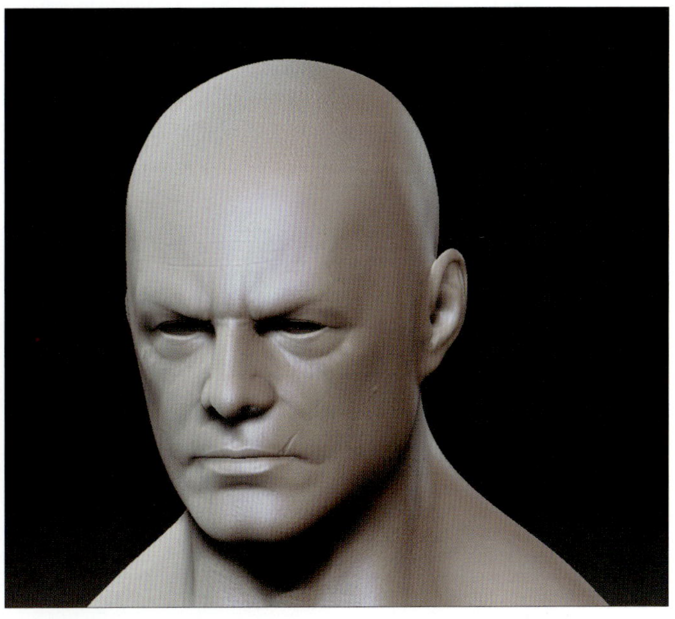

부록 DVD 파일
\ 3D캐릭터모델링 \ 나쁜경찰 \ 나쁜경찰_머리Final.ZTL

ZBrush에서 Sculpting하기

자연스러운 윗도리(상의)의 주름 표현

03

셔츠와 방탄조끼는 한꺼번에 Export하겠습니다. ZBrush에서 셔츠를 Sculpting할 때 방탄조끼와 겹치는 부분을 볼 수 있을 테니 말입니다.

 **01** 티셔츠와 방탄조끼 오브젝트를 동시에 Obj 파일로 Export 한다.

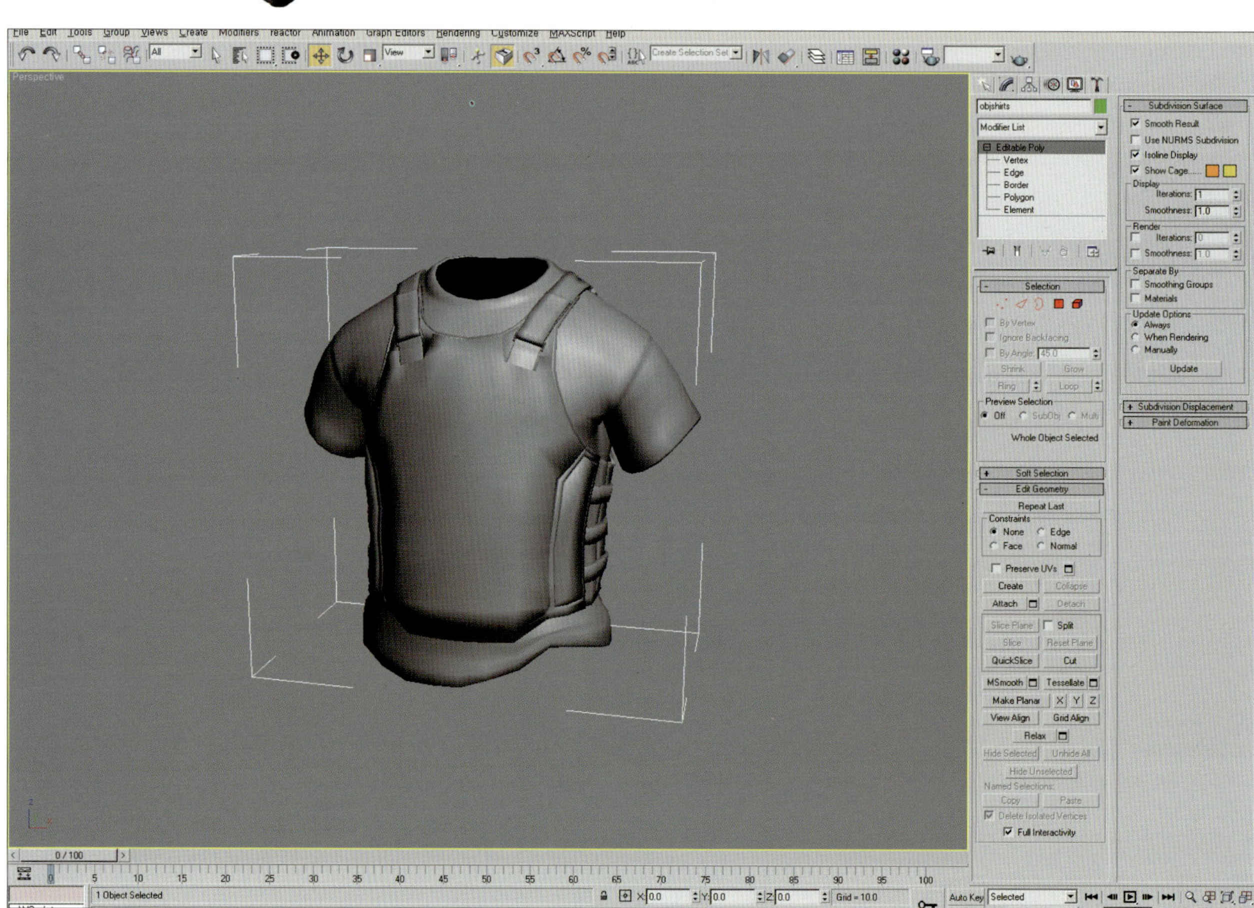

부록 DVD 파일

02 ZBrush로 Import하면 두 오브젝트가 하나의 오브젝트로 들어온다. 그러나 셔츠와 방탄조끼를 별도의 오브젝트로 편집하길 원한다.

03 Frame 모드를 켜 보면 오브젝트의 색이 다르게 나타난다. 이것은 애당초 3ds Max에서는 셔츠와 방탄조끼가 별도의 오브젝트였고 우리가 그 두 개를 하나의 Obj 파일로 Export했으며, ZBrush는 그것을 별도의 Polygroup으로 구분하고 있다는 것을 뜻한다.

04 별도의 polygroup으로 읽어 들였기 때문에 `Shift` + `Ctrl`을 누른 채로 하나의 Polygroup을 클릭했을 때 그것 이외의 Polygroup은 감춰진다. 매우 편리한 기능이다.

05 셔츠(갈색 Polygroup)만 빼고 감춰진 상태에서 `Shift` + `Ctrl`을 누른 채 드래그하면 Hide가 Invert된다.

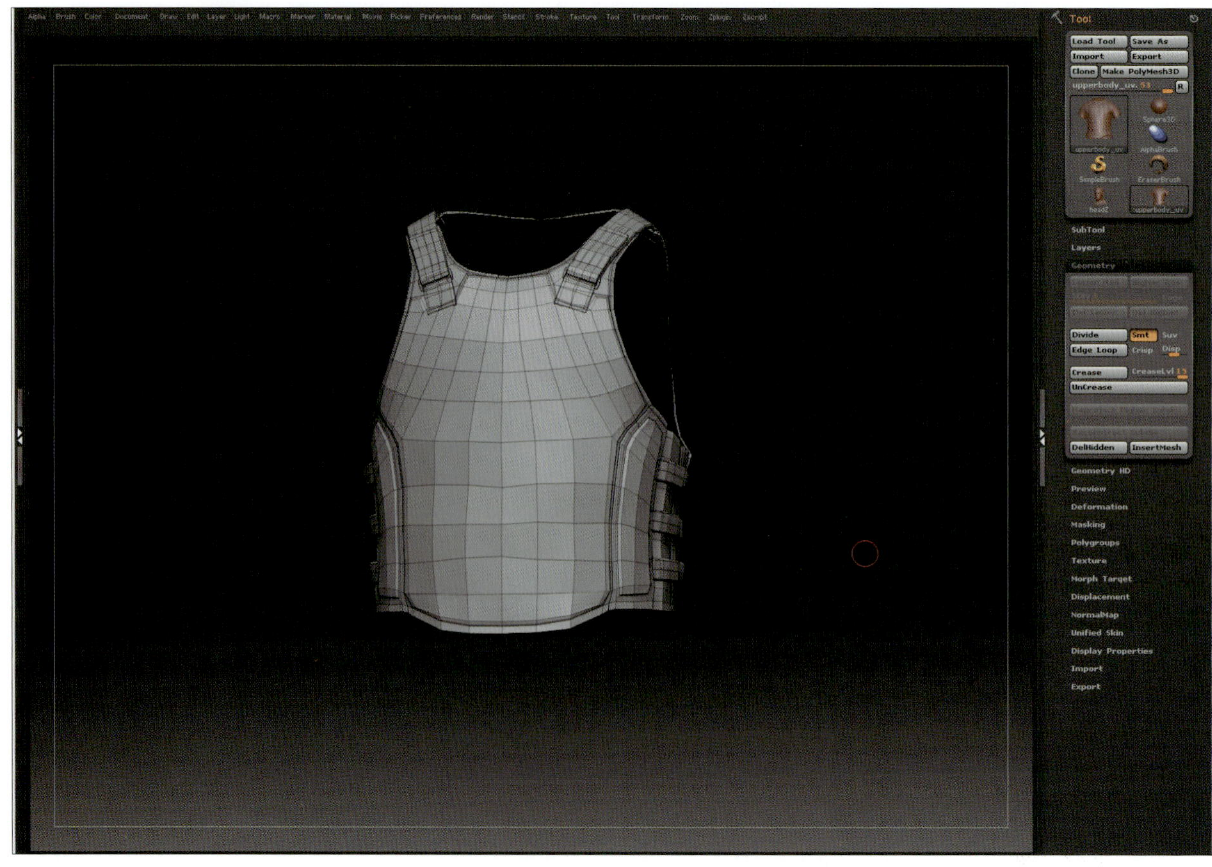

06 어느 한 가지 Polygroup만 표시해 놓은 상태에서 Tool 〉 Subtool 메뉴의 Split을 클릭하면 현재 감춰져 있는 Poly-
group이 별도의 Subtool로 나뉜다. 이런 방식으로 동시에 Export / Import 된 둘 혹은 그 이상의 오브젝트들을 원하
는 방식으로 Subtool로 나눌 수 있다.

07 두 Subtool 모두에 Sub-d를 적용하여 Sculpting에 필요한 충분한 밀도의 폴리곤을 준다.

08 셔츠 또한 Standard 브러시를 이용하여 옷 주름의 기초를 잡는다. 과감하게 소신껏 그린다.

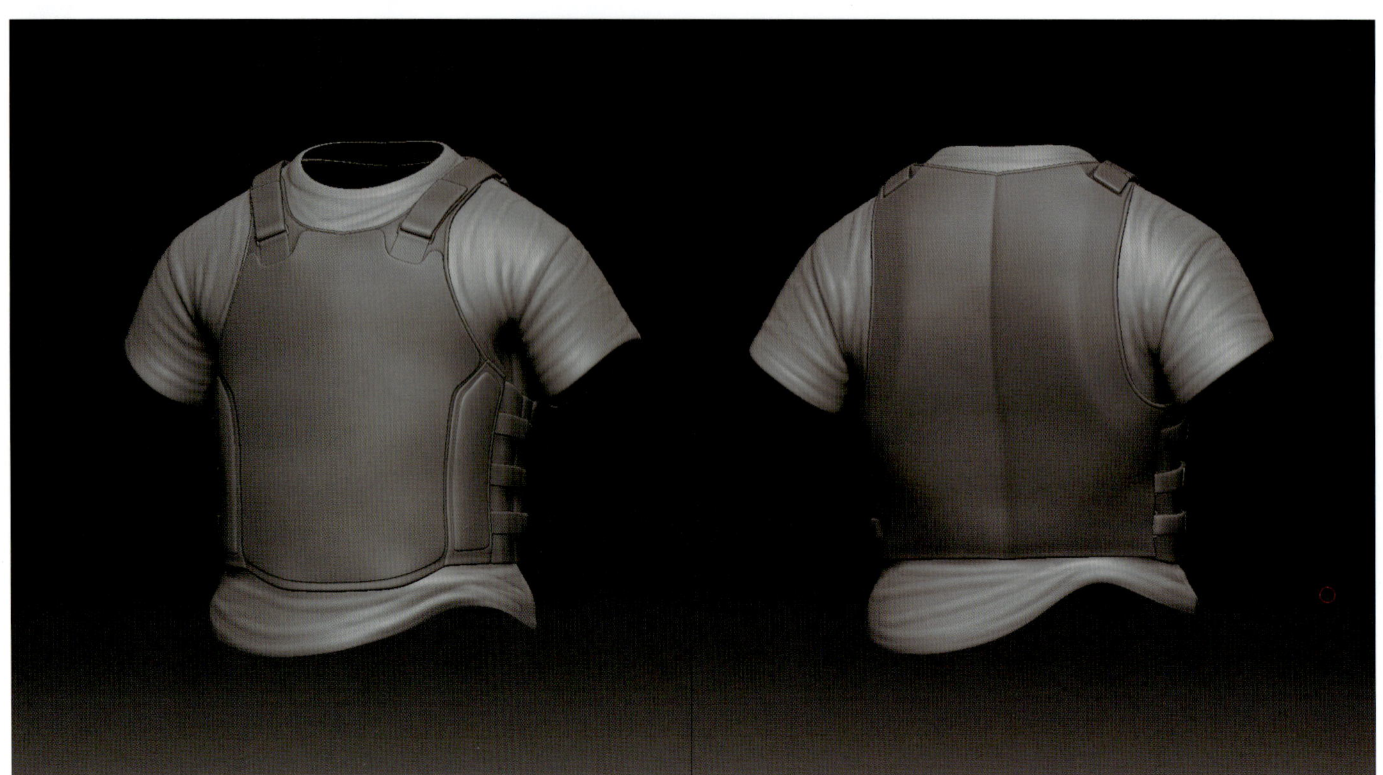

09 Smooth 브러시로 부드럽게 만져준다. 물론 무조건 Smooth하게 할 것이 아니라 Smooth 브러시를 이용하여 전체적인 디테일의 강약을 조절한다는 개념으로 하는 것이 좋다.

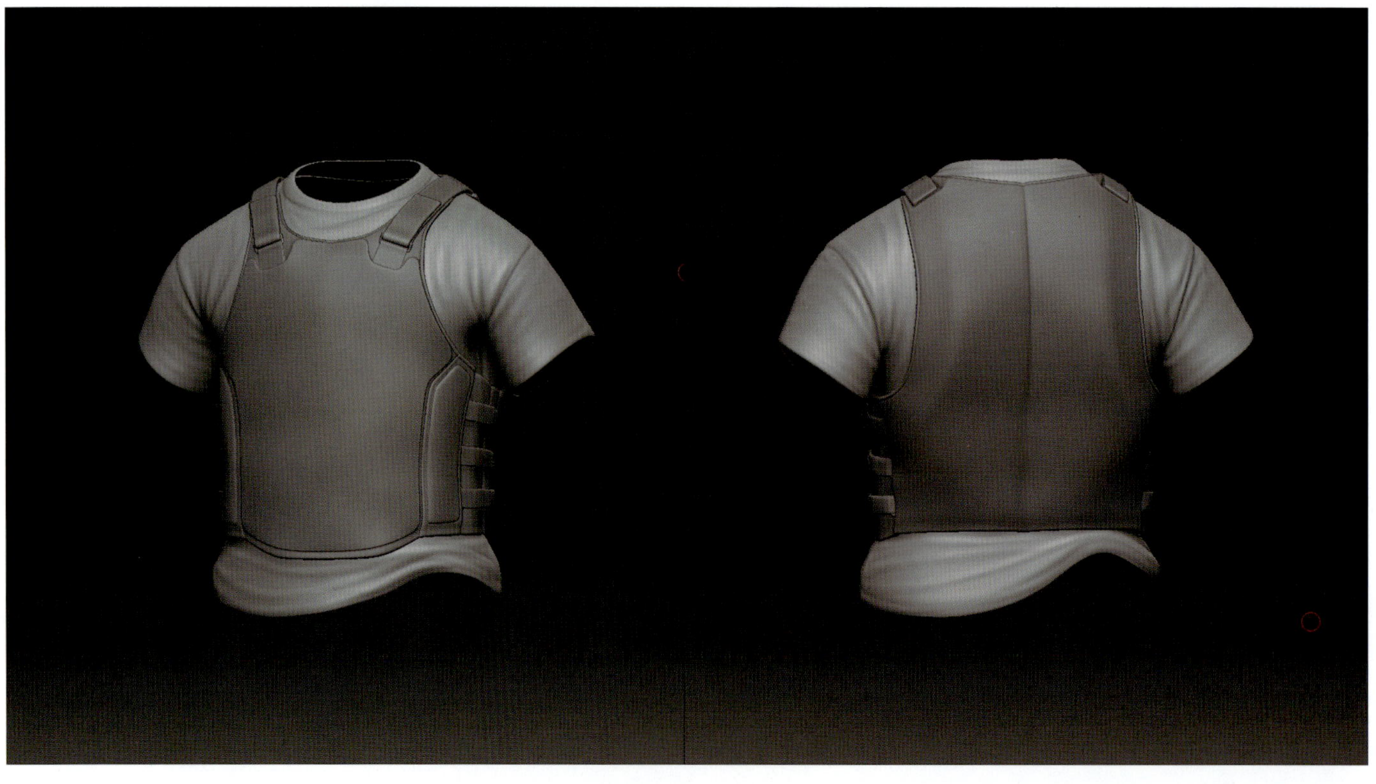

10  [Alt]를 누른 채 옷 주름의 음각 부분을 판다.

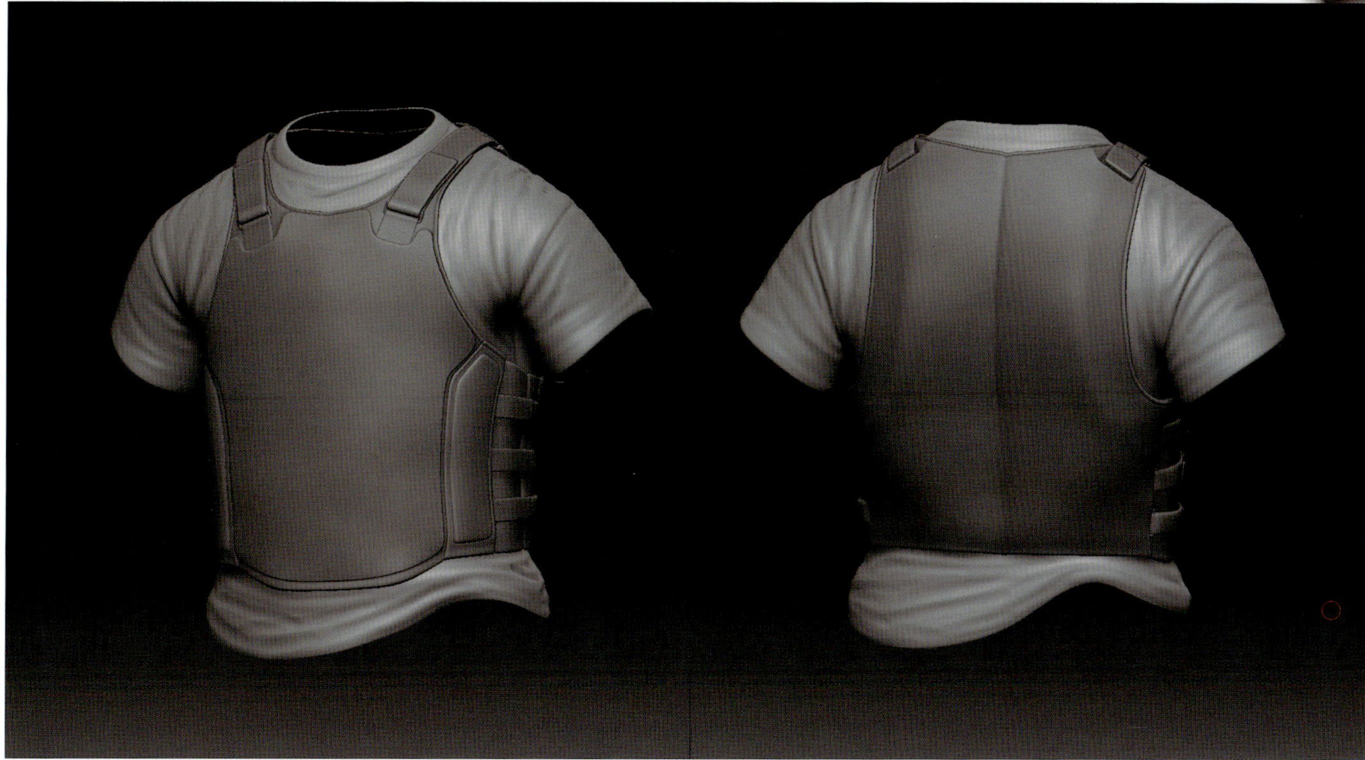

11 Smooth 브러시로 디테일의 강약을 컨트롤한 모습. 면 재질의 반팔 티셔츠이므로 그리 많고 강한 주름은 어울리지 않는다고 판단하고 부드럽게 해준다.

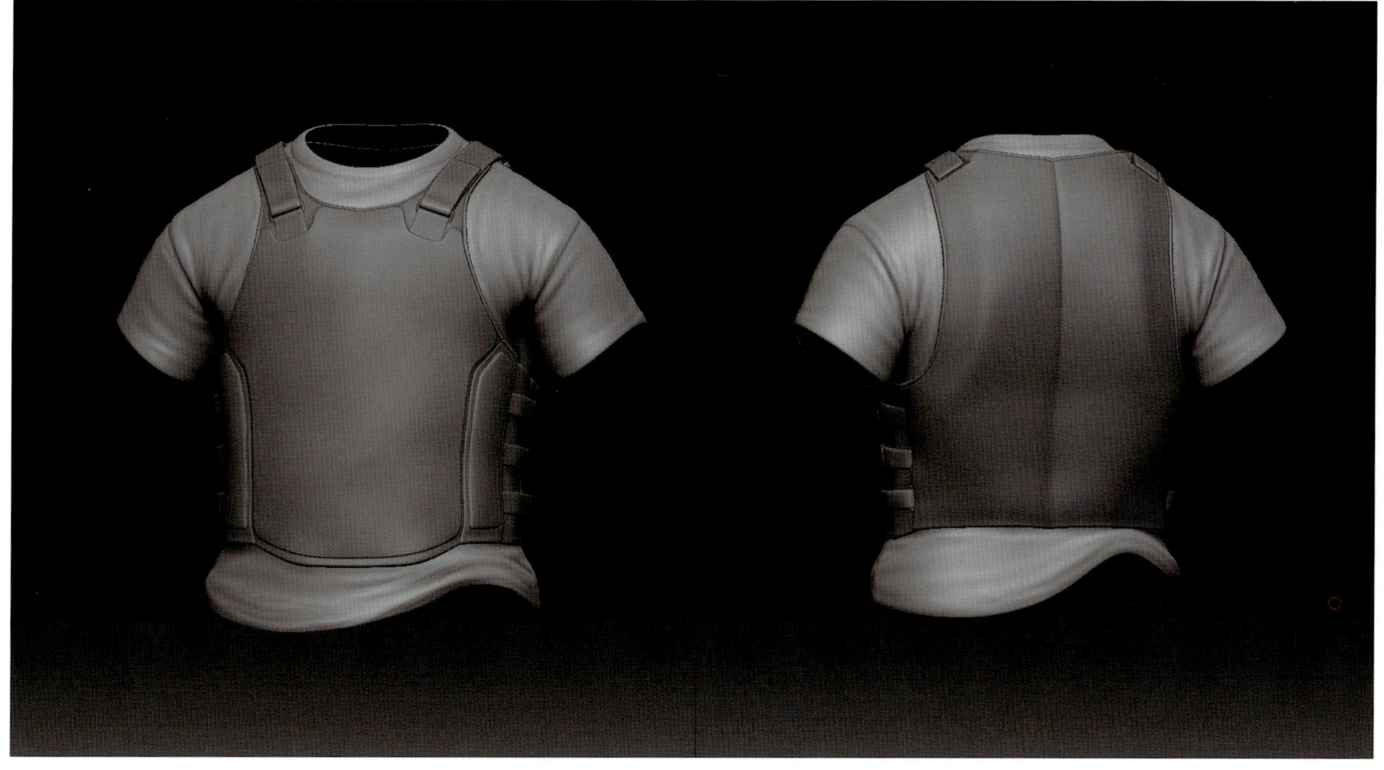

12 이번에는 방탄조끼. 동일한 방식이다. 기초가 되는 라인들을 과감히 그린다.

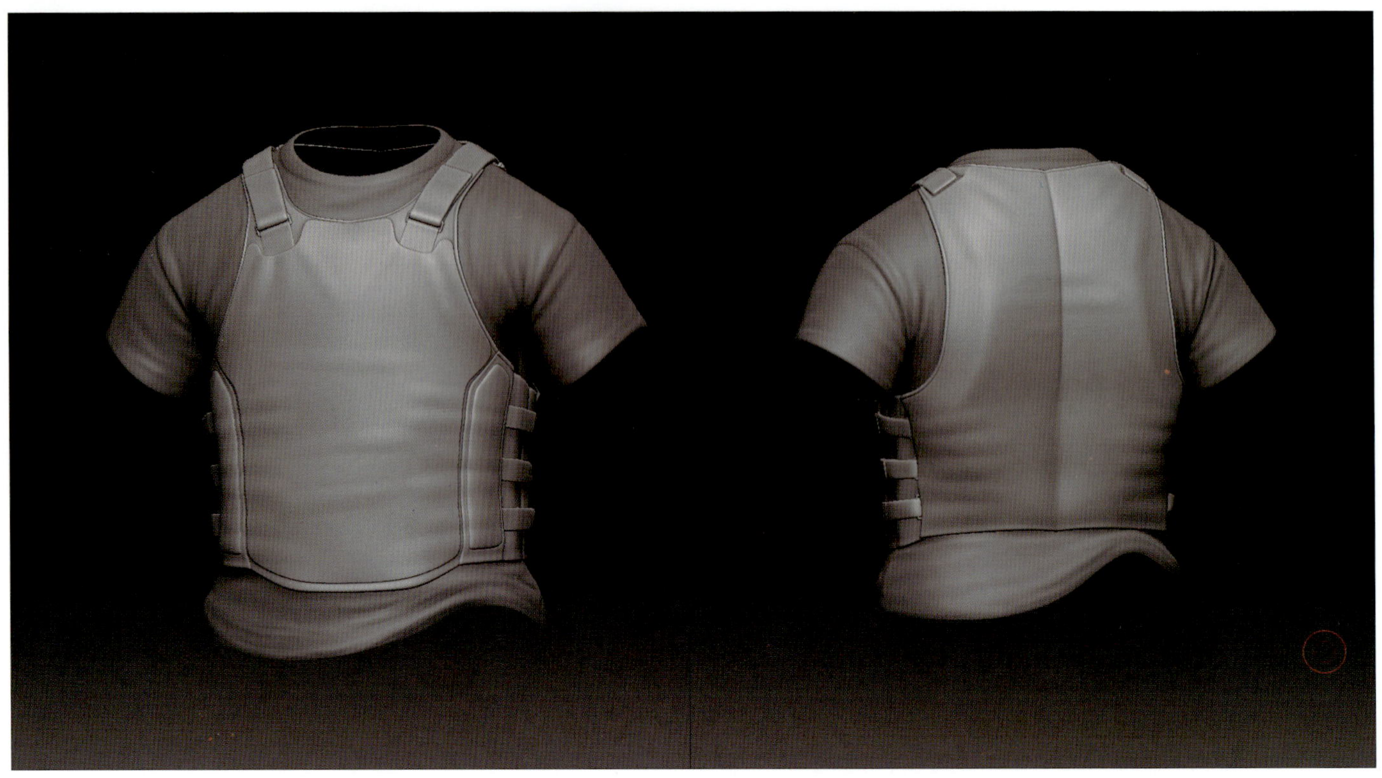

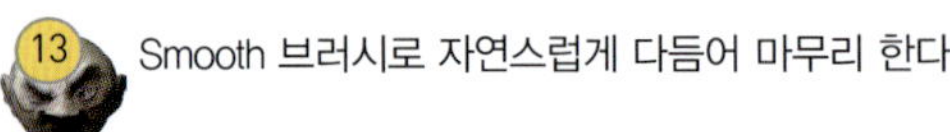
13 Smooth 브러시로 자연스럽게 다듬어 마무리 한다.

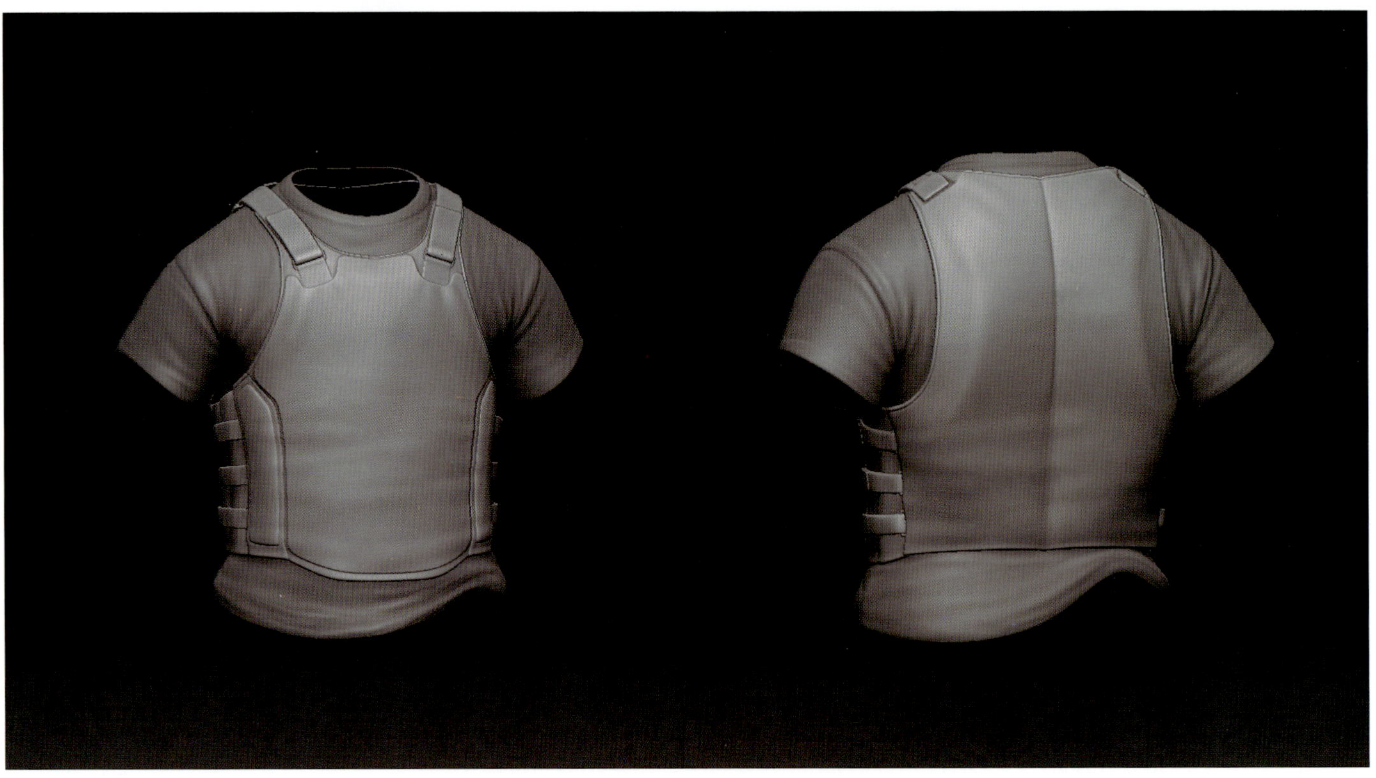

14 브러시의 설정에서 Focal shift를 −100으로 설정한다.

15 바느질 자국을 그려 넣어준다.

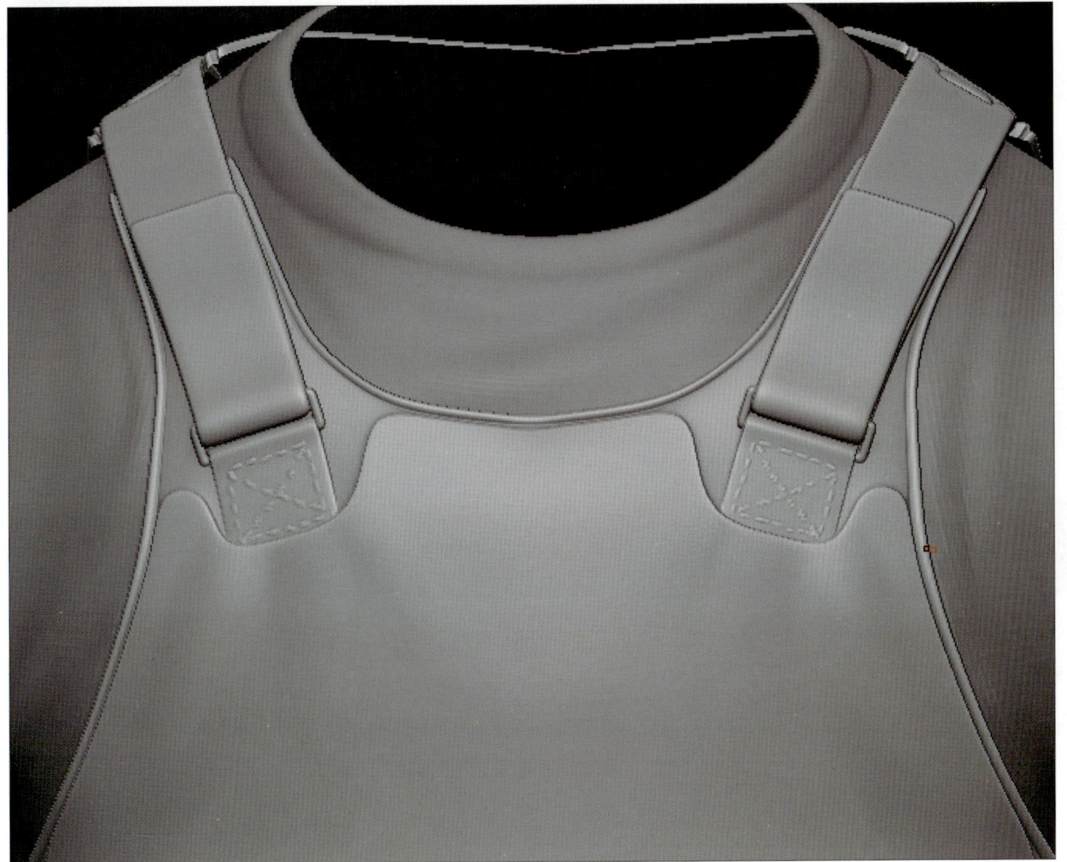

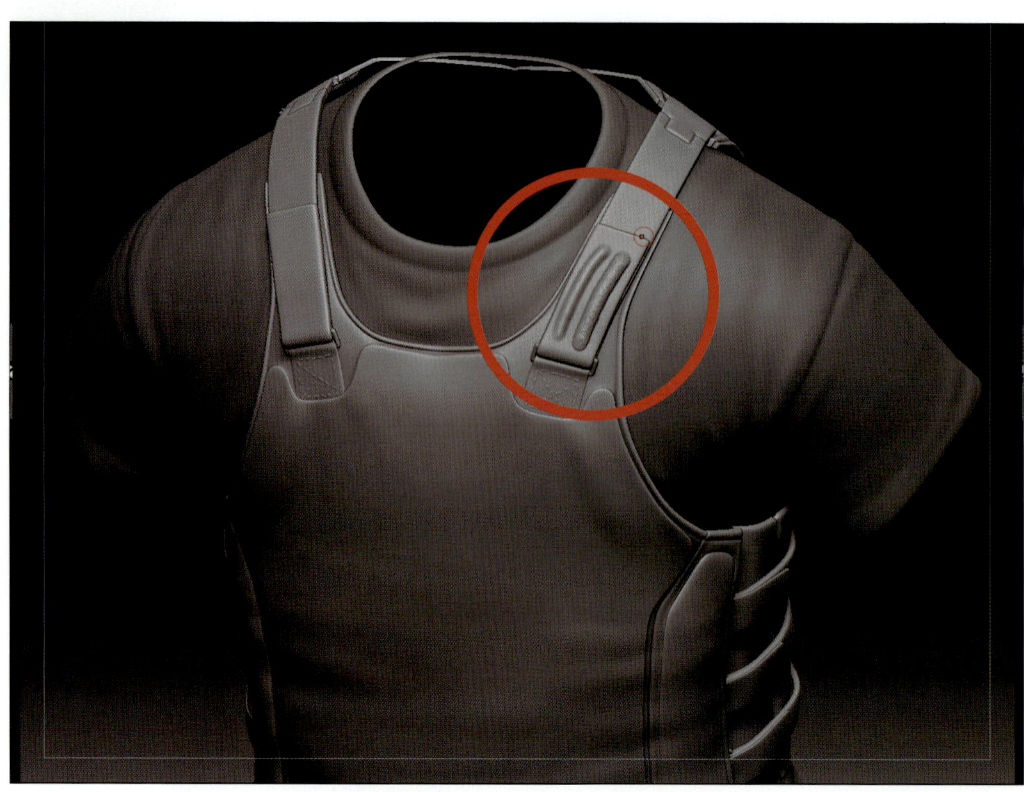

Focal shift를 왜 −100으로 했
는지를 보여주는 그림이다. 왼
쪽이 Focal shift가 0(default)이고 오른
쪽이 Focal shift 값이 −100이다.
Focal shift는 브러시의 촉의 가운데에
서 바깥쪽으로 Fall off되는 정도와 관련
이 있는 설정이며, 이것을 −100으로 하
게 되면 브러시 촉의 바깥쪽이 부드럽
지 않고 강하고 선명하게 표현된다. 바
느질 자국과 같은 디테일 표현에 안성
맞춤이다.

윗도리 Sculpting도 마무리 했다.

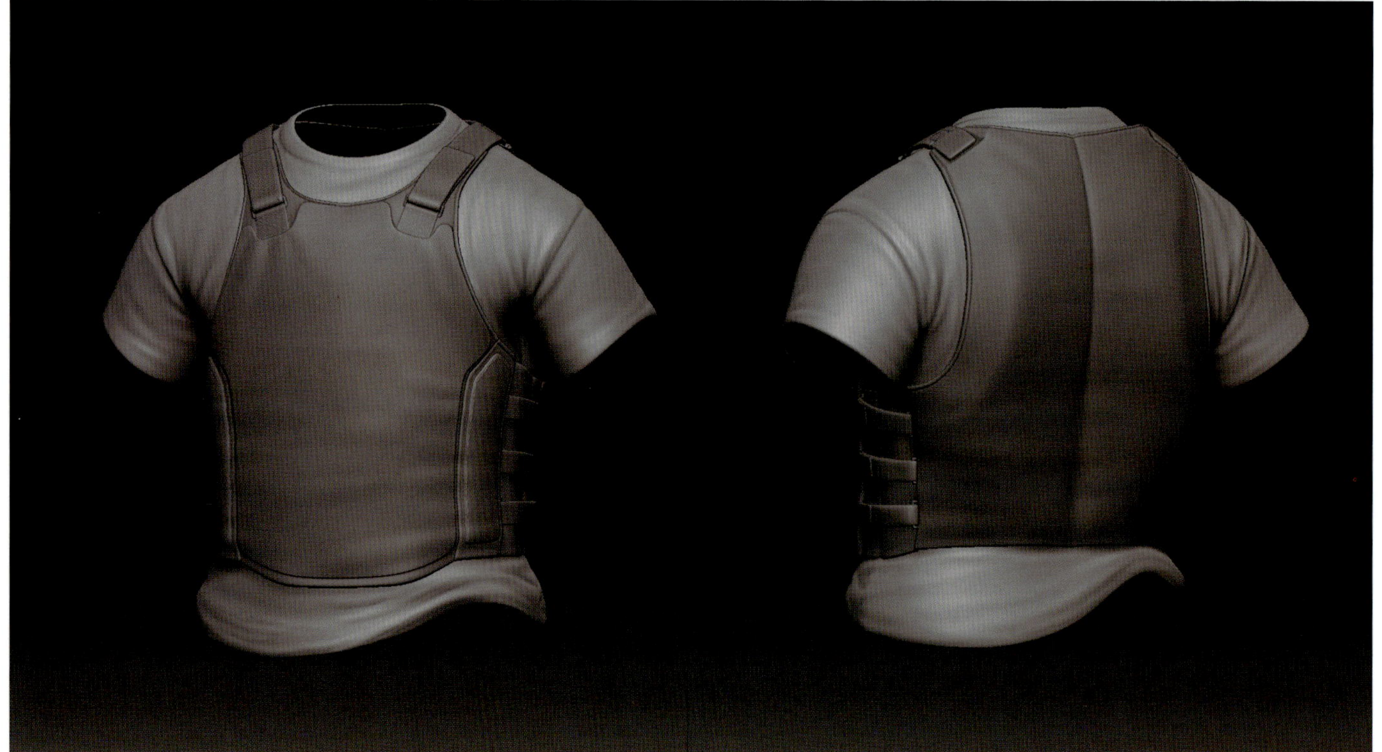

18 머리와 팔 파일들을 불러오면 관련 툴들이 표시된다.

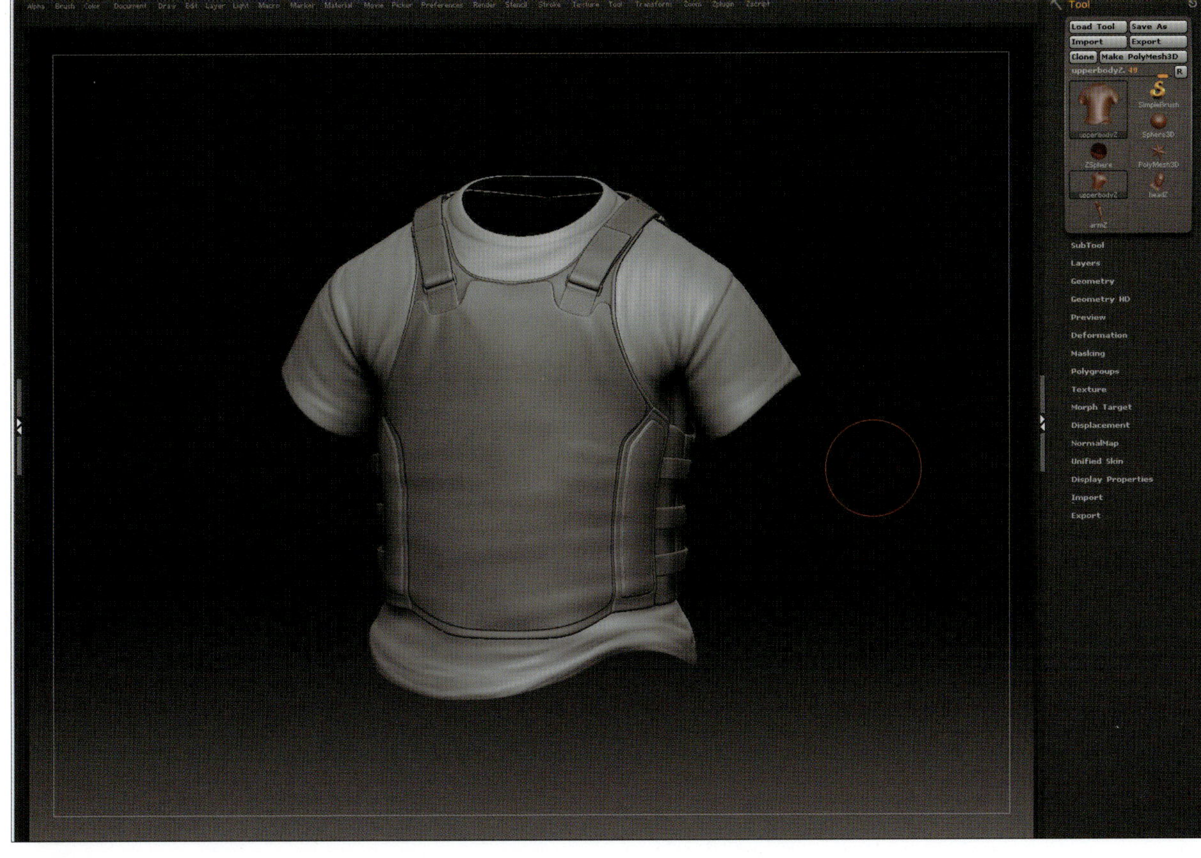

19 방탄조끼 툴이 선택되어 있는 상태이므로 머리와 팔 Tool들을 Subtool 〉 Append 한다.

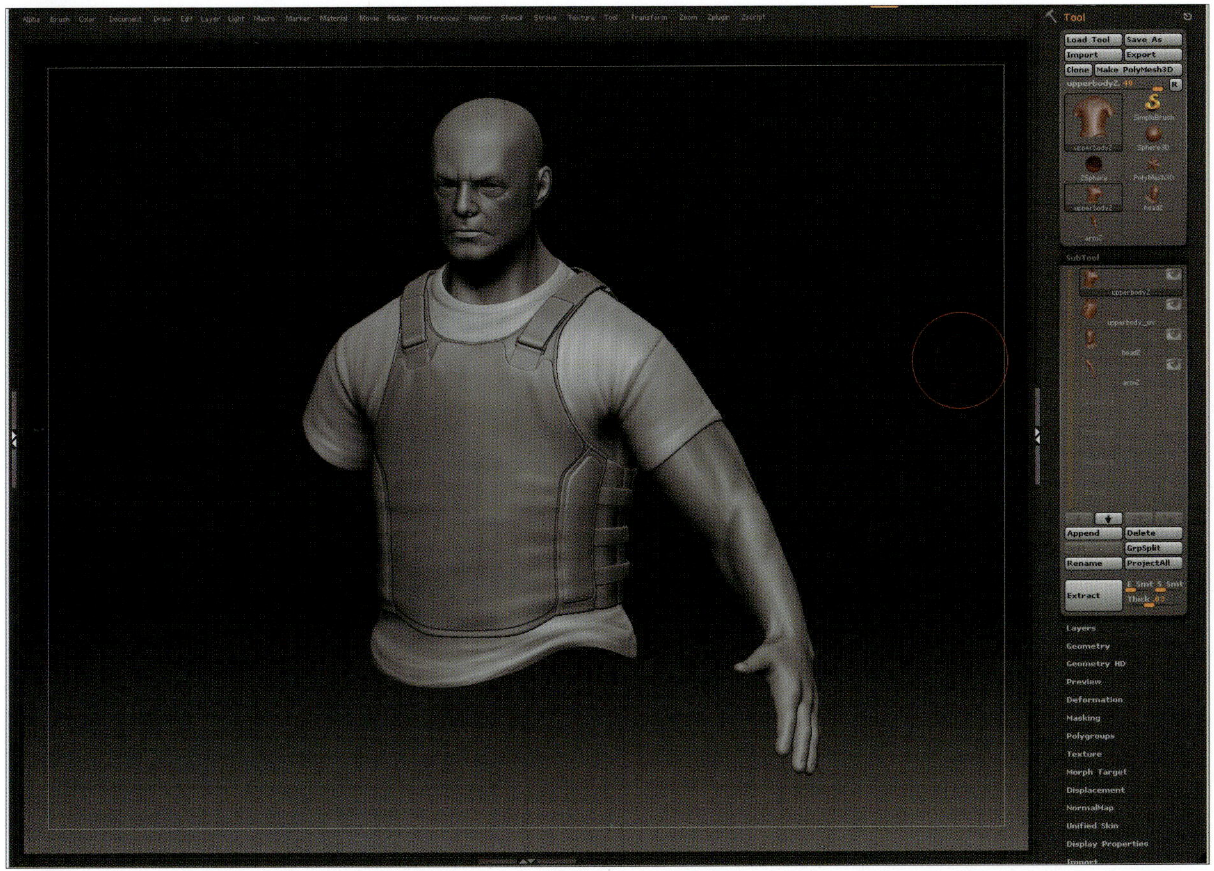

356

20 팔은 한 쪽밖에 없다. 이런 경우처럼 Subtool 하나를 Mirror하고 싶을 때 Subtool master를 활용한다. 팔 Subtool을 선택한 상태로 Zplugin 탭에서 Subtool master를 클릭한다.

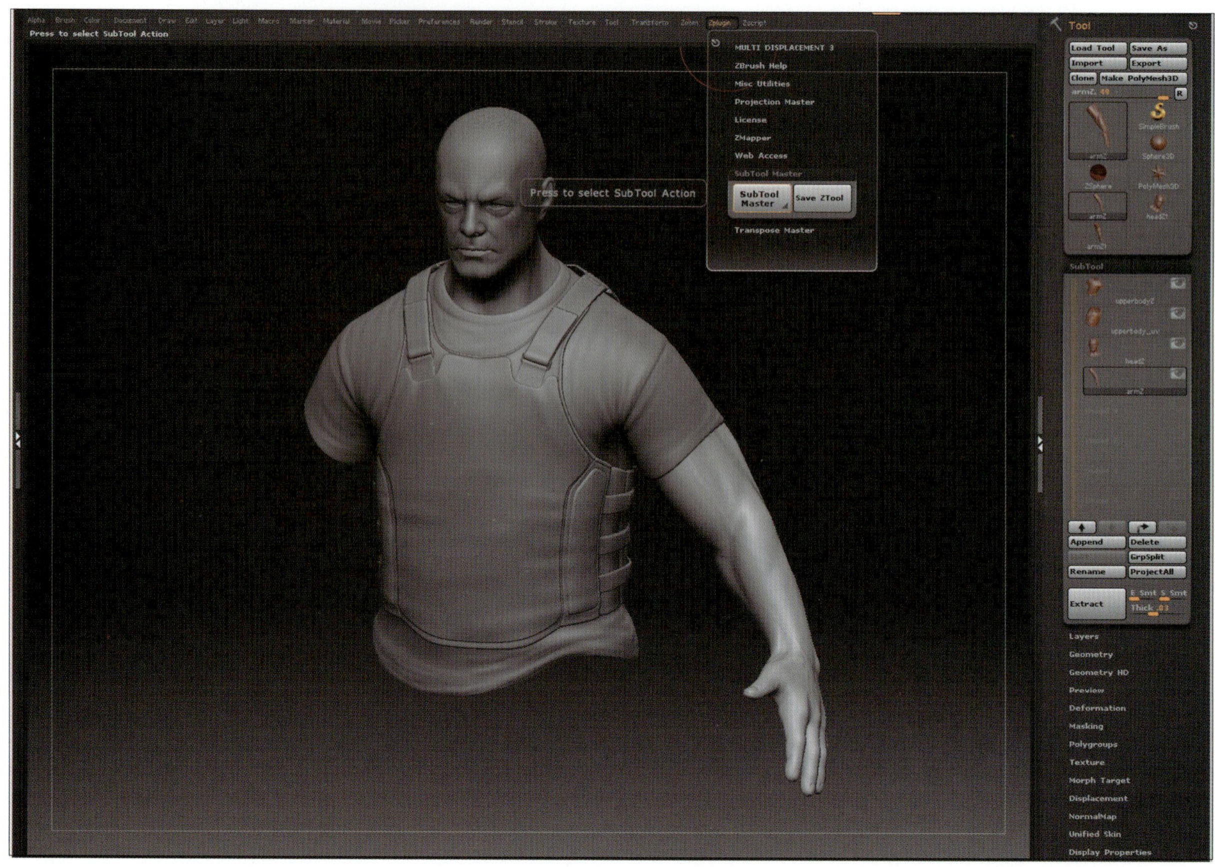

21 왼쪽으로 여러 가지 메뉴들이 나타난다. Mirror 기능이 지금 우리가 찾는 기능이다. Merge 기능 또한 주목할 만한 기능이다. Merge는 모든 Subtool을 하나로 합친다.

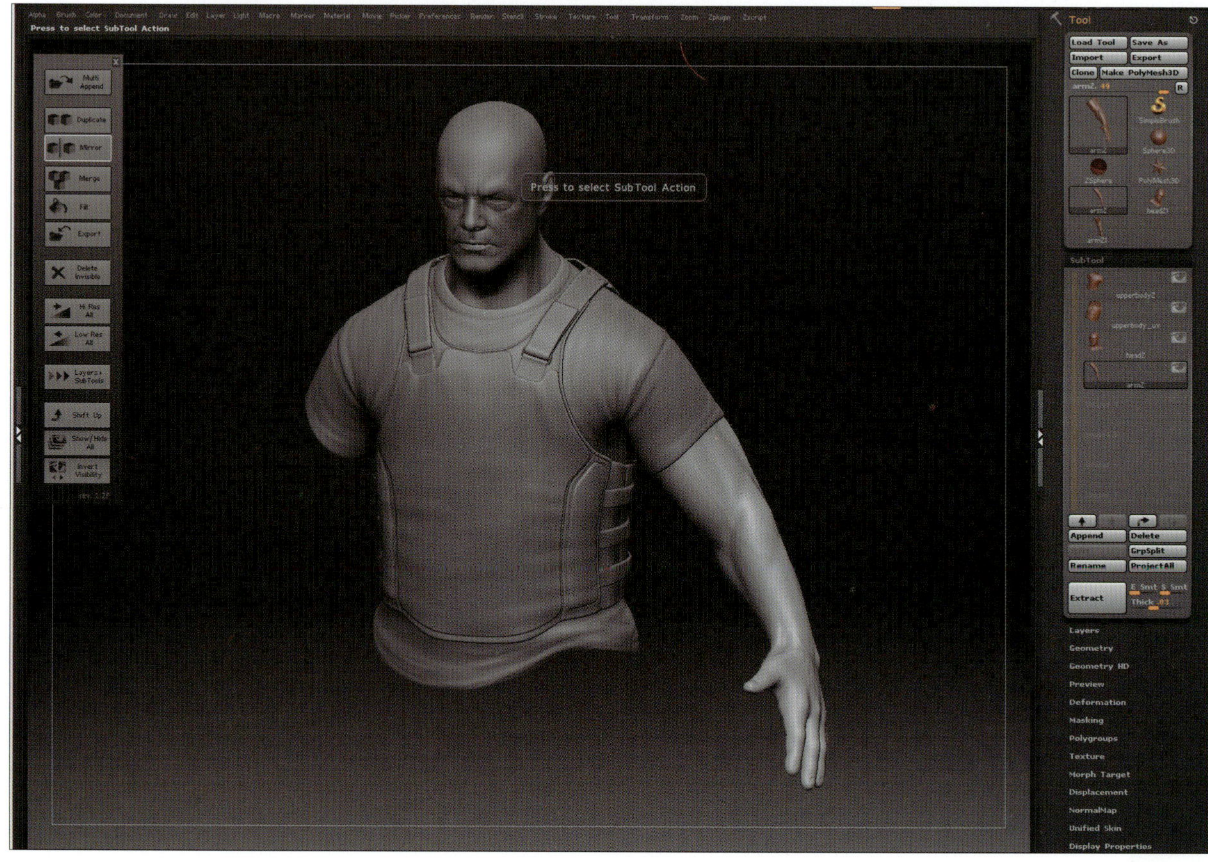

22 Mirror를 클릭하면 그림과 같은 메뉴가 나타난다. Mirror해서 하나의 Subtool로 만들지 아니면 별도의 Subtool로 생성할지 묻는 것이다. 당연히 하나의 Subtool로 합치는 옵션을 선택하고 OK를 클릭한다.

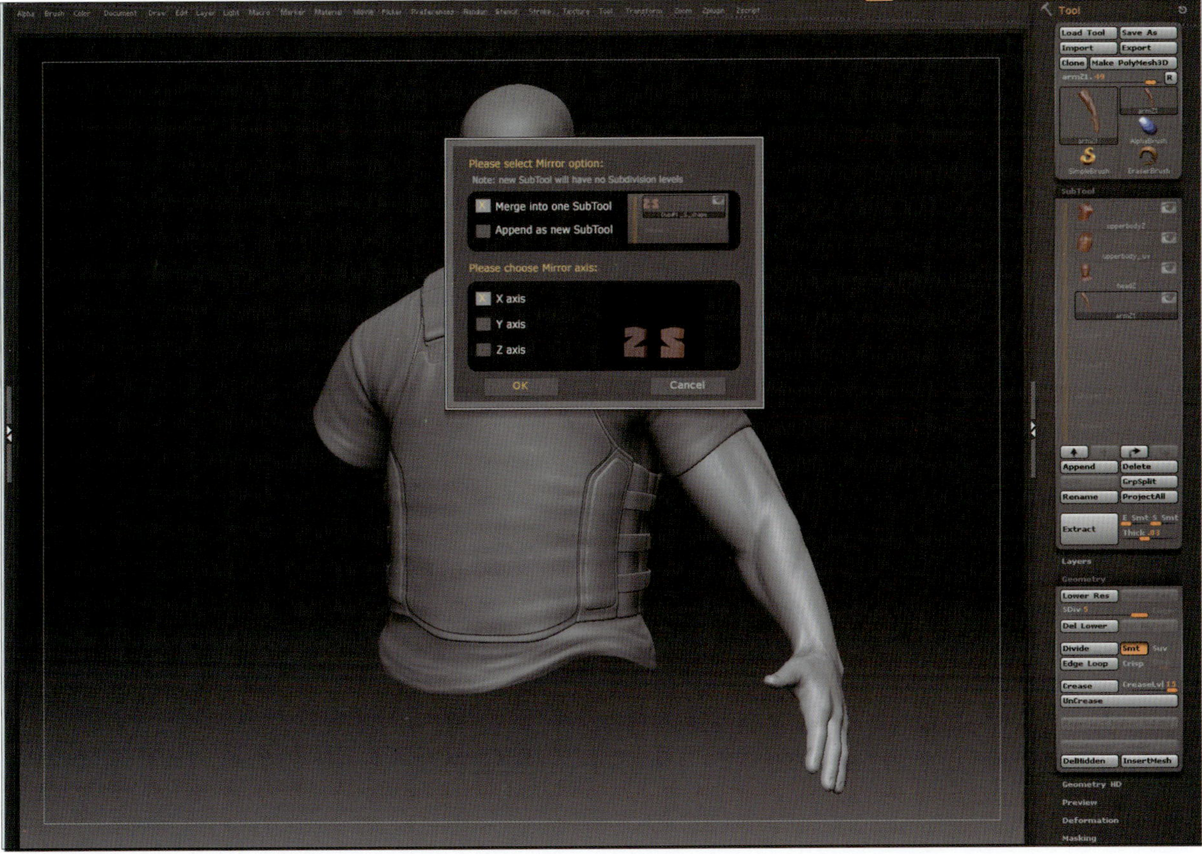

23 Subtool master의 큰 제약 중 하나는 바로 Sub-d 레벨들이 Collapse(합쳐짐) 된다는 것이다. 보다시피 Mirror된 팔 Mesh의 Sub-d 레벨이 아예 없어졌다.

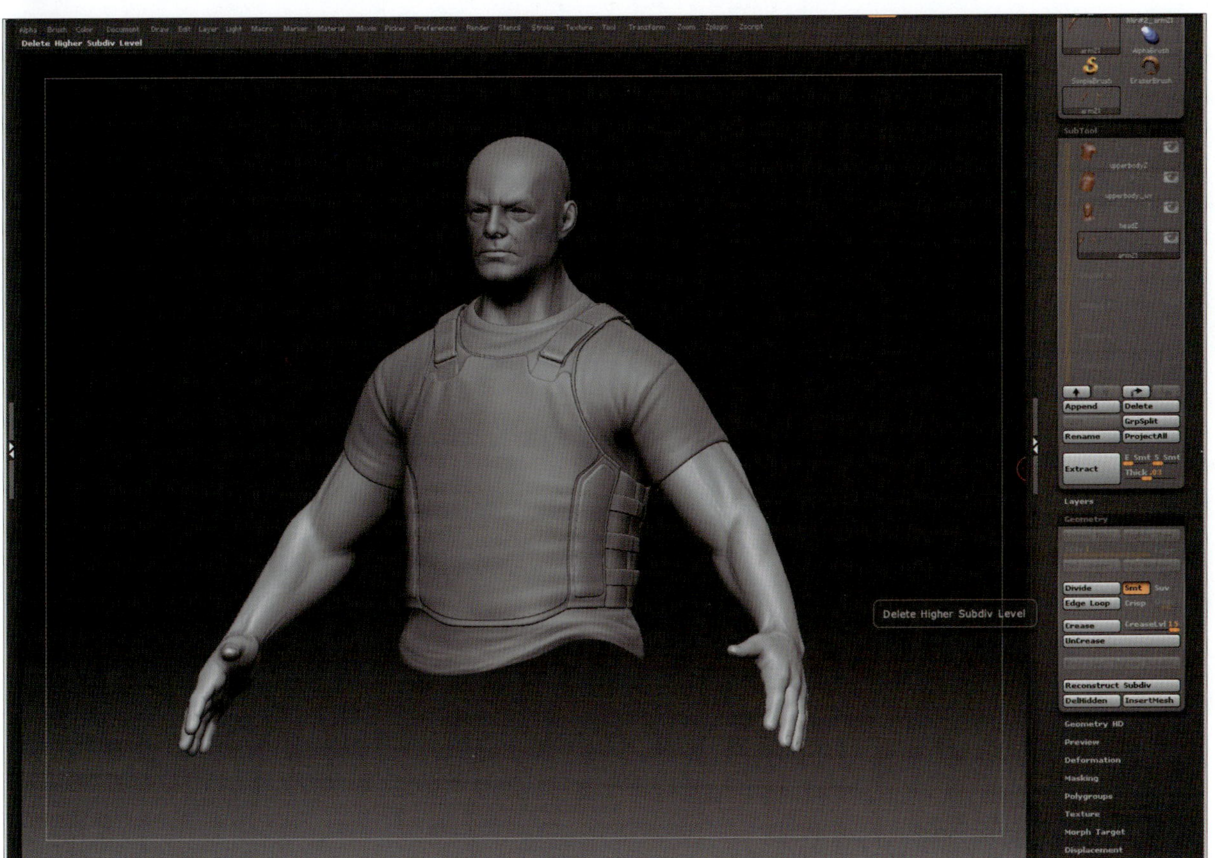

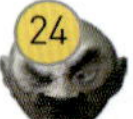

24 지금 이 팔의 경우 Tool 〉 Geometry 〉 Reconstruct Sudiv Surface를 클릭하는 것으로 Sub-d 레벨들의 복원이 가능하다. 좋은 기능이지만 항상 제대로 작동하지는 않으므로 이 기능을 너무 믿지는 말자.

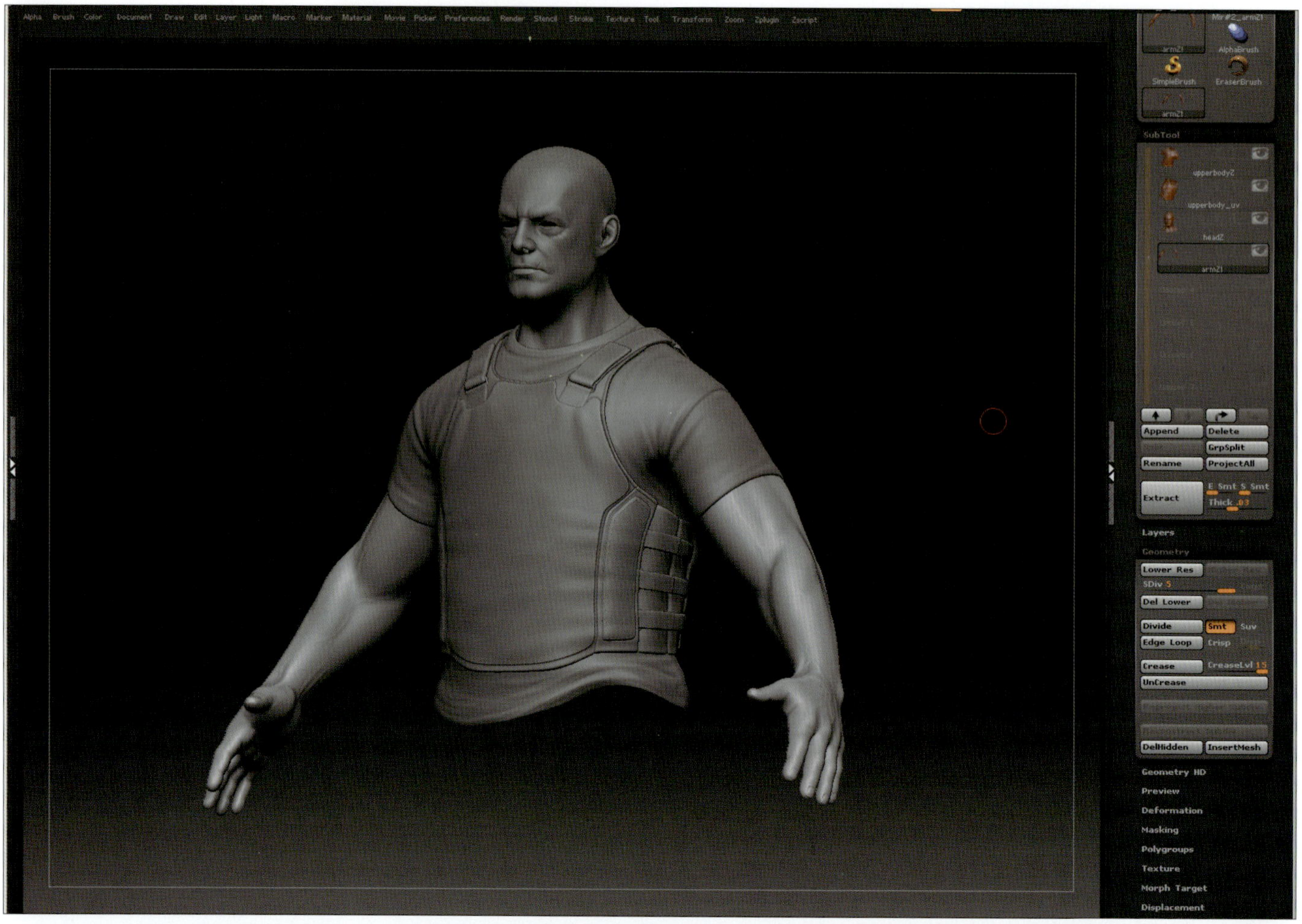

부록 DVD 파일

\ 3D캐릭터모델링 \ 나쁜경찰 \ 나쁜경찰_v.ZTL

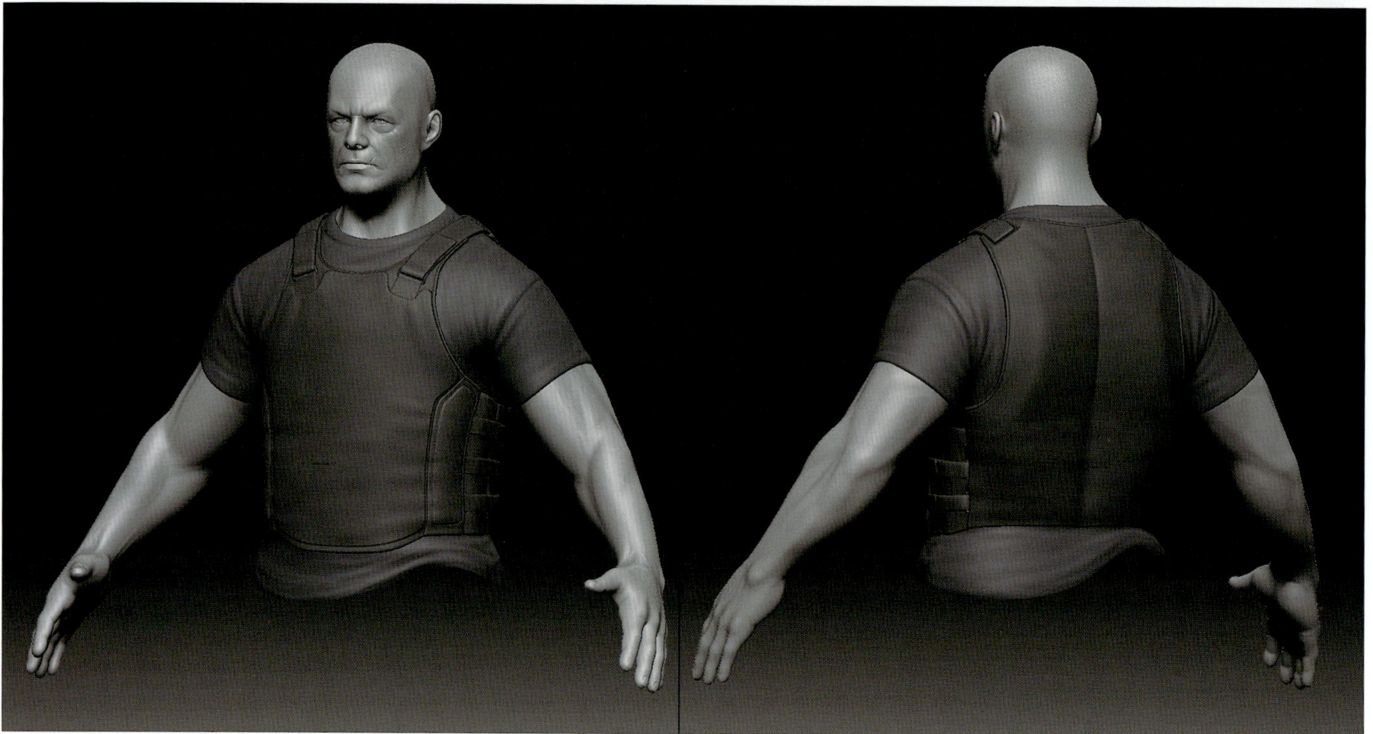

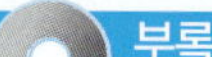

ZBrush에서 Sculpting하기

효과적인 바지 주름의 표현
04

3ds Max에서 기본 형태를 완성했던 바지를 Export하겠습니다. 바지는 바지 본체와 단추 등의 부수적인 부분들의 요소로 이루어져 있습니다.

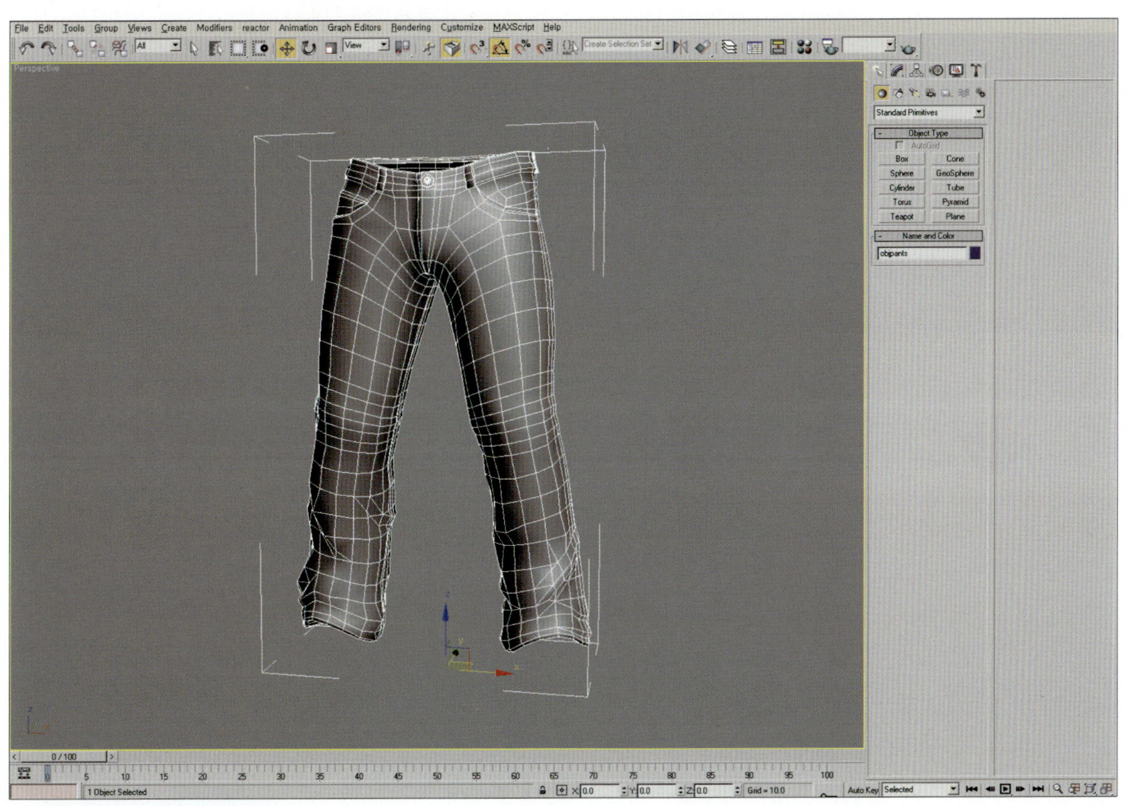

🔵 **부록 DVD 파일**
\ 3D캐릭터모델링 \ 나쁜경찰 \ 나쁜경찰_SC \ Jim_Pants.obj

복수의 오브젝트를 Export / Import할 때와는 달리 Frame을 켜 봐도 별도의 Polygroup이 표시되지 않는다. 단추나 벨트 끼우는 고리와 같이 무의미한 부분이 바지 전체와 함께 과도하게 Sub-d 되는 것을 바라지 않기 때문에 Polygroup을 나눠보도록 하겠다.

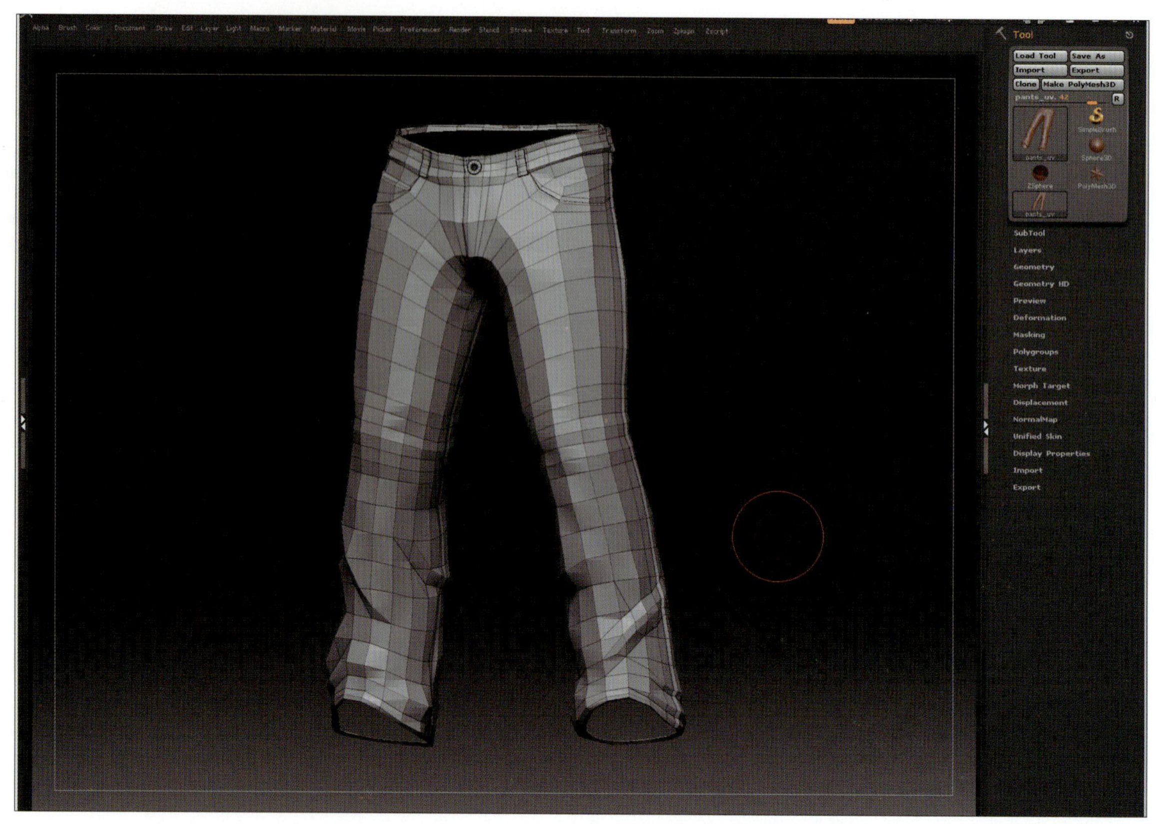

Polygroups의 Auto groups 버튼을 클릭하면 서로 연결되어 있지 않은 폴리곤 덩어리들에 자동으로 Polygroup을 지정하게 된다.

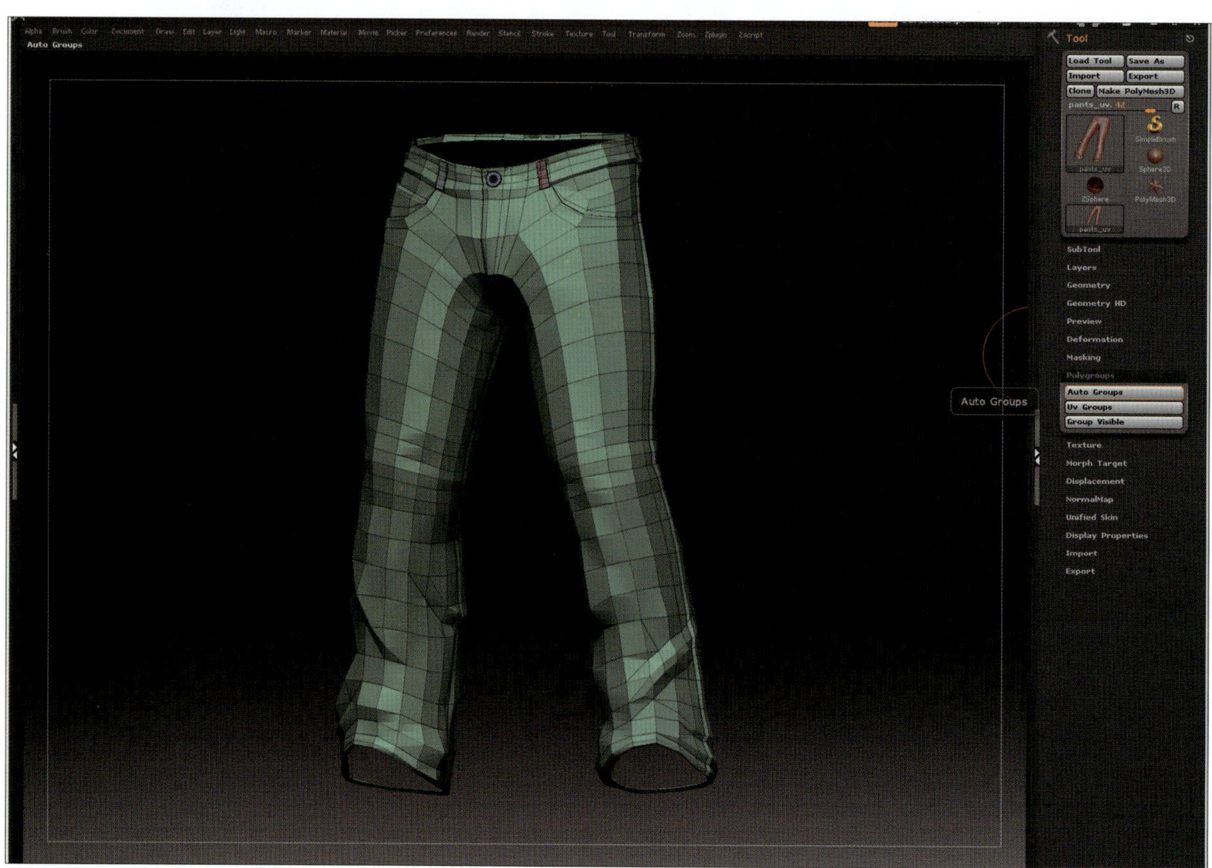

 **03** 바지 본체를 Shift + Ctrl 을 누른 채 클릭하여 바지의 작은 부속품들을 숨기고 Split 버튼을 클릭하여 그것들을 별
도의 Subtool로 떼어낸다.

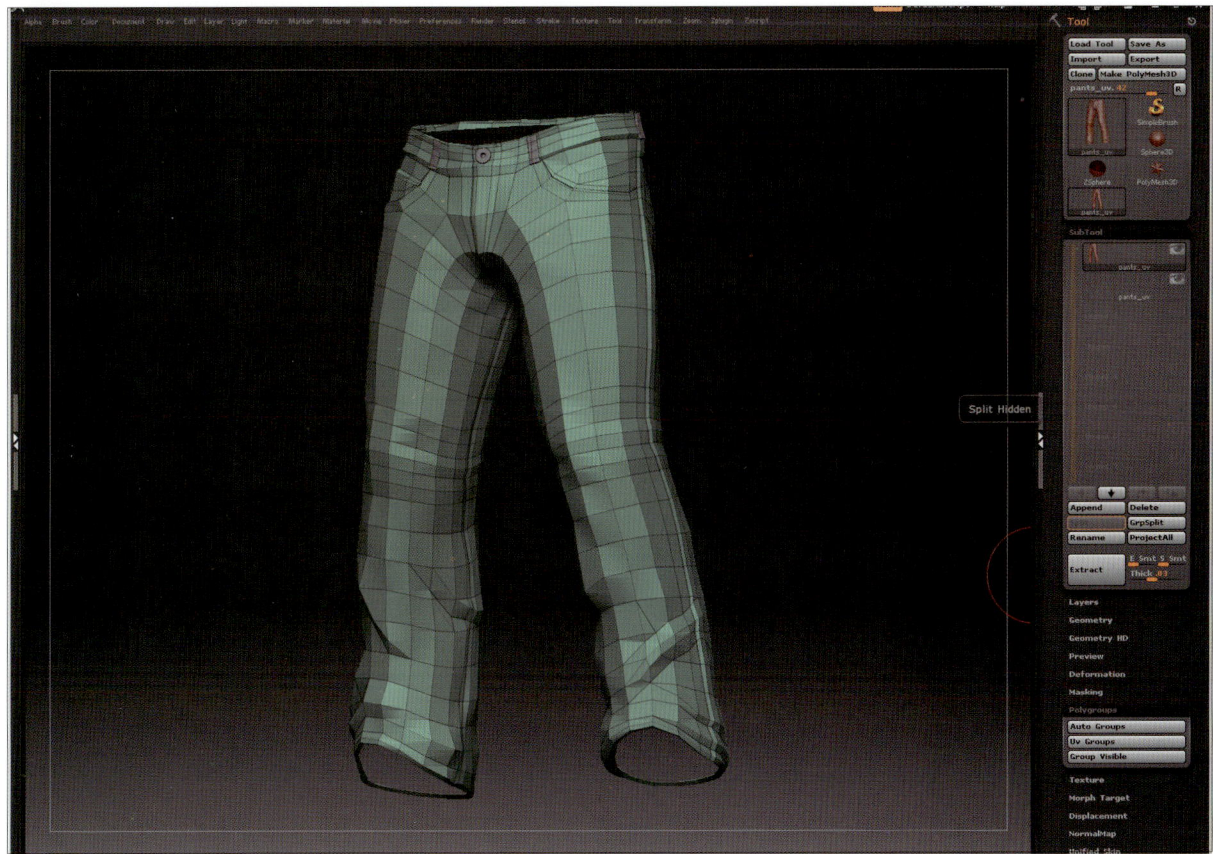

 **04** 바지 본체에 충분한 Sub-d를 준다. Subtool로 떼어낸 부분들은 2~3 정도의 Sub-d면 충분하다.

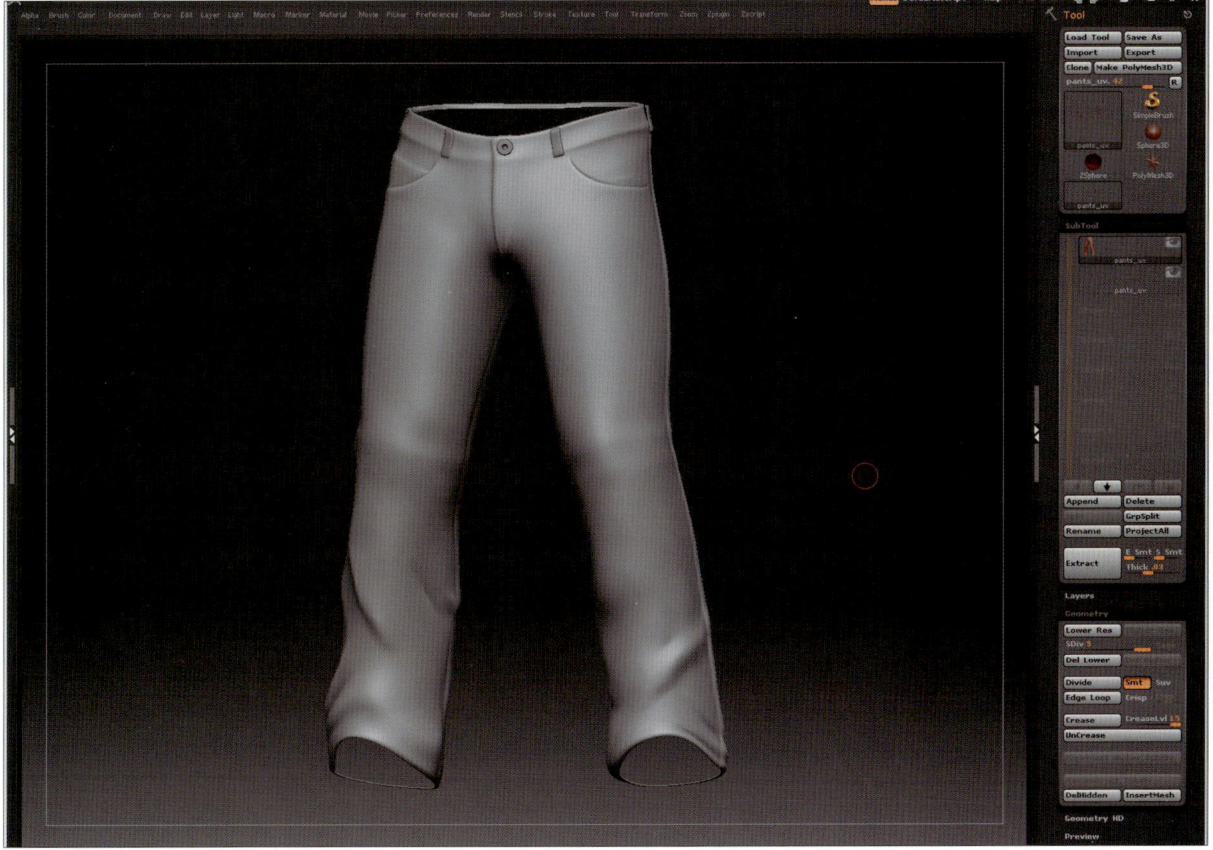

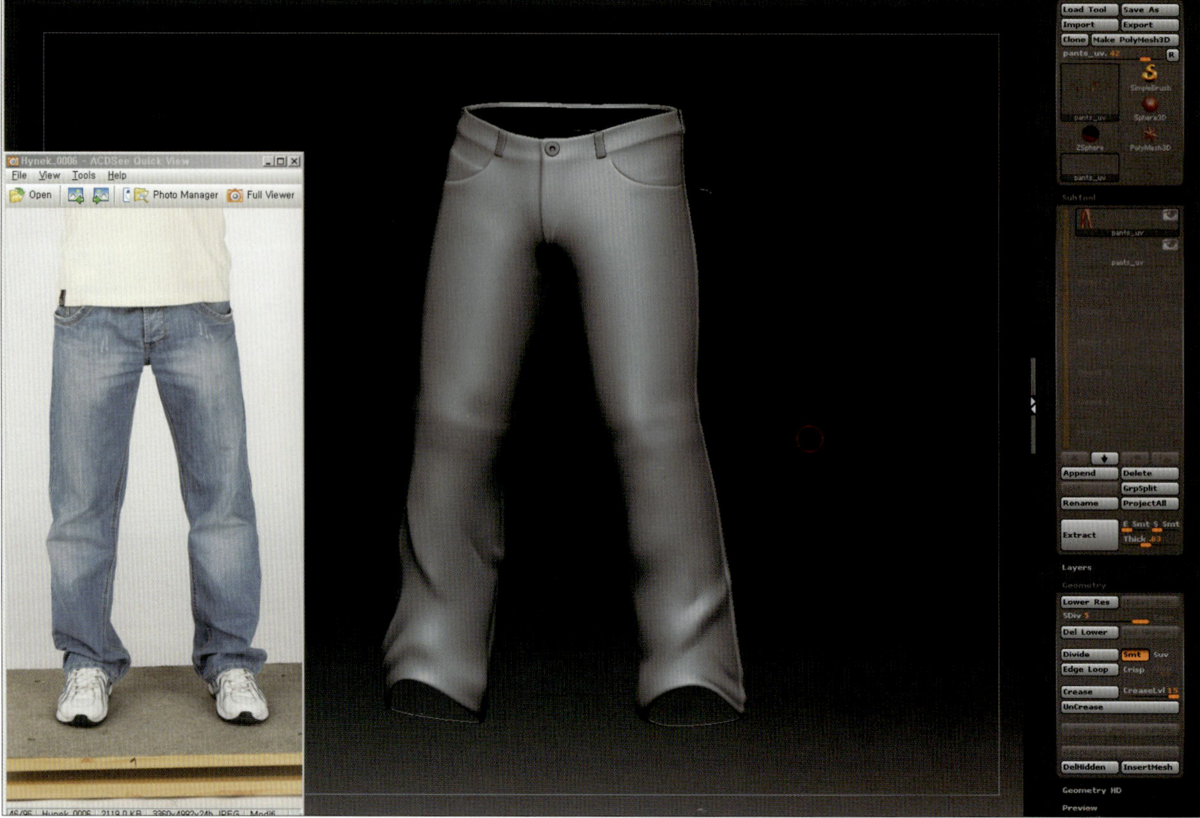

 06 사진을 참고하면서 과감하게 기초 라인을 그린다.

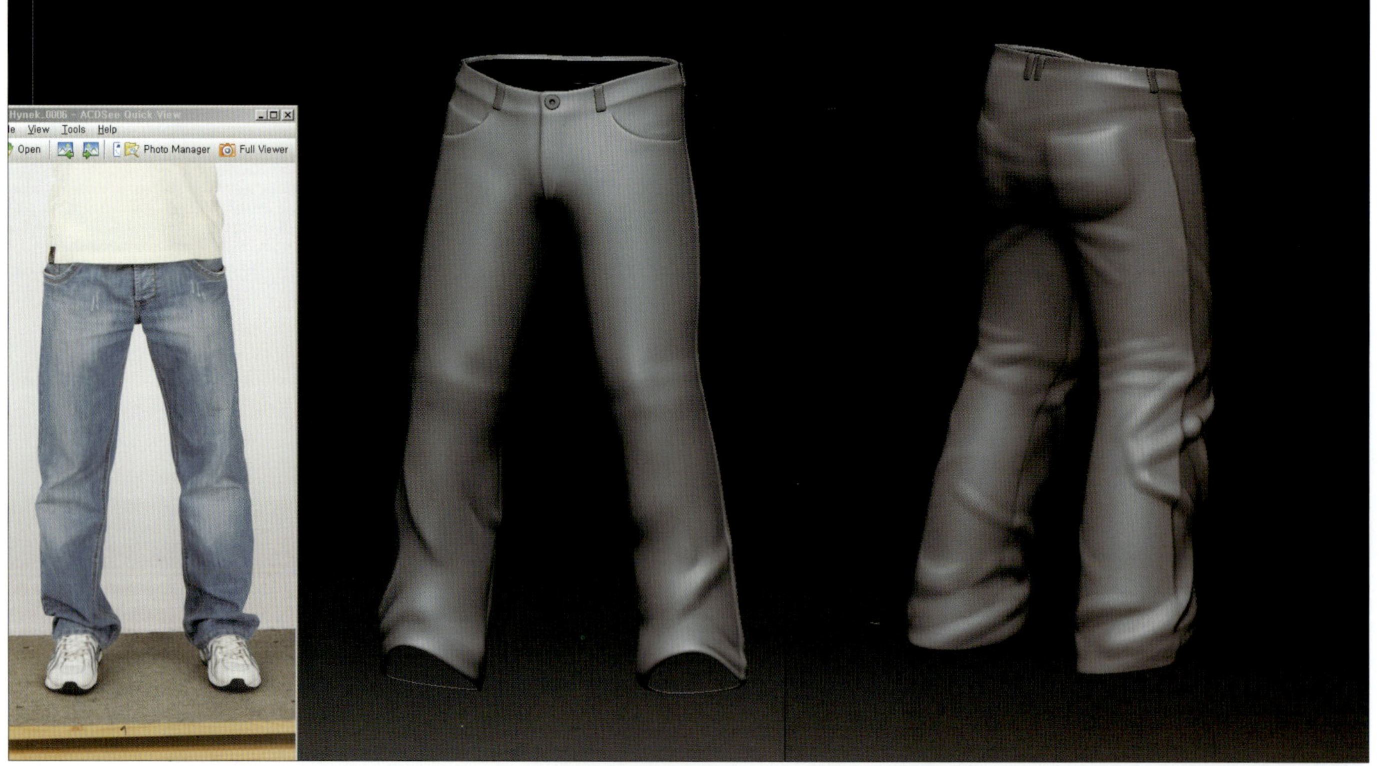

 **07** Smooth 브러시로 부드럽게 한다.

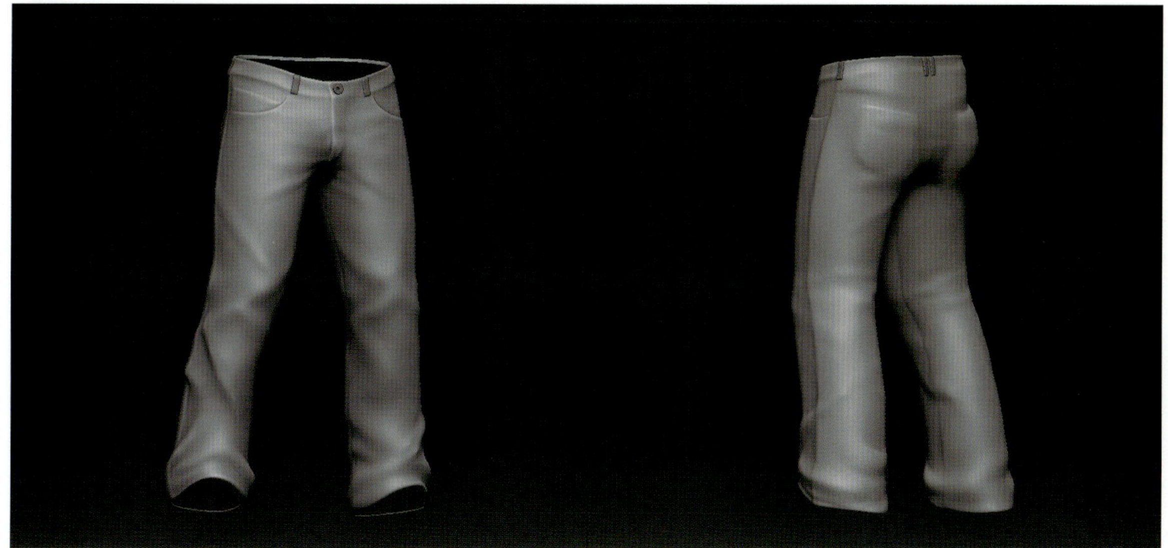

 **08** 이번에는 Alt 를 누른 채 음각 디테일을 넣는다.

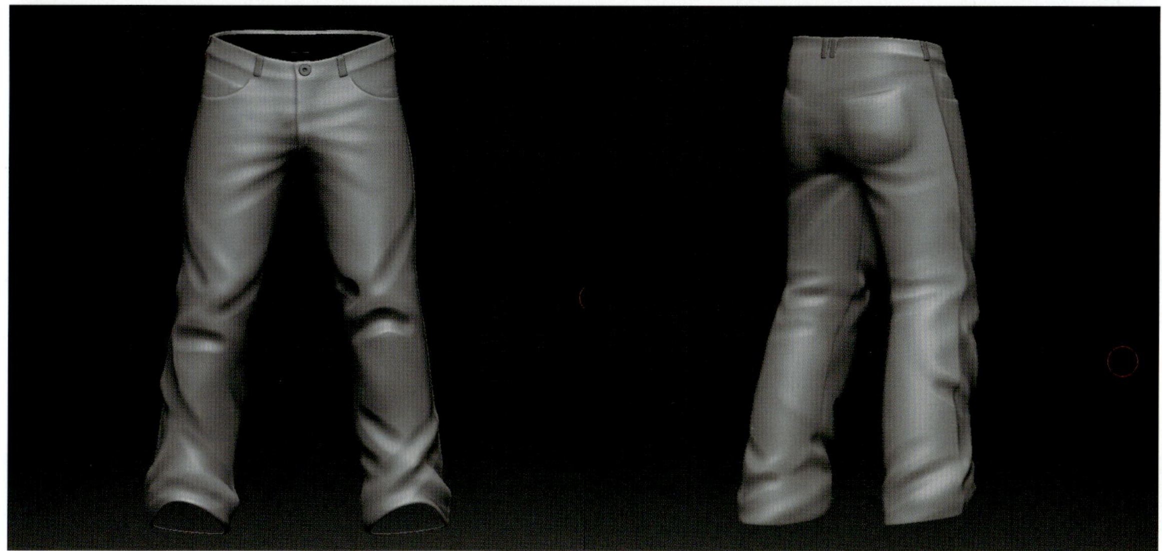

 **09** Smooth 브러시로 부드럽게 해준다.

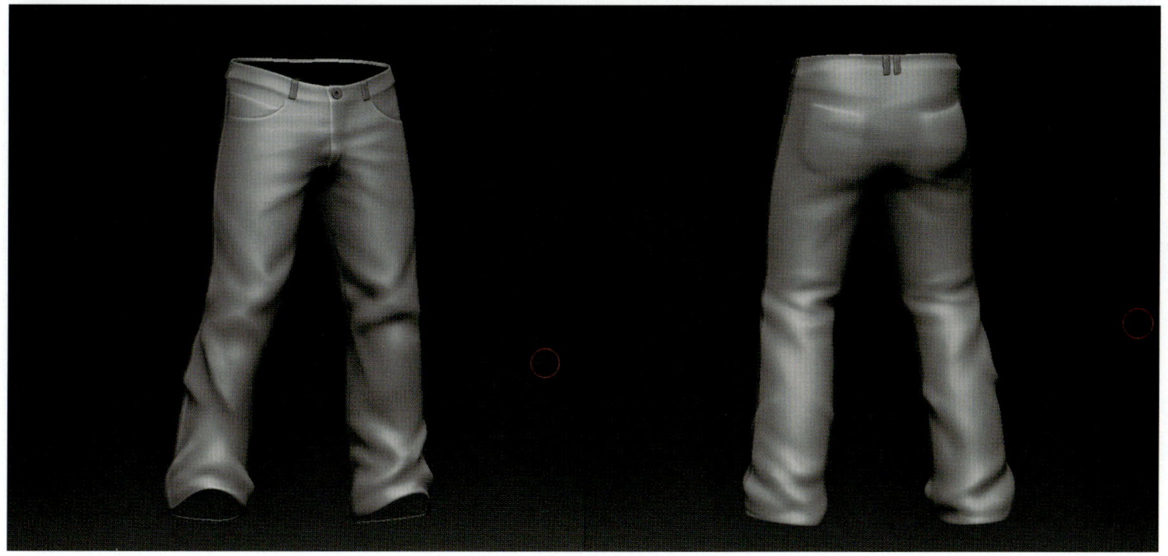

364

10 Standard 브러시를 사용하여 바지 디테일의 외곽선 부분들 선명하게 덧그린다.

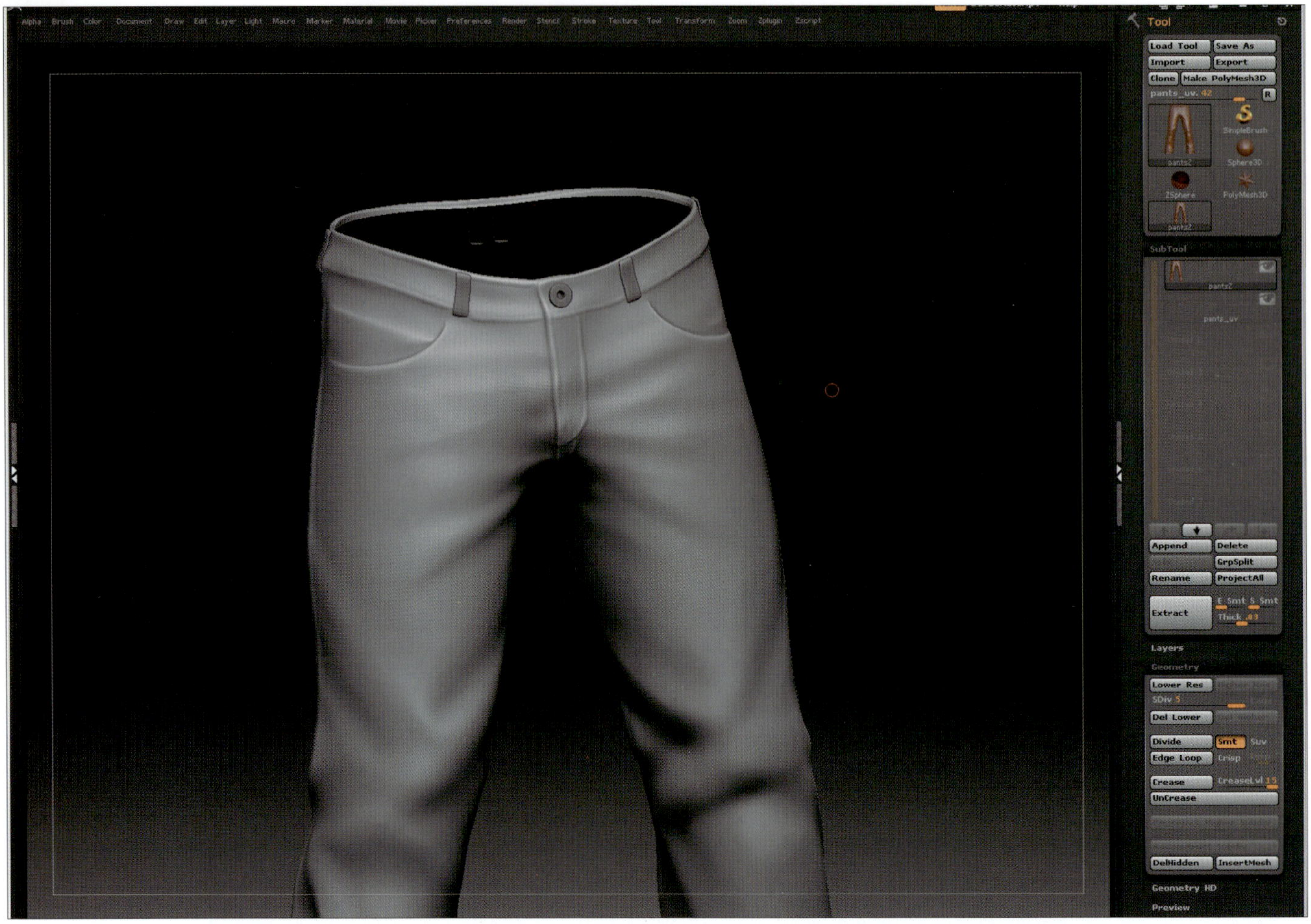

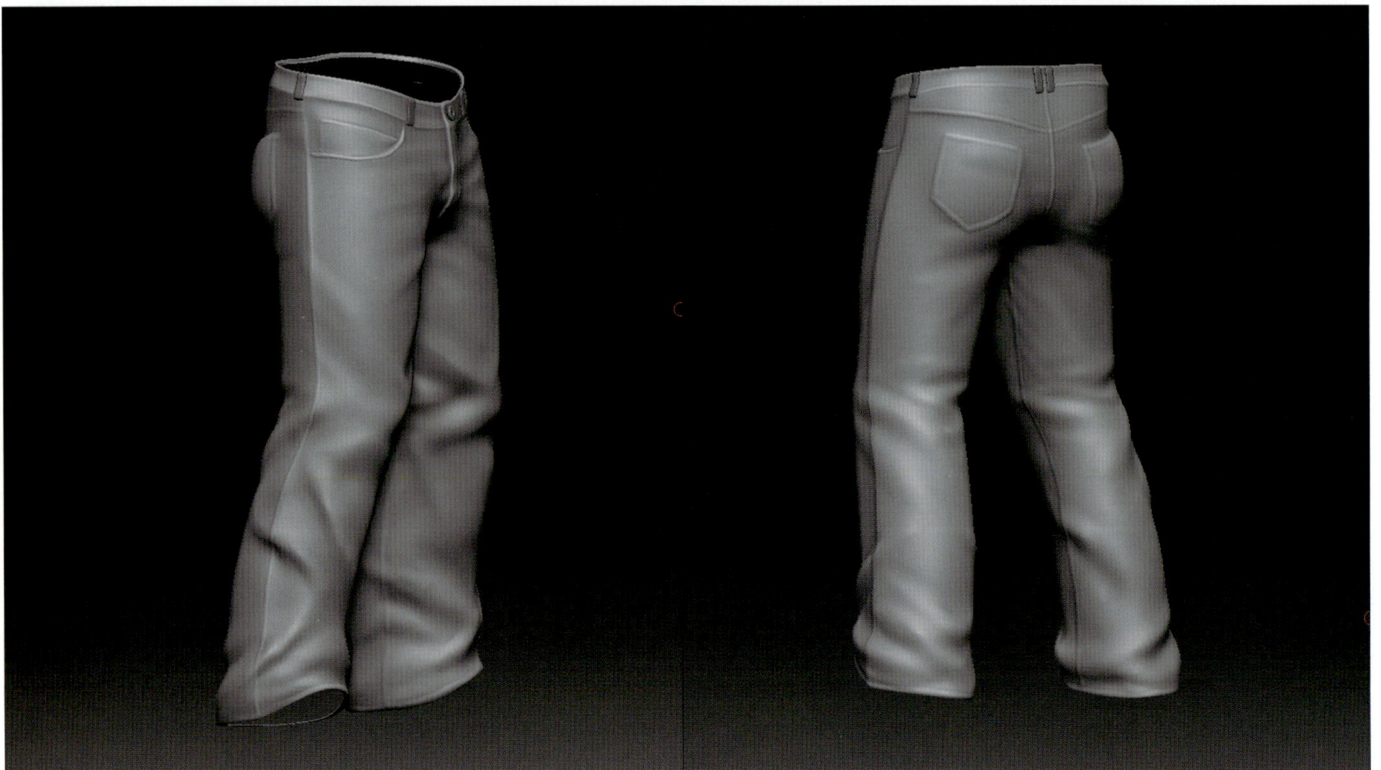

11 전체적으로 적용된 모습. 조금씩 우리가 알고 있는 바지의 모습에 가까워지고 있다.

 Standard 브러시로 덧그린 외곽선(왼쪽)의 한쪽만 Smooth 브러시로 깎는 모습(오른쪽).

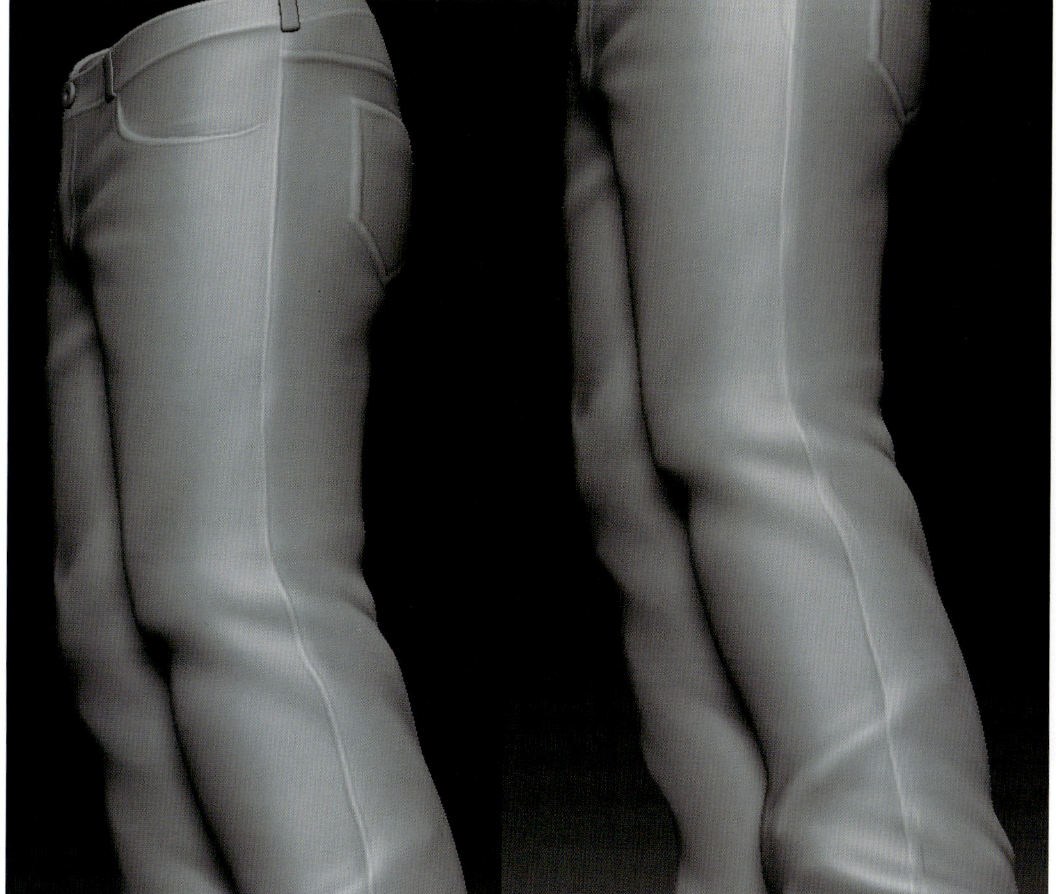

체크하세요!

Standard 브러시로 그린 선을 Smooth 브러시로 한쪽 방향만 깎는 방식의 예. 결과물이 깔끔하고 예쁘다.

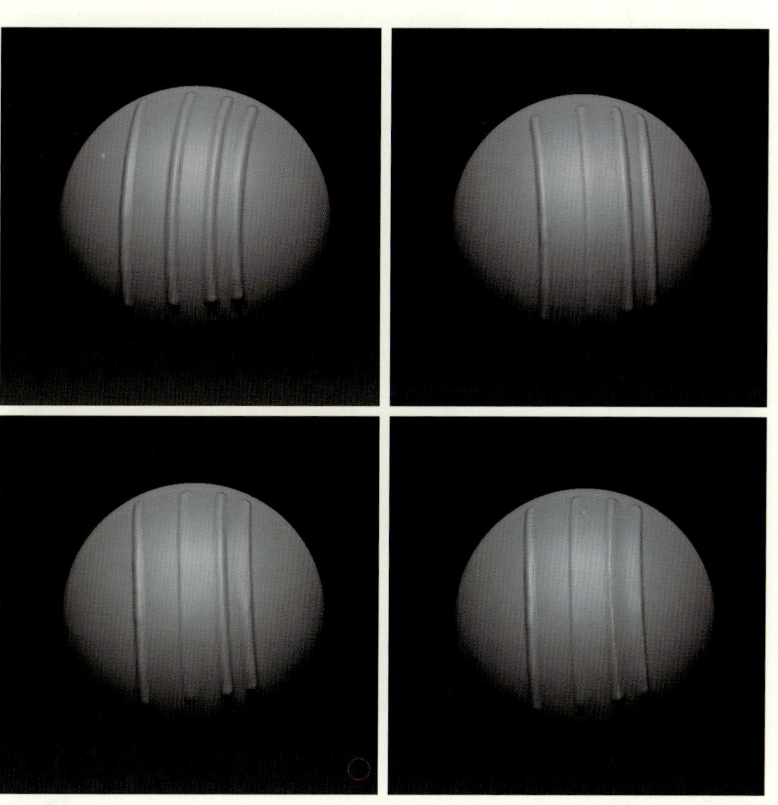

 선을 좀더 가다듬고 마무리한다.

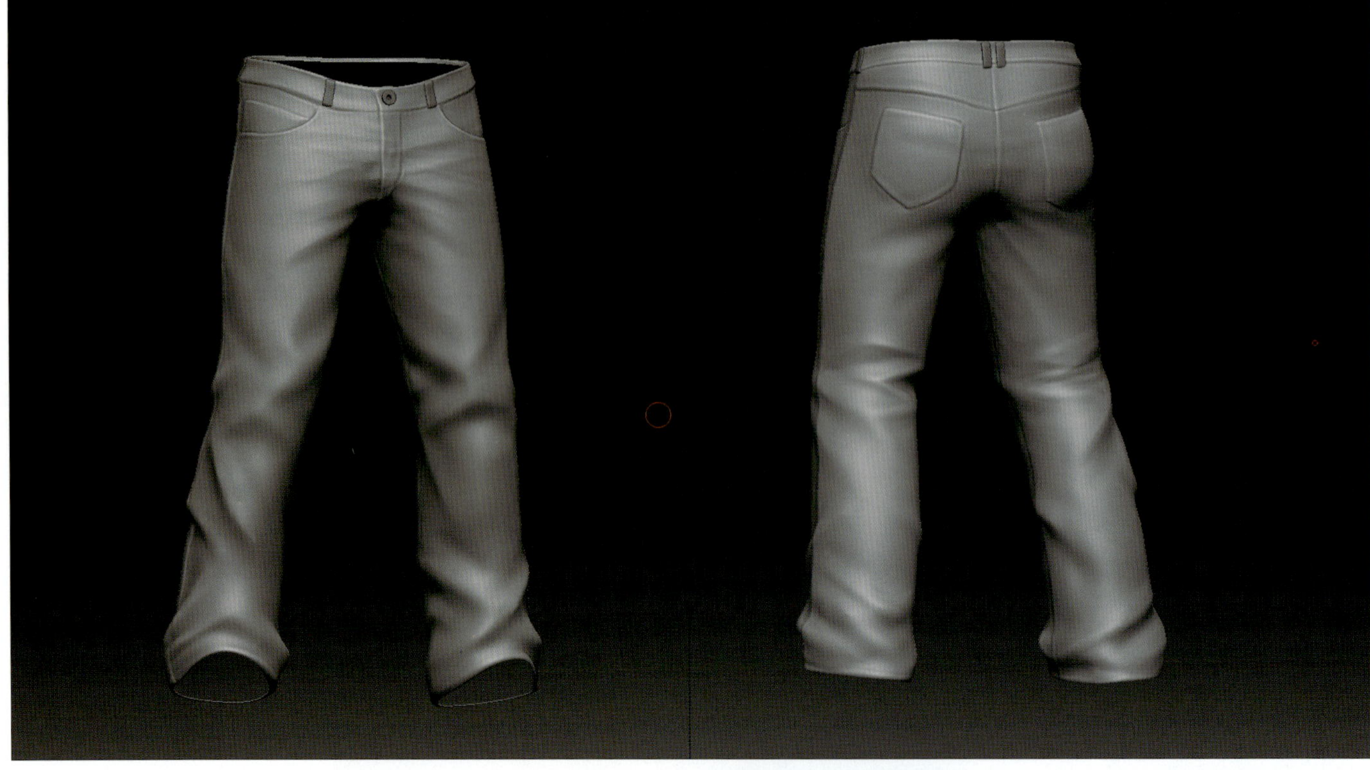

체크하세요!

'만약 Sculpting 혹은 폴리페인팅을 UV 없이 했다면 어떻게 해야 하나?'
'만약 Sculpting 혹은 폴리페인팅을 UV 없이 했다면 어떻게 해야 하나?' 저는 늘 이것에 대해서 막연히 궁금하고, ZBrush 작업에 시간을 많이 쓰면서 그것이 모두 헛수고가 되는 것일까 궁금해하곤 했습니다. Jim의 팔뚝을 가지고 실험을 해 보겠습니다.

(현재 보이는 Jim의 팔은 이미 UV가 존재하는 상태이다.) 실험을 위해서 간단히 폴리페인팅을 한 모습이다. 이것을 UV 없이 일단 Sculpting과 폴리페인팅을 거친 Mesh라 가정하자.

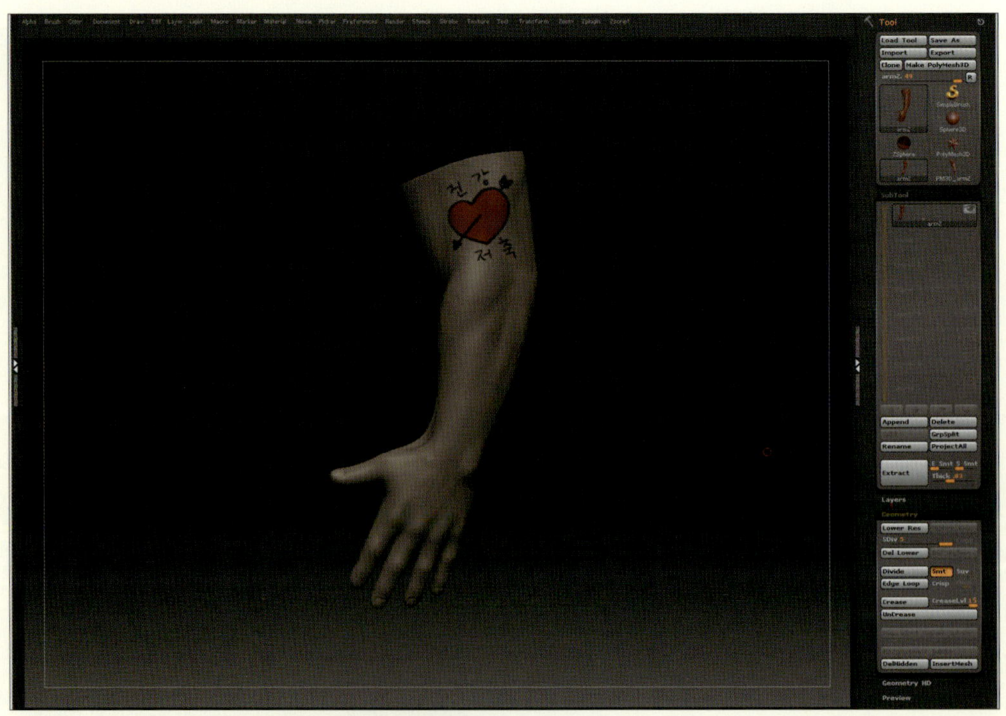

팔의 제일 낮은 Sub-d를 Make polymesh3d를 클릭해 별도의 Mesh로 만들고, 이것이 UV를 펼쳐서 가져온 Mesh로 가정하겠다. 이러한 조건하에서 우리가 원하는 것은 UV를 펼쳐서 가져온 Mesh로 Sculpting 정보와 폴리페인팅 정보를 그대로 프로젝트하는 것이며, 그것은 다음의 과정을 통해 간단히 처리될 수 있다.

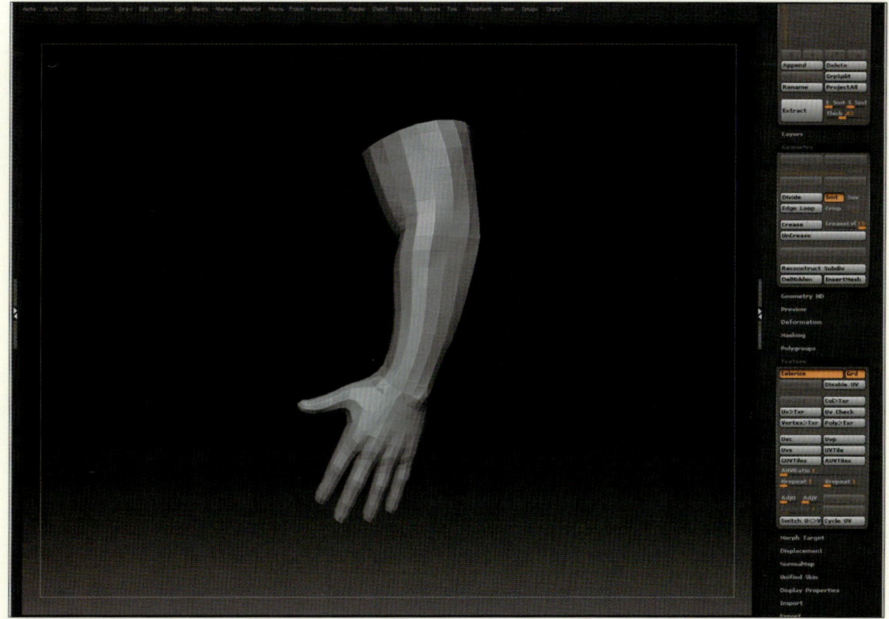

UV가 있는 팔을 Tool 〉 Texture 〉 Colourize와 Enable UV를 켜고 Sculpting / 폴리페인팅된 팔을 Append 한다. 기본은 동일한 Mesh이므로 서로 거의 완벽하게 겹쳐지며, 디테일 프로젝트에 있어 이것은 매우 중요한 조건이 된다.

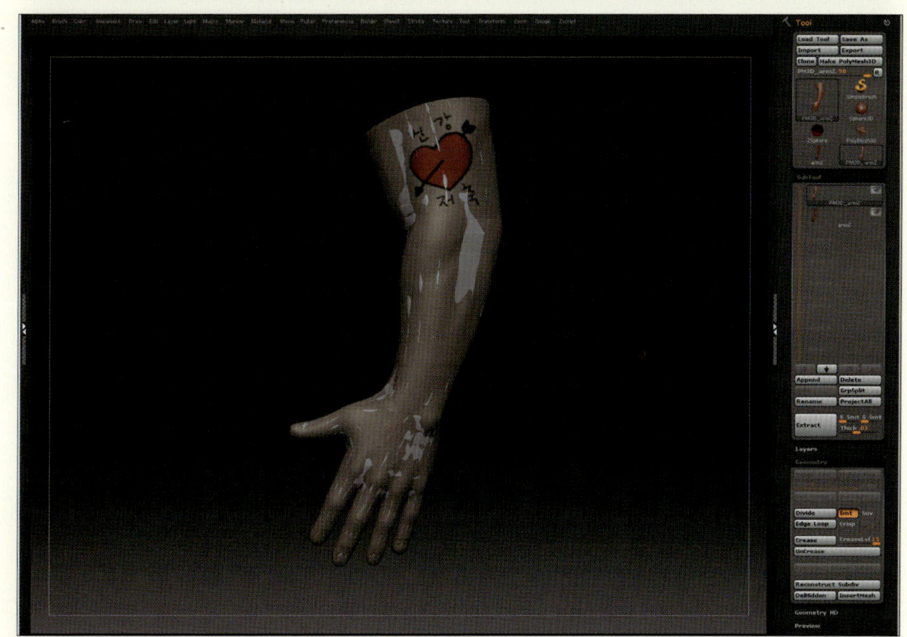

UV가 있는 팔의 Sub-d를 Sculpting / 폴리페인팅된 팔과 동일하게 5로 맞춘다.

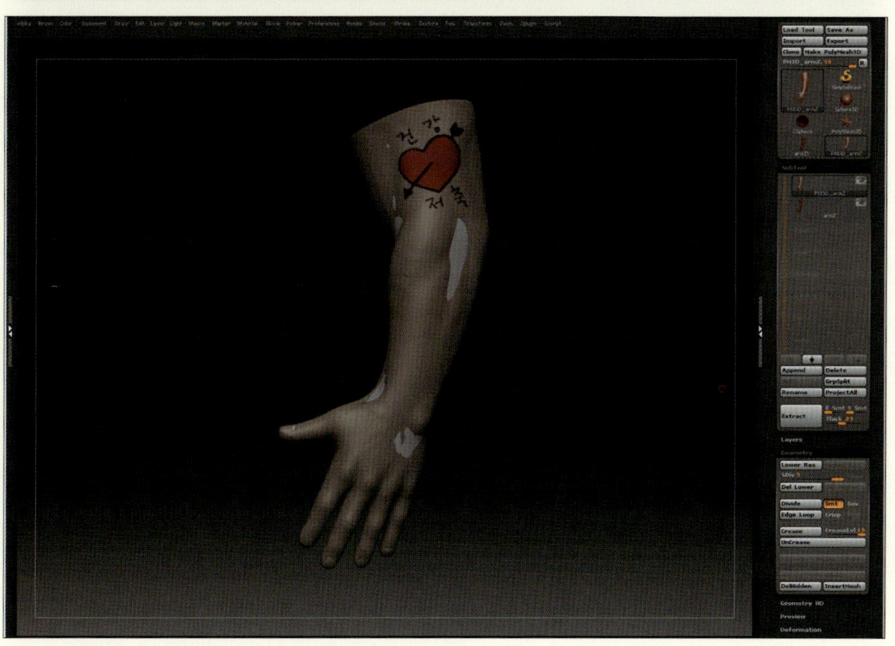

Game Character Design Master

03 Tool 〉 Subtool 〉 Project all을 클릭하면 끝난다.

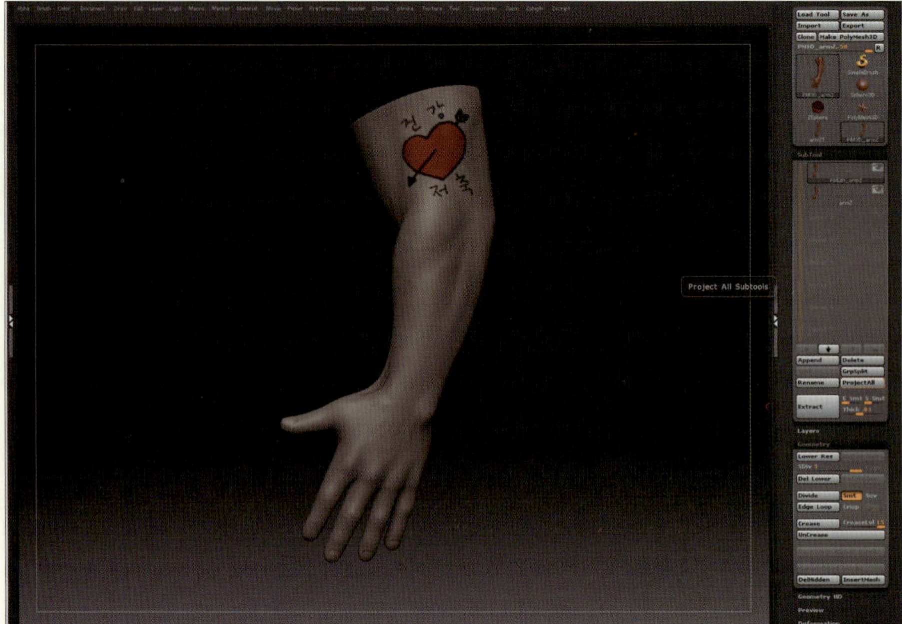

04 Sculpting / 폴리페인팅 된 Mesh를 숨겨 보면 그것의 디테일들이 완벽하게 프로 젝트된 것을 알 수 있다.

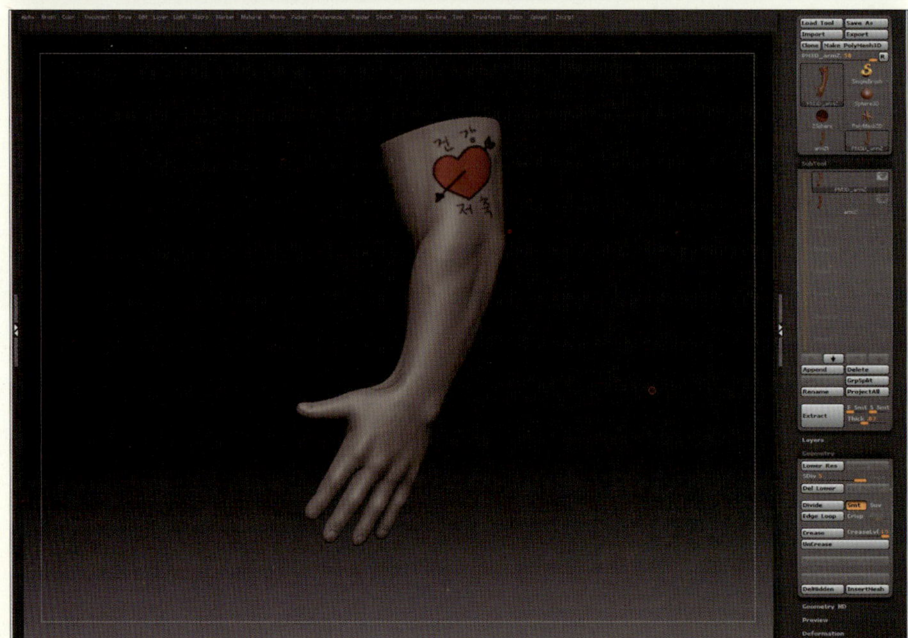

이렇게 프로젝트된 폴리페인팅을 텍스쳐로 전환 하려면 어떻게 해야 할까?

Tool 〉 Texture의 버튼 중에 Col 〉 Txr(폴리페인 팅을 텍스쳐로)와 Txr 〉 Col(텍스쳐를 폴리페인팅 으로) 버튼을 사용하여 양방향으로의 전환이 가 능하다. 원하는 텍스쳐 사이즈의 빈 텍스쳐를 하 나 지정하고 Col 〉 Txr를 클릭하면 그림에서처럼 지정된 텍스쳐 사이즈로 형성이 된다.

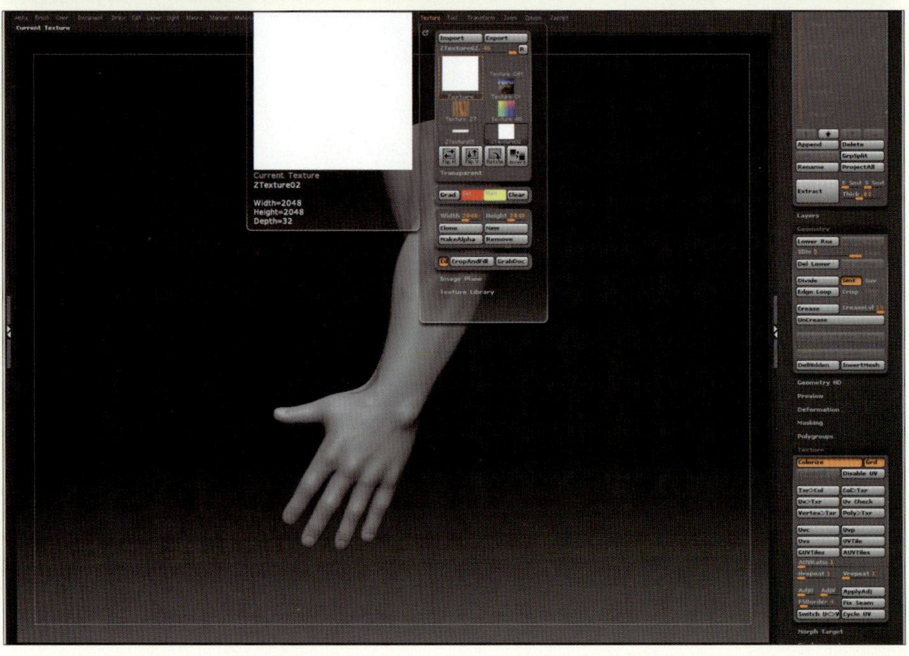

참고로, 빈 텍스쳐를 지정하게 되면 폴리페인팅은 더 이상 표시가 되지 않아 처음 다뤄보는 사람들을 당황하게 만들 수도 있지만 걱정할 필요는 없다. 폴리페인팅은 버텍스 컬러, 텍스쳐는 UV라는 것과 뷰포트에서 이 두 가지를 동시에 표시하지 못하는 것일 뿐이다. 텍스쳐를 Remove해 보면 폴리페인팅이 그대로 남아 있다는 것을 알 수 있습니다. 때문에 지금 이 그림처럼 회색/흰색으로 보이지만 Col 〉 Txr 버튼을 클릭하기만 하면 된다.

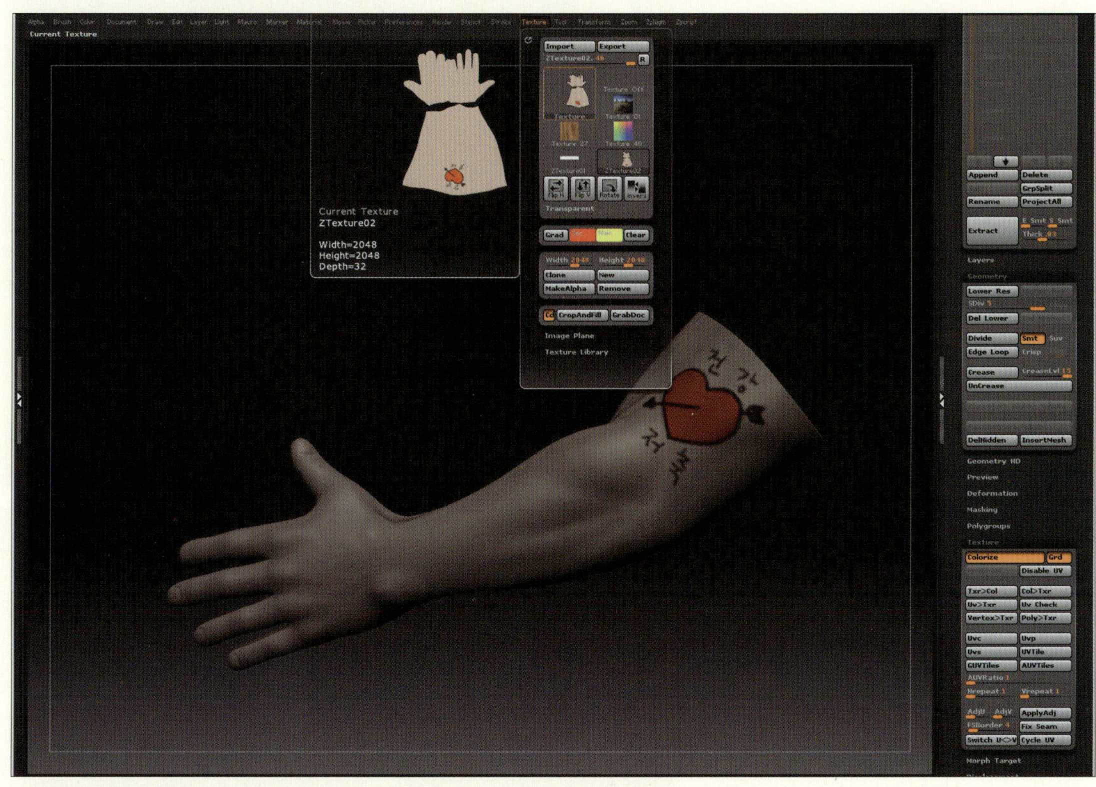

텍스쳐로 전환된 폴리페인팅.

3ds Max와 Maya와는 달리 ZBrush의 텍스쳐는 위 아래가 뒤집혀진 방향으로 설정됩니다. Texture 탭에 보이는 FlipV를 클릭한 뒤 Export하면 3ds Max나 Maya에서 사용되는 방향으로 Export되는 것입니다.

Sculpting 뿐 아니라 폴리페인팅과 텍스쳐 사이의 자유로운 변환이 우리에게 열어주는 활용 가능성들은 실로 대단합니다. 그 중에서 필자의 활용 예를 한 가지 더 보여드리겠습니다. 이 모든 것들은 텍스쳐링 단계에서 다시 자세히 살펴볼 계획입니다.

01 위의 과정들을 통해 생성된 텍스쳐를 Export하고 Photoshop으로 불러온 그림이다.

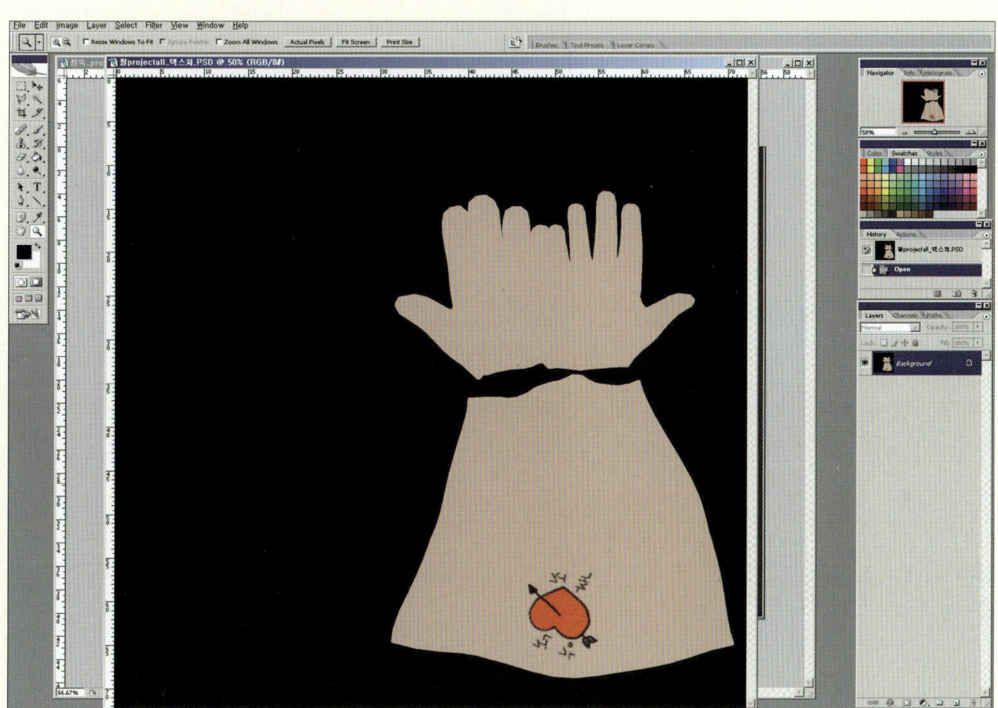

 **02** UV 경계선들에 자유롭게 색을 칠하고 저장한다.

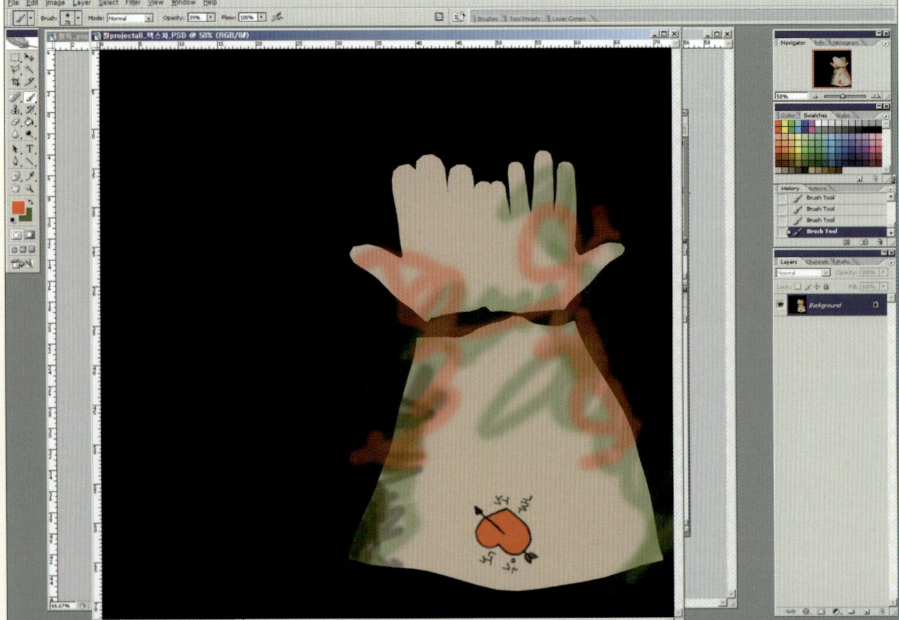

 **03** ZBrush에서 그 파일을 다시 불러오면 팔의 UV 경계선 부위가 엉망이 되어 버렸다.

04 Bodypaint와 마찬가지로 Projection Master의 clone 브러시를 사용해볼까? 간혹 이것을 추천하는 사람도 있다.

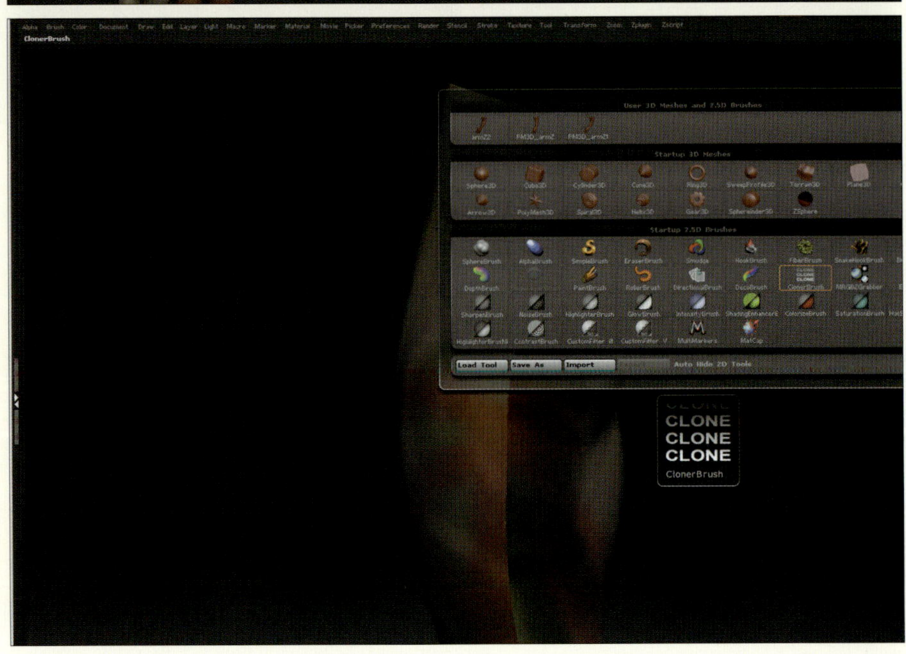

05 문제는 그게 그렇게 우리 인생을 편하게 해주는 듯하지 않다는 것이다.

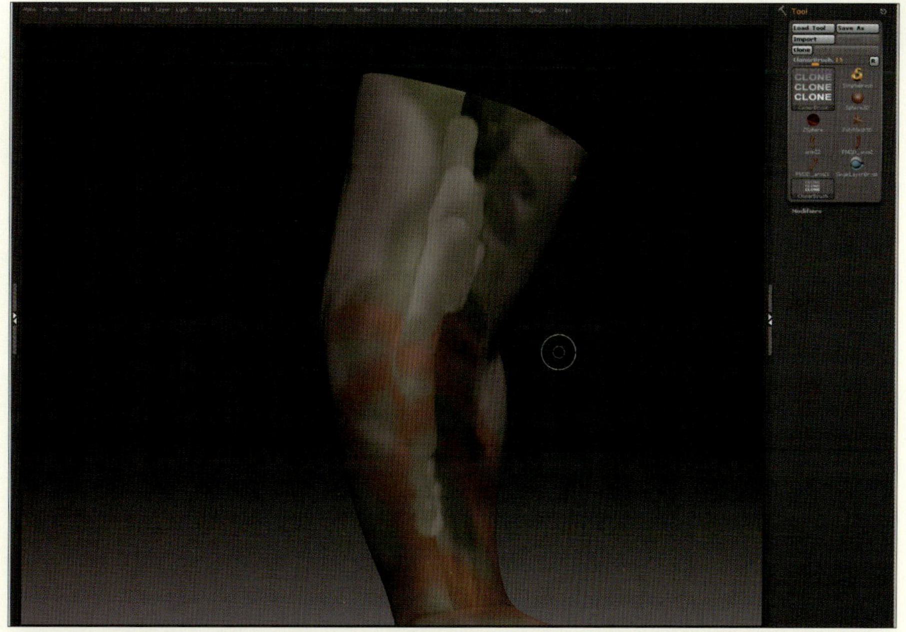

06 다시 원점으로 돌아오자. Projection Master는 기존 텍스쳐를 고치게 되므로 텍스쳐를 다시 로딩하자. 지금부터는 다른 방식으로 시도해보자. Texture의 Txr 〉Col을 클릭하여 텍스쳐를 폴리페인팅으로 변환하자.

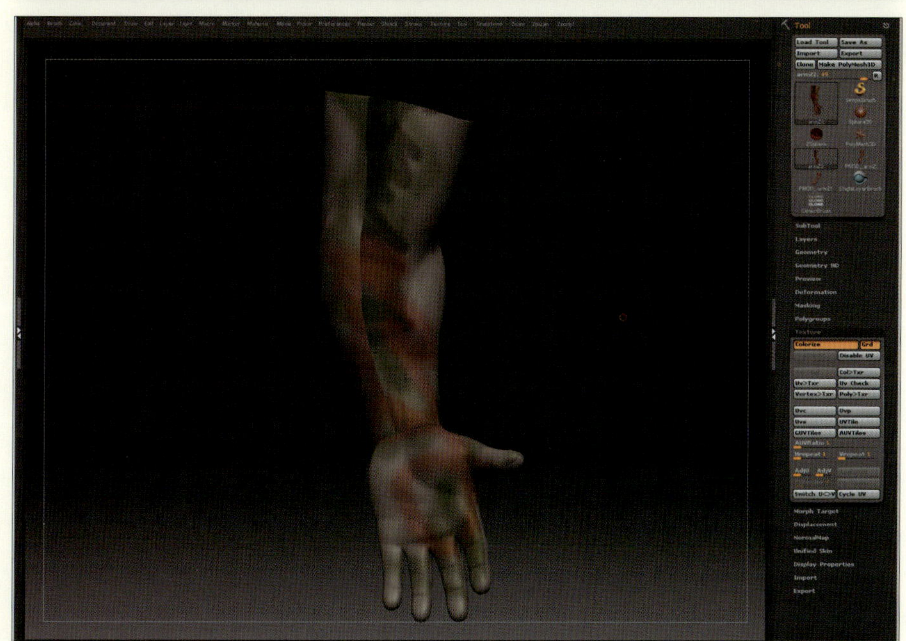

07 앞서 언급한 것을 기억하는가? 폴리페인팅은 UV가 아닌 폴리곤의 색이다. 따라서 ZBrush의 Smooth 브러시가 적용될 수 있다. Shift 를 누르고 UV 경계선들을 부드럽게 한다.

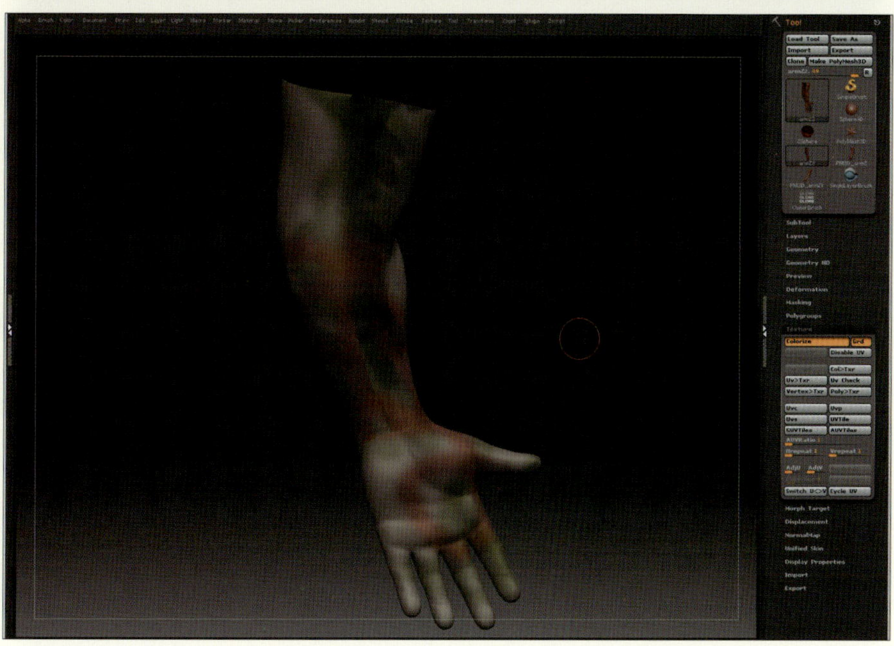

**08** 너무나 쉽고 간단히 UV 경계선의 문제가 해결된다.

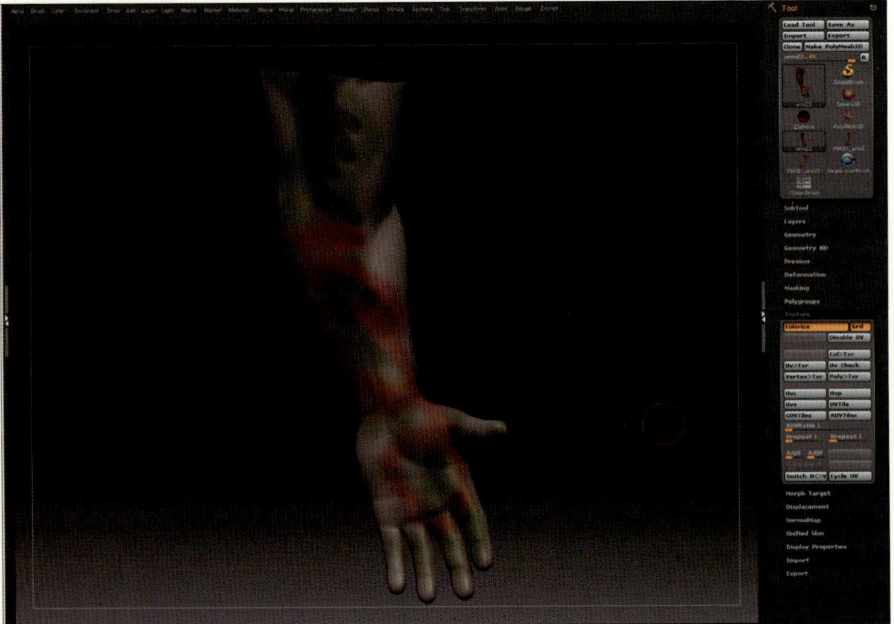

09 마지막으로 텍스쳐 사이즈를 지정하고 Col 〉 Rxr 버튼을 클릭해 UV 경계선의 아예 없어져버린 폴리페인팅을 텍스쳐로 변환하면 끝이다.

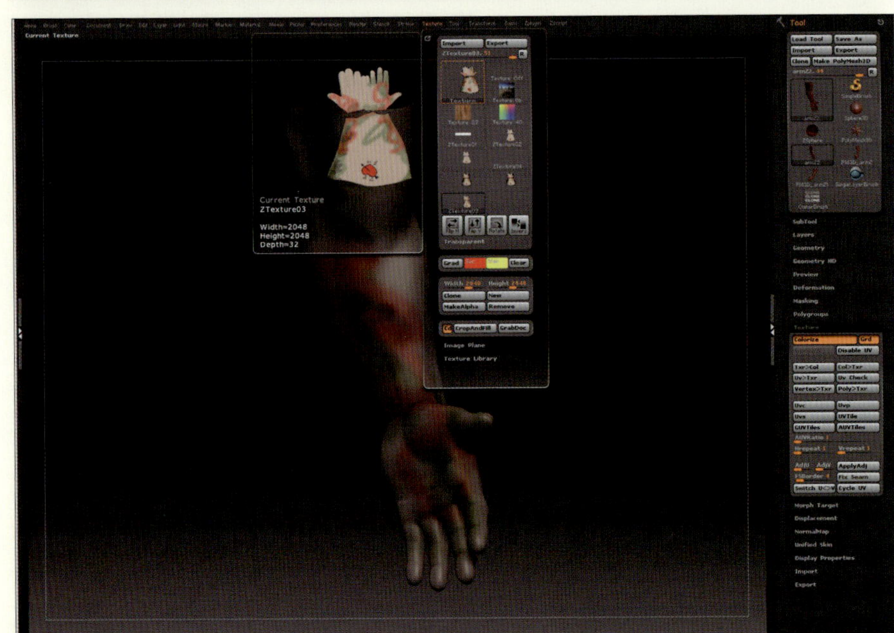

왼쪽이 고치기 전, 오른쪽이 폴리페인팅에 Smooth 브러시로 문지른 결과이다.

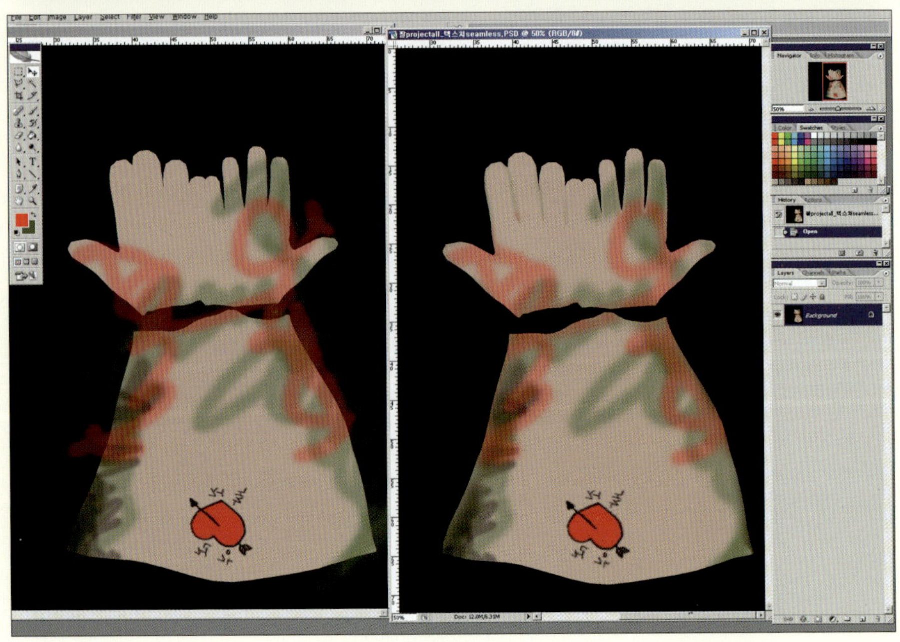

어떻습니까? UV 경계선처럼 귀찮은 문제들을 단번에 해결해주는 고마운 방법이 아닌가요? 그러나 이런 방식 또한 만능은 아닙니다.

앞서 말씀 드렸듯이 폴리페인팅은 버텍스 하나하나의 색을 이용하는 방식이다 보니 'Mesh의 밀도=텍스쳐의 해상도'입니다. 다시 말해, 높일 수 있는 Sub-d의 레벨이 필요한 텍스쳐의 해상도를 따라가지 못하는 경우, 우리는 별 수 없이 Txr 〉 Col, Col 〉 Txr의 변환과정을 거칠 때마다 텍스쳐의 선명도에 손실을 입게 됩니다. Mesh가 깔끔하지 못하고, 삼각형 등이 밀집되어 있기라도 한 상태에서 Sub-d를 충분히 올리지 못하는 상황이라면, 단순히 선명도가 떨어지는 것이 아닌, 그 부위의 엉켜 있는 Mesh의 모양이 텍스쳐에 무늬로 나타나기도 합니다.

그렇지만 여전히 UV 경계선 부위를 말끔히 지울 수 있으므로 해상도가 좀 떨어지게 된다 하여도 UV 경계선 부위만 잘라서 더 높은 해상도의 텍스쳐에 적용해 볼 수도 있을 것입니다. 또한 아무리 삼각형이 있다 하여도, 말 그대로 Sub-d를 매우 높게 올릴 수만 있다면 전혀 문제가 되지 않는 것입니다. Sub-d를 무한대로 올릴 수 있다면 버텍스 사이의 간격이 0에 가까워지는 버텍스의 떡만 존재할 뿐 버텍스들이 서로 삼각형으로 연결되나 사각형으로 연결되나 하는 것은 더 이상 의미가 없어지는 것과 같으니까요. 바로 이것이 디지털 Sculpting입니다.
ZBrush는 우리가 그 동안 당연히 여겼던 여러 가지 고통스런 작업들을 이토록 간단히 해결해주고 있습니다.

ZBrush에서 Sculpting하기

군화 완성하기

05

3ds Max에서 제작했던 군화의 경우 군화 끈과 고리 같은 여러 개의 요소로 이루어져 있습니다. 이것을 Obj파일로 Export하여 Sampling을 시작하겠습니다.

 ZBrush로 불러와 Polygroups 〉 Auto groups를 클릭한 모습이다. 이전에 다뤘던 경우와 달리 Polygroup의 수가 많다. 우리는 Sculpting을 하지 않을 군화 끈/고리와 군화의 몸체 부분을 나눌 필요가 있다.

 군화 안쪽 부위를 Shift + Ctrl을 누른 채 클릭하면 그것만 남고 모두 감춰진다. 이 상태에서 Make polymesh3d를 클릭하여 그 부위를 별도의 Tool로 분리한다.

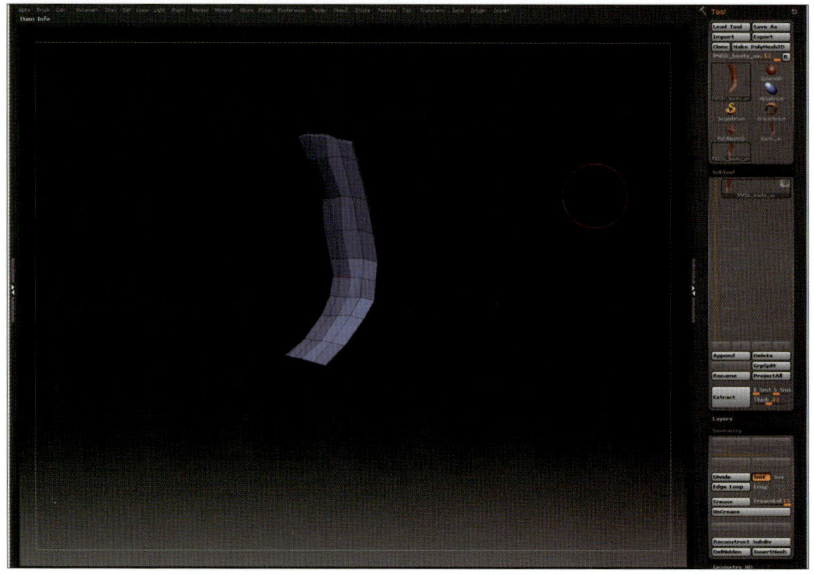

03 동일한 방식으로 군화의 본체를 남기고 숨긴 뒤 Make polymesh3d해 별도의 툴로 생성한다.

375

04 이렇게 생성한 군화 몸체 툴에서 군화 안쪽 부위 Tool을 Append한다.

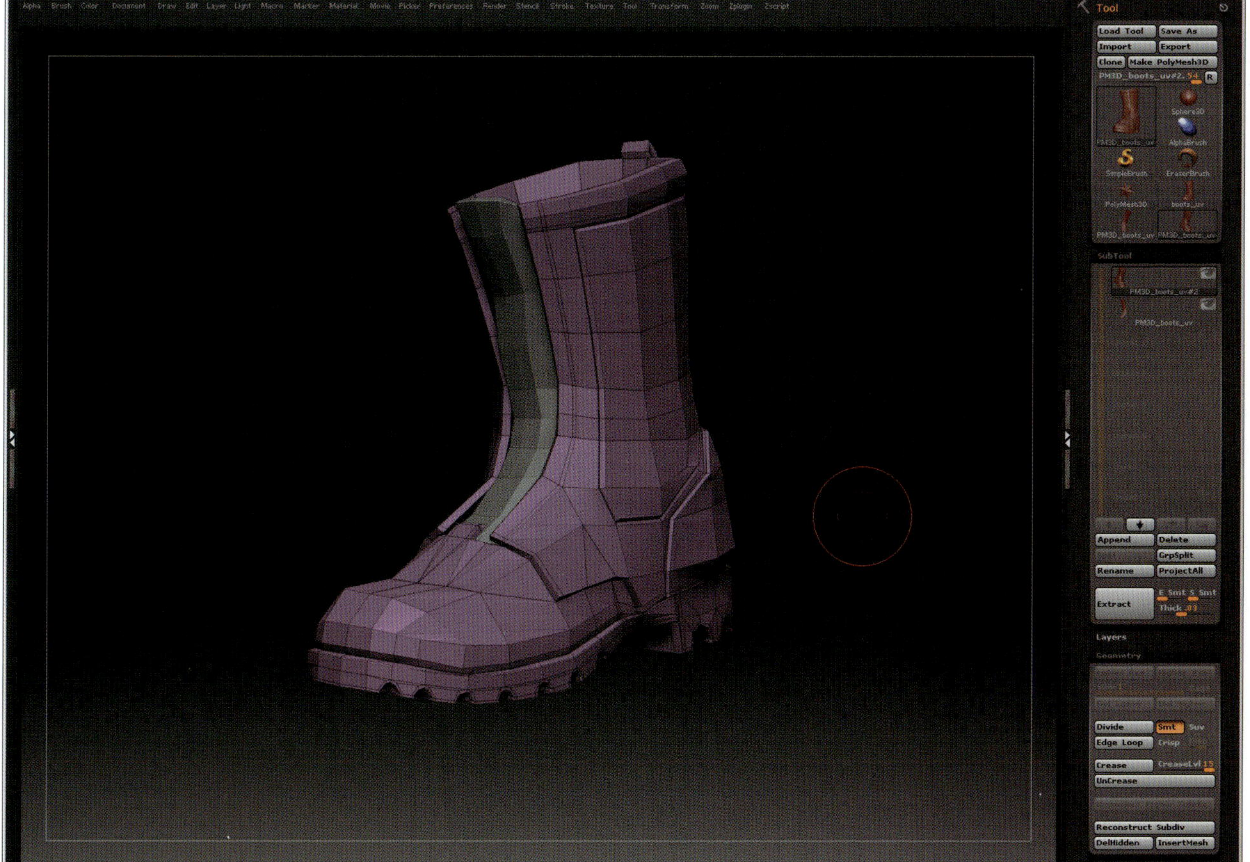

05 군화와 군화 안쪽 부위 Subtool을 하나의 Subtool로 합치기 위해 Subtool master를 실행시키고 메뉴에서 merge를 선택한다. 그림에서처럼 메뉴가 뜨는데 Merge and delete extra subtools를 선택하면 합친 결과물만 남고 기존 툴 들은 삭제된다.

06 군화 끈과 고리를 얻기 위해 처음의 군화 툴로 돌아가 보자. 군화 몸체와 군화 안쪽 부위는 지우겠다.

07 군화 몸체를 Shift + Ctrl 을 누른 채 클릭한다.

08 Shift + Ctrl 을 누른 채 드래그하여 hide를 반전하여 군화 몸체만 감춰지도록 한다.

 **09** Tool 〉 Geometry의 Delhidden을 클릭하면 숨겨졌던 군화 몸체 Mesh가 지워진다.

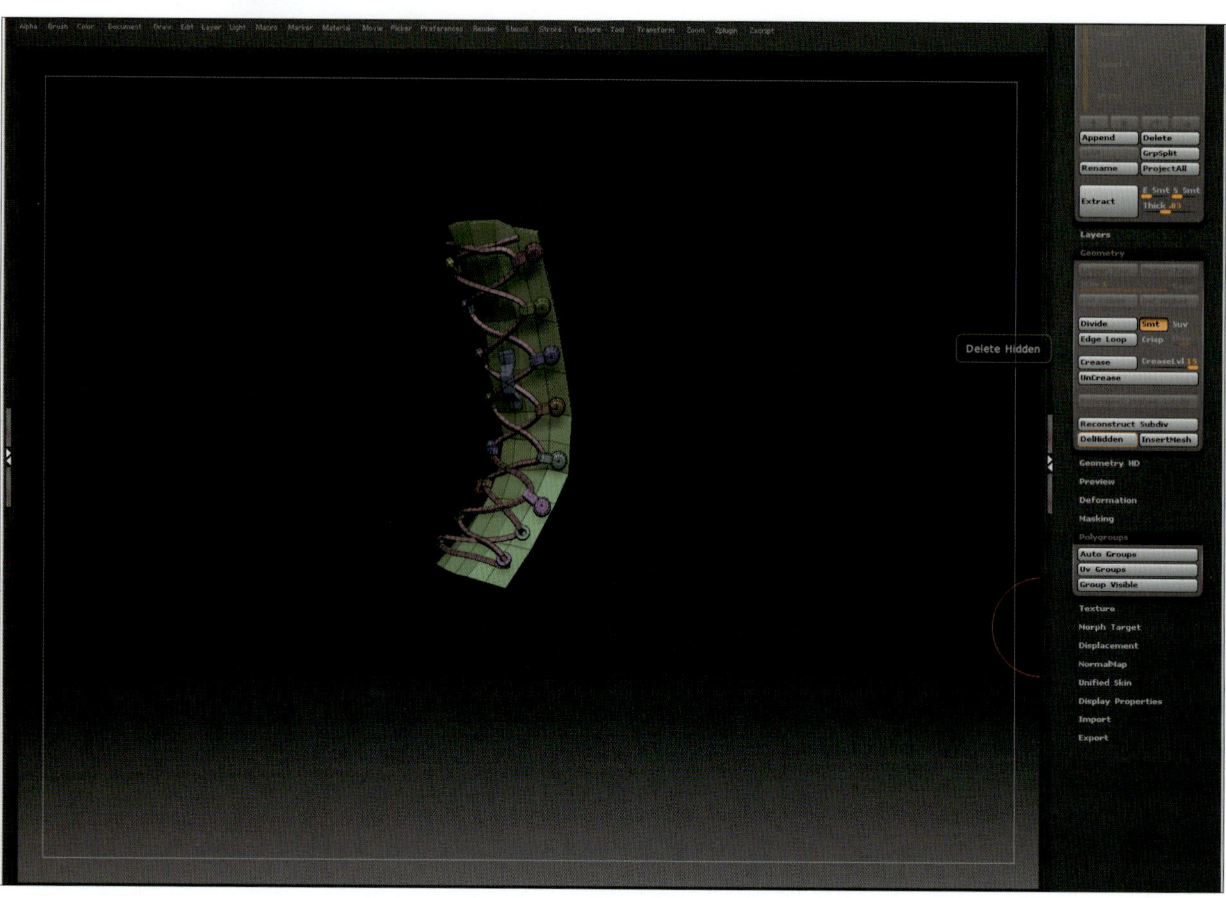

10 동일한 원리로 군화 안쪽 부위를 Shift + Ctrl을 누른 채 클릭한다.

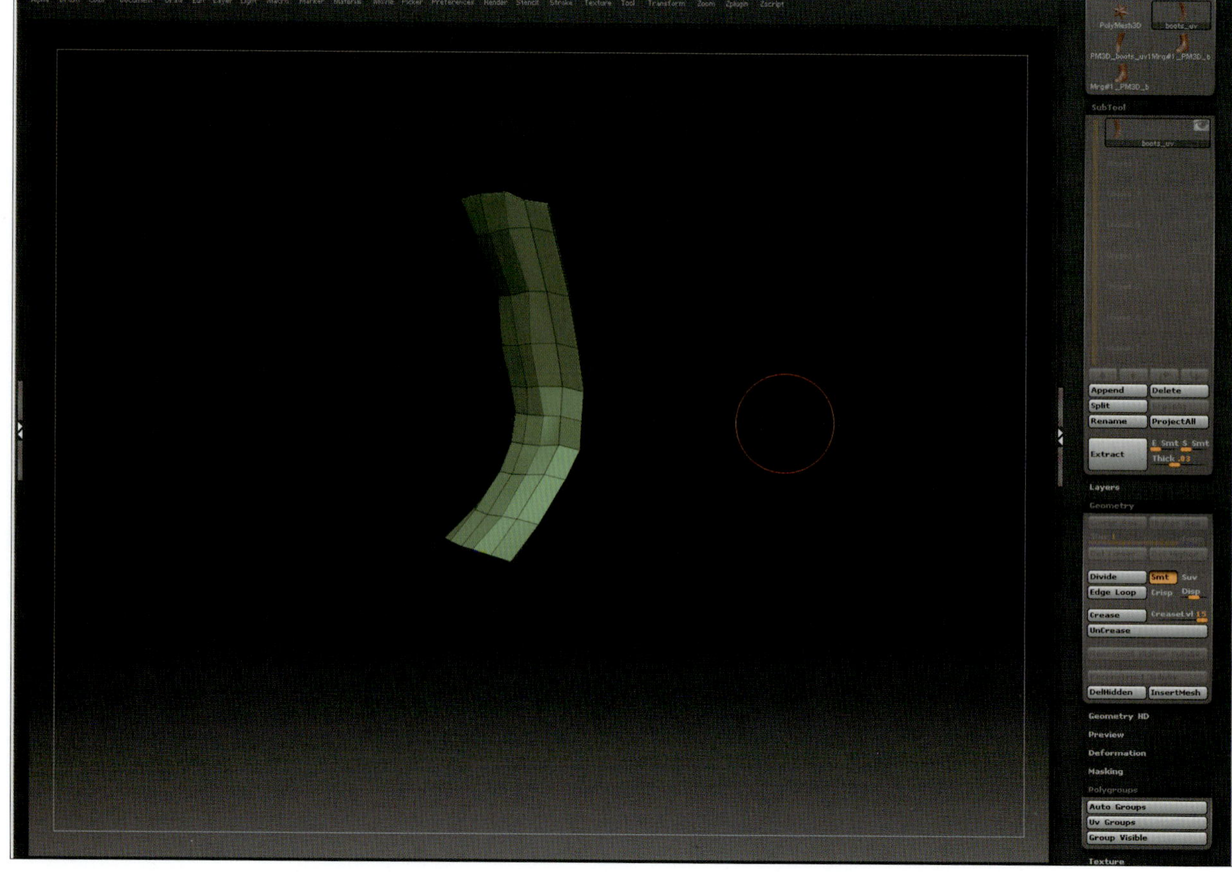

11 Shift + Ctrl을 누른 채 드래그하여 hide를 반전하고 delhidden을 클릭해 군화 안쪽 부위를 지운다.

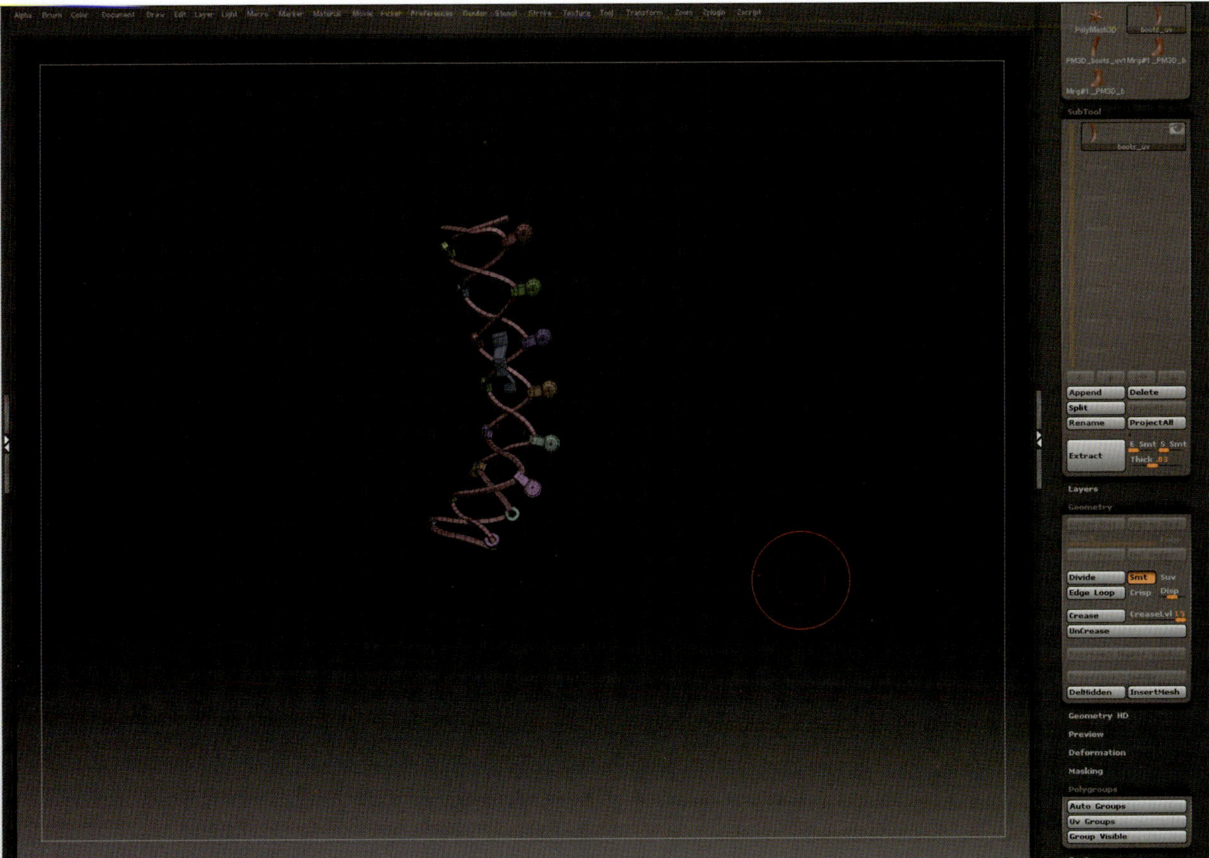

12 먼저 합쳐 두었던 군화와 군화 안쪽 부위 Mesh를 Append하면 Sculpting 준비가 완료된다.

 **13** 군화 끈과 고리 부위는 2 정도의 Sub-d만 올려도 충분하다. 본체는 5를 주었다.

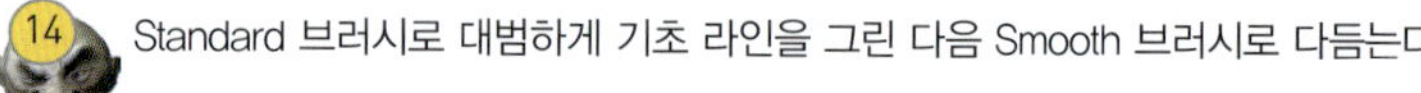

14 Standard 브러시로 대범하게 기초 라인을 그린 다음 Smooth 브러시로 다듬는다.

16 Focal shift를 −100으로 설정하고 바느질 선을 그린다. 신발 밑창의 재봉선은 ZBrush의 Stitch3 브러시로 그리니 딱 알맞다. 또한 곳곳에 적당한 스크래치들을 그려 넣어 단조로움을 깬 다음 마무리한다.

부록 DVD 파일

\ 3D캐릭터모델링 \ 나쁜경찰 \ 나쁜경찰_부츠Final.ZTL

ZBrush에서 Sculpting하기

경찰 배지 및 Sculpting 마무리

06

경찰 배지는 사진을 알파맵으로 사용하여 간단히 처리하고 마무리하겠습니다.

 보통 가죽 재질로 이루어지는 배지 틀은 제외하고 금속 부분만 Export한다.

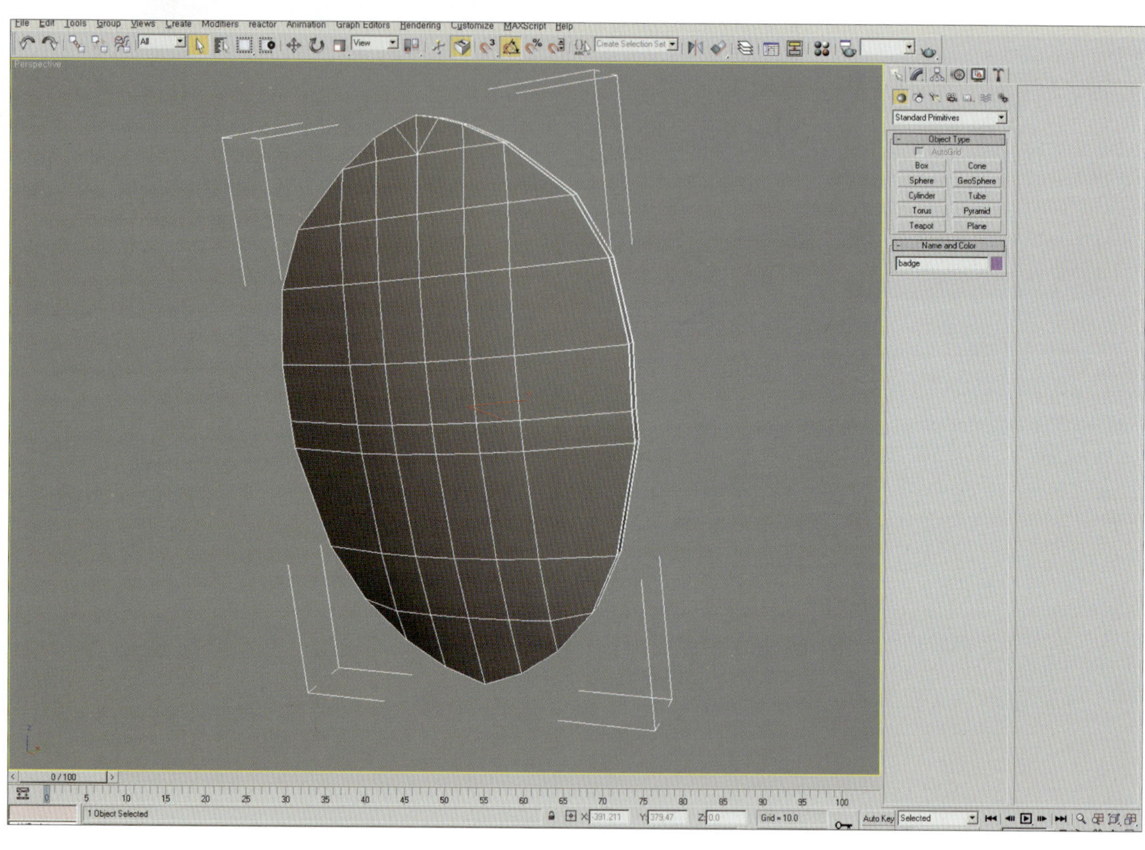

02 구글 이미지 검색으로 배지 이미지들을 찾아보았다. 그 중에 제일 적당한 것을 고르고(왼쪽) ZBrush에서 알파맵으로
사용하기 위해 이것의 이미지 사이즈를 정사각형으로 만들고 Level을 조절한다.

03 알파맵으로 불러들이는 모습이다.

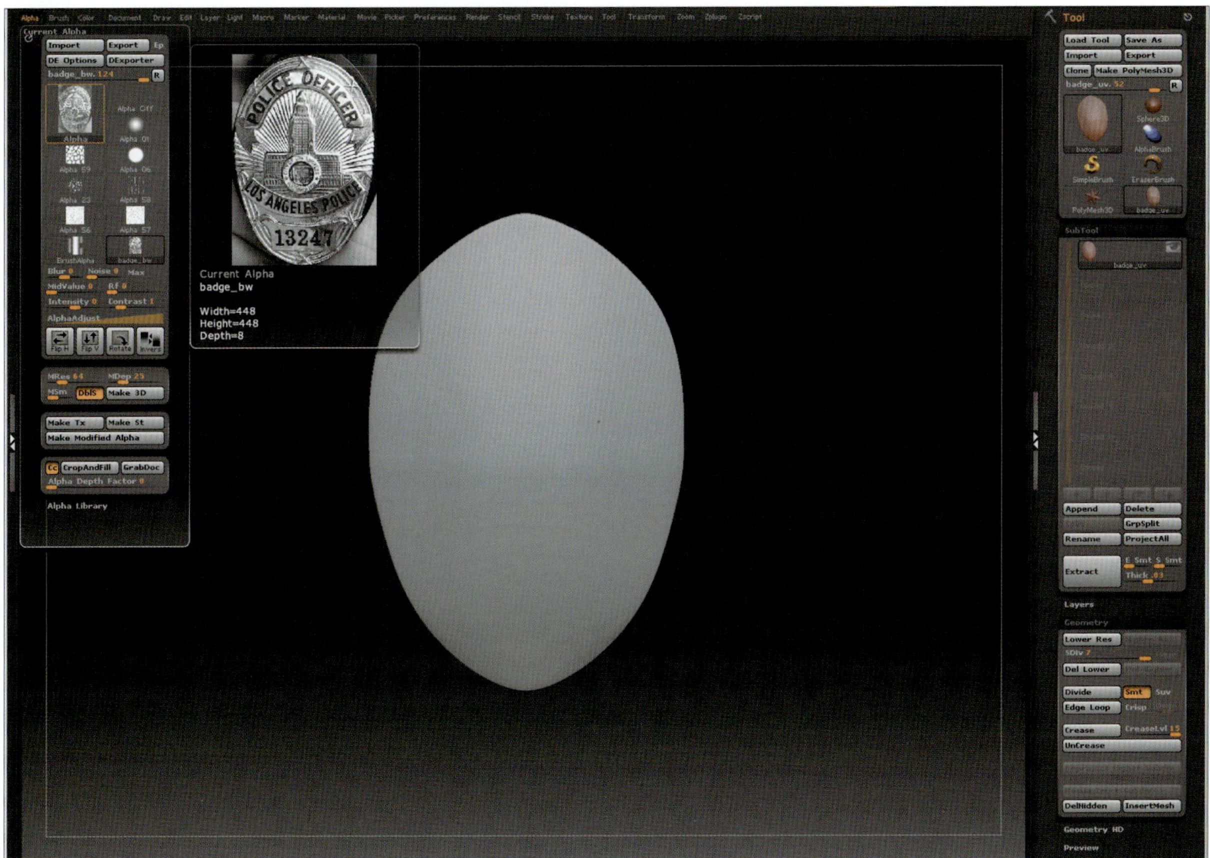

04 DragRect 모드를 선택한다.

05 강도를 알맞게 조절한 뒤 드래그 한번으로 모델링이 끝난다.

Game Character Design Master

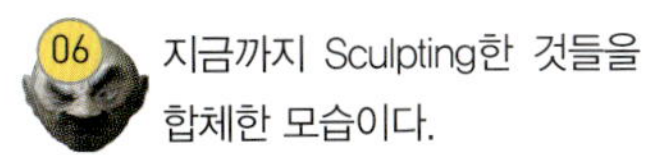 지금까지 Sculpting한 것들을
합체한 모습이다.

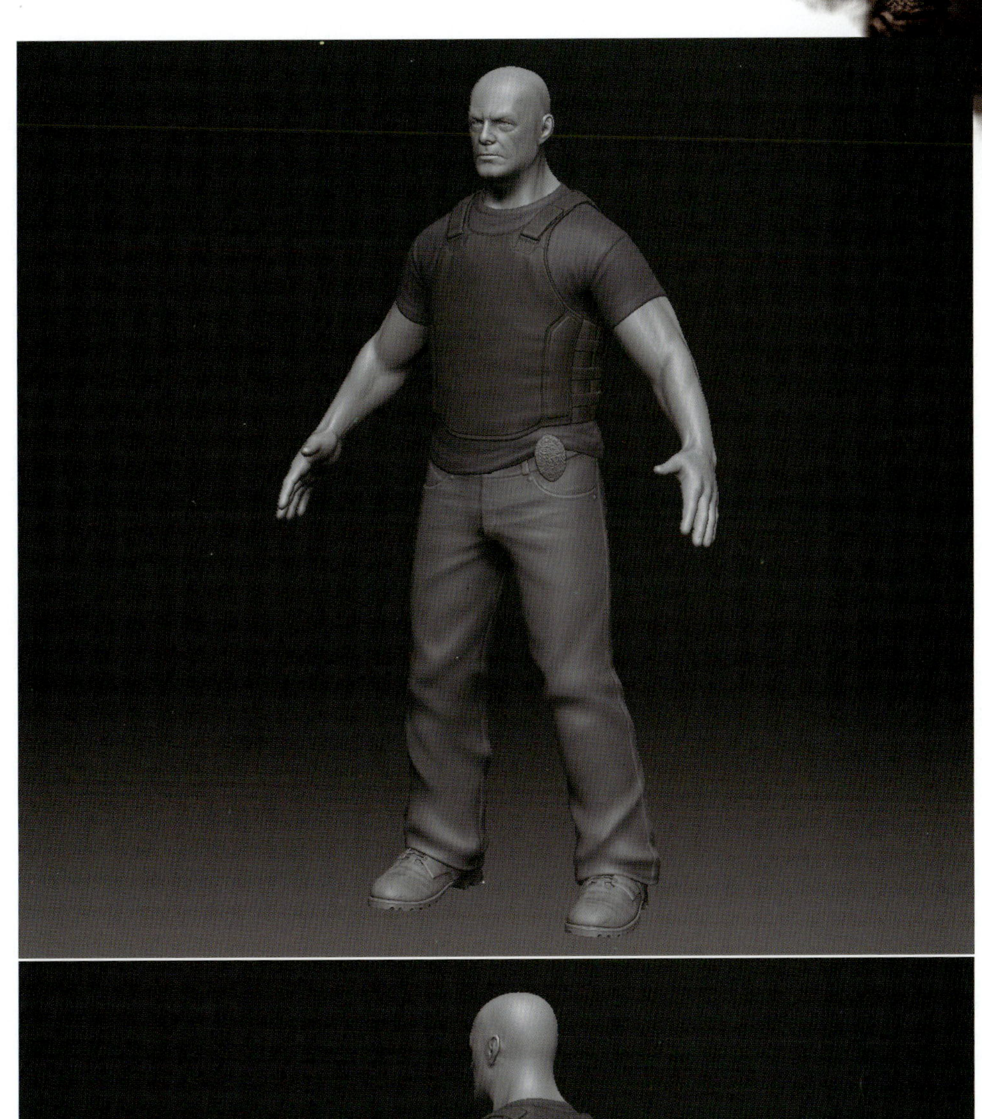

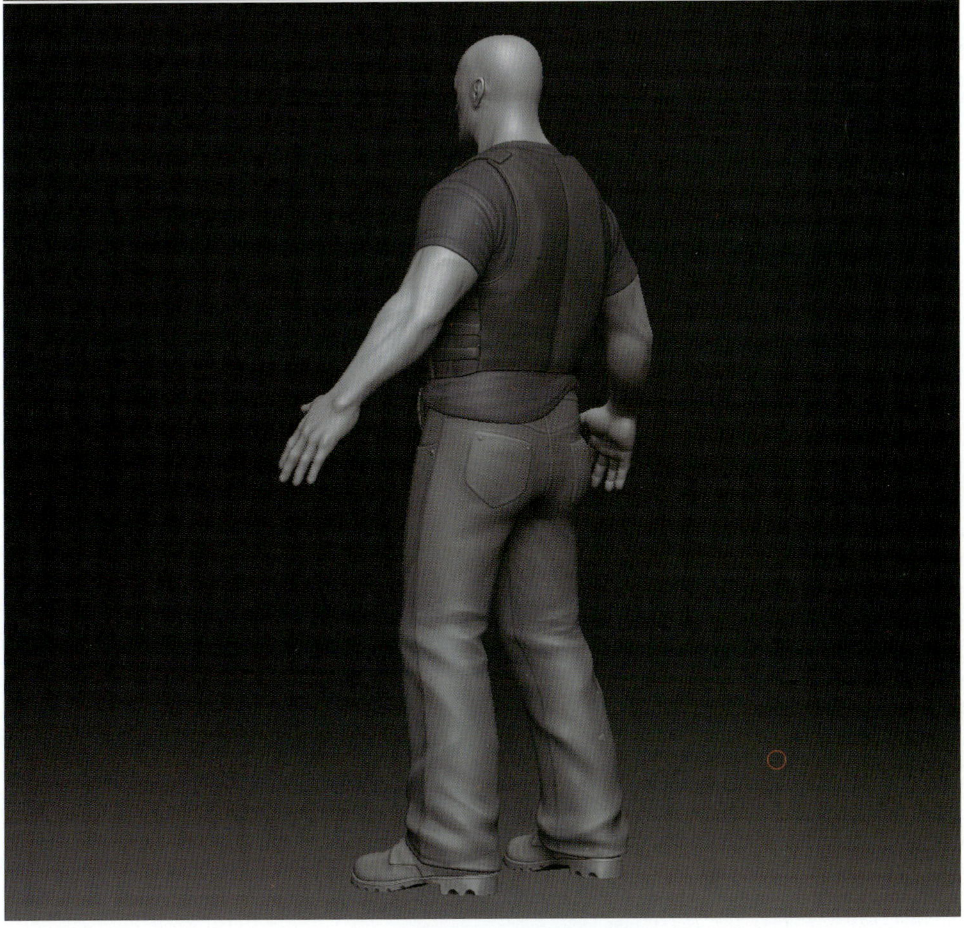

부록 DVD 파일

\ 3D캐릭터모델링 \ 나쁜경찰 \ 나쁜경찰_Sculpting.ZTL

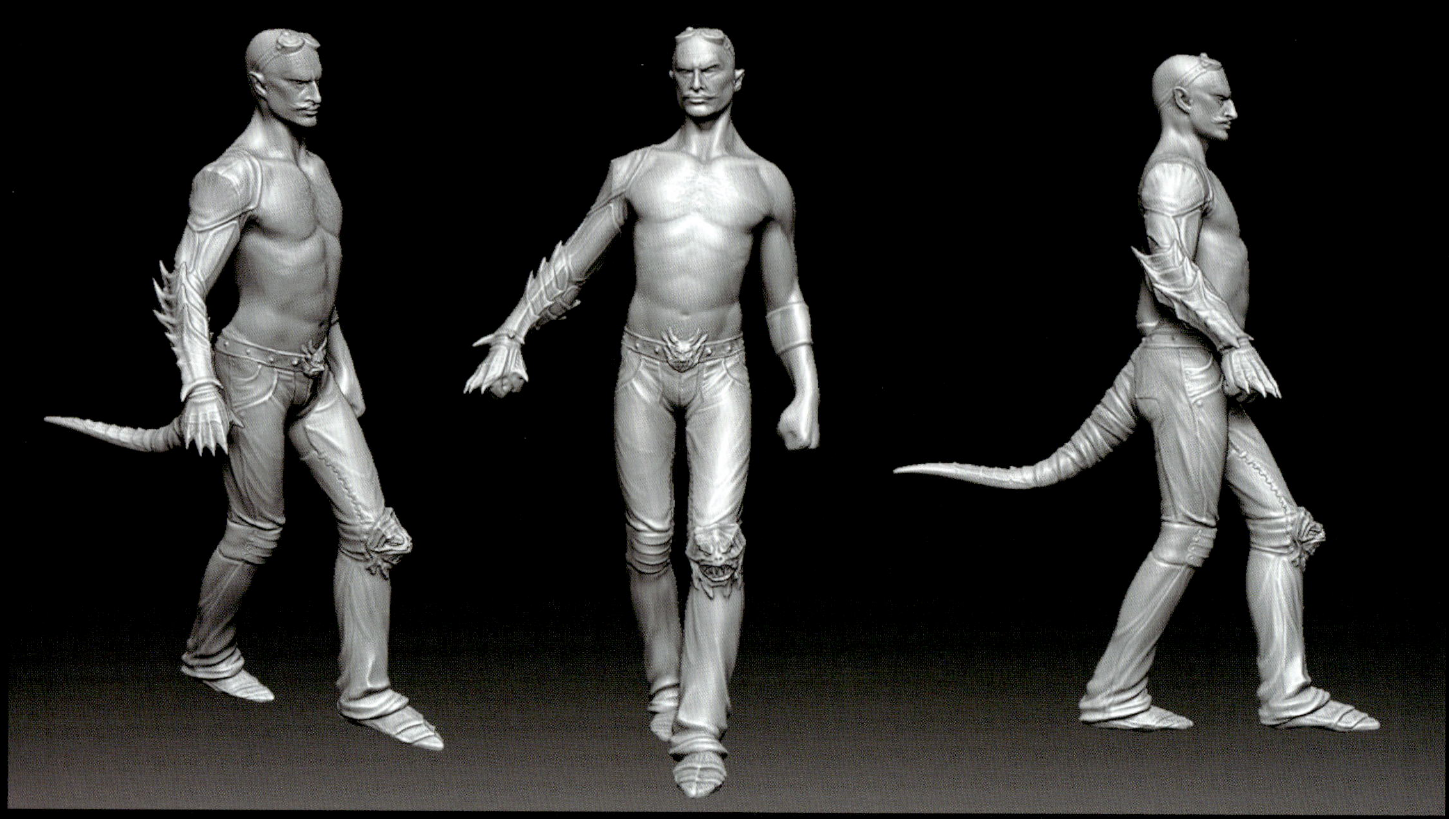

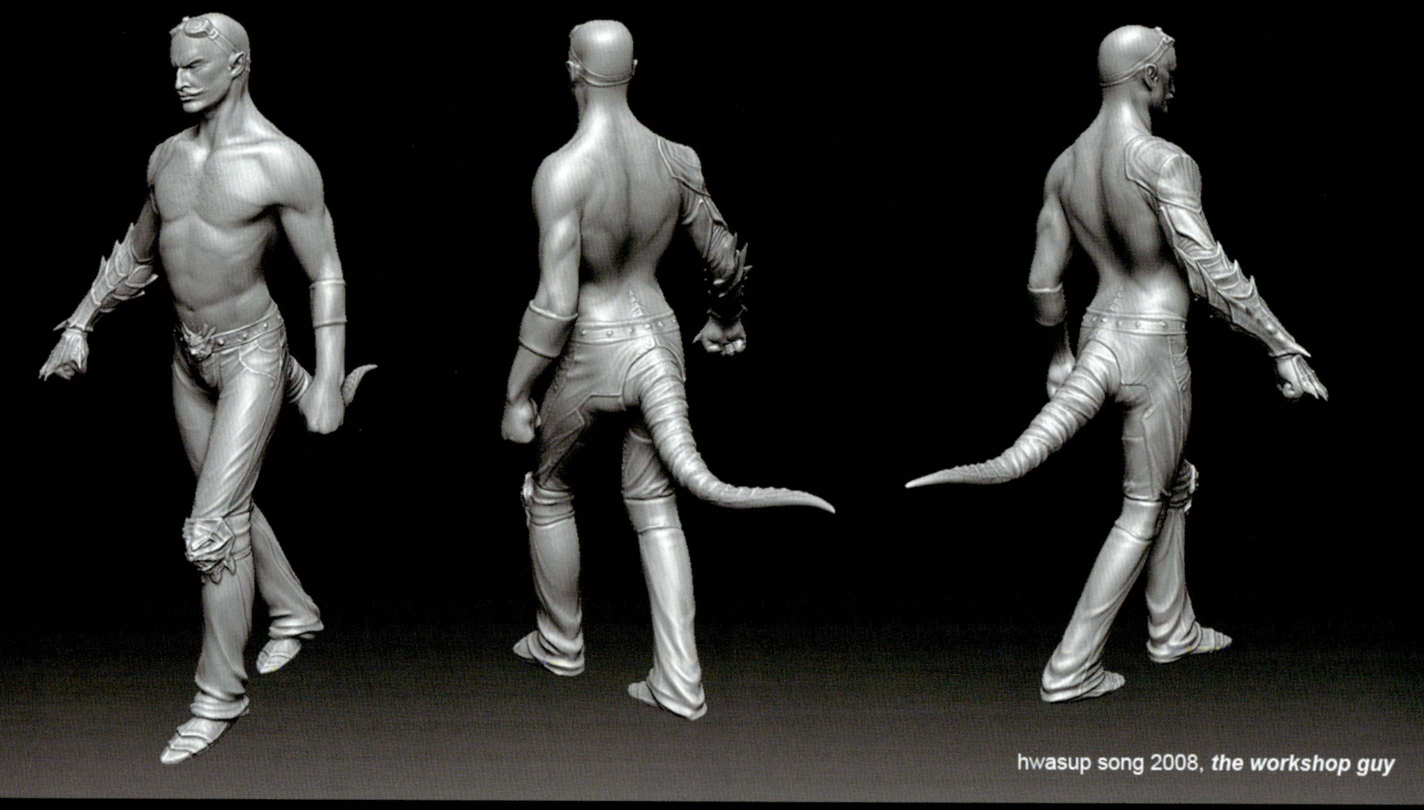
hwasup song 2008, the workshop guy

the sphere. hwasup song 2007

Section 02
3D 캐릭터 모델링의 실전

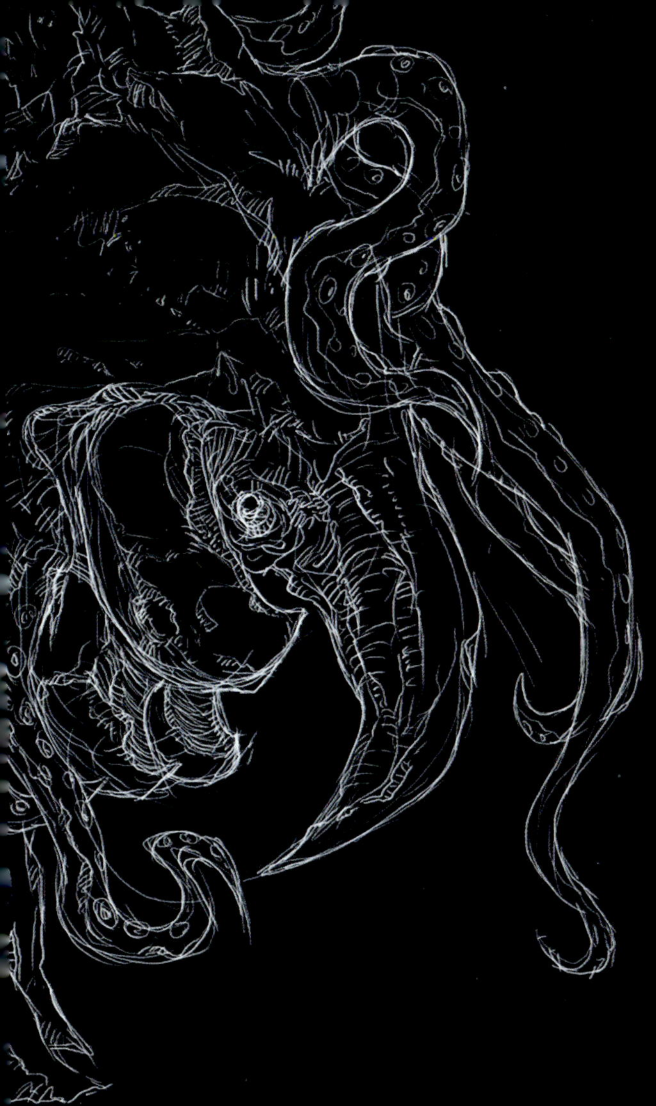

〈나쁜 경찰 : Jim〉 만들기

텍스쳐링

들어가며

01

필자는 늘 모델링과 Sculpting을 향해 달려왔습니다. 지속적으로 바라보기에 질리지 않는 형태 자체에 늘 매료되어 왔습니다. 날마다 먹어도 질리지 않는 음식이란 맛이 대체로 단순하면서도 지루하지 않게 하는 특별한 요소를 가진 음식이듯이, 보기 좋고 지루하지 않는 형태 또한 마찬가지라고 봅니다. 필자의 눈은 늘 전반적으로 심플하지만 자세히 살펴볼수록 뭔가 특별한 부분들이 눈에 띄는 형태를 갈구하며 이것은 작업에 늘 큰 영향을 줍니다.

3D 모델링을 처음 접했던 순간부터 지금까지, 작업 시간의 절반 이상이 작업하고 있는 3D 물체를 감상하는 데에 사용된다고 해도 과언이 아닐 정도입니다. 계속 이리저리 돌려보고 확대해 보고 어느 각도에서 제일 보기 좋은지, (모델링 과정이므로 텍스쳐 없이) 어떤 재질을 입혀야 되는지, 회색이라면 어느 정도의 밝기여야 보기에 더 좋은지를 살펴보며 즐기게 됩니다. 그러다 보면 어느새 모델링의 퀄리티가 점점 올라가게 되어, 보고 또 봐도 질리지 않는 형태를 만들어가게 되고, 그것에 매료되어 보고 또 보게 되는 것이 반복되는 것이지요.

이렇듯 워낙 형태 자체에 매료되는 필자는 3D를 처음 배우기 시작할 때에는 텍스쳐링에 특별한 관심은 없었던 것이 당연했습니다. 형태 자체의 미를 발견하고 추구하기 좋아하는 필자에게 있어 모델은 그 Mesh의 형태 자체로 이미 보기 좋은 것이니까요. 그렇기 때문에 필자의 개인 사이트에서 찾아볼 수 있는 초년기 작업물들은 거의 텍스쳐가 없는 상태들입니다.

하지만 텍스쳐링은 곧 3D 아트의 완성입니다. 필자도 플래그쉽 스튜디오 작업들을 통해서 점차 텍스쳐링의 중요성을 깨닫게 되었습니다. 회사를 다니며 자신이 하는 작업의 용도를 알게 되고, 그것을 위해 무엇이 필요한 지를 자연스럽게 발견하고 그 스킬을 습득하게 된 것입니다. 이런 이유로 필자의 텍스쳐링은 모델링에 비해 아직 턱없이 부족한 상태입니다만, 같이 공부해 보도록 하겠습니다.

〈나쁜 경찰 : Jim〉의 텍스쳐링의 첫 번째로 머리를 다뤄보겠습니다. 폴리페인팅으로 얼굴 매핑하는 방법을 알아보고 ZBrush의 3D.sk의 인물 이미지들을 Mesh에 프로젝트하는 방법으로 시도해 보겠습니다.

폴리페인팅으로 얼굴 텍스쳐링하기

02

01 예전에 작업해 두었던 호호할머니 모델링으로, CB_skin 쉐이더를 적용한 상태이다.

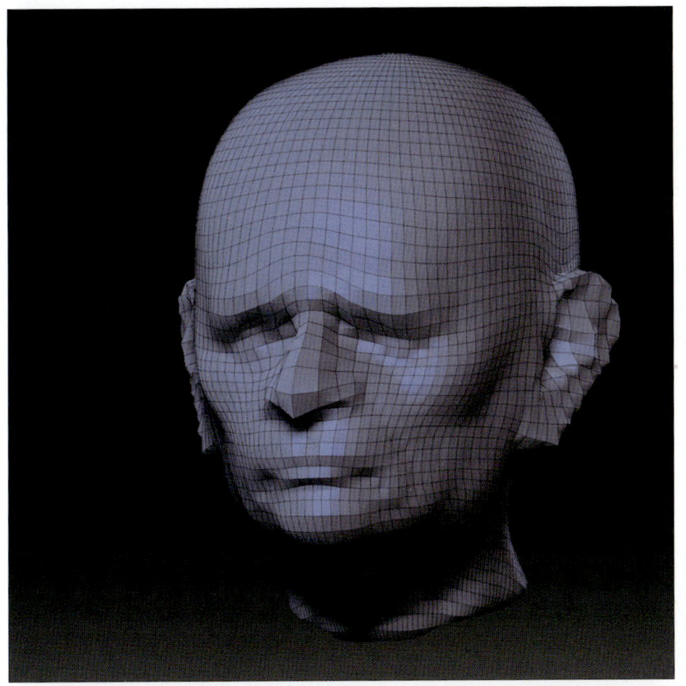

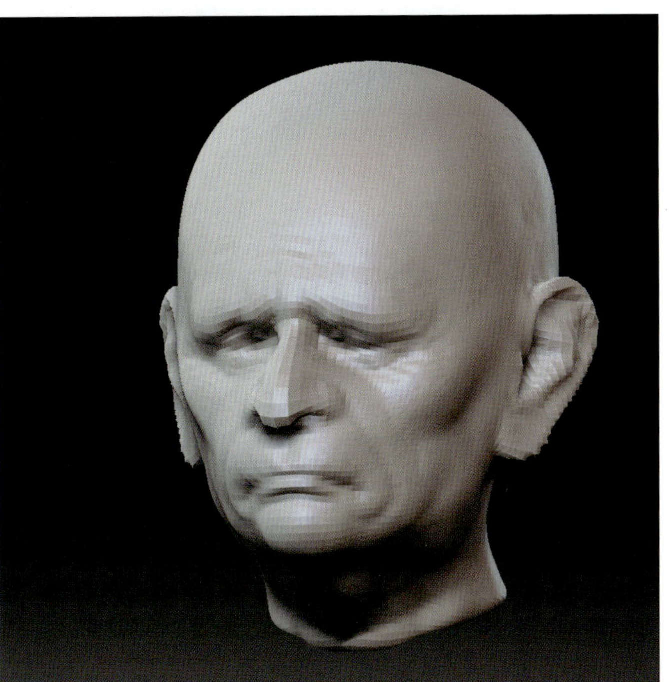

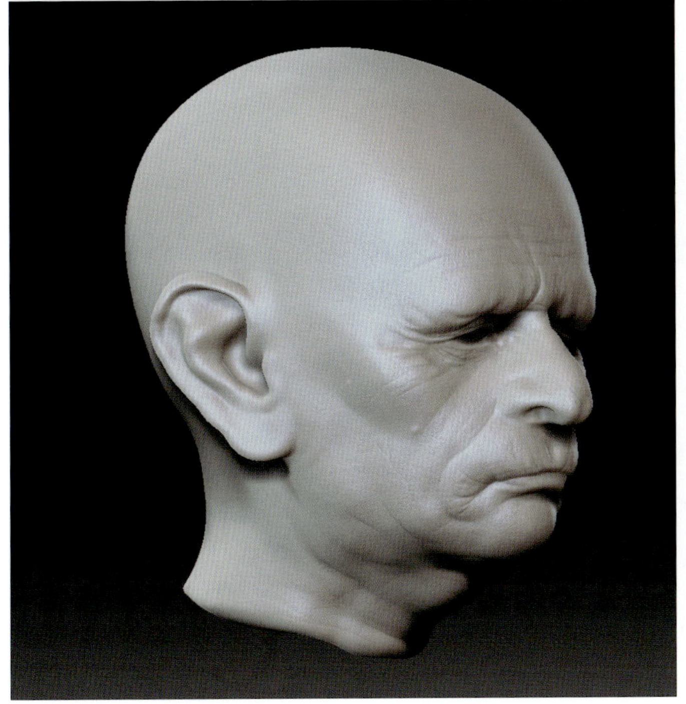

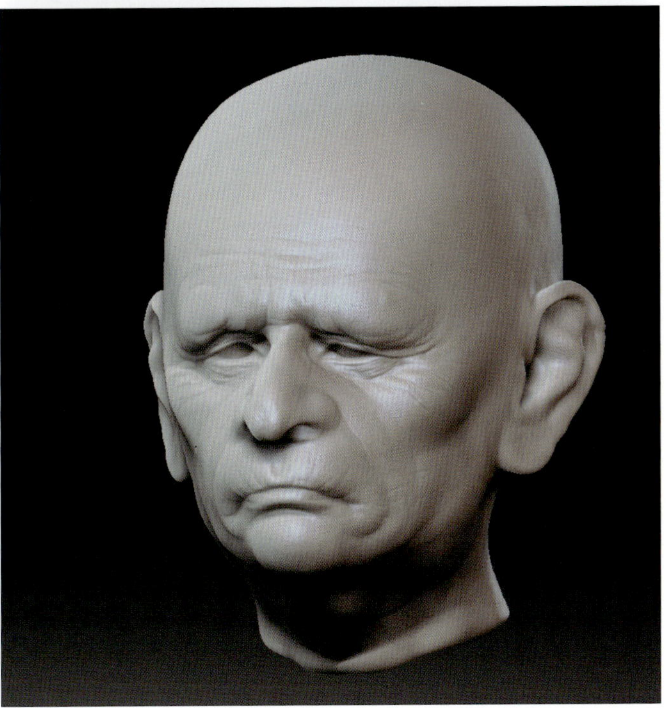

02 Matcap_white 재질을 준다. 브러시의 RGB만 활성화시켜야 색칠만 할 수 있다. Zadd는 끈다.

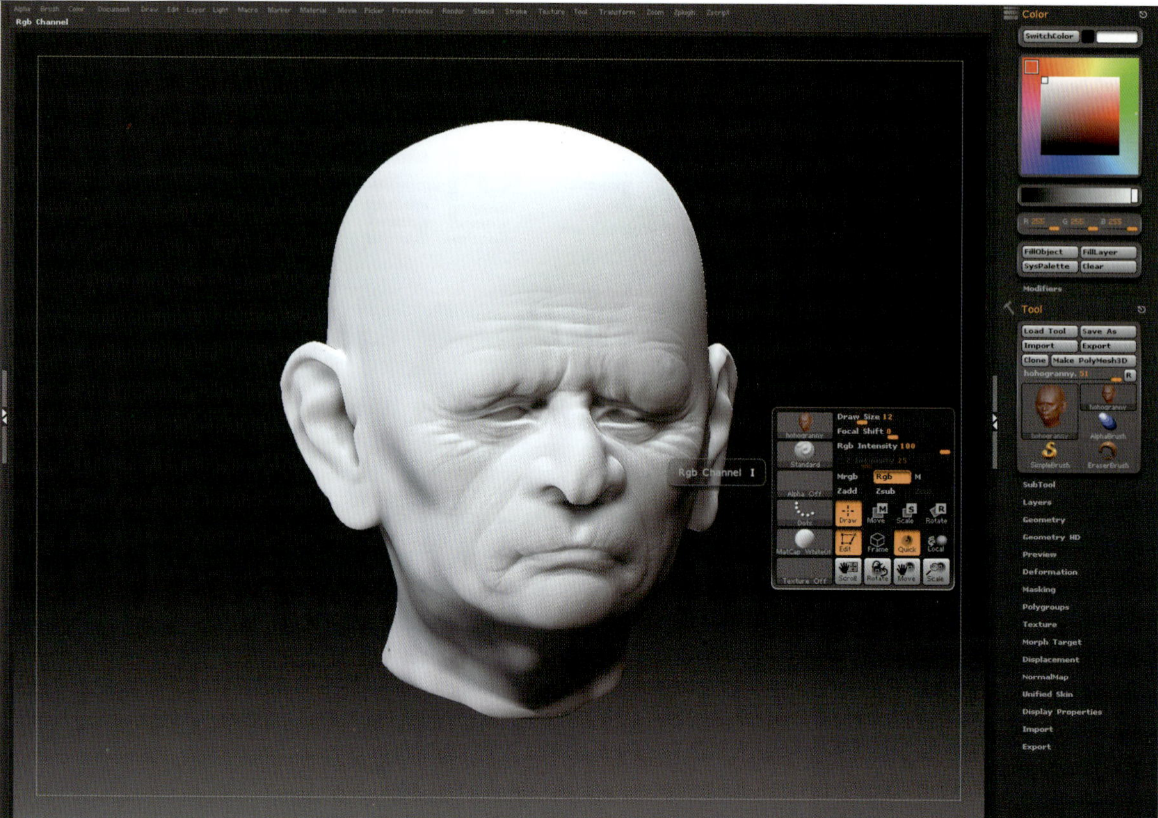

03 밑바탕이 될 색을 정하고 FillObject한다. 참고로 이 할머니는 백인 할머니이고, 얼굴 전체적으로는 핏기가 없이 창백하면서 군데군데 핏줄이 드러나 붉은 색이 모여 있는 모습으로 색을 칠할 예정이므로, 거의 흰색에 가까운 핑크 빛을 적용한다.

 **04** 기본 알파맵 중에서 혈관이 엉킨 모양을 선택한다.

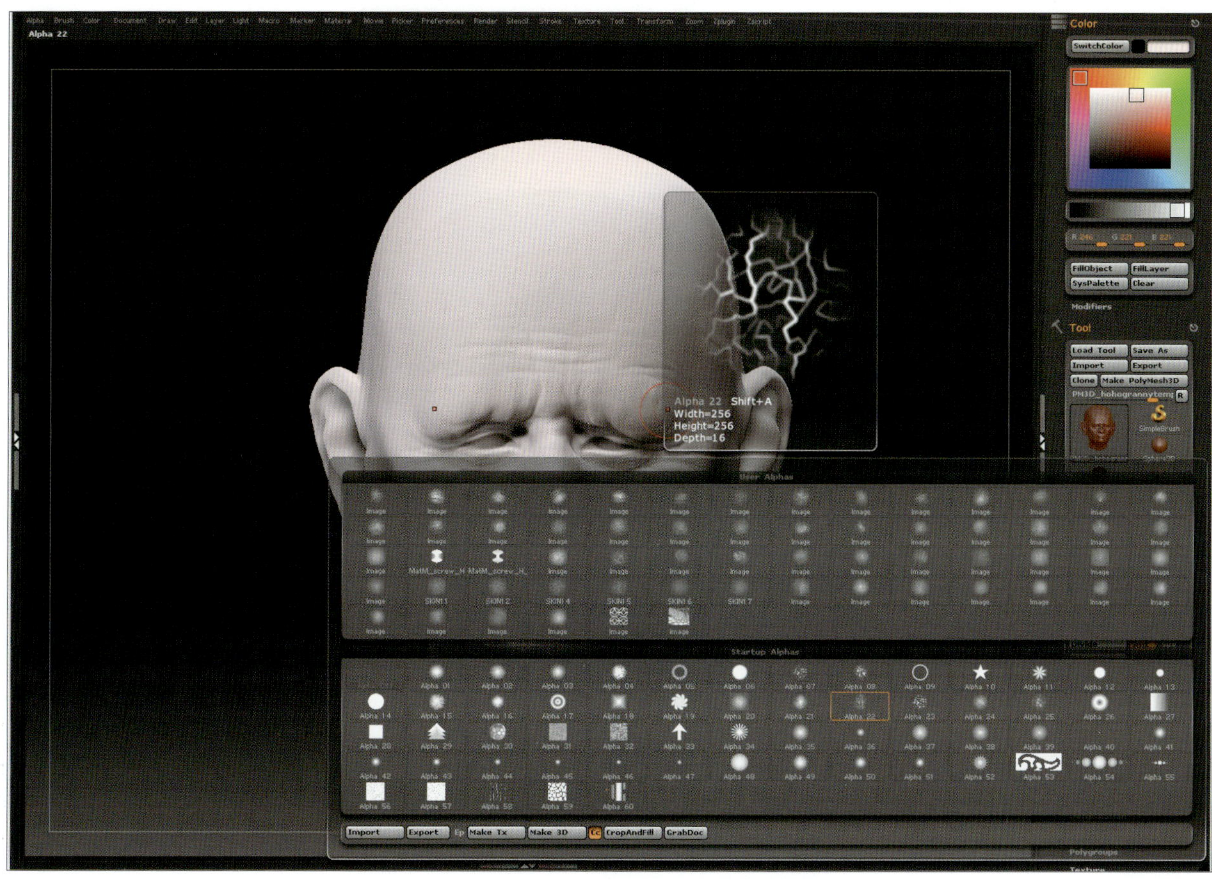

 **05** 피부 톤보다 좀더 붉은 색을 선택하고, RGB 강도를 10 이하로 약하게 잡고 DragRect로 드래그하며 혈관으로 인한 피부의 불규칙한 톤을 표현한다.

 **06** 약한 RBG 값으로 반복하여 불규칙하게 덧그리고 곳곳을 Smooth로 부드럽게 한다.

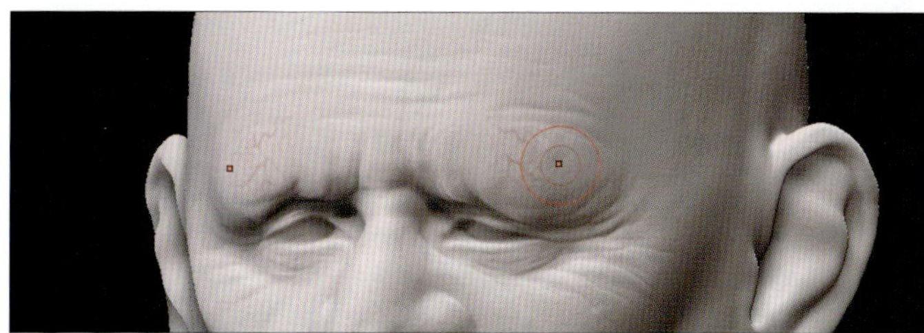

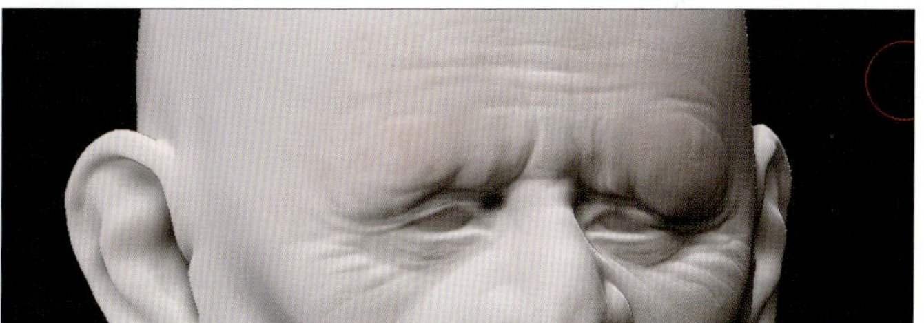

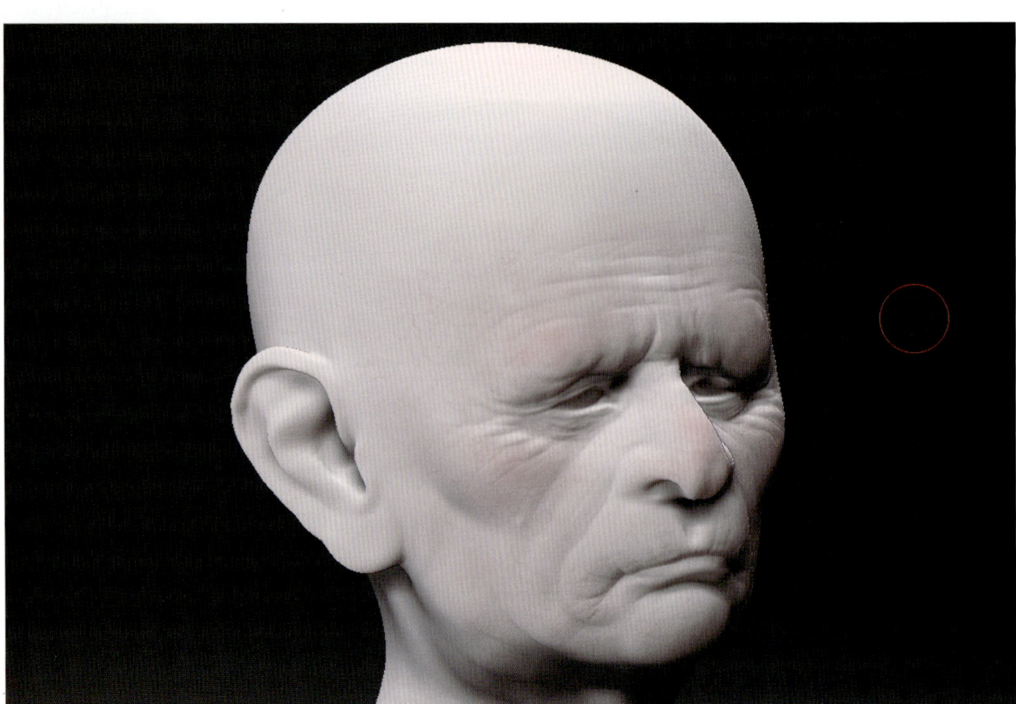

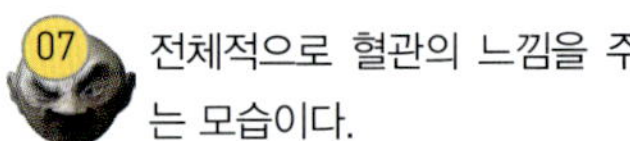

07 전체적으로 혈관의 느낌을 주는 모습이다.

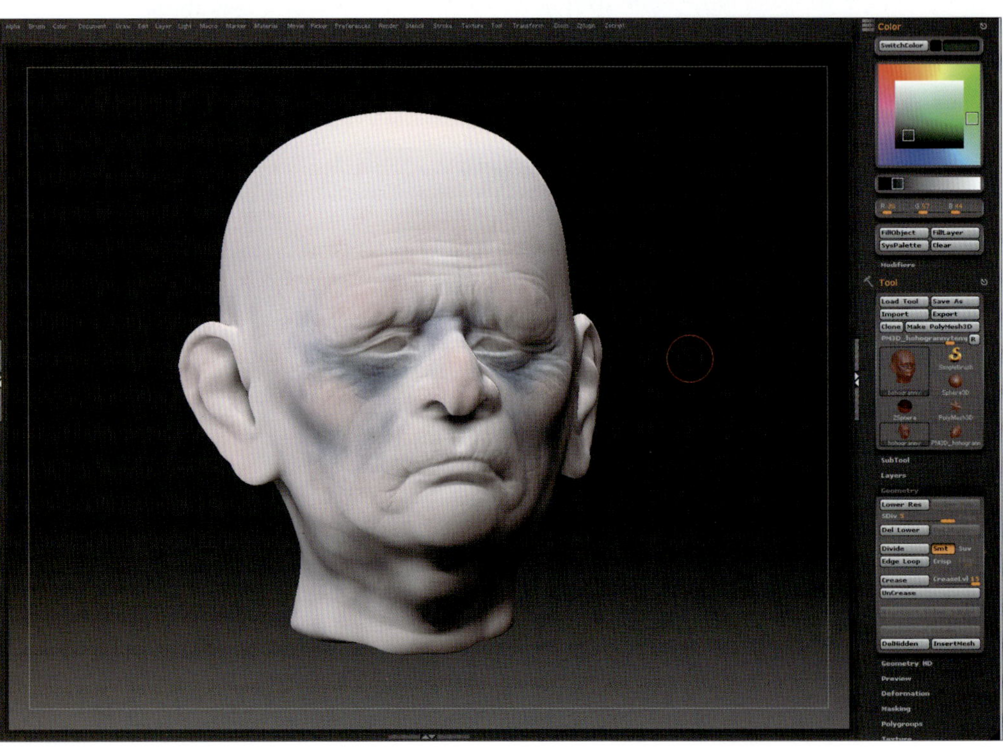

08 미술을 제대로 배운 사람이면 잘 알고 있겠지만 얼굴은 붉은 빛깔뿐 아니라 파란색, 녹색 등 여러 색을 가지고 있다. 파란색, 녹색 등을 과감하게 여기저기 바른다.

395

 피부 톤보다 좀더 밝은 톤의 색을 선택한 뒤 동일한 알파맵을 사용하여 그것을 지워나간다. 물론 완전히 지우는 것이
아니라 그 색이 은은히, 또 부분적으로 잡티처럼 남도록 말이다.

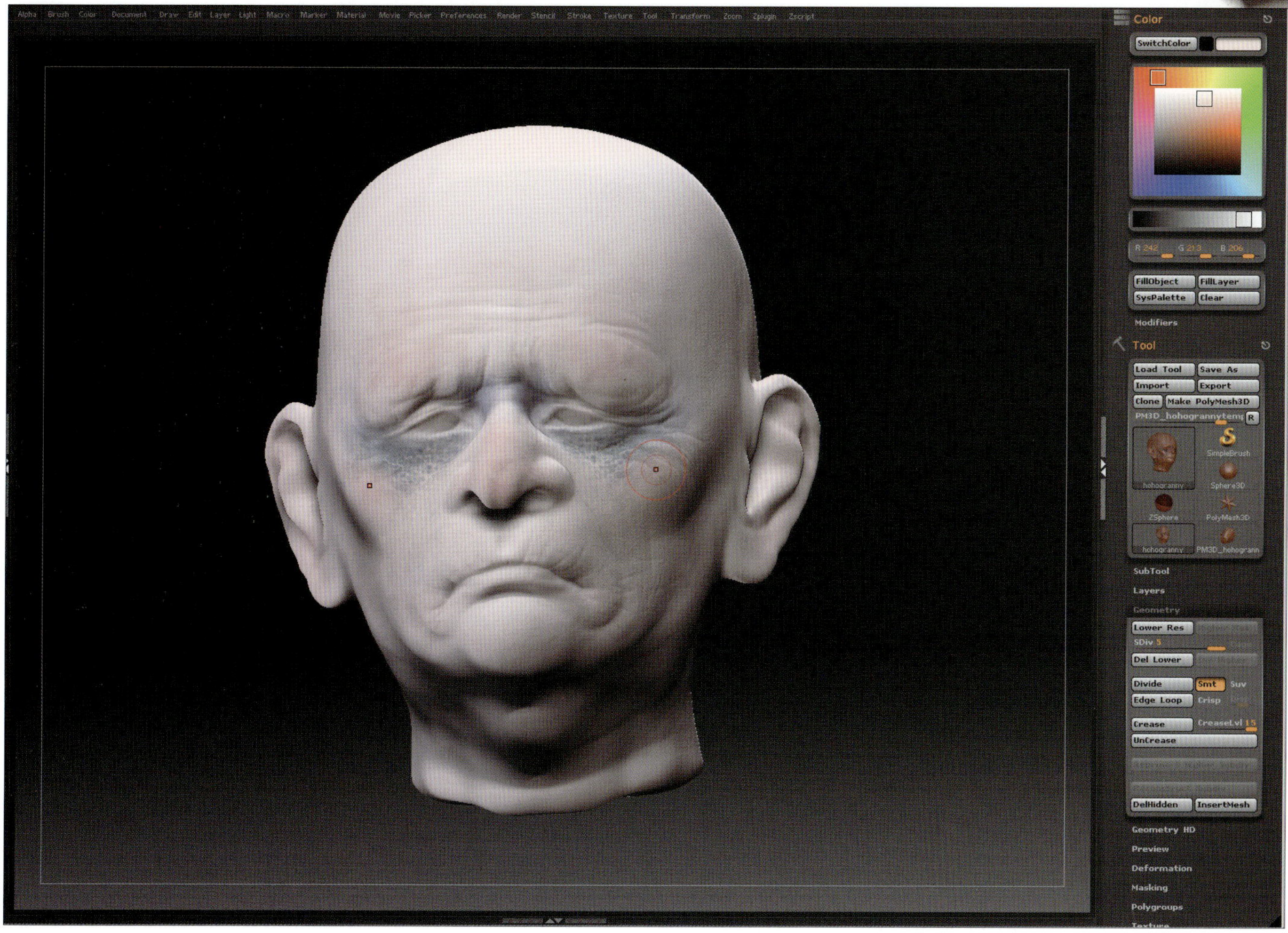

 동일한 개념으로 짙은 붉은 색으로 핏줄이 잘 보이는 부위를 그리고 밝은 색으로 지운다.

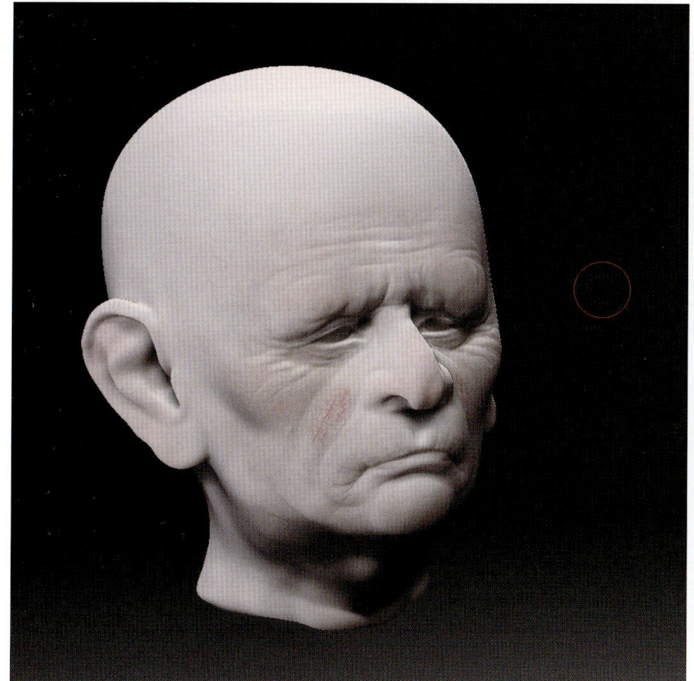

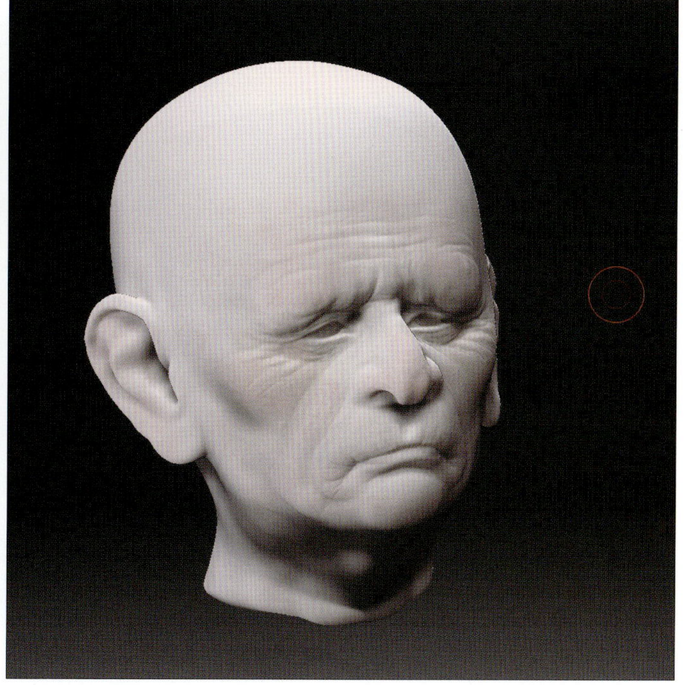

이러한 과정을 반복하면서 다채로운 느낌을 살린 뒤 Flat_shader를 적용한 모습이다.

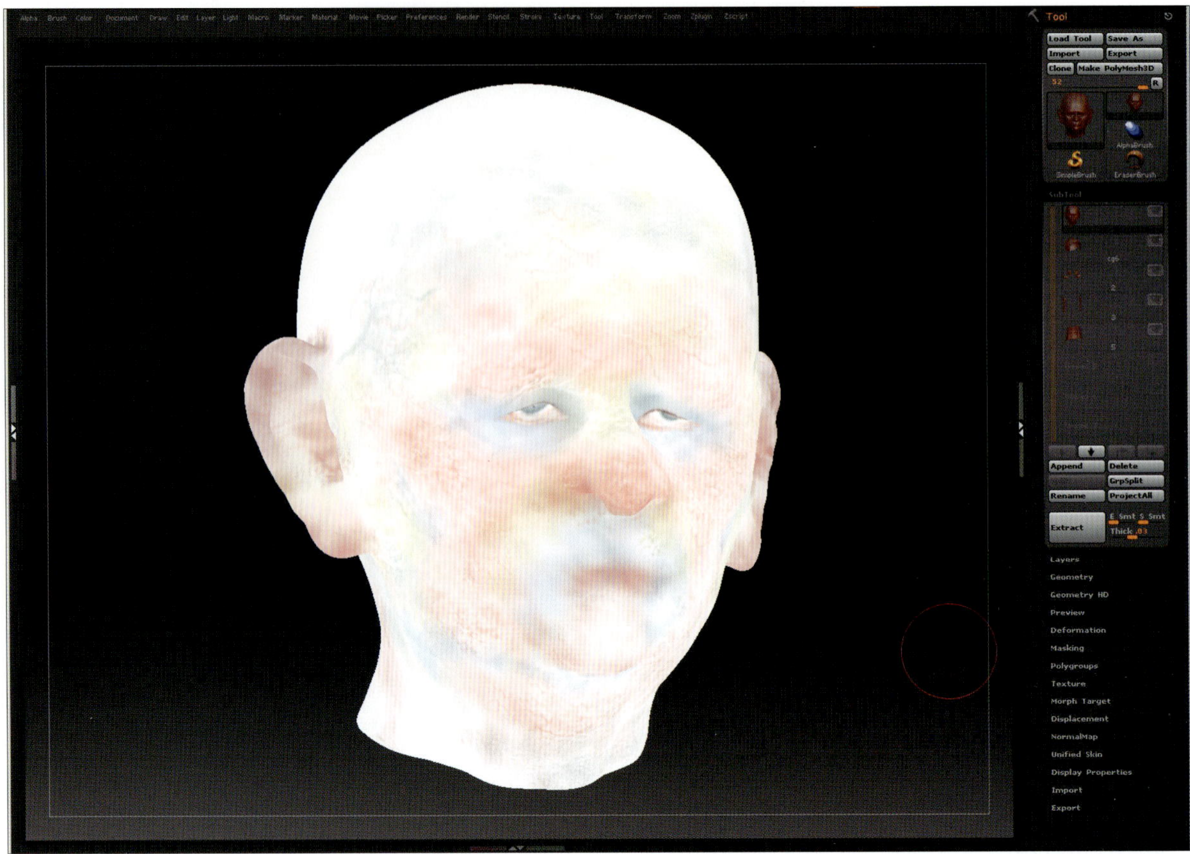

CB_skin 쉐이더를 적용해 보면 한층 완성도가 높아진다. My tribute to HG:L

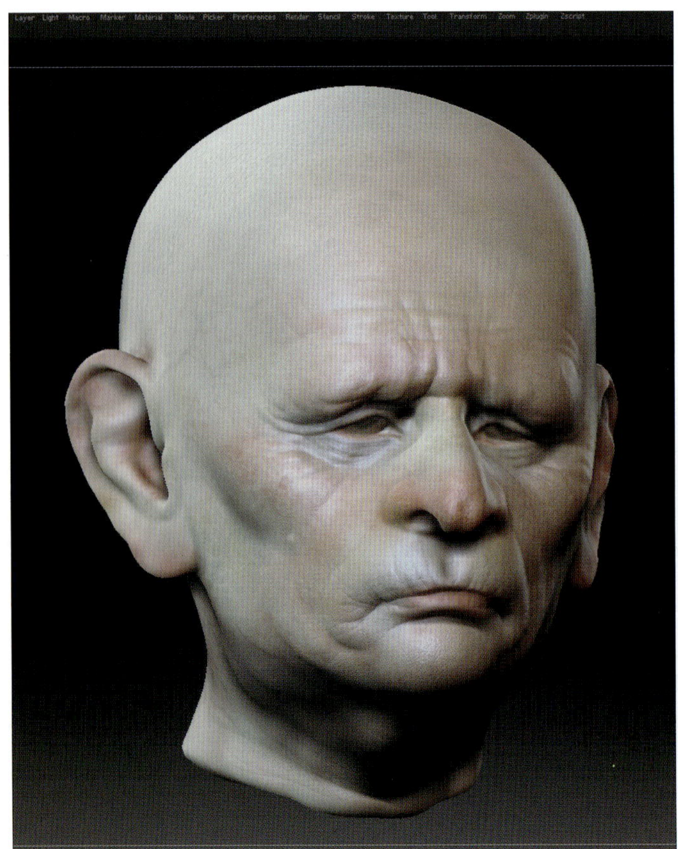

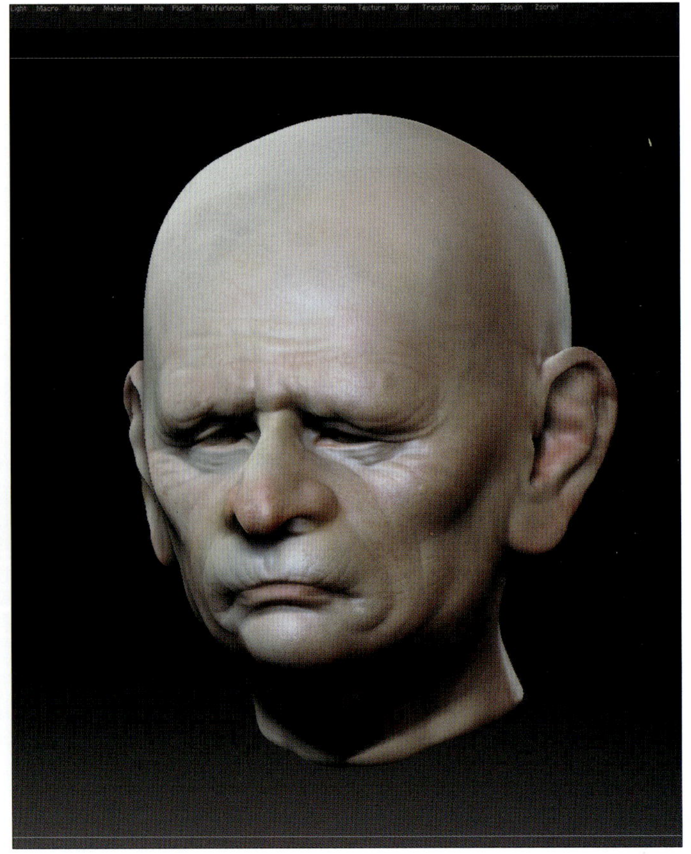

부록 DVD 파일

\ 3D캐릭터모델링 \ 호호할머니 \ hohogranny.ZTL

　이렇게 ZBrush에서 보여지는 얼굴 스킨 쉐이더 표현을 3ds Max나 Maya에서도 충분히 만들어낼 수 있습니다. 스킨쉐이더를 알맞게 설정하고 조명을 제대로 잡고 텍스쳐의 색감/선명도를 조절하면 지금 이런 느낌을 구현할 수 있습니다. 오히려 그렇기 때문에 ZBrush 작업을 하면서 이러한 쉐이더를 더욱 사랑할 수밖에 없는 것이 아닌가 합니다.

　우리가 렌더링과 다른 모든 설정들을 위해 시간을 투자하는 것보다 이러한 실시간 재질들을 사용하여 신나게 작업할 수 있다는 사실은 그야말로 아티스트들에게 축복과 다름 없습니다.

　참고로, 앞서 스킨 쉐이더 작업을 위해 RGB만 켜고 작업을 하였습니다. 이것은 그 이름처럼 색상만 적용하는 용도입니다. 재질과 색상을 동시에 칠할 수 있는 모드인 MRGB는 간혹 본인도 알지 못하는 사이에 MRGB를 켜고 폴리페인팅을 했을 수도 있습니다. 이 경우 다른 재질을 적용시켰을 때 그 부위의 재질이 차이가 나게 됩니다. 이것은 M 모드를 켜고 Flat_shader를 칠하는 것으로 간단히 해결됩니다. Flat_shader를 칠하면 재질이 Reset됩니다.

Image Plane

특정 툴(Mesh)이 선택된 상태에서 Projection Master가 실행되면 그때부터 뷰포트에서 이루어지는 모든 것(색칠하기, Sculpt-ing, Geometry 추가)이 그 툴(Mesh)의 표면에 적용됩니다.

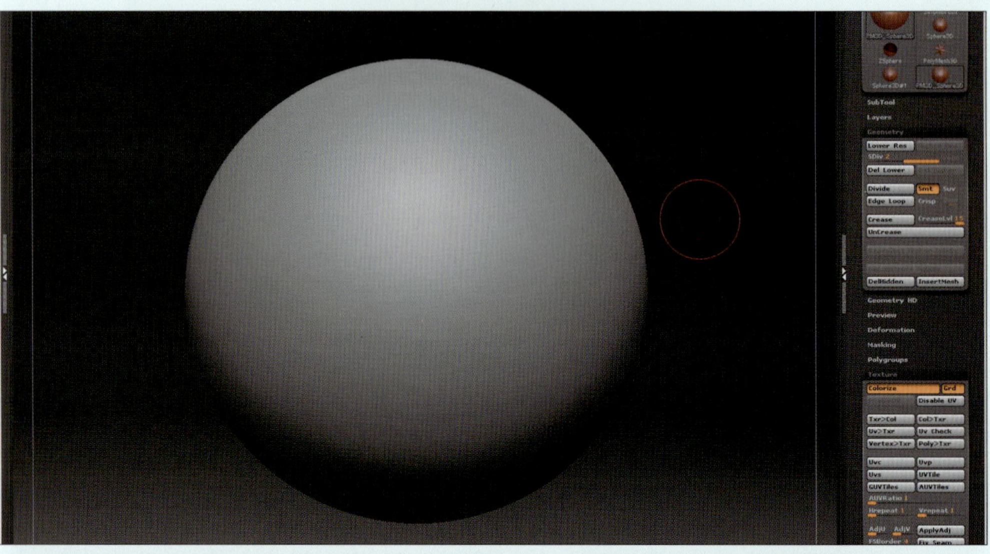

Sphere를 하나 만들고 UV가 enable되어 있도록 한다.

AUVtiles를 클릭하고 1024x1024 흰색 텍스쳐를 하나 지정한다.

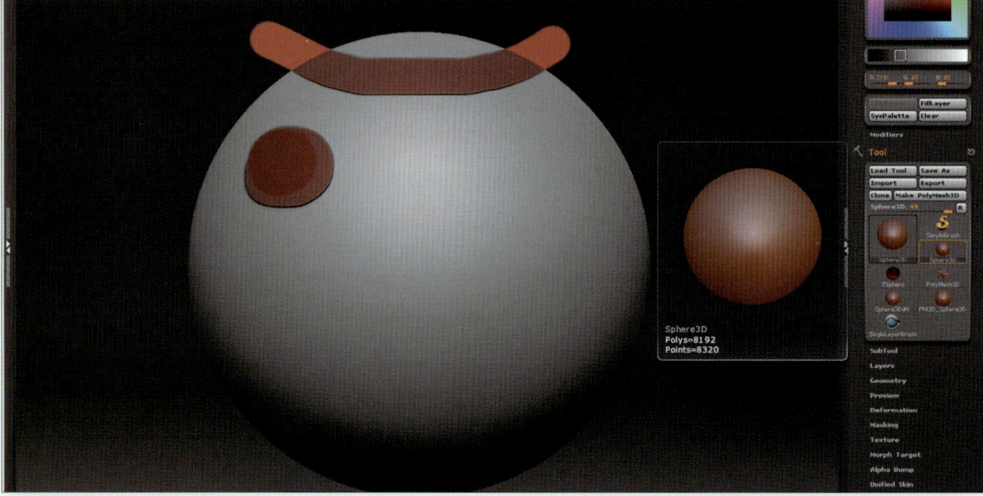

G를 눌러서 Projection Master를 실행시킨다. Colors, Deformation, 그리고 Normalize를 체크하고 넘어간다.

Default로 Singlelayer 브러시가 선택되어 있다. 빨간색을 선택하고 이리 저리 선을 그려 보면 그림에서처럼 선이 스피어 Mesh 밖까지 그려지지만, Mesh 밖으로 그려지는 부분들은 결과물에 아무런 영향을 주지 않는다. Singlelayer 브러시 말고 Sphere나 Cube, Plane (또는 우리가 작업해서 저장한 그 어떤 '툴')을 선택해보자.

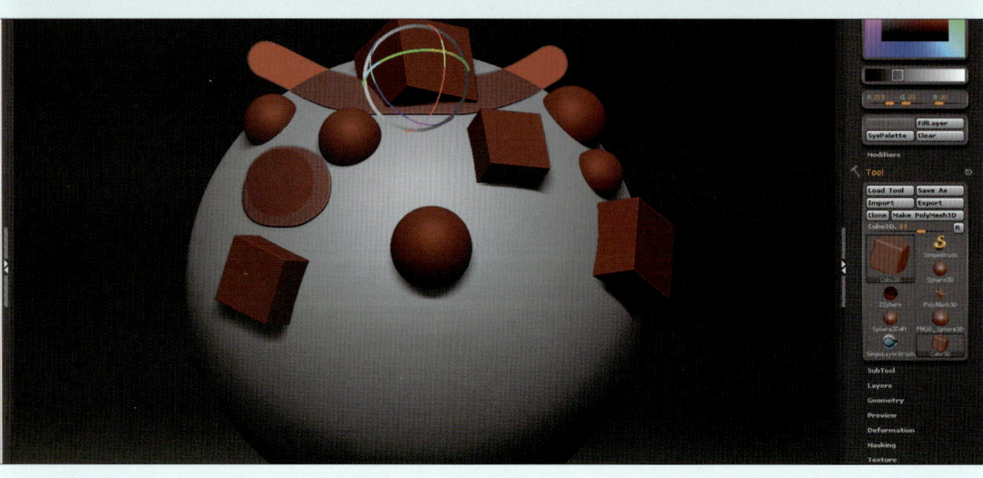

Singlelayer 브러시와는 달리 Geometry를 선택하고 그리면 Sphere Mesh 표면 기준을 기준으로 그려지는 것을 알 수 있다. 물론, 마지막으로 그려준 Geo-sphere에 한하여 R이나 W버튼을 눌러서 회전 / 이동을 할 수도 있다.

다시 G를 눌러 Pick up을 클릭하고
Projection Master를 빠져나오면 예상
했던 것보다 더 놀라게 된다. 결과물
에서 알 수 있듯 Projection Master는
Sculpting과 채색 모두 다룰 수 있으며,
채색 디테일의 경우 지정되어 있는 텍
스쳐로 바로 옮겨주게 된다.

텍스쳐를 새로 지정하고 다시 G를 눌
러서 들어가자. 이번에는 Colors만 체크
하고 들어가서 Plane 툴을 선택하고 브
러시 옵션에서 Z intensity를 0으로 설
정한다.

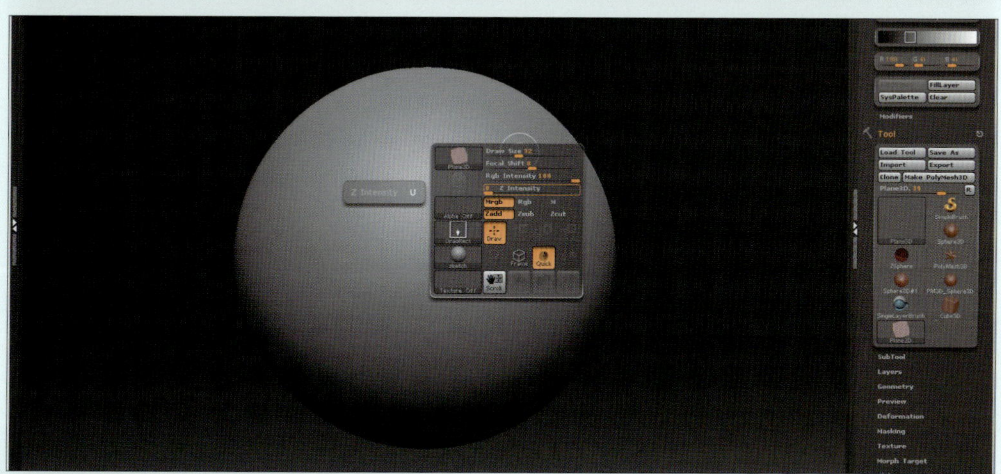

붉은색을 선택하고 Plane을 이리 저리
그려보자. 신기하게도 Plane의 형태 대
로 Sphere의 표면에 프로젝트되는 것
이 식별된다.

Undo한 후 이번에는 Plane을 선택하고 Texture 탭에서 텍스쳐를 하나 선택함으로써 Plane에 그 텍스쳐가 적용되게 한 뒤, Sphere 표면에 그려보자. 오른쪽은 Projection Master를 종료했을 때의 모습이다.

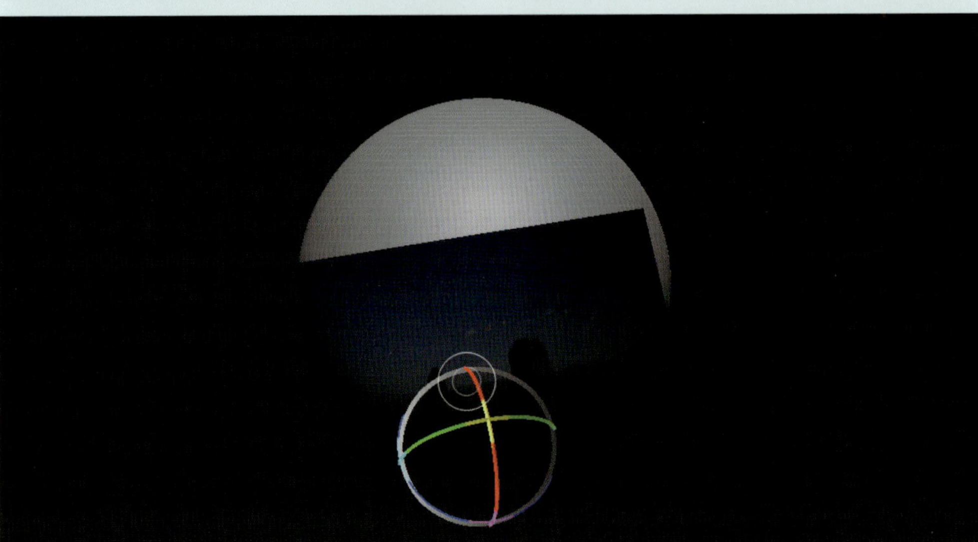

Plane을 이리 저리 옮기고 회전해 볼 수도 있다. 이것을 활용하여 UV 경계선을 맵으로 덧발라 가리는 용도로도 활용하면 좋을 것 같다.

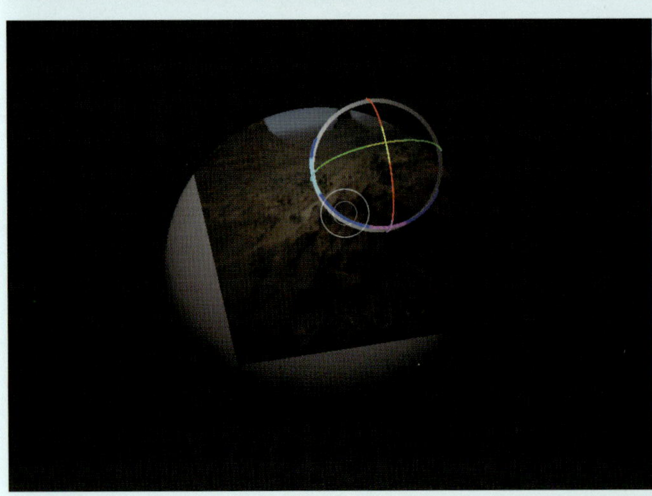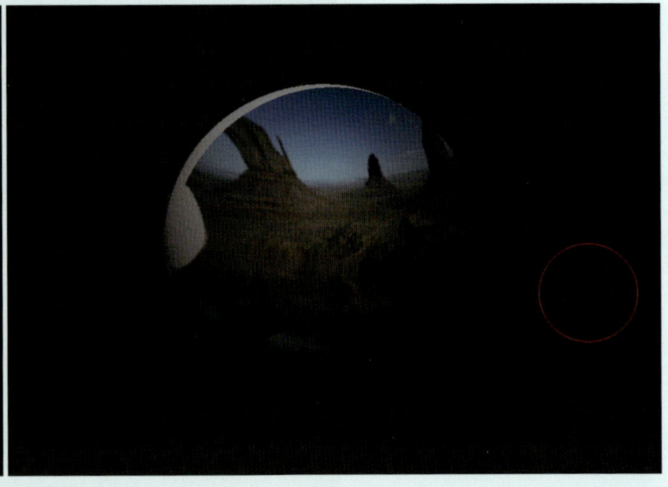

Image Plane은 지금 실험해 본 바와 같은 과정을 좀 더 간단하게 해주는 툴이라고 생각하면 됩니다. 단순히 간단하게 해주는 것 뿐 아니라, 그 이미지 Plane의 형태까지 변형시켜 줄 수 있다는 점에서 그 가치가 매우 높습니다.

텍스쳐링

사진을 이용한 프로젝션 얼굴 매핑

03

1 Projection Master의 활용

머리 텍스쳐링을 시작해 보겠습니다.(여기에 사용한 인체, 인물관련 사진은 3D.SK에서 구입한 자료입니다.)

01 3D.sk의 두 모델의 얼굴을 사용하겠다. 왼쪽의 사람은 전체적인 느낌과 삭발 스타일을 위해, 오른쪽의 사람은 눈 / 코 / 입 / 귀의 느낌이 마음에 들어서 선택하였다. 이 두 사람 사진은 ZBrush에서 직접 프로젝트해 볼 텐데, 사진의 높이 / 넓이를 정사각형으로 맞춰야만 결과물의 해상도 또한 정사각형으로 나온다. Canvas size 옵션에서 넓이를 높이와 같게 맞추었다.

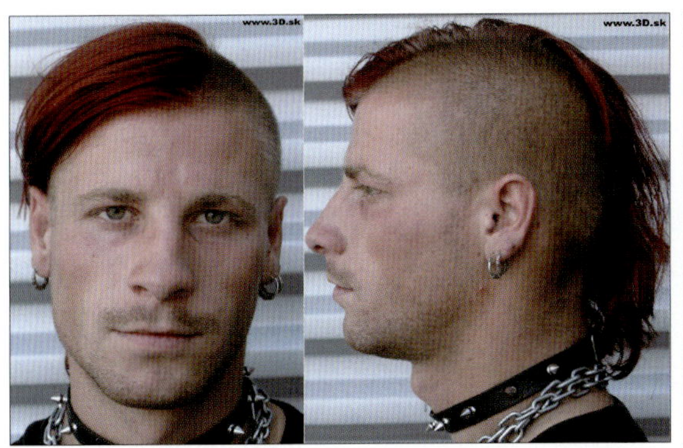

02 이 사진은 이마와 미간의 주름살이 마음에 들어서 골라보았다.

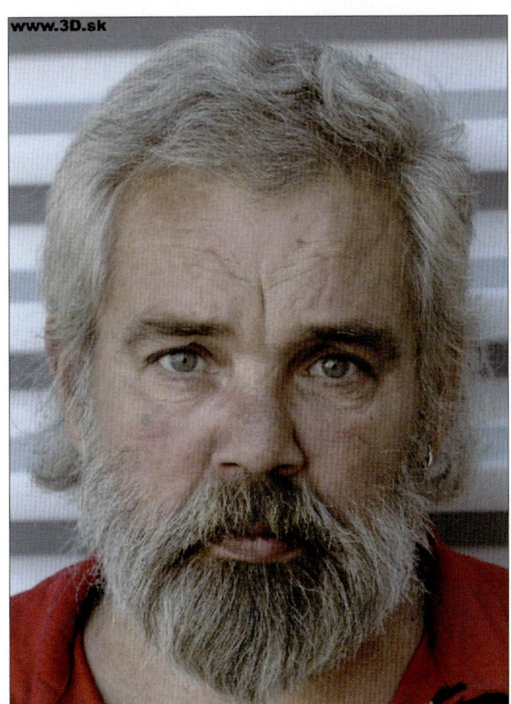

03 마우스를 클릭한 채 좌우로 움직이면 Image Plane이 우리의 시점을 중심으로 좌우로 회전하게 된다. 얼굴과 사진을 최대한 맞춰주자. Projection Master에서 뷰포트나 해당 Mesh를 움직이는 것은 불가능하지만, Image Plane은 동일한 단축키를 사용하여 이리저리 움직일 수 있다. 지금 이 사진은 얼굴이 수평으로 바르지 않으니 오른쪽 툴바의 Rotate 버튼 아래로 보이는 Z 를 클릭한다.

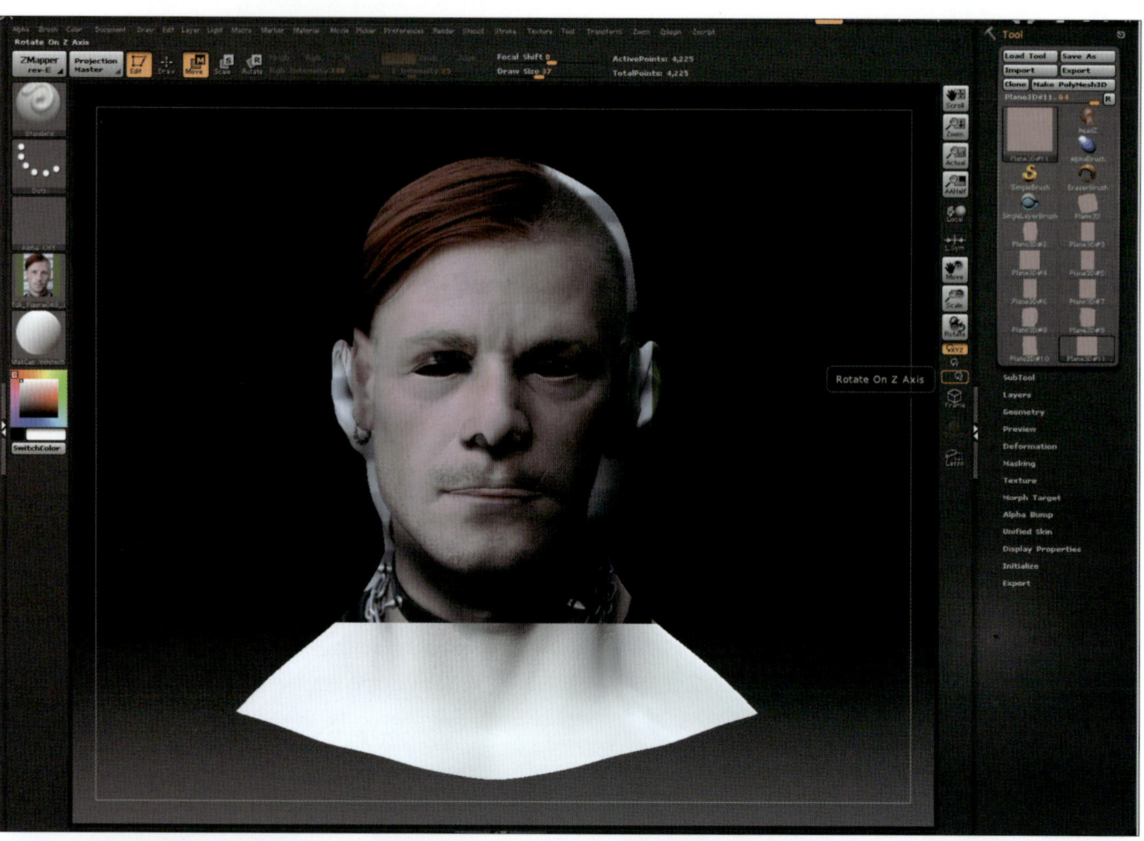

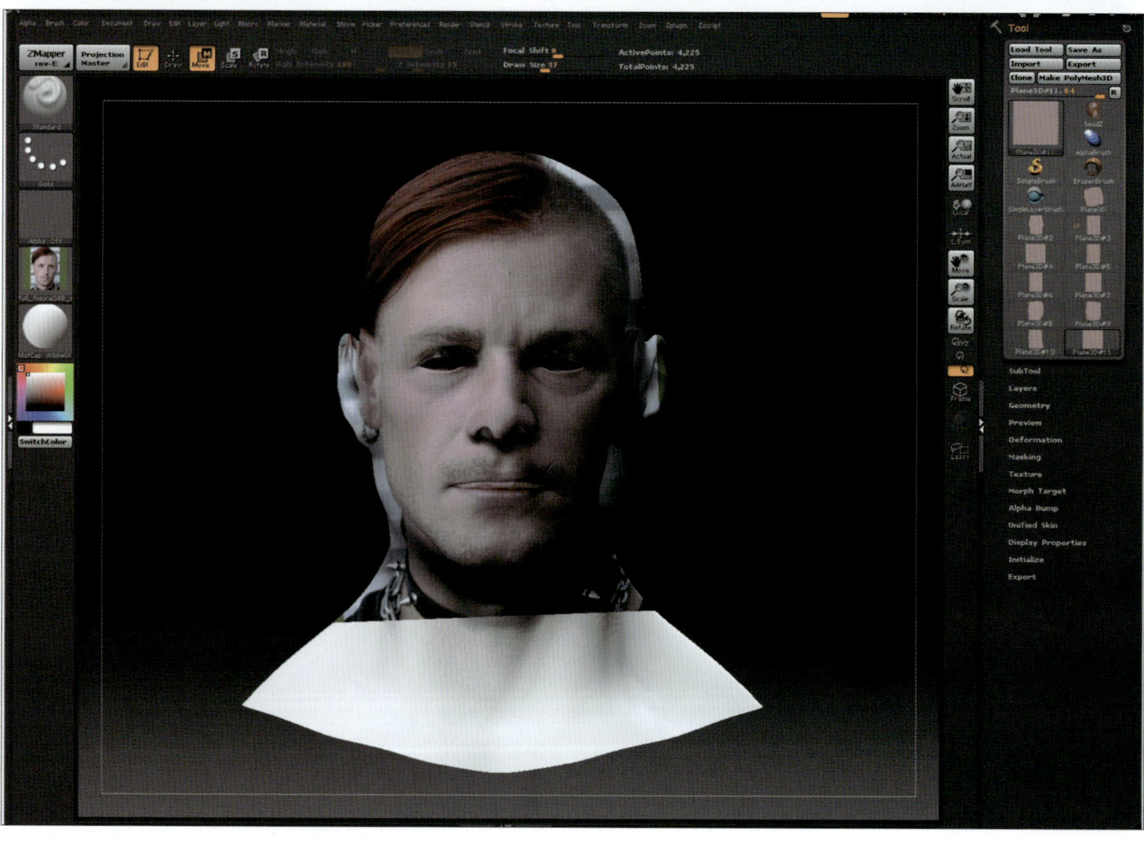

 **04** Frame을 켜 보면 그림과 같이 표시된다. 이것은 Image Plane의 와이어이며 우리가 Image Plane을 이리 저리 당겨
줄 때 사실 이러한 와이어를 가진 Plane Mesh를 편집하는 셈이다.

05 Image Plane을 마우스로 문질러보면 Move 브러시처럼 작동하고 있음을 알 수 있을 것이다. 브러시 사이즈는 표시
가 되지 않지만, 브러시 사이즈 또한 멀쩡히 작동한다. 그것을 이용하여, 정면 기준으로 얼굴 Mesh에 이미지를 맞
춰주자.

06 Projection Master를 종료한 결과이다. 정면에서 프로젝트했기 때문에 옆면은 늘어남이 심하다. 이 텍스쳐를 Flip V 를 클릭한 후 Export한다.

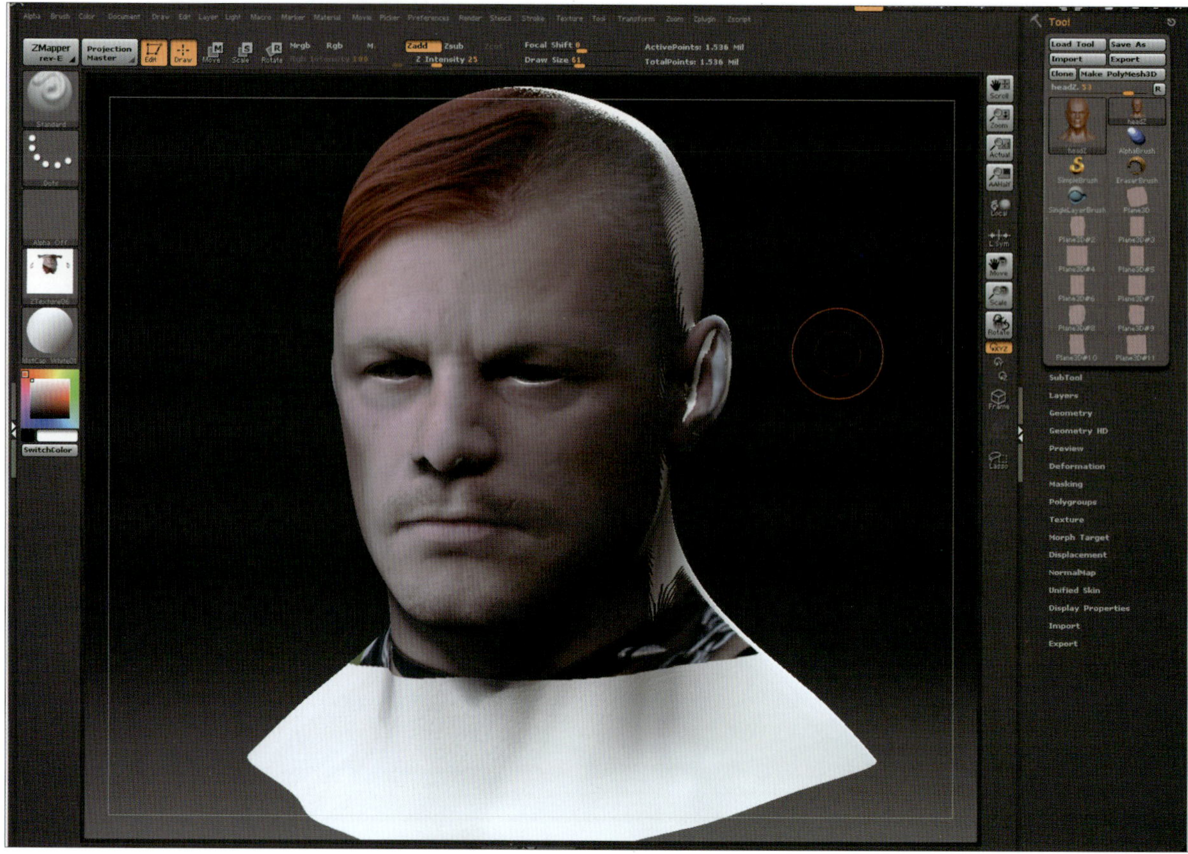

07 흰색의 새로운 텍스쳐를 적용하고 옆면으로 Snap한 후 [G]를 누른다. 이번에는 얼굴의 양 옆을 한번에 프로젝트하 기 위해 Double sided를 체크한다.

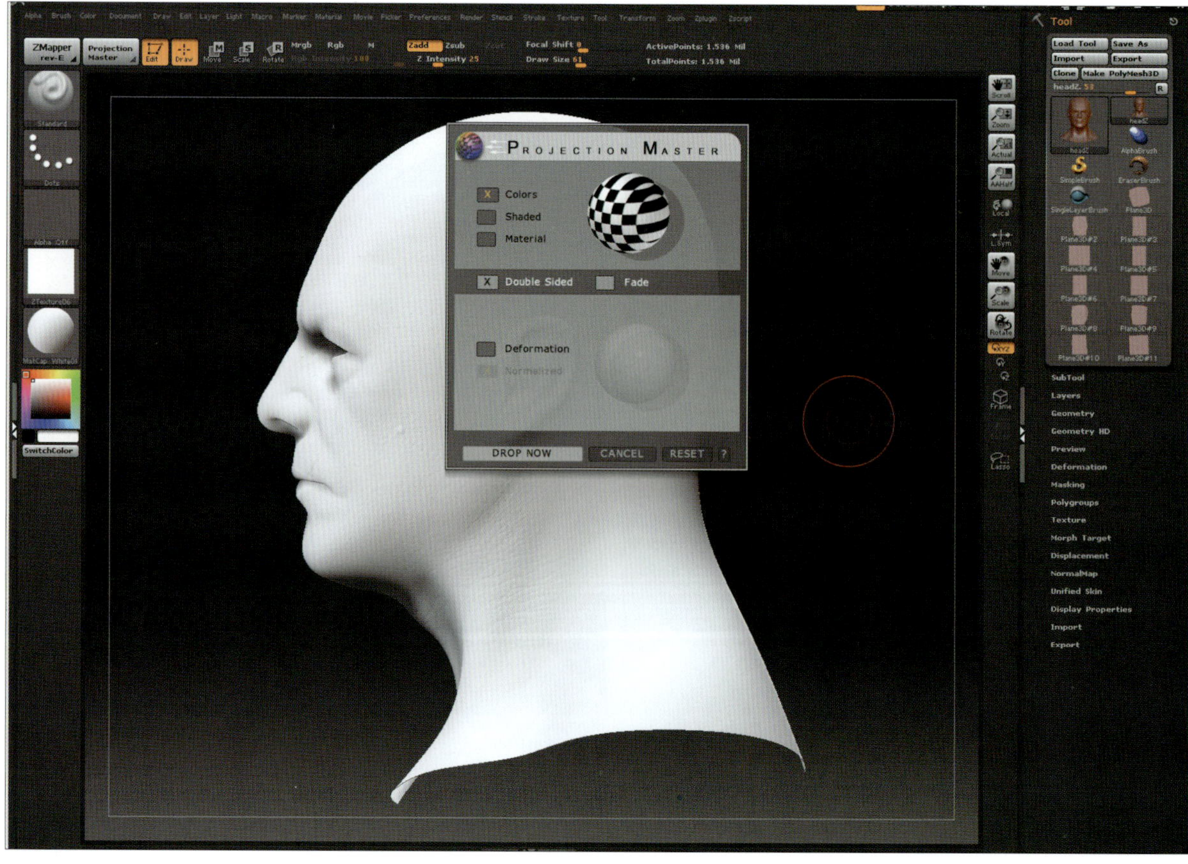

08 Projection Master를 실행시키고 Image Plane의 Load Image를 클릭하면 방금 전에 사용했던 앞모습 사진이 올라온다. Load image를 클릭하여 옆면 사진을 불러올 수 없다.

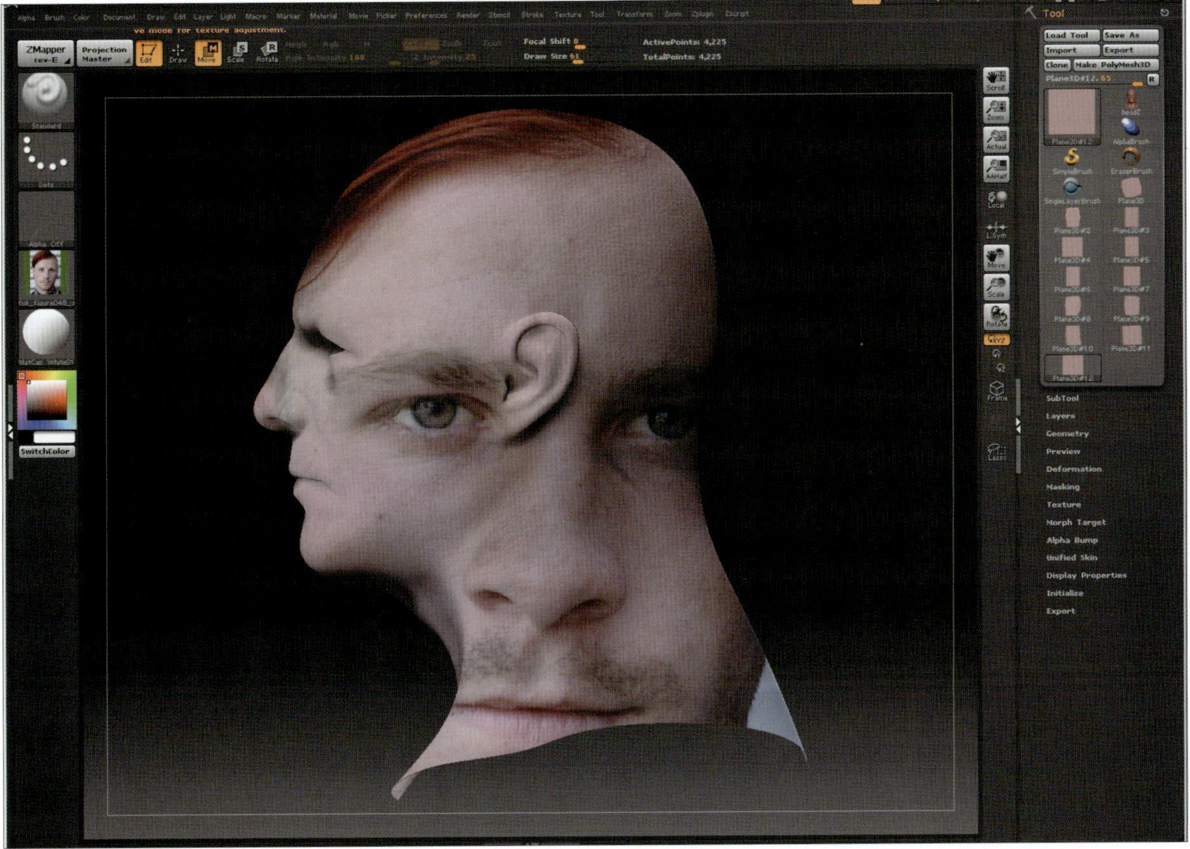

09 다만 지금 이 상태에서 Texture 탭에서 Import를 클릭해 얼굴 옆모습 사진을 불러오면 Image Plane으로 곧바로 로드된다.

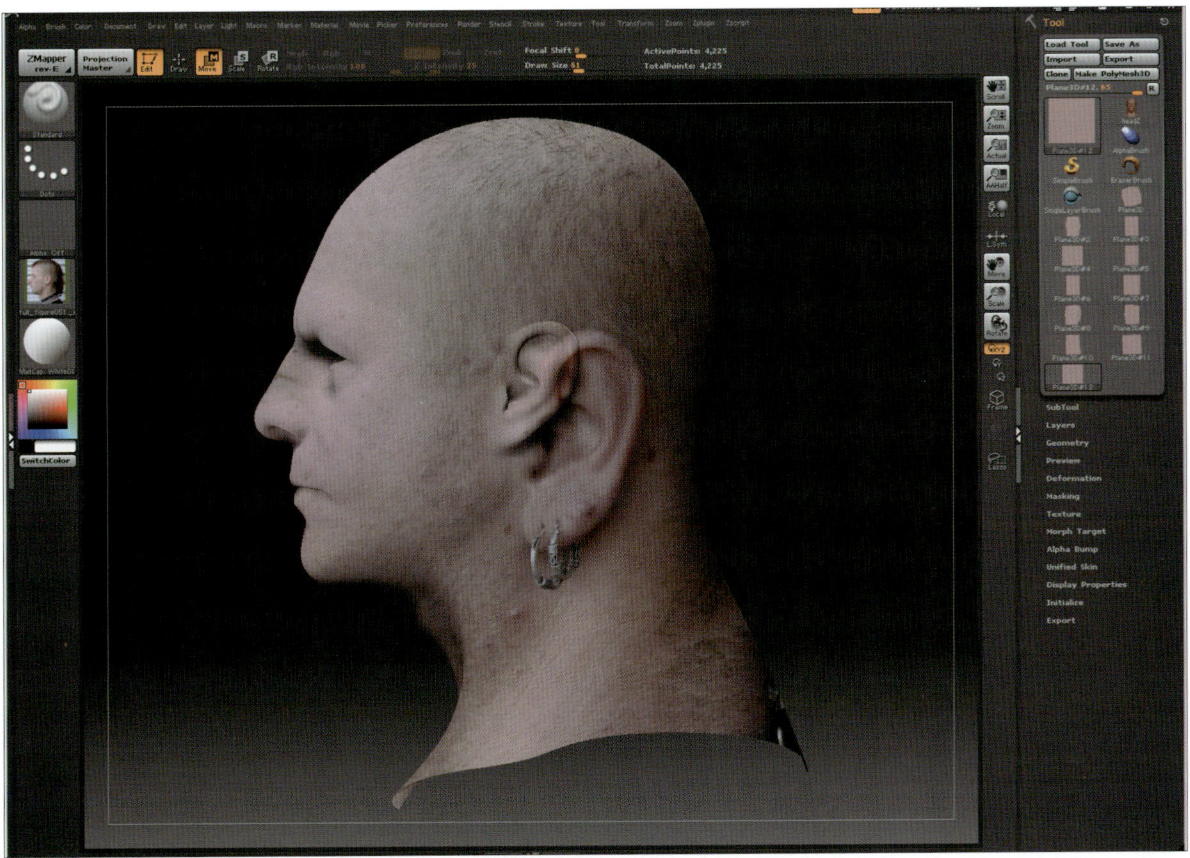

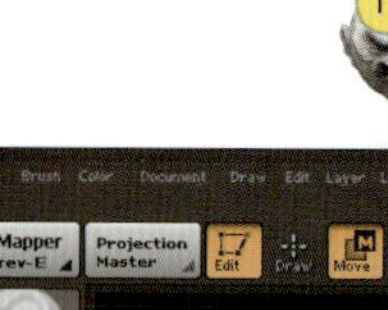

10 Image Plane을 이리저리 당겨가며 사진과 Mesh를 최대한 맞춘다.

11 어느 정도 끝나면 G를 눌러 Projection Master를 종료한다. 텍스쳐를 Export한다.

Game Character Design Master

 **12** 동일한 방식으로 두 번째 사람 얼굴의 정면을 프로젝트한다. 텍스쳐를 Export한다.

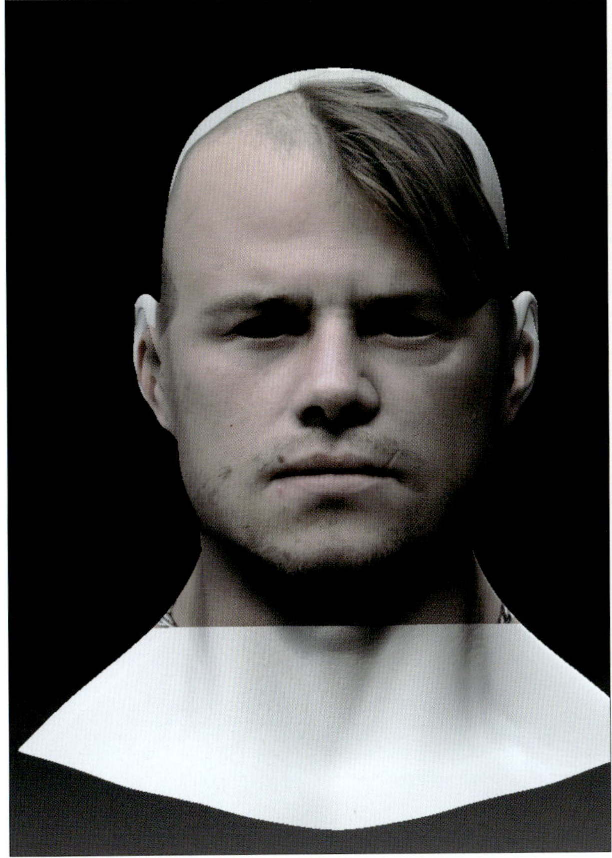

13 옆모습을 프로젝트한 모습. 텍스쳐를 Export한다.

② 포토샵을 이용한 텍스쳐 재조정

01 ZBrush에서 Export된 텍스쳐들을 Photoshop으로 불러온다. 필자의 경우, FlipV를 클릭하지 않았기 때문에 Photo-shop에서 캔버스를 수직으로 뒤집어 주었다.

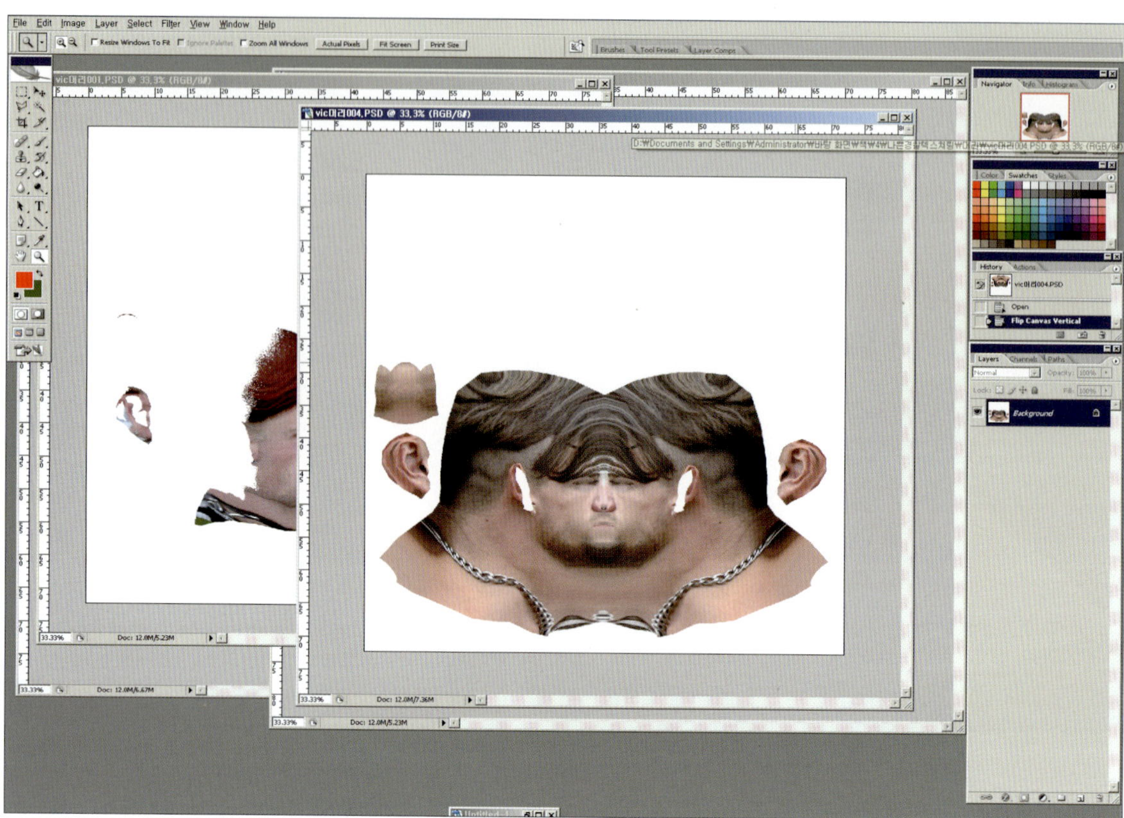

02 옆모습 프로젝션 위로 앞모습 프로젝션을 합치는 작업이다. 정면 사진을 지워가면서 작업하게 되면 돌이키는 것이 힘들어지므로 Add Layer Mask를 이용하여 필요 없는 부분만 '가려준다.' Add Layer Mask는 Layer 창의 하단 왼쪽에서 3번째 버튼이다. 그림처럼 레이어 마스크에 검은색으로 칠해 가며 사진들이 부드럽게 합쳐지도록 하자.

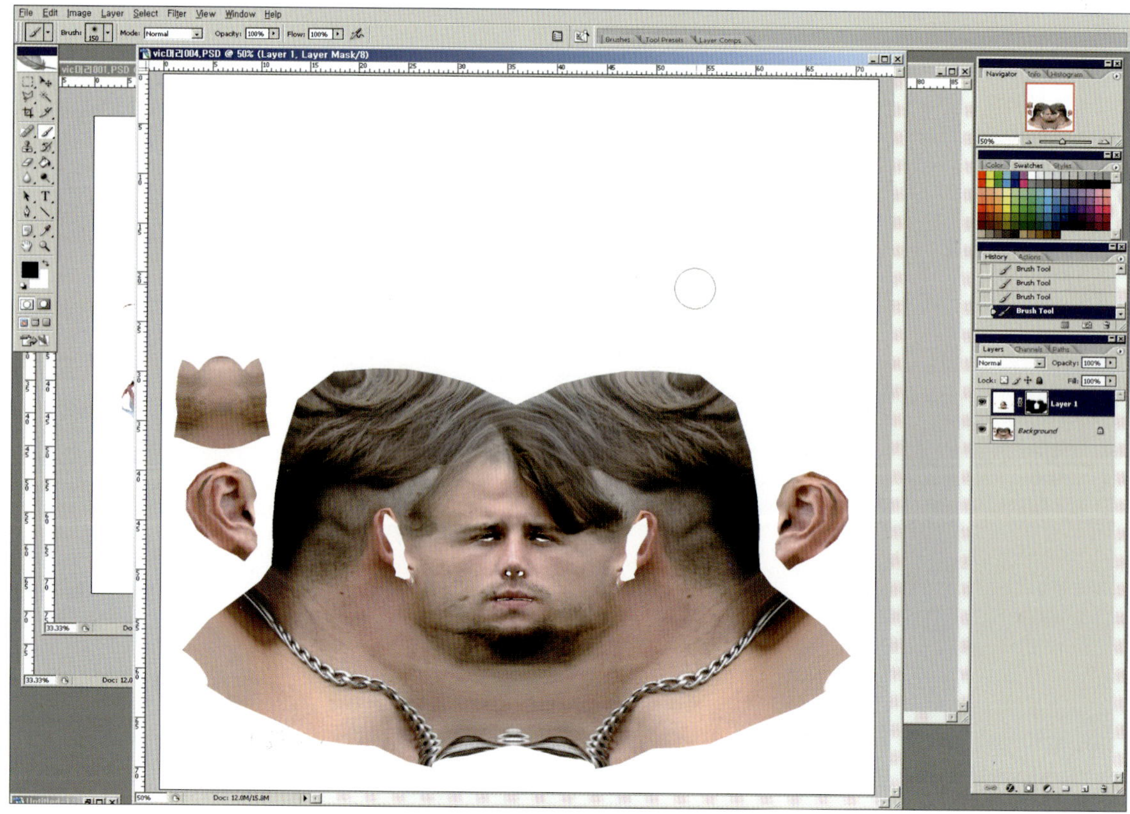

나머지 사진들도 같은 방식으로 합쳤는데 턱 부위의 Stretch가 너무 심하다. 참고로 옆모습 프로젝션은 우리가 원하
는 빡빡머리로 나왔으므로 긴 빨간 머리 부위는 모두 가린다.

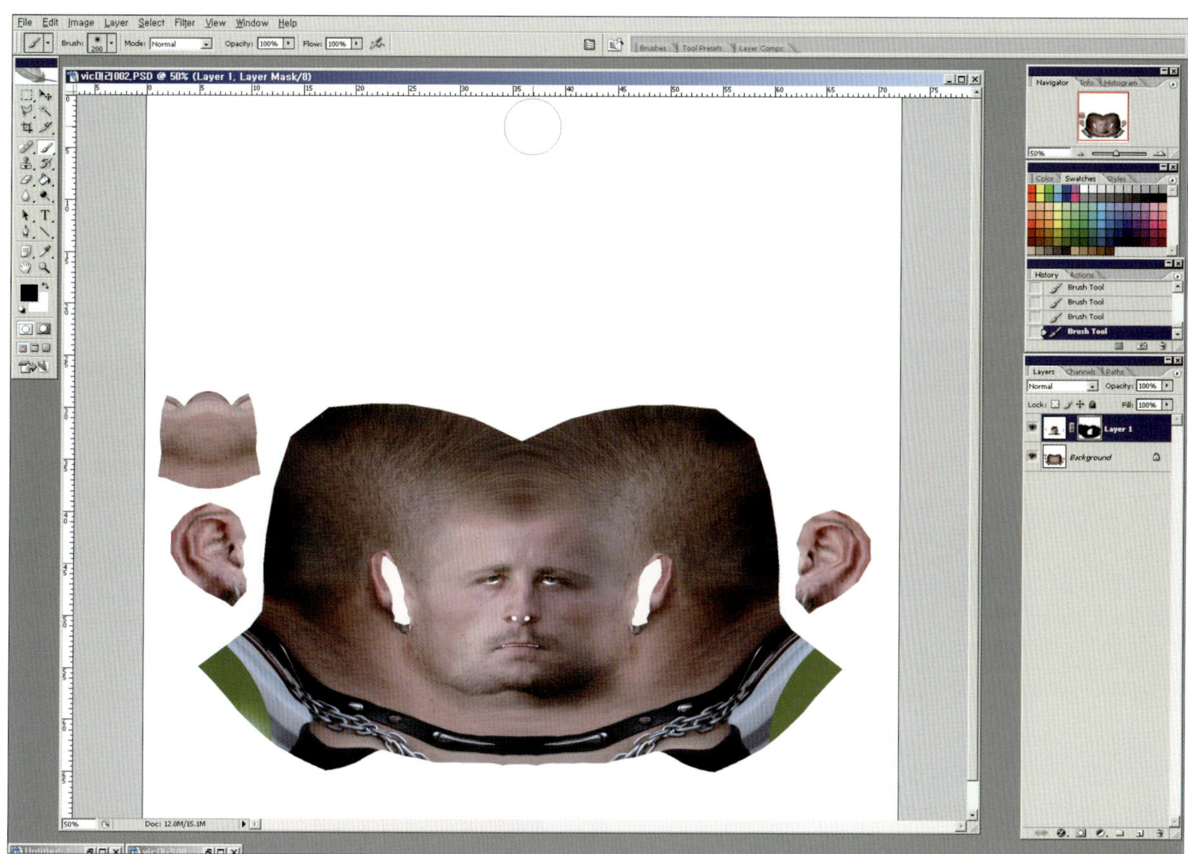

그림과 같은 턱 부위의 각도의 사진을 ZBrush에서 한번 더 프로젝트한다.

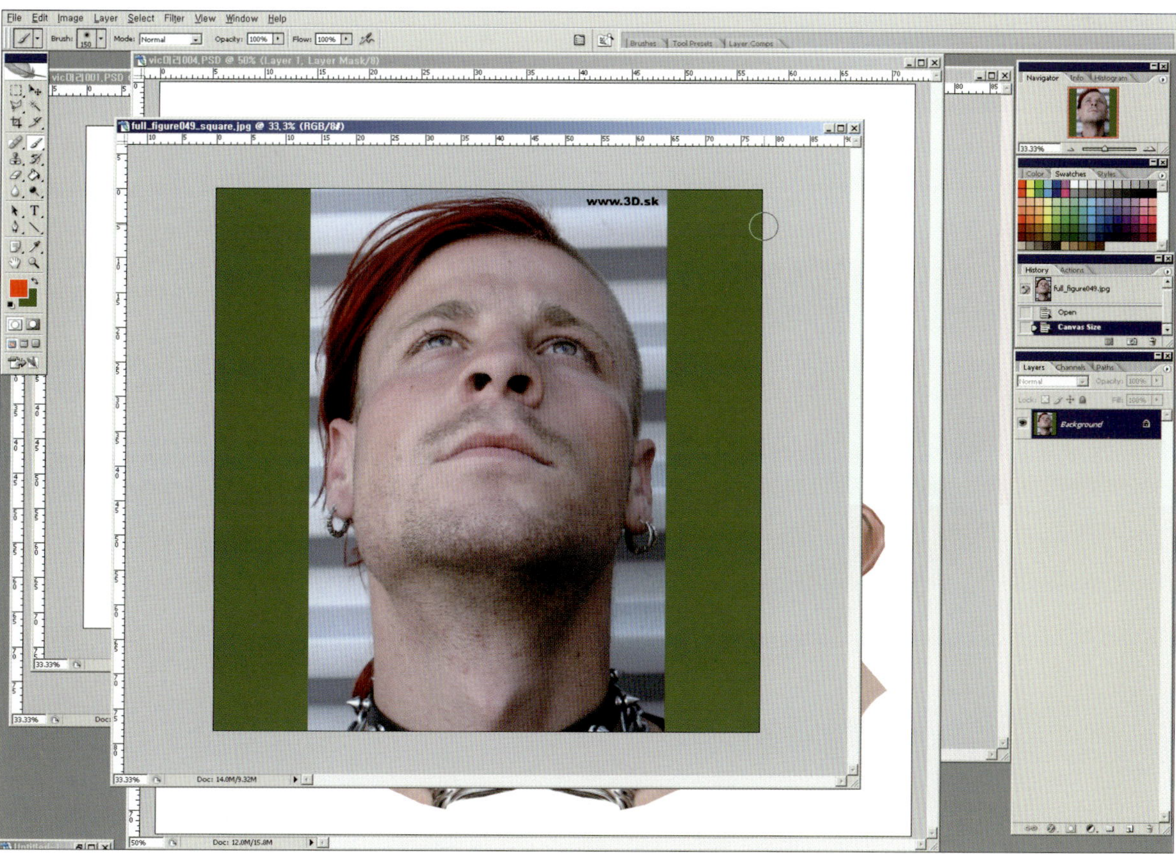

Game Character Design Master

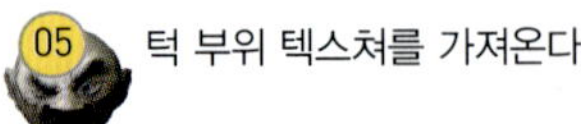

05 턱 부위 텍스쳐를 가져온다.

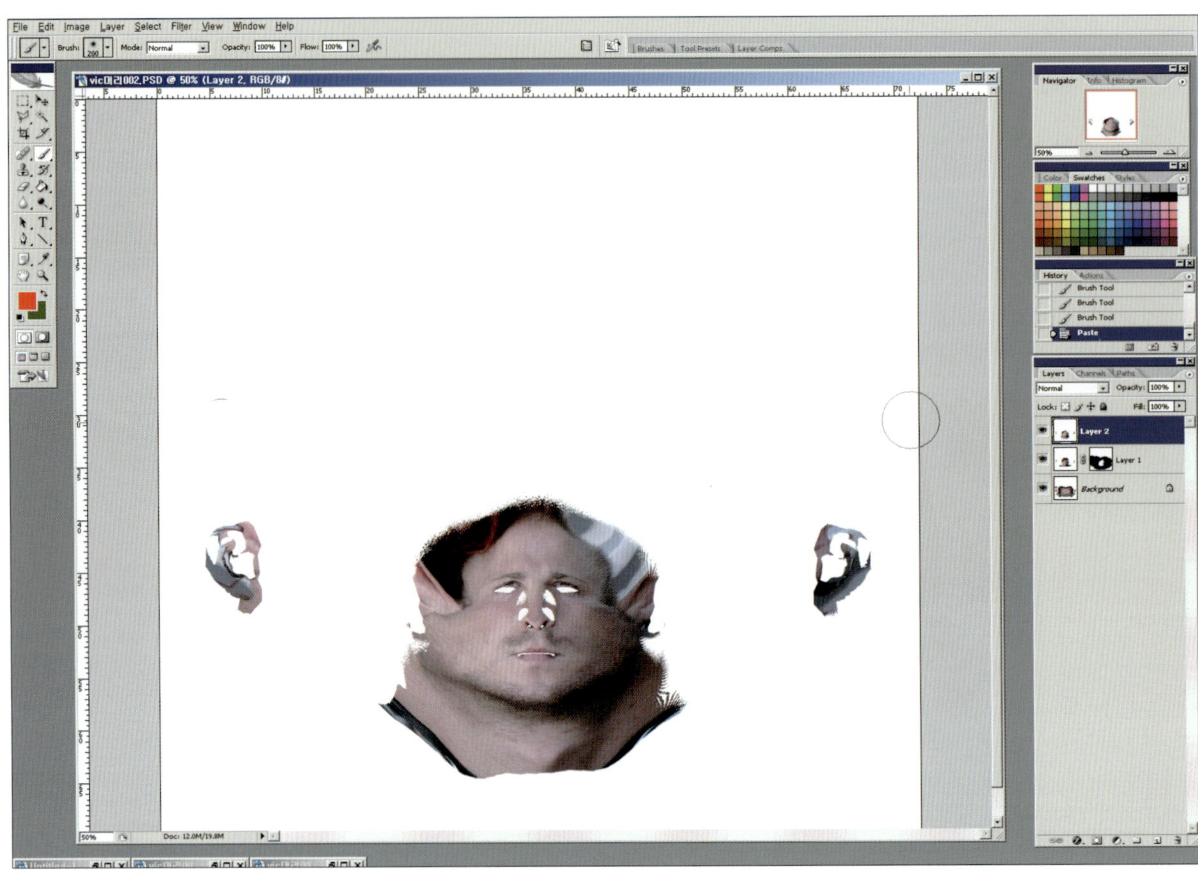

06 합친 모습이다. 앞서 언급했듯 이 사진을 전체적인 바탕으로 삼고 눈/코/입/귀 등은 갈색머리 아저씨 사진을 사용할 것이다.

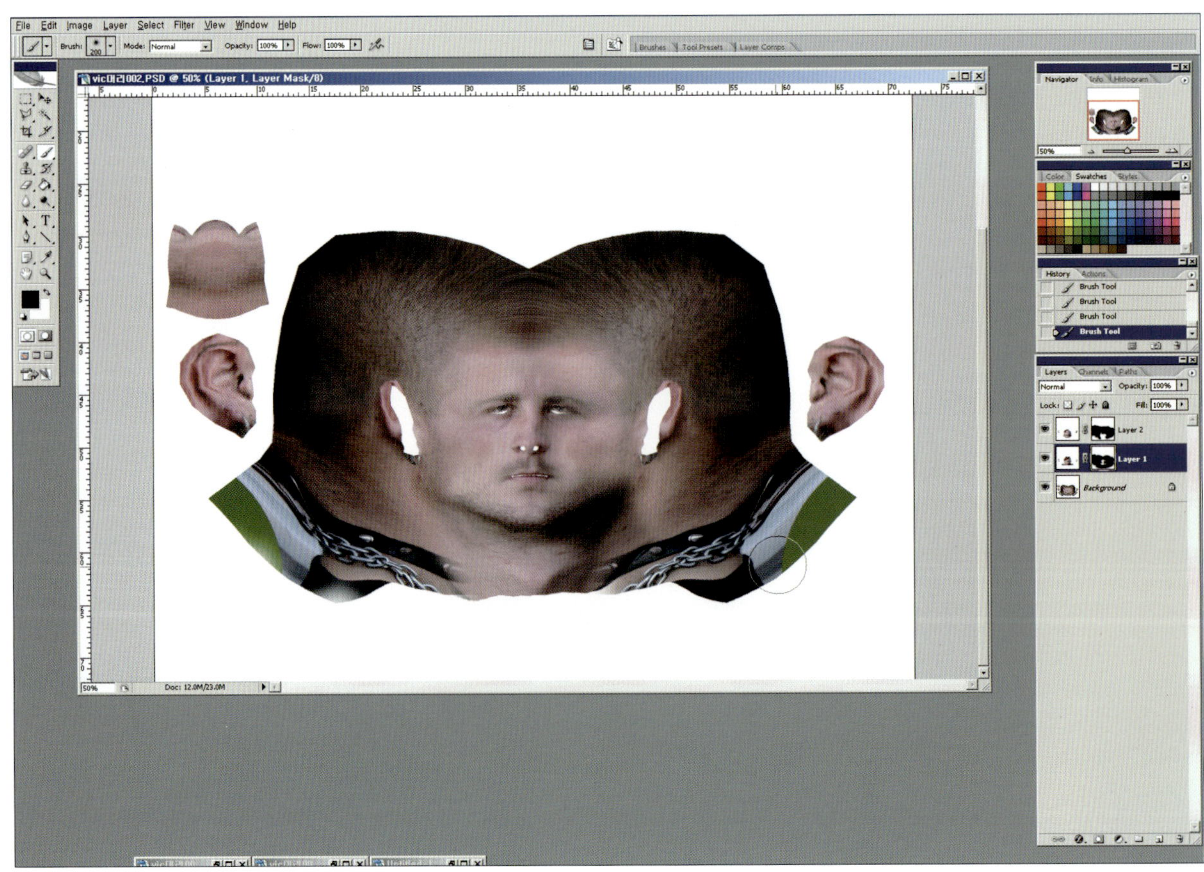

411

 **07** 갈색머리 아저씨의 사진을 Copy Merged를 이용하여 복사해서 얹었다.

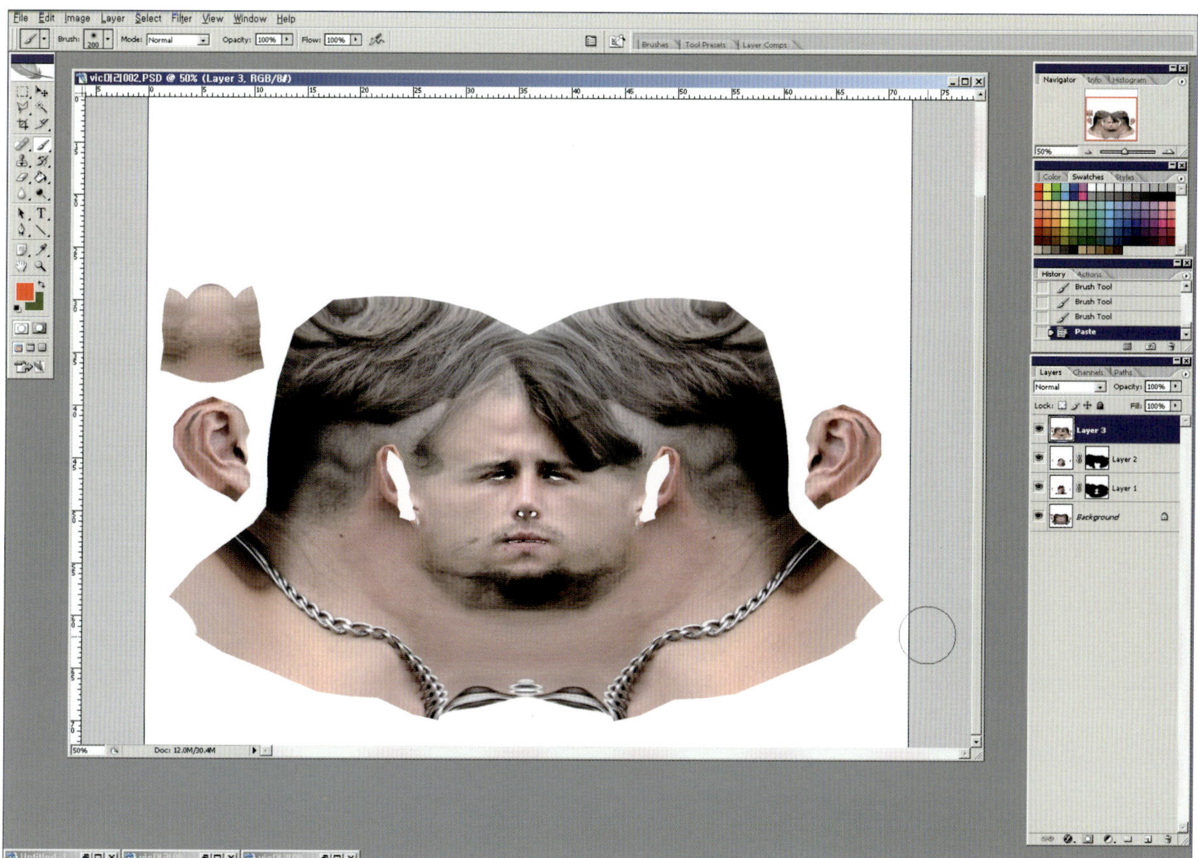

 **08** Layer Mask로 가려서 합성하자. 보다시피 Stretch된 부분들이나 우리가 원하는 빡빡머리가 아닌 부위들을 모두 가렸다.

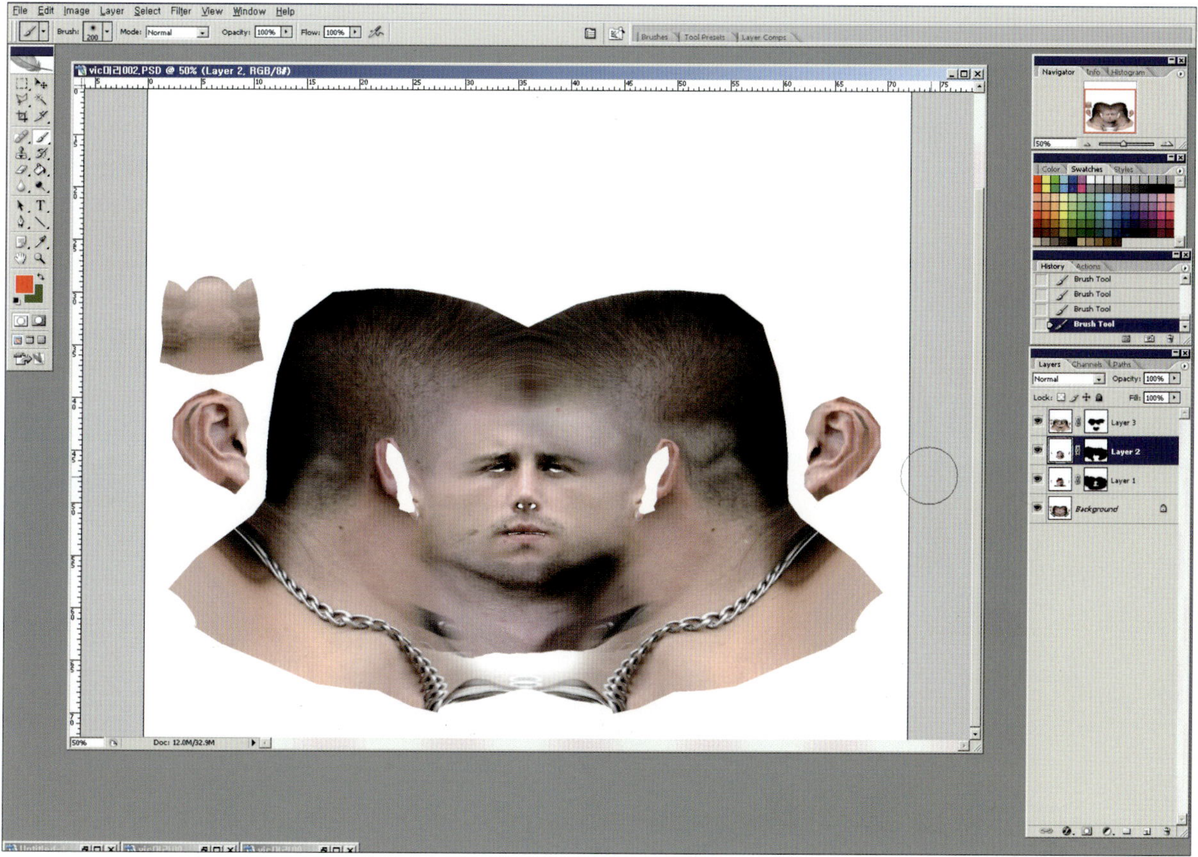

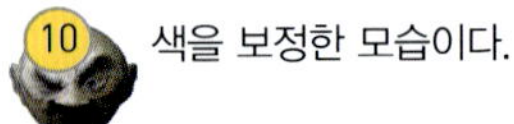 **09** 피부 톤이 다르므로 색상을 조절하자. 피부 톤이 너무 붉은 것이 보기 좋지 않으므로 빨간 머리 아저씨 사진들의 색상을 편집한다.

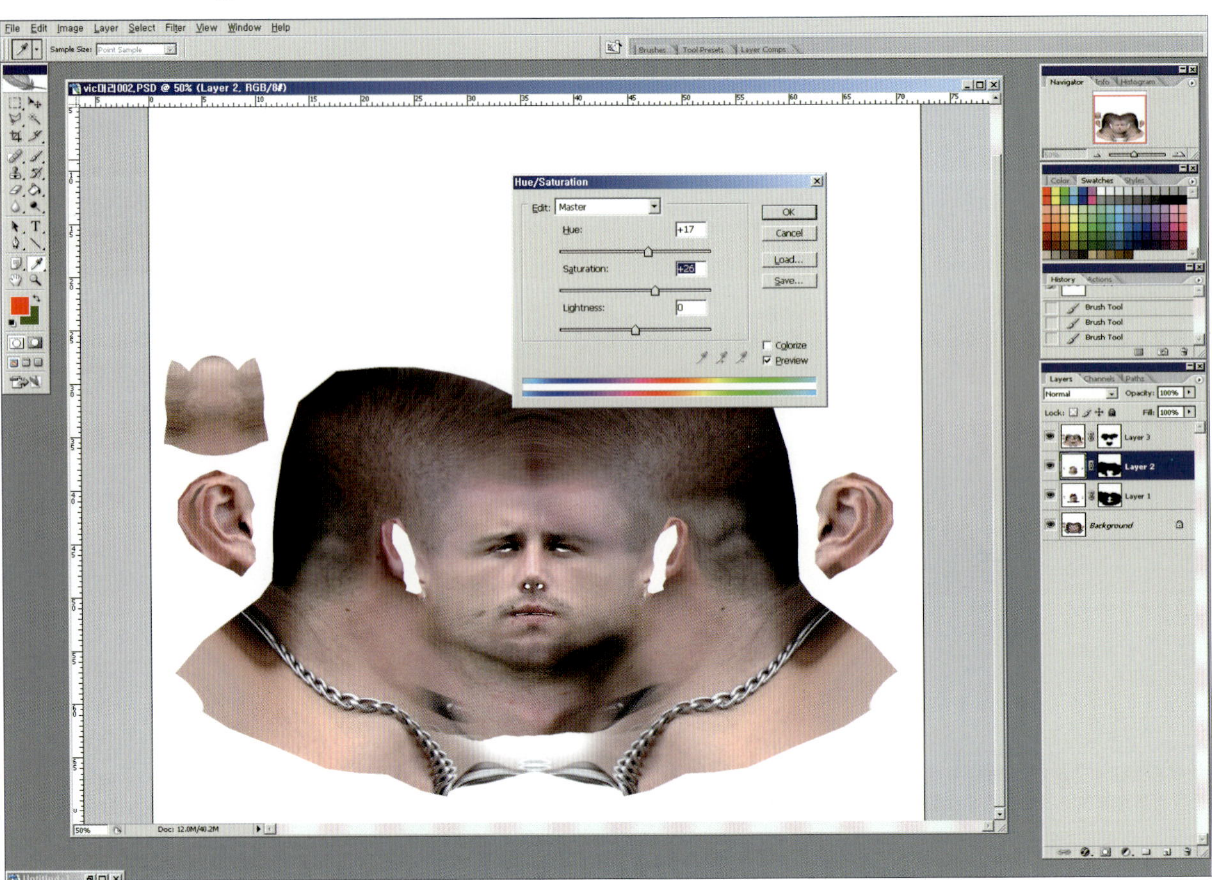

10 색을 보정한 모습이다.

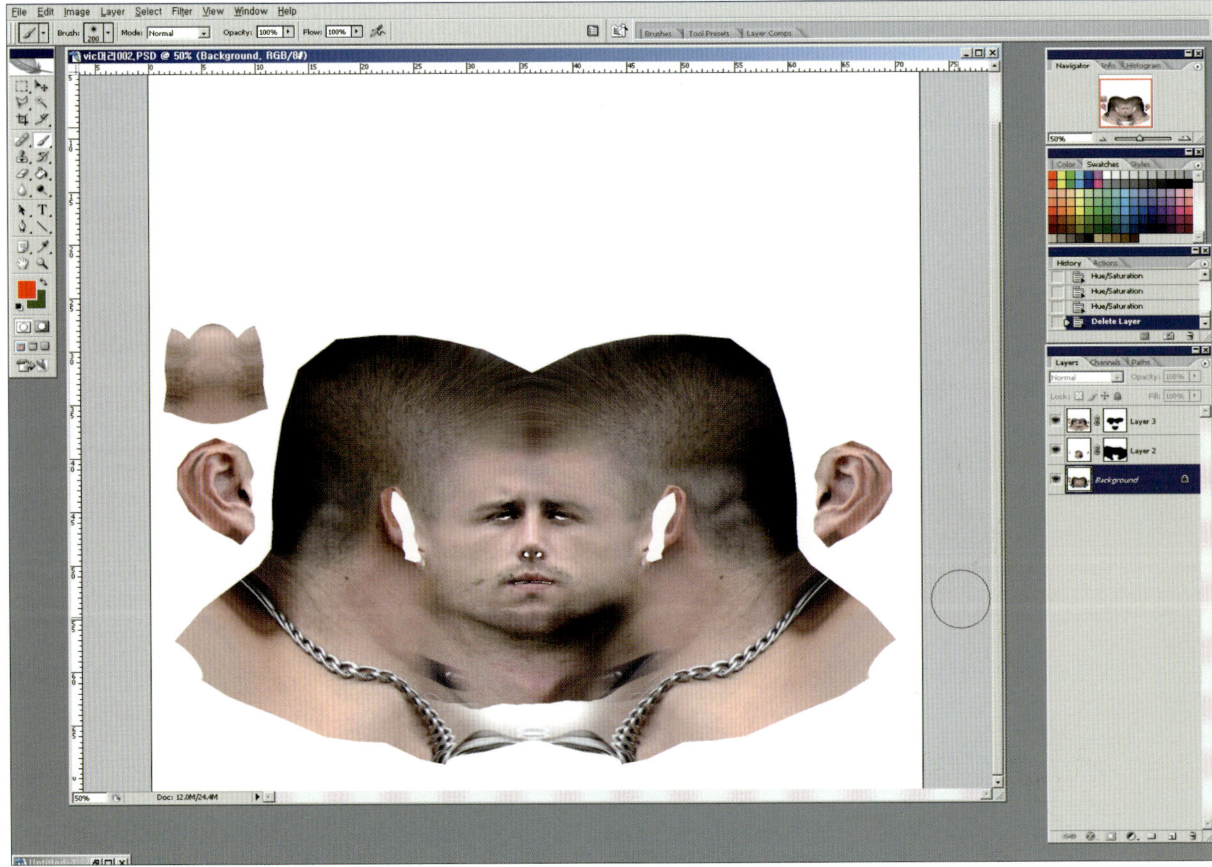

 이 아저씨는 단순히 이마 주름살만 사용할 것이므로 Projection Master가 필요 없다. Feather 값을 좀 준 상태에서 Lasso툴로 선택하여 Ctrl + C 를 눌러 복사한다.

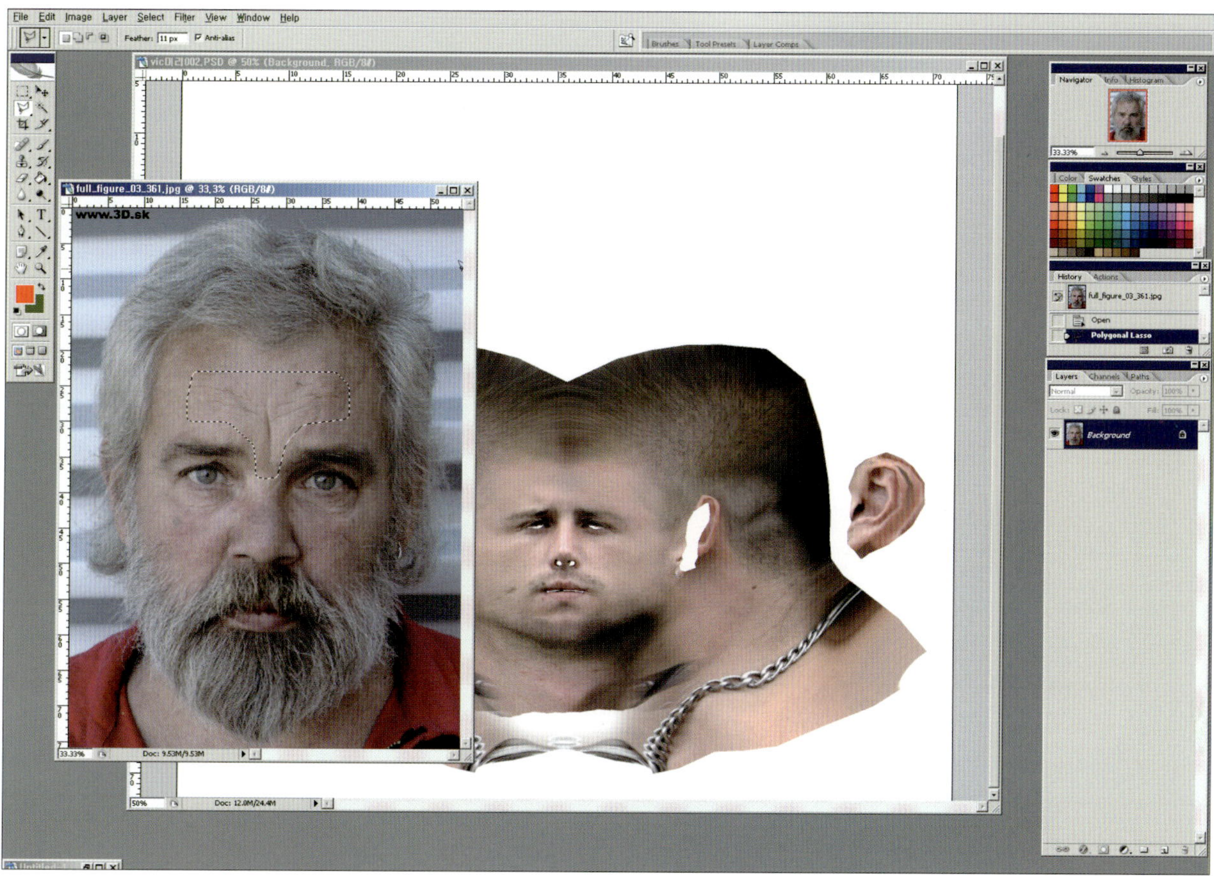

 Ctrl + V 를 눌러 붙여넣는다.

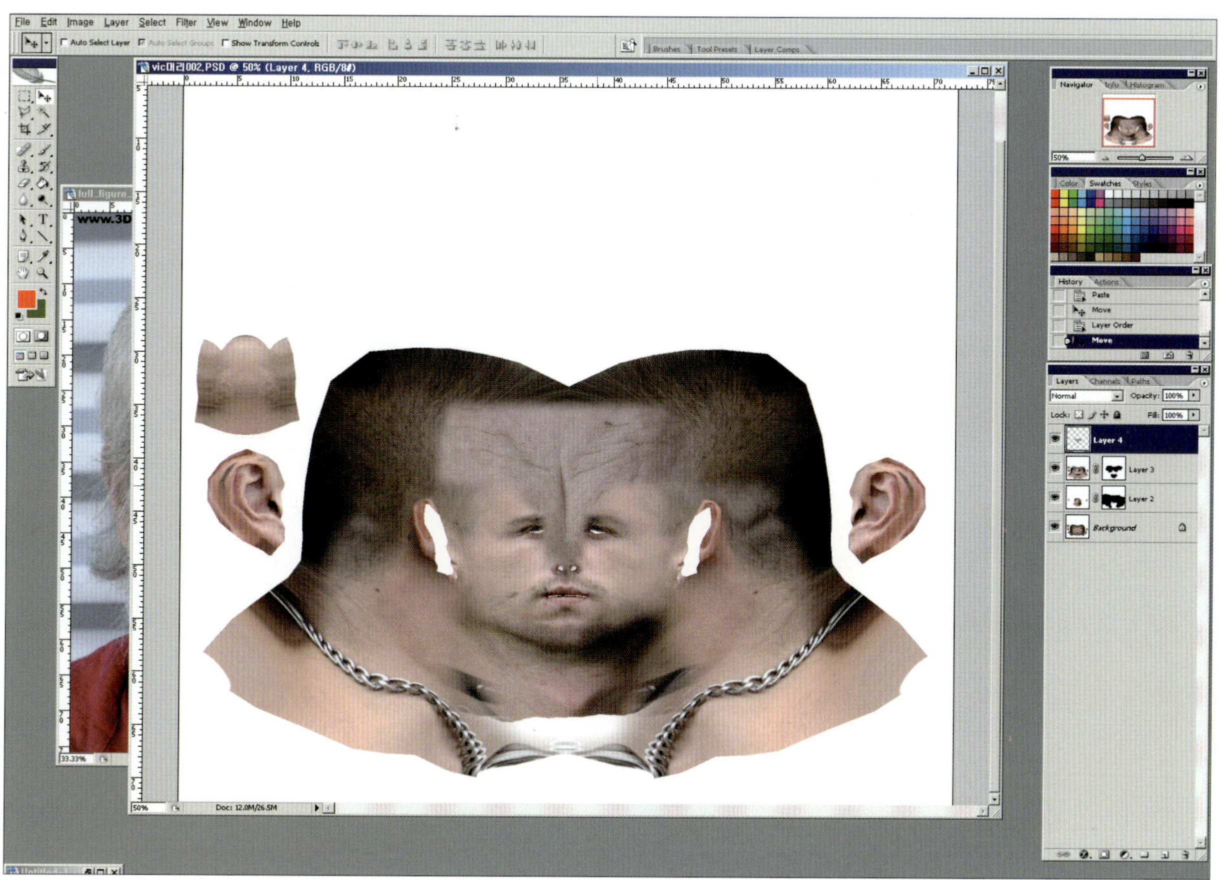

414

13 얼굴에 맞게 조절한다.

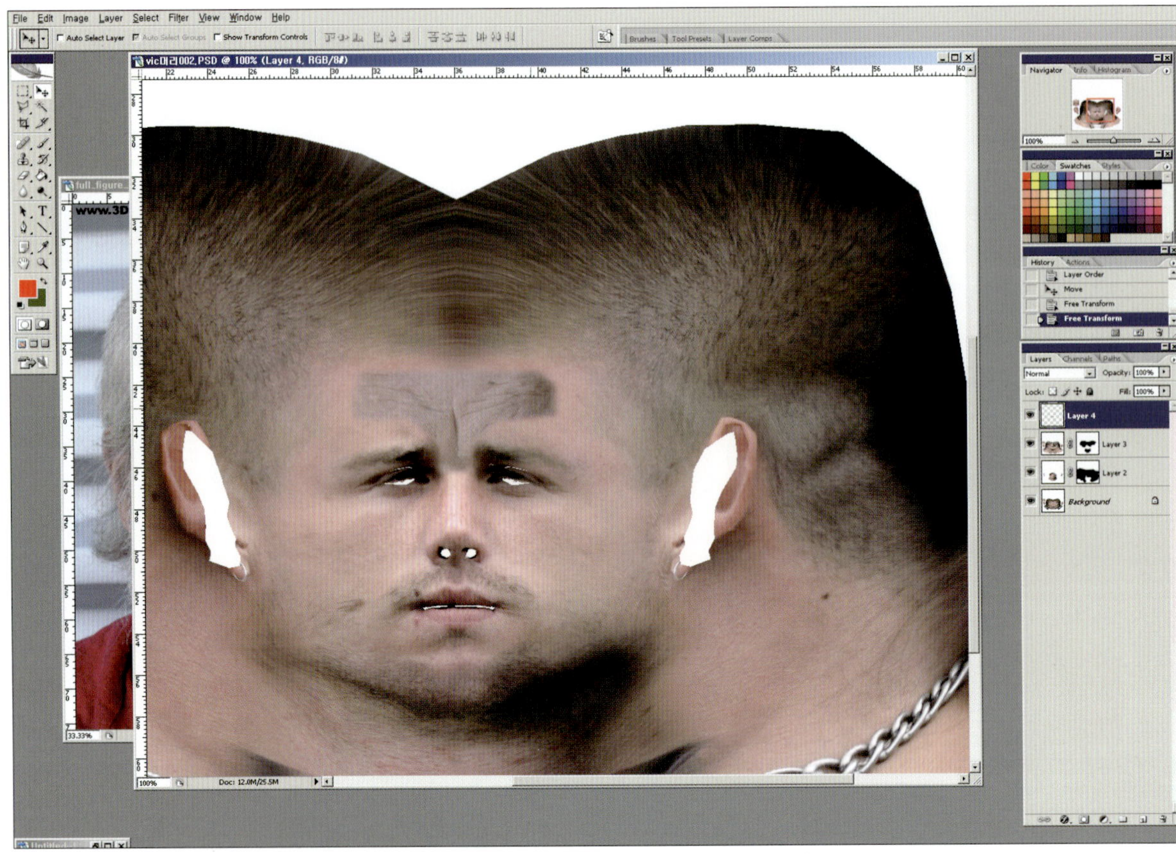

14 색 보정과 Layer Mask 조정을 한다.

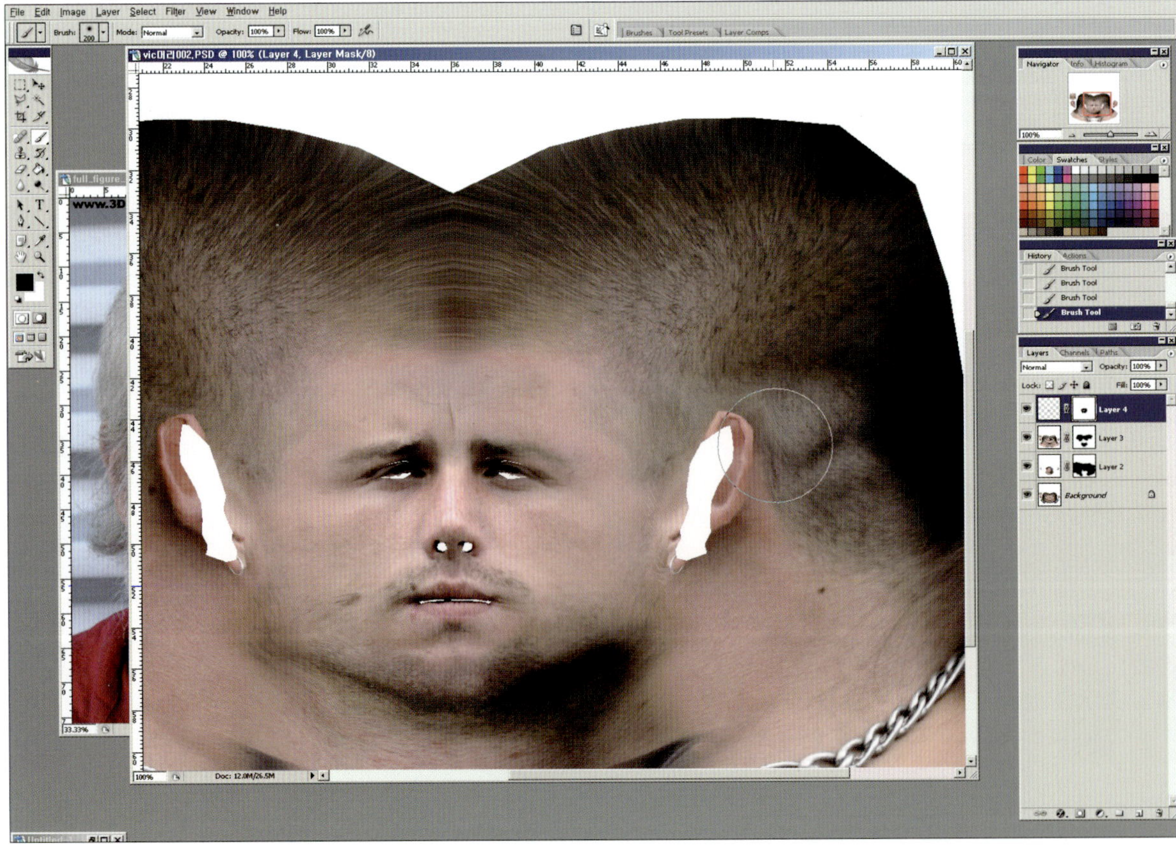

 **15** 어느 정도 마무리되었다. 목 부위나 머리의 스트레치 등을 해결해보자.

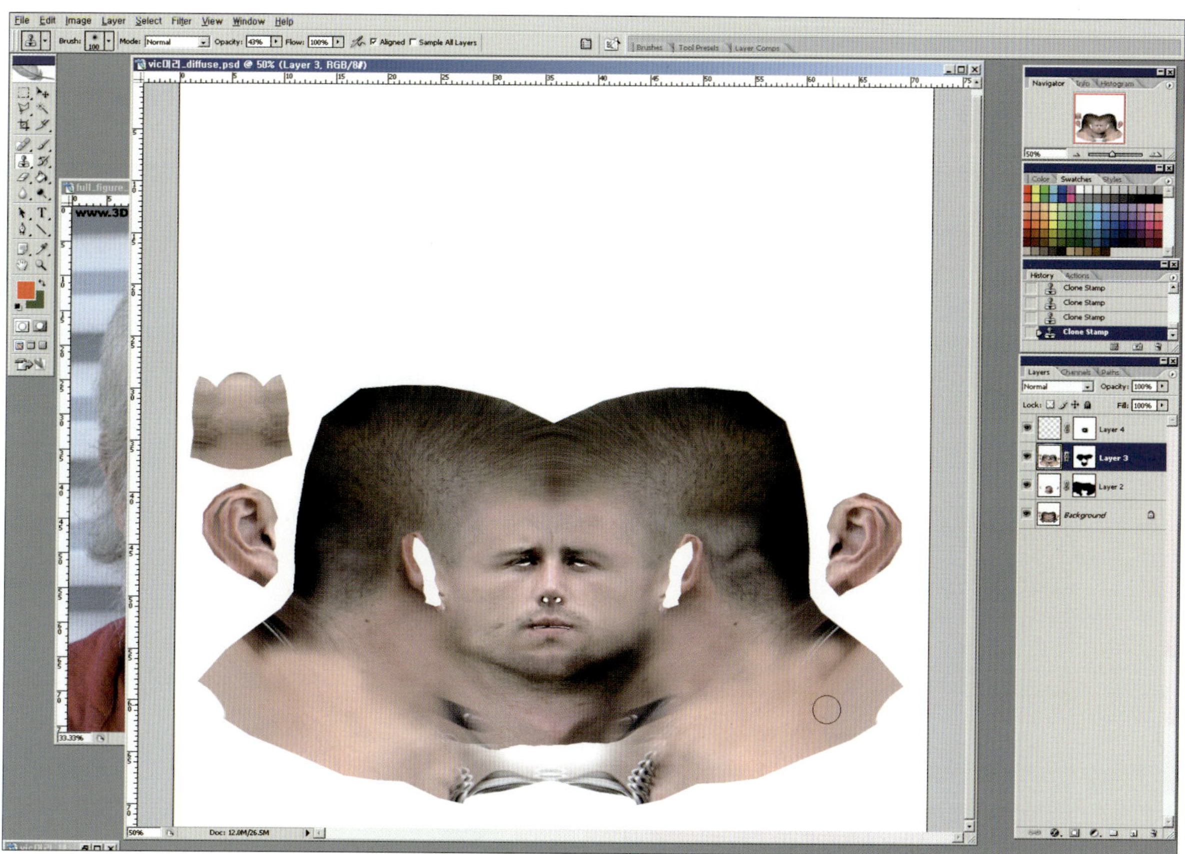

16 ZBrush의 Jim 머리에 텍스쳐를 Import해 와서 적용하고 FlipV를 클릭한다. Photoshop 작업은 순조롭게 진행된 듯
하다.

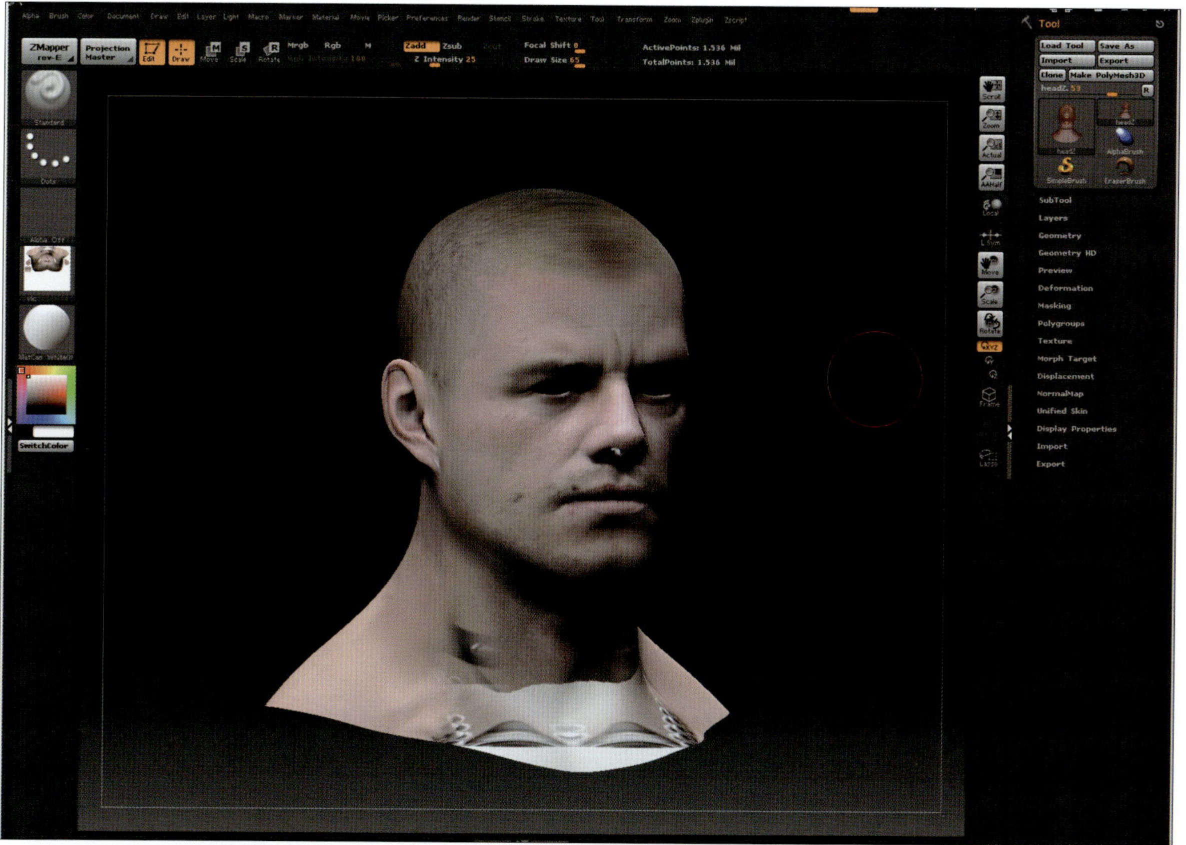

 ## ❸ 폴리페인팅으로 텍스쳐 매핑 마무리

01 그럼 이제부터 더욱 흥미진진한 과정으로 넘어가도록 하자. 바로 폴리페인팅으로, Txr 〉 Col 버튼을 클릭한다.

02 Smooth 브러시로 사진의 귀걸이를 지우는 모습이다. 너무 간단하다.

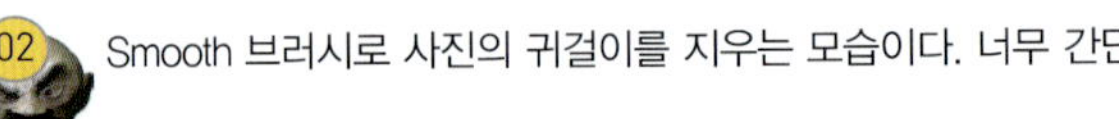

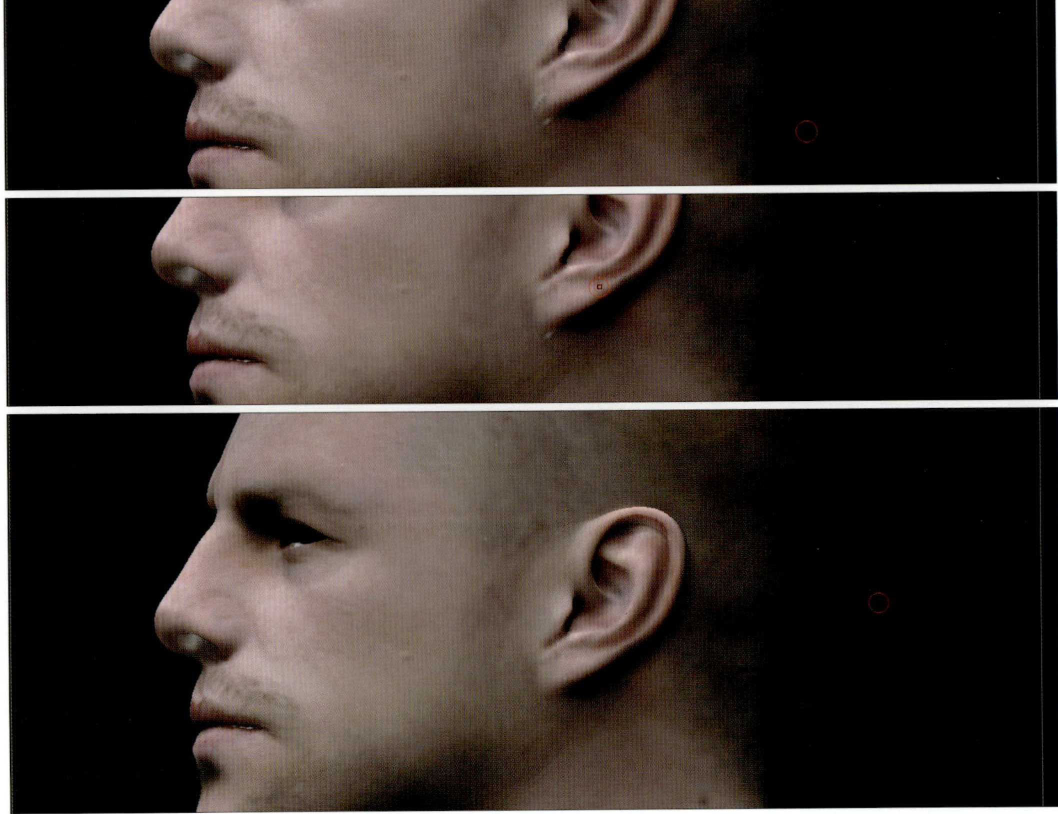

 목 주위의 색을 선택해서 사진 속의 그림자가 남은 부위를 칠해주고 Smooth 처리한다.

 옆모습을 통째로 프로젝트했기 때문에 귀 뒤쪽 머리부위에 귀의 사진이 프로젝트되어 있을 것이다. 이것도 말끔히
Smooth 처리해준다.

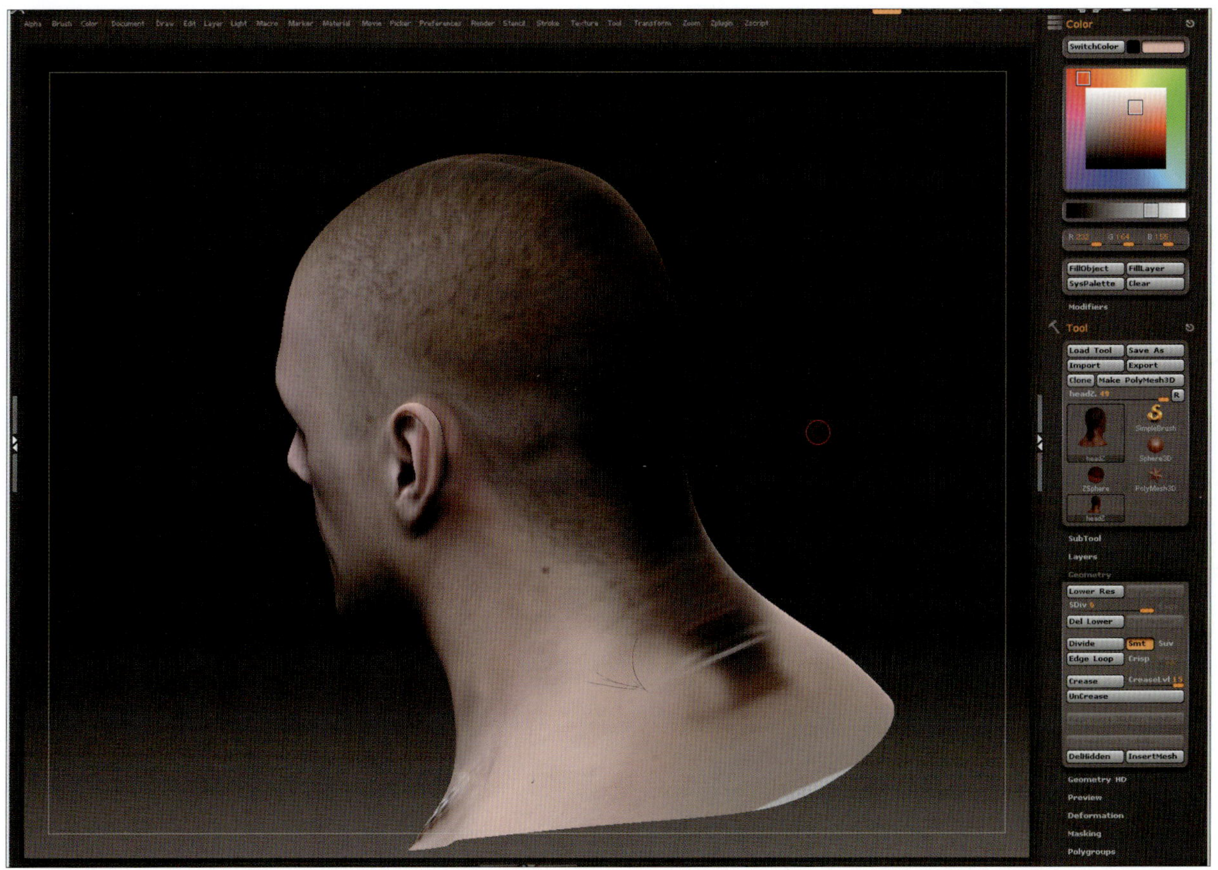

05 목 아래쪽을 칠했다.

06 목 뒤와 머리 부위의 스트레치 및 UV 경계선 부위를 균일하게 칠하고 Smooth한 모습이다.

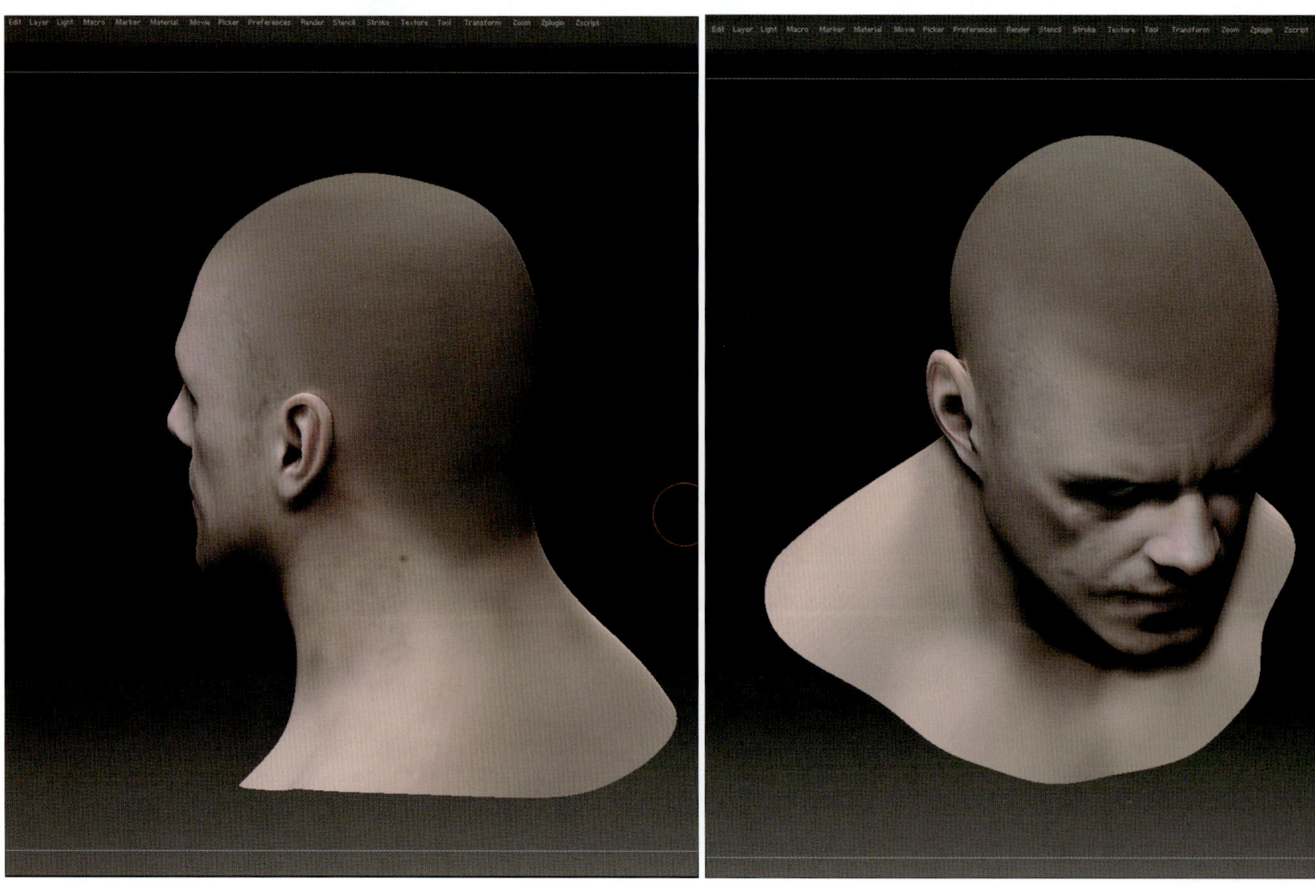

07 알파맵과 다양한 색을 활용하여 머리와 목의 균일하게 채색한 부위들에 다채로움을 더하고 마무리한다.

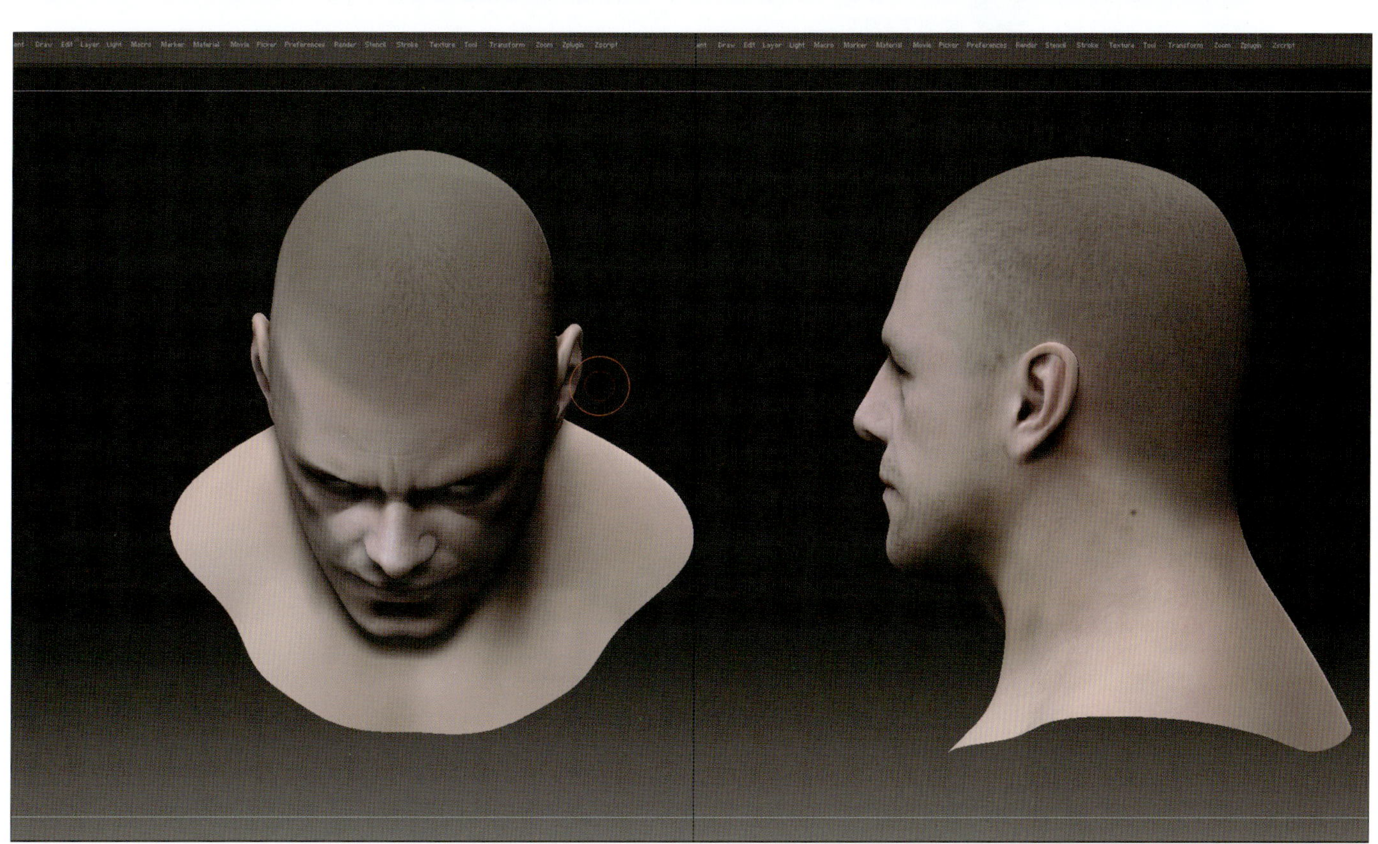

08 Col 〉 Txr 버튼을 클릭해 폴리페인팅을 텍스쳐로 변환하고 텍스쳐를 FlipV해서 Export한다.

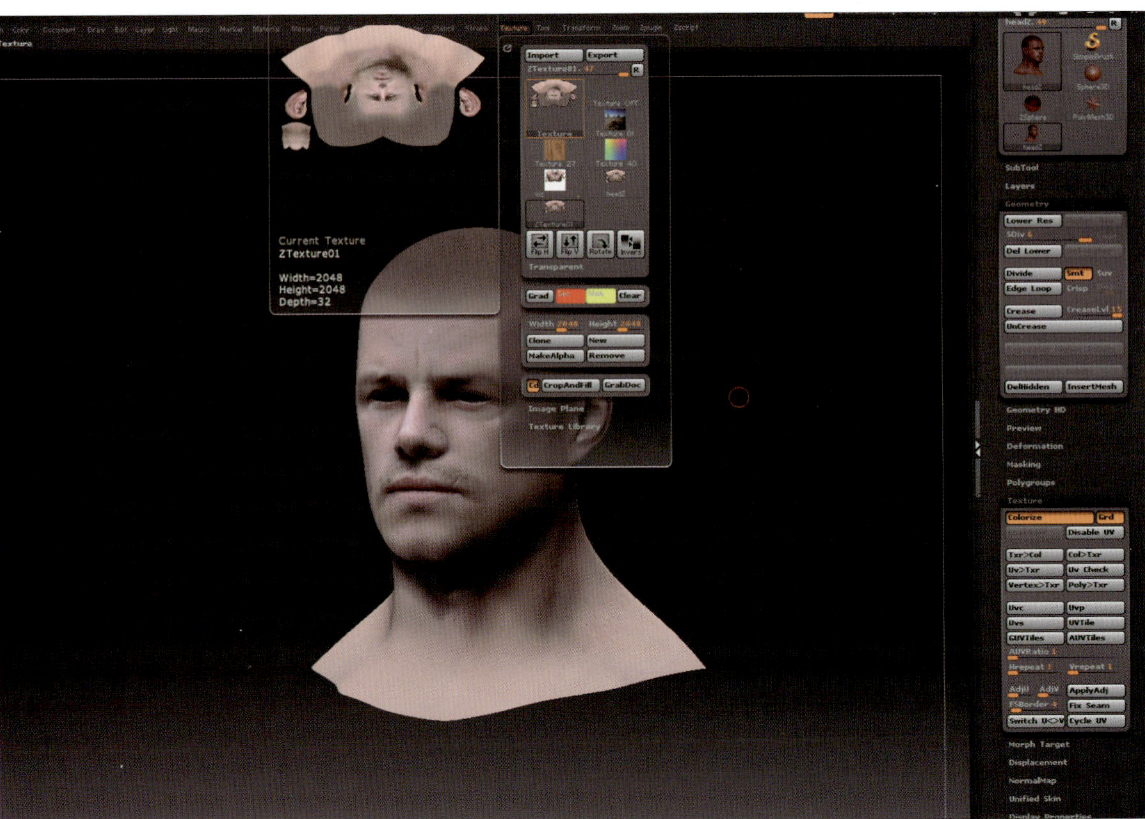

09 그림자가 없는 턱 부위를 복사하여 그림자가 진 턱 밑을 덮는 등 필요에 따라 Photoshop에서 여러 가지 작업을 가한 뒤 저장한다.

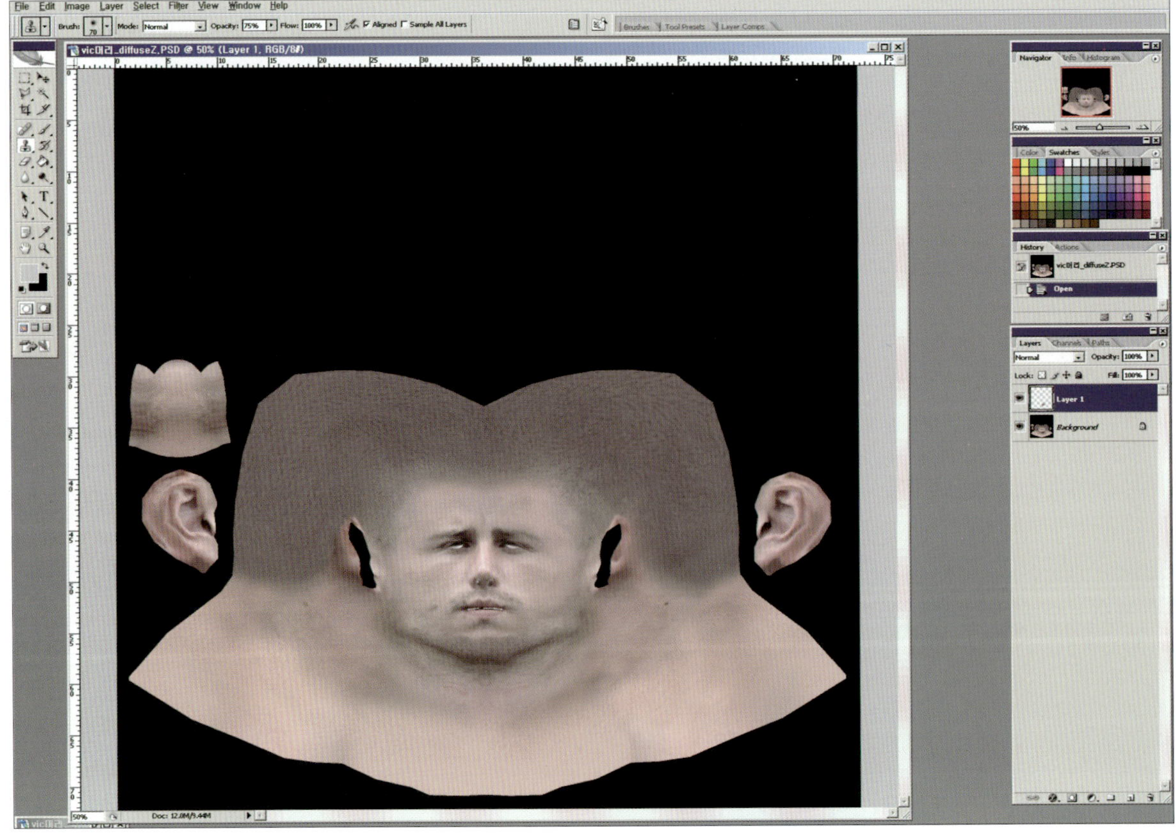

10　ZBrush의 Jim 머리를 제일 낮은 Sub-d로 낮춘다. ZMapper를 이용하여 노멀맵을 뽑아보자. 참고로 Projection Master와 마찬가지로 Zmapper 또한 오브젝트에 적용되어 있는 텍스쳐에 곧바로 적용되므로 반드시 새 텍스쳐를 지정하도록 한다.

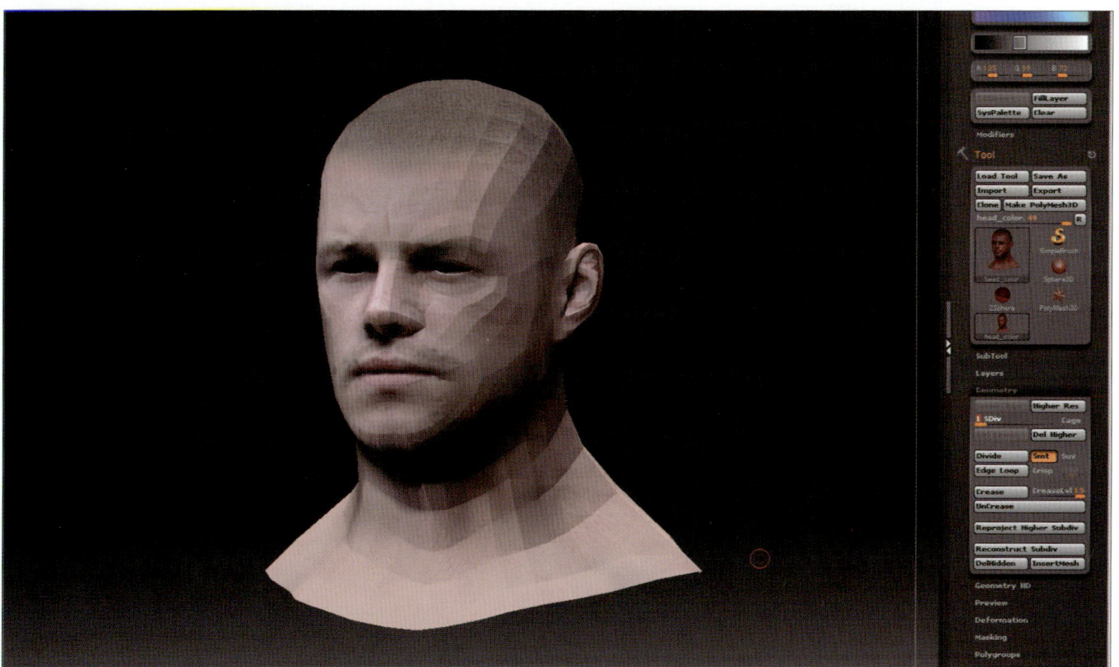

11　Open Configuration에서 원하는 프리셋을 선택한다. 필자는 Nvidia_tangentspace_best quality를 선택하였다. 참고로, 3ds Max의 경우 ZBrush와 Green 채널이 반대이므로 Photoshop에서 별도로 Invert하지 않고 3ds Max에서 바로 사용하기 원한다면 Flip Green Channel을 클릭한다. 또한 Sub-divide나 sample 등의 옵션도 조절해 보면 좀더 나은 결과물이 나온다.

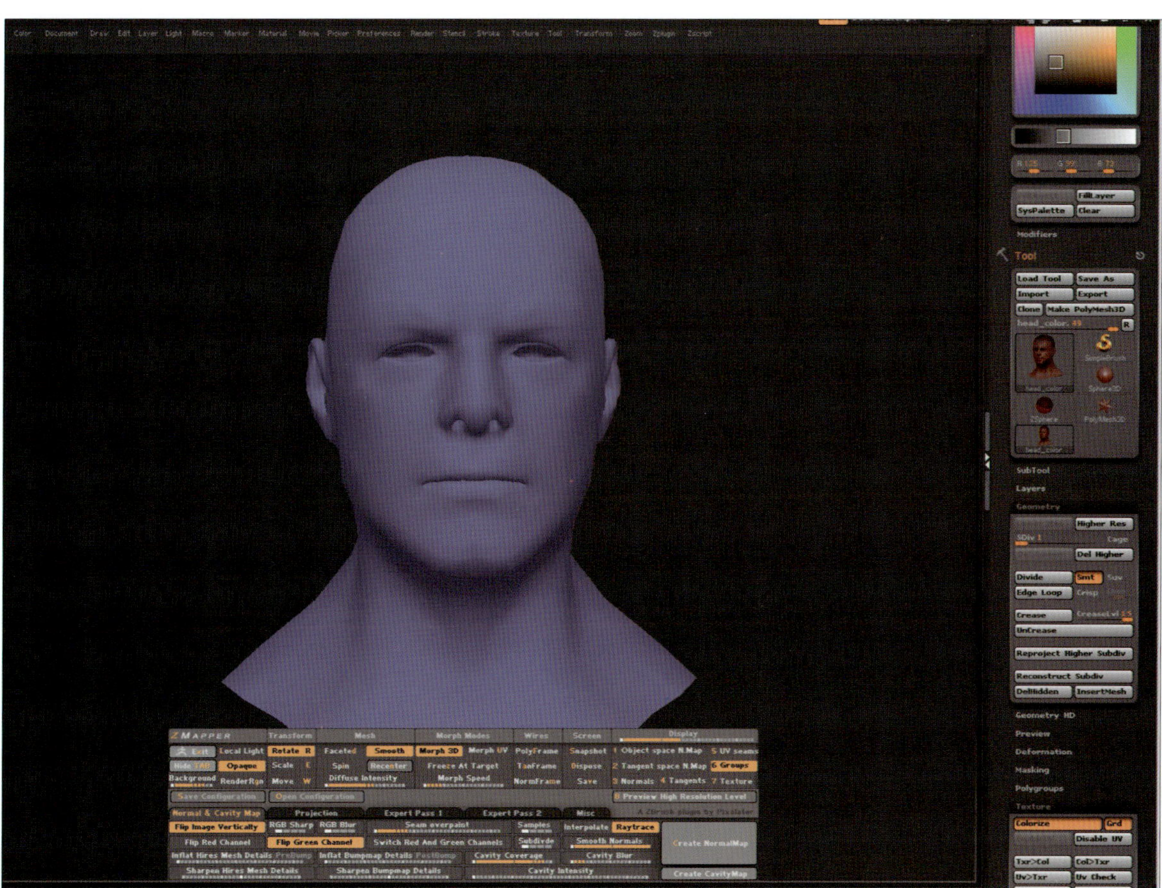

노멀맵이 생성되어 표시되고 있는 모습이다. Zmapper에서 나가면 노멀맵이 텍스쳐로 옮겨져 있다. 노멀맵은 3ds Max나 Maya에 맞도록 상하가 뒤집혀 생성된다. FlipV 할 것 없이 바로 Export한다.

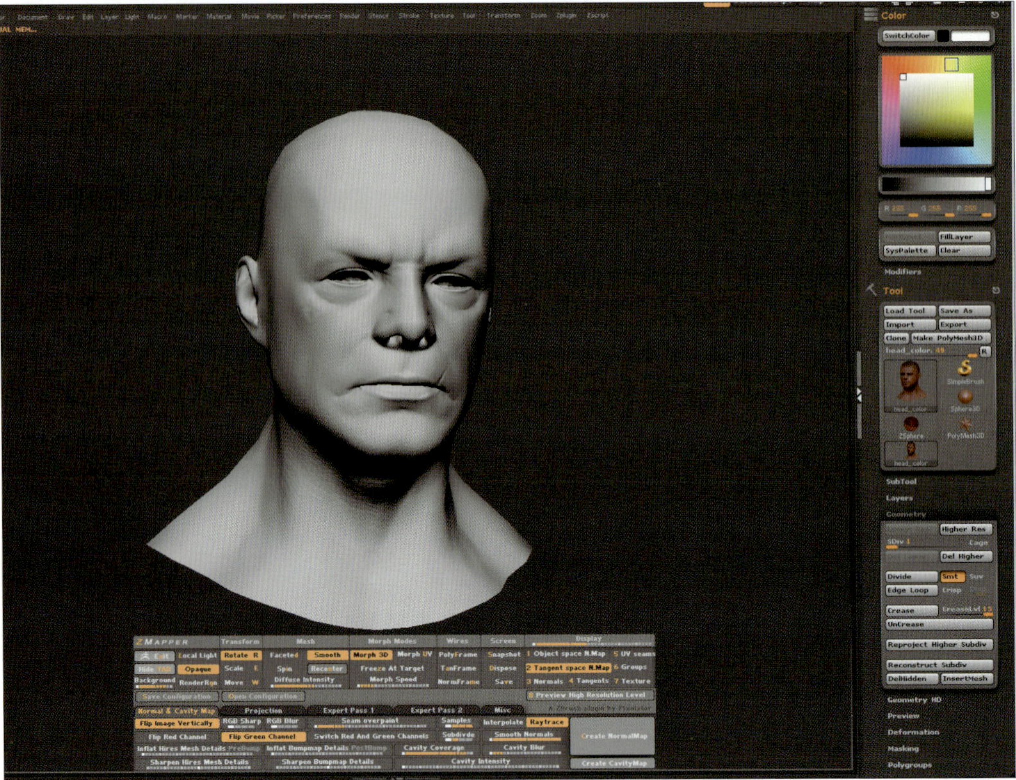

3ds Max에서 Normal Map, Diffuse Map 그리고 간단하게 만들어 본 Specular Map을 적용한 모습이다.

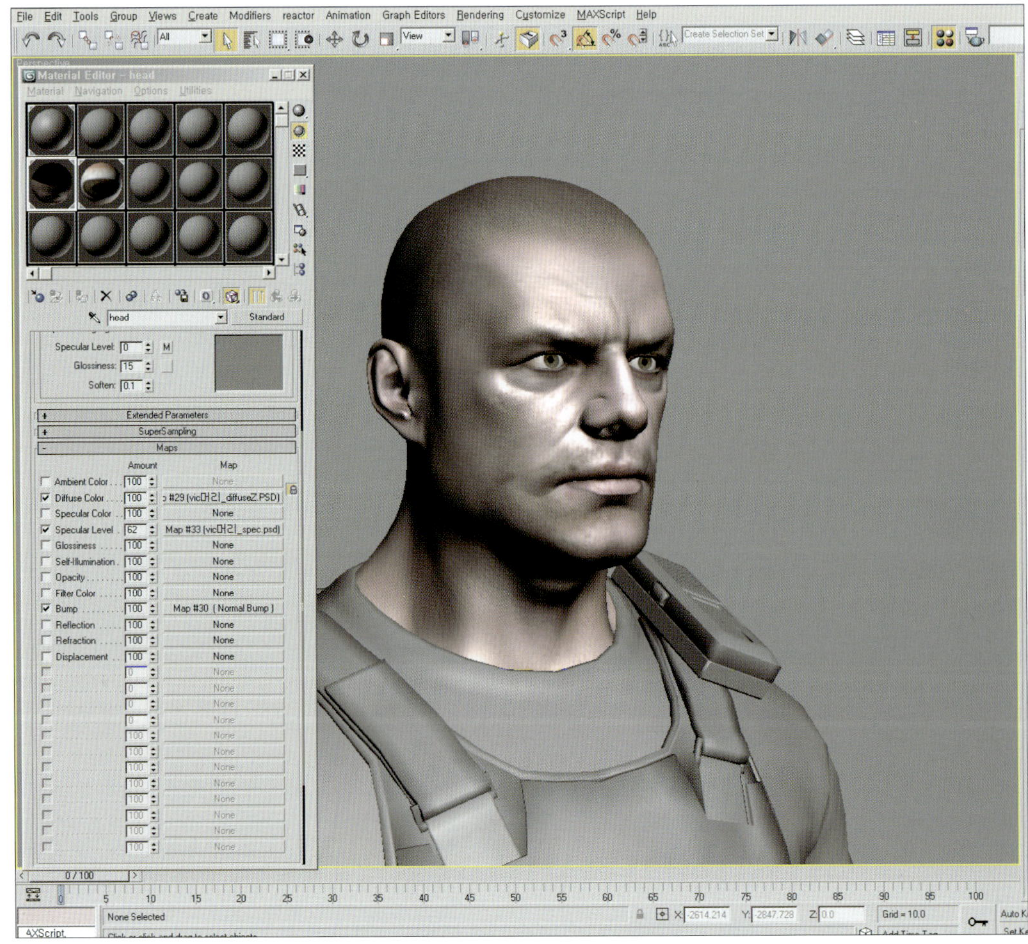

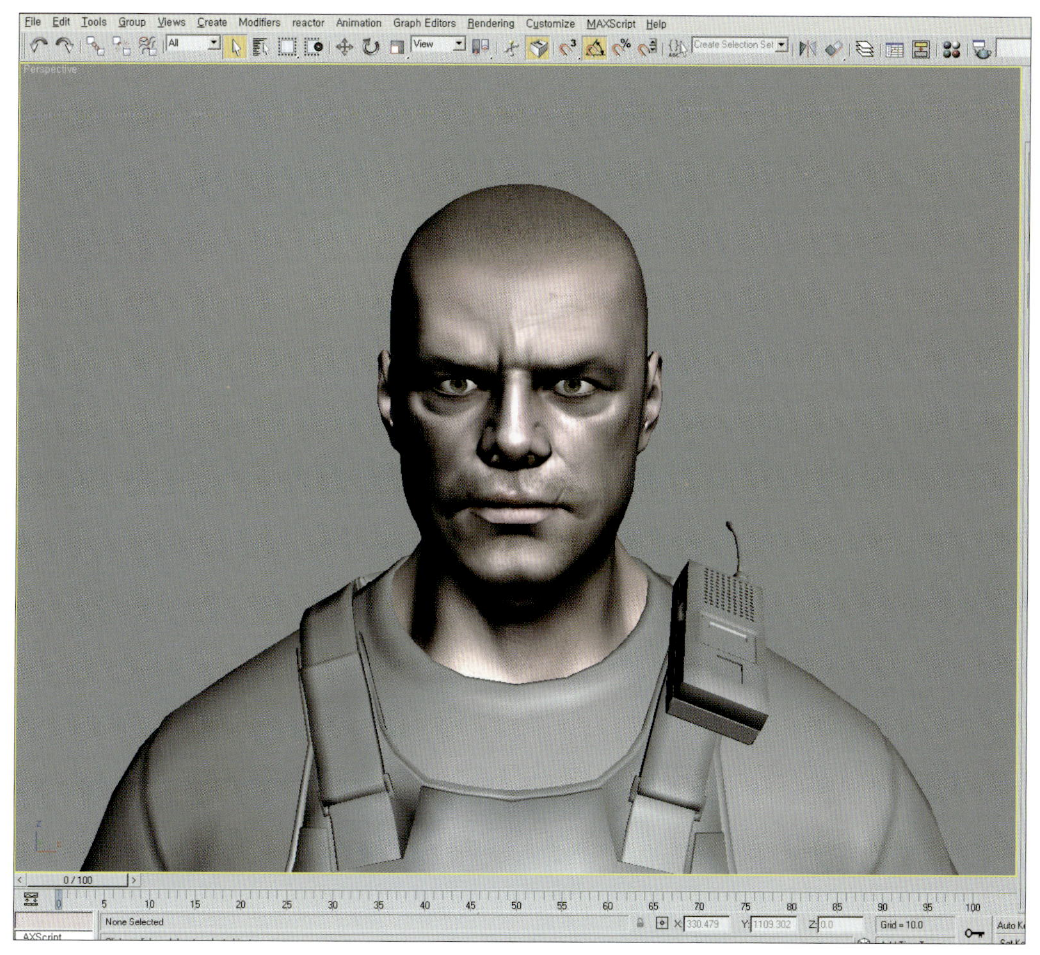

머리 텍스쳐링 작업은 이렇게 마무리 되었습니다.

현재 우리가 가진 ZBrush 파일에서 클릭 한번으로 Displacement Map도 간단히 생성할 수 있습니다만, 그것과 렌더링에 대해서는 이 책에서 다루지 않겠습니다.

필자가 제공해 드린 최종 결과물 파일은 브라질 렌더러를 사용하고 있으며 Displacement Map 또한 포함하고 있으니 사용된 설정들을 각자 연구해 보시면 도움이 될 것입니다.

눈을 만들어 봅시다.

눈알은 처음 만들 때에는 참 난감한 부위입니다. 저의 경우, '어떻게 하면 예쁘게 랜더링될까' 하며 늘 궁금해 하곤 했는데, 한번의 랜더링으로 단번에 보기 좋은 눈이 나올 수는 없는 것이며 Reflection이나 스페큘러를 이후에 별도로 합성해 주는 과정을 거치는 것이 현명하다는 것을 깨닫고 난 뒤 한결 부담 없이 눈 작업을 할 수 있었습니다. 눈알의 구조를 만드는 것으로 시작합니다.

01 눈알은 2개의 Mesh로 만들어 준다. 바깥쪽의 Sphere는 단순히 Specular와 Reflection만 표현하는 층이다.

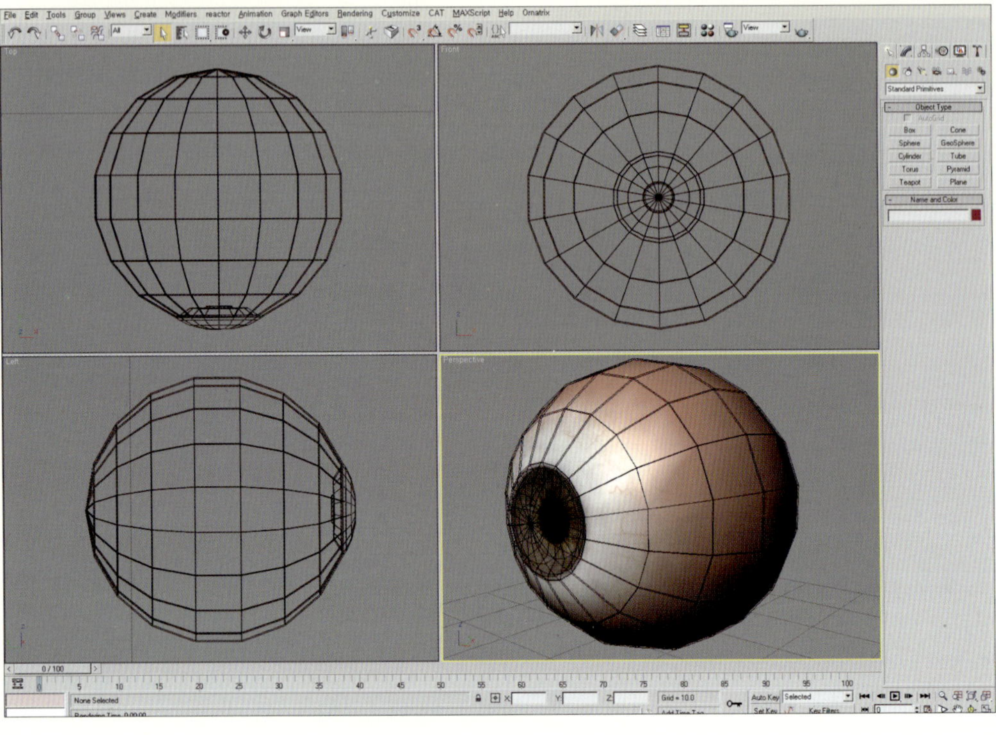

02  눈알의 사진을 이리저리 회전시키며 복사하여 Composite하는 방식으로 작업하였다.

03  Bump Map과 Specular Map으로 사용하기 위한 용도로 간단히 제작한다.

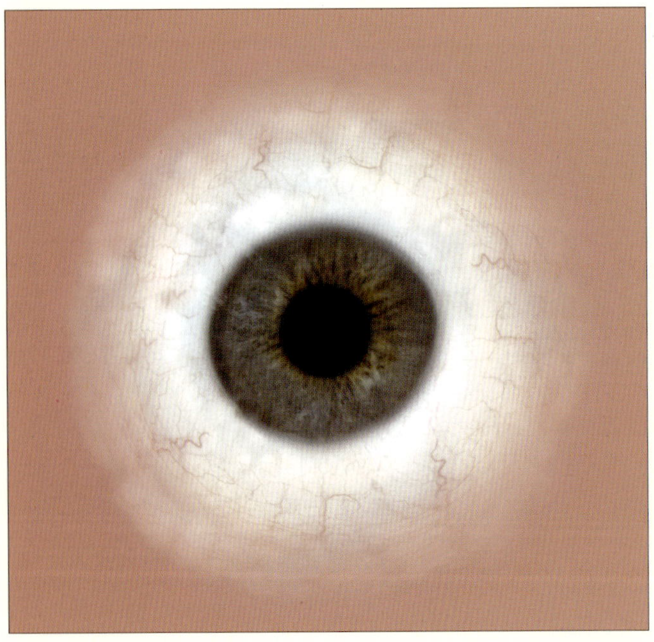

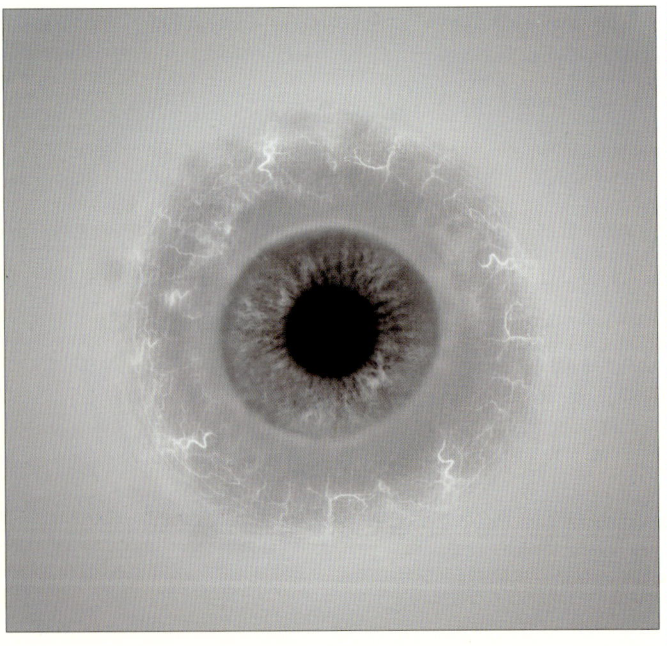

04 UV는 정면에서 Planar Map으로 적용한다. 눈알이 뒤집히는 경우를 제외하고 눈알의 뒤를 보게 되는 일은 없다.

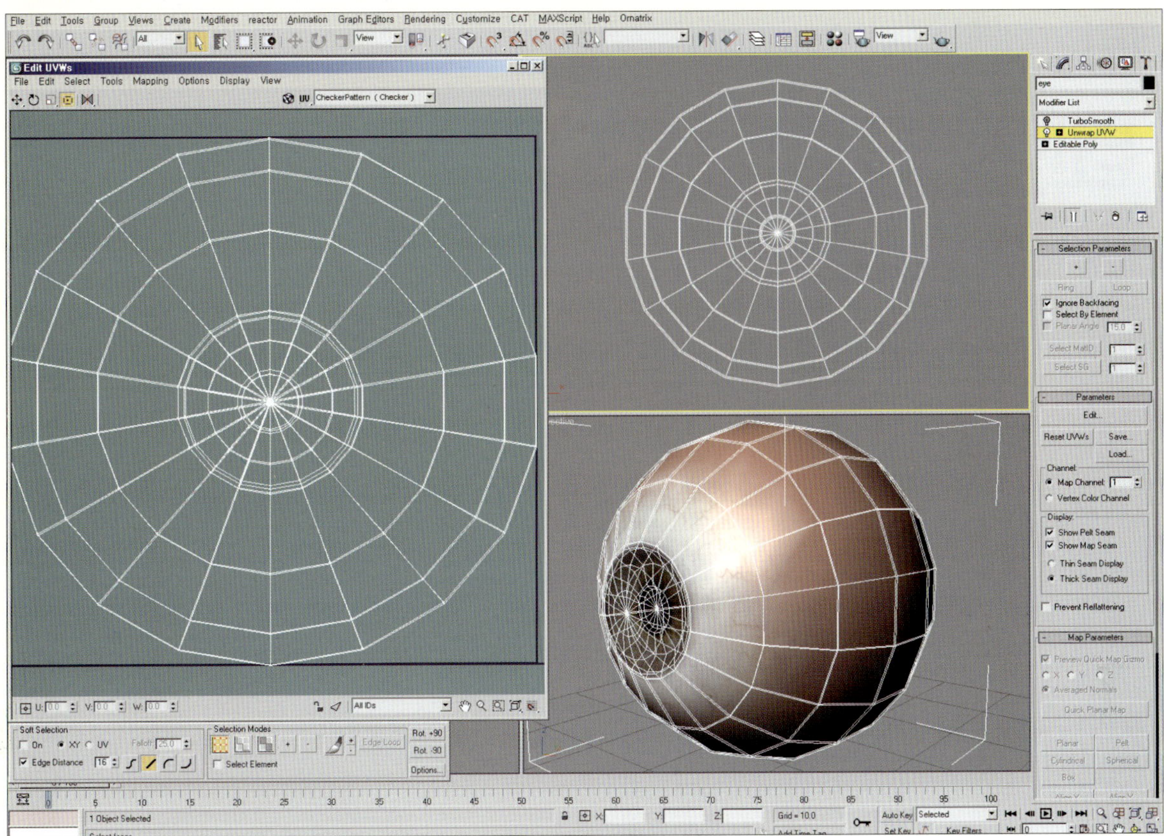

05 표면의 Sphere는 Opacity를 0으로 맞추고 Specular와 Glossiness를 높인 Standard 재질이다. Raytrace 등의 고급 설정은 사용할 필요 없다.

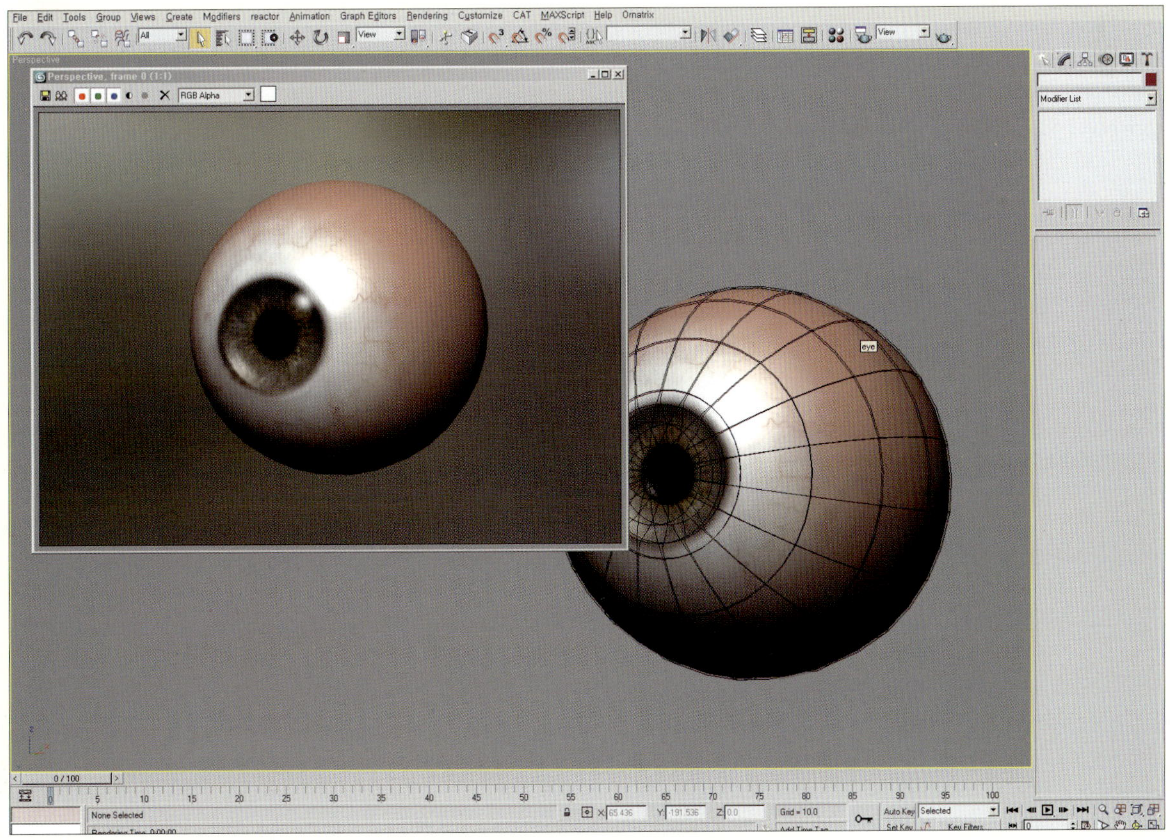

425

텍스쳐링

팔 텍스쳐의 제작

04

팔의 텍스쳐링 또한 머리와 동일한 방식으로 간단하게 진행합니다.

 **01** 3D.sk에서 팔과 손의 텍스쳐 재료를 구하자. 털이 없는 손과 팔이 작업하기 편하다.

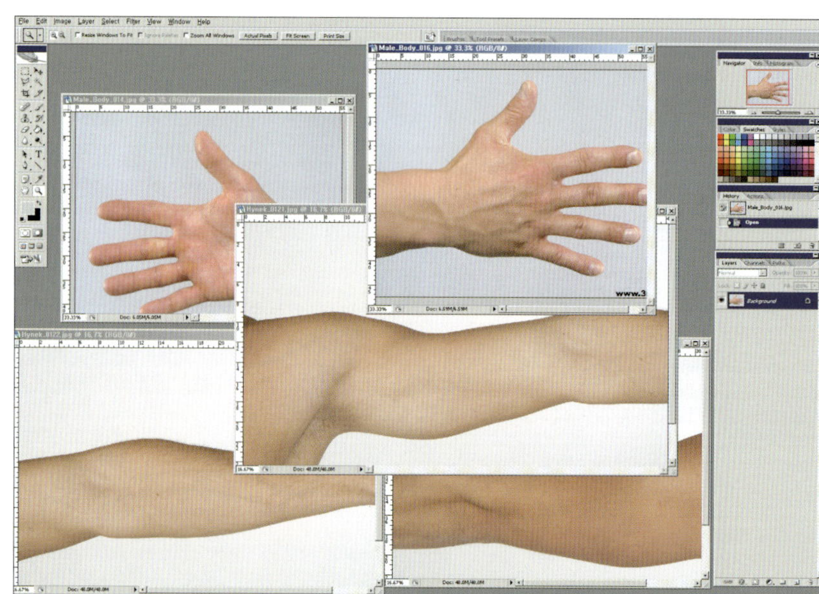

 **02** [팔 텍스쳐 1] Projection Master와 Image Plane의 과정은 머리 부분과 완전히 동일하므로 생략하고, Photoshop으로 넘어온 텍스쳐들을 살펴보는 것으로 대신하겠다. 그림은 프로젝트된 팔의 텍스쳐이다.

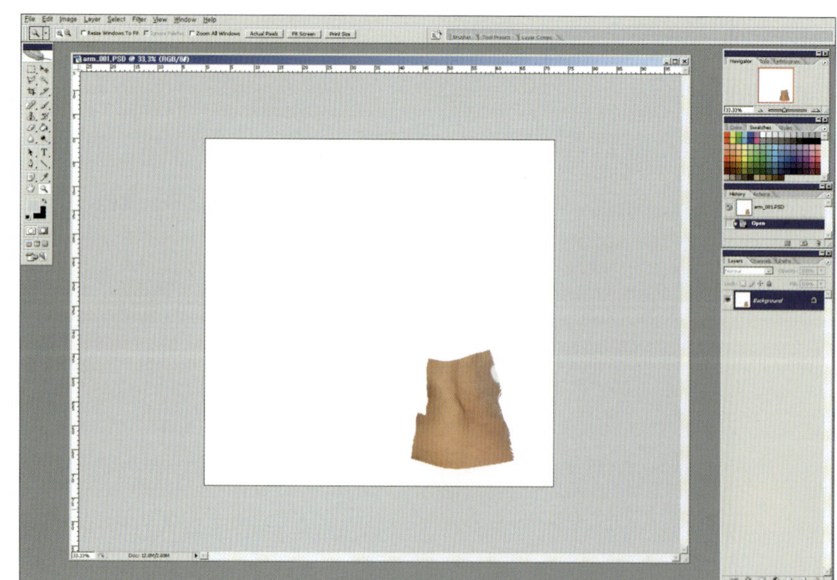

03 [팔 텍스쳐 2] 머리 과정에서 설명했듯 이전에 프로젝션한 텍스쳐를 새 텍스쳐로 교체하지 않고 바로 다음 텍스쳐를 프로젝트한 결과 이렇게 겹쳐 보이게 나온다. 미관상 좀 지저분해 보인다는 것 말고는 전혀 문제가 없다. Txr 〉 Col, Col 〉 Txr 한번 거치면 자동으로 깔끔히 정리된다.

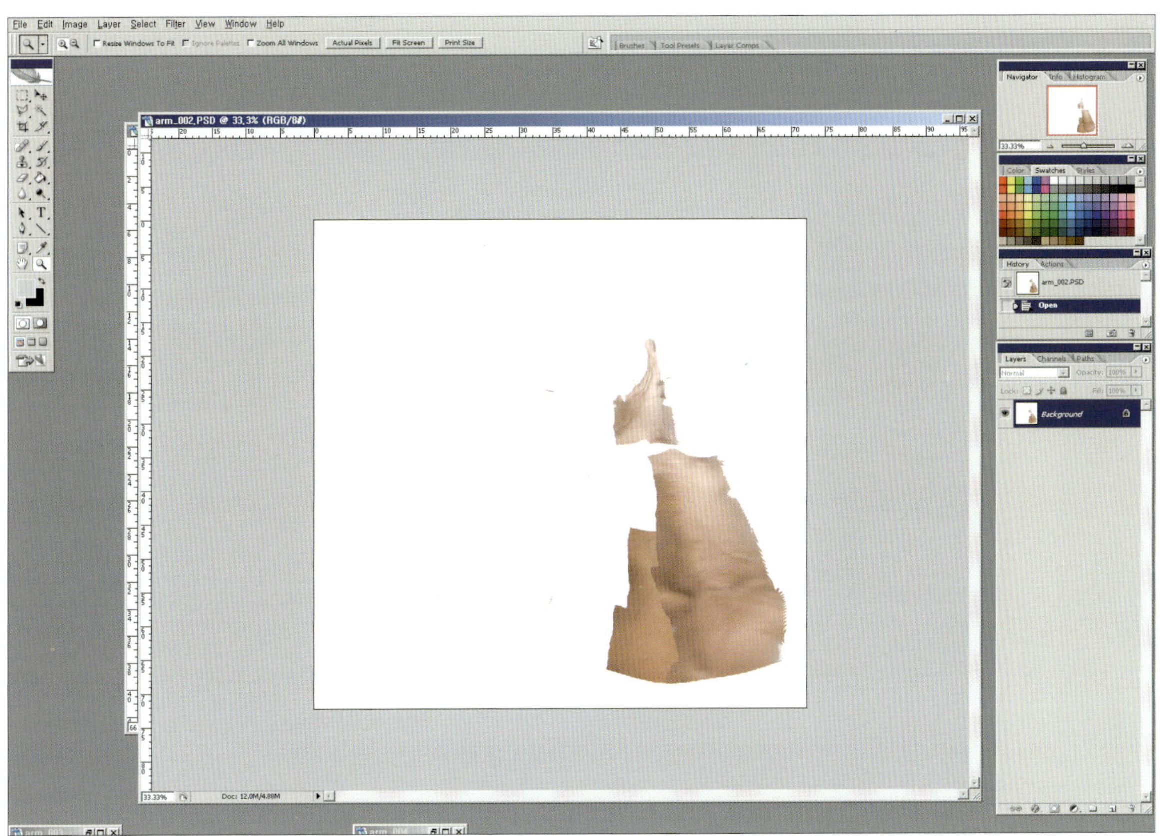

04 같은 방법으로 제작된 손 등 텍스쳐이다.

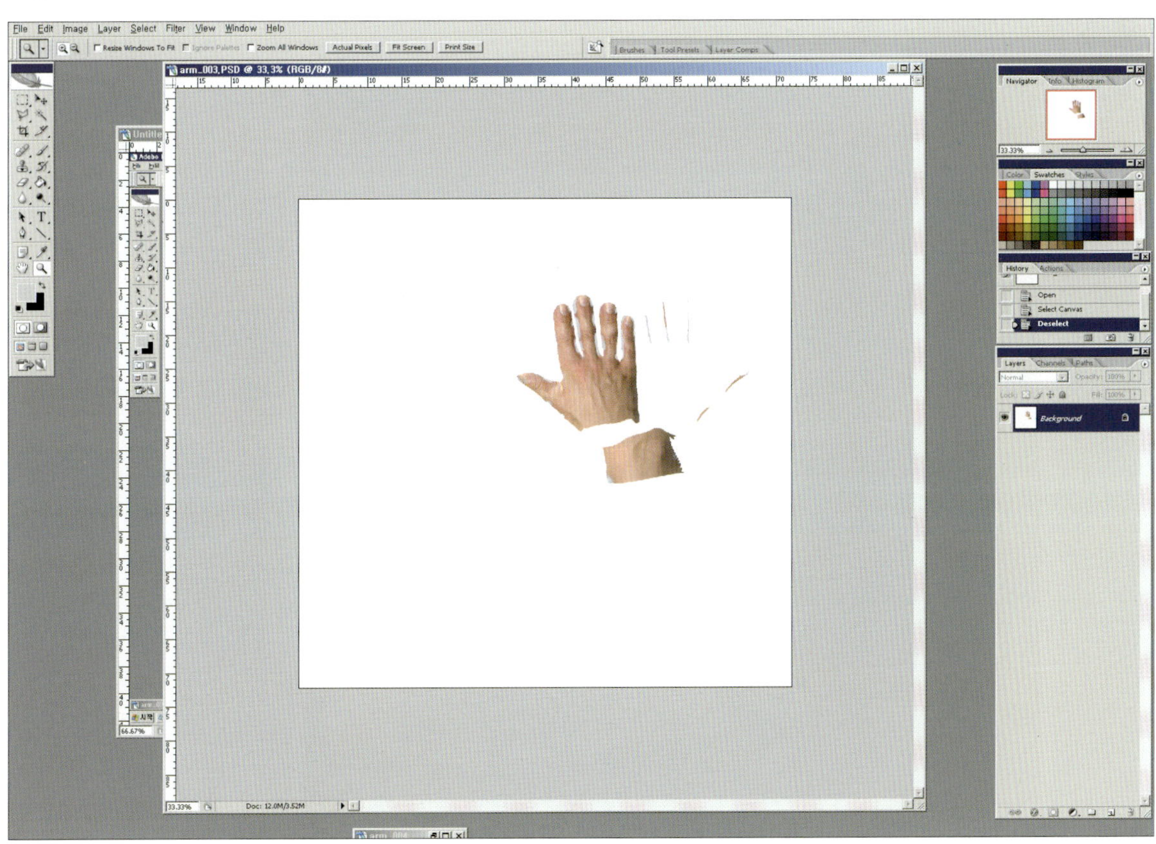

05 손바닥 텍스쳐. 지금까지 프로젝트한 텍스쳐들을 동일한 방식으로 Composite하고 색 보정 및 기타 자질구레한 수정을 한 뒤 ZBrush로 넘긴다.

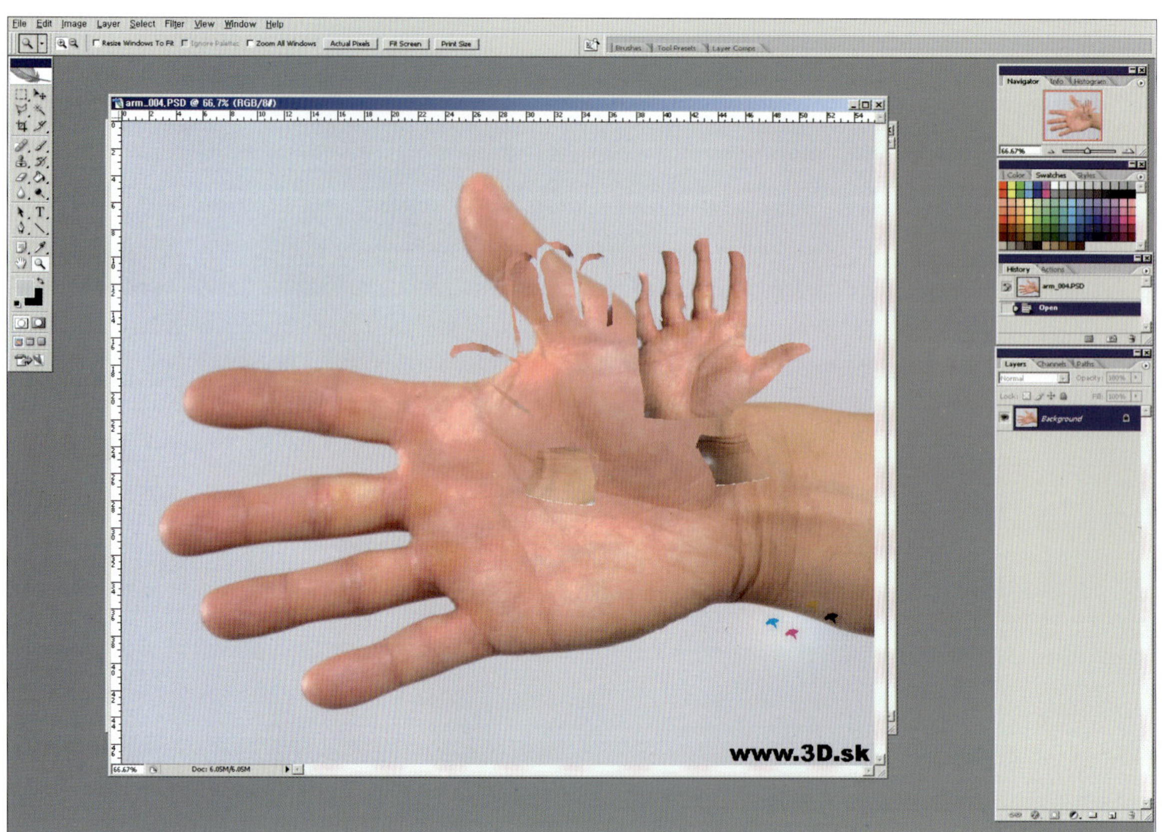

06 ZBrush에서 Txr 〉 Col → Col 〉 Txr 과정을 통해 폴리페인팅으로 완성시켜 다시 가져온 텍스쳐이다. 원한다면 폴리페인팅으로 털을 그려 넣어도 좋다.

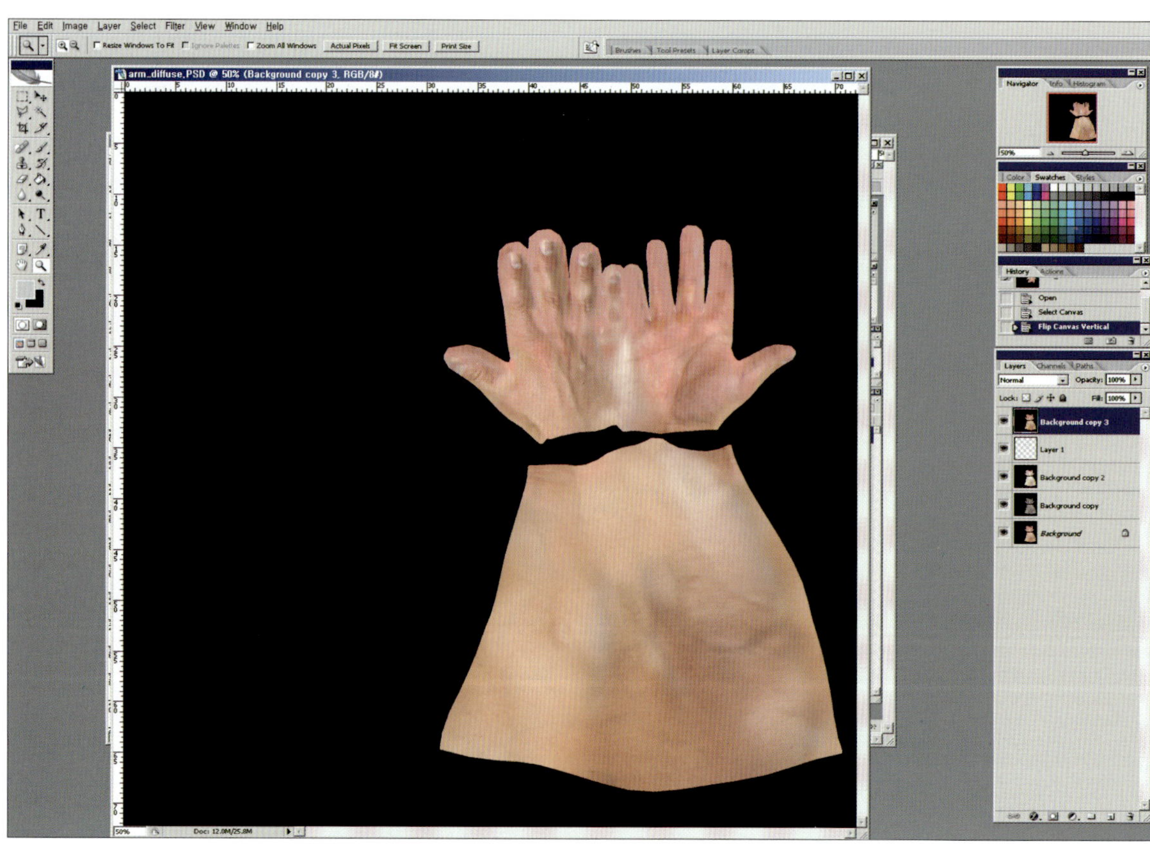

07 Zmapper로 노멀맵 또한 가져오자. ZBrush의 Green Channel은 3ds Max의 설정과 반대이므로 Zmapper에서 Flip Green Channel을 클릭하거나 이렇게 Photoshop에서 Green Channel을 Invert 해야 한다. 배경이 핑크 빛인 이유는 그런 이유이다. 물론 별 문제될 것이 없으므로 다음단계로 진행한다.

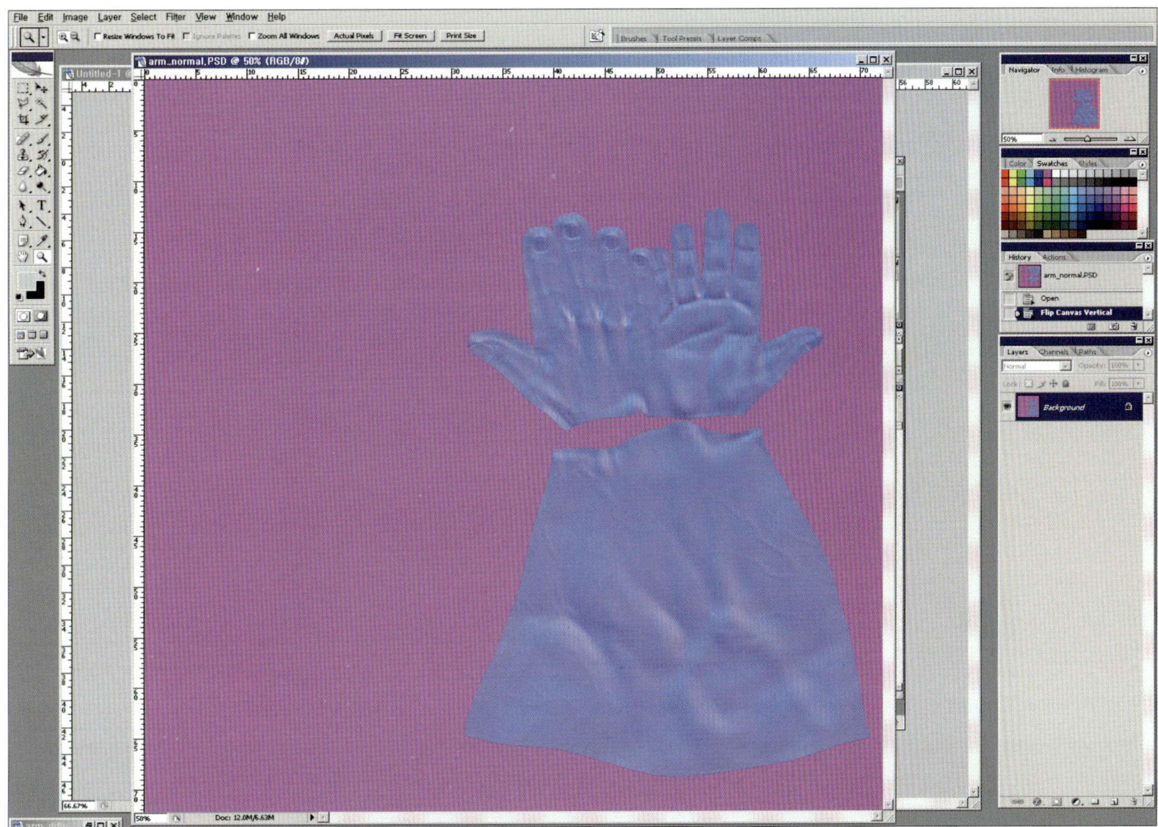

08 3ds Max에서 표시되고 있는 최종 결과물의 모습이다.

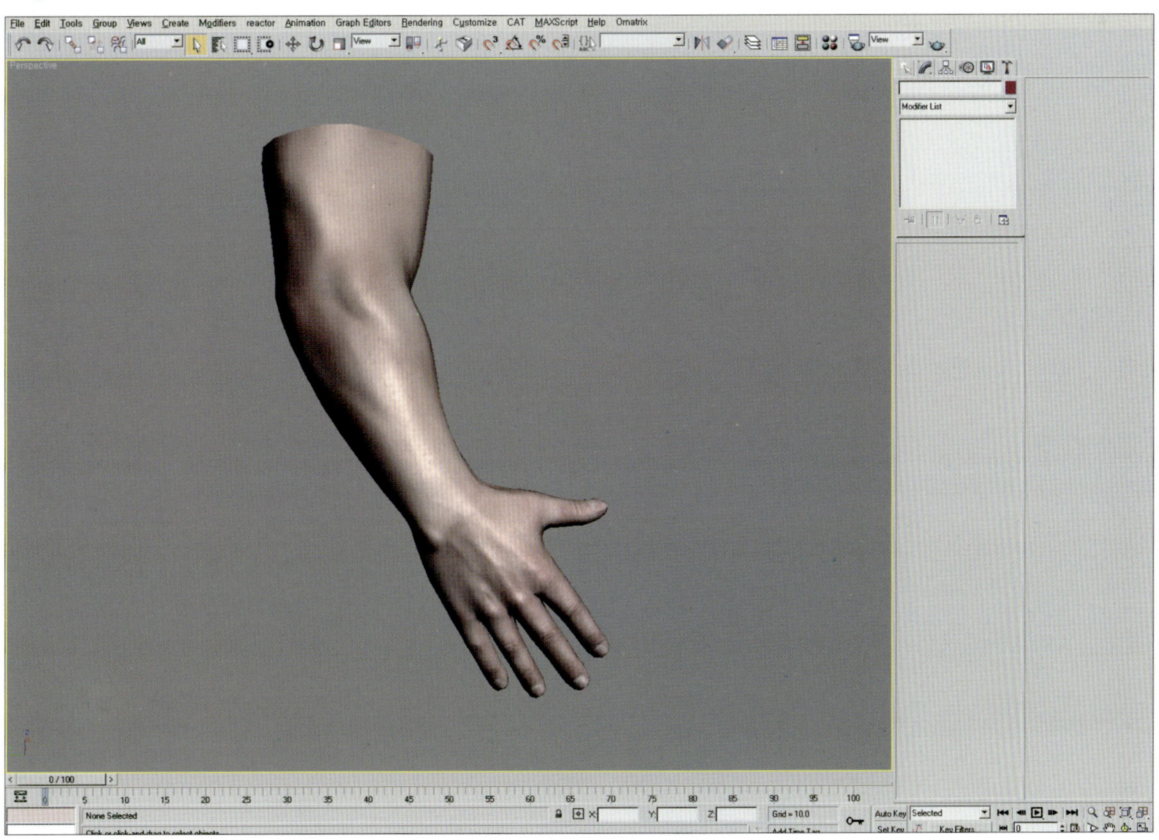

텍스쳐링

방탄조끼 텍스쳐의 제작
05

방탄조끼는 ZBrush에서 Sculpting을 했던 상태에서 시작합니다. 폴리페인팅 모드에서 어두운 남색을 적용한 뒤 Ambient Occlusion의 효과를 검은 색으로 칠하고 Smooth하는 것을 반복하며 그립니다.

01 방탄조끼는 사실 구조가 매우 단순하므로 Ambient Occlusion을 손으로 직접 페인팅 했다. Col 〉Txr로 텍스쳐로 변환하여 텍스쳐를 Export한다. 또한 Displacement Map과 Normal Map 또한 추출하여 Export한다. Displacement Map은 Sub-d를 제일 낮은 단계로 맞춰주고, Tool 〉Displacement에서 사이즈를 지정하여 Create DispMap을 클릭하면 Alpha 탭으로 생성된다. 이것을 Export했다.

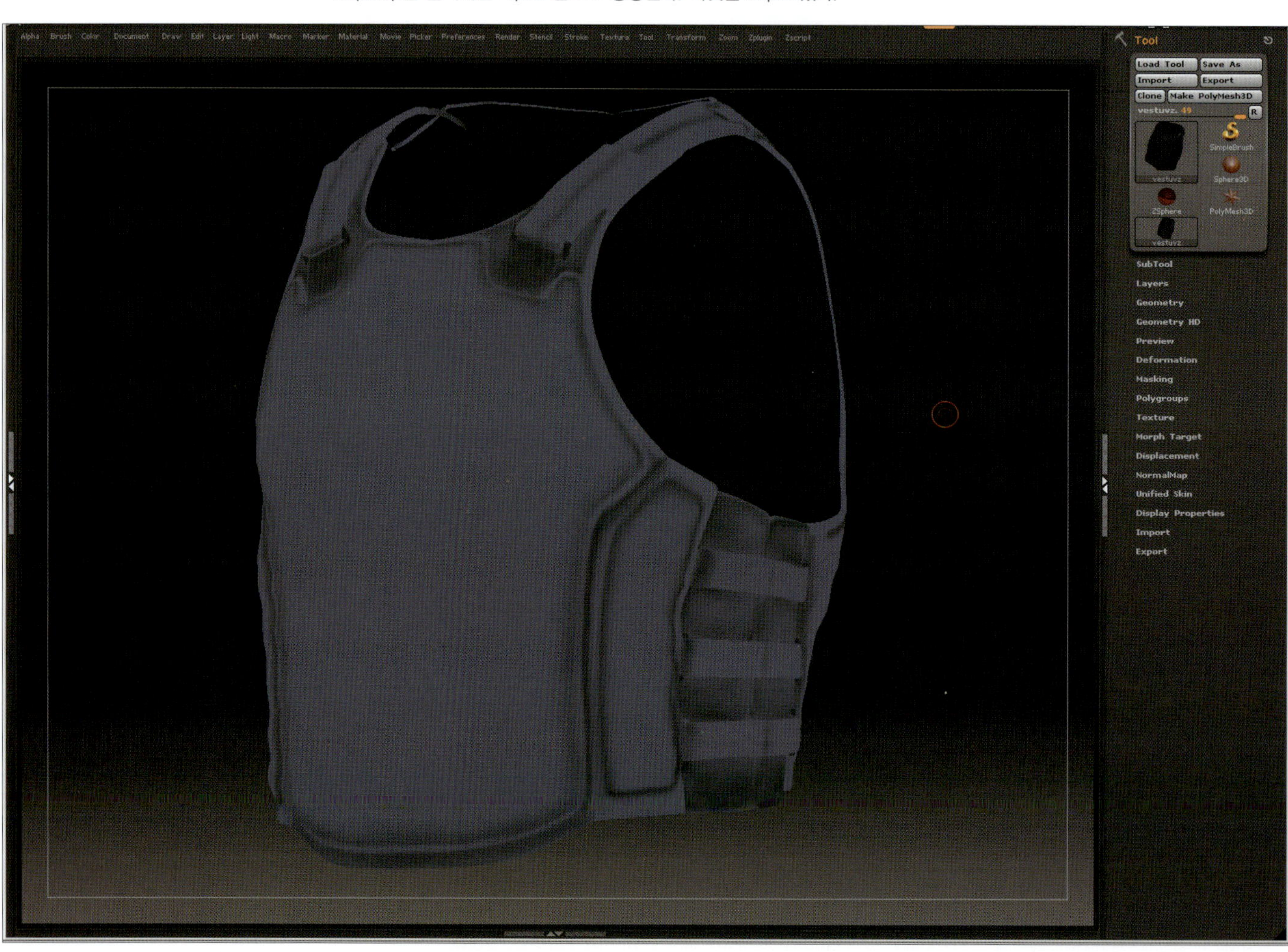

431

02 PhotoShop에서 좀더 선명하게 색을 보정한다.

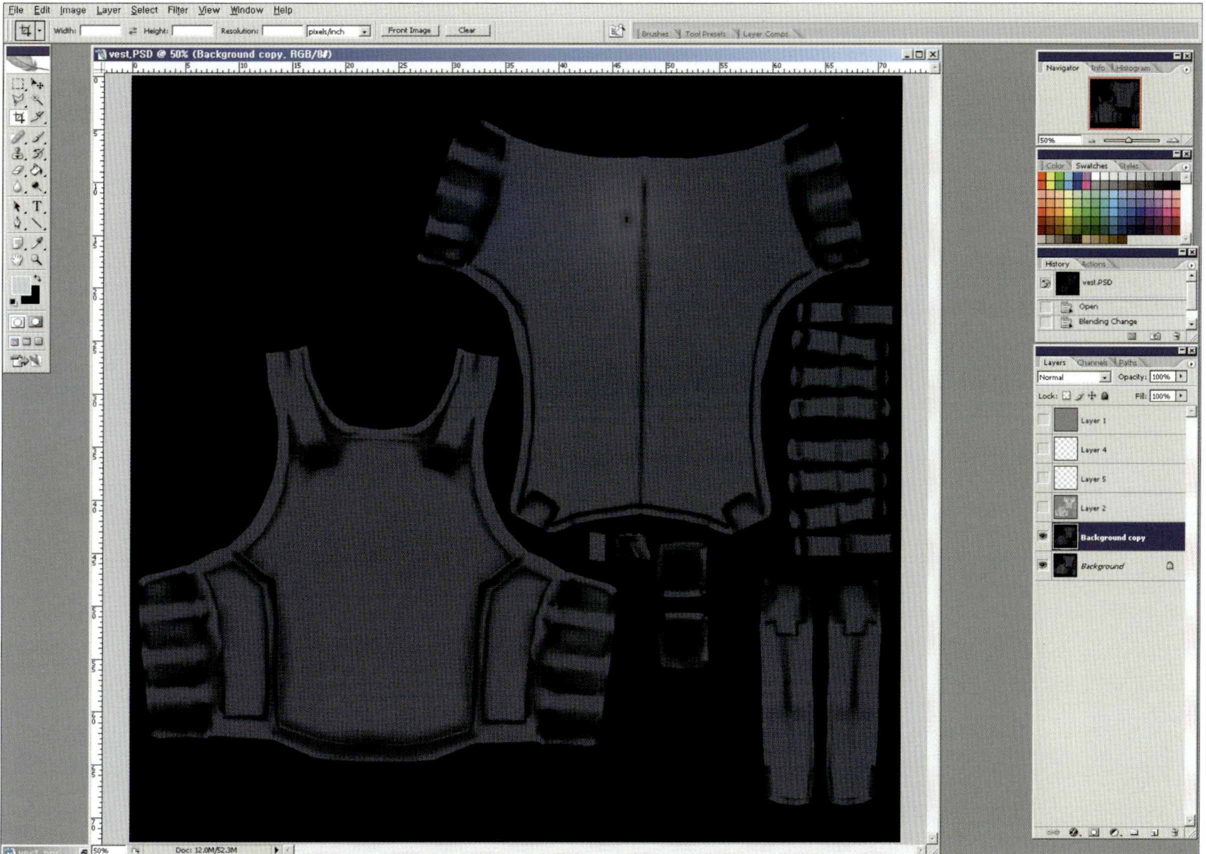

03 Displacement Map의 선명도 또한 보정한다.

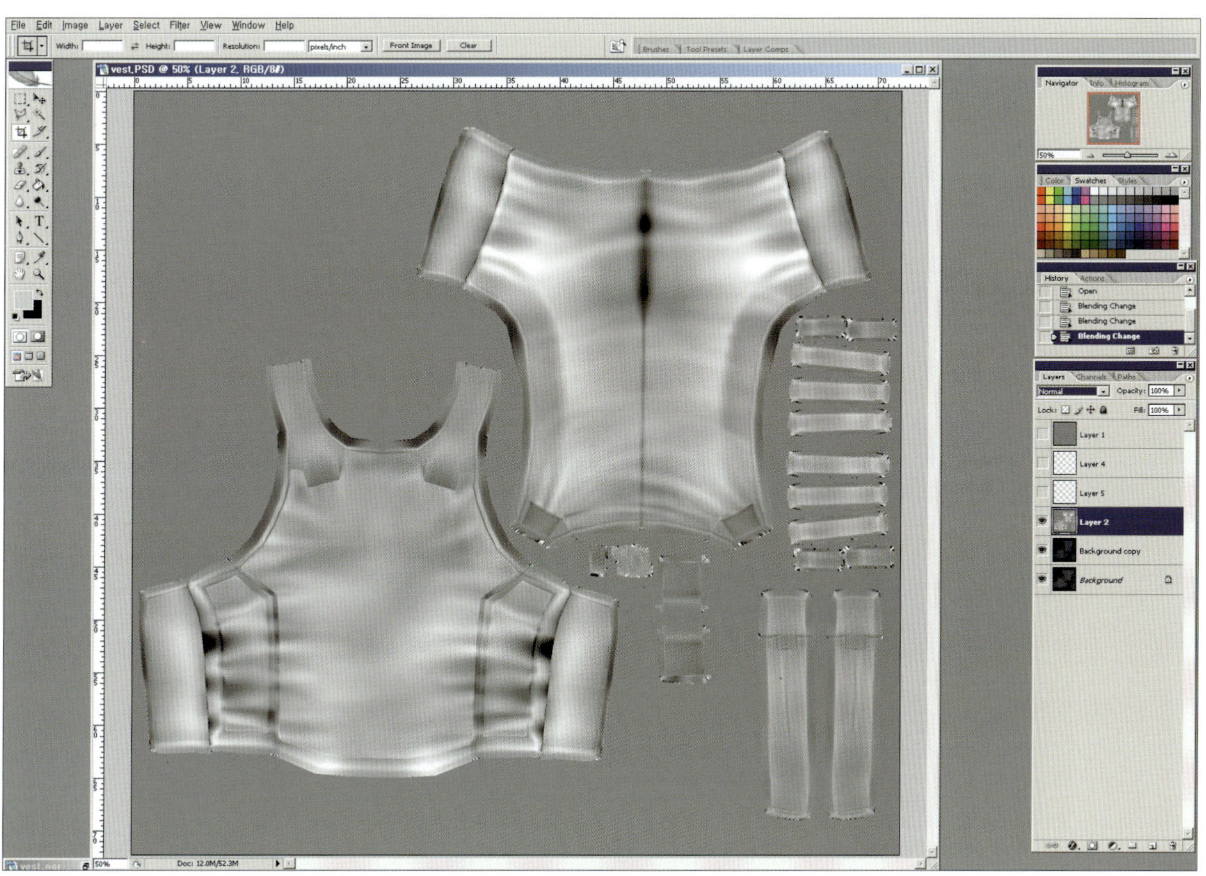

Game Character Design Master

04 Multiply 모드로 바꾸고 Opacity로 강약을 조절한다.

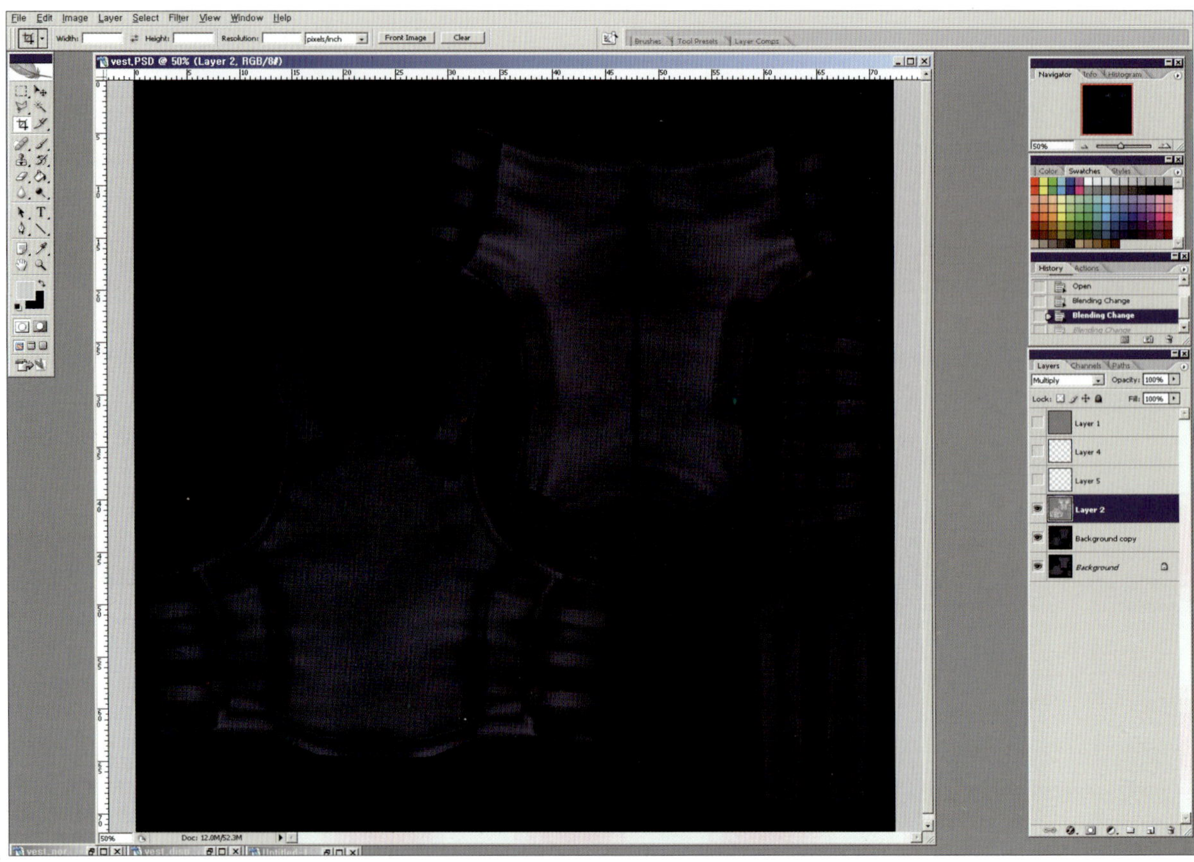

05 Google에서 검색한 이미지들에서 Police를 떼어 붙여넣고, 군데군데 지웠다.

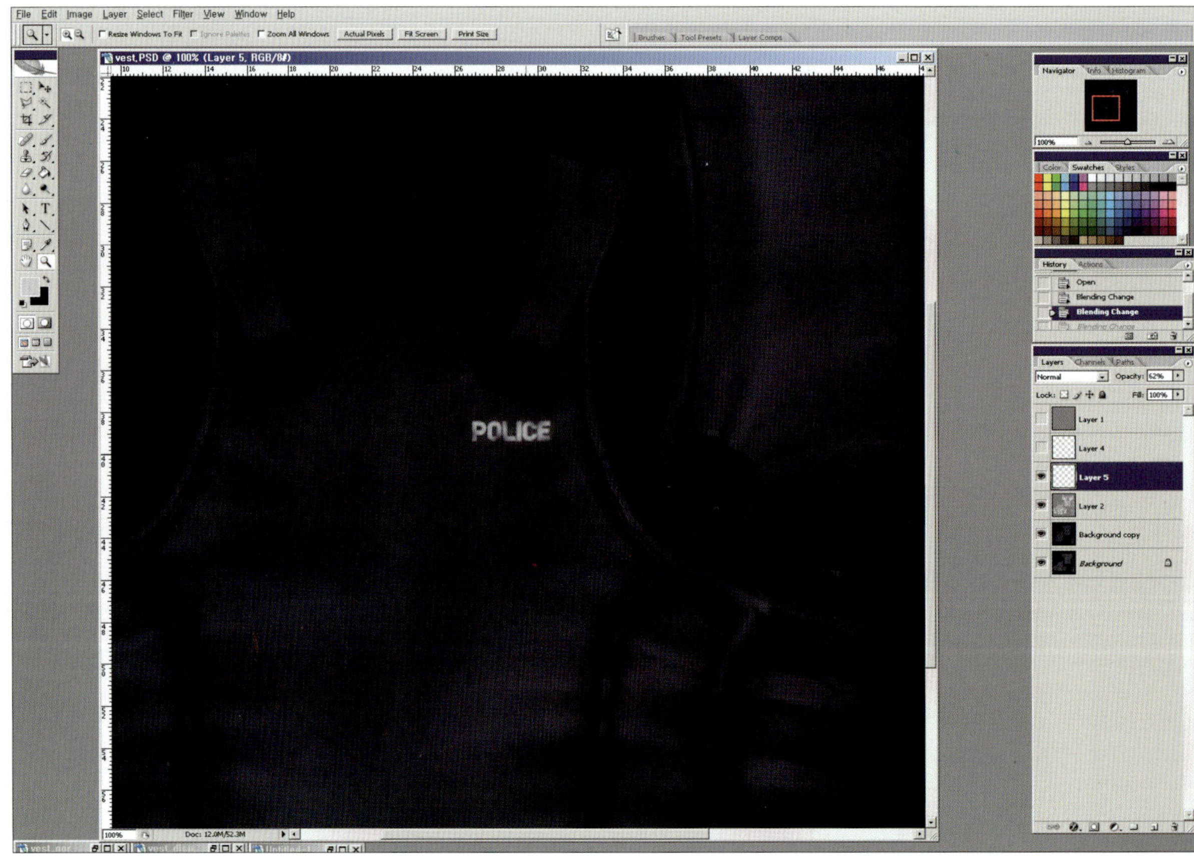

06 전체적으로 좀 지저분하게 만들자. 인터넷에서 구할 수 있는 다양한 Photoshop 브러시들을 활용할 것을 추천한다.

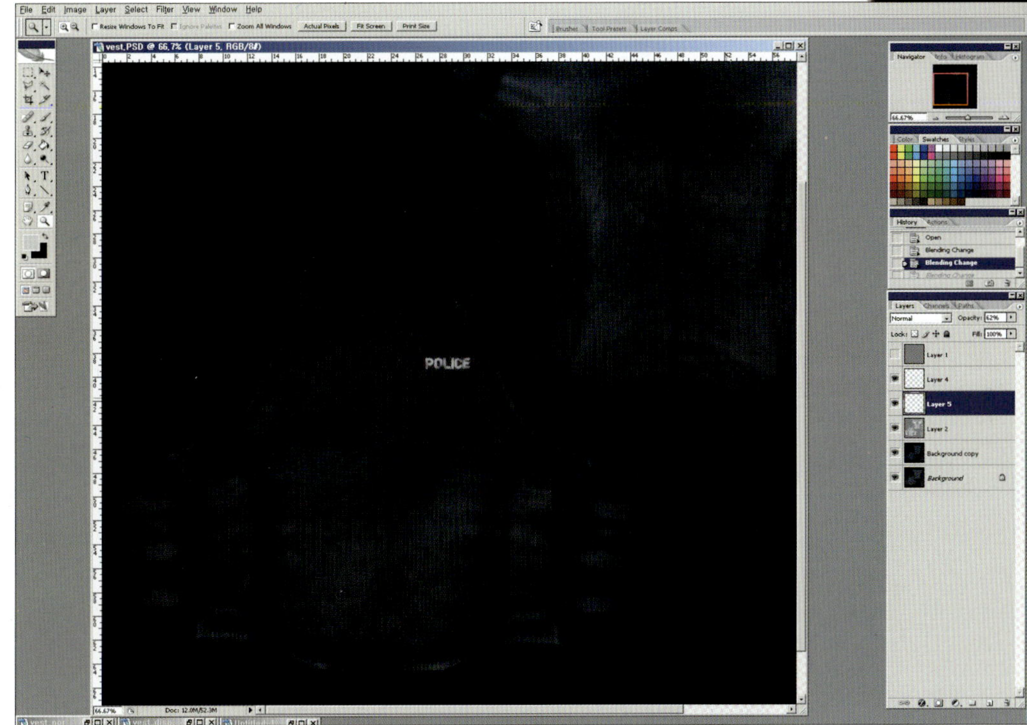

07 방탄조끼 옷감의 느낌을 주기 위해 옷감 재질을 만들어보자. 새로운 창으로 청바지의 색을 채운다(참고로, 이 재질은 청바지에도 사용될 예정이다).

08 색이 파란색/흰색으로 지정되어 있도록 한 후 Filter 〉 Sketch 〉 Halftone Pattern을 실행시키고 그것의 설정을 Size 1, Contrast 5, Patter Type: Dot 으로 설정하여 적용한다.

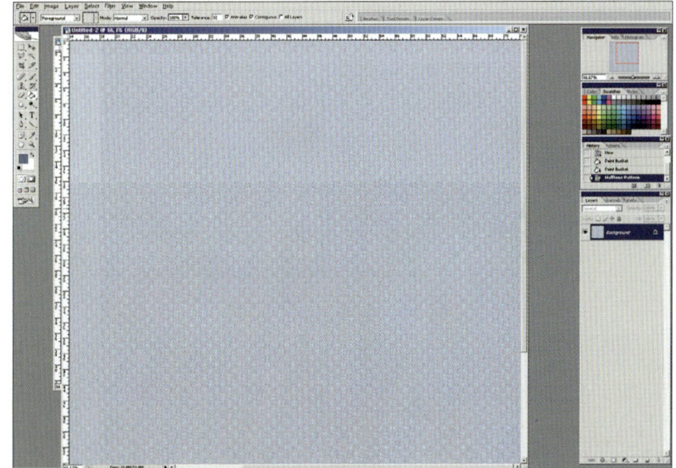

09 여기에 다시 Filter 〉 Stylize 〉 Diffuse를 Darken Only로 적용하면 끝이다.

10 이것은 Desaturate한다.

 **11** Overlay 모드로 설정하면 재질이 적용된다.

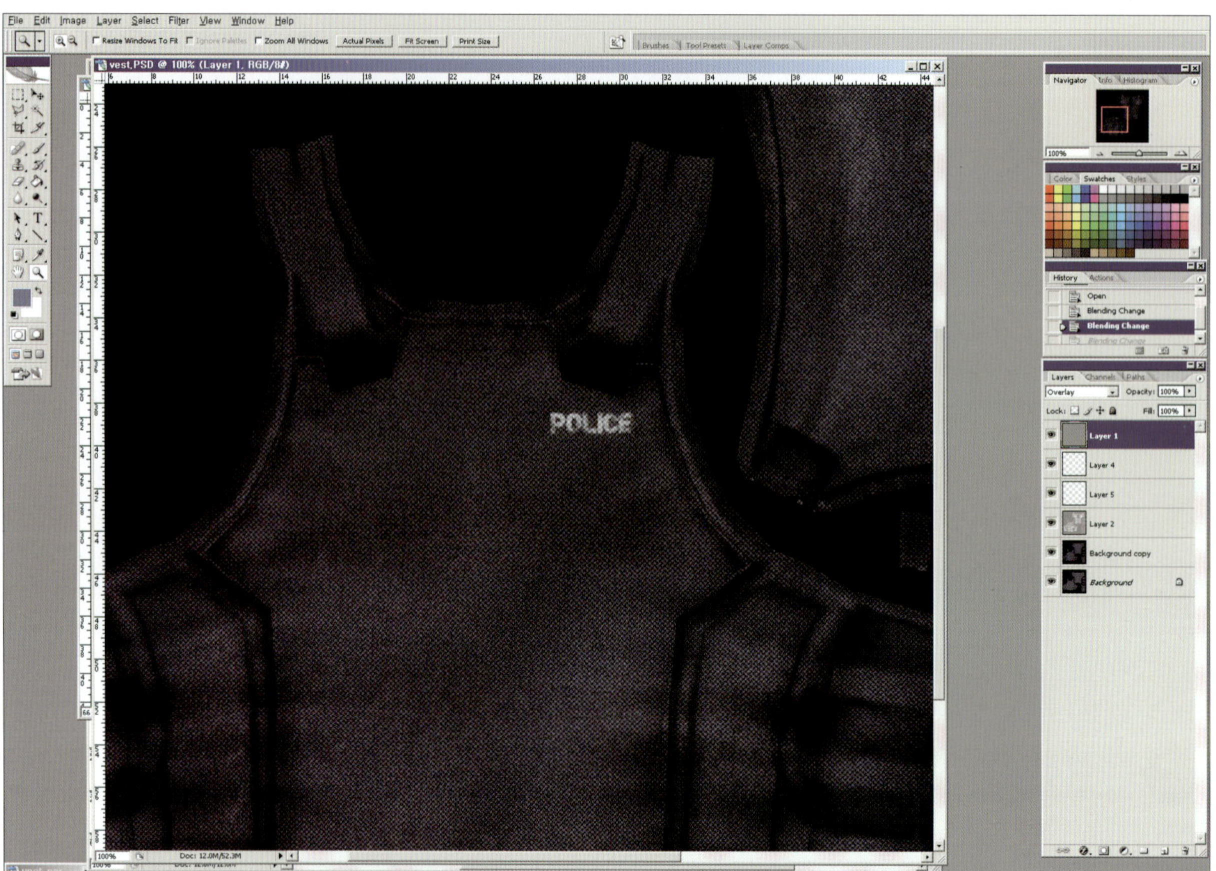

12 전반적으로 효과가 완성된 모습이다.

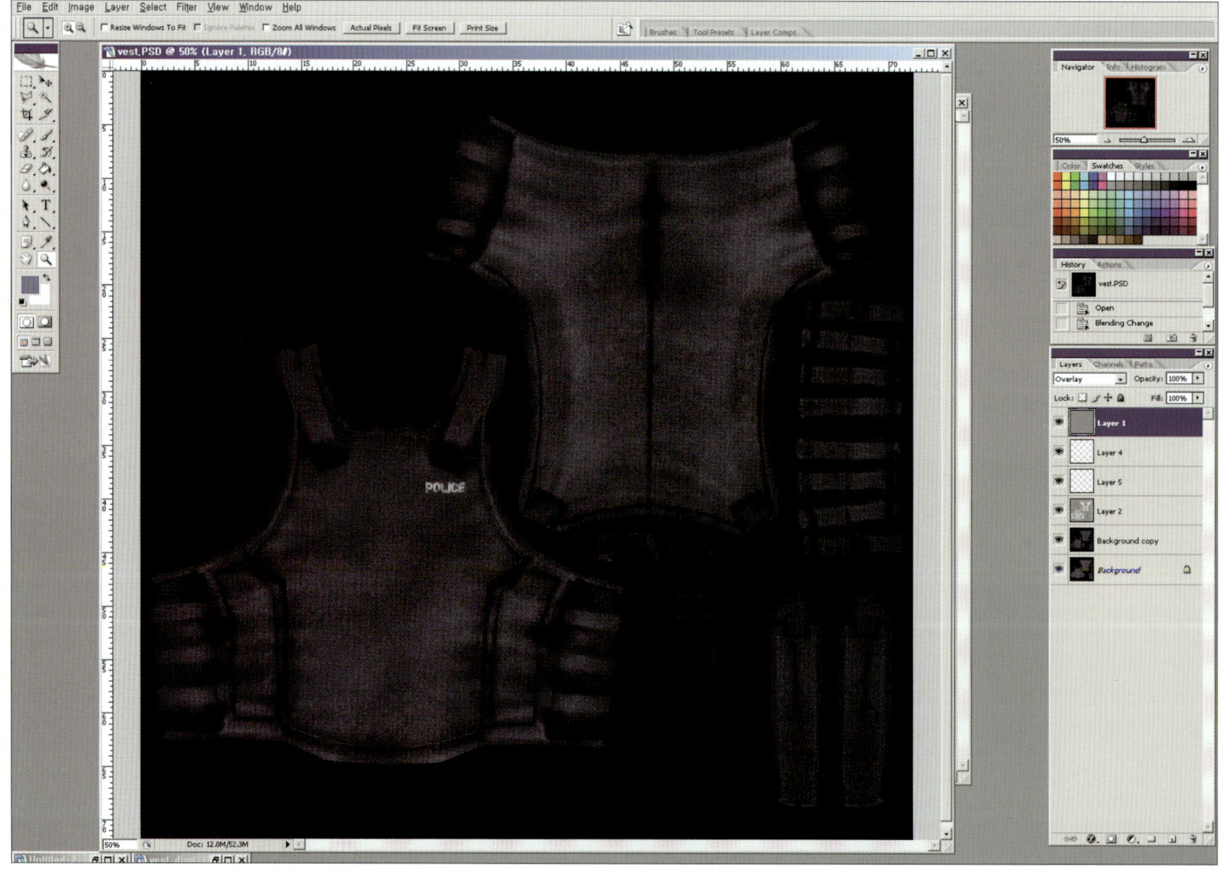

 **13** 그 옷감 재질에 Filter 〉 NVIDIA Tools 〉 NormalmapFilter를 적용하여 노멀맵으로 변환한다.

Part 08. 〈나쁜 경찰 : Jim〉 만들기

14 ZBrush에서 만들어 온 노멀맵에 얹는다.

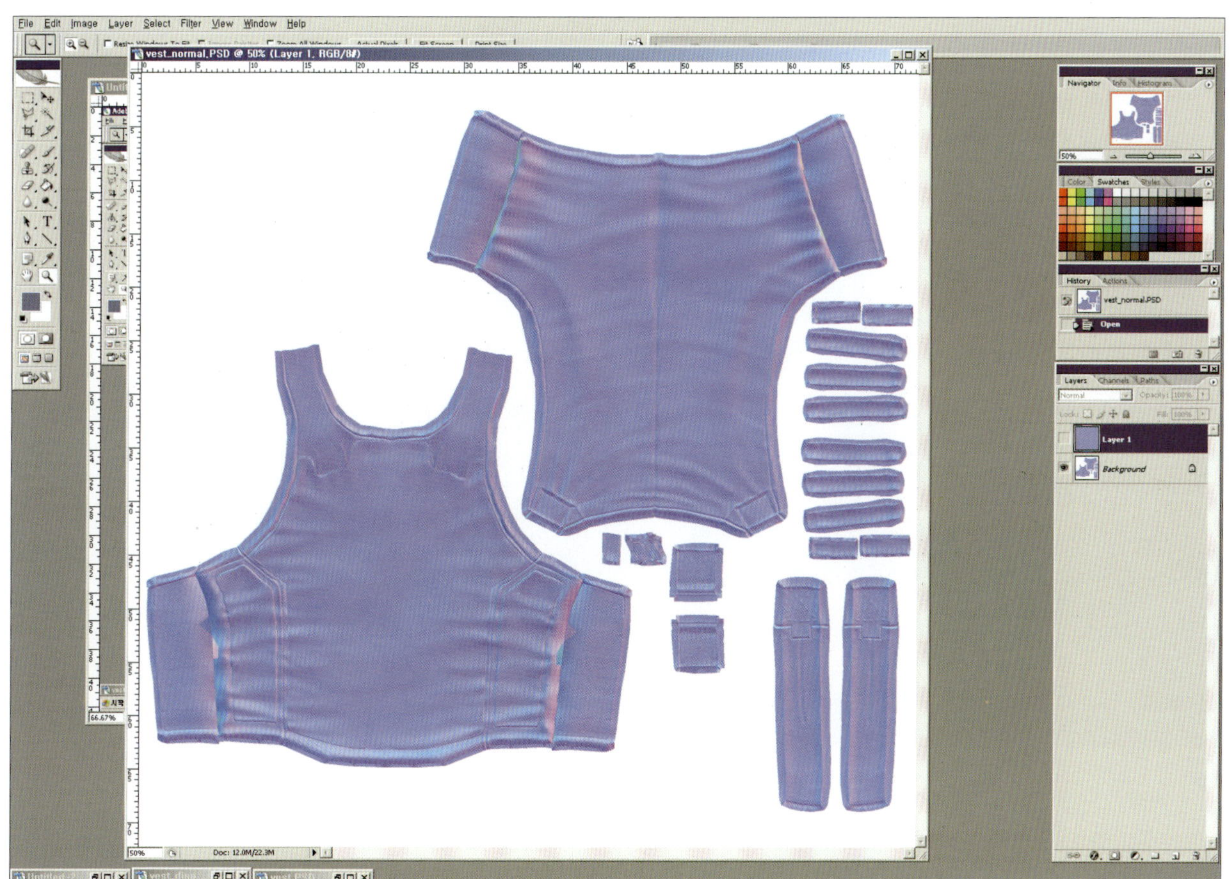

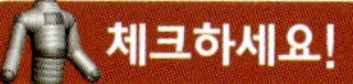

436

15 Overlay하면 옷감 재질이 적용된다.

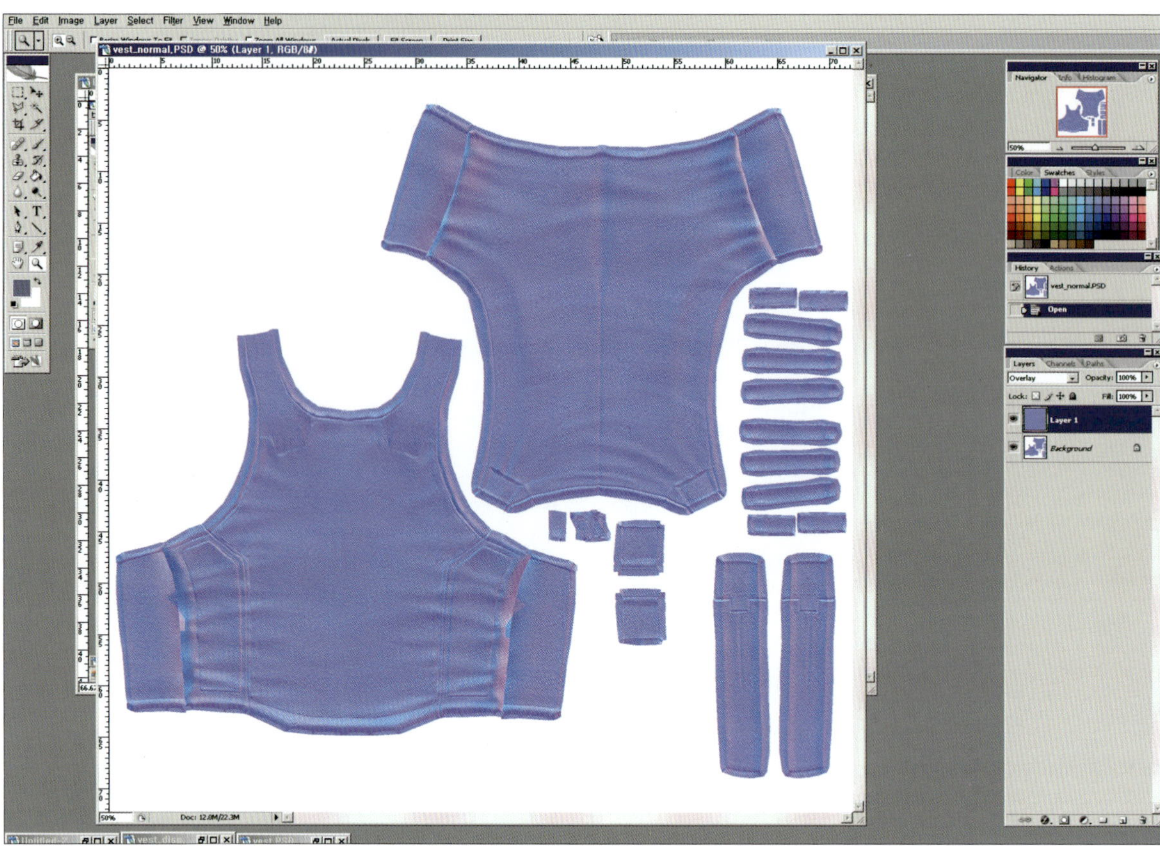

16 3ds Max의 뷰포트에서 표시되고 있는 모습이다.

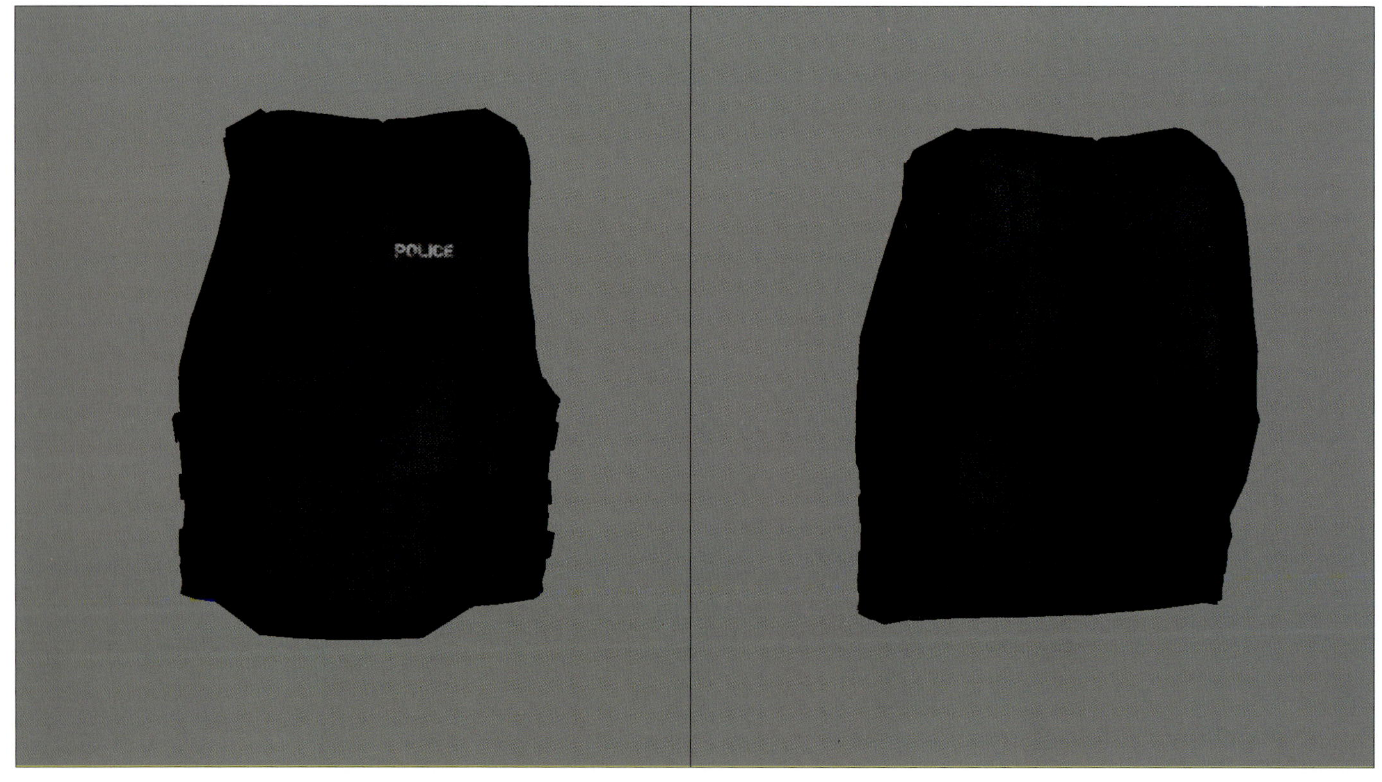

텍스쳐링

바지 텍스쳐의 제작

06

바지의 UV는 재봉선에 맞춰서 나눌 수 있기 때문에 Photoshop에서 텍스쳐링이 매우 용이합니다.

01 3ds Max의 UVunwrap 툴에서는 UV Template을 바로 Export한다. TGA로 저장하여 Photoshop에서 불러와 Invert 한 후 Select 〉 Color Range를 이용하여 흰색을 선택하여 지웠다. 이것을 Layer 맨 위에 둔다.

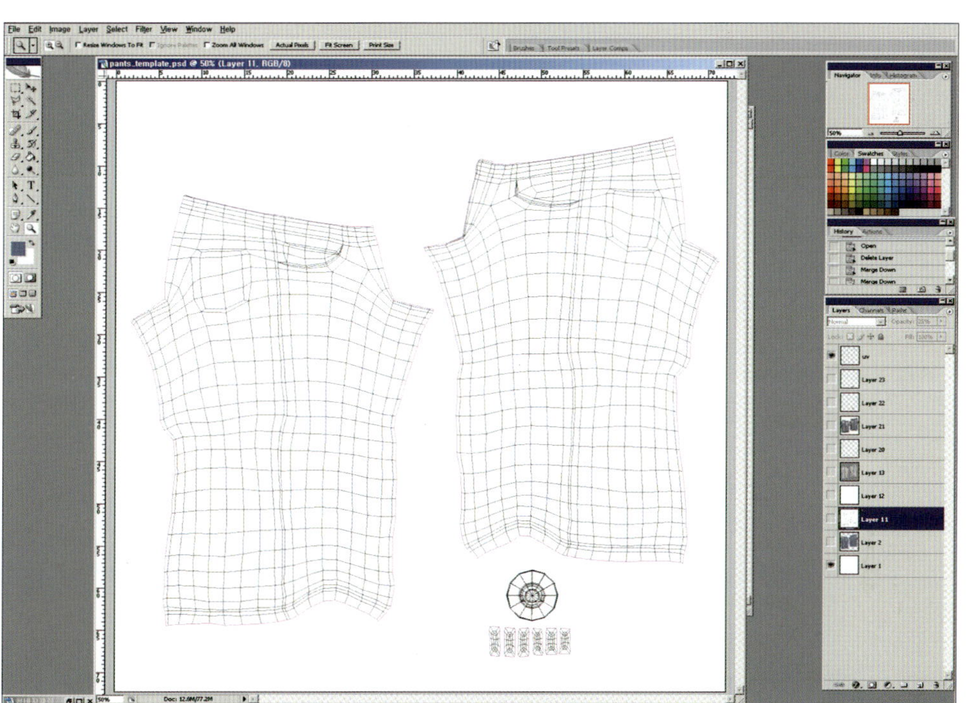

02 청바지의 재봉 선에 맞게 UV를 나누었으므로 청바지의 사진을 오려 붙이고 Stamp 툴로 부드럽게 다듬어 준다. 청바지의 재봉선 부위의 텍스쳐를 복사해서 줄줄이 붙였다.

03 Zmapper에서 생성한 Cavity Map을 포토샵의 Auto Level로 이미지를 보정한다.

04 Color Burn 모드로 설정하고 Opacity를 조절한다.

05 ZBrush에서 Displacement map을 가져와서 Auto Level을 적용한다(ZBrush에서 생성되는 Displacement Map은 좀 흐릿한 느낌이 있다).

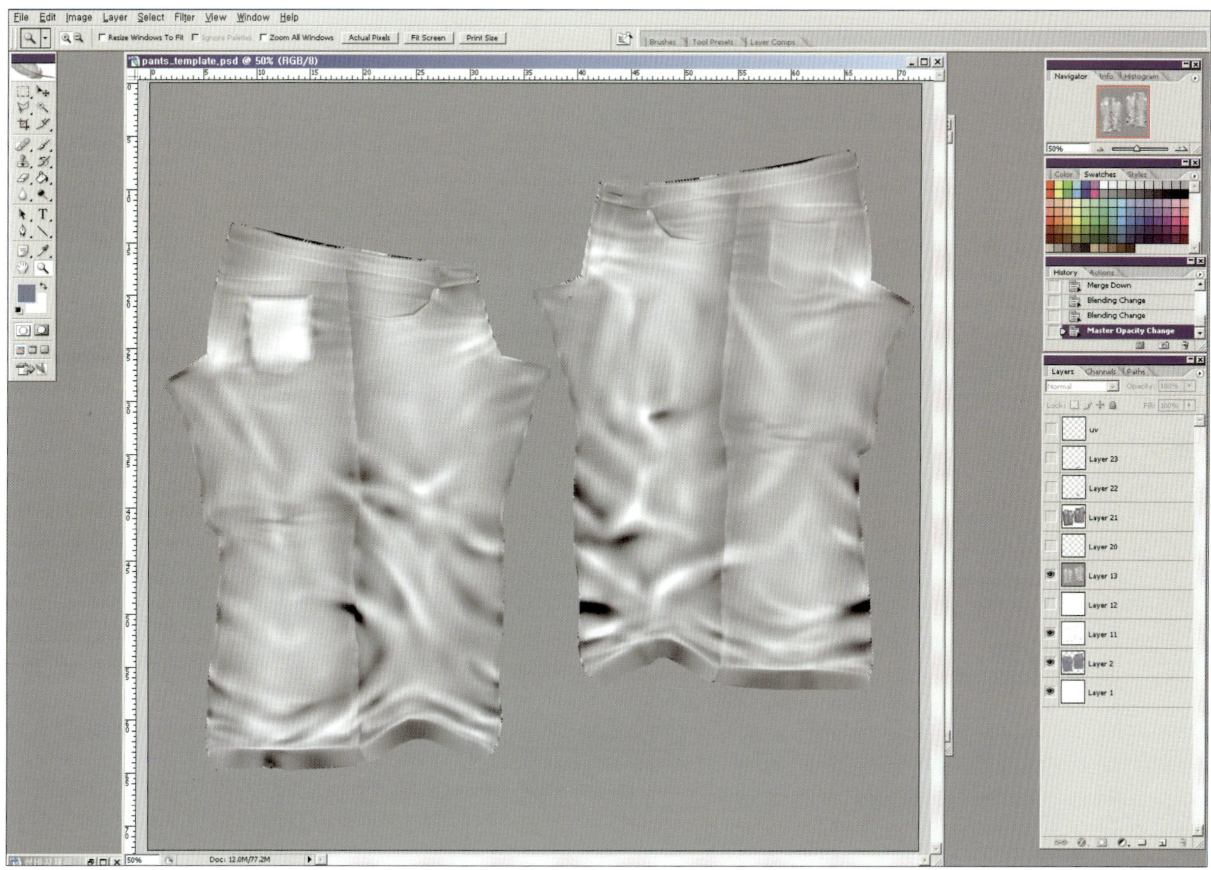

06 Multiply 모드로 바꾸고 Opacity를 80%로 맞추었다.

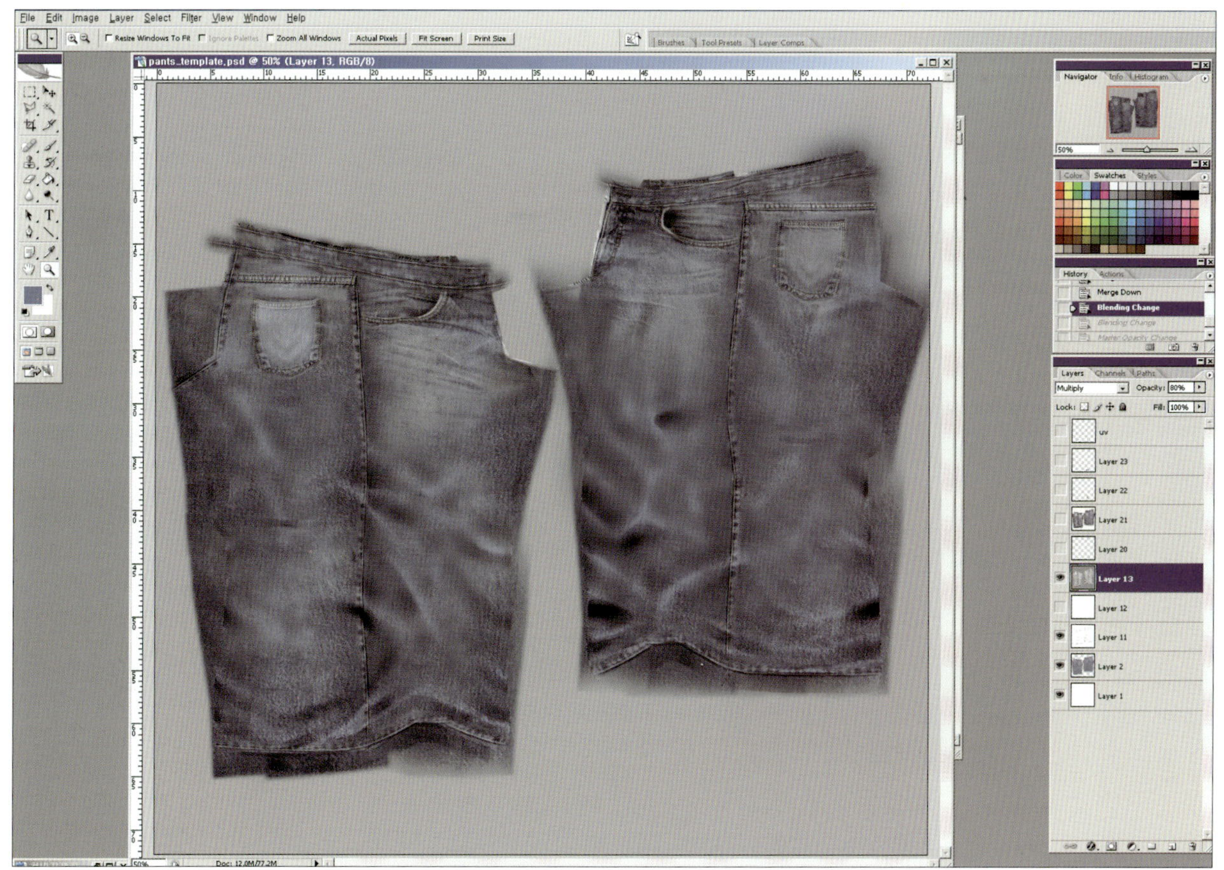

07 다양한 Photoshop 브러시를 이용하여 지저분한 웨더링 표현을 해준다.

08 편집의 편의를 위해 Ctrl + A 를 눌러 전체를 선택하고 Copy Merged 그리고 Ctrl + V 로 붙여넣고 색을 보정했다. 흰색으로 디테일을 더 첨가한다.

09 UV 와이어를 켜 본 모습이다. 청바지 사진들에서 단추와 기타 부속들의 맵을 가져와 넣었다.

10 앞서 만들어보았던 청바지 재질을 Overlay로 얹고 마무리한다.

 노멀맵도 방탄조끼와 마찬가지로 재질을 Overlay하자.

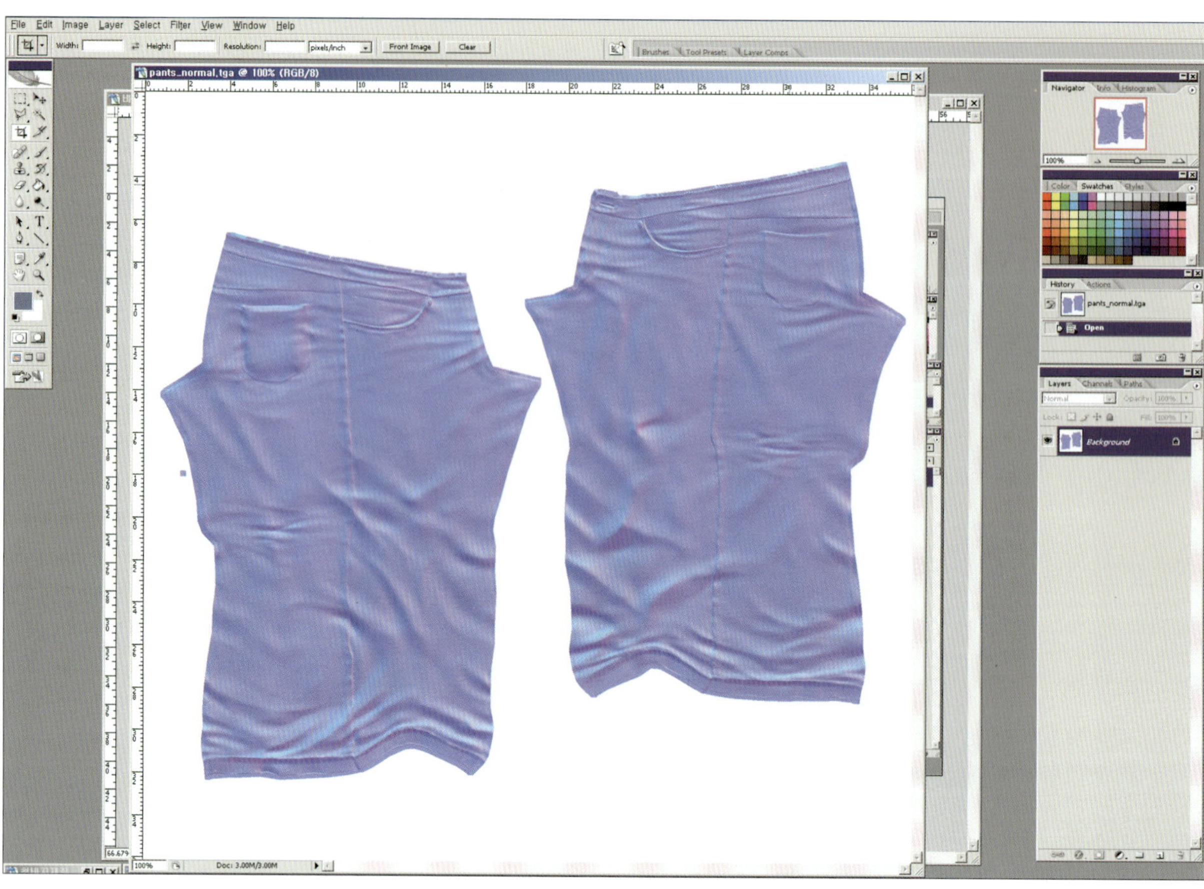

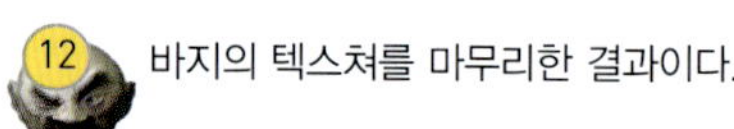

12 바지의 텍스쳐를 마무리한 결과이다.

텍스쳐링

군화 텍스쳐의 제작

07

군화의 대부분이 바지 밑으로 가려질 것이므로 너무 시간을 쓰지 않는 선에서 마무리하겠습니다.

01 폴리페인팅으로 군화의 베이스가 되는 페인팅을 칠한 후 텍스쳐를 Export 한다.

02 Photoshop으로 가져온 모습이다.

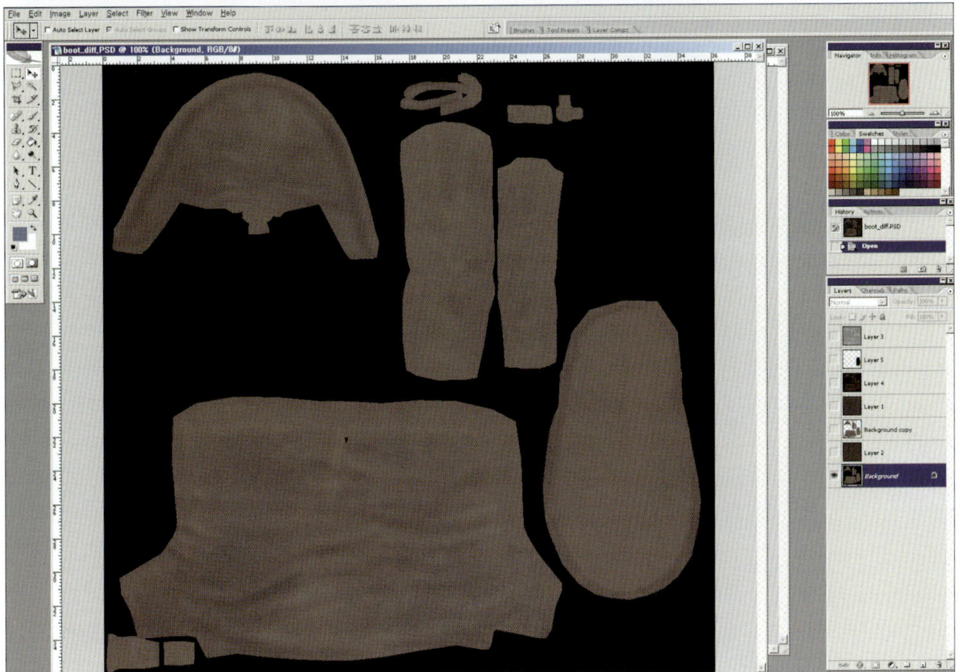

03 검은색을 분리해 내고 갈색으로 배경을 채우고 시작하자.

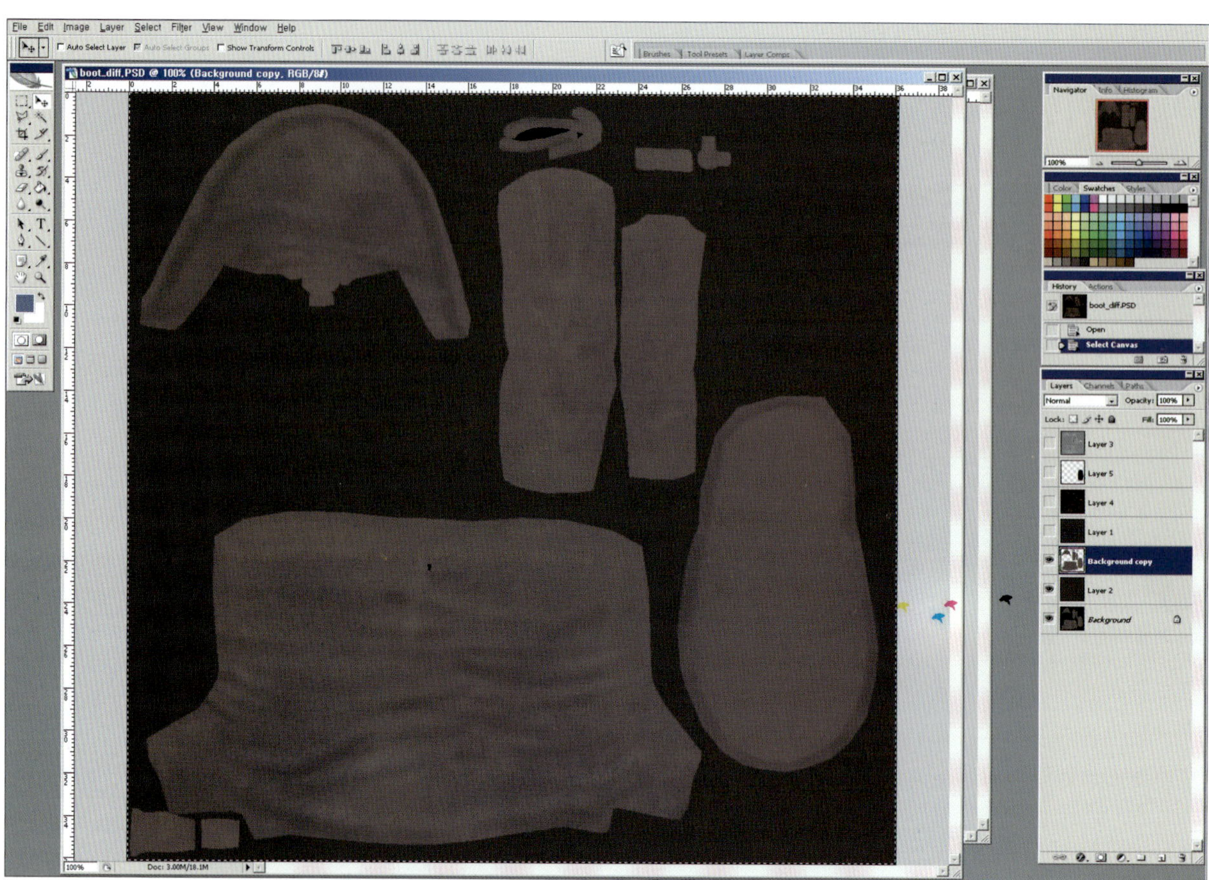

04 자연스러운 느낌을 위해 노이즈 효과를 준 결과이다.

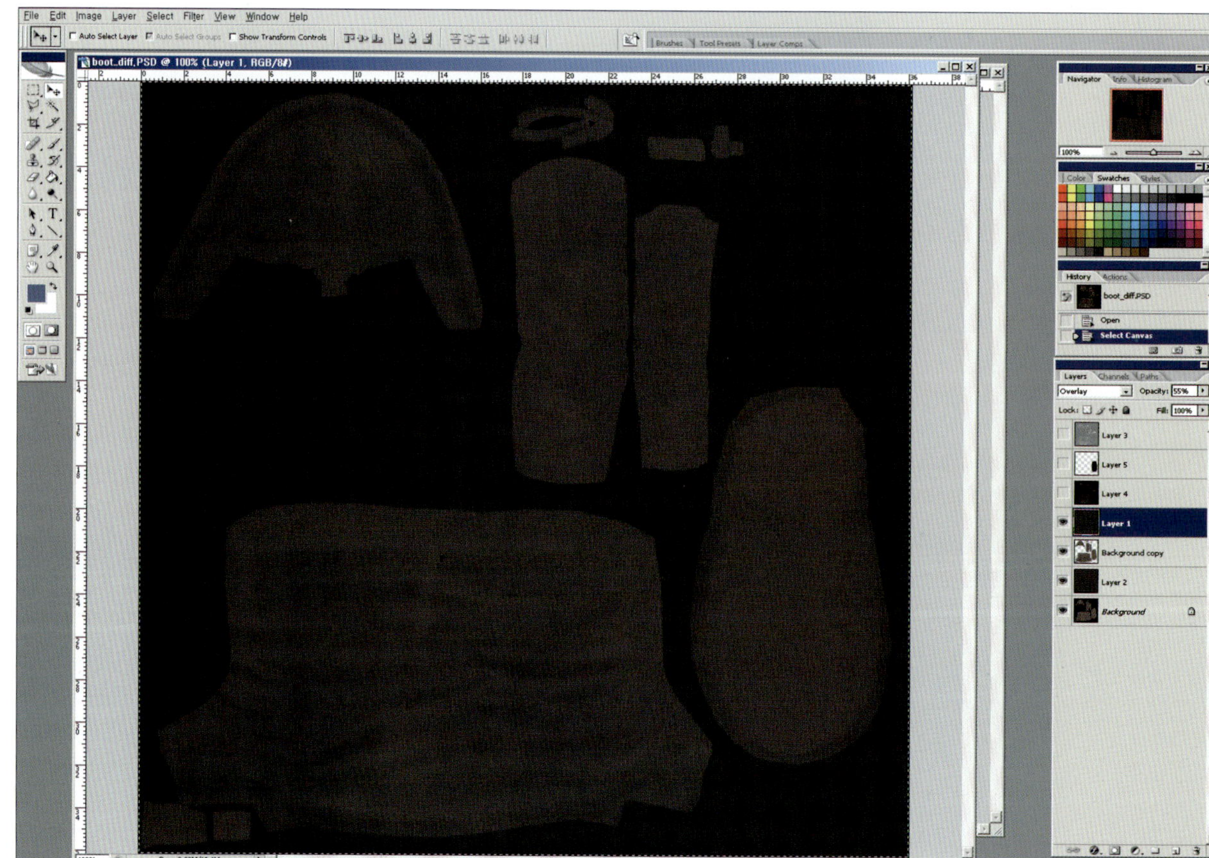

05 ZBrush에서 Displacement Map을 가져와서 Overlay한다.

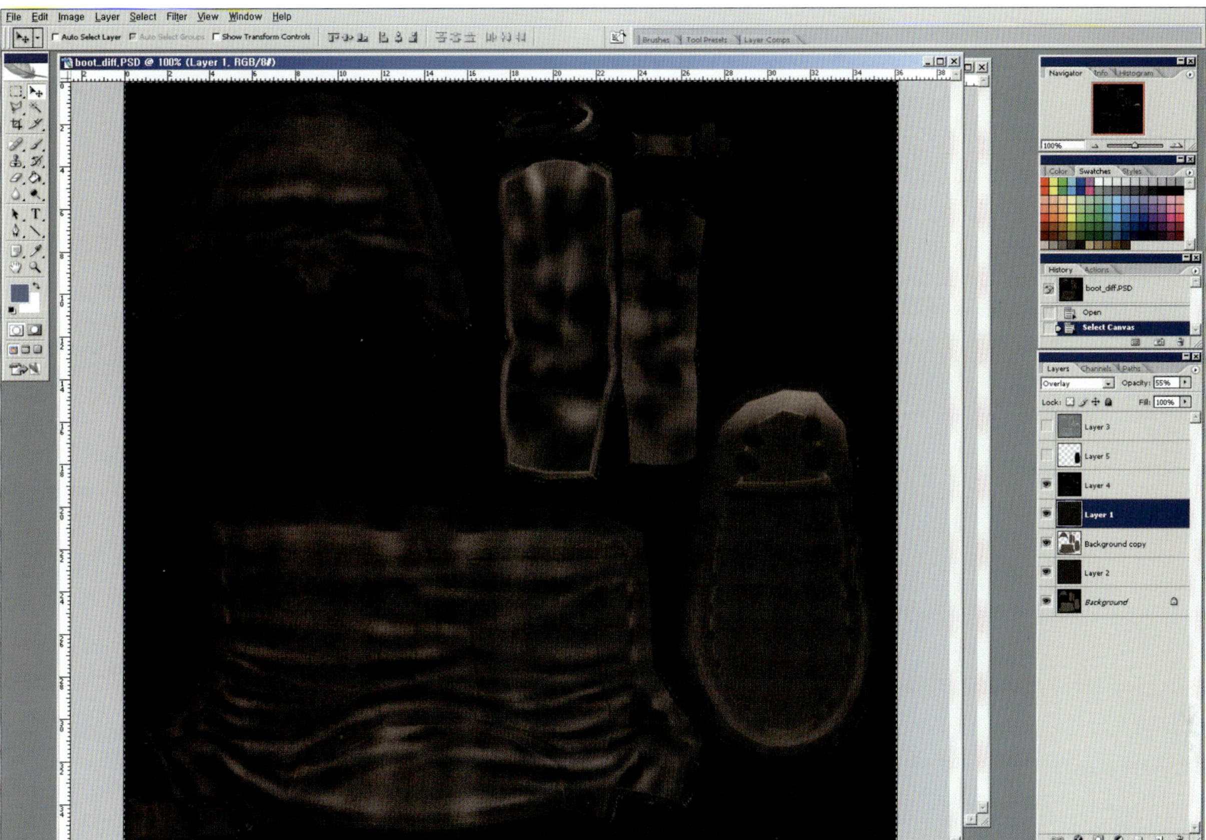

06 신발 밑창의 색을 좀 진한 색으로 칠하고 Displacement를 새로 추가한 후 Screen 모드에 Opacity 16으로 설정한다.

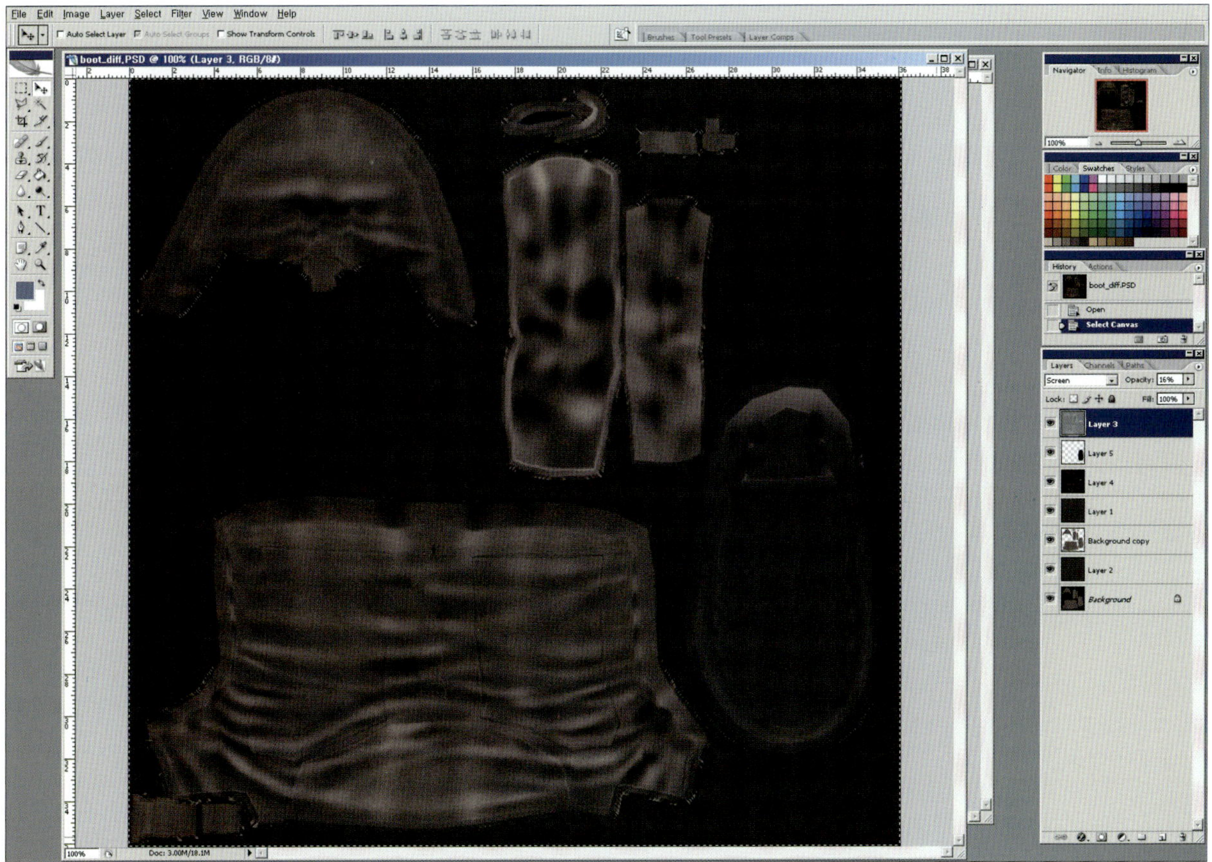

07 최종 텍스쳐 제작이 마무리된 결과이다.

텍스쳐링

최종 마무리

08

텍스쳐링 과정을 마무리한 최종 결과물의 모습으로 마치 게임 모델처럼 뷰포트에서 노멀맵을 사용하고 있는 모습입니다.

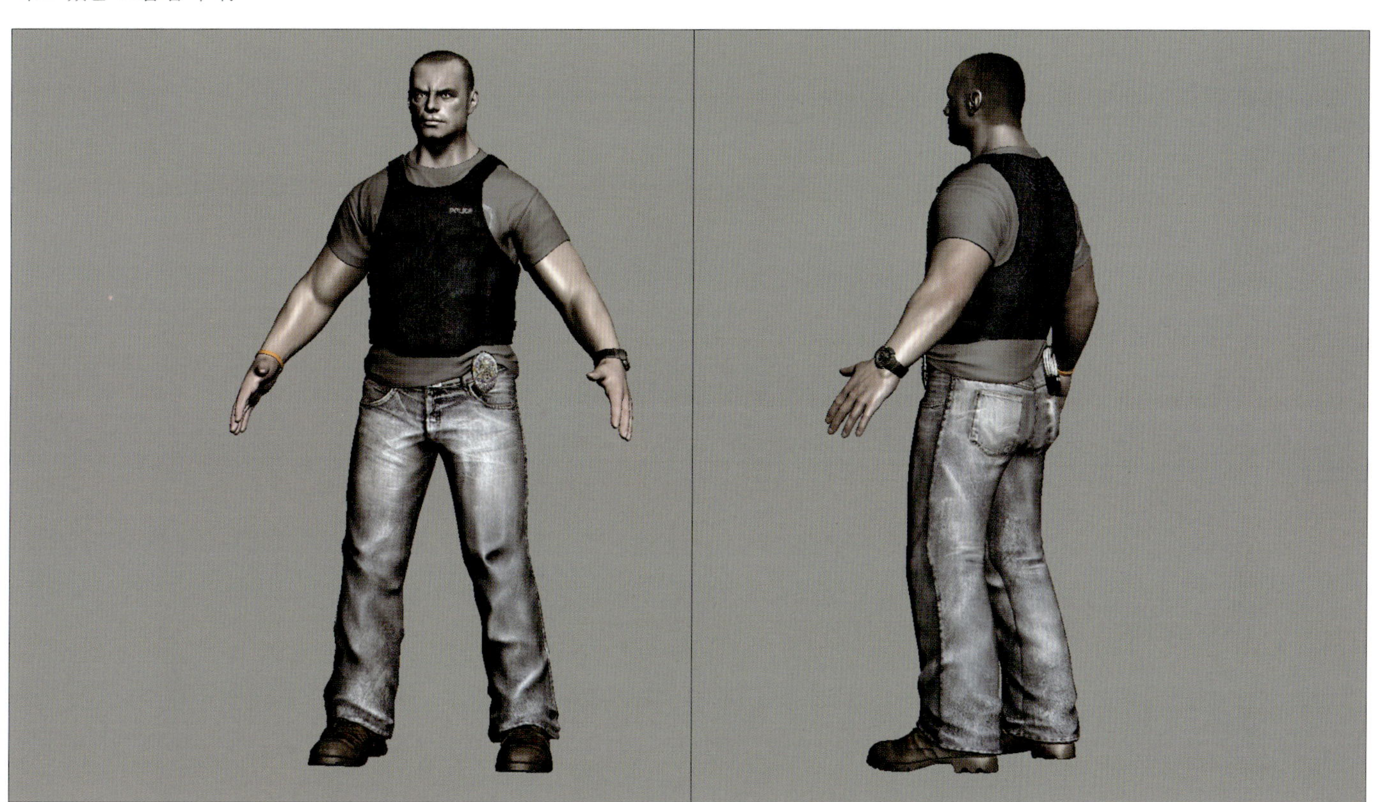

필자의 원본 파일은 Brazil 렌더러와 Brazil 스킨 쉐이더를 비롯하여 Brazil의 Displacement 기능을 사용하고 있습니다. 초기에는 멘탈레이의 스킨 쉐이더와 그 Displacement를 사용하고자 했지만, (필자의 미숙함으로) 메모리와 관련된 에러들로 너무 시간이 많이 낭비되어 별 수 없이 저의 오래된 친구인 Brazil 랜더러로 회귀하였습니다.

http://splutterfish.com/sf/ WebContent/PressReleaseV2RioRelease

이 주소로 가시면 Brazil 랜더러 Rio 버전을 다운받을 수 있습니다. Rio 버전은 비 상용 버전으로 풀 버전과 거의 동일하며 워터마크도 없습니다. 그러나 렌더링 사이즈에 제한이 걸려 있습니다. 일반적인 데모릴을 위한 사이즈는 지원하므로 사실상 개인 사용자들에게는 아무런 제약이 없는 것과 마찬가지이니 많은 애용 바랍니다.

Brazil 렌더러는 노멀맵 기술이 도입되기 시작하던 무렵부터 노멀맵을 자연스럽게 렌더링하는 몇 안 되는 렌더러였습니다. 타 렌더러들에 비해 사용이 간편하고 속도도 뛰어나다고 권하고 싶습니다.

브라질 Rio 버전을 설치한 뒤 필자가 제공해드린 파일들을 렌더링해 보면 하이폴리곤 캐릭터 다운 랜더링을 확인해 볼 수 있을 것입니다.

브라질로 렌더링한 후 PhotoShop에서 최종 보정한 결과이다.

 부록 DVD 파일

\ 3D캐릭터모델링 \ 나쁜경찰 \ 브라질렌더링데이터

zbrush sphere head _ 001
Hwasup Song 2007

zbrush sphere head _ 002
hwasup song 2007

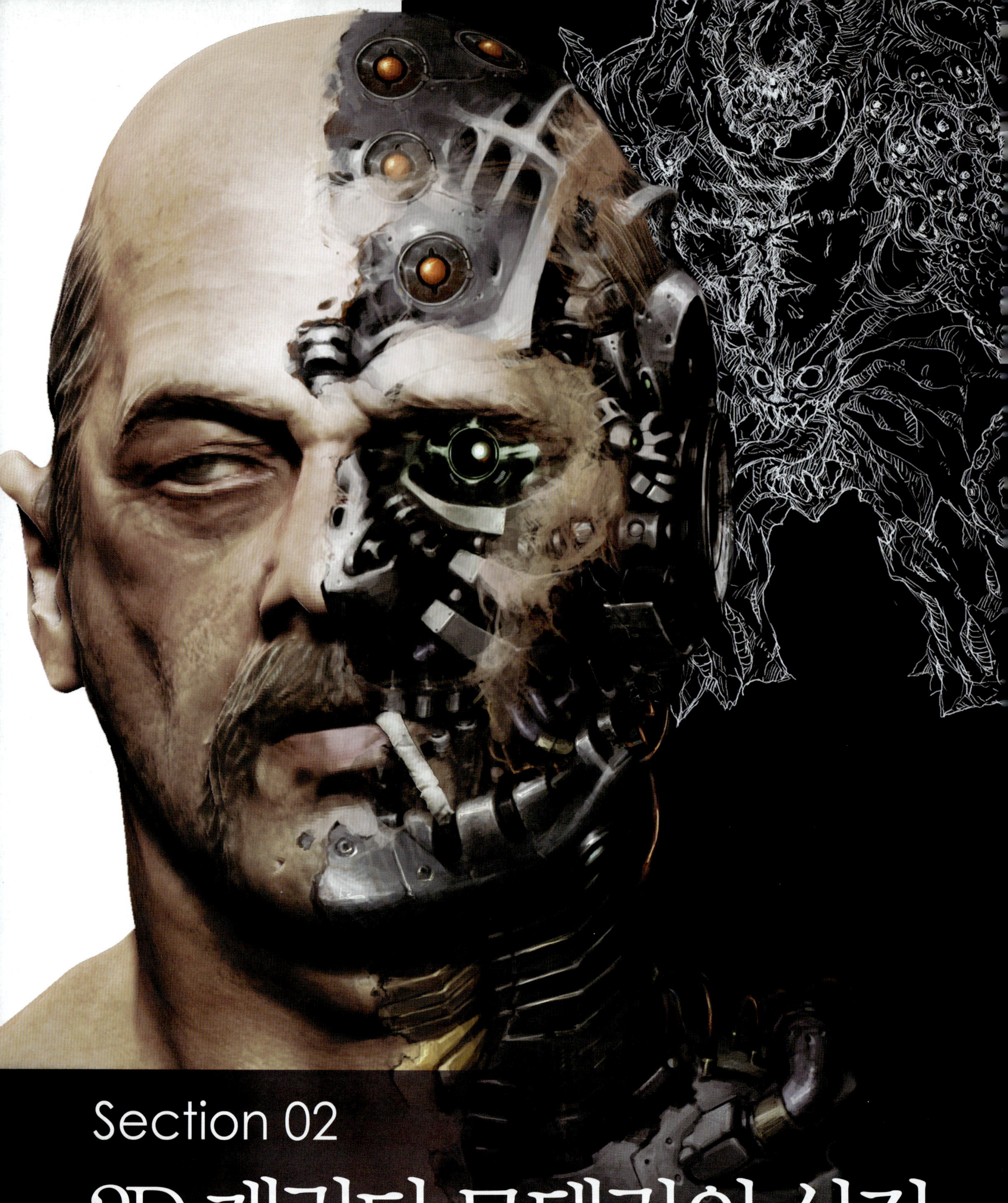

3D 캐릭터 모델링의 실전

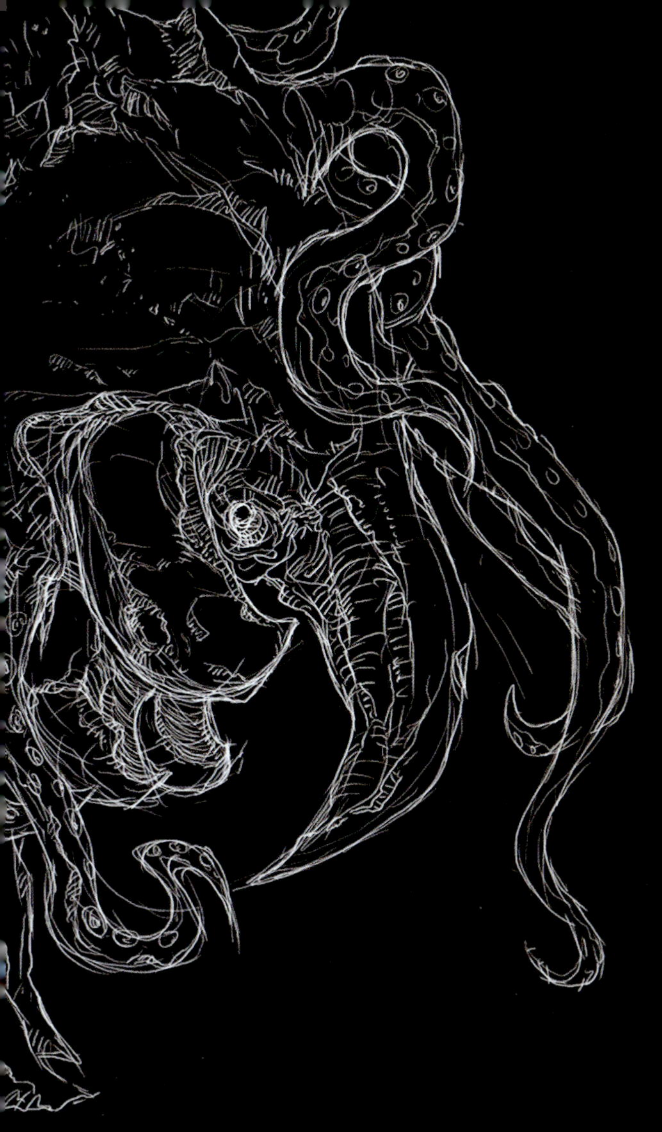

〈나쁜 경찰 : Jim〉 만들기

로우 폴리곤 데이터 만들기

들어가며

01

이제는 〈나쁜 경찰 : Jim〉의 게임 버전(로우폴리곤)을 만들어 볼 차례입니다. 경제가 불황일수록 오히려 호황을 누리는 게임 산업이다 보니, 모두들 게임 버전(로우폴리곤)에 관심이 많으실 것이라 생각합니다. 게임에서 사용되는 로우폴리곤 방식은 지금껏 함께 살펴봤던 복잡한 하이폴리곤 버전에 비해 좀 더 구체적이고 합리적인 기술적인 기준과 방식, 또한 각 회사마다의 파이프라인이 연관되는 단계라 할 수 있겠습니다.

한국의 게임 회사들의 방식에 대해서는 저보다도 더욱 잘 알고 들 계실 듯하니 잠시 북미 이야기 해 볼까요? 플래그쉽 스튜디오를 비롯한 여러 회사들의 경우, 캐릭터 작업의 흐름은 대부분 다음과 같습니다(캐릭터의 컨셉디자인을 배정 받은 시점).

1. 사전조사 : 1일

캐릭터의 생김새나 재질 또는 어떤 기법을 사용하는 것이 효과적일까 하는 것들을 구상하고 계획한다. 컨셉을 해석하는 시간이다.

2. Proxy 모델 1 : 1 ~ 2일

컨셉에서 표현된 캐릭터의 개성과 특징을 잘 표현할 수 있는 전체적인 윤곽 모델링이다. 디테일이 아닌 전체적인 실루엣(외곽선)과 볼륨에 집중한다. 이 단계에서 제대로 틀이 잡혀야 앞으로의 과정들에서 최대한 아트 디렉터의 지도를 벗어나지 않으며 작업이 가능하다.

3. Proxy 모델 2 : 2 ~ 3일

Proxy 모델 1을 ZBrush 및 기타 하이폴리곤 모델링을 위하여 준비하는 단계이다. 하이폴리곤 모델링의 초기 단계로 보면 된다. ZBrush에서 처리할 부분들과 3ds Max/Maya에서 처리할 부분들을 고려해 가며 작업하되, 언제든 아트 디렉터의 지도를 따라 수정할 수 있도록 한다.

4. 하이폴리곤 모델링과 ZBrush Sculpting : 1 ~ 2주

하이폴리곤 모델링과 ZBrush Sculpting의 기법을 적절히 함께 사용한다. 회사에 따라 좀더 많은 분량을 3ds Max / Maya의 폴리곤 모델링으로 처리해 주길 원하기도 한다.

5. 게임 모델 제작 : 3 ~ 4일

주어진 폴리곤 예산 안에서의 작업

6. 게임 모델 스키닝 : 1일

7. 게임 모델 UV 레이아웃: 1 ~ 2일

게임 모델의 UV 레이아웃의 기준은 회사마다 다를 수도 있다. 플래그쉽의 헬게이트 런던 같은 경우, 엔진에서 신체의 각 부위별로 인식하는 UV 공간이 정해져 있기 때문에 정해진 UV 템플릿에 배치하는 것이 중요했다. 하지만 UV를 펼치고 배치하는 데 있어 어느 회사를 막론하고 공통된 법칙들이 존재한다.

- UV 경계선의 수는 최대한 줄여야 한다.
- UV 덩어리들을 수직/수평을 제외한 방향으로 회전하지 않도록 한다.
- 눈에 더 잘 띄는 부분이나 구부러지는 부위들에는 좀더 UV 공간을 할애한다.

이러한 북미 회사들의 폴리곤 예산의 경우는 어떨까요?

〈헬게이트 : 런던〉의 경우 보통 몸통 6~7000 폴리곤, 머리 1000 폴리곤 정도를 사용했었습니다. 회사들마다 차이가 있지만 5~8000 폴리곤 혹은 그 이상에 이르는 경우까지 다양하게 분포합니다. 맵의 경우 게임에 실제로 사용될 사이즈의 2배 정도로 제작하는 것은 한국에서도 흔한 것으로 알고 있습니다. 몸(1024×1024), 머리(1024×1024) 또는 몸/머리 (2048×2048) 혹은 (1024×1024)를 사용하면서 Specular Map만 (512×512)를 사용하는 경우도 있습니다. 각 회사별로 개발 설정에 맞는 수준이 다르게 되어 있는 것이겠죠.

Liquid Development(http://www.liquiddevelopment.com/)

Liquid는 미국에 위치하였지만 전 세계적으로 프리랜서들을 모아서 운영되는 회사입니다. 본사에는 아트 매니저들이 근무하며 동시에 여러 클라이언트들과 여러 프로젝트들이 운영되고, 각 프로젝트들 마다 아트 매니저들이 배정되고, 각 아트 매니저들마다 모집된 프리랜서들이 함께 붙어서 일하는 방식으로 운영됩니다. 이 회사의 홈페이지를 보면 아시겠지만 매우 유명한 프로젝트들 다수에 참여했습니다. 노멀맵(Normal Map) 등의 기술로 인해 급상승한 게임 개발 비용을 절약하기 위한 정책으로 얼마나 많은 게임 개발사들이 이러한 회사들에 일을 맡기는 지가 인상적입니다.

일손은 많이 필요한데 작업자들이 모두 고 퀄러티 아티스트일 필요는 없기 때문에 비싼 돈을 지불하며 고용하는 것보다 프리랜서 혹은 이런 프리랜서 그룹에게 발주를 하는 편입니다.

이 회사를 거론하는 이유는 바로 지금부터 로우폴리곤 메쉬 모델링과 관련하여 이 회사의 내부 문건을 공개하려고 하기 때문입니다. 이것은 Liquid의 공동 설립자이자 Creative Director인 Stefan Henry-Biskup 씨의 호의 어린 승낙을 받아 가능하게 되었습니다. Stefan Henry-Biskup 씨는 한국 CG인들에게도 잘 알려져 있는 도미넨스 워 III의 심사위원 중 한 명이었습니다.

(http://www.gameartisans.org/contests/events/3/judges/index.php)

Stefan Henry-Biskup 씨는 자신의 오랜 게임 업계와 관련 교육 분야에서의 경험을 토대로 Liquid 내부에서 사용되는 로우폴리곤 모델링 매뉴얼을 작성하였습니다. 플래그쉽의 Phil Shenk 씨의 소개로 저와도 인연을 맺게 된 덕분에 이런 좋은 자료를 책 내용에 포함시킬 수 있게 되어 얼마나 기쁜지 모릅니다. 모델링 방법에 있어 절대적인 것은 없습니다만, 이런 오랜 경력을 가진 분의 이론을 볼 때 우리는 우리가 보지 못했던 부분들을 깨우치게 될 수 있습니다.

다음 내용은 그 문건에서 핵심적인 부분들만 발췌하여 번역한 것입니다.

제작 가이드(Construction Guidelines)

다음은 모델의 주요 부분과 애니메이션이 적용될 부분을 위한 모델링 기법이다. 시간이 좀 지나면서 더욱 완전하게 보강될 테지만, 현재의 내용으로도 모델의 구조를 완성하는 데 어느 정도 강력한 지침서가 될 것이다.

손(Hands)

디자인 자체가 벙어리장갑 스타일이 아닌 이상, 손가락은 모두 모델링되어야 한다. 손가락은 네 개의 세그먼트로 이루어져야 한다. 다음 그림에서처럼 장갑이나 갑옷의 경우, 바른 사각형의 형태로, 생물체의 손가락 같은 경우는 마름모의 형태로, 그리고 여성의 손가락처럼 가냘픈 손가락의 경우는 삼각형으로 모델링한다.

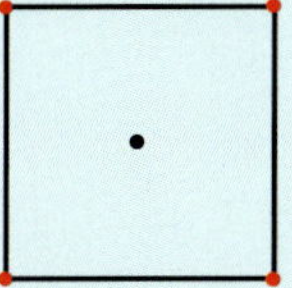 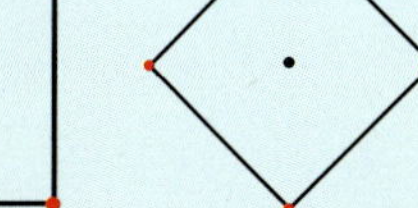 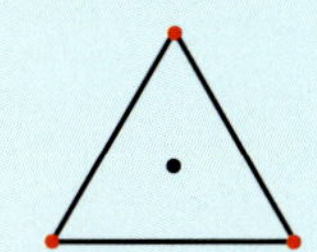

장갑/갑옷 손가락	생물체 손가락	여성 손가락

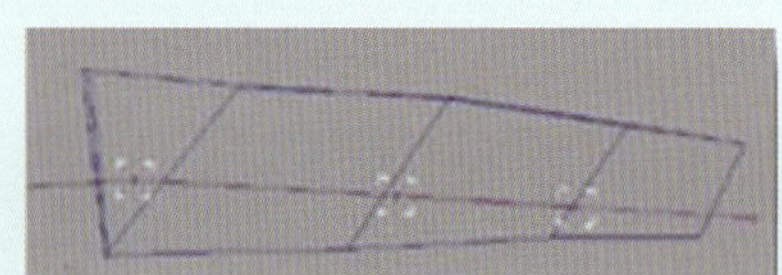
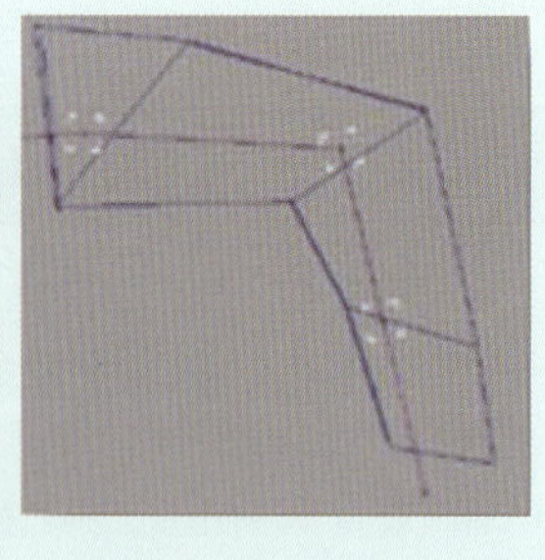
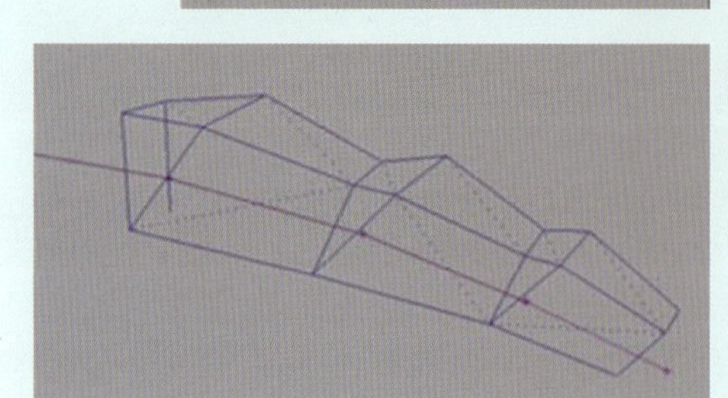

모든 형태의 손가락에 공통적으로 적용할 만한 손가락 관절을 단 하나의 세그먼트로 처리하는 방법이 있다. 손가락 마디 아래쪽의 세그먼트를 조금씩 뒤쪽으로 당기는 방식이다. 이렇게 하면 손가락 마디의 세그먼트가 대각선의 형태를 이루게 되며 다음 그림에서처럼 단 하나의 세그먼트로도 손가락을 구부리기가 훨씬 수월해진다.

바이페드의 손가락 조인트들이 손가락 덩어리의 아래쪽으로 쏠려있는 것을 주의 깊게 보라. 이것은 (손가락을 구부릴 때) 손가락 관절의 윗부분을 좀더 바깥쪽으로 튀어 나가게 만듦으로써 손가락 마디의 볼륨을 유지할 수 있도록 도와준다. 이것은 몸의 좀더 복잡한 관절들의 배후에 놓인 기본적인 원칙이다. 이것은 최고로 단순한 손가락이다. 손톱이나 관절 부위의 두툼한 느낌이 필요하다면 면을 좀더 추가해 줄 수도 있지만, 대각선의 관절 세그먼트는 여전히 적용되어야 한다. 그래야만 손가락 아래쪽의 면들이 세이브되고 손가락이 자연스럽게 구부러질 수 있다.

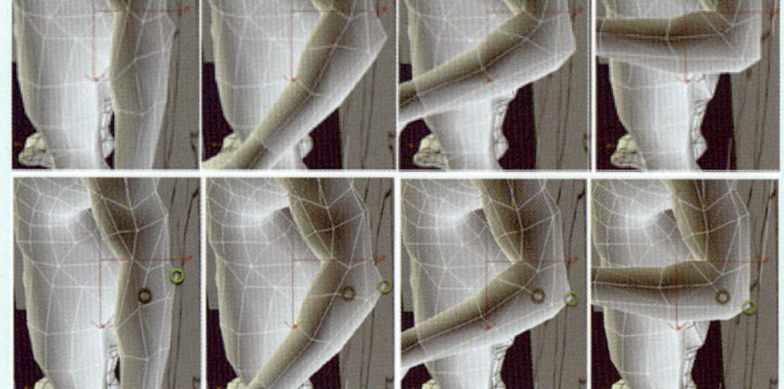

팔꿈치(The Elbow)

(그림에서처럼) 우리는 다시 한번 '대각선'이 매우 중요한 요소라는 것을 알 수 있다. 그것은 잘 구부러지는 팔꿈치 관절을 위한 열쇠이다.

성공적인 팔꿈치를 위한 또 다른 열쇠는 알맞은 메쉬 구조와 함께 스키닝이다. 구부러진 팔꿈치의 특징적인 모습은 구부러지는 바깥쪽이다. 이 지점은 피부 아래로 팔꿈치 모서리 부분의 뼈가 있는 부분이다. 팔꿈치 모서리 뼈는 사실 윗팔(팔꿈치와 어깨 사이)로 연결되어 있다. 때문에, 팔꿈치를 구부릴 때 관절의 조금 위쪽으로 살짝 튀어나오는 형상을 이룬다. 이것은 팔 아래쪽이든 위쪽으로 스키닝의 강도를 강하게 조절하는 것으로 가능하다. (중략)

다리와 무릎(The Leg and Knee)

나리 사체는 6~8개의 세그먼트들로 이루어셔야 한나.
무릎 구조의 핵심은 무릎 앞쪽으로 좀더 많은 세그먼트들을 주
고 뒷면의 접어지는 부위는 더 적은 세그먼트들을 주는 것이다.

무릎을 모델링하는 동안, 그것의 구부러짐을 테스트할 애니메이
션을 제작하는 것은 좋은 아이디어이다. 만약 스키닝을 하는 동
안 구부러질 때의 문제들을 해결하지 못한다면, 모델링으로 다시
돌아가서 개선하도록 한다. 그림 속의 메쉬 구조는 실제 인체 구
조를 연구함으로 얻어진 형태이다. 무릎이 어떻게 작동하는 지에 대한 몇몇 핵심적인 관찰 결과를 곧 살
펴볼 것이다.

무릎이 구부러질 때 무릎 부위의 볼륨은 지속적으로 유지되고 종아리 부위가 그 무릎 부위의 볼륨을 중심
으로 회전한다. 무릎 뒤쪽의 버텍스들은 붉은선으로 표시된 다리 근육에 의해 덮이게 된다. 이것이 어떻게
실제 무릎의 구조를 반영하는지를 주목하라.

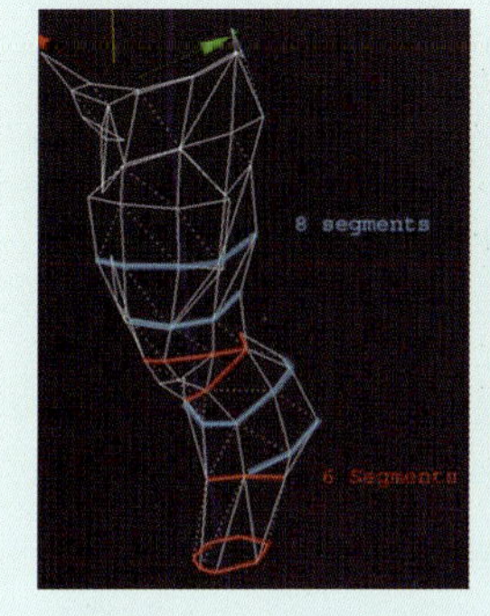

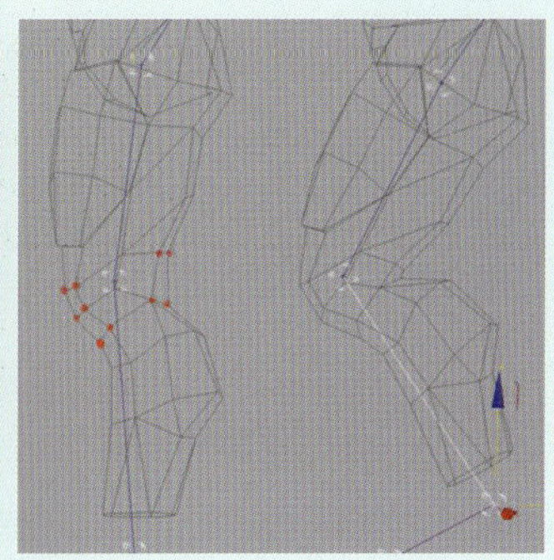

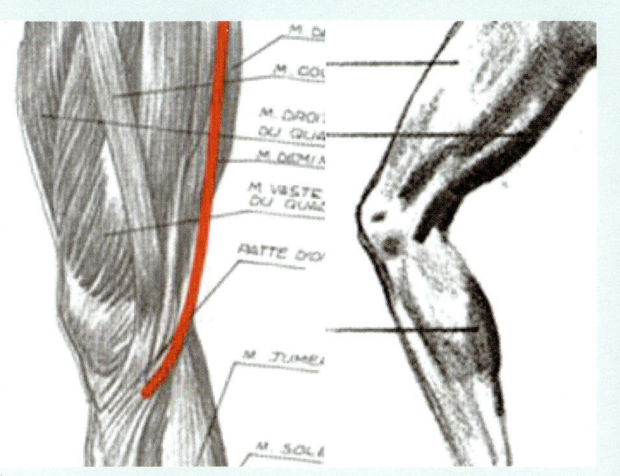

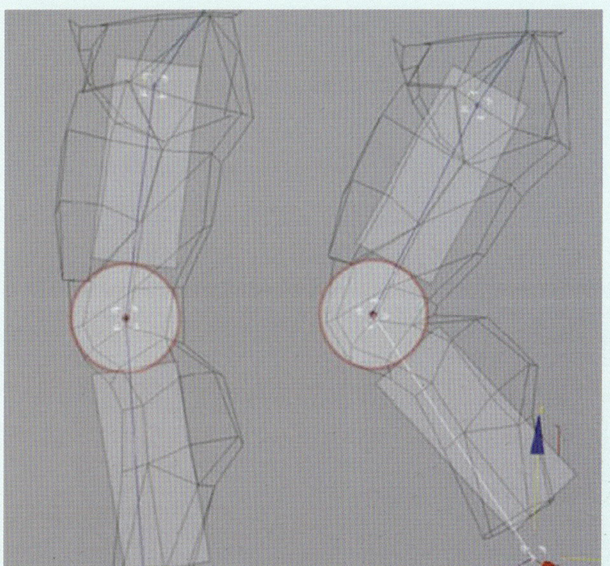

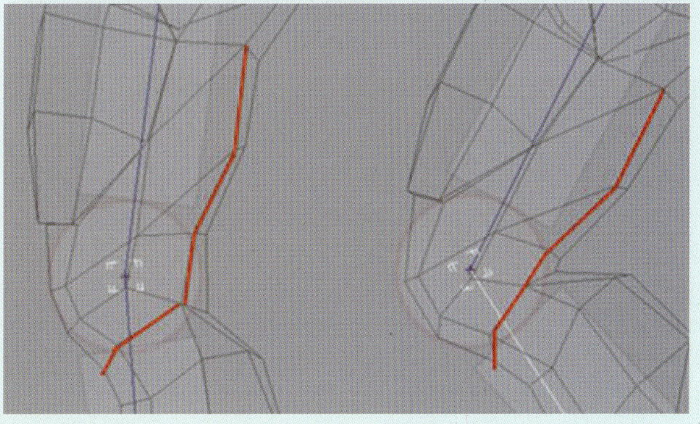

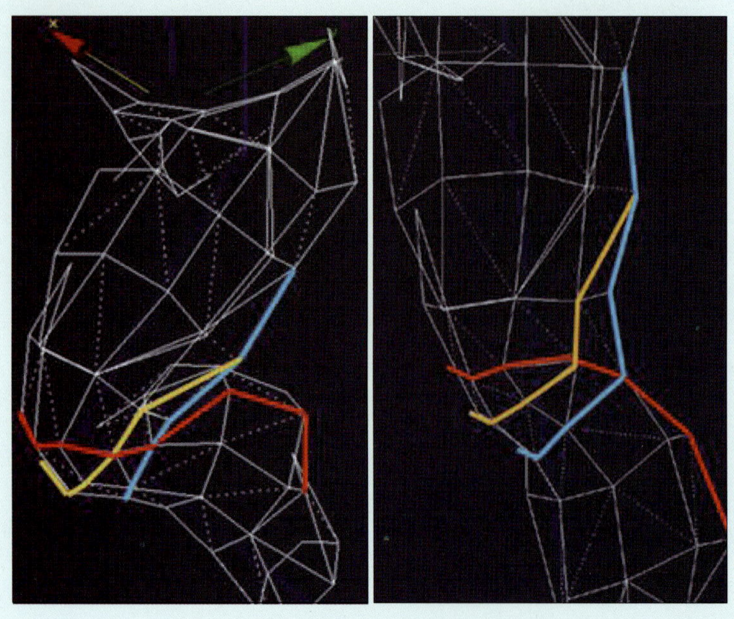

모델의 모든 엣지들의 흐름은 매우 주의 깊게 컨트롤되어야 한다. 다음은 무릎 엣지 흐름의 하이라이트들이다. 무릎을 최대한 많이 구부리고 완전히 곧게 펴주는 것이 무릎의 테스트 애니메이션으로 적당하다.

허벅지 관절(Hips)

허벅지 관절의 구조에 주목하라.

핵심적인 요소는 허벅지 정면의 버텍스의 위치이다. 그것은 관절의 회전축보다 꽤 높이 위치해 있다. 옆 모습의 붉은 라인은 손가락 관절의 경우와 마찬가지의 '대각선' 구조를 보여준다.

정면의 노란색 라인은 허벅지 안쪽으로 세그먼트가 기울어져서 향하는 것을 보여준다.

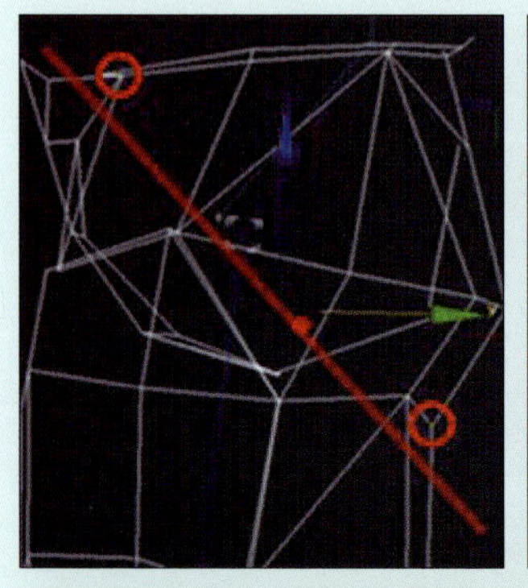
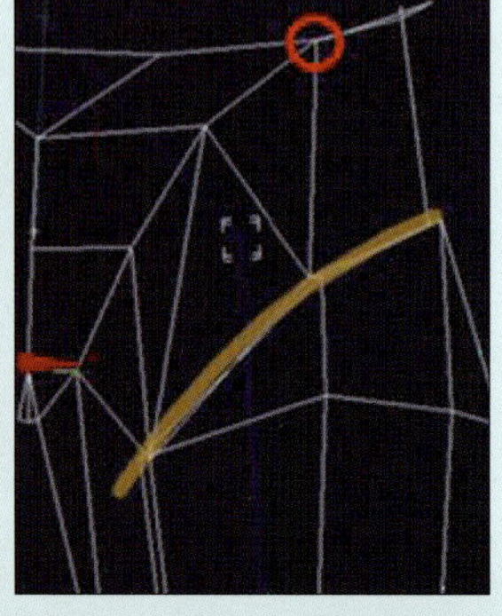

옆면에서 다시 살펴볼 때, 노란색 라인들은 무릎의 뒷면과 같은 방식으로 작동하고 있음을 보여준다. 그것은 허벅지를 들어 올렸을 때 접히게 될 것이다.

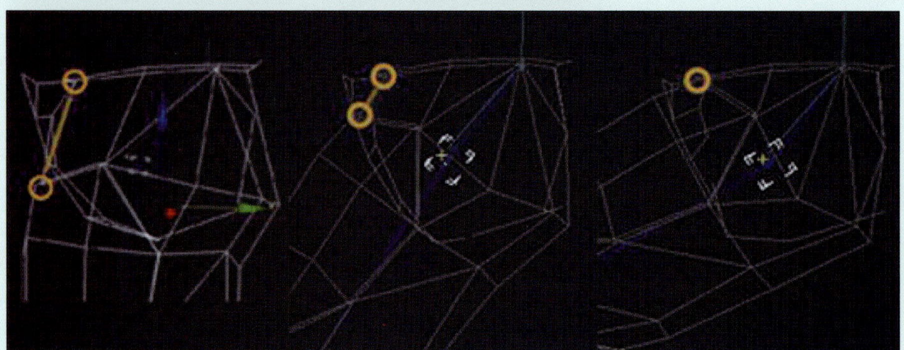

다시 한 번 좋은 자료를 공개해 준 Stefan Henry-Biskup 씨에게 감사 드립니다.

로우 폴리곤 데이터 만들기

〈나쁜 경찰 : Jim〉 로우 폴리곤 만들기

02

 **01** ZBrush에서 Retopology로 로우폴리 메쉬를 바로 만드는 중이다.

 **02** 3ds Max로 가져온 모습이다. 현재 입은 붙어있는 상태이나 노멀맵(Normal Map) 추출 후 Split하고 입 안쪽을 만들 예정이다.

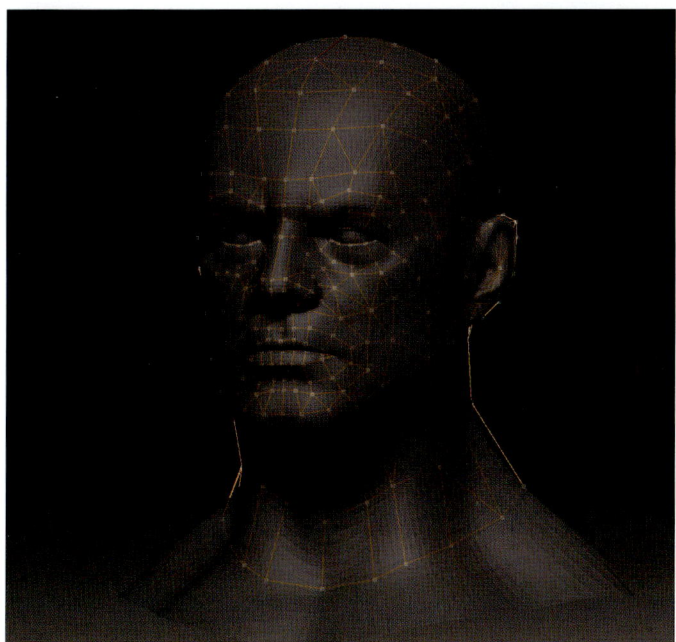

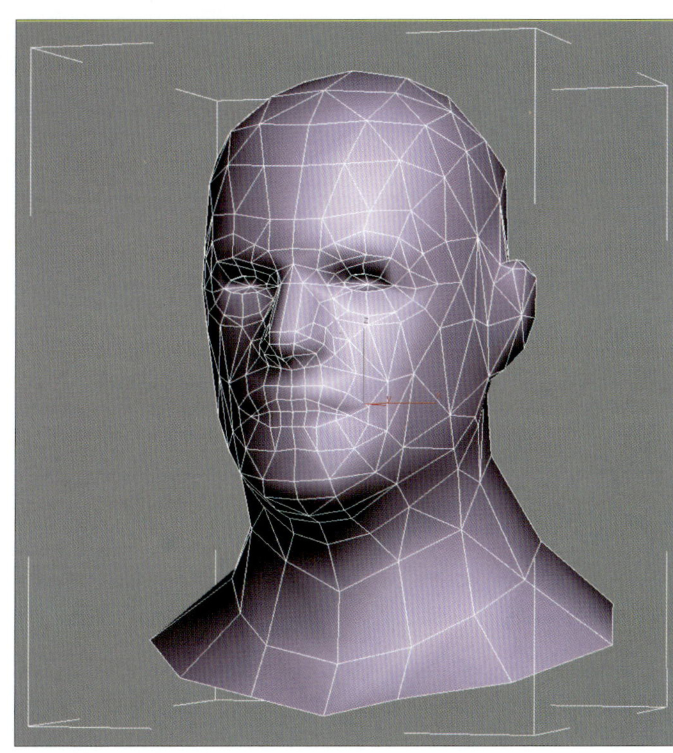

 **03** 머리를 제외한 다른 부위들은 Retopology보다 기존 하이폴리곤 메쉬의 면을 줄여나가는 방식이 더욱 빠르고 효과적이다.

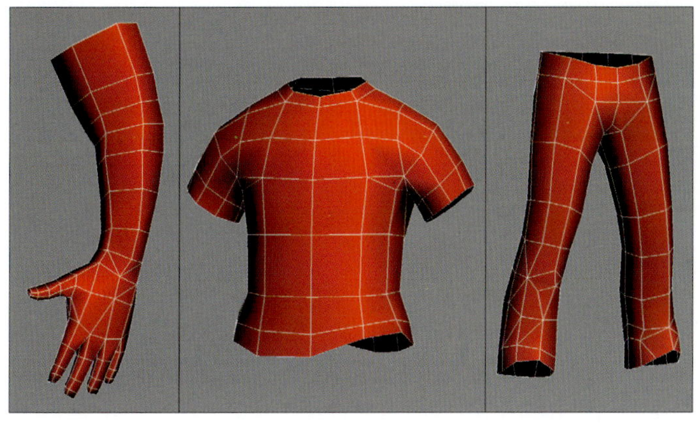

04 셔츠의 윗부분을 떼어내고 Symmetry 모디파이어를 추가한 뒤 방탄조끼 모양에 맞춰 와이어 무시하면서 자른다 (Cut). 그런 다음 지저분하게 잘린 버텍스들을 Weld / Collapse로 정리한 뒤 방탄조끼 모양으로 나뉜 면을 선택하고 Bevel 후 정리한다.

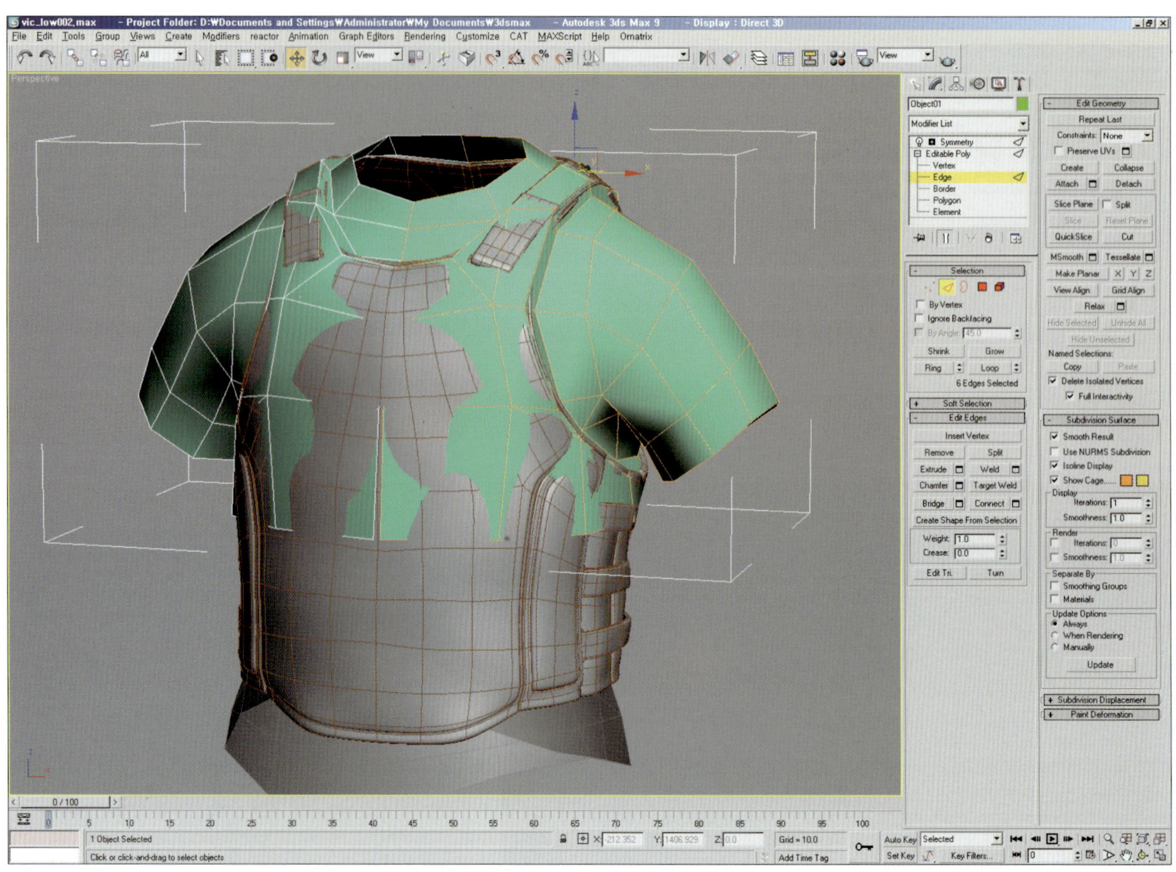

05 방탄조끼 모양에 맞춰 아래쪽으로 확장해 나간다.

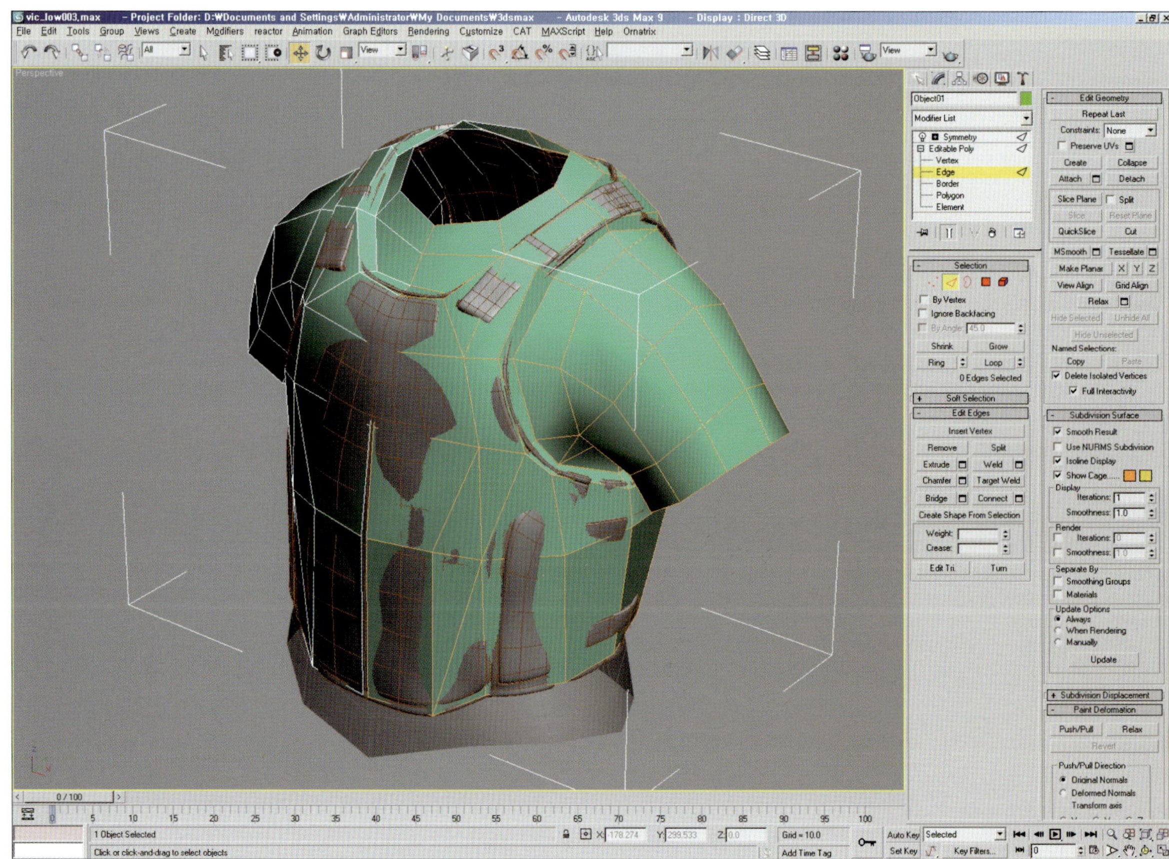

06 셔츠 아래 부분 메쉬와 서로 붙인다.

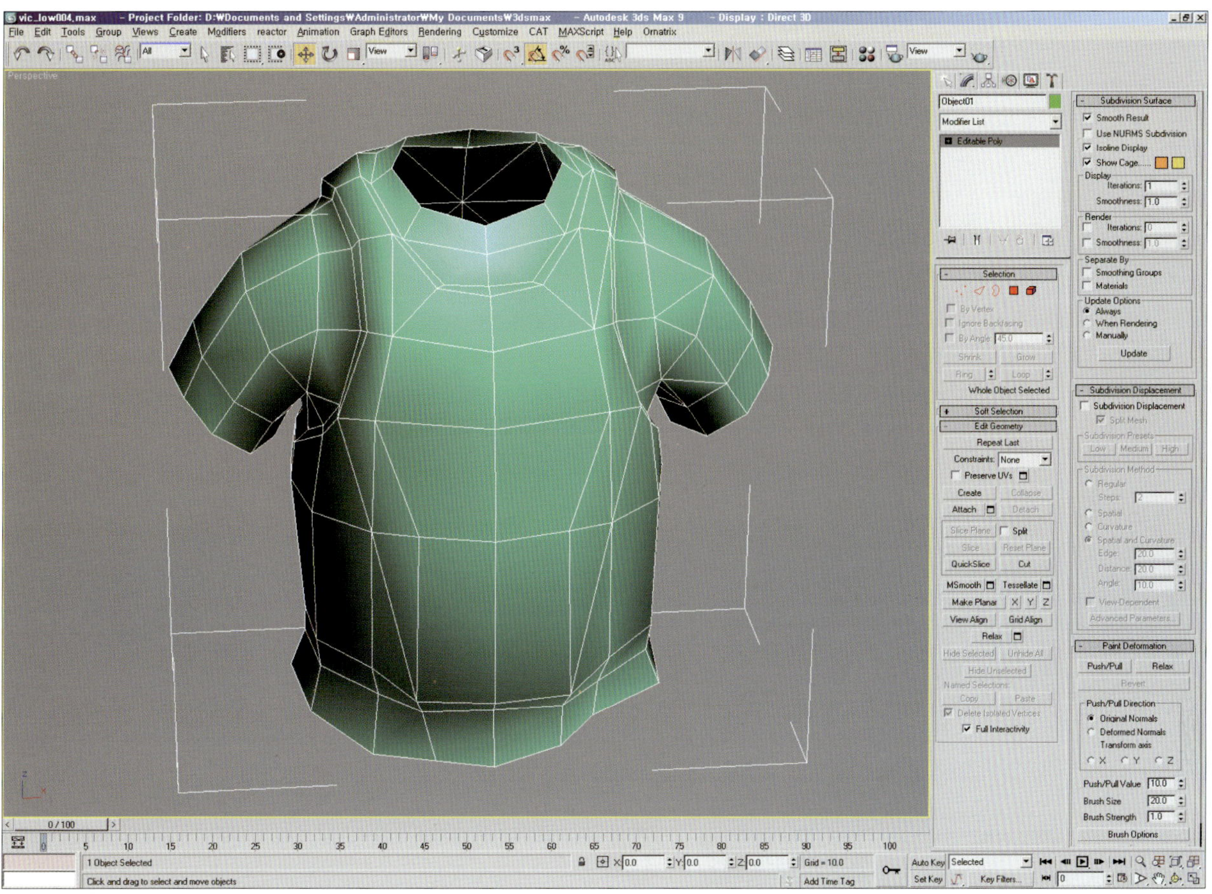

07 팔과 바지 부분도 붙였다.

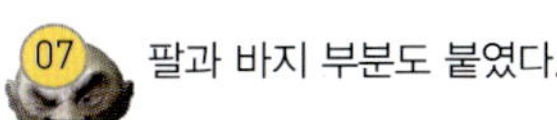

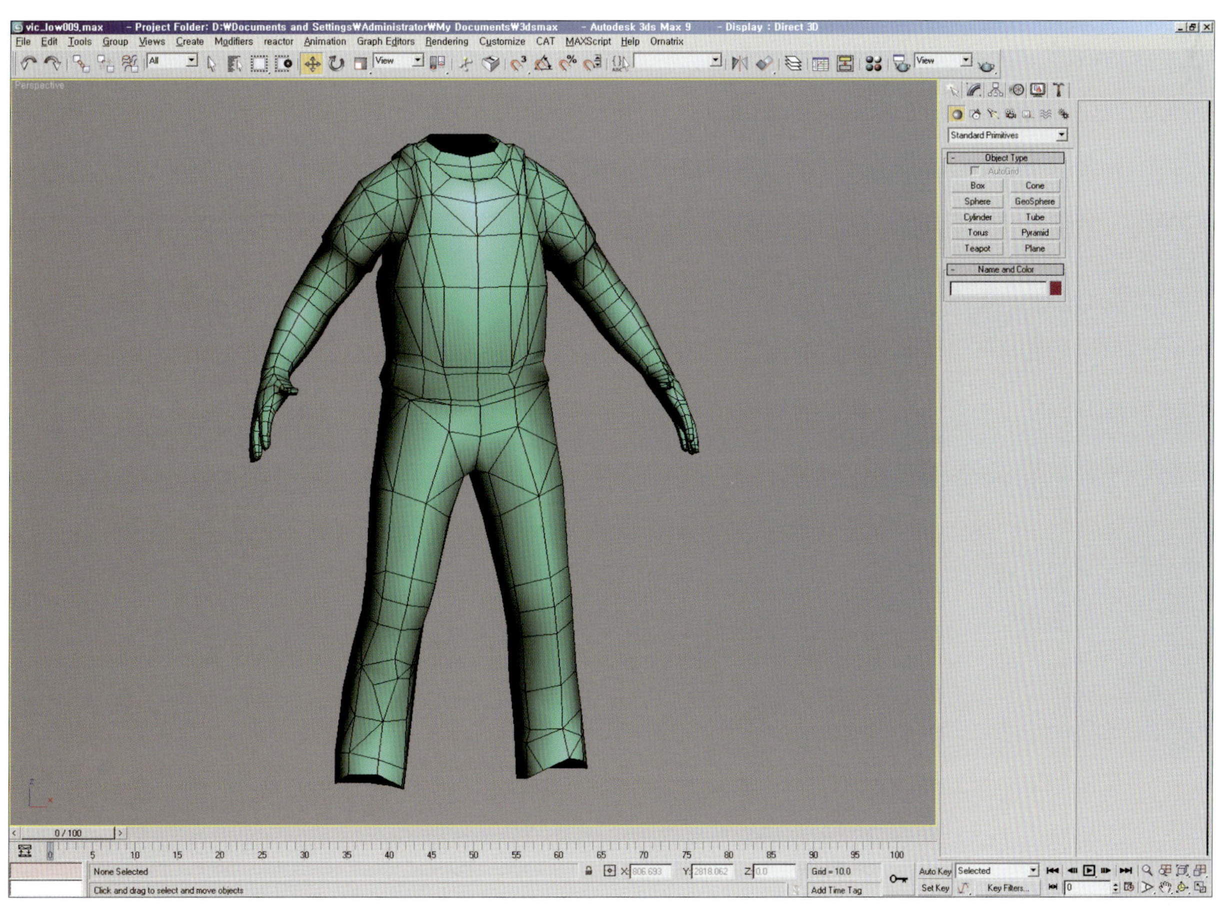

 경찰 배지와 수갑 부분도 한 덩어리에 만든다. 참고로 하이폴리곤 메쉬에 맞춰 와이어를 무시하고 자른 후 와이어를 정리하고 나뉜 면을 선택하여 Bevel한 다음 다시 한 번 정리한다.

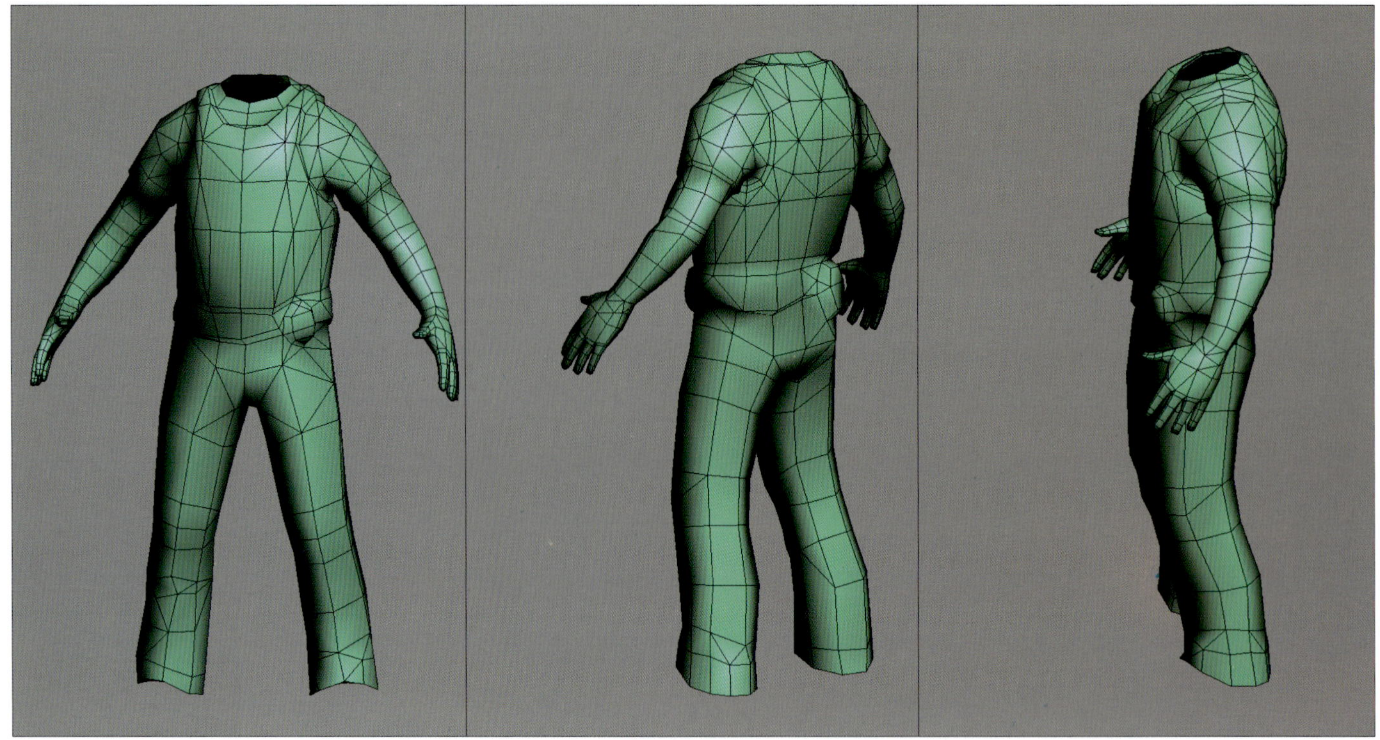

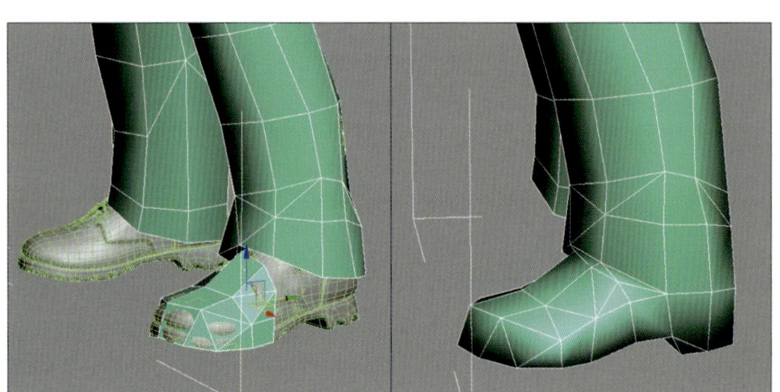

 군화 부분 또한 몸통과 일체형으로 만들어 주자.

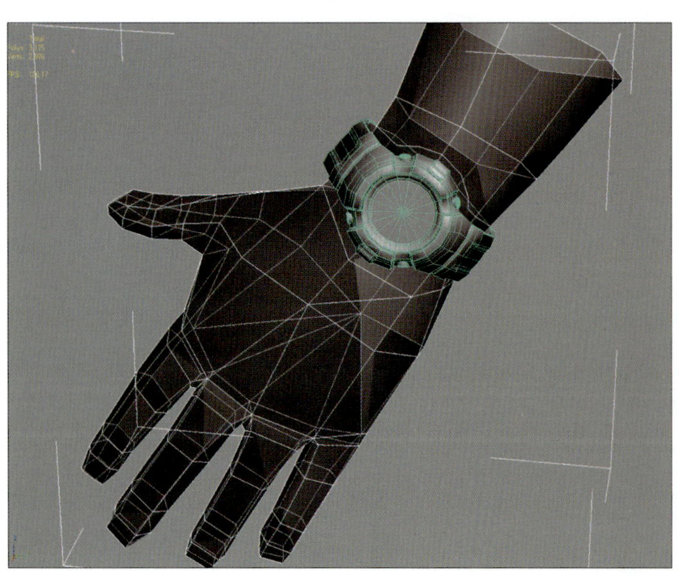

 손목 부위의 메쉬를 시계 모양에 맞게 자르고, 지저분하게 잘린 와이어를 정리한다.

 그 부위를 Bevel한 모습이다.

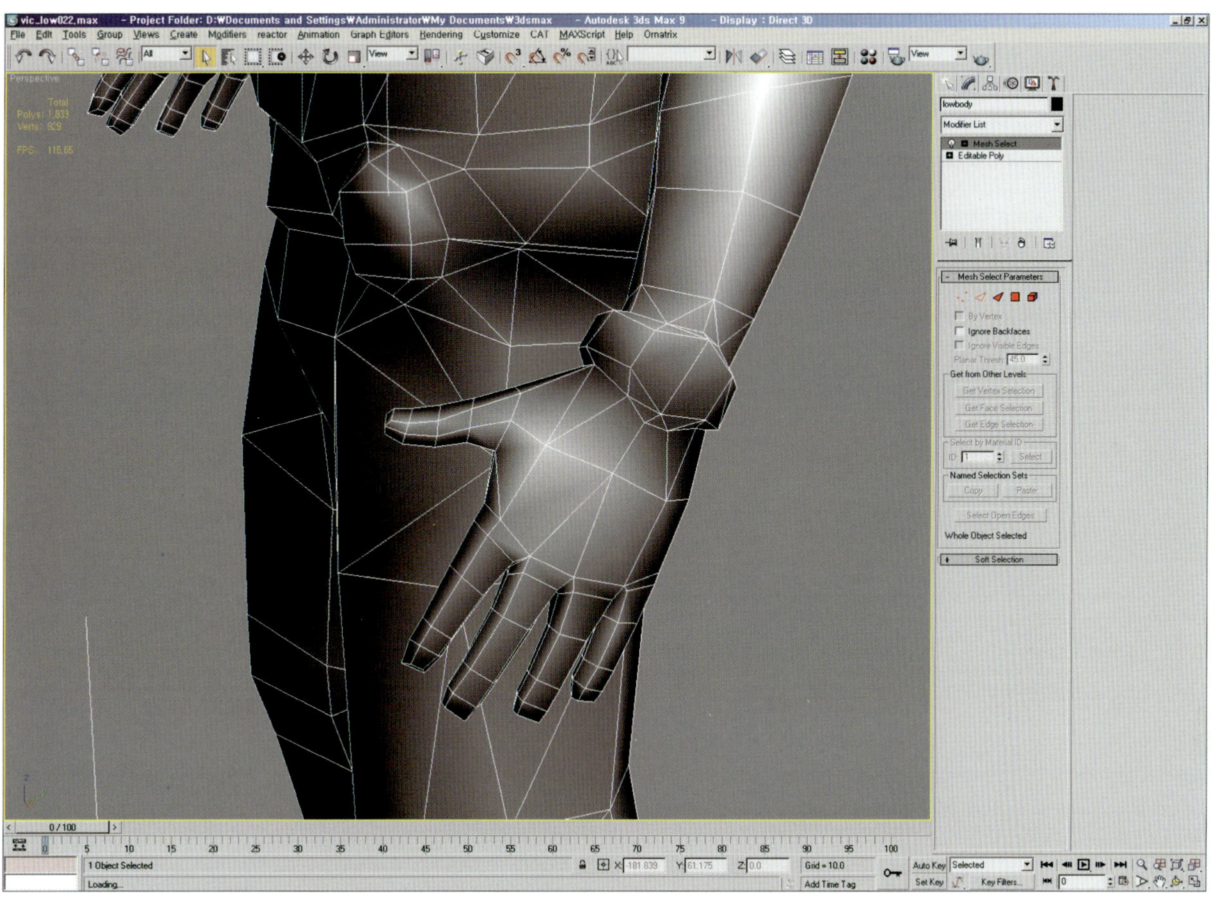

 로우폴리곤 메쉬를 완성하였다. 참고로 이 스크린샷들에는 나타나지 않지만, 작업하는 내내 하이폴리곤 메쉬를 포
개 놓고 작업하였다.

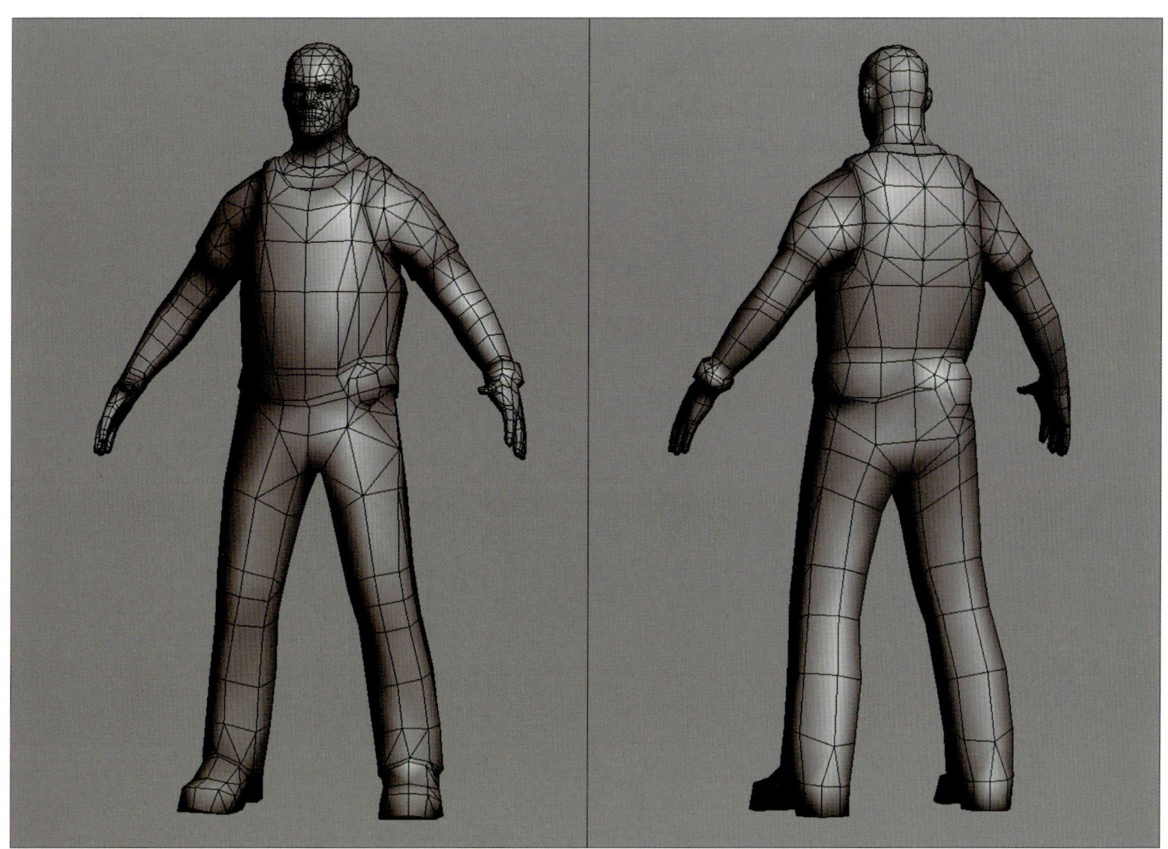

13 몸통의 대부분을 한 덩어리의 UV로 만들었다. UV Relax를 적용한 부분부분을 서로 붙인 뒤 손으로 반듯하게 만든 경우인데, 메쉬의 원래 형태와 무관하게 이런 방식으로 하면 당연히 어느 정도의 스트레치가 발생하나 정도가 그리 심하지 않는다. 그리고 이 방식으로 얻어지는 UV 공간의 절약/활용 그리고 텍스쳐 작업의 용이함은 매우 크다. UV Editor의 Scale 툴 버튼을 길게 클릭하면 수직/수평의 한 방향으로만 스케일하는 툴을 선택할 수 있어서 옷의 옆면이나 아래 면처럼 UV 버텍스들을 수직/수평으로 정리하고자 할 때에 매우 유용하다. 이 툴을 이용하여 이런 옷의 양 옆 UV 경계선 버텍스들을 서로 수직/수평으로 같은 선상에 놓이도록 정렬해도 좋다.

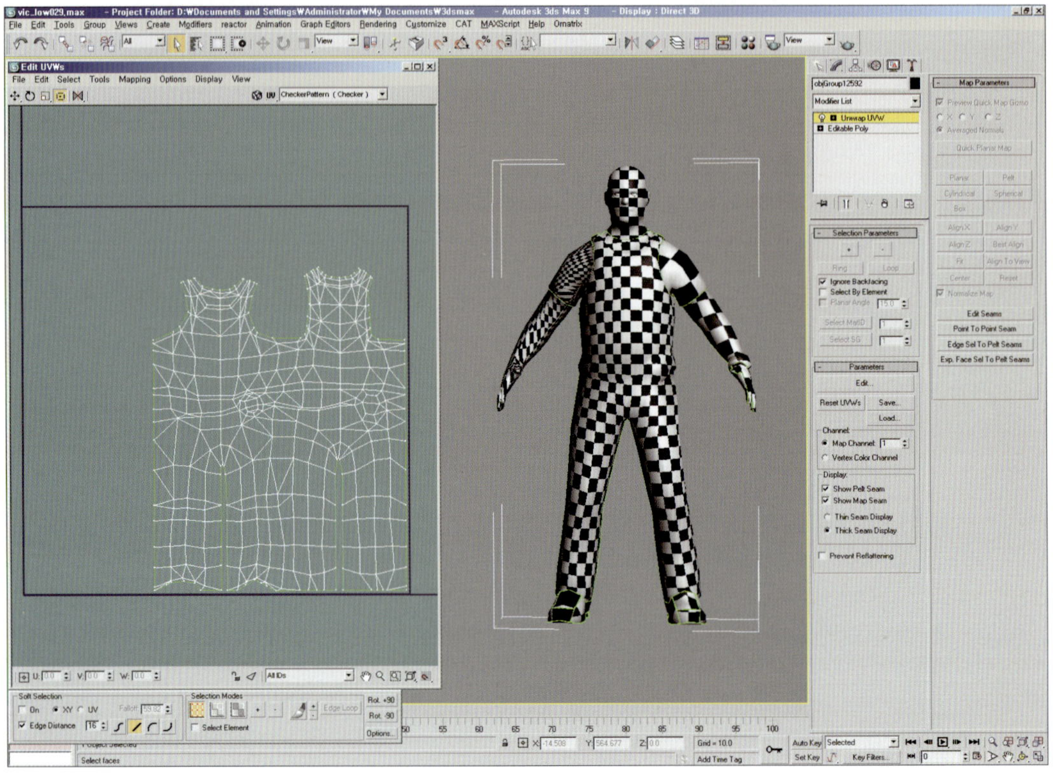

14 셔츠 소매나 팔뚝의 위쪽 경계선처럼 직선의 형태들을 UV 버텍스들 또한 직선으로 정렬했다.

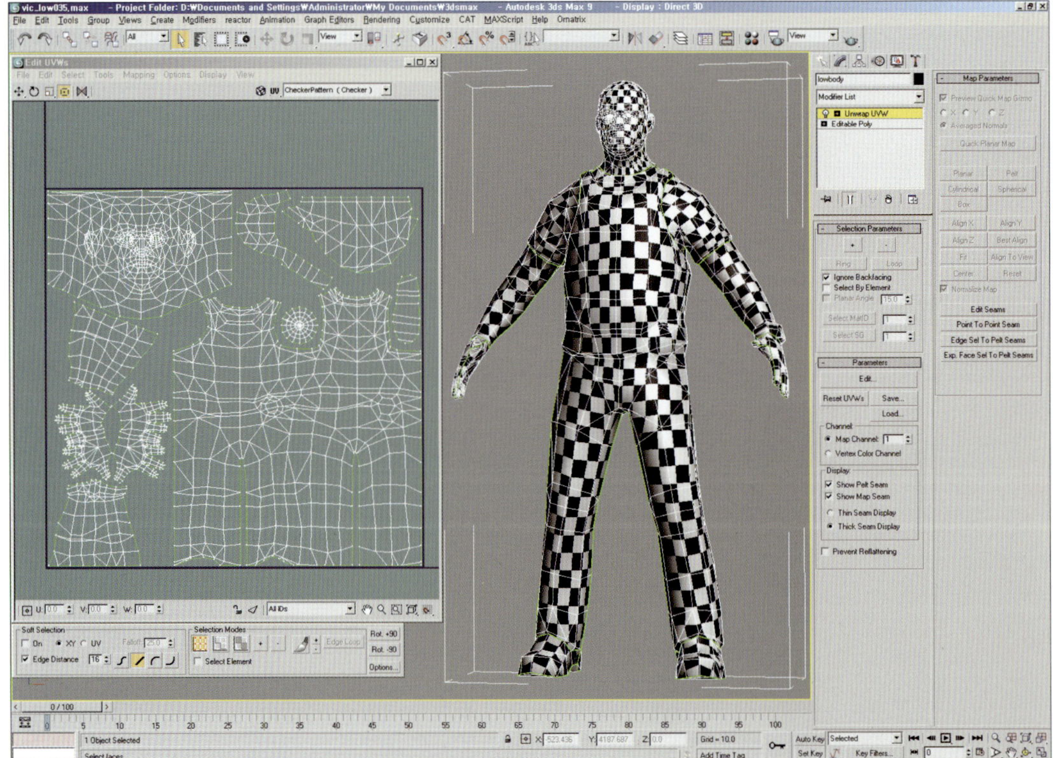

15 하이폴리곤을 보이게 하고 로우폴리곤을 잠시 옆으로 빼놓은 모습이다.

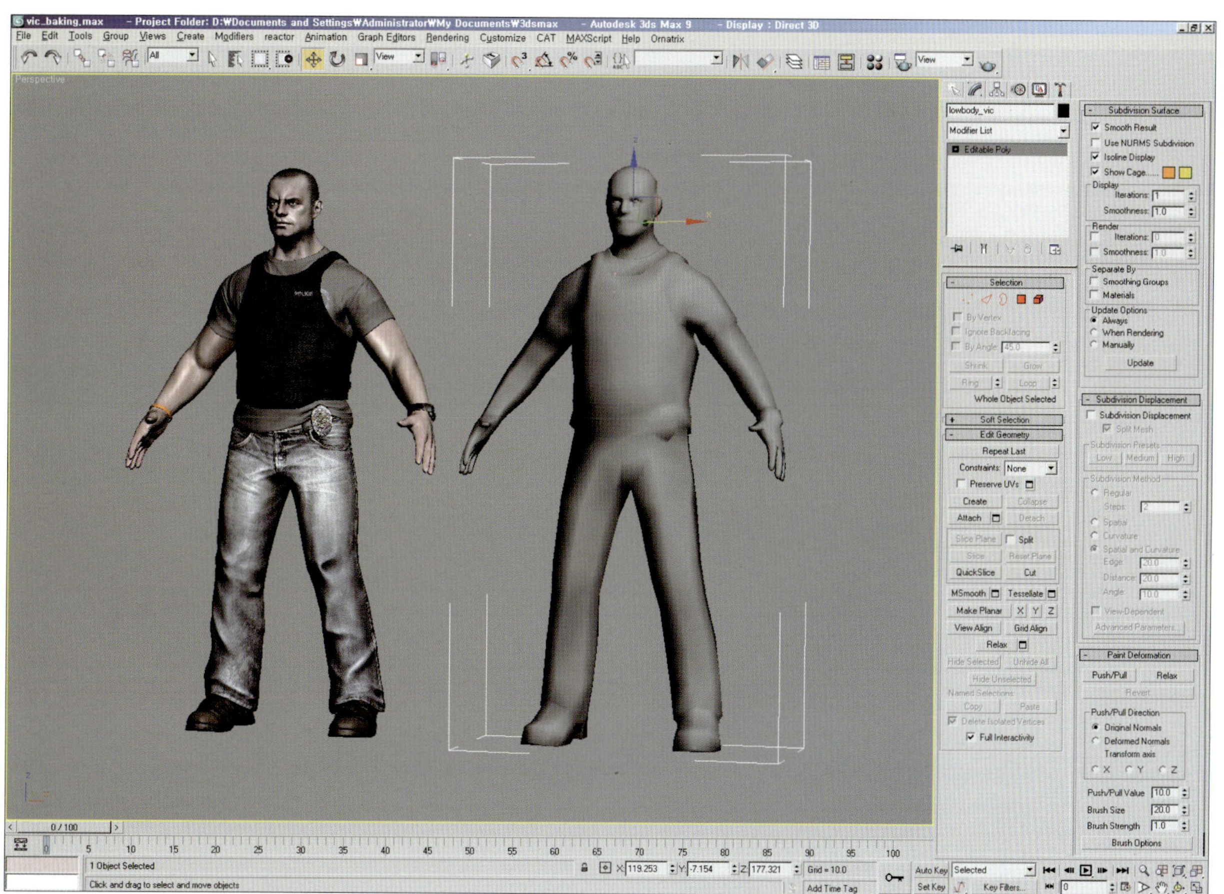

16 서로 완전히 포개 놓는다.

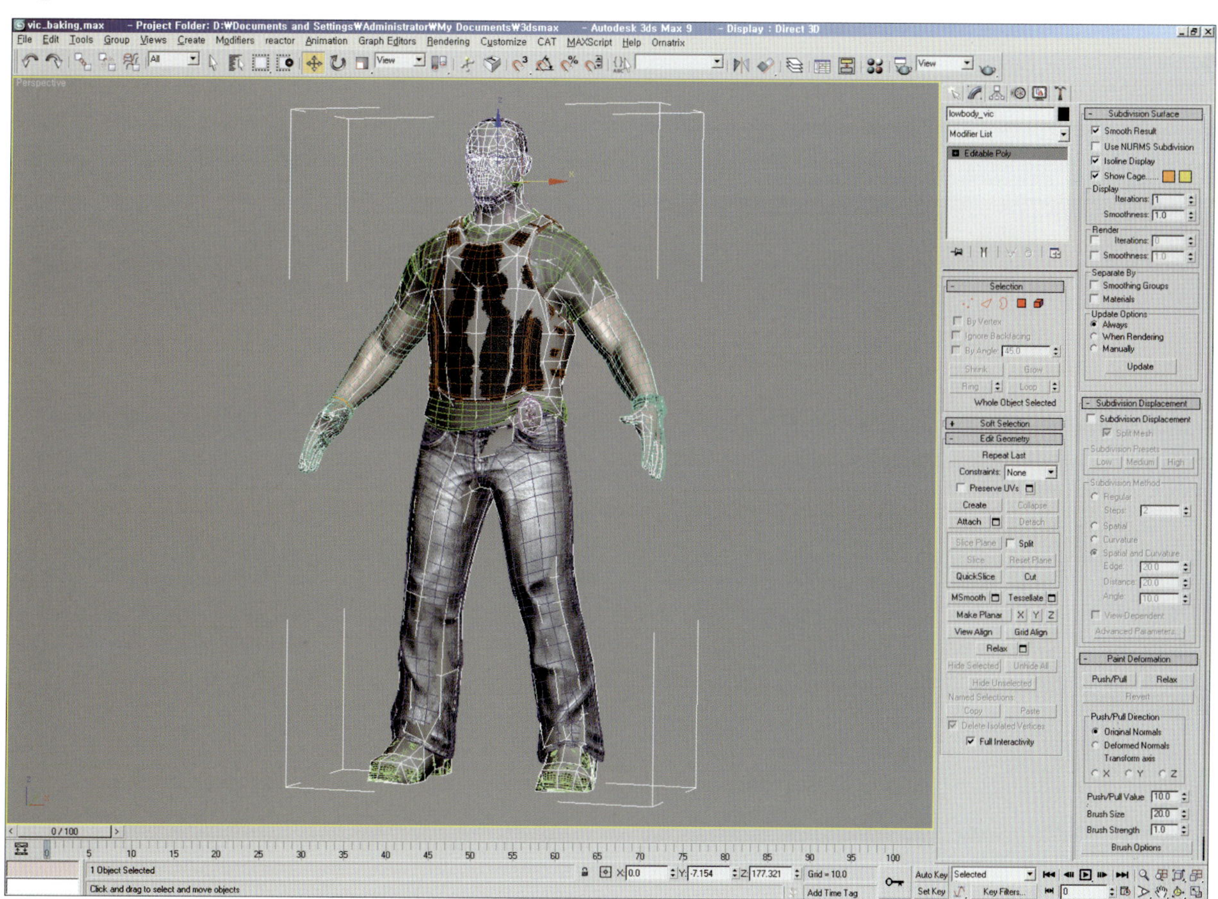

464

17 Render To Texture를 실행시킨다. Projection Mapping의 Projection 옆의 Pick 버튼을 클릭해서 모든 오브젝트들을 선택하면(이때, 뷰포트에 로우폴리곤 메쉬와 하이폴리곤 메쉬만 있어야 한다), 로우폴리곤 메쉬에 Projection 모디파이어가 형성되나 자동으로 생성되는 Cage(파란색)는 좀 엉망일 경우가 많으니 Projection 모디파이어의 Cage 탭에서 Reset을 클릭하고 기타 여러 옵션들을 조절하여 파란색 Cage가 로우폴리곤과 하이폴리곤 메쉬 두 가지를 모두 감싸도록 한다. 보이는 것보다 Cage를 좀 더 크게 감싸는 것이 중요하며 메쉬 간의 틈이 너무 좁은 경우 가까운 메쉬의 디테일이 마치 반사되는 모습처럼 입혀지는 경우도 있으니 Cage의 버텍스를 손으로 일일이 펴고 간격도 조절하면 해결 가능하다. 그림에서처럼 추출하기 원하는 맵들과 그 사이즈와 저장 경로 또한 지정한다.

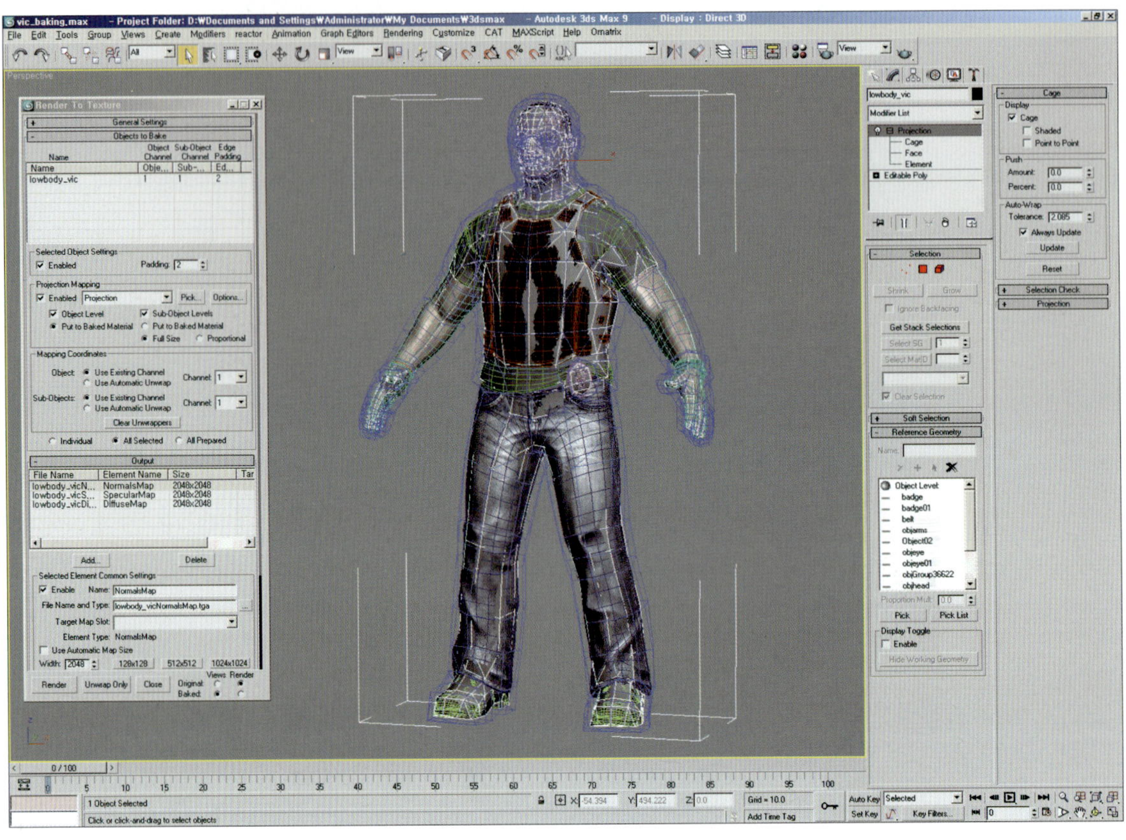

18 추출된 Diffuse Map을 포토샵으로 불러왔다.

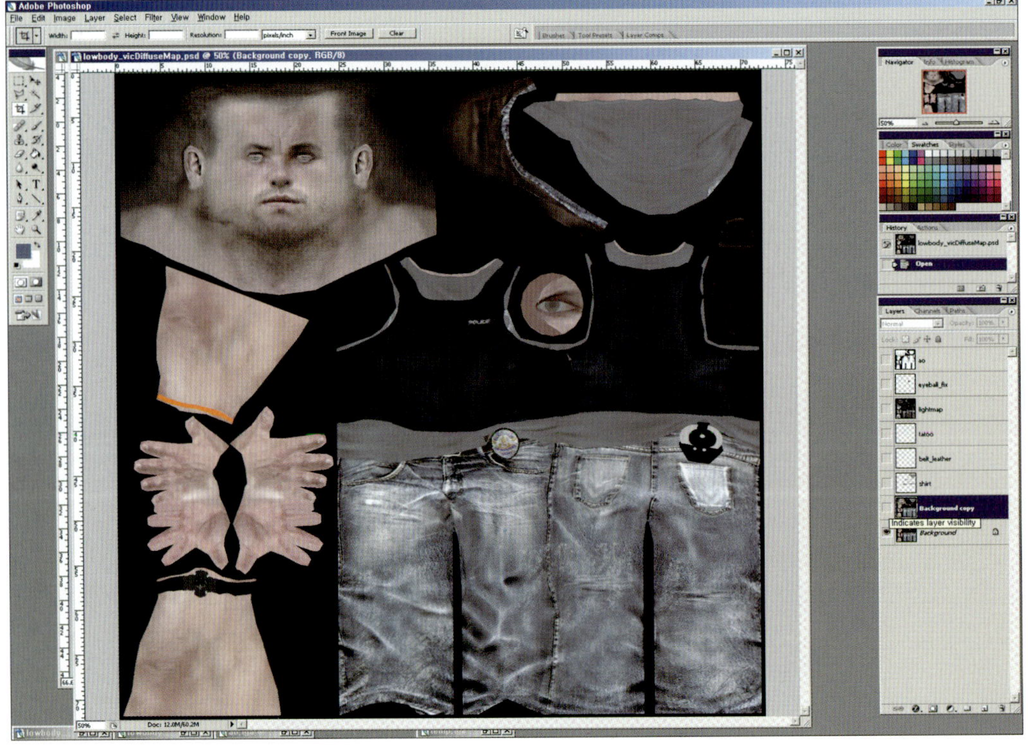

 **19** 색을 원하는 대로 보정한다.

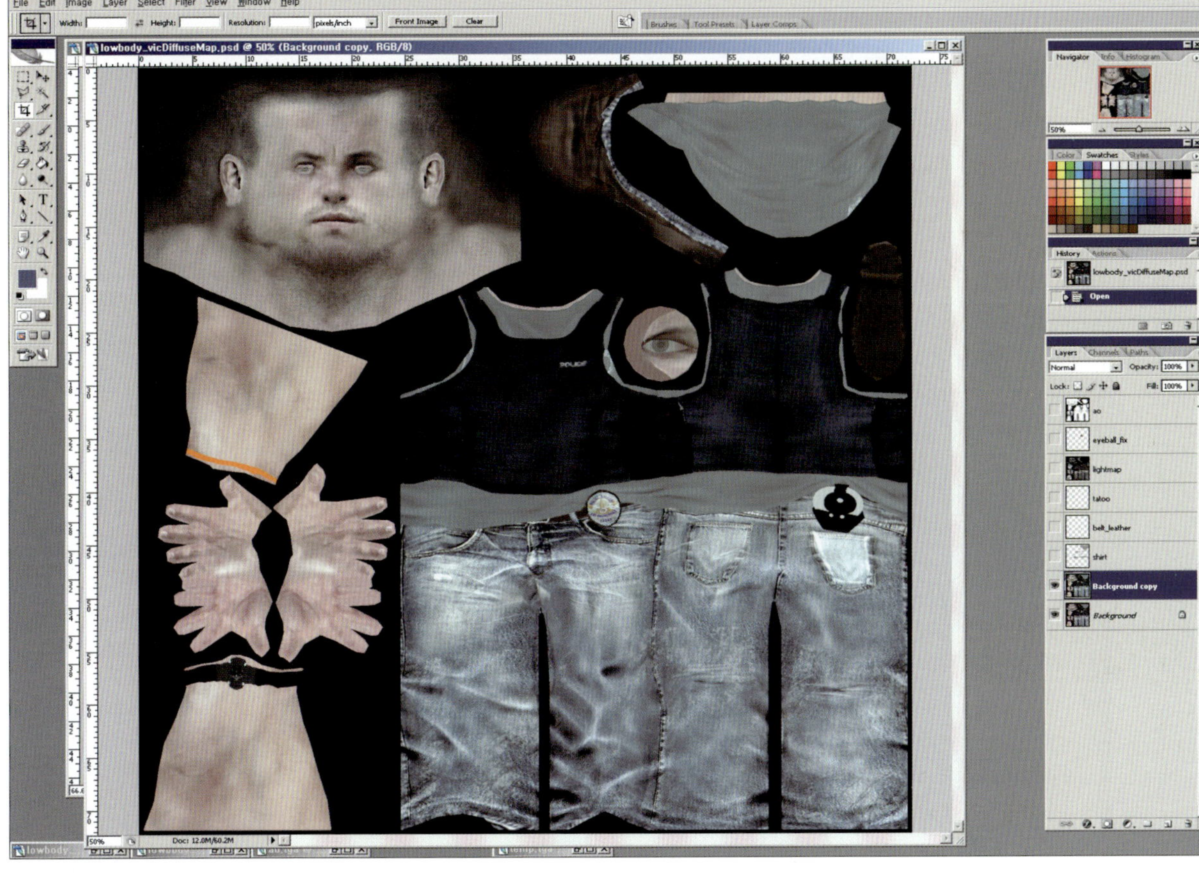

20 현재 티셔츠는 좀 밋밋한 느낌이므로 옷감 재질을 하나 고른다.

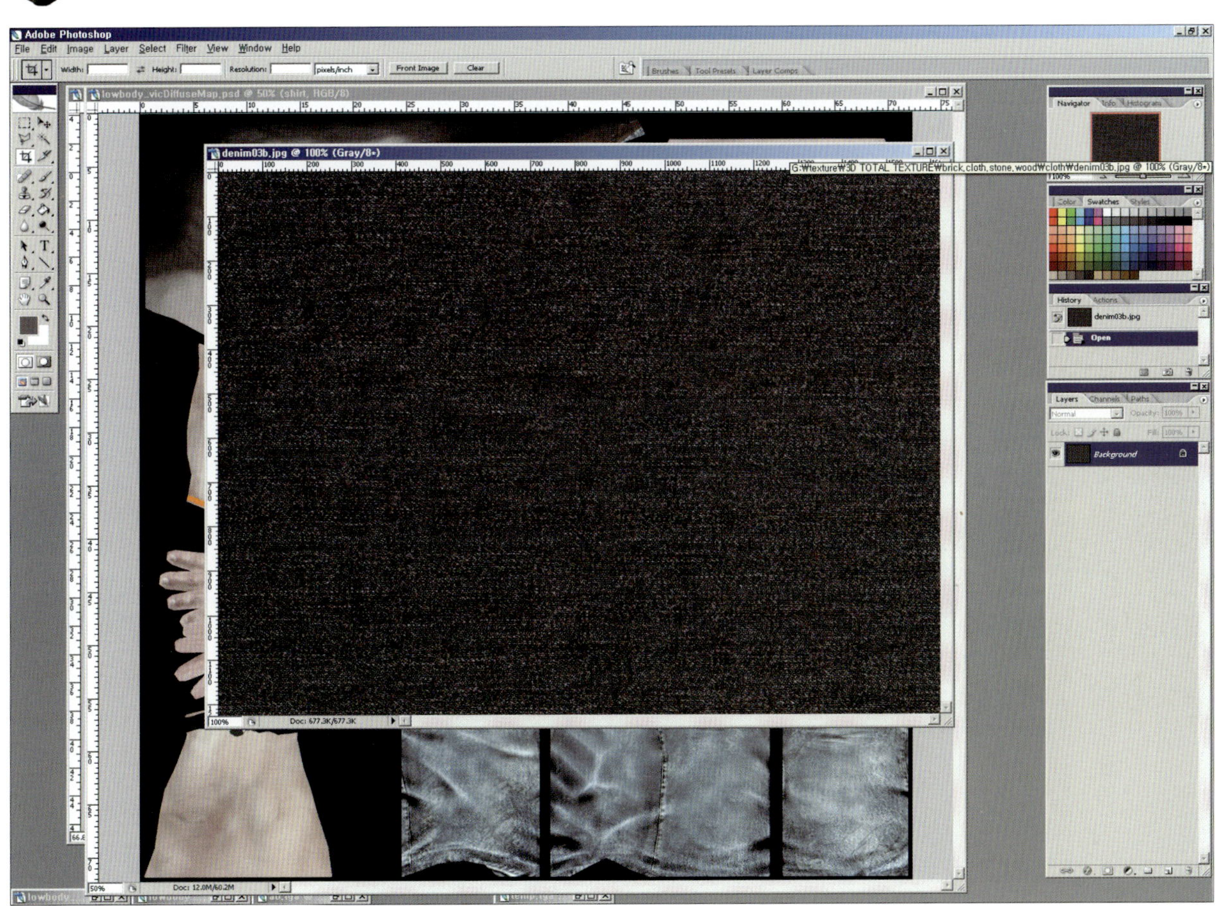

 셔츠 부분에 Stamp툴로 칠하고 Overlay 했다.

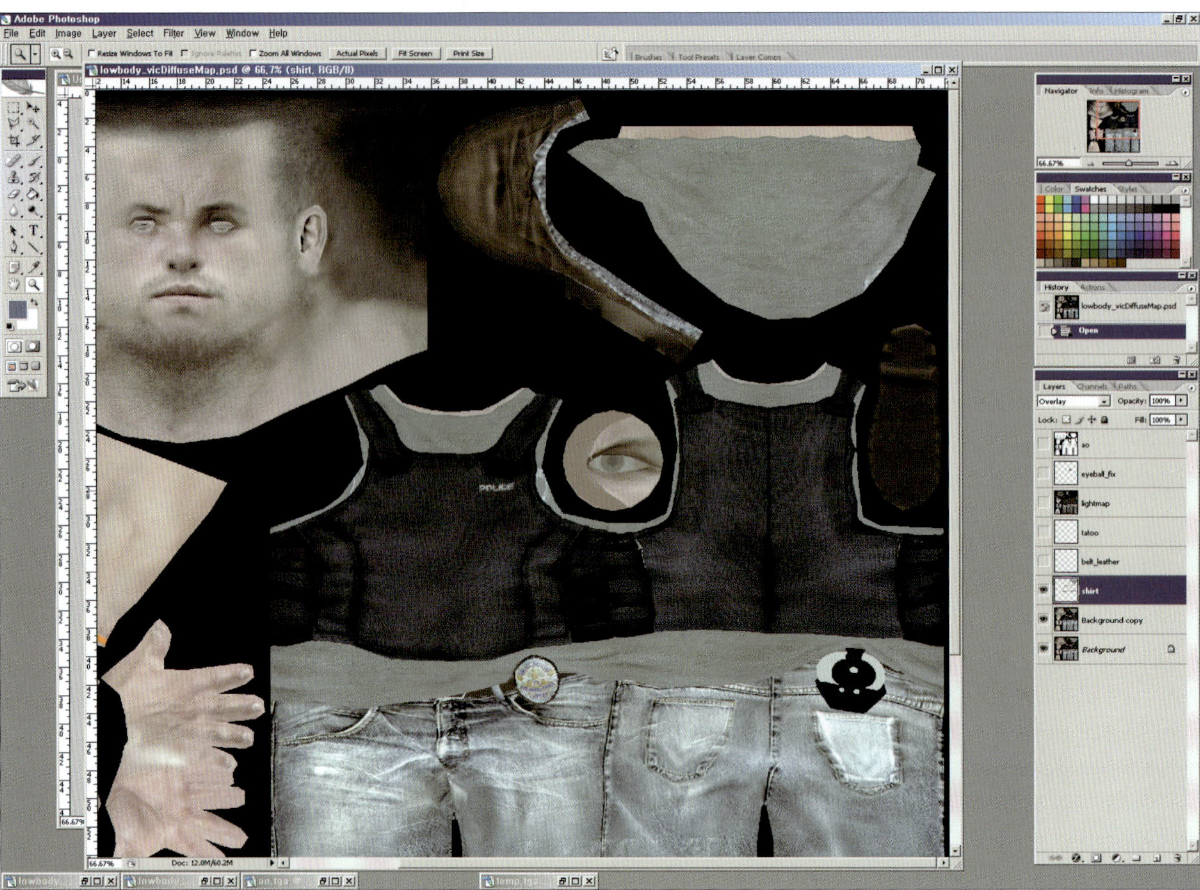

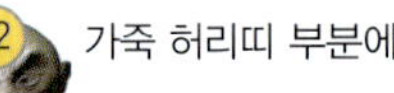 가죽 허리띠 부분에는 가죽 재질도 Overlay하고 팔뚝에 문신도 Overlay했다.

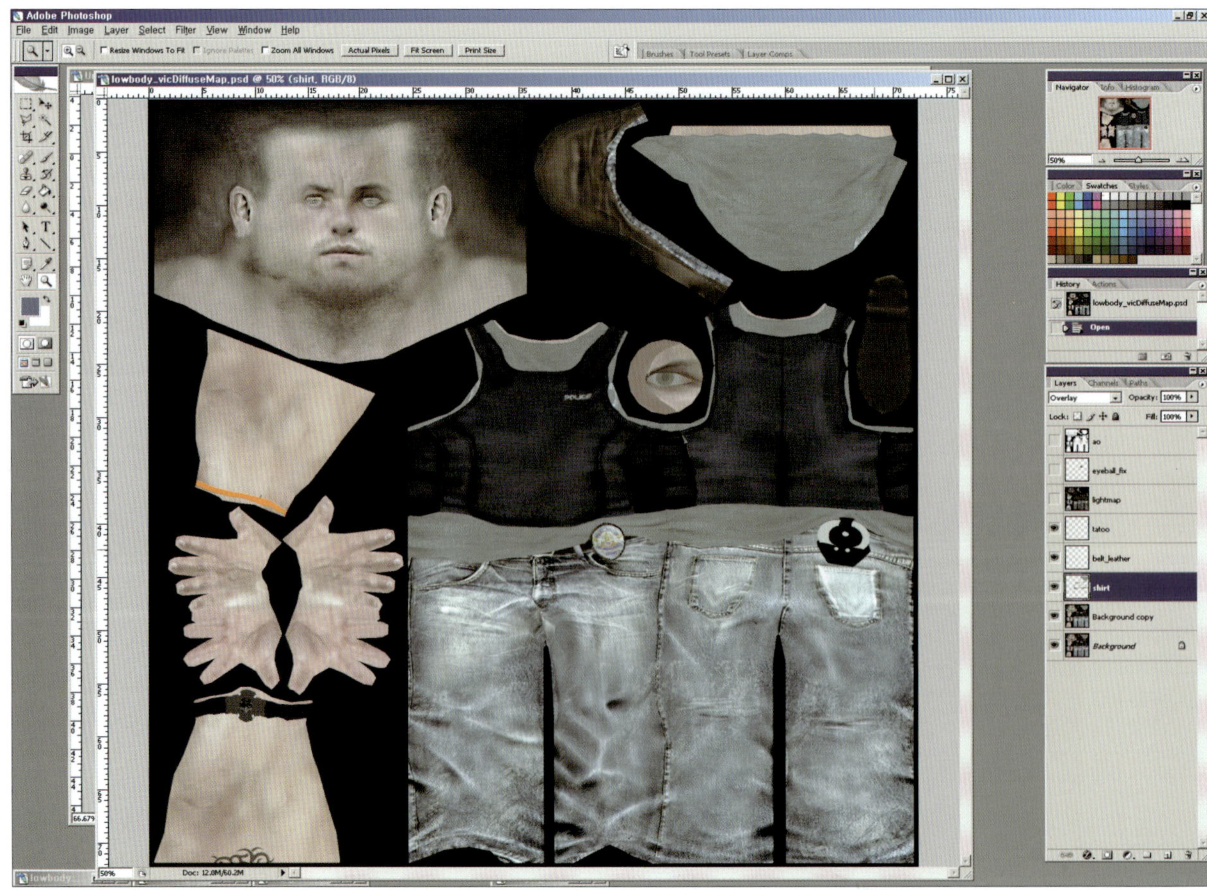

467

23 Light Map 또한 추출해서 추가한다.

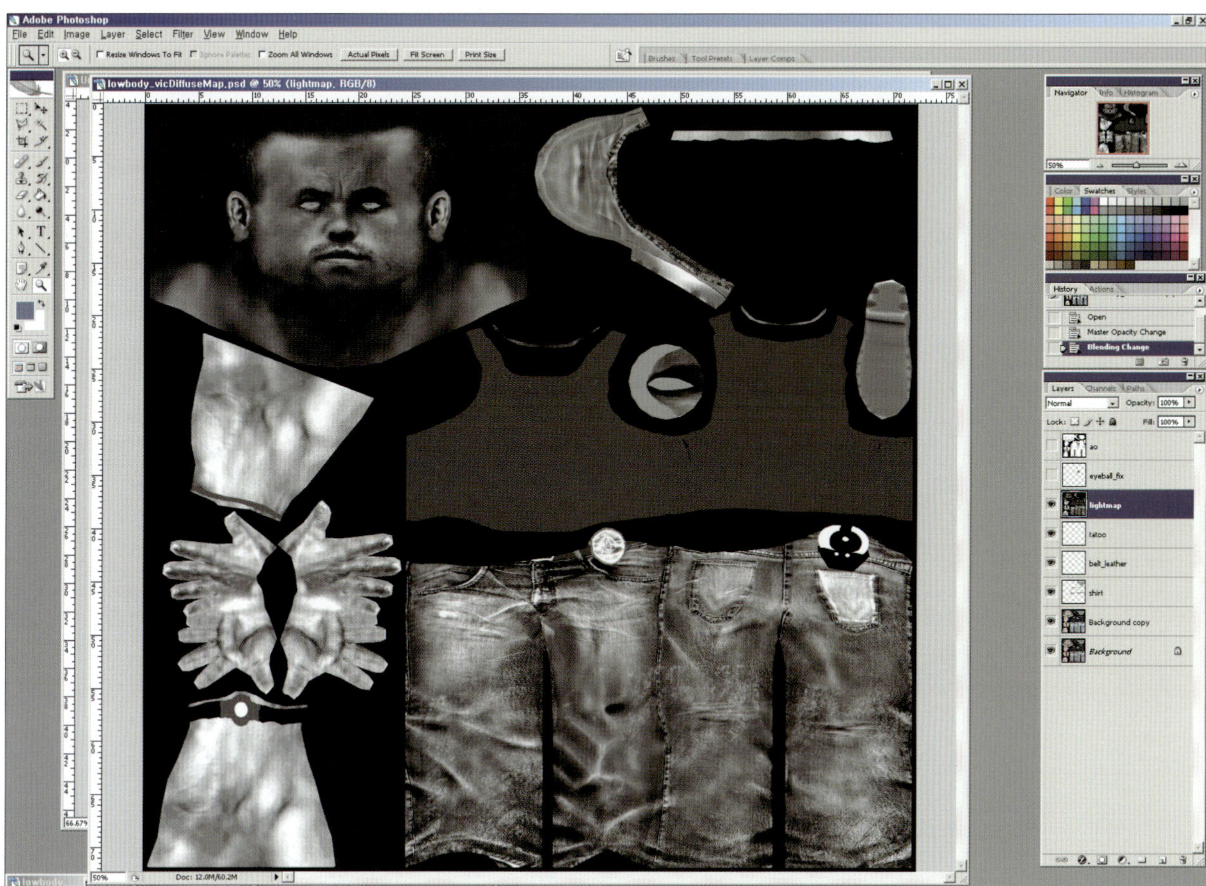

24 Overlay로 적용한 모습이다.

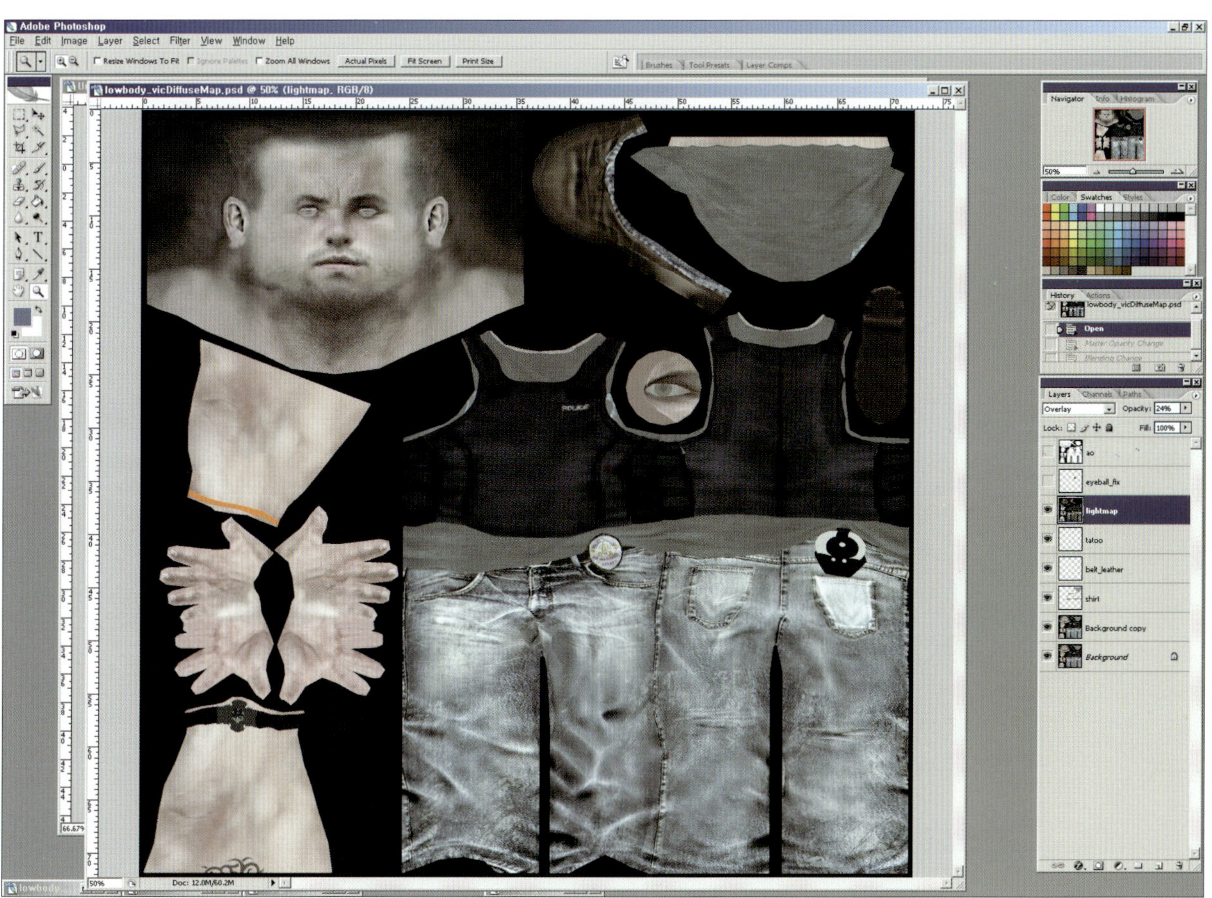

25 눈알의 텍스쳐는 별도로 추출해서 첨가했다.

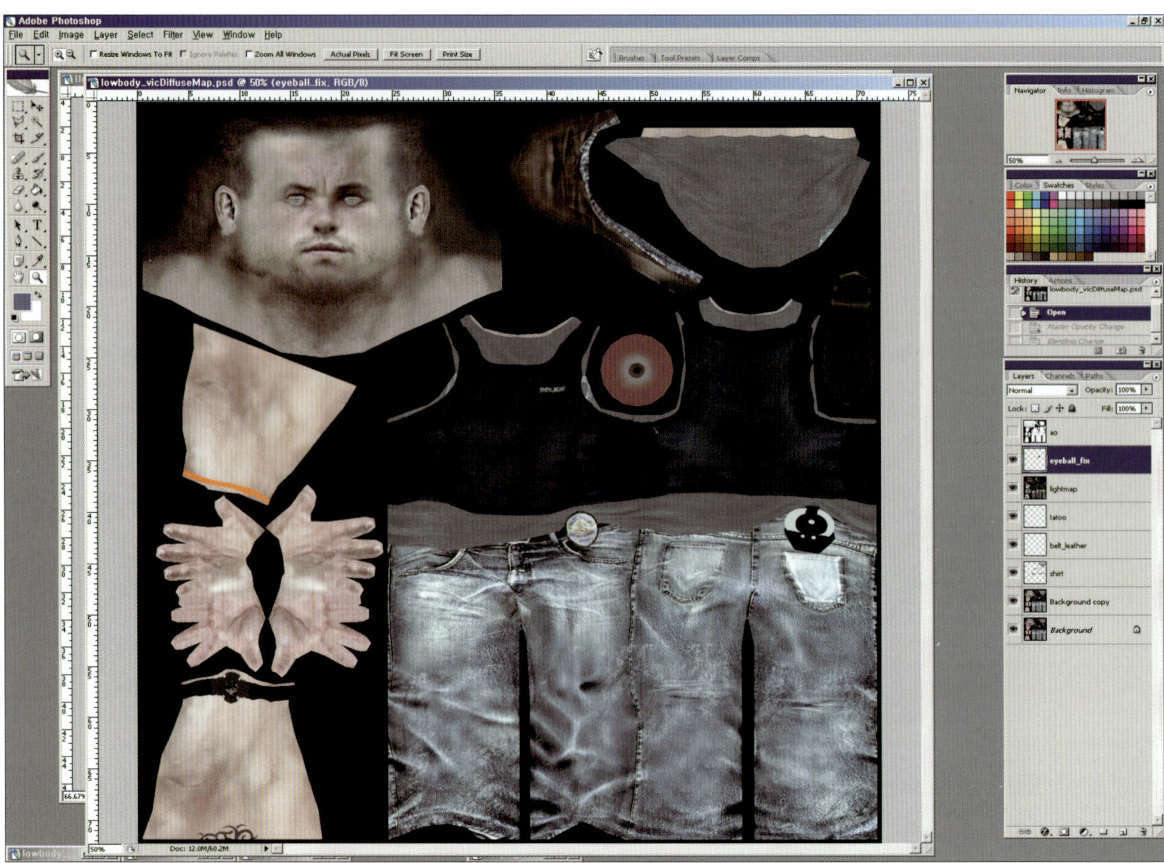

26 하이폴리곤 메쉬에 흰색 재질을 주고 Skylight과 Light Tracer 셋팅으로 Render To Texture로 렌더링하여 Ambient Occlusion Map을 간단히 만들고 불러온다.

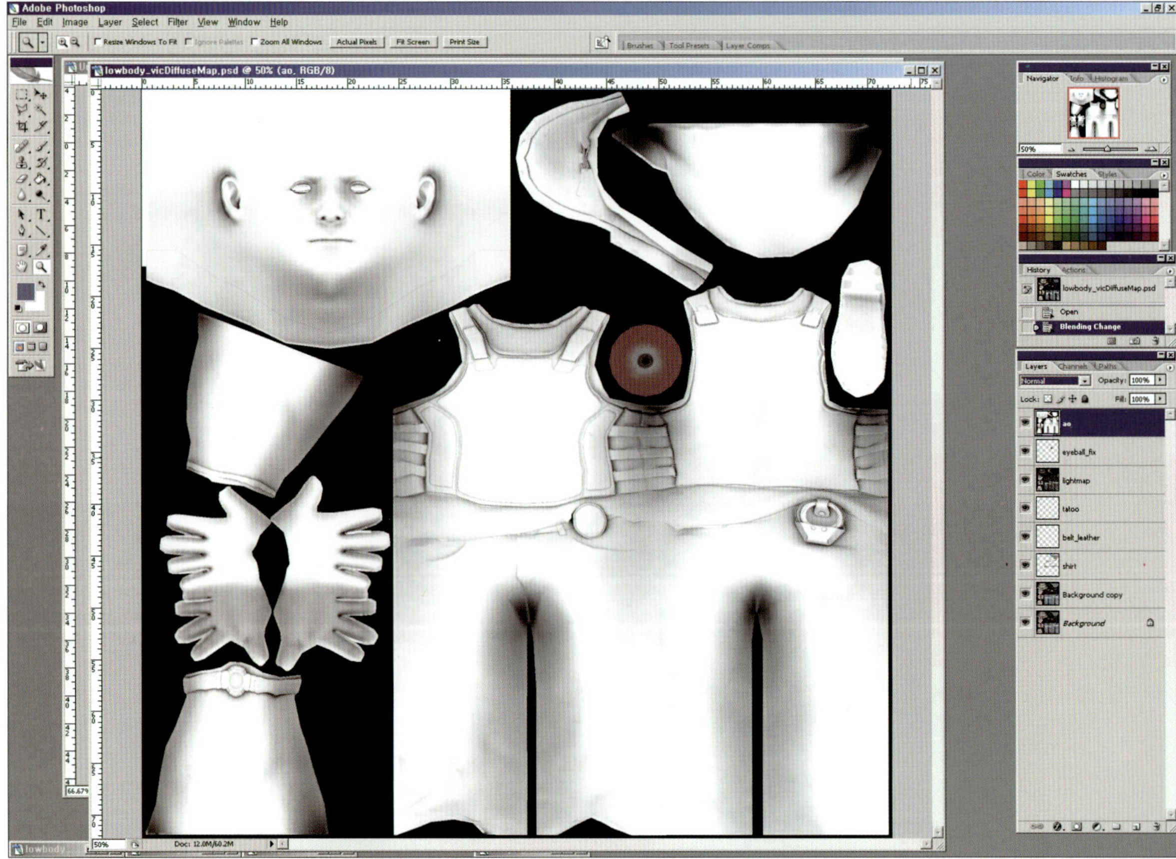

27 Multiply 모드로 추가하면 좀더 입체감이 더해진다.

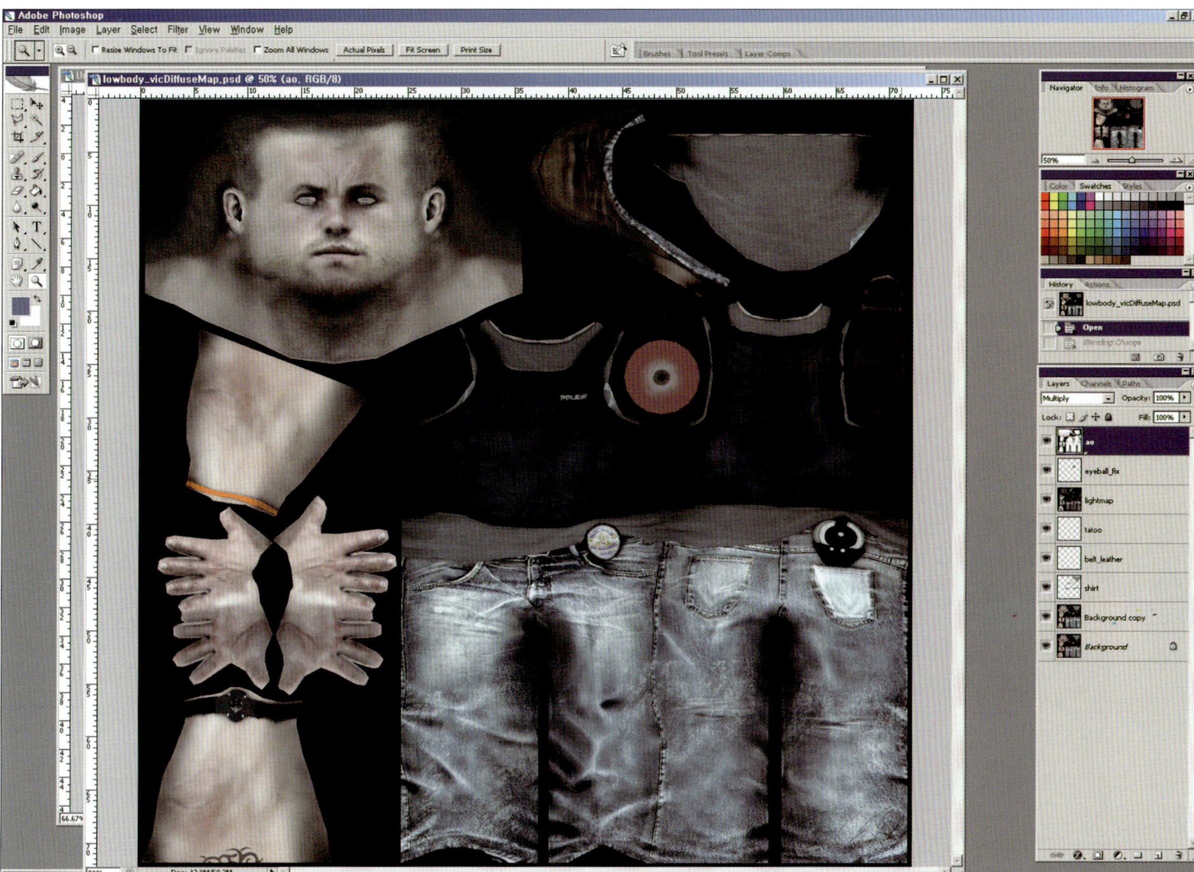

28 흑백으로 바꾸고 좀 다듬어서 Specula Map으로 사용하겠다.

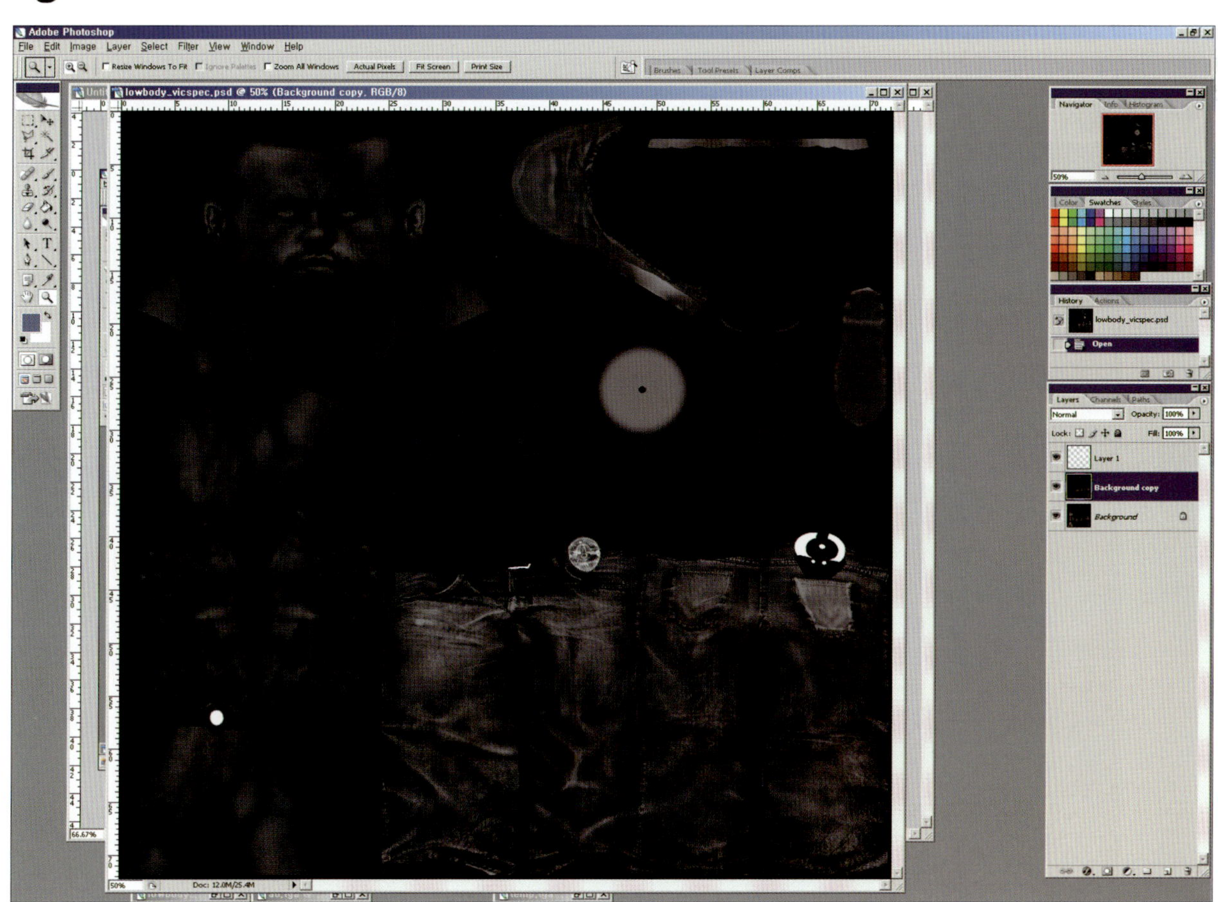

29 Render To Texture에서 추출된 노멀맵(Normal Map)이다.

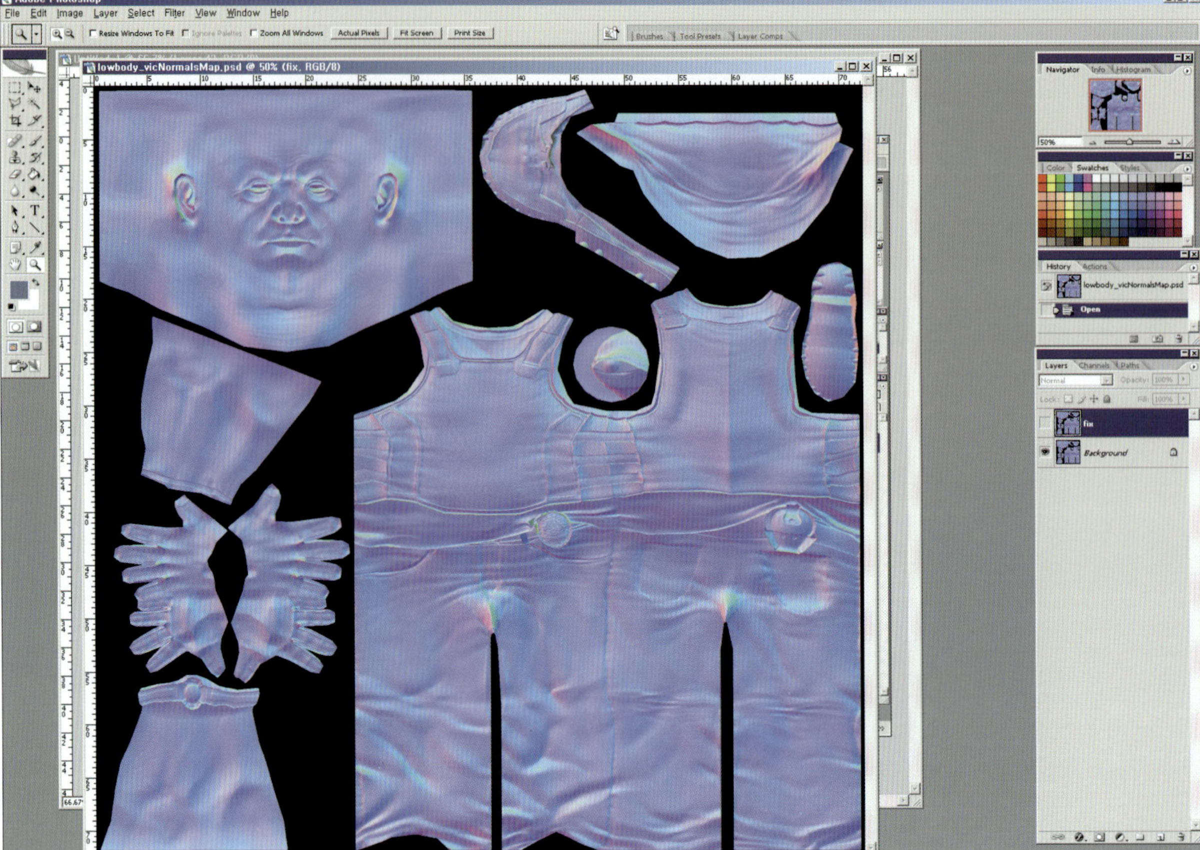

30 별도로 추출한 눈알 노멀맵(Normal Map)을 씌웠다. 부분부분 Stamp툴로 고치기도 하면서 마무리한다.

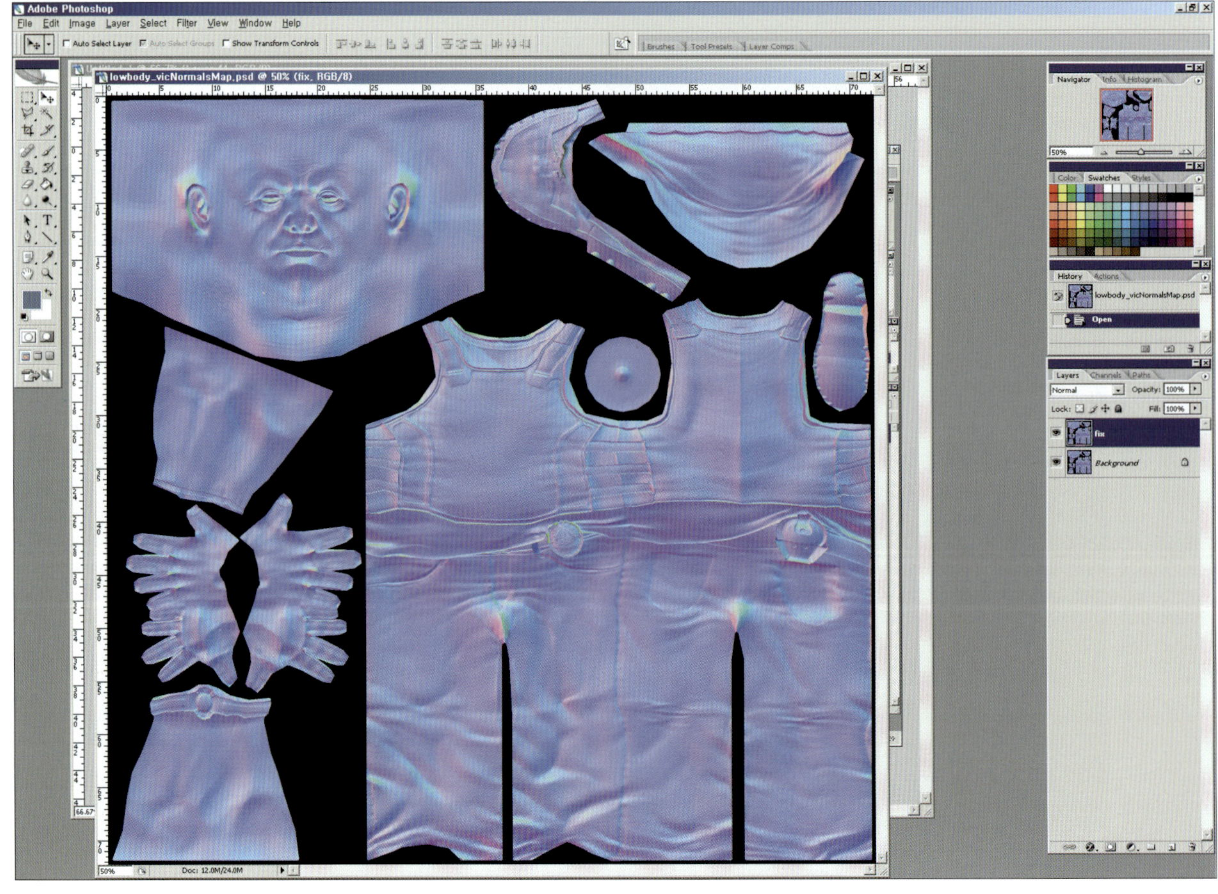

471

31 3ds Max에서 적용해 본 모습이다. 하이폴리곤 모델과는 또 다른 느낌이 있다.

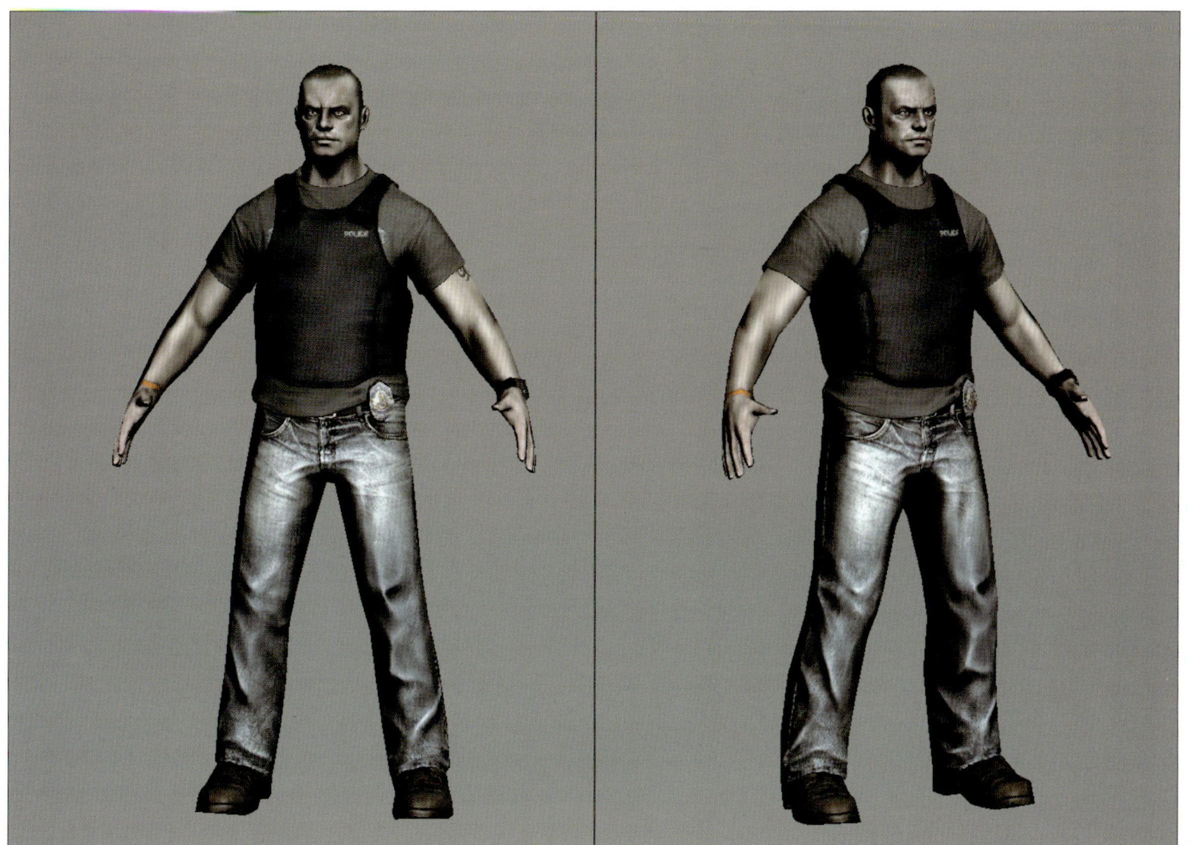

32 눈에 보이는 각도를 고려하여 제작한 노멀맵(Normal Map)으로 몸 전체에 걸쳐 최대한 낮은 폴리곤의 느낌에 간섭 받지 않은 하이폴리곤의 디테일을 담아내려 시도한 결과이다.

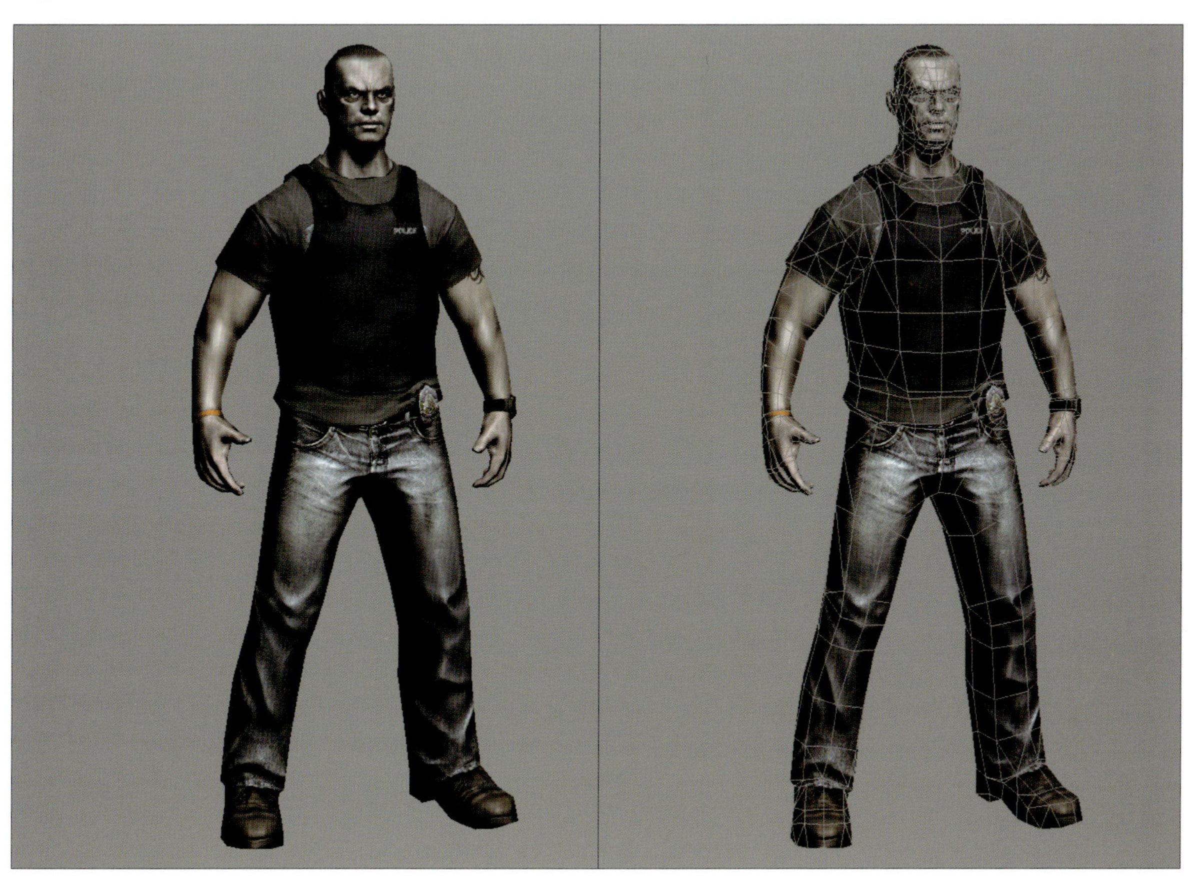

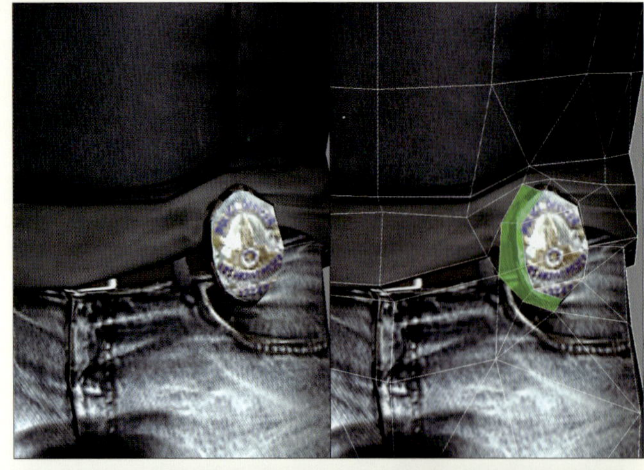

노멀맵의 시점에 따른 디테일의 변화

이 스크린샷들에서 보듯 노멀맵(Normal Map)은 철저한 눈속임의 기술입니다. 처음 노멀맵(Normal Map) 작업을 했을 때 저는 단순히 폴리곤을 최대한 사용하여 형태를 잡고 노멀맵(Normal Map)을 사용하면 되겠지 하고 생각했었지만 지난 몇 년간 플래그쉽과의 작업을 거치면서 노멀맵(Normal Map)에 대해서 좀더 이해하게 되었습니다.

효과적인 노멀맵(Normal Map) 추출을 위해 제일 중요한 것은 우리가 바라보게 되는 각도와 그렇지 않은 각도를 고려하여 로우폴리곤 메쉬가 하이폴리곤 메쉬를 감싸는 구조로 제작하는 것입니다.

와이어샷을 보시면 제가 다른 색들로 칠해놓은 부분들이 있습니다. 이것은 우리가 그 부위를 바라보는 각도를 구분해 둔 것입니다. 쉽게 말해 저 부위에 얼마나 많은 디테일들이 있건 간에 우리는 저런 각도로 밖에 바라보지 않는다 하는 것입니다.

바꿔 말해, 우리가 저런 부위들을 바라보는 각도에 맞춰서 노멀맵(Normal Map)을 뽑는다면 노멀맵(Normal Map)의 효과가 극대화될 가능성이 매우 높아진다는 것입니다.

방탄조끼와 셔츠의 경계선을 폴리곤으로 딱 맞춰서 모델링했다면 폴리곤의 각진 느낌이 나왔을 것이고, 그렇다고 해서 그냥 평면에 노멀맵(Normal Map)만 씌웠다면 밋밋한 느낌이 나왔을 것입니다. 하지만 색으로 표시해 놓은 것처럼 우리가 그 부위를 보게 되는 각도대로 모델링하고 노멀맵(Normal Map)을 추출 적용했을 때, 하이폴리곤 모델의 각종 경계선들이 부드럽게 표현됩니다. 결과적으로, 모델을 이리 저리 회전하며 돌려보는 각도에 따라 디테일들이 멀어지거나 가려지는 효과가 남으로써 노멀맵(Normal Map) 효과를 극대화할 수 있습니다.

방탄조끼의 채색된 와이어샷을 봅시다. 이 모델의 정면을 볼 때 우리가 보게 되는 녹색이나 파란색의 보이는 비율은 현저히 줄어들게 되고 반면 핑크색 부위는 정면에서 상대적으로 크게 보이게 되는 등, 각 색깔별로 표시된 부위의 노멀맵(Normal Map)의 디테일은 우리 눈에 더욱 자연스럽게 멀어지고/가려지게 되는 것입니다.

좀더 쉬운 이해를 위해 간단하게 그림을 그려보았습니다.

01 단면이 이렇게 생긴 메쉬가 있다고 하자.

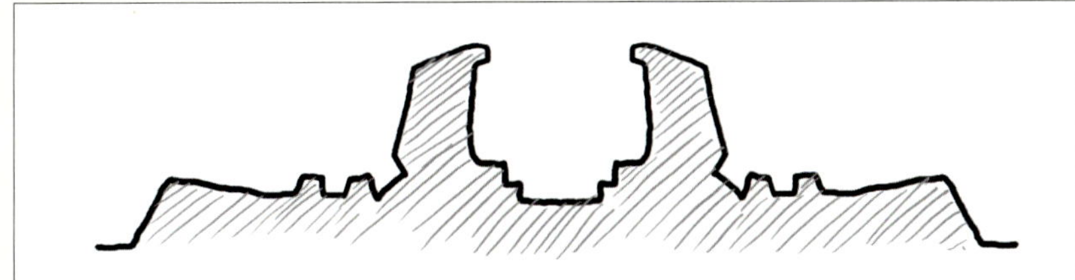

02 회색 화살표는 우리의 눈이 디테일을 바라보는 각도를 나타내며, 녹색 점선들은 그 각도에서 우리의 눈이 디테일을 받아들이는 영역을 평면적으로 표현해 본 것이다. 크기가 매우 크거나 수시로 클로즈업되는 부위는 이런 눈속임의 여지가 없다. 하지만 일반적으로 우리가 이런 모든 디테일의 구석구석을 최대한 확대해서 그것들을 정면에서 바라보게 되는 경우는 드물다는 것을 명심하자.

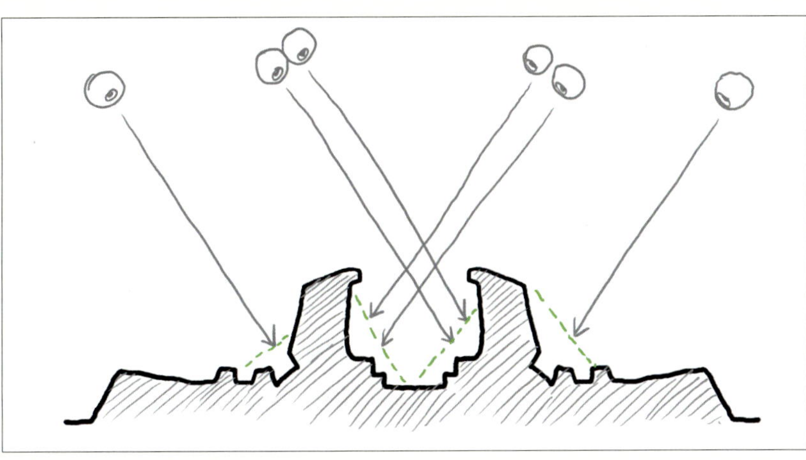

03 이러한 우리 눈이 바라보는 각도들을 커버하면서 최대한 폴리곤 수를 단순화한 로우폴리곤 메쉬의 형태를 붉은색으로 그려보았다. 큼직한 디테일의 볼륨을 이뤄주며 자잘한 디테일들은 우리 눈의 보는 각도에 맞춰 단순화했다. 또한 로우폴리(붉은색)가 원본(

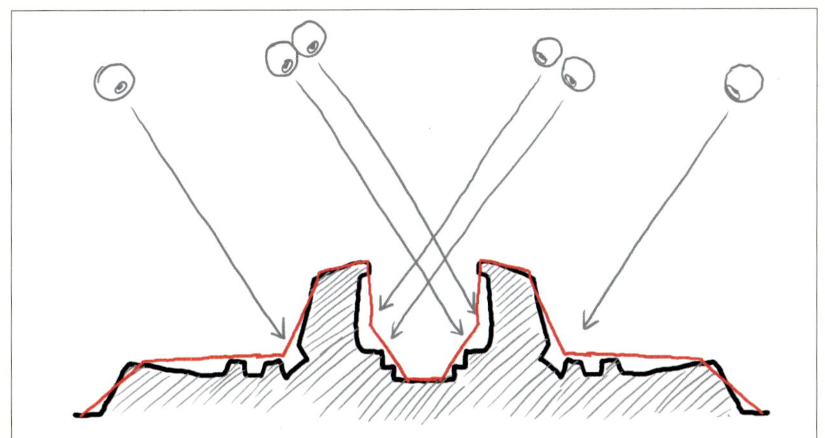

검은색)의 모서리들을 의도적으로 조금씩 비껴가고 있는 것을 주목하기 바란다. 이렇게 모서리 부분을 살짝 비껴가도록 하면 모서리 부분에 폴리곤이 위치하여 그 부위가 각이 져 보이게 되는 것을 최대한 피할 수 있다. 예를 들어 오른쪽 끝의 경우 보이는 각도를 생각할 때 로우폴리의 느낌이 최대한 줄어드는 효과를 볼 수 있다.

이러한 방식이 모든 부위에 다 적합한 것은 아닙니다. 애니메이션이 적용될 부위에는 특별한 경우를 제외하고는 이렇게 통으로 모델링하는 것보다는 별도의 메쉬로 만드는 것이 좋습니다. 경찰 배지나 수갑 부위가 수시로 클로즈업되고 애니메이션 될 것이라면 말입니다.

그러나 노멀맵(Normal Map)의 성격에 대해서 파악하는 것은 궁극적으로 우리들을 노멀맵(Normal Map)을 자유자재로 다룰 수 있는 경지에 다다르게 해 줄 것입니다.

로우폴리곤 데이터 만들기

언리얼 에디터(Unreal Editor)로 띄워 보기
03

현재 세계적으로 제일 인기가 많은 Unreal Engine에서 어떻게 표현되는지 〈나쁜 경찰〉의 메쉬와 텍스쳐를 Static Mesh로 띄워 보는 것으로 〈나쁜 경찰〉 작업을 마무리 해 보겠습니다.

Unreal Editor는 PC 버전의 〈Gears of War〉 혹은 〈Unreal Tournament 3〉에 포함되어 있습니다. 필자는 〈Gears of War〉 패키지를 가지고 있기 때문에 〈Gears of War〉 Editor를 사용하겠습니다. 두 버전에 있어 기본 사용법에는 차이가 없는 것으로 알고 있지만, 〈Gears of War〉 Editor는 그 게임과 같은 형식의 게임으로만 Mod할 수 있고 〈Unreal Tournament 3〉의 Editor는 전혀 다른 장르의 게임까지 제작이 가능한 것으로 알려져 있습니다.

〈Gears of War〉의 경우 Editor를 실행시키는 별도의 실행 파일이 없으니 게임 실행 아이콘의 속성을 열어 "C:₩Program Files₩Microsoft Games₩Gears of War₩Binaries₩Startup.exe" editor와 같은 식으로 editor라는 단어를 그 바로가기에 추가하고 실행시키면 됩니다.

3ds Max에서 〈Gears of War〉 Editor로 메쉬를 Export하기 위해 ASE 포맷을 사용합니다. Export할 때 다른 것들은 필요에 따라 체크하되 Mesh Normals와 Mapping Coordinates는 필수로 체크합니다.

 〈Gears of War〉 Editor를 실행한 모습이다. 분위기는 3ds Max와 매우 흡사하다.

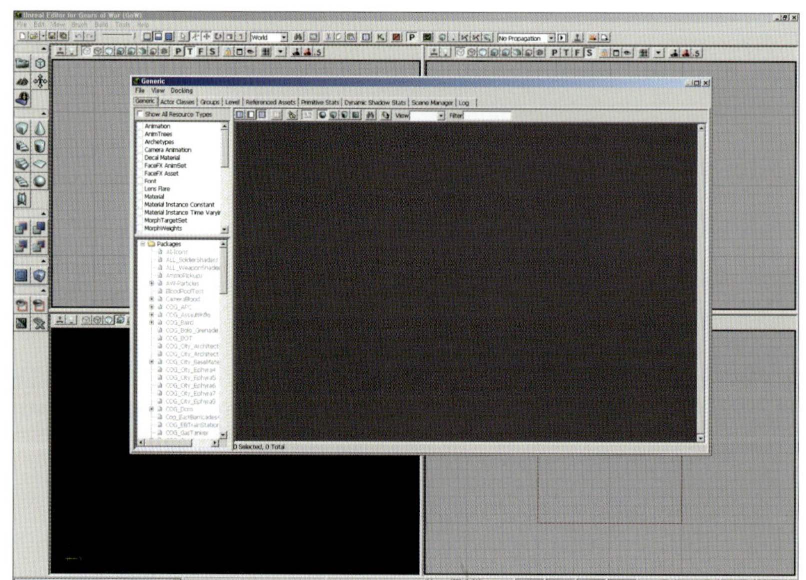

부록 DVD 파일
\ 3D캐릭터모델링\ 나쁜경찰\ 나쁜경찰_로우폴리곤\

02 Generic 창은 쉽게 말해 인벤토리와 같다. 게임 내에서 사용될 모든 것들을 관리하는 창이다. 우리는 단순히 Static Mesh로 캐릭터를 불러들여 와서 엔진 내에서의 쉐이딩이나 라이팅을 보기 위함이 전부임으로, 이 Generic 창에서 모든 것을 처리할 예정이다. File 〉 Import로 Jim의 메쉬를 불러온다.

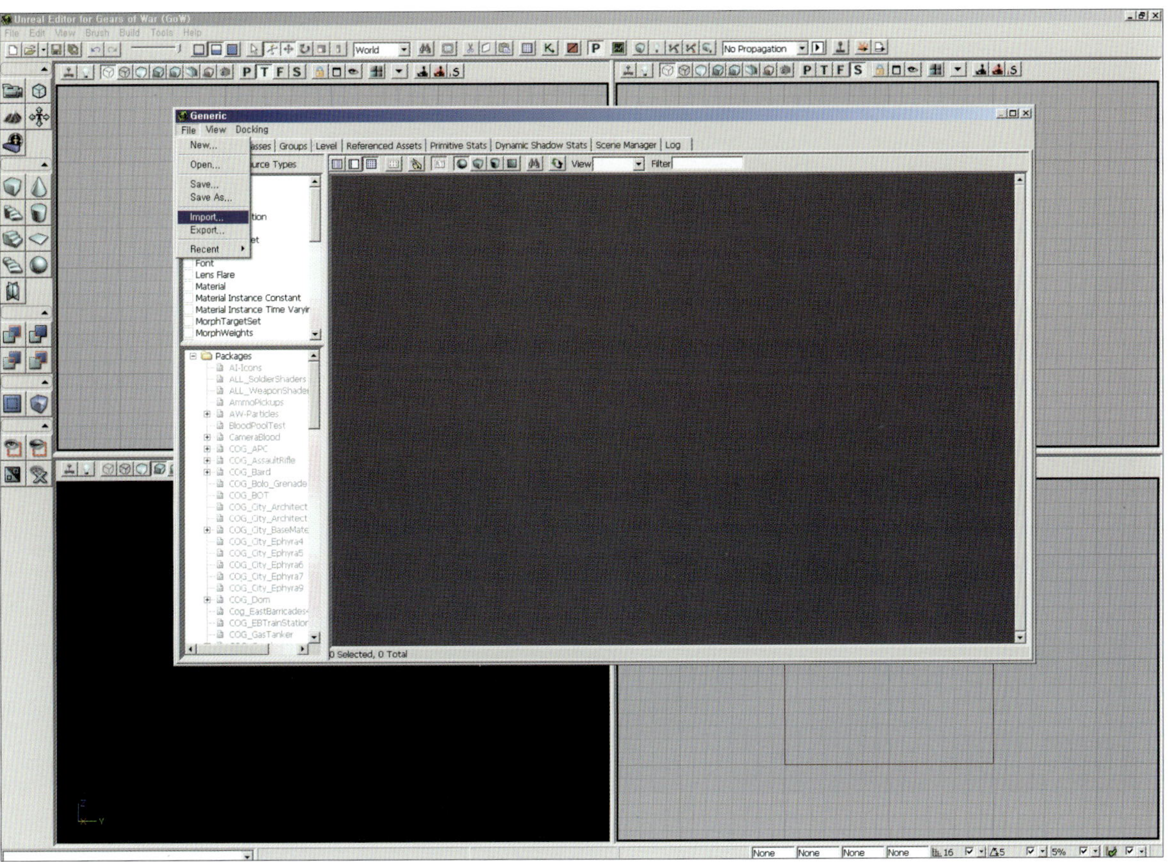

03 불러들여진 모습이다. 자동으로 지저분한 땅의 재질이 입혀진다.

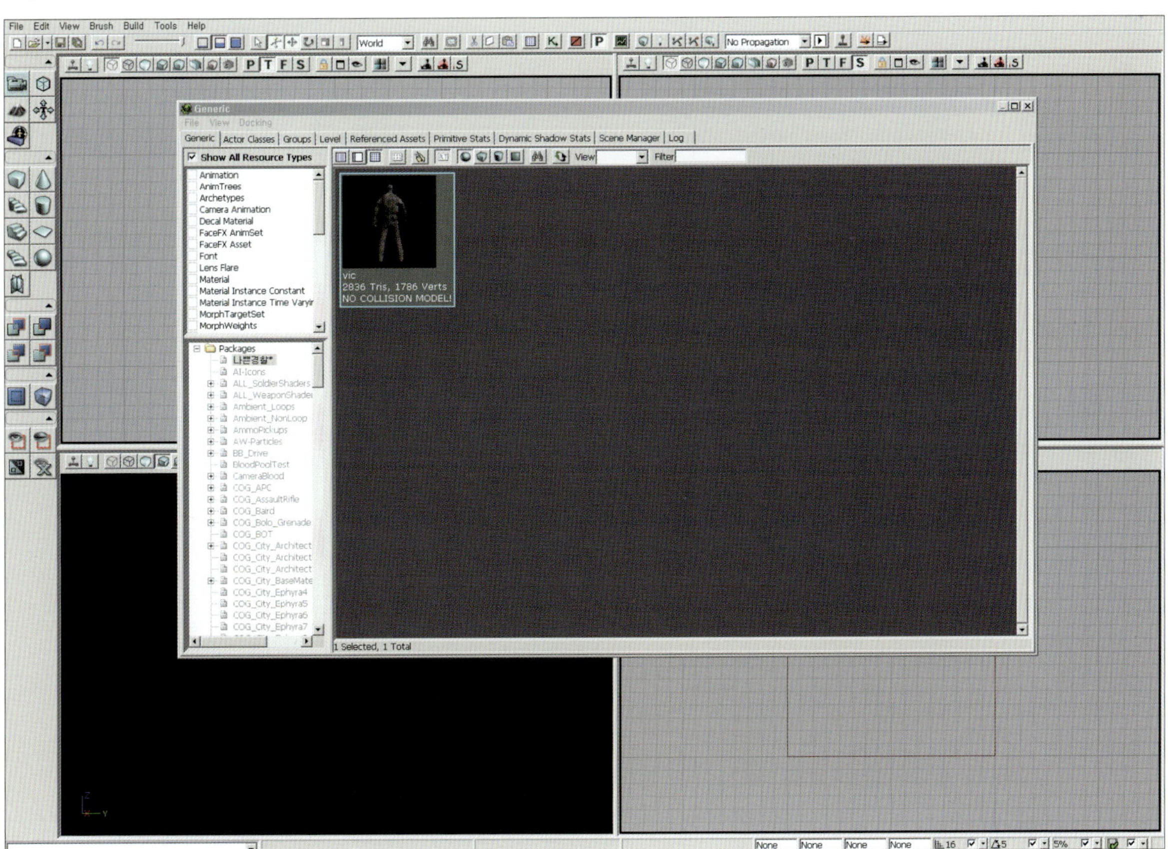

**04** 불러들여진 아이콘을 더블클릭하면 별도의 창으로 표시가 되어 이리저리 살펴볼 수가 있다.

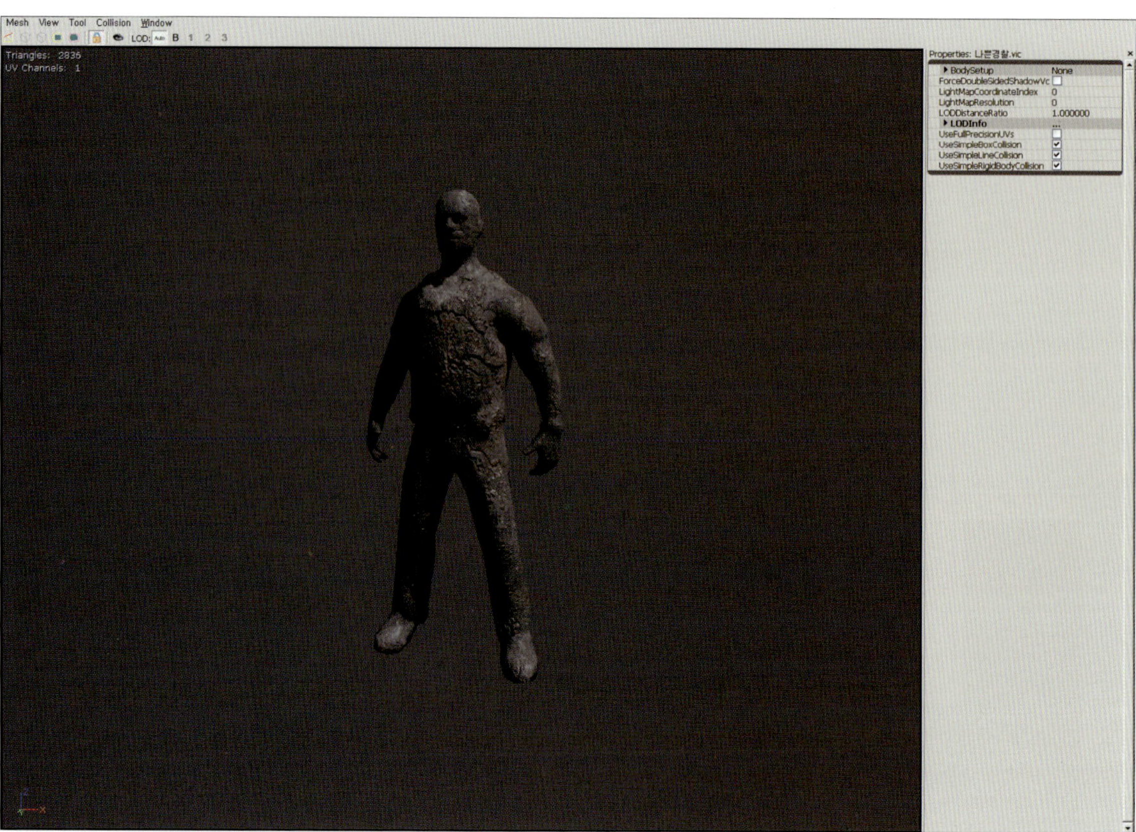

05 PSD 포맷의 텍스쳐들은 바로 Import할 수 있다. Import하면 이런 모습으로 표시가 된다. 그런데 여기서 주의할 점은 엔진에서 외부 텍스쳐를 불러올 때 압축이 되도록 설정되어 있으며, 노멀맵(Normal Map)과 같은 경우 그것에 적합한 설정을 따로 선택하고 불러들여야 제대로 작동하는 노멀맵(Normal Map)으로 Import된다는 점이다. 이미 Import 한 노멀맵(Normal Map)은 마우스 오른쪽 버튼을 클릭하여 지운다.

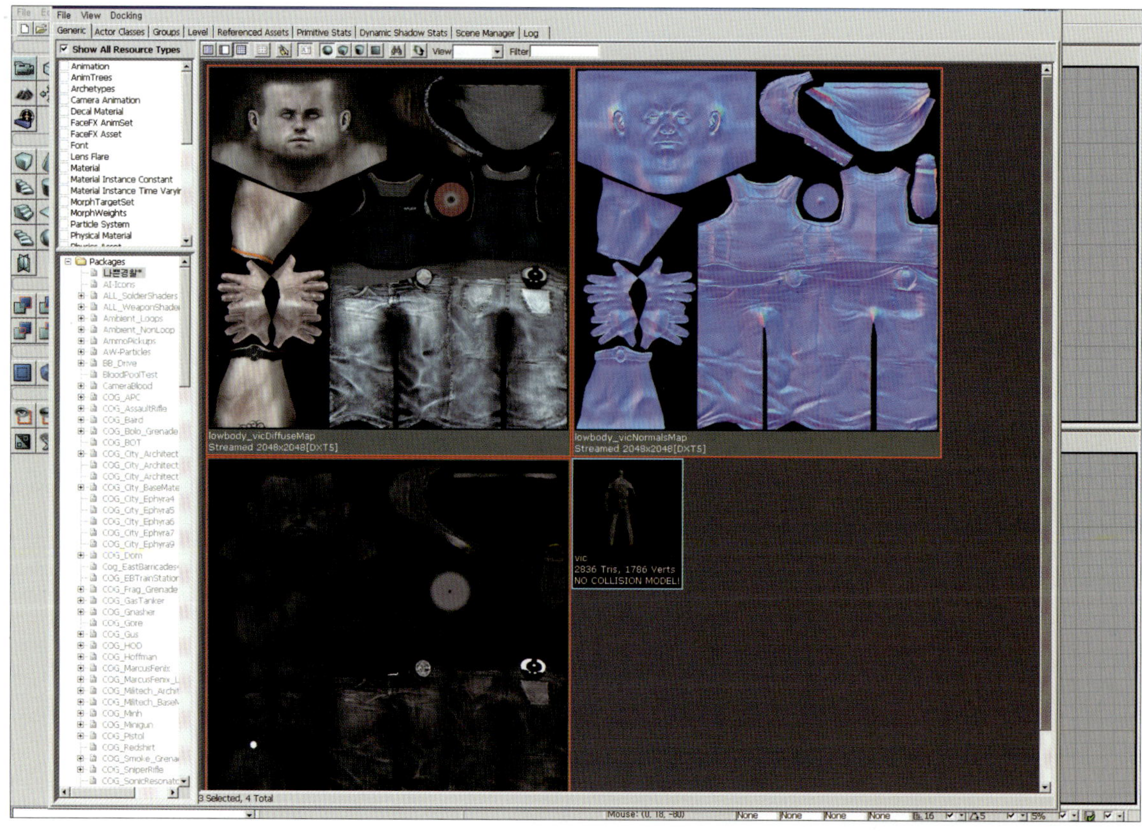

06 노멀맵(Normal Map)을 Import하는 과정에서 그림에서처럼 설정한다.

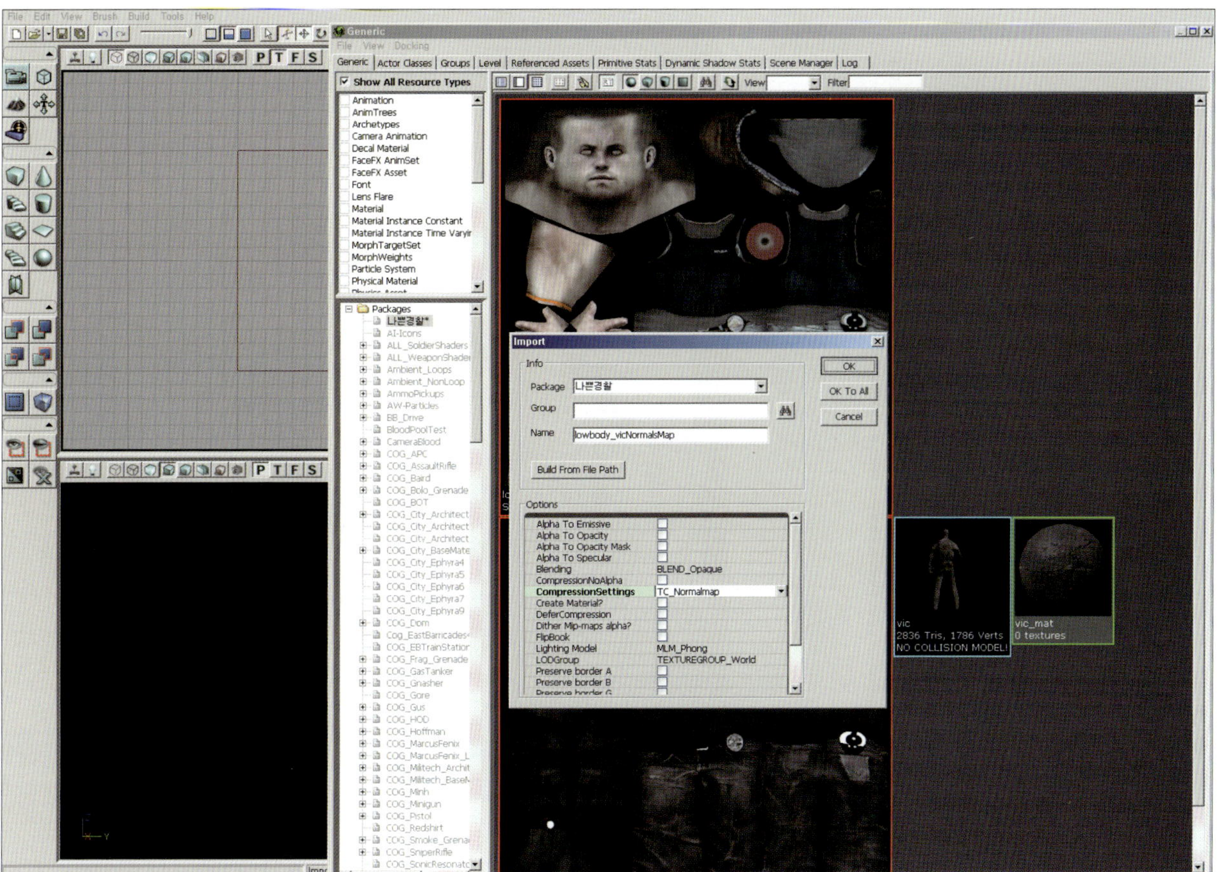

477

07 Compression settings 〉 TC_Normalmap 설정으로 불러들인 노멀맵(Normal Map)이다. 처음 불러들였던 노멀맵
(Normal Map)보다 좀 더 화사한 색상으로 표시되고 있다.

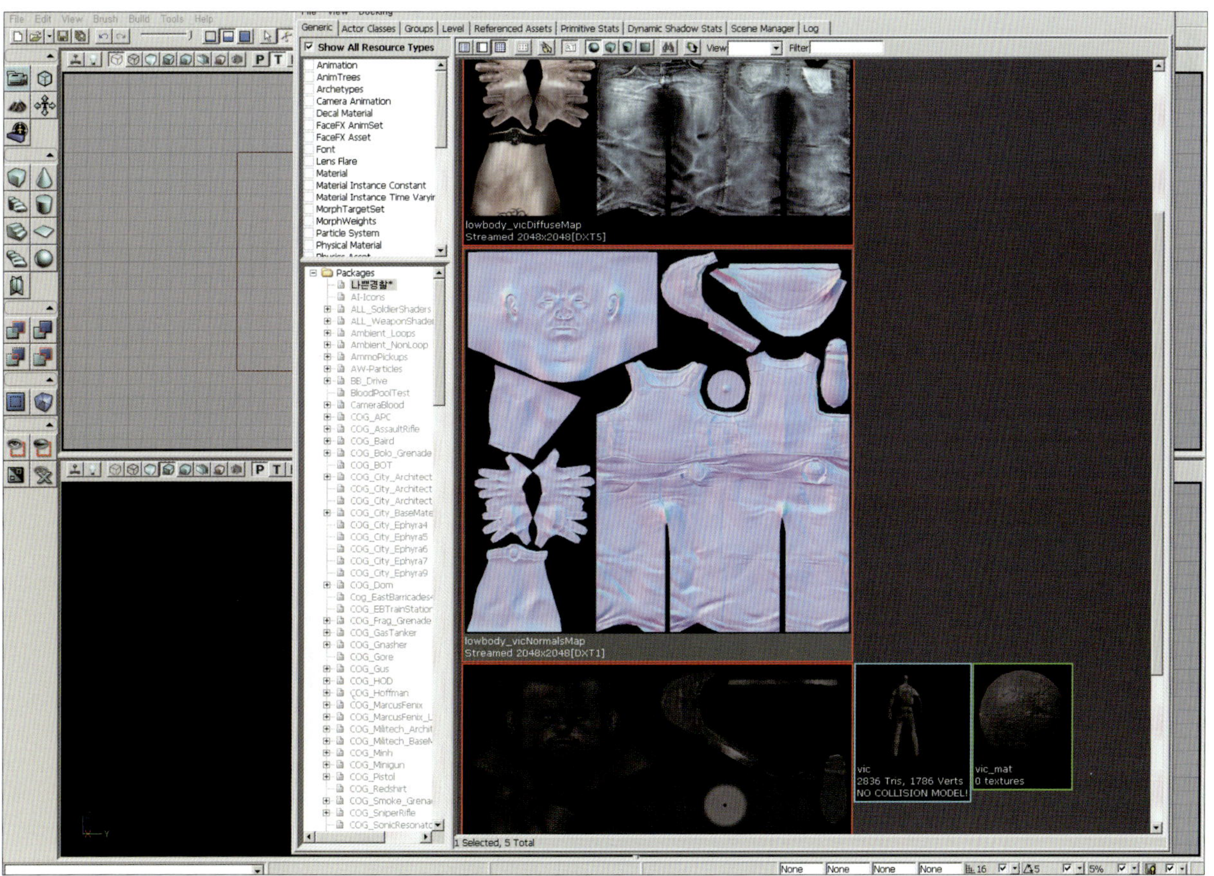

 빈 공간을 마우스 오른쪽 버튼으로 클릭하여 New Material을 선택하면, 보는 것처럼 새 Material이 생성되고 있다. Material의 이름은 Jim_mat으로 정했다. 이 재질을 더블클릭하면 Unreal Material Editor가 뜬다.

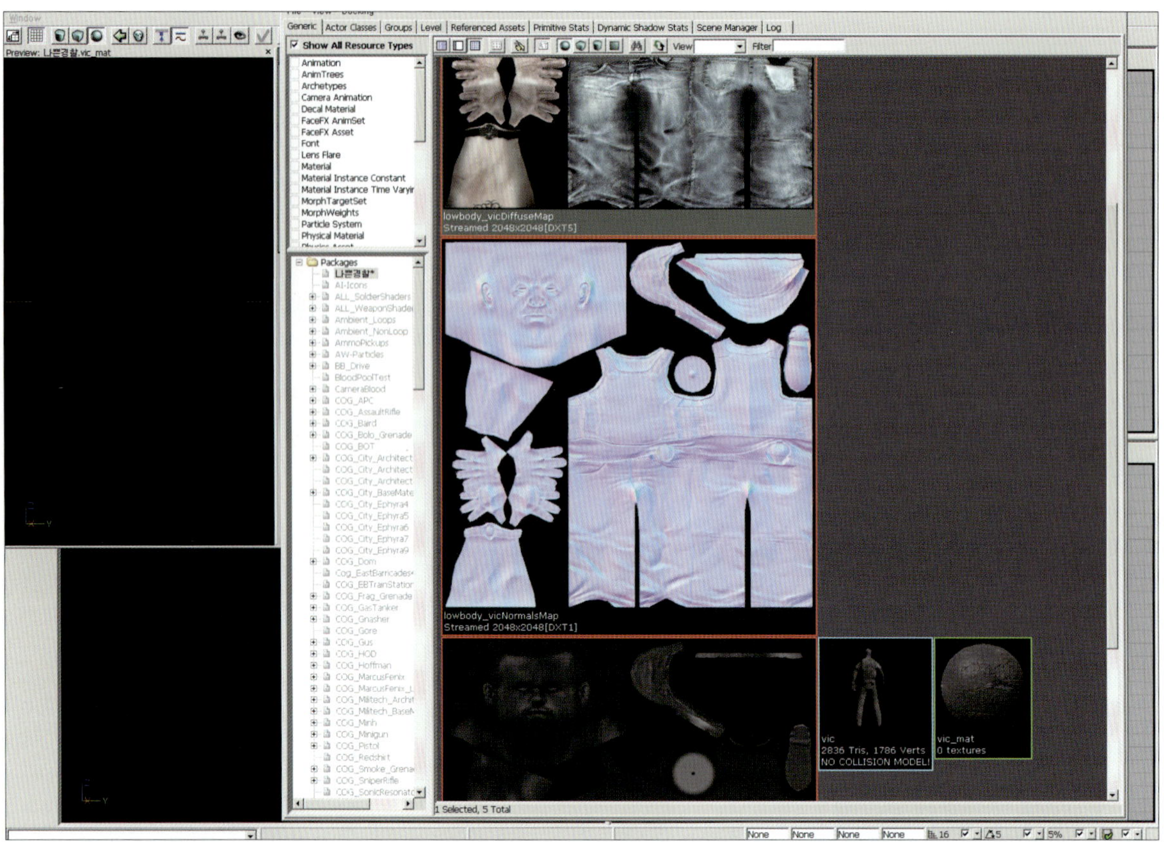

 Editor가 열린 상태에서 다시 Generic 창으로 돌아와서 Jim의 Diffuse Map을 한 번 클릭하고 다시 Material Editor로 돌아와서 오른쪽 목록 중에서 Texture Sample을 클릭하여 그림에서 보이는 것처럼 가운데 편집 창으로 드래그한다.

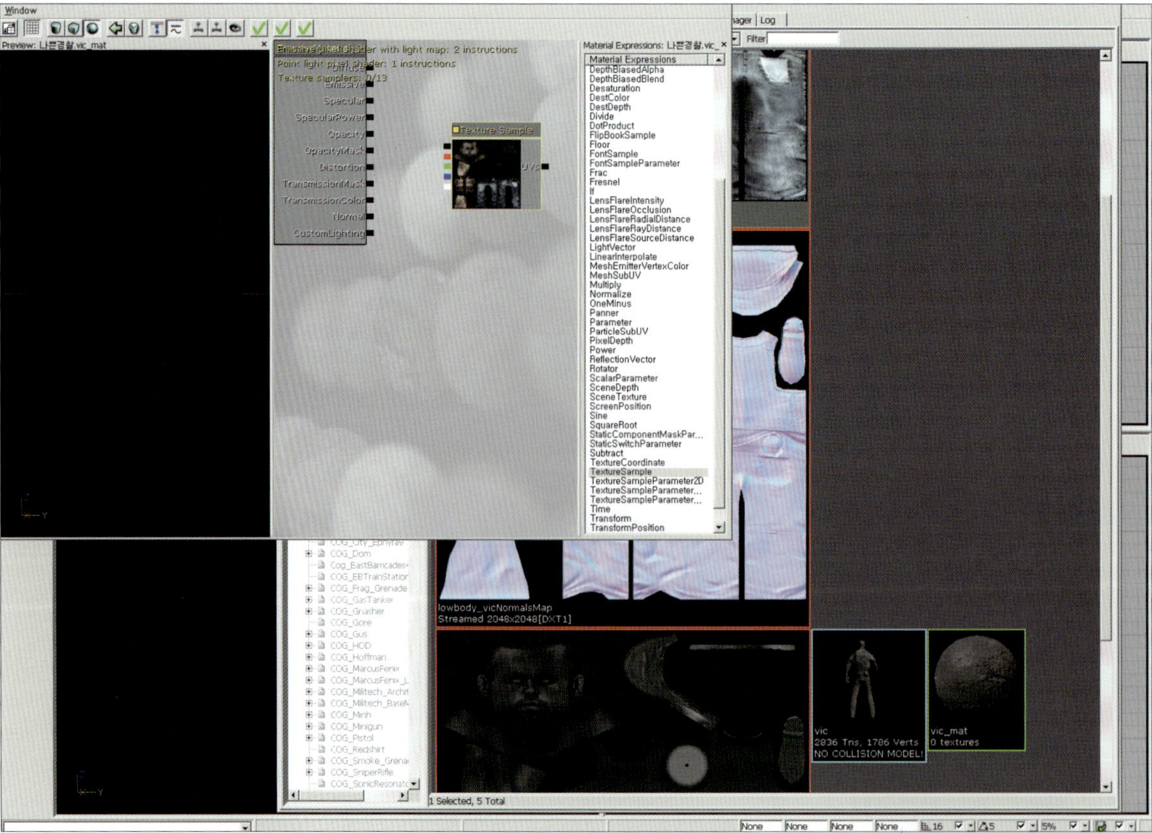

 동일한 방식으로 노멀맵(Normal Map)과 Specular Map을 Texture Sample로 드래그해서 놓는다. 참고로 이런 노드
들은 Ctrl 을 누른 채로 움직일 수 있다.

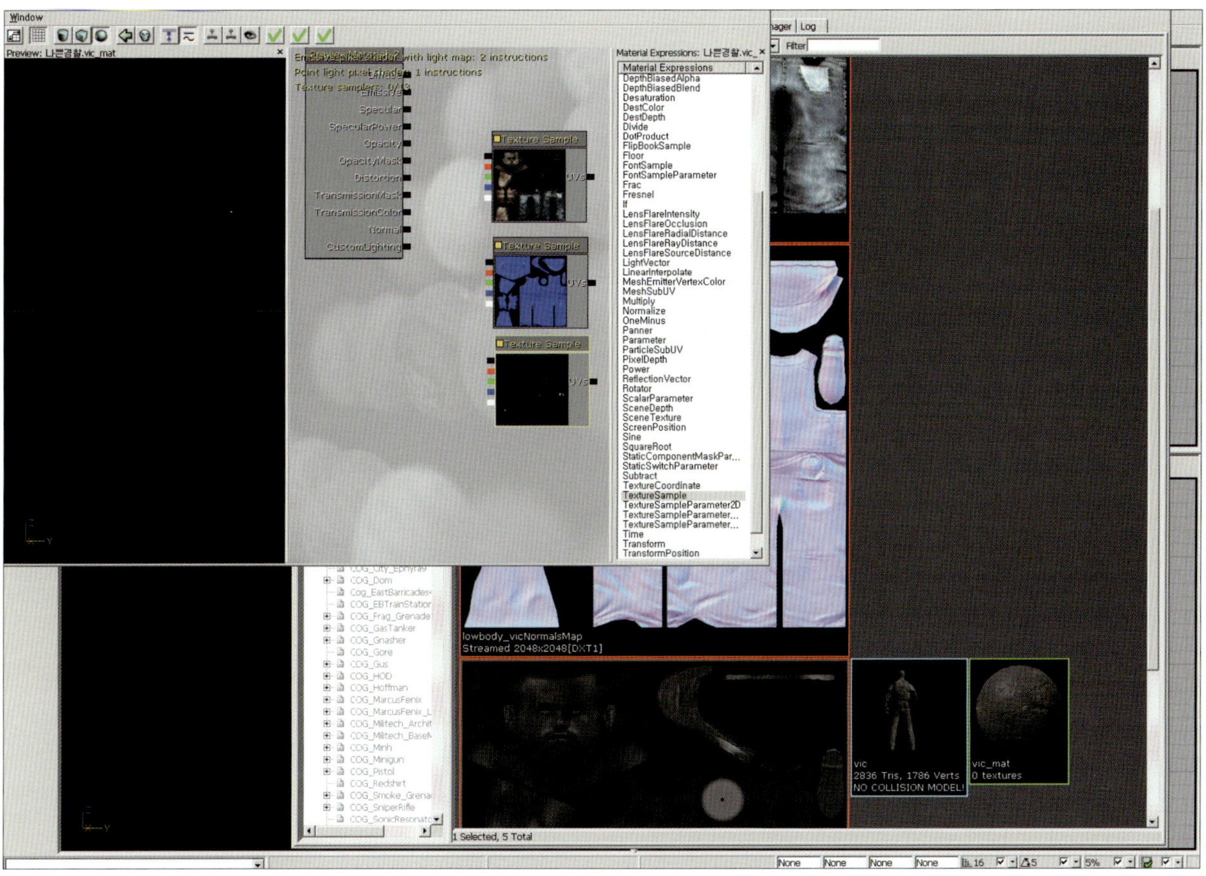

그림처럼 Diffuse를 Diffuse로 연결한다(왼쪽 스피어에 텍스쳐가 바로 나타난다).

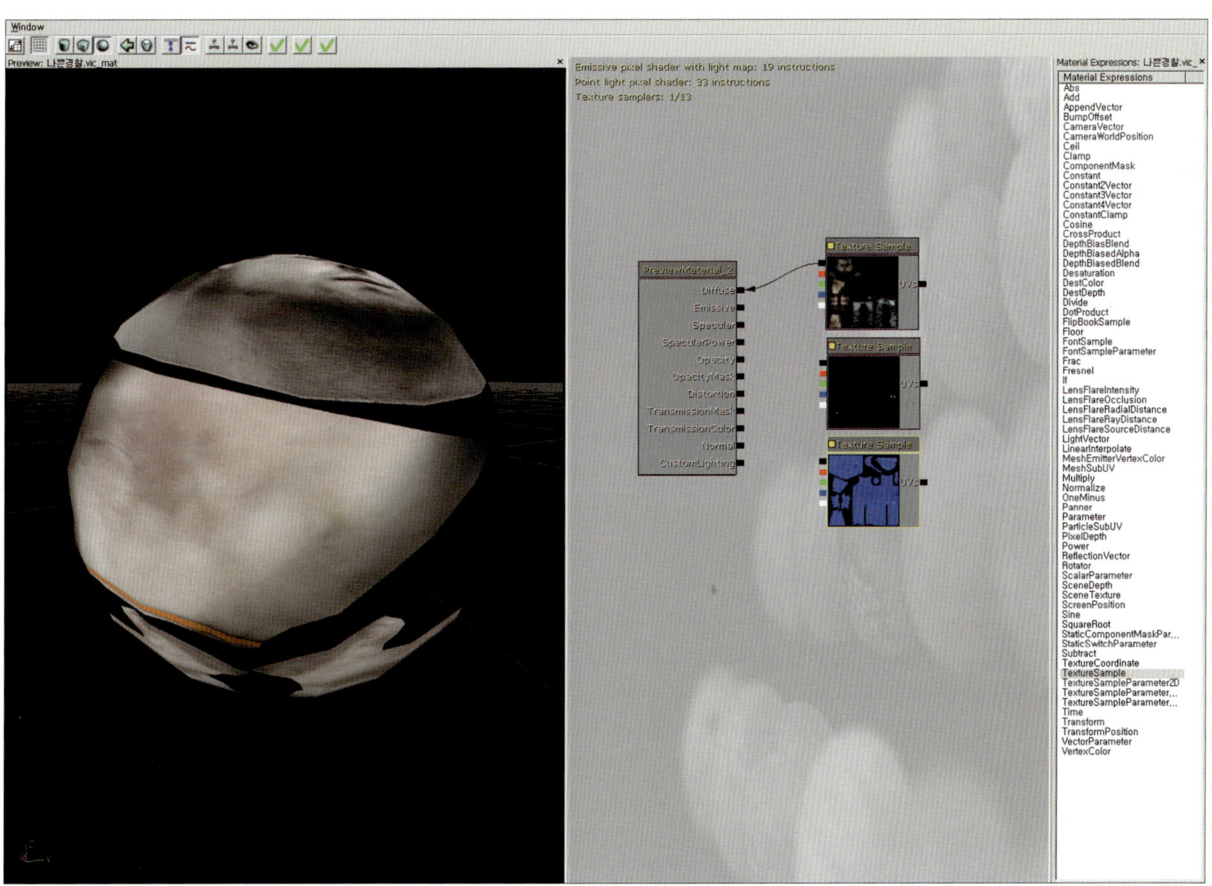

 Specular Map과 노멀맵(Normal Map) 또한 연결한다.

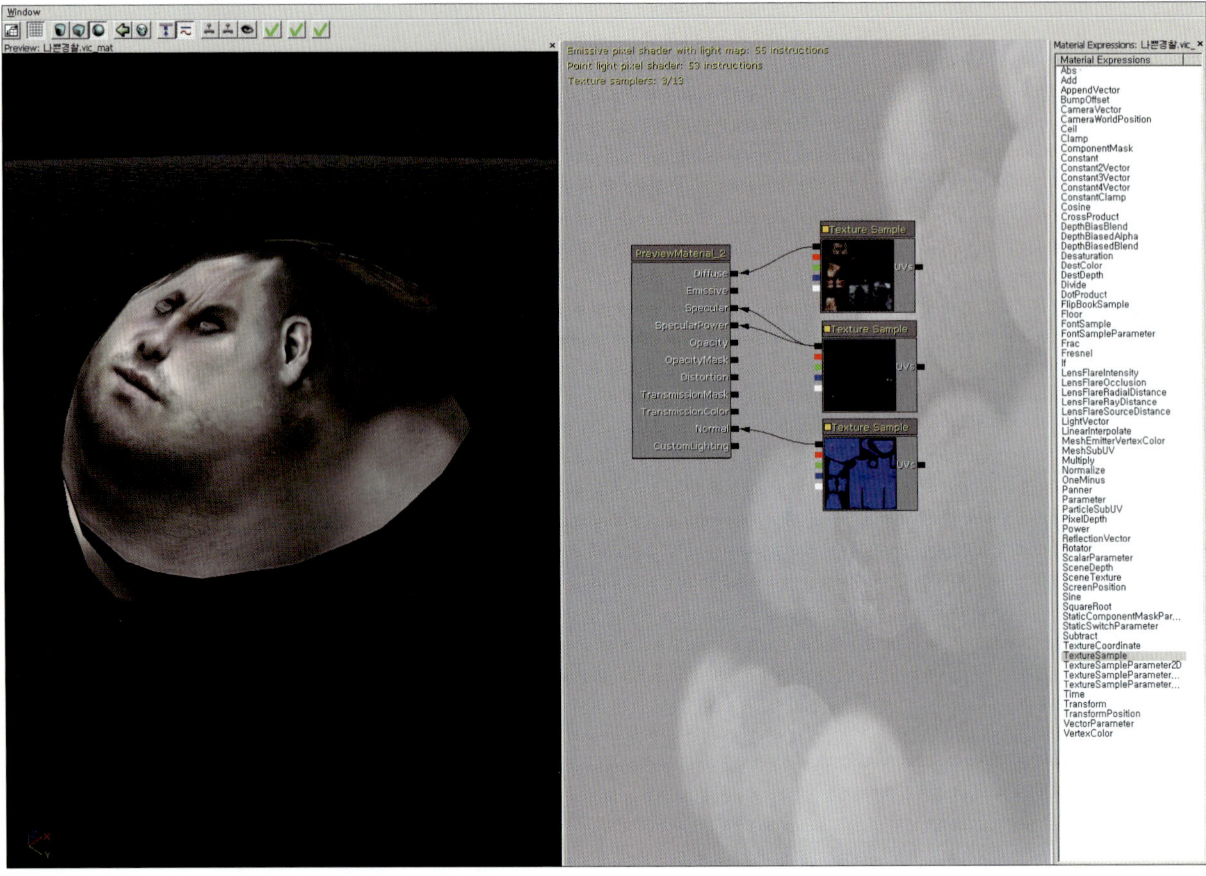

 창을 닫으면 다음과 같이 묻는다. 물론 Yes.

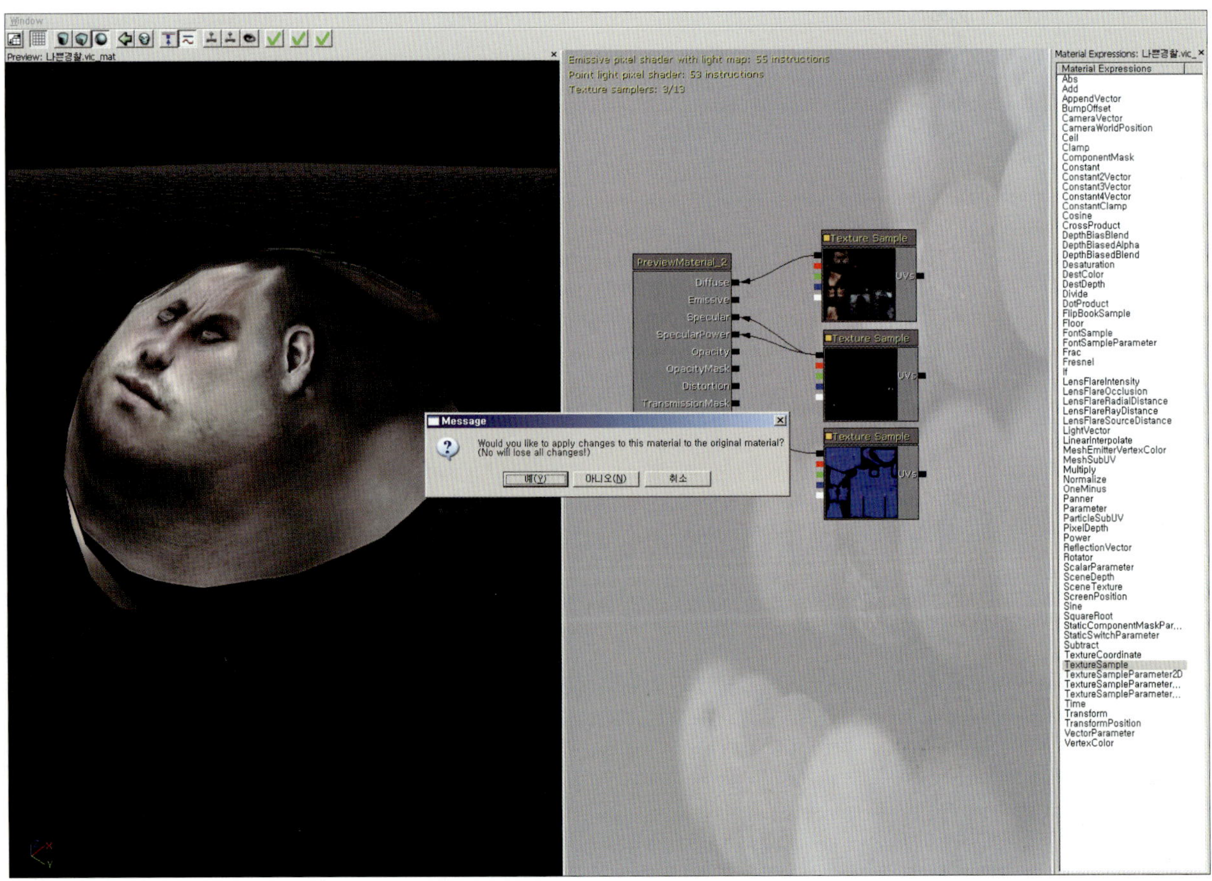

 14 아까와는 달리 재질이 제대로 표시되고 있다. 이것을 File 〉 Save를 선택해 저장한다. GoW Editor는 매우 불안정하여 Crash가 잘 일어난다.

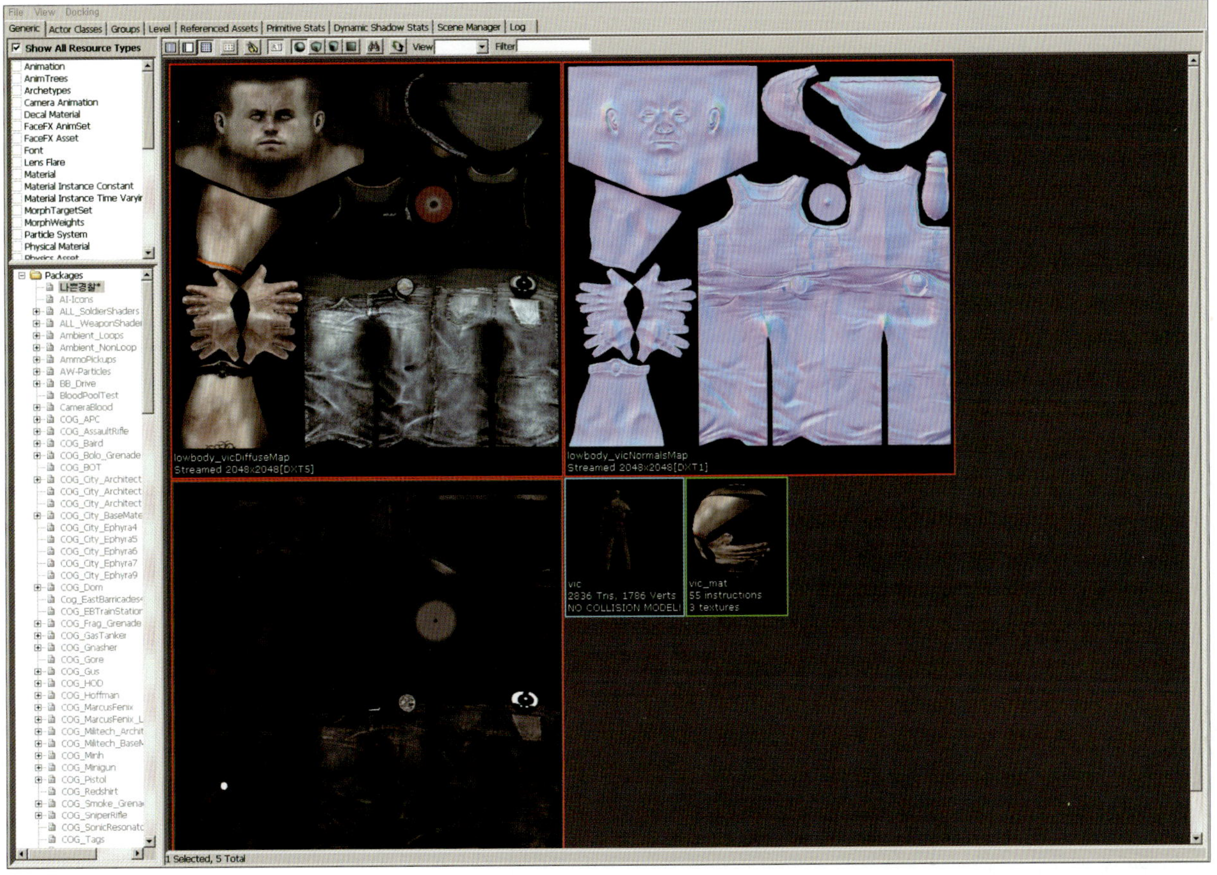

15 Jim 메쉬를 더블클릭하고 Static Mesh Editor의 오른쪽 메뉴들을 그림처음 펼친다.

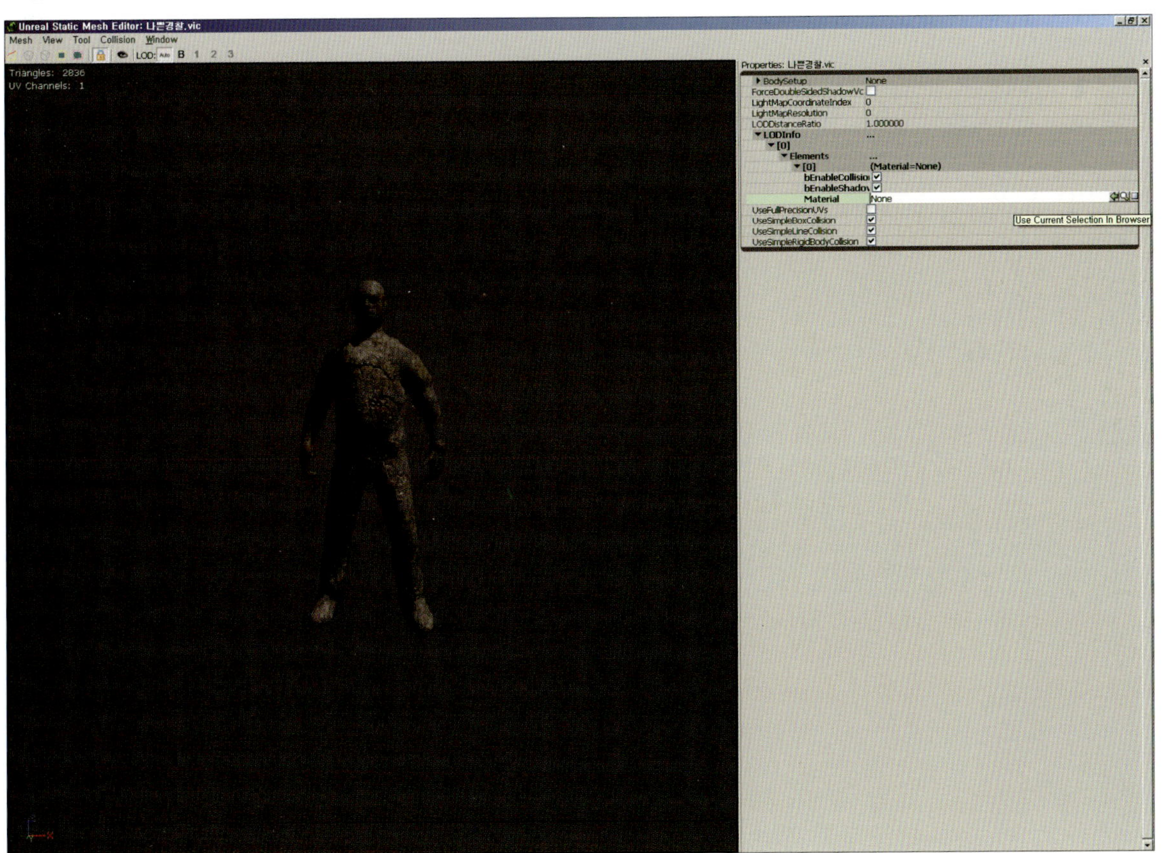

 거기에 Jim_mat(아까 정해준 재질의 이름)이라고 입력하면 적용이 완료된다. 카메라 초점/렌즈 설정의 문제로 뷰포트 조절이 까다롭지만 쉐이딩이나 조명은 확실히 3ds Max의 뷰포트보다 보기 좋다.

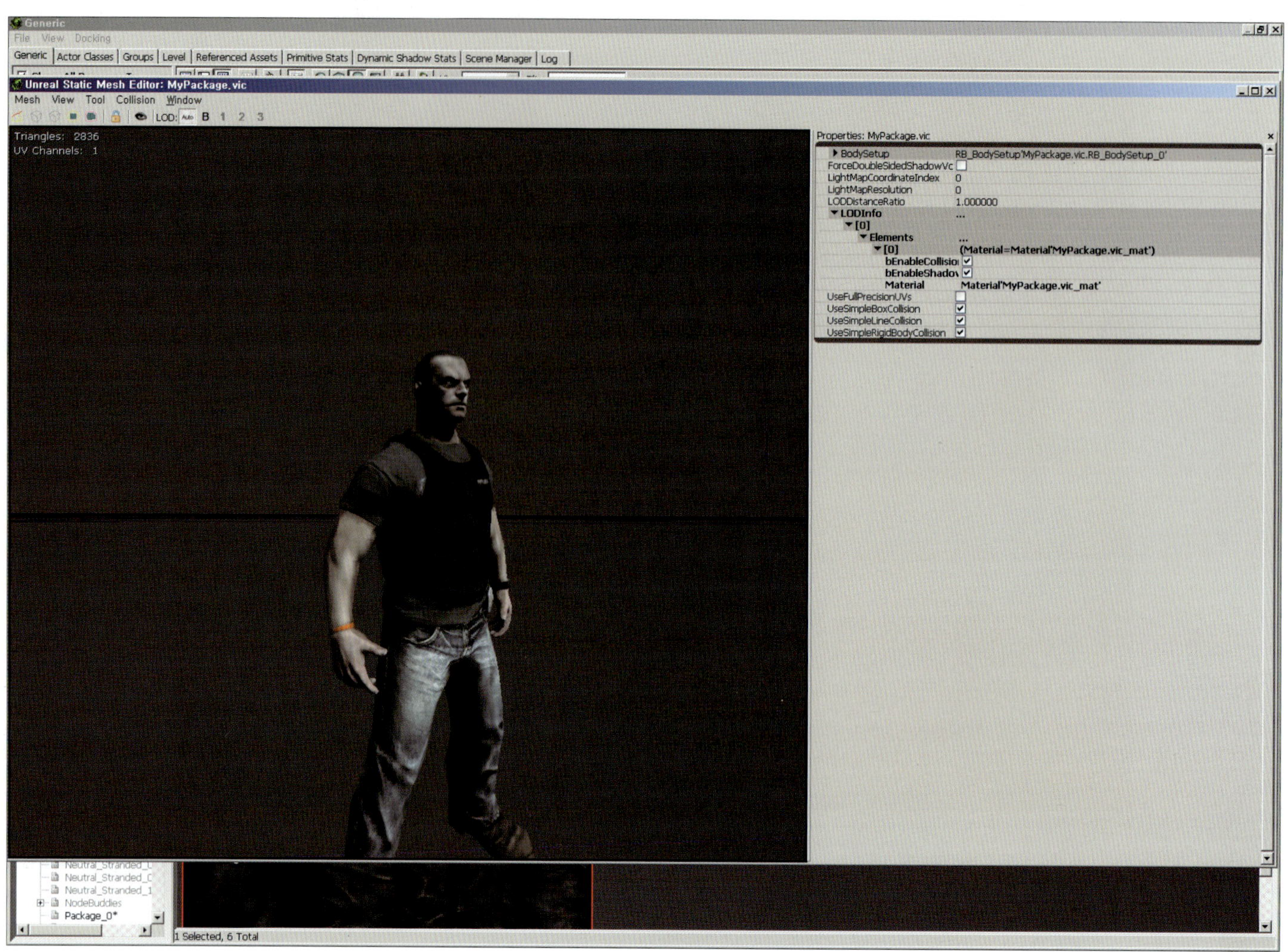

여기까지 〈나쁜 경찰 : Jim〉은 마무리 되었습니다. 많이 부족하고 방법론에 있어서 다소 복잡한 부분도 있지만 함께 살펴보시는 동안 여러 가지 작업이나 작업 방식에 대한 아이디어들이 떠오르고 작업 욕구가 솟구쳤기를 기대해봅니다.

Section 02

3D 캐릭터 모델링의 실전

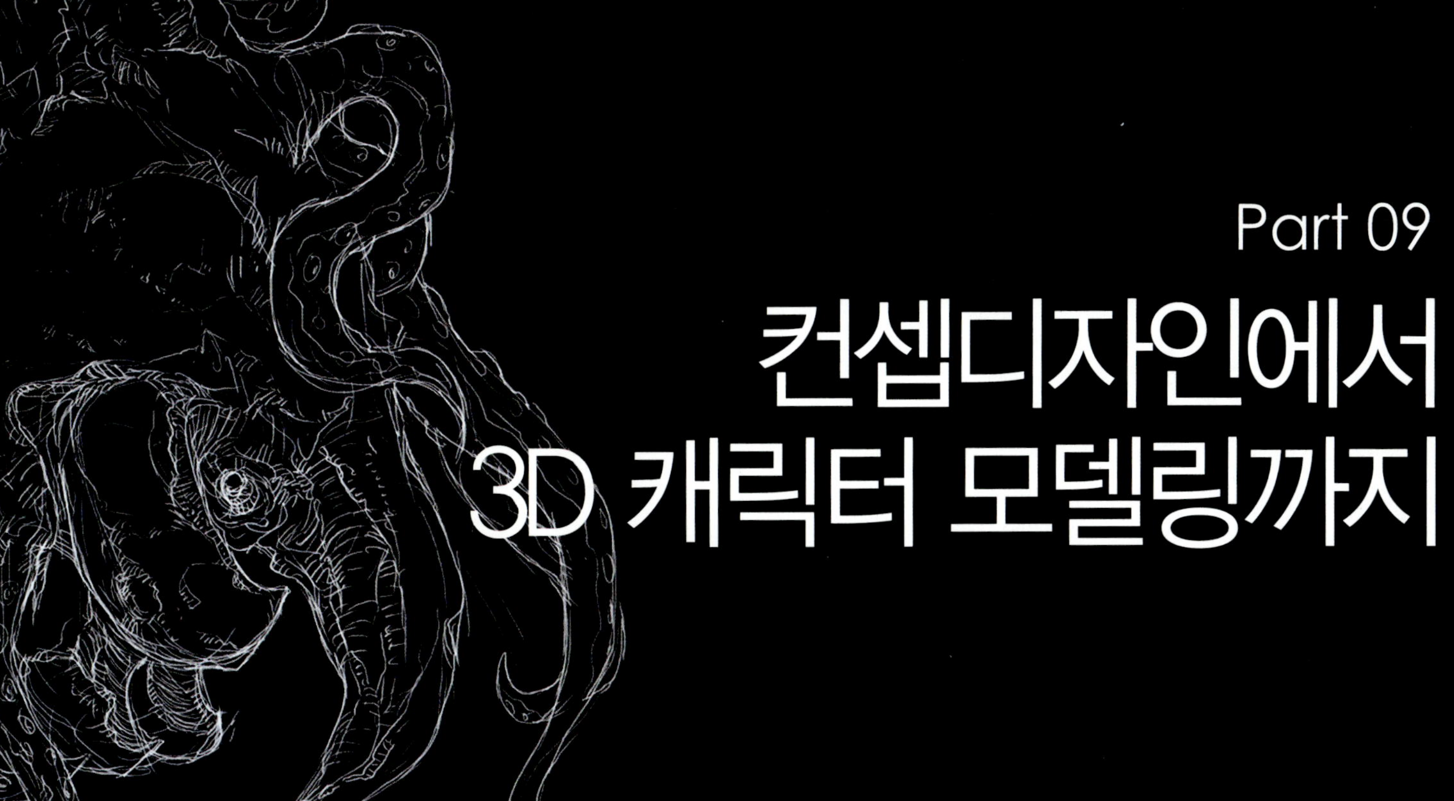

Part 09
컨셉디자인에서
3D 캐릭터 모델링까지

로봇 만들기

들어가며

01

여기서 소개한 로봇의 컨셉디자인 결과입
니다. 컨셉디자인의 제작과정은 132Page
에서 확인할 수 있습니다.

512 사이즈 Map 3장과 7112개의 폴리곤이 사용되었다.

부록 DVD 파일
\ 3D캐릭터모델링 \ 로봇 \

이 로봇은 이 책의 공동저자인 김진형씨와의 초기 논의를 통해, 건설 중장비와 같은 느낌을 가지고 있으면서도 전투용으로 사용되는 설정으로 정하였습니다. 위의 3D 결과물은 이러한 설정을 바탕으로 김진형씨가 제작한 디자인을 시간상의 제약과 같은 여러 가지 현실적 작업 여건을 기준으로 단순화하고 생략된 버전으로 이해하시면 됩니다. 이 책에 수록되는 김진형씨의 탁월한 디자인들을 비록 필자가 부족하게 다루고 있지만 독자 분들께서는 더욱 크고 높은 수준을 목표로 작업해 보신다면 김진형씨와 필자 모두에게 매우 큰 기쁨일 것입니다.

메카닉 모델링은 사실 특별한 기법이라는 것이 따로 존재하는 것은 아닙니다. 부품 하나하나의 디테일을 최대한 많이 넣어주면 보는 사람으로 하여금 탄성이 나오게 되어 있는 것이지요.

더군다나 감히 비교할 수 없는 경지에 오르신 분들이 이미 너무나 많은 관계로, 로봇 작업에 대해서는 메카닉 모델링에 대한 부가 설명보다는 전체적인 작업의 흐름을 짚으며 진행하도록 하겠습니다.

〈나쁜 경찰〉의 로우폴리곤를 다루는 시간에, 북미 회사들의 일반적인 작업 흐름에 대해서 언급한 방식대로 진행하였습니다.

로봇 만들기

Proxy-1단계(프로토타입)

02

Proxy라는 말을 인터넷 사전에서 검색해본 결과 입니다.

prox·y

1 대리 (행위);대리권;대리 투표
　　vote by Proxy 대리로 투표하다

2 a 위임장
　b 대리인
　be[stand] Proxy for …의 대리가 되다;…의 대용이 되다
　by[per] Proxy 대리인으로서

우리가 여기서 사용하는 Proxy라는 것은 '~의 대용'이라는 표현으로, 최종 결과물의 형태나 볼륨을 단순한 대용 메쉬로 미리 표현해 보고 작업이 더욱 심화되어 수정이 까다로워지기 전에 수정하고 보완하여 좀더 바람직한 형태의 뼈대를 잡아주는 것을 의미한다고 보시면 됩니다.

Proxy-I 단계에서는 최대한 단순하게, 될 수 있으면 기본 도형들을 사용해서 빠르게 완성해봅니다.

되도록이면 기본 도형들을 회전/이동한 값을 Reset하지 않도록 한다면, 이후에 팔의 부분들을 하이폴리곤으로 제작한 다음, Align을 이용하여 지금 저 위치와 각도로 손쉽게 배치 할 수 있을 것입니다.

전체적으로 틀을 잡지 않고 무엇이든 한 부분 정해서 최대한 디테일 하게 작업하는 스타일이라는 것을 잘 알았던 필 셍크(플래그쉽의 아트 디렉터)는 필자에게 이러한 방식을 권하곤 했습니다. 성격이 워낙 점잖은 사람이라 '요즘 이렇게들 작업한다던데……' 하며 말해주었는데, 그냥 흘려 듣고 개인의 방식을 고집했던 철없고 오만했던 필자를 늘 포용해주고 인정해 주었습니다.

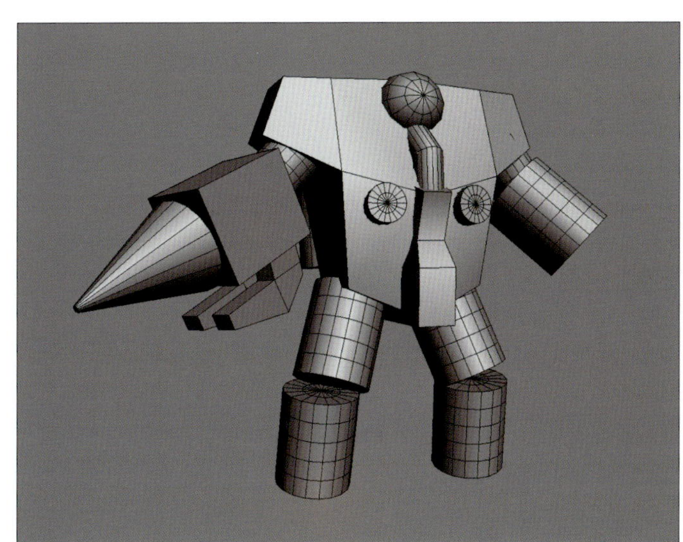

최대한 기본 도형들만을 사용하여 만들어 보았다

개인적인 친분으로 한동안 3D를 가르쳐 주었던 학생들이나 세미나와 워크샵들을 통해 알게 된 사람들을 볼 때면 필자의 과거 모습을 후회하게 됩니다. 어째서 저 사람이 나보다 더 잘 알고 말해주는 것이라는 것을 몰랐던 것일까요? 자기 작업 물에 혹평을 하는 사람을 보면 '네가 뭘 알아?' 하는 방어적인 태도로 일관한다면 전혀 배우지 못합니다. 아무리 사소한 비평에서 조차도 배울 점이 많다는 것을 명심하시길 바랍니다.

아티스트로서 자기 주관이 있어야 하고, 남들이 뭐라고 하던지 굽히지 않는 신념은 당연히 필요합니다. 그러한 신념과 자기 허영심에 사로잡혀 남들의 지적을 무조건 거부하는 자세를 구분할 줄 알아야 하겠습니다.

다시 본론으로 돌아와서, Proxy를 이용하여 시작하는 작업 방식은 마치 스케치북에 거칠게 구도를 잡아 그려주는 밑그림과 같습니다. 시작할 때의 목표와 결과물의 오차를 줄여줄 수 있을 뿐 아니라 어느 한 부분에 매여 작업의 진행이 방해되는 경우도 줄게 됩니다. 또한 좀더 전체적인 안목으로 캐릭터를 바라볼 수 있게 됩니다.

〈나쁜 경찰〉의 경우 또한 ZSphere를 사용하여 Proxy를 만들어 주고 작업한 케이스였기 때문에 그러한 Proxy 방식의 장점들을 적극적으로 활용한 예라고 할 수 있습니다.

로봇 만들기

Proxy-II 단계와 하이폴리곤 버전

03

　　Proxy II는 Proxy I을 하이폴리곤 모델링을 위해 깨끗이 정리해주고 디테일을 좀더 표현해주는 과정으로 이해하시면 됩니다. 이 과정은 하이폴리 모델링의 초반 단계로 보셔도 좋지만, 굳이 이렇게 나누는 의미는, 작업 전체에 있어서 초반에만 가능한 대폭의 수정작업까지 염두에 두고 있는 과정이라는 것을 의미하기도 합니다.

　　아트 디렉터와의 깊은 연계 작업을 할 때 Proxy I, II의 과정 동안 컨셉의 재해석부터 디테일에 관련된 부분들까지 매우 Flexible한 작업이 가능합니다. 이 과정에서 컨셉이 대폭 수정되는 일도 빈번히 발생합니다.

 나름 제일 특징적이라고 생각하는 다리부터 시작해 보았다.

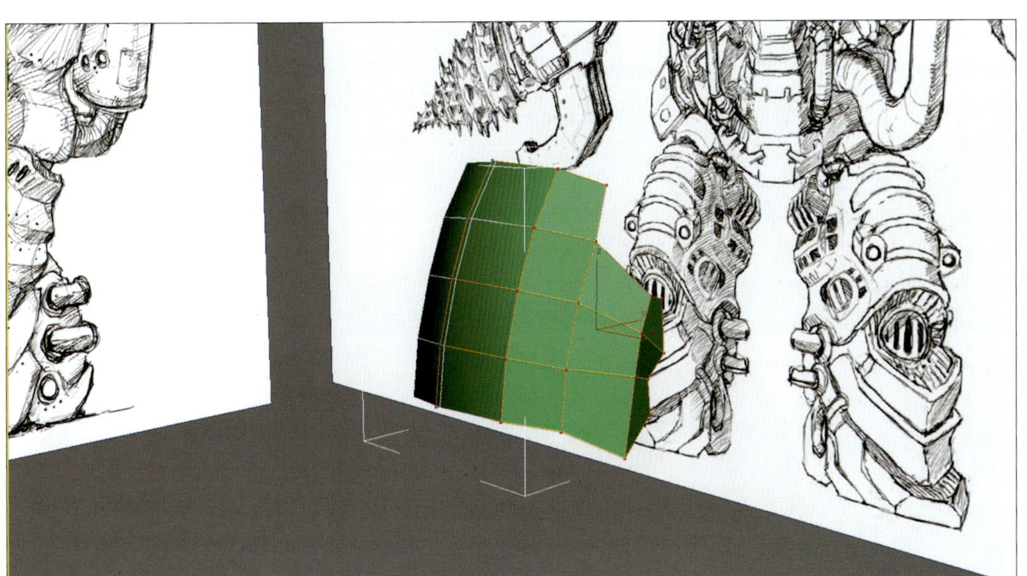

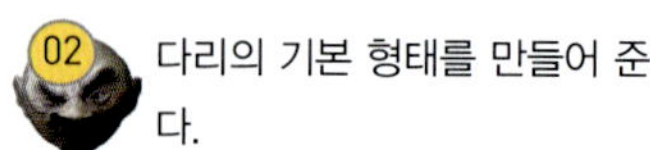

02 다리의 기본 형태를 만들어 준다.

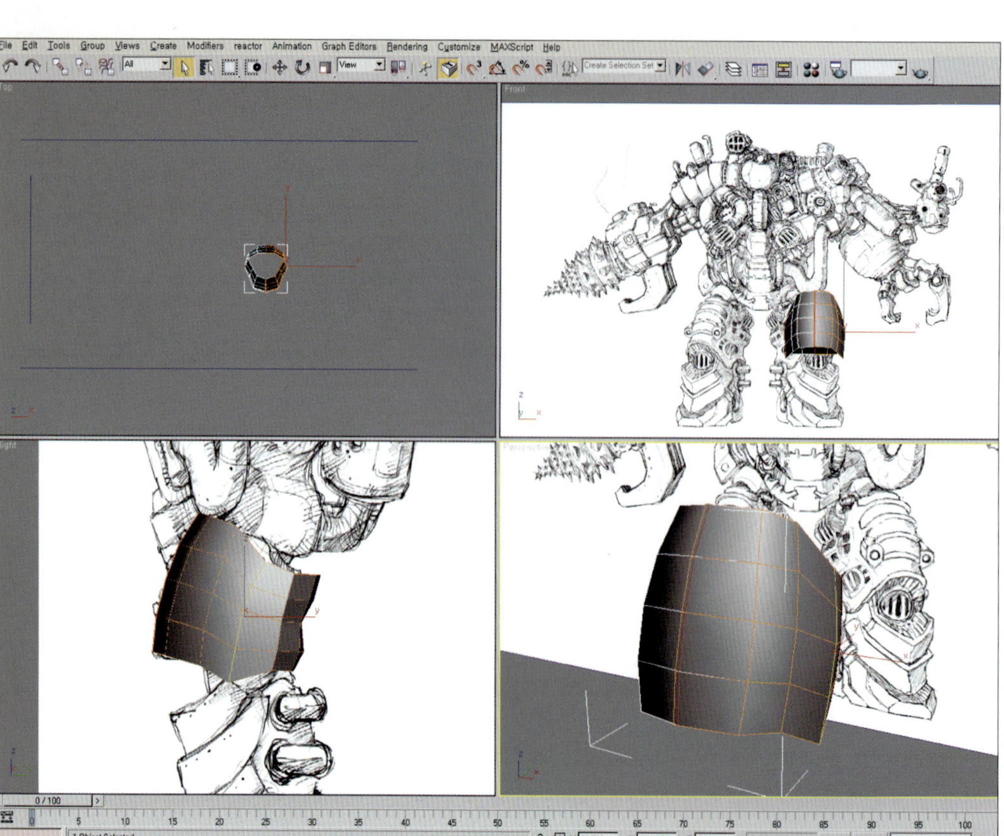

03 현 단계에서 어디까지 디테일을 넣어줄 것인 지 실험하며 진행한다.

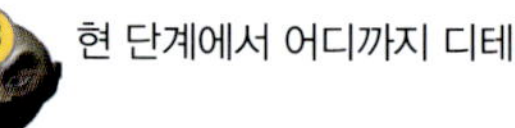

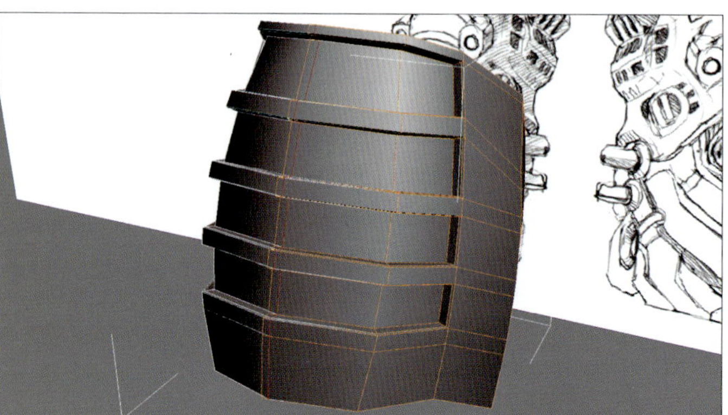

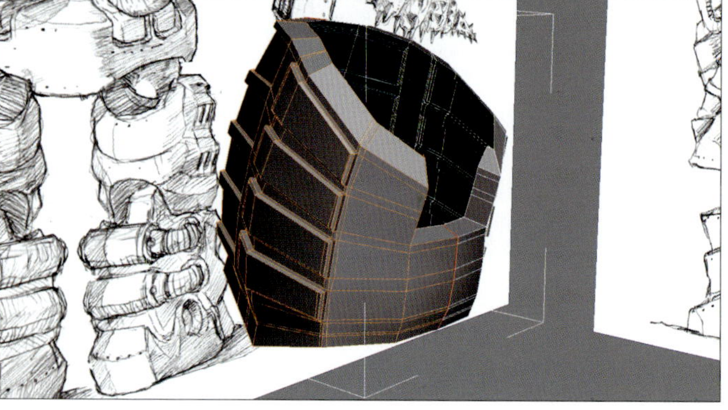

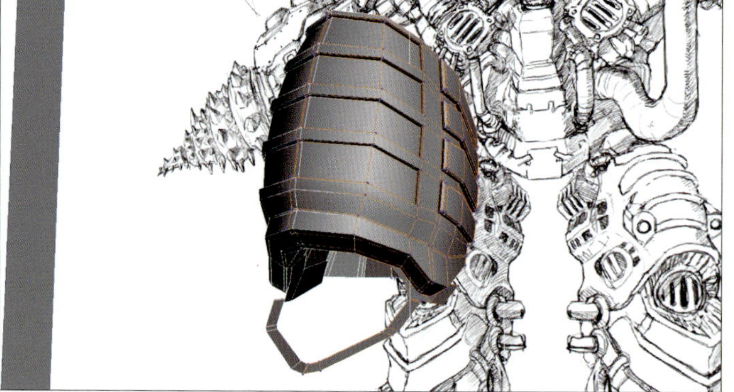

04 면을 계속 만들다 보면, 점차 평면들의 반듯함이 흐트러지기 마련이다. 메카닉 형태에서는 완벽한 평면이 핵심이므로 Editable Poly 〉 Make Planar를 자주 사용하여 평면의 반듯함을 유지한다.

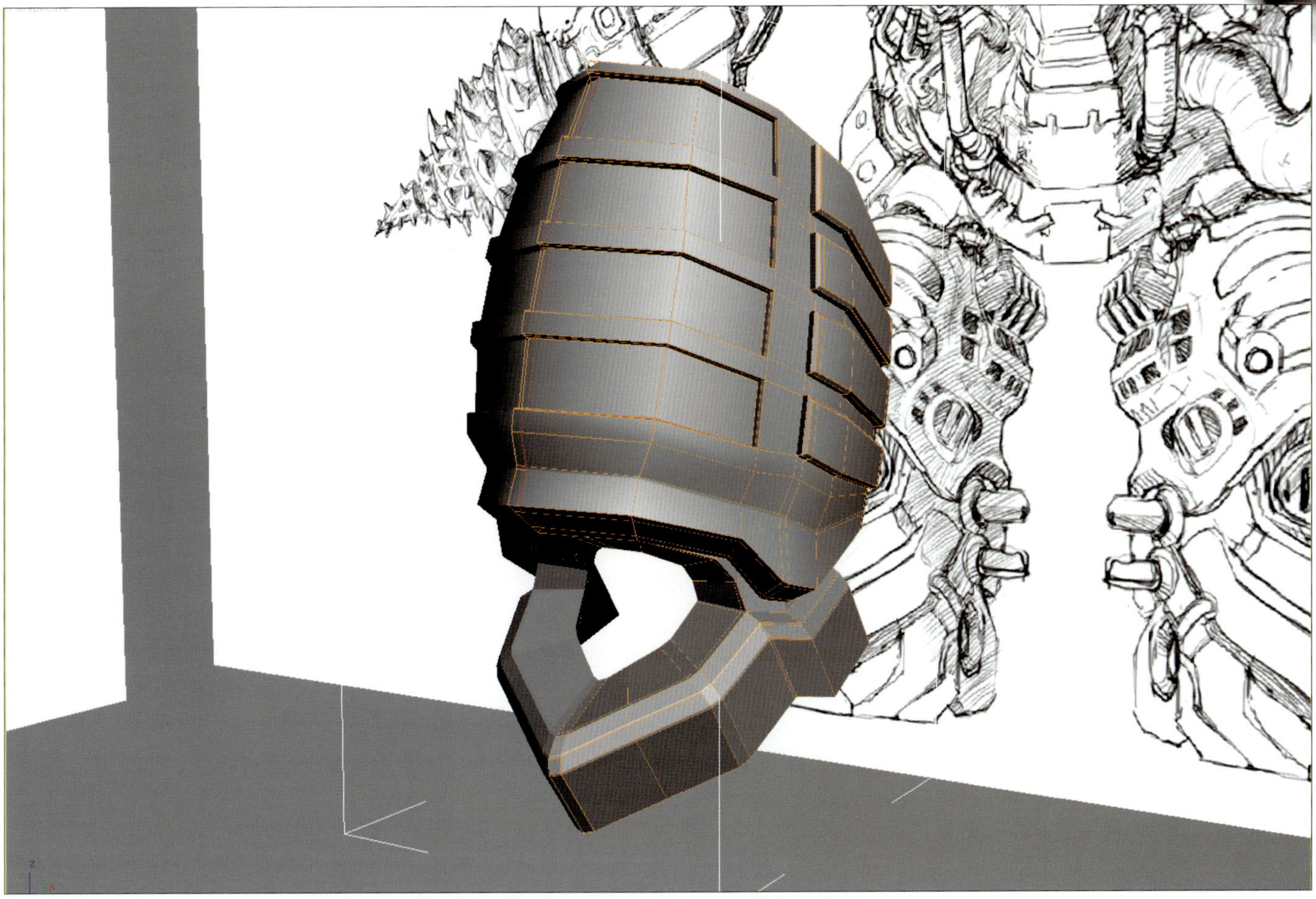

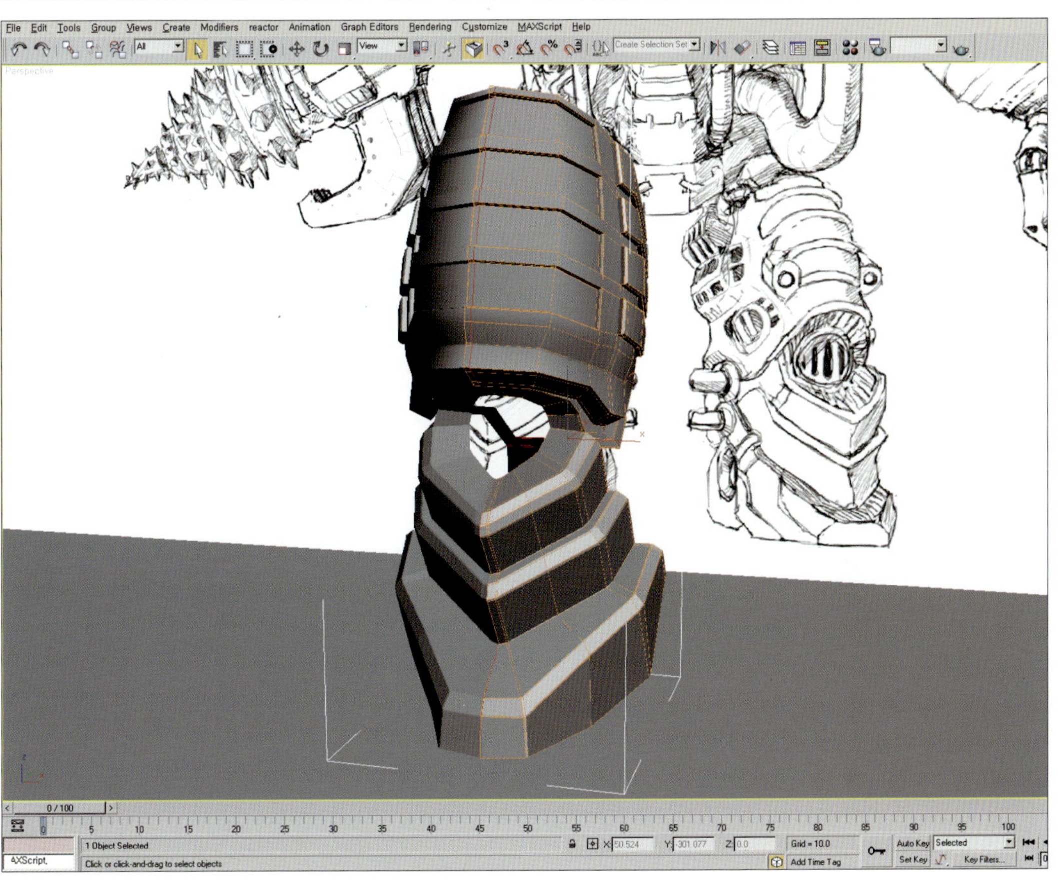

Game Character Design Master

05 발 부위를 보면 알겠지만, 현재 이것은 완벽히 틈이 없는 구조는 아니다. 개인적으로는 어디서 어떻게 시작할 것인가를 고민하기 보다, 일단 덩어리를 덩그러니 만들어 보는 것부터 시작했을 때, 실마리가 더 빠르게 잡히는 것을 경험하곤 한다. 마치 머릿속으로만 그림을 어떻게 그릴 것인지를 고민하는 것과, 일단 눈앞에 스케치북과 연필이 있는 경우의 차이와 같은 것이다. 메쉬의 덩어리는 우리에게 있어, 디테일을 그려 넣을 수 있는 스케치북과 같다. 어떻게 모델링 할지 고민할 것 없이, 일단, 덩어리를 만들어 보고 직접 실험해보는 것이 도움이 된다.

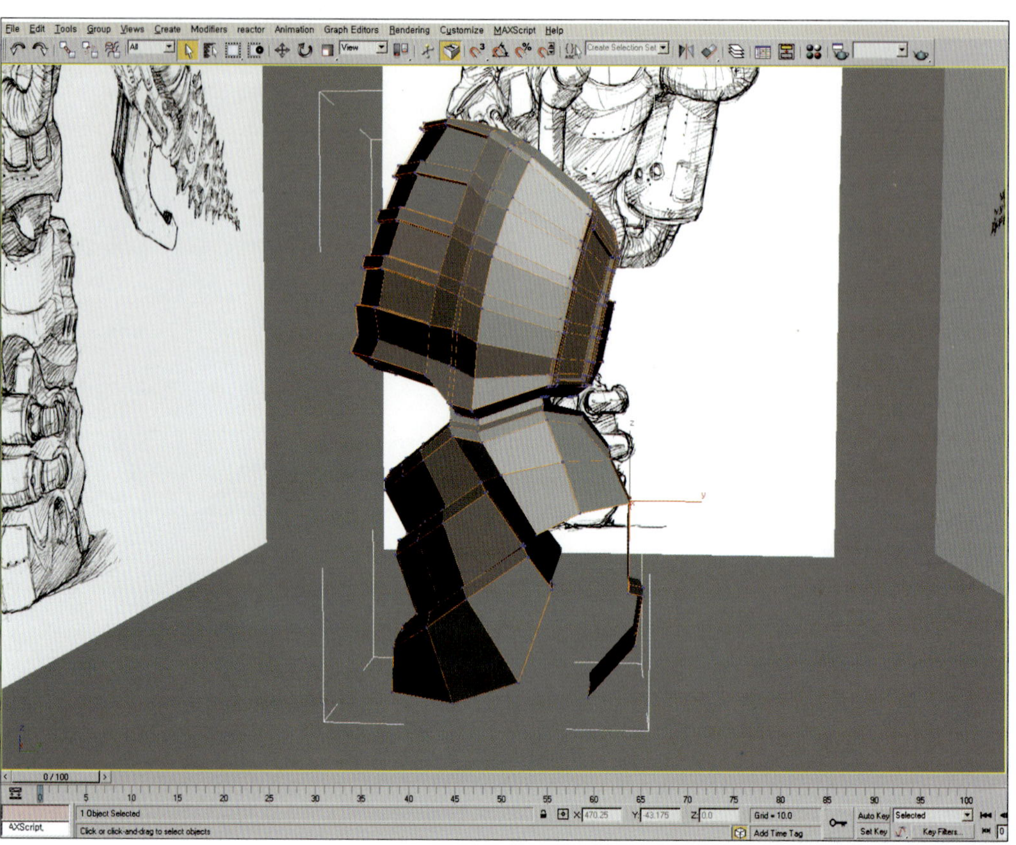

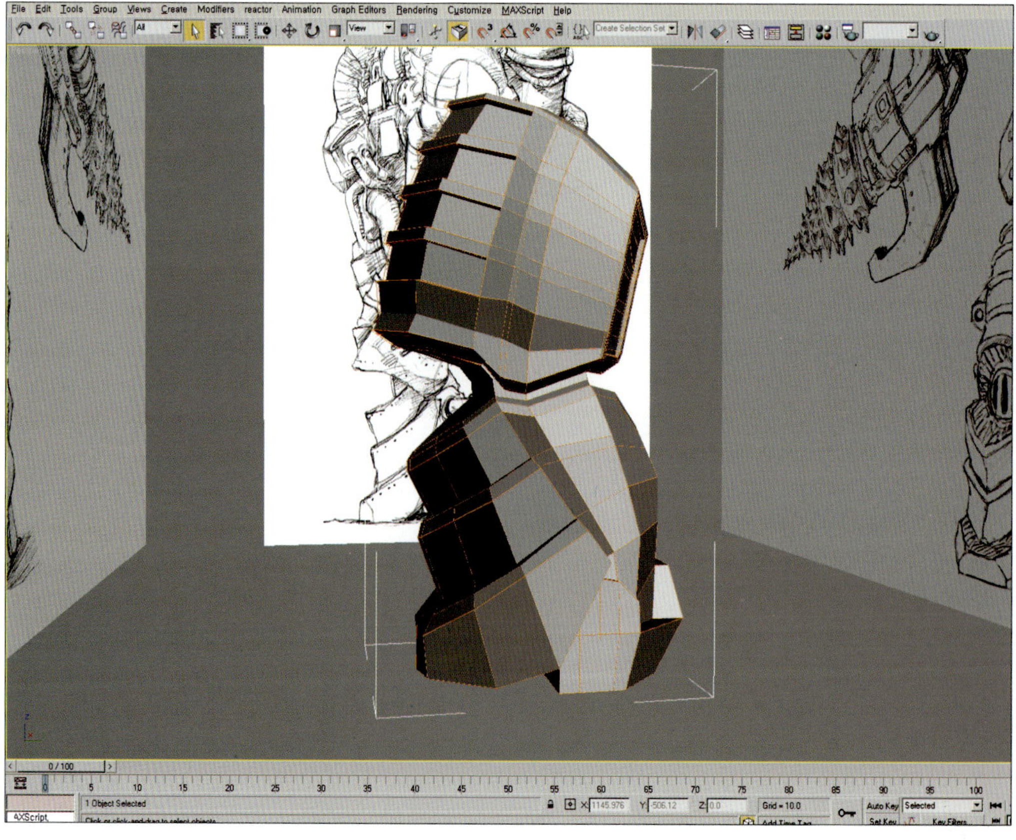

06 다리의 Proxy II는 여기까지 만들어 둔다.

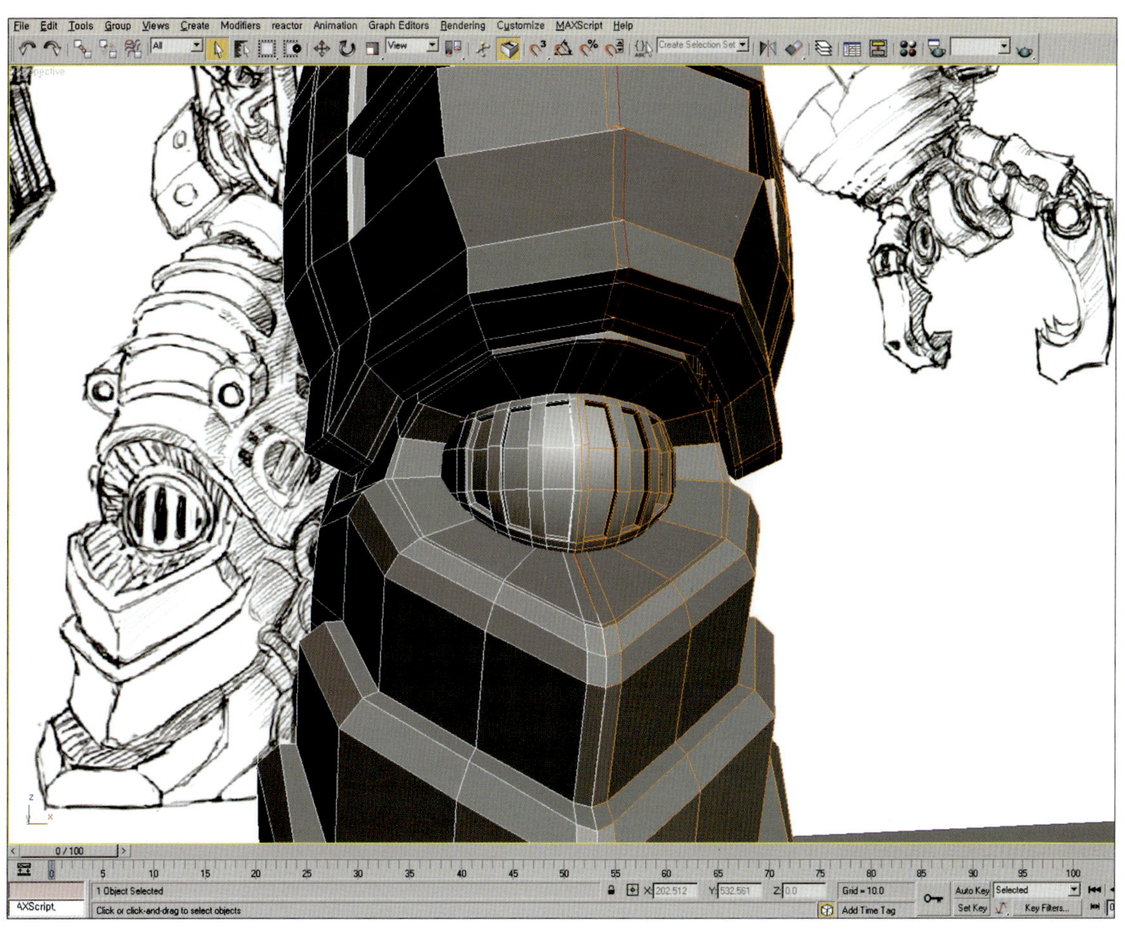

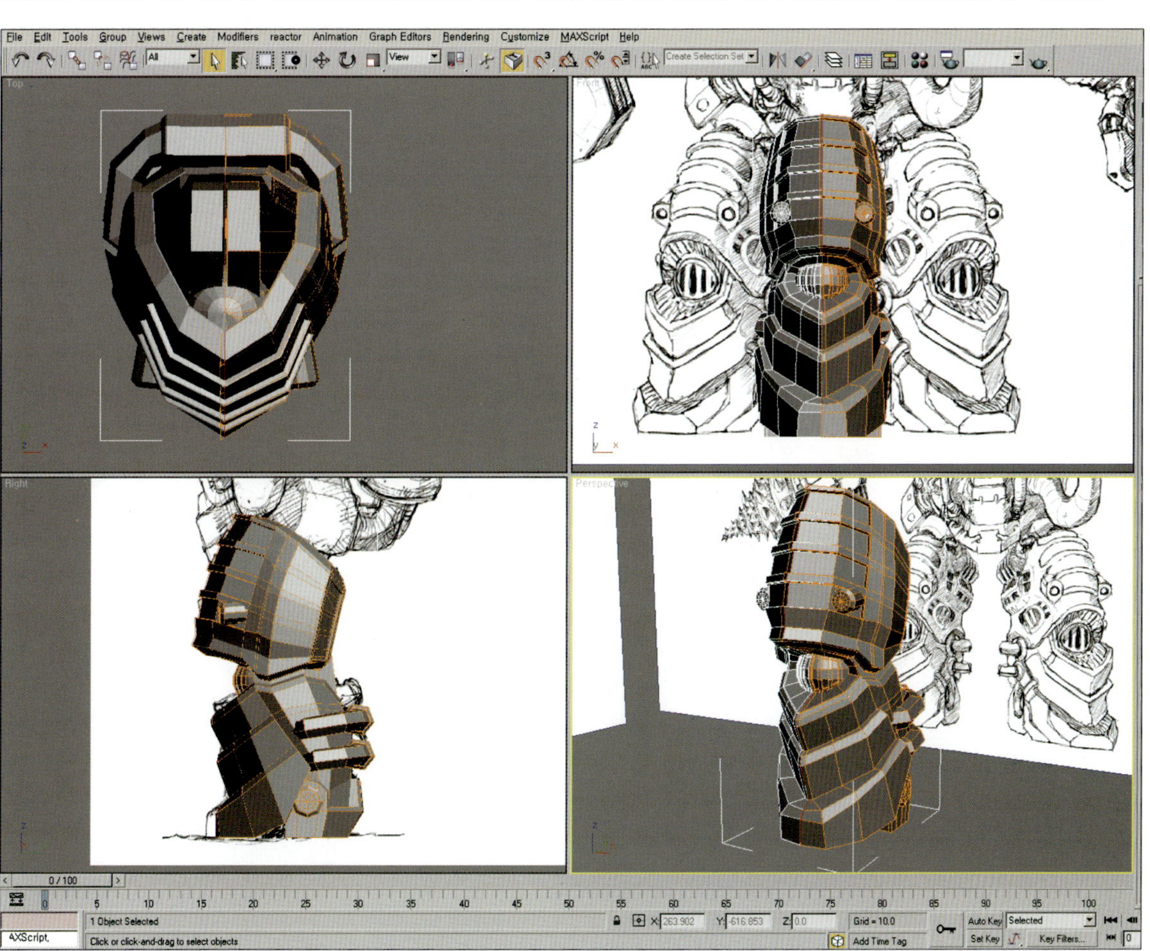

494

07 Proxy I 에 맞춰 배치해 주었다.

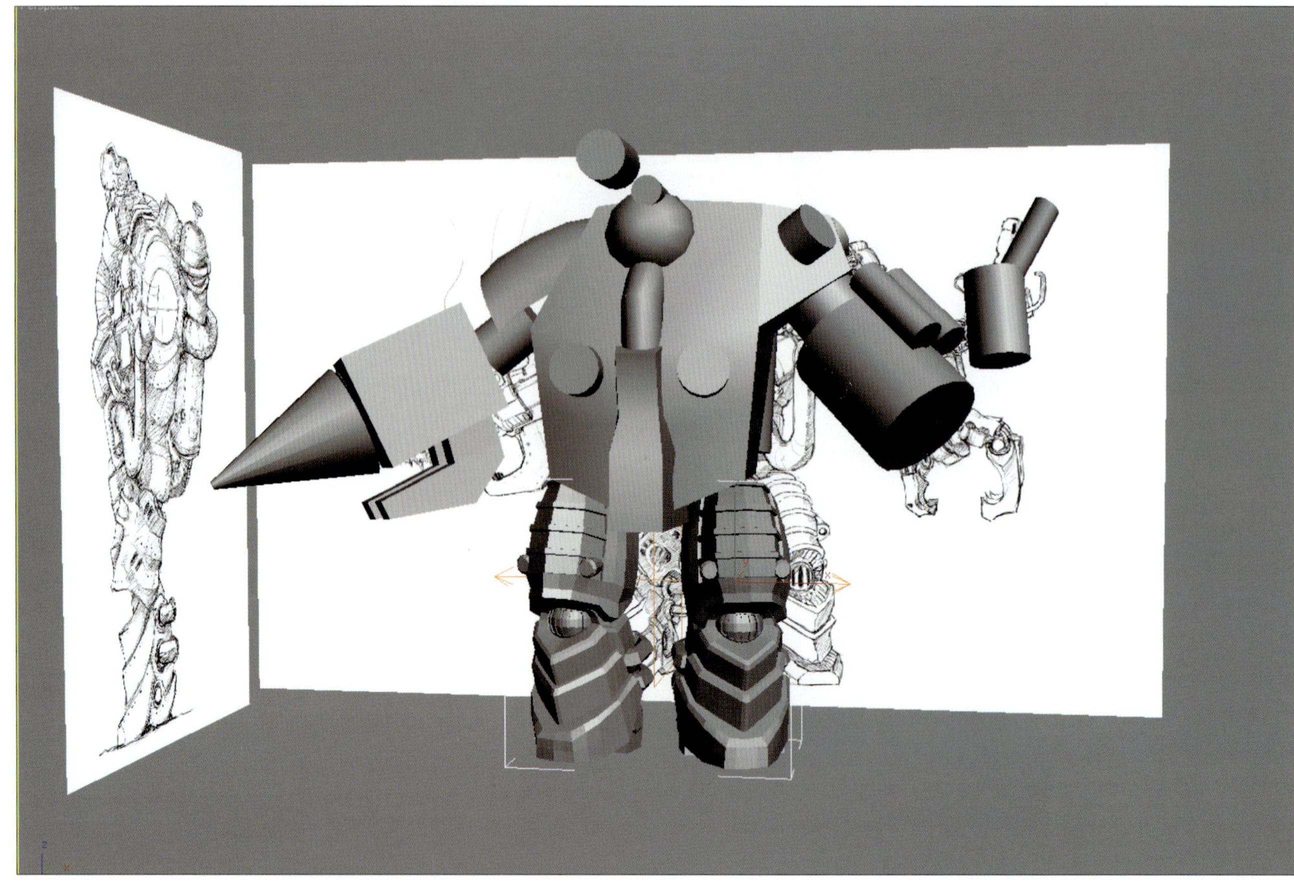

08 Cockpit이 될 부분을 위해 Sphere를 하나 넣어 주었다. Sphere의 방향을 조절하여 정면의 튜브를 뽑아주기 용이하게 해준다.

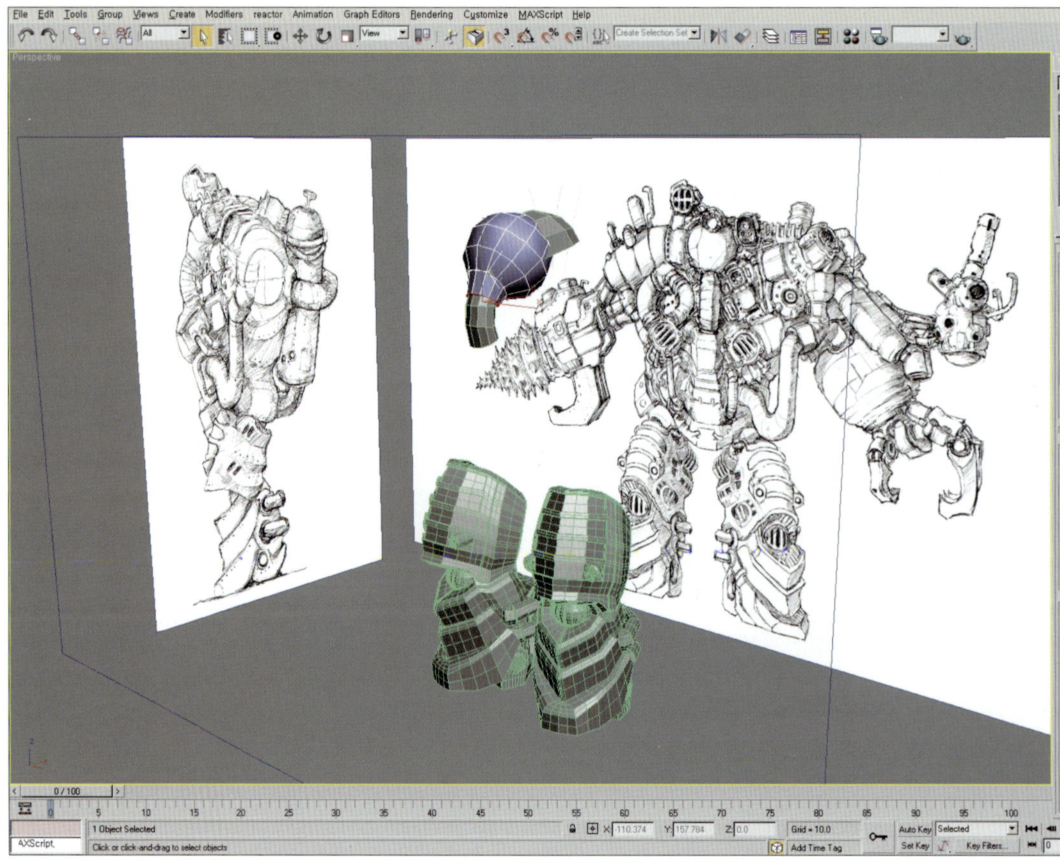

 **09** Sphere의 꼭지점에서 튜브의 형태로 뽑아주었다.

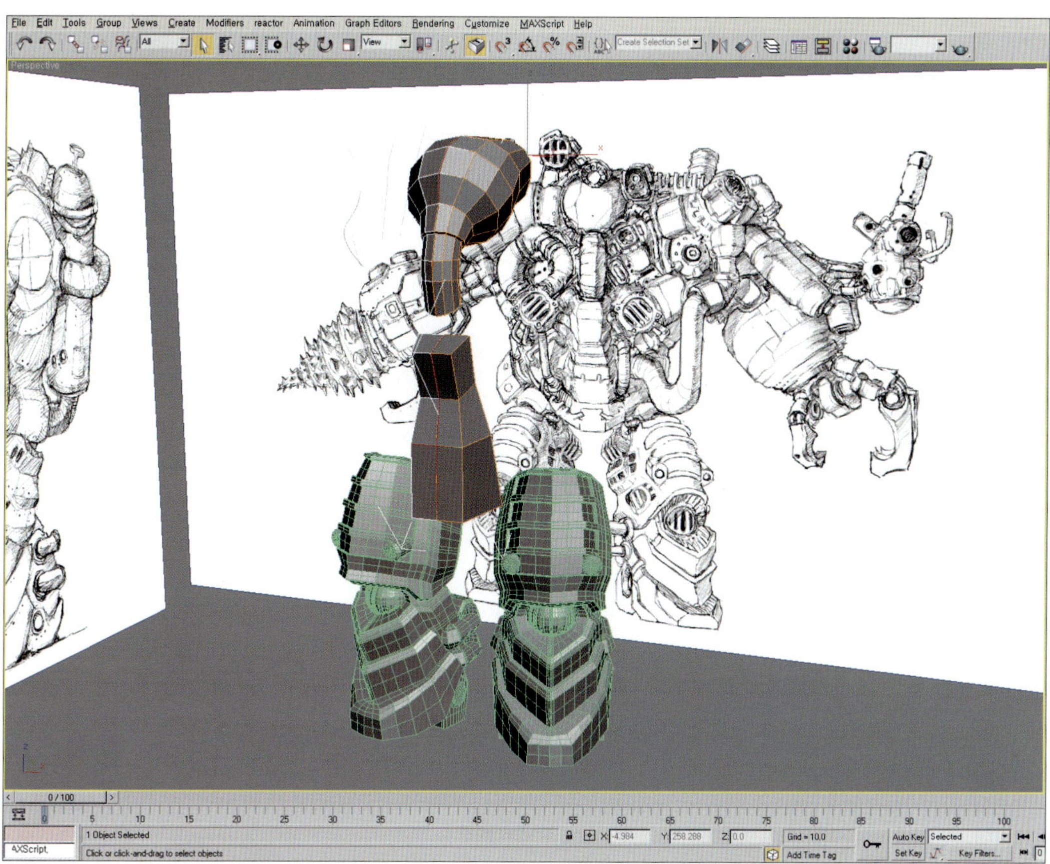

 **10** 몸통의 디테일부분과 잘 맞도록 해주자.

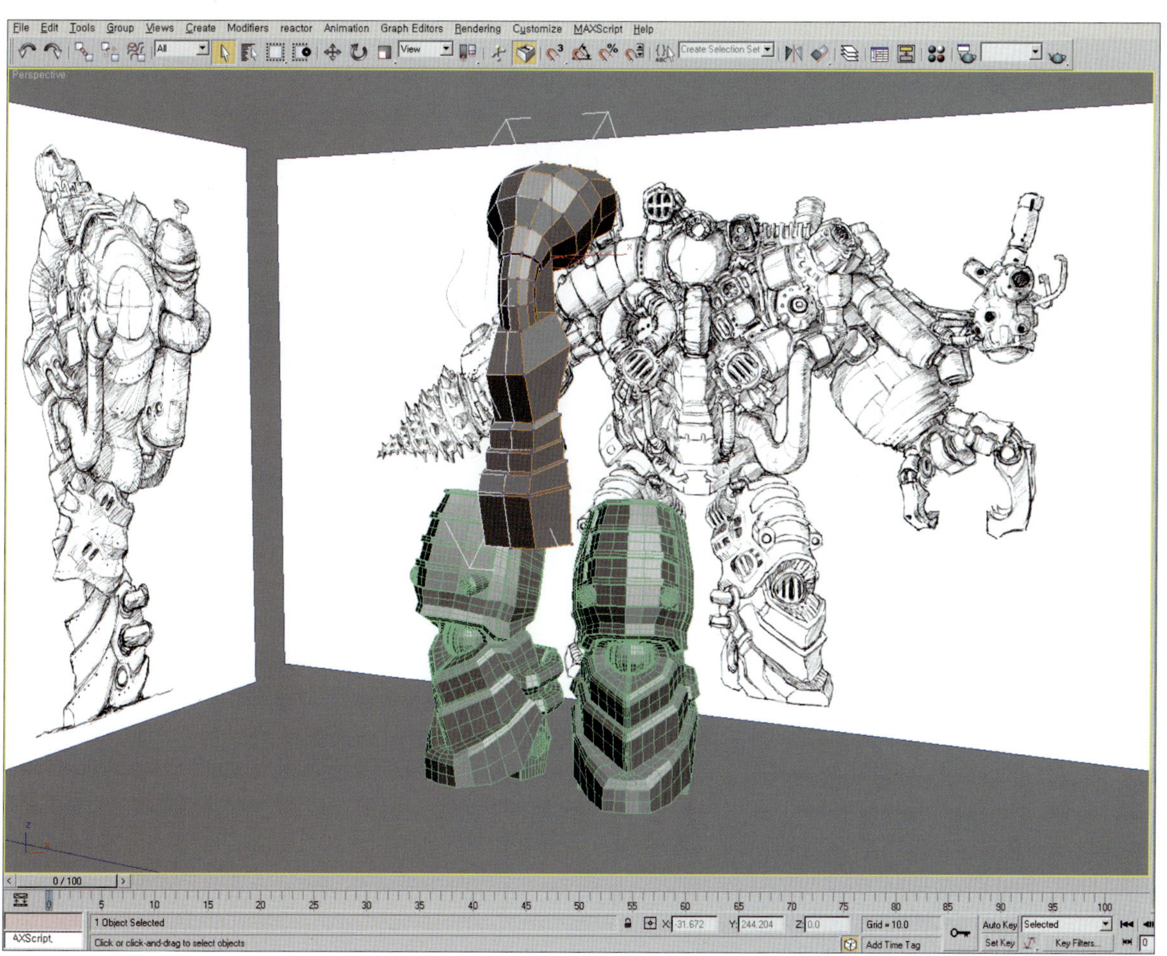

Game Character Design Master

11 실린더를 만들어서 가슴 부위의 배기구로 완성해 간다.

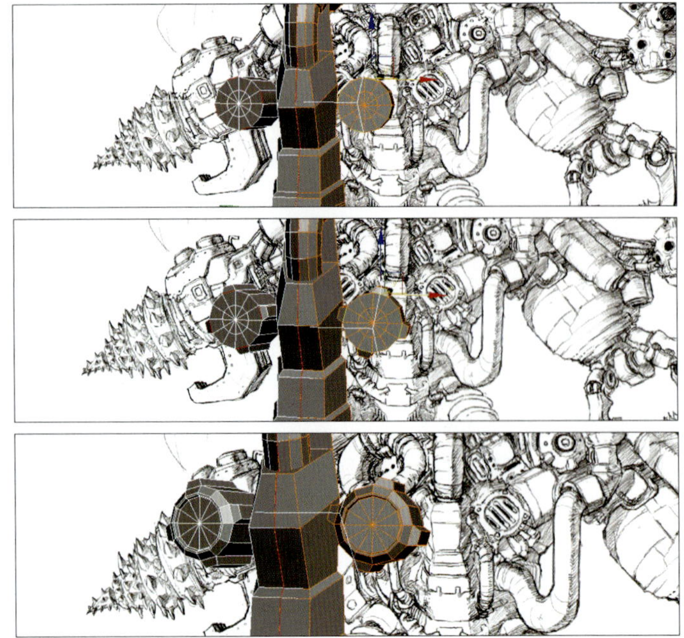

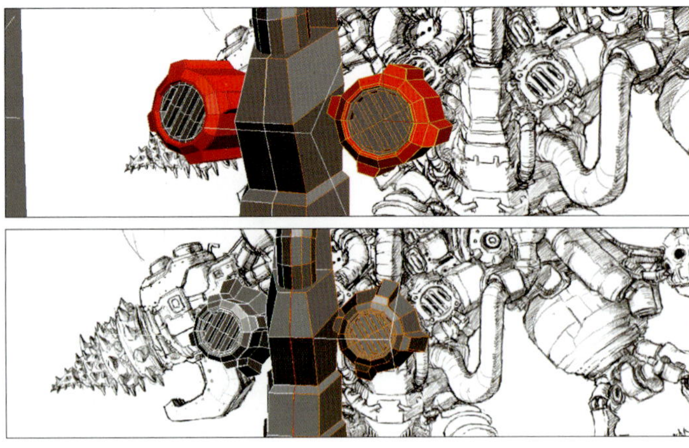

12 배기구가 완성되었다. 안쪽의 좀 복잡한 형태는 별도의 Element로 분리내서 작업한다.

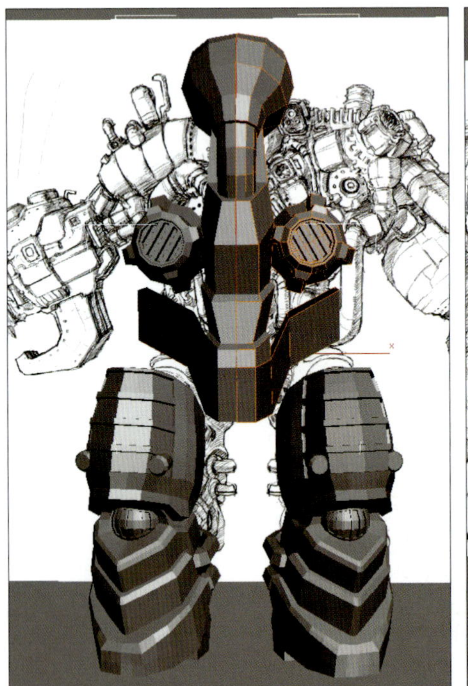

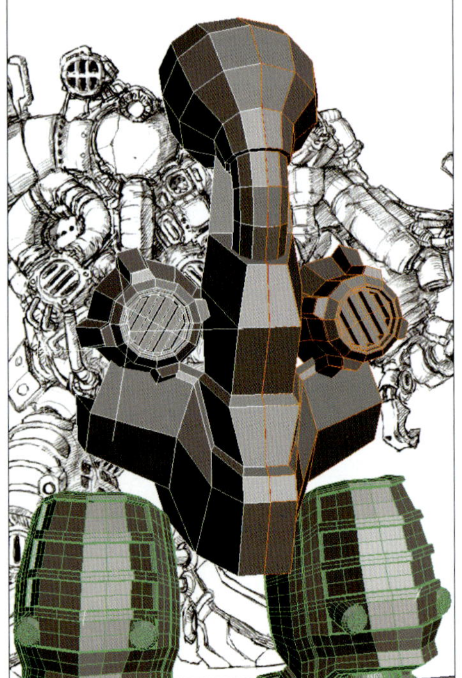

13 얼굴 부위 Sphere의 세그먼트를 잘 정렬한 다음, 얼굴 부위 뚜껑의 형태를 만들어 준다.

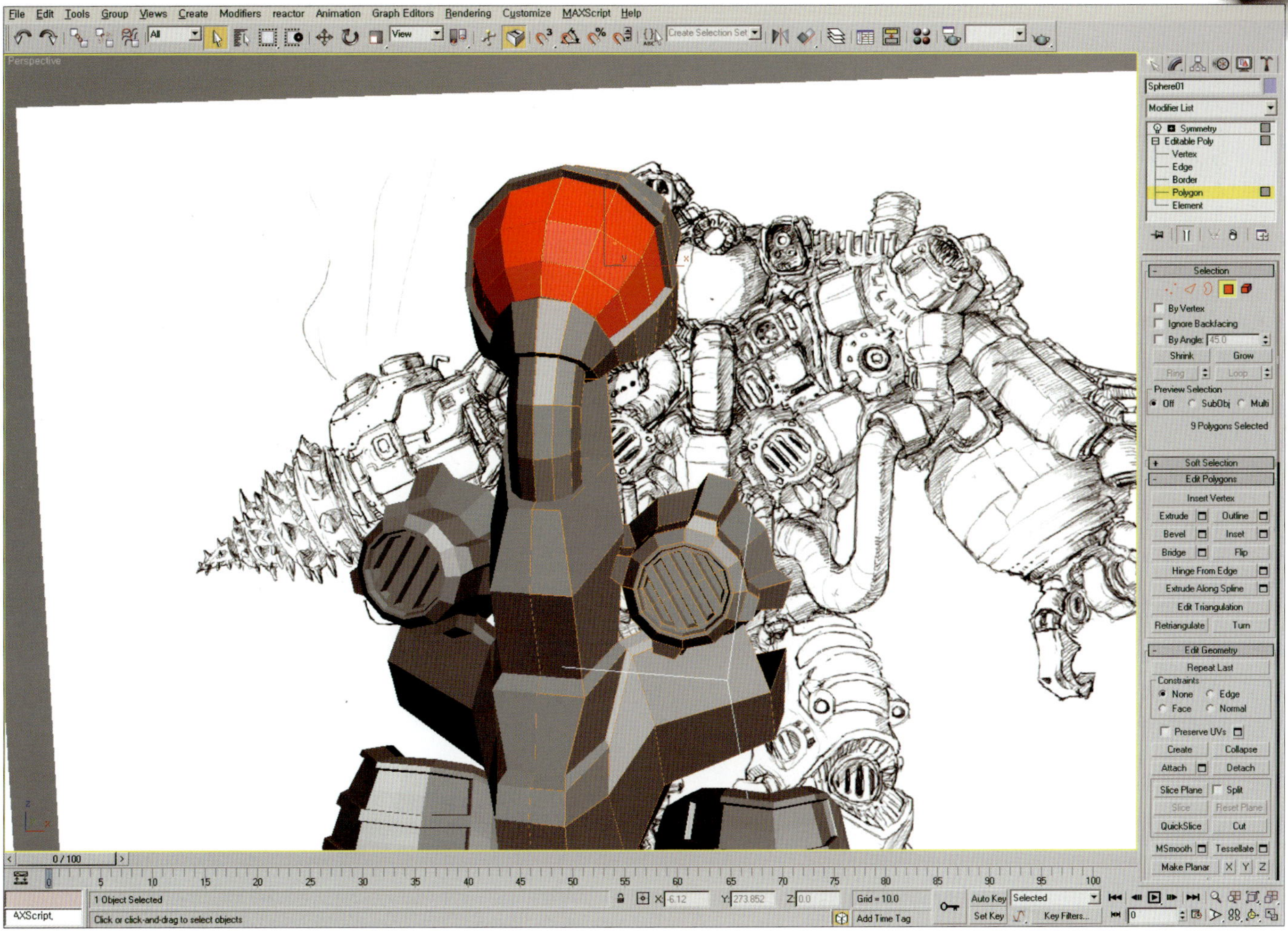

14 하체 부위에서부터 Edge를 Shift+드래그로 뽑아주며 기본 몸통을 메워 주었다.

15 머리 뒤쪽에서 등쪽으로 타고 흐르는 형태로 만들어 보았다.

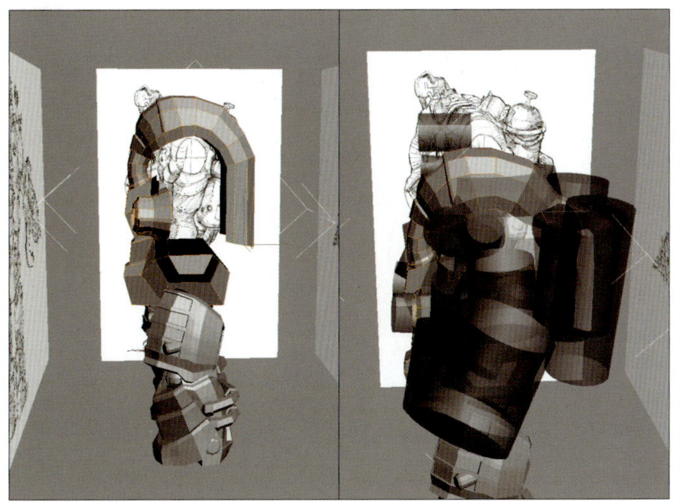

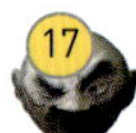

16 그것으로 등에 달린 가스통 사이 부위를 만들어 보겠다.

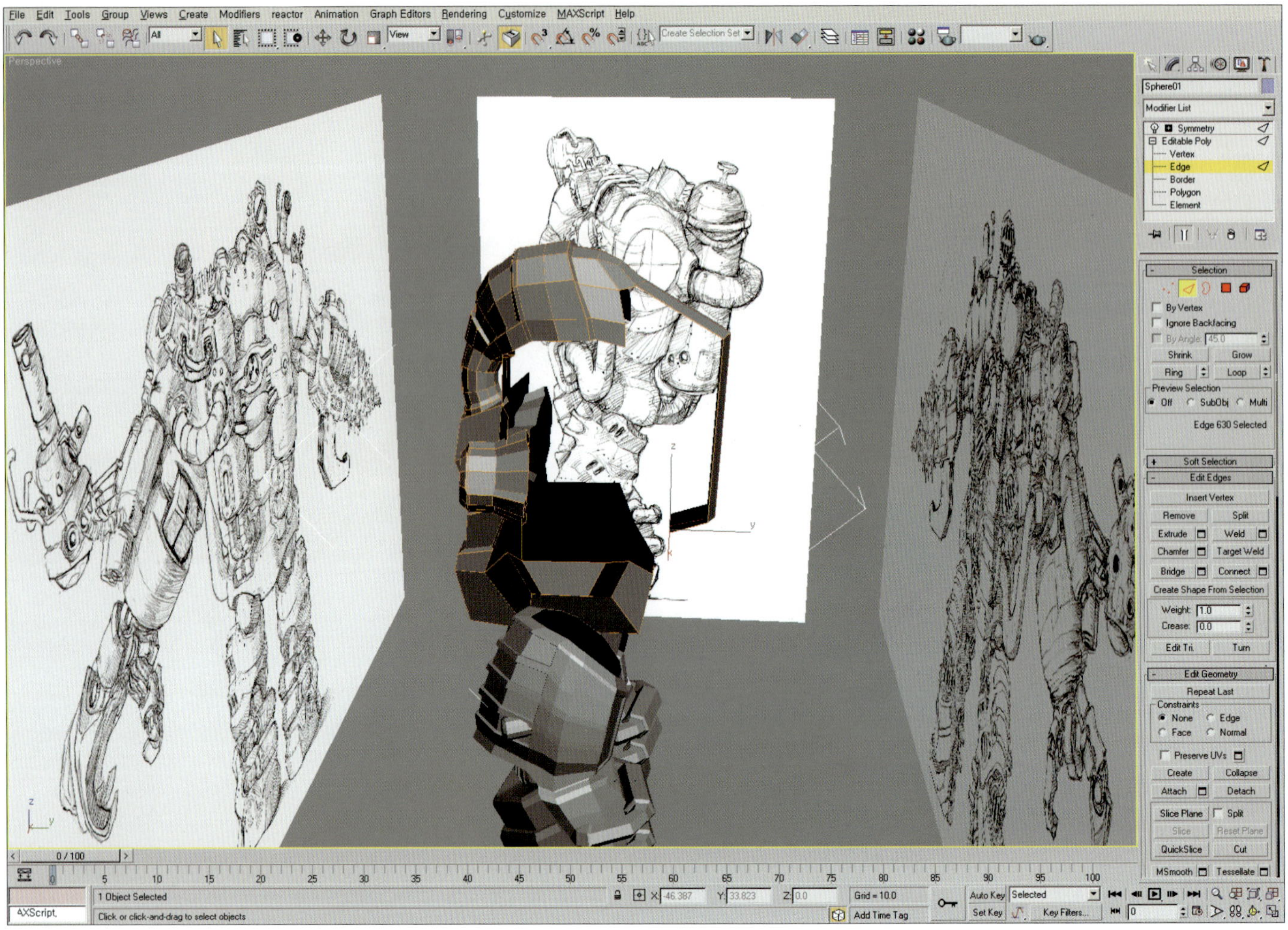

17 가스통은 Capsule 오브젝트를 사용하였다.

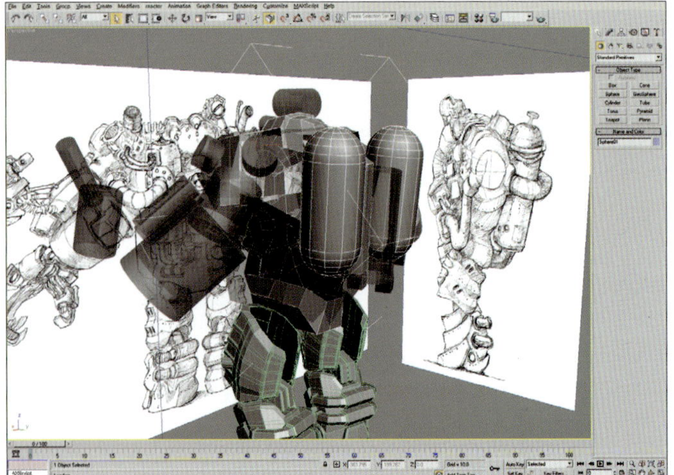

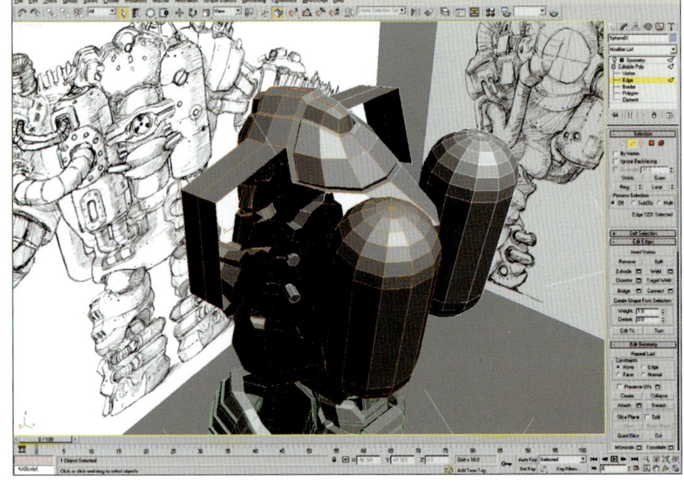

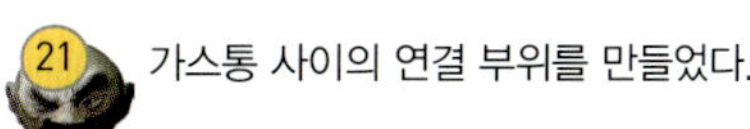

⑱ 얼굴부위부터 몸통까지의 연결 작업

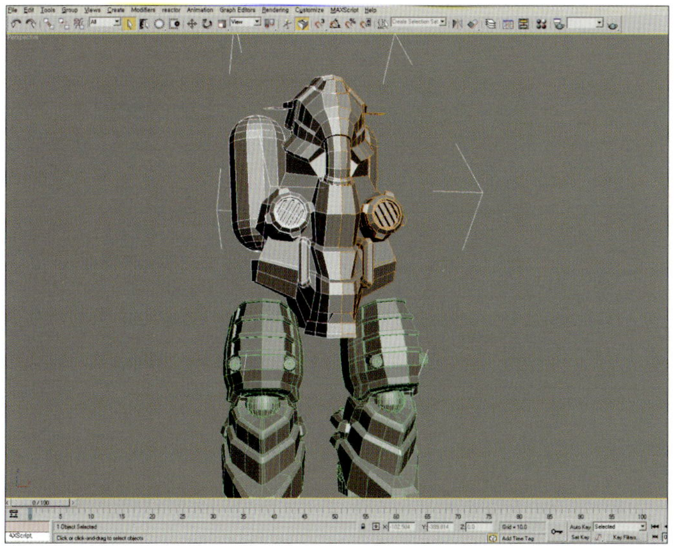

㉑ 가스통 사이의 연결 부위를 만들었다.

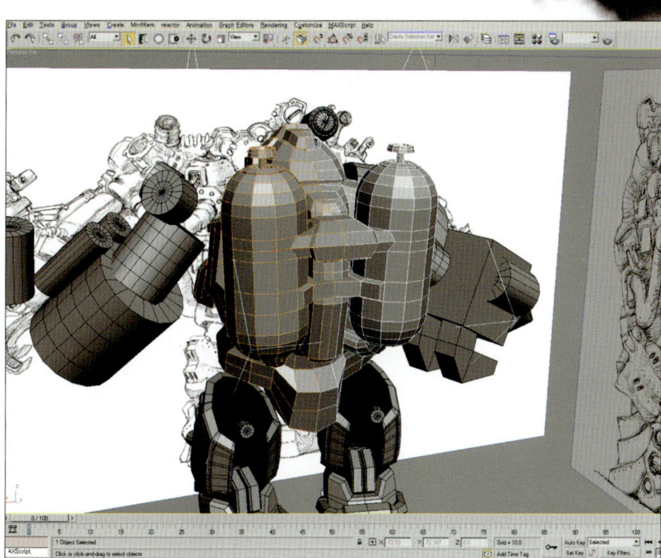

⑳ 이 과정에서는 기본 몸통을 완성하는 것이 중요하다. 기본 몸통이 완성되고 나면 온갖 부품들을 간편하게 붙일 수 있기 때문이다. 부품들만 가지고 공간을 메우려는 생각은 고통만 불러 올 뿐이다.

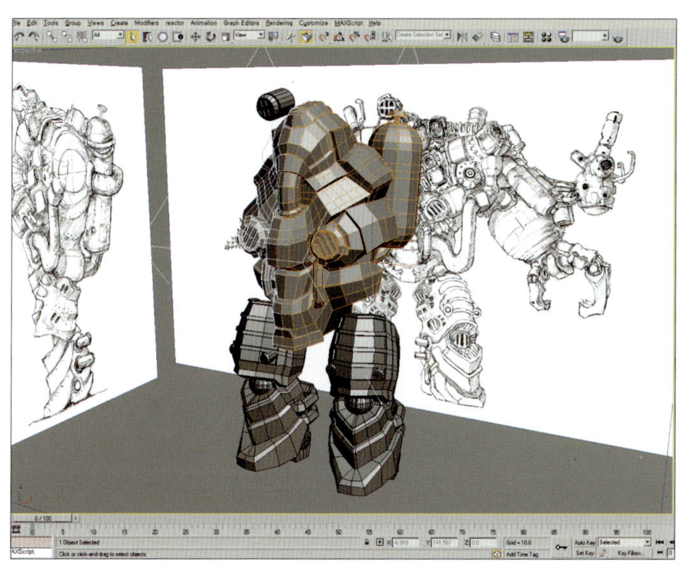

㉒ Proxy-Ⅱ 완성. 원래 디자인에 비해 매우 단순화되었다.

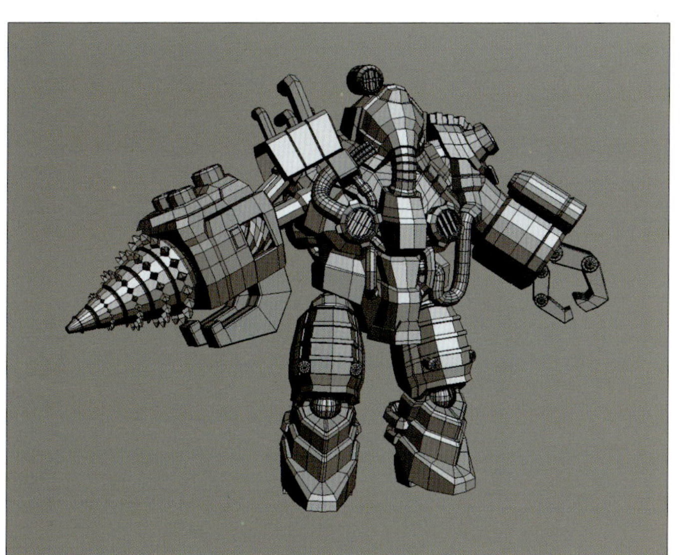

🔘 부록 DVD 파일
\ 3D캐릭터모델링 \ 로봇 \ robot_proxy.max

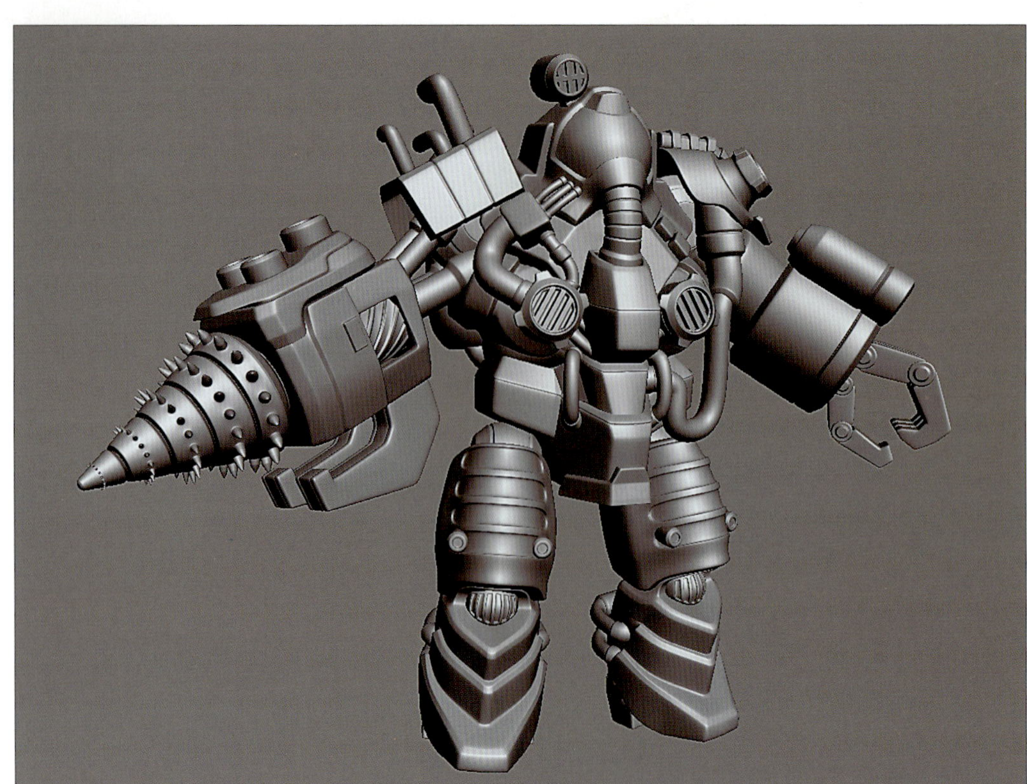

23 간단히 완성된 하이폴리곤 버전의 로봇데이터이다.

Proxy - II에서 이미 하이폴리곤 작업의 초반부분을 다룬 것과 다름 없기 때문에 하이폴리곤 작업은 매우 싱겁게 끝이 나고 맙니다. Turbo smooth를 얹어준 상태에서 디테일들의 각을 잡아주는 것이 전부이기 때문입니다.

곧바로 로우폴리곤 제작단계로 넘어가 보겠습니다.

로봇 만들기

로우폴리곤과 노멀맵

04

메카닉 로우폴리 모델링은 사실 그다지 설명할
만한 부분이 없습니다. 생물체의 경우와 달리, 구
부러지는 부위도 없을뿐더러 각 부품들의 형태 자
체도 보통 단순하기 때문입니다.

이 로봇의 경우도 마찬가지인데, 앞서 강조해
드렸었던 '우리 눈이 보는 각도를 활용한 노멀맵 추
출'의 원리를 적극적으로 적용하는 부위들 위주의
핵심을 짚어 보는 기회로 활용해 봅시다.

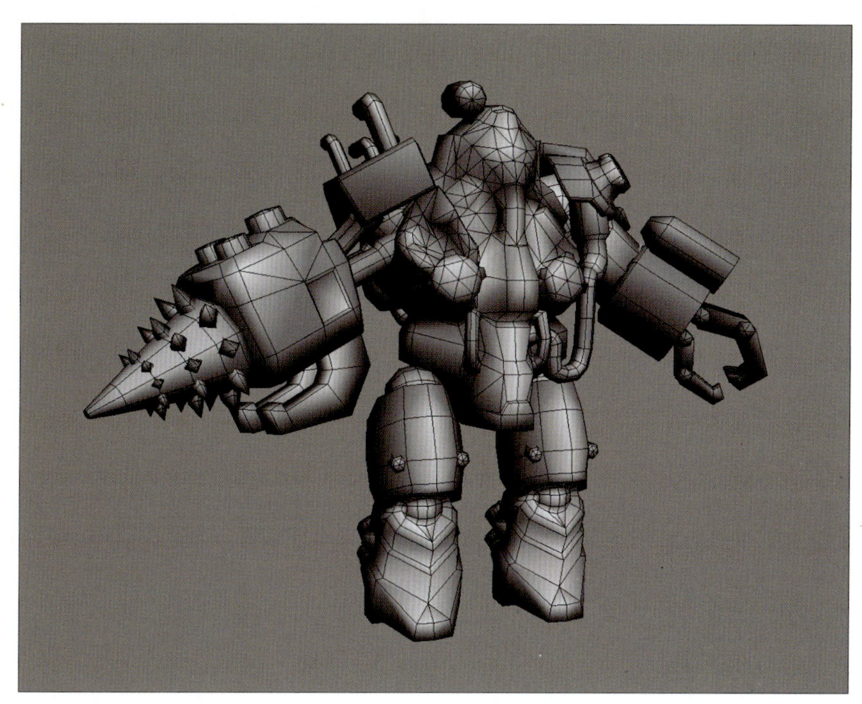

완성된 로우폴리 버전

01 노멀맵 트릭을 사용할 주요한
디테일들을 표시해 보았다.

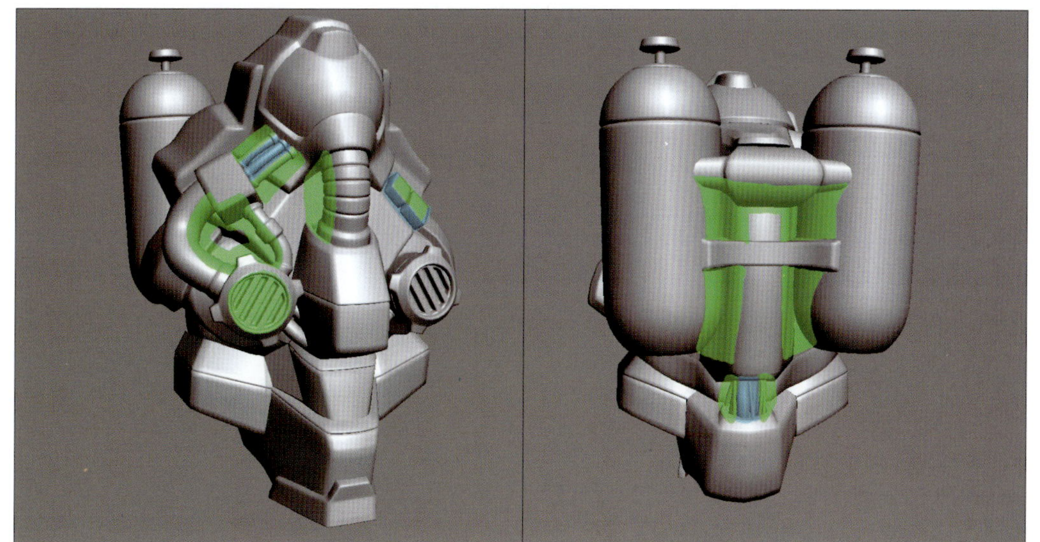

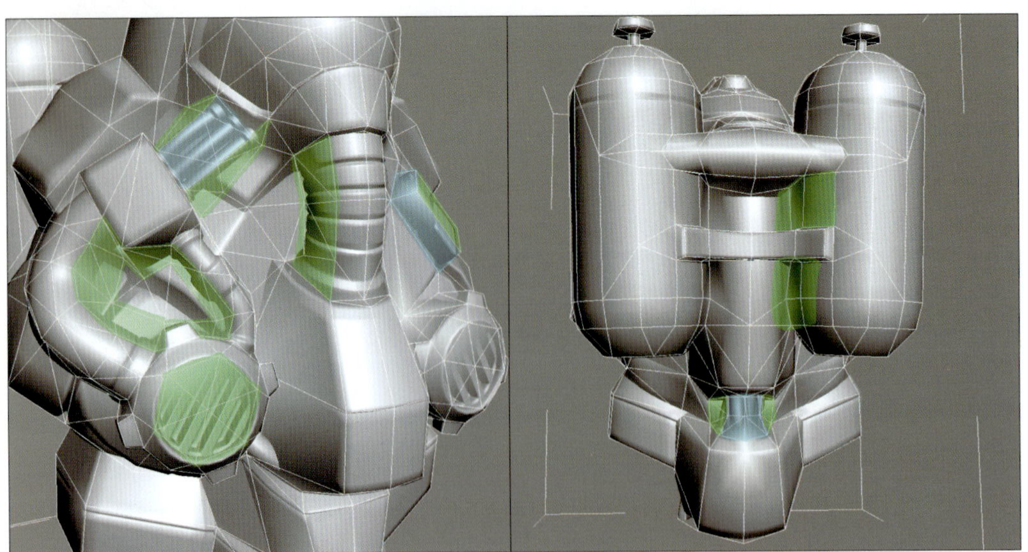

02 그 부위들의 디테일을 생략하
여 한 덩어리로 싸잡고 보이는
각도대로 노멀맵 추출을 위해 준비된
로우폴리곤 버전.

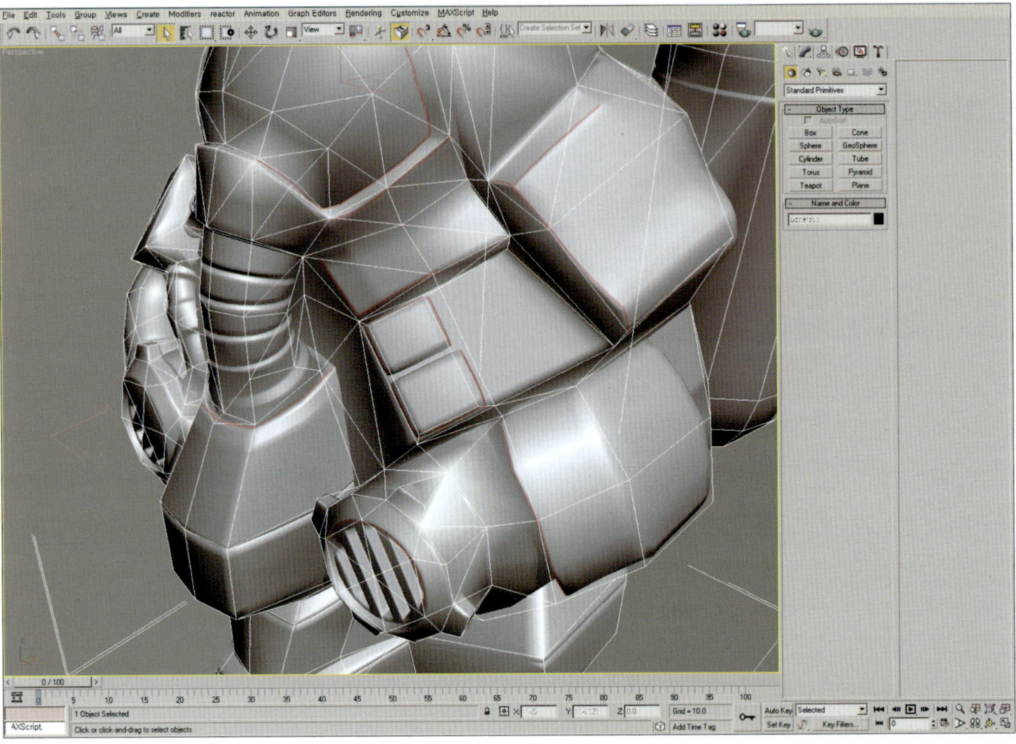

03 로우폴리곤의 모서리들이 하
이폴리곤의 모서리들에서 의
도적으로 비껴가도록 배치한다. 붉은
색이 하이폴리곤의 모서리들이다.

이렇게 하면 부드러운 하이폴리곤의 모
서리들이 로우폴리곤 메쉬에 반영되는
것이 아니라 노멀맵이라는 텍스쳐로 표
현되기 때문에, 매끄러운 느낌을 살릴
수 있게 되는 것이다.

04 3ds Max의 Render To Texture 기능으로 노멀맵을 추출한 결과이다. 로봇이나 갑옷처럼 여러 부품들이 가까이 배치되어있는 경우에는 이렇게 서로 간섭없이 노멀맵을 추출할 수 있도록 부분부분 떼어서 추출하는 것이 좋다.

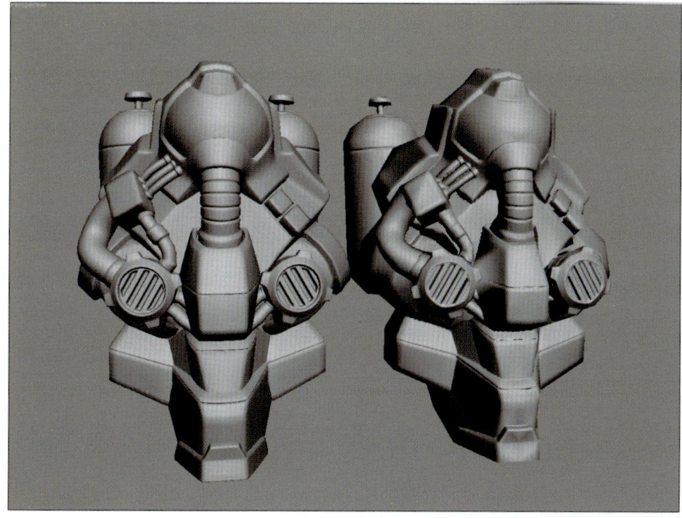
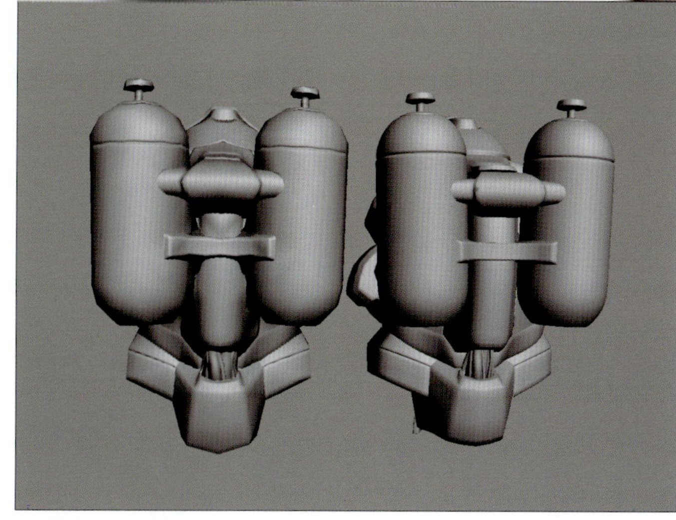

05 흰색 재질을 주고 Skylight를 생성하고 Light Tracer로 렌더링하여 Ambient Occlusion Map을 입혀본 결과이다. 다음 그림을 주목하자.

06 이미지를 이렇게 크게 넣는 것은 그 만큼 이 이미지가 담고 있는 노멀맵과 로우폴리의 관계에 대한 핵심적인 개념들이 풍부하기 때문이다. 부드럽게 표현되어야 할 디테일들을 폴리곤의 모서리들이 빗겨가면서 노멀맵이 그것들을 텍스처의 개념으로 처리해 주는 기법이 바로 핵심 중의 핵심이다.

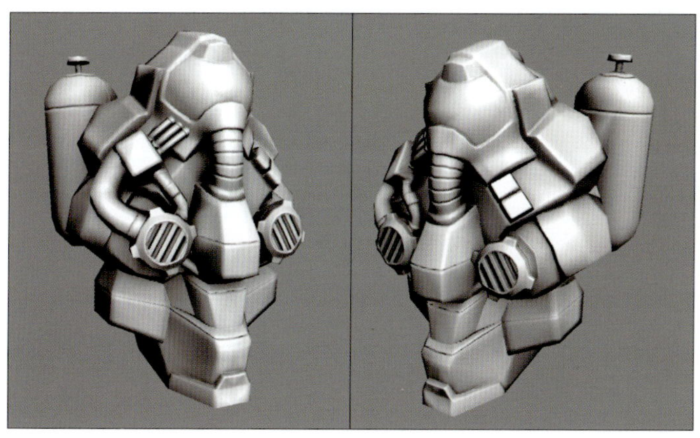

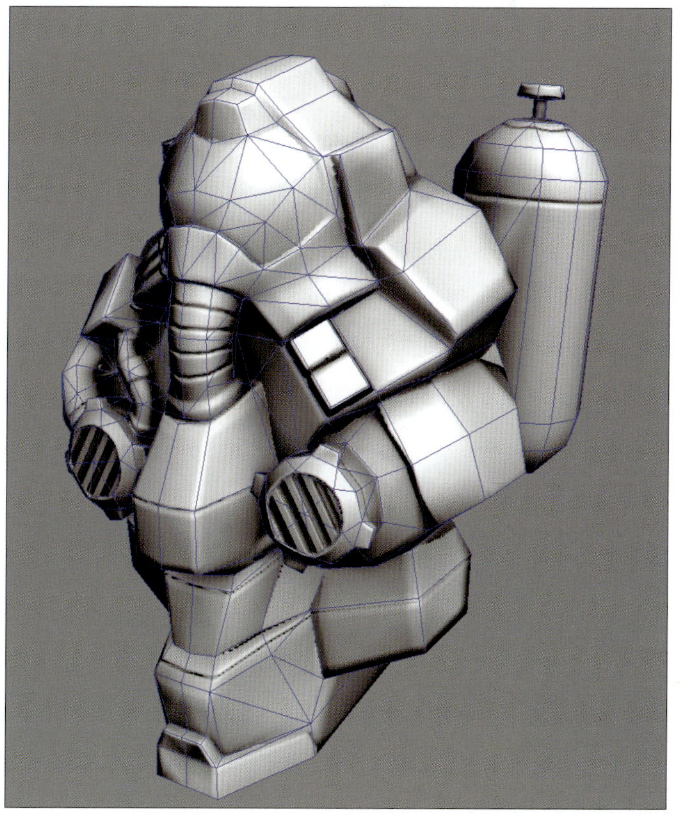

07 녹색과 파란색으로 표시했던 부위들의 로우폴리곤과 노멀맵으로 처리되었다. 노멀맵은 텍스처라는 사실을 기억하자. 다만, 손이나 사진으로 그려주는 것이 아니라, 3D 오브젝트로 그려주는 것일 뿐이다. 노멀맵은 곧 '입체 텍스처'로 이해하자.

08 보는 각도와 노멀맵의 원리가 잘 적용된 또 다른 예이다. 허벅지 부위 뒤쪽의 모습이다.

Game Character Design Master

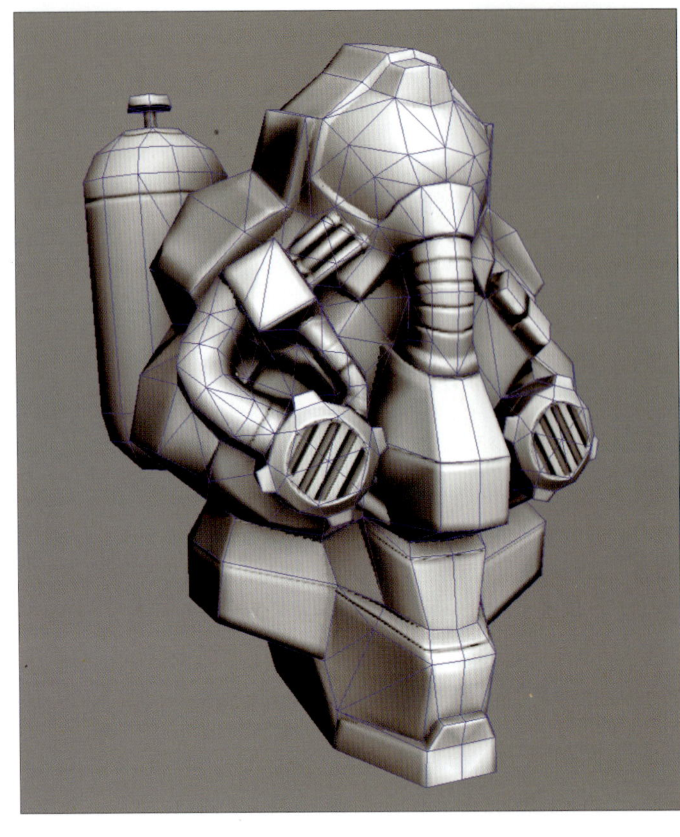

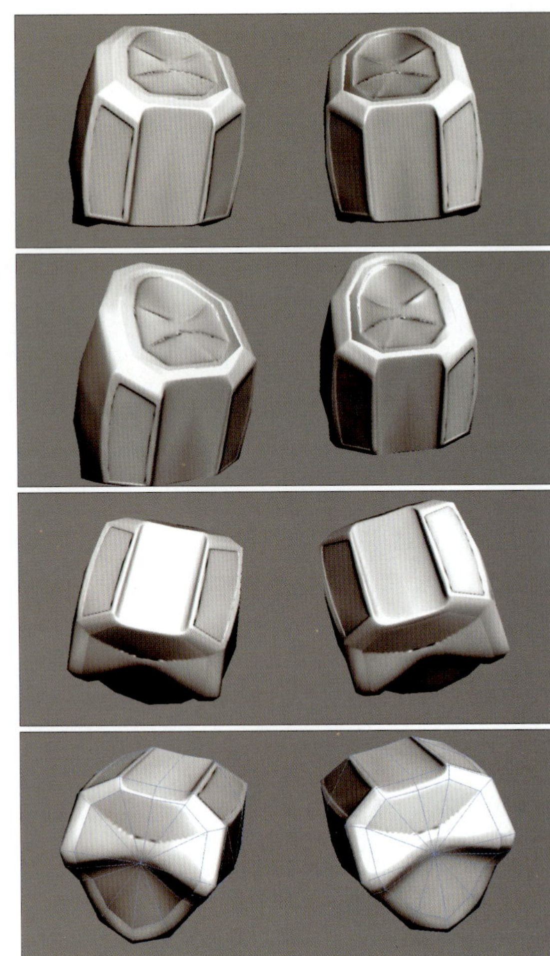

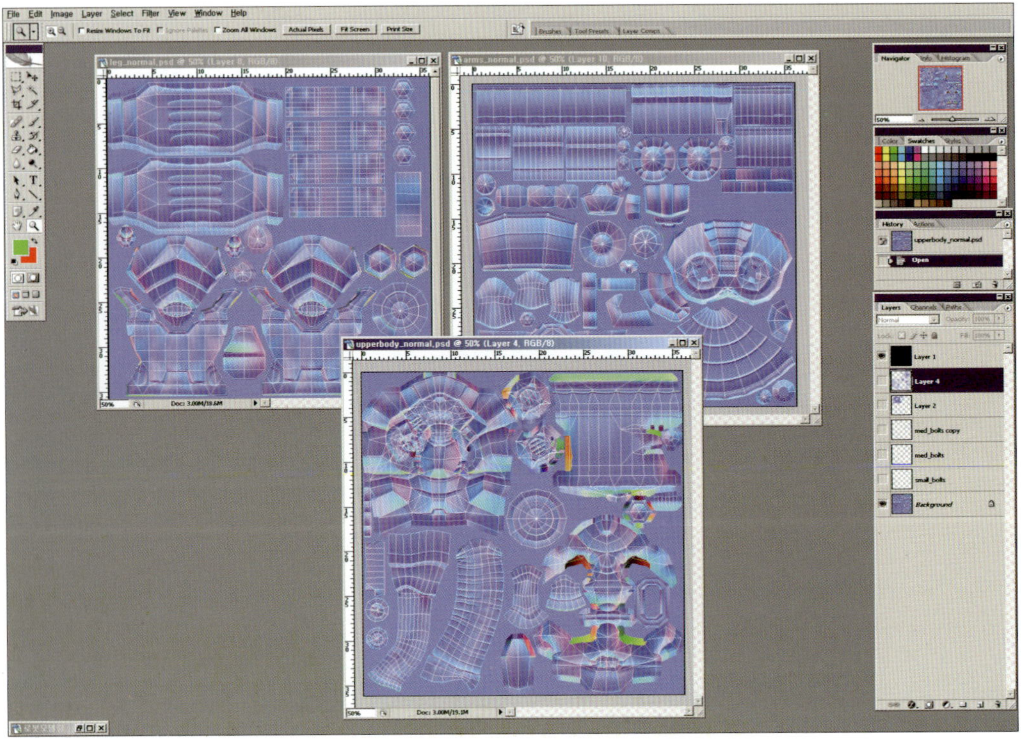

08 부분부분 추출된 노멀맵들을 팔, 몸통, 그리고 다리의 3 부분으로 나누었다. 최종 결과물의 텍스처 해상도는 5120이지만, 그것의 원본이 될 현재 상태는 10240이다.

505

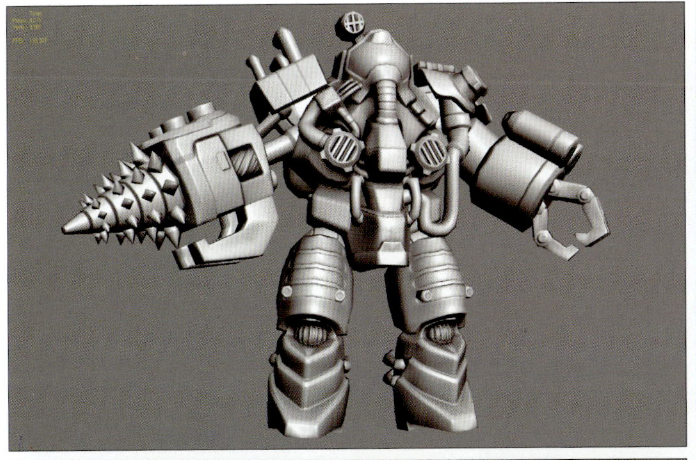

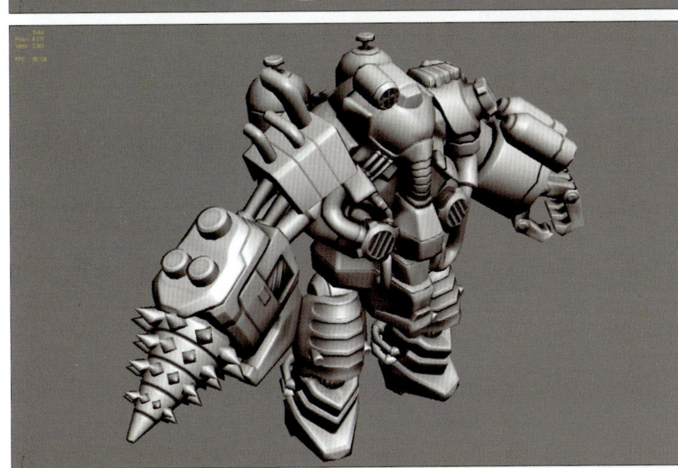

부록 DVD 파일
\ 3D캐릭터모델링\ 로봇 \ robot_normalCLEAN_v1.max

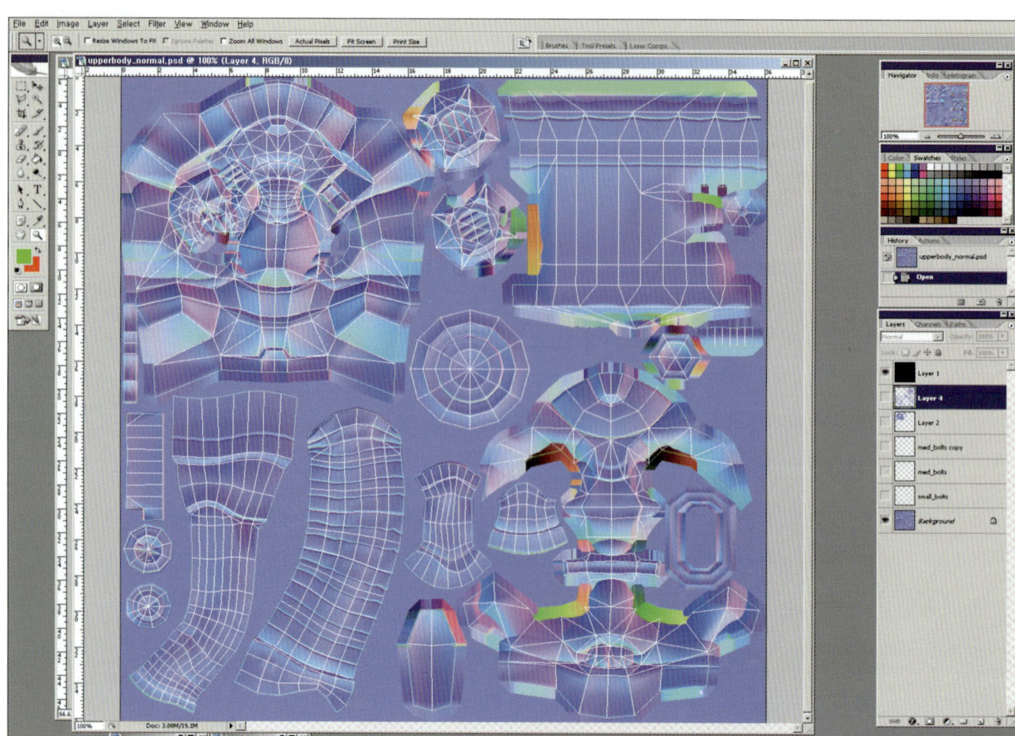

10 상체의 노멀맵이다. 못이 줄줄이 박혀 있는 상태로 편집할 텐데, 가스통 같은 부위의 UV가 최대한 반듯하게 펼쳐진 상태이기에 작업이 수월하게 된다.

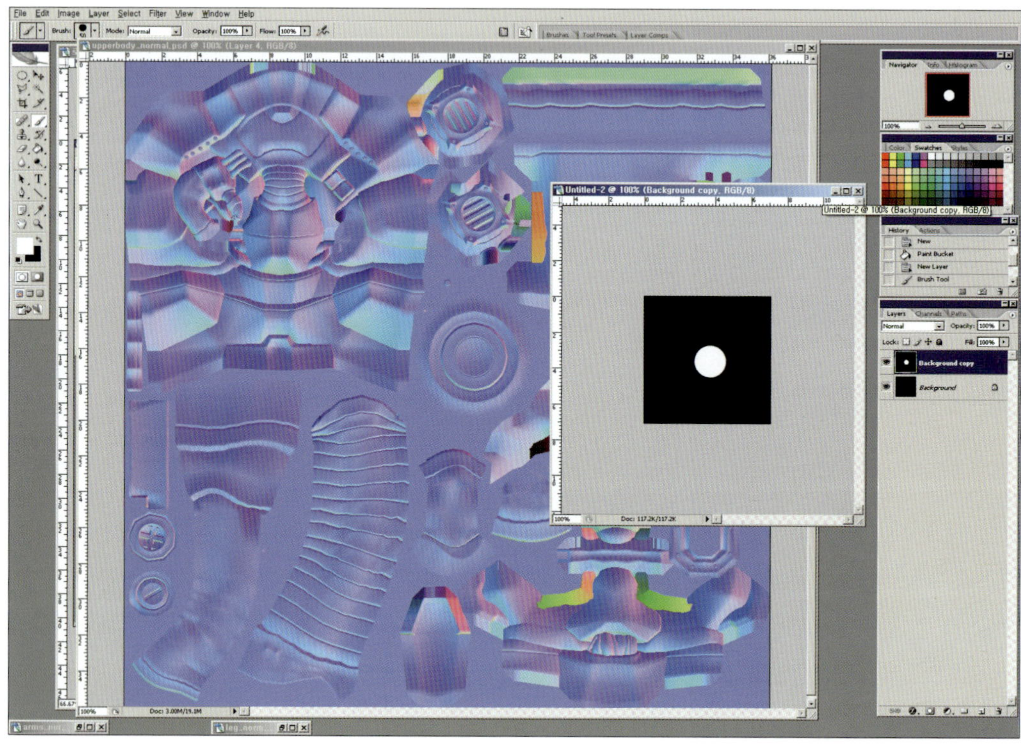

11 못의 노멀맵을 만들어서 얹어주기 위해서 작은 사이즈로 새로운 파일을 하나 만든다. 레이어를 하나 더 추가해주고 바탕색을 검은 색으로 채운 뒤, 흰색의 브러시로 점을 하나 찍어준다. 이렇게 하면 Nvidia Normal-map Filter를 적용했을 때 그 점만 노멀맵으로 변환된다.

12 못 노멀맵 생성되면 이것을 상
체 노멀맵으로 옮겨준다.

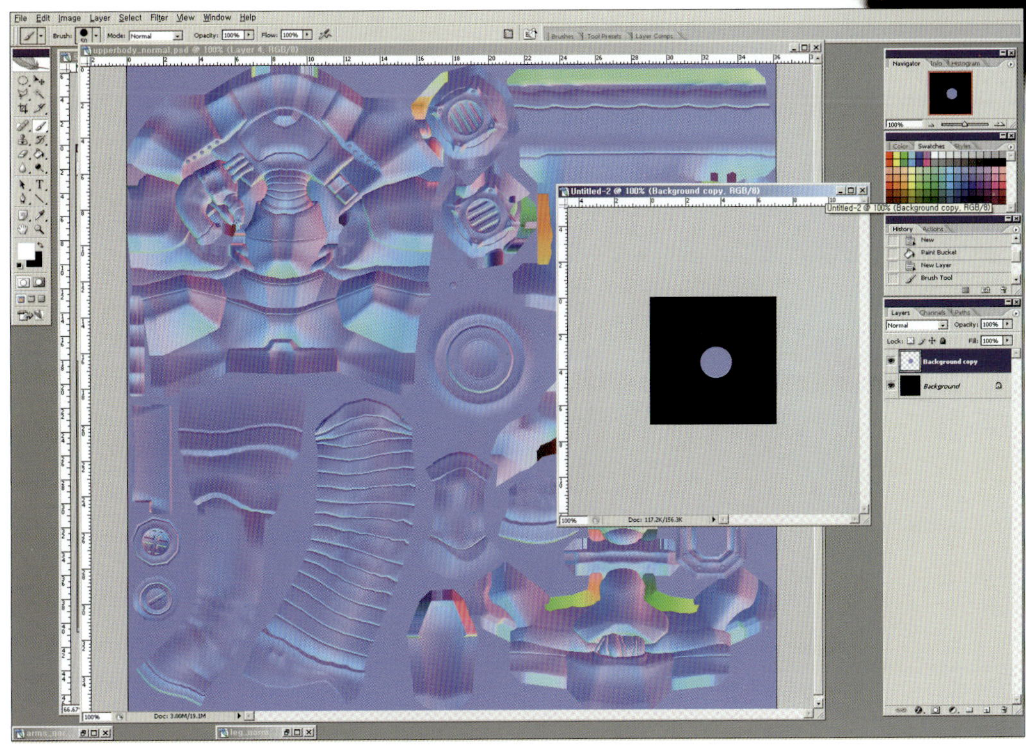

13 못 노멀맵을 줄줄이 복제해서 배열해 주었다. 간혹 크기도 조절한다.

14 거친 금속 표면을 위해서는 필자가 중국 여행 동안 찍었던 맨땅 사진을 사
용하겠다. 북경의 명소들 중 한 곳의 맨땅이다. 일반 디카로 찍었으므로
퀄러티는 그리 좋지 않다.

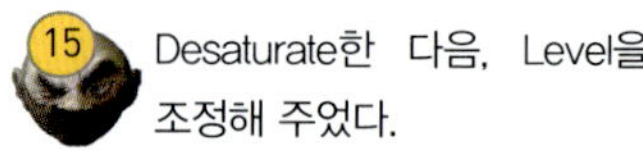

15 Desaturate한 다음, Level을 조정해 주었다.

16 Nvidia Normalmap filter를 적용하였다.

체크하세요!

Nvidia Normalmap Filter
Nvidia Normalmap Filter는 http://developer.nvidia.com/ 에서 무료로 다운로드 할 수 있다.

17 그것을 상체 노멀맵 전반에 걸쳐 Stamp로 고르게 펴 발라준다.

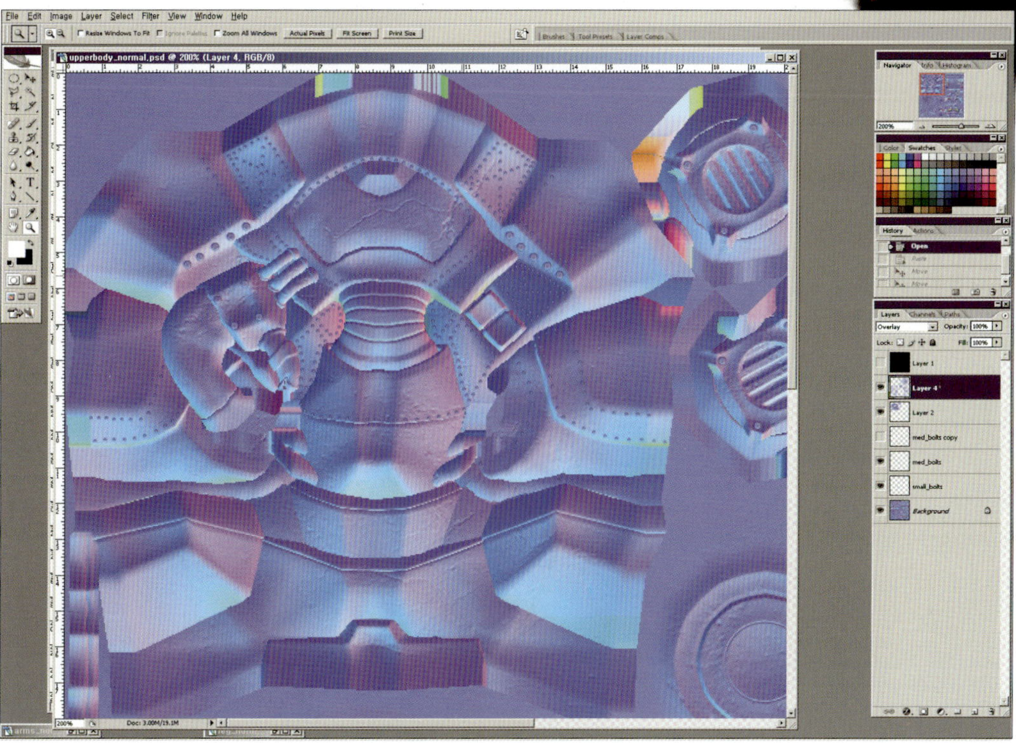

18 못 노멀맵의 경우, 노멀맵의 중요 요소인 '방향'을 무시하고 무작정 복제해서 붙여 넣었으므로 쉐이딩이 좀 어색한 부위도 있다. 하지만 최종적으로는 그냥 못 자국 정도로만 눈에 띄게 될 뿐이다.

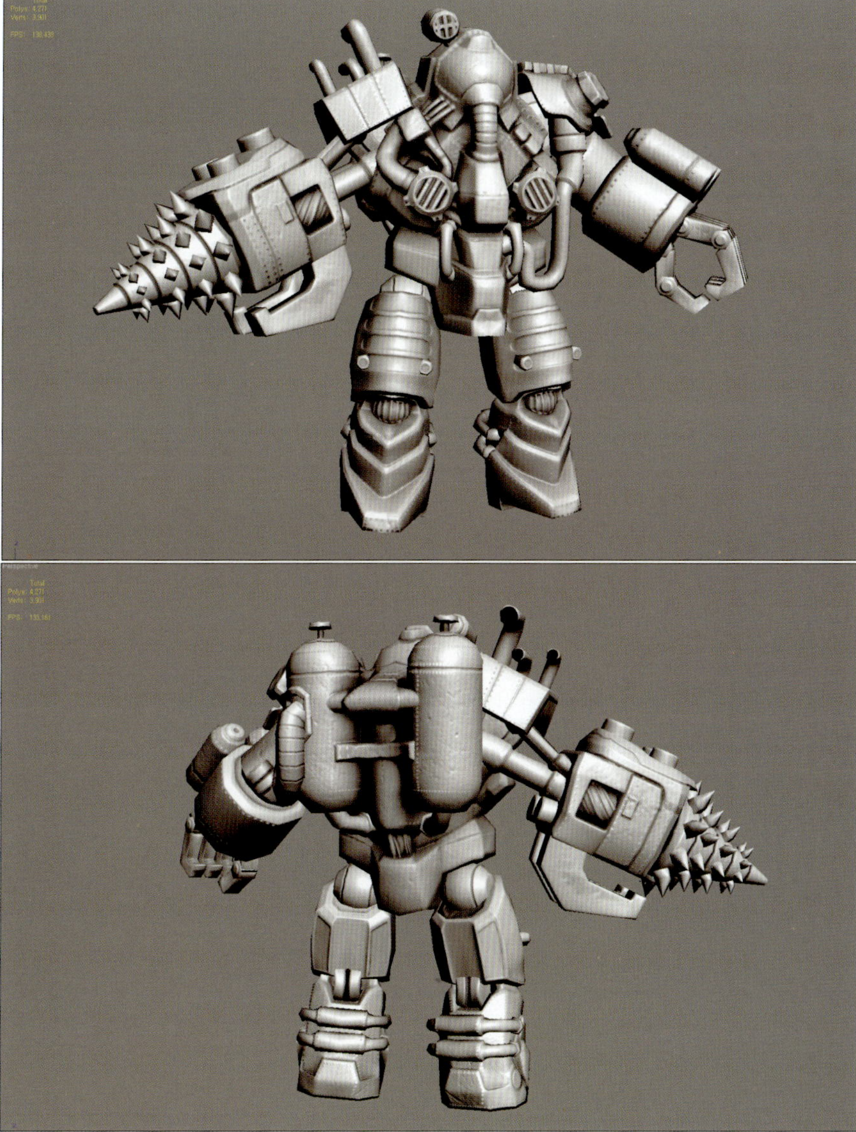

부록 DVD 파일
\ 3D캐릭터모델링 \ 로봇 \ robot_normal_v1.max

로봇 만들기

텍스처링과 마무리

05

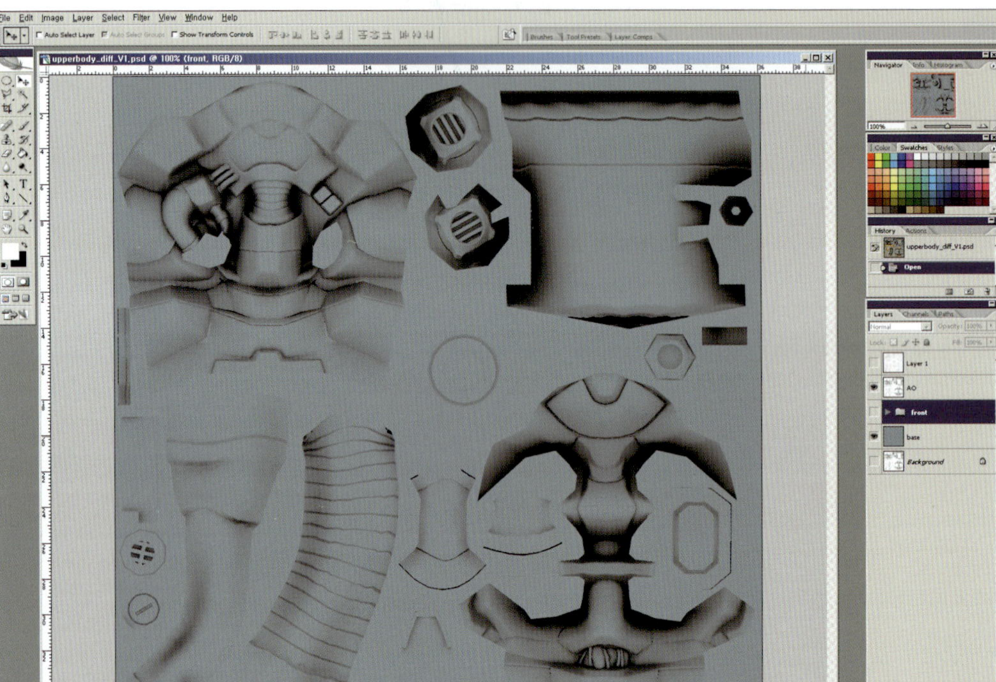

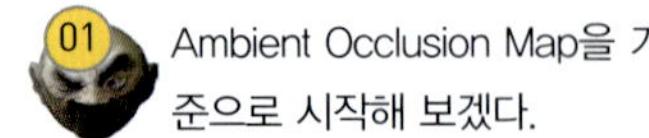
01 Ambient Occlusion Map을 기준으로 시작해 보겠다.

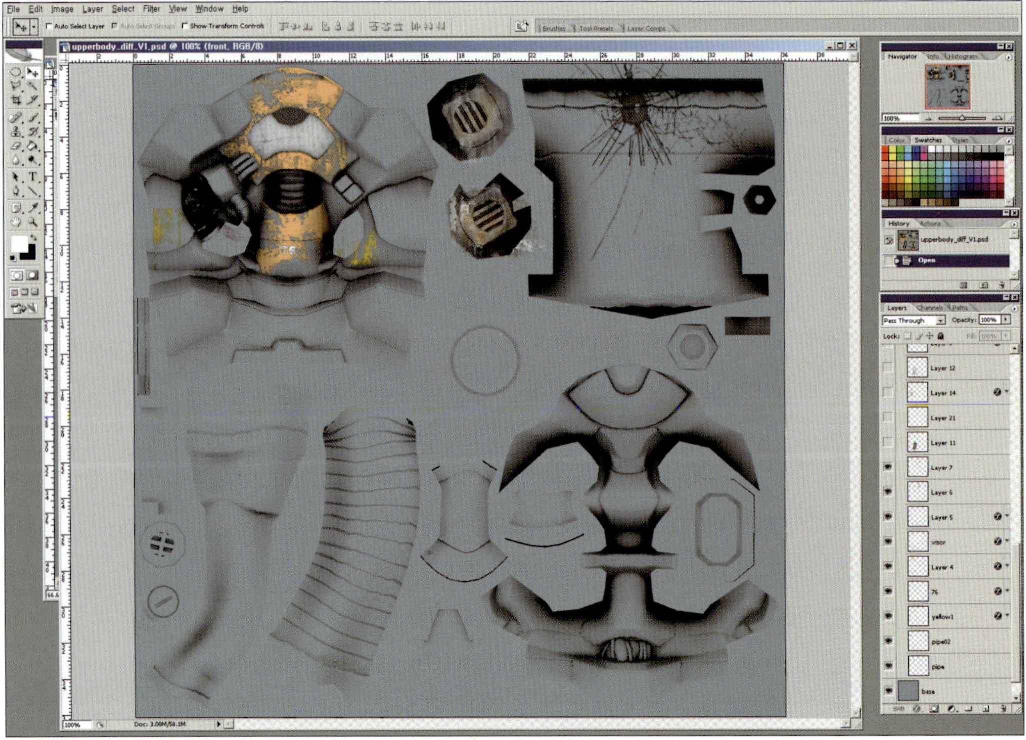

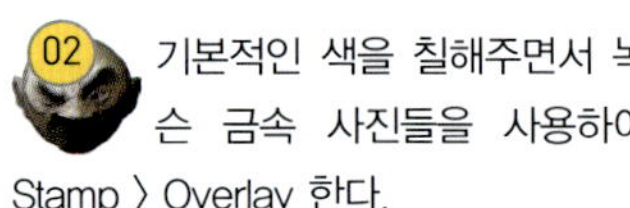
02 기본적인 색을 칠해주면서 녹슨 금속 사진들을 사용하여 Stamp 〉 Overlay 한다.

03 페인트 부위가 벗겨지는 것은 다양한 브러시 촉들을 사용하여 지워주고, Shadow효과를 살짝 주는 것으로 처리하였다.

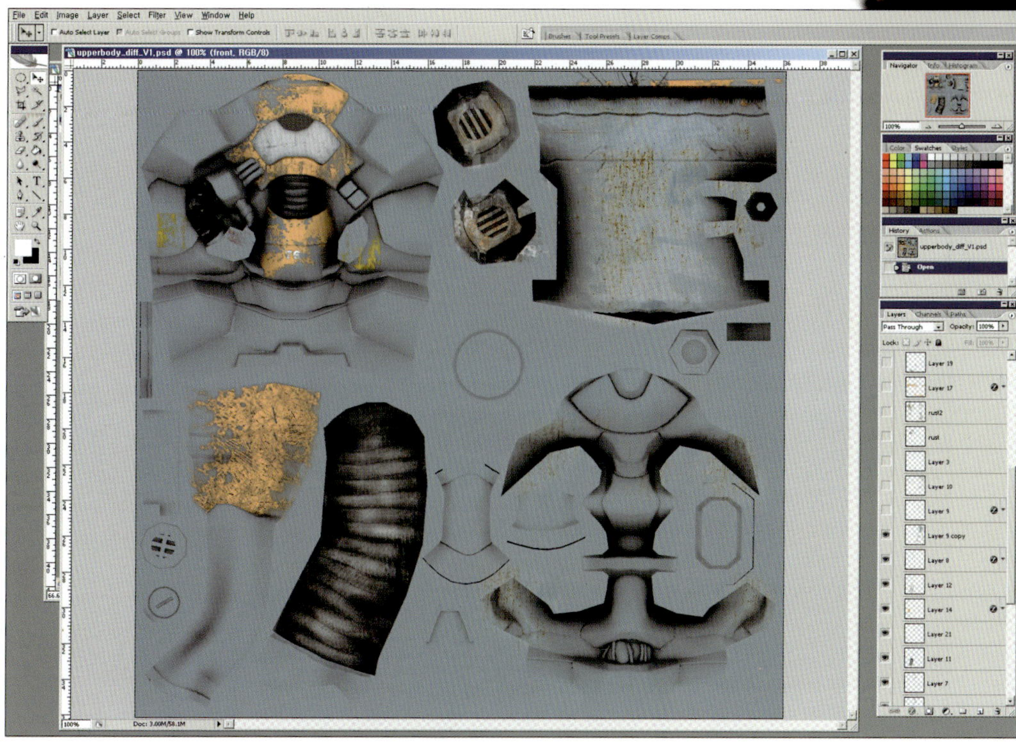

04 다시 녹슨 금속 사진을 이용하여 Stamp 〉 Overlay 처리해준다.

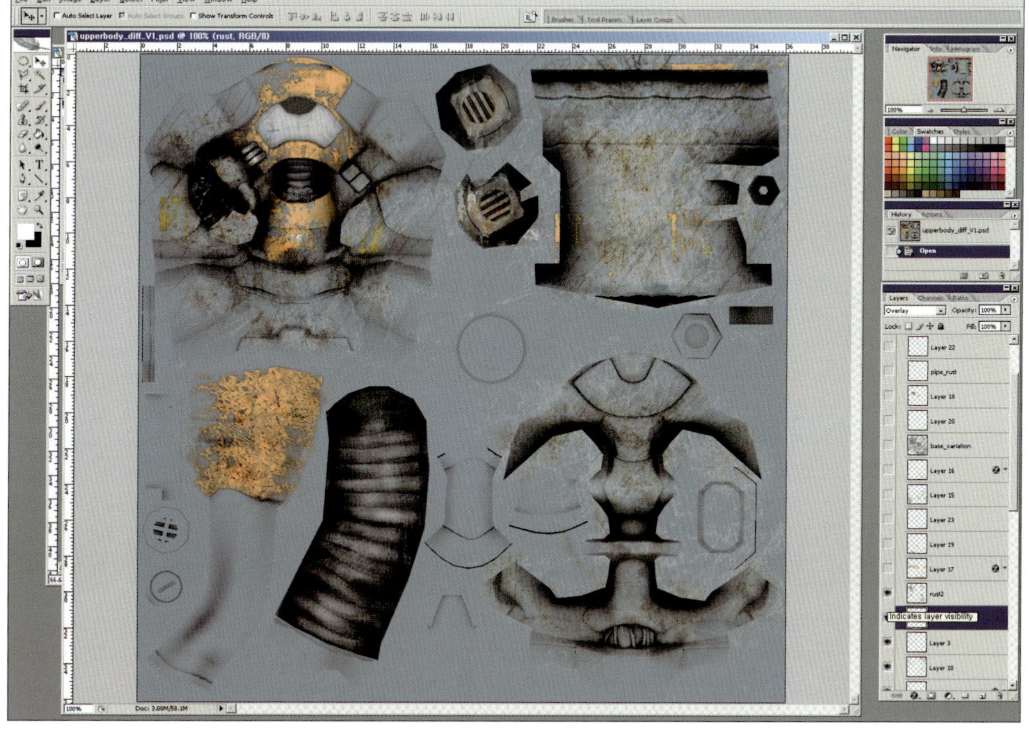

512

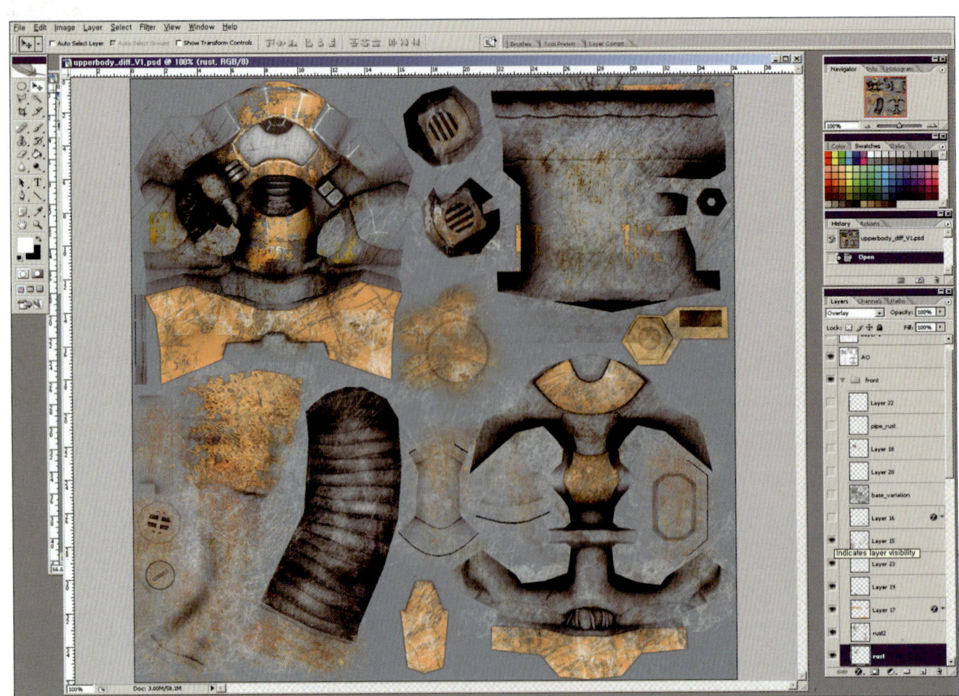

05 노란 페인트 부위들을 칠하고 지우개로 지저분하게 부분부분 지워주었다. 다양한 포토샵 브러시 촉들을 사용하여 불규칙한 느낌을 표현 해주면 더욱 효과적이다.

체크하세요!

텍스처링에 사용한 금속 재질이다.

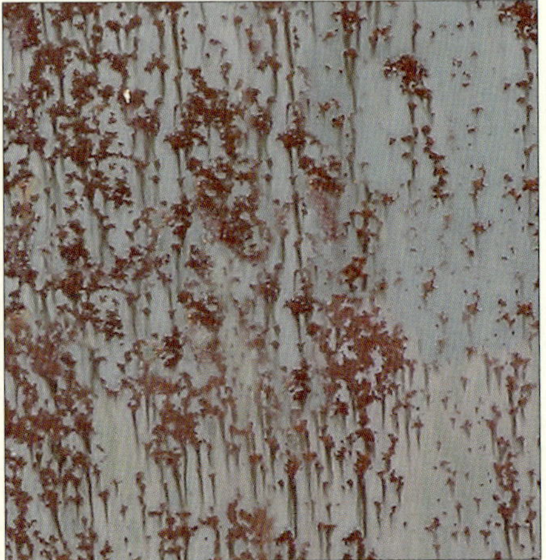
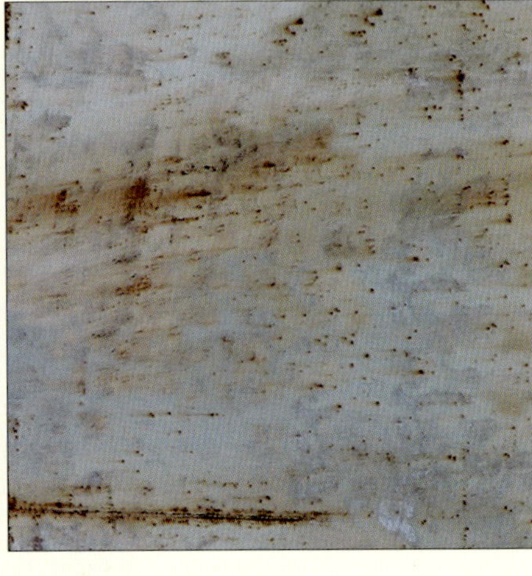

06 마지막으로, 곳곳에 좀더 하이라이트들을 넣어준 뒤 마무리하였다. 팔과 다리 부위도 동일한 방식으로 작업하여 완성한다.

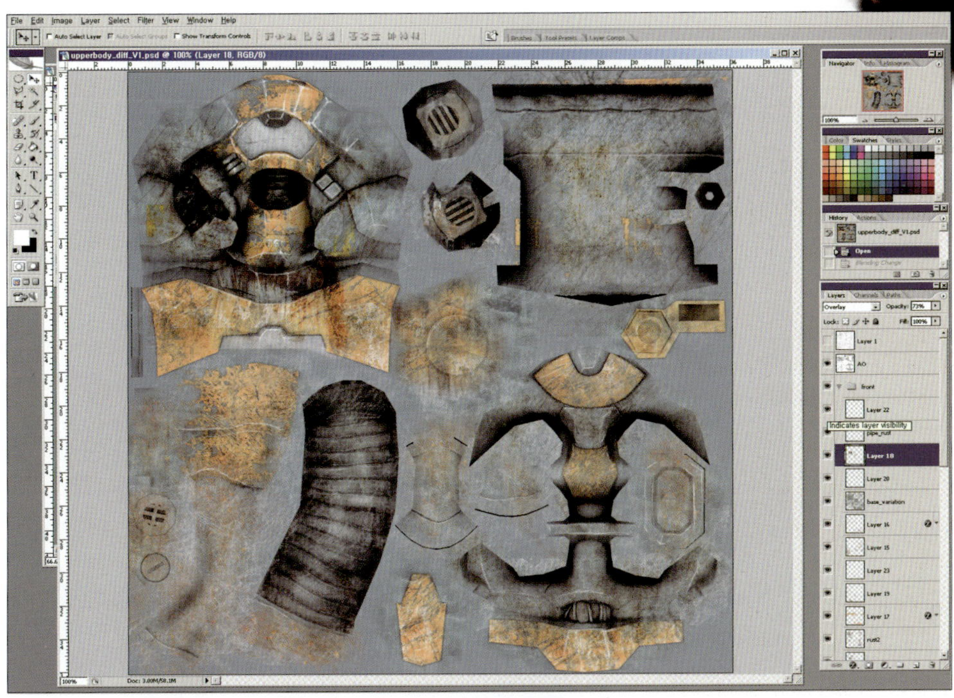

07 완성된 버전

부록 DVD 파일
\ 3D캐릭터모델링 \ 로봇 \ robot_v1.max

참 재미있는 작업이었습니다. 책을 위하여 급하게 처리한 작품이었고 시간의 제약도 크게 받은 케이스였지만, 작업을 하는 동안 그런 것들을 잊고 몰두할 수 있었습니다. 보이는 각도와 노멀맵의 성격을 이해하는 데에 도움이 되었기를 바라고, 궁극적으로 여러분의 작품들에서 그것들이 활용되기를 진심으로 바래봅니다.

지면의 한계상 제작의 전 과정에 대하여 모두 소개하지 못함을 아쉽게 생각합니다. 하지만 앞서 알아본 방법을 응용한다면 큰 어려움없이 다른 부위도 손쉽게 매핑처리할 수 있을 것입니다.

3D 캐릭터 모델링의 실전

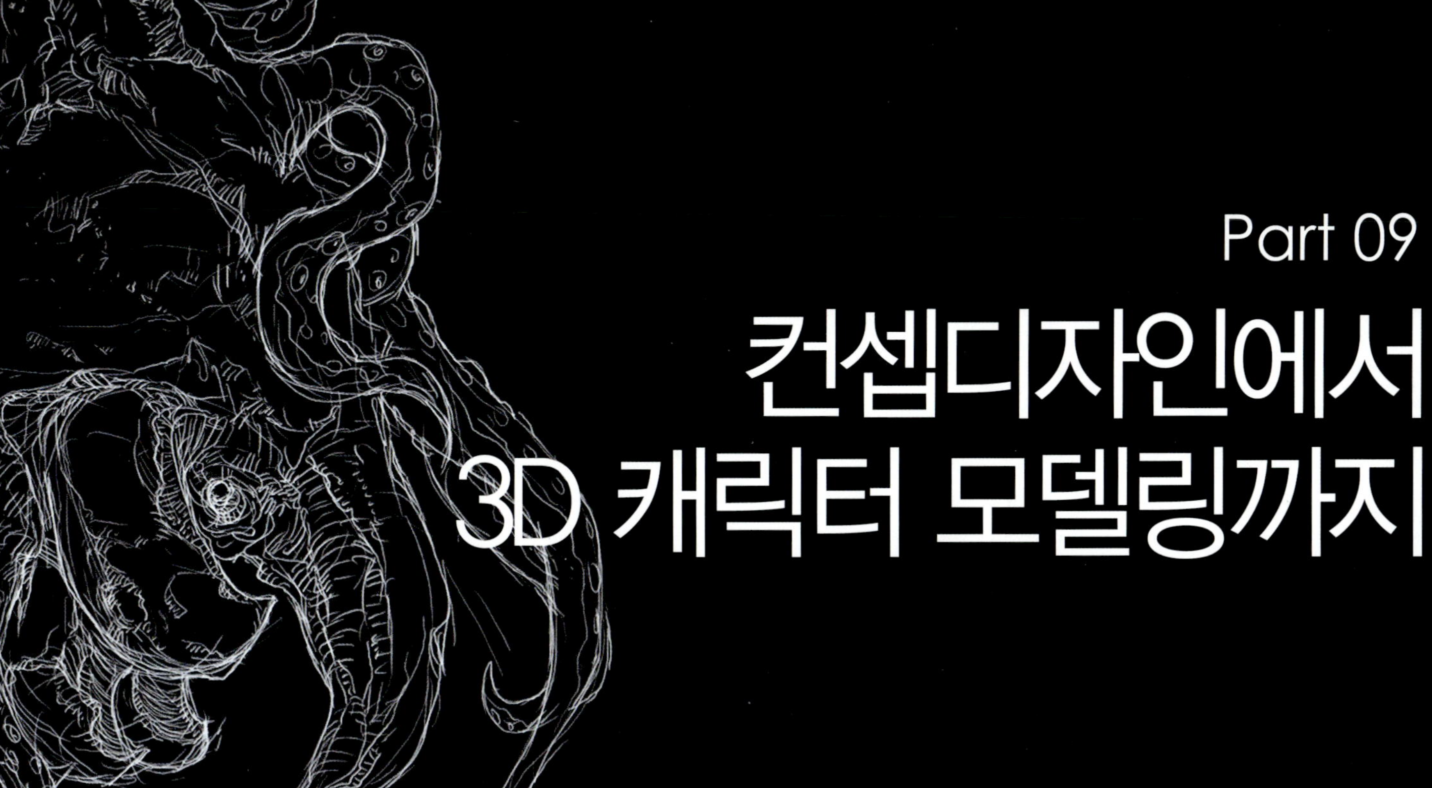

Part 09

컨셉디자인에서
3D 캐릭터 모델링까지

몬스터 만들기

들어가며

01

여기서 소개한 몬스터의 컨셉디자인 결과입니다.
컨셉디자인의 제작과정은 106page에서 확인 할 수 있습니다.

완성이미지

위의 몬스터 이미지는 이 책의 공동저자인 김진형씨 특유의 디테일과 저의 덩치큰 근육에 대한 집념이 함께 만들어 낸 결과물입니다. 이 책의 집필 계약이 이루어기도 전에 시작된 작업물이다보니, 당시의 초기 디자인을 사용한 제 결과물과 현재 김진형씨의 최종 버전과는 약간의 차이가 있습니다.

김진형씨가 이 크리처의 초기 그림을 처음 보여줬을 때, 모델러인 필자는 '정말 이 분이 정말 모델러들의 입장을 전혀 고려하지 않고 디테일들을 마구 쏟아 부었구나……' 하는 생각만 들었습니다. 하지만 그만큼 모델러로서의 가슴은 두근거렸습니다.

아무튼, ZBrush가 아니면 도저히 불가능한 디자인인 만큼, 정말 열심히 만들어 보겠습니다. 그럼 시작해 볼까요?

몬스터 만들기

Sculpting 준비하기

02

우선 기본 메쉬를 3ds Max에서 만든 것으로 시작을 해보겠습니다.

필자가 맨 처음부터 ZSphere Head Sculpting에 대해서 강조했던 것을 기억나십니까? ZSphere 로 머리를 만들고, ZSpheref를 뼈대로 하여 사람 몸을 Sculpting 하는 것을 꾸준히 연습했다면, 지금 보이는 단순한 메쉬를 볼 때 그리 당황하지 않고 편한 마음으로 작업을 시작할 수 있게 됩니다.

ZSphere로 Sculpitng하는 것에 충분히 익숙해 진다면, 지금 이 메쉬는 거의 다 완성된 것과 같습니다. 디지털 클레이 Sculpting에 있어서 제일 어렵고 피곤한 부분은 기본 골격을 잡는 부분입니다. 이처럼 기본 틀이 다 되어 있는 상태에서 시작하는 것은 작업 속도를 크게 향상시킵니다. 우리는 그저 저 위에 그림을 그려주면 되는 것입니다.

 **01** 3ds Max에서 만들어서 가져온 몸통 메쉬이다.

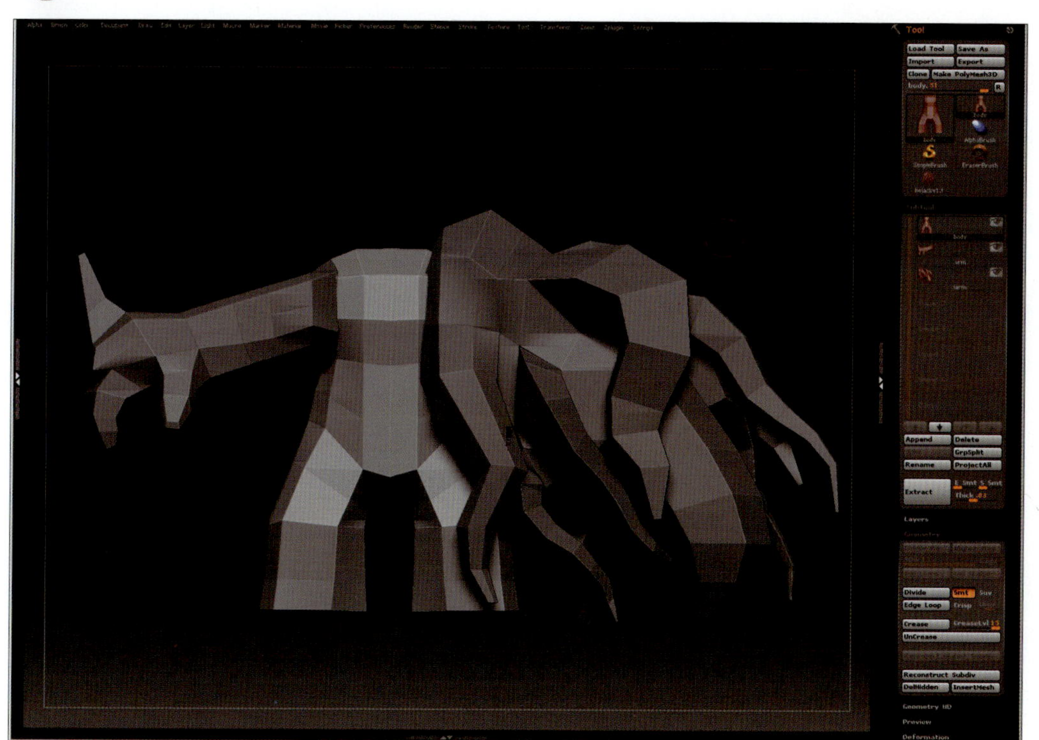

02 팔과 몸통에 각각 3정도의 Sub-d를 줬다. 팔과 몸통이 별도의 메쉬이기 때문에 Sculpting 하는 동안 그 연결 부위를 온갖 디테일들로 최대한 눈에 띄지 않게 작업해 주어야 한다. 걱정과는 달리, 이렇게 메쉬들을 서로 붙여놓고 Sculpting을 했을 때 그것을 쉽게 알아보기는 힘들다.

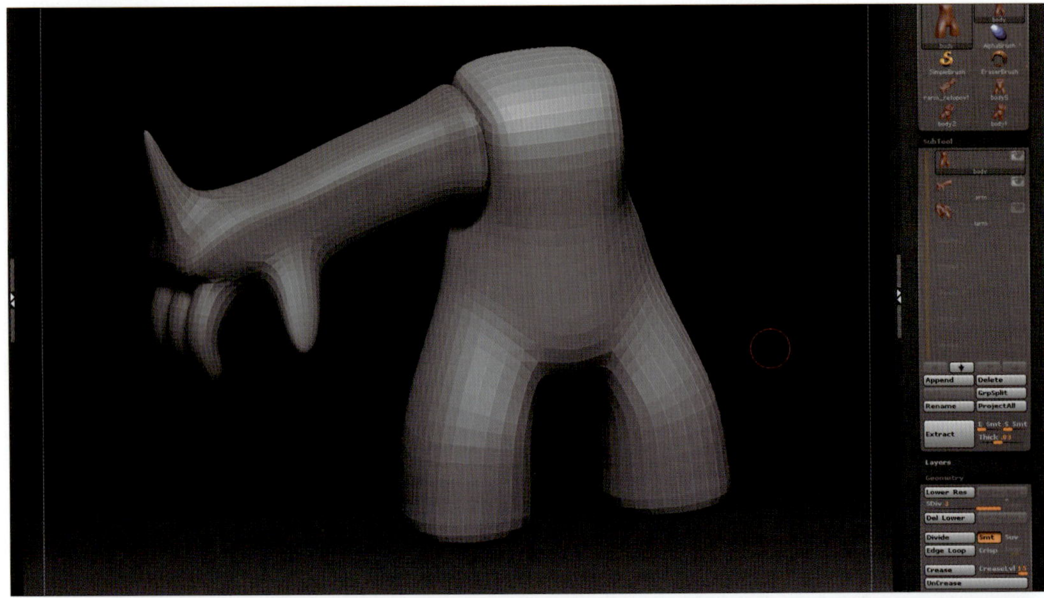

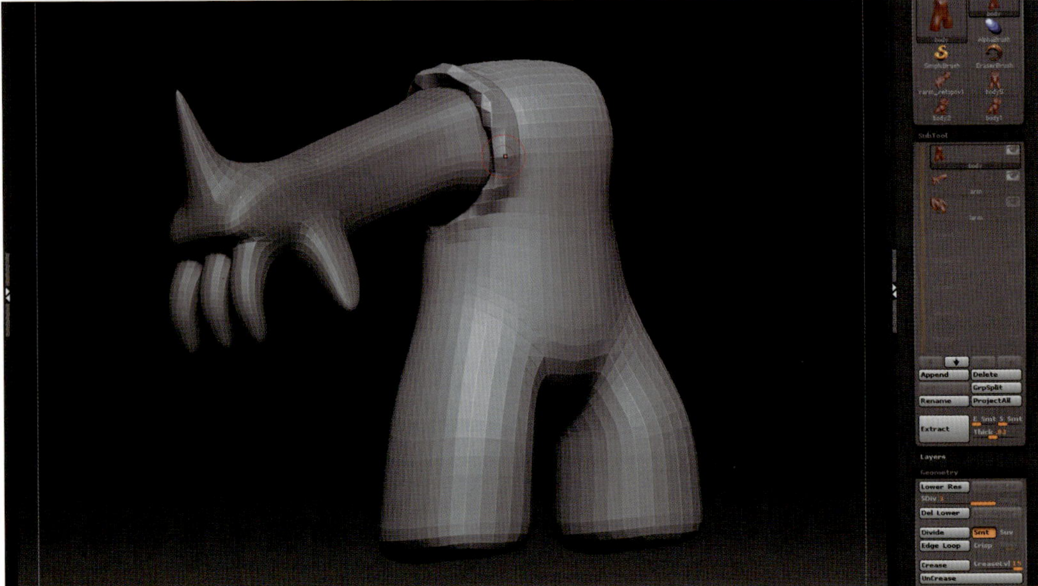

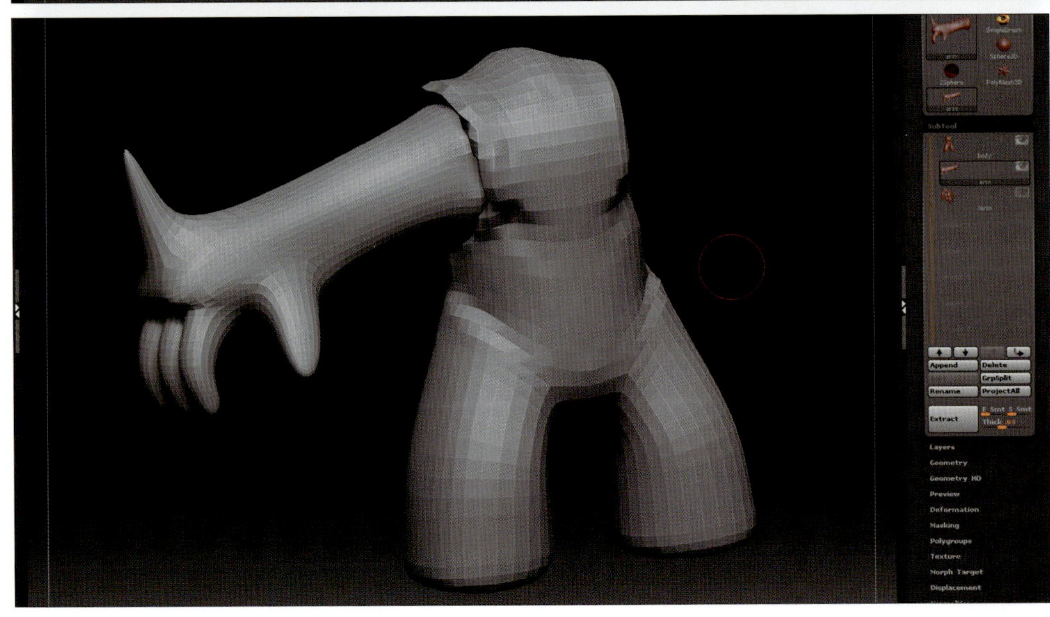

 **03** 나쁜 경찰 Jim의 팔을 Sculpting 했을 때를 기억해 보자. 디테일을 거칠게 파주고 Smooth 브러시로 다듬어주는 방식과 같다.

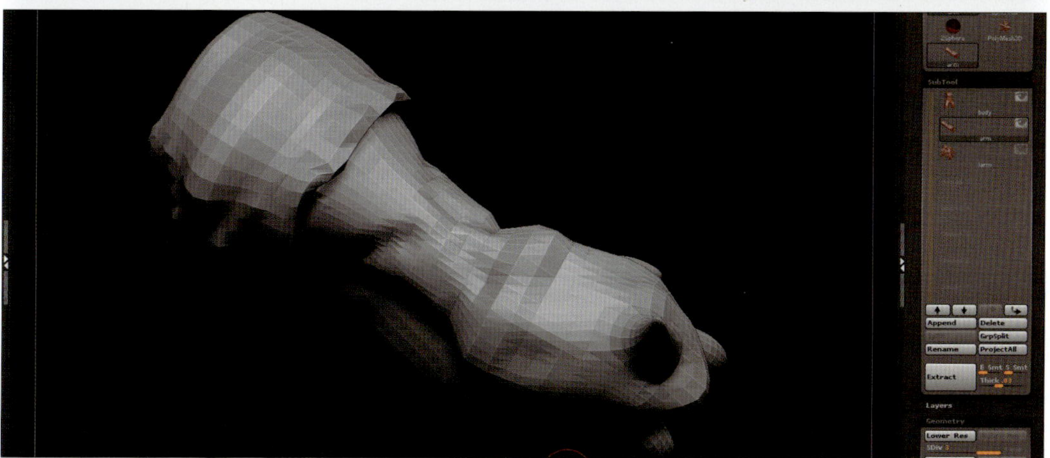

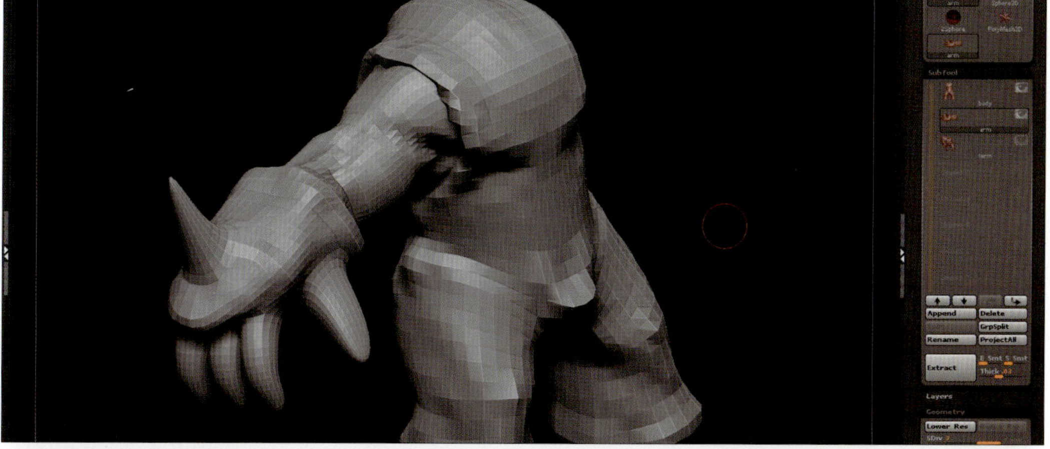

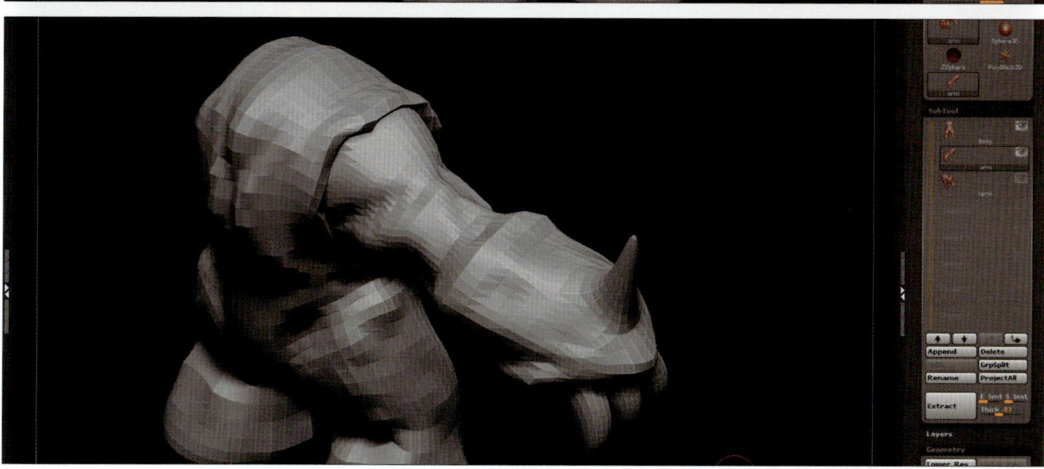

 **04** Snakehook 브러시로 뿔처럼 튀어나온 부분들을 처리할 수 있다.

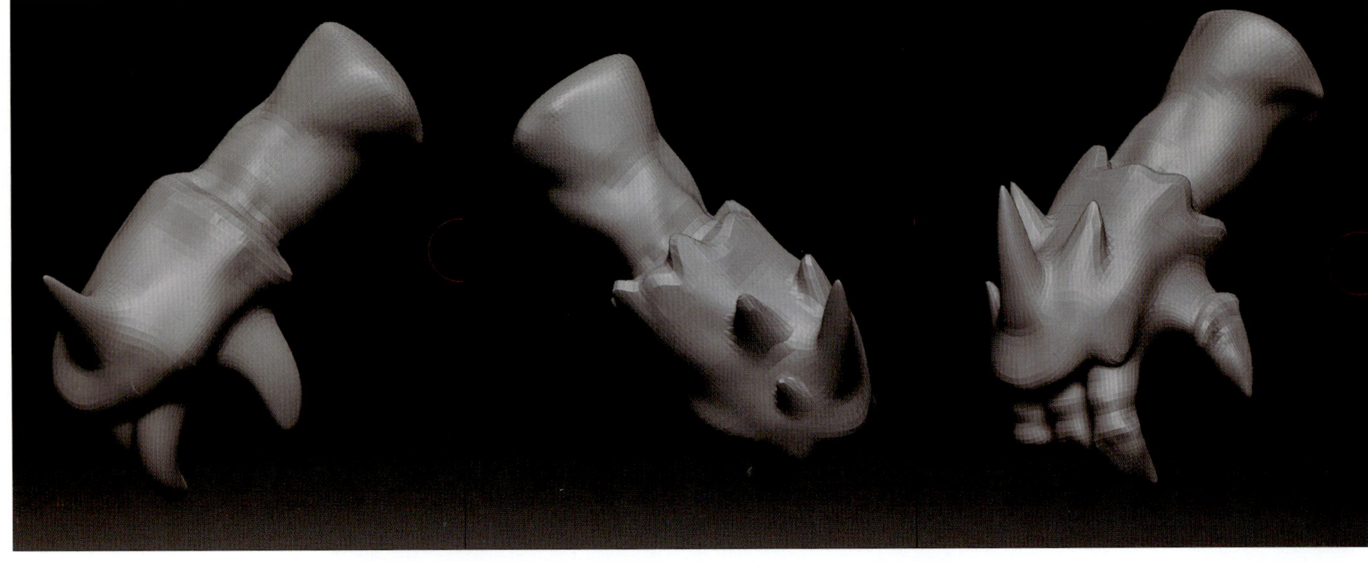

 **05** 초기 디자인의 재질 상, 부서진 바위와 같은 재질로 정의해야 한다. Standard 브러시로 그 형태를 거칠게 그려주고 안쪽을 Smooth하는 방식으로 조각난 바위 형태의 베이스를 꾸며주자.

 **06** 크리처이지만 팔뚝의 형태는 사람의 근육 형상을 줬다.

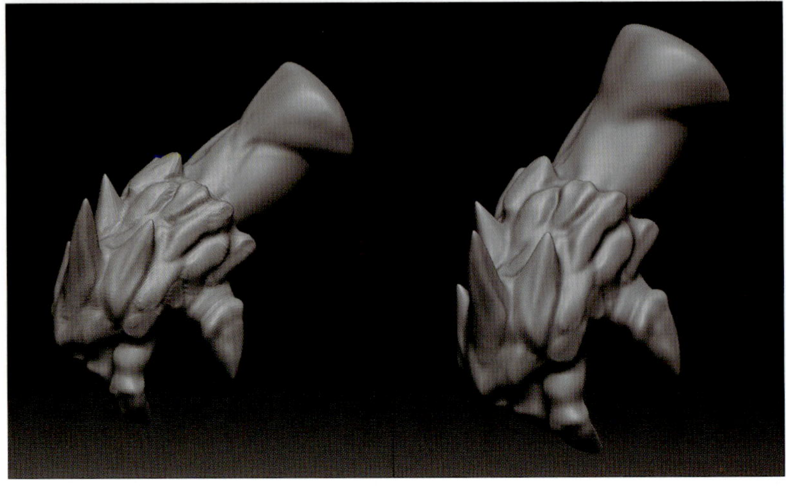

2002년 초, 필자가 3D 공부를 처음 시작했을 무렵, 당시 CGtalk라는 게시판형 사이트를 처음으로 알게 되었습니다. 그때만 해도 CGtalk는 순수한 게시판 형식의 사이트였습니다. 사업화되면서 오늘날의 CGtalk가 되었지요.

3D가 아직 너무 새롭던 그 시절, CGtalk에서 어떤 작품의 답글 중에서 '아무리 몬스터이고, 외계인이어도, 신체구조가 논리적이어야 한다.'라는 글을 보고 인상 깊게 새겼던 기억이 납니다.

아무리 몬스터이고 외계인이어도, 사람과 같은 구조의 팔을 가지고 있다면 사람의 팔 근육 구조를 따라서 만들어야 논리적이라는 것이지요. 몬스터이거나 외계인이라서 사람의 몸 구조와 전혀 비슷한 점이 없기 위해서는, 애당초 사람 / 동물처럼 뼈와 관절들로 이루어진 팔이나 다리 자체를 가지고 있으면 안되겠죠.

지금 이 몬스터의 팔 구조도 근육질의 묵직한 형태로 만들었습니다.

07 팔 부위를 좀더 다듬어 준 모습이다. 보다시피 부서진 바위 재질을 최대한 세밀하게 표현했다. 이것은 이러한 거대한 크리처의 작업에 있어서 매우 중요한 조건이다. 디테일이 큼직큼직하고 단순할수록 이것은 거대한 크리처가 아닌 팔다리 짧고, 목 없는 귀여운 캐릭터가 되고 만다.

08 머리와 어깨 부위의 형태를 잡아간다.

09 몸통에도 사람의 근육 구조를 적용하고 있다. 또한 팔과 어깨의 연결 부위를 보면, 깨진 바위 조각들이 달라붙어 있는 모습으로 가려지고 있음을 알 수 있다.

10 아랫배 부위의 얼굴 Sculpting은 ZSphere Head Sculpting으로 단련된 독자들에겐 쉬운 일이다.

11 몸통의 근육 디테일을 지속적으로 추가한다.

반복해서 강조하지만, Sculpting의 기본은 바로 '큰 볼륨 → 작은 디테일' 입니다. 전체적인 형태를 제대로 구성해놓으면, 그 위에 작은 디테일들을 넣어주는 것입니다. 아랫배 얼굴의 형태를 잡은 상태에서, 주름 같은 세밀한 디테일들을 넣어주는 모습입니다. 지금 이 점을 명심하시면, Sculpting을 한결 편안한 마음으로 다룰 수 있습니다.

명심하세요. 큰 볼륨 → 작은 디테일.

12 지속적인 디테일 작업을 인내심을 갖고 즐기자.

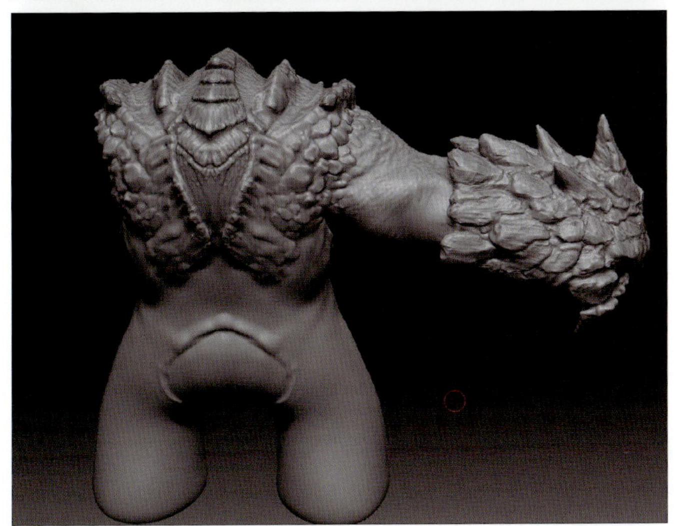

13 Snakehook 브러시를 사용하여 다리 부위의 뾰족뾰족 튀어나오는 부분들을 만들어 주었다. Snakehook브러시는 잘 사용하면 매우 유용한 툴이다. 좀 더 메쉬를 적극적으로 변형시키는 Move 브러시와 같다고 할 수 있다.

다리 부위의 깨진 바위 질감을 넣기 시작한다.

현재의 Sub-d 레벨에서 가능한 다리 디테일을 다 넣었다.

16 Sub-d를 한 단계 더 올리고 한층 더 세밀하게 디테일을 넣었다.

여기까지 보면, 지금껏 강조해 드린 것이 이해가 되실 것입니다.

볼륨 → 디테일. 한 Sub-d 레벨에서 넣을 수 있는 디테일을 다 넣고 나면, 그 디테일들은 다음 Sub-d 레벨에서의 디테일을 위한 '볼륨'이 되는 것이고, 지금 스크린샷들은 그러한 과정을 보여주고 있습니다.

이러한 개념을 활용하여, 우리는 ZBrush Sculpting의 한 기법이 도출해 볼 수 있습니다. 작업을 하던 도중, 어느 부위의 볼륨이 마음에 들지 않아서 수정하되 세밀하게 넣어준 디테일들은 남기고 싶다면? '볼륨 → 디테일'에서 볼륨만 수정할 수 있을까요?

지금까지 작업해 본 이 몬스터의 다리 디테일들은 필자의 눈에 불쾌감을 줍니다. 전체적으로 너무 '바쁘다'라고 할까요? 이미지를 감상하는 우리의 시선은 특정 부위로부터 다른 부위들로 순차적으로 이동하기 마련이며, 중간중간 쉬어갈 수 있는 곳도 필요한 것이죠.

다리 부분들이 디테일이 좀 과도한 듯하여 거슬립니다. 자잘한 디테일보다 울퉁불퉁한 것들이 너무 많은 것이 문제입니다.

한 Sub-d 레벨 작업 내용은 다음 Sub-d 레벨의 작업을 위한 볼륨이라고 말씀 드렸습니다. 이걸 바꿔서 생각해보면, 이전(혹은 더 낮은) Sub-d 레벨로 내려가서 편집하면, 현재의 Sub-d 레벨에서 넣어준 디테일은 남고 그 볼륨만 편집이 가능하다는 결론이 나옵니다. 그런 방식으로, 낮은 Sub-d 레벨로 가서 Smooth 브러시로 제 눈에 거슬리던 울퉁불퉁한 부위들을 적당히 약화시키고 다시 원래 Sub-d 레벨로 돌아옵니다.

낮은 Sub-d 레벨에서 볼륨을 수정해도 현 레벨에서 넣어준 디테일들은 고스란히 남아있다. 좀더 좋은 결과를 위해, 현 레벨에서 또한 형태를 보정해 주는 것이 좋겠다.

18 ZBrush에서는 Sculpting 작업을 즐기는 것이 매우 중요합니다.

많은 분들이 다양한 브러시들을 모두 사용하고 싶어 하지만, Standard 브러시와 Smooth, Move 브러시(혹은 snakehook)정도만 사용하는 것이 제일 좋습니다.

누구나 다양한 ZBrush 관련 튜토리얼들을 보면, '이 사람처럼, 다양한 알파맵들과 다양한 브러시들을 사용하면 나도 잘 할 수 있을 거 같다!' 혹은 '그래! 내가 뭘 못했던 이유가 이거였어! 다양한 브러시를 활용해야지!'하는 기대에 부풀곤 합니다만 좋은 생각은 아닌 것 같습니다.

아무런 툴 없이, 맨손과 실제 진흙으로 아무것도 못 만드는 사람이 어떤 툴을 갖게 된다고 해서 갑자기 무엇이든 잘 만들 수 있다고 생각하는 것과 같습니다.

Standard + Smooth + Move(Snakehook) 브러시의 조합으로 거의 모든 디테일의 표현이 가능하다는 것을 명심하고, 어떤 툴을 쓸까 하며 고민하느라 낭비되는 시간과 아끼시기 바랍니다.

손에 툴을 쥐고 있다는 것을 인식하지 못할 때 비로소 그 툴을 완벽하게 활용하는 상태인 것입니다.

물론, ZBrush의 다른 브러시들의 가치를 폄하하는 것은 아닙니다. 적절히 사용했을 때에 제 각각의 빛을 냅니다만, 그것에 의존하는 마음 자체를 버려야 한다는 점을 말씀 드리고 싶습니다.

 **19** 갈비뼈 부위에 물결무늬 디테일을 넣는다.

 **20** 낮은 Sub-d에서 약화시켰던 볼륨을 Snakehook 브러시로 보정해준다.

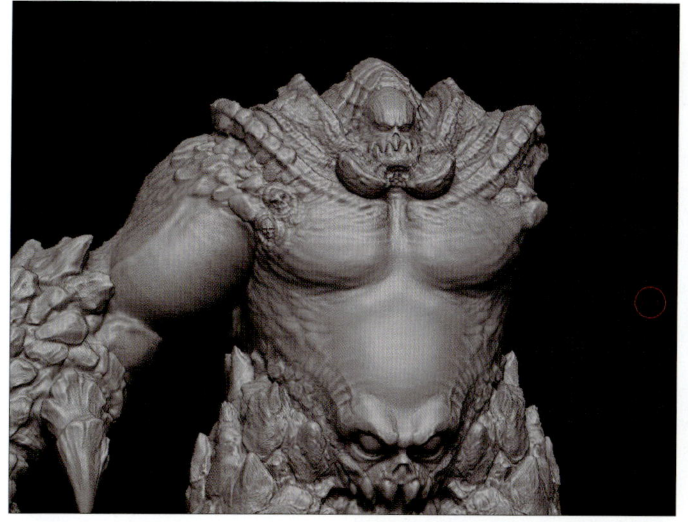

 **21** 엉덩이 부위로 문어 다리가 드러나는 모습으로 만들어 보자. 볼륨.

 **22** 디테일.

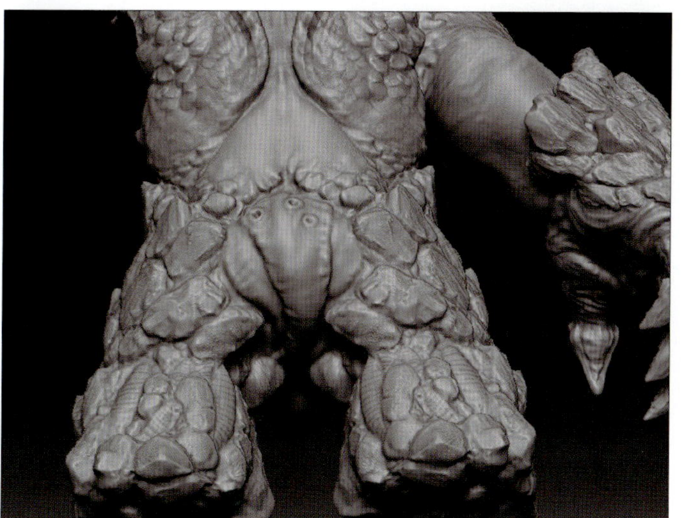

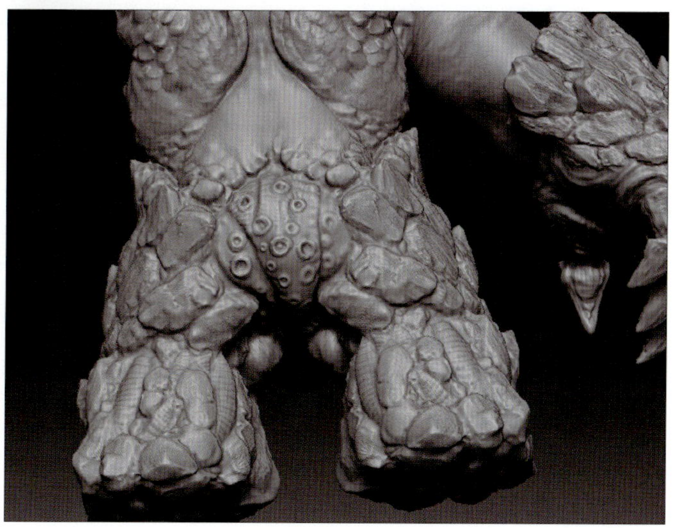

등의 모습을 자세히 보자. 디테일의 방향과 형태가 의도적으로 인체의 기본 근육 구조를 나름대로 따르고 있다는 것을 알 수 있을 것이다.

특별한 경우를 제외하고, 컨셉 드로잉이 Sculpting 단계를 비롯한 모든 과정들이 필요로 하는 정보들을 담고 있기는 힘듭니다. 컨셉은 어디까지나 컨셉일 뿐입니다. 실제적이고 구체적인 질감이나 형태들은 각 단계별로 작업을 거치는 과정에서의 실험들을 통해 정해지기 마련입니다.

이 크리처의 경우도 마찬가지입니다. 부서진 바위 같은 가죽을 가지고 있으면서 끈적한 문어다리가 그 틈새로 나오는 컨셉을 바탕으로 시작했습니다. 초기의 컨셉 디자인들로만 작업한 여건 상, 그림에서 자세히 표현되지 않은 부위들도 많았기 때문에 오히려 더 자유롭게 여러 가지 형태들을 시도해 볼 수 있었습니다.

여기까지 처리했으면, 다음으로는 문어다리를 만들어 보겠습니다.

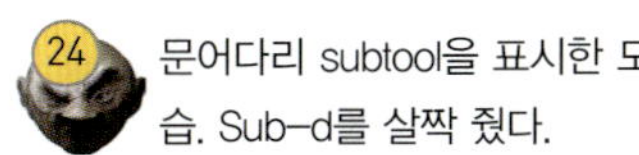
문어다리 subtool을 표시한 모
습. Sub-d를 살짝 줬다.

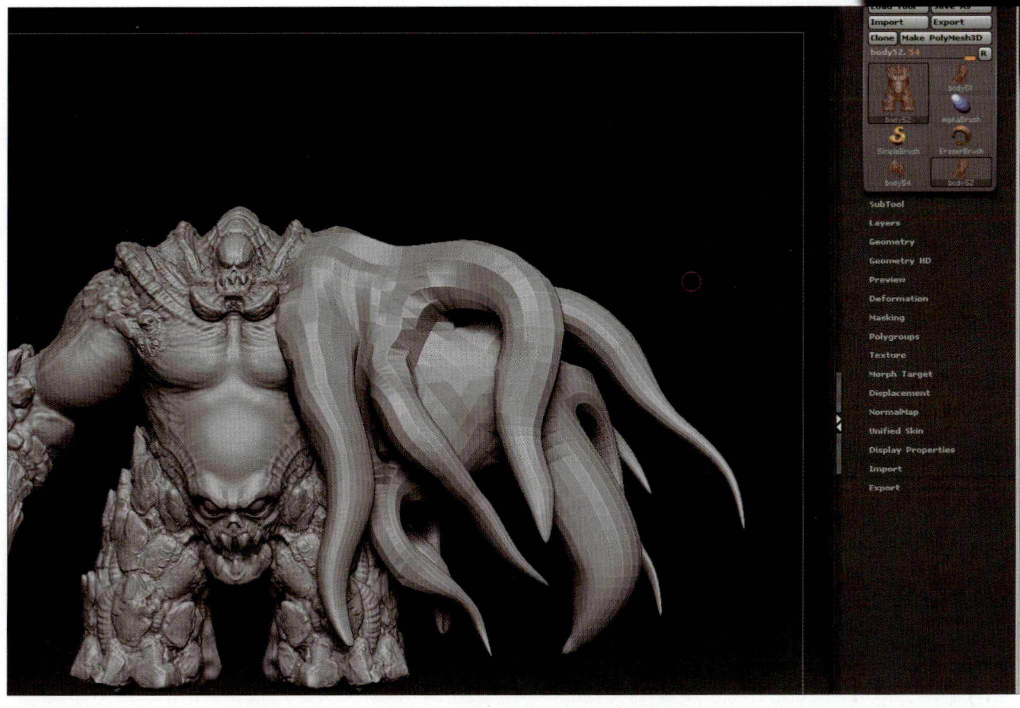

Sub-d를 좀더 올리고 본격적으로 문어다리의 디테일들을 작업을 시작하자. 문어 다리(왼팔)의 경우 또한 몸통과 최
대한 자연스럽게 연결되도록 해줘야 한다. 연결부위를 몸통의 바위 재질과 흡사하게 꾸며주는 것이 보기 좋다. 끈적
하고 흐느적거리면서도 두툼하고 힘있어 보이는 모습을 잡아주자.

문어 다리의 모서리에 살점이 좀 나풀거리는 듯한 느낌의 디테일을 표현
해 보았다. 느낌이 제대로 나왔다.

 27 단순한 문어 다리의 형태일 뿐 아니라 좀 묵직한 근육의 느낌을 실어보자.

 28 작업의 편의를 위해 몸통을 hide했다. 컨셉에 따라 어깨 부위로 해골들을 넣어준다.

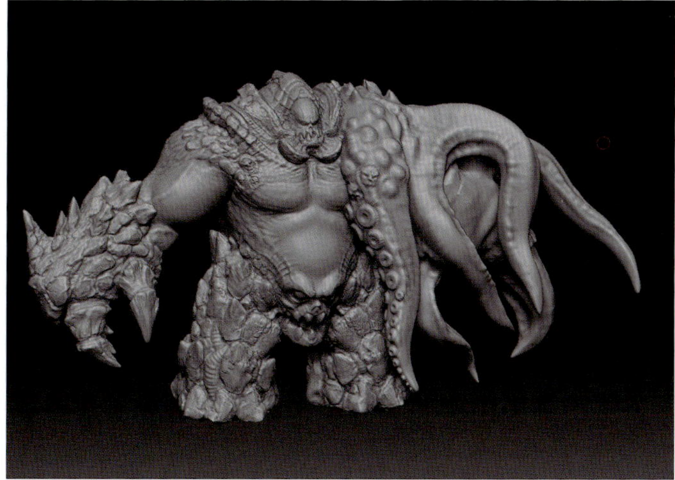

 29 좀더 세밀한 잔주름들을 넣기 주었다.

30 이제 슬슬 묵직하면서도 징그러운 느낌이 들기 시작한다.

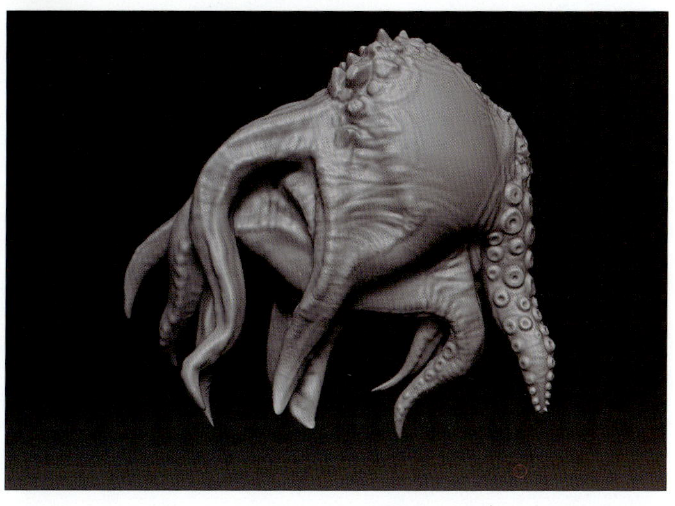

 31 문어의 빨판에 해당하는 디테일도 넣어주었다.

 32 잔주름으로 덮어가는 모습이다.

Game Character Design Master

33 주름의 방향들을 유념하며 문어 다리의 디테일 작업을 마무리하였다. 보다시피, 디테일의 방향에 따라 단순한 주름의 느낌과 그 사이의 살짝 쳐지는 듯한 근육/피부의 느낌이 제대로 표현되었다. 참고로, 문어 빨판에 대해서 검색을 해봤는데, 수컷의 빨판은 균일하게 정렬되어 있고 암컷의 경우에는 그 크기와 배치가 불규칙 하다고 한다.

3D 작업들은 마치 등산과 같다고 생각합니다. 처음에는 저 위가 얼마나 높을까 별 생각 없이 시작하지만, 한참 숲을 헤매며 꼭대기에 도착하고 나면 저 밑이 얼마나 까마득하게 보이기 마련입니다. 저는 늘 작업 단계가 마무리 될 때 마다, 이걸 다 내가 했단 말인가..하고 식은 땀을 흘리곤 합니다. 다시 돌아가서 똑같이 해야 한다면 쉽게 엄두가 나지 않을 것입니다. 그 만큼, 완성에서 오는 성취감은 이루 말할 수 없습니다.

몬스터 만들기

폴리 페인팅(Poly Painting)하기

03

폴리 페인팅에 대해서는 앞서 자세히 소개한 바 있습니다. 폴리페인팅에 대해서 다시 요약하자면, 폴리 페인팅은 UV가 아닌 버텍스의 컬러를 이용하여 색을 정의해주는 원리입니다. 따라서 이것은 UV의 사이즈가 아닌 버텍스의 밀도 곧 Sub-d의 밀도에 의해 그 선명도가 좌우되며, ZBrush의 Smooth 브러시로 간단히 Smooth해 주는 등 각종 ZBrush의 Sculpting 브러시들로도 채색이 가능하다는 정도입니다.

또한 ZBrush에서 폴리 페인팅과 UV 텍스쳐 사이의 양방향 전환이 매우 쉬우며 이것을 이용하여 UV의 경계선을 지워주는 작업을 살펴보기도 하였습니다. 이 기능과 Retopology 기능을 연동시키면 언제든지 ZSphere로 쉽고 재밌게 색칠해 본 머리나 캐릭터 전신을 로우폴리곤이나 하이폴리곤 버전으로 손쉽게 변환시킬 수도 있다는 것 또한 배웠습니다.

이 몬스터의 경우, 현재의 상태는 순수히 재미만을 추구하는 단계에 머무르고 있다고 할 수 있습니다. Retopology의 과정을 거쳐 UV를 펼치고 불러와서, 지금 이 상태의 디테일들을 Project하게 되면 Sculpting 디테일과 폴리 페인팅 디테일을 좀더 실용적으로 전환시킬 수 있습니다.

우리는 지금부터 순수히 재미를 즐기는 작업으로서 크리처를 폴리 페인팅하고, 포토샵에서 합성하여 더욱 보기 좋은 결과 이미지를 작성하는 것으로 작업은 마무리 지을 예정입니다.

앞서 소개해 드렸던 폴리페인팅의 기본적인 사용법이나 특징들을 이미 숙지하고 계시다는 가정하에 몬스터의 폴리페인팅 과정에 대해 알아보겠습니다.

 **01** 흙색으로 Fill object 한 뒤, 전체적으로 붉은 색과 밝은 보라색 등으로 칠하고, 아래 얼굴 부위를 채색한다.

 **02** 다리의 부서진 바위 조각들 사이를 Ambient Occlusion의 느낌으로 그림자를 칠해주었다.

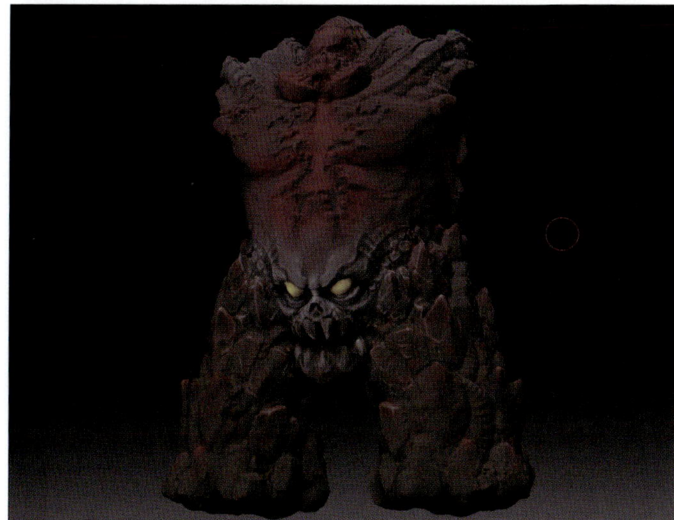

 **03** Flat shader를 적용하여 채색만 표시해 본 모습이다. 바위들 틈새의 그림자들의 느낌이 잘 표현된 듯 하다.

04 몸 전체에 Ambient Occlusion을 페인팅 해준다.

 **05** 뒷 모습의 Ambient Occlusion 느낌도 페인팅 한다.

 **06** 점차적으로 페인팅의 디테일을 추가한다. Sculpting으로 충분히 살리지 못했던 디테일들도 그려줄 수 있게 된다.

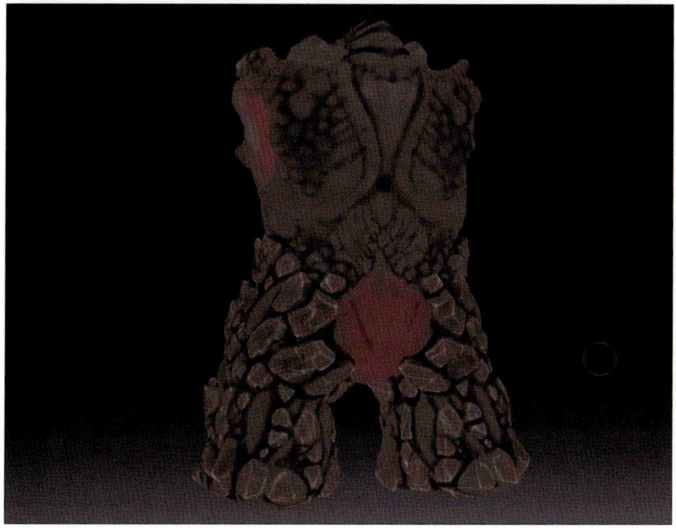

 **07** 가슴의 형태는 이 크리처를 조종하는 에일리언이다(머리는 Hide). 크리처 몸으로 반쯤 파묻힌 상태. 이 부위에 좀더 디테일들을 그려보자.

 **08** 어깨 부위처럼 밝은 색상으로 하이라이트를 그려줌으로 디테일들을 더 선명하게 부각시켜준다.

 **09** 엉덩이는 일단 붉은 색으로 칠해 두었지만, 문어다리는 보라색에 가깝다.

10 문어다리를 보라색으로 칠해주고 밝은 색으로 덧칠한다. 또한 뒤통수 부위에도 좀더 다채로움을 더해 주었다.

 **11** 뒤통수와 등 부위 색칠 끝

 **12** 얼굴 부위를 좀더 개선시킨다.

 **16** 어깨 부위의 메쉬 디테일과 폴리 페인팅 디테일이 보기 좋으면서도 연결 부위를 감쪽같이 가려주고 있다.

 **17** 오른팔의 나머지 부분들을 다리와 최대한 동일한 톤으로 색칠해 주었다.

 **18** 문어팔로 넘어간다. 바탕색을 넣고, 붉은 색으로 문어발을 칠해준다.

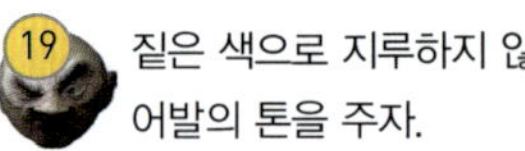
19 짙은 색으로 지루하지 않은 문어발의 톤을 주자.

20 짙은 색을 Sculpting 디테일과 조화를 이루도록 하고, 밝은 색으로 하이라이트를 표현한다.

21 몸통과 연결되는 어깨 부위는 부서진 바위의 모양으로 처리해주어야, 몸통과 어색하지 않게 붙는다. 핏줄 디테일이 보기 좋다.

22 여기까지가 이 몬스터의 폴리 페인팅의 완성이다.

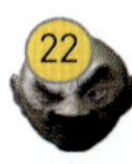

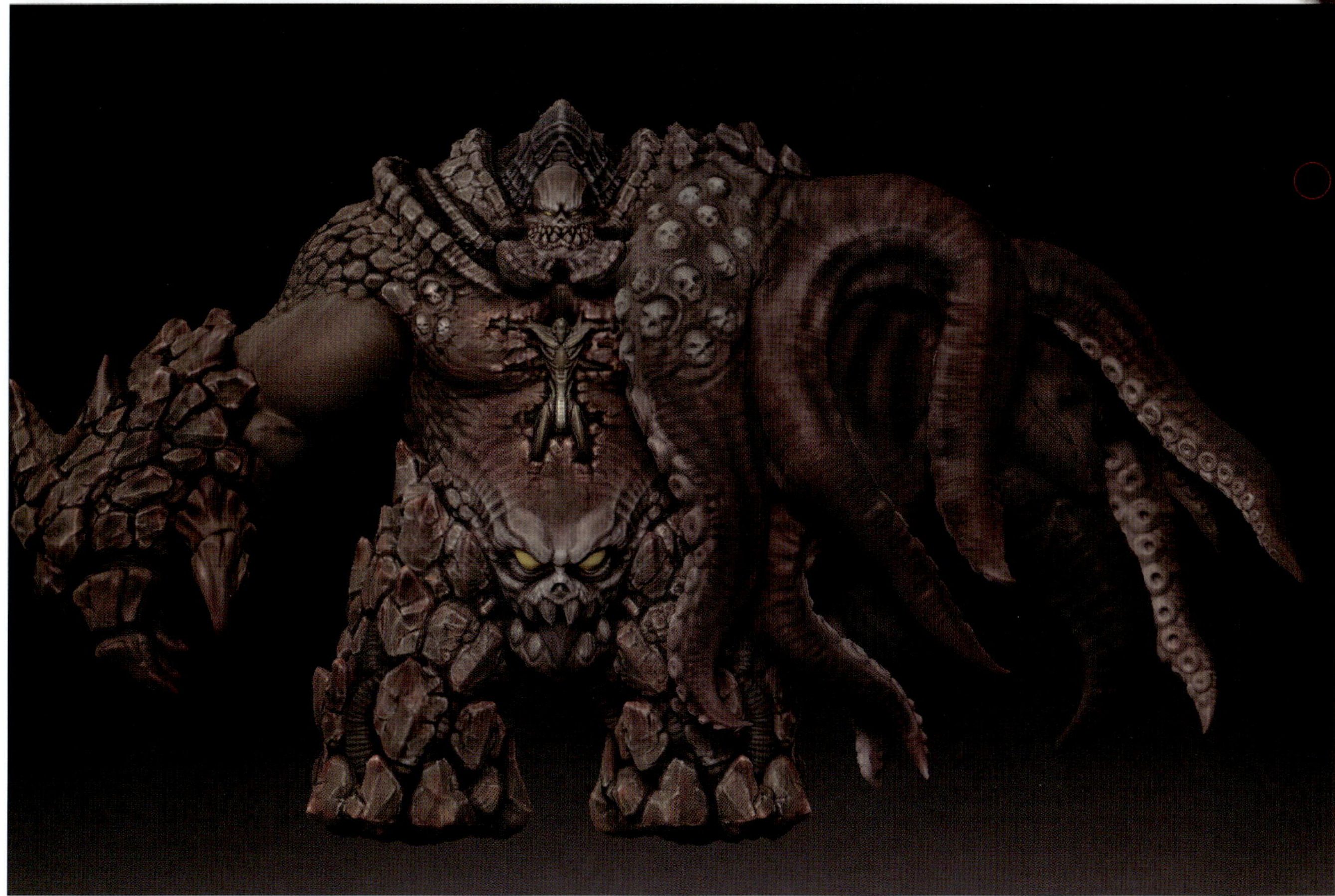

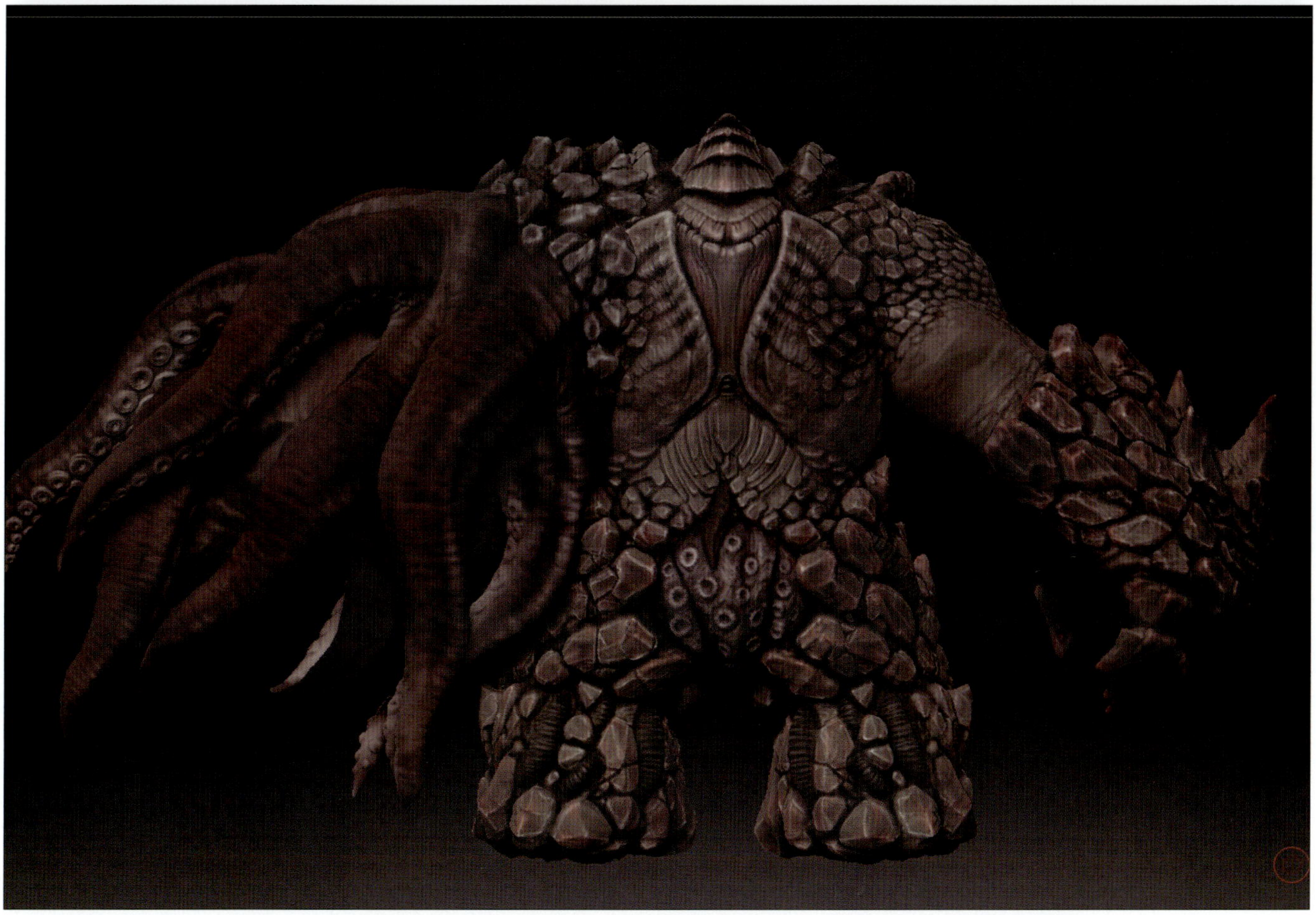

몬스터 만들기

ZBrush에서 합성 소스를 렌더링 하기

04

ZBrush에서 멋진 렌더링을 뽑는다는 것은 참 불가능한 일입니다. 개인적으로는 조명 시스템 자체가 너무 불편하다고 봅니다. 그러나 Render Pass의 개념으로 여러 Pass를 렌더링한 뒤 합성하는 것으로 조명의 밝기, 그림자 농도, 색감 등등 모든 요소들을 조절해 주면 최종 이미지를 좀더 보기 좋게 꾸며 줄 수 있습니다.

이 몬스터의 현재 이미지는 몇 가지 문제점들을 안고 있습니다. 첫째, 색이 너무 단조롭다. 붉은색과 갈색의 톤이 눈을 지루하게 만듭니다. 둘째, 너무 어둡다. 셋째, 문어다리의 끈적하고 번들거리는 느낌이 없어 아쉽다 등등입니다.

지금부터 포토샵을 사용하여 ZBrush의 렌더링 결과물을 눈이 지루해 하지 않고 바라보면 볼수록 보고 싶은 이미지로 함께 만들어 보겠습니다.

우선 Document를 우리가 원하는 최종 이미지의 해상도로 Resize해줍니다. 키보드의 Print screen 버튼을 눌러서 화면을 캡쳐 하는 것은 현재 모니터의 해상도 제한을 받게 됩니다.

 Document를 최대 크기로 Resize한다.

원하는 해상도로 맞춰주고 Resize버튼을 누르면 나오는 창에서는 Yes를 선택하면 크리처 Tool이 캔버스에 Drop된 것을 알 수 있습니다. Layer 〉 Clear를 눌러주고 캔버스에 크리처 Tool을 다시 그려줍니다.

체크하세요!

Drop?

Drop 되었다는 것은 크리처 오브젝트가 더 이상 3D 물체가 아닌 2.5D의 상태로 전환되었다는 것입니다.

02 캔버스 해상도가 현재 필자의 뷰포트 크기보다 크므로, UI관련 툴을 사용하여 캔버스를 Zoom out 했다. 현재의 Matcap_white 재질 상태로 시점을 조절해 주고 Render 〉 Best를 눌러 주면 그림자가 생성되고, 좀더 부드러운 이미지로 렌더링 된다. 이것은 화면을 움직이는 순간 다시 Preview모드로 돌아가게 된다. 또는 렌더링된 상태에서 텍스처나 재질을 바꿔주게 되면, 곧바로 렌더링이 시작되므로 주의해야 한다.

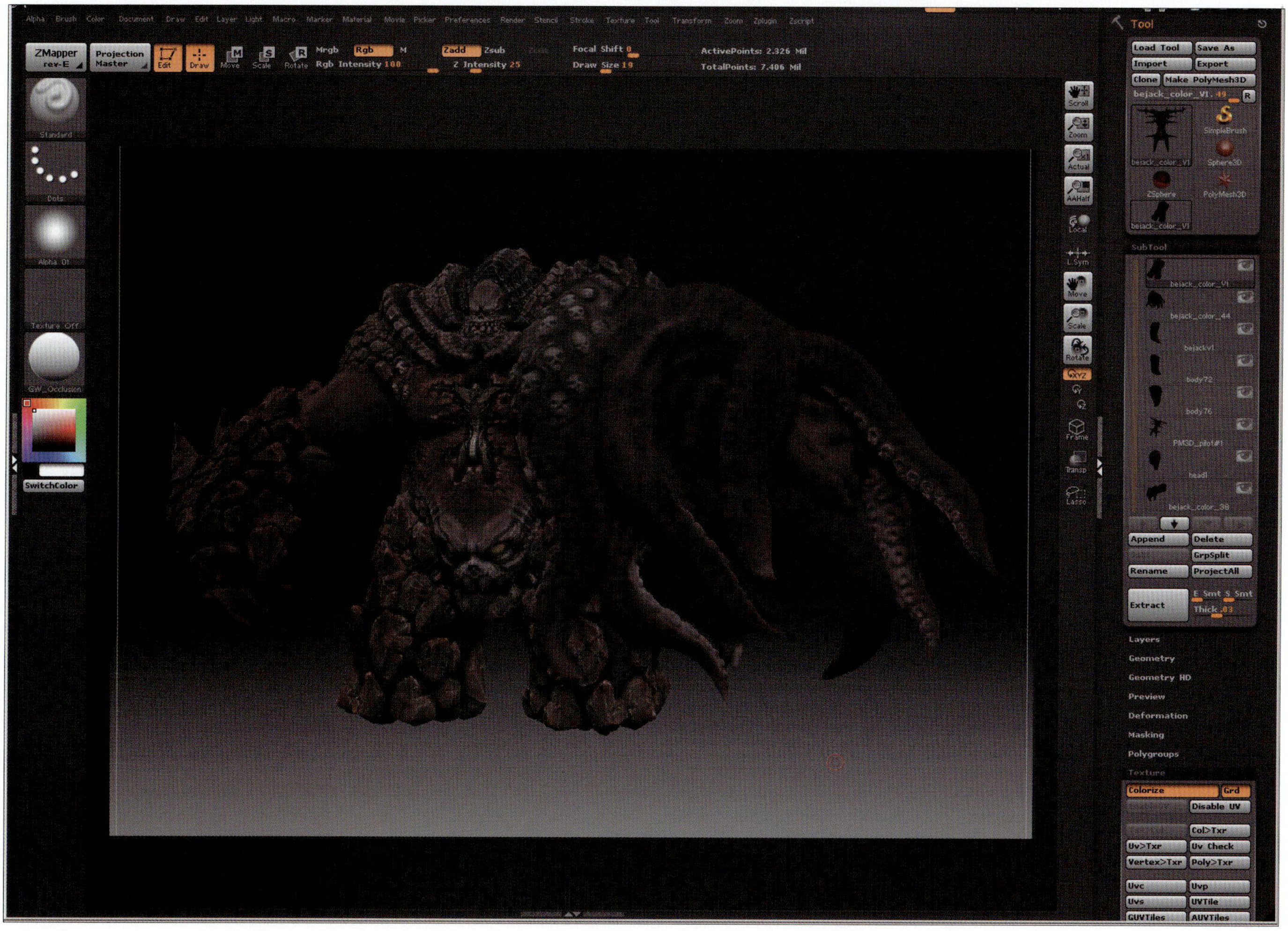

03 Matcap_white을 렌더링한 후, Texture 〉 Grabdoc을 눌러주면, 현재 뷰포트의 그 렌더링 된 상태가 우리가 설정해 두었던 해상도의 텍스처로 저장된다.

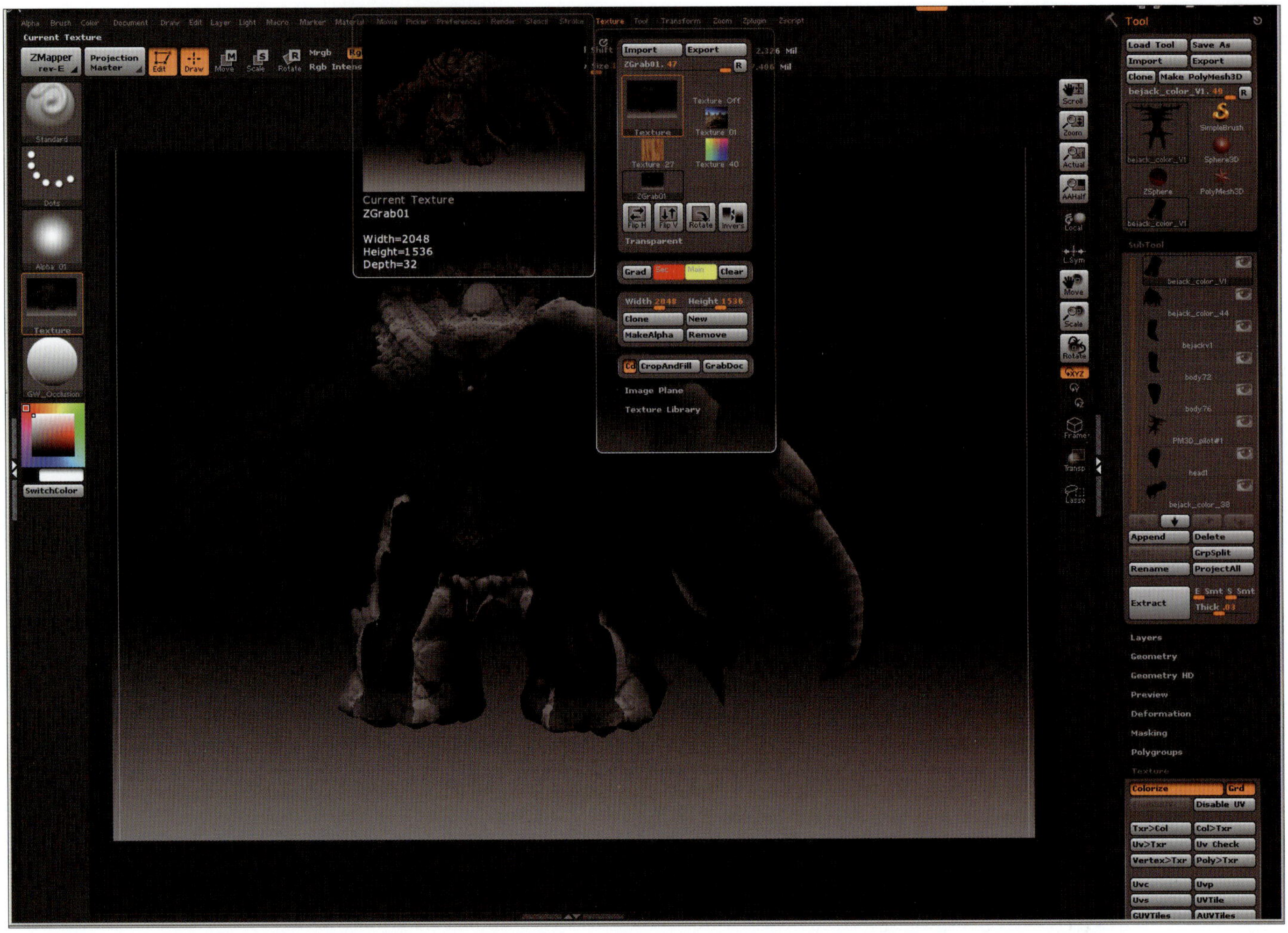

ZBrush의 특성상, 이렇게 캡쳐된 이미지가 바로 크리처 오브젝트에 텍스처로 적용됩니다. 우리는 텍스처만 Export해주고, 흰색의 새로운 텍스처를 적용해 주거나 Remove로 교체하면 됩니다.

이 상태에서 뷰포트를 움직이지 않고, 다른 재질들을 동일한 방식으로 적용하여 렌더링하고 Export합니다. 이런 방식으로 진행해야만 포토샵에서 원활히 합성할 수 있게 되는 것입니다.

Flat_shader를 적용한 뒤, Render / Export 그리고 그 상태에서 Texture 〉 New(흰색이 선택된 상태로)를 눌러주어 흰색 텍스처를 적용합니다.

Render / Export 하고 나서 느낌이 다른 두 가지의 번들거리는 Specular 재질과 Basic Shader를 이용해 테두리 조명 두 가지, 그리고 스킨 쉐이더 재질 등으로 각각 렌더링 후 Export하여 포토샵에서 불러봅시다.

몬스터 만들기

포토샵에서 최종 합성, 리터칭하기

05

01 Flat_shader 렌더링 이미지를 레이어의 맨 밑에 두고 시작한다.

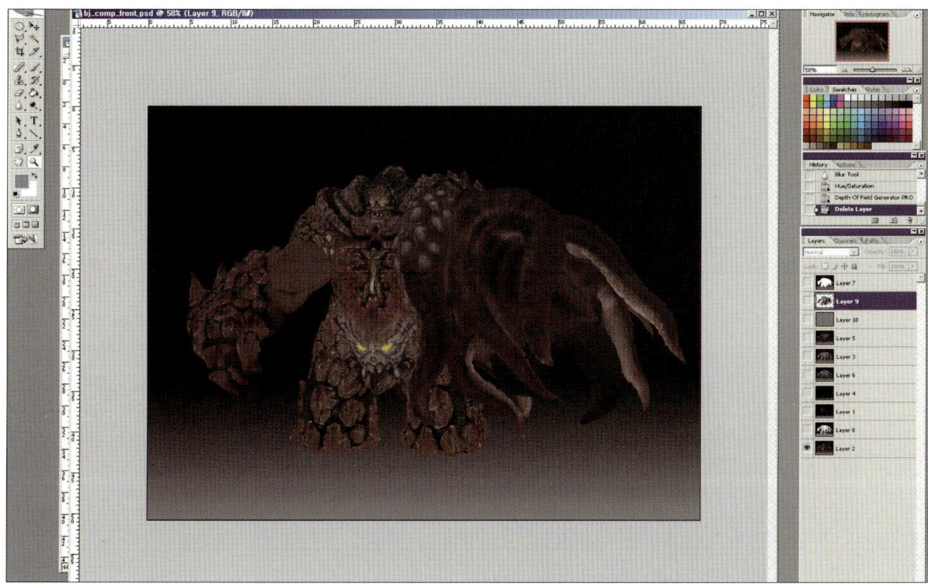

부록 DVD 파일
\ 3D캐릭터모델링 \ 몬스터 \ Flatshader.psd

02 Ambient Occlusion 재질 렌더링 이미지를 바로 위에 올려주고 Multiplay모드로 설정한다.

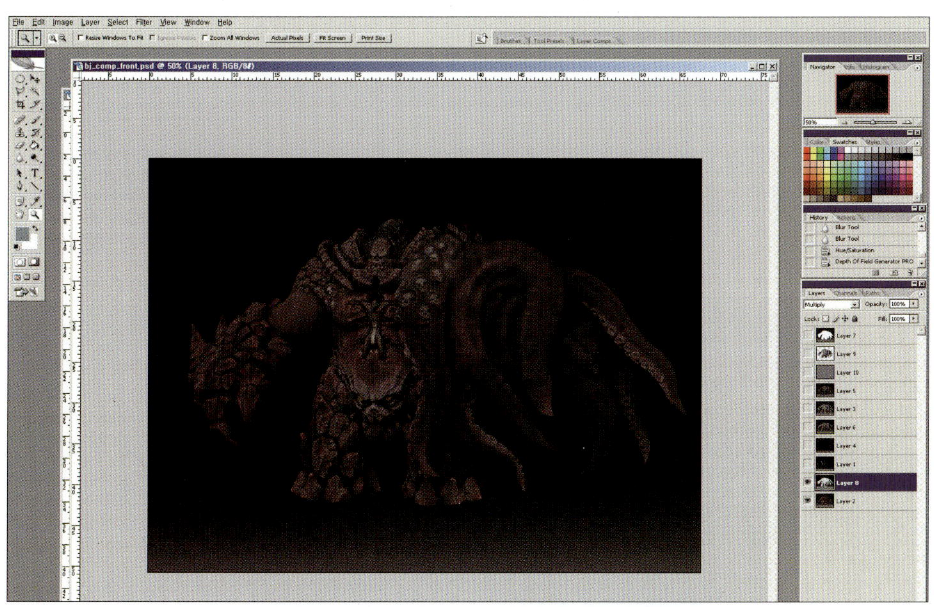

부록 DVD 파일
\ 3D캐릭터모델링 \ 몬스터 \ AmbientO.psd

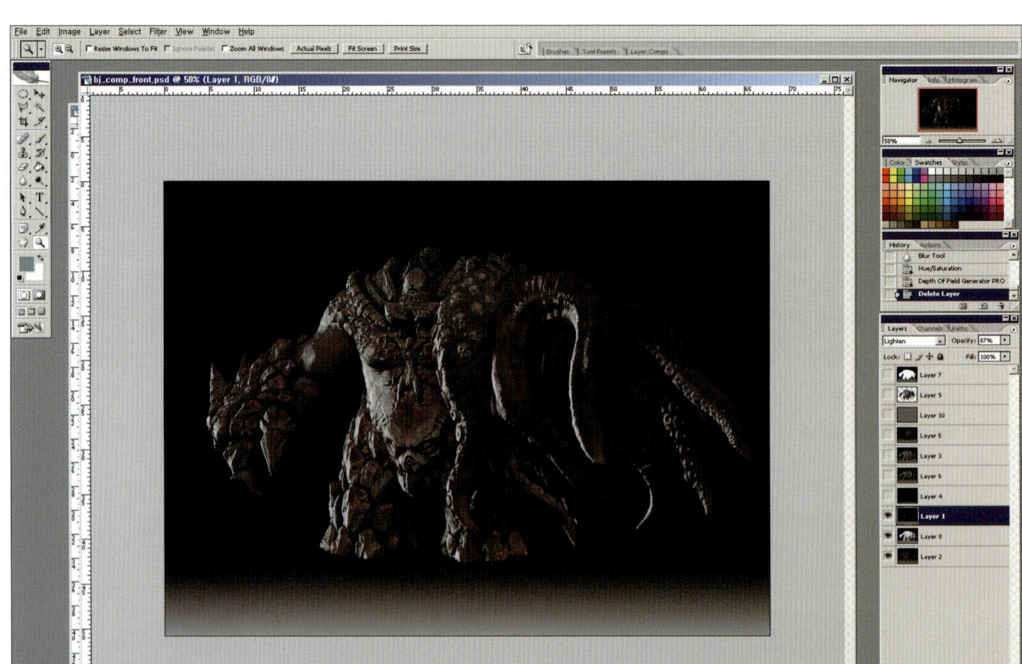

03 왼쪽 테두리 조명 렌더링 이미지를 Level 보정해주고, Layer의 Lighten 모드로 설정한다.

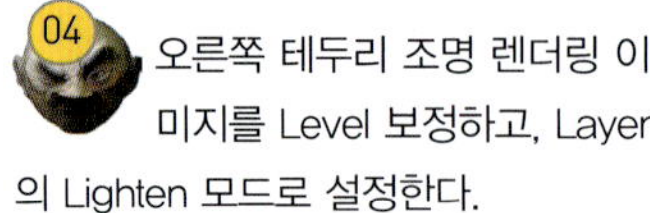

부록 DVD 파일

\ 3D캐릭터모델링 \ 몬스터
\ Left_R.psd

04 오른쪽 테두리 조명 렌더링 이미지를 Level 보정하고, Layer의 Lighten 모드로 설정한다.

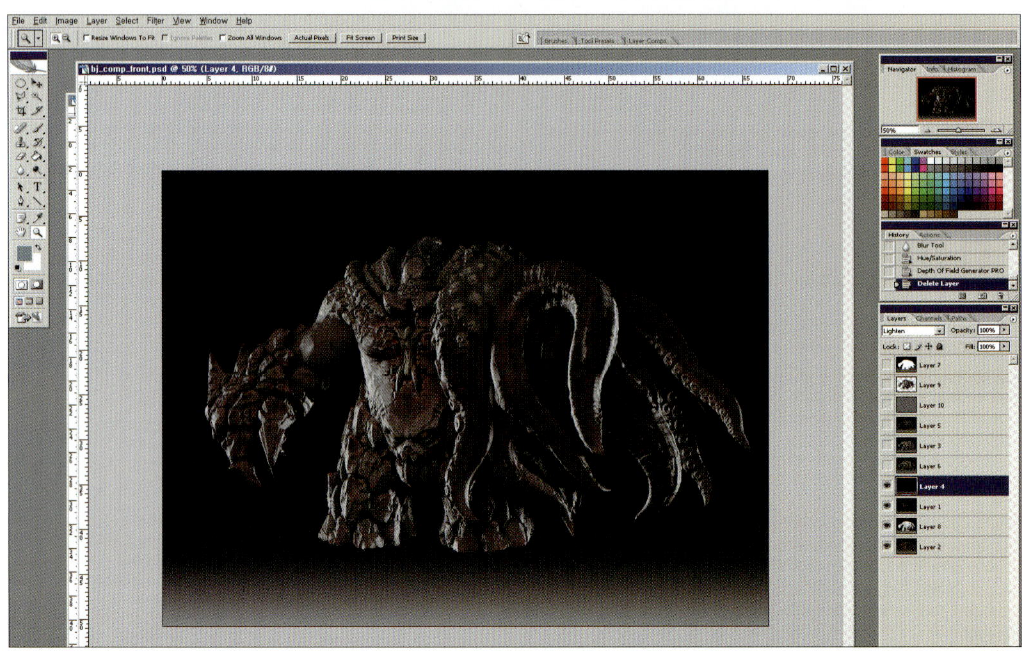

부록 DVD 파일

\ 3D캐릭터모델링 \ 몬스터
\ Right_R.psd

05 첫 번째 번들거리는 재질의 렌더링 이미지를 Layer의 Screen 모드로 바꾸고 Opacity 20%로 설정한다.

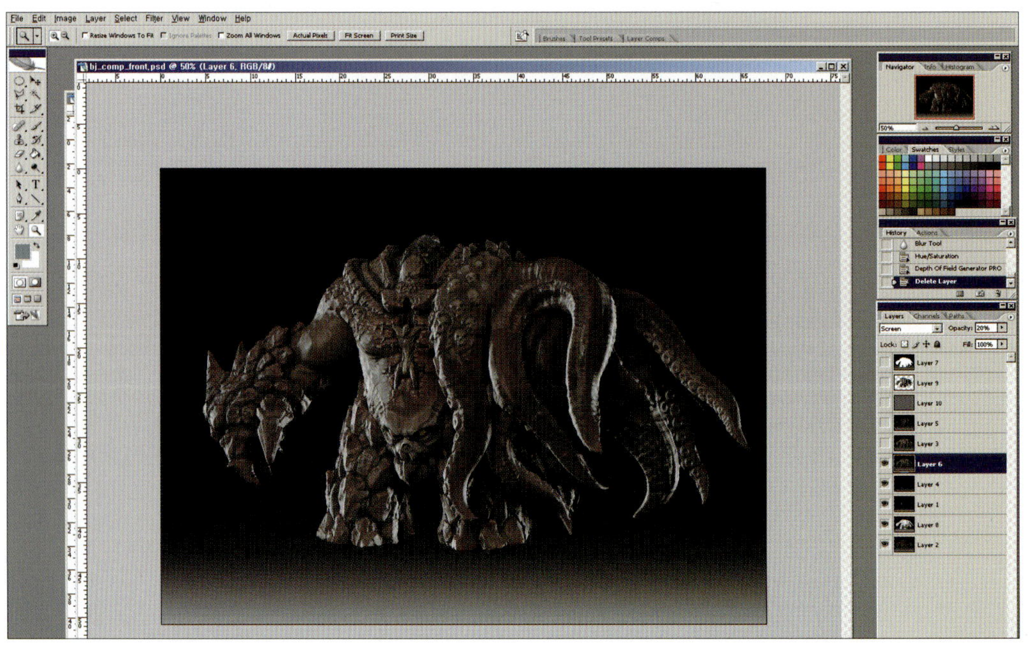

부록 DVD 파일

\ 3D캐릭터모델링 \ 몬스터
\ Specula1.psd

06 스킨 쉐이더 재질의 렌더링 이미지를 Layer의 Overlay 모드로 추가해준다.

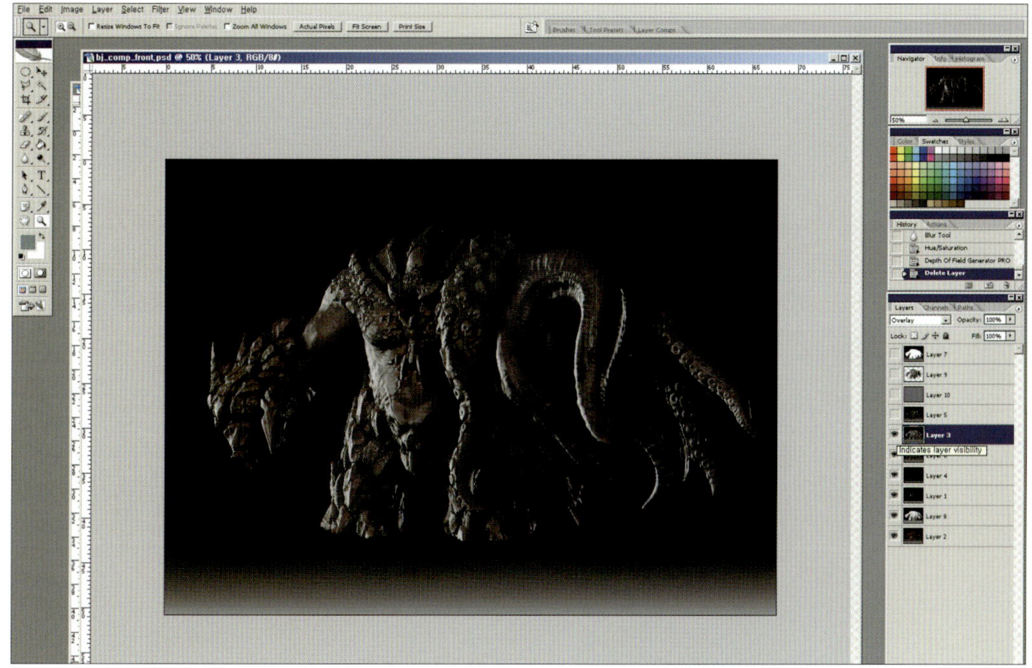

🔘 **부록 DVD 파일**

\ 3D캐릭터모델링\ 몬스터\ Sk_shader.psd

07 두 번째 번들거리는 재질 렌더링 이미지를 Layer의 Screen 모드로 바꾸고 Opacity 20%로 설정한다.

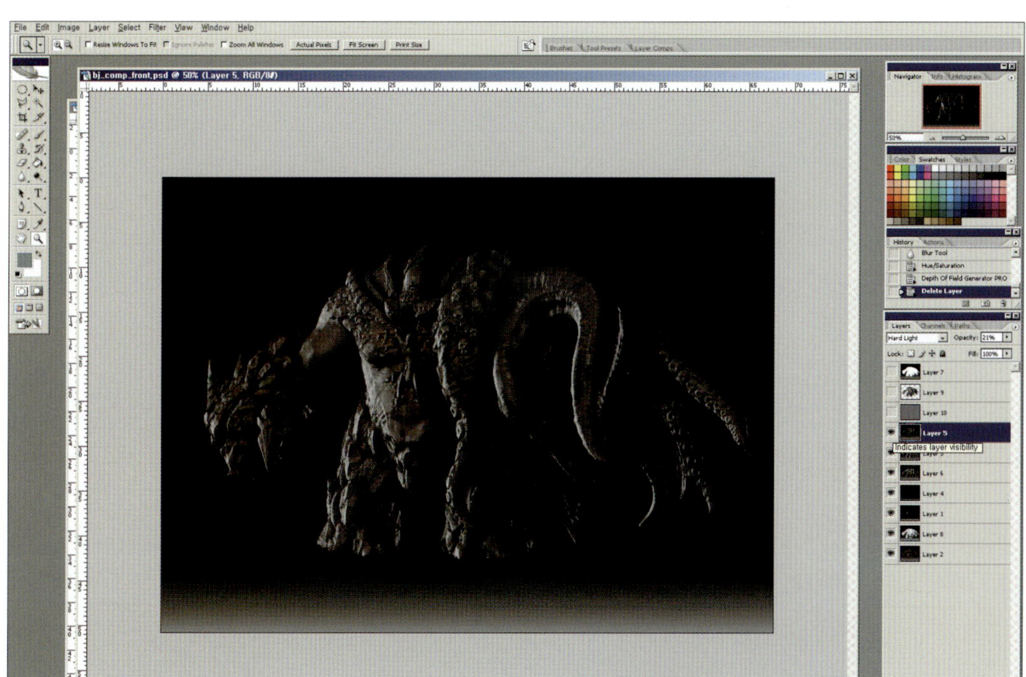

🔘 **부록 DVD 파일**

\ 3D캐릭터모델링\ 몬스터\ Specula2.psd

 **08** 현재의 상태를 전체 선택하여 Copy Merged한다. 새 레이어로 Paste하고 색상 보정을 한다. 그 다음 흰색 텍스처 Flat_shader 렌더링 이미지의 흰색 부위를 이용하여 배경만 지워주고 바람직한 배경색을 채운 레이어를 바로 밑에 두면 끝이다.

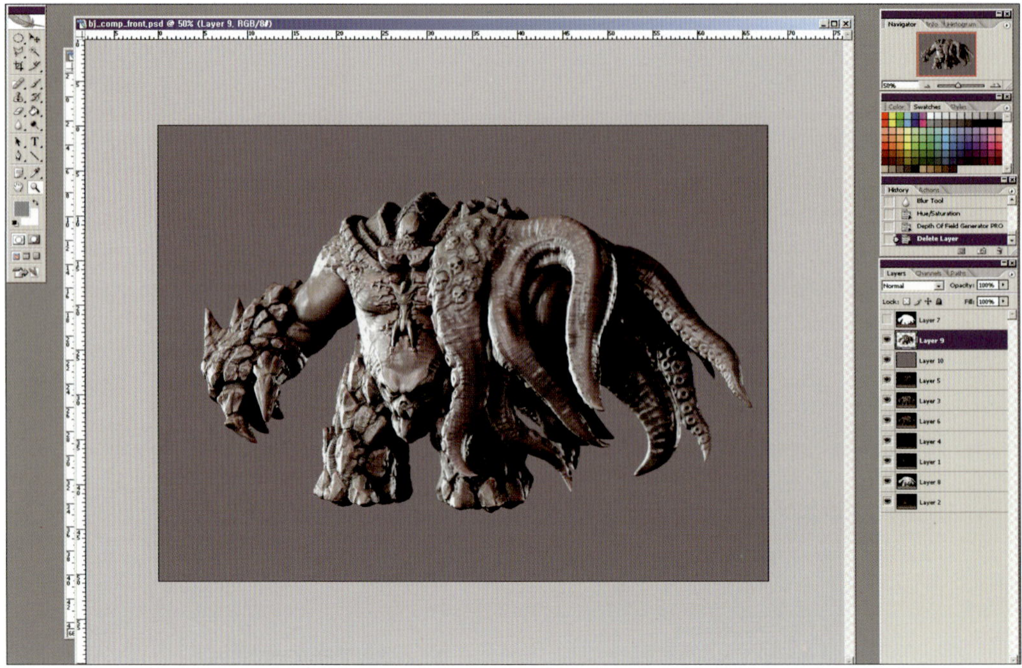

09 완성된 결과물이다. 색 보정을 통해 자칫 지루해 보일 수 있던 이미지가 좀더 맛깔스러운 느낌으로 거듭났다.

여기까지 몬스터를 만들어 보는 과정을 마무리 하였습니다.

〈나쁜 경찰 : Jim〉, 로봇, 그리고 이 몬스터의 원고작업은 필자에게도 정말 많은 것들을 가르쳐 주었습니다. 평소에 머릿속으로만 생각해보던 작업 방식들을 실제로 사용해보고, 그 과정에서 겪었던 에러사항들을 해결해가며 완성하는 경험을 통해, ZBrush로 3D 모델링하기 전보다 또 한 단계 발전할 수 있었던 계기가 된 것 같습니다.

독자 여러분, 3D를 공부함에 있어 가장 큰 스승은 누구입니까? 가장 좋은 학교는 어디입니까?

우리가 개인 작업에 대한 열정을 잃지 않고 자신의 작업물에 대한 강한 애착과 자부심을 가지고 늘 새로운 것들을 시도해보며 그것을 위해 튜토리얼을 찾아보고 주변의 실력자들에게 물어보는 열정 어린 노력이 우리의 가장 큰 스승이며, 제일 좋은 학교인 것입니다.

늘 더 노력하며, 더 가슴 뛰는 작업을 하시기를 진심으로 바래봅니다. 그 동안 〈3D 캐릭터 모델링의 실전편〉을 보시는 동안 고생하셨습니다. 감사합니다.

3D 캐릭터 모델링의 실전

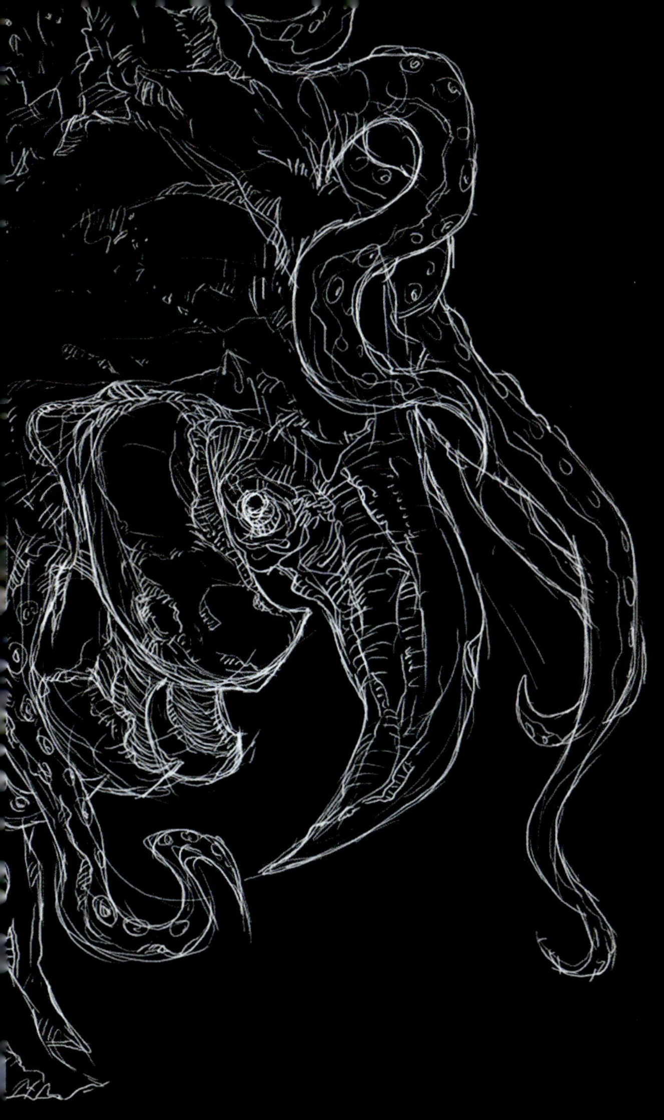

Appendix

재미있는 ZBrush 팁

재미있는 ZBrush 팁

간단한 눈알 만들기

01

지금까지 ZBrush와 3ds Max등을 넘나들며 사용해 보았습니다. 이번에는 재미있게 즐겨볼 수 있는 ZBrush 팁을 몇 가지 소개하고자 합니다.

ZBrush 내에서 간단하게 사용할 만한 눈알을 만들어 봅시다.

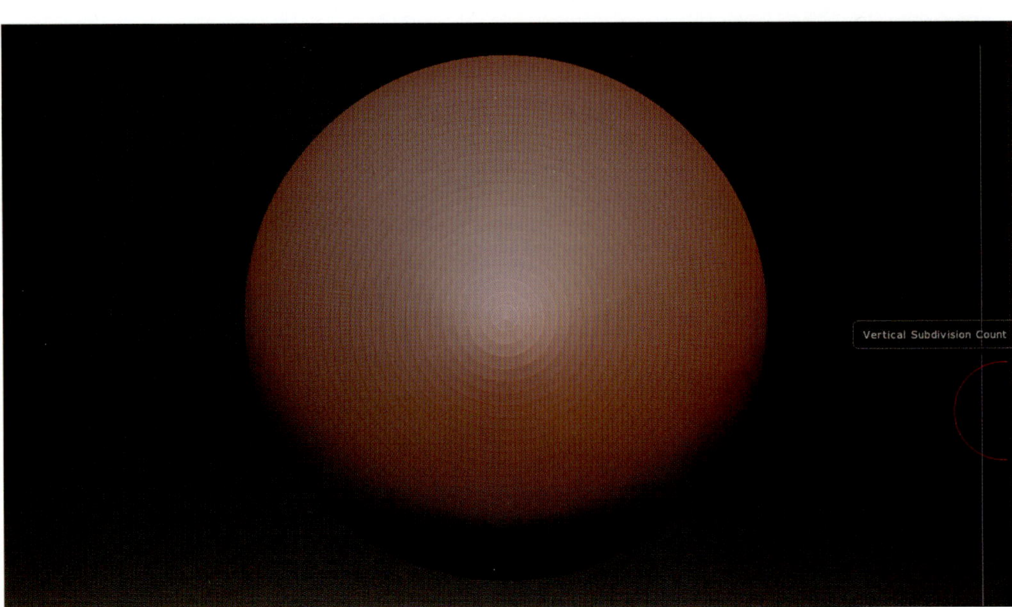
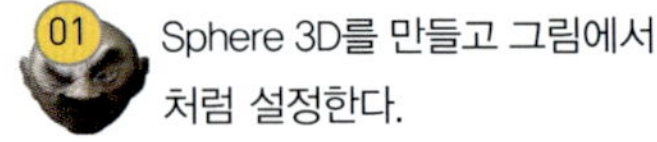

01 Sphere 3D를 만들고 그림에서 처럼 설정한다.

02 Transform의 symmetry설정을 Z, R을 켜고, radialcount를 40 정도로 맞춘다.

 Radial Symmetry가 Z축을 중심으로 40개 켜졌다.

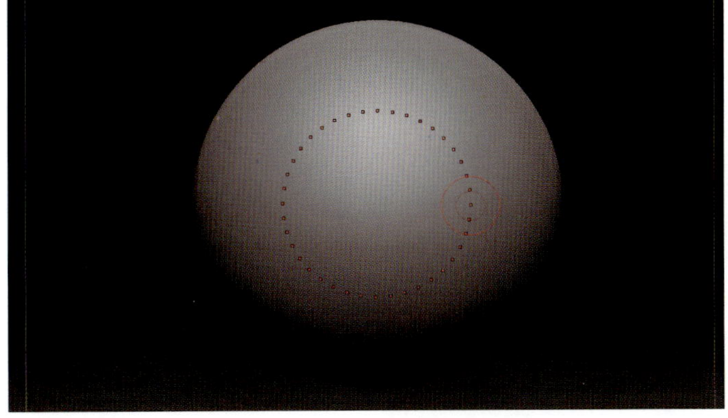

 Alt 를 누르고, 눈동자 모양으로 살짝 깍는 모습

05 동공 부위를 선명하게 파준다.

06 동공 주변으로 살짝 움푹하게 깎고, Smooth시킨다.

07 흰색의 번들거리는 재질을 입힌 뒤, 브러시의 rgb모드만 활성화 = 폴리 페인팅

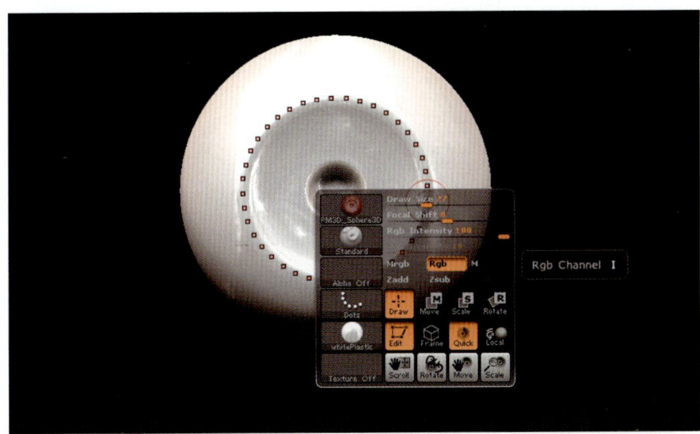

08 짙은 색으로 칠하고,

09 안쪽을 밝은 톤으로 칠한 뒤,

10 Smooth해주자.

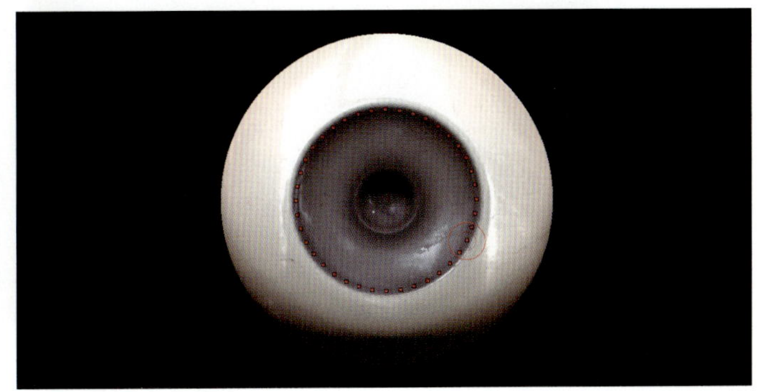

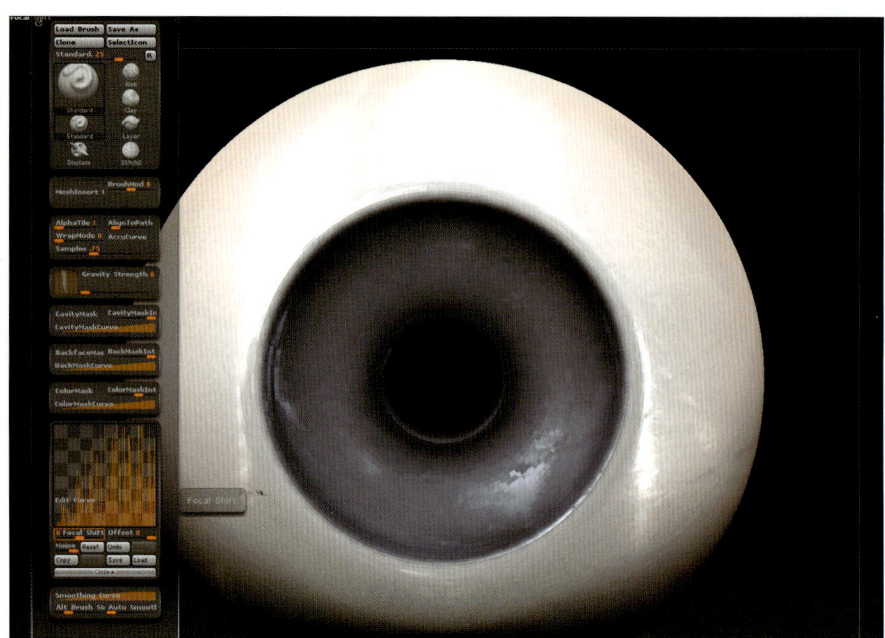

11 브러시의 Edit Curve에서 곡선을 좀 위로 볼록하게 바꾸고, Noise를 1로 설정한다.

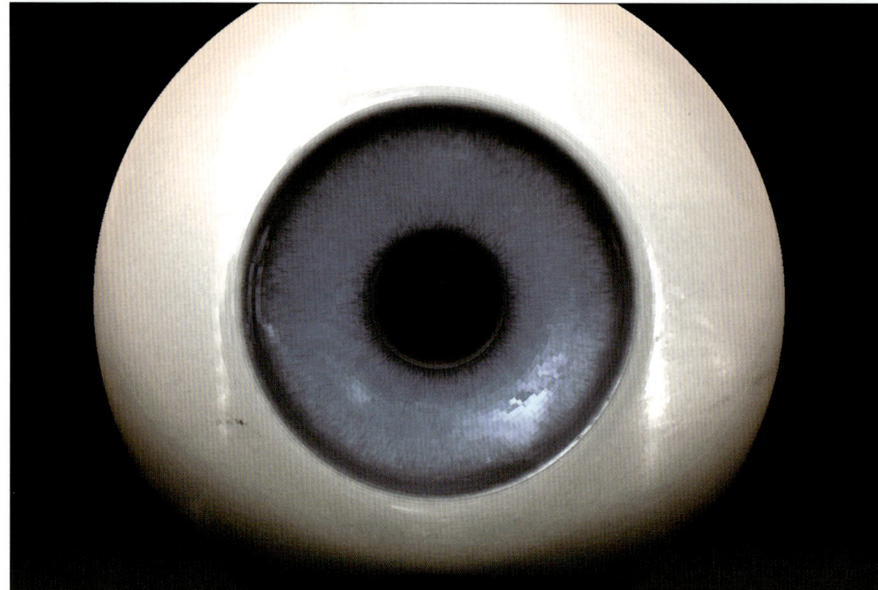

12 하늘색으로 고르고 살짝 칠하면, Brush의 Noise 효과가 나타난다.

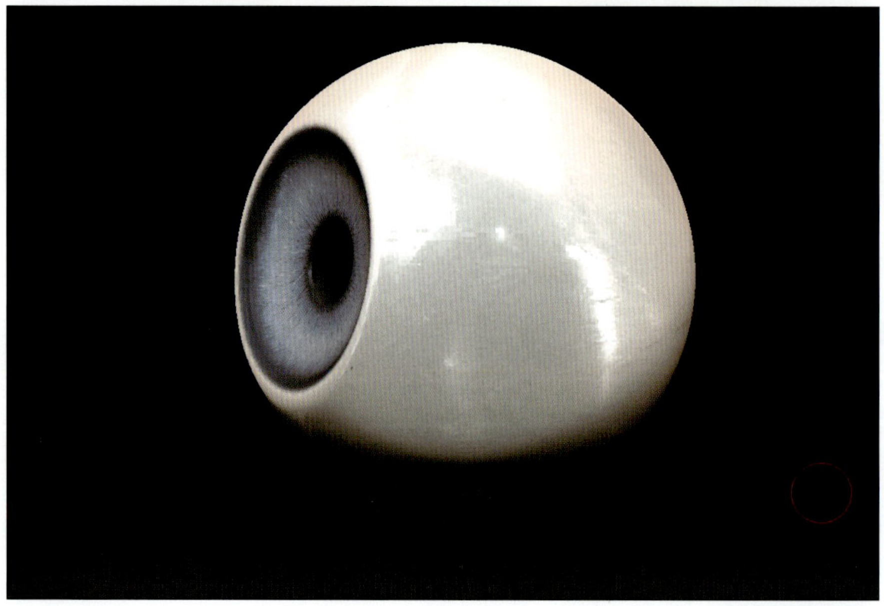

13 간단한 눈알 완성이다.

이렇게 간단하게 만들어 두면, ZSphere로 머리나 몸통 작업 시 사용하기 좋습니다.

재미있는 ZBrush 팁

ZBrush의 재질을 멘탈레이로 렌더링하기

02

ZBrush의 실시간 재질을 3ds Max로 가져가는 많은 방법들 중에서, 멘탈레이의 재질을 사용하는
방식을 한번 살펴봅시다.

 필자가 애용하는 CB_skin재질이다.

 **02** Material 탭에서 Modifier 탭을 열고, Material Texture에 마우스를 가져가면, 이렇게 확대된다. 이 장면을 스크린샷으로 찍는다.

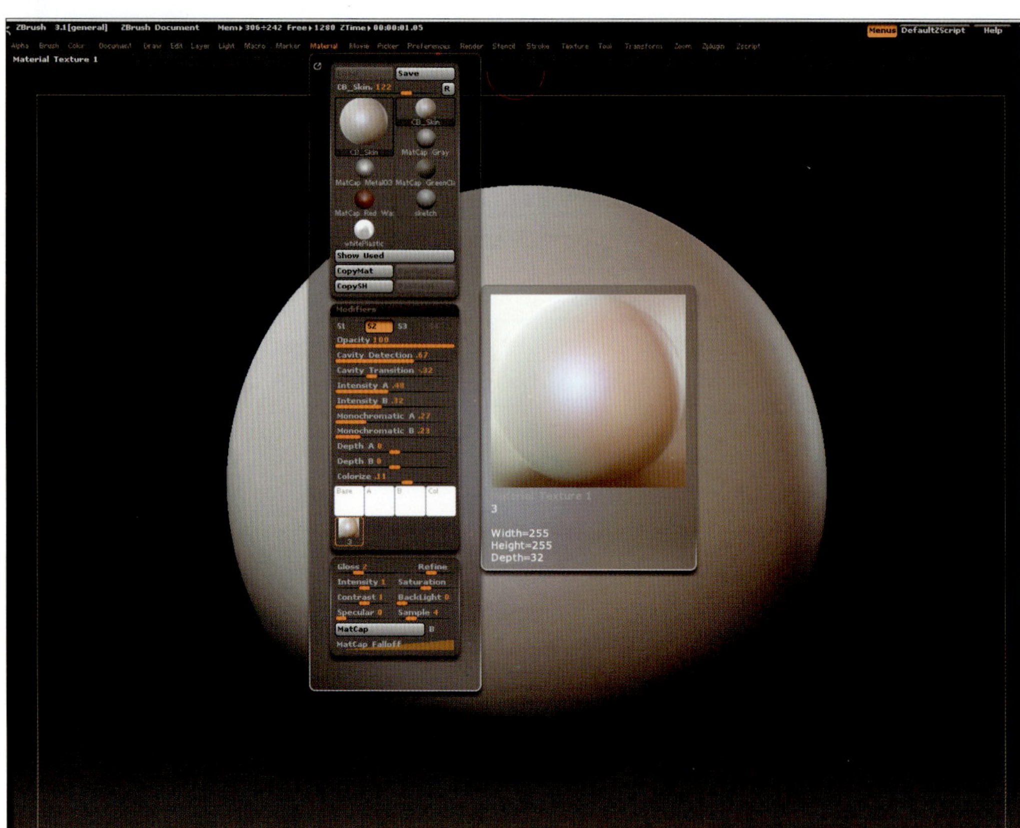

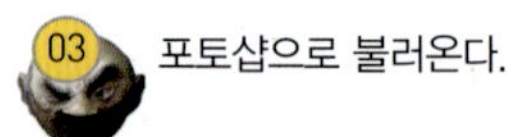 **03** 포토샵으로 불러온다.

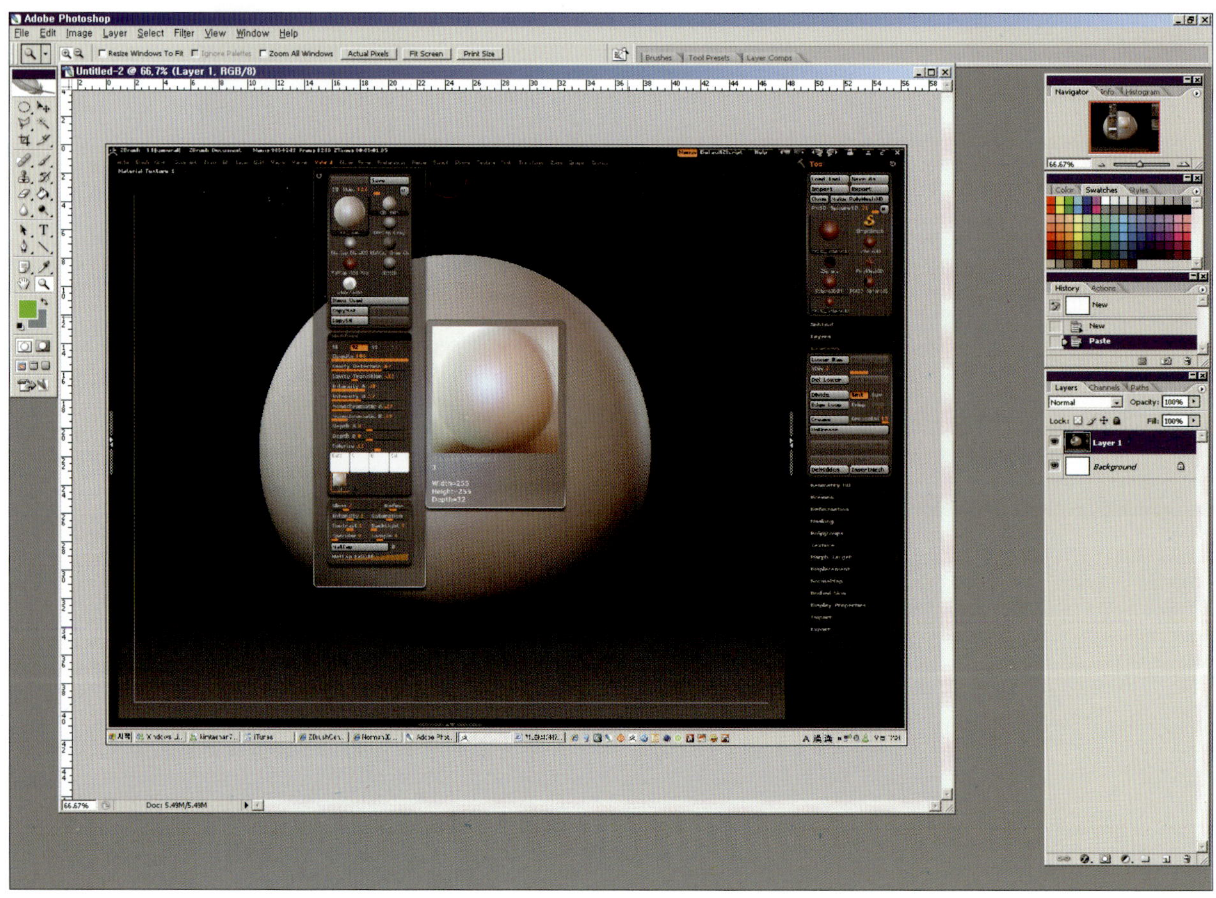

04 Material texture 부분만 crop해주고, 따로 저장한다.

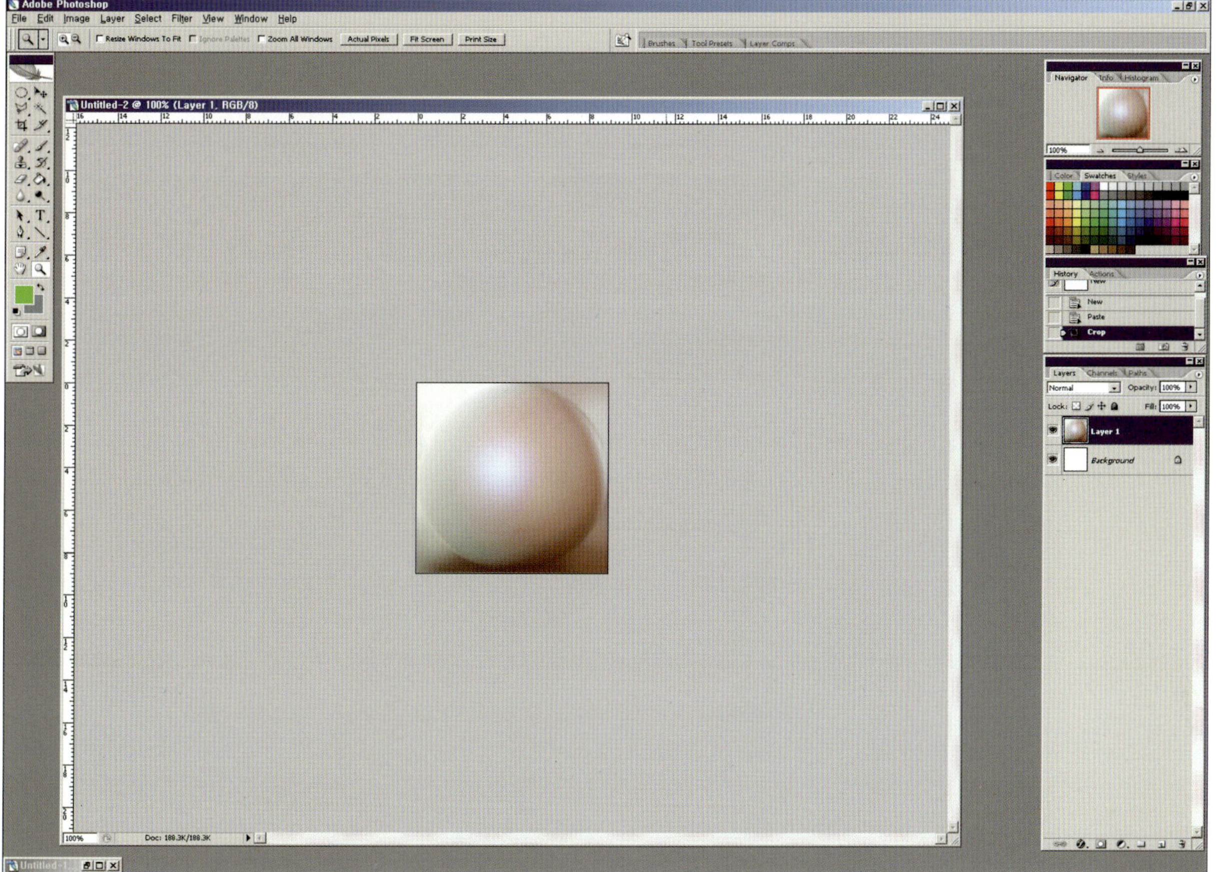

05 C:\Program Files\ Autodesk\ 3ds Max 2008\ mentalray\ shaders_standard\ include경로에 위치한 produc-tion_max.mi 파일을 워드패드로 열어준다.

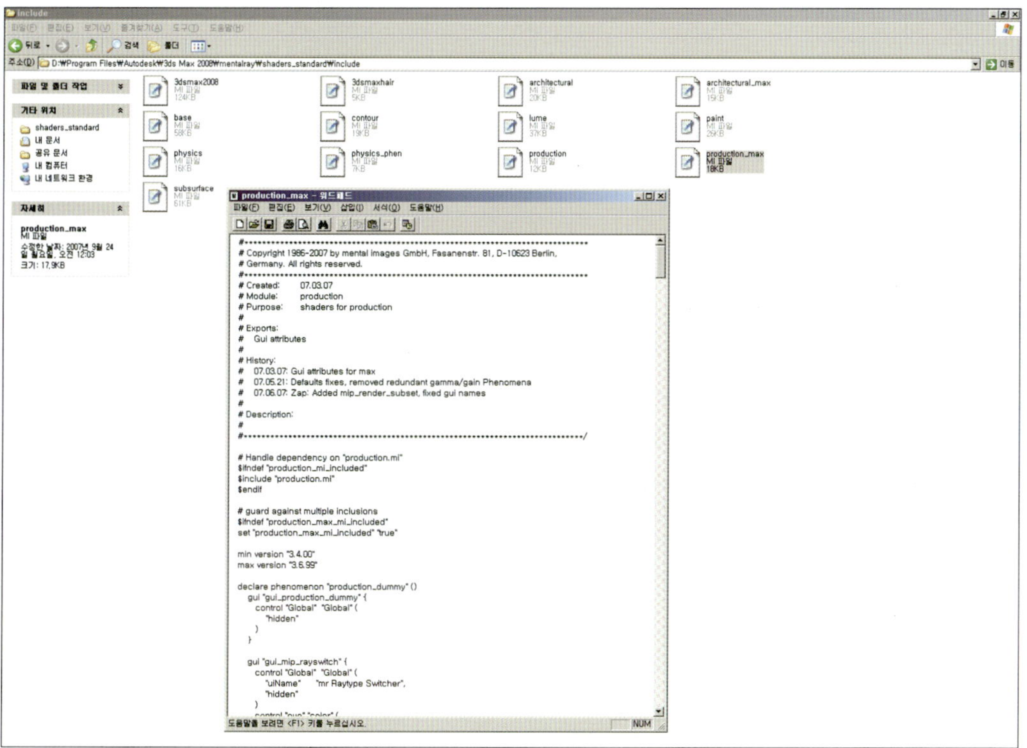

 **06** 그 중, gui "gui_mip_grayball" 부분을 찾고, "hidden"이라고 적혀있는 곳 앞에, #을 붙여주고 저장하고 닫는다.

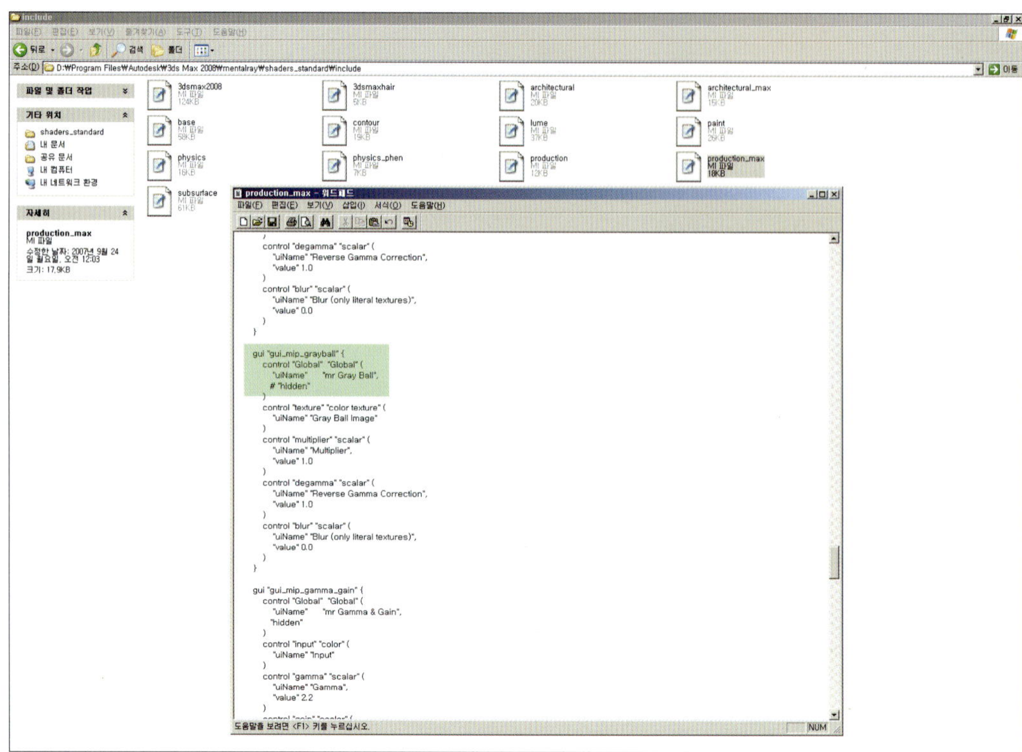

 **07** 3ds Max를 시작하고 실험대상으로 Torus Knot을 만들었다.

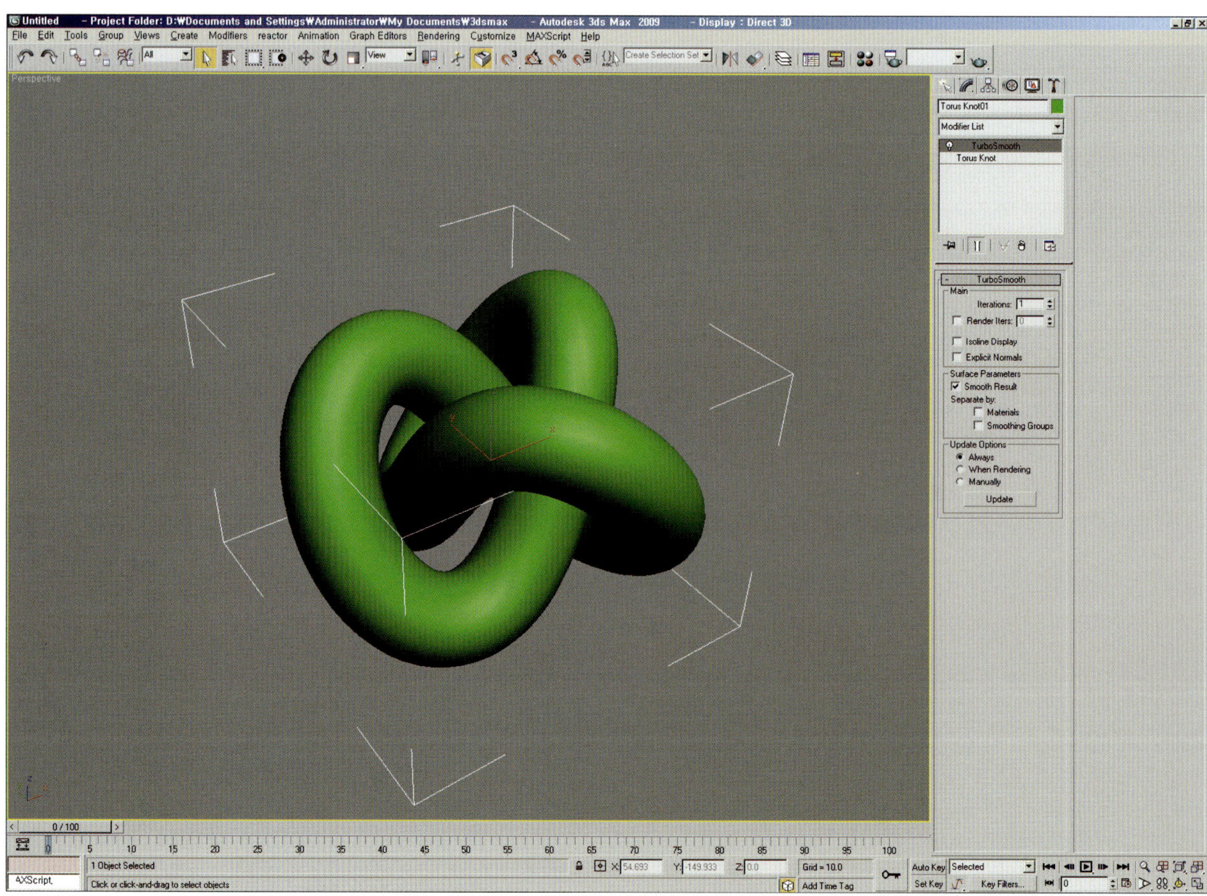

 **08** 렌더러를 멘탈레이로 설정한다.

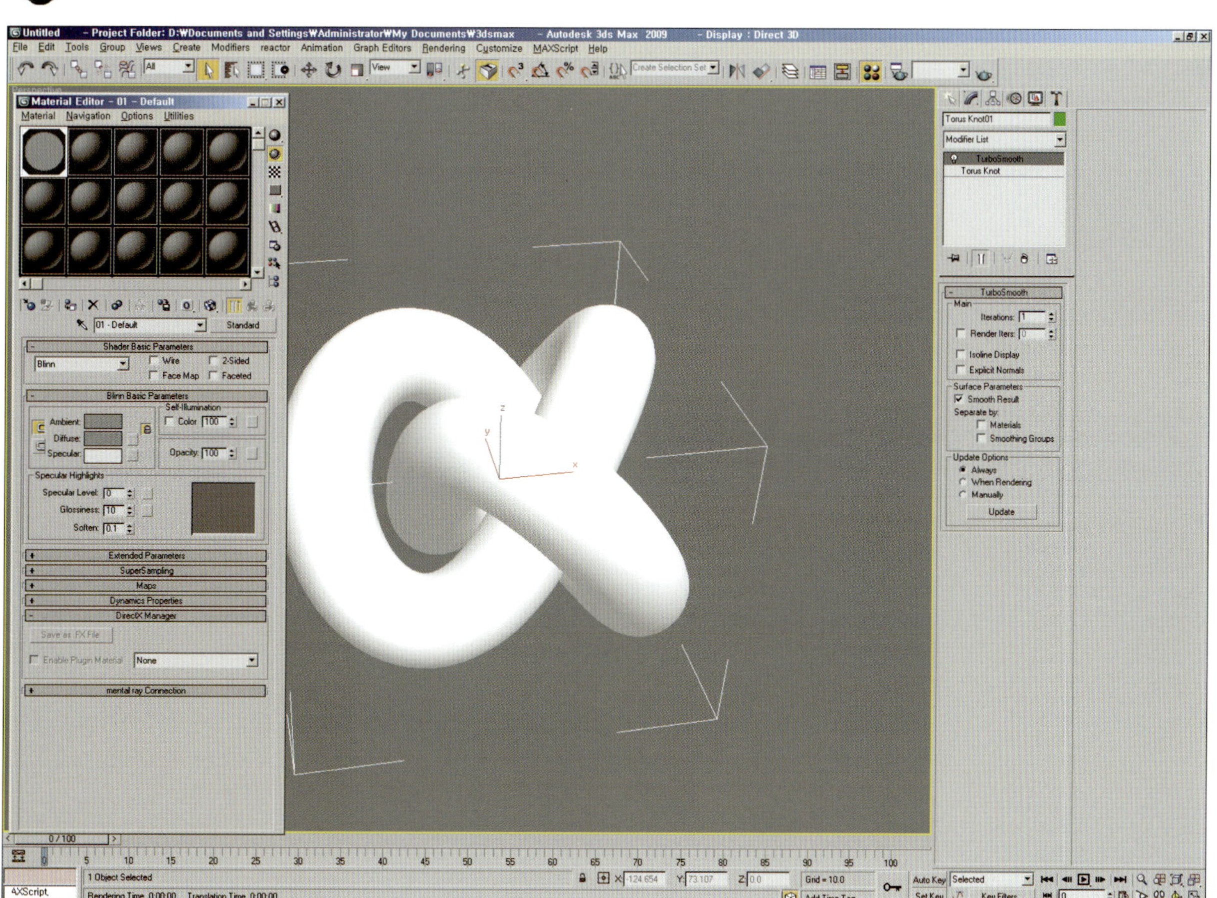

09 재질을 하나 적용하고 Self Illumination을 100으로 설정한다.

10 Diffuse을 눌러보면, Grey Ball재질이 나오는 것을 알 수 있다. 이것을 선택한다.

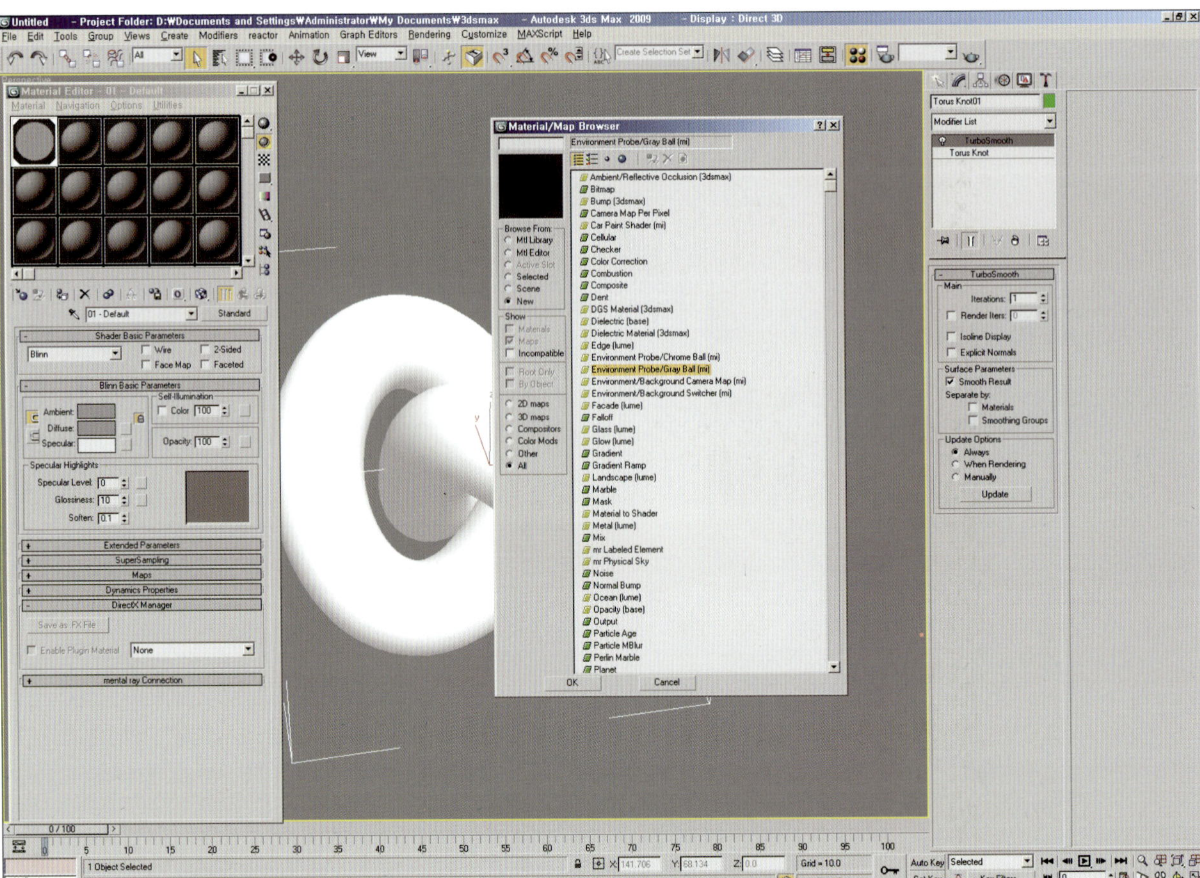

11 Grey Ball Image칸을 눌러, 아까 저장해둔 CB_skin의 Material Texture를 불러온다.

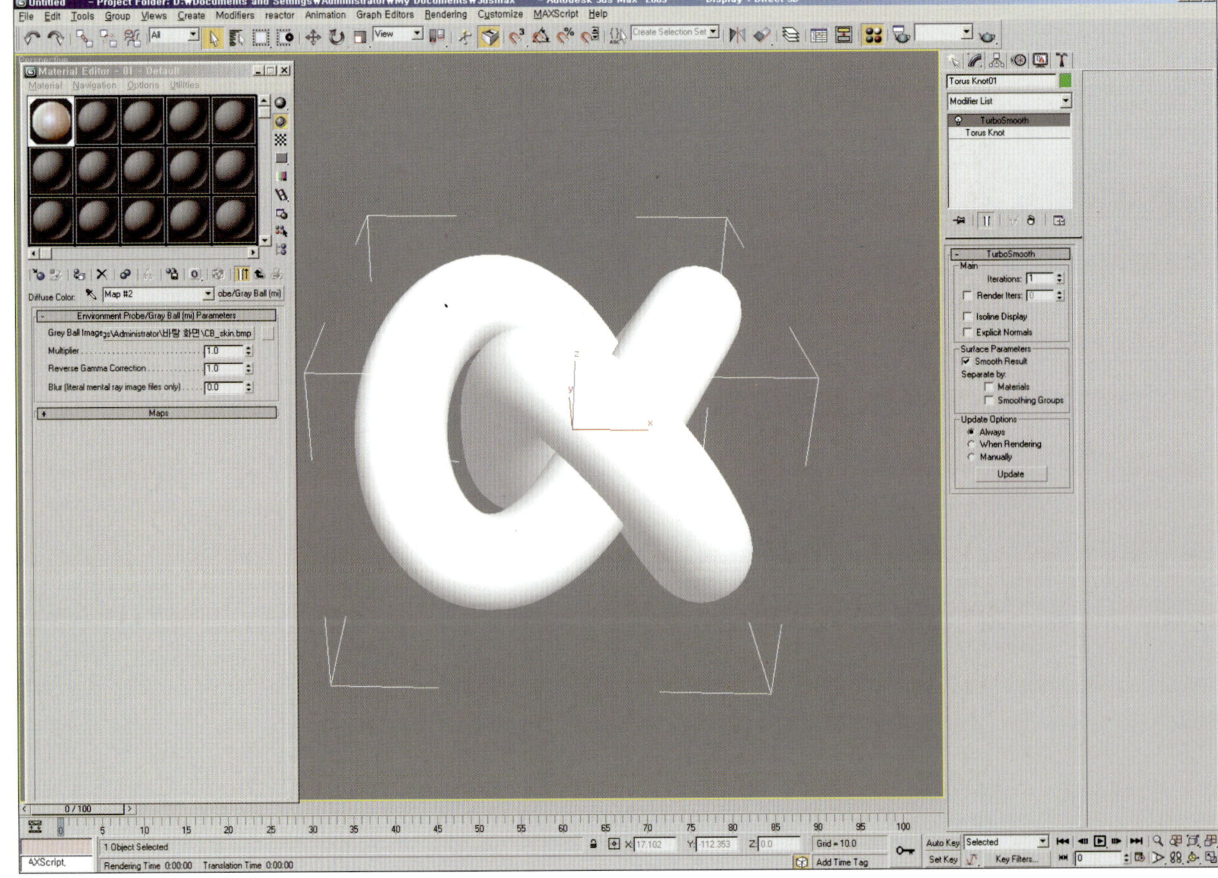

560

12 조명 없이 랜더한 모습이다.

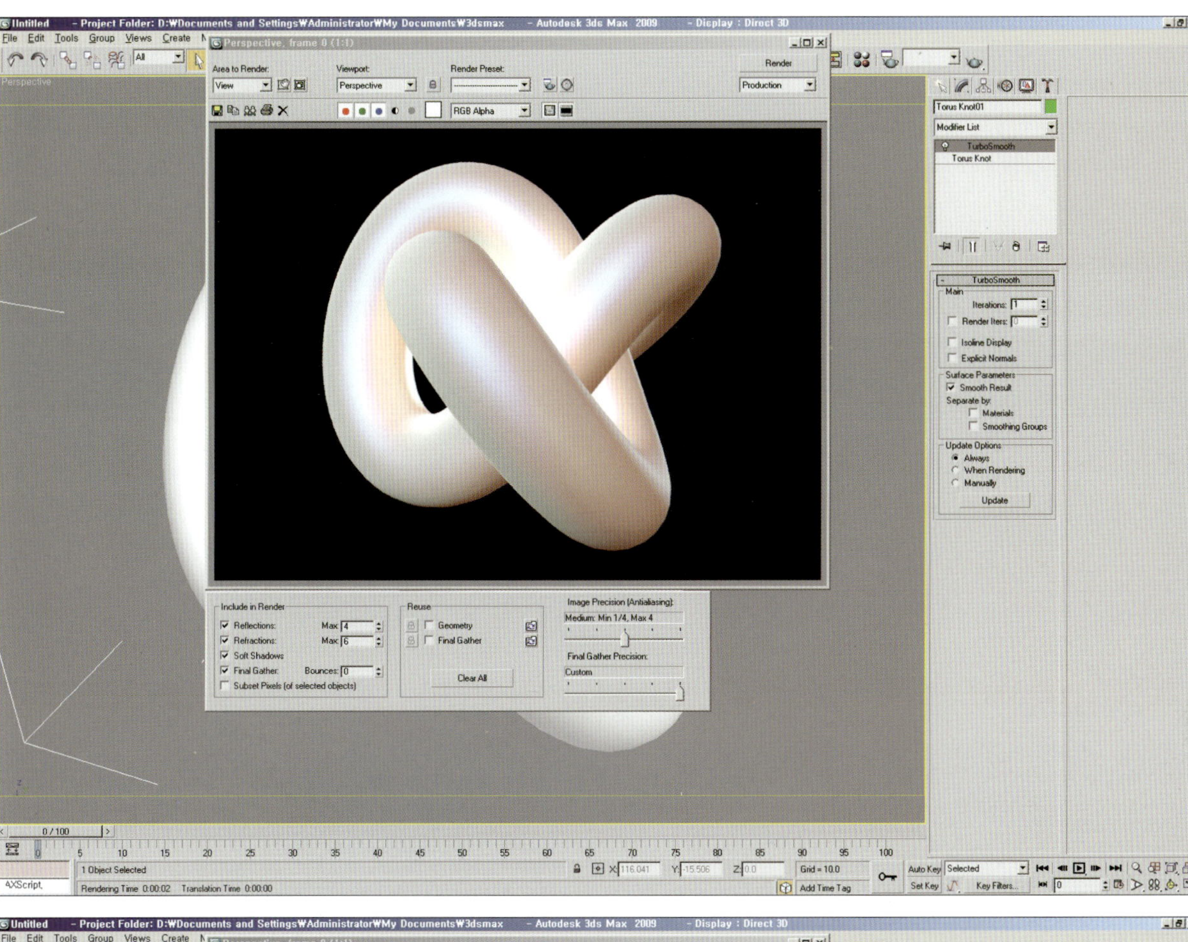

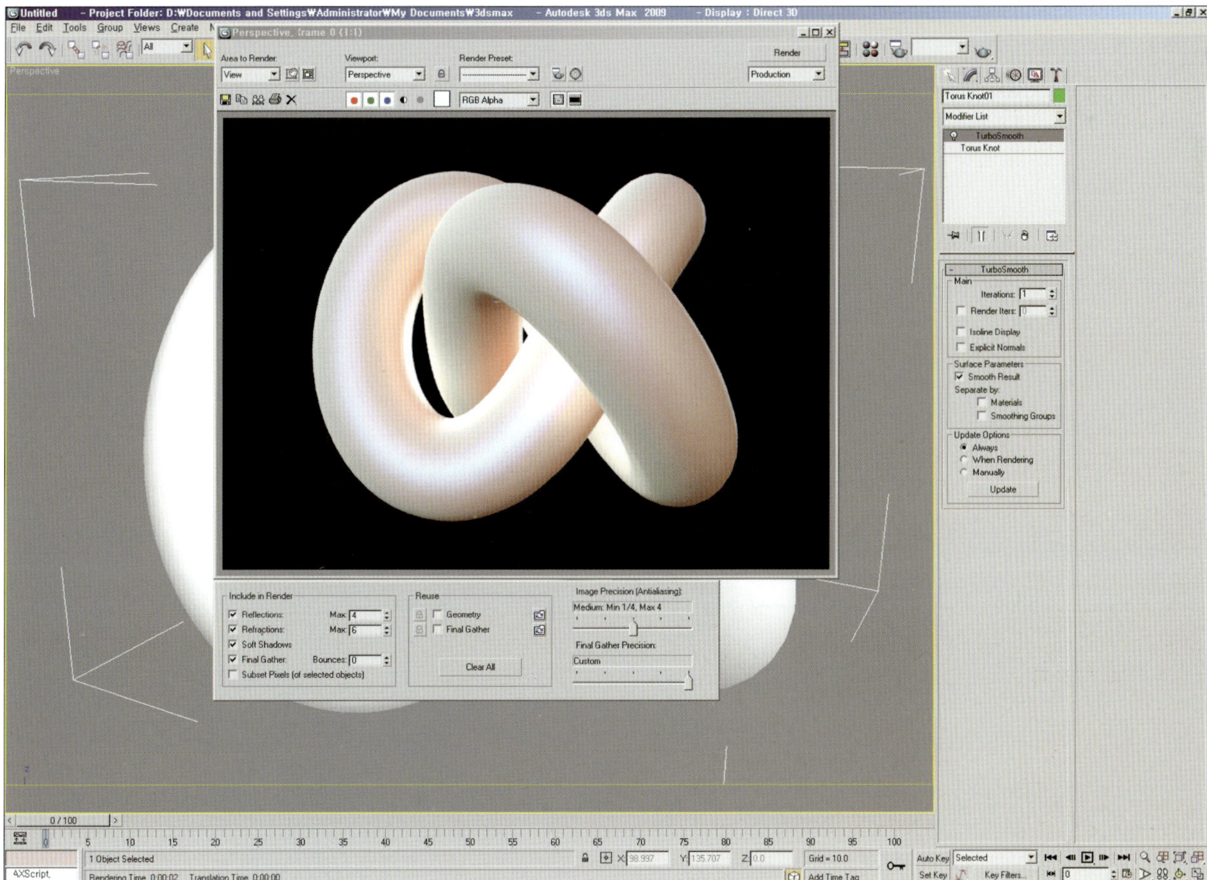

 Self illumination을 0으로 바꾸고, 조명과 그림자를 켜고 렌더한 모습이다.

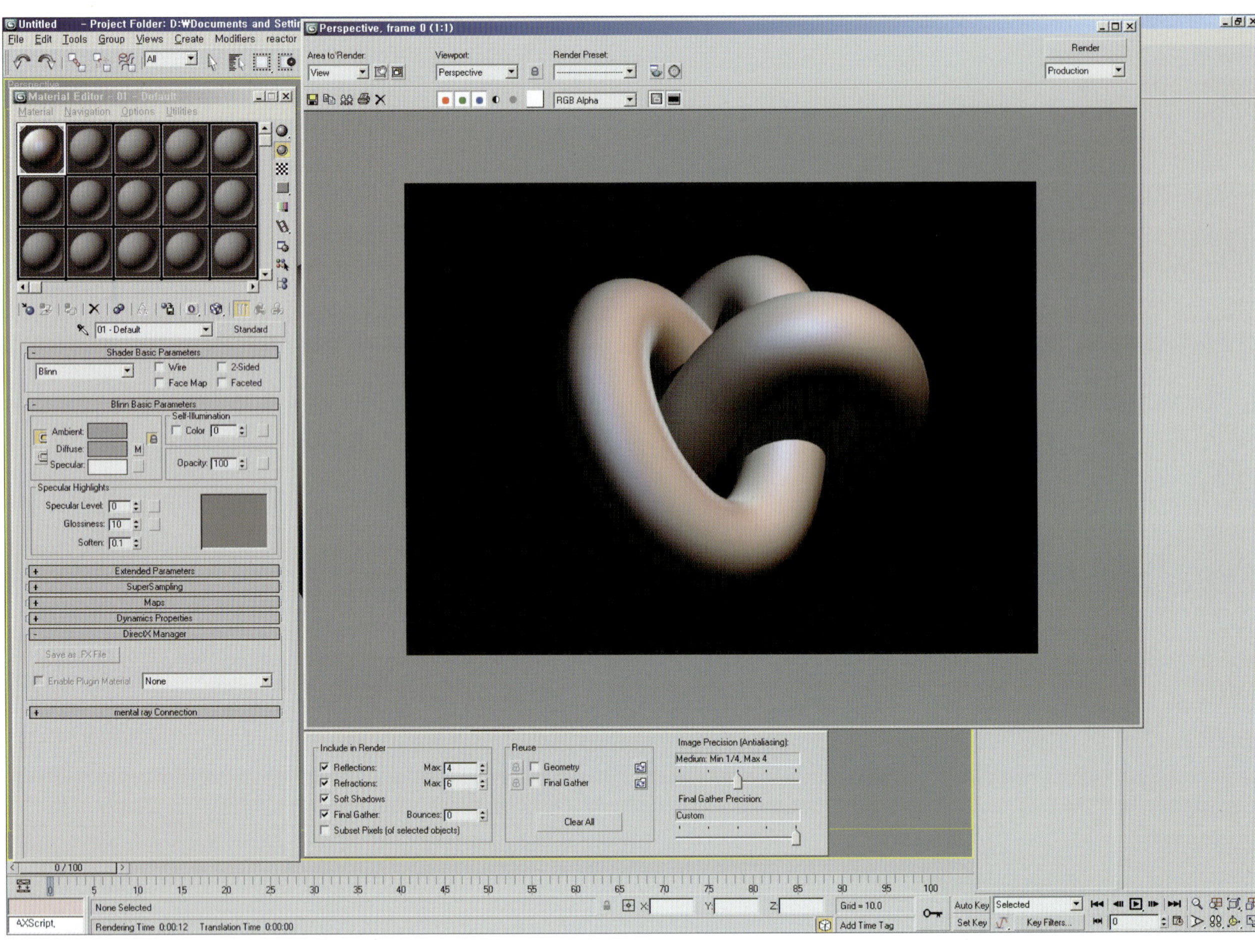

재미있는 ZBrush 팁

ZSphere로 완성한 캐릭터 수정하기
03

01 Cylinder 3D를 만들고, Edit Mode를 켜고(T), Make Polymesh3D 한다. Sub-d를 4~5정도 주고, Scale 툴을 이용하여 위 아래로 길쭉한 형태를 만든 후 윗 부분을 Mask 영역으로 지정한다.

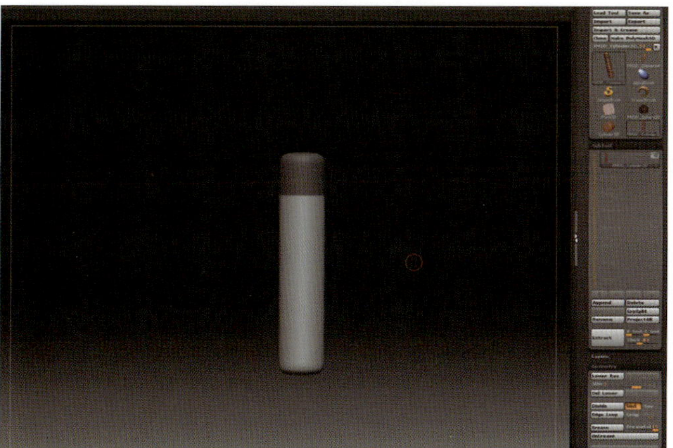

02 Mask를 반전(Invert) 한다. Tool 〉 Deformation의 Size에서 슬라이드 바 오른쪽으로 xyz라고 작게 씌어있는 것을 주목한다. 그것은 Size의 적용 방향 설정이다. Z만 꺼주고, 슬라이드 바를 움직여서 그림 같은 형태를 잡는다.

Appendix

03 상단의 Transform 〉 Activate Symmetry를 켜고(X), Y도 활성화 시킨다. Symmetry가 X, Y로 되고 커서가 4개 나타난다. 그것으로 Mask를 칠해준다.

04 Mask를 반전해 준 다음, Tool 〉 Deformation 〉 Size 값을 조절하여 홈이 파인 형태를 만들어 준다.

05 Draw모드(Q)에서 직사각형 형태로 드래그 하여 Mask를 그린다.

06 Mask 영역에 〈Ctrl〉을 누른 채 클릭할 때마다 Mask 경계선이 Blur되면서 부드러워진다. 이것을 충분히 반복하여 경계선이 거의 안 보이도록 한다. 줄기에 해당하는 부분의 길이를 조금 짧게 조절한다.

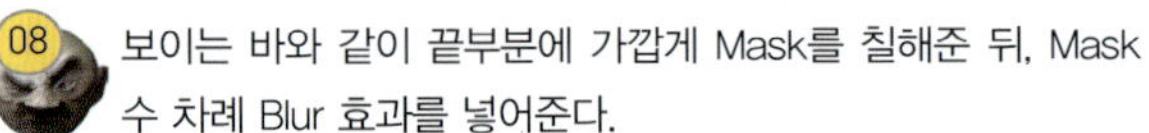

07 Rotate툴을 켜고, 회전축이 앞/옆 모두에서 중앙에 위치하도록 한 뒤 가운데에 표시되는 흰색 동그라미를 잡고 드래그하면, Z축을 중심으로 돌아간다.

08 보이는 바와 같이 끝부분에 가깝게 Mask를 칠해준 뒤, Mask 영역을 수 차례 Blur 효과를 넣어준다.

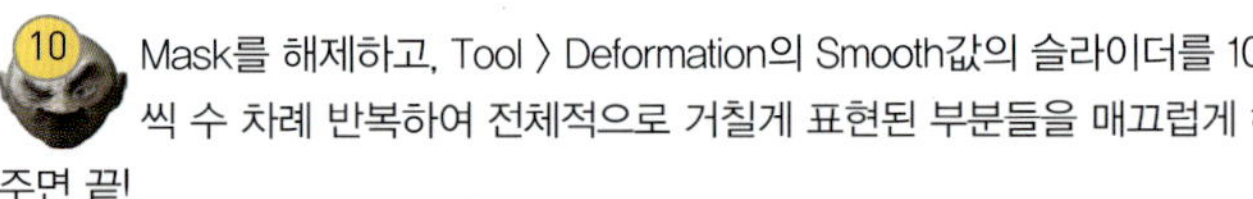

09 Scale툴로 끝부분을 모아준다.

10 Mask를 해제하고, Tool 〉 Deformation의 Smooth값의 슬라이더를 100씩 수 차례 반복하여 전체적으로 거칠게 표현된 부분들을 매끄럽게 해주면 끝!

부록 DVD 파일
\3D캐릭터모델링\Bolt\Bolt.ZTL

재미있는 ZBrush 팁

ZSphere 뼈대로 완성한 캐릭터에 뒤늦게 꼬리 붙이기

04

디테일까지 다 넣은 상태에서 뒤늦게 꼬리를 붙여야 하는 상황이라고 해도 그리 당황하실 것 없습니다.

 실험 대상은 맨 앞 장에서 만들어 본 ZSphere 뼈대 사람이다.

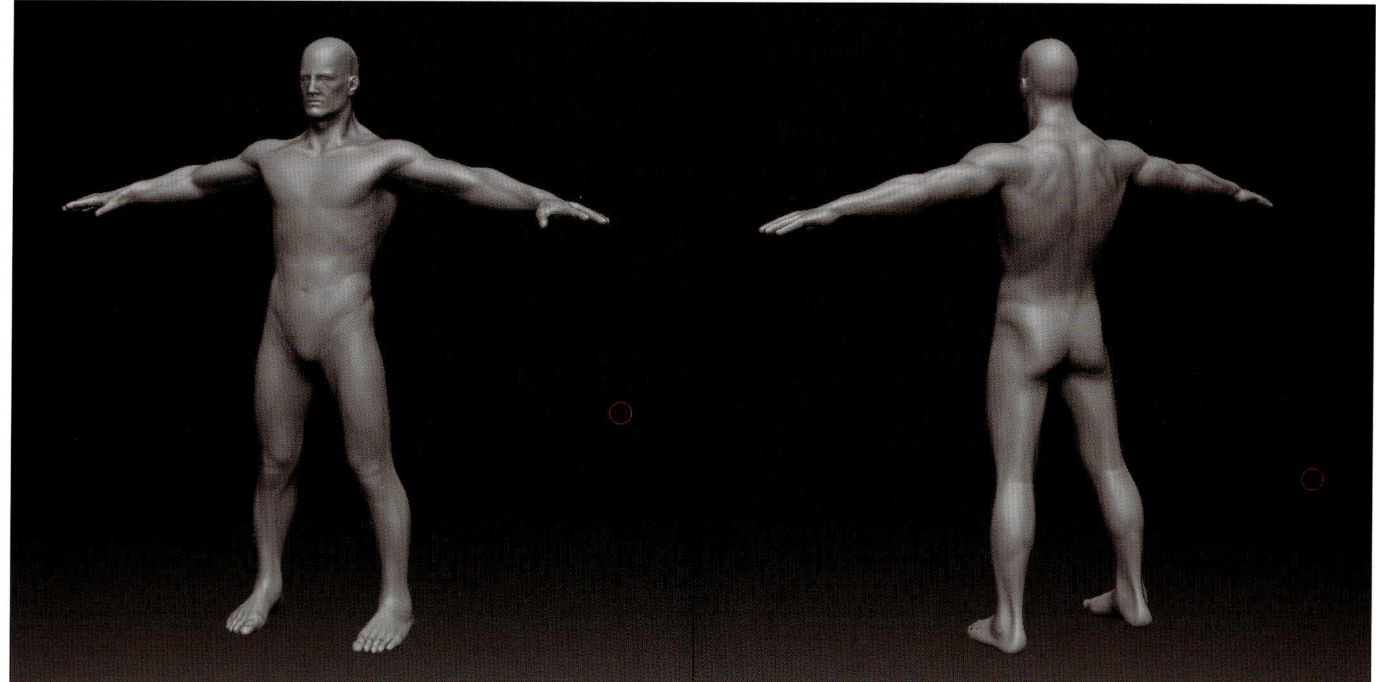

02 Sub-d를 제일 낮게 내려준다.

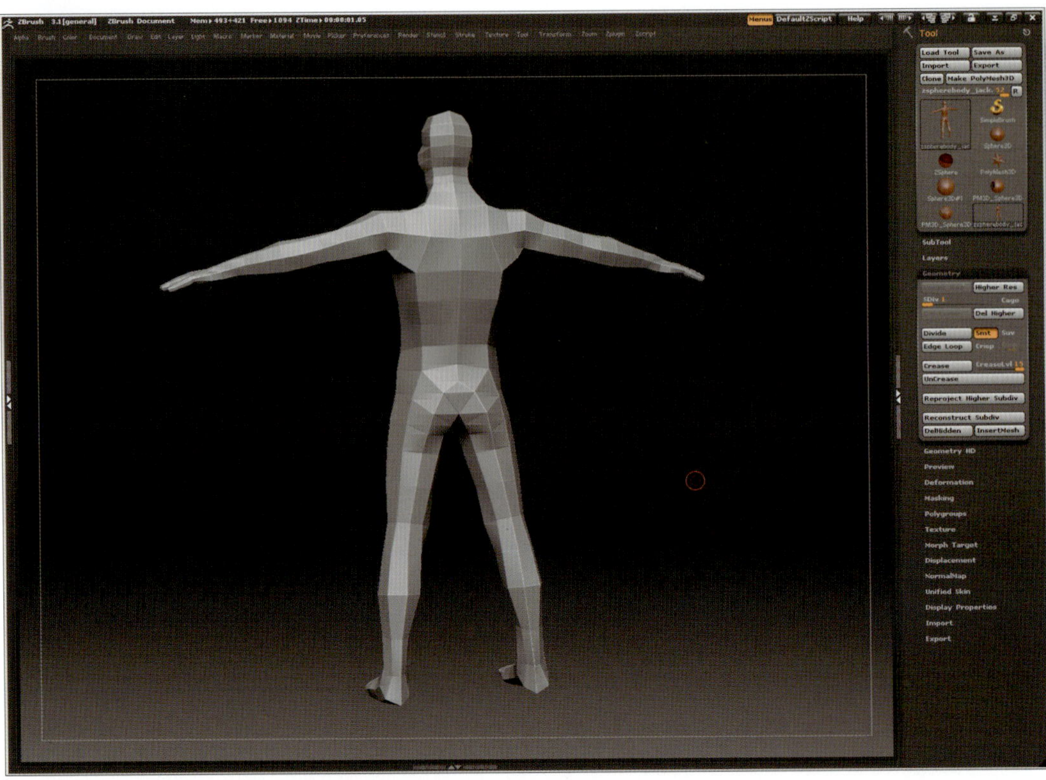

03 꼬리가 튀어나올 부위를 (Shift + Ctrl) 드래그한다.

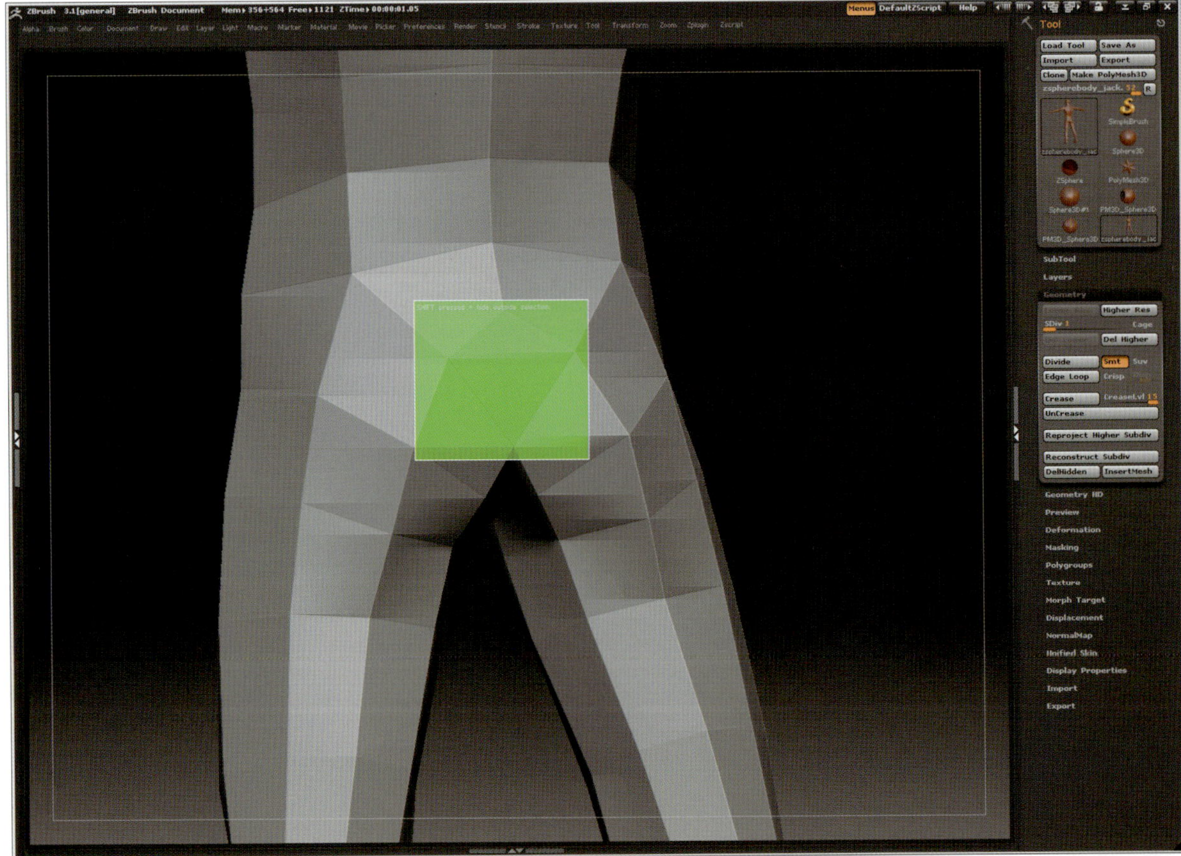

04 꼬리를 Extrude해 줄 부위의 폴리곤만 남기고 Hide된다.

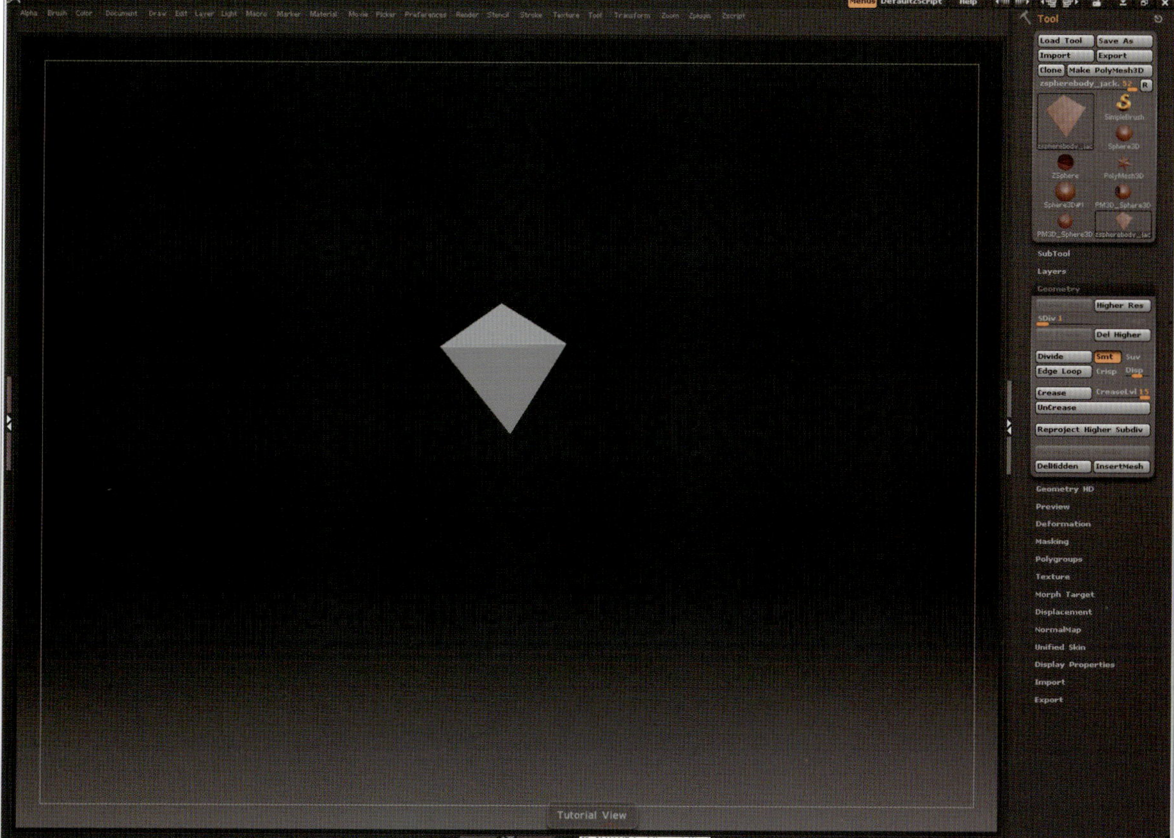

05 Tool의 Edge Loop버튼을 누른다.

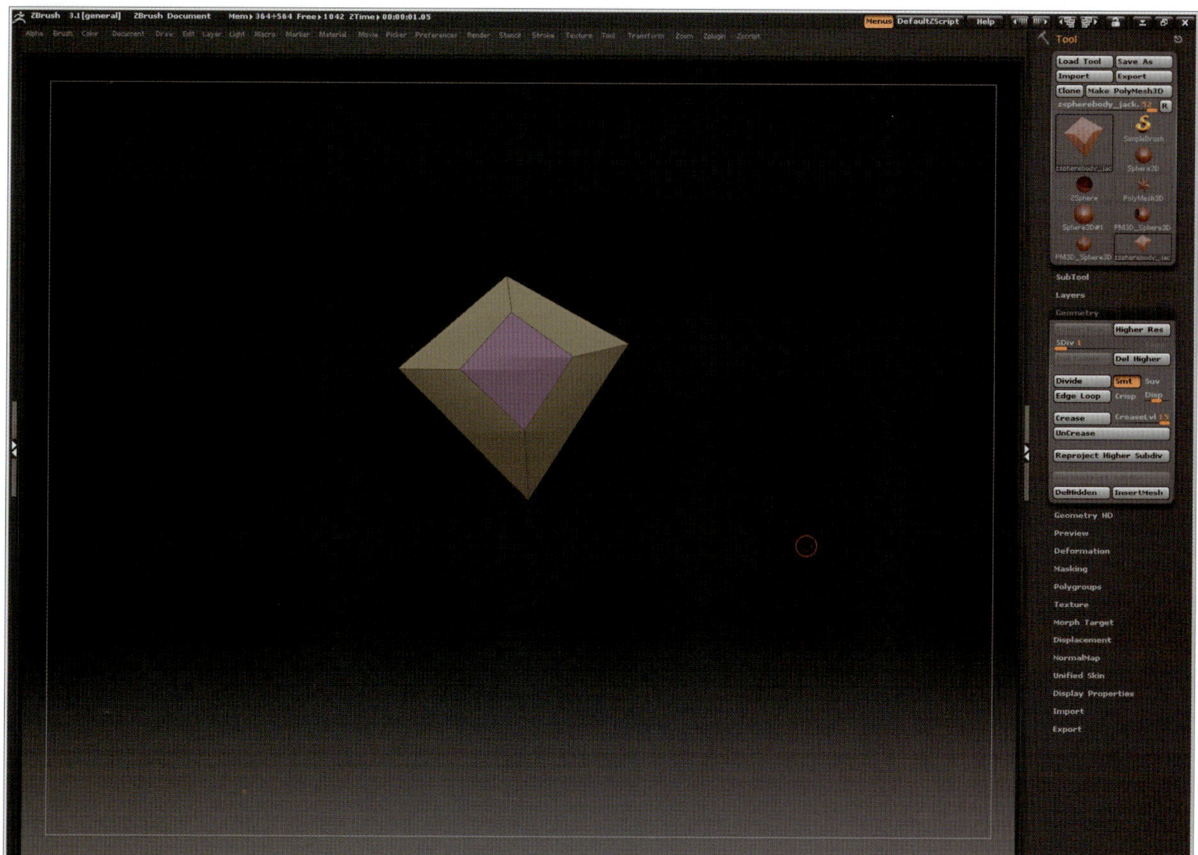

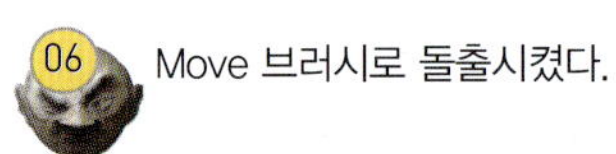 Move 브러시로 돌출시켰다.

 적당히 바깥쪽으로 빼 준다.

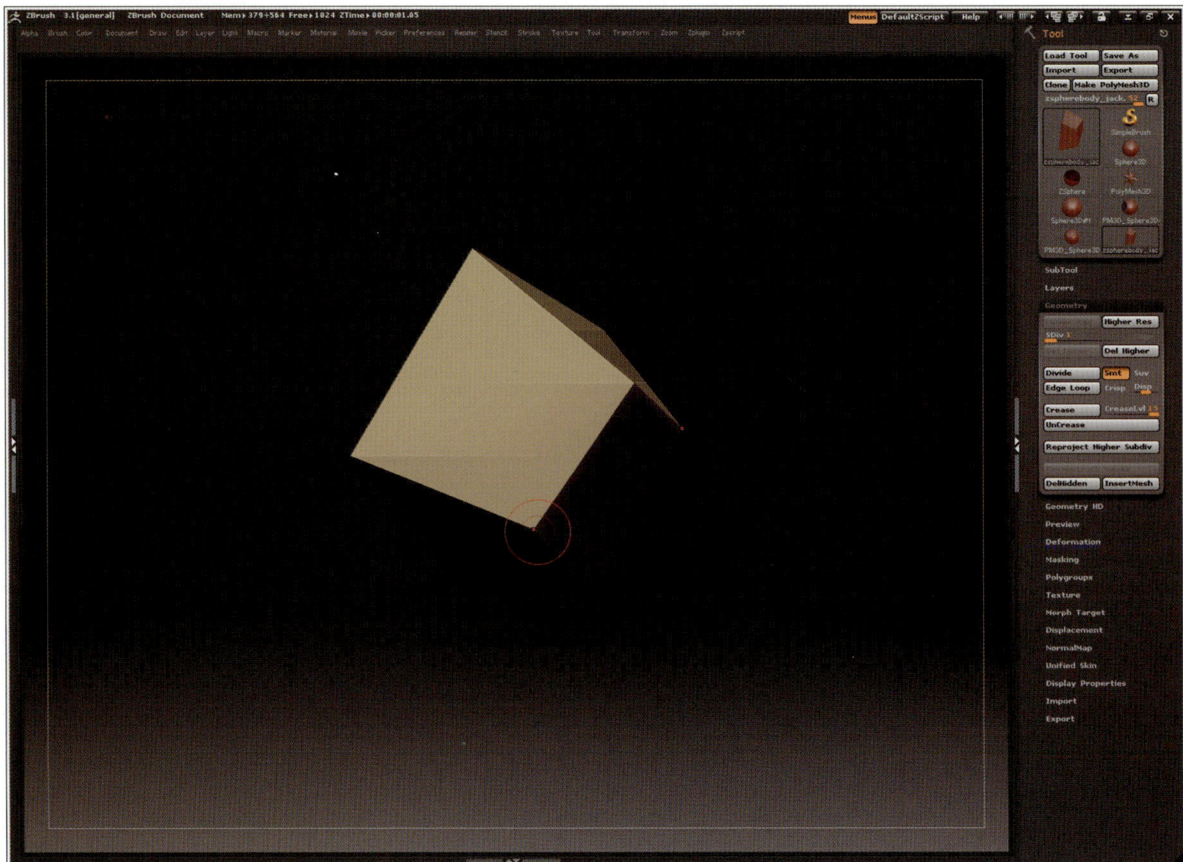

08 Unhide한 모습이다.

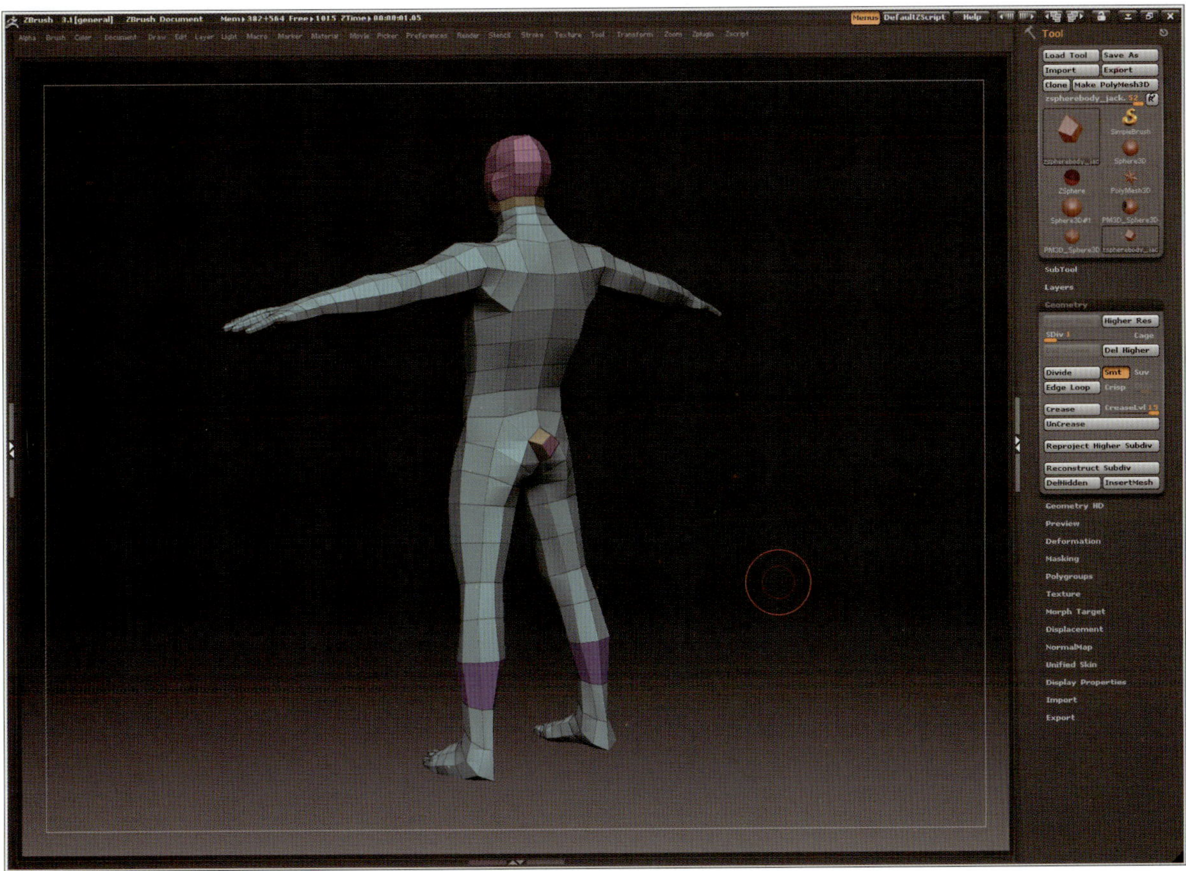

09 꼬리의 끝부분을 한번 더 Shift + Ctrl 드래그한다.

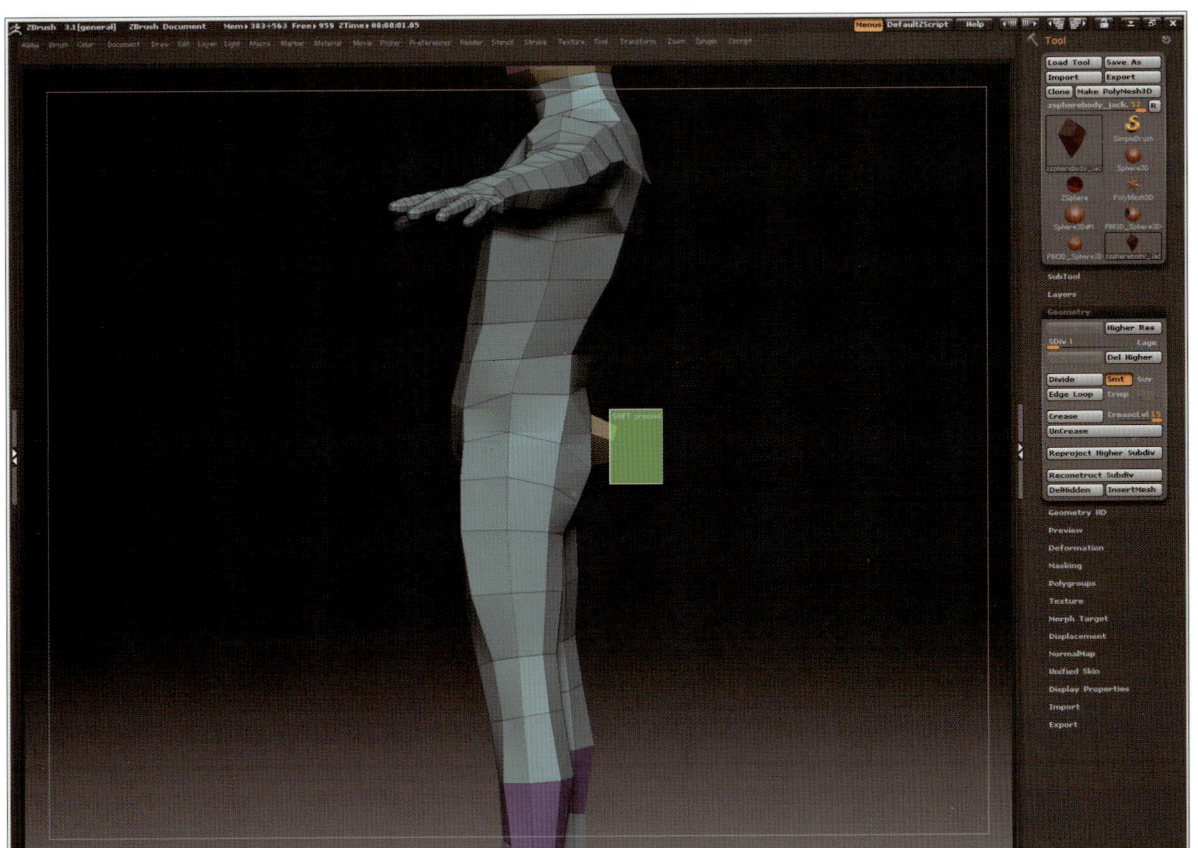

 **10** 이전과 동일한 방법으로 진행한다.

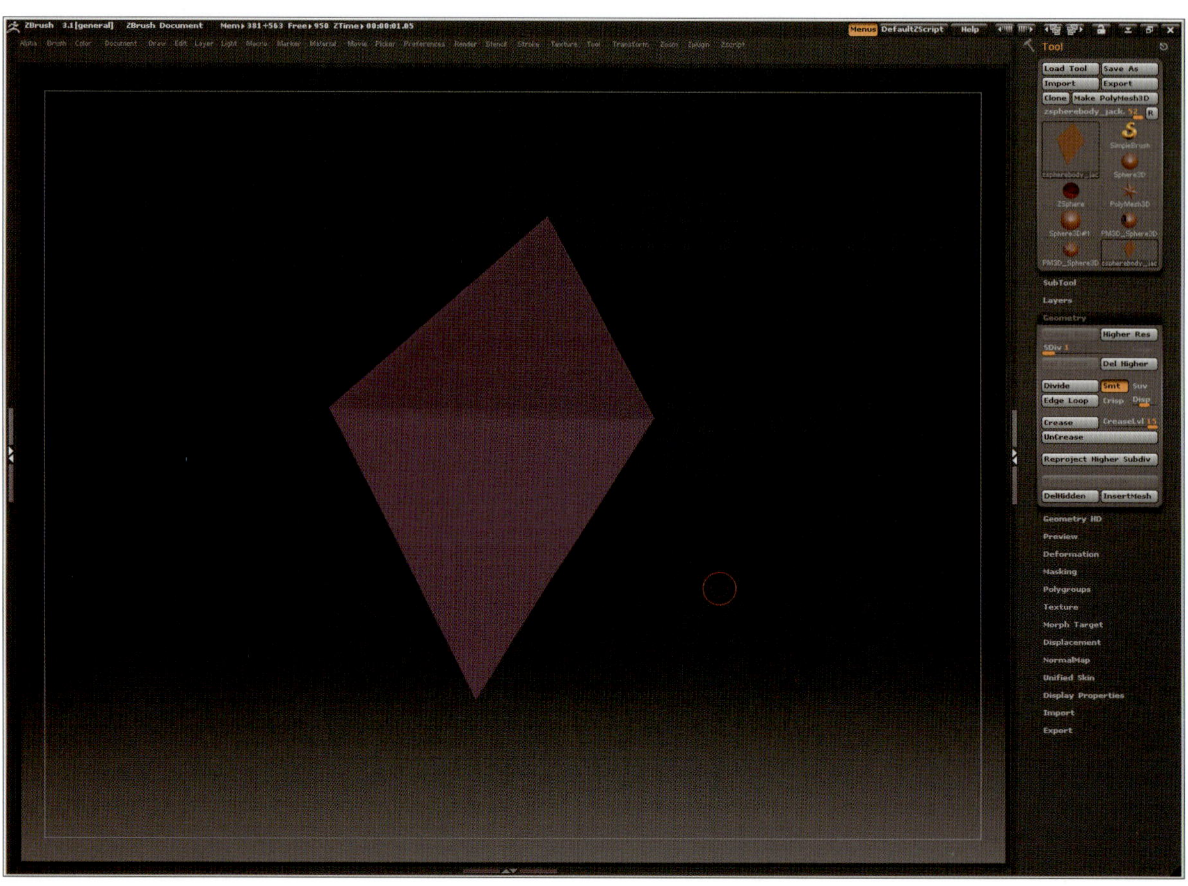

11 새로 생성된 면을 바깥쪽으로 당겨준다.

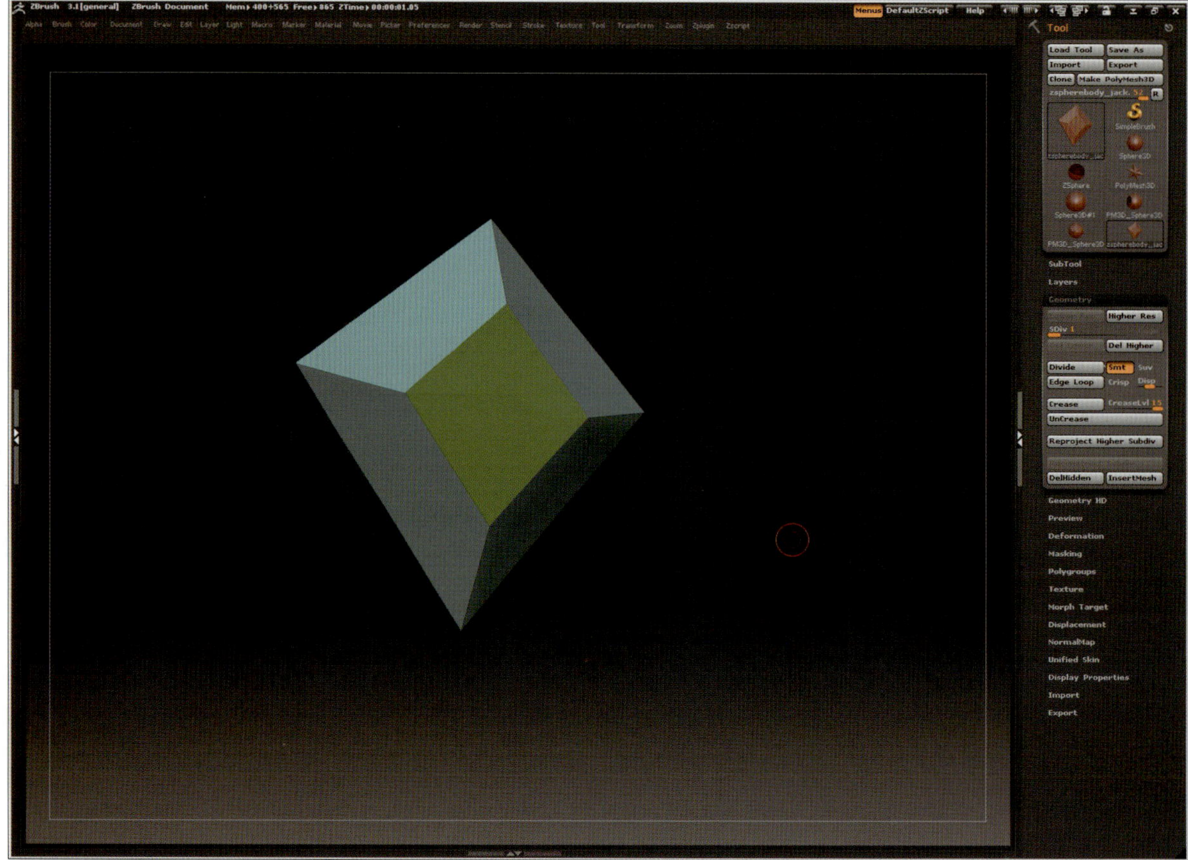

12 Unhide한 모습이다.

13 Segment를 좀 더 추가해주었다.

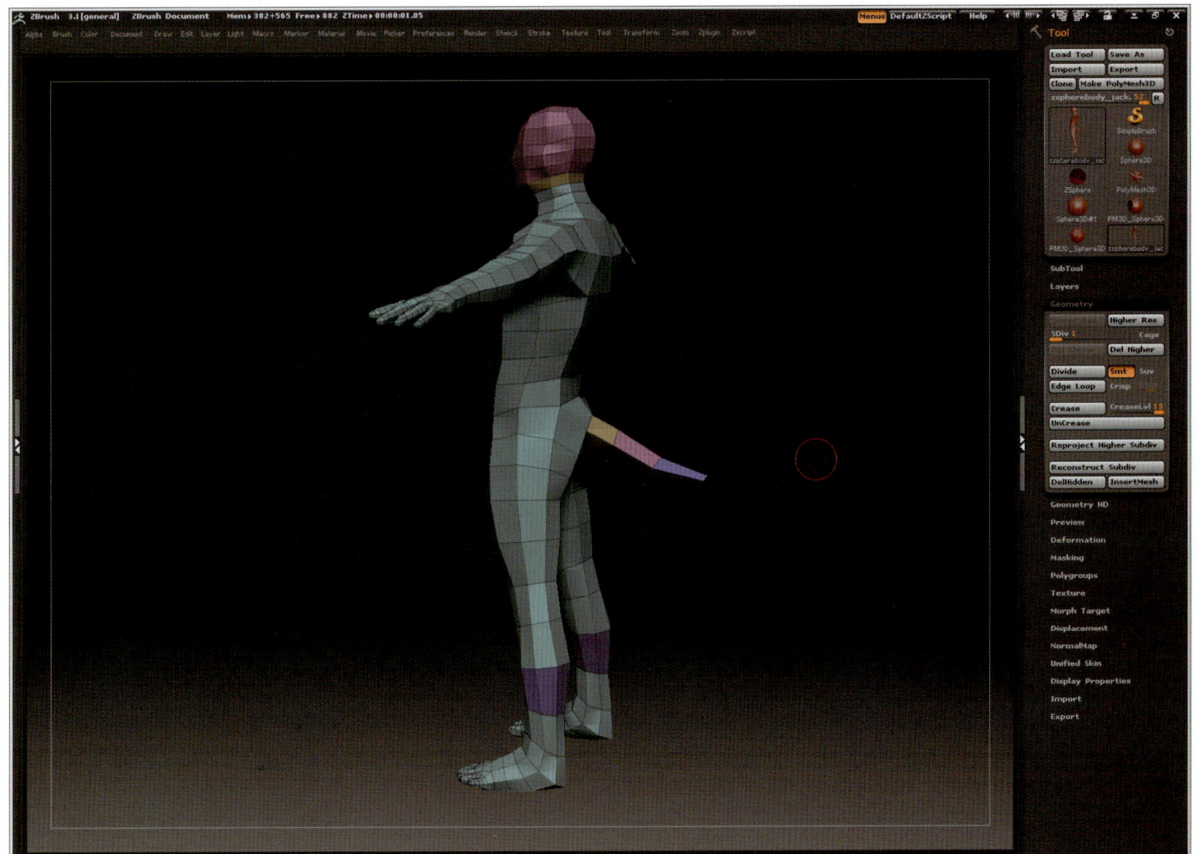

14 Sub-d를 올려보면 기존 Sculpting은 그대로 보존되어 있지만, 새로 뽑아준 꼬리는 수정이 필요하다.

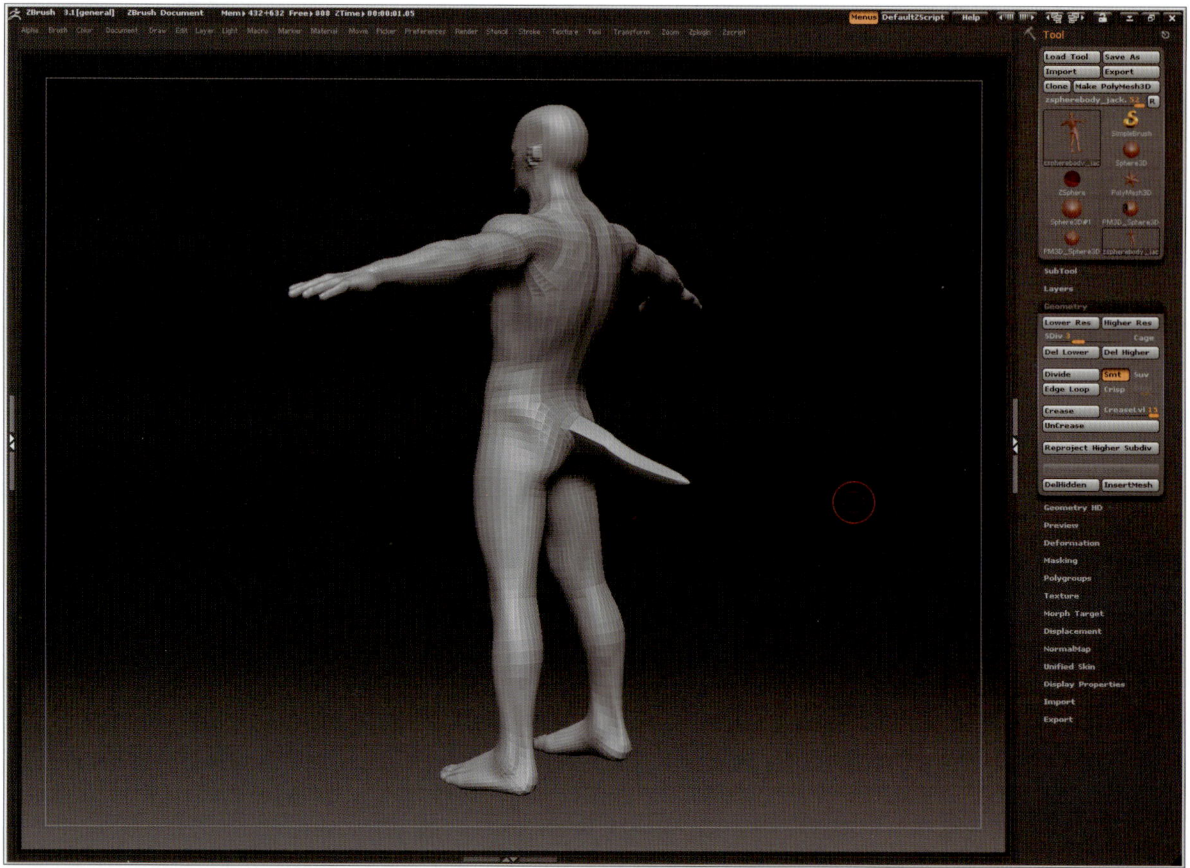

 **15** 꼬리 부위의 어색한 표면들을 각 Sub-d마다 하나씩 올려가며 Smooth 해야 한다.

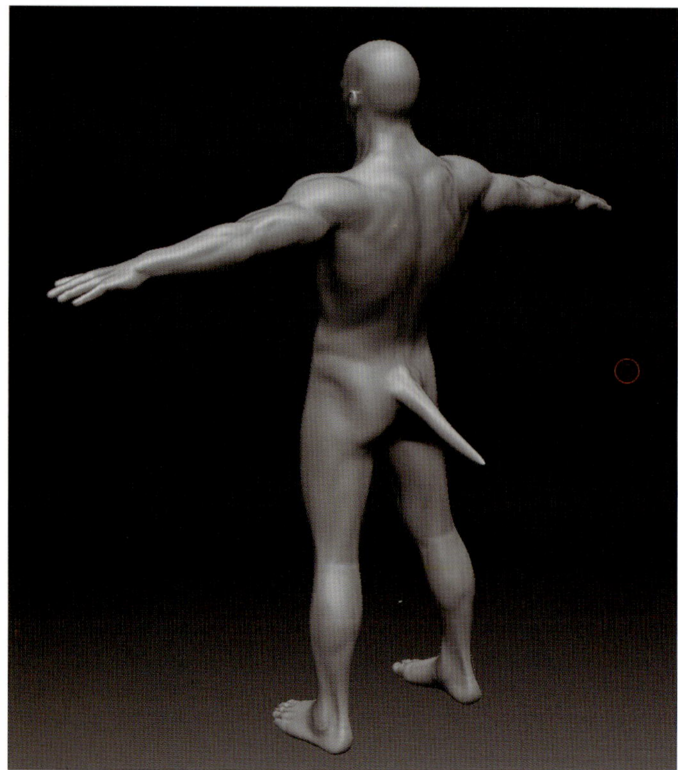

Game Character Design Master

 마지막으로, 몸 주변과 잘 어울리도록 디테일을 넣어주고 마무리한다.

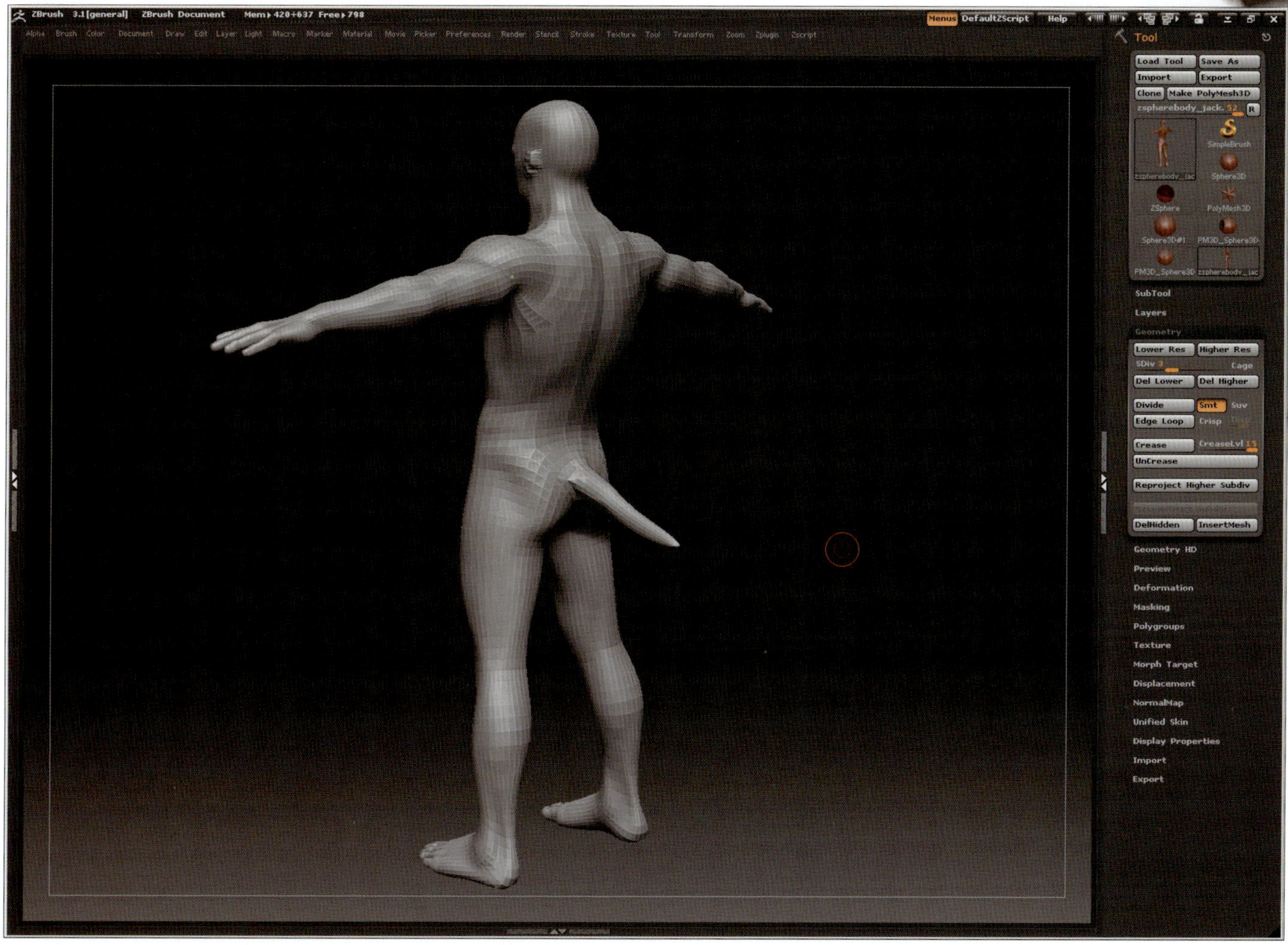

필자의 몬스터 작업에서 보듯이 별도의 꼬리를 제작해서 붙여놓고 Sculpting과 텍스쳐링으로 연결 부위를 감쪽같이 숨기는 것도 좋은 방법입니다. 어느 한가지 방법이 아닌, 상황에 따라 탄력적으로 여러 방법을 시도해보시는 것이 좋습니다.

ZBrush를 무엇이든 척척 알아서 해주는 마술 도구로 보지 마시고, 폴리곤 편집 툴의 하나로 보시기를 거듭 말씀 드리고 싶습니다. 그렇게 될 때에 ZBrush 작업을 하는 동안 ZBrush 자체의 존재감은 잊혀지게 되고 여러분의 창의력은 진정한 자유를 만끽하게 될 것입니다.

프로페셔널 갤러리

Scott Robertson

Scott은 현재 Art Center에서 Entertainment의 학과장으로 있는 선생님으로 여러 가지 컨셉디자인에 관한 책을 출판하는 Designstudio Press의 CEO이기도 합니다. 또 산업디자인 쪽에서는 Gnomon DVD로 크게 알려진 아티스트입니다. Scott의 클래스를 처음 들었을 때 기계처럼 정확한 그림을 그리는 모습에 상당한 충격을 받기도 했는데, 텍스처나 라인 등의 날카로운 분석 능력도 남다른 선생님입니다. 특별히 이 책을 위해 튜토리얼과 긴 인터뷰에 응해 준 Scott에게 감사의 마음을 전합니다.

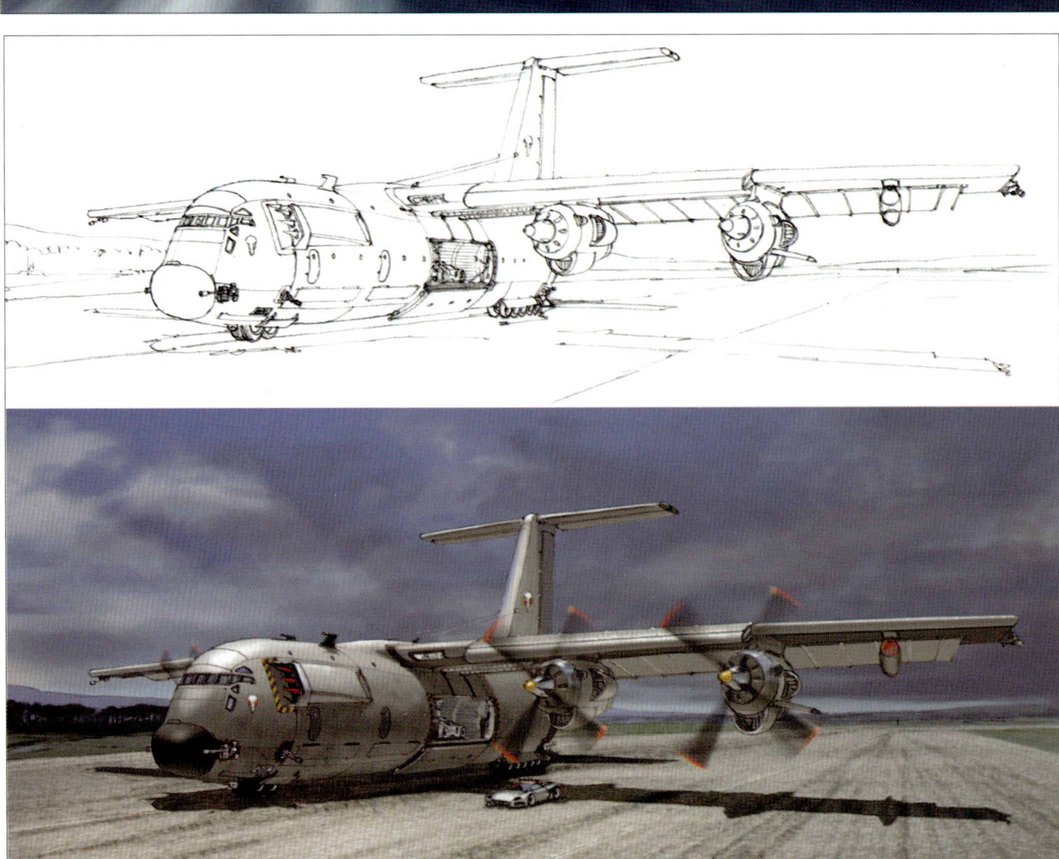

Interceptor Interior

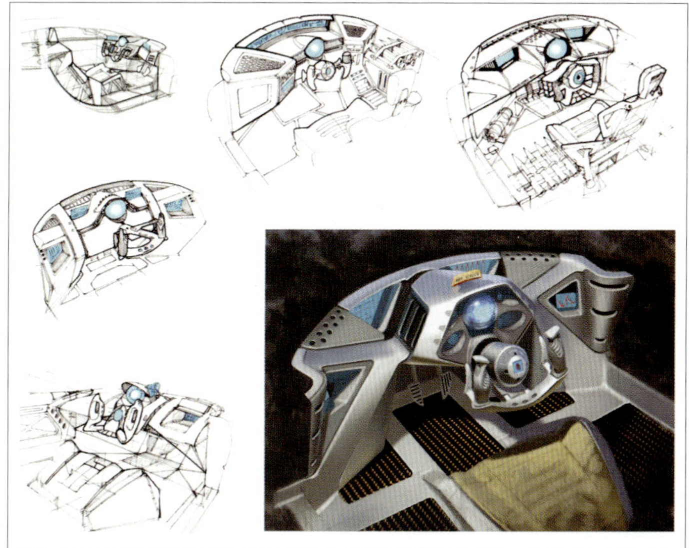

SRO: DVD bike demo

Gary는 Art Center에서 1988년부터 가르치는 일을 하고 있는 전설적인 교수로, 천재라는 소문이 있을 정도로 다재다능한 분입니다. 산타 할아버지처럼 푸근한 인상을 소유하고 있으며 필자도 가장 존경하는 분입니다. 한국전에 참전하였기 때문에 한국에 대한 애정도 많이 갖고 있습니다. 오래 재직하고 있는 만큼 가르치는 클래스도 상당히 많았는데 투시도, 인체드로잉, 페인팅, 매트페인팅 등 거의 중요한 클래스의 대부분을 차지하고 있습니다. 요즘은 연로하셔서 두세 개 클래스만 가르치고 있습니다. 참여했던 헐리우드 프로젝트로는 〈스타트렉〉, 〈스타워즈〉, 〈The Thing〉, 〈슈퍼맨 2〉, 〈블루썬더〉 등이 있습니다.

Bob Kato는 Art Center College of Design에서 1989년부터 일러스트레이션 관련 여러 중요한 클래스를 맡고 있는 유명한 선생님 중 한 분입니다. 디즈니 애니메이션 유니버설 스튜디오에서도 드로잉을 가르치고 있고 또 Society of Illustrators 등의 여러 단체에서 상을 받았습니다. Art Center에서 워낙 유명한 선생님이기 때문에 미국 전역 거의 모든 굴지의 회사에 제자들이 포진되어 있습니다.

Robh Ruppel

Robh은 Art Center를 다니던 시절 저와 가장 가깝게 지낸 선생님 중 한 분입니다. Robh은 디즈니 애니메이션에서 12년간 아트디렉터로 근무하다가 지금은 Naughty Dog에서 아트디렉터로 근무하고 있습니다. Landscape painting을 상당히 잘하고, 항상 겸손하며, 많은 도움을 준 고마운 선생님입니다.

ROBH

Andy Chung은 Art Center에서 Transportation Auto Design을 전공하고 여러 가지 광고, 스토리 보드, 장난감, 애니메이션 일들을 거쳐 최근에는 할리우드 대작들의 컨셉아트를 맡고 있습니다. Andy는 나이답지 않은 앳된 얼굴로, 영화 쪽의 컨셉아트 포트폴리오를 보고 있으면 감탄할 정도로 대단한 실력을 가지고 있는 아티스트입니다. 〈터미네이터 4〉, 〈아웃랜더〉, 〈사일런트힐〉, 〈언더월드〉, 〈아이, 로봇〉, 〈리그 오브 엑스트라오디너리 젠틀맨〉 등의 컨셉아트를 맡아 진행한 경력이 있습니다.

　Brian은 Art Center 입사 동기로 대부분의 수업을 같이 들으며 학교를 다닌 친한 친구입니다. 현재는 블리자드의 씨네마틱 팀에서 컨셉아티스트를 맡고 있습니다. 블리자드 스타일처럼 굉장히 스타일리쉬하면서 컬러풀한 페인팅에 소질이 있는 친구입니다. 이번에 〈스타크래프트 2〉, 〈디아블로 3〉, 〈월드오브워크래프트 : 리치왕의 분노〉 등 거의 모든 프로젝트에 참여하고 있습니다.

Mathias는 블리자드 씨네매틱 팀에서 매트페인터로 활약하고 있는 상당히 실력 있는 페인터입니다. 아마 인터넷상에서 이 친구의 그림을 다들 한 번쯤은 보셨을 것으로 생각됩니다. 빠른 컨셉과 매트페인터에 모두 능한 실력자입니다.

Cecil은 학생 시절 인턴으로 일하다가 알게 된 인상 좋은 분입니다. 〈맨인블랙〉, 〈트루먼쇼〉, 게임 〈파이널 판타지〉, 〈가드오브워 1, 2, 3〉 등의 컨셉아트를 맡아 한 경력이 있고 현재는 소니 엔터테인먼트에서 리드컨셉아티스트로 근무하고 있으며, Otis College에서 시니어 교수로 재직 중입니다.

Kinman은 Art Center에서 인체드로잉, 페인팅에 능하기로 유명하여 가끔 선생님 대신으로 가르치기도 하던 친구입니다. 워낙 실력이 출중하여 졸업한 지 얼마 안 되어 Lucas Film에 컨셉아티스트로 들어가 지금까지 일하고 있습니다. Kinman은 스타일이나 모든 것이 상당히 아티스틱하여 아름다운 일러스트를 많이 하는 편인데, 필자 본인도 이런 스타일을 좋아합니다.

He Jung Park

박혜정씨는 얼굴만큼이나 그림 실력도 상당한 친구입니다. 현재는 Rhythm and hues라는 이펙트 하우스에서 매트페인터로 일하고 있습니다.

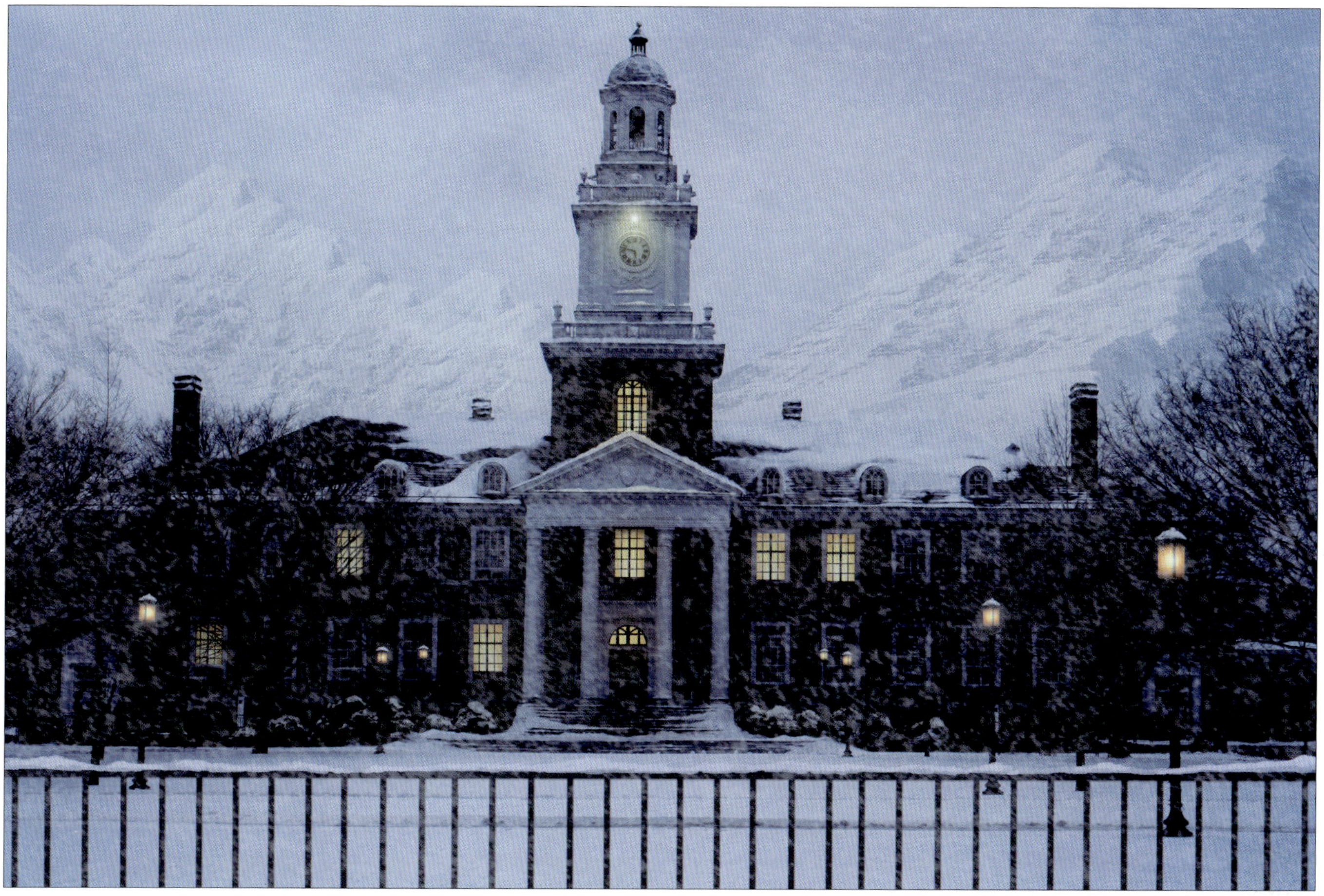

Lim hur

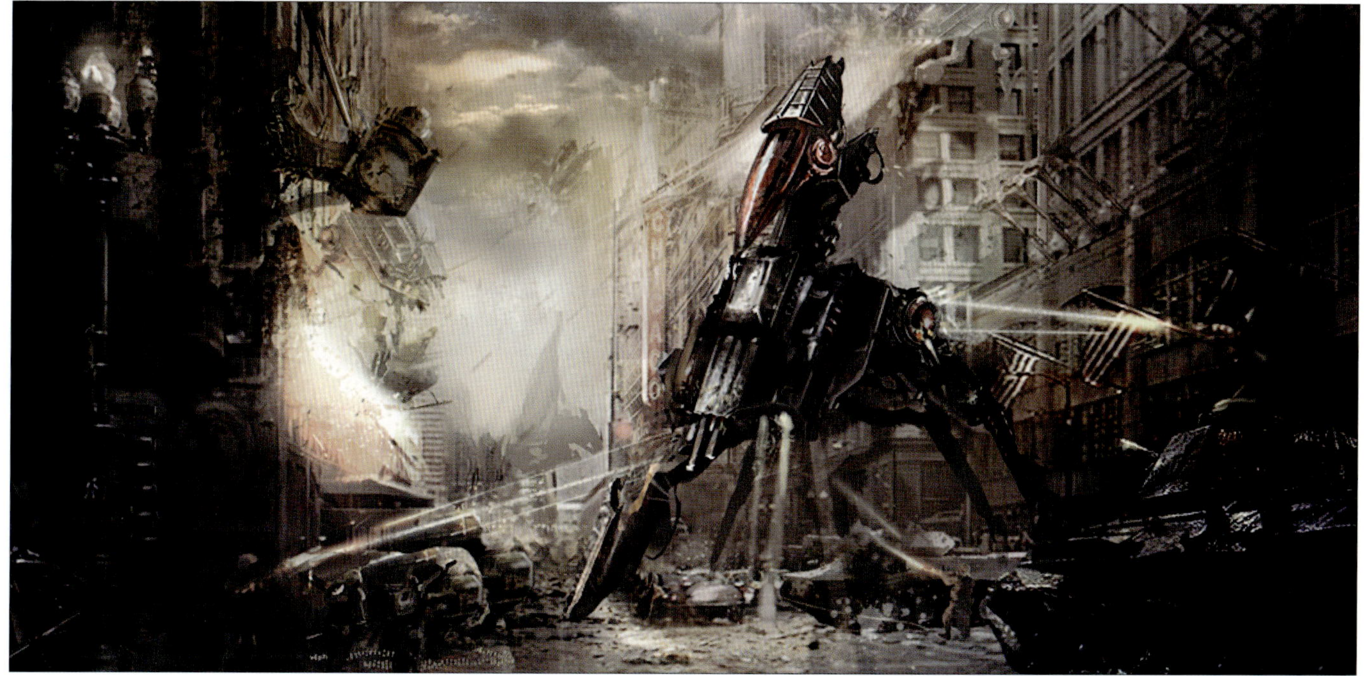

Lim은 현재 Liquid Entertainment라는 게임 회사에서 컨셉아티스트로 근무하고 있습니다. 배경 컨셉을 전문으로 하는 친구로 3D 모델링 위에 페인팅을 하기도 합니다.

James Paick

James는 배경과 탈 것 등의 컨셉에 강하고, 〈길드워〉, 〈리니지〉, 〈타뷸라랏사〉 등의 경력과 현재 수많은 굴지의 게임 회사에서 프리랜서로 활동하며, Gnomon과 Concept Design Academy에서 컨셉 아트를 가르치고 있습니다.

Jason Felix

Jason은 플래그십 시절 〈헬게이트:런던〉의 캐릭터를 담당했던 기괴한 몬스터 디자인과 본인이 여기저기 돌아다니면서 찍은 사진으로 개인 아트웍을 하여 Salvaged라는 책도 출판하였습니다. 참여 프로젝트로는 〈스타크래프트 고스트〉, 〈페르시아 왕자〉, 〈헬게이트런던〉 등이 있습니다.

Joey는 디즈니 애니메이션에서 컨셉아티스트로 근무하고 있으며, 동화책 일러스트레이터로도 활동하는 아티스트 입니다.

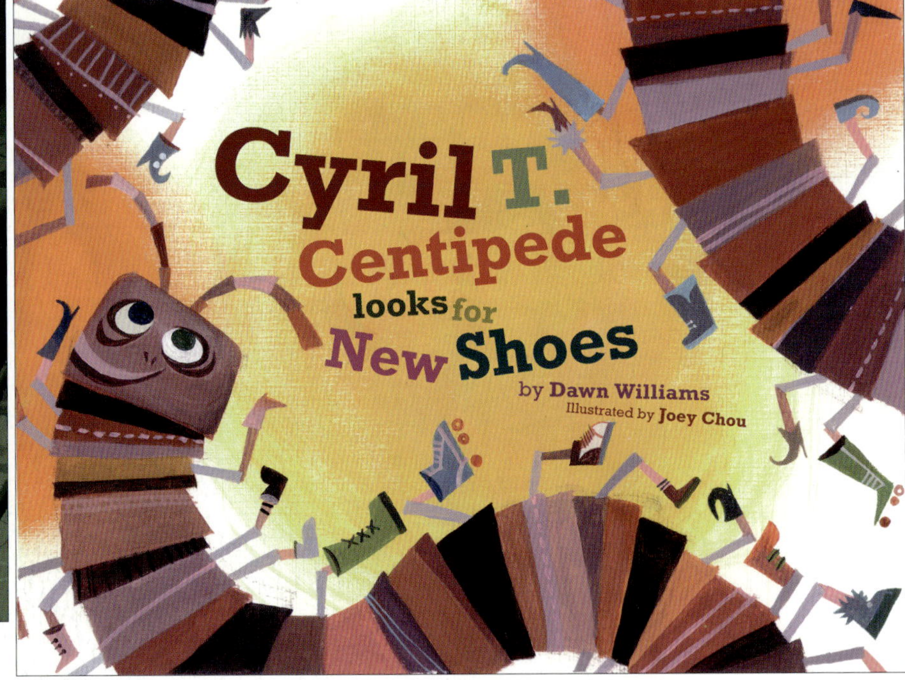

Onesimus nuernberger

Onesimus는 Rhythm and hues에서 매트페인팅을 맡고 있습니다.

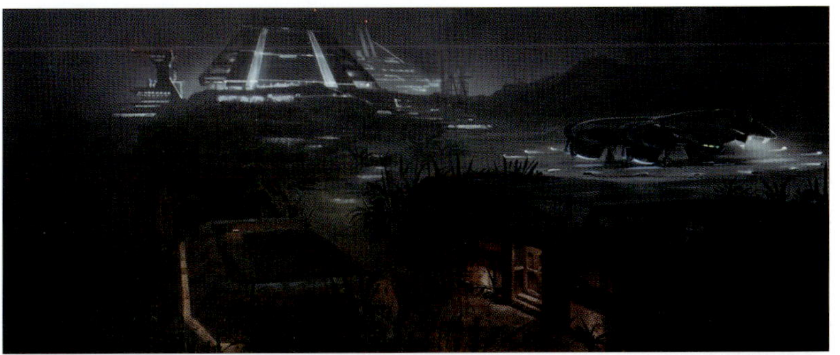

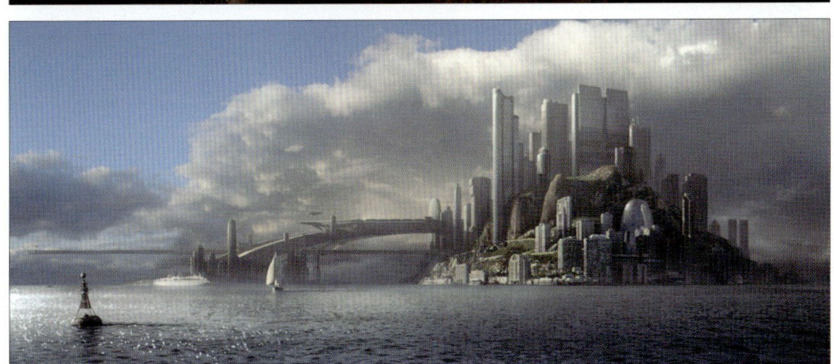

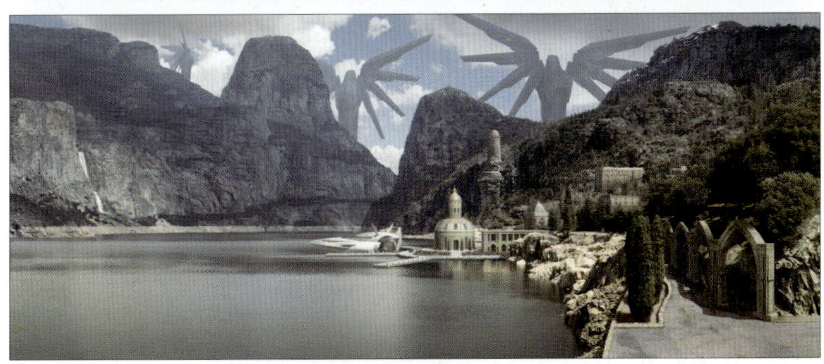

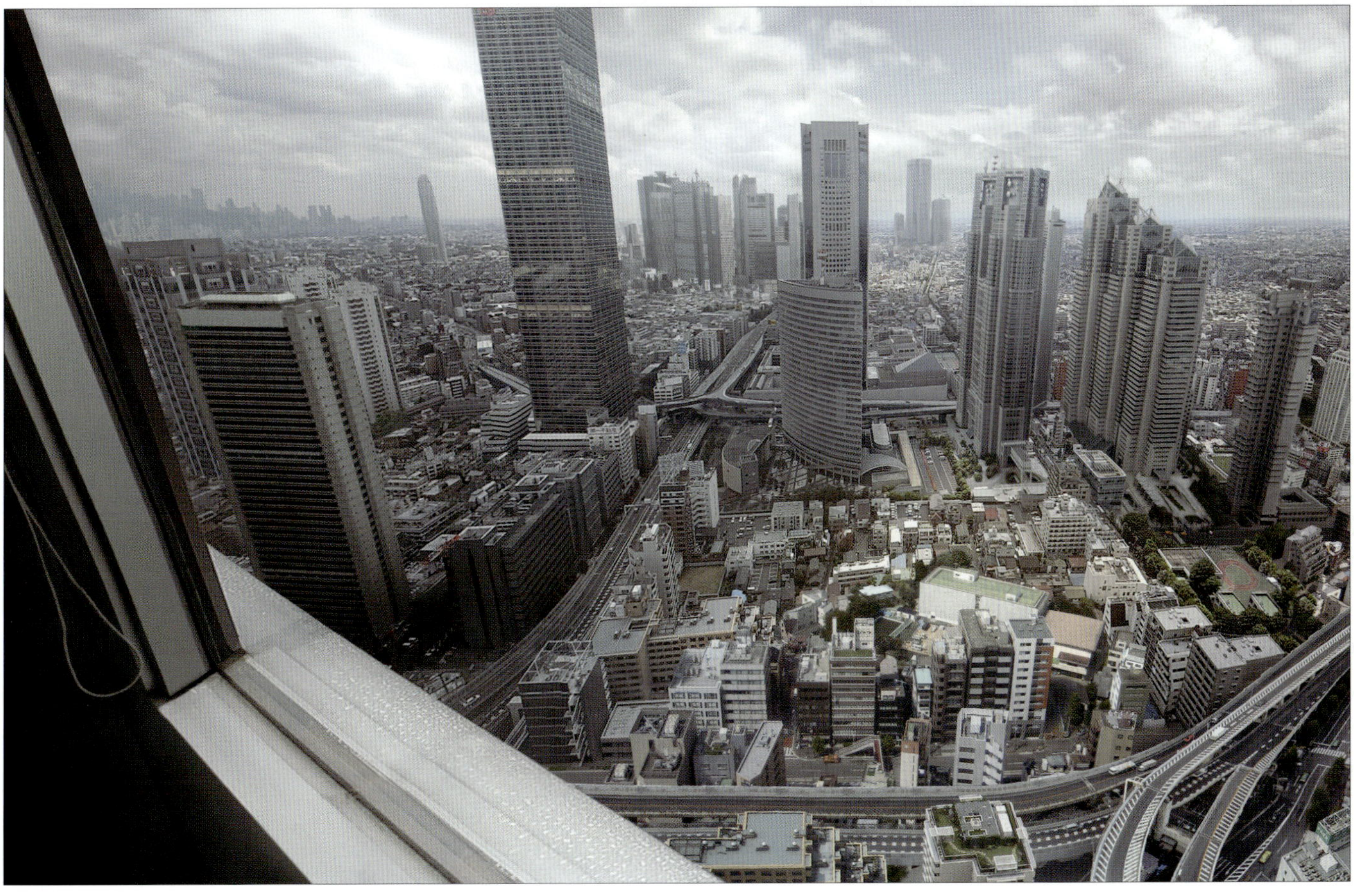

　Winona는 플래그십에 뒤늦게 참여했던 컨셉아티스트입니다. 미국에서도 보기 드문 여성 컨셉아티스트로 역시 상당한 실력을 갖추고 있습니다. 현재는 Planet Moon Studios라는 회사에서 컨셉디자인을 맡고 있습니다.

Game Character Design Master

Yeong은 Art Center를 다니면서 〈Crisis〉의 레이아웃 디자인을 할 정도로 실력이 있습니다. 현재
는 Pandemic Studios를 거쳐 Project Offset이라는 유망한 회사에서 컨셉아티스트 및 레이아웃 디자
이너로 활동하고 있습니다.

595

프로페셔널 갤러리

학생 갤러리

Art Center에 재학 중인 학생들의 작품입니다. 전문가 못지않은 실력을 갖춘 분들입니다. 북미 진출 혹은 유학을 고려하시는 분들은 미국에 컨셉아트로 유명한 아트센터 학생들의 실력이 어느 정도인지 가늠하는 데 좋은 참고자료가 될 것 같습니다. 선뜻 작품을 내주신 여러분들께 감사드립니다.

Jangwoon Andrew Im

환상걀러리

화서 갤러리

북미 유학생활 정보

1_캐나다 생활 정보

저(송화섭)는 2001년부터 지금껏 캐나다에서 살아오고 있습니다. 이곳에서 지내온 수년의 기간 동안 느꼈던 점을 짤막하게 나눠보도록 하겠습니다. 캐나다와 관련된 구체적인 정보는 각자 유학원들에 문의해 보시면 됩니다.

제가 유학을 결심할 당시, 단순히 웹 디자인을 배워보고 싶다는 생각이 전부였으므로, 미국에 비해서 비자가 쉽고 학비가 상대적으로 저렴한 캐나다를 정하게 된 것이었습니다. 만약 3D를 하기 원했더라면 미국 서부 지역을 알아봤을 것입니다.

캐나다 내에서 체감하기로는, 이곳에서 3D분야로 특별히 유명한 학교는 많지 않습니다. 밴쿠버 필름 스쿨이나 쉐리던 칼리지 정도가 잘 알려진 곳일 뿐 그 외의 학교들은 다 비슷비슷합니다. 어디나 마찬가지로, 결국 졸업 후에 어떤 회사에 취직하느냐에 따라 진로가 정해지는 편입니다.

학비는 제가 다녔던 2년 과정(2001~2003)기준으로 학기당 약 400~500만원 정도였습니다. 좀 더 짧은 기간 동안 집중적으로 교육하는 코스들은 가격이 더 높습니다. 그나마 디지털 미디어 학과여서 교재비가 없었던 것일 뿐, 학과에 따라 교재비로 학기당 50만원 안팎의 비용이 더 들어가게 되기도 합니다.

제가 다녔던 토론토의 Seneca College의 Digital Media Arts코스는 제가 졸업한 뒤 얼마 안되어 교육과정이 개편되면서 3D와는 별로 상관없는 학과가 되고 말았기 때문에 그다지 추천할만하지 못합니다. 제가 다녔을 시기가 그 학과의 황금기로, 교수님들의 수준도 높았고 반 친구들도 다들 친하게 어울려 다닐 수 있었는데 지금 생각해보면 아쉬운 점이 많습니다.

캐나다 학생들은 미국인들보다는 좀더 우호적이라고 생각됩니다. 제가 학교에 처음 등교했을 때 서로 서먹서먹했지만, 다들 저를 별다른 선입견 없이 받아들여 준 덕분에 학교 생활에 큰 도움이 되었습니다.

캐나다 토론토에서의 생활비는 소비하기 나름입니다만, 기본적으로 숙소와 관련된 부분에서 약 1000달러 정도는 생각하셔야 합니다. 홈스테이(하숙)의 경우, 방 한 칸 빌려주고 아침과 저녁 식사를 제공하면서 800달러 이상의 가격을 요구하는 경우가 대부분이며, 집 주인과 옥신각신하며 지내게 되는 일이 잦습니다. 아파트 렌트의 경우, 1000달러는 기본으로 들어갑니다만, 보통 수도세와 전기세가 포함되어있다는 장점이 있습니다. 컴퓨터 하루 종일 켜놓고 다니고, 불도 안 끄고 다니고, 물도 팍팍 쓰고 그러지요. 물론, 어느 지역이냐에 따라 가격차이가 나게 됩니다.

식비의 경우가 제일 유동적으로 조절할 수 있는 부분입니다. 캐나다에는 여러 종류의 마트들이 있는데, 재미있는 것은 각 마트마다 판매되는 물품들의 종류와 가격이 차이가 난다는 것입니다.

예를 들어, Food basics같은 곳은 좀더 저렴한 상표의 물품들이 저렴하게 판매되고, Dominion이라는 곳은 같은 제품이라도 가격이 좀 더 비싼 대신에, 매장 자체가 좀더 깔끔하게 관리되는 차이입니다. 그래서, 어느 마트에 가느냐에 따라 생활비가 달라지게 됩니다.

캐나다에 처음 와서 제일 적응 안되고, 또 적응하기도 싫은(지금까지도 싫은) 것은 제품에 적혀있는 가격이 최종 가격이 아니라는 점입니다. 예를 들어 \$1라고 써있다면, 이것을 계산할 때는 \$1.14(토론토 기준)를 지불해야 하는 것입니다. 소비세를 더해서 가격을 지불하게 되는 시스템이다 보니, 같은 제품도 캘거리처럼 세금이 적은 지역에서 구입하게 되면 가격이 더 저렴하기도 합니다.

캐나다의 대중교통 가격은 꽤 비싼 편입니다. 한달 동안 버스와 지하철을 자유롭게 이용할 수 있는 패스가 10만원을 호가합니다. 토론토에서는 버스 한번 타는 가격이 거리와 상관없이 약 2500원(2008년 기준) 정도인데, 탑승 시 Transfer라는 종이 쪽지를 주며, 이것을 사용하면 목적지까지 가기 위해 버스나 지하철을 마음껏 갈아탈 수 있습니다.

한국과 달리 자동차 보험료가 매우 비싸서, 한 달에 200~300달러 이상을 지불하게 됩니다. 반면, 휘발유 값은 저렴한 편입니다. 2008년 12월 기준, 리터당 700~800원 정도입니다.

식당에서 사먹게 되는 음식의 가격은 보통 일인당 10~20달러 정도를 쓰게 된다고 보시면 됩니다. 캐쥬얼 레스토랑 식사 류의 일반적인 가격은 8~15달러 수준이지만, 여기에 세금과 tip이 포함된다고 가정할 때, 15달러 미만을 사용하기는 참 힘든 일입니다. 한인 타운에서 제일 저렴한 것을 사먹는다 해도 5~6달러 + 세금은 기본이니, 7~8달러 이하로 먹고 싶다면 맥도날드에 가야 한다는 결론입니다. 그렇다고 해서 재료를 사다가 요리를 해 먹는 것이 기대만큼 많은 돈을 절약해주는 것은 또 아닙니다.

북미에는 Tip 문화가 존재합니다. 이것은 서비스가 좋다거나, 음식이 만족스럽다는 것을 표현하는 것이라고는 하나, 대부분의 경우, 서비스나 음식이 마음에 들지 않아도, Tip을 지불하지 않으면 차별을 받습니다. 음식 값의 10~15%정도를 Tip으로 지불 것이 상식인데, 소비세가 14%정도인 것을 감안하면, 메뉴에 적혀있는 가격보다 20%정도 더 지불하게 되는 셈입니다.

캐나다 사람들의 일 처리하는 방식은 한국과는 매우 다릅니다. 예를 들어, 관공서에서 비자업무처럼 한 개인에게 매우 중대한 일을 처리하는 경우, 그 일을 맡은 사람의 기분에 따라 일의 결과가 천차만별입니다. 실업 수당을 신청하는 경우, 신청 서류를 처리하는 그 공무원의 마음대로 실업수당이 3개월 동안 나올 수도 있고, 6개월 동안 나올 수도 있는 것입니다. 또는, 맥도날드에서 음식을 구입해서 나오다가 음식을 다 쏟았을 경우, 점원이 바로 뛰어나와서 음식을 무료로 다시 마련해 주기도 하는 등 뭔가 자기 맘대로인 듯 하면서도 나름 인정이 느껴지기도 하는 분위기라고 생각합니다.

3d분야로 캐나다 유학을 생각하고 계신다면, 게임 분야의 경우 밴쿠버나 몬트리올, 영화 분야의 경우에는 밴쿠버, 토론토, 몬트리올 등의 지역이 활발한 지역들이니 참고 하시기 바랍니다.

캐나다는 한국과 무비자 협정을 맺고 있어서 3~6개월 정도는 비자 없이 체류할 수 있고, 원한다면 연장을 신청할 수도 있습니다. 이 또한, 그것을 담당한 공무원의 기분에 달려있습니다. 캐나다의 비자는 상대적으로 쉽게 얻을 수 있습니다만, 과연 얼마나 많은 사람들이 캐나다 유학 와서 취업하고 영주권까지 얻을까요?

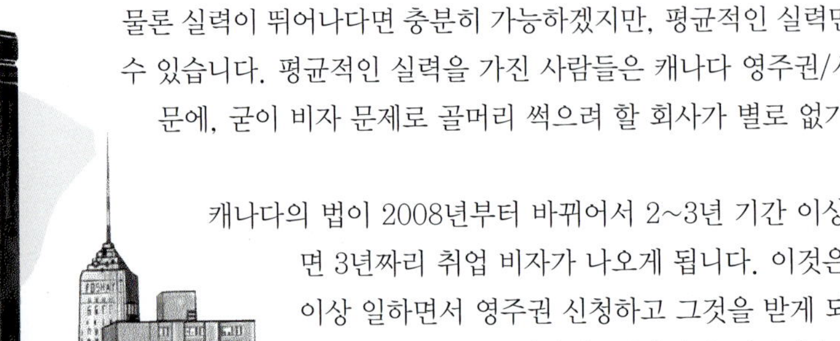

물론 실력이 뛰어나다면 충분히 가능하겠지만, 평균적인 실력만 가지고서는 사실 좀 힘들 수 있습니다. 평균적인 실력을 가진 사람들은 캐나다 영주권/시민권자들 중에도 많기 때문에, 굳이 비자 문제로 골머리 썩으려 할 회사가 별로 없기 때문입니다.

캐나다의 법이 2008년부터 바뀌어서 2~3년 기간 이상의 학교 과정을 마치고 나면 3년짜리 취업 비자가 나오게 됩니다. 이것은 실질적으로 취업해서 1년 이상 일하면서 영주권 신청하고 그것을 받게 되는 데에 걸리는 시간을 커버할 수 있는 기간입니다. 캐나다의 영주권은 그 취득이 쉬운 편입니다. 또한 영주권 취득 시점 기준 2년 후면 시민권을 신청할 수 있도록 되어 있으며, 캐나다 시민권은 곧 미국 내에서의 취업도 허용해 줍니다.

캐나다에서 생활하면서 좋은 점들 중 제일 먼저 떠오르는 것은 아름다운 자연환경입니다. 토론토의 경우 1시간 반만 달리면 도착하는 세계적인 명소 나이아가라 폭포, 5시간 운전해서 도착할 수 있는 몬트리올과 퀘백 등이 아름답습니다. 현재 거주하고 있는, 밴쿠버는 그 자체로 아름다운 도시입니다. 제가 살고 있는 아파트와 쇼핑몰 사이로 흐르는 조그만 개울에는 매년 늦가을마다 연어 떼가 헤엄쳐 올라오며, 주변으로는 만년설 쌓인 로키 산맥의 크고 작은 봉우리들이 보는 이의 기분을 상쾌하게 만들어 줍니다. 그러면서도, 시내에는 세계적인 게임 개발사들과 영화회사들이 몰려있는 곳입니다.

2_3D실력 향상에 도움이 되는 습관

3D실력 향상에 도움이 되는 습관은 여러 가지가 있을 수 있습니다. 그 중에서, 저의 개인적 습관 중에서 작업에 도움을 준다고 믿는 몇 가지 습관을 말씀 드리고자 합니다.

●게임을 하라.

여러분 중 거의 모두가 게임분야에서 종사하거나, 또는 그 분야를 목표로 하고 계실 것으로 예상합니다. 빵을 만드는 사람이 정작 본인은 빵을 먹지 않는다는 것은 넌센스이며, 같은 맥락에서 게임을 만드는 우리가 게임을 하지 않는다는 것 또한 넌센스입니다. 게임을 하지 않는 사람들이 만들어내는 게임은 이미 실패작입니다. 제가 게임을 하라고 하는 것은 단순히 이런 당연한 말씀을 드리려는 것이 아닙니다.

게임을 하게 되면(3D 게임의 경우), 우리는 자연스럽게 화면 시점 조작부터 각종 필요한 기능들을 필요한 순간마다 신속하게 찾아서 사용하게 됩니다. 마우스와 키보드를 사용하여 3D의 환경에서 어떤 활동을 하는 것에 자연스럽게 적응되는 셈입니다. 저는 이것이 우리가 작업을 위해 사용하는 소프트웨어를 조작하는 데에 큰 도움을 준다고 믿습니다.

•가능한 모든것을 단축키로 만들어 사용하라.

3ds Max나 Maya, 혹은 ZBrush 등의 거의 모든 소프트웨어들은 단축키 설정을 지원합니다. 자주 사용하는 툴들을 모두 단축키로 설정해 두면, 작업의 속도는 2~3배 이상 빨라집니다. 예를 들어, WACOM 타블렛을 사용하신다면, ZBrush에서 자주 사용하는 브러시들을 WACOM 타블렛 양 측면에 위치한 터치 스트립의 위아래로 설정해 두시면 좋습니다.

•액션 피규어를 늘 관심 있게 살펴보라.

저는 늘 정교한 액션 피규어들을 보며 어떤 느낌의 디테일들이 우리 눈에 좋아 보이는 지를 늘 살펴봅니다. 실력있는 액션 피규어 아티스트는 ZBrush를 사용하는 우리에게 훌륭한 스승입니다.

•자신만의 스타일을 찾아라.

사람마다 각자 좋아하는 스타일이 있기 마련입니다. 디테일의 모습뿐 아니라, 랜더하기 좋아하는 카메라 각도와 조명, 색감 등 자신이 좋아하는 스타일은 자신의 작품들에서 드러나게 되어 있습니다.

꾸준한 연구와 노력을 통해 우리의 스타일들이 다른 사람들의 시선을 사로 잡을 수 있게 되도록 합시다.

•다른 사람들의 작품들을 보며, 자신의 작품이었다면 어떤 방식으로 퀄리티를 향상시켰을 것인지를 늘 스스로에게 물어보라.

이것은 다른 사람의 작업물들을 비평적으로 바라보는 기본 자세에 관한 이야기입니다. 다른 이의 작품을 그저 '잘했다' '못했다'가 아닌, 자세히 뜯어보며 어느 부위가 마음에 들지 않으며, 그 이유는 무엇이고, 그것을 어떻게 해야 할까, 그리고 마음에 드는 부분은 무엇이며, 그것을 어떤 방식으로 했을까 하는 질문까지 생각하며 감상하는 것은 우리에게 늘 많은 교훈을 줍니다.

•조금이라도 마음에 들지 않는 부분이 있다면 그냥 넘어가지 않는다.

작업하는 과정에서, 본인이 보기에 이미 별로라고 생각되시면 아예 작업을 하지 마십시오. 완성하는 것에 의미가 있다? 완성하는 것만 목표로 작업한 것들 중 보는 이의 눈에 쾌감을 주는 작품이 나올 확률은 0입니다.

서류 복사나 벽돌 나르기는 완성하는 것만으로도 의미 있습니다만, 예술은 다릅니다. 마음에 들지 않는 부분이 한군데라도 있다면, 마음에 드는 모습이 될 때까지 작업합니다. 그래도 잘 안되면, 그냥 작업을 멈추시는 편이 더 낫다고 생각합니다. 대충 넘어가는 것 만은 절대 안됩니다.

다른 누구보다도 본인 스스로의 작업물을 가장 혹독하게 비평하는 자세를 가져야 합니다.

•대세를 읽도록 노력하라.

3D산업의 각 분야 별 경기가 어떠하며, 어떤 스타일이 대세인지, 가장 널리 사용되는 소프트웨어는 무엇인지 등 과연 무엇이 대세이며 그 원인은 무엇인지를 늘 간파하고 있어야 합니다.

ZBrush가 처음 등장 했을 때 노멀맵과 지브러시가 3d산업 자체를 쥐락펴락할 것이라 예측하고 발빠르게 움직인 사람들이 노멀맵과 지브러시의 가장 큰 수혜자들입니다.

●작업 도중, 쉬는 시간을 자주 가져라.

작업하는 동안 쉬는 시간을 자주 가져야 합니다. 그 가장 중요한 이유는 바로, 우리의 눈(안목)이 쉽게 무감각해진다는 것입니다. 밤새워 작업한 뒤 한숨 자고 돌아와 다시 보면, 작업할 때는 잘 안보이던 단점들이 보이는 것을 경험한 적이 있으실 것입니다.

저는 작업하면서 수시로 쉬어 줍니다. 일어나서 돌아다닌다든지, 몇 분이라도 소파에 누워 눈을 붙여 줍니다. 그렇게 짧게 자주 휴식을 취해주면, 작업이 막혔던 부분들이 뚫리고, 휴식 전에는 보이지 않던 부분들까지 볼 수 있게 됩니다. 결과적으로 결과물의 퀄러티가 올라가게 됩니다.

●작업에 도움이 되는 장비나 자료에 돈을 아끼지 말라.

컴퓨터 RAM의 가격 몇 만원 지불하고 ZBrush에서 Sub-d를 한 레벨이라도 더 올려줄 수 있다면, 우리에게 그보다 좋은 투자가 또 있습니까?

필자는 Wacom의 모니터 타블렛 일체형 장비인 Cintiq를 거금을 들여 구입했습니다. 한 달 월급과 맞먹는 가격이었지만, 이것이 저에게 배달된 순간부터 지금까지 그 가격을 아깝다고 생각해본 적은 단 한번도 없었습니다. Cintiq 덕분에, 저는 화면과 손놀림을 일치시키느라 고생할 필요도 없고 손의 피로감도 덜하여 오로지 Sculpting 자체에만 온 정신을 집중 시킬 수 있습니다. 이렇게 Sculpting을 하면, 지금 제가 컴퓨터에서 작업을 하고 있다는 사실 자체가 망각될 정도입니다.

우리 분야의 특성상, 우리의 작업은 결국 '장비 싸움'이기도 한 것입니다. 또한 '자료 싸움'이기도 하기에 Freedom-of-teach.com의 인체 피규어와 같은 훌륭한 자료들에 지출하는 것을 아까워해서는 안됩니다.

●매번 더 높은 레벨의 디테일에 도전하라.

새로운 작업을 할 때마다, 이미 정복해본 수준을 능가하는 퀄러티를 목표로 하여 노력해야 합니다.

저는 매번 몇 달 전의 제가 보았다면 겁먹었을 법한 퀄러티를 추구하려 노력합니다. 덕분에 가끔 주변 형님들께서 '미쳤구나' 하시기도 합니다.

●항상 작업하라.

3D를 처음 배우기 시작했던 2002년 1월부터 지금까지, 저는 단 한차례도 개인작업을 쉬어 본적이 없습니다. 2002~2003년 동안에는 단 하루도 작업을 하지 않고 넘어간 날이 없었습니다.

작업에 대한 식지 않는 열정으로 항상 작업하시길 바랍니다.

●자기 절제의 방법을 터득하라.

누구나 불안한 마음으로 인해 무척 힘들어 질 때가 있습니다. 게다가 3D업종은 매우 변화무쌍하고 불안정한 분야일 수 있으므로, 우리의 몸과 마음은 금새 피폐해지기 쉽습니다. 이것은 곧 우리의 작품활동과 직결되는 치명적인 문제인 만큼, 우리는 늘 지혜로운 자기 절제를 통해 이러한 위기를 극복해야 합니다.

그럴 때마다, 저에게 있어 가장 큰 도움을 주는 것은 바로 저의 기독교 신앙입니다. 하나님께서 나의 길을 선하게 인도해 주신다는 사실에 대한 강한 믿음으로 마음의 평안을 얻게 되며, 그로 인해 저는 원동력과 집중력을 얻고 초심을 유지하여 3D 작업에 좀더 온전히 몰두할 수 있습니다.

술처럼 건강에 해로운 방법들보다 좀 더 건전하고 근본적으로 여러분의 불안한 심정을 다스릴 수 있는 자기 절제의 방법을 터득하신다면, 3d 작업의 재미와 그 보상을 더욱 편안한 마음으로 누리실 수 있으리라 확신합니다.

글_ 송화섭

북미 유학생활 정보

1_미국 생활 정보

미국은 흔히 물가가 비싸서 생활하기 힘들다고 말합니다. 미국에서 생활하면서 소비되는 비용을 살펴보면 일단 집세가 가장 비쌉니다. 미국은 모든 아파트가 월세이기 때문에 매달 월세를 지불해야 합니다. 보통 유학을 처음 온 경우엔 다른 가정집에서 방 하나만 내주는 홈스테이라든가 아니면 다른 사람과 공동으로 쓰는 1-베드 혹은 2-베드에서 룸메이트 생활을 하기도 합니다. 홈스테이 같은 경우는 450~600달러 정도면 구할 수 있고, 룸메이트와 같이 사는 경우는 1-베드 혹은 스튜디가 800달러, 2-베드가 1,200달러 정도 한다고 보면 한 사람당 400~600달러 정도 필요하다고 볼 수 있습니다. 물론 지역과 아파트 상태에 따라 가격은 천차만별이겠지만 말이죠. 그것에 딸려오는 것은 유틸리티라고 하여 가스, 전기, 쓰레기, 물 등의 비용이 있습니다. 어떤 아파트는 전부 커버해 주기도 하고 어떤 곳은 하나도 커버해 주지 않기도 합니다. 전기세와 다른 것을 합하여 보통 50~60달러 정도 나오면 적게 나오는 것입니다. 그 외에 핸드폰 30달러, 인터넷 30달러, 케이블TV 30달러는 본인의 선택에 따라 추가되는 비용입니다.

● 아파트 :
http://www.craigslist.org
학교 광고물 등 이용

● 핸드폰 :
http://www.verizonwireless.com
http://www.t-mobile.com
http://www.wireless.att.com

● 인터넷 :
http://www.att.com
http://www22.verizon.com
http://www.earthlink.biz
http://www.charterspecials.net

다음은 식비가 문제일 텐데요. 역시나 기본적인 식비가 한국보다는 다소 높은 편입니다. 보통 식당에서 적당한 것을 시키면 세금과 팁을 포함하여 9~10달러 정도 나오게 됩니다. 그렇다고 4~5달러 하는 햄버거나 브리또를 매일 먹을 수는 없겠죠? 그런데 마켓에서 사다가 직접 요리를 한다고 해서 크게 싸지는 않습니다. 유학생일 경우 학생식낭에서 석낭히 시키면 5~6달러 정도 나오기 때문에 학생식당이나 싼 중국음식점 등을 이용하면 식비를 많이 절약할 수도 있습니다.

● 식료품 마켓 :
http://www.ralphs.com
http://www.traderjoes.com
http://www.wholefoodsmarket.com
http://www.safeway.com

다음은 은행●입니다. 미국은 현금보다 카드를 많이 사용하고
또 큰 액수는 수표를 사용합니다. 보통 처음 유학생 신분으로는
신용카드를 만들 수 없는데, 학교에서 일을 하게 되면 소셜 넘버
(Social Security Number)를 받게 되어 정식 크레딧을 쌓게 됩니
다. 소셜 넘버를 받게 되면 각종 인터넷, 전화 회사 등에 알려 크레
딧을 조금씩 쌓아갑니다. 신용카드도 신청하여 크레딧을 쌓을 수
있게 됩니다. 크레딧은 오랜 기간 쌓아야 점수가 올라가는데, 집을 살 때 down pay나 대출금 이자를
낮춘다거나 차를 살 때 혹은 휴대폰을 만들 때, 아파트를 알아볼 때도 필요합니다. 처음에 미국에 도착
했을 때는 크레딧이 없을 것이므로 지인을 통하여 대리로 전화기나 아파트 계약을 하는 것이 수월합니
다. 그 후에 신용카드를 만들어 차곡차곡 크레딧을 쌓아가면 문제가 없을 것입니다.

그 다음은 자동차입니다. 뉴욕이나 샌프란시스코 같은 도시는 대중교통이 발달되어 있어 차가 필요
없지만 LA나 다른 소도시들은 대중교통이 없어 차가 없으면 정말 마트도
못 갈 정도로 모든 것이 넓게 분포되어 있습니다. 자동차는 일본 차가 고
장도 잘 안 나고 팔 때도 제값을 받을 수 있기 때문에 유학생들은 거의 대
부분 일본 차를 선호합니다. 도요타의 코롤라, 캠리 혹은 혼다의 시빅, 어
코드 등이 좋은 예입니다. 중고차는 믿을 수 있는 사람에게서 사는 것이
좋습니다. 보통 중고차는 문제가 있을 확률이 높은데 그것에 대비하지 않
으면 낭패를 볼 수도 있습니다. 운전면허증은 국제 운전면허증으로 대신
할 수 있지만 일단 미국에 들어오면 신분증이 필요하기 때문에 만들어 놓
는 것이 좋습니다. 운전면허시험은 필기와 실기가 있는데, DMV●라는 곳
에서 모든 것을 주관합니다. 미국에 처음 온 분들은 차가 천천히 다니기 때문에 쉽게 생각할 수 있지만
실기시험이 생각보다 까다롭기 때문에 연습을 미리 하는 것이 좋습니다. 한두 달 정도 미리 미국에 들
어와서 운전면허증, 자동차, 집 등을 구하는 것이 좋습니다.

그 다음으로는 각종 보험이 있습니다. 의료보험, 자동차보험, 아파트보험 등입니다. 이 중에서 유
학생에게는 아무래도 자동차보험이 큰 부담이 됩니다. 보통 6개월에 600~1,200달러 정도 하는데, 차
종류, 주소지, 그리고 보험 옵션에 따라 큰 차이가 납니다. 자동
차보험●은 역시나 인맥을 통하면 조금은 싸게 가입할 수 있기
도 합니다. 자동차는 반드시 보험이 있어야 구입할 수 있습니다.

다음으로는 영어입니다. 영어는 유학 생활
을 6년 이상 한 저로서도 여전히 큰 골칫거리입
니다. 한국에서 대학까지 졸업하고 왔기 때문에
새로운 언어를 유창하게 하는 것도, 또 외국 문
화에 흡수되어 외국 친구들과 어울리는 것도 생
각만큼 만만치 않습니다. 하나 중요한 것은 외국
친구들에게 미리 벽을 쳐 놓고 한국 사람끼리 따
로 얘기를 하게 되면 그런 습성은 끝까지 계속 가
게 된다는 것입니다. 따라서 영어가 잘 안 되고 잘 못 알아 듣는
말이 많더라도 적극적으로 대처하고 친구들과 어울린다면 유학
생활과 나중에 취업 후에 직장생활에서 의사소통에 관한 문제는
없을 것이라 생각됩니다.

2_유학 생활

미국에 있는 미대들은 종합대학과(University)는 다른 칼리지(College)입니다. 즉 아트학부만 있는 학교라고 할 수 있습니다. 여기서 조금 한국과 다른 것은 그렇다고 이런 대학들이 2년제는 아닙니다. 모두 4년제이고 대학원도 있습니다. 캘리포니아에 있는 엔터테인먼트 관련 미술대학과 종합대학의 관련 학과를 꼽아본다면 다음과 같습니다. 각 대학의 관련 전공을 나름대로 적어 보았습니다.

- ●ACCD(ArtCenter College of Design) - www.artcenter.eduentertainment design, illustration, motion graphic

- ●Calarts(California institute of Arts) - www.calarts.educharacter animation

- ●AAU(Academy of Art University) - www.academyart.edu3D modeling, animation and effects

- ●USC(University of southern California) - www.usc.eduAnimation and Digital arts

- ●Otis(Otis college of art and design) - www.otis.eduToy design, digital media

어떤 학교가 가장 좋다고 말씀드리기 힘들지만 그래도 추천하자면, 컨셉아트를 위한 학교로는 아트센터를, 3D 관련한 아트로는 AAU를 추천합니다.

아트센터는 엔터테인먼트 디자인이 따로 과가 존재하고 리서치하는 방법부터 기본적인 드로잉, 페인팅, 캐릭터, 코스튬, 몬스터, 건물, 탈 것 디자인 등을 체계적으로 배울 수 있도록 커리큘럼이 짜여 있습니다.

학교 주위에 드림웍스, 디즈니, 그리고 각종 게임 회사와 이펙트하우스 등이 즐비하기 때문에 그곳에서 가르치러 오는 선생님들이 많은 편입니다. 학비는 한 학기에 14,000달러 정도이고 한 학기는 14주로 이루어져 있습니다. 1년에 3학기를 들을 수 있기 때문에 2년 8개월 만에 졸업할 수도 있지만 보통 두 학기 듣고 한 학기 쉬는 식으로 하여 졸업을 합니다. 네 번째 학기이 끝나면 리뷰를 하는데 이때 어느 정도 잘 하는지 체크를 해 줍니다. 자동차과의 경우 중간에 탈락을 시켜 한 학기나 두 학기를 다시 듣게 하는데, 엔터테인먼트는 아직 그런 리뷰가 있다고 듣지는 못했습니다. 아트센터는 졸업 시에 각종 큰 회사들을 불러 인터뷰 기회를 주는 것으로도 유명한데, 이름 있는 큰 회사는 대부분 오는 편입니다. 그리고 졸업식 전날 졸업 쇼를 하는데 그때 회사의 아트디렉터들이라든가 프로듀서들이 인재를 고용하기 위해 구경을 오기도 합니다. 아트센터는 산 위에 캠퍼스가 있어 학교 잔디밭에 사슴들이 돌아다니기도 하는데, 일단 산 위에 있기 때문에 자동차가 필요합니다. 파사데나에 살 경우 버스를 타고 다닐 수도 있습니다. 그리고 기숙사가 없기 때문에 집을 구해야 합니다.

- ●아트센터 한인 커뮤니티 :
http://club.cyworld.com/accds

- ●AAU 한인 커뮤니티 :
http://aaukorean.com/

AAU의 경우는 ILM과 픽사가 인접해 있어, 그곳에서 오는 선생님들의 클래스가 좋은 것으로 알려져 있고, 또 날씨가 항상 좋은 샌프란시스코에 위치해 있어 살기 좋은 환경입니다. 하지만 베이 지역은 한국인이 많지 않아 LA 같은 한국적인 음식과 문화를 많이 접하지는 못하는 것이 단점입니다. AAU는 특히나 3D 모델링과 애니메이션이 미국학교 내에서 거의 최고로 소문나 있기도 한데, 최근에는 이펙트 쪽이나 컨셉 또 자동차 디자인, 산업디자인 등도 좋은 것으로 알려져 있습니다. 학비는 한 학기에 8,000~9,000달러 정도로 미대치고 상당히 싼 편입니다. 아파트는 샌프란시스코가 작은 도시이기 때문에 면적이 파사데나보다는 좁습니다. 하지만 대중교통이 발달돼 있고 스쿨버스가 있어 차 없이도 충분히 생활이 가능합니다.

개개인의 취향과 공부하는 방식에 따라 여러 가지 다른 길이 있을 것입니다. 본인에게 맞는 지역과 학비 등을 골라 학교를 선택하시기 바랍니다.

이 외에도 엔터테인먼트와 관련한 사설 교육기관들이 있습니다. 사설 교육기관들도 학비는 만만치 않습니다.

- ● Gnomon school of visual effects - www.gnomonschool.com
3d modeling, animation, effects

- ● Concept design Academy - www.conceptdesignacad.com
concept design

- ● Massive black school - www.conceptart.org/school
drawing, painting, concept design

- ● The Art institutes - www.artinstitutes.edu
various arts

3_직업 구하기

미국은 기회의 땅입니다. 인종, 나이, 학벌, 학연, 지연 등 모든 것에 관계없이 실력만 있다면 어디든 갈 수 있습니다. 하지만 전 세계 내로라하는 사람들이 모두 모여 있는 곳이 또한 미국이기 때문에 미국에서 직업을 구한다는 것이 생각만큼 쉽지는 않습니다. 게다가 비자라는 커다란 장애물이 유학생들의 발목을 죄고 있어 어느 정도 실력을 갖췄다 해도 역시나 쉽지 않습니다. 하지만 이런 많은 장애물에도 불구하고 항상 직업을 구하는 사람은 있게 마련입니다. 아래는 미국에서 직업을 구할 때 겪는 과정입니다.

일단 자기 포트폴리오의 스타일과 맞는 회사를 찾습니다. 구직 중인 회사는 보통 이런 사이트에 광고가 올라옵니다.

- ● http://www.creativeheads.net
- ● http://www.gamasutra.com/jobs
- ● http://jobs.awn.com
- ● http://jobs.cgsociety.org

이런 사이트엔 본인의 포트폴리오를 직접 올려 광고를 할 수도 있습니다. 하지만 이런 광고는 업데이트가 느리고 또 어떤 경우엔 회사가 광고를 안 하고 내부에서 사람을 찾고 있을 경우가 많기 때문에 회사에 직접 포트폴리오를 보내는 것도 좋은 방법일 수 있습니다. 기존에 자신이 즐겨 하던 게임을 어느 회사가 만들었는지 알아보는 것도 좋고, 아니면 이런 사이트들을 이용하는 것도 좋습니다.

이 외에 여러 가지 행사에 참석하면 그 자리에서 인터뷰를 하기도 합니다.

- ● http://www.gamedevmap.com
- ● http://aidb.com

- ● http://www.e3expo.com
- ● http://www.comic-con.org
- ● http://www.gdconf.com
- ● http://www.siggraph.org

일단 이메일을 각 회사의 HR에게 혹은 지인을 통해 알게 된 회사 내부의 직원에게 보냅니다. 이메일에는 자신이 원하는 포지션과 회사에 대한 관심 등을 표명합니다. 보통 cover letter라고 부릅니다. 다음은 art director 혹은 lead artist를 위한 cover letter의 샘플입니다.

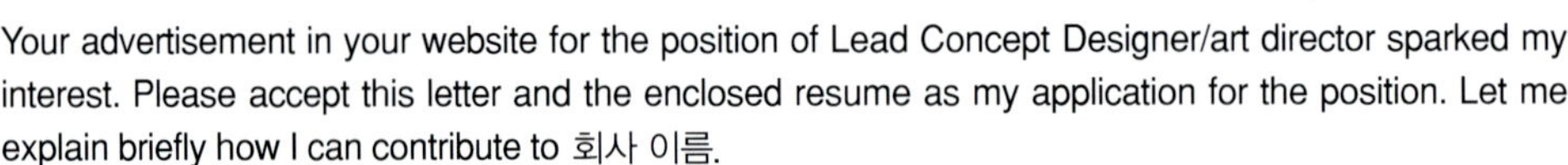

그리고 자신의 웹사이트 혹은 블로그 등을 링크시키고 이력서도 링크 혹은 첨부합니다.

이메일이나 지인의 소개로 자신의 포트폴리오가 HR 혹은 아트디렉터에게 전달되어 어느 정도 인정을 받게 되면 전화 인터뷰 스케줄을 받게 되고 아트디렉터, 프로듀서 등과 함께 전화 인터뷰를 합니다. 보통 질문은 어떤 식으로 작업을 하느냐, 어떤 스타일을 좋아하느냐, 연봉은 어느 정도 원하느냐, 취미는 무엇이냐 하는 식의 질문들을 해 가면서 중간에 좋아하는 게임이나 애니메이션 얘기도 하고 이런저런 농담도 해가면서 전화 인터뷰를 합니다. 전화 인터뷰는 하는 회사도 있고 생략하는 회사도 있습니다. 그 후엔 보통 테스트가 이어집니다. 모델러에겐 모델링 테스트, 애니메이터에겐 애니메이션 테스트, 그리고 컨셉아티스트에겐 컨셉 테스트. 컨셉은 보통 일주일 정도를 주어 한두 개 피스를 요구합니다. 이때 회사는 보통 여러 명을 지켜보면서 테스트를 주기 때문에 테스트를 넘겨주어도 바로 답변을 보내오지는 않습니다. 1~2주일 후에 테스트에 통과하게 되면 인터뷰를 합니다.

미국은 인터뷰를 위해서 회사에서 비행기표, 호텔비, 자동차 렌트비 등을 모두 지원해 줍니다. 인터뷰는 보통 아트디렉터와 또 들어가면 같이 일하게 될 팀원들, 프로듀서 등과 함께 합니다. 인터뷰는 전화 인터뷰와 거의 동일합니다. 인터뷰에서는 회사와 프로젝트에 대한 열정과 관심을 보여주는 것이 중요합니다. 인터뷰 후에는 회사 투어를 하고 HR과 함께 연봉 협상과 status 등을 논의합니다. 저희 같은 인터내셔널의 경우엔 working permit이 필요합니다. 어떤 working permit이 있냐고 물어볼 것입니다. Working permit이 없는 경우에는 회사에게 스폰서를 요청해야 합니다. Working permit은 여러 가지 방법으로 구할 수 있습니다.

첫 번째로 미국에서 대학이나 대학원을 나오면 1년간 OPT라는 기간이 주어지는데 이 기간 동안 일을 할 수 있습니다. 두 번째로는 H-1b 비자가 있습니다. 취업비자라고 부르는데 매년 4월 1일 접수가 되기 때문에 스폰서를 3월 정도에는 미리 구해야 합니다. 세 번째 방법은 취업이민이 있습니다. 이것은 영주권을 신청하는 것인데 석사 이상의 학위를 소지한 자가 스폰서를 구하면 1년 안에 working permit 이 나오게 됩니다. 이 외에도 O1 비자, E2 비자, NIW 등 여러 방법이 있습니다. 이민 전문 변호사에게 문의하면 더 정확한 정보를 얻을 수 있을 것입니다.

여기까지 나름대로 미국에서 어떻게 생활하고 공부하며 또 직업을 구하는지 간략하게나마 설명했습니다. 앞으로 북미 진출을 원하시는 많은 분들에게 조금이나마 보탬이 되었으면 하는 바람이고 모두 파이팅하시기 바랍니다.

글_ 김진형